Vahlens Handbücher
der Wirtschafts- und Sozialwissenschaften

Personalmanagement

Informationsorientierte und verhaltenstheoretische Grundlagen

von

Dr. Christian Scholz

Professor für Betriebswirtschaftslehre,
insbesondere Organisation, Personal- und Informationsmanagement
an der Universität des Saarlandes

4., verbesserte Auflage

Verlag Franz Vahlen München

Die Deutsche Bibliothek – CIP-Einheitsaufnahme

Scholz, Christian:
Personalmanagement : informationsorientierte und verhaltenstheoretische Grundlagen / von Christian Scholz.– 4., verb. Aufl. – München : Vahlen, 1994
(Vahlens Handbücher der Wirtschafts- und Sozialwissenschaften)
ISBN 3-8006-1904-0

ISBN 3 8006 1904 0

Satz und Druck: Appl, Wemding
Bindung: Großbuchbinderei Monheim GmbH

Vorwort zur vierten Auflage

Der Trend, Personalmanagement als übergreifende Planungs- und Führungsfunktion zu verstehen, setzt sich fort und ist sicherlich der zentrale Grund dafür, daß bereits ein Jahr nach ihrem Erscheinen die dritte Auflage wieder vergriffen ist und eine Neuauflage nötig wurde.

In diesem Zusammenhang möchte ich mich bei allen bedanken, die mich auf Fehler sowie Verbesserungs- und Erweiterungsmöglichkeiten hingewiesen haben: Auch wenn ich mich für diese Auflage primär auf die Beseitigung der (leider offenbar unausweichlichen) Fehler konzentrieren mußte, sind mir diese Anregungen eine wichtige Hilfe bei der Weiterentwicklung der Grundkonzeption eines unternehmerischen Personalmanagements.

In der gegenwärtigen Phase des teilweise radikalen Wandels von Organisationen ist vor allem das Personalmanagement gefordert, wobei es aber für einige Fragen noch keine breit abgesicherten Antworten gibt: Speziell die sinnvolle Integration der Personalfunktion ist noch immer ein weitgehend offenes Thema. Vor allem aber – und dies zeigt zum Glück die Praxis – kann und muß „Personalmanagement“ mehr sein als simple „Personalkostenreduktion“. Hierzu will das vorliegende Handbuch Anregungen geben.

Saarbrücken, im August 1994 *Christian Scholz*

Vorwort zur dritten Auflage

Professionalisierung auch im betrieblichen Personalwesen! Vor einigen Jahren noch als vage Utopie angesehen, hat sich in allen Unternehmensgrößen, aber auch in der öffentlichen Verwaltung, tatsächlich vieles bewegt. Galt früher das betriebliche Personalwesen eher als Domäne von (Personal-)Verwaltungsexperten und Arbeitsrechtspezialisten, so wird jetzt „Personalmanagement“ zum zentralen Teil der Unternehmensführung. Dies impliziert zum einen Veränderung des Stellenwertes der Personalabteilung im Unternehmen, zum anderen Auseinandersetzung mit personalpolitischen Fragestellungen auch außerhalb der Personalabteilung.

In der ersten Auflage dieses Buches begann der Versuch, die verschiedenen personalwirtschaftlichen Bausteine in ein **betriebliches Personalmanagement** zusammenzufassen, das dann im Kreise der anderen betrieblichen Managementfunktionen eine gleichberechtigte Rolle spielen kann und muß. Grundlage dafür ist weniger das Ergebnis einer noch immer nicht erfolgreichen Suche nach einer umfassenden Personalwirtschaftslehre, die den Faktor „Arbeit" erklärt; schon Gutenberg sah die dabei entstehenden Probleme. Grundlage für ein betriebliches Personalmanagement bieten vielmehr die – sinnvoll integrierten – verhaltens-, entscheidungs- und systemorientierten Ansätze, die sich auf personalwirtschaftliche Fragestellungen beziehen und Erklärungs- sowie Gestaltungsfunktion ausüben können.

Zielgruppe für ein solches Personalmanagement sind nicht nur Personalleiter: Personalwirtschaftliche Fragestellungen fallen vielmehr auch in allen anderen betrieblichen Funktionsbereichen an, als strategische Personalplanung letztlich auch in der Unternehmensspitze. Hinzu kommt die Funktion der Personalplanung, die alle Vorgesetzten betrifft.

Dem Charakter eines Lehr- und Handbuches entsprechend beschränkt sich die vorliegende Arbeit nicht ausschließlich auf einen einzigen personalwirtschaftlichen **Grundansatz.** Vielmehr werden die verschiedenen Ansätze in einen integrativen Zusammenhang gebracht und kapitelspezifische Schwerpunkte gesetzt: So dominiert in den Kapiteln 2 bis 5 der entscheidungsorientierte, in Kapitel 6 der verhaltensorientierte sowie in den Kapiteln 7 bis 9 der systemorientierte Ansatz.

Bei dieser Integration soll ein dreidimensionales Grundkonzept helfen, das nach Feldern, Ebenen und Ausrichtungen des betrieblichen Personalmanagements differenziert: Dies sind als erste Dimension inhaltlich eindeutig definierbare **Personalmanagementfelder**, die auch die primäre Gliederungslogik für das vorliegende Lehrbuch abgeben:
- Die *Personalbestandsanalyse* schafft die informatorische Basis für die aktionsorientierten Personalmanagementfelder.
- Die *Personalbedarfsbestimmung* ermittelt hierarchisch gleichrangig dazu den jeweils erforderlichen Soll-Personalbestand.
- Die *Personalveränderung* faßt die Personalbeschaffung, Personalentwicklung und Personalfreisetzung als aktionsorientierte Personalmanagementfelder zusammen.

<table>
<tr><td colspan="3" rowspan="2"></td><td colspan="3">Personalmanagementebenen</td></tr>
<tr><td>operativ</td><td>taktisch</td><td>strategisch</td></tr>
<tr><td rowspan="8">Personalmanagementfelder</td><td colspan="2">Personalbestandsanalyse</td><td></td><td></td><td></td></tr>
<tr><td colspan="2">Personalbedarfsbestimmung</td><td></td><td></td><td></td></tr>
<tr><td rowspan="3">Personal-veränderung</td><td>Personalbeschaffung</td><td></td><td></td><td></td></tr>
<tr><td>Personalentwicklung</td><td></td><td></td><td></td></tr>
<tr><td>Personalfreisetzung</td><td></td><td></td><td></td></tr>
<tr><td colspan="2">Personaleinsatz</td><td></td><td></td><td></td></tr>
<tr><td colspan="2">Personalführung</td><td></td><td></td><td></td></tr>
<tr><td colspan="2">Personalkostenmanagement</td><td></td><td></td><td></td></tr>
</table>

Übersicht I: Grundsystematik der Kapitel 2 bis 7

- Das *Personaleinsatzmanagement* schafft aufbauend auf Erkenntnissen der Arbeitswissenschaft die Rahmenbedingungen für die Leistungserstellung und ordnet vorhandene Mitarbeiter und gegebene Stellen aufeinander zu.
- Die *Personalführung* konkretisiert das Unterstellungsverhältnis zwischen Vorgesetzten und Untergebenen in Richtung auf eine (unternehmenskulturbezogene) Integration von Unternehmens- und Individualzielen.
- Das *Personalkostenmanagement* verbindet das Personalmanagement mit den übrigen Teilen der Unternehmensplanung und stellt gleichermaßen eine Ergebnis- wie Verursachungsgröße dar.

Betriebliches Personalmanagement ist eine funktionsspezifische Dimension des allgemeinen Managementprozesses. Daher muß auch für das betriebliche Personalmanagement die in der Unternehmensführung gängige Unterteilung nach den **Managementebenen**

- *operativ*,
- *taktisch* und
- *strategisch*

Gültigkeit haben. Diese Differenzierung ergibt die zweite Gliederungsdimension des vorliegenden Lehrbuches (Übersicht I).

Der **Aufbau des Buches** orientiert sich in den **Kapiteln 2 bis 7** streng an dieser Systematik aus Feldern und Ebenen: Nach einer kurzen Charakterisierung des jeweiligen Feldes im ersten Unterpunkt werden die feldspezifischen Inhalte der drei Managementebenen diskutiert und die entsprechenden Konsequenzen abgeleitet. Im Anschluß daran folgen als Vertiefung methodische und empirische Exkurse.

Neu ist Kapitel 8 mit seinen drei **Integrationsfeldern**, die sich als Querschnittfunktionen mit Personalmarketing, Personalcontrolling und Personalinformationsmanagement befassen: Gerade in den erstgenannten Bereichen hat sich in den letzten Jahren viel getan, was letztlich Ausdruck der gestiegenen Professionalität im Personalmanagement ist, aber auch die gestiegenen Anforderungen an betriebliche Personalarbeit widerspiegelt. Ebenso wie bei der EDV-Unterstützung als Teil des Personalinformationsmanagements sind hier weitreichende Änderungen im Gange, die in dieser Neuauflage zu berücksichtigen waren.

Gleiches gilt für die internationalen Dimensionen, deren Nicht-Berücksichtigung in den ersten Auflagen zu Recht von verschiedenen Kollegen kritisiert wurde. Dementsprechend gibt es jetzt ein neues **Kapitel 9**, bei dem auf grundlegende Aspekte eines internationalen Personalmanagements eingegangen wird. In diesem Zusammenhang möchte ich meinen Projektpartnern aus der European-Business Studie und Prof. Derek Pugh aus dem Anglo-German-Foundation Projekt für interessante Hinweise danken. Gleiches gilt für Prof. Randall Schuler und Prof. Michael Kavanagh: In gemeinsamen Lehrveranstaltungen mit ihnen lernte ich viel zur „Human Side of Internationalization“.

Wesentlich überarbeitet wurde dagegen das einleitende Kapitel 1: Hier wurden vor allem die Anforderungen an die betriebliche Personalarbeit spezifiziert und das Grundkonzept der drei Dimensionen des Personalmanagements konkretisiert. Hinzu kommen Aussagen zur ethischen, rechtlichen, organisatorischen, meßtheoretischen und empirischen Basis.

Verglichen mit den ersten Auflagen dieses Textes konnte die Grundsystematik der Kapitel 2 bis 7 beibehalten werden. Dies gilt auch für die inhaltlichen Ausführungen, die abgesehen von kleineren Änderungen (zum Beispiel in Abschnitt 4.4) im wesentlichen unverändert blieben. Lediglich im Bereich der Unternehmenskultur als strategische Komponente der Personalführung wurden umfassende Anpassungen an den aktuellen Entwicklungsstand nötig.

Häufig wird die Praxisferne der Personalausbildung kritisiert: Um hier zumindest teilweise Abhilfe zu schaffen, werden in diesem Buch zentrale Themen aus diesem Bereich durch **Praxisbeispiele** illustriert – angesichts der Sensitivität des Personalbereiches und des partiell verbreiteten Methodendefizits ein nicht umproblematischer Versuch.

Gerade deshalb gilt mein besonderer Dank den Vertretern aus der Praxis, die mir die Möglichkeit zu Fallstudien gegeben haben: Frau *Sabine Bolte* (Commerzbank), Herr *Martin Ehmann* (Hewlett Packard), Frau *Angela Fauth* (Modehaus Beck), Herr *Hans-Jürgen Hein* (Hertie), Herr *Walter Hell* (BMW), Herr *Harald Kayser* (Agepan), Herr *Karl Kellner* (EDEKA), Herr *Dr. Hermann Josef Kirch* (BASF), Herr *Horst Knapek* (Dow Chemical), Herr *Jürgen Maasch* (BASF), Herr *Peter Maiwald* (John Deere), Herr *Jürgen Mataré* (MBB), Herr *Rainer Megerle* (Megerle GmbH), Herr *Otmar H. Philipp* (Ford), Herr *Ernst-Otto Storck* (Procter & Gamble) und Herr *Hans Zähringer* (Bosch).

Seit 1986, dem Beginn der Endphase der 1988 erschienenen ersten Auflage dieses Buches, haben mich mehrere „Generationen" von Mitarbeiter(-innen-)n unterstützt, denen an dieser Stelle zu danken ist: Christoph Albers, Harald Baumann, Marlies Becker, Reinhard Betz, Christiane Braun, Stephanie Fischer, Stefan Glatzmaier, Volker Hahn, Wolfgang Hofbauer, Frank Jakob, Jutta Kennerknecht, Jutta Klasen, Silke Lehnhardt, Teresa Messemer, Caroline Maier, Hans Oberschulte, Michael Rohloff, Thomas Schuder, Volker Stein, Astrid Stelletta und Gabriele Tippe.

Kritik und Hilfe kam auch von meinen Studenten der Universität des Saarlandes, die mit verschiedenen Vorläufen einzelner Kapitel in Skriptform konfrontiert wurden. Wichtig waren für mich auch die vielen Praktiker, mit denen ich (beispielsweise im USW-Seminar „Strategisches Personalmanagement" in Erftstadt) diverse Konzepte diskutieren und die Umsetzung in die Praxis miterleben durfte.

Fehler und Unzulänglichkeiten, die bei einem umfangreichen Werk leider immer unvermeidlich bleiben, gehen natürlich ausschließlich zu Lasten des Verfassers, der gerade deshalb für Hinweise „aus Theorie und Praxis" dankbar ist.

Saarbrücken, im Februar 1993 *Christian Scholz*

Inhaltsverzeichnis

1 Konzeptioneller Rahmen für ein zeitgemäßes Personalmanagement

1.1 Charakterisierung

Die Zeiten, in denen die Personalwirtschaft als betriebliche Funktion beziehungsweise Personalwirtschaftslehre als akademische Disziplin ein Schattendasein fristeten, sind endgültig vorbei. Es geht nicht länger mehr nur um die möglichst effiziente Abwicklung lästiger Personalverwaltung, sondern um ein professionelles Personalmanagement, das angesichts zunehmender Anforderungen laufend bessere und individuell angepaßte Problemlösungen liefern muß.

Für diese Entwicklung gibt es eine Reihe von Gründen: Hierzu zählen externe Notwendigkeiten aufgrund demographischer Veränderungen und steigender Dynamik der Arbeitsmärkte genauso wie interne Überlegungen zu organisatorischen Neuausrichtungen. Vor allem aber wird Personalmanagement zunehmend als ausschlaggebender **Erfolgsfaktor** anerkannt: Selbst populärwissenschaftliche Arbeiten wie die Exzellenz-Studien von *Peters* und *Watermann* (1982) lokalisieren in letzter Konsequenz immer wieder die Mitarbeiter als entscheidendes Potential im Unternehmen. Hier liegt die schöpferische Kraft, aus der heraus Bereitschaft zu Innovation und zu entsprechender Aktion auf dem jeweiligen Markt entsteht. Alle diese Überlegungen münden im Extremfall in die Aussage, daß nicht nur die Mitarbeiter das Potential des Unternehmens sind, sondern selber das Unternehmen darstellen.

Auch in der Bezeichnung des hier zu behandelnden Gegenstandes hat sich ein Wandel vollzogen: Mitte der 80er Jahre wurde der Ausdruck **„Personalmanagement“** noch mit Stirnrunzeln zur Kenntnis genommen. Inzwischen hat sich dieser terminus technicus durchgängig für Lehrbücher (z.B. *Berthel* 1989), Monographien (z.B. *Kastner* 1990), Praktikerquellen (z.B. *Berthel/Groenewald* 1990) und Sammelbände (z.B. *Weber/Weinmann* 1989; *Ackermann/Scholz* 1991; *Maier/Fröhlich* 1991) durchgesetzt. Auch die allgemeine Managementliteratur (z.B. *Staehle* 1991a) steigt zunehmend auf den Begriff „Personalmanagement“ um. Dahinter steckt mehr als nur ein reines Spiel mit Worten: Im Mittelpunkt steht nicht länger der Mensch als Produktionsfaktor und die Personalabteilung als seine Verwaltungsinstanz; Personalmanagement ist vielmehr aktiver Teil des gesamten Managementprozesses, verbunden mit entsprechender Professionalität und strategischer Ausrichtung.

Dieser Prozeß verläuft im englischen Sprachraum in analoger Form, allerdings mit einer in der Übersetzung gefährlichen und zu Verwechslungen neigenden Sprachgebung (Übersicht 1.1): Dort verschiebt sich der Schwer-

	früher	heute
USA/England	Personnel Management	Human Resource Management
Deutschland/ Österreich/Schweiz	Personalverwaltung Personalwirtschaft	Personalmanagement

Übersicht 1.1: Begriffswandel in Richtung „Personalmanagement"

punkt vom „Personnel Management" hin zum „Human Resource Management", während in Deutschland die Bewegung von der klassischen Personalverwaltung in der Praxis beziehungsweise der traditionellen Personalwirtschaftslehre in der Hochschule hin zum „Personalmanagement" erfolgt.

Das Personalmanagement muß sich einer Vielzahl von *Herausforderungen* stellen (Abbildung 1.1), die aus dem betrieblichen Umfeld und aus dem Unternehmen selbst kommen: Die Problemlandschaft reicht vom vielzitierten (aber selten umfassend berücksichtigten) Wertewandel bis hin zur Organisationsdynamik und den aus der zunehmenden Internationalisierung resultierenden Anforderungen. Trotz der durchaus unterschiedlichen *Ausgangslage* für Lehre, Forschung und Praxis, bietet es sich dennoch an, generell gültige *Grundpostulate* an das Personalmanagement zu diskutieren: Sie sollen verhindern, daß betriebliche Personalarbeit die verwundbare Achillesferse im allgemeinen Managementprozeß bleibt beziehungsweise wird. Auf

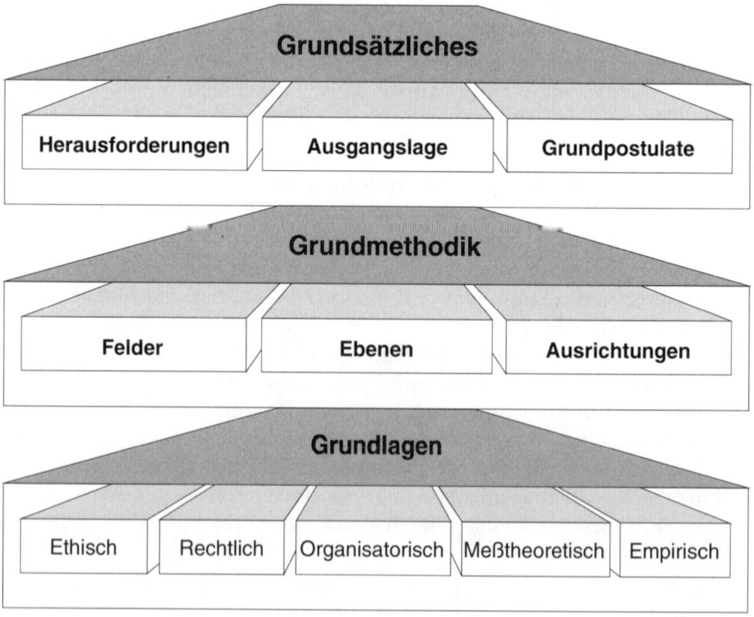

Abbildung 1.1: Konzeptioneller Rahmen für ein Personalmanagement

diese **grundsätzlichen Überlegungen** wird in Abschnitt 1.2 näher eingegangen.

Ein erfolgversprechendes Personalmanagement muß zwingend von einer klaren **Grundmethodik** ausgehen: Dieses in Abschnitt 1.3 präsentierte Konzept eines dreidimensionalen Personalmanagements unterscheidet verschiedene *Felder*, *Ebenen* sowie *Ausrichtungen* und liefert damit gleichzeitig ein integratives Ordnungsraster für die im vorliegenden Handbuch zu behandelnden Ansätze.

Gerade Personalmanagement findet nicht im luftleeren Raum statt. Abschnitt 1.4 befaßt sich daher mit diversen **Grundlagen** für ein erfolgreiches Personalmanagement: Hier wird zunächst auf die *ethische* Basis und dann auf die *rechtlichen* Eckdaten sowie den *organisatorischen* Rahmen eingegangen. Modernes Personalmanagement setzt zudem eine breite Informationsbasis und damit die Erfüllung entsprechender *meßtheoretischer* Anforderungen voraus. Schließlich hat jede Konzeption eines betrieblichen Personalmanagements die bestehende Managementpraxis zu berücksichtigen, also auf einer möglichst breiten *empirischen* Basis aufzubauen.

1.2 Grundsätzliches

1.2.1 Herausforderungen für das Personalmanagement

Betriebliches Personalmanagement arbeitet zwangsläufig im Spannungsfeld verschiedenster Einflußbereiche, die im Unternehmensumfeld, aber auch im Unternehmen selbst liegen. Aus diesen Einflußbereichen (und vor allem aus ihren Veränderungen) resultiert eine Fülle von Herausforderungen an die betriebliche Personalarbeit, an die personalwirtschaftliche Ausbildung und die Personalmanagement-Forschung (vgl. Abbildung 1.2).

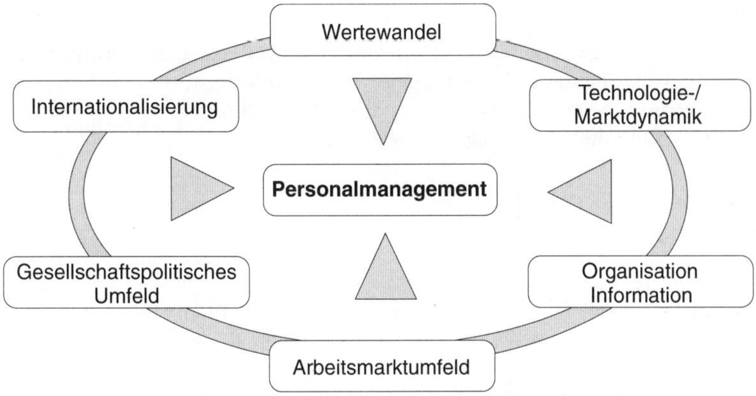

Abbildung 1.2: Einflußbereiche des Personalmanagements

Das **Spannungsfeld** für das betriebliche Personalmanagement beginnt bereits bei der Motivstruktur gegenwärtiger und zukünftiger Mitarbeiter: Hinter dem Schlagwort *Wertewandel* (Abschnitt 1.2.1.1) verbirgt sich dabei ein ganzer Komplex von Bewegungen und Problemen, die ein betriebliches Personalmanagement lokalisieren und berücksichtigen muß, will es sich nicht von vorneherein jeglicher Akzeptanz seiner Maßnahmen berauben. Gehen beispielsweise die „Tugenden der Pflichterfüllung und Loyalität“ zurück, und würde Arbeit dominierend als Mechanismus zur individuellen Selbsterfüllung angesehen, so verändert dies die Chancen und Risiken der Personalführung beziehungsweise der Personaleinsatzplanung drastisch.

Besonders gravierende Auswirkungen dürften die Entwicklungen auf dem *Arbeitsmarkt* (Abschnitt 1.2.1.2) für die betriebliche Personalarbeit haben: Hier geht es zum einen um strukturelle Verschiebungen auf der Angebotsseite, zum anderen um Veränderungen der Nachfrage. Im Mittelpunkt steht somit nicht unbedingt nur der quantitative Aspekt als Gesamt-Arbeitsmarktsaldo; interessant ist vor allem die Frage, wie Unternehmen im Rennen um Engpaßbereiche und um die umworbenen Spitzenkräfte abschneiden.

Analoges gilt auch für die zunehmende *Technologie-* und *Marktdynamik*, die sich auch im *organisatorischen* Bereich niederschlägt (Abschnitt 1.2.1.3): Betrachtet man nur das faszinierende Wechselspiel zwischen dem Einsatz neuer Kommunikations- und Informationstechnologie einerseits und flexibleren Organisationsformen andererseits, so wird deutlich, daß letztlich immer die Mitarbeiter (im positiven wie im negativen Sinne) betroffen sind. Hinzu kommen diverse Entwicklungen im gesellschaftspolitischen Umfeld: Dieses umfaßt beispielsweise den gesetzlichen Rahmen oder Tendenzen zur Flexibilisierung und zu einem neuen Lebensrhythmus, wozu auch die allgemeine *Internationalisierung* (Abschnitt 1.2.1.4) gehört: Sie ist Rahmenbedingung und inhaltliche Erweiterung für das betriebliche Personalmanagement. Geht man von einer allgemeinen Vernetzung der einzelnen Einflußbereiche aus, lassen sich diese nicht mehr isoliert voneinander betrachten.

Obwohl jedes Unternehmen seinen individuellen Herausforderungen gegenübersteht, lassen sich doch einige Trends aufzeigen, die das Personalmanagement beeinflussen. In den nächsten Abschnitten soll deshalb auf diese Einflußfaktoren eingegangen werden.

1.2.1.1 Wertewandel

(a) Was sind „Werte“?

In Aufzählungen der aktuellen Herausforderungen für das Personalmanagement steht der Wertewandel meist ganz oben. Entsprechend zahlreich sind die Forschungsprojekte und Publikationen, die sich diesem Thema widmen. Trotz diverser Unterschiede verwenden die meisten Autoren im Kern eine ähnliche **Definition** ihres Untersuchungsobjektes (vgl. *Noelle-Neumann* 1978; *Rosenstiel/Einsiedler/Streich* 1987; *Silberer* 1992): Werte sind danach kognitive Präferenzstrukturen, die als Entscheidungsregeln fungieren und so das Verhalten steuern. Während Werte sich zunächst ausschließlich auf das Individuum beziehen, interessiert letztlich vor allem die Manifestation von Werten in einer größeren Gruppe bis hin zu den Werten in einer Gesellschaft. Wichtig dabei ist aber das Überindividuelle, das über den einzelnen und seine Lebenserfahrung hinausreicht (vgl. *Stengel* 1991, 557–558).

Der dynamische und kollektive Prozeß der Wertebildung führt dazu, daß Wertesysteme zumindest langfristig zwangsläufig graduellen **Änderungen** unterliegen. Diese Werteverschiebungen verlaufen nicht zwingend in allen Bevölkerungsgruppen in identischer Weise. Vor allem fehlt eine Automatik, die sicherstellt, daß Beruf und Freizeit immer passende Grundstrukturen zum „Ausleben" des jeweiligen Wertesystems bereitstellen. Probleme entstehen daher immer dann, wenn diese neuen Grundstrukturen (beispielsweise in der Arbeitswelt) erst geschaffen werden, nachdem es zum offenen Konflikt zwischen alten Grundstrukturen der Arbeitswelt und neuen Wertesystemen der Mitarbeiter gekommen ist.

Aus diesem Grund ist es für Unternehmen eine zwingende Notwendigkeit, frühzeitig alle Signale zu beachten, die auf einen Wertewandel hinweisen. „Beachten" bedeutet dabei nicht zwingend, die Arbeitswelt immer den (neuen) Wertesystemen anzupassen. Vielmehr sind auch andere Alternativen denkbar, auf die am Ende dieses Abschnittes im Zusammenhang mit einem werteorientierten Personalmanagement eingegangen wird. Allen Alternativen gemeinsam ist aber die Kenntnis der Wertesysteme und ihrer Veränderungen.

(b) Welche Werte „wandeln" sich?

Vor allem fünf **Primärstudien** belegen eindrucksvoll den Wandel im Wertesystem, wie er sich in den letzten Jahrzehnten vollzog:

Noelle-Neumann (1985) untersuchte die Einstellung der Deutschen zur Arbeit und Freizeit im Zeitablauf zwischen 1956 und 1982. Während 1956 noch 59% der Gesamtbevölkerung das „Leben als Aufgabe" ansehen, und nur 28% das „Leben genießen" möchten, sind es 1982 nur noch 43%, die in erster Linie im Leben etwas erreichen und leisten möchten. Für 36% ist aber der Genuß des Lebens das Entscheidende! Abbildung 1.3 zeigt die Entwicklung bei den berufstätigen Arbeitern insgesamt und speziell für die als Trendsetter wichtige Gruppe der „Unter-30jährigen".

Inglehart (1979) baut auf der Bedürfnishierarchie von *Maslow* (1943) auf und unterteilt Werte in materielle Werte wie Versorgung und Sicherheit und postmaterielle Werte (Sozialstatus, Solidarität, Selbstverwirklichung). Seine Studien stützen die Hypothese des *Wertewandels*, hier im Sinne einer Bewegung von materiellen zu postmateriellen Werten. Dies bedeutet, daß traditionelle Anreizsysteme wie Entlohnung aufgrund erreichter Sättigung tendenziell an Bedeutung verlieren. Im Gegenzug kommen Aspekte wie individuelle Selbstbestimmung zum Tragen.

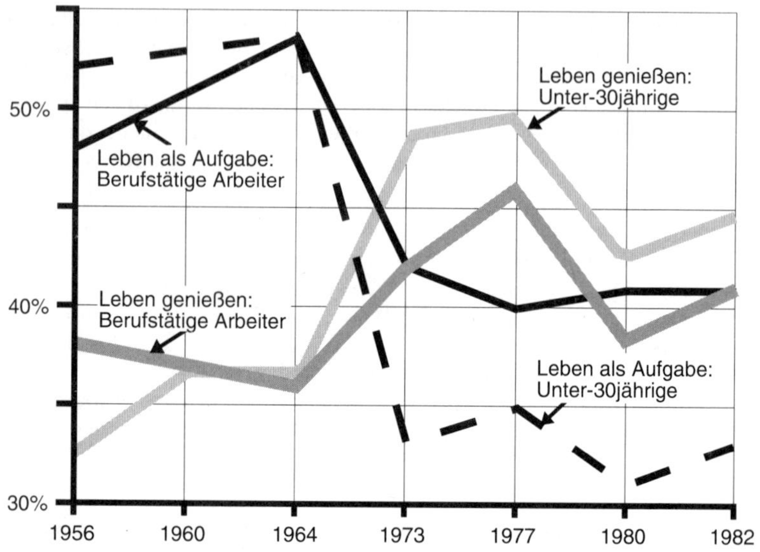

Abbildung 1.3: Wandel der Arbeitsmoral (vgl. *Noelle-Neumann/Strümpel* 1985, 11)

Opaschowski (1989) stellt in seiner B. A. T.-Freizeitstudie die Hypothese einer zunehmenden *Freizeitorientierung* auf. Danach versuchen immer mehr Menschen, sich in der Freizeit zu verwirklichen. Allerdings geht dies nach seinen neueren Studien nicht unbedingt zu Lasten des Einsatzes im Beruf. Es kommt vielmehr generell zum Streben nach mehr *Selbstverwirklichung* in der Arbeit *und* Freizeit (Abbildung 1.4).

*Rosenstiel (*1987*)* befragte Führungskräfte und Führungsnachwuchs, welche Ziele ihrer Meinung nach die großen Organisationen der Wirtschaft zur Zeit (IST) beziehungsweise zukünftig verfolgen sollten (SOLL). Beide Gruppen sind sich bei den IST-Zielen wie wirtschaftliches Wachstum, Steigerung des Gewinns und technischer Fortschritt einig. Bei den SOLL-Zielen wünschen sich jedoch beide Gruppen ein stärkeres Engagement der Unternehmen im Umweltschutz und in der Sicherung von Arbeitsplätzen, wobei dieser Wunsch beim Führungsnachwuchs wesentlich stärker ausgeprägt ist als bei den Führungskräften selbst. Vor allem aber der Nachwuchs mit „einem starken Engagement für grundlegende Veränderungen" (vgl. *Rosenstiel/Stengel* 1987, 118–132) sieht hier deutliche SOLL-IST-Abweichungen, im Gegensatz zu den eher in ihrem Wertesystem an etablierte Führungskräfte angepaßten „karriereorientierten" Nachwuchskräften.

Wyss (1990) kommt für die Schweiz zu einem ähnlichen Ergebnis und schließt von diesem allgemeinen Wandel auf ein grundsätzlich verändertes Verständnis der Erwerbstätigen von Arbeitsmoral und Arbeitsethos. Die zur Zeit noch parallel nebeneinander existierenden progressiven Kulturen der karriereorientierten „Yuppies" (Young Urban Professionals) mit überwiegend hedonistischer Grundhaltung auf der einen und der alternativ

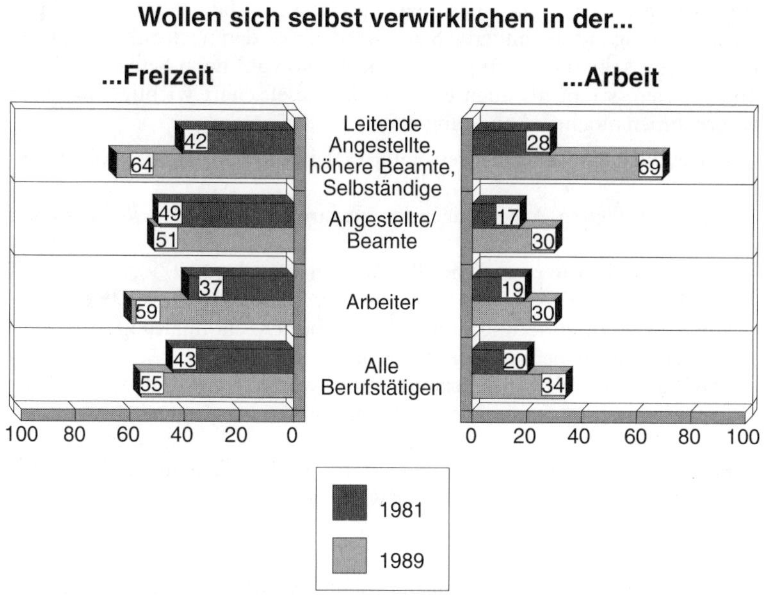

Abbildung 1.4: Selbstverwirklichung in der Freizeit/Arbeit (vgl. *Opaschowski* 1989, 12)

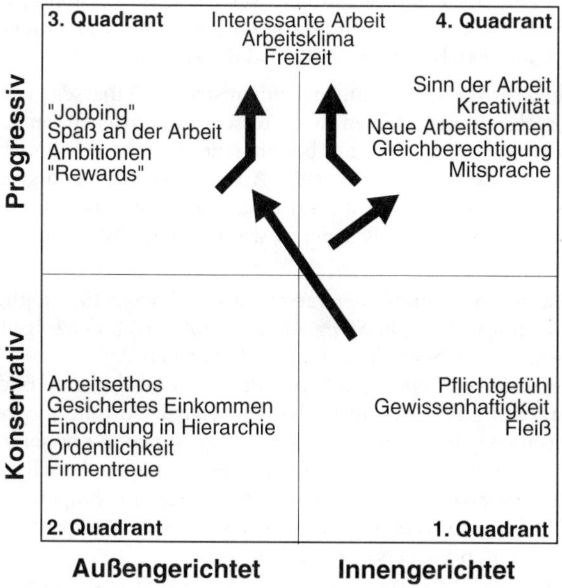

Abbildung 1.5: Allgemeiner Wertewandel und seine Auswirkungen auf Arbeitsmoral und Arbeitsethos (modifiziert nach *Klages* 1985, 18 und *Wyss* 1990, 33)

engagierten „Ökos" mit einer eher individualistischen, gesellschaftskritischen Haltung auf der anderen Seite, werden sich demnach zukünftig in einem neuen Arbeitnehmertyp vereinen, der sowohl nach Selbstentfaltung und Karriere strebt als auch eine für die Gesellschaft wichtige Tätigkeit wahrnehmen möchte (Abbildung 1.5).

Grundsätzlich läßt sich aber Bewegung in der Wertelandschaft beobachten: Ob

- von bürgerlichen Arbeitstugenden zu ihrem Verfall (*Noelle-Neumann* 1985),
- von materiellen zu postmateriellen Werten (*Inglehart* 1979),
- von Arbeit zu Freizeit als Lebensweise (*Opaschowski* 1989;1992),
- von Karriereorientierung zu freizeitorientierter Schonhaltung bzw. alternativem Engagement (*Rosenstiel/Stengel* 1987),
- von Pflichttugenden zu Selbstentfaltungswerten (*Klages* 1985) oder
- von klassisch-puritanischen zu kommunikativen Tugenden (*Schmidtchen* 1984),

in allen Fällen finden Verschiebungen statt, die aber nicht grundsätzlich alle Berufs- und Altersklassen in gleicher Weise betreffen.

(c) Warum ändern sich Wertesysteme?

Wie Paradigmen haben Wertemuster solange Bestand, wie sie ein fruchtbares Lösungsmittel zur Ordnung und Regulierung gesellschaftlichen Zusammenlebens liefern (*Schorpp* 1989, 11); dies bedeutet allerdings auch, daß altbewährte Lösungskonzepte abgelöst werden können und sich die Frage stellt, wann und vor allem warum sich Werte ändern. Denn nur, wenn man tatsächlich die Mechanismen näher kennt, die eine Werteänderung herbeiführen, kann man bereits im Vorfeld aktiv werden.

Die Ursachen für Werteänderungen sind umstritten: Einerseits wird vermutet, daß Erziehung und Medien, wie Presse und Fernsehen, entscheidende Einflußfaktoren sind, andererseits besteht jedoch auch die Möglichkeit, daß die Art der Tätigkeit bei verändertem Anspruchsniveau und gewandelten Zielvorstellungen nicht mehr die Erfüllung bietet und andere Formen der Selbstverwirklichung, zum Beispiel in der Freizeit, gesucht und gefunden werden.

Eine umfassende **Systematik** der verschiedenen Thesen für mögliche Ursachen des Wertewandels gibt *Stengel* (1991, 560–561), der folgende Argumentationsketten als besonders plausibel hervorhebt:

- Nach der *Bildungshypothese* haben Personen mit höherer Bildung eine Präferenz für postmaterialistische, die eigene Autonomie betonende Werthaltungen; steigt nun der Anteil von Personen mit höherer Bildung, so verschiebt sich auch das allgemeine Wertesystem in diese Richtung.
- Nach der *Altersstrukturhypothese* gilt analoges für jüngere Menschen, weshalb bei einer Verjüngung der Bevölkerungsstruktur postmaterialistische Werte in den Vordergrund rücken.
- Nach der *Wohlfahrtshypothese* werden sukzessive erst grundlegende Bedürfnisse (Lebensunterhalt und Sicherheit) befriedigt, bevor ranghöhere Bedürfnisse in den Vordergrund rücken.

- Nach der *Sozialisationshypothese* wird der Mensch durch die Erlebnisse der Kindheit geprägt, was für die unmittelbare Nachkriegsgeneration vollkommen andere Werte bedeutet als für spätere Generationen.
- Nach der *Defizitwahrnehmungshypothese* erkennt man im Anschluß an das Erreichen von Zielen (z. B. Wohlstand) Defizite bei anderen Zielen (z. B. Muße), weshalb diese dann zu Leitmotiven werden.
- Nach der *Nebenwirkungshypothese* führt das Anstreben von Zielen (wie Wohlstand) zu unerwünschten Nebeneffekten (wie Naturschäden), die nach dem Erreichen von entsprechenden Grenzwerten plötzlich selbst einen hohen Stellenwert bekommen.
- Nach der *Strukturhypothese* wird das Bewußtsein durch die Interaktion mit den Strukturen der Umwelt geprägt, so daß ein Wandel in der Produktionstechnik oder eine Verkürzung der Arbeitszeit auch eine Veränderung der Werte bewirkt.
- Nach der *Multiplikatorhypothese* sind immer bestimmte Personen Träger des Wertewandels, die bei Vorrücken in prägende Positionen besonders starken Einfluß auf das allgemeine Wertesystem haben.

Grundsätzlich haben alle diese Hypothesen in gewissem Ausmaß ihre Berechtigung, weshalb man von einer **Kombination** dieser Entwicklungshypothesen ausgehen kann.

(d) Was sind die Konsequenzen?

Die zentrale Bedeutung dieses oben beschriebenen Wertewandels liegt in den daraus ableitbaren Anforderungen an das betriebliche Personalmanagement. Wenn beispielsweise immer mehr Mitarbeiter immer interessantere und abwechslungsreichere Aufgaben mit Kontakt zu anderen Mitarbeitern suchen, so wird bereits die Entscheidung für die Bewerbung bei einem Unternehmen vom Angebot an entsprechenden Arbeitsplätzen beeinflußt. Vor allem aber hängen Einsatzfreude und Motivation der Mitarbeiter davon ab, inwieweit sich die Maßnahmen des betrieblichen Personalmanagements mit dem Wertesystem der Mitarbeiter decken.

Es ist offensichtlich, daß ein Personalmanagement, sofern es erfolgreich sein will, sich dem gesellschaftlichen Wertewandel nicht entziehen kann. Damit sollte allerdings nicht gesagt sein, daß das Erfolgsrezept in einer unreflektierten Übernahme aktueller gesellschaftlicher Strömungen liegt. Vielmehr muß es zu einer Neuorientierung unter Berücksichtigung gefestigter unternehmenskultureller Werte kommen, was eine verstärkte Delegation und Kooperation mit allen Beteiligten erfordert. Übersicht 1.2. bringt dementsprechend einige Ansatzpunkte für ein werteorientiertes Personalmanagement.

Eine werteorientierte Personalpolitik beginnt dabei schon mit einer sorgfältigen Personalauswahl. Sowohl bei Neueinstellungen als auch bei einer innerbetrieblichen Stellenbesetzung ist es von nicht unerheblicher Bedeutung, wie gut der neue Mitarbeiter in das bestehende Wertesystem und Sozialgefüge des Unternehmens beziehungsweise der Abteilung hineinpaßt. Hierzu ist sowohl eine genaue Analyse bestehender Werte als auch eine voraussicht-

Werte	Maßnahmen
Selbstentfaltung	Delegation von Verantwortung
Demokratie	Mitsprache der Mitarbeiter, gruppenbezogene Arbeitsformen
Individualisierung	Entkopplung von Arbeitszeit und Betriebszeit
kommunikative Tugend	Projekt- und Teammanagement
Karriereorientierung	Weiterbildung
Selbständigkeit	Eigenverantwortliche Personalentwicklung

Übersicht 1.2: Einige Ansatzpunkte zum werteorientierten Personalmanagement

lich eintretende Werteverschiebung infolge des Mitarbeiterwechsels notwendig.

Es reicht jedoch nicht aus, einzelne Instrumente des Personalmanagements auf die Werte der Mitarbeiter abzustimmen. Ebenso sind die absoluten Ausprägungen individueller Mitarbeiterwerte von geringer Bedeutung. Vielmehr erfordert eine „werteorientierte Personalpolitik" (z. B. *Wollert/Bihl* 1983) derartige Überlegungen im Sinne einer ganzheitlichen Betrachtung für die gesamte Personalarbeit, wobei vor allem die generellen Verschiebungen im Sinne von Wertewandel und die relevanten Konstellationen der Werte zueinander (im Sinne von Wertedominanz) zu beachten sind.

Ein anhaltender Erfolg wird sich nur dann einstellen, wenn die Werteorientierung glaubwürdig in die Praxis umgesetzt wird. Dazu muß sie sich mit der Unternehmensstrategie decken und langfristig konstant sein. Die Erkennung dauerhafter Wertänderungen ist jedoch schwierig, was ein bewußtes Abwarten oder gar eine gewollte Nicht-Anpassung nahelegt. Vor allem die Personalführung hat dann die Aufgabe, durch geeignete Maßnahmen, auch gegen aktuelle Trends, die bisher verfolgte Linie konsequent weiterzuverfolgen.

1.2.1.2 Der Arbeitsmarkt

Von jeher stellt gerade der Arbeitsmarkt eine wichtige **Einflußgröße** für die betriebliche Personalarbeit dar: Gelingt es einem Unternehmen nicht, rechtzeitig strukturelle Verschiebungen im Arbeitsmarkt zu erkennen und darauf mit entsprechenden Maßnahmen zu reagieren (oder sogar bereits im Vorfeld antizipativ tätig zu werden), so sind Schwierigkeiten vorprogrammiert. Dies gilt für größere Unternehmen ebenso wie für kleine und mittlere Betriebe (vgl. z. B. *Scholz/Schlegel/Scholz* 1992), bei denen es zwar absolut genommen ein geringeres Mengenproblem gibt, wohl aber eine stärkere überlebenskritische Phase bei Nichtbesetzung bereits einer einzigen Schlüsselposition.

Aus diesen Gründen ist es nicht verwunderlich, wenn Unternehmen **Bewegungen** auf dem Arbeitsmarkt intensiver beobachten und vor allem an langfristigen Prognosen und Projektionen sehr interessiert sind. Allerdings weisen sämtliche Vorhersagen in diesem Bereich ein erhebliches Maß an Unsicherheit auf. Zwar läßt sich noch relativ gut aus der Anzahl der neu eingeschulten Gymnasiasten des Jahres 1991 auf die Anzahl der Abiturienten im Jahre 2000 schließen; wie dann aber die zahlen- und fächermäßige Studienneigung ausfällt, hängt letztlich von einer Fülle weiterer Faktoren ab. Hierzu zählen Gehalts- und Aufstiegserwartungen, aber auch das „Image" bestimmter Fachrichtungen. Auf diese Weise kommt es zu einer Wechselbeziehung zwischen Arbeitskräfteangebot und Arbeitskräftenachfrage, die isolierte Vorhersagen bereits vom methodischen Standpunkt aus sehr erschwert.

Zusätzlich zu diesen generellen Problemen einer Arbeitsmarktprognose kommen gegenwärtig fünf weitere Punkte, von denen jeder für sich alleine genommen bereits genug **Unwägsamkeiten** enthält:

(1) Die Eingliederung der *neuen Bundesländer* führt zu einer Verschiebung auf der Angebots- und Nachfrageseite, letztlich sogar zu einem gespaltenen Arbeitsmarkt mit hoher Arbeitslosigkeit auf der einen und unbesetzten Stellen auf der anderen Seite.

(2) Der unvermindert anhaltende Zustrom von Arbeitskräften aus dem *osteuropäischen Raum* wirkt sich ebenfalls auf das Arbeitskräfteangebot aus, produziert allerdings bei nicht bedarfsgerechter Qualifikation zusätzliche Arbeitslosigkeit.

(3) Die Verwirklichung des *Europäischen Binnenmarktes* wird ebenfalls zu Veränderungen am Arbeitsmarkt (auf Angebots- und Nachfrageseite) führen, die sich beim gegenwärtigen Wissensstand kaum seriös abschätzen lassen. Wenn tatsächlich die Fiktion der freien Arbeitsplatzwahl im gesamten europäischen Raum Realität wird und sich umgekehrt Unternehmen ihre Mitarbeiter in ganz Europa suchen (müssen/dürfen), so führt dies zunächst zu einer für alle Beteiligten schwer handhabbaren partiellen Intransparenz der Arbeitsmärkte und zu nicht vorhersagbaren Anpassungsprozessen.

(4) In Zukunft werden verstärkt *Frauen* in technische Berufe und höhere Managementebenen vordrängen (wollen). Auch diese Bewegungen lassen sich nur begrenzt abschätzen, weil es nicht nur um den Wunsch von Frauen nach einer quantitativ und qualitativ vergrößerten Erwerbsquote geht, sondern auch um die Akzeptanz auf der Nachfrageseite.

(5) Hinzu kommt die ungewisse *konjunkturelle Entwicklung*. So hätte selbstverständlich eine rezessive Phase unmittelbare und langandauernde Auswirkungen auf den Arbeitsmarkt.

Faßt man diese fünf Punkte als generelle Unwägsamkeit auf, so ist es nachvollziehbar, warum zuverlässige und exakte Prognosen in diesem Umfeld schwierig sind.

Dennoch gibt es eine Reihe von als relativ stabil angesehenen Trends, die zumindest als **Tendenzaussagen** den Rahmen für das betriebliche Personalmanagement abstecken. Hier ist besonders auf die regelmäßig erscheinenden Publikationen des Instituts für Arbeitsmarkt- und Berufsforschung (IAB) der Bundesanstalt für Arbeit in Nürnberg hinzuweisen, von denen nachfolgend die wichtigsten Aussagen (basierend auf *Franke/Buttler* 1991) wiedergegeben werden:

Befaßt man sich mit der globalen Arbeitsmarktbilanz (Abbildung 1.6), so wird auf der Angebotsseite und auf der Nachfrageseite mit unterschiedlichen Projektionen gearbeitet. Auf der *Angebotsseite* geht man von einer konstanten Weiterentwicklung der Erwerbsquoten aus (vgl. dazu allerdings die obige Relativierung!). Bei Projektion A1 wird zusätzlich angenommen, daß zwischen 1990 und 2000 insgesamt 3,7 Millionen Personen mehr zu- als abwandern, bei Projektion A2 sind es nur 1,3 Millionen. Auf der *Nachfrageseite* ergibt sich generell ebenfalls ein Anstieg, der in Abhängigkeit vom Wirtschaftswachstum und der Erwerbstätigenproduktivität für Projektion N1 insgesamt 2,5 Millionen Personen, für Projektion N2 insgesamt 1,6 Millionen für den Zeitraum von 1987 bis 2000 ausmacht. Bei diesen Werten sind die Zusatzdaten der neuen Bundesländer nicht berücksichtigt.

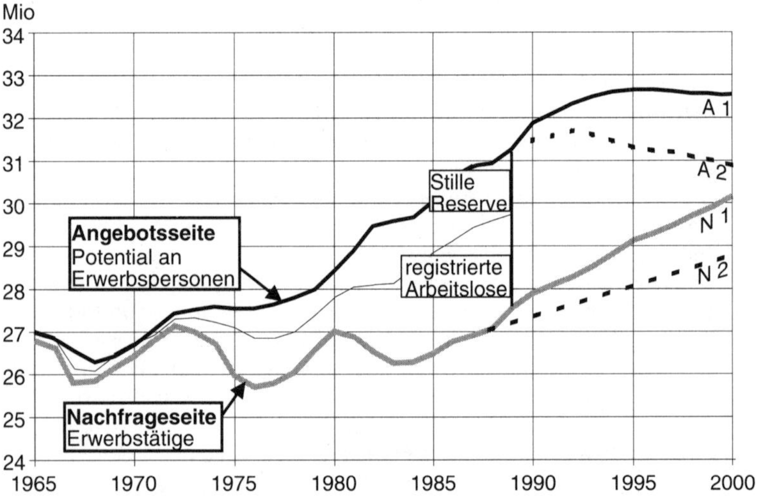

Abbildung 1.6: Globale Arbeitsmarktbilanz 2000 für die alten Bundesländer (*Franke/Buttler* 1991, 124)

Geht man einen Schritt weiter und analysiert die Verschiebungen innerhalb der Bedarfsstruktur, so wächst der Bedarf bei *höherqualifizierten* Tätigkeiten (Abbildung 1.7): Hierzu zählen generell Führungsaufgaben, die Bereiche Organisation und Management sowie „Betreuen und Beraten". Gerade bei diesen „sekundären Dienstleistungen" ist mit einer künftigen Nachfrage-Expansion zu rechnen. Im Segment der *mittelqualifizierten* Tätigkeiten wird es insgesamt zu einer leichten Abnahme des Bedarfs kommen, die sich aus verschiedenen, zum Teil gegenläufigen Effekten, zusammensetzt. Erheblich abnehmen wird der Bedarf an *einfachen* Tätigkeiten im Sinne von Hilfstätigkeiten in Produktion und Verwaltung.

Noch deutlicher wird die strukturelle Verschiebung, wenn man sie konkret auf einzelne Tätigkeitsgruppen bezieht (Übersicht 1.3): Hier zeigt sich, daß

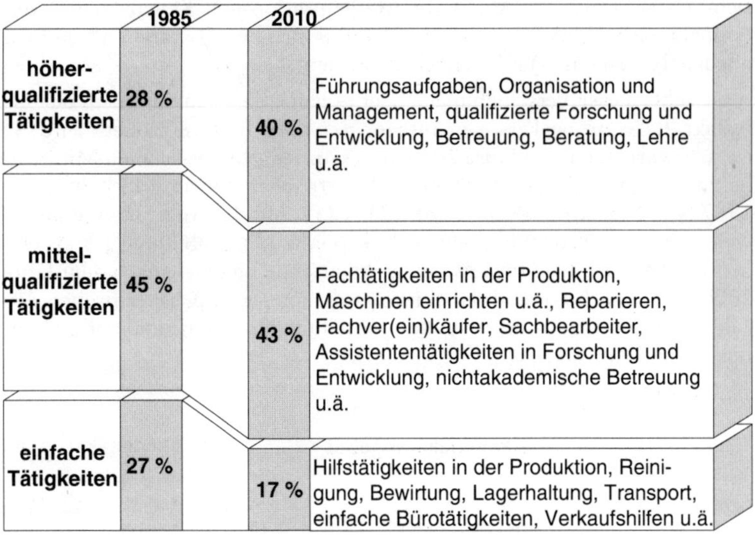

Abbildung 1.7: Verschiebung der Bedarfsstruktur nach Anforderungshöhe (*Franke/Buttler* 1991, 116)

Tätigkeitsgruppe		1985	2010
Sekundäre Dienstleistungen	Betreuen, Beraten, Lehren, Publizieren u. ä.	11,9 %	18,4 %
	Organisation, Management	5,8 %	9,7 %
	Forschen, Entwickeln	5,1 %	7,3 %
Primäre Dienstleistungen	Allgemeine Dienste (Reinigen, Bewirten, Lagern, Transportieren, Sichern)	15,4 %	13,8 %
	Bürotätigkeiten	16,5 %	11,8 %
	Handelstätigkeiten	10,5 %	10,6 %
Produktions-orientierte Tätigkeiten	Reparieren	6,2 %	4,9 %
	Maschinen einrichten, einstellen, warten	8,2 %	11,2 %
	Gewinnen, Herstellen	20,5 %	12,2 %

Übersicht 1.3: Verschiebung der Bedarfsstruktur nach Tätigkeitsgruppen (*Blaschke/Koller/Kühlewind/Müller/Stooß* 1990, 20)

sich beispielsweise der Anteil von „Organisation und Management" verdoppeln wird. Umgekehrt sind die Reduktionen bei „Reparieren" und vor allem bei „Gewinnen und Herstellen" evident.

Angesichts dieser Verschiebungen liegt es nahe, daß sich vor allem der Arbeitskräftebedarf bei Personen mit *Hochschulabschluß* vergrößern wird: So ist zu erwarten, daß im Jahre 2010 insgesamt 18% der gesuchten Mitarbeiter zu dieser Qualifikationsebene zählt, verglichen mit rund 11% im Jahre 1987 (vgl. *IAB-Kurzbericht* 1990, 121–125). Auf die Frage, ob und inwieweit sich dieser Bedarf überhaupt decken läßt, gibt Abbildung 1.8 als eindeutige Antwort den Hinweis auf zu erwartende Engpässe nach dem Jahre 2000. Berücksichtigt sind dabei jeweils die altersgruppenspezifischen Abgänge und die daraus resultierende Verteilung der „Jungakademiker" auf Einsatz und Zuwachs.

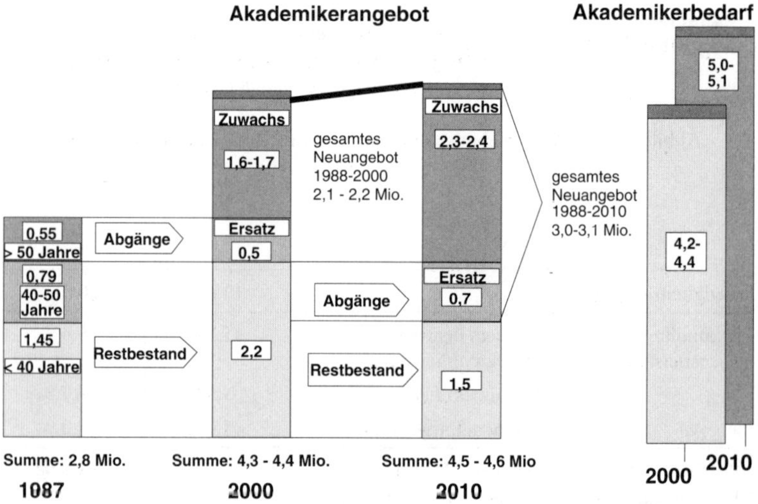

Abbildung 1.8: Angebot und Nachfrage an Mitarbeitern mit Fachhochschul- und Universitätsabschluß (*Franke/Buttler* 1991, 143)

Auch wenn zumindest bis 2000 noch ein annähernd globales Gleichgewicht auf dem Arbeitsmarkt und im Jahre 2010 (nur) eine Unterdeckung von rund 10% zu erwarten ist, so muß auf den Teilarbeitsmärkten doch mit **Ungleichgewichten** gerechnet werden.

1.2.1.3 Markt-, Technologie- und Organisationsdynamik

Gegenwärtig gehören Markt-, Technologie- und Organisationsdynamik mit Recht zu den häufig (vgl. auch Abschnitt 1.4.5.3) als zentral eingestuften Einflußfaktoren auf die betriebliche Personalarbeit.

(a) Marktdynamik

Befaßt man sich zunächst losgelöst vom betrieblichen Personalmanagement mit der Dynamik von Absatz- und Beschaffungsmärkten, so ist eine treibende Kraft die Entwicklung des europäischen Binnenmarktes. Gerade durch Wegfall vieler Barrieren zwischen den Ländern kommt es im Hinblick auf

- Erleichterung im Warenverkehr,
- Kommunikationspolitik,
- freie Arbeitsplatz- und Niederlassungswahl,
- Medienpolitik,
- Steuerharmonisierung,
- Verbraucherpolitik und
- Kulturpolitik

zu gewaltigen Verschiebungen, die zwar zum einen zu einer Standardisierung führen, zum anderen aber auch einen Anstieg der Dynamik in Folge einer Erhöhung der Transaktionsfrequenz und Vergrößerung der Entscheidungsspektren bewirken; unabhängig von den gravierenden qualitativen Veränderungen führen daher alleine diese quantitativen Marktänderungen zu einer erhöhten Marktdynamik (vgl. *Tietz* 1991).

Dies hat unmittelbare **Konsequenzen** für das betriebliche Personalmanagement: Veränderungen auf den Märkten führen zwangsläufig zu einem neuen quantitativen und qualitativen Personalbedarf und damit zu Veränderungen in der Personalbeschaffung sowie zu gestiegenen Anforderungen in der Personalentwicklung. Hinzu kommt der Zeitfaktor, da die hohe Marktdynamik rasche Aktionen erfordert, was immer dann zu erheblichen Problemen führt, wenn die zur Verfügung stehende Aktionszeit geringer ist als die Vorwarnzeit.

(b) Technologiedynamik

Analoges gilt auch für die Technologiedynamik (vgl. z. B. *Scholz/Staudt/Steger* 1992): Bei Produktionsunternehmen vollzieht sich der technologische Wandel sowohl bei den Produkten als auch bei den Verfahren und Technologien zur Herstellung dieser Produkte. Die Entwicklung von Mechanik über Elektromechanik bis hin zur Mikroelektronik ist ein Beispiel hierfür. Verbesserte und leistungsfähigere Produkte bilden die Basis für quantitativ und qualitativ höherwertige Herstellungsverfahren, so daß der Wandel in der Produktionstechnik sowohl die Entwicklung neuer Werkstoffe und Fertigungsverfahren als auch eine Vergrößerung der Fertigungstiefe beinhaltet (vgl. *Heeg* 1988). Insgesamt betrachtet kommt es daher zu einer Verkürzung der Produktlebenszyklen, die eine ständige Umstellung und Anpassung auf neue Verfahren und Technologien erfordert.

Für das Personalmanagement stellen sich in diesem Zusammenhang besondere Anforderungen an die **Personalentwicklung.** Durch den verstärkten Einsatz von modernen Informations- und Kommunikationstechnologien in allen Berufen und Branchen erhöht sich der Bedarf an höher qualifizierten, kreativen und flexiblen Mitarbeitern, während der Bedarf an ungelernten

Arbeitnehmern weiter rückläufig sein wird. Beispielsweise werden EDV-Fachkenntnisse nicht nur von Bewerbern für Positionen in der Datenverarbeitung erwartet, vielmehr wird der Umgang mit Personal Computern und Standardsoftware heute so selbstverständlich vorausgesetzt wie Führerschein oder Fremdsprachenkenntnisse.

Grundsätzlich hat sich dabei das Wechselspiel von Markt und Technologien verändert: Vor dreißig bis vierzig Jahren waren die Produkte eindeutig technologieorientiert, während heute in aller Regel eine Verbraucher- bzw. Marktorientierung vorherrscht (vgl. *Graf/Walter* 1990). Übersicht 1.4 bringt einige Beispiele für derartige Beziehungen zwischen Marktanforderungen und Technologiereaktion, auf die das Personalmanagement entsprechend reagieren muß.

Marktanforderungen	**Reaktion**
Scharfer Wettbewerb und Kostendruck	Reduzierung von Bestandskosten, Durchlaufzeiten und Produktionskosten; Steigerung der Qualität und damit Senkung der Fehlerbeseitigungskosten
Kürzere Innovationszyklen	Einsatz von flexiblen Fertigungszellen bzw. Fertigungssystemen
Zunehmende Produktdifferenzierung	Erweiterung der Logistik- und Materialflußsysteme
Hohe Lieferbereitschaft	Einführung oder Erweiterung von PPS-Systemen mit Direkt-Kopplung zum Prozeß

Übersicht 1.4: Reaktionen auf Marktanforderungen (vgl. *Scholz/Schrick* 1988, 33)

Die Konsequenzen aus einer verstärkten Markt- und Technologiedynamik betreffen zunehmend die **Personalführung**, die sich auch konkret mit Ängsten der Mitarbeiter auseinandersetzen muß (vgl. *Meiser/Wagner/Zander* 1991, 5):

- Zum einen besteht Angst vor tatsächlichen oder imaginären Risiken (insbesondere Arbeitsplatzverlust), vor allem dann, wenn die Wahrnehmung von Risiken größer erscheint als die Würdigung des Nutzens.
- Zum anderen kommt es zu einem Vertrauensverlust, wenn die Hoffnungen, die mit dem Einsatz neuer Technologien verbunden werden, sich nicht erfüllen.

Langfristig muß eine zunehmende Markt- und Technologiedynamik zu einer deutlichen Veränderung der **Personalorganisation** führen. Ähnlich wie bei der Produktentwicklung, wo zunehmend eine frühzeitige Kooperation und eine raschere Information zwischen F&E, Technik und Vertrieb erfolgen, ist auch das betriebliche Personalmanagement rechtzeitig zu integrieren.

Bezogen auf die Technologiedynamik bedeutet dies auf operativer Ebene eine frühzeitige **Kopplung** von technischer Systementwicklung und Personalbeschaffung sowie Personalentwicklung. Übersicht 1.5. zeigt hierzu ein Beispiel für die Kombination von Personalmanagement und Einführung eines flexiblen Fertigungssystems, wo durch eine frühzeitige Integration der Personalfunktion Reibungsverluste minimiert und die Systemnutzung maximiert wird.

	Technologie		**Personalmanagement**	
Phase	beim Systemhersteller	im Unternehmen	beim Systemhersteller	im Unternehmen
1		Technologieplanung	Personalbedarfsplanung	
2	Anlagenplanung		Bildung gemischter Arbeitsgruppen	Beginn des theoretischen Lernens und der Vermittlung von Grundlagenwissen
3	Anlagenplanung		Beginn der Schulung an ähnlichen Geräten	Beginn anlagenspezifischer Trainingsprogramme
4		Anlagenaufbau	Realisation eines Lernstattkonzeptes	
5		Anlagenanlauf	Arbeitsgruppen zur Beseitigung von Anlaufproblemen (Prozeßoptimierung)	
6		Anlagennutzung		Stabilisierung durch eigenverantwortliche Schulungsprozesse
7	Anlagen- und Prozeßerarbeitung		Personalmanagement-Audit	

Übersicht 1.5: Verzahnungsmöglichkeit von Technik und Personal

Diverse empirische Studien belegen die Notwendigkeit, gerade in der vielzitierten „Fabrik der Zukunft“ auch ein neues und zukunftsbezogenes Personalmanagement zu praktizieren. So kamen zum Beispiel *Walton* und *Susman* (1987) in ihrer Studie zu dem Schluß, daß flexible und rechnergestützte Fertigungsverfahren eine extrem sorgfältige Personalselektion und eine intensive Personalentwicklung erfordern. Hinzu kommt bei den untersuchten Unternehmen die Einführung flexibler Lohnsysteme und eine stärkere Integration der Arbeitnehmer in die Planung und Realisation von Fertigungsinvestitionen. Schließlich fordern die Autoren einen von ihnen als „radikal“ bezeichneten Wandel von autoritärer Führung zum partizipativen Management, um die Mitarbeiter stärker zu motivieren (Abbildung 1.9).

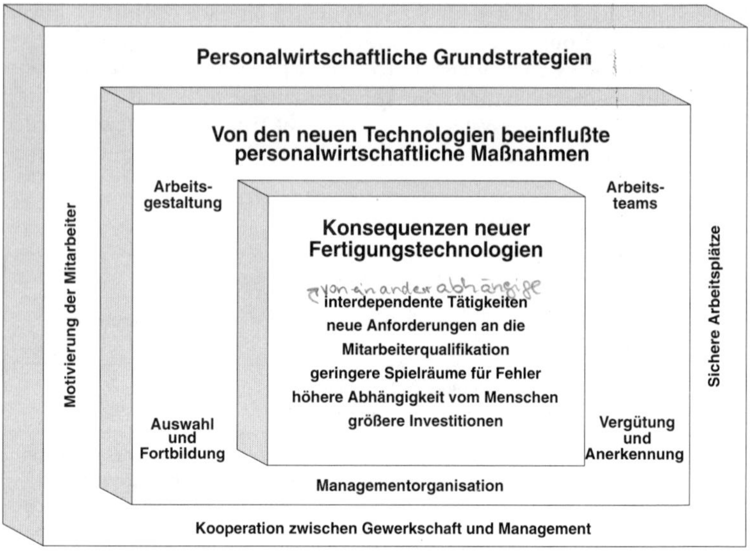

Abbildung 1.9: Produktionstechnik und Personalmanagement (nach *Walton/Susman* 1987, 67)

(c) Organisationsdynamik

Die oben angesprochenen Veränderungen von Wertewandel bis zu Technologiedynamik haben unmittelbaren Einfluß auf die Organisation der Unternehmen. Hier beginnen Wirkungsgefüge zu greifen, die aus der empirischen Organisationstheorie (vgl. z. B. *Frese* 1992, 109–214) seit längerem bekannt sind und aussagen, daß Faktoren wie Umweltdynamik oder Technisierungsgrad Einfluß haben auf Organisationsvariablen wie Zentralisation oder Standardisierung.

Gegenwärtig dominanter Trend ist die Bewegung hin zu einer flachen Hierarchie, effizienteren Entscheidungssystemen und flexibleren Organisationen: Durch dieses *„lean management"* wollen Unternehmen ihrer Komplexität und der Umweltkomplexität begegnen (vgl. z. B. *Scholz*, 1993b). Typische Konsequenzen sind der Wegfall von Managementebenen und stärkere Dezentralisation, verbunden mit der Schaffung möglichst unabhängiger Einheiten. Dies wiederum verlangt nach neueren und weitergehenden Kontrollsystemen, um trotz der Autonomie Kompatibilität zur Gesamtzielsetzung herzustellen. Gesucht ist ein Ensemble kreativer Einheiten, die trotz individueller Differenzierung derselben Strategie folgen.

Die **Konsequenzen** für das Personalmanagement sind offenkundig: Gehen personalplanerische Aufgaben auf dezentrale Einheiten über, so ist zum Beispiel der Personalbedarf weder quantitativ noch qualitativ von einer zentralen Instanz zu bestimmen, ebensowenig wie die Personalentwicklung und der Personaleinsatz. Dezentralisierung darf allerdings nicht mit einem Verlust der unternehmensweiten Einheitlichkeit einhergehen. Hier ist es Aufgabe des Personalmanagements, durch entsprechende Schulung der Mitarbeiter diesem Problem entgegenzuwirken.

1.2.1.4 *Internationalisierung*

Die Zunahme der internationalen Verflechtungen und die Globalisierung der Märkte hat in den letzten zwei Jahrzehnten zu einer Internationalisierung der Unternehmenstätigkeit geführt (Übersicht 1.6). Indikatoren dafür finden sich in der gestiegenen Auslandsaktivität der deutschen Unternehmen, die sich sowohl in den Exportaktivitäten als auch in den Direktinvestitionen widerspiegelt. So stiegen beispielsweise die deutschen Direktinvestitionen nach Angaben der Deutschen Bundesbank (1991)im Ausland von 123,5 Mrd. (1983) auf 207 Mrd. DM (1989). Die Öffnung des osteuropäischen Raumes und die Vollendung des Europäischen Binnenmarktes 1993, bei dem durch das Wegfallen vieler Handelshemmnisse besonders die mittelständischen Unternehmen zur Ausweitung ihrer Geschäftsaktivitäten angeregt werden, sind weitere Meilensteine in dieser Entwicklung.

	Welthandel		**Außenhandel der Bundesrepublik**	
	Einfuhr	Ausfuhr	Einfuhr	Ausfuhr
1970	1 072 877	1 021 440	109 606	125 276
1980	3 732 008	3 627 621	341 380	350 328
1988	5 174 971	4 285 064	439 609	567 654
1989*	6 020 160	5 815 098	506 465	641 041
* Alte Bundesländer				

Übersicht 1.6: Außenhandel in Mio. DM (vgl. Statistisches Jahrbuch 1973 und 1990, Statistisches Jahrbuch 1991 für das Ausland)

Die Fülle der sich hieraus ergebenden Konsequenzen spiegelt sich in der großen Anzahl von Veröffentlichungen wider (vgl. z. B. *Dülfer* 1991a; *Schoppe* 1991): Den Unternehmen stellen sich Fragen bezüglich der organisatorischen Integration des Auslandsengagements (vgl. *Stopford/Wells* 1972; *Franko* 1976), der Steuerung und Kontrolle der ausländischen Töchterunternehmen (vgl. *Welge* 1980; *Kenter* 1985) und ausgewählter Funktionsbereiche wie beispielsweise dem internationalen Marketing (vgl. *Kulhavy* 1981; *Meffert/Althans* 1982; *Berekoven* 1985) oder der internationalen Steuerpolitik (vgl. *von Hacht* 1991; *Warneke* 1991).

Internationalisierung bedeutet aber nicht nur eine Ausdehnung der heimischen Managementaktivitäten auf das Ausland, sondern führt (wie in Kapitel 9 näher erläutert) vielmehr zu einer völlig neuen Komplexität der **Personalmanagementaufgabe**. Begründet wird diese durch (vgl. *Dowling/Schuler* 1990, 6–14)

- mehr Funktionen und Aktivitäten, die bei rein nationaler Tätigkeit nicht anfallen würden,
- heterogene Aufgabengebiete, die sich durch unterschiedliche Anforderungen der Länder ergeben,
- tiefergehenden Eingriff in das persönliche Leben der ins Ausland entsandten Mitarbeiter,
- Verschiebung der Tätigkeitsschwerpunkte innerhalb der Personalabteilungen bei fortschreitender Internationalisierung und damit verbundener organisatorischer Änderungen,
- Risikozunahme, bedingt durch größere persönliche und finanzielle Konsequenzen bei Mißlingen des Auslandsengagements,
- Zunahme der externen Einflußkomponenten wie beispielsweise unterschiedliche rechtliche Regelungen oder Wirtschaftsformen.

Das betriebliche Personalmanagement muß sich daher mit einer Fülle von operativen Problemen auseinandersetzen, beispielsweise Auswahl, Vorbereitung, Betreuung und Reintegration von Auslandsmitarbeitern (vgl. *Kenter/Welge* 1983; *Tung* 1987; *Speer* 1989).

Noch weitergehende Probleme ergeben sich bei unterschiedlichen Kultursystemen. Längsschnittanalysen von *Hofstede* (1980 a), aus denen die Divergenz der analysierten Wertedimensionen hervorgeht, unterstreichen die Bedeutung, die diese landeskulturellen Besonderheiten auch in der Zukunft für das internationale Personalmanagement haben werden.

1.2.1.5 Zusammenfassung: Die zentralen Trends

Für die Zusammenfassung obiger Ausführungen zu dominanten Trends bietet sich zunächst *Naisbitt* (1985, 11–12) an, der zehn **Megatrends** postulierte, die auch heute noch Gültigkeit haben:

- Wandel von einer Industrie- zu einer Informationsgesellschaft,
- forcierte Technologie führt zu verstärktem Kontaktbedürfnis,
- Entwicklung von einer nationalen Volkswirtschaft zu einer globalen Weltwirtschaft,
- vom kurzfristigen Aktionismus zur langfristigen Perspektive,
- von Zentralisation zur Dezentralisation,
- von institutionalisierter Amtshilfe zur Selbsthilfe,
- von der repräsentativen zur partizipatorischen Demokratie,
- von Hierarchie zu Verbundenheit und Verflechtung,
- von Norden nach Süden und
- vom Entweder/Oder zum multiplen Optimum.

Nach *Naisbitt* bearbeiten Menschen nicht nur Materie, sondern auch Informationen. Demzufolge werden Aufgaben durch Automatisierung überflüssig, wohingegen Phantasie und Kreativität eine wichtigere Rolle als bisher spielen werden. Auch wird immer offensichtlicher, daß die Wirklichkeit nicht einfach linear erklärbar, sondern sehr komplex ist. Hinzu kommt eine Entwicklung von einer konformen Massengesellschaft zu einer Aufteilung in viele unterschiedliche menschliche Gruppierungen mit einer Vielzahl von Geschmacksrichtungen und Wertvorstellungen.

	Ergebnisse	Personalkonsequenz
Demographische Trends		
Rückgang der Zahl der Erwerbstätigen	Weniger Wettbewerb für Einstiegsjobs, weniger Bewerber für niedriger gestellte Arbeiten	Verstärkte Aus-, Fort- und Weiterbildung, höhere Einstiegsgehälter
Zeitalter des Baby-Booms: kurzfristig	Stagnierende Karrieren, Unzufriedenheit mit der Arbeit, Forderung nach mehr Nebeneinkünften und neuen betrieblichen Leistungen	Job Enlargement, Mitspracherecht für Arbeiter, flexible Arbeitszeit, Gewinnverteilung, bessere langfristige betriebliche Leistungen
langfristig	Altersspezifische Bedenken, Forderungen nach neuen betrieblichen Leistungen und erweiterten Ruhestandsmöglichkeiten	Karriereberatungsprogramme, langfristige betriebliche Leistungen, Teilzeitbeschäftigung für in den Ruhestand gehende Arbeitnehmer
Frauen als Arbeitnehmerinnen	Anhaltende Forderung nach Gleichheit in Bezahlung und Förderung	Tagesbetreuung, Mutterschafts- und Vaterschaftsurlaub, Doppelkarrieren, Weiterbildungsprogramme
Technologische Trends		
programmierbare Automation	Automatisierung ersetzt eine große Anzahl von Arbeitern, Arbeitsinhalte verändern sich, Änderung bei überwachenden Aufgaben	Karriereberatungsprogramme Arbeitsbereicherung, Umschulung, Bezahlung für Wissen, Maßnahmen zum Mitspracherecht für Arbeiter, Sicherheitsprogramme
Büroautomatisierung	Vereinfachte Arbeitsplätze, wenig zwischenmenschlicher Kontakt, Unklarheit bei traditionellen Aufgabenverteilungen, flexible Arbeitszeit	Erhöhte Benutzermitsprache, Weiterbildung, finanzielle Anreizprogramme, Ergonomie Umstrukturierung von Arbeitsabläufen, neue Auswahlkriterien
Ökonomische Trends		
Wechsel von der Industrie- zur Dienstleistungsgesellschaft	Konzentration auf Serviceleistungen, Unzufriedenheit mit niedriger Entlohnung	Auswahl, Training und Vergütungssysteme, um Serviceleistungen zu verbessern, höhere Einstiegsgehälter, Karriereentwicklungsprogramme
Internationaler Wettbewerb	US-amerikanische Unternehmen versuchen ihre Wettbewerbsfähigkeit gegenüber ausländischen Mitbewerbern zu erhöhen	Flexible Entlohnungs- und Vergütungssysteme, kulturübergreifende Fähigkeiten und Wissen als Auswahlkriterium, gesteigerte Marktforschung
Zusammenarbeit von Gewerkschaften, Arbeitern und Management	Gewerkschaften versuchen ihrem Niedergang entgegenzusteuern, Rekrutierung jüngerer Arbeitnehmer im Dienstleistungssektor	Beschäftigung auf Lebenszeit, gesteigerte innerbetriebliche Weiterbildungs- und Umschulungsprogramme, Gewinnaufteilung, Kinderbetreuung, „Quality of Worklife“ Programme, kumulierte Pensionsansprüche

Übersicht 1.7: Trends im Umfeld betrieblichen Personalmanagements und ihre Konsequenzen (nach *Klein/Hall* 1988, 147–162)

Werden dabei die in dieser Informationsgesellschaft benötigten Mitarbeiter zu einer Mangelware, so werden die Unternehmen unter den begabtesten Mitarbeitern diejenigen rekrutieren, die besonders günstige Voraussetzungen für die persönliche Entfaltung mitbringen.

Übertragen auf das betriebliche Personalmanagement führen die aktuellen Trends zu spezifischen Innovationen, die sich im Sinne von zentralen Herausforderungen manifestieren (Übersicht 1.7).

1.2.2 Ausgangslage im Personalmanagement

Bevor sich Aussagen über gewünschtes oder tatsächliches Personalmanagement machen lassen, bietet es sich an, kurz auf die bestehende Ausgangslage für das betriebliche Personalmanagement einzugehen: Dazu gehören Entwicklung und Stand in Praxis und Forschung ebenso wie Aussagen zur personalwirtschaftlichen Lehre.

1.2.2.1 Personalmanagement in der Praxis

Betrachtet man die historische Entwicklung der Personalarbeit in der Praxis, so stand in den 50er Jahren primär die Abwicklung der reinen **Personalverwaltung** im Vordergrund: Dies betraf vor allem die Lohn- und Gehaltsabrechnung sowie die rudimentäre Basis für eine Personaleinsatzplanung. Hinzu kamen die Gewerkschaften, die – später eingehend in die betriebliche Mitbestimmung – Impulse zur Ausgestaltung betrieblicher Personalarbeit setzten.

In den 60er Jahren standen formale Methoden und Hilfsmittel der **Personalorganisation** im Mittelpunkt des Interesses, die mit dem heutigen Verständnis von Personalmanagement nur wenig Gemeinsamkeiten aufweisen. So wurden formularmäßig festgelegte Schaubilder und stark strukturierte Kontrollberichte als Voraussetzung für eine koordinierte Personalplanung der Abteilungen und Stellen des Betriebes angesehen. Erst mittels dieser Organisationshilfen wurde die Personalplanung als überhaupt denkbar betrachtet.

Anfang der 70er Jahre erlebten Führungsmittel wie Stellenbeschreibung und formalisierte Zielvereinbarung ihren absoluten Höhepunkt. Hinzu kamen die Bereiche der **Personalentwicklung** insbesondere mit der **Personalbetreuung**, wodurch die Personalabteilung weiter an Bedeutung gewann. Auch die Umsetzung des Betriebsverfassungsgesetzes rückte die Personalabteilung in vielfacher Hinsicht in eine Schlüsselrolle, allerdings auch in eine eher formal-juristische Funktion.

Anfang der 80er Jahre begann ein gradueller Wandel: Teilweise inspiriert durch amerikanische und japanische Vorbilder, entstand ein Gefühl für die **Personalstrategie.** Die betriebliche Personalarbeit rückte also in den Rang eines strategischen Wettbewerbsfaktors auf. Diese Bewegung war geprägt durch das hohe Lohnniveau in Deutschland und durch strukturelle Probleme der Beschäftigungslandschaft. Sie mündete in Versuche, die Personalarbeit betriebswirtschaftlich sinnvoller zu realisieren und vor allem längerfristiger zu konzipieren.

Interessant ist sicherlich die Beantwortung der Frage, wo die Schwerpunkte der betrieblichen Personalarbeit in der Mitte der 90er Jahre liegen werden. Hier dürfte eine Weiterentwicklung der Grundidee des Personalmanagements hin zu einem interfunktionalen Personalmanagement eine äußerst realistische Perspektive sein, von der auch in diesem Buch ausgegangen wird: **Personalinterfunktionalität** bedeutet, Personalaufgaben breit über das gesamte Spektrum der betrieblichen Funktionsbereiche zu positionieren. Die Konsequenz wäre dann eine Situation, in der jeder Vorgesetzte zu einem gewissen Grade die Rolle des Personalmanagers wahrnimmt, und gleichzeitig der Personalabteilung eine (teilweise) neue Funktion der Integration zukommt – auf die in Abschnitt 1.4.3 noch näher eingegangen wird.

Abbildung 1.10 faßt diese Entwicklungslinien zusammen und macht deutlich, warum sich das betriebliche Personalmanagement gegenwärtig mit erheblichen Herausforderungen konfrontiert sieht.

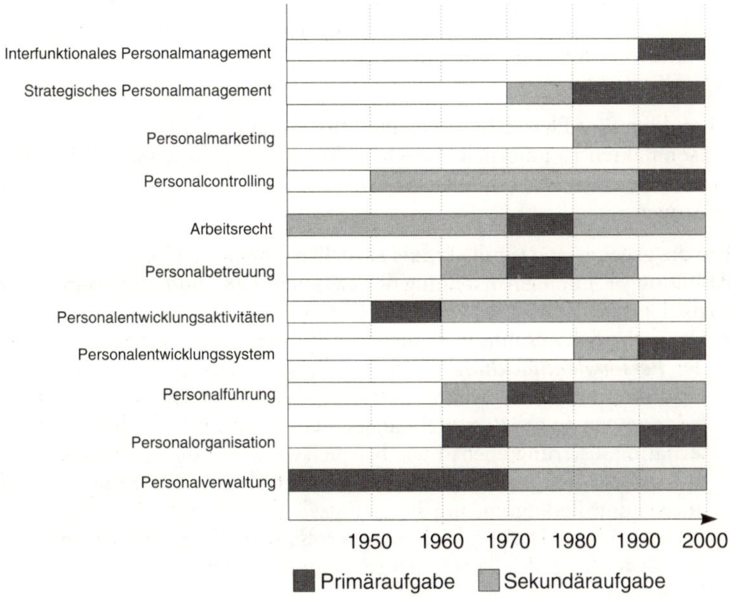

Abbildung 1.10: Entwicklung des Personalmanagements in der Praxis

Die Bewegung hin zu einem eher interfunktionalen Personalmanagement mit verteilten Rollen bedeutet Einbeziehung aller Vorgesetzten in den Prozeß des Personalmanagements. Sie bedeutet aber auch ein Überdenken bisheriger Systeme:

- Wie läßt sich strategisches Denken breit im Unternehmen verteilen?
- Wie kann man Personalentwicklung von einem technokratischen Ansatz hin zu einem unternehmensweiten Lernen entwickeln?
- Wie soll die Personalarbeit formal im Hinblick auf Zuständigkeiten und Kompetenzen organisiert werden?
- Welche Funktionen soll zukünftig der Computer im Rahmen eines übergreifenden Personalinformationsmanagements übernehmen?

Auf einige dieser Fragen gibt das vorliegende Handbuch Antworten, wenngleich sich die Konturen eines „Personalmanagements 2000" erst unscharf abzeichnen. Fest steht allerdings, daß sich gegenwärtig die Personalarbeit in vielen Unternehmen im Umbruch befindet und schon allein dies zu unterschiedlichen Ausbauständen der Personalarbeit führt. Hinzu kommt, daß aus verschiedensten Gründen noch immer viele Unternehmen auf früheren Stufen stehen. Das oben skizzierte 5-Stufen-Modell stellt daher kein allgemeingültiges Verlaufsmuster dar, sondern gibt lediglich Anhaltspunkte zur historischen Entwicklung.

Eine etwas andere – weil mehr an der jeweiligen Zielsetzung der Personalfunktion ausgerichtete – Beschreibung der Entwicklungslinien der Personalarbeit in der Praxis präsentiert *Wunderer* (1990), der in diesem Zusammenhang von fünf Entwicklungsphasen des Personalwesens spricht, die von Bürokratisierung über Humanisierung bis zum Intrapreneuring reichen (vgl. Übersicht 1.8):

Über diese fünf Phasen hat sich eine Entwicklung von der Verwaltung von Personalakten zu unternehmerischem Mitdenken, Mitwissen, Mithandeln und Mitverantworten in allen wesentlichen Unternehmensentscheidungen vollzogen.

Um die gegenwärtig für die Praxis **aktuellen Themen** zu lokalisieren, bringt Abbildung 1.11 eine Aufstellung der zwischen 1987 und 1992 publizierten Artikel aus der Zeitschrift *Personalführung*:

- Deutliche Schwerpunkte praktischer Personalarbeit liegen demnach in der *Personalentwicklung*. In diesem Personalmanagementfeld wird ein Grundstein für den erfolgreichen Umgang mit den zukünftigen Herausforderungen an das Personalmanagement gelegt: Im Hinblick auf die Internationalisierung ebenso wie beispielsweise auf die Technologiedynamik ist die zeitgemäße Aus- und Weiterbildung der Mitarbeiter die notwendige Bedingung, um diesen Entwicklungstrends überhaupt begegnen zu können. Die vergleichsweise große Anzahl von 66 Beiträgen trägt der Bedeutung der Personalentwicklung in der Praxis entsprechend Rechnung.
- Beim *Personaleinsatz* gilt das Hauptaugenmerk dem Thema Arbeitszeiten, speziell der Arbeitszeitflexibilisierung und Arbeitszeitverkürzung. Vor allem aufgrund der Anstrengungen zur Erreichung der 35-Stunden-Woche und den daraus resultierenden Konsequenzen werden neue, flexible Arbeitszeitsysteme diskutiert, die es ermöglichen sollen, sowohl den Ansprüchen der Arbeitnehmerseite als auch denen der Arbeitgeberseite gerecht zu werden.

I. Bürokratisierung:	bis ca. 1960
Hauptfunktionen: Verwaltung, Durchführung personalpolitischer Entscheidungen *Verantwortlich:* Kaufmännische Leitung *Philosophie:* Kaufmännische Bestandspflege der Personalkonten	
II. Institutionalisierung:	ab ca. 1960
Hauptfunktionen: Professionalisierung, Zentralisierung, Spezialisierung. *Verantwortlich:* Personalleiter im Groß- und z. T. Mittelbetrieb *Philosophie:* Anpassung des Personals an organisatorische Anforderungen	
III. Humanisierung:	ab ca. 1970
Hauptfunktionen: Humanisierung, Partizipation, Mitarbeiterorientierung, Gestaltung der Arbeit *Verantwortlich:* Personalstäbe, Arbeitnehmervertretungen *Philosophie:* Anpassung der Organisation an die Mitarbeiter, Effizienz	
IV. Ökonomisierung:	ab ca. 1980
Hauptfunktionen: Flexibilisierung, Rationalisierung, Substitution von Personal durch Kapital *Verantwortlich:* Personalwesen, Linienmanagement *Philosophie:* Anpassung an veränderte Umweltbedingungen, Effektivität	
V. Intrapreneuring:	ab ca. 1990
Hauptfunktionen: Unternehmerisches Mitwissen, Mitdenken, Mithandeln und Mitverantworten *Verantwortlich:* Geschäftsleitung, Linie, Mitarbeiter *Philosophie:* Mitarbeiter sind die wertvollste und sensitivste Ressource	

Übersicht 1.8: Entwicklungsphasen des Personalwesens (nach *Wunderer* 1990, 21)

- Die *Personalführung* zählt unabhängig von spezifischen Entwicklungstendenzen zu den wichtigen Themen praktischer Personalarbeit. Auffällig ist in diesem Zusammenhang die vor allem in jüngster Zeit verstärkte Berücksichtigung der Unternehmenskultur sowie ethischer Gesichtspunkte. Hier wird deutlich, daß vor allem organisationskulturellen Gesichtspunkten im Unternehmen große Bedeutung beigemessen wird.
- Das *Personalkostenmanagement* ist schon deshalb ein Bereich von besonderer Bedeutung, weil das bundesdeutsche Lohnniveau im internationalen Vergleich (bezogen auf die tatsächliche Arbeitszeit) eine Spitzenstellung einnimmt.
- Die Relevanz der Querschnittsfunktionen *Personalcontrolling, Personalmarketing* und *internationales Personalmanagement* unterstreichen insgesamt 51 Beiträge zu diesen Themen.

Setzt man die zuvor beschriebenen Trends fort, so sind im Einklang mit der oben beschriebenen Interfunktionalität des Personalwesens vor allem **drei Neuorientierungen** in der Praxis zu erwarten (vgl. *Posth* 1989):

- Dies ist zunächst eine zunehmende *Kundenorientierung* des Personalwesens, die eine entsprechende Behandlung der internen Kunden (Mitarbeiter, Führungskräfte, Betriebsrat etc.) und der potentiellen externen Kunden (Bewerber) erfordert.

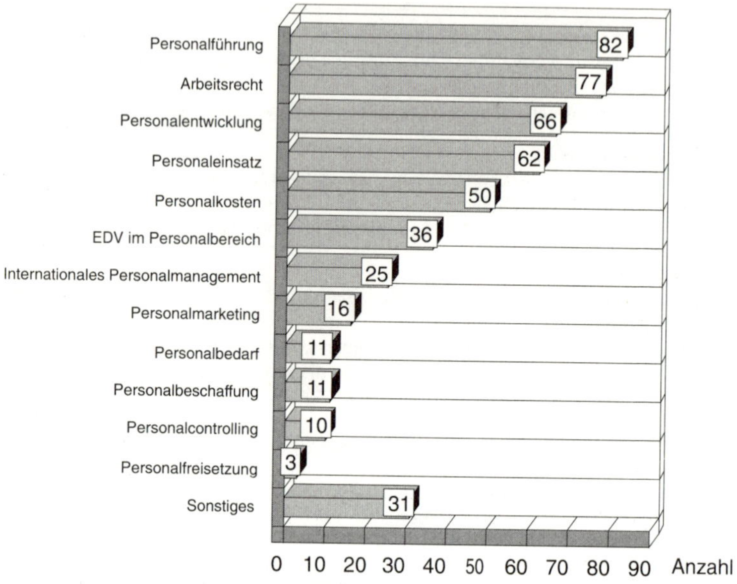

Abbildung 1.11: Themenbereiche Zeitschrift „Personalführung" 1987 bis 1992

- Im Rahmen wachsender *Wettbewerbsorientierung* steht das Personalmanagement vor der Frage, ob die derzeitigen personalpolitischen Instrumente und Methoden dem europäischen und globalen Wettbewerb standhalten.
- Die *Kosten- und Ertragsorientierung*, die auf Kostenoptimierung und Produktivitätssteigerung auch durch das Personalmanagement hinausläuft, erfordert eine stärkere quantitative und qualitative Anpassung des Personalsektors an die Entwicklung und den Einsatz neuer Technologien, speziell hinsichtlich Arbeitsentgelt und Arbeitszeit.

Diese skizzierten Schwerpunkte praktischer Personalarbeit verdeutlichen die Aktualität und beginnende Eigenständigkeit des Personalmanagements. Das Stadium der reinen Personalverwaltung sollte danach bald als abgeschlossen angesehen werden und von professioneller Personalarbeit abgelöst werden.

1.2.2.2 Personalmanagement in der Forschung

Die heutige Personalwirtschaftslehre manifestiert sich in einer Vielzahl von personalwirtschaftlichen Denkrichtungen, wobei zunächst der deutschsprachige Raum betrachtet werden soll.

(a) Deutschland/Österreich/Schweiz

Das deutschsprachige Personalmanagement läßt sich – vereinfacht und auf die wesentlichen Aussagen reduziert – zu folgenden Ansätzen zusammenfassen (vgl. *Ende* 1982):

- Der normativ personalpolitische **Personalmarketing-Ansatz** befaßt sich in seiner engen Auslegung mit Fragen der Personalbeschaffung; er will das Image des Unternehmens auf dem Arbeitsmarkt als akquisitorisches Potential erhöhen. In weiter Auslegung des Personalmarketing-Ansatzes gelten auch die bereits im Unternehmen Beschäftigten als umworbene beziehungsweise zu umwerbende Personen. Stellvertretend ist auf den Ansatz von *Eckardstein* und *Schnellinger* (1975) hinzuweisen, der die Personalmarketing-Funktionen in einen globalen gesellschaftspolitischen Rahmen stellt.
- Der **systemtheoretisch-kybernetische** Ansatz orientiert sich an strukturell-funktionalen Fragen. Neben Aussagen zu Führungs- und Leitungsbeziehungen finden sich hier Überlegungen zur ganzheitlichen Verknüpfung der verschiedenen Teilfunktionen der Personalwirtschaftslehre. Die traditionelle Ausrichtung dieses Ansatzes prägten vor allem *Hackstein* und seine Mitarbeiter (z. B. *Hackstein et al.* 1974). Weitere Arbeiten (z. B. *Domsch* 1980) betonen dagegen die systemorientierte Perspektive und speziell die Informationsstruktur, die zu einem sinnvollen Personalmanagement gehört.
- Der aus der Organisationstheorie stammende **Kontingenzansatz** fand im Bereich der Personalführung Berücksichtigung, wo der Einsatz des Führungsinstrumentariums von der Führungssituation abhängig gemacht wurde.
- Die ebenfalls in der Organisationstheorie entwickelte Anreiz-Beitrags-Theorie dient als Grundlage für den **entscheidungsorientierten** Ansatz. Teilnahmeentscheidungen des Individuums werden hier vor dem Hintergrund seiner Bedürfnisse und seiner Erwartungen im Hinblick auf die Bedürfnisbefriedigung gesehen. Neben diesem individuellen Aspekt ergeben sich Führungsimplikationen für Gruppen, also koalitionstheoretische (*Kupsch/Marr* 1985, 640–650) beziehungsweise konfliktbezogene (*Marr/Stitzel* 1979) Ansätze.
- Der **soziotechnische Ansatz** berücksichtigt technische und soziale Komponenten gleichrangig. So manifestiert sich nach *Wächter* (1973) das Personalwesen durch ein generelles Erhaltungssystem, bestehend aus
  - Inputmodell (z. B. Fähigkeiten, Kenntnisse, Erwartungen)
  - Transformationsmodell (personalwirtschaftliche Maßnahmen) und
  - Outputmodell (z. B. Motivation, Erfahrung).

  Im soziotechnischen Ansatz finden auf der einen Seite motivationale Gesichtspunkte Berücksichtigung, auf der anderen Seite die Anforderungen an den „Produktionsfaktor Mensch".
- Der **Personalmanagement-Ansatz** (z. B. *Macharzina/Oechsler* 1977 a; 1977 b; *Remer* 1978) orientiert sich am amerikanischen Management-Begriff, der sich durch eine umfassende (also nicht monodisziplinäre) und handlungsorientierte Perspektive auszeichnet.

Die Problematik dieser und ähnlicher Systematiken (z. B. *Staehle/Karg* 1981; *Röthig* 1986) liegt auf der Hand. Anspruch und Wirklichkeit können nicht nur auseinanderklaffen, zudem ergeben sich bei breiter angelegten Arbeiten zwangsläufig Probleme bei der Zuordnung auf die oben beschriebenen Ansätze (vgl. *Bisani* 1983, 108). Klassifikationen – wie der obige Vorschlag – geben aber dennoch zumindest einen ersten Eindruck von der Vielfalt deutschsprachiger personalwirtschaftlicher „Theorien" und erleichtern damit etwas die Orientierung im Literatur-Dschungel.

(b) USA

Ein traditioneller Schwerpunkt der Personalmanagement-Forschung in den USA ist der **individuelle Führungsansatz**, beispielsweise vertreten durch *Fiedler* (1960) oder die Ohio State Forschung (z. B. *Stogdill/Coons* 1957). Das Ziel dieser Arbeiten besteht in einer Optimierung der Leistungsfähigkeit des Vorgesetzten durch Modifikation seines Führungsverhaltens oder seiner Führungssituation. Auf diese Arbeiten wird in Abschnitt 6.2 näher eingegangen.

Einen zweiten Schwerpunkt bilden Arbeiten zum Bereich der **Humanvermögensrechnung**, wofür exemplarisch die Arbeit von *Flamholtz* (1974) zu nennen ist. Hierbei wird evaluiert, welche Kosten durch die Mitarbeiter beziehungsweise mitarbeiterbezogene Aktivitäten entstehen, und/oder welchen Wert die Leistung beziehungsweise das Leistungspotential der Mitarbeiter repräsentiert (vgl. Abschnitt 8.2).

Ebenfalls auf eine lange Tradition kann der **Personalplanungsansatz** (z. B. *Cascio* 1987) zurückblicken, bei dem Anforderungen des Unternehmens und Fähigkeiten der Mitarbeiter durch frühzeitige Antizipation und adäquate Aktion aufeinander abgestimmt werden sollen. Dies verlangt nach meßtheoretischen Grundlagen ebenso wie nach planerischer Problemdurchdringung.

Nach diesen drei „klassischen" Forschungsbereichen, die das Spektrum zwischen „ökonomisch-unternehmensbezogen" und „verhaltensorientiert-individuell" noch immer getrennt voneinander behandeln, begann Ende der 70er Jahre insofern ein Umdenken, als jetzt eine Zusammenführung von „verhaltensorientiert" und „unternehmensorientiert" erfolgte.

Exemplarisch für diese **verhaltensorientierten Systemansätze** steht der „Behavioral Systems Approach" von *Klatt/Murdick/Schuster* (1978). Die Hauptverantwortlichkeit für das Human Resource Management liegt in diesem Ansatz bei den Linienmanagern. Der Human Resource Abteilung wird eine wichtige Beratungsfunktion zugesprochen. Die Personalarbeit wird im Systemzusammenhang gesehen: Zur Zielerreichung müssen die Teile des Systems zusammenarbeiten, was ein Verständnis der Systemprinzipien erfordert (vgl. Abbildung 1.12). Dieses Verständnis führt im Vergleich zum unsystematischen, intuitiven Management zu einer steigenden Effektivität. Die Rolle der Personalabteilung liegt demgemäß im wesentlichen im unterstützenden Service und technischer Hilfestellung.

Die Relevanz des Systemansatzes für das Personalmanagement begründen die Autoren wie folgt:

- Er erfordert eine klare Definition des gesamten Systemprozesses und der Ziele des Systems.

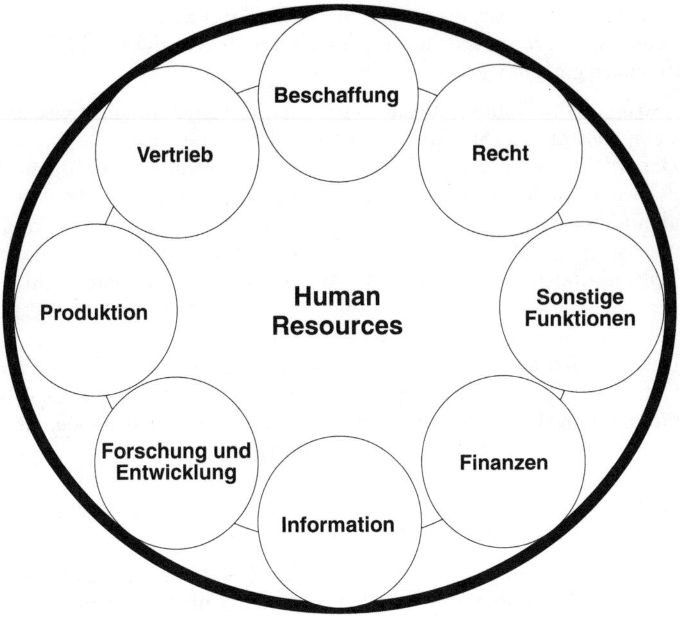

Abbildung 1.12: Systemsicht der Human Resources (modifiziert nach *Klatt/Murdick/Schuster* (1978, 5)

- Er bietet eine Analysemethode durch die Unterteilung in Subsysteme und deren Untersuchung.
- Er zeigt die Wechselwirkungen unter den Subsystemen des Human Resource Systems auf.
- Er setzt das Human Resource Subsystem in Form von Input, Output und deren Wirkungen auf das Gesamtsystem in Beziehung zu seiner Umgebung.
- Er erlaubt die Untersuchung von einzelnen Mitarbeitern oder Gruppen von Mitarbeitern als Subsysteme.
- Er ermöglicht die Untersuchung der Arbeitsteilung zwischen Linienmanagern und Human Resource Managern.

Der Ansatz von *Klatt/Murdick/Schuster* (1978) zeigt zwei Trends: die Verlagerung von Verantwortlichkeiten für die Personalarbeit vom Personalspezialisten zum Linienmanager und die Chance für das Human Resource Management, direkt die Zielerreichung des Unternehmens zu beeinflussen.

In der Folge artikulierten sich Anfang der 80er Jahre fast zeitgleich fünf Ansätze:

Der **individuelle Entwicklungsansatz** (z. B. *Kotter/Schlesinger* 1979) rückt die systematische Personalentwicklung in den Mittelpunkt, wobei er sich primär auf das einzelne Individuum und vor allem auf den einzelnen Manager konzentriert. Charakteristisch für diesen Ansatz ist, daß er Karriereplanungen impliziert, die gleichzeitig den Unternehmenszielen und den Mitarbeiterzielen gerecht werden.

Der **strategische Planungsansatz** betont den Zusammenhang zwischen Unternehmensstrategie, Struktur und Personalstrategie:

- Der Michigan-Ansatz (z. B. *Tichy/Fombrun/Devanna* 1982) geht dabei derivativ vor, leitet die Personalstrategie aus der Unternehmensstrategie ab und fokussiert daher auf die effiziente Implementierung der Unternehmensstrategie. Das Management der Human Resources umfaßt daher die Teilfunktionen „selection" (alle Aufgaben der Personalauswahl), „appraisal" (die Leistungsbeurteilung), „rewards" (die Anreiz- und Belohnungssysteme) sowie „development" (die Personalentwicklung).
- Das Harvard-Konzept (z. B. *Beer* et al. 1985) sieht sich selber als Teil der General Management Perspektive und erlaubt somit auch Querbeziehungen von der Personalstrategie zur Unternehmensstrategie. Aus diesem Zusammenspiel folgen dann Maßnahmen aus dem Bereich Mitarbeiterbeteiligung (Partizipationsphilosophie), der Veränderung von Human Resources (Personalbeschaffung, -einsatz, -entlassung), des Belohnungssystems und der Arbeitsorganisation.

Das Ergebnis ist eine Sichtweise, bei der das Personalmanagement selbst zur „driving force", also zur treibenden Kraft der Unternehmensentwicklung wird (vgl. *Butler* 1988).

Der **ökonomische Ansatz** ist eine Weiterentwicklung der Humanvermögensrechnung. Als Beispiel für diesen Ansatz ist die von *Odiorne* (1984) entwickelte Portfolio-Matrix anzusehen: Mit den Achsenbezeichnungen „Leistung" als gegenwärtige Leistung eines Mitarbeiters in Relation zu den gesetzten Zielen und „Potential" als wahrscheinlicher Beitrag zur Zielerreichung erhält *Odiorne* eine Vier-Felder-Matrix mit entsprechenden Mitarbeitertypen (vgl. Abbildung 1.13). Konzeptionell ist die Matrix mit der Produkt-Portfolio-Matrix der Boston Consulting Group vergleichbar.

Je nach Feldzuweisung ergeben sich dann spezifische Maßnahmen. Nach *Odiorne* ist die überwiegende Zahl von Managern (79%) den „Arbeitstieren" zuzuordnen. Für sie bieten sich demnach aufgrund ihres momentan geringen Potentials Personalentwicklungsmaßnahmen an. „Stars" mit hohem Potential und hoher Performance werden durch Assessment Center erkannt und entsprechend gefördert. „Flaschen" mit geringem Potential und geringer Performance sind im Endeffekt zu entlassen. Die „schwierigen Mitarbeiter" erfordern die besondere Aufmerksamkeit des Human Resource Managements. Für sie werden zur Erhöhung der Performance klare Leistungsstandards oder auch ein schnelles Feedback vorgeschlagen.

Der ökonomische Ansatz greift auch erneut die Frage nach der Leistungsfähigkeit der Personalarbeit auf (vgl. z. B. *Evans* 1986) und legt damit den Grundstock zum Personalcontrolling, also dem HRM-Audit.

Aus dem Zusammenspiel von individuellem Entwicklungsansatz und Strategieansatz entstand aus einer Teilmenge der Berührungspunkte der personelle **Stimmigkeitsansatz**: Hier sollen zwischen den „Human Resources"

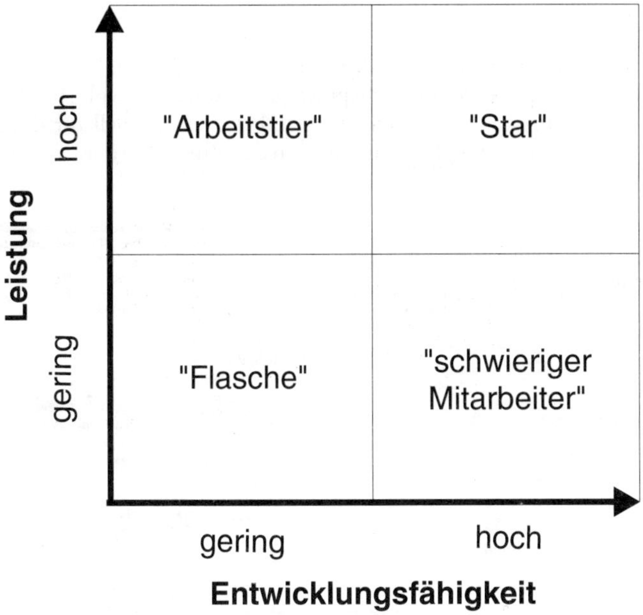

Abbildung 1.13: Human Resources Portfolio (*Odiorne* 1984, 66)

und den aktuellen Situationsmerkmalen Stimmigkeitsbeziehungen hergestellt werden. Dies betrifft vor allem

- die gezielte Strategie (z. B. *Leontiades* 1982;*Gupta* 1986),
- das externe Umfeld (z. B. *Dyer/Holder* 1988) und
- das erreichte Stadium der Unternehmensentwicklung (z. B. *Baird/ Meshoulam* 1988).

Ähnlich wie beim situativen Ansatz der Organisationsforschung gibt es auch hier

- den empirischen Zweig, bei dem aus gleichzeitigem Auftreten (gegebenenfalls unter Einbeziehung eines Erfolgskriteriums) auf „Stimmigkeit" geschlossen wird (vgl. z. B. *Miller/Friesen* 1984) und
- den plausibilistischen Zweig (vgl. z. B. *Baird/Meshoulam* 1988), bei dem logische Konvergenzhypothesen in Gestaltungsvorschläge transformiert werden.

Trotz aller forschungsmethodischen Probleme scheint sich jedoch der Stimmigkeitsansatz in den USA zunehmender Beliebtheit zu erfreuen.

Dies gilt in analoger Form auch für den **Kulturansatz** (vgl. z. B. *Schein* 1985), bei dem die Unternehmenskultur als ein zentraler Bestimmungsfaktor für den Unternehmenserfolg angesehen wird (vgl. Abschnitt 6.4.).

(c) Vergleich

Ordnet man den amerikanischen Entwicklungen im Personalmanagement jeweils korrespondierende deutschsprachige Ansätze zu (vgl. Abbildung 1.14), so wird eine gewisse Parallelität deutlich, was speziell für die entscheidende (weil prägende) Phase mit Beginn der 80er Jahre gilt.

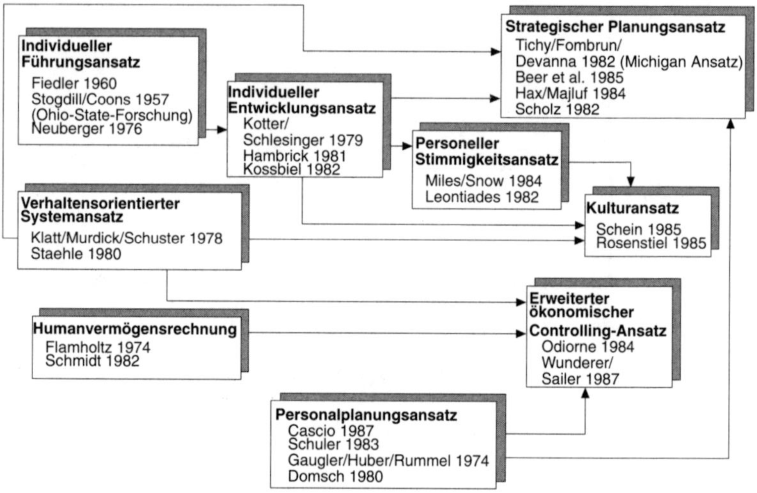

Abbildung 1.14: Vergleich zwischen deutschsprachigen und US-amerikanischen Ansätzen

1.2.2.3 Personalmanagement in der Lehre

Bis zu Beginn der 60er Jahre war Personalwirtschaftslehre im Katalog der betriebswirtschaftlichen Vertiefungsfächer deutscher Hochschulen nicht vertreten. Personalbezogene Fragen fanden vornehmlich im Rahmen der Arbeitswissenschaft auf ingenieurwissenschaftlicher Seite und der Arbeits- und Betriebsoziologie auf sozialwissenschaftlicher Seite Berücksichtigung. Als erste betriebswirtschaftliche Fakultät wurde an der **Universität Mannheim** ein Lehrstuhl für „Personalwesen und Arbeitswissenschaften" gegründet und die spezielle Betriebswirtschaftslehre „Personalwesen" in einer Prüfungsordnung verankert.

Unter anderem begünstigt durch zahlreiche Gründungen neuer Hochschulen stieg die Anzahl der Personallehrstühle in den 70er und 80er Jahren stark an. Im Ergebnis waren im Jahr 1989 insgesamt 40 Lehrstühle für Personalwirtschaftslehre eingerichtet (vgl. *Gaugler* 1992, 471). Betrachtet man die **Arbeitsschwerpunkte** der personalwirtschaftlichen Lehrstühle (vgl. *Peters* 1991), fällt die häufige Nennung der Arbeitsgebiete Personalführung und Personalentwicklung auf. Weitere Schwerpunkte betreffen strategisches Personalmanagement, Arbeitsrecht, Fehlzeiten, Personalplanung, Flexibilisierung der Arbeitszeit oder auch Entgeltpolitik.

Personalmanagement bedeutet daher wesentlich mehr als nur routinemäßige Personalverwaltung; entscheidend sind vielmehr Antworten auf Fragen nach bewußter Planung und Führung vor dem Hintergrund der globalen Unternehmenspolitik. Daraus folgt auch, daß Personalprobleme auf allen Ebenen und in allen Funktionsbereichen anfallen.

Dieser Tendenz Rechnung tragend, erstellte die Fachkommission für personalwirtschaftliche Ausbildungsfragen in der Schmalenbach-Gesellschaft – Deutsche Gesellschaft für Betriebswirtschaft e.V. 1984 das in Übersicht 1.9

Problemfelder	**Inhalte**
Personalwirtschaftliche Rahmenbedingungen	Rechtliche Rahmenbedingungen (Betriebsverfassungs- und Mitbestimmungsgesetz, Arbeits- und Sozialrecht, Tarifrecht und Politik) Gesamtwirtschaftliche Rahmenbedingungen (Struktur und Entwicklung des Arbeitsmarktes, betriebliche Arbeitsmarktforschung) Gesellschaftlich-kulturelle Rahmenbedingungen (Dynamik gesellschaftlicher Wertesysteme, Humanisierung der Arbeit, Wechselwirkungen zwischen Personalpolitik und gesellschaftlicher Entwicklung) Technische Rahmenbedingungen (Aufgaben- und Arbeitsstruktur, Rationalisierung)
Personalwirtschaft als Teil der Unternehmenspolitik	Menschliche Arbeit in der Betriebswirtschaftslehre Personalpolitik als Teil der Unternehmenspolitik Personalplanung als Teil der Unternehmensplanung
Personalwirtschaftliches Instrumentarium	Stellenbesetzung (Personalzuordnung, Personalbeschaffung, Personaleinsatz, Personalentwicklung, Personalfreisetzung) Arbeitsgestaltung (Ergonomie, arbeitsinhalts- und arbeitszeitbezogene Gestaltungskonzepte, Zeit- und Bewegungsstudien, arbeitsumgebungsbezogene Gestaltungskonzepte) Betriebliche Lohn- und Gehaltsfindung Personalinformationssysteme
Grundlagen der Personalführung und Zusammenarbeit	Verhaltenswissenschaftliche Grundlagen (Erklärungswert von individuellen und kollektiven Verhaltenstheorien, Bestimmungsgrößen des Arbeitsverhaltens, Gruppennormen und -verhalten) Führungstheorien und -modelle

Übersicht 1.9: Anforderungsprofil für die Personalwirtschaftslehre (verkürzt zusammengestellt aus *Fachkommission Personalwesen* 1984, 295–299)

zusammengefaßte **Anforderungsprofil** für Studieninhalte des Faches Personalwirtschaftslehre.

1.2.3 Die Konsequenz: Grundpostulate für das Personalmanagement

Die Entwicklung personalwirtschaftlicher Konzepte muß sich von klaren Verhaltenspostulaten leiten lassen, will sie nicht systemlos und simplizistisch vorgehen; angesichts der oben angesprochenen Defizite kommen der Kundenorientierung, dem Individualisierungs-, dem Flexibilisierungs-, dem Professionalisierungs- und dem Akzeptanzpostulat primäre Bedeutung zu.

1.2.3.1 Kundenorientierung

Im Marketing gilt als zunehmend akzeptierte Forderung, unternehmerische Aktivitäten strikt an den Wünschen und Erwartungen der (potentiellen) Kunden des Unternehmens auszurichten. Diese Kundenorientierung geht im Extremfall so weit, daß letztlich nur mehr die subjektive Perzeption des Kunden entscheidend ist, nicht aber die objektiven Produkteigenschaften. Kundenorientierung gilt daher insofern als ein wichtiges strategisches Instrument, als sich letztlich nur die Unternehmen am Markt erfolgreich durchsetzen, die Kundenwünsche richtig erfassen und in den Augen der Kunden befriedigen können.

Unabhängig von der sich bereits hier aufdrängenden und im Abschnitt 8.2 näher zu diskutierenden Querbeziehung zwischen Produktmarketing und Personalmarketing, stellt Kundenorientierung (vgl. Abbildung 1.15) auch für das betriebliche Personalmanagement ein interessantes Postulat dar, das in der US-amerikanischen Literatur (z. B. *Schuler* 1992b, 84) unter der Bezeichnung „customizing the HRM-function“ diskutiert wird.

Konzentriert man sich zunächst auf die **Personalabteilung** und ihre mögliche Kundenorientierung, so lassen sich fünf Kundengruppen identifizieren:

(1) Zunächst hat sich die Personalabteilung mit dem externen Arbeitsmarkt auseinanderzusetzen, also mit *potentiellen Mitarbeitern.* Sie steht hier in Konkurrenz zu der Personalarbeit und vor allem zum Personalmarketing anderer Unternehmen. Diese Form der Kundenorientierung gewinnt besonders dann an Bedeutung, wenn einzelne Segmente des externen Arbeitsmarktes hart umkämpfte Engpaßbereiche sind.

(2) Kunden der Personalabteilung sind auch die jeweiligen *Fachvorgesetzten.* Sie erwarten Dienstleistungen und werden die Personalabteilung letztlich danach beurteilen, inwieweit diese den gestellten Anforderungen gerecht wird. Vor allem Aufgaben im Bereich der Personalbeschaffung und der Personalentwicklung sind hier zu nennen, wobei sich allerdings der konkrete Umfang der „Anforderungen“ erst aus der unternehmensspezifischen Rollenverteilung zwischen Personalabteilung und Fachvorgesetzten ergibt.

(3) Die Personalabteilung ist zwangsläufig in den gesamtbetrieblichen Planungsprozeß integriert. Sie hat deshalb vor- und nachgelagerte *Planungsinstanzen* mit entsprechenden Informationen zu versorgen.

Wenngleich sich auch hier das erforderliche Maß der Kundenorientierung erst im Einzelfall ergibt, bleibt doch die Maxime eines Ausrichtens an Kundenwünschen: Sie wird durch eine Statistik, die für niemanden relevant ist, genauso verletzt wie durch ein Ausklinken aus dem zeitlichen Planungsraster.

(4) Die Personalabteilung ist schließlich auch Ansprechpartner für alle *gegenwärtigen Mitarbeiter* im Unternehmen. Auch sie sind Abnehmer von in der Personalabteilung erbrachten Service-Leistungen. Neben der obligaten Lohn- und Gehaltsabwicklung sind hier besonders Beratung im Bereich von Sozialleistungen und sonstiger Vergünstigungen wichtig. Diese Funktionen gewinnen besonders dann an Bedeutung, je mehr die Postulate nach Flexibilisierung und Individualisierung umgesetzt werden.

(5) Ein zentraler „Kunde" für die Personalabteilung ist schließlich die *Unternehmensleitung*. Sie gibt auf der einen Seite personalwirtschaftliche Rahmendaten vor und erwartet deren unternehmensweite Umsetzung in entsprechende Personalmanagement-Aktivitäten. Auf der anderen Seite erwartet sie aber auch personalstrategische Impulse von der Personalabteilung: Gerade dabei zeigt sich deutlich, daß „Kundenorientierung" nicht passives Abwarten und Reagieren bedeutet; gefragt ist vielmehr aktives Gestalten im Interesse des Kunden.

Kundenorientierung in der Personalarbeit betrifft aber nicht nur die Personalabteilung. Da sich Personalmanagement auf die Aktivitäten von Perso-

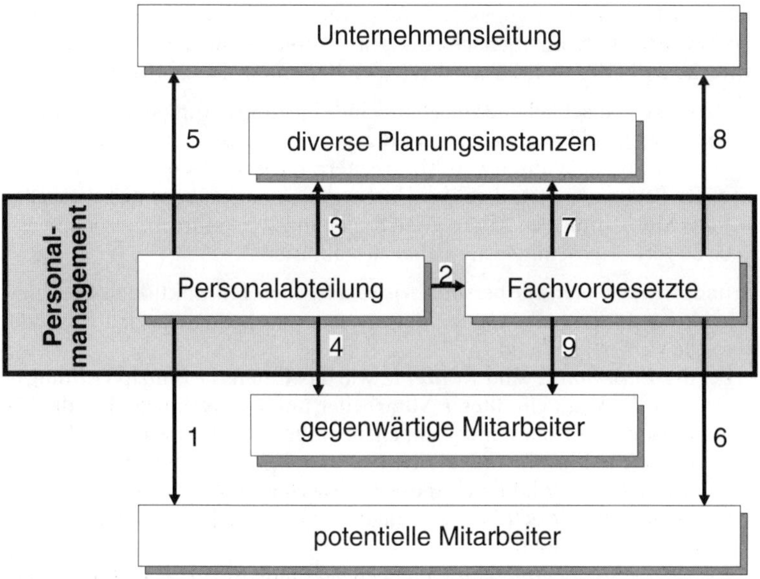

Abbildung 1.15: Kundenorientierung im Personalmanagement

nalabteilung und Fachvorgesetzten erstreckt, muß sich auch der unmittelbare **Fachvorgesetzte** am Postulat der Kundenorientierung messen lassen. Dies führt zu den analogen Kundenbeziehungen im Hinblick auf *potentielle Mitarbeiter* (6), *Planungsinstanzen* (7) und *Unternehmensleitung* (8). Interessant wird das Postulat nach Kundenorientierung vor allem dann, wenn es sich auf das Verhältnis zwischen Vorgesetzten und dem *gegenwärtigen Mitarbeiter* (9) bezieht: Hier führt es zu einem aktiven und individualisierten Eingehen auf die Wünsche der Mitarbeiter, um diese in einen Kompromiß zu den Unternehmenszielen zu bringen. Die Fachvorgesetzten konkurrieren dabei mit anderen Vorgesetzten („gute Mitarbeiter suchen sich gute Vorgesetzte aus"), aber auch mit den in anderen Unternehmen gebotenen Entwicklungsaspekten und Führungssystemen.

Die Umsetzung des Postulats nach Kundenorientierung erscheint unausweichlich, ist aber in der Umsetzung alles andere als trivial: So muß das Personalmanagement zum einen die Bedürfnisse der Kunden erfassen und zum anderen eine Strategie entwickeln, in der die personalwirtschaftlichen Dienstleistungen bestmöglichst den Bedürfnissen und Wünschen der Kunden entsprechen.

1.2.3.2 Individualisierung

Im Zusammenhang mit dem oben beschriebenen Wertewandel wurde bereits auf das Bedürfnis der Mitarbeiter nach Individualisierung hingewiesen. Nimmt man zusätzlich Kundenorientierung als Maxime der Personalarbeit ernst, so führt dies zwangsläufig zum Postulat der Individualisierung (auch) im Personalmanagement. Unter **Individualisierung** versteht man daher das Abrücken von kollektiven Regelungen; stattdessen sollen verstärkt die Bedürfnisse und unterschiedlichen Wertvorstellungen der einzelnen Mitarbeiter berücksichtigt werden (vgl. z.B. *Drumm* 1992, 401).

Anders als die anschließend zu behandelnde Flexibilisierung setzt die Individualisierung ausschließlich an den Mitarbeiterinteressen an. Der Ausgangspunkt ist also ein Wunsch von Mitarbeitern nach individualisierten Systemen der Personalarbeit, dem das Unternehmen nachzukommen versucht, um die Motivation der Mitarbeiter beziehungsweise ihre Unternehmenstreue zu verbessern, mindestens aber zu stabilisieren.

Grundsätzlich bieten alle personalwirtschaftlichen Teilfunktionen die Möglichkeit zur Individualisierung. Gegenwärtig erscheinen speziell folgende **Bereiche** vielversprechend:

- Bei der *Entlohnung* sind Konzepte wie das Cafeteria-Prinzip richtungsweisend. So kann ein älterer Mitarbeiter unter Umständen eher die Finanzierung des Ruhestandes anpeilen, während ein jüngerer die Finanzierung seines Eigenheims vorzieht.
- Bei der *Arbeitszeit* läßt sich Individualisierung durch diverse Auswahlmöglichkeiten hinsichtlich der Tages-, Wochen-, Jahres- und Lebensarbeitszeit realisieren.
- Für die *Personalentwicklung* ergeben sich individuelle Karriereplanungen anstelle von standardisierten Laufbahnmodellen, wozu auch indivi-

duell angepaßte und möglichst vom Mitarbeiter selbst initiierte Bildungsmaßnahmen gehören.

- Hinsichtlich der *Personalführung* muß sich der Vorgesetzte an den individuellen Merkmalen der Mitarbeiter (wie Interessenlage und aufgabenbezogener Reifegrad) orientieren und entsprechend situativ operieren.
- Auch der *Personaleinsatz* läßt sich individualisieren, wozu die frei wählbare Gestaltung des Arbeitsplatzes genauso gehört wie die Berücksichtigung persönlicher Eigenheiten (Morgenmensch/Abendmensch).

Aus der Fülle der in der Literatur (z.B. *Drumm* 1989; *Schuster* 1991) genannten Ansatzpunkte für eine Individualisierung faßt Übersicht 1.10 abschließend einige der zentralen Aspekte zusammen.

Individualisierung hat aber nicht nur Vorteile, wie zu erwartende Motivationseffekte, sondern stellt auch höhere **Anforderungen** an das gesamte Personalmanagement und führt zudem zu einem Verzicht auf kostengünstige Standardisierung sowie auf reibungsminimale Gleichbehandlung. Trotzdem dürften die Vorteile einer weitgehenden Individualisierung überwie-

Bereich	**Umsetzung**	**Inhalt**
Arbeitszeit	Flexible Perioden und Lebensarbeitszeit	Dem einzelnen Mitarbeiter werden Arbeitszeitoptionen angeboten, zwischen denen er wählen kann. Das Zeitangebot ist auf die Wünsche der Mitarbeiter angelegt.
Vergütung	Potentiallohn Cafeteria-System	Abhängigkeit der Entlohnung von der tätigkeitsfeldnotwendigen Qualifikation, Lohnkomponenten können gemäß der eigenen Bedürfnisse zusammengestellt werden.
Personal-entwicklung	Orientierung am Entwicklungsbedarf des Einzelnen	Angebot von mehreren Optionen, aus denen der Mitarbeiter seinen Bedürfnissen entsprechend wählen kann.
Führung	Abkehr von den Einheitskonzepten	Differenziertes Führungsverhalten und differenzierter Einsatz von Führungsinstrumenten gegenüber jedem Mitarbeiter.
Personal-führung	An die Stelle von traditionellen Regelungsformen der Über- und Unterordnung treten weiche Koordinationsmechanismen	Zum Beispiel Wahl des Vorgesetzten aus den eigenen Reihen, Erhöhung der Entscheidungstransparenz durch Informationspolitik.
Personal-beurteilung	Abkehr von standardisierten Beurteilungssystemen	Beurteilung nur bei konkretem Anlaß, Berücksichtigung der Wertehaltungen, Aufwärtsbeurteilungen.

Übersicht 1.10: Ansatzpunkte für eine Individualisierung

gen, nicht zuletzt auch deshalb, weil eine (mitarbeiterbezogene) Individualisierung durchaus mit einer (unternehmensbezogenen) Flexibilisierung einhergehen kann (Beispiel: Arbeitszeit).

1.2.3.3 Flexibilisierung

Auf die zunehmende Varietät der Umwelt müssen die Unternehmen mit einer erhöhten **Flexibilisierung** reagieren, die sich auch auf den Personalbereich erstreckt: Flexibilität wird verstanden als die Anpassungsfähigkeit an Unvorhergesehenes sowie an interne und externe Umweltfaktoren. Anders als bei der Individualisierung, die in erster Linie den Wünschen der Mitarbeiter gerecht werden will, zielt die Flexibilisierung unmittelbar auf eine Verbesserung der Unternehmensleistung.

Die Diskussion um personalwirtschaftliche Flexibilisierungspotentiale besteht seit längerem (vgl. z. B. *Flohr* 1984), gewinnt aber gerade unter strategischer Perspektive neue Relevanz (vgl. z. B. *Kolb* 1989, 210). Dort kann Flexibilität zu einer grundsätzlichen Leitidee werden, nach der personalwirtschaftliche Alternativen bewertet werden.

Die **Ansatzpunkte** für Flexibilisierung entsprechen teilweise denen der Individualisierung, wenngleich die vollkommen andere Zielsetzung auch zu an-

Anwendungsfelder	**Umsetzung**
Personalbestand	Stammaushilfskräfte; Leiharbeitnehmer; Vergabe von Teilaufträgen nach außen
Arbeitsorganisation	Berücksichtigung individueller Unterschiede der Mitarbeiter hinsichtlich ihrer Fähigkeiten, Bedürfnisse und Wertvorstellungen
Arbeitszeitstrukturen	Flexibilität bezüglich Chronometrie und/oder Chronologie; Zusammenhang von dynamischen, flexiblen und variablen Arbeitszeiten mit Soll-Personalbestand
Personalqualifikation	Vermittlung arbeitsplatzunabhängiger Schlüsselqualifikationen
Materielle Anreizsysteme	Maßnahmen und Instrumente, die der Bedürfnisbefriedigung, der Aktivierung und Motivierung der Mitarbeiter dienen
Vergütungssysteme	Unternehmensseite: flexible Personalkosten; Mitarbeiterseite: Optionen, die den Präferenzen des Einzelnen entgegenkommen sollen
Personalführung	Situationsangemessenes Führungsverhalten
Leistungen des Personalbereichs	Personalmanagement als Dienstleistungsfunktion, die sich an der Nachfrage der Betroffenen orientiert

Übersicht 1.11: Potentielle Flexibilisierungsaspekte (nach *Kolb* 1989, 216–217)

deren Maßnahmen führt. Übersicht 1.11 bringt eine Zusammenfassung potentieller Flexibilisierungsaspekte.

Der entscheidende Beitrag des Personalmanagements zur Flexibilisierung besteht darin, bewußt auf die Schaffung und die Erhaltung von Flexibilitätspotentialen zu achten, was eine entsprechende Dienstleistungsfunktion impliziert. Problematisch dürfte es aber dann werden, wenn Zielkonflikte speziell mit dem Postulat nach Individualisierung entstehen.

1.2.3.4 Professionalisierung

Komplexe Arbeitsstrukturen sind nicht nur verbunden mit einem differenzierten Ausbildungsniveau und entsprechend höheren Anforderungen an Personalverantwortliche, sondern erfordern eine **Professionalisierung** im Personalbereich. Aus der psychologienahen Verhaltensorientierung im Personalmanagement ergibt sich beispielsweise die Forderung nach Berücksichtigung der Unternehmenskultur, deren Bedeutung und spezifischer Charakter nicht nur verstanden, sondern deren Inhalte aktiv gestaltet werden müssen. Zudem resultiert aus der EDV-nahen Informationsorientierung die Notwendigkeit, auch Entscheidungen über den Computereinsatz im Personalbereich mit zu beeinflussen.

Profession geht einher mit hohem Prestige und Einkommen sowie mit einer spezifischen Ausbildung. Ferner erfolgt durch strenge Zugangskontrollen eine Reduzierung der Konkurrenz im jeweiligen Arbeitsmarktsegment. **Indizien** für eine Professionalisierung im Personalbereich sind daher zunehmende Differenzierung und funktionale Spezialisierung in der Personalabteilung, verbunden mit der Institutionalisierung eigenständiger Berufs- und Ausbildungsgänge (vgl. *Wächter* 1987).

Das Postulat nach Professionalisierung manifestiert sich besonders deutlich im amerikanischen Sprachraum, wo vor allem zwei **Schwerpunkte** betont werden:

- Im Bereich der Personalführung werden zunehmend Systeme gesucht, die eine Verbindung vom betrieblichen Personalmanagement zum strategischen Management realisieren; dies soll letztlich dazu dienen, durch verbesserte Information, Personalentwicklung, Anreizstruktur und globalen Führungsstil die Abstimmung zwischen Mitarbeiterfähigkeit und strategischer Anforderung zu verbessern (vgl. *Vicere* 1987).
- Im Hinblick auf das Personalmanagement als betriebliche Institution ist nicht nur der Charakter von Mitarbeitern als Produktionsfaktor zu betonen, sondern auch die Produktivität der Personalabteilung (vgl. *Layton/Johnson* 1987). Obwohl sich dieser Gedanke erst langsam durchzusetzen beginnt, impliziert er letztlich ein vollkommen neues Rollenverständnis der betrieblichen Personalarbeit. Sie ist demzufolge an weit mehr zu messen als an der Zahl von „verwalteten Personen", vielmehr sind originäre, strategische Ziele zu entwickeln und umzusetzen.

Übersicht 1.12 zeigt zusammenfassend zentrale Aspekte der Professionalisierung im Personalbereich sowie die dazugehörigen Anforderungen für die Umsetzung.

Professionalisierungsargument	**Umsetzungsforderung/Anforderung**
Ausdifferenzierung und funktionale Spezialisierung; theoretische und methodische Vorkenntnisse notwendig; Anerkennung ist gestiegen; eigene Karrieremuster vorhanden; Selbstselektion der Absolventen; BetrVG erfordert fundierte Kenntnisse	Weiche Fähigkeiten wie Fähigkeit zu Empathie und Prozeßberatung; situationsgebundener Gebrauch von Theorien; zwischenmenschliche Kommunikation; Kenntnisse der gesamtwirtschaftlichen und arbeitsmarktpolitischen Zusammenhänge und Kenntnisse in Produktions- und Kommunikationstechnik; Polarisierung der Qualifikationsanforderungen
Komplexe Arbeitsstrukturen, erfordern eine höhere Qualifikation; veränderte Anreizstruktur; Einengung des Handlungsspielraums durch Gesetze	Langfristige Konzepte entwickeln; Dezentralisierung der Personalverwaltung; Betreuung der dezentralen Abteilungen
Mitarbeiter sind entscheidend für Unternehmenserfolg; deshalb aktives, antizipatives Personalmanagement mit konsequenter Umsetzung in den einzelnen Feldern	Mitarbeiterbeteiligung bei Entscheidungsprozessen; permanente Überprüfung der erforderlichen und vorhandenen Qualifikationen; flexible Systeme, beispielsweise flexible Arbeitszeit; mehr und bessere Vorbereitung der Mitarbeiter
Produktivitätsgedanke im Personalbereich einbringen, um die Stellung im Unternehmen zu festigen und zu legitimieren	Personalmanagement muß proaktiv sein; klare Produktivitätskriterien sind zu generieren; der Kontakt zu anderen Unternehmensbereichen ist zu suchen, um Produktivitätsfaktoren zu erkennen; externe Beratung ist hinzuzuziehen
Bedeutung des Human Faktors erfordert ein professionelles Personalmanagement, d. h. Personalmanager müssen in eine Führungsrolle gelangen	Eigene Fähigkeiten erweitern, wie zum Beispiel strategisches Wissen aneignen; Rollenverständnis als Katalysator im Unternehmen; Erhöhung der Akzeptanz im Unternehmen durch Job Rotation; Kennenlernen des Unternehmens; Fortbildung der Mitarbeiter

Übersicht 1.12: Professionalisierung im Personalbereich (vgl. *Wächter* 1987; *Vicere* 1987; *Layton/Johnson* 1987)

Im Hinblick auf die zunehmende Komplexität der oben angesprochenen Methoden im Personalbereich darf sich aber eine solche Professionalisierung nicht nur auf das Leistungsangebot zur Entwicklung von Methoden erstrecken. Komplementär dazu ist eine Akzeptanz des (hoffentlich) „professionellen" Angebotes bei den tatsächlichen und potentiellen Nachfragern notwendig. Dieses Wechselspiel zwischen professionellen Anbietern und professionellen Nachfragern betrifft zwei Konstellationen:

- Die **Personalmanagementlehre** entwickelt eigenständige Methoden und Konzepte. Gleichzeitig kann und muß sie aber auf eine breite Palette von methodisch-instrumentellen Hilfen aus anderen wissenschaftlichen Bereichen zurückgreifen; exemplarisch zu nennen sind hier OR-Ansätze und psychologische Verfahren. Neben ihrer Anbieterfunktion hat die Personalmanagementlehre somit auch eine Nachfragefunktion, die zu einem Akzeptanzproblem auf Seiten der Personalmanagementlehre führen kann.
- Die **Personalabteilung** (beziehungsweise eine sonstige mit Personalplanungsaufgaben betraute Stelle) ist ebenfalls einerseits Nachfrager, muß also zu einer Akzeptanz methodischer Vorschläge aus der Personalwirtschaftslehre bereit sein. Andererseits erstellt sie ein Leistungsangebot, das wiederum von anderen betrieblichen Stellen bis zum letztlich Betroffenen akzeptiert werden muß.

Sicherlich wirkt sich eine zunehmende Professionalisierung positiv auf die Akzeptanz aus; diese Aufgabe darf aber nicht alleine auf die Nachfrageseite verlagert und dort eine starke Professionalisierung gefordert werden. Sie ist auch auf der Angebotsseite zu erfüllen: Zunehmende Professionalisierung bedeutet daher in diesem Fall zusätzlich die frühzeitige Einbeziehung von akzeptanzfördernden Überlegungen, also die Berücksichtigung des Akzeptanzpostulates.

1.2.3.5 Akzeptanzsicherung

Außerhalb vom Personalbereich gibt es eine Fülle von Aussagen, die sich mit der Einführung von Modellen aus dem Bereich von Operations Research sowie Management Science befassen und die sich unter der Sammelbezeichnung „OR/MS-Implementation" zusammenfassen lassen (vgl. *Schultz/Slevin* 1975; *Wysocki* 1979; *Scholz* 1984 b). Als vorrangige **Probleme**, die einer Akzeptanz im Wege stehen, werden dort aufgeführt

- Fehler bei der Einführung der Modelle,
- unverständliche Struktur der Modelle,
- fehlende Abbildungseigenschaften der Modelle und
- zu großer Aufwand der Modellanwendung beziehungsweise Modellpflege.

Insgesamt enthalten die oben referierten Quellen rund 100 detaillierte und literaturgestützte Empfehlungen dazu, wie formale Planungsmodelle im Unternehmen eingeführt werden sollten. Diese Aussagen müßten analog auch für formale/formalisierte Planungsansätze im Personalbereich gelten.

Daß diese Annahme durchaus realistisch ist, wird deutlich am **Akzeptanztheorem**, das sich als zentrale Umsetzung für das Akzeptanzpostulat anbietet. Grundlage für das Akzeptanztheorem ist eine Studie (vgl. Abschnitt 1.4.5.2) zur Frage, wann beziehungsweise warum formale/formalisierte Modelle der Personalplanung (nicht) eingesetzt werden. Die Befunde aus dem Vergleich gelungener und gescheiterter Versuche eines anspruchsvollen Personalmanagements lassen sich dann zu einem Akzeptanztheorem verdichten, das eine breite Palette von Aussagen zur Akzeptanz integriert.

Das Akzeptanztheorem postuliert **fünf Bedingungen**, bei deren Erfüllung Praktiker auch „anspruchsvolle" Planungsmethoden und Managementsysteme akzeptieren (vgl. *Drumm/Scholz* 1983, 34–37):

(1) Der Personalverantwortliche muß (subjektiv) einen nicht bewältigten *Problemdruck* spüren: So ist zum Beispiel das Planungsproblem nicht überschaubar, das Datenvolumen zu groß oder der zur Verfügung stehende Zeitrahmen für eine sinnvolle Lösung mit der herkömmlichen (einfachen) Methode zu klein.

(2) Damit ein Personalverantwortlicher ein Verfahren akzeptiert, muß nach seinem Einsatz bei mindestens einem der mit der Methodenverwendung anvisierten Ziele der Grad der Zielerreichung erhöht werden (*Methodeneffektivität*); darüber hinaus müssen die Kosten von Entwicklung, Einführung und Anwendung der Methode geringer als ihr Nutzen sein (*Methodeneffizienz*).

(3) Für die Entwicklung und den Einsatz des neuen Systems ist ein *Promotorenteam* zuständig. Dazu gehört ein (unter Umständen externer) Fachpromotor, dem grundsätzliche Lösungen zur Beseitigung des Problemdrucks bekannt und zugänglich sind. Er wird unterstützt durch einen ranghohen Machtpromotor.

(4) Zwischen dem primären Benutzer der Methode bis hin zum letzten Verwender der erzeugten Lösung muß eine durchgängige Kommunikation bestehen. Diese *Implementationskette* kann bis in die Unternehmensleitung reichen, wenn sich dort die eigentliche Zielgruppe für die Ergebnisse befindet. Die Existenz dieser Verbindungen ist nicht nur während der Einführungsphase einer Methode notwendig, sondern auch für ihre kontinuierliche Anwendung: So kann das Ausscheiden eines Stelleninhabers trotz erfolgreicher Erst-Einführung einen Riß in der Implementationskette hervorrufen.

(5) Die Verwendung der neuen Methode darf von niemandem als Bedrohung eigener Kompetenzen empfunden werden, es darf also keine *Kompetenzangst* entstehen. Ein solches Bedrohungsgefühl entwickelt sich besonders dann, wenn die Planungsmethode Ermessensspielräume (subjektiv) reduziert oder intellektuell nicht verstanden wird.

Ein Ziel der Akzeptanzsicherung im Unternehmen ist die Erreichung des optimalen Akzeptanzgrades. Zu geringe Akzeptanzwerte bringen die Gefahr mit sich, daß die intendierten Maßnahmen nicht oder nur teilweise von den Mitarbeitern mitgetragen werden und die Einführungsphase letztlich nicht stattfindet. Bei extrem hohen Akzeptanzwerten stehen die Mitarbeiter den

Maßnahmen zu unkritisch und zu euphorisch gegenüber. Akzeptanzsicherung bedeutet daher, situativ – das heißt phasenabhängig – den optimalen Akzeptanzgrad zu erreichen.

Zusammenfassend stellt damit das Akzeptanztheorem als Umsetzung des Akzeptanzpostulates eine **Generalnorm** für die Einführung eines methodenunterstützten Personalmanagements dar.

Personalverwaltung (personnel management)	**Personalmanagement (human resource management)**
Vertikalmanagement von unterstellten Personen	Horizontalmanagement und Pflege aller Ressourcen
Die Entwicklung des Managements wird als separate Funktion behandelt.	Die Entwicklung des Manager-Teams wird besonders betont.
Zentrale Personalfunktion in Stabsabteilungen	Dezentrale Personalfunktion im Linienmanagement
Spezialisten nehmen operative Funktionen wie Personalplanung, -evaluation oder -entschädigung wahr.	Das Linienmanagement ist verantwortlich für Einsatz und Koordination aller Ressourcen einer Unternehmenseinheit zur Erreichung der strategischen Ziele.
Linienmanager führen Personen nach bestimmten Regeln und Abläufen.	Personalspezialisten unterstützen das Linienmanagement bei der Erfüllung der strategischen Funktionen.
Personalplanung wird reaktiv aus der Unternehmensplanung abgeleitet.	Personalmanagement ist vollständig in die Unternehmensplanung integriert.
Der Zweck ist der Einsatz der richtigen Personen am richtigen Ort zur richtigen Zeit und die kostengünstige Entlassung ungeeigneter Personen.	Der Zweck ist die Abstimmung der verfügbaren menschlichen Ressourcen, Fähigkeiten und Möglichkeiten auf Aufgaben und Ziele des Unternehmens.
Die Angestellten werden zu Objekten der Unternehmensstrategie.	Die Mitarbeiter sind Subjekt der Unternehmensstrategie und Träger des Personalmanagements.
Die Arbeiter sind Produktions- und Kostenfaktoren.	Die „human resources“ bilden die Organisation und einen Teil der Investitionen.
Die Personalpolitik bezweckt einen Austausch zwischen ökonomischen und sozialen Zielen und Interessen.	Personalmanagement bezweckt die Entwicklung einer kohärenten „starken“ Kultur und sucht den Ausgleich zwischen den Bedürfnissen der integrierten Organisation und den Bedürfnissen des künftigen Umfeldes.

Übersicht 1.13: Allgemeine Unterschiede zwischen Personal- und Human Resource Management (modifiziert nach *Krulis-Randa* 1991, 38)

1.2.4 Konsequenz

Faßt man die obigen Überlegungen zusammen, so bedeutet dies eine Zunahme der Anforderungen an das betriebliche Personalmanagement, was letztlich zu einem grundlegenden Wandel führt (Übersicht 1.13).

Gerade deshalb gehört zur genuinen Managementaufgabe „Personalmanagement" auch die Berücksichtigung der Mitarbeiter in ihrer Individualität. Vor allem aber geht es um die grundlegende Philosophie: Mitarbeiter sind nicht Ressourcen im Sinne von bewegten Schachfiguren. Sie sind vielmehr überwiegend autonome Akteure: Es gibt also keinen übergeordneten Schachspieler, wohl aber ein vielschichtiges Interaktionsgeflecht, das es zu verstehen und in sinnvoller Weise begrenzt zu gestalten gilt.

Insgesamt ist dieses Personalmanagement (Human Resource Management) das Ergebnis einer Neuorientierung der Personalarbeit hin zu einer integrativen und strategischen Perspektive. Dazu gehört auch die Integration vormals getrennter Personalbeschaffungs- und Entwicklungsmaßnahmen sowie deren Einbindung in Strategie- und Strukturentscheidungen im „General Management".

Die Zustimmung zu einem strikten Human Resource Management amerikanischer Prägung ist teilweise inzwischen einer gewissen Skepsis gewichen, die aus verschiedenen Widersprüchen des HRM resultiert (vgl. *Staehle* 1991b): Im wesentlichen ist dies die Betonung der Bedeutung der Human Resources und einer starken Unternehmenskultur einerseits und spezifischen Gestaltungsempfehlungen, die den Faktor Arbeit wieder als variable Inputgröße sehen, andererseits. Zudem gehe mit dem Human Resource Management die Mittlerrolle der Personalabteilung zwischen den Interessengruppen im Unternehmen verloren, weil es sich ausschließlich mit den Interessen des Managements identifiziere.

1.3 Grundmethodik

Die Ausführungen in Abschnitt 1.2 machen deutlich, daß erfolgversprechendes Personalmanagement eine substantielle Auseinandersetzung mit verschiedenen Dimensionen der betrieblichen Personalarbeit erfordert. Im einzelnen soll nachfolgend von **drei Dimensionen** ausgegangen werden:

- Die erste Dimension, die sich an den verschiedenen Aufgabengebieten der betrieblichen Personalarbeit orientiert, umfaßt die *Felder* für das Personalmanagement, von Personalbedarfsbestimmung bis hin zur Personalführung.
- Wegen der langen Vorlauf- und Wirkungszeit personalbezogener Maßnahmen ist Personalarbeit Teil des allgemeinen Managementprozesses und erstreckt sich daher in der zweiten Dimension über die drei aus der Unternehmensplanung bekannten *Ebenen* als die operative, taktische und strategische Planungsebene.

- Die dritte Dimension beschreibt zwei *Ausrichtungen*, die für das Personalmanagement von Bedeutung sind, nämlich die Verhaltensorientierung und die Informationsorientierung.

Dieses dreidimensionale Personalmanagement erfaßt somit die unterschiedlichen Facetten betrieblicher Personalarbeit und macht sie einer systematischen Handhabung zugänglich.

1.3.1 Felder im Personalmanagement

In der Literatur finden sich diverse Vorschläge, personalwirtschaftliche Funktionen auf einzelne Planungs- oder Managementfelder zuzuordnen, um systematisierte Ansatzpunkte und Methoden betrieblicher Personalarbeit herauszuarbeiten (vgl. *Gaugler/Huber/Rummel* 1974; *Hentze* 1991a; 1991b; *Berthel* 1989). Die Autoren betonen dabei die Aufgabenfülle, mit denen sich eine betriebliche Personalplanung auseinanderzusetzen hat. Vor allem dürfe sich eine Systematik der Personalmanagementfelder nicht ausschließlich von aktuellen Problemen leiten lassen. Sie sollte vielmehr auch potentielle Problembereiche integrieren, die sich aus Gründen funktionaler Vollständigkeit bereits abzeichnen, ohne daß sich aber im Einzelfall bereits ein akuter Problemdruck in der Praxis bemerkbar gemacht hätte.

Aus diesem Grund soll nachfolgend von einer umfassenden und möglichst vollständigen Systematik ausgegangen werden, die sich aus der funktionalen Prozeßlogik im Personalmanagement ergibt. Sie führt dann auch zur **Gliederungslogik** für die nachfolgenden Kapitel:

(1) Die *Personalbestandsanalyse* schafft die informatorische Basis für die Personalarbeit. Ihr Ziel ist die quantitative und qualitative Erfassung des bestehenden Mitarbeiterpotentials und die bereits absehbare Veränderungen berücksichtigende Projektion dieses Potentials in die Zukunft.
(2) Hierarchisch gleichrangig zur Bestandsanalyse steht die *Personalbedarfsbestimmung* als Ermittlung des jeweils erforderlichen Soll-Personalbestands. Es wird dabei differenziert nach unterschiedlichen Perioden des Planungszeitraums, nach Qualifikationsgruppen beziehungsweise nach Arbeitsplätzen.
(3) Übersteigt der Bedarf in einem Teilbereich den Bestand und soll die Differenz über eine Bestandsänderung ausgeglichen werden, kommt es zur *Personalbeschaffung*. Ihr Ziel ist die Anpassung des Personalbestandes an den aktuellen Personalbedarf durch Neueinstellungen oder interne Rekrutierung.
(4) Übersteigt der Bedarf in qualitativer Hinsicht den Bestand, so wird je nach Sachlage entweder über eine Verbindung aus Freisetzung und Beschaffung oder aber (im Normalfall) über eine *Personalentwicklung* eine Anpassung der Qualifikation der Mitarbeiter realisiert.
(5) Liegt der Bedarf in qualitativer oder in quantitativer Hinsicht unter dem Bestand, so gibt es überqualifizierte beziehungsweise zu viele Mitarbeiter im Betrieb. Speziell im letzten Fall kann es zur *Personalfreisetzung*

kommen. Sie kann (muß aber nicht) in Form von Entlassungen realisiert werden.

(6) Zusammenfassung und integrative Abstimmung der Personalbeschaffungs-, Personalentwicklungs- und Personalfreisetzungsplanung erfolgt im *Personalveränderungsmanagement*. Dort stehen Koordinieren und Setzen von Prioritäten im Vordergrund.

(7) Im *Personaleinsatzmanagement* wird festgelegt, wie vorhandene Mitarbeiter gegebenen Stellen zugeordnet werden. Berücksichtigt werden dabei Qualifikationen und Fähigkeiten der Mitarbeiter sowie die Anforderungen der zu besetzenden Stelle.

(8) Während sich das Personaleinsatzmanagement auf das formalisierte Zusammenspiel von Stellenanforderung und Mitarbeiterfähigkeit konzentriert, geht die *Personalführung* von bereits erfolgter Zuordnung aus und konkretisiert das Verhältnis zwischen Vorgesetzten und Untergebenen.

Personalbestandsanalyse:
Wie viele Mitarbeiter welcher Qualifikation sind zur Zeit vorhanden, beziehungsweise werden aufgrund der bereits feststehenden Veränderungen zu welchem Zeitpunkt vorhanden sein?

Personalbedarfsbestimmung:
Wie viele Mitarbeiter welcher Qualifikation werden aufgrund der vorgegebenen Sachaufgaben zu welchem Zeitpunkt benötigt?

Personalbeschaffung:
Wie können und sollen zusätzlich benötigte Mitarbeiter auf dem externen oder internen Arbeitsmarkt gewonnen werden?

Personalentwicklung:
Wie können und sollen die Fähigkeiten der Mitarbeiter im Hinblick auf den bestehenden beziehungsweise den zukünftigen qualitativen Personalbedarf erhöht werden?

Personalfreisetzung:
Wie kann überzähliges Personal aus einem Unternehmensbereich unter Berücksichtigung sozialer Gesichtspunkte abgebaut werden?

Personalveränderung:
Wie soll zwischen den alternativen Möglichkeiten zur Personalveränderung (Beschaffung, Entwicklung, Freisetzung) entschieden werden?

Personaleinsatz:
Wie können und sollen Mitarbeiter entsprechend ihrer Fähigkeiten und entsprechend der Sachaufgaben eingesetzt werden?

Personalführung:
Wie kann und soll das Verhältnis zwischen Vorgesetzten und Untergebenen im Hinblick auf eine weitergehende Integration von Unternehmens- und Individualzielen ausgestaltet werden?

Personalkostenmanagement:
Welche gegenwärtigen und zukünftigen Kosten verursachen der aktuelle beziehungsweise der zukünftige Personalbestand, die aktuellen beziehungsweise geplanten personellen Einzelmaßnahmen sowie die (vorgesehenen) Planungsmaßnahmen?

Übersicht 1.14: Zentrale Fragen der Personalmanagementfelder

(9) Das *Personalkostenmanagement* verbindet das Personalmanagement mit den übrigen Teilen der Unternehmensplanung, vor allem mit der Finanz- und Budgetplanung. Im Personalkostenmanagement schlagen sich drei Kostenverursachungsfaktoren nieder: der Personalbestand, die geplanten/durchgeführten Veränderungsmaßnahmen und die unmittelbaren Kosten des Personalmanagements.

Die Personalmanagementfelder machen inhaltliche Aussagen über Aufgaben, die im Rahmen eines betrieblichen Personalmanagements zu erfüllen sind. Sie führen auch zu konkreten Fragen (Übersicht 1.14), auf die ein systematisches und vorausschauendes Personalmanagement Antworten bereitzustellen hat.

Die Abgrenzung konkreter Personalmanagementfelder bedeutet nicht unmittelbare Zuordnung auf spezialisierte Aufgabenträger. Vielmehr dürften im Regelfall die hier genannten Managementaufgaben von mehreren Stellen wahrgenommen werden: So nimmt der direkte Vorgesetzte die unmittelbare Personalführung wahr, während die Unternehmensleitung die generell geltenden Führungsgrundsätze festlegt.

Neben dieser **Vernetzung** über die verschiedenen Aufgabenträger besteht auch zwischen den einzelnen Personalmanagementfeldern eine Vielzahl von sachlogischen Verbindungen (Abbildung 1.16): So liefert die Personalbestandsanalyse einen zentralen Input für das Personalkostenmanagement. Umgekehrt stellt die Personalbedarfsbestimmung die Ausgangsinformationen für die Personaleinsatzplanung bereit. Das betriebliche Personalmanagement ist auch mit anderen Planungsfunktionen informatorisch gekoppelt: Es erhält über Personalbedarfsbestimmung und Personaleinsatz Input aus der Produktions- und Absatzplanung; im Gegenzug geht der Output des Personalmanagements als Planungsrestriktion von der Bestandsanalyse und vom Personalkostenmanagement zur übrigen Unternehmensplanung.

Aus dieser Systematik der Managementfelder ergeben sich auch die Gliederungsoberpunkte für die nachfolgenden Kapitel:

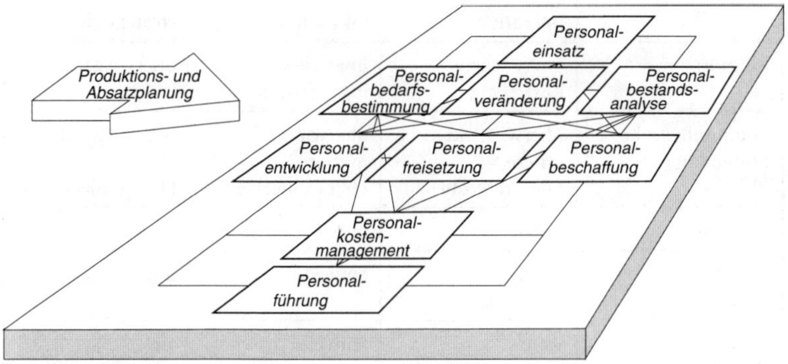

Abbildung 1.16: Felder im Personalmanagement und ihre Vernetzung

- Personalbestandsanalyse (Kapitel 2)
- Personalbedarfsbestimmung (Kapitel 3)
- Personalveränderung als Verbindung von Beschaffung, Entwicklung und Freisetzung (Kapitel 4)
- Personaleinsatz (Kapitel 5)
- Personalführung (Kapitel 6) und
- Personalkostenmanagement (Kapitel 7).

Die zweite Gliederungsebene des Buches ergibt sich aus den nachfolgend zu behandelnden Managementebenen als zweite Dimension eines dreidimensionalen Personalmanagements.

1.3.2 Ebenen im Personalmanagement

Betriebliches Personalmanagement ist Teil des allgemeinen Managementprozesses. Daher gelten auch für das Personalmanagement die in der Unternehmensplanung (vgl. z. B. *Kreikebaum* 1991, 125–126) üblichen drei Managementebenen
- operativ
- taktisch (dispositiv) und
- strategisch,

müssen jedoch mit spezifisch personalwirtschaftlichen Inhalten gefüllt werden. Zentrale Bedeutung kommt dabei dem Bemühen zu, strategische Inhalte ins Personalmanagement einzuführen: Dieses strategische Personalmanagement ist dann mehr als nur eine operative Umsetzung der strategischen Produkt- und Programmplanung. Es kann vielmehr bei entsprechender Ausgestaltung eigenständige Impulse in die strategische Unternehmensplanung und -führung einbringen.

Zur Unterscheidung der drei Managementebenen bieten sich mit **Zeithorizont** und **organisatorischer Einbindung** zwei allgemeine Kriterien an, die aber lediglich Tendenzaussagen liefern: So verbietet sich eine Gleichsetzung

	Managementebenen		
	operativ	**taktisch**	**strategisch**
Zeithorizont	überwiegend kurzfristig	überwiegend mittelfristig	überwiegend langfristig
organisatorische Einbindung	überwiegend untere Hierarchieebenen	überwiegend mittlere Hierarchieebenen	überwiegend obere Hierarchieebenen
Relevanz	klein	mittel	groß
Komplexitätsreduktion	gering	teilweise	umfassend
Proaktivität	wenig	teilweise	viel

Übersicht 1.15 : Unterscheidung der Managementebenen

zwischen strategischer und langfristiger Planung einerseits beziehungsweise operativer und kurzfristiger Planung andererseits, da auch operative Funktionen langfristig orientiert sein können. Analoges gilt für die organisatorische Einbindung: Danach findet strategische Planung vorrangig auf der oberen Hierarchieebene statt, operative Planung eher (aber nicht ausschließlich) auf der unteren Hierarchieebene.

Aus diesem Grund sind **weitere Kriterien** zur Differenzierung der Managementebenen erforderlich, die an den behandelten Managementobjekten sowie den verwendeten Verfahren ansetzen (vgl. *Scholz* 1987a, 32–44):

- *Relevanz* betont die Wichtigkeit des Planungs- beziehungsweise Handlungsobjektes und verlangt, daß dieses Objekt in einem zentralen Zusammenhang mit wesentlichen Erfolgspotentialen des Unternehmens steht.
- *Komplexitätsreduktion* bezieht sich auf Vereinfachungen in Planungen und Maßnahmen. Danach ist es ein notwendiges Merkmal des strategischen Managements, stark auf Vereinfachungsmechanismen zurückzugreifen.
- *Proaktivität* bedeutet frühzeitiges Handeln, noch ehe die Umwelt das Unternehmen zu reaktiven Maßnahmen zwingt.

Strategisches Personalmanagement ist damit gekennzeichnet durch hohe Ausprägungen dieser drei Merkmale, operatives Management durch tendenziell niedrige Ausprägungen.

Eine solche Klassifikation ist ein erster Schritt in Richtung auf eine tiefergehende Charakterisierung der drei Ebenen im Personalmanagement, wenngleich sie nicht immer klare Zuordnungen sicherstellt: Besonders die taktische Ebene scheint ein Problem darzustellen, da sie zwar aus Gründen der Planungsvollständigkeit erforderlich, aber in Planungspraxis und -theorie noch selten verbreitet ist.

1.3.2.1 Operatives Personalmanagement

Die Merkmale Relevanz, Komplexitätsreduktion und Proaktivität sind auf dieser Ebene nur schwach ausgeprägt. Die operative Ebene geht immer **mitarbeiter- und/oder stellenorientiert** vor, befaßt sich also mit personellen Einzelmaßnahmen und ihren Implikationen: beginnend bei dem Fähigkeitsprofil eines einzelnen Mitarbeiters über das Anforderungsprofil eines einzelnen Arbeitsplatzes bis hin zu einzelfallbezogenen Personalentwicklungs- und Förderungsmaßnahmen.

Die Daten der operativen Ebene werden zur weiteren Verwendung auf der taktischen und strategischen Ebene aggregiert und stellen somit die Grundlage für deren Entscheidungen dar.

Ein wichtiges Merkmal der operativen Ebene ist die hohe Regelungsdichte, wie sie sich unter anderem aus den an personellen Einzelmaßnahmen ansetzenden Beteiligungsmöglichkeiten des Betriebsrates ergibt. Das operative Personalmanagement ist überwiegend kurzfristig orientiert. Auch wenn die Festlegung des Karrierepfades für einen einzelnen Mitarbeiter einen langfristigen Charakter besitzt, so ist sie dennoch als eine operative Maßnahme anzusehen.

Typische Bestandteile des operativen Personalmanagements sind auch alle Aktionen, die im weitesten Sinne zum Bereich der Personalverwaltung zählen: Sie beginnen bei der vertragstechnischen Realisation des Arbeitsverhältnisses sowie der Entgeltbestimmung und reichen bis hin zur Pensionierungsfeier. Hauptträger des operativen Personalmanagements ist neben der Personalabteilung gerade auch der unmittelbare Fachvorgesetzte, dem angesichts der sich anbahnenden Rollenverteilung zwischen Personalabteilung und Vorgesetzten verstärkte Verantwortung zukommt.

1.3.2.2 Taktisches Personalmanagement

Die taktische Ebene nimmt eine **Vermittlerfunktion** zwischen der strategischen und der operativen Ebene ein: Hier werden strategische Vorgaben disaggregiert, indem die auf der strategischen Ebene vorgegebenen Richtungsinformationen zunächst auf Gruppenbasis umgesetzt werden. Diese werden dann schließlich einer konkreten Umsetzung in der operativen Planung nahegebracht. Andererseits aggregiert die taktische Ebene Informationen der operativen Planung.

Anders als die personellen Einzelmaßnahmen der operativen Ebene und anders als die globale Strategie orientiert sich diese Ebene konsequent an **Gruppen** von Mitarbeitern beziehungsweise an Gruppen von Arbeitsplätzen. So werden beispielsweise Anforderungsprofile zu Tätigkeitsfeldern zusammengefaßt oder Mitarbeitergruppen geschaffen. Konkrete Mitarbeiter oder Arbeitsplätze gehören daher nicht zum Gegenstandsbereich der taktischen Ebene, die somit eine höhere Komplexitätsreduktion als die operative Ebene aufweist.

Taktische Personalplanung ist zudem überwiegend mittelfristig ausgerichtet und befaßt sich beispielsweise mit Fragen der Zusammensetzung von Arbeitsgruppen oder gruppenbezogenen Einsatzprinzipien wie Quality Circle und Lernstatt. Gerade diese Maßnahmen erlauben durchaus auch proaktives Handeln, wenn hierdurch zum Beispiel das Qualitätsbewußtsein oder ein „lean management" gefördert werden.

Da die taktische Ebene zwischen operativer und strategischer Ebene positioniert ist, kommt ihr auch die wichtige **Schnittstellenfunktion** („interface") zwischen beiden zu. Sie zeigt sich deutlich im hierarchischen Planungsprozeß, und zwar in beide Richtungen: Die *bottom-up*-Planung beginnt auf der operativen Ebene und erstreckt sich über die taktische Ebene bis zur strategischen Ebene; die *top-down*-Planung geht genau umgekehrt vor und startet auf der strategischen Ebene.

1.3.2.3 Strategisches Personalmanagement

Strategisches Management ist dadurch gekennzeichnet, daß es sich auf die gesamte Unternehmung bezieht und einen unmittelbaren und deutlichen Bezug zu den **Erfolgspotentialen** des Unternehmens hat. Strategisches Personalmanagement abstrahiert somit grundsätzlich von einzelnen Mitarbeitern und Stellen beziehungsweise deren gruppenbezogener Aggregation.

Strategisches Personalmanagement arbeitet mit stark komplexitätsreduzierenden Instrumenten, beispielsweise Szenarien oder Human Resource Portfolios, die unmittelbar an den zentralen Erfolgspotentialen des Unternehmens ansetzen. Dies soll gleichzeitig den praktischen Handlungsbezug sicherstellen, der effektives Management charakterisiert. Strategisches Personalmanagement hat dabei auf allen **Feldern** stattzufinden:

- Die strategische *Bestandsanalyse* liefert die langfristig projektive Entwicklung der Mitarbeiterstruktur und zeigt potentielle Stärken und Schwächen auf.
- Bei der strategischen *Personalbedarfsbestimmung* geht es um das antizipative Erkennen von langfristigen Bedarfsverschiebungen. Die strategische Personalbedarfsplanung stellt damit die Verbindung zur strategischen Absatz- und Produktionsplanung dar.
- Im strategischen *Personalentwicklungsmanagement* wird auf hochaggregiertem Niveau die strategische Deckungslücke zwischen gruppenspezifischen Fähigkeitsprojektionen und zukünftigen gruppenspezifischen Anforderungsprofilen geschlossen, die beispielsweise beim Übergang auf andere Fertigungsverfahren oder durch demographische Verschiebungen des Personalbestandes entstehen.
- Zur strategischen *Personalveränderung* gehört die substantielle Auseinandersetzung mit dem Arbeitsmarkt. Durch ein entsprechendes Personalmarketing können akquisitorische Potentiale ausgeschöpft und strategische Fluktuationsbarrieren aufgebaut werden.
- Ebenfalls auf hochaggregierter Ebene arbeitet das strategische *Personalkostenmanagement*. Auch hier geht es um langfristige Veränderungen und Maßnahmen der Personalkostenstruktur.
- Strategische *Personalführung* schließlich umfaßt die langfristige Konzeption des Führungsinstrumentariums im Unternehmen. Zentrales Element hierbei sind Aufbau und Pflege der Unternehmenskultur als entscheidender Ansatzpunkt für eine zeitgemäße Unternehmensführung.

Aufgabe eines strategischen Personalmanagements ist es daher, die verschiedenen Managementfelder zu konkretisieren, wobei die allgemeine Beschreibung der Felder Aussagen über die Inhalte macht („was?“), während die Attribute Komplexitätsreduktion, Relevanz und Proaktivität zur Form der Umsetzung beitragen („wie?“).

Die zweite wichtige Aufgabe des strategischen Personalmanagements besteht in der **Integration** quer über die Personalmanagementfelder. Um ein Auseinandertreiben von Aktivitäten auf den verschiedenen Feldern zu verhindern, ist es gerade ein Merkmal strategischen Verhaltens, ganzheitlich (holistisch) vorzugehen und dabei die – bereits oben angesprochene – Vernetzung zwischen den Feldern zu berücksichtigen.

Schließlich umfaßt der dritte Aspekt eines strategischen Personalmanagements die Einbindung in die **Unternehmensstrategie**. Rein formal gibt es vier Möglichkeiten, um das strategische Personalmanagement in Relation zur Unternehmensstrategie zu positionieren (Abbildung 1.17):

(1) Personalstrategie und Unternehmensstrategie sind voneinander *unabhängig*! Diesem Ansatz liegt die Idee zugrunde, daß inhaltlich kein Be-

zug zwischen der Unternehmensstrategie und der Personalstrategie besteht. Es gilt lediglich, mit Hilfe der Personalarbeit ein grundsätzliches Klima für die allgemeine Umsetzbarkeit von Strategien zu schaffen. Das strategische Ziel lautet also: Die Mitarbeiter müssen generell in der Lage sein, Formulierung, Implementation und Kontrolle der Strategie flexibel umzusetzen.

(2) Die *Personalstrategie* folgt der Unternehmensstrategie! Unternehmensstrategie bedeutet hier primär die Produkt-/Marktstrategie, aus der sich Vorgaben für den Personalbereich ableiten lassen. Dies gilt speziell für die Portfolio-Analyse, die exakte Vorgaben für die Personalstrategie liefert, bis hin zur Ausrichtung der Unternehmenskultur. Die Personalstrategie ist in diesem Fall ausschließlich eine derivative Strategie und hat allenfalls dann einen rückkoppelnden Einfluß auf die Unternehmensstrategie, wenn Zielvorgaben aus der Unternehmensstrategie nicht umgesetzt werden können.

(3) Die *Unternehmensstrategie* folgt der Personalstrategie! Strategien werden nicht immer formal definiert, sondern oft lediglich implizit praktiziert (vgl. z. B. *Mintzberg/Waters* 1985). In diesem Fall erfolgt eine zumindest teilweise Ausrichtung der Unternehmensstrategie nach der existierenden Personalausstattung, die ihrerseits die (implizite) Personalstrategie widerspiegelt. Ein solches Vorgehen vereinfacht zwar die Implementierung, schränkt aber den strategischen Optionenraum (unbewußt) ein.

(4) Die Personalstrategie *als Teil* der Unternehmensstrategie! Hier ergibt sich die Unternehmensstrategie aus mehreren funktionalen Teilstrate-

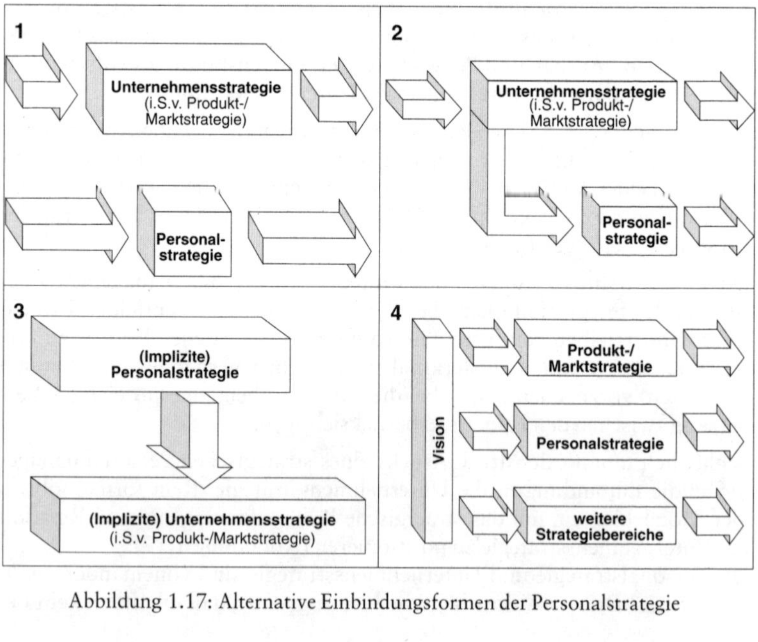

Abbildung 1.17: Alternative Einbindungsformen der Personalstrategie

gien, also einer Produkt-/Marktstrategie, aber auch aus einer Personalstrategie. Es wird somit ein integratives Gesamtsystem aus verschiedenen Strategiekomponenten angestrebt. Sie müssen in gegenseitiger Abhängigkeit formuliert, implementiert und kontrolliert werden.

Letztlich erscheint lediglich die vierte Alternative zielführend, da nur sie die notwendige Stimmigkeit innerhalb der funktionalen Teilstrategien garantiert und eine Gesamtstrategie für das Unternehmen zuläßt.

Die „Teilstrategie Personal“ wird in Variante 4 integrativ und simultan zur Unternehmensstrategie entwickelt. Somit wird es möglich, strategische Veränderungen im Personalbereich schnell und flexibel einzuleiten. Auf diese Weise sind auch die „Human Resources“ für die konsequente Durchführung der Unternehmensstrategien verfügbar. Der Personalbereich wird überdies in das allgemeine Frühwarnsystem eingebunden, kann also seinerseits dem Bereich Unternehmensstrategie bei der Wahrung seiner proaktiven Aufgaben helfen.

Strategisches Personalmanagement sollte von allen Führungskräften **mitgetragen** und den Mitarbeitern **kommuniziert** werden, um eine konsequente Durchführung zu gewährleisten.

- Die *informatorische Basis* liefert die notwendigen Daten, um die Konsistenz zwischen Personal- und Unternehmensstrategie zu schaffen. So sind Informationen über die Umweltsituation Input für die Unternehmensstrategie und für einige Personalmanagementfelder (z. B. Personalbeschaffung und Personalentwicklung). Informationen über die geplante Unternehmensstrategie sind Input für die Sollkonfiguration des künftigen Personalbestandes.
- Die *methodische Basis* stellt entsprechende Instrumente bereit, um die Informationen bedarfsgerecht und zielorientiert zu verarbeiten. Dies bedeutet auch extensive Mitarbeiterschulung hinsichtlich der Anwendung relevanter Planungstechniken sowie der übergeordneten strategischen Perspektive.
- Die *unternehmenskulturelle Basis* liefert allen Mitarbeitern die relevanten Richtungsinformationen, um in konkreten Situationen strategiekonform zu handeln. Sind kulturelle Grundnormen „in den Köpfen der Mitarbeiter“ entsprechend verankert, so läßt sich unternehmerisches Denken breit im Unternehmen verteilen.

Bereits diese überblicksartigen Ausführungen belegen die Bedeutung gerade des strategischen Personalmanagements und liefern Ansatzpunkte für ihre Vertiefung in den Kapiteln 2 bis 7.

1.3.3 Ausrichtungen im Personalmanagement

Betrachtet man die betriebliche Personalarbeit oder auch die Forschung in diesem Bereich, so gibt es zwei mögliche Ausgestaltungsformen: die eher verhaltensorientierte und die eher informationsorientierte Vorgehensweise. Ein den oben angeführten Postulaten gerecht werdendes Personalmanagement impliziert die Verbindung von Verhaltensorientierung *und* Informationsorientierung. Betriebliches Personalmanagement sollte also bemüht sein, seine informatorische Basis zu optimieren und gleichzeitig eine strikte Verhaltensorientierung anzustreben.

1.3.3.1 Verhaltensorientierung

In seiner verhaltensorientierten Perspektive versucht das Personalmanagement sich bei allen Aktivitäten an den Bedürfnissen, Motiven und Werten zu orientieren, die das Verhalten der Mitarbeiter steuern. Dies erfolgt hauptsächlich im Rahmen der **Personalführung**, die im 6. Kapitel ausführlich dargestellt wird. Hier liegen vor allem im Bereich der Unternehmenskultur als „implizites Bewußtsein der Organisation" (vgl. Kapitel 6.4) noch unausgeschöpfte Potentiale: Sie kann als fallweises Substitut für die Personalführung den Mitarbeitern jederzeit grundlegende Orientierungshilfen geben.

Verhaltensorientierung bedeutet Abkehr von technokratischen Ablaufmechanismen. Es genügt auch nicht, das vielzitierte Profil des engagierten, kreativen sowie motivierten Mitarbeiters in Stellenanzeigen einzufordern und sich mit dem „Einkauf" passender Probanden zufriedenzustellen. Vielmehr muß das Personalmanagement Motivation und Engagement als Potential verstehen und durch seine Aktivitäten in allen Feldern und Ebenen eben dieses Potential zu fördern versuchen.

Die Verhaltensorientierung kann und sollte sich auf alle Managementfelder erstrecken. In der Personalbestandsanalyse bedeutet dies neben physischen, psychischen und ausbildungsbezogenen Fähigkeitsmerkmalen unter anderem die Verwendung von verhaltensorientierten Beurteilungsskalen. In die Personalbedarfsbestimmung sind (trotz evidenter Meßprobleme) Merkmale wie „Kreativität" sowie „Motivierbarkeit" einzubeziehen und bei der Personalentwicklungsplanung sind nicht nur mechanische Laufbahnsystematiken zu entwickeln, sondern auch Aspekte der individuellen Entwicklungspsychologie zu berücksichtigen.

Verhaltensorientierte Ansätze streben danach, den Mitarbeiter und sein Verhalten zu verstehen, weniger danach, ihn meßtheoretisch sauber abzubilden. Entsprechend zurückhaltend sind extreme Vertreter dieser Richtung beim Einsatz von Planungsmodellen und meist äußerst skeptisch bei jeglicher Verwendung von Computern, teilweise sogar puristisch ablehnend: „Man kann den Menschen nicht im Computer abbilden" lautet hier das Standardargument. Eine derartig extreme Verhaltensorientierung in Theorie und Praxis ist dabei jedoch ebensowenig zielführend wie eine einseitige Informationsorientierung.

1.3.3.2 Informationsorientierung

Die Betonung des systemtheoretisch-kybernetischen Paradigmas leitet über zur informationsorientierten Perspektive. Sie liefert Aussagen zur quantitativen und qualitativen Personalplanung, aber auch zur Personalführung, indem sie Informationen zur Führungssituation liefert.

Als allgemeine Informationsquellen dienen die unternehmerische Arbeitsmarktforschung, die Personalforschung, die Arbeitsforschung und die Organisationsforschung. Hinzu kommen diverse spezifische Informationsquellen, wie Anforderungs- und Fähigkeitsprofile sowie Informationen aus der Personaleinsatzsteuerung. Auch Bestrebungen in Richtung auf ein umfassendes Personalcontrolling dienen letztlich dazu, den Kenntnisstand der Personalverantwortlichen zu verbessern. Eine wichtige Stellung bei der Informationsorientierung nimmt die EDV ein, denn die Informationsorientierung impliziert im Regelfall den Computereinsatz.

Analog zur Verhaltensorientierung besteht aber auch hier die Gefahr einer extremen Sichtweise, wonach letztlich nur solche Gesichtspunkte näher verfolgt werden, die numerisch exakt erfaßbar wirken. Dies gilt häufig vor allem für den Personalbestand und für die Personalkosten: Deshalb führt eine zu starke Informationsorientierung leicht zu einer Fixierung auf das Ziel der Kostenreduktion und zur Vernachlässigung des Ziels der Leistungsmaximierung. Oder um es krass auszudrücken: „Erst müssen die Zahlen stimmen, dann können wir uns um die Motivation und Leistungsbereitschaft der Mitarbeiter kümmern."

Auch dies macht deutlich, daß letztlich ausschließlich eine **Kombination** aus Verhaltensorientierung und Informationsorientierung in der Lage ist, dem Personalmanagement eine erfolgversprechende Perspektive zu bieten.

1.3.4 Konsequenz

Setzt man die drei oben diskutierten Dimensionen, also
- Felder,
- Ebenen und
- Ausrichtungen

im Personalmanagement zusammen, so erhält man die Grundstruktur eines **dreidimensionalen Personalmanagements**. Dieses soll und kann bei entsprechender Ausgestaltung den zuvor behandelten Postulaten (von Kundenorientierung bis hin zur Professionalisierung und Akzeptanzsicherung) gerecht werden.

Jede der drei Dimensionen birgt dabei jedoch ihre eigenen, dimensionsspezifischen **Gefahren**:
- Bei den Managementfeldern besteht die Gefahr der *Teillösung*, denn das betriebliche Personalmanagement ergibt sich meist als abgeleitete Funktion aus vorgelagerten Managementaktivitäten und den daraus resultierenden Planungsnotwendigkeiten. In einer Situation, die durch eine geringe Arbeitslosenquote und durch Expansion charakterisiert ist, dominiert daher zwangsläufig die Personalbeschaffungsplanung, bei stark rückläufiger Beschäftigung die Personalfreisetzungsplanung. Hierbei wird aber übersehen, daß gerade die Personalarbeit durch eine extrem lange Vorlaufzeit gekennzeichnet ist.
- Bei den Managementebenen stellt sich vor allem die Gefahr des *Ebenenbruchs*. Konkret bedeutet dies, daß strategische Vorgaben nicht bis zur

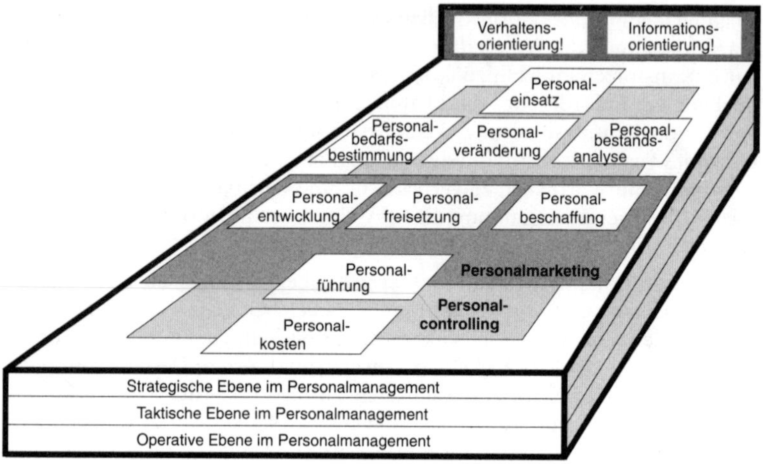

Abbildung 1.18: Dreidimensionales Personalmanagement

operativen Ebene vordringen und umgekehrt die strategische Ebene wegen fehlender Informationsverdichtung in Detaildaten erstickt oder aber sich vollkommen von der operativen Basis entkoppelt.

- Bei den Managementausrichtungen schließlich ist auf die Gefahr der *Einseitigkeit* hinzuweisen. Danach versteht sich beispielsweise die Personalabteilung ausschließlich als Vertreterin der verhaltensorientierten Richtung, der jegliche Informationsorientierung suspekt ist (oder umgekehrt). Analoges gilt aber auch für die personalwirtschaftliche Lehre und Forschung, bei der ebenfalls der zukunftsweisende Schlüssel nur in einer strikten Integration beider Dimensionen liegen dürfte.

Abbildung 1.18 faßt diese Grundüberlegung zu einem dreidimensionalen Personalmanagement grafisch zusammen.

1.4 Grundlagen

Bevor in den nachfolgenden Kapiteln die verschiedenen Bausteine eines betrieblichen Personalmanagements erläutert und in den dreidimensionalen Rahmen positioniert werden, sollen hier Grundlagen behandelt werden, die aufgrund ihres zentralen Charakters zwangsläufig die Basis für die gesamten weiteren Ausführungen sind.

1.4.1 Ethische Basis

Aufgrund einer zunehmenden Verflechtung der Wirtschaft weltweit und der damit verbundenen erhöhten Konkurrenzbeziehungen steigt der Druck auf die Unternehmen stetig an. Der Kampf ums Überleben eines Unternehmens wird dabei häufig mit immer härteren Mitteln ausgetragen; gleichzeitig wird der Ruf nach ethischer Fundierung des Handelns laut. Die Zunahme der Literatur zu diesem Thema belegt dies eindrucksvoll (vgl. z. B. *Lattmann* 1988; *Steger* 1992).

Auch das **Personalmanagement** ist herausgefordert, sich ebenfalls mit der ethischen Dimension auseinanderzusetzen, denn keine andere betriebliche Funktion steht in engerem Zusammenhang mit dem Menschen. Um zu evaluieren, welche ethischen Implikationen gerade für das betriebliche Personalmanagement existieren, soll zunächst auf die Grundidee der Ethik eingegangen werden und dann die Übertragung auf die Betriebswirtschaftslehre im allgemeinen sowie auf das Personalmanagement im speziellen erfolgen.

1.4.1.1 Ethik

Der Begriff „Ethik" leitet sich von dem griechischen Wort „Ethos" ab, das „Brauch" oder „Sitte" bedeutet. Die Ethik als philosophische Wissenschaft vom Sittlichen befaßt sich mit menschlichen Handlungen. Die Gesinnungsethik betrachtet dabei die menschliche Einstellung, aus der Handlungen hervorgehen, die Erfolgsethik dagegen die Wirkungen, die sich aus den Handlungen ergeben.

Die wichtigsten Grundüberlegungen zur Ethik gehen auf **Aristoteles** zurück (vgl. z. B. *Bien* 1985): Danach bildet die Ethik gemeinsam mit der Politik und der Ökonomik die drei zentralen Säulen der theoretischen sowie praktischen Philosophie: Ethik basiert auf dem Begriff „endaimonia" als Verbindung von Glücklichsein, Erfolgreichsein und Gesegnetsein. Menschen sollen somit durch ihr Handeln in die Lage versetzt werden, in der Gemeinschaft „endaimonia" zu erreichen. Um dieses zu tun, setzt Aristoteles die Ethik als Lehre von der praktischen Verfolgung des Glücks sachlich *vor* die Politik als Verfassungssystem und erst recht vor die *Ökonomik* im Sinne einer Lehre vom naturgemäßen Wirtschaften: Vollkommen abzulehnen ist nach Aristoteles die *„Chematistik"* als Bereicherungskunst. Nach Aristoteles gilt somit ein striktes Primat der Ethik vor Politik und Ökonomik.

Immanuel Kant (vgl. z. B. *Lay* 1989, 51–56) als weitere Wurzel des heutigen Ethik-Konzeptes orientiert sich weniger am „Glück des vernünftigen Menschen" als an einer formallogischen Ableitung „vernünftiger", am Gemeinwohl ausgerichteter Gebote. Er geht dabei von den Grundthesen aus, daß, wenn ethische Gesetze überhaupt rational erstellbar sind, sie wie mechanische Gesetze für alle „rationalen Menschen" gleich lauten müssen. Da aber diese allgemeingültigen Sittengesetze weder empirisch aus der Vergangenheit, noch deduktiv aus höheren Vorgaben (z. B. von Gott) ableitbar sind, bleibt nach Kant nur mehr die praktische Vernunft als logisch-pragmatische Ableitungsvorschrift. Zu diesem Zweck formulierte er seinen kategorischen Imperativ: „Handle so, daß die Maxime deines Handelns jederzeit als Teil einer allgemeinen Gesetzgebung gelten könnte!".

Auch wenn diese und ähnliche Quellen als Basis immer wieder genannt werden, so haben sie doch einen zentralen Mangel: Sie setzen nämlich voraus, daß Menschen von vorneherein „tugendhaft" genug sind, um sich überhaupt an ethischen Maßstäben zu orientieren. Es gibt aber nicht nur die Frage, wie ethische Maßstäbe aussehen, sondern auch die Frage nach dem Wunsch ihrer Befolgung. In jedem Fall stellt der **Dialog** einen zentralen Bestandteil der Auseinandersetzung um eine adäquate ethische Basis dar: Diese Dialogethik (Diskursethik) ist somit ein Verfahren, um ausgehend von (impliziter) Ethik explizite Handlungsnormen abzuleiten.

1.4.1.2 Wirtschaftsethik

Wendet man sich konkret dem wirtschaftlichen Handeln als Bezugspunkt zu, so finden sich in der Literatur primär **zwei Denkrichtungen** (vgl. *Staffelbach* 1988):

- Die (deutschsprachige) *Unternehmensethik* (vgl. *Steinmann/Oppenrieder* 1985) basiert auf einem pluralistischen Unternehmenskonzept und setzt stark auf den möglichst unverzerrten Dialog zwischen allen Betroffenen. Interessengruppen und (unabhängige) Sachverständige „einigen" sich in Ethik-Kommissionen auf spezifische Verhaltensnormen, deren Einhaltung dann auch entsprechend kontrolliert wird.
- Die (amerikanische) *Geschäftsethik* (vgl. z. B. *Goodpaster/Sayre* 1979) arbeitet eher materiell-pragmatisch und versucht, ethisches Denken in alle Geschäftsentscheidungen einfließen zu lassen. Mitarbeiter in Unternehmen sollen also lernen, bei ihren Aktionen immer auch die ethische Dimension zu berücksichtigen. Anders als bei der eher auf die Unternehmenspolitik ausgerichteten Unternehmensethik geht es hierbei um konkrete Entscheidungshilfen für alle Mitarbeiter, die beispielsweise in Form von Prüffragen formulierbar sind.

Alle Ansätze, die letztlich konkretes Handeln beeinflussen wollen, fokussieren stark auf Leitlinien oder kodifizierte Normen. So postuliert beispielsweise *Spiegel* (1992) in seinem Diskurs zwischen Wirtschaftsethik und Wirtschaftspraxis folgende zehn Leitlinien:

- Befriedigung der Grundbedürfnisse (z. B. Sozialstaat),
- Umverteilung,
- Gesundsein,
- Recht auf Arbeit,
- Humanisierung der Arbeit,
- Partizipation und Kontrolle,
- Erhalt der natürlichen Ressourcen und der Umwelt,
- Begrenzung des Wachstums,
- Ende der Verschwendung,
- das menschliche Maß (i. S. v. Grenzen des menschlichen Tuns).

Unabhängig von den durchaus diskutierbaren Inhalten derartiger Postulate wird deutlich, daß bei Übertragung auf die Managementpraxis, aber auch auf die Betriebswirtschaftslehre, der wertfreie Raum verlassen und das ethisch-normative Gedankengebäude betreten wird. In Anlehnung an *Kant* führt dies dazu, daß neben dem technischen Handeln (bezogen auf materielle Objekte) und dem pragmatischen Handeln (bezogen auf Menschen) immer auch ein ethisches Handeln erforderlich wird, bei dem es um Verhalten, Moral und Tugend geht (vgl. *Müller-Merbach* 1988, 306–312).

Dies bedeutet aber speziell das Postulat nach einer **Planungs- und Führungsethik** als Grundlage betrieblichen Personalmanagements.

1.4.1.3 Personalmanagement-Ethik

Ordnet man die Personalmanagementfunktion in den Rahmen einer umfassenden Unternehmens- und Geschäftsethik ein, so würde dies, für Außenbeziehungen gleichermaßen wie für die Innenbeziehungen, weitreichende **Konsequenzen** haben:

Im *organisatorischen* Bereich bedeutet die Umsetzung ethischen Gedankengutes zunächst die Schaffung einer Plattform für die Auseinandersetzung mit ethischen Fragen, wobei dies nicht unbedingt die Benennung eines Ethik-Beraters oder eines Ethik-Beauftragten bedeutet. Entscheidend ist vielmehr die Möglichkeit zum Dialog und zum Schaffen eines gemeinsamen Verständnisses der ethischen Basis.

Im *kodifizierten* Bereich verlangt eine Personalmanagement-Ethik nach einem Verhaltenskodex, der allen Entscheidungsträgern bei ihren Wahlproblemen Hilfestellung leistet. Vor allem gilt dies für den Führungsbereich und mündet letztlich in das Aufstellen spezieller Grundsätze der Führungsethik. Übersicht 1.16 bringt ein Beispiel dafür, wie Führungsverhalten über entsprechende Führungsprinzipien ethisch fundiert werden soll.

Derartige Überlegungen hätten auch Konsequenzen im **Aktionsraum**, beispielsweise bei Tariflohnverhandlungen (vgl. z. B. *Molitor* 1989, 115–127). Letztlich wären dann alle Entscheidungen im Bereich von Personalmanagement, Personalentwicklung, Personalbeschaffung und (vor allem) Personal-

1. Mit dem Recht, über die Arbeitskraft zu verfügen, erwirbt der Unternehmer in keiner Weise auch das Recht, im Rahmen bestehender Gesetze oder Verträge beliebig über sie zu verfügen.
2. Ethisches Führen geschieht in Kommunikationsgemeinschaften.
3. Der Führungsinteraktion liegt personale Autorität zugrunde.
4. Was auch immer erkannt wird, wird auf die Weise des Erkennenden erkannt.
5. Ethisch-verantwortetes Führen ist immer auch verantwortete Spiegelung.
6. Ethisch-verantwortetes Führen realisiert die kommunikativen Tiefenschichten.
7. Ethisch-verantwortetes Führen impliziert das Erkennen und Vermeiden von Kommunikationsstörungen.
8. Ethisch-verantwortetes Führen geschieht in prinzipiell reversibler Kommunikation.
9. Ethisch-verantwortetes Führen akzeptiert das Gewissensurteil des Geführten.
10. Ethisch-verantwortetes Führen begünstigt die Identifikation mit dem Unternehmen.
11. Ethisch-verantwortetes Führen respektiert fremde Würde und Freiheit.
12. Ethisch-verantwortetes Führen setzt die Bereitschaft voraus, die Eigendynamik sozialer Systeme in Richtung auf die Optimalisierung ihrer biophilen Potenzen hin zu steuern.
13. Ethisch-verantwortetes Führen setzt eine entwickelte Konfliktfähigkeit des Führenden voraus.

Übersicht 1.16: Ethisch fundierte Führungsstrategie von *Lay* (1989, 140–177) freisetzung auch unter ethischen Gesichtspunkten zu fällen. So wären beispielsweise Überlegungen wie

- Mitarbeiter freizusetzen, nur um die Rentabilität zu verbessern,
- Mitarbeiter in gesundheitsschädlicher (aber gesetzlich zulässiger) Umgebung arbeiten zu lassen,
- in Krisenzeiten hohe Vorstandsbezüge zu fixieren oder
- Personal nur nach Unternehmensnotwendigkeit zu entwickeln

unter ethischen Gesichtspunkten durchaus hinterfragbar.

Eine solche Aufzählung zeigt, daß es schwer fällt, aus leicht akzeptierbaren Verhaltenskodizes zu akzeptierbaren Entscheidungen zu kommen. Nichtsdestoweniger bedeutet aber ethisch fundiertes Personalmanagement zumindest den permanenten Versuch, Maßnahmen *auch* unter ethischen Gesichtspunkten zu treffen. Das kann letztlich nicht nur zum „Berufsethos des Personalleiters" (vgl. *v. Beckerath* 1988) führen, sondern auch zu einem ethikverträglichen Personalmanagement.

1.4.2 Rechtliche Basis

Betriebliches Personalmanagement ist nicht nur als methodisches Problem, sondern auch im rechtlichen Rahmen zu sehen: Personalabteilungen müssen deshalb zwangsläufig einen großen Teil ihrer Kapazität für die Beschäftigung mit dem **Arbeitsrecht** als juristischer Ausgestaltung der Arbeitgeber-Arbeitnehmer-Beziehung aufwenden. Die zentralen gesetzlichen Normen dazu sind in Deutschland in mehreren Gesetzen oder Gesetzeskomplexen verstreut, beziehungsweise gelten als ungeschriebenes Gesetz. Von besonderer Bedeutung dabei sind vor allem

- Arbeitsvertragsrecht,
- Betriebsverfassungsgesetz,
- Mitbestimmungsgesetze,
- Arbeitsschutzgesetzgebung,
- Arbeitskampfrecht,
- Arbeitszeitordnung,
- Gewerbeordnung,
- Tarifvertragsgesetz,
- Schwerbehindertengesetz,
- Arbeits- und Ausbildungsförderungsgesetz,
- Sozialgesetzgebung sowie
- Datenschutzrecht.

Hinzu kommt eine Vielzahl von Verordnungen, die durch eine umfangreiche Rechtsprechung ständig Ergänzungen erfahren. Darüber hinaus haben auch die Tarifvertragsparteien (sowie die Betriebspartner Arbeitgeber und Betriebsrat) durch ihre Vertragsgestaltung Anteil an der Gestaltung der Arbeitsrechtsordnung.

Wichtig und nachfolgend zu diskutieren sind vor allem diverse Aspekte des **individuellen Arbeitsvertragsrechts** (vgl. z.B. *Oechsler* 1992, 109–117) sowie der **Betriebsverfassung** und der **Unternehmensmitbestimmung.** Hinzukommen Implikationen aus dem **internationalen Wirtschaftsrecht.**

1.4.2.1 Individuelles Arbeitsvertragsrecht

Die rechtliche Beziehung zwischen Arbeitgeber und Arbeitnehmer wird durch den **Arbeitsvertrag** begründet. Ausgangspunkt des Arbeitsvertragsrechts ist das **Dienstvertragsrecht** des Bürgerlichen Gesetzbuches (§§ 611–630 BGB): Dieses regelt die aus dem Vertrag entstehenden gegenseitigen Pflichten und Ansprüche, insbesondere die zu erbringende Arbeitsleistung, sowie die Vergütung und die Treuepflichten des Arbeitnehmers (vgl. *Bobrowski/Gaul* 1979 a; *Fikentscher* 1985, 529–549).

Im allgemeinen gilt **Vertrags- und Abschlußfreiheit.** Sie wird jedoch zugunsten des Arbeitnehmers eingeschränkt, um seiner (in der Regel) wirtschaftlich schwächeren Position Rechnung zu tragen. So können (Mindest-)Kündigungsfristen einzelvertraglich nicht verkürzt (§§ 621–622 BGB; *Bobrowski/Gaul* 1979 b, 222–224) und Fürsorgepflichten des Arbeitgebers nicht aufgehoben werden (§§ 617–619 BGB). Ferner sollen Tarifverträge und Sondergesetze (wie Jugendarbeitsschutzgesetz, Mutterschutzgesetz, Lohnfortzahlungsgesetz) ausgewählten Gruppen von Arbeitnehmern zusätzlichen Schutz gewährleisten.

Über den Arbeitsvertrag hinausgehend regelt das Betriebsverfassungsgesetz Rechte des Arbeitnehmers: Ausgehend vom Schutz des Persönlichkeitsbereiches (§ 75 II BetrVG) sind dies insbesondere Unterrichtungsrechte über Arbeitsplatz, Tätigkeit, Unfall- und Gesundheitsgefahren (§ 81 I BetrVG) sowie Anhörungsrechte, das Recht auf Einsicht in die eigenen Personalakten und Beschwerderechte (§§ 82–84 BetrVG). Diese Rechte bestehen unabhängig von der Rechtsform des Unternehmens, der Größe des Betriebs oder der Existenz eines Betriebsrates (vgl. *Galperin/Löwisch* 1982, vor § 81; *Fitting et al.* 1987, §§ 81–84).

Der Arbeitnehmer hat gegenüber seinem zuständigen Vorgesetzten ein Anhörungs- und Erörterungsrecht in Fragen, die seine Person oder seinen Arbeitsplatz betreffen. Ebenso hat er das Recht, Vorschläge für die Gestaltung des **Arbeitsplatzes** und des Arbeitsablaufes zu machen (§ 82 I BetrVG). Auch kann er verlangen, daß ihm die Berechnung des **Arbeitsentgeltes** erläutert und die Beurteilung seiner Leistung erörtert wird (§ 82 II BetrVG).

Jeder Arbeitnehmer ist berechtigt, die über ihn geführten **Personalakten einzusehen** und diesen schriftliche Erklärungen beizufügen (§ 83 BetrVG). Zu den Personalakten zählen unter anderem:
- Bewerbungsunterlagen,
- Personalfragebogen und Eignungstests,
- ärztliche Bescheinigungen mit Ausnahme der unter die ärztliche Schweigepflicht fallenden Befundbogen des Betriebsarztes,
- Arbeitsvertrag,
- Leistungs- und Führungsbeurteilungen,
- Zeugnisse,
- Fehlzeitenlisten,
- Schriftwechsel.

Bei allen individuellen Mitwirkungsrechten des Arbeitnehmers, die das Betriebsverfassungsgesetz regelt, kann der Arbeitnehmer ein Mitglied des Betriebsrats zu seiner Unterstützung oder Vermittlung hinzuziehen.

1.4.2.2 Betriebsverfassungsrecht

Das Betriebsverfassungsgesetz regelt die Vertretung der Interessen der Arbeitnehmer durch die repräsentierenden Organe gegenüber dem Arbeitgeber.

(a) Geltungsbereich

Das Betriebsverfassungsgesetz gilt unabhängig von der Rechtsform des jeweiligen Unternehmens in allen inländischen Betrieben, wenn diese in der Regel mindestens **fünf** wahlberechtigte Arbeitnehmer beschäftigen (§ 1 BetrVG). Ausgenommen sind lediglich Betriebe des öffentlichen Rechts (§ 130 BetrVG), Religionsgemeinschaften, karitative Einrichtungen und Tendenzbetriebe (wie Büros politischer Parteien): Auf sie finden wichtige Normen keine Anwendung (§ 118 BetrVG; *Fitting et al.* 1987, § 118). Die Vertretung der Arbeitnehmerinteressen in Betrieben und Verwaltungen der öffentlichen Hand werden analog zum Betriebsverfassungsgesetz in den Personalvertretungsgesetzen des Bundes und der Länder geregelt.

Der **Betriebsbegriff** des Betriebsverfassungsgesetzes unterscheidet sich vom (allerdings uneinheitlich verwendeten) betriebswirtschaftlichen Betriebsbegriff (vgl. z. B. *Wöhe* 1990, 2–14) dadurch, daß er nicht auf die wirtschaftliche Einheit abstellt, sondern auf eine eigenständige sowie einheitliche Organisation und Leitung des Betriebes (§ 4 BetrVG; vgl. *Joost* 1988, 90–92). Ein Betriebsrat kann somit in Hauptbetrieben, aber auch in Nebenbetrieben (Werke oder Vertriebsniederlassungen an anderen Standorten) gebildet werden. Allerdings wird dann zusätzlich ein Gesamtbetriebsrat (§§ 47–53 BetrVG) beziehungsweise in Konzernen im jeweils herrschenden Unternehmen ein Konzernbetriebsrat (§§ 54–59 BetrVG) gebildet.

Das Betriebsverfassungsgesetz regelt Zusammensetzung und Tätigkeit gruppen- und fallspezifischer Organe wie Betriebsversammlung, Jugendvertretung, Wirtschaftsausschuß oder Einigungsstelle. Es erstreckt sich auf alle Arbeitnehmer des betreffenden Betriebes, also auch auf die ausländischen Arbeitnehmer und die Auszubildenden. **Leitende Angestellte** (§ 5 III BetrVG) sind davon ausgenommen, da sie als den Interessen des Arbeitgebers nahestehend angesehen werden (vgl. *Fabricius et al.* 1987, § 5 RZ 57–73).

(b) Betriebsrat

Grundgedanke des Betriebsverfassungsgesetzes ist zum einen die **Einschränkung von Arbeitgeberrechten,** wo dies im Interesse der Persönlichkeit und des sozialen Schutzes der Arbeitnehmer notwendig erscheint (vgl. z. B. *Halbach et al.* 1981, 245); zum anderen die **vertrauensvolle Zusammenarbeit** von Arbeitnehmervertretung und Arbeitgeber unter Einbeziehung ihrer jeweiligen Verbände (§ 2 BetrVG).

Geregelt werden im Betriebsverfassungsgesetz die Zusammensetzung und Wahl des Betriebsrates (§§ 7–20 BetrVG), insbesondere die Zahl seiner Mitglieder (§ 9 BetrVG), deren Freistellung (§ 38 BetrVG) sowie die Vertretung von Minderheiten (§ 10 BetrVG). Vor allem aber werden seine **Beteiligungsrechte** fixiert: Ausgangspunkt sind Informationsrechte, die dem Betriebsrat zur Erfüllung seiner allgemeinen Aufgaben eingeräumt werden (§ 80 II BetrVG). Darüber hinausgehende Rechte sind an bestimmte Planungen oder Maßnahmen gebunden. Je nach der Intensität der Einflußnahme ist zu unterscheiden zwischen Mitwirkungsrechten und den eigentlichen Mitbestimmungsrechten (Übersicht 1.17).

Mitwirkungsrechte des Betriebsrats
Informationsrecht
Personalplanung § 92
Stellenausschreibung § 93
Einstellung, Versetzung, Ein-/Umgruppierung § 99 I*
Wirtschaftliche Angelegenheiten § 106 II
Betriebsänderungen § 111*
Beratungsrecht
Personalplanung § 92 I
Berufsbildung §§ 96 I, 97
Betriebsänderungen § 111*
Einsichtsrecht
Personalplanung § 92 I
Bewerbungsunterlagen § 99 I*
Anhörungsrecht
Kündigungen § 102 I
Mitbestimmungsrechte des Betriebsrats
Initiativrecht
Stellenausschreibung § 93
Auswahlrichtlinien § 95 II**
Berufsbildung § 98
Sozialplan bei Betriebsänderungen § 112*
Soziale Angelegenheiten § 87 I
Zustimmungs- oder Vetorecht
Soziale Angelegenheiten § 87 I
Personalfragebogen/Beurteilungsrichtlinien § 94
Auswahlrichtlinien § 95 I
Widerspruchsrecht
Personelle Einzelmaßnahmen § 99 II*, § 102 III
Abberufung eines betrieblichen Ausbilders § 98 II
* nur in Betrieben mit mehr als 20 Arbeitnehmern
** nur in Betrieben mit mehr als 1000 Arbeitnehmern

Übersicht 1.17: Zentrale Beteiligungsrechte des Betriebsrates

(c) Mitbestimmung in sozialen Angelegenheiten

Besonders weitgehend, weil in ihrer Umsetzung erzwingbar, sind die Mitbestimmungsrechte des Betriebsrates in **sozialen Angelegenheiten.** Sofern keine anderen gesetzlichen oder vertraglichen Regelungen vorhanden sind, ergeben sie sich aus § 87 I BetrVG und betreffen eine breite Palette betrieblicher Fragestellungen: Dazu zählen die Ordnung des Betriebes und das Verhalten der Mitarbeiter genauso wie die Probleme von Werkswohnungen und Sozialeinrichtungen.

Der Arbeitgeber hat ferner Unterrichtungs- und Beratungspflichten gegenüber dem Betriebsrat in Fragen der Planung von Neu-, Um- und Erweiterungsbauten von Betriebsgebäuden, technischen Anlagen, Arbeitsverfahren und Arbeitsabläufen sowie der einzelnen Arbeitsplätze selbst. Dabei sollen „gesicherte arbeitswissenschaftliche Erkenntnisse über die menschengerechte Gestaltung der Arbeit" berücksichtigt werden (§ 90 BetrVG). Die Betriebsverfassung wird mit §§ 90 und 91 BetrVG in den Dienst einer **Humanisierung des Arbeitslebens** gestellt (*Fitting et al.* 1987, § 90 RZ 2; siehe auch Kapitel 5). Die entsprechenden Formulierungen stellen allerdings keine klaren Rechtsbegriffe dar. Somit kann erst aufgrund bewährter Methoden, anerkannter Normen oder richterlicher Urteile entschieden werden, was als „gesichert" beziehungsweise als „menschengerecht" gelten kann (vgl. *Ehmann* 1981, 25–51; *Fuchs* 1981; siehe auch Abschnitt 5.1).

(d) Mitbestimmung in personellen Angelegenheiten

Weitgehende Beteiligungsrechte hat der Betriebsrat auch auf dem Gebiet der **personellen Angelegenheiten** (§§ 92–105 BetrVG). Dazu zählen:
- Ausschreibungen von Arbeitsplätzen (93 BetrVG),
- Personalfragebogen und Beurteilungsgrundsätze (§ 94 BetrVG),
- Auswahlrichtlinien (§ 95 BetrVG),
- Berufsbildung (§§ 96–98 BetrVG) und
- personelle Einzelmaßnahmen (§§ 99–105 BetrVG).

Wichtig als Ausgangsbasis ist die Involvierung bei der betrieblichen **Personalplanung.** Personalplanung im Sinne des Betriebsverfassungsgesetzes ist sowohl die organisierte und bewußte, als auch die eher intuitiv betriebene und wenig formalisierte Planung. Hier hat der Betriebsrat kein zwingendes Mitbestimmungsrecht, jedoch umfangreiche Informations-, Beratungs- und Vorschlagsrechte (§ 92 BetrVG). Die Unterrichtung hat bereits über die Planung selbst, über die dabei angewandten Methoden, die organisatorischen wie technischen Verfahren zu erfolgen und nicht erst über das Ergebnis der Planung. Dabei sind dem Betriebsrat auch **Unterlagen** wie Stellenpläne oder Pläne über die Aus- und Weiterbildung vorzulegen (*Halbach et al.* 1981, 284; *Fitting et al.* 1987, § 92 RZ 22–25).

Diese extensive Auslegung wird jedoch nicht uneingeschränkt geteilt: Laut *Dietz/Richardi* (1982, § 92 RZ 29–30) unterliegt nicht das gesamte Spektrum der Personalplanung der Beratung mit dem Betriebsrat, sondern nur das Maßnahmenpaket zur Vermeidung von Härten. Die Unterrichtung erfolgt somit dann „rechtzeitig", wenn die Personalplanung in die Maßnahmenplanung übergeht, da in dieser Phase noch Einfluß auf die Planung möglich ist.

Der Betriebsrat kann auch von sich aus dem Arbeitgeber Vorschläge zur Einführung und Durchführung von Personalplanungsmaßnahmen machen (§ 92 II BetrVG). Die Einführung bestimmter Methoden ist vom Betriebsrat jedoch nicht erzwingbar (*Dietz/Richardi* 1982, § 92 RZ 31–33; *Fitting et al.* 1987, § 92 RZ 35–36).

Neben den kollektiven Regelungen (§§ 87–98 BetrVG) räumt das Betriebsverfassungsgesetz dem Betriebsrat insbesondere bei **personellen Einzelmaßnahmen** weitreichende Mitbestimmungsrechte (Zustimmungs- oder Vetorecht) ein (§§ 99–105 BetrVG). So ist der Betriebsrat vor jeder
- Einstellung,
- Eingruppierung,
- Umgruppierung,
- Versetzung

darüber zu unterrichten; dazu sind ihm die entsprechenden Unterlagen vorzulegen. Diese Rechte sind auf Betriebe mit mindestens 21 wahlberechtigten Arbeitnehmern (und damit drei oder mehr Betriebsratsmitgliedern) beschränkt (§ 99 I Satz 1 BetrVG; vgl. § 9 BetrVG; *Meisel* 1984, 29–30).

Zu den personellen Einzelmaßnahmen zählt auch die **Kündigung** eines Mitarbeiters (§§ 102–104 BetrVG): Hier können die Informations- und Widerspruchsrechte vom Betriebsrat allerdings unabhängig von der Betriebsgröße wahrgenommen werden.

Der Arbeitgeber hat auch im Zusammenhang mit diesen Maßnahmen den Betriebsrat umfassend und rechtzeitig zu informieren und ihm dabei die Einsicht in die erforderlichen Unterlagen zu gewähren. Zu diesen zählen beispielsweise bei Neueinstellungen die eingereichten Unterlagen (z.B. Zeugnisse, Lebenslauf, Gehalts- und Positionsangaben der bisherigen Beschäftigung) der in Frage kommenden Bewerber. Darüber hinaus hat der Arbeitgeber den Betriebsrat über den vorgesehenen Arbeitsplatz und die Eingruppierung sowie über die voraussichtlichen Auswirkungen der Einstellung (z.B. Versetzungen oder Mehrarbeit von anderen Mitarbeitern) zu informieren.

Der Betriebsrat kann seine Zustimmung verweigern, wenn (§ 99 II BetrVG; *Galperin/Löwisch* 1982, § 99 RZ 77–112 a)
- die Maßnahme gegen Gesetze, Tarifverträge oder Betriebsvereinbarungen verstößt,
- die Auswahlrichtlinien (§ 95 BetrVG) oder die Pflicht zur betriebsinternen Ausschreibung (§ 93 BetrVG) nicht berücksichtigt wurden,
- der Betroffene oder die übrigen Arbeitnehmer benachteiligt werden,
- Besorgnis besteht, daß der Betriebsfriede durch die Maßnahme gestört werde.

Die Verweigerung der Zustimmung durch den Betriebsrat kann nur innerhalb einer Woche unter schriftlicher Angabe von Gründen erfolgen (§ 99 III BetrVG).

Der Betriebsrat verfügt somit über ein breites Spektrum von **Widerspruchsmöglichkeiten,** um mit dem Arbeitgeber in Verhandlungen zu einem Kompromiß zu gelangen. Da gegen den Widerspruch des Betriebsrats nur ein Verfahren vor dem Arbeitsgericht offensteht (§ 99 IV BetrVG), wird sich der Arbeitgeber in der Regel im Vorfeld einer Entscheidung zu Verhandlungen mit dem Betriebsrat bewegen lassen (*Spaich* 1986, 40–41).

Diese Regelungen beziehen sich auch auf sogenannte **Leiharbeitnehmer,** die dem Arbeitgeber von einem anderen Unternehmen überlassen werden; über alle Informationen, die einer vertraulichen Behandlung bedürfen, haben die Betriebsratsmitglieder, auch nach ihrem Ausscheiden, Stillschweigen zu bewahren (vgl. *Heinze* 1982, 93–160).

(e) Mitbestimmung in wirtschaftlichen Angelegenheiten

Über wirtschaftliche Angelegenheiten hat der Unternehmer rechtzeitig und umfassend den **Wirtschaftsausschuß** zu unterrichten sowie die sich daraus ergebenden Auswirkungen auf die Personalplanung darzustellen. Ein Wirtschaftsausschuß ist in Unternehmen mit über 100 Arbeitnehmern vom (Gesamt-)Betriebsrat als Informations- und Beratungsgremium für das gesamte Unternehmen zu bilden (§§ 106–109 BetrVG). Hinzu kommen die „echten" Mitbestimmungsrechte nach §§ 111–113 BetrVG: Dies betrifft primär Betriebsänderungen, die mit wesentlichen Nachteilen für die Belegschaft einhergehen können (Stillegung, Teilstillegungen, Zusammenschlüsse, organisatorische Änderungen und Änderungen der Produktionstechnologie oder des Betriebszwecks). Kommt ein Unternehmensausgleich nicht zustande, hat der Arbeitgeber weitgehende Unterrichtungs- und Verhandlungspflichten und muß zudem einen Interessenausgleich anstreben. Im Extremfall soll der Sozialplan die wirtschaftlichen Nachteile der Arbeitnehmer ausgleichen beziehungsweise mildern: Eine Einigung über den Sozialplan kann dabei erzwungen werden (§ 112 IV BetrVG).

(f) Einigungsstelle

Meinungsverschiedenheiten zwischen Arbeitgeber und Betriebsrat sollen grundsätzlich durch eine Einigung der Betriebspartner beigelegt werden (§ 74 I BetrVG). Zu diesem Zweck sieht das Gesetz detaillierte Konfliktregelungsmechanismen vor; dazu gehört auch die fallweise Bildung beziehungsweise die permanente Installation einer **Einigungsstelle** (§ 76 BetrVG): Ihre Mitglieder werden je zur Hälfte vom Arbeitgeber und vom Betriebsrat bestellt. Dazu kommt ein unparteiischer Vorsitzender: Er ist erst nach Stimmengleichheit der ersten Beratung in der zweiten Abstimmung stimmberechtigt. Beide Seiten müssen sich auf einen Vorsitzenden einigen; ist dies nicht möglich, wird er vom Arbeitsgericht bestimmt.

Die Beschlüsse der Einigungsstelle müssen unter Berücksichtigung der Belange des Betriebs und der betroffenen Arbeitnehmer getroffen werden (vgl. *Meisel* 1984, 40–49; *Fitting et al.* 1987, § 76) und beziehen sich unter anderem auf die

- Freistellung von Betriebsratsmitgliedern (§ 38 BetrVG),
- soziale Angelegenheiten (§ 87 BetrVG),

- Ausgleichsmaßnahmen bei Änderung von Arbeitsablauf oder -umgebung (§ 91 BetrVG),
- Personalfragebogen und Beurteilungsgrundsätze (§ 94 BetrVG),
- Auswahlrichtlinien (§ 95 BetrVG),
- betriebliche Bildungsmaßnahmen (§ 98 BetrVG),
- Auskünfte an den Wirtschaftsausschuß (§ 109 BetrVG) sowie die
- Aufstellung eines Sozialplans (§ 112 BetrVG).

Im allgemeinen wird die Einigungsstelle nur tätig, wenn Arbeitgeber und Betriebsrat dies gemeinsam beantragen oder dem Tätigwerden zustimmen. In diesem Fall hat der Spruch der Einigungsstelle nur Vorschlagscharakter. Ersetzt jedoch der Spruch der Einigungsstelle die Einigung von Betriebsrat und Arbeitgeber, ist der Antrag einer Seite ausreichend und der Spruch der Einigungsstelle verbindlich. Dies gilt auch für den Fall, daß sich beide Seiten dem Spruch im voraus unterworfen haben.

1.4.2.3 Unternehmensmitbestimmung

Die verschiedenen Formen der Beteiligung von Arbeitnehmer-Vertretern in den Leitungs- und Kontrollorganen von Unternehmen und Konzernen werden unter dem Begriff der **Unternehmensmitbestimmung** zusammengefaßt und im wesentlichen durch vier Gesetze, nämlich

- Montanmitbestimmungsgesetz 1951
- Betriebsverfassungsgesetz 1952 (§§ 76–77 a, 81, 85, 87)
- (Montan-)Mitbestimmungsergänzungsgesetz 1956 und
- Mitbestimmungsgesetz 1976

geregelt.

Diese Verteilung auf mehrere Gesetze ist weitgehend historisch-politisch zu erklären: 1947 wurden die ersten Betriebsführungsgesellschaften der Stahl- und Bergbaubranchen gegründet, die einen paritätisch mit je fünf Vertretern der Arbeitnehmer und der Anteilseigner sowie einem elften neutralen Mitglied besetzten Aufsichtsrat hatten; ein von der Mehrheit der Arbeitnehmervertreter gewählter Arbeitsdirektor war Mitglied des Vorstandes. Mit einer Einbindung der Gewerkschaften sollte deren Forderung nach Sozialisierung der Großindustrie entschärft und den von den Besatzungsmächten enteigneten Aktionären ein Teil ihres Einflusses zurückgegeben werden (vgl. *Spie/Piesker* 1983, 25–35; *Rittner* 1987, 156–157). Im **Montanmitbestimmungsgesetz** wurde diese Konstellation für Montanunternehmen gesetzlich verankert. Das **Betriebsverfassungsgesetz von 1952** bezieht sich auf Kapitalgesellschaften und sieht die Beteiligung von Arbeitnehmervertretern zu einem Drittel im Aufsichtsrat der Unternehmen vor.

Das **Mitbestimmungsgesetz** von 1976 schließlich betrifft ebenfalls Kapitalgesellschaften. Hier ist der Aufsichtsrat je zur Hälfte aus Vertretern der Anteilseigner und der Arbeitnehmer zusammengesetzt. Das Gesetz regelt auch die Zusammensetzung der Arbeitnehmerbank, aus Vetretern von Arbeitern, Angestellten, Gewerkschaftlern und leitenden Angestellten (§§ 7, 9–17 MitbestG; vgl. *Bobrowski/Gaul* 1979 b, 808–831). Die Zuordnung der Vertreter der leitenden Angestellten zu den Arbeitnehmervertretern im Aufsichtsrat und die Zweitstimme des Aufsichtsratsvorsitzenden in Pattsituationen haben zur Konsequenz, daß das Mitbestimmungsgesetz keine wirkliche Parität gewährleistet: Da die Arbeitsweise der Aufsichtsräte aber im Normalfall vom Bemühen um Konsens geprägt ist, macht der Aufsichtsratsvorsitzende nur selten von der Zweitstimme Gebrauch (vgl. *Fitting/Wlotzke/Wißmann* 1978, Vorb. RZ 100–103; *Rittner* 1987, 182).

Nach dem Mitbestimmungsgesetz wird als gleichberechtigtes Mitglied des Vorstandes oder der Geschäftsführung ein **Arbeitsdirektor** berufen (§ 33 MitbestG). Seine Aufgaben sind im Mitbestimmungsgesetz wie auch im Montanmitbestimmungsgesetz nicht beschrieben, liegen aber in der Regel im Bereich personeller und sozialer Angelegenheiten (vgl. *Przybylski* 1983, 76–77; *Spie/Piesker* 1983, 143–168).

Die Anwendung der einzelnen Gesetze zur Unternehmensmitbestimmung ergibt sich aus Unternehmensmerkmalen wie Rechtsform, Mitarbeiterzahl und Branche (Abbildung 1.19).

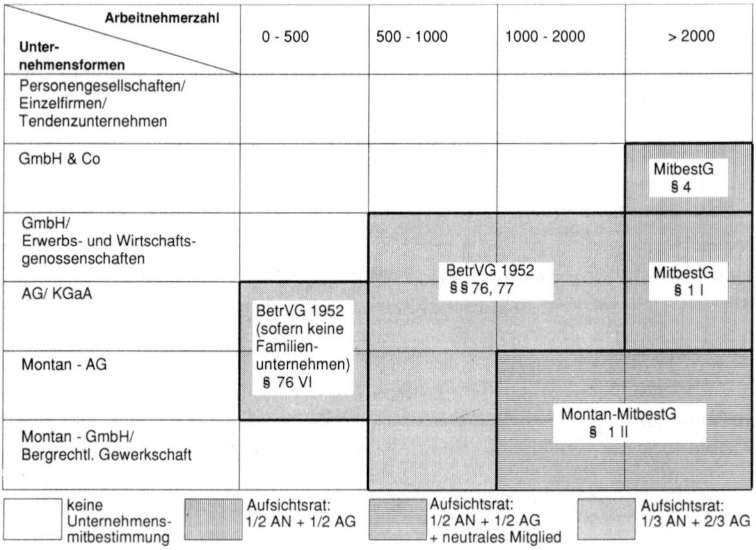
Arbeitnehmerzahl
Unternehmensformen
0 - 500
500 - 1000
1000 - 2000
> 2000
Personengesellschaften/ Einzelfirmen/ Tendenzunternehmen
GmbH & Co
GmbH/ Erwerbs- und Wirtschaftsgenossenschaften
AG/ KGaA
Montan - AG
Montan - GmbH/ Bergrechtl. Gewerkschaft
MitbestG § 4
BetrVG 1952 §§ 76, 77
MitbestG § 1 I
BetrVG 1952 (sofern keine Familienunternehmen) § 76 VI
Montan-MitbestG § 1 II
keine Unternehmensmitbestimmung
Aufsichtsrat: 1/2 AN + 1/2 AG
Aufsichtsrat: 1/2 AN + 1/2 AG + neutrales Mitglied
Aufsichtsrat: 1/3 AN + 2/3 AG

Abbildung 1.19: Geltungsbereich der Gesetze zur Unternehmensmitbestimmung (nach *Chmielewicz et al.* 1977, 111)

Der Einfluß von Aufsichtsrat und Vorstand auf das Personalmanagement ist evident. So kann der Aufsichtsrat durch Überwachung der Geschäftsführungstätigkeit des Vorstandes (§§ 90, 111 I+II AktG), durch Festlegung zustimmungspflichtiger Geschäfte (§ 111 IV AktG) sowie durch Berufung der Vorstandsmitglieder (§ 84 AktG) sehr nachdrücklich auf die Geschäftsführung der Gesellschaft einwirken (vgl. *Girgensohn* 1980; *Spaich* 1986, 79–81). Der Vorstand ist als geschäftsführendes Organ auch Träger von

Personalmanagementfunktionen. Dies gilt speziell für alle Funktionen, die zum Bereich des **strategischen** Personalmanagements zählen.

Die Mitgliedschaft von Arbeitnehmer- und Gewerkschaftsvertretern in Aufsichtsrat und Vorstand eröffnet ihnen einen verstärkten Einfluß auch auf Entscheidungen im Personalbereich: Wichtige Kompromißlösungen werden dabei nicht selten über informelle Kontakte vorbereitet (vgl. *Wächter* 1983, 89–97; *Bleicher/Paul* 1986, 270).

1.4.2.4 Internationales Wirtschaftsrecht

Durch die zunehmende Internationalisierung der Unternehmenstätigkeit erweitert sich das Spektrum der von den Unternehmen zu beachtenden rechtlichen Grundlagen. Rechtsgrundlagen für Unternehmen können dabei
- nationales, inländisches Recht,
- nationales, ausländisches Recht,
- Völkerrecht und
- Gemeinschaftsrecht sein.

Grundsätzlich ist von den Beschränkungen der juristischen Dogmatik durch das Territorialprinzip und das Souveränitätsprinzip auszugehen. Dem Territorialprinzip zufolge ist die Rechtsetzungsbefugnis des Staates auf sein eigenes Territorium beschränkt. Durch das Souveränitätsprinzip werden den Staaten sowohl ihre rechtliche Unabhängigkeit als auch ihre Gleichstellung mit allen anderen Staaten garantiert (vgl. *Scheider* 1991, 622).

Einschränkungen erfahren diese beiden Prinzipien mit dem Gemeinschaftsrecht der EG, durch das eigenes Recht der Gemeinschaft geschaffen wird und nationale legislative Kompetenzen abgetreten werden. Besonders im Hinblick auf den Europäischen Binnenmarkt nehmen diese Einschränkungen Einfluß auf die Unternehmen der Mitgliedsstaaten. Rechtliche Grundinstrumente der EG sind Verordnungen, Richtlinien und Empfehlungen:
- Verordnungen schaffen unmittelbar geltendes Recht für die EG-Mitgliedsländer. Sie setzen früheres, entgegenstehendes nationales Recht außer Kraft, da sie gegenüber nationalem Recht Vorrang haben.
- Richtlinien gelten grundsätzlich nicht unmittelbar in den Mitgliedsstaaten. Vielmehr verpflichten sie die Mitgliedsstaaten, angestrebte Ziele innerhalb einer festgelegten Frist mit Mitteln des nationalen Rechts durchzusetzen.
- Empfehlungen sind für die Mitgliedsstaaten nicht bindend, wohl aber kann der Ministerrat mit zwingenden Maßnahmen drohen, um eine Umsetzung zu bewirken.

Für das Personalmanagement sind besonders die arbeits- und sozialrechtlichen Regelungen der EG von Bedeutung. Wichtige Bestimmungen des EG-Arbeitsrechts beziehen sich beispielsweise auf den Schutz von Arbeitnehmern bei Massenentlassungen und auf die Wahrung von Ansprüchen der Arbeitnehmer beim Übergang von Unternehmen, Betrieben und Betriebsteilen (vgl. *Braun* 1991, 70–79).

Mit dem Ende 1990 vorgelegten und im September 1991 nachgebesserten Richtlinienentwurf will die EG-Kommission „gemeinschaftsweit operierende Unternehmen und Unternehmensgruppen" in den Mitgliedsstaaten dazu zwingen, sogenannte „Euro-Betriebsräte" einzurichten. Die Richtlinie soll eine Information und Konsultation der Arbeitnehmervertretungen über die nationalen Grenzen hinweg sicherstellen. Vom Geltungsbereich des Entwurfs der EG-Kommission für einen europäischen Betriebsrat werden „gemeinschaftsweit operierende Unternehmen", die mindestens 1000 Beschäftigte innerhalb der EG, Betriebe in mindestens zwei EG-Staaten und jeweils mehr als 100 Beschäftigte in mindestens zwei EG-Staaten haben, erfaßt. Er ist zu konsultieren, wenn das Management Vorschläge entwickelt, die schwerwiegende Folgen für die Belange der Mitarbeiter haben können, zum Beispiel wenn es um die Verlegung, den Zusammenschluß, die Einschränkung, die Schließung von Betrieben oder die Einführung neuer Arbeitsmethoden geht (vgl. *Deppe* 1992).

Die Richtlinie über **Massenentlassungen** (17.02.1975) soll verhindern, daß multinationale Gesellschaften bevorstehende Massenentlassungen nur in Mitgliedsstaaten durchführen, die über geringere Arbeitnehmerrechte verfügen. Unter anderem schreibt diese Richtlinie Konsultationen mit den Arbeitnehmern vor, damit eigene Vorschläge unterbreitet werden können. An diese Vorschrift geknüpft sind Informationspflichten der Arbeitgeber, beispielsweise die Gründe für die Entlassung. Ferner werden Verfahrensnormen festgelegt, beispielsweise die Anmeldung bei den Behörden.

Die Richtlinie über die Wahrung der Ansprüche von Arbeitnehmern beim **Übergang** von Unternehmen, Betrieben und Betriebsteilen (14.02.1977) findet Anwendung auf die Arbeitnehmer des übernommenen Unternehmens. Sie läßt sich wie folgt zusammenfassen:
- Rechte und Pflichten gehen vom Veräußerer auf den Erwerber über,
- Unternehmensübernahmen sind als solches kein Grund zur Kündigung,
- die Arbeitnehmervertretung bleibt grundsätzlich erhalten,
- Informationspflichten gegenüber den Arbeitnehmern über Grund, Folgen und Maßnahmen des Arbeitgebers, die mit der Übernahme zusammenfallen.

Zu den wichtigsten Regelungen des EG-Sozialrechts zählen die Bestimmungen über die **Freizügigkeit** und zur **sozialen Absicherung** von Arbeitskräften. Angehörigen von EG-Mitgliedsstaaten genügt demnach der Personalausweis beziehungsweise der Reisepaß und eine Arbeitsbescheinigung des Arbeitgebers, um eine fünfjährige Arbeitserlaubnis zu bekommen. Außerdem stehen ausländischen EG-Angehörigen die gleichen Rechte wie einheimischen Beschäftigten zu. Betroffen sind davon beispielsweise staatliche Sozialleistungen, gewerkschaftliche Rechte und Leistungen der Arbeitsämter.

Abschließend sei noch auf die Problematik im Gesellschaftsrecht hingewiesen. Während es für den einzelnen Bürger durch die Freizügigkeit im Prinzip einfach ist, sich in den EG-Mitgliedsländern anzusiedeln, stehen juristische Personen wie die deutsche AG oder GmbH vor einem wesentlich komplexeren Problem. „Menschen verändern sich nicht, wenn sie über die Grenze gehen; juristische Personen hingegen verlieren ihr Sein, fallen ins Bodenlose, wenn sie versuchen, ihren Sitz von Bonn nach Brüssel zu verlegen" (*Lutter* 1990, 8).

Neben der Anwendung von Richtlinien, mit denen die Mitgliedsstaaten zu einer Angleichung der Unternehmensrechte veranlaßt werden können, versucht die Kommission desweiteren, durch die Schaffung einer europäischen Aktiengesellschaft dieses Problem zu lösen (vgl. *Lutter* 1990, 8–12). Ein Hauptproblem zur Schaffung dieses transnationalen Gesellschaftstyps waren bislang die unterschiedlichen Auffassungen über die Mitbestimmungsrechte der Arbeitnehmer. Während beispielsweise die Mitbestimmung aus dem deutschen Recht nicht mehr wegzudenken ist und zum Großteil auch im Management positiv beurteilt wird, sind britische Manager kaum von den Vorteilen dieser Regelung zu überzeugen.

1.4.3 Organisatorische Basis

Genauso wie die Personalarbeit in einem rechtlichen Rahmen stattfindet, braucht sie eine organisatorische Verankerung, die Unternehmensspezifika wie Größe, Branche und Produktprogramm berücksichtigt. Zudem spielen historische Entwicklung des Unternehmens und personelle Besetzung der Spitzenpositionen eine wichtige Rolle für die Beantwortung der Frage nach sinnvoller Organisation der Personalarbeit. Vor diesem Hintergrund ist auch die Fülle von Organisationsformen verständlich, die in der Literatur diskutiert (vgl. z. B. *Wagner* 1989; *Krause* 1991; *Schuler* 1992b) und in der Praxis (vgl. das Beispiel Abbildung 1.20) realisiert wird.

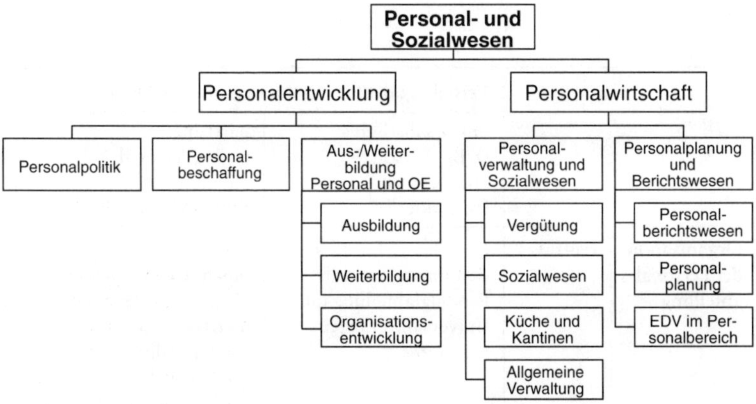

Abbildung 1.20: Beispiel für eine historisch entstandene Personalabteilung

(a) Die vier Grundformen

Die Organisation des betrieblichen Personalmanagements umfaßt im wesentlichen zwei Aspekte:

Im Hinblick auf die **Organisationsstruktur** kann die Personalarbeit zentral oder dezentral organisiert sein. Diese Dimension bezieht sich dabei ausschließlich auf die Verteilung der Personalabteilungen und ihrer Funktionen im Unternehmen. Bei einer *zentralen* Lösung finden alle Aktivitäten in einem Personalressort statt. Diese Zentrale ist dann der unmittelbare Ansprechpartner für die Fachvorgesetzten. Bei der *dezentralen* Lösung gibt es mehrere, hierarchisch gestaffelte Personalabteilungen bis zu dezentralen Personalreferenten. Sie sind primäre Kontaktperson der Linienvorgesetzten und unterstützen diese bei personalwirtschaftlichen Fragestellungen.

Zentrale oder dezentrale Personalarbeit sagt aber noch nichts über den Umfang der Tätigkeiten aus, die in der Personalabteilung beziehungsweise ihren dezentralen Nebenstellen stattfinden. Es ist also zusätzlich noch die **Kompetenzfrage** der Aufgabenteilung zwischen Personalabteilung und Fachvorgesetzten zu beantworten. Bei einer als *universalistisch* bezeichneten Organisationsform findet Personalmanagement weitgehend in der Personalabteilung statt. Sie löst Fragen der Personalbedarfsbestimmung, realisiert Personalbeschaffung und -entwicklung, übernimmt wichtige Funktionen der Personalführung und der Personalfreisetzung. Im Gegensatz dazu findet bei der als *partizipativ* bezeichneten Lösung eine bewußte und sehr weitgehende Verteilung von Aufgaben auf den jeweiligen Fachvorgesetzten statt. Letzterer erfüllt nicht nur Aufgaben aus dem Bereich der individuellen Personalbetreuung, sondern liefert auch Beiträge zu strategischen Überlegungen. Hier wird Personalmanagement also tatsächlich auf das gesamte Unternehmen verteilt.

Die Unterschiede zwischen diesen vier Alternativen sind erheblich (Übersicht 1.18), wie es sich deutlich am **Beispiel** der **Personalentwicklung** zeigt:

		Verteilung der Personalmanagement-Kompetenz	
		universalistisch (z. B. „Personalabteilung als Personalentwickler“)	partizipativ (z. B. „Personalabteilung als Entwicklungshelfer“)
Organisation der Personalabteilung	zentral	(1) dominante, zentrale Personalabteilung mit Universalkompetenz *(„gestern!“)*	(4) (auch) Fachvorgesetzte als wichtige Personalmanager, zentrale Personalabteilung zur übergreifenden Koordination *(„übermorgen?“)*
	dezentral	(2) Dominanz des Personalbereichs, aber verteilt im Unternehmen *(„heute!“)*	(3) (auch) Fachvorgesetzte als wichtige Personalmanager mit Hilfestellung durch die dezentralen Personaleinheiten *(„morgen!“)*

Übersicht 1.18: Organisationsformen der Personalarbeit

- Bei der zentral-universalistischen Variante gibt es ausschließlich eine Stelle, bei der alle Fäden zusammenlaufen. Hier liegen die mehr oder (meist) weniger umfassend formulierten Fähigkeitsprofile der Mitarbeiter, die Leistungsangebote der Personalentwicklungssysteme und die Vorgaben der Unternehmensstrategie. Hier wird dann auch entschieden, welche Mitarbeiter zu welchem Zeitpunkt welche Bildungsmaßnahme zu besuchen haben. Es gibt also einen zentralen (und allmächtigen) *Personalentwickler*.
- Bei der dezentral-universalistischen Variante bleibt die Verantwortung für die Personalentwicklung zwar weiterhin im Bereich Personal, verteilt sich aber dezentral bis zu den Personalreferenten. Die Personalabteilung bleibt somit zwar weiterhin der entscheidende Personalentwickler, arbeitet jetzt aber eher über eine *Entwicklerhierarchie* „vor Ort".
- Bei der zentral-partizipativen Lösung ändert sich die Rolle der Personalabteilung, denn nun übernimmt sie lediglich Beratungsfunktionen für den Fachvorgesetzten, wird also quasi zum *„Entwicklungshelfer"*. Der Vorgesetzte selbst ist somit der eigentlich ausschlaggebende Personalentwickler. Er kennt seine Mitarbeiter am besten und weiß daher auch, welche Entwicklungsmaßnahmen am sinnvollsten sind. Für die konkrete Abwicklung und für alle anfallenden Fragen steht ihm aber im zentral-partizipativen Modell die (zentrale) Personalabteilung mit ihrer Fachkompetenz zur Verfügung.
- Auch im dezentral-partizipativen Modell ist der unmittelbare Vorgesetzte der entscheidende Personalentwickler, er wird jedoch von dezentralen Einheiten der Personalabteilung unterstützt. Sie übernehmen die Rolle des lokal spezialisierten *Bereichs-Entwicklungshelfers*.

Diese vier exemplarischen Realisationen der betrieblichen Personalentwicklung belegen deutlich die Unterschiede zwischen den organisatorischen Gestaltungsformen des Personalmanagements.

Beim gegenwärtigen Stand der Forschung fehlen klare und empirisch fundierte Aussagen darüber, in welchen Situationen welche der vier Grundformen als situativ angemessen einzustufen ist. Es lassen sich aber zumindest Tendenzaussagen formulieren: Die Wahl des *dezentralen* Modells setzt eine gewisse Mindestbetriebsgröße, das *zentrale* Modell Homogenität im Hinblick auf Produktionsprogramm und Mitarbeiterstruktur voraus. Das *universalistische* Modell verlangt eine ausgeprägte Fachkompetenz in der Personalabteilung. Das *partizipative* Modell unterstellt eine breite Professionalität in allen Fragen des betrieblichen Personalmanagements auch in den Fachabteilungen: „Jeder Vorgesetzte ein professioneller Personalmanager" ist hier die Vision.

Darüber hinaus ist die **historische Entwicklung** zu berücksichtigen, die überwiegend durch eine Bewegung vom
- zentral-universalistischen Modell hin zum
- dezentral-universalistischen Modell, teilweise sogar zum
- dezentral-partizipativen Modell

gekennzeichnet ist.

Betrachtet man die unbestreitbaren Vorteile des partizipativen Modells (wie bei Verteilung der Personalmanagement-Kompetenz) sowie die potentiellen Nachteile einer dezentral/partizipativen Lösung (wie Abschottung besonders guter Mitarbeiter oder Defizite in bereichsübergreifenden Fragen), so erscheint langfristig ein Trend in Richtung auf das **zentral/partizipative Modell** denkbar zu sein.

(b) Die Personalabteilung im partizipativen Modell

Unterstellt man die Gültigkeit eines zumindest ansatzweisen Trends zum partizipativen Personalmanagement, so schließt sich unmittelbar die Frage nach den **Aufgaben** der **Personalabteilung** an, die sich aus den in Abschnitt 1.2 skizzierten Herausforderungen ergeben:

- Als allgemeines *Dienstleistungszentrum* realisiert sie Tätigkeiten wie Entgeltabwicklung oder generell Aufgaben aus dem Bereich der Personalverwaltung.
- Als *Kompetenzzentrum* stellt sie Wissen zur Beantwortung personalwirtschaftlicher Fragestellungen bereit (z.B. Personalbedarfsbestimmung oder Mitarbeitermotivation).
- Als *Konfliktbewältigungszentrum* bietet sie ein Forum zur Artikulation und zur Reduktion von latenten oder offenen Streitigkeiten zwischen Fachabteilungen sowie zwischen Vorgesetzten und Mitarbeitern, sofern es sich um personelle Konflikte handelt.
- Als *Koordinationszentrum* führt sie Personalteilpläne aus verschiedenen Bereichen zusammen und sorgt für deren Abstimmung mit den übrigen Unternehmensplänen.
- Als *Strategiezentrum* sorgt sie (gemeinsam mit Linienvorgesetzten) für die Entwicklung einer originären Personalstrategie mit eigenständigen Impulsen für die Unternehmensstrategie.
- Als *Unternehmenskulturzentrum* wird sie zur zentralen Anlaufstelle für alle Fragen und Antworten, die sich im weitesten Sinne um Aspekte wie Bestimmung, Formulierung oder Stabilisierung von Unternehmenskultur drehen.
- Als *Informationszentrum* versorgt sie die Fachabteilung mit der informatorischen Basis für ihr Personalmanagement, hat im Gegenzug aber auch Anspruch auf entsprechende Ausgangsdaten aus den Fachabteilungen.
- Als *Innovationszentrum* generiert sie neuartige Impulse zur Realisierung eines unternehmensspezifischen Personalmanagements, das dann tatsächlich zum vielgerühmten Wettbewerbsfaktor wird.

Dies alles macht deutlich, daß (neue) Aufgaben von strategischer Bedeutung auf die Personalabteilung zukommen. Die Befürchtung, die Personalabteilung würde sich im partizipativen Modell als Komplementärfunktion nur mit solchen Aufgaben befassen dürfen, die der Linienvorgesetzte noch nicht übernommen hat, ist also unbegründet und die Hoffnung auf Personalabbau in der Personalabteilung allenfalls eine trügerische Illusion.

(c) Kompetenzmodelle der Personalabteilung

Der letztgenannte Aspekt leitet unmittelbar über zur finanziellen beziehungsweise personellen Ausstattung der Personalabteilung, wobei die Antwort vom gewählten **Kompetenzmodell** abhängt:

Bei der Organisation der Personalabteilung als *Cost-Center* arbeitet die Personalabteilung mit gegebenen Budgets, die sich nach Möglichkeit aus der erbrachten Leistung ableiten lassen sollten. Einfache Kennziffern, wie
- Mitarbeiter in der Personalabteilung in Relation zur Gesamtbelegschaft oder
- Budget in Relation zum Gesamtumsatz,

machen nur dann Sinn, wenn sie von einer (theoretisch schwer haltbaren) Vergleichbarkeit der Leistung der Abteilung ausgehen. Trotzdem läßt sich aber im Prinzip auch der Personalbedarf der Personalabteilung nach personalwirtschaftlich fundierten Methoden bestimmen, wie sie in Kapitel 2 diskutiert werden.

Auf einer vollkommen anderen Überlegung basiert die Organisation der Personalabteilung als *Profit-Center*. Hier ergibt sich das Budget der Personalabteilung unmittelbar aus den monetär bewerteten Leistungen, die sie für andere Abteilungen erbringt. Fachabteilungen nehmen daher die Leistungen der Personalabteilung nur dann in Anspruch, wenn die erwarteten Kosten unter der erwarteten Erfolgsverbesserung bleiben. Ein solches (soweit erkennbar in der Praxis noch nicht konsequent umgesetztes) Modell hätte weitreichende Konsequenzen:
- Zentrale Leistungen der Personalabteilung nach dem „Windhundprinzip“ oder „Goldeselprinzip“ fallen weg. Will ein Vorgesetzter einen Mitarbeiter auf einen Kurs schicken, so hat die Fachabteilung dafür die vollen Kosten einschließlich einer Verwaltungspauschale für die Personalabteilung zu tragen, wenn diese die Entwicklungsmaßnahme organisiert.
- Die Fachabteilung hat selbst die Wahl, ob sie für bestimmte Leistungen (wie die Einstellung eines Planungsmodells) auf die Unterstützung Externer oder auf die Personalabteilung zurückgreift. Erscheint ein externer Berater kompetenter, preiswerter oder schneller, so wird sich die Fachabteilung im Sinne eines „outsourcing“ an Externe wenden.

Die Größe der Personalabteilung hängt somit unmittelbar von der intendierten Leistungsfähigkeit und dem Bedarf an entsprechenden Leistungen ab.

In extremer Lesart (*Bühner* 1991, 110–112) wird damit dem Personalwesen das „Monopol“ im Bereich von personalwirtschaftlichen Aufgaben entzogen. Führungskräfte und Fachabteilungen können nach Kosten-Nutzen-Überlegungen einen externen Berater zur Lösung ihrer Probleme heranziehen. Wird die Personalabteilung dagegen *nicht* als Profit-Center auf der Grundlage von Leistung und Kosten organisiert, ist es verständlich, wenn sie als Cost-Center für jede zusätzliche Aufgabe ein Maximum an Budgeterhöhung gewinnen will, auch wenn die Vergabe an Externe wesentlich preiswerter wäre.

Trotz der grundsätzlichen Vorteile einer Organisation als Profit-Center bleibt das Problem, daß sich einige Funktionen (wie Unternehmenskulturzentrum) kaum als reines Profit-Center realisieren lassen. In anderen Fällen (wie Lohn- und Gehaltsabrechnung) ist dagegen die Bewertung der Leistung zu (externen) Marktpreisen durchaus möglich.

(d) Strukturflexibilität

Ein vierter Teilaspekt der Frage nach der sinnvollen Organisation der Personalabteilung bezieht sich auf die Mischung aus (stabilitätsfördernder) *Strukturkonstanz* und (flexibilitätsfördernder) *Temporarität.*

Um nicht permanent Reorganisationsprozesse durchleben zu müssen, bietet es sich an, zu aktuellen Themen jeweils **Projektgruppen** zu initiieren. Mit einer Laufzeit von (meist aus Gründen der Abnutzungsminimierung) maximal einem Jahr sollen sie
- drängende Fragen beantworten helfen (z. B. Alkoholismus),
- die Einführung neuer Techniken unterstützen (z. B. Vorgesetztenbeurteilung),
- neue Konzepte mit vorbereiten (z. B. Personalmarketing),
- strategische Erfolgspotentiale verbessern (z. B. Serviceorientierung),
- zukunftsorientierte Aspekte behandeln (z. B. Visionen im Personalbereich),
- konkrete Aktionen begleiten (z. B. Mitarbeiterbefragung) oder
- aktuelle Probleme lösen helfen (z. B. Arbeitszeitverkürzung).

Diese Projektgruppen werden durch die Personalabteilung oder aber durch einzelne Fachabteilungen ins Leben gerufen. Sie setzen sich zusammen aus Mitarbeitern der betroffenen Fachabteilungen und der Personalabteilung. Je nach Sachlage bietet es sich auch hier an, externe Berater (als Moderatoren oder Kompetenzverstärker) hinzuzuziehen.

Abbildung 1.21 bringt abschließend einen Vorschlag (aus der Fülle der sich anbietenden Möglichkeiten) für die Organisation der Personalabteilung.

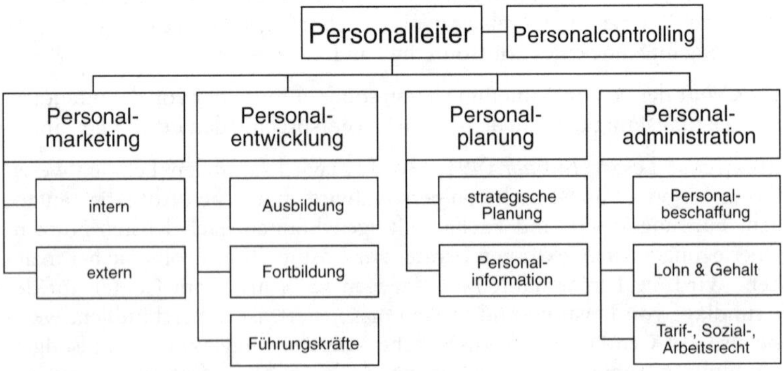

Abbildung 1.21: Beispiel für zeitgemäße Organisation der Personalabteilung

1.4.4 Meßtheoretische Basis

Zur akzeptanzfördernden Professionalisierung im Personalmanagement gehört der kritische Umgang mit empirischen Studien sowie die bewußte und theoretisch saubere Generierung einer unternehmensbezogenen Informationsbasis für die Personalplanung. Voraussetzung für das Verständnis empirischer Arbeiten und noch mehr für ein sinnvolles Informationsmanagement ist daher die Kenntnis der Ansätze zur Messung und Skalierung, zur Objektivität und Reliabilität sowie zur Validität als ultima ratio eines Personalmanagements.

Diese methodischen Fragen (Abbildung 1.22) betreffen alle Felder und Ebenen im Personalmanagement in gleicher Weise, werden deshalb vorab im Rahmen eines methodischen Exkurses behandelt.

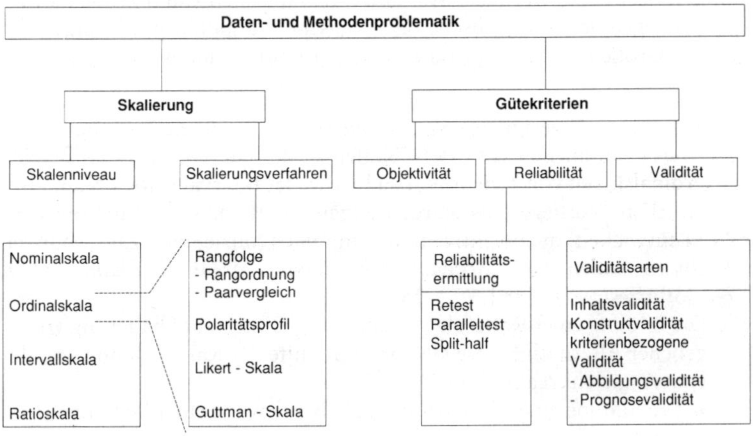

Abbildung 1.22: Meß-, Skalierungs- und Validitätsaspekte

1.4.4.1 *Messung und Skalierung*

Grundbedingungen für eine sinnvolle (statistische) Auswertung von Daten ist die Kenntnis ihrer **Skalenniveaus** und die Berücksichtigung der sich daraus ergebenden Restriktionen. Das Skalenniveau bezieht sich auf die möglichen Ausprägungen des betrachteten Merkmals und ihres Zusammenhangs. Üblich ist seit langem (vgl. *Stevens* 1946, 678; *Atteslander* 1984, 270–271) eine Einteilung in vier Skalenniveaus:

- Bei der *Nominalskala* (wie Nationalität oder Studienfach) kann keine Reihung der Merkmalsausprägungen vorgenommen werden.
- Bei der *Ordinalskala* dagegen ist die Bildung einer Rangfolge möglich, jedoch können die „Abstände“ zwischen den einzelnen Ausprägungen nicht miteinander verglichen werden. Mitarbeiterbeurteilungen mit Hilfe von semantischen Differentialen sind Beispiele für Ordinalskalen.

- Bei der *Intervallskala* können die Ausprägungen eindeutig gemessen und einem Zahlenwert zugeordnet werden, wobei auch die Differenzen interpretierbar sind. Die Maßeinheit ergibt sich jedoch nicht durch das Merkmal selbst, sondern wird extern festgelegt (wie Intelligenzquotient oder Leistungsgrad).
- Eine *Ratioskala* besitzt darüber hinaus einen natürlichen Nullpunkt. Beispiele für ratioskalierte Merkmale sind das Lebensalter und die (quantitative) Produktionsleistung.

Das Skalenniveau bestimmt die Auswahl der möglichen statistischen Auswertungs- und Darstellungsmethoden. Erst bei Daten mit höherem Skalenniveau können aussagekräftigere Verfahren (wie Mittelwertbestimmung oder Korrelationskoeffizienten) angewendet werden.

Ratioskalen mit ihrem natürlichen Nullpunkt und ihrer hohen Aussagekraft stellen zwar ein wünschenswertes Ziel dar, hängen aber in ihrer Realisierbarkeit vom Meßobjekt ab: Sind die entsprechenden Voraussetzungen gegeben, so werfen Ratio- und Intervallskalen kaum Probleme auf. Fehlt dagegen der physikalische oder logische Nullpunkt beziehungsweise sind die Größen nicht direkt vergleichbar, ist auf Ordinalskalen auszuweichen.

Die Auswahl eines geeigneten Skalierungsverfahrens als Zuordnung von erhebbaren Phänomenen auf (Meß-)Skalen ist deshalb vor allem im Bereich der **Ordinalskalen** von Bedeutung, da hier weder Intervalle noch Nullpunkte „natürlich" vorliegen. Es wurden daher eine Reihe von **Skalierungsverfahren** entwickelt, die objektive und somit nachvollziehbare Zuordnungen erleichtern sollen (vgl. *Scheuch/Zehnpfennig* 1974; *Kallmann* 1979, 57–123; *Atteslander* 1984, 272–281):

(1) Die Bildung einer **Rangfolge** ist eine Möglichkeit zur Skalierung vorgegebener Alternativen. Sie läßt sich mit Hilfe der Rangordnung und des Paarvergleichs realisieren:
   - Die Bildung einer *Rangordnung,* beispielsweise einer Vorschlagsliste zur Beförderung, wird realisiert durch die Vergabe von Rangstufen. Hierbei handelt es sich um einen absoluten Maßstab, der die Alternativen in eine transitive Rangordnung bringt. Mit zunehmender Menge der zu bewertenden Alternativen wird jedoch die Bildung der Rangordnung schwieriger.
   - Diese Schwierigkeit will die Methode der *Paarvergleiche* lösen. Hier stehen immer nur zwei Alternativen im direkten Vergleich. Beispielsweise führen die
Alternativen A, B, C zu den
Paarvergleichen A, B; A, C; B, C und mit der
Bewertung A > B; A > C; C > B zur
Präferenzordnung A > C > B.
Bei einer großen Alternativenmenge besteht allerdings das Problem, daß Inkonsistenzen in der Beurteilung auftreten können und die Urteile deshalb nicht immer zu einer transitiven Rangfolge führen. Dies wäre beispielsweise bei den Bewertungen B > A; A > C; C > B der Fall.

(2) Das **Polaritätsprofil** ist eine weitere Methode zur Erfassung von Einstellungen und Imageaussagen. Es besteht aus Gegensatzpaaren zur Konkretisierung von Meinungen eines Beurteilenden zu einem bestimmten Stimulus. Als Beispiel für solche semantischen Differentiale bringt Übersicht 1.19 Gegensatzpaare zur Erfassung des Eindruckes, den ein Vorgesetzter (Stimulus) bei einem Untergebenen (Beurteiler) hervorruft. Polaritätsprofile erlauben grafische Darstellungen und können, da sie mehrere Dimensionen erfassen, auch faktorenanalytisch ausgewertet werden.

Stimulus: „Vorgesetzter XY"								
fleißig			X					faul
ausgeglichen					X			unruhig
fürsorglich				X				gleichgültig
hoch			X					tief
großzügig						X		kleinlich
gut					X			schlecht
groß	X							klein
begabt						X		unfähig
uneigennützig							X	egoistisch
sozial					X			unsozial
hart		X						weich
	+3	+2	+1	0	−1	−2	−3	

Übersicht 1.19: Beispiel eines Polaritätsprofils (nach *Atteslander* 1984, 274)

(3) Auch bei der **Likert-Skala** handelt es sich um ein Verfahren zur Ermittlung von Einstellungen und Meinungen. Der Befragte wird aufgefordert, zu einer Reihe von Aussagen Stellung zu nehmen. Dabei hat er jeweils die Möglichkeit, seine Beurteilung in eine Skala entsprechend Übersicht 1.20 einzuordnen. Sofern die Fragen in dieselbe Richtung weisen, erlaubt die Likert-Skala eine Summation der einzelnen Einschätzungen. Häufig wird in einer Voruntersuchung die Eignung der einzelnen Fragen für die Hauptuntersuchung getestet, um den Fragenkatalog durch Ausschluß ungeeigneter Statements kurz zu halten (vgl. *Mayntz/Holm/Hübner* 1978, 55–58).

(4) Das Skalierungsverfahren der **Guttman-Skala** beruht auf einer monoton-ansteigenden Reihung von Fragen, bei denen der Befragte ab einer bestimmten Schwelle sein Antwortverhalten ändert. So kann die Einstellung (oder das Vorurteil) gegenüber ausländischen Arbeitnehmern mit folgenden Fragen erfaßt werden (vgl. *Atteslander* 1984, 279):

Bei der Entlohnung sollten neben der Leistung auch die Fähigkeiten berücksichtigt werden.	stimme stark zu –1–	stimme zu –2–	unentschieden –3–	lehne ab –4–	lehne stark ab –5–
Die Leistungsbeurteilung sollte für die betroffenen Arbeitnehmer nachvollziehbar sein.	stimme stark zu –1–	stimme zu –2–	unentschieden –3–	lehne ab –4–	lehne stark ab –5–
....	stimme stark zu –1–	stimme zu –2–	unentschieden –3–	lehne ab –4–	lehne stark ab –5–

Übersicht 1.20: Beispiel einer Likert-Skala

1. Sind Sie der Meinung, daß ausländische Arbeitnehmer auch Menschen sind wie wir?
2. Würden Sie zulassen, daß Ihr Kind gemeinsam mit Kindern ausländischer Arbeitnehmer zur Schule geht?
3. Würden Sie ein Zimmer an einen ausländischen Arbeitnehmer vermieten?
4. Würden Sie in die Ehe Ihrer Tochter mit einem ausländischen Arbeitnehmer einwilligen?

Die Abstufungen ergeben sich danach aus der Fragestufe der ersten Ablehnung (1., 2., 3., 4. oder keine Frage wird abgelehnt).

Die Wahl einer sinnvollen Skala alleine genügt noch nicht zur Sicherstellung eines „theoretisch sauberen" Umgangs mit zu erhebenden beziehungsweise zu verarbeitenden Daten. Es sind vielmehr auch Objektivität und Reliabilität als theoretische Gütekriterien zu erfüllen: Sie betreffen Fragebogen und Interviews genauso wie beispielsweise Anforderungs- und Fähigkeitsprofile.

1.4.4.2 Objektivität, Reliabilität, Validität

Objektivität bezeichnet den Grad der intersubjektiven Unabhängigkeit der Meßergebnisse vom jeweils Untersuchenden; bei Tests sind entsprechend den Testphasen drei Arten der Objektivität erforderlich, nämlich die Durchführungs-, Auswertungs- und Interpretationsobjektivität (vgl. *Wilde* 1951, 188; *Neubauer/Höfner/Waldschütz* 1978, 33).

Reliabilität (Zuverlässigkeit) bezeichnet den formalen Aspekt der Messung und bezieht sich auf die Frage, ob das, was gemessen werden soll, auch tatsächlich erfaßt wird – unabhängig davon, ob und in welchem Ausmaß die Ergebnisse Rückschlüsse auf das untersuchte Zielobjekt zulassen (vgl. *Gulliksen* 1950, 4–38; *Lienert* 1969, 14; *Ghiselli/Campbell/Zedeck* 1981,

187–197; *Brown* 1983, 57–67). Nach der klassischen Testtheorie setzt sich ein beobachteter Wert (Testwert) aus dem wahren Wert und einem Fehler zusammen. Dieser Fehler kann auf zwei Komponenten zurückgeführt werden: auf eine konstante Fehlerkomponente, die im Meßinstrument oder in der beteiligten Person ihren Ursprung hat, sowie auf einen zufallsabhängigen Fehler (Übersicht 1.21). Als reliabel gilt eine Messung dann, wenn Wiederholungen unter gleichen Bedingungen annähernd die gleichen Ergebnisse liefern, Abweichungen der Ergebnisse somit ausschließlich auf der Varianz der wahren Werte beruhen.

Da	beobachteter Wert = wahrer Wert + Fehler
und somit	Varianz des beobachteten Wertes = Varianz des wahren Wertes + Fehlervarianz
soll gelten	Reliabilität = $\frac{\text{Varianz des wahren Wertes}}{\text{Varianz des beobachteten Wertes}}$
Da	$X = T + E$
und somit	$s_x^2 = s_T^2 + s_E^2$
soll gelten	$r_{xx} = \frac{s_T^2}{s_x^2}$
X = beobachteter Wert	T = wahrer Wert, E = Fehler
r_{xx} = Reliabilitätskoeffizient	s^2 = Varianz

Übersicht 1.21: Ableitung der Reliabilität

Ein Reliabilitätskoeffizient von 0,9 bedeutet, daß sich 90 % der Varianz des Testwertes aus der Varianz des wahren Wertes erklären und nur 10 % aus den Fehlerkomponenten. Ab 0,9 wird ein Reliabilitätskoeffizient als hoch angesehen (vgl. *Weise* 1975, 219).

Zur Reliabilitätsermittlung können **drei Verfahren** eingesetzt werden (vgl. *Michel* 1964, 36–40; *Lienert* 1969, 215–233; *Ghiselli/Campbell/Zedeck* 1981, 247–289):

- Das *Retest-Verfahren* verlangt eine Durchführung des gleichen Tests von den gleichen Testpersonen zu zwei verschiedenen Zeitpunkten. Die auf diese Weise erhaltenen Ergebnisse werden miteinander korreliert. Diesem Verfahren liegt die Annahme der Konstanz der Kontextbedingungen sowie das Fehlen von Lerneffekten zugrunde.
- Beim *Paralleltest-Verfahren* werden zwei unterschiedliche Tests durchgeführt. Für Test A soll die Reliabilität ermittelt werden. Test B ist ein äquivalenter, als reliabel angesehener Test. Dieser Test B schließt sich unmittelbar oder in zeitlich getrennter Abfolge an Test A an. Durch den Vergleich der beiden Meßergebnisse wird auf die Reliabilität von Test A geschlossen.

- Beim *Split-half-Verfahren* werden nach dem Test die Items in zwei gleichgroße Hälften aufgeteilt. Unter der Annahme derselben Faktorstrukturen werden die Ergebnisse anschließend miteinander korreliert und die für den halben Test geltenden Reliabilitätskoeffizienten auf den ganzen Test hochgerechnet.

Das Problem der Reliabilitätsermittlung beim Retest- sowie beim Paralleltest-Verfahren besteht darin, daß die Voraussetzungen für eine Bedingungskonstanz bei wiederholten Messungen kaum erfüllt werden können: Neben Einflußfaktoren wie Lernprozessen, Problemeinsicht oder Übung können Persönlichkeitsmerkmale (wie Einstellung zu Tests) kaum als konstant angesehen werden. Beim Split-half-Verfahren ist die identische Faktorstruktur der beiden Testhälften oft nicht zu erreichen.

Validität (Gültigkeit) bezeichnet den materiellen Aspekt der Genauigkeit der Messung als Frage, ob das, was erhoben wird, auch intendiertes Ziel des Untersuchungsprozesses ist; geprüft wird also, ob ein Schluß vom Meßergebnis auf die Ausprägung der Zielvariablen zulässig ist (vgl. *Michel* 1964, 47; *Neubauer/Höfner/Waldschütz* 1978, 34; *Brown* 1983, 67–71; *Atteslander* 1984, 38 *Cascio* 1987, 147–149).

Wie bei der Reliabilität müssen hier auch die Kontextbedingungen sowie die diagnostischen und prognostischen Zwecke des Tests einbezogen werden. So kann ein Test durchaus zweckspezifisch unterschiedliche Validitätskoeffizienten realisieren.

Die Gesamtvarianz einer Messung teilt sich auf in die Varianz, die auf die Schwankungsbreite des „wahren“ Wertes zurückgeführt werden kann, sowie auf eine Varianz, die in den Fehlerkomponenten der Messung begründet liegt (Übersicht 1.22). Die „wahre“ Varianz kann weiter unterteilt werden in einen für die Messung als relevant einzustufenden Bestandteil und in

Da	Varianz des wahren Wertes = relevante Varianz + irrelevante Varianz		
und	somit Varianz des beobachteten Wertes= relevante Varianz+irrelevante Varianz+Fehlervarianz		
soll gelten	$\text{Validität} = \frac{\text{relevante Varianz}}{\text{Varianz des beobachteten Wertes}}$		
Da	$s_T^2 = s_{TR}^2 + s_{TI}^2$		
und somit	$s_x^2 = s_{TR}^2 + s_{TI}^2 + s_E^2$		
soll gelten	$r_{xy} = \frac{s_{TR}^2}{s_x^2}$		
X = beobachteter Wert		T = wahrer Wert, E = Fehler	
R = relevanter Anteil		I = irrelevanter Anteil	
r_{xy} = Validitätskoeffizient		s^2 = Varianz	

Übersicht 1.22: Ableitung der Validität

einen irrelevanten, aber reliablen Bestandteil. Zur Beurteilung der Validität eines Meßinstrumentes ist der Varianzanteil zu bestimmen, der sich auf den **wahren,** für den Zweck der Messung **relevanten** Teil der Gesamtvarianz bezieht.

Die Beurteilung der Validität eines Instrumentariums erfolgt mit Hilfe des Validitätskoeffizienten: Als valide wird dabei ein Instrument bezeichnet, wenn bestimmte Grenzwerte überschritten sind. *Lienert* (1969, 310) nennt als Grenzwert 0,7. Aber auch Werte über 0,6 werden bereits als hoch (*Weise* 1975, 219) beziehungsweise sogar als ungewöhnlich (*Cronbach* 1984, 140) bezeichnet. Damit kommt die Validitätsproblematik sozial-wissenschaftlicher Instrumente deutlich zum Ausdruck (vgl. auch Übersicht 4.7).

Der **Zusammenhang** zwischen der Validität und der oben diskutierten Reliabilität stellt sich folgendermaßen dar (Übersicht 1.23): **Reliabilität** ist notwendige, aber nicht hinreichende Bedingung für Validität. Weist eine Messung geringe Reliabilität auf, leitet sich also die Varianz der Meßwerte nur in geringem Ausmaß aus wahren interindividuellen Unterschieden ab, so erlauben die Meßwerte nur unsichere Schlußfolgerungen. Andererseits ist mit einer hohen Reliabilität noch keine Aussage über die Güte (untersuchungs-)zielbezogener Schlußfolgerungen getroffen. Reliabilität stellt somit die **Untergrenze** für die Validität dar.

hohe Reliabilität – hohe Validität

wahre Varianz		Fehlervarianz
relevante Varianz	irrelevante Varianz	

hohe Reliabilität – niedrige Validität

wahre Varianz		Fehlervarianz
relevante Varianz	irrelevante Varianz	

niedrige Reliabilität – mittlere Validität

wahre Varianz		Fehlervarianz
relevante Varianz	irrelevante Varianz	

niedrige Reliabilität – niedrige Validität

wahre Varianz		Fehlervarianz
relevante Varianz	irrelevante Varianz	

Übersicht 1.23: Zusammenhang zwischen Reliabilität und Validität
(nach *Brown* 1983, 70)

Die **Anwendung** des Validitätskonzeptes erfordert wegen der damit verbundenen Komplexität eine Differenzierung nach Inhaltsvalidität, Konstruktvalidität und kriterienbezogener Validität, wobei letztere in Form der Abbildungs- und Prognosevalidität auftritt (vgl. *APA* 1954; *Michel* 1964, 49–61; *APA* 1966; *Lienert* 1969, 16–17+255–264; *APA* 1974; *Cascio* 1987, 149–157):

(1) Die *Inhaltsvalidität* (content validity) beschreibt, inwieweit die einzelnen Elemente eines Abbildungsinstrumentes eine repräsentative Stichprobe aller mit Hilfe dieses Abbildungsinstrumentes zu erfassenden Persönlichkeits- oder Verhaltensmerkmale darstellen. Wird ein Proband im Test mit Rechenaufgaben konfrontiert und vermag er diese gut zu lösen, so kann angenommen werden, daß er Rechenaufgaben der gleichen Art unter vergleichbaren Bedingungen in demselben Ausmaß lösen wird. Inhaltliche Validität wird einem Meßinstrument im Regelfall durch Expertenurteil bescheinigt.

(2) Komplexe Merkmale („theoretische Konstrukte") wie Intelligenz, Urteilsfähigkeit und Arbeitsleistung sind nicht direkt erfaßbar. Die Validitätsbestimmung ist daher als *Konstruktvalidität* mit der Frage verbunden, inwieweit das betreffende Konstrukt in der Realität existiert und die vermutete Struktur aufweist. Oder prägnant gefragt: „Is there really such a thing as . . ."? (*Steers* 1975, 551). Die Validierung erfolgt hier durch Einordnung in ein theoretisches Bezugssystem („normological network"): Das Konstrukt wird definiert, die Interdependenzstruktur zu anderen Konstrukten abgeklärt und die Beziehung zu beobachtbaren Verhaltensweisen (über empirisch testbare Hypothesen) hergestellt. Neben dieser korrelationsstatistischen Vorgehensweise kann die Konstruktvalidierung auch über Expertenurteile sowie experimentelle Ansätze durchgeführt werden.

(3) Die *kriterienbezogene Validität* beschreibt die statistische Beziehung der im Test erhobenen Ausprägungen zu den Ausprägungen einer Zielvariablen, dem sogenannten Außen- oder Validitätskriterium. Dabei wird
   - entweder als Abbildungsvalidität (concurrent validity) von einem **Indikator** auf die Ausprägung der Zielvariablen zum Meßzeitpunkt geschlossen oder aber
   - als Prognosevalidität (predictive validity) von einem **Prädiktor** auf eine zukünftige Ausprägung der Zielvariablen geschlossen (vgl. *Ghiselli/Campbell/Zedeck* 1981, 267).

Im ersten Fall wird bei der Validierung das Außenkriterium zeitgleich mit dem zu validierenden Meßverfahren erhoben. Im zweiten Fall wird das Außenkriterium zu einem späteren Zeitpunkt erhoben und damit auf die Kritierienausprägung in der Zukunft abgestellt. Speziell die kriterienbezogenen Validitätsarten sind für das Personalmanagement von elementarer Wichtigkeit (Übersicht 1.24).

Die Zusammensetzung obiger Überlegungen zur Validität beziehungsweise zur Validierung führt zum prozenduralen Vorschlag der **Validierungsstudie** (vgl. *Rumpf* 1981, 102–119). Sie erfordert sechs Schritte:

	Abbildungsvalidität	Prognosevalidität
Personalbestand	Aktuelle Fähigkeitsprofile	Prognostizierte Fähigkeitsprofile
Personalbedarf	Anforderungsprofile	Zukünftige Bedarfsstrukturen
Personalveränderung	Personalentwicklung (Potential)	Personalselektion, Personalentwicklung (Erfolg)
Personaleinsatz	Belastungs-, Beanspruchungsermittlung	Eignungsprofile
Personalführung	Führungsmodelle	Führungserfolg

Übersicht 1.24: Das Validierungsproblem im Personalmanagement

- Als **Schritt 1** wird das Validierungsobjekt festgelegt, zum Beispiel Fähigkeitsprofile, Anforderungsprofile oder Bewerberselektionsverfahren.
- In **Schritt 2** ist die zweckadäquate Validitätsform zu bestimmen; es ist also zu prüfen, ob inhaltliche, konstruktbezogene und/oder kriterienbezogene Validität untersucht werden muß. Logisches Auswahlkriterium der Validitätsform stellt das Untersuchungsziel dar: Soll ein Test im Rahmen der Bewerberselektion die zukünftige Arbeitleistung eines neu einzustellenden Mitarbeiters vorhersagen, so erfordert die Validierung eine Messung des Außenkriteriums zu einem späteren Zeitpunkt. Daher ist die Validierung der Auswahlmerkmale auf Prognosevalidität auszurichten.
- Anschließend sind als **Schritt 3** die zur Validierung erforderlichen Außenkriterien beziehungsweise ihre Indikatoren auszuwählen. So ist bei der Bewerberselektion die Zielvariable der zukünftige, tatsächlich realisierte Arbeitserfolg. Dieser Arbeitserfolg muß durch Indikatoren bestimmt werden, zum Beispiel über die erreichte Hierarchiestufe oder über verhaltensorientierte Merkmale.
- Im Anschluß daran erfolgt als **Schritt 4** die eigentliche Validitätsbestimmung (vgl. *Ghiselli/Campbell/Zedeck* 1981, 270), dazu gehören
  - Sicherstellung einer hinreichend großen Stichprobe,
  - Untersuchung der zu testenden Personen anhand von Indikatoren/Prädiktoren,
  - bei der Prognosevalidität Verstreichenlassen der festgelegten Zeitspanne,
  - Bestimmung der Werte der Zielvariablen anhand geeigneter Indikatoren und
  - Bestimmung des Validitätskoeffizienten aus der Korrelation zwischen Indikaktor/Prädiktor mit dem Außenkriterium beziehungsweise dessen Indikatoren.
- Nach der Validitätsbestimmung ist als **Schritt 5** zu prüfen, ob die erzielte Validität als akzeptabel einzustufen ist. Der Grenzwert muß vom Anwen-

der a priori festgelegt werden. Die in der Literatur beschriebenen Grenzwerte für Validitätskoeffizienten können als Anhaltspunkt dienen. Schritt 5 führt zum Ende der Validierungsstudie, wenn das Mindestniveau erreicht wurde. Ist das angestrebte Mindestniveau nicht erreicht, muß das zu validierende Instrument zunächst als nicht valide erklärt werden.

- Wird das Ergebnis in Schritt 5 als unzureichend eingestuft, ist als **Schritt 6** zu untersuchen, ob durch eine Veränderung des Meß- beziehungsweise des Testinstrumentariums eine Steigerung der Validität erreicht werden kann. Wird die Frage bejaht, beginnt ein neuer Durchlauf der Validierungsschritte; ansonsten wird die Validierungsstudie (erfolglos) abgebrochen.

Abbildung 1.23 faßt das Problemfeld der Validität und Validierung zusammen. Für eine Zielvariable muß zum ersten ihre Konstruktvalidität abgesichert sein. Zur (eventuell nötigen) Operationalisierung sind Bestimmungsgrößen der Zielvariablen nötig. Für diese Ableitung ist ebenso wie für die Beziehung zur aktuellen Meßgröße (Indikator oder Prädiktor) inhaltliche Validität nötig. Nach einer reliablen Messung wird eine Korrelationsanalyse zwischen den Meßwerten durchgeführt, die zu Validitätskoeffizienten führt. Der so ermittelte Validitätskoeffizient bringt den Zusammenhang zwischen Indikator/Prädiktor und Zielvariable beziehungsweise Indikatoren der Zielvariable zum Ausdruck. Ist die Zielvariable ein mit der Messung zeitgleiches Kriterium, wird auf die Abbildungsvalidität abgestellt. Ist die Zielvariable ein zukünftiges Kriterium, wird von Prognosevalidität gesprochen.

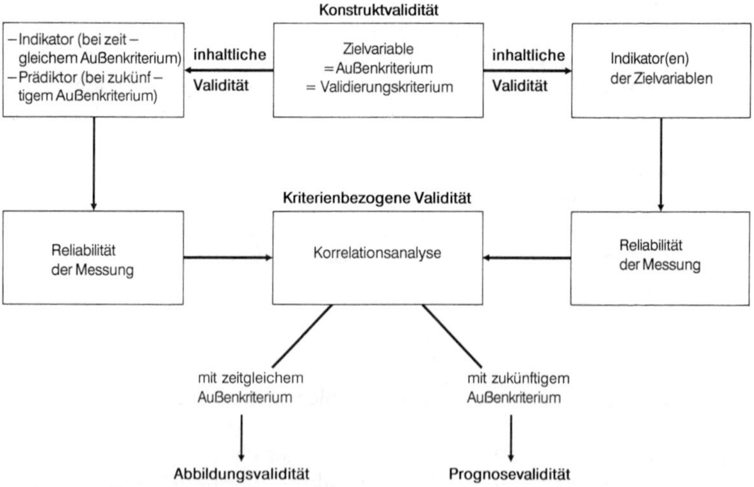

Abbildung 1.23: Validitätsarten und Validitätsstudie

1.4.5 Empirische Basis

Jegliche Diskussion von Vorschlägen zu einem betrieblichen Personalmanagement muß vor dem Hintergrund der tatsächlichen Planungspraxis erfolgen. Aus diesem Grund werden nachfolgend zentrale Studien aus diesem Bereich referiert. Dabei spielt auch die historische Entwicklung eine wichtige Rolle.

1.4.5.1 Die Studie von Wächter

Die Studie von *Wächter* (1974b) wurde in den Jahren 1970 und 1971 durchgeführt, um Stand und Formen der Personalplanung in deutschen Unternehmen zu ermitteln. Die Untersuchungsbasis bestand aus 58 (von 303) an die umsatzstärksten deutschen Industrieunternehmen verschickten Fragebogen.

Nach *Wächter* zeichnet sich eine systematische und entwickelte Personalplanung durch das Erfüllen von zwei Kriterien aus:
- Hinsichtlich der **Zuständigkeit** muß eine eigene Stelle existieren, die hauptamtlich mit der Personalplanung betraut ist, Informationen sammelt und Maßnahmen koordiniert.
- Speziell bei der Bedarfsplanung müssen neben den Absatz- oder Produktionsvorgaben auch Größen wie Expansion oder Rationalisierung **quantitativ und qualitativ** differenziert berücksichtigt sein.

Unter stärkerer Gewichtung des zweiten Kriteriums konnten nach *Wächter* (1974b, 73) insgesamt 19 Unternehmen der Umfrage (also 33 %) als relativ weit entwickelt bezeichnet werden.

1.4.5.2 Die Studie von Lutz

Bei dieser Studie wurden **1975** rund 3000 – im Hinblick auf Beschäftigtenzahl, Branche und Umsatz für deutsche Unternehmen mit mindestens 50 Beschäftigten repräsentative – Betriebe angeschrieben. Die Datenbasis aus einem Rücklauf von 1619 Fragebogen diente dann **zwei Forschungszielen,** nämlich dem Nachweis der generellen Existenz von Personalplanung sowie von spezifischen Planungsmustern:

(a) Planungsexistenz (*Lutz* 1977)

Ein Schwerpunkt der Untersuchung von *Lutz* lag in der Prüfung des Einflusses von Branche und Beschäftigtenzahl als situative Variablen: Die Beziehung zwischen Branche und Beschäftigtenzahl schwächte allerdings den singulär erfaßbaren Einfluß der **Branche** stark ab; so waren Betriebe aus dem Baugewerbe überwiegend kleinbetrieblich organisiert, während für Chemie und Bergbau eher Großbetriebe typisch waren. Wichtig und plausibel (weil direkter) war somit ausschließlich der Einfluß der **Beschäftigtenzahl** auf den Ausbaustand der Personalplanung (Abbildung 1.24): Danach stieg die Existenz schriftlicher Personalpläne, die nach Beschäftigtengruppen differenzieren, von 13 % bei Unternehmen unter 200 Beschäftigten auf bis zu 74 %

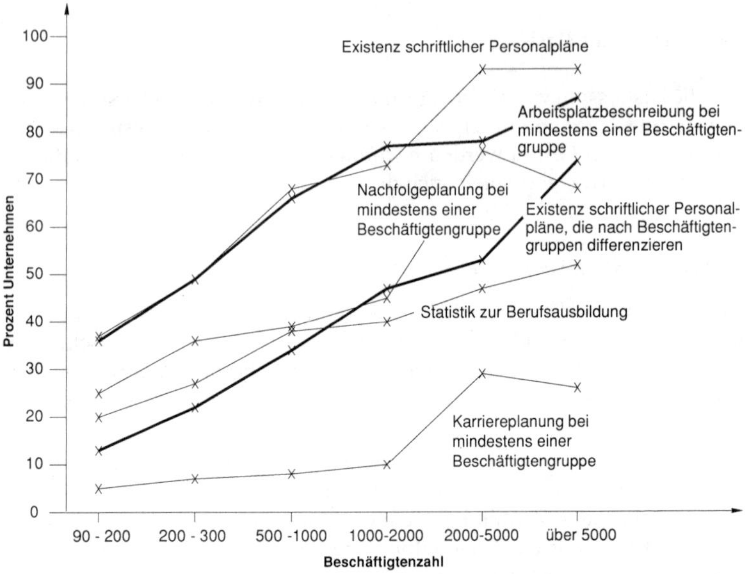

Abbildung 1.24: Ausbaustand betrieblicher Personalplanung (zusammengestellt aus *Lutz* 1977, 210–218)

bei Unternehmen von über 5000 Beschäftigten. Trotzdem hatten offenbar immerhin 26 % der Großunternehmen **keine** solchen Personalpläne.

Überraschend deutlich war das Mißverhältnis zwischen **Karriereplanung** und **Nachfolgeplanung:** So lag die Zahl der Unternehmen, die eine (arbeitnehmerbezogene) Karriereplanung betrieben, weit unter der mit einer (stellenbezogenen) Nachfolgeplanung.

Eine solche Fragebogenaktion konstatiert die **Existenz** von Plänen zu einem bestimmten Tatbestand: Das Ergebnis sind beispielsweise Aussagen, wonach 68 % der Großunternehmen eine Nachfolgeplanung betreiben. Über die **Form** dieser Planung, ihre **Professionalität** und über ihre **Akzeptanz** läßt sich dagegen nichts sagen.

(b) Planungsmuster (*Lutz* 1979)

In einem zweiten Schritt wurden die gefundenen Profile zusammengefaßt. Dies führte zu drei Gruppen von Unternehmen:

- **Gruppe 1** umfaßte rund 1000 Unternehmen mit relativ schwach ausgeprägter Unternehmensplanung und allenfalls ansatzweiser Personalplanung.
- **Gruppe 2** beinhaltete rund 100 Unternehmen. Diese Betriebe verfügten über eine hoch entwickelte Unternehmensplanung und über ein differenziertes Instrumentarium der betrieblichen Personalpolitik.
- **Gruppe 3** (rund 300 Unternehmen) nahm eine Mittelposition zwischen den beiden extremen Ausprägungsformen ein.

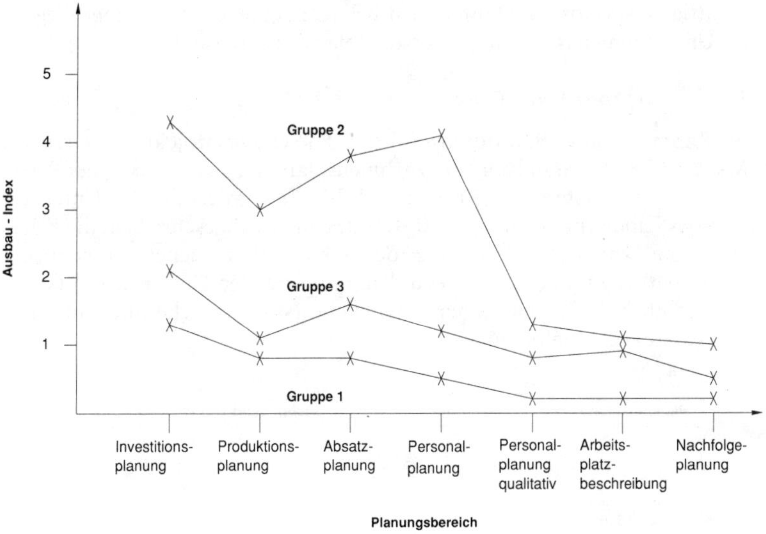

Abbildung 1.25: Muster der Personalplanung (nach *Lutz* 1979, 156–157)

Abbildung 1.25 zeigt diese drei Planungsmuster, bezogen auf den Ausbau-Index von *Lutz*.

Betrachtet man diese drei Gruppen in ihrem **Kontext,** so ergibt sich folgendes Bild:

- Die Vertreter von **Gruppe 1** (geringe Personalplanung) waren eher kleinere Betriebe und nur zu einem geringen Anteil (29 %) mit Massenfertigung. Sie mußten in den Jahren 1973–1975 eine relativ starke Mitarbeiterreduktion vornehmen (–5,3 %).
- Im Gegensatz dazu handelte es sich bei **Gruppe 2** (relativ starke Personalplanung) überwiegend um große Industriebetriebe kapitalintensiver Massenfertigung, kaum von saisonalen Marktschwankungen betroffen und mit einem weit überdurchschnittlichen Angestelltenanteil. Die hohe Mitarbeiterzahl der Unternehmen in Gruppe 2 verschaffte ihr trotz ihrer geringen Belegungszahl eine hohe Bedeutung, da fast ein Drittel aller Beschäftigten auf Unternehmen dieser Gruppe entfielen.
- Die Unternehmen aus **Gruppe 3** nahmen auch hinsichtlich der Ausprägungen der Kontextvariablen eine Mittelposition ein. Verglichen mit Gruppe 1 erfolgte weniger Mitarbeiterreduktion (–4,5 %) bei höherem Anteil von Unternehmen mit Massenfertigung. Der Anteil der Angestellten lag mit 32 % zwischen dem der Gruppe 1 und 2. Analoges galt für die Gesamtmitarbeiterzahl.

Zusammengefaßt stellt die Untersuchung von *Lutz* den deutschen Industrieunternehmen (zumindest für den untersuchten Zeitraum) ein relativ **schlechtes Zeugnis** aus. Daß die fehlende Personalplanung überwiegend auf Kosten der Arbeitnehmer stattfand, zeigen die Befunde ebenfalls: Harte beschäftigungspolitische Maßnahmen wie Kündigungen traten überwiegend bei Unternehmen mit geringer Personalplanungsintensität auf.

1.4.5.3 Die Studie von Risak

Im Rahmen eines **1976** durchgeführten Forschungsprojektes untersuchte *Risak* (1978) den Stand der Unternehmensplanung, insbesondere der Personalplanung in **Österreich** (Abbildung 1.26). Es wurden alle 366 Unternehmen des Landes mit mehr als 500 Arbeitnehmern angeschrieben; die Rücklaufquote war mit 47 % trotz des sehr umfangreichen Fragebogens (67 Seiten) erstaunlich hoch. Von den antwortenden Unternehmen betrieben lediglich **14** % eine höher entwickelte (systematische und unternehmensweite) **Personalplanung.**

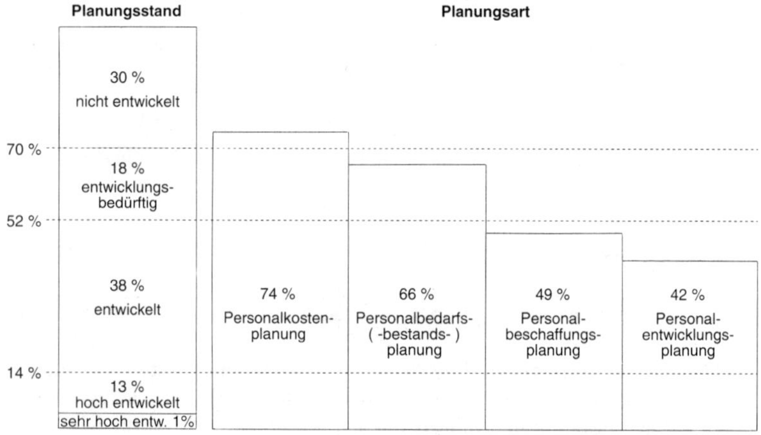

Abbildung 1.26: Entwicklungsstand und Verbreitung der Personalplanung und der Planungsfelder in Österreich (zusammengestellt aus *Risak* 1978, 105–185)

In 74 % der Fälle der ausgewerteten 173 Unternehmen existierte eine **Personalkostenplanung.** 66 % gaben an, eine **Personalbedarfsplanung** und/oder eine **Personalbestandsplanung** zu betreiben. Eine **Personalbeschaffungsplanung** wurde von 49 % durchgeführt: Davon beobachteten die Hälfte (23 %) systematisch den Arbeitsmarkt; 34 % praktizierten eine koordinierte Betreuung ihrer Personalbeschaffungsmärkte, wie Hochschulen und Arbeitsämter. 42 % der Unternehmen verfügten über eine **Personalentwicklungsplanung,** die sich allerdings in den meisten Unternehmen ausschließlich mit höherqualifizierten Arbeitnehmern befaßte:

Risak untersuchte auch die Probleme, die einer Intensivierung der Personalplanung entgegenstanden: Vorrangig genannt wurden mangelnde Verfügbarkeit von Zukunftsdaten, Bereichsdenken, Mängel der Organisationsstruktur und der internen Kommunikation, sowie zu geringes methodisches Wissen.

1.4.5.4 Die Studie von Scholl und Blumschein

Die empirische Untersuchung von *Scholl* und *Blumschein* (1979) befaßte sich mit dem Einfluß der Mitbestimmung auf Personalplanung und die Durchführung von Personalmaßnahmen in der Rezession. Angeschrieben wurden **1976/1977** insgesamt 260 Unternehmen mit jeweils über 500 Beschäftigten. 117 beantworteten den verschickten Fragebogen: Demnach verfügten 82 % über ein – wie auch immer geartetes – „System der Personalplanung". Im Hinblick auf das Einschalten des **Betriebsrats** wurde festgestellt, daß dieser bei schlechter Nachfragesituation tendenziell früher in die Personalplanung involviert wurde; sein Einfluß auf die letztlich praktizierte „Härte" der Personalpolitik blieb aber offen.

Eindeutig feststellbar war dagegen ein Zusammenhang zwischen dem Ausbaustand der Personalplanung und der **Personalpolitik** in der **Rezession:** Danach wählten Unternehmen mit einer intensiven Personalplanung deutlich häufiger Einstellungssperren und vorzeitige Pensionierungen, wodurch sie öfter Kündigungen vermeiden konnten. Deshalb griffen **alle** Unternehmen **ohne** Personalplanung bei Nachfragerückgang zu Kündigungen, während nur **56** % der Unternehmen **mit** Personalplanung im Falle einer Rezession Kündigungen als personalpolitisches Mittel benötigten.

1.4.5.5 Die Studie von Drumm und Scholz

Die ursprüngliche Intention dieser Studie (*Drumm/Scholz* 1988) lag auf der Untersuchung der Verbreitung formaler Methoden im Bereich der Personalplanung: Anders als bei den oben beschriebenen Untersuchungen ging es also zunächst nicht um eine (teilweise) formalisierte Personalplanung, sondern explizit um den Einsatz „anspruchsvoller" Planungsverfahren. Eine solche Schwerpunktsetzung schien plausibel, weil bereits zu diesem Zeitpunkt eine Vielzahl von OR-Modellen (Markoff, Lineare Programmierung) existierten, die sich zum Einsatz in der Personalplanung eignen. Darüber hinaus bestand Anlaß zu der Vermutung, daß ausreichende Kenntnisse dieser Methoden durch Lehre, Beratung und Publikation in die Praxis transferiert werden müßten. Abbildung 1.27 zeigt den Ablauf der dreiphasigen Studienuntersuchung, die letztlich auch zu dem in Abschnitt 1.2.3.5 vorgestellten Akzeptanztheorem führte.

(a) Pilotstudie

Durch eine Voruntersuchung sollte ermittelt werden, welche Unternehmen in der Bundesrepublik überhaupt formale Planungsmodelle **verwenden.** In diesen Unternehmen war geplant, anschließend vertieft Form und Verbreitung einer modellgestützten Personalplanung zu erforschen.

Die Rücklaufquote betrug bei den 196 angeschriebenen Großunternehmen mit mehr als 2000 Beschäftigten 46 %: Vierzehn dieser 90 Unternehmen setzten danach eine oder mehrere der genannten formalen Planungsmethoden ein, nur sieben (!!) waren aber zu weiteren Interviews bereit. Die genannten Gründe für die fehlende Bereitschaft zu einer weiteren Befragung lagen im breiten Spektrum zwischen „überflüssig" und „zu heikel".

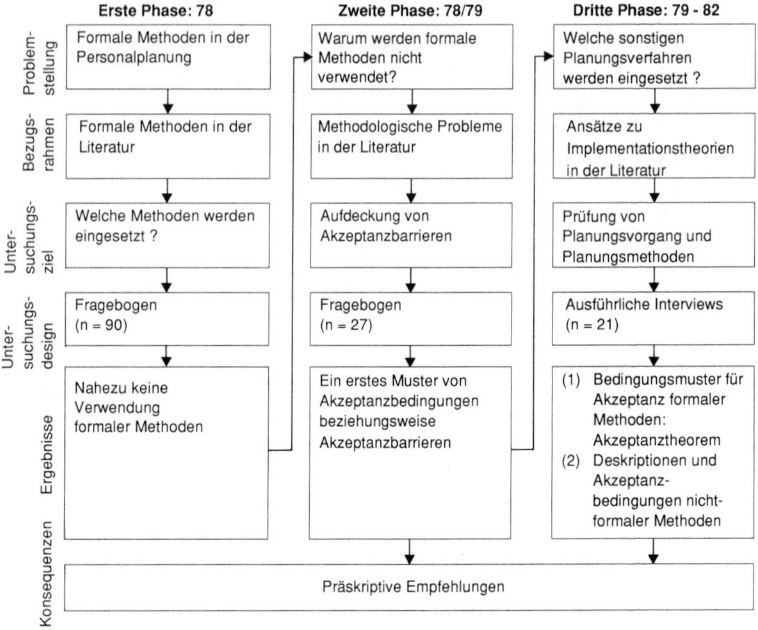

Abbildung 1.27: Ablauf der Untersuchung von *Drumm* und *Scholz* (1988, 15)

Dieser durchwegs artikulierte Verzicht auf eine formale Personalplanung verstärkte die Notwendigkeit einer Erforschung der **Ablehnungsursachen** für formale Planungsansätze und einer Bestimmung der tatsächlich praktizierten (nicht-formalen) Planungsverfahren.

(b) Voruntersuchung

Aufgrund von Literaturanalysen wurden für die zweite Phase Hypothesen formuliert (vgl. *Drumm/Scholz/Polzer* 1980, 721–740), die an den bekannten Akzeptanzbarrieren wie
- Probleme der Modellierung
- Probleme der Fachpromotoren und
- Probleme der Modelladressaten

anknüpften.

Von den jetzt 54 angeschriebenen Unternehmen füllten insgesamt 27 den verschickten Fragebogen zumindest teilweise aus. 30 % der Unternehmen berücksichtigten sechs Planungsfelder, alle Unternehmen (gegebenenfalls rudimentär) mindestens ein Planungsfeld. Bei aller stichprobenbedingten Vorsicht dominierte mit 93 % die **Personalbedarfsplanung,** die in 17 Unternehmen mit Kennziffern (63 %) und in 9 Unternehmen mit Trendfunktionen (33 %) praktiziert wurde. Die **Personalbestandsplanung** (85 %) erfolgte bei 22 Unternehmen in Form einer Bestandsfortschreibung (81 %).

Bei den **situativen Variablen** zeigte lediglich die Technologiedynamik einen Einfluß auf Modellakzeptanz und Methodeneinsatz. Andere Variablen wie Umweltdynamik oder der F&E-Aufwand hatten dagegen keinen Einfluß.

Schließlich wurden eine Reihe von potentiellen **Akzeptanzproblemen** über semantische Differentiale abgefragt: Eine formale Personalplanung wird danach offenbar gleichermaßen für **überflüssig,** wie für **unmöglich** gehalten. Probleme aufgrund von Betriebsrat und Datenschutz wurden als vernachlässigbar eingestuft: Hier könnte eine zu diesem Zeitpunkt (1978/1979) noch geringe Problemsensitivität der Unternehmen zum Tragen gekommen sein. Eine durchgängig ablehnende Einstellung war bei denjenigen Personalplanern vorhanden, die über keine oder nur geringe Erfahrungen mit formaler Personalplanungsmodellen verfügten.

(c) Hauptuntersuchung

Als dritte Phase sollte durch **Interviews** (n=21) ermittelt werden, welcher Methoden sich die Praxis tatsächlich auf den verschiedenen Personalplanungsfeldern bedient.

Die 1980 und 1981 durchgeführten Interviews führten zu der in Übersicht 1.25 wiedergegebenen Zustandsbeschreibung. Im Gegensatz zu den beiden vorangegangenen Stufen dieses Forschungsprojektes (und im Gegensatz zu den anderen oben skizzierten Forschungsprojekten) wurde jetzt die Entscheidung darüber, ob und inwieweit eine Planung als
- nicht/wenig,
- teilweise oder
- umfassend

einzustufen ist, durch einen Vergleich des vom Unternehmen beschriebenen Planungsvorgehens mit einer vorher definierten **Sollkonzeption** vorgenommen. Sie orientierte sich vielmehr an den Vorschlägen der Literatur zu den jeweiligen Planungsfeldern.

Während also eine quantitative Personalbestandsplanung zum Teil in anspruchsvoller Form existierte, kamen qualitative Aspekte eindeutig zu kurz: Die Bedarfsplanung wurde überwiegend in einer rein quantitativen Form in Verbindung mit der Kostenplanung praktiziert, unter Verwendung von Bedienungsrelationen, Stellenplänen, Kennziffern und Expertenurteilen. Qualitative Aspekte einer Personalentwicklungsplanung wurden allenfalls im Zusammenhang mit einer internen Beschaffung verfolgt. Eine systematische und bereichsübergreifende Einsatzplanung fehlte meist. Gleiches galt für die Freisetzungsplanung.

Als **Begründung** für den weitgehenden Verzicht auf den Einsatz formaler Verfahren gaben die Befragten
- Bedenken hinsichtlich der Eignung der Verfahren zur Problemlösung,
- Zweifel hinsichtlich ihrer Einsatznotwendigkeit,
- Probleme bei der Modellimplementation und
- fehlende Berücksichtigung psychologischer Konsequenzen

an. Diese und weitere Erkenntnisse zur Akzeptanzproblematik führten dann zum Akzeptanztheorem, das bereits als Umsetzung des Akzeptanzpostulates in Abschnitt 1.2.3.5 diskutiert wurde.

Planungsfeld	**Verbreitung**	**Intensität**		
		nicht/ wenig	teilweise	umfassend
Bedarfsplanung		14%	57%	**29%**
Untere Ebene:				
– Bedienungsrelation	67%			
– Kennziffern	48%			
Mittlere Ebene:				
– Kennziffern	9%			
– Leitungsspannen	24%			
– Stellenpläne	29%			
Obere Ebene:				
– Leitungsspannen	24%			
– Stellenpläne	33%			
Einsatzplanung		38%	48%	**14%**
– ja, aber keine Angabe	9%			
– „Planung im Kopf"	19%			
– Karrierepfade	5%			
– Clearingstellen	14%			
– Eignungswerte und Karrierepfade	29%			
– formales Modell	5%			
Entwicklungsplanung		38%	52%	**9%**
– vorrangig individuelle Wünsche des Personals in Absprache mit Vorgesetzten	5%			
– subjektive Entscheidung des Vorgesetzten in Abstimmung mit Personalabteilung	29%			
– positionsgebundene Maßnahmenwahl	19%			
– auf Grundlage von Fähigkeitsdefiziten	9%			
Quantitative Bestandsplanung		43%	52%	**5%**
– nur Skontration	43%			
– auch Fluktuationskennziffern	52%			
– zusätzlich formales Modell	5%			
Freisetzungsplanung		24%	76%	0%
– reaktiv	52%			
– antizipativ	24%			
Beschaffungsplanung		29%	71%	0%
– dominierend intern	76%			
– extern und intern	9%			
Qualitative Bestandsplanung		33%	67%	0%

Übersicht 1.25: Verbreitung und Intensität der Personalplanung (Originaldatenbasis)

Von den untersuchten **situativen Variablen** gingen Einflüsse primär von der Beschäftigtenzahl, der Umweltdynamik, der Abhängigkeit von einer Obergesellschaft und von der Branche aus (Abbildung 1.28): Der Einfluß der Beschäftigtenzahl auf den Umfang der Personalplanung lag nahe. Gleiches galt (begrenzt) für die Umweltdynamik und für die Branchenzugehörigkeit, wo vor allem Wachstums- und Schrumpfungsprobleme eine Freisetzungs- beziehungsweise eine Entwicklungsplanung verlangten. Obergesellschaften bevorzugten offenbar zur Erhöhung der Transparenz einfache Methoden, während Tochtergesellschaften durch Planungsreduktion zur Informationsfilterung neigten.

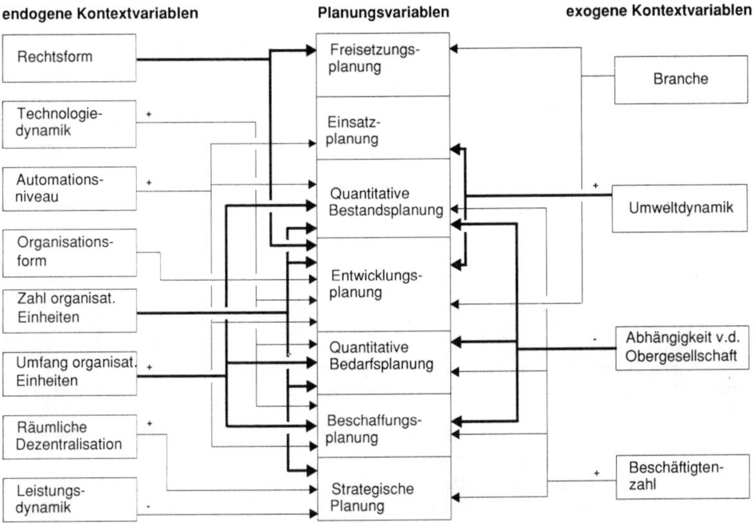

Abbildung 1.28: Situative Einflüsse auf die Personalplanung (nach *Drumm/Scholz* 1988, 227–228)

Hinsichtlich einer **strategischen Personalplanung** (vgl. *Scholz* 1982), gaben nur drei der 21 Unternehmen an, über derartige Systeme zu verfügen. In den übrigen Fällen wurde die Existenz einer strategischen („Ver-")Planung des Personals zum Teil explizit verneint. Bedenklich muß auch stimmen, daß nur in drei Planungsfällen die strategische Personalplanung „integrativ" (*Scholz* 1987 a) mehr als zwei Planungsfelder berührte. Hier liegen gravierende Probleme für eine strategische Planung, die über den Bereich der (strategischen) Personalplanung hinausgehend auch die Verbindung zur übrigen strategischen Unternehmensplanung erschweren.

1.4.5.6 *Die Studie von Töpfer und Poersch*

Töpfer und *Poersch* (1989) befragten 1987 bundesdeutsche Personalleiter zum Wandel der Bedeutung des Personalwesens im Rahmen der Unternehmensführung. Dazu verschickten sie Fragebögen an 2388 Personalleiter, die

Maßnahme	Realisierung	umfassend	teilweise
Personal-betreuung	Integration neuer Mitarbeiter	26%	69%
	Analyse der Arbeits- und Führungssituation	10%	42%
	Outplacement	4%	39%
	Newplacement	9%	46%
Arbeitszeit-management	individuelle Arbeitszeitflexibilisierung	12%	67%
	Teilzeitarbeit	8%	82%
	Teleheimarbeit	0%	3%
Personal-planung	Personalbedarfsplanung	39%	57%
	Personalbeschaffungsplanung	22%	63%
	Personaleinsatzplanung	24%	65%
	Personalentwicklungsplanung	16%	68%
Personal-beschaffung	interne Stellenausschreibung	70%	27%
	externe Stellenausschreibung	53%	45%
	Personalberater	5%	67%
	Arbeitsamt	15%	70%
	Kontakte zu Hochschulen	14%	74%
	Kontakte zur Bundeswehr	3%	41%
Personal-auswahl-	Personalberater	2%	63%
	strukturierte Interviews	29%	54%
	graphologische Analysen	1%	12%
	psychologische Tests	3%	29%
	Assessment Center	4%	36%
Personalbeurteilung		30%	63%
Fort- und Weiter-bildung	intern	37%	60%
	extern	23%	76%
	für Nicht-Führungskräfte	17%	74%
	für Führungskräftenachwuchs	44%	51%
	für Führungskräfte	44%	54%
	mit eigenen Trainern	19%	58%
	mit eigenen Führungskräften	13%	74%
	mit externen Trainern	20%	76%
	mit Fallbeispielen	21%	76%
	mit Rollenspielen	20%	72%
	mit Planspielen	13%	63%
	mit computergestütztem Unterricht	6%	44%
Aktivierung der Mitarbeiter	Vorschlagswesen	52%	35%
	Qualitäts-/Lernstattzirkel	8%	41%
	Mitwirkung bei Arbeitsplatzgestaltung	5%	69%
	neue Arbeitsplatzstrukturen	3%	53%
	Führungsgrundsätze	26%	56%
	Erfolgsbeteiligung	13%	40%
	Kapitalbeteiligung	10%	16%
Sonstige	Zusammenarbeit mit Betriebsrat über BetrVG hinaus	27%	65%
	Personalinformationssysteme	8%	81%
	freiwillige betriebliche Sozialleistungen	39%	59%

Übersicht 1.26: Realisierungsgrad der Personalmanagement-Maßnahmen nach *Töpfer* und *Poersch* (1989, 110–111)

Mitglieder der DGFP waren. Die Rücklaufquote belief sich auf 36%. Die Studie verfolgte zwei Ziele: Zum einen sollte die aktuelle Realisierung von Maßnahmen der Personalarbeit erhoben, zum anderen der erwartete Wandel im Tätigkeitsfeld des Personalmanagers ermittelt werden.

Im Hinblick auf die **aktuelle Realisierung** der personalwirtschaftlichen Aufgabenfelder (Übersicht 1.26) zeigte sich zunächst, daß 92% der Unternehmen offenbar eine Zusammenarbeit mit dem Betriebsrat praktizieren, die über die Forderungen des BetrVG hinausgehen. Bei der Personalbetreuung fällt der relativ geringe Anteil von Firmen auf, die eine umfassende Analyse der Arbeits- und Führungssituation praktizieren (10%), bei der Personalplanung ist der Anteil von immerhin 39% mit einer umfassenden Personalbedarfsplanung augenfällig.

Im Hinblick auf die **Veränderungen** im Arbeitsfeld führte die Studie zu folgenden **Ergebnissen**:

- Die relevanten externen Faktoren, die auf das Personalwesen Einfluß nehmen, sind nach Meinung der Personalleiter neue Technologien und Marktveränderungen.
- Hauptprobleme in der Zukunft liegen in der Beschaffung hochqualifizierten Personals und in der Zunahme der Personalkosten.
- Neue Anforderungen ergeben sich vor allem in der Beherrschung neuer Techniken (u. a. im EDV-Bereich) sowie der Motivation der Mitarbeiter. In diesem Rahmen gewinnt die werteorientierte Personalpolitik in Form von Kulturmanagement eine große Bedeutung.
- Der Stellenwert der Personalarbeit steigt nach Ansicht der Personalleiter mit Ausnahme der Verwaltung in allen Personalmanagementfeldern. Besondere Bedeutung messen die Personalleiter dem Arbeitszeitmanagement mit seinen Konsequenzen in bezug auf Flexibilisierung und Arbeitszeitverkürzung zu. Auch die Fort- und Weiterbildung wird an Bedeutung gewinnen. Bereits jetzt schon haben die klassischen Personalmanagementfelder Beschaffung und Auswahl ein großes Gewicht.
- Der sich zukünftig wandelnde Stellenwert der Personalarbeit führt zu einer Veränderung der Anforderungen an die Personalleiter. Dies betrifft vor allem die Fähigkeiten zur Konfliktlösung, Motivation und Innovation.

Insgesamt belegt die Studie von *Töpfer* und *Poersch* den (etwas) gestiegenen Stellenwert des Personalwesens, der aus veränderten Anforderungen an das betriebliche Personalmanagement resultiert.

1.4.5.7 Die Studie von Scholz

(a) Ziel und Methodik

Ziel der 1991 in Zusammenarbeit mit dem Manager Magazin durchgeführten Studie war es, einen aktuellen Überblick über den Stand des Personalmanagements in deutschen Unternehmen zu erhalten. Ausgehend von dem in Abschnitt 1.3 beschriebenen Modell eines betrieblichen Personalmanagements wurde ein konzeptioneller Rahmen aus drei Untersuchungsbereichen entwickelt:

Im ersten Bereich wurden mit Unternehmensgröße und Branchenzugehörigkeit zwei *situative Faktoren* berücksichtigt. In der Organisationstheorie wird zusätzlich davon ausgegangen, daß auch die subjektive Perzeption das Verhalten der Individuen beeinflußt. Daher wurde auch erhoben, welche Problembereiche die Befragten als wichtig betrachten. Diese Aspekte stellen auf der einen Seite situative Faktoren dar, auf der anderen Seite sind sie durch die ihnen zugeordnete Relevanz und die daraus resultierende Aktion bereits teilweise Bestandteil des Personalmanagements.

Der zweite Bereich befaßte sich mit dem *Personalmanagement* im Unternehmen. Ziel war es, ein möglichst breites Spektrum an Personalmanagement-Aktivitäten zu erfassen, um so ein aussagefähiges Bild der Realität im Hinblick auf

- verfügbare Information,
- angewandte Planungstechniken,
- vorhandene Mitarbeiterprogramme, (wie beispielsweise Sabbaticals oder Job Rotation),
- vorhandenene Trainingsprogramme,
- EDV-Unterstützung im Personalmanagement und
- Personalcontrolling

zu bekommen.

Der dritte Bereich schießlich ermittelte den *PRISMA-Index*, der angibt, inwieweit das Unternehmen die einzelnen Personalmanagementfelder tatsächlich berücksichtigt. Dieser Index läßt sich auch zu den situativen Variablen Größe und Branche sowie begrenzt mit dem Erfolg in Beziehung setzen.

		Anzahl	Prozent
Branche	Banken, Versicherungen	10	18,9%
	Unternehmensberatung	5	9,4%
	Sonstige Dienstleistungen	11	20,9%
	Datenverarbeitende Industrie	3	5,6%
	Automobilindustrie	3	5,6%
	Elektronikindustrie	5	9,4%
	Maschinenbau	3	5,6%
	Metallverarbeitende Industrie	4	7,6%
	Sonstige	8	15,1%
	keine Angabe	1	1,9%
Beschäftigtenzahl	1– 49	9	17,0%
	50– 199	8	15,1%
	200– 999	5	9,5%
	1000– 1999	7	13,2%
	2000– 4999	10	18,9%
	5000– 24999	8	15,1%
	25000–150000	6	11,3%
Summe		53	100,0%

Übersicht 1.27: Das Untersuchungssample

Auf der Basis dieser drei Bereiche wurde ein Fragebogen entwickelt, in der April-Ausgabe 1991 des Manager-Magazin veröffentlicht und von 53 Unternehmen unterschiedlichster Größenklassen und Branchen beantwortet (Übersicht 1.27).

Da zugleich mit den Fragebogen nach einer prämierbaren Innovationsidee gefragt wurde, ist diese Studie keinesfalls als repräsentativ einzustufen: Sie befaßt sich vielmehr mit solchen Unternehmen, die sich selber als fortschrittlich sehen.

(b) Ergebnisse

Ein erstes überraschendes Ergebnis ergab sich bei der Auswertung der durch Personalmanager perzeptierten Problembereiche (Abbildung 1.29). Im Vorfeld der Auswertung wurden der Europäische Binnenmarkt 1992, neue Produktionstechnologien oder die Beziehungen zu den Gewerkschaften als wichtige Problemfelder erwartet. Umso erstaunlicher waren die vorgefundenen Ergebnisse: Motivation, Unternehmenskultur, Unternehmensimage und die Suche nach Nachwuchskräften im Management standen auf den vorderen Plätzen der befragten Personalmanager.

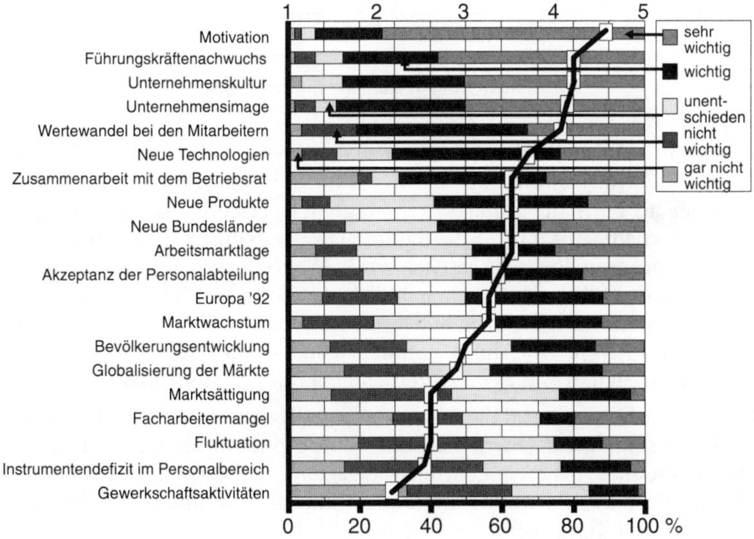

Abbildung 1.29: Problembereiche der Personalarbeit

Diese Ergebnisse sind allerdings nur vorsichtig zu interpretieren: Sie bedeuten nicht, daß deutsche Unternehmen äußerst viele (oder geringe) Probleme zum Beispiel durch die Globalisierung der Märkte oder durch neue Technologien erwarten. Vielmehr deuten die Ergebnisse darauf hin, welche Problemfelder bei Personalmanagern deutscher Unternehmen besondere Beachtung finden.

Diese Schwerpunkte mündeten wiederum in konkrete Aktionen: Die erste diesbezügliche Fragengruppe behandelte die informatorische Basis des Personalmanagements (Übersicht 1.28). Dabei zeigten sich einige informatorische Lücken, die wahrscheinlich auf Dauer nachteilig für die Unternehmen sind. Obwohl zum Beispiel die Kosten für den Faktor Arbeit in Deutschland besonders hoch sind und viele Unternehmen schon deshalb versuchen, die Gründe für eine Kündigung zu erfassen (beispielsweise durch Austrittsinterviews), sind nicht allen befragten Unternehmen die Fluktuationskosten detailliert bekannt.

Informationsart	**ja**	**ansatzweise**	**nein**
Fähigkeitsprofile (für über 80% der Mitarbeiter)	14,2%		
Anforderungsprofile (für über 80% der Mitarbeiter)	46,0%		
Fluktuationsursachen	73,6%	22,6%	1,9%
Fluktuationskosten	28,3%	45,3%	24,5%
Image-Positionierung am Arbeitsmarkt	34,0%		62,2%
Mitarbeiterbefragungen	62,3%		37,7%
Externe Unternehmenskulturanalyse	32,1%	0,0%	67,9%

Übersicht 1.28: Verfügbare Informationen

Übersicht 1.28 ist allerdings insofern zu ergänzen, als der erstaunlich hohe Wert für „Mitarbeiterbefragung“ nur durch Einbeziehung auch von Gesprächen als Form der Mitarbeiterbefragung zu erklären ist. Analoges gilt für „Unternehmenskultur“, die häufig als vage definiertes Konstrukt (bis hin zur Corporate Identity) gesehen wird: 35% haben einen externen Berater zur Analyse ihrer Unternehmenkultur (im weitesten Sinne) konsultiert und 60% sogar task forces gebildet, die sich mit der Unternehmenskultur auseinandersetzen. Allerdings konnten lediglich 45% der Unternehmen überhaupt sagen, was für eine Unternehmenkultur sie eigentlich haben.

Der nächste Schritt betraf die Auswertung der Daten. Speziell für das strategische Personalmanagement existierten eine große Anzahl von Instrumenten, auf die auch in diesem Lehrbuch eingegangen wird. Szenario-Analysen, Human Resource Portfolios und Simulationsmodelle sind nur einige Beispiele für diese Techniken.

Als Ergebnis ist festzuhalten, daß diese Instrumente des strategischen Personalmanagements nur selten eingesetzt werden (Abbildung 1.30). Allerdings dürfte es auch unrealistisch sein, von Unternehmen die gleichzeitige Anwendung aller Instrumente zu verlangen.

Bei der später durchgeführten Diskussion mit einigen der Unternehmen konnten insbesondere zwei Gründe für die geringe Nutzung des personalwirtschaftlichen Instrumentariums evaluiert werden. Zum einen bestanden Befürchtungen, die Anwendung der bekannten analytischen Instrumente

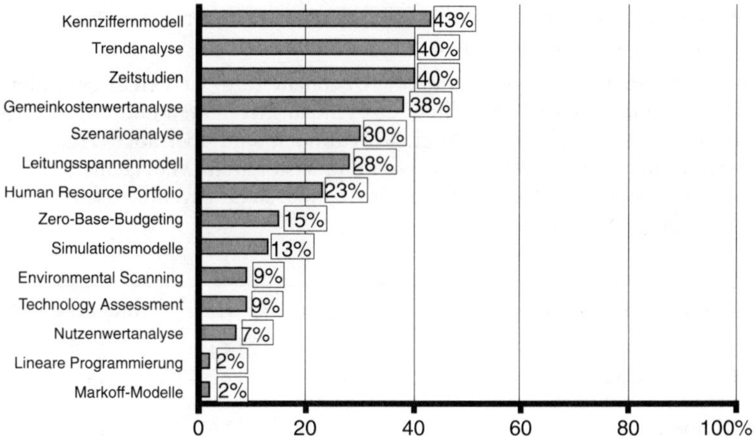

Abbildung 1.30: Planungstechniken

könnte zu übereilten Schlußfolgerungen führen. Zum anderen zeigte sich ein Unbehagen, sensible Personaldaten (auch in verdichteter Form) für strategische Analysemethoden zu nutzen. Ein weiterer Bestandteil der Erhebung waren die jeweils vorhandenen Personalmanagement-Maßnahmen (Übersicht 1.29). Die Bandbreite der realisierten Programme in deutschen Unternehmen zeigte sich dabei als außerordentlich weit: An der Spitze der vorhandenen Programme finden sich Teilzeitprogramme für die Mitarbei-

Maßnahmen im Personalbereich	ja	nein	Mitarbeiterzahl
Teilzeitarbeit	84,9%	13,2%	15%
Inhouse-Seminare	83,0%	17,0%	44%
Gleitzeit	73,6%	26,4%	39%
Austrittsinterview	69,8%	30,2%	40%
Job Rotation	69,8%	30,2%	15%
Zeitarbeitsvertrag	66,0%	34,0%	6%
Traineeprogramme	64,2%	35,8%	1%
Flexible Altersgrenze	50,9%	49,1%	16%
Computergestützter Unterricht	49,1%	50,9%	8%
Unternehmensplanspiele	49,1%	50,9%	<1%
Patensystem	45,3%	54,7%	9%
Qualitätszirkel	41,5%	58,5%	7%
Job Sharing	39,6%	60,4%	<1%
Coaching	37,7%	62,3%	10%
Vorruhestandsregelung	37,7%	62,3%	3%
Outplacement-Beratung	34,0%	66,0%	3%
Lernstatt	17,0%	83,0%	<1%
Sabbatical	13,2%	86,8%	<1%
Programme für arbeitende Ehepaare	7,5%	92,5%	<1%

Übersicht 1.29: Maßnahmen im Personalbereich

ter. Sabbaticals oder Programme für arbeitende Ehepaare (Dual-Career Systeme) sind dagegen eher selten.

Im Bereich der Trainingsprogramme (Übersicht 1.30) werden insbesondere die kommunikativen Fähigkeiten, das Führungsverhalten und die rethorischen Fähigkeiten berücksichtigt. Vorzufinden sind aber auch Trainingsprogramme zu Transaktionsanalysen und Visionärem Management. 21% der Unternehmen nutzen, laut eigener Angabe, sogar psychologische Spiele als Trainingsmaßnahme.

Inhalte von Trainingsprogrammen	**ja**	**nein**	**Mitarbeiterzahl**
Kommunikationsverhalten	84,9%	15,1%	22%
Führungsverhalten	83,0%	17,0%	14%
Persönliche Arbeitstechniken	81,1%	18,9%	17%
Rhetorik	77,4%	22,6%	17%
Verkaufstraining	75,5%	24,5%	18%
Fallstudien	71,7%	28,3%	22%
Zeitmanagement	69,8%	30,2%	11%
Konfliktlösungstechniken	67,9%	32,1%	10%
Projektmanagement	66,0%	34,0%	11%
Metaplantechnik	64,2%	35,8%	11%
Motivationsseminare	64,2%	35,8%	15%
Gruppendynamik	58,5%	41,5%	8%
Qualitätssicherung	47,2%	52,8%	7%
Rollenverhalten	47,2%	52,8%	9%
Vernetztes Denken	47,2%	52,8%	<1%
Individuelle Streßbewältigung	41,5%	58,5%	4%
Fitneßprogramme	26,4%	73,6%	2%
Transaktionsanalyse	26,4%	73,6%	2%
Interkulturelles Handlungstraining	20,8%	79,2%	3%
Psychologische Spiele	20,8%	79,2%	2%
Visionäres Management	20,8%	79,2%	3%
Meditation	18,9%	81,1%	<1%
Neurolinguistische Programmierung	13,2%	86,8%	<1%
Symbolisches Management	5,7%	94,3%	<1%

Übersicht 1.30: Trainingsmaßnahmen

Die EDV-Nutzung im Personalmanagement ist bei den befragten Unternehmen sehr weit fortgeschritten. Abbildung 1.31 zeigt, welche Bereiche des Personalmanagements EDV-gestützt durchgeführt werden: Fast 90% der Personalabteilung nutzen den PC für das Personalmanagement, mehr als 70% haben eine Verbindung zu einem Großrechner und 60% der Befragten sind Teil eines EDV-Netzwerks. Während die Nutzung von Großrechnern für die Personalverwaltung schon recht früh in deutschen Unternehmen Verbreitung gefunden hat, gab es bei der Nutzung von PC-Systemen noch vor einigen Jahren erheblichen Nachholbedarf (vgl. *Scholz/Baumann* 1989). Dies hat sich aber offenbar zumindest ansatzweise geändert. Gerade für interaktive Fragestellungen wie die Planung und Verwaltung der Perso-

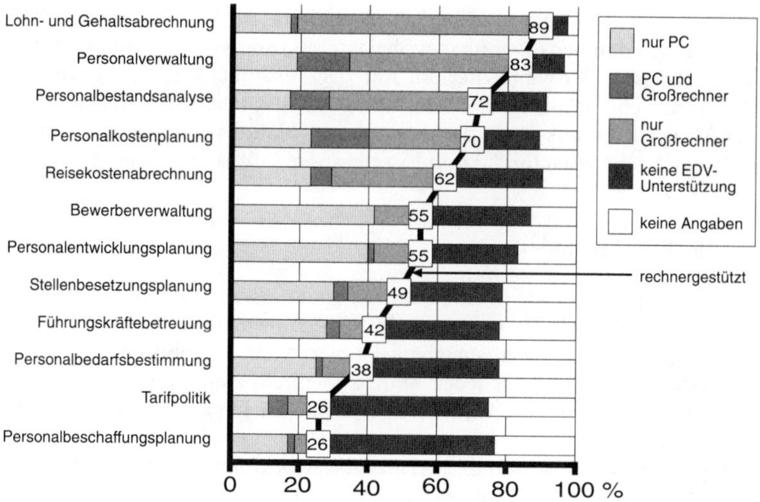

Abbildung 1.31: EDV-unterstütztes Personalmanagement

nalentwicklung bietet sich der PC als Hilfsmittel an, während in größeren Unternehmen vor allem für die Lohn- und Gehaltsabrechnung und die allgemeine Personalverwaltung der Großrechner ohne Alternative bleibt.

Unabhängig von der unterschiedlichen und in Abschnitt 8.3 zu diskutierenden Auffassung von Personalcontrolling sollte daher auch dieser Themenkreis analysiert werden: Abbildung 1.32 zeigt, daß die Unternehmen besonders die „hard facts" in ihrem Personalcontrolling berücksichtigen. Beispielsweise werden Personalkosten pro Mitarbeiter erfaßt und in über 70% der Unternehmen (teilweise) sehr detaillierte Fehlzeitenstatistiken geführt. Dagegen werden komplexere Kontrollobjekte, wie der Erfolg von Entwicklungsmaßnahmen, nur selten näher betrachtet.

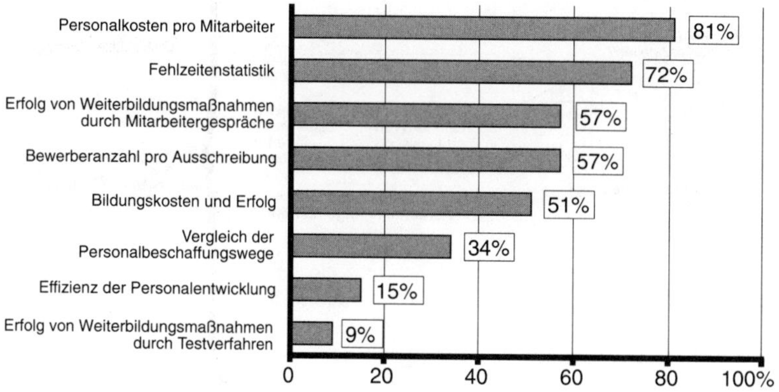

Abbildung 1.32: Personalcontrolling

Insgesamt ist jedoch ein gewisser Schwerpunkt bei der Kontrolle von Rekrutierungsmaßnahmen erkennbar, wobei interessanterweise die Unternehmen als wichtigstes Auswahlkriterium mit der Persönlichkeit des Bewerbers (87%) eine eher intuitiv-subjektive Komponente an die Spitze stellen. Trotz der Meßproblematik kann dies bei richtiger Handhabung durchaus sinnvoll sein. Fachwissen (66%) und Examensnote (30%) folgen auf den nächsten Plätzen.

(c) Der PRISMA-Index

Um die obigen Befunde in eine quantitative Kenngröße zu verdichten, soll mit dem PRISMA-Index eine spezielle Maßgröße für den Ausbaustand des betrieblichen Personalmanagements definiert werden (Abbildung 1.33):
- **Ausgangsbasis** sind für jedes Managementfeld einige zentrale Komponenten, beispielsweise Anforderungsprofile als Teil der Personalbedarfsbestimmung.
- Um realistische Ober- und Untergrenzen zu bekommen, wurde eine Skala definiert, die den geringsten Ausprägungsgrad in der **Datenbasis** mit 0 Punkten, den höchsten mit 100 Punkten bewertet.
- Diese Werte werden **pro Feld** zu einem Gesamtwert aggregiert, der zwischen 0 und 100 liegt.
- Die Addition der Feldkenngrößen ergibt den PRISMA-Index für das jeweilige **Unternehmen**, der zwischen 0 und 1000 (für insgesamt zehn Komponenten) liegt.

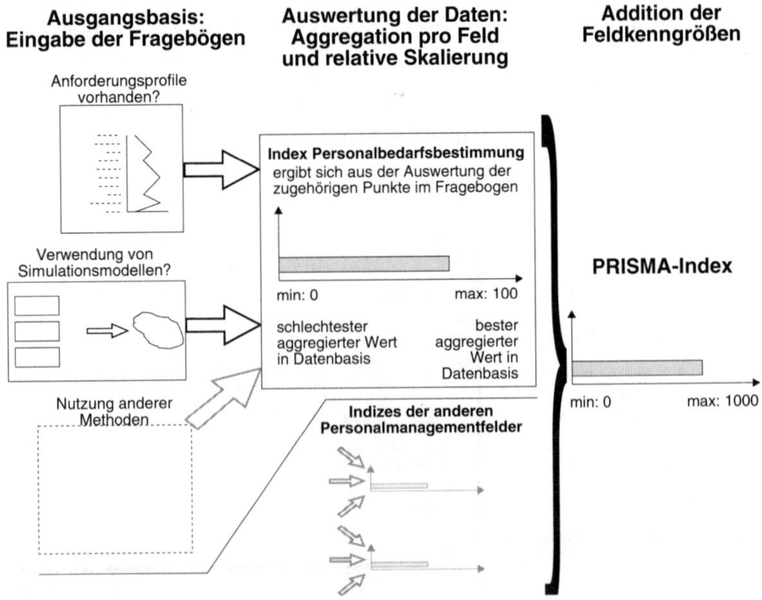

Abbildung 1.33: Bestimmung des PRISMA-Indexes

So entsteht ein realistischer Index, dessen Anforderungen sich jeweils aus der zugrundegelegten Datenbasis (hier also 53 Unternehmen) ergibt.

Ein Beispiel soll die Berechnungsvorschrift des PRISMA-Indexes verdeutlichen: Schwankt der Wert für den Anteil von Mitarbeitern, für den das Unternehmen mit Anforderungsprofilen arbeitet, beispielsweise zwischen 20% und 60%, so erhält das Unternehmen mit dem geringsten Anteil (hier: 20%) 0 Punkte und das Unternehmen mit dem höchsten Anteil (hier: 60%) 100 Punkte. Ein Unternehmen, das für 40% der Mitarbeiter Anforderungsprofile erstellt, erhält hierfür 50 Punkte.

Übersicht 1.31 zeigt die Verteilung der Indexwerte: Im Hinblick auf die *Branche* kommt die Automobilindustrie bei der Umsetzung der meisten Personalmanagementfelder der optimalen Situation (100 Punkte) recht nahe. Die Personalbedarfsbestimmung (88 Punkte), das Personalinformationsmanagement (88 Punkte), die Personalentwicklung (85 Punkte) und das Personalkostenmanagement (81 Punkte) signalisieren die Bedeutung, die den Feldern des Personalmanagements in diesem Industriezweig beigemessen wird. Der scharfe internationale Konkurrenzdruck hat diese Sensibilisierung mit Sicherheit noch verstärkt. Unternehmensberatungen weisen eben-

	Gesamtindex	Personalbestandsanalyse	Personalbedarfsbestimmung	Personalbeschaffung	Personalentwicklung	Personalfreisetzung	Personaleinsatz	Personalführung	Personalkostenmanagement	Personalinformationsmanagement	Sonstige Personalfunktionen
Alle	534	53	43	50	59	58	49	44	**70**	65	42
Automobilindustrie	**741**	70	**88**	**72**	**85**	**77**	67	54	**81**	**88**	**60**
Unternehmensberatungen	623	**72**	37	**72**	66	67	**70**	47	71	60	**60**
EDV-Industrie	622	60	39	68	70	63	57	66	70	72	57
Metallverarbeitende Industrie	550	51	57	35	54	**77**	65	21	73	77	39
Sonst. Dienstleistungs-unternehmen	533	60	27	58	64	47	50	45	70	62	48
Sonstige Unternehmen	499	50	40	51	57	46	44	44	69	56	42
Banken und Versicherungen	488	49	45	43	50	52	47	43	64	67	28
Maschinenbau	**483**	42	40	43	51	58	36	44	73	61	35
Elektroindustrie	470	40	46	28	59	64	35	34	71	62	32
Kleine Unternehmen	**567**	**61**	28	**64**	**66**	54	**55**	**51**	69	59	**59**
Mittlere Unternehmen	451	46	42	30	47	57	38	37	**70**	59	25
Große Unternehmen	550	50	**56**	49	62	60	51	42	**70**	**72**	37

Übersicht 1.31: Der PRISMA-Index nach Branchen und Größenklassen

falls einen hohen Entwicklungsstand auf. Ähnlich gut ist die EDV-Industrie entwickelt. Der hohe Indexwert beim Personalinformationsmanagement (72 Punkte) kann hier natürlich nicht überraschen. Die Elektroindustrie schneidet mit einem Gesamtindex von 470 Punkten am schlechtesten ab. Die geringen Werte in den Bereichen Personalbeschaffung (28 Punkte) und Personalführung (34 Punkte) signalisieren entsprechende Defizite.

Im Hinblick auf die *Unternehmensgröße* zeigt sich, daß – zumindest im Kreis der in dieser Untersuchung berücksichtigten Firmen – gerade die kleineren Unternehmen sehr gut abschneiden. Bei Personalbestandsanalyse, Personalbeschaffung und vor allem Personalentwicklung werden überaus hohe Werte erzielt. Da die Studie keinen Anspruch auf Repräsentativität erhebt, bedeutet dieser Befund nicht, daß generell kleinere Unternehmen besseres Personalmanagement praktizieren als größere: Er besagt lediglich, daß auch kleinere Firmen die (in diesen Fällen genutzte) Chance dazu haben. Bemerkenswert an Übersicht 1.31 ist auch das extrem schlechte Abschneiden der mittleren Größenklasse. Ein Erklärungsversuch dafür wäre, daß bei ihnen weder die Vorteile der Kleinen (Überschaubarkeit, Flexibilität), noch die Vorteile der Großen (Planung durch Großzahligkeit, Stabilität, Macht) zum Tragen kommen. Während es kleineren und größeren Unternehmen somit gelingt, größenspezifisch eigene Aktivitätsprofile zu entwickeln, haben offenbar mittelgroße Unternehmen dabei noch ernste Probleme („stuck in the middle“).

Betrachtet man die *Managementfelder*, so steht das Personalkostenmanagement an der Spitze, eng gefolgt vom Personalinformationsmanagement. An-

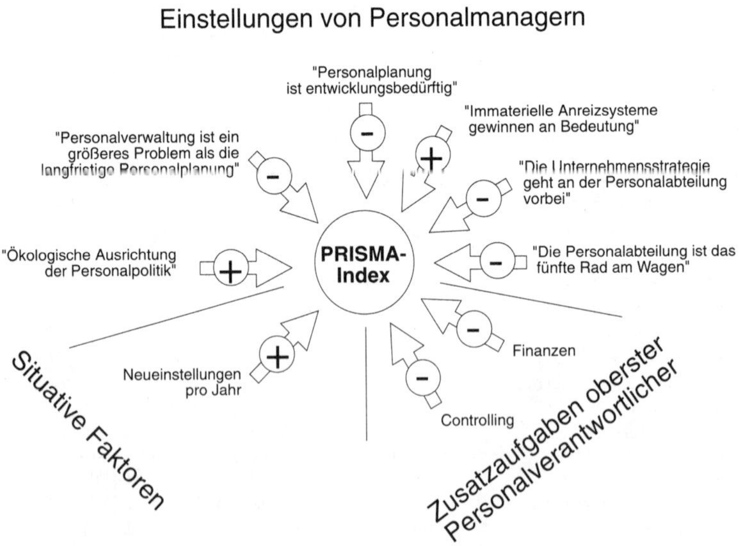

Abbildung 1.34: Signifikante Korrelationen zum PRISMA-Index

ders dagegen Personalführung und Personalbedarfsbestimmung: Diese Werte liegen relativ niedrig, was auf eine große (durchschnittliche) Differenzierung zu den jeweiligen Spitzenunternehmen und auf entsprechende Verbesserungsmöglichkeiten schließen läßt. Dieser Befund mag vielleicht in konjunkturell positiven Zeiten weniger gefährlich sein. In Phasen von Stagnation und Rezession würde er aber fatale Konsequenzen haben: Verfügen Unternehmen nicht über Mechanismen zur exakten Bedarfsanalyse, so haben sie oft zu hohe Personalstände (in Wachstumsphasen zulässig) und auch keine Analyseinstrumente zum gezielten Personalabbau. Gleiches gilt für die Personalführung, die gerade in Abschwungphasen besonders gefordert ist.

Besonders aufschlußreiche Korrelationen zwischen dem PRISMA-Index ergaben sich beispielsweise im Zusammenhang mit Zusatzaufgaben der obersten Personalverantwortlichen oder Einstellungen von Personalmanagern (Abbildung 1.34). So ist das Statement „die Personalplanung ist entwicklungsbedürftig" negativ mit dem PRISMA-Index korreliert. Gleiches gilt für die Aussage „die Unternehmensstrategie geht an der Personalabteilung vorbei". Positive Abhängigkeiten mit dem PRISMA-Index wurden beispielsweise zur Anzahl von jährlichen Neueinstellungen gefunden, die ja auch vorsichtige Rückschlüsse auf den Unternehmenserfolg zulassen.

(d) Fazit

Zunächst verwundert die Gewichtung, die den vorhandenen Problemfeldern zugesprochen wurde. Die Untersuchung zeigt, daß es die weichen Faktoren Unternehmenskultur, Unternehmensimage und Motivation der Mitarbeiter sind, die als Herausforderung für die nächsten Jahre angesehen werden.

Zweitens verdeutlicht die Untersuchung, inwieweit die untersuchten Unternehmen spezielle Techniken im Personalmanagement einsetzen. Die große Bandbreite der eingesetzten Techniken bei allen Unternehmensgrößen kann als ein Indikator für die zunehmende Professionalisierung des Personalmanagements angesehen werden.

Drittens ist auf die Bedeutung größenspezifischer Aktivitätsprofile im Personalmanagement hinzuweisen.

1.4.5.8 Die Studie von Stichweh/Lynch

(a) Ziel und Methodik der Untersuchung

Ziel der 1991 von IBM initiierten und von der Beratungsgesellschaft Towers Perrin durchgeführten Studie (vgl. *Stichweh/Lynch* 1992) war es, die Bedeutung und den Bedeutungswandel des Personalmanagements in der Zukunft zu evaluieren. Antworten sollten auf folgende Fragen gefunden werden:
- Wird das Personalmanagement den Wettbewerbsvorteil der Unternehmen stärken oder schwächen?
- Welche konkreten Maßnahmen können durchgeführt werden, um den Wettbewerbsvorteil durch Personalmanagement auszubauen?
- Welche Hauptaufgaben für das Personalmanagement sehen die Verantwortlichen für die Zukunft?

Teilnehmer der Studie (n=2961)	Personalmanager	63%
	Linienmanager	18%
	Professoren	9%
	Berater	8%
	Medien/Sonstige	2%
Nordamerika	Kanada	4%
	USA	40%
Europa	Deutschland	10%
	Frankreich	3%
	Großbritannien	9%
	Italien	7%
Asien/Pazifischer Raum	Australien	3%
	Japan	13%
	Korea	2%
Lateinamerika	Argentinien	2%
	Brasilien	5%
	Mexiko	2%

Übersicht 1.32: Das Untersuchungssample nach Teilnehmern und Regionen (*Stichweh/Lynch* 1992, 3)

Um Antworten auf diese Fragen zu bekommen, wurden 2961 Linienmanager, Personalmanager, Universitätsprofessoren und Unternehmensberater aus 12 Ländern befragt (Übersicht 1.32). Es beteiligten sich fast die Hälfte (223) der weltweiten Fortune-500-Unternehmen, was eine sehr hohe Repräsentativität der Stichprobe vermuten läßt.

(b) Ergebnisse

Als zentrale Aussage ermittelte die Studie die wichtigsten Einflußfaktoren auf das gegenwärtige und zukünftige Personalmanagement. Abbildung 1.35 zeigt das Ergebnis der Befragung zu diesem Aspekt. Man erkennt, daß der Wettbewerbsgesichtspunkt und die Konzentration auf Qualität sowie Zufriedenheit in den Nennungen etwas zurückgehen, aber immer noch oben auf der Prioritätenliste bleiben. Verschiebungen nach oben wird es nach Ansicht der Experten vor allem im Arbeitsmarkt und der Globalisierung ergeben. Interessanterweise erwartet man eine Abnahme der Regierungseingriffe, möglicherweise erklärt durch langfristig positive Konjunkturerwartungen. Primär bedeutet dieser Befund als spezifische Herausforderung für den Personalbereich die Auseinandersetzung mit den vier Aspekten
- Wertewandel der Mitarbeiter,
- Nachwuchsmangel,
- Demographische Veränderungen,
- inadäquate Ausbildung der Mitarbeiter

und dies angesichts einer zunehmenden Globalisierung der Märkte und einem steigenden Wettbewerb.

Die große Mehrheit der Befragten erachten für die Zukunft ein neues Verständnis des Personalmanagements für notwendig. Personalexperten wer-

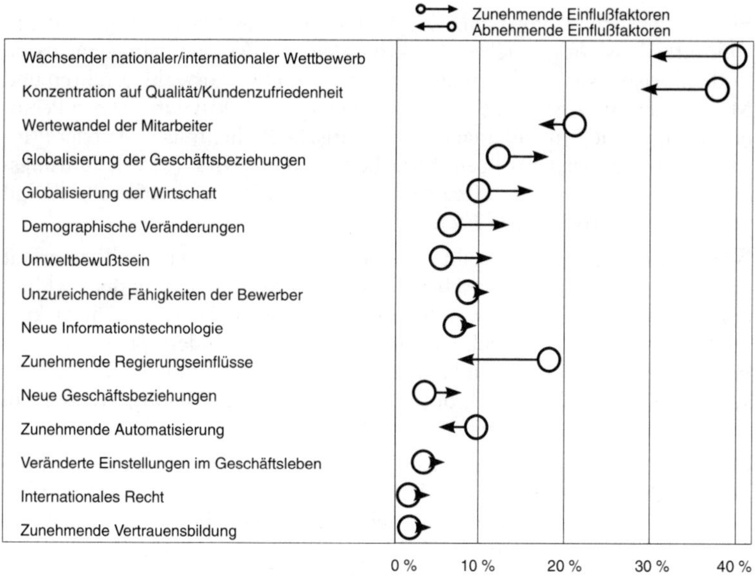

Abbildung 1.35: Einflußfaktoren auf das Personalmanagement (*Stichweh/Lynch* 1992, 11)

	Personalexperte als ...	
	... funktionaler Spezialist	... Management-Partner
Funktion/Aufgabe	Reaktiv Operational Intern	Proaktiv Strategisch Extern (Gesellschaft)
Personalpolitik	Volle Verantwortung bei der Personalabteilung	Geteilte Verantwortung mit dem Linienmanagement
Personalabteilung	Mitarbeitervertreter Funktionale Struktur Bericht zur Leitung	Geschäftspartner Flexible Struktur Bericht zur Linie
„Personalmanager"	Karriere im Personalwesen Spezialist Gegenwartsorientierung Einsprachig Nationale Perspektive	Rotation Generalist Zukunftsorientierung Mehrsprachig Globale Perspektive

Übersicht 1.33: Änderungen betrieblicher Personalarbeit (*Stichweh/Lynch* 1992, 6)

den sich demnach von der spezialisierten, abgekoppelten Position zum Generalisten entwickeln müssen, der mit den Linienmanagern eine partnerschaftliche Zusammenarbeit pflegt, um die Wettbewerbsvorteile des Unternehmens zu generieren oder auszubauen (Übersicht 1.33).

Eine erstaunliche Konvergenz war auch bei den Aussagen bezüglich der in Zukunft als wichtig erachteten Aktivitäten des Personalmanagements zu finden: beispielsweise Führungskräfteentwicklung, Auswahlverfahren und Mitarbeiterpartizipation. Bei den meistgenannten Aktivitäten sehen Personalmanager und Linienmanager fast identische Reihenfolgen. Auf der Prioritätenliste standen ganz oben: Mitarbeiterproduktivität (85%), Führungskräfteentwicklung (75%), Teamarbeit (73%), Mitarbeiterplanung (73%) und Mitarbeitertraining (72%).

Nach Ansicht der Autoren gibt es keine eindeutige Tendenz zur Teamarbeit und Bewertung auf Gruppenebene. Die Studie kommt also zu dem Schluß, daß Unternehmen von der individuumsbezogenen Sichtweise abrücken. Diese Entwicklung läßt sich jedoch nicht in allen Ländern gleichermaßen beobachten. Insbesondere in Japan und Korea, die traditionell Gruppenentscheidungen und Teamwork präferierten, ist eine gegenläufige Tendenz in Richtung Individualisierung zu konstatieren.

Eine starke Übereinstimmung konnte bei der Beurteilung der relativen Bedeutung der zukünftigen Arbeitsbereiche und der erforderlichen Qualifikationen der Personalmanager festgestellt werden. Deutlich ist besonders der Unterschied zwischen den vorhandenen und den für das Jahr 2000 als notwendig erachteten Fähigkeiten (Übersicht 1.34).

	1991 vorhanden	**2000 notwendig**
Einfluß des Linienmanagements auf das Personalmanagement	42%	84%
Computerkenntnisse	32%	81%
Antizipation interner/externer Veränderungen	21%	79%
Entwicklung und Kommunikation einer Vision für das Personalmanagement	21%	77%
Betonung der Qualität im Personalmanagement	41%	78%
Angemessene Risikobereitschaft	24%	71%

Übersicht 1.34: Lücken zwischen vorhandenen und notwendigen Fähigkeiten (*Stichweh/Lynch* 1992, 39, 94)

Die Überbrückung dieser Differenzen wird eine der wesentlichen Herausforderungen für die Unternehmen in den nächsten Jahren sein, wenn sie auch weiterhin wettbewerbsfähig bleiben wollen. Vor dem Hintergrund des Wandels von der operativen hin zur strategischen Orientierung des Personalmanagements, fallen besonders die Lücken bezüglich der Antizipation von Veränderungen und der Kommunikation der Unternehmensvision auf.

Funktion	Anteil, der mit dem Ist-Zustand zufrieden ist	Anteil, der die Funktion als höchste Priorität einstuft
Mitarbeiterproduktivität/Qualität	27%	84%
Managemententwicklung	25%	76%
Teamwork	25%	74%
Personalplanung	21%	74%
Ausbildung und Weiterbildung	33%	73%
Vertikale Kommunikation	24%	71%
Mitarbeiterbeteiligung an Entscheidungen	18%	67%
Nachfolge- und Entwicklungsplanung	20%	62%
Personalkostenmanagement	34%	60%
Personalbeschaffung und -einstellung	49%	59%
Personalinformationssysteme	25%	54%

Übersicht 1.35: Soll-Ist-Vergleich von Personalfunktionen
(*Stichweh/Lynch* 1992, 33, 92)

Hierbei muß beachtet werden, daß gerade für einige Schlüsselfunktionen des Personalmanagements eklatante Differenzen zwischen der gegenwärtigen Zufriedenheit mit einer Funktion und der Relevanz existieren, die dieser Funktion in der Zukunft beigemessen wird (Übersicht 1.35).

Die hohen Abweichungen in den Bereichen Mitarbeiterproduktivität/Qualität, Personalplanung und Managemententwicklung geben Anlaß zur Skepsis. Es ist fraglich, ob die Unternehmen in der Lage sind, diese Kernelemente einer Personalstrategie zügig an das gewünschte Niveau heranzuführen. Die Autoren der Studie kommen daher zu dem Ergebnis, daß es Jahre dauern kann, die Kluft zwischen Wunsch und Wirklichkeit zu überbrücken.

Im Hinblick auf die organisatorische Gestaltung verfügten im Jahr 1991 lediglich 15% der Personalabteilungen über flexible Strukturen. Über sämtliche Personengruppen und Länder hinweg bestand jedoch Einigkeit darüber, daß sich dieser Zustand ins genaue Gegenteil verkehren wird. Somit streben 74% eine flexible Struktur für die Zukunft an.

Die Kommunikation der Unternehmensziele, -probleme und -pläne wurden dabei von 85% der Befragten als die wichtigste Aktivität zur Erlangung von Wettbewerbsvorteilen im Jahr 2000 angesehen. Fast ebenso wichtig waren ein service-/qualitätsinduziertes Entlohnungssystem (82%), eine frühe Identifikation von potentiell wichtigen Mitarbeitern (82%) und ein Entlohnungssystem, das sich an den Kriterien Innovation, Kreativität und Produktivität orientiert (80%).

(c) Fazit

Als Resultat wird festgehalten, daß die vier Grundfunktionen
- Beschaffung und Entwicklung von Mitarbeiterpotentialen,
- Organisation und Einsatz der Fähigkeiten, die dem Unternehmen zur Verfügung stehen,

- Kommunikation und Motivation und
- Zielorientierte Entlohnung

so gestaltet werden müssen, daß sie das strategische Unternehmensziel unterstützen. Dies hat abgestimmt auf den Einzelfall unter Berücksichtigung der Kultur, der Vision, der Prioritäten und der Faktorbeschränkungen zu erfolgen. Eine allgemeingültige Lösung („Alle machen das Gleiche") würde das Ziel der Erringung von Wettbewerbsvorteilen nämlich von vornherein ad absurdum führen.

1.4.6 Konsequenz

Empirische Untersuchungen unterliegen immer einer Vielzahl von Restriktionen, vor allem hinsichtlich der Stichprobe und der jeweils aus forschungspragmatischer Sicht notwendigen Einschränkungen bei den Fragestellungen. Hinzu kommt, daß zumindest alle oben beschriebenen Studien lediglich zeitpunktbezogene Momentaufnahmen darstellen. Betrachtet man allerdings die verschiedenen Studien im Zeitablauf, so lassen sich zwei Erkenntnisse ableiten: Zum einen steigt der Umfang des Personalmanagements in qualitativer und quantitativer Hinsicht; zum anderen hängt der Umfang des betrieblichen Personalmanagements immer von der perzeptierten Notwendigkeit im Sinne des konkreten Problemdruckes ab. Der generelle Trend zu einem professionellen Personalmanagement ist somit überlagert von aktuellen Gegebenheiten.

1.5 Exkurs: Visionäres Personalmanagement

(a) Vision und Illusion

Komplexität und Dynamik der Umwelt sowie Wertewandel der Menschen sind mit Recht häufig genannte Kennzeichen der heutigen Zeit. Strategischen Plänen, heute entwickelt, fehlt oft morgen schon die nötige Aktualität. Der Ruf nach „Führung und Vision" ist die logische Konsequenz: Manager müssen Visionen entwickeln und sie an ihre Mitarbeiter kommunizieren. Dabei kommt dem Personalmanagement eine Schlüsselrolle zu. Denn letztlich sind es die Mitarbeiter des Unternehmens, die zum Ursprung und zum Träger von Visionen werden müssen.

Betrachtet man die in der Literatur verwendeten Begriffserläuterungen von Vision, so stößt man auf Aussagen wie

- geistige Bilder einer möglichen Zukunft,
- Wer wollen wir sein? Wo wollen wir hin?
- Bild einer gewollten Zukunft,
- gemeinsam geschaffenes positives Vorstellungsbild über einen zukünftigen Zustand, der sich selbst erfüllt,
- Idee, die ein Mensch als schöpferische Offenbarung erfährt.

Visionen beschäftigen sich also mit der Zukunft und haben einen richtungweisenden Charakter.

Im Gegensatz zu strategischen Zielen müssen sich Visionen dabei nicht auf den rationalen und unmittelbar erfaßbaren Bereich beschränken. Visionen können vielmehr durchaus die rationale Ebene verlassen, Ideale und Hoffnungen mit ins Spiel bringen, vor allem aber kreatives und teilweise nur intuitiv verstehbares Neuland beschreiten.

Diese Definition zeigt bereits sehr deutlich, daß „Visionen" durchaus zwiespältig gesehen werden: Sie sind geistige Bilder einer möglichen und vor allem einer gewollten Zukunft, die sich im günstigen Fall als gemeinsam geschaffenes positives Vorstellungsbild über einen zukünftigen Zustand selbst erfüllen. Gleichzeitig werden sie aber häufig in die Nähe der unrealistischen Utopie gerückt und mit dem Makel der trügerischen Illusion belegt, die eigentlich nur von der „richtigen" Arbeit abhält.

Betrachtet man klassische Visionäre wie *William Kellogs*, *Henry Ford* oder *Thomas Watson*, so haben sie alle ihre spezifische Leitidee gehabt. Ob Cornflakes, Autos oder Computer: Im Vordergrund stand jeweils eine spezifische und originelle Idee, die dann die Entwicklung des Unternehmens geprägt hat. Doch eine Vision muß, wenn sie ihren richtungweisenden Charakter entfalten soll, auch an die Mitarbeiter kommuniziert werden.

So zeichnen sich Visionäre immer auch durch die Fähigkeit aus, die Zukunft des Unternehmens in eine prägnante Grundaussage fassen zu können, diese den Mitarbeitern eindrucksvoll zu kommunizieren und sie (trotz anfänglicher Skepsis) für die Ideen zu begeistern. Ähnliches gilt für Gründerfiguren wie *Heinz Nixdorf*, der die elektronische Datenverarbeitung an den Menschen anpassen wollte und *Robert Bosch* mit seiner Vorstellung von der sozialen Partnerschaft: Auch sie hatten eine Grundidee für ihr Unternehmen, die sie in entsprechender Form umsetzen konnten.

Visionen können sich auf Produkte oder Herstellungsverfahren beziehen, genauso aber beispielsweise auf Motivationskonzepte oder auf Absatzmärkte. Aber immer geht es darum, den eigentlichen Kern der unternehmerischen Tätigkeit zu erfassen, meist in einem einzigen Satz zu komprimieren, diesen dann an Mitarbeiter sowie an Externe zu kommunizieren. Visionäres Management bedeutet daher nicht nur Entwicklung der Vision, sondern auch Kommunikation und Umsetzung der Vision.

Ein „Anforderungsprofil" für Visionen kann durch folgende Punkte gekennzeichnet sein (vgl. *Henzler* 1988, 21):
- Visionen müssen einen klaren Realitätsbezug haben; denn ein unerreichbares Wunschbild vermittelt nicht die angestrebte Orientierung, sondern stellt einen wirkungslosen Werbegag dar.
- Visionen stellen die persönliche Überzeugung eines Unternehmensmitglieds dar.
- Visionen sollen den bisherigen Zustand nachhaltig verbessern.
- Visionen müssen wirtschaftliche Erfolgspotentiale aufzeigen.

Anstöße zu Visionen stammen in der Regel von der Unternehmensspitze, vielfach von einzelnen Führungspersönlichkeiten (Beispiel: *Watson*). Sie können aber auch einem „gemeinsamen Bewußtsein" entspringen (Beispiel:

Audi). Unabhängig davon aber muß die Vision in den Köpfen aller Mitarbeiter verankert werden.

(b) Systemvision und Aktionsvision

Generell manifestieren sich Visionen in **zwei Formen**, die analog auch für das Personalmanagement gelten:

Die *(allgemeine) Systemvision* legt einen generellen Rahmen für das Personalmanagement fest. Sie braucht nicht zwingend nur und ausschließlich von der Personalabteilung entwickelt zu werden; es muß allerdings im Unternehmen Einigkeit darüber herrschen, was unter „Personalmanagement-System" zu verstehen ist und woraus dieses bestehen soll. Die allgemeine Systemvision trägt durchaus die Handschrift ihres jeweiligen „Initiators", der diesen Grundgedanken auch im Unternehmen entsprechend kommunizieren sollte.

Eine Grundlage derartiger Systemvisionen ist das dreidimensionale Personalmanagement-Konzept aus Abschnitt 1.3 mit seiner Systematisierung von Feldern, Ebenen und Ausrichtungen im Personalmanagement mit dem Postulat nach ihrer integrativen Verbindung. Dieses Konzept ist allerdings einzelfallspezifisch zu konkretisieren und in den Kontext des jeweiligen Unternehmens zu stellen, was besonders die globale Ausgestaltung der Managementfelder und der Strategieperspektive betrifft.

Neben der allgemeinen Systemvision (und als Konsequenz aus ihr) muß folglich auch eine Reihe von spezifischen *Aktionsvisionen* im Unternehmen existieren. Im betrieblichen Personalmanagement gibt es eine Fülle von Ansatzpunkten für derartige Aktionsvisionen. Einige **Beispiele** mögen die Bandbreite verdeutlichen:

(1) *Arbeitszeitregelungen* konkretisieren in der Systemvision das Managementfeld „Personaleinsatz". Der Hintergrund einer entsprechenden Aktionsvision liegt darin, den Mitarbeitern größtmöglichen Gestaltungsspielraum zu gewähren, damit sie sich ihre Arbeitszeit nach ihren persönlichen Zeitvorstellungen einteilen können. Solche Arbeitszeitvisionen könnten neben Gleitzeit-Systemen auch Angebote wie Sabbatical oder Erziehungsjahr mit Wiedereinstellungsgarantie umfassen.

(2) *Frauenförderungsprogramme* tragen der Idee Rechnung, daß Karriere und Selbstverwirklichung für alle Mitarbeiter gleichermaßen möglich sein sollte. Eine solche Vision würde Bürokratismen wie solche Frauenbeauftragte überflüssig machen, die ihre Aufgabe nur im Zählen von „männlichen" Substantiven in Firmentexten sehen. Visionäre Frauenförderung würde vielmehr im Sinne einer echten Gleichberechtigung und fairen Partnerschaft in den Köpfen aller ansetzen.

(3) *Flexible Organisationsstrukturen* können darin liegen, keine festgefügten Kompetenzgrenzen einzurichten, sondern jeden Mitarbeiter je nach Bedarf mit Projektverantwortung zu versehen. Solche Organisationsstrukturen sind für den Einsatz von Task-Force-Gruppen und vertikalen Zirkeln sehr geeignet. Sie erlauben flexible, sich überlappende Gruppen je nach Projektstruktur im Unternehmen.

(4) *Weiterbildungsprogramme* können unterschiedlichen Visionen Rechnung tragen, so etwa dem Grundsatz „gleiches Recht für alle“ oder aber der strikt leistungsbezogenen Weiterbildung. Die Konsequenzen solcher Visionen betreffen dann Selektionsmechanismen genauso wie die Durchführungsform der Weiterbildung.
(5) *Ethik als Managementgrundlage*, die für sich schon eine Basic Mission im Unternehmen präjudizieren kann, beruht auf der Vision, daß ökonomische Effizienz als Grundlage für unternehmerisches Handeln alleine nicht (mehr) ausreicht. Dies bedeutet vor allem eine Abkehr vom strikten Wachstumsgedanken und eine Hinwendung zur Harmonie mit der Umwelt.
(6) *Beruf und Freizeit* haben im Zuge des in Kapitel 1.2.1.1 diskutierten Wertewandels einen völlig neuen Stellenwert in unserer Gesellschaft erhalten und verlangen nach einem neuen Ausgleich. Hierzu reicht es nicht aus, lediglich über neue Arbeitszeitmodelle nachzudenken, vielmehr ist grundsätzlich das Verhältnis zwischen Beruf und Freizeit neu zu definieren.
(7) *Unternehmenskulturorientierte* Personalführung basiert auf der Systemvision der Verhaltensorientierung im Personalmanagement. Denn klare kulturelle Grundaussagen übernehmen implizit durchaus wirksame Führungsfunktionen. Umgekehrt bringt eine bewußt auf die Unternehmenskultur ausgerichtete Personalführung den Mitarbeitern die kulturellen Grundannahmen des Unternehmens näher, wodurch eine wichtige Verstärkungsfunktion realisiert werden kann.

Bewußt wurde hier auf die Nennung von exotischeren (und utopieverdächtigen) Visionen verzichtet: Sie lassen sich in der Regel nur in bestimmten Unternehmen entwickeln und sind zunächst auch nur in diesem spezifischen Umfeld verständlich. Trotzdem ist die große Bandbreite von und für Aktionsvisionen offensichtlich.

Fertige „Muster-Visionen“, die nur noch dupliziert werden müssen, kann es jedoch nicht geben. Hier ist die Kreativität und der Geist von Unternehmen und Unternehmerpersönlichkeiten selbst gefragt.

(c) Entwicklung von Visionen

Ausgangsbasis für die Entwicklung von Visionen ist das vielzitierte „positive Denken“. Dies setzt aber auch ein Umfeld voraus, in dem man gedanklich das Entstehen von Visionen zuläßt. Umgekehrt verhindern kollektive Wahnvorstellungen wie der Abkopplungswahn und der Verfolgungswahn das Entstehen von sinnvoll nutzbaren Visionen. Neurosen wie der Großartigkeitswahn können dagegen – in Grenzen und bezogen auf einige wenige Individuen – durchaus den Prozeß der Visionsfindung fördern. In jedem Fall aber bedeuten Entstehung und Vermittlung von Visionen immer gleichzeitig auch Schaffung von (positiven) „shared fantasies“ (vgl. Kapitel 6.4.4.2).

Visionen basieren auf Intuitionen, lassen sich somit auch nicht über ein simples Erfolgsrezept generieren. Ausgehend von „erfolgreichen“ Prozessen der Visionsfindung, lassen sich aber einige grundsätzliche Postulate aufstellen:

- Anders als beim Brainstorming ist das Schaffen einer Vision ein meist intrapersoneller Prozeß, bezogen auf eine einzige Person. Oft geht es daher primär darum, sich der unbewußten Visionen im Kopf bewußt zu werden und einen Prozeß der Visionsfilterung und -kanalisierung einzuleiten.
- Dazu ist zunächst eine Startphase der innerlichen Ruhe erforderlich. Visionen entstehen nicht in einem Umfeld der operativen Hektik. Die Bandbreite der Mechanismen zur Schaffung einer solchen innerlichen Ruhe reicht vom psychologischen Entspannungstraining bis hin zum Aktivurlaub.
- Dann muß man sich der eigenen Grundwerte bewußt werden. Dies kann der Respekt vor dem Menschen, die Verantwortung für die Umwelt oder aber die Überzeugung „work must be fun" sein.
- Hilfreich ist auch die Suche nach Analogien und bildhafter Umsetzung. Dies fördert nicht nur das Generieren von Visionen; es fördert auch Emotionen und Aktionen bei der anschließenden Visionsumsetzung.
- Besonders wichtig ist auch, daß bei Entstehung und Vermittlung der Vision bewußt die Frage nach dem „wie?" ausgeklammert wird, um nicht ein frühzeitiges Zerreden der Vision zu verhindern.

Übertragen auf den Personalbereich ergibt sich die Notwendigkeit, aus dem Gestrüpp der Personalverwaltung auszubrechen und die Suche nach Visionen auf eine breitere Basis zu stellen. Auch wenn Visionen oft eher personenbezogen entstehen, läßt sich doch eine größere und möglichst heterogene Gruppe zusammenstellen, die dann entweder eine Systemvision in Aktionsvisionen umsetzt oder aber aus vielen Teilfacetten eine einzige Vision selektiert beziehungsweise zusammensetzt.

Die Umsetzung einer solchen Vision ist durch ein straffes Projektmanagement möglich. Oft steht zwischen dem Wunsch, ein fortschrittliches Personalmanagement-System (gemäß der oben skizzierten Systemvision) einzuführen und ihrer tatsächlichen Realisierung eine Flut von aktuellen Tagesnotwendigkeiten, die die Umsetzung einer solchen Maßnahme verhindern.

1.6 Resümee und Vorschau

Personalmanagement ist trotz aller Faszination nicht Selbstzweck: Es ergibt sich vielmehr als Konsequenz aus konkreten **Herausforderungen**, die vom Markt, vom Unternehmen selbst und von seinen Mitarbeitern ausgehen. Dies führt auch dazu, daß sich das Personalmanagement als Funktion nicht nur auf die Personalabteilung bezieht, sondern auch und gerade in Managementaktivitäten der Fachabteilungen einzugehen hat. Grundlage dafür sind **Postulate**, die als Meßlatte zur Realisation des Personalmanagements dienen können: Neben der Professionalisierung und der Akzeptanzsicherung sind dies vor allem die Postulate nach Individualisierung und Flexibilisierung.

Vor allem das Professionalisierungspostulat mündet in eine inhaltliche Verbreiterung des betrieblichen Personalmanagements. Hierzu dient die

Grundmethodik des betrieblichen Personalmanagements mit ihrer Differenzierung in die acht Personalmanagementfelder
- Personalbestandsanalyse,
- Personalbedarfsbestimmung,
- Personalbeschaffung,
- Personalfreisetzung,
- Personalentwicklung,
- Personaleinsatz,
- Personalführung sowie
- Personalkostenmanagement.

Die Managementfelder sind auf
- operativer,
- taktischer und
- strategischer Ebene zu betrachten.

Die Zahl der möglichen Permutationen dieser beiden Dimensionen gibt einen ersten Eindruck von der Fülle der Fragestellungen, die mit der Gestaltungs-, Führungs- und Planungsfunktion im Personalbereich zu beantworten sind. Die dritte Dimension eines umfassenden Personalmanagements bildet schließlich die verhaltens- und die informationsorientierte Ausrichtung.

Hinzu kommen die drei **Integrationsfelder**
- Personalmarketing
- Personalcontrolling und
- Personalinformationsmanagement.

		Charakterisierung	Personalmanagementebenen			Exkurs	Resümee u. Vorschau	Testfragen	Praxisbeispiel
			operativ	taktisch	strategisch				
Personalmanagementfelder	Personalbestandsanalyse	2.1	2.2	2.3	2.4	2.5	2.6	2.7	
	Personalbedarfsbestimmung	3.1	3.2	3.3	3.4	3.5	3.6	3.7	3.8
	Personalveränderung: Personalbeschaffung, Personalentwicklung, Personalfreisetzung	4.1	4.2	4.3	4.4	4.5	4.6	4.7	
	Personaleinsatz	5.1	5.2	5.3	5.4	5.5	5.6	5.7	5.8
	Personalführung	6.1	6.2	6.3	6.4	6.5	6.6	6.7	6.8
	Personalkostenmanagement	7.1	7.2	7.3	7.4	7.5	7.6	7.7	
Integrationsfelder		8.1	Personalmarketing 8.2 Personalcontrolling 8.3 Personalinformationsmanagement 8.4			8.5	8.6	8.7	8.8
Internationales Personalmanagement		9.1	Rahmenbedingungen 9.2 Internationalisierungsstrategien 9.3 Feldspezifische Umsetzung 9.4			9.5	9.6	9.7	

Abbildung 1.36: Gliederungslogik für die Kapitel 2 bis 8

Die **Gliederung** der nachfolgenden Kapitel orientiert sich auf der ersten Gliederungsstufe an den oben skizzierten Managementfeldern, auf der zweiten Gliederungsstufe an den Managementebenen (Abbildung 1.36). Vorgelagert ist jeweils eine kurze Charakterisierung, nachgelagert eine Zusammenfassung, gefolgt von einem methodischen oder empirischen Exkurs.

Hinzuweisen ist auch auf die methodische Unterstützung im Bereich des betrieblichen Personalmanagements: Die zur Verfügung stehenden Verfahren eignen sich im Regelfall zur Beantwortung unterschiedlichster Fragestellungen. Zur Vermeidung inhaltlicher Redundanzen werden die Verfahren jeweils nur einmal und meistens beim ersten Ansprechen näher erläutert.

1.7 Testfragen

(1) Suchen Sie konkrete Beispiele für die Inhalte der Personalmanagementfelder. Auf welchen Feldern sehen Sie methodisch die größten Probleme?
(2) Konkretisieren Sie die Beziehungen zwischen den verschiedenen Managementfeldern inhaltlich. Welche Beziehungen erscheinen Ihnen besonders wichtig?
(3) Erläutern Sie die Differenzierung zwischen operativem, taktischem und strategischem Management an Beispielen, die nicht aus dem Personalbereich stammen!
(4) Die acht Managementfelder und die drei Managementebenen führen zu 24 Matrixzellen. Welche dieser Zellen halten Sie für besonders wichtig, welche für weniger wichtig? Welche dieser Zellen sind Ihrer Meinung nach in der Praxis besonders stark ausgeprägt?
(5) Nach *Churchman* und *Schainblatt* gibt es für den Interaktionsprozeß zwischen Forscher und Anwender die vier in Übersicht 1.36 dargestellten Alternativen. Wie stellen sich diese Varianten im Personalbereich dar?

	Der Forscher versteht den Praktiker.	Der Forscher versteht den Praktiker nicht.
Der Praktiker versteht den Forscher.	„Mutual Understanding"	Kommunikation
Der Praktiker versteht den Forscher nicht.	Überredung	„Separate-Function"

Übersicht 1.36: Interaktionsalternativen zwischen Forscher und Praktiker (nach *Churchman/Schainblatt* 1965, B70)

(6) Entwerfen Sie anhand von Stellenanzeigen der letzten Samstagszeitung ein Anforderungsprofil für Tätigkeiten im Personalbereich. Prüfen Sie auch, welche Kenntnisse aus dem Bereich Personalplanung – Führung – Verwaltung für den Linienmanager wichtig sind.

(7) Erläutern Sie die unterschiedlichen Aussagen von „Reliabilität" und „Validität" anhand der Beurteilungsvariable „Examensnote".
(8) Für fünf Unternehmen ist jeweils der Prozentsatz der Mitarbeiter bekannt, von denen Fähigkeitsprofile verliegen. Dies sind A (=30%), B (=50%), C (=50%), D (=70%) und E (=35%). Wie lautet der PRISMA-Index für Unternehmen C und wie ändert er sich, wenn erst Unternehmen F mit 60% und dann Unternehmen G mit 80% in die Datenbasis aufgenommen werden?
(9) Unter welchen Umständen könnte selbst ein Unternehmen mit 5000 Beschäftigten vollkommen auf die Personalabteilung verzichten und gerade dadurch seinen Wettbewerbsvorsprung aufbauen?
(10) Welche Konfliktlösungsmöglichkeiten sieht das Betriebsverfassungsgesetz vor, falls Betriebsrat und Arbeitgeber keine Übereinstimmung erzielen können? Welche Sanktionen nennt das Gesetz bei Mitbestimmungsverstößen?

1.8 Praxisbeispiel: BMW

Bereits Anfang der 80er Jahre befaßte sich BMW mit der systematischen Analyse der Veränderung von internen und externen Rahmenbedingungen, um auf ihrer Basis zukunftsorientierte Personalarbeit zu gestalten. Dabei stand zunächst der gesellschaftliche Wandel im Vordergrund der Betrachtung. Damals entstand bei BMW der Gedanke, zur Gestaltung der Personalpolitik den gesellschaftlichen Wertewandel als theoretisches Gerüst für alle personalpolitischen Überlegungen heranzuziehen. Die Werteveränderungen im gesellschaftlichen Umfeld bildeten eine wichtige Grundlage der langfristigen personalpolitischen Strategien. Als Ergebnis wurde 1983 bei BMW mit der „Werteorientierten Personalpolitik" ein Konzept verabschiedet, das die gesellschaftlichen Werte und Werteveränderungen bei der Gestaltung personalpolitischer Grundsatzfragen berücksichtigte.

Zu diesem Zweck hat BMW das gesellschaftliche Wertespektrum einschließlich entsprechender Prozesse der Werteveränderung analysiert und auf 16 Grundwerte komprimiert, die für die Gestaltung der betrieblichen Personalarbeit als relevant angesehen wurden.

Definiertes Ziel war, sich mit diesem personalpolitischen Konzept dem Wertespektrum der Mitarbeiter anzunähern, um so eine stärkere Identifikation zwischen Mitarbeiter und Unternehmen sowie eine höhere Motivation zu erreichen. Es enstand ein umfassendes personalpolitisches Instrumentarium. Beispiele für die praktische Umsetzung der „Werteorientierten Personalpolitik" sind:

- neue Medien der Mitarbeiterinformation (für den zugrundeliegenden Wert „Information und Kommunikation"),
- neue leistungsbezogene Entgeltsysteme auf allen Ebenen (für „Leistung und Gegenleistung"),
- Gestaltung der Arbeitsstrukturen (für „Selbstverwirklichung in der Arbeit"),

- Aufwärtsbeurteilung und Handlungsmaxime (für „Orientierung des Verhaltens an ethischen Zielen"),
- neue Arbeitszeitregelungen, wie das Regensburger Modell (für „Selbständigkeit und Individualität").

Der Vorteil dieses systematischen Ansatzes war es, daß die personalpolitischen Ziele/Maßnahmen von BMW vor dem Hintergrund der erstmals explizit formulierten Werte und des Wertewandels überprüft beziehungweise neu gestaltet wurden.

Dieser Ansatz, Grundsätze für die künftige Personalpolitik abzuleiten, wurde zwischenzeitlich weiterentwickelt, denn angesichts der zukünftigen Aufgaben des Personalwesens und der zu ihrer Bewältigung notwendigen Instrumente ist eine starke Orientierung an Werten nicht ausreichend. Es mußte vielmehr herausgefunden werden, wie sich die wichtigsten internen und externen Rahmenbedingungen des Personalwesens in Zukunft entwickeln werden. Dabei ist der soziale Wandel (und damit auch der Wertewandel) nur *eine* von vielen Einflußgrößen auf das Personalwesen. Zudem sind diese Größen keineswegs voneinander unabhängig, sondern durch zahlreiche Wechselwirkungen miteinander verbunden.

In diesem Sinne hat BMW 1990 seine personalpolitische Gesamtstrategie mit Hilfe der Szenariotechnik überprüft und weiterentwickelt. Durch Anwendung der Szenariotechnik erfolgte der Übergang von einer eindimensionalen zu einer mehrdimensionalen Betrachtungsweise.

BMW folgte bei der Erarbeitung der Szenarien zwei zentralen Grundsätzen: Zum einen wurden die unterschiedlichsten Ressorts des Unternehmens eingebunden, um die Personalarbeit mit den übrigen Unternehmensbereichen weitestmöglich zu verknüpfen und eine isolierte Betrachtung aus Sicht des Personalwesens zu vermeiden. Zum anderen erfolgte eine Unterstützung durch Externe, um hinsichtlich exogener Faktoren wie Wertedynamik oder demographische Entwicklung die erarbeiteten Ergebnisse mit Hilfe von Expertenurteilen zu validieren.

Die BMW Szenario-Analyse, deren Durchführung auf ein Jahr angesetzt worden war, umfaßte fünf Schritte.

Schritt 1: Das Projekt begann mit der Evaluierung der wesentlichen **zukünftigen Einflußfaktoren** auf die Personalarbeit durch eine ressortübergreifende Kleingruppe. Hier wurde dem Grundsatz der unternehmensweiten Einbindung des Personalmanagements Rechnung getragen. Als Ergebnis kristallisierten sich neun Faktoren heraus, die man für die Entwicklung der Personalarbeit im Unternehmen als besonders ausschlaggebend erachtete (vgl. Abbildung 1.37).

Schritt 2: Mit den neun Einflußfaktoren beschäftigte sich nachfolgend jeweils eine Arbeitsgruppe. Insgesamt 54 Mitarbeiter von BMW waren zu diesem Zeitpunkt in den neun Arbeitsgruppen aktiv. Jede dieser Arbeitsgruppen erarbeitete im Rahmen mehrerer Sitzungen, auf die sich die einzelnen Teammitglieder jeweils intensiv vorzubereiten hatten, zu jeweils einem Einflußfeld ein **Teilszenario** mit Hilfe geschulter Moderatoren.

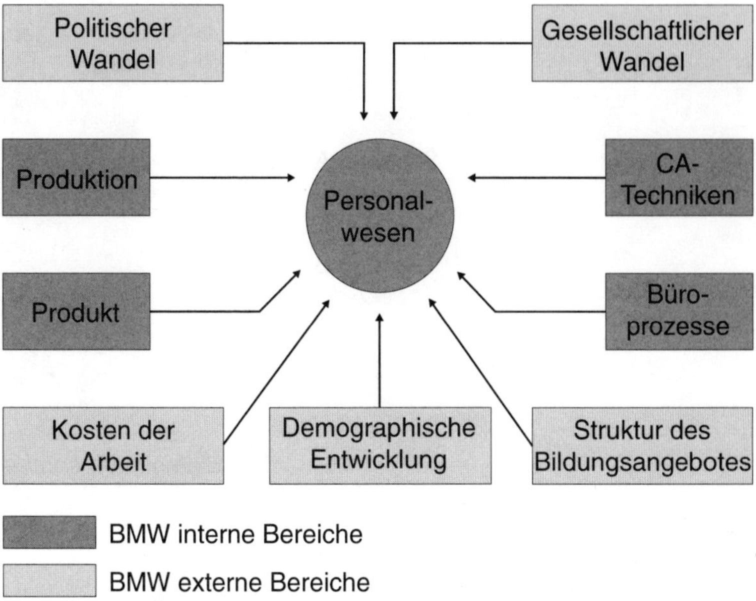

Abbildung 1.37: Einflußbereiche auf das Personalwesen

Schritt 3: Im Rahmen eines zweitägigen Workshops wurden die einzelnen Teilszenarien zu einem Gesamtszenario vernetzt. Die Konsensbildung erfolgte durch die Gruppensprecher der einzelnen Arbeitsgruppen, die wiederum von Moderatoren in der Diskussion angeleitet wurden. Als Ergebnis wurden zwei Szenarien präsentiert, die die möglichen zukünftigen Entwicklungen präzisierten. Eines der Szenarien wurde als **wahrscheinliches Szenario** (Szenario A) den weiteren Aktivitäten zugrunde gelegt. Das zweite **Alternativszenario** (Szenario B) sollte als „Schubladenplan" den Rahmen für mögliche kontingenzaktive Handlungen bilden (vgl. Abbildung 1.38).

Schritt 4: In Anlehnung an das gebildete wahrscheinliche Szenario A wurden in einer Projektkleingruppe sechs **Schlüsselthemen** herausgearbeitet. Sie fungierten als informatorischer Input für die Formulierung einer gesamthaften Personalstrategie. Zu den Schlüsselthemen wurden jeweils Thesen (vgl. Übersicht 1.37) gebildet. Sie strukturierten wesentliche Ziele für die Personalarbeit des Unternehmens für die nächsten zehn Jahre. Somit wurden zentrale Themen der Personalarbeit aus der Szenario-Analyse gewonnen: Einflußbereiche waren evaluiert worden, das wahrscheinlichste Szenario ergab sich aus der möglichen Entwicklung dieser Einflußbereiche und die Schlüsselthemen – in Form von zieldefinierenden Thesen formuliert – wurden aus dem Szenario entwickelt.

Schritt 5: Die hinter den Schlüsselthemen stehenden Prognosen wurden wiederum mit der Beteiligung aller zuvor involvierten Ressorts in drei

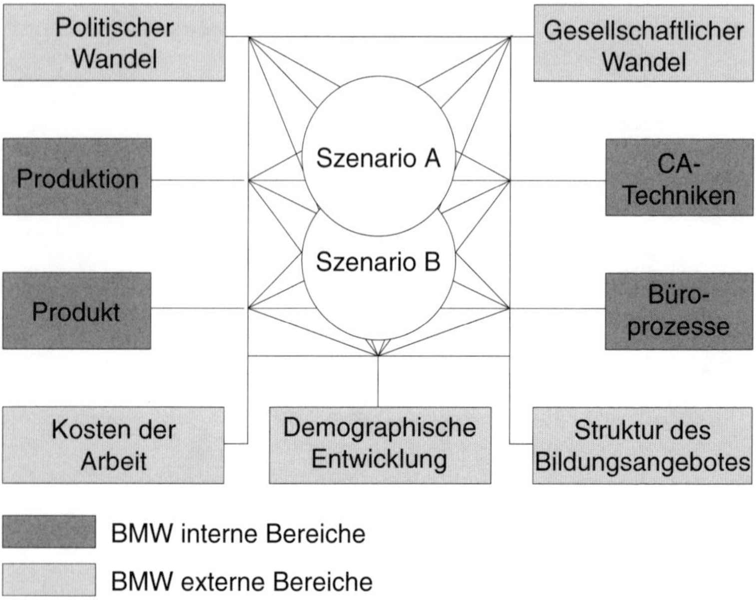

Abbildung 1.38: Resultat der Vernetzung

These 1: Der qualifizierte Mitarbeiter wird zum selbstbewußten Unternehmer seiner eigenen Arbeitskraft!
These 2: Der eigentliche Schlüssel für Effizienz und Produktivität liegt in der Unternehmens- und Führungskultur!
These 3: Qualifizierung wird zum erfolgsrelevanten Faktor für das Unternehmen und den einzelnen Mitarbeiter!
These 4: Die Zeit revolutionärer technologischer Veränderungen in der Produktion ist vorbei, die Zukunft ist von evolutionärer Weiterentwicklung der Arbeits- und Organisationsstruktur geprägt!
These 5: Der ältere Mitarbeiter wird zu einer zentralen Herausforderung für die Personalarbeit!
These 6: Die Attraktivität von BMW als Arbeitgeber hängt immer mehr auch von einer Vorreiterrolle auf dem Gebiet ökologieorientierter Innovationen innerhalb der Automobilindustrie ab!

Übersicht 1.37: Zentrale Thesen aus dem BMW-Szenario 2000

Workshops für die einzelnen Personalfelder konkretisiert. Diese **Konkretisierung** soll eine Umsetzung der zuvor formulierten Thesen unterstützen. Zur Ableitung der konkreten Aktivitäten wurde jede These sowie die mit ihr verbundenen Entwicklungen über sämtliche relevanten Personalfelder geprüft. Die hieraus entstehenden Matrixzellen zeigten Umsetzungsvorschläge für jedes Feld (vgl. Abbildung 1.39). Vor Realisierung einzelner Maßnahmen mußte allerdings jeweils noch deren Vereinbarkeit mit übergeordneten

Szenario-Ergebnisse / Personalpolitische Handlungsfelder	These 1 'Der qualifizierte Mitarbeiter ....'	These 2 'Der eigentliche Schlüssel für ....'	These 3 'Qualifizierung wird zum ....'
Personalbedarfsplanung	Längerfristige Personalbedarfsprognosen primär nach Qualitäten, nicht nach Quantität		
Personalbeschaffung	Langfristige Arbeitsmarktanalyse stärker nach Qualifikationen/Regionen differenzieren		Bei der Personalbeschaffung auf eine ausgewogene Mischung zwischen Generalisten und Spezialisten achten
Personalentwicklung		Verstärkung von OE-haften Technikeinführungs-/Organisations-Prozessen (Mitarbeiter als Mitgestalter)	
Personalführung			

Abbildung 1.39: Konkretisierungsmatrix

unternehmenspolitischen Zielsetzungen überprüft werden, da das Szenario im wesentlichen unter personalpolitischen Aspekten erstellt wurde.

Die Inhalte des Szenarios, auf dessen Basis konkrete Maßnahmen formuliert wurden, werden in den nächsten Jahren in regelmäßigen Abständen auf ihre Realitätsnähe überprüft. So kann evaluiert werden, welche der prognostizierten Entwicklungen eingetroffen sind. Gegebenenfalls können dann – als Antwort auf sich ändernde Rahmenbedingungen – Anpassungen der konkreten Maßnahmen in den Personalfeldern vorgenommen werden. Durch diese Kontrolle ist ein **Frühwarnsystem** installiert, das BMW vor Überraschungen hinsichtlich möglicher personalpolitisch relevanter Umweltveränderungen schützen soll. Inhalt und Umsetzung der Schlüsselthemen sollen im folgenden an drei Beispielen in geraffter Form aufgezeigt werden:

(a) Der Mitarbeiter der Zukunft

Die Kernaussage dieses Schlüsselthemas wurde in der **These** „Der qualifizierte Mitarbeiter wird zum selbstbewußten Unternehmer seiner eigenen Arbeitskraft“ konkretisiert. Dabei stand die Erkenntnis im Hintergrund, daß die Mitarbeiter in den kommenden Jahren immer mehr zum strategischen Erfolgsfaktor des Unternehmens werden.

Diese These basierte auf zentralen Ergebnissen des Szenarios, beispielsweise:

- Zunächst wird von einem *verstärkten Wettbewerb um qualifizierte Mitarbeiter* ausgegangen. Diese Wettbewerbssituation wird ausgelöst durch die sich in den 90er Jahren belebende Konjunktur aufgrund des wirtschaftlichen Aufschwungs durch die Schaffung des gemeinsamen Binnenmarktes (EG '92) sowie durch die verstärkte wirtschaftliche Öffnung der Länder Osteuropas.
- Weiterhin erfordert die *Technologiedynamik* im Bereich der Technikentwicklung in den Produkten, in der Produktion und im Büro (z. B. in Form von team- beziehungsweise projektorientierten Arbeitsformen) ständig strukturelle Anpassungsprozesse und führt damit immer wieder zu neuen Anforderungsprofilen im Hinblick auf die Qualifikation der Mitarbeiter.
- Gleichzeitig wird von einem *abnehmenden Angebot* qualifizierter Mitarbeiter für die Automobilindustrie ausgegangen, da sich das Studienwahlverhalten künftig weniger an den Arbeitsmarktchancen, als vielmehr an den persönlichen Vorstellungen orientiert.
- Zudem wird ein *Einstellungswandel* konstatiert, der zu steigenden Ansprüchen von Mitarbeitern und Bewerbern hinsichtlich ihrer Arbeitsinhalte und -bedingungen führt. Dies ist beispielsweise in der Abkehr von materiellen hin zu sinnhaften Werten begründet. Ökologische und ethische Fragestellungen gewinnen an Bedeutung. Überdies wird die Lebensplanung mehr und mehr an individuellen Bedürfnissen ausgerichtet. Dies alles schlägt sich darin nieder, daß sich Mitarbeiter künftig ihren Arbeitgeber sehr viel kritischer und mit klareren Vorstellungen über Arbeitsinhalte und Arbeitsbedingungen aussuchen werden.

Die konkrete **Umsetzung** auf den einzelnen Personalmanagementfeldern betraf sowohl die externe als auch die interne Sphäre des Unternehmens: BMW-intern erfährt die Personalplanung eine verstärkte Einbindung in die Planung anderer Ressorts, um proaktives Verhalten zu ermöglichen. Die personalwirtschaftlichen Rahmenbedingungen (z. B. Arbeitszeit, Entgelt) werden stärker flexibilisiert, um künftig besser auf individuelle Vorstellungen der Mitarbeiter eingehen zu können. Darüber hinaus soll der Mitarbeiter letztlich stärker an der Gestaltung der eigenen Arbeit, der Organisation etc. beteiligt werden.

In externen Bereichen werden Personalbeschaffungsaktivitäten (z. B. bezüglich Zielgruppen und Regionen) frühzeitiger und gezielter durchgeführt. Vor allem Aktionen wie Messebeteiligungen, Hochschulpräsentationen, Praktikantenprogramme werden verstärkt.

(b) Die Rolle der Unternehmens- und Führungskultur

Die dazugehörige **These** „Der eigentliche Schlüssel für Effizienz und Produktivität liegt in der Unternehmens- und Führungskultur" macht die besondere Bedeutung dieses Themas für den Unternehmenserfolg deutlich. So hat der künftige Mitarbeiter anspruchsvollere Erwartungen an die Arbeit, was unter anderem ein zunehmend motivations- und leistungsförderliches Klima im Unternehmen bedingt.

Diese These begründet sich aus dem Szenario unter anderem wie folgt:

- Zunächst wirkt der bereits unter These 1 beschriebene *Einstellungswandel* der Mitarbeiter und beinhaltet die Notwendigkeit einer entsprechenden Unternehmens- und Führungskultur.
- Gleichzeitig werden zunehmend *neue Arbeits- und Organisationsformen* eingeführt, für die Kommunikation und Kooperation grundlegende Voraussetzungen sind. Eine reibungslose Zusammenarbeit ist aber nur möglich, wenn Abteilungsegoismen, Profilierungsbestrebungen einzelner Mitarbeiter und ähnliche Charakteristika kooperationshemmender Unternehmenskulturen vermieden werden.
- Außerdem wird davon ausgegangen, daß in den nächsten Jahren *Expertenwissen und Informationsflut* weiter stark zunehmen, so daß Gesamtlösungen nur noch durch offene, konstruktive Zusammenarbeit der einzelnen Experten möglich sind.

Als **Maßnahmen** zur Zielerreichung wurden unter anderem Beurteilungsmaßstäbe für die Auswahl neuer Mitarbeiter entwickelt, die der gewünschten Unternehmens- und Führungskultur entsprechen, und insbesondere wurde auf Kompetenzen für verstärkte Teamarbeit geachtet. Als organisatorische Voraussetzung erkannte man vor allem die Notwendigkeit, hierarchische Strukturen zu reduzieren und verstärkt im Bereich der Organisationsentwicklung zu fördern.

(c) Ökologie und Arbeitgeberimage

Die **These**, die hierzu formuliert wurde, brachte zum Ausdruck, daß die Attraktivität von BMW als Arbeitgeber immer mehr auch von der Vorreiterrolle auf dem Gebiet ökologieorientierter Innovationen innerhalb der Automobilindustrie abhängt. Dabei wird davon ausgegangen, daß die zunehmende Sensibilisierung für Ökologie und Umwelt in der Öffentlichkeit Bewerber immer stärker dazu veranlassen wird, potentielle Arbeitgeber danach zu beurteilen, wie deren Image ist beziehungsweise wie diese ihre Verantwortung auf den angesprochenen Gebieten konkret wahrnehmen.

Begründet wurde diese These im Szenario unter anderem durch folgende Aussagen:

- Die Zunahme von *Umweltkatastrophen* (z.B. Waldsterben, Artensterben) sowie häufigere Berichterstattung über umweltbelastende Unfälle (z.B. Reaktor-, Chemieunfälle, Ölpest) und persönliche Erfahrungen im Alltag lassen die Betroffenheit und die Sensibilität für dieses Thema generell stark ansteigen.
- Gleichzeitig werden ökologische Gesichtspunkte vom Menschen immer kritischer hinterfragt, sowohl bezogen auf die *Umweltverträglichkeit* der im Unternehmen eingesetzten Techniken als auch auf die vom Unternehmen produzierten Produkte.
- Überdies nimmt die *Gesetzgebung* verstärkt Enfluß auf die Produktionsbedingungen, was die Bedeutung dieses Themas weiter unterstreicht.

Vor diesem Hintergrund muß BMW, um als Arbeitgeber attraktiv zu bleiben, verstärkt Themen aus dem Bereich Ökologie und Umweltschutz berücksichtigen, umsetzen und kommunizieren. Als konkrete Maßnahme sollen die Arbeitnehmer verstärkt für dieses Thema sensibilisiert werden. Darüber hinaus sollen bei Planung und Weiterentwicklung von Fertigungsstätten sowohl im Mikrobereich (Arbeitsplatz) als auch im Makrobereich (Werk) Umweltgesichtspunkte noch stärker beachtet werden. In analoger Form werden auch die übrigen Schlüsselthemen bearbeitet.

Die Umsetzung der einzelnen Szenario-Ergebnisse erfolgte auf verschiedenen Ebenen und in verschiedener Form: Zum einen flossen die Schwerpunkte in eine interne Vorstandsvorlage ein, die die künftigen Aufgabenfelder des Personalwesens bei BMW und einen darauf abgestimmten Maßnahmenplan zum Inhalt hatte. Zum anderen wurden eine Reihe von Präsentationen der Szenario-Ergebnisse im Unternehmen durchgeführt, um möglichst vielen Stellen bei BMW eine gemeinsame **Vision** über die zu erwartenden Entwicklungen zu vermitteln. Diese gemeinsam getragene Vorstellung über die Zukunft erscheint mittel- und langfristig mindestens so wichtig wie die einzelnen Maßnahmen, die kurzfristig umgesetzt wurden: Hierdurch wird sichergestellt, daß in einem Unternehmen in der Größenordnung von BMW die Entwicklung von Konzepten, Systemen und Instrumenten, die an den unterschiedlichsten Stellen im Unternehmen entstehen, von ihrer Philosophie und ihrer Wirkung her kongruent sind.

Als besondere Vorteile der Szenario-Analyse stellte sich bei BMW heraus, daß die Einbindung der Personalfunktion in die anderen Unternehmensbereiche durch die Wahl der Vorgehensweise bereits in hohem Maße realisiert werden konnte. Aber die Szenario-Analyse und ihre Umsetzung ist für BMW qualitativ deutlich mehr als ein effizienter, auf breiten Konsens angelegter Prozeß zur Gewinnung möglichst umfassender Erkenntnisse. Das Szenario-Projekt kennzeichnet auch entscheidende Veränderungen der Funktion „Personal- und Sozialwesen" und der Personalarbeit sowie eine veränderte Rolle des Personalbereichs.

Der entscheidende Begriff für diese veränderte Denkweise lautet „Kundenorientierung". Generell wird erwartet, daß künftig die Kunden der Produkt- und Dienstleistungen eines Unternehmens sehr viel stärker miteinbezogen werden. Es wird in hohem Maße darauf ankommen, in längerfristige Planungen kontinuierlich Kundenerwartungen und -bedürfnisse einfließen zu lassen und – wenn nötig – Pläne entsprechend anzupassen. Vor diesem Hintergrund wird Flexibilität in jeder Form und auf allen Ebenen zur entscheidenden Herausforderung der Unternehmen.

Auf die Personalarbeit angewendet heißt das, daß die Sammlung von Daten und Fakten, die sich zu Szenarien bündeln lassen, nur gemeinsam mit den „Kunden der Personalbereiche" möglich sein kann. In diesem Zusammenhang werden Informationsstrukturen geschaffen, die sicherstellen, daß die Personalarbeit sachgerecht und wirksam auf Entwicklungen in den verschiedenen Unternehmensbereichen („Kundenbereiche") eingeht.

Die Erfahrungen, die in diesem Prozeß gemacht wurden, müssen in den Umsetzungsprozeß einfließen: Dabei geht es zunächst darum, die Befunde des Szenarios in eine Beziehung zur (ihrerseits „kundenorientierten") Unternehmensstrategie zu setzen. Im Anschluß daran sind Umsetzungsaktivitäten zu planen und zu praktizieren, die die „Kunden des Personalbereichs" miteinbeziehen. Dadurch wandelt sich die Rolle des Personalbereichs von der Personalleitung zur „Personalentwicklungsberatung im kundenorientierten Szenario".

Insgesamt konnten mit Hilfe der Szenario-Ergebnisse bestehende personalpolitische Maßnahmen und Konzepte auf ihre Relevanz überprüft und gleichzeitig neue Schwerpunkte in der langfristigen Personalpolitik herausgearbeitet werden.

2 Personalbestandsanalyse

2.1 Charakterisierung

Personalbestandsanalyse bedeutet detaillierte Evaluierung des gegenwärtigen sowie des zukünftigen Personalbestands in quantitativer und qualitativer Hinsicht. Diese weitgefaßte Konzeption hat zwei Implikationen: Sie führt auf der **zeitlichen** Dimension über gegenwartsbezogene Fragestellungen hinaus und liefert Anhaltspunkte für die Entwicklung des Personalbestands in der Zukunft. Auf der **inhaltlichen** Dimension geht es zum einen um die zahlenmäßige Erfassung der Mitarbeiter (quantitativer Aspekt); zum anderen sind Mitarbeiter zu ermitteln, die eine spezifische Merkmalsausprägung oder eine bestimmte Kombination von Merkmalsausprägungen aufweisen (qualitativer Aspekt).

(a) Aufgabenstellung

Die Personalbestandsanalyse dient der **Entscheidungsvorbereitung** im Personalwesen. Die von ihr bereitgestellten Informationen sind die Basis für andere Managementfelder, weshalb ihr der Charakter eines informatorischen Rückgrates der Personalplanung zukommt: Aufgrund der Informationen über den derzeitigen Personalbestand und seine zu erwartende Entwicklung werden Maßnahmen zur **Personalveränderung** geprüft und gegebenenfalls durchgeführt. Das **Personalkostenmanagement** erhält Informationen, die – bei entsprechender Qualität – eine differenzierte Berechnung von derzeitigen sowie von zukünftigen Personalkosten ermöglichen.

Zu den anderen Personalmanagementfeldern bestehen ebenfalls – zum Teil wechselseitige – Informationsbeziehungen: So gibt es Querverbindungen zum **Personaleinsatzmanagement**, das auf der einen Seite Fähigkeitsdaten von Mitarbeitern für Besetzungsentscheidungen erhält, auf der anderen Seite Stellenbesetzungspläne und damit notwendige Informationen für die Eignungsprognosen liefert. Analoges gilt für die Beziehung zur **Personalentwicklung:** Die Personalbestandsanalyse zeigt den im Unternehmen vorhandenen Bildungsstand auf und erhält im Gegenzug Informationen über vorgesehene sowie durchgeführte Bildungsmaßnahmen; diese Informationen dienen ebenfalls als Prognosebasis.

Die Personalbestandsanalyse unterstützt darüber hinaus die betriebliche Entscheidungsfindung, indem sie Informationen für die **Rechnungslegung** im weitesten Sinne bereitstellt: Eine nach mehreren Merkmalen differenzierte Auflistung des Personalbestands bildet die Grundlage für eine Berechnung der traditionellen Kennziffern zur Belegschaftsstruktur, die im Sozialbericht der aktienrechtlichen Rechnungslegung oder in Public Relations-Broschüren Verwendung finden können. Daneben lassen sich die in der Personalbestandsanalyse gewonnenen Daten nach entsprechender Verdichtung zu einer **Humanvermögensrechnung** ausgestalten. Derartige Aggregationsansätze werden vor allem auf der strategischen Ebene durchgeführt.

(b) Skontrationsrechnung

Einen nutzbaren Ausgangspunkt für die Personalbestandsanalyse liefert die erweiterte **Skontrationsrechnung**: Sie wurde in ähnlicher Form bereits vor zwanzig Jahren von *Ulrich* und *Staerkle* in ihrem Lehrbuch (1965, 15) vorgeschlagen: Als **Bezugsbasis** für die Skontrationsrechnung dient je nach Differenzierungsgrad der Analyse
- die Belegschaft des Gesamtunternehmens,
- die Belegschaft eines Unternehmensteils (beispielsweise einer Abteilung) oder
- eine weitgehend homogene Gruppe von Mitarbeitern.

Für jede dieser Bezugsbasen erfolgt eine Berechnung entsprechend Übersicht 2.1, woraus sich dann die zentralen **Funktionen** der Personalbestimmung ableiten:
- Die *Diagnosefunktion* (A) besteht aus einer – entsprechend der jeweiligen Zielsetzung der Personalbestandsanalyse differenzierten – Ermittlung des gegenwärtigen Personalbestands.
- Die *Projektionsfunktion* (B) zielt auf eine Fortschreibung vom Status quo. Berücksichtigt werden dabei ausschließlich als gesichert einzustufende Informationen: Dies sind neben bereits feststehenden personellen Einzelmaßnahmen (Einstellungen, Entlassungen, Pensionierungen) auch statistisch bekannte Werte aus der Vergangenheit (wie Fluktuationsraten).
- Die *Handlungsfunktion* (C) der Personalbestandsplanung resultiert aus Differenzen zwischen Personalbestand und Personalbedarf, aber auch aus autonomen Überlegungen beispielsweise im Hinblick auf eine ausgegli-

(A)		**Gegenwärtiger** Bestand („Diagnosefunktion“)
(B)	–	Abgänge durch Pensionierungen und Todesfälle, Entlassungen und Kündigungen seitens der Arbeitnehmer, Beförderungen und Versetzungen
	+	Zugänge durch bereits feststehende Neueintritte, Übertritte aus Lehr- in Arbeitsverhältnisse, Beförderungen und Versetzungen
	=	**Projektierter** Bestand für den Zeitpunkt t („Projektionsfunktion“)
(C)	+	erforderliche (zu planende) personelle Veränderungen bis zum Zeitpunkt t
	=	**(Soll-)Planbestand** für den Zeitpunkt t („Handlungsfunktion“)
(D)	–	vermutlich nicht realisierbare personelle Veränderungen
	=	**Prognostizierter** Bestand für den Zeitpunkt t („Prognosefunktion“)

Übersicht 2.1: Skontrationsrechnung

chene Altersstruktur. In beiden Fällen wird das Personalveränderungsmanagement aktiviert.

- Die *Prognosefunktion* (D) berücksichtigt, daß sich nicht alle vorgesehenen Veränderungen auch tatsächlich realisieren lassen. Der Personalbedarf für den Zeitpunkt t entspricht daher nur selten dem Personalbestand zu diesem Zeitpunkt. Durch Rückkopplungsinformationen aus den Managementfeldern Beschaffung, Freisetzung und Entwicklung lassen sich diese „vermutlich nicht realisierbaren Veränderungen" abschätzen.

Das Analyseraster aus Übersicht 2.1 gilt grundsätzlich für alle **drei Ebenen** des Personalmanagements. Dies bedeutet, daß bei einer vollständigen Ausgestaltung dieses Managementfeldes die operative, taktische und strategische Ebene jeweils die Diagnose-, die Projektions-, die Handlungs- sowie die Prognosefunktion abdecken.

(c) Leistungspotential

Zentrales Erfassungsobjekt der Personalbestandsanalyse ist das aktuelle Leistungspotential der Belegschaft, das dem Unternehmen zur Zeit zur Verfügung steht: Es drückt aus, welche Leistungen die Mitarbeiter des Unternehmens bei entsprechenden Leistungsbedingungen und entsprechenden Anforderungen erbringen könnten.

Das **Leistungspotential** spiegelt die sachlichen Voraussetzungen der Leistungserbringung wider. Es gibt an, in welchem Ausmaß dem Mitarbeiter aufgrund seines Könnens und seines Wissens eine Leistungserstellung möglich ist. Das Leistungspotential hängt ab von grundlegenden (Persönlichkeits-)Eigenschaften des Mitarbeiters, seinen körperlichen und seinen geistigen Anlagen sowie von erworbenen Kenntnissen und gesammelten Erfahrungen (ähnlich *Hax* 1977, 85). Dabei ist zu unterscheiden zwischen dem eingesetzten und dem latenten Leistungspotential (vgl. *Gutenberg* 1983, 12–13):

- Das *eingesetzte* Leistungspotential bezieht sich auf Fähigkeiten, die der Mitarbeiter auf seiner gegenwärtigen Stelle zum gegenwärtigen Zeitpunkt verwendet.
- Beim *latenten* Leistungspotential als zur Zeit nicht eingesetztem Potential ist zu prüfen, inwieweit dieses sofort aktivierbar ist:
  - Der sofort einsetzbare Teil des latenten Leistungspotentials umfaßt solche Fähigkeiten, die der betrachtete Mitarbeiter zum Erhebungszeitpunkt zwar besitzt, die aber in der derzeitigen Stelle nicht oder nur in geringerem Umfang benötigt werden.
  - Nicht sofort einsetzbar sind dagegen diejenigen latenten Bestandteile des Leistungspotentials, die erst durch entsprechende Bildungsmaßnahmen realisierbar sind.

Eingesetztes und sofort einsetzbares Leistungspotential ergeben das **aktuelle Leistungspotential** des Mitarbeiters. Der nicht sofort einsetzbare Teil des individuellen Leistungspotentials stellt das **Entwicklungspotential** des Mitarbeiters dar, liegt aber erst nach entsprechenden Entwicklungsmaßnahmen in einer betrieblich nutzbaren Form vor. Der Beziehungszusammenhang zwischen den verschiedenen Teilaspekten des individuellen Leistungspotentials ergibt sich ausschließlich aufgrund von definitorischen Zusammenhängen. Er unterscheidet sich damit grundlegend von dem funktionalen Zusammenhang, der zur individuellen Leistung führt.

Die **individuelle Leistung** hängt ab vom aktuellen Leistungspotential (=Leistungsfähigkeit), der Leistungsbereitschaft, den Anforderungen sowie den Leistungsbedingungen (Abbildung 2.1):

- Das aktuelle Leistungspotential gemäß obiger Ableitung bildet die Obergrenze für die Leistungserstellung.
- Die Leistungsbereitschaft wird durch die grundlegenden Wertvorstellungen und Motive des Individuums bestimmt (Leistungswille), aber auch durch situationsspezifische Einflüsse wie Emotionen oder in Aussicht gestellte Belohnungen (Leistungsdisposition).
- Ob und inwieweit die vorhandene Leistungsfähigkeit und Leistungsbereitschaft beim Mitarbeiter tatsächlich zu einer betrieblich verwertbaren Leistung führen, hängt auch von den entsprechenden Anforderungen ab. Liegen die Anforderungen einer Stelle unter der Leistungsfähigkeit, so wird im Regelfall nur maximal der den Anforderungen entsprechende Teil der Leistungsfähigkeit in Leistung umgesetzt. Analoges gilt für den Fall, daß die Anforderungen weit über der Leistungsfähigkeit liegen und negative Motivationswirkungen zur Folge haben.
- Schließlich beeinflussen auch die Leistungsbedingungen die mögliche Umsetzung der Leistungsfähigkeit. So führt eine ergonomisch ungünstige Arbeitsplatzgestaltung zu ineffizienter Leistungserstellung und zur vorzeitigen Ermüdung.

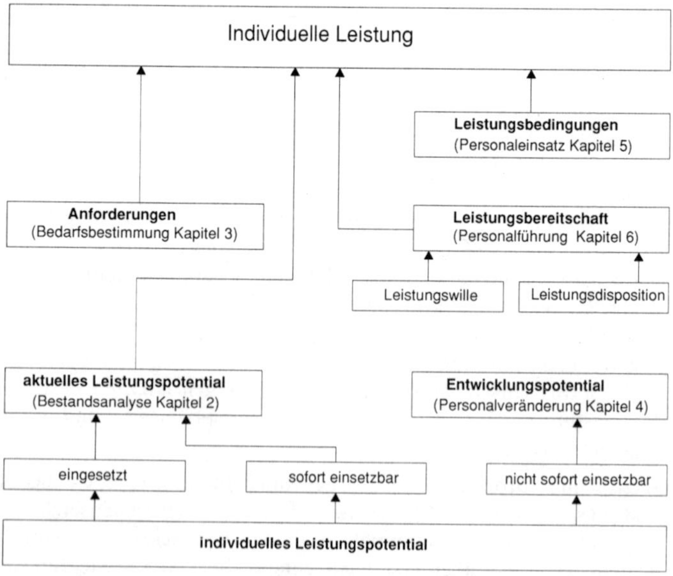

Abbildung 2.1: Bestimmungsfaktoren individueller Leistung

Die Zusammenhänge zwischen den verschiedenen Beeinflussungsfaktoren individueller Leistung soll abschließend ein **Beispiel** verdeutlichen: Hat eine Sekretärin ausgeprägt gute Fähigkeiten im Maschineschreiben, und wird diese Tätigkeit auch intensiv von ihr gefordert, so gehört „Maschineschreiben" zu ihrem eingesetzten Leistungspotential. Beherrscht sie darüber hinaus englische und deutsche Kurzschrift, obwohl beides bisher noch nicht von ihr verlangt wurde, so sind diese Fähigkeiten Teil vom latenten, jederzeit einsetzbaren Leistungspotential. Ihre individuelle Leistung im Maschineschreiben hängt schließlich nicht nur von ihrem aktuellen Leistungspotential ab, sondern auch von ihrer Leistungsbereitschaft. Nicht jede Fähigkeit der Sekretärin führt aber zu einer betrieblich genutzten Leistung: Voraussetzungen sind entsprechende Anforderungen und Arbeitsbedingungen: Dazu zählen die Ergonomie des Arbeitsplatzes (Tisch, Stuhl, Beleuchtung) und die (technische) Qualität der Hilfsmittel (vgl. Abschnitt 5.2). Am schwersten zu ermitteln ist das nicht sofort einsetzbare Leistungspotential: Hier ist zu prüfen, inwieweit eine nicht an EDV gewöhnte Sekretärin den Umgang mit computergestützten Textverarbeitungssystemen rasch erlernen könnte.

Aus dem in Abbildung 2.1 dargestellten Zusammenhang leiten sich die **Ansatzpunkte** der zu involvierenden Personalmanagementfelder ab: Die Personalbestandsanalyse konzentriert sich auf das aktuelle Leistungspotential. Erhebung und Beeinflussung der Leistungsbereitschaft gehören in den Bereich der Personalführung. Die Personalbedarfsbestimmung befaßt sich mit den Anforderungen, die sich aus der jeweils vom Mitarbeiter zu besetzenden Stelle ergeben. Auf die Gestaltung der Leistungsbedingungen wird im Zusammenhang mit dem Personaleinsatz eingegangen. Der Bestimmung und gegebenenfalls dem Ausschöpfen des Entwicklungspotentials schließlich dient das Personalentwicklungsmanagement.

2.2 Operative Ebene: Fähigkeitsprofil

2.2.1 Überblick

Die Personalbestandsanalyse auf der operativen Ebene erfolgt immer individuumsbezogen und sieht deshalb den einzelnen Mitarbeiter als Analyseobjekt. Aus diesem Grund verläuft die Personalbestandsanalyse auf der operativen Ebene ausschließlich **qualitativ**: Sie ermittelt, welche Merkmale ein konkret in einer Abteilung beschäftigter Mitarbeiter aufweist.

Die Personalbestandsanalyse orientiert sich am aktuellen Leistungspotential des Mitarbeiters und drückt dieses im sogenannten **Fähigkeitsprofil** aus. Das Fähigkeitsprofil, oder synonym der „Fähigkeitsvektor" (*Rumpf* 1981), besteht aus **Fähigkeitsmerkmalen**. Für jedes der Merkmale wird die Merkmalsausprägung erhoben. Verbindet man die Ausprägungen der einzelnen Merkmale durch Linien, so entsteht optisch ein „Profil". Diese Darstellungsform ist allerdings – unabhängig von ihrer visuellen Ausdruckskraft

– streng genommen mathematisch nicht korrekt, da die horizontale Achse einzelne Merkmale, aber keine stetige Größe enthält.

Probleme bringt der Versuch mit sich, die im Einzelfall relevanten Merkmale und im Anschluß daran die entsprechenden Merkmalsausprägungen zu bestimmen. Neben den „theoretisch sauberen" Fähigkeitsmerkmalen (Abschnitt 2.2.2), die auch im Zusammenhang mit der Bewerberselektion eine wichtige Rolle spielen, muß man daher auch auf Leistungsmerkmale und speziell auf Verhaltensbeobachtungen als Indikatoren für das Leistungspotential zurückgreifen (Abschnitt 2.2.3).

2.2.2 Fähigkeitsmerkmale

2.2.2.1 Inhalt

Ein für alle Unternehmen gleichermaßen gültiger Katalog von Fähigkeitsmerkmalen ist nicht aufstellbar, da die konkrete Ausgestaltung des Fähigkeitsprofils jeweils von den Gegebenheiten im Unternehmen und von dem angestrebten Einsatzbereich abhängt. Dennoch lassen sich die grundsätzlich denkbaren Fähigkeitsmerkmale zu einem **abstrakten Katalog** verdichten, dessen Komponenten unternehmensspezifisch zu konkretisieren sind. Dieser Katalog differenziert zwischen den in Übersicht 2.2 ausgewiesenen vier Kategorien von Fähigkeitsmerkmalen.

Diese vier Kategorien von Fähigkeitsmerkmalen lassen sich wie folgt charakterisieren (vgl. *Rumpf* 1981, 72–86):

Identifizierende Merkmale bezeichnen den Mitarbeiter durch seinen Namen oder eine Personalnummer. Speziell die computergestützte Datenauswertung benötigt dieses identifizierende Segment. Darüber hinaus dient es zur Personalverwaltung. Abrechnungstechnische Daten wie Urlaubsanspruch oder Gleitzeitkonto sind dagegen nicht in ein für das Personalmanagement konzipiertes Fähigkeitsprofil aufzunehmen.

Kenntnisbezogene Merkmale liefern Informationen über Ausbildung und beruflichen Werdegang der Mitarbeiter.

- Zu den Merkmalen, die den *Ausbildungsstand* beschreiben, zählen Daten über vorhandene Ausbildungsabschlüsse, differenziert nach Dauer und Art der Schul- beziehungsweise Studienzeiten sowie nach Form des erreichten Abschlusses. Hinzu kommen Zusatzqualifikationen aufgrund von Maßnahmen zur Fort- und Weiterbildung, einschließlich der vom Mitarbeiter freiwillig besuchten externen Veranstaltungen mit Berufsbezogenheit: Beispiele hierfür sind Fremdsprachen oder branchenspezifische Techniken (wie NC-Programmierung). Die Ausprägung derartiger Merkmale läßt sich relativ leicht erheben. Ihre Aussagekraft kann jedoch in zweifacher Weise beeinträchtigt werden: durch eine lange Zeitspanne zwischen der Bildungsmaßnahme und der Anwendung der Fähigkeit sowie durch mangelnde Information über konkrete Schulungsinhalte aufgrund der eher summarischen Aussagen zu den Schulungsmaßnahmen.

Kategorie	Beispiele
Identifizierende Merkmale	Personalnummer, Name, Arbeitsplatz, Familienstand
Kenntnisbezogene Merkmale	
Ausbildungsstand	
– Ausbildungsabschlüsse	Studiengänge, Akademischer Grad, Lehrgänge, Seminare
– Zusatzqualifikationen	Fremdsprachen, REFA-Kurse
Beruflicher Werdegang	vorherige Arbeitgeber, innerbetriebliche Laufbahn
Physische Merkmale	
physischer Zustand	Körpermaße, Körpergewicht, chronische Erkrankungen und Behinderungen
körperliche Fähigkeiten	Funktionstüchtigkeit der Körperteile, Bewegungsbereiche
körperliche Beanspruchbarkeit	
– aktiv	Ausdauer, Kraft, Geschicklichkeit
– passiv	Lärm, Klima, Schwingungen
Psychische Merkmale	
geistige Leistungsfähigkeit	Auffassungsgabe, Kreativität, Gedächtnisleistung
Arbeitsverhalten	
– aufgabenbezogen	Pünktlichkeit, Exaktheit
– personenbezogen	Hilfsbereitschaft, Teamarbeitsfähigkeit
psychomotorische Fähigkeiten	Auge-Hand-Koordination
psychische Beanspruchbarkeit	im Hinblick auf Zeitdruck (Streß) oder Verantwortung

Übersicht 2.2: Kategorien und Unterkategorien von Fähigkeitsmerkmalen (erweitert nach *Rumpf* 1981, 74)

- Mit der Erfassung des Ausbildungsstandes verbunden ist die Erhebung des beruflichen *Werdeganges*. Dieser ist gekennzeichnet durch die Art der ausgeübten Tätigkeiten, die Dauer der jeweiligen Beschäftigung und die Qualität der in den verschiedenen Positionen geleisteten Arbeit (sofern erhebbar). Wird beispielsweise ein Mitarbeiter mit Japanischkenntnissen benötigt, so kann – unabhängig vom Fähigkeitsmerkmal „Japanisch" – zunächst nach solchen Mitarbeitern gesucht werden, bei denen im beruflichen Werdegang die Region Japan auftaucht.

Physische Merkmale beschreiben Voraussetzung und Umfang der körperlichen Leistungsfähigkeit eines Mitarbeiters.

- Fähigkeitsmerkmale zur Charakterisierung des ***physischen Zustands*** erfassen als erste Untergruppe die aus der körperlichen Konstitution resultierenden Restriktionen für den Einsatz eines Mitarbeiters. Hier geht es vorrangig um körperliche Behinderungen, chronische Erkrankungen und um spezifische Körpermaße; für letzteres haben Anthropometrie und Ergonomie entsprechende Meßvorschriften entwickelt.

- Die zweite Untergruppe physischer Merkmale betrifft die *körperliche Fähigkeit* des Mitarbeiters und hier speziell die Funktionstüchtigkeit der Körperteile. Der Detaillierungsgrad nach Art und Anzahl der Fähigkeitsmerkmale richtet sich dabei nach betrieblichen und ergonomischen Gegebenheiten der vom Mitarbeiter potentiell besetzbaren Arbeitsplätze.
- Die dritte Gruppe physischer Merkmale faßt die verschiedenen Aspekte der *körperlichen Beanspruchbarkeit* zusammen. Hierzu zählt neben der aktiven Beanspruchung als Abgabe von Leistung auch die passive Beanspruchung durch Umwelteinflüsse. Zur Erfassung dieser Merkmale stehen medizinische Diagnoseverfahren zur Verfügung, deren Ergebnisse die Personalbestandsanalyse zu summarischen Urteilen verdichtet.

Psychische Merkmale erfassen geistige, soziale und psychologische Aspekte individueller Leistungsfähigkeit.

- Die *geistige Leistungsfähigkeit* stellt ab auf Merkmale wie Denkvermögen, Auffassungsgabe, Gedächtnisleistung, Ausdrucksfähigkeit oder räumliche Vorstellungskraft. Als Erhebungstechniken für die geistige Leistungsfähigkeit bieten sich allgemeine Fähigkeitstests sowie Teile von Testbatterien zur Intelligenzmessung an (vgl. Abschnitt 4.2.2.3).
- Das *Arbeitsverhalten* eines Mitarbeiters kann aufgabenbezogen durch Fähigkeitsmerkmale wie Arbeitsgeschwindigkeit, Beständigkeit in der Arbeitsintensität oder Korrektheit und Qualität der Arbeitsausführung beschrieben werden. Personenbezogenes Arbeitsverhalten dagegen umfaßt Voraussetzungen und Ergebnis arbeitsbedingter Aktionen des Mitarbeiters mit anderen Personen; Indikatoren personenbezogenen Arbeitsverhaltens sind Merkmale wie Kontaktfreudigkeit, Anpassungsfähigkeit oder Bereitschaft zur Gruppenarbeit.
- Zu den *psychomotorischen Fähigkeiten* zählen Fähigkeiten, die eine Koordination von Sinneswahrnehmungen und Muskelarbeit erlauben; sie dokumentieren sich in Merkmalen wie Reaktionsvermögen oder Auge-Hand-Koordination.
- Die *psychische Beanspruchbarkeit* spiegelt die Fähigkeit des Mitarbeiters wider, Belastungen zu ertragen, die durch den Arbeitsprozeß sowie die Umwelt ausgelöst werden: nervliche Anspannungen, Aufregungen, plötzliche Schocks sowie generell Streß. Ursache solcher psychischer Beanspruchung sind Verantwortung, Zeitdruck, Arbeitsbedingungen, Fehlerrisiko und Gefährlichkeit der Arbeit, aber auch Monotonie und Isolierung während des Arbeitsablaufs (vgl. Abschnitt 5.2.2).

2.2.2.2 *Auswahl*

Zur Erfüllung der Diagnosefunktion ist zunächst die Menge der tatsächlich zu erhebenden Fähigkeitsmerkmale festzulegen. Für diese Bestimmung der **Merkmalsliste** bieten sich folgende Reduktionen an (Abbildung 2.2):

(1) Ausgangsbasis ist die Menge der *plausiblen* Fähigkeitsmerkmale. Dieser Katalog steckt einen heuristisch nutzbaren Rahmen ab, der die logische Vollständigkeit des festzulegenden Fähigkeitsprofils sichert.

(2) Eine weitreichende Reduktion dieses Kataloges ergibt sich durch die vom Mitarbeiter zu erfüllende Aufgabe. Diese *sachlich* erforderlichen Fähigkeitsmerkmale sind Teilmengen der plausiblen Merkmale.

(3) Ferner ist bei der Aufnahme eines Fähigkeitsmerkmals in das Fähigkeitsprofil die *ökonomische* Zweckmäßigkeit zu berücksichtigen. Der Aufwand für die Erhebung eines Fähigkeitsmerkmals muß in vernünftiger Relation zur Verbesserung des Aussagegehaltes des Fähigkeitsprofils stehen. Hier bietet es sich an, für alle Mitarbeiter auf sachlich verwandten Stellen eine gemeinsame Struktur für das Fähigkeitsprofil festzulegen. Dies realisiert einen Kompromiß zwischen dem Fähigkeitsprofil, das ausschließlich Merkmale der gerade besetzten Stelle enthält, und zwischen einem Fähigkeitsprofil aus allen denkbaren Fähigkeitsmerkmalen. Diese Bezugsbasis liefert der Tätigkeitsbereich (vgl. *Rumpf* 1981, 94) als Menge von Stellen mit untereinander ähnlicher Anforderungsstruktur.

(4) Die nächste Reduktion der Merkmalsmenge erfolgt durch die angestrebte *Validität* des Merkmalskataloges (vgl. die Abschnitte 1.4.4.2 und 4.5.4). Die Validität gilt dann als gegeben, wenn die in das Fähigkeitsprofil aufgenommenen Fähigkeitsmerkmale sowie die daran ansetzenden Meßverfahren zutreffende Aussagen über Ausmaß und Struktur der Leistungsfähigkeit zulassen.

(5) Eine weitere Reduktion der zu berücksichtigenden Fähigkeitsmerkmale folgt schließlich aus den *rechtlichen* Restriktionen. Sie verlangen die Erfüllung folgender Voraussetzungen (vgl. Abschnitt 8.4.2.7; *Rumpf* 1981, 183; siehe auch *Kilian* 1973):
   - Es muß ein sachlich begründeter Anlaß zur Datenerhebung vorliegen; diese Bedingung wird durch die Reduktion in Schritt (2) sichergestellt.
   - Es muß die Einwilligung des Betroffenen vorliegen; diese Bedingung wird im Sinne einer Minimallösung durch konkludentes Verhalten des Mitarbeiters erfüllt, wie es sich bei der Datenerhebung manifestiert.
   - Es dürfen keine Persönlichkeitsrechte des Mitarbeiters verletzt werden.
   - Die ärztliche Schweigepflicht und das Datenschutzgesetz sind zu berücksichtigen.

Die Anwendungsreihenfolge dieser fünf Reduktionsstrategien ist prinzipiell beliebig. Für die oben beschriebene Reihenfolge spricht die Wahrscheinlichkeit, durch sukzessive Verkleinerung der Merkmalsmenge alle wichtigen und zulässigen Merkmale zu erhalten.

Nach diesen Entscheidungen steht für alle Mitarbeiter eines Tätigkeitsbereiches eine klar definierte Menge von Fähigkeitsmerkmalen und damit die Struktur für das Fähigkeitsprofil fest (in Abbildung 2.2 schraffiert). Mit der darauffolgenden Erhebung der Ausprägung von Fähigkeitsmerkmalen für alle Mitarbeiter ist die diagnostische Funktion der operativen Personalbestandsanalyse erfüllt.

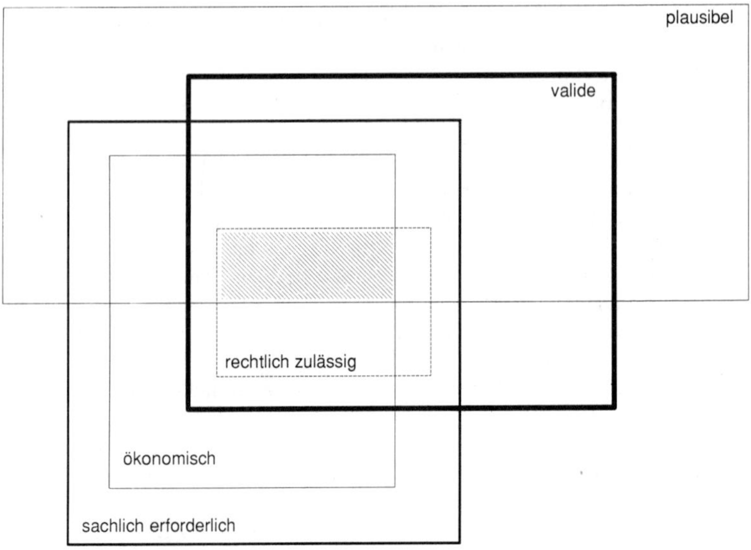

Abbildung 2.2: Zulässigkeitsbereich für Fähigkeitsmerkmale

2.2.2.3 Projektion

Die **projektive** Funktion der operativen Personalbestandsanalyse konzentriert sich ebenfalls individuumsbezogen-qualitativ auf die Ausprägungshöhe der Fähigkeitsmerkmale. Hierfür gibt es zwei **Varianten:**

Erstens kann man die Fähigkeitsprofile in die **Zukunft** fortschreiben und das Fähigkeitsprofil von Mitarbeiter x zum Zeitpunkt t bestimmen. Die evidente Problematik dieses Ansatzes erzwingt eine Beschränkung auf solche Aspekte des Fähigkeitsprofils, die sich auf Maßnahmen der betrieblichen Personalentwicklung beziehen: Wird etwa ein Mitarbeiter auf einen Fortbildungskurs geschickt, so ist – trotz aller Unwägsamkeit – nach Kursende eine entsprechende Veränderung in seinen Fähigkeitsmerkmalen nicht unwahrscheinlich.

Zweitens kann man sich auf die zahlenmäßige Betrachtungsweise zurückziehen. Dies bedeutet, daß man Informationen darüber zu gewinnen sucht, **wie lange** der entsprechende Mitarbeiter noch dem Unternehmen zur Verfügung stehen wird. Dieser Ansatz mündet damit in eine Aussage darüber, mit welcher Wahrscheinlichkeit ein Mitarbeiter (und damit ein spezifisches Fähigkeitsprofil) zu einem bestimmten Zeitpunkt betrieblich nutzbar sein wird.

2.2.3 Ersatzgrößen

Die Erhebung des Leistungspotentials als maximal erbringbare Leistung bringt zwangsläufig Schwierigkeiten mit sich: Während sie für den Vorgang der Bewerberselektion kaum abmilderbar sind, bieten sich für die

Erstellung des Fähigkeitsprofils eines bereits im Unternehmen Beschäftigten mit Leistungs- und Verhaltensmerkmalen zwei Hilfskonstrukte an.

2.2.3.1 Leistungsmerkmale

Da das Leistungspotential ex definitione größer ist als die tatsächlich erbrachte Leistung, stellt die Ausprägung des Leistungsmerkmals eine **Untergrenze** für die Ausprägung des Fähigkeitsmerkmals dar. Leistungsmerkmale werden vor allem in Zusammenhang mit der Leistungsbeurteilung erhoben und in Abschnitt 7.2.3 als Teil des Personalkostenmanagements diskutiert.

2.2.3.2 Verhaltensmerkmale

Für die meßtheoretisch problematischen psychischen Fähigkeitsmerkmale bietet sich der Rückgriff auf Verhaltensmerkmale und speziell die **verhaltensorientierten Beurteilungsskalen (VOBS)** an, von denen es drei Grundformen gibt:

(1) **Verhaltenserwartungsskalen** (VES) gehen auf *Smith* und *Kendall* (1963) zurück. Der Prozeß der Skalendefinition umfaßt dabei folgende Teilaufgaben (vgl. *Domsch/Gerpott* 1985, 669–672):
   - Eine Beurteilergruppe entwickelt einen Katalog von Leistungsmerkmalen, die für Mitarbeiter eines Tätigkeitsbereichs charakteristisch sind (z. B. „Führung von Verkaufspersonal").
   - Eine andere Gruppe definiert für jedes Leistungsmerkmal die drei Merkmalsausprägungen gut/mittel/schlecht durch entsprechende Beschreibungen.
   - Eine dritte Gruppe schließlich stellt eine Liste von Verhaltensbeispielen zusammen.
   - Eine weitere Gruppe ordnet diese Beispiele auf die Leistungsmerkmale zu.
   - Eine nächste Gruppe positioniert diese (bereits auf Leistungsmerkmale zugeordneten) Verhaltensbeispiele auf 7- oder 9-stufigen Skalen. Eliminiert werden solche Beispiele, die von unterschiedlichen Beurteilern deutlich unterschiedlich positioniert werden.
   - Anschließend werden solche Verhaltensbeispiele ausgewählt und als Merkmalsausprägungen definiert, die trennscharf sind und im Verbund das gesamte Leistungsspektrum abdecken.

   Übersicht 2.3 zeigt ein Beispiel für eine Verhaltenserwartungsskala.

(2) **Verhaltensverankerte Beurteilungsskalen** (VVBS) unterscheiden sich von der oben skizzierten Skala dadurch, daß (vgl. *Domsch/Gerpott* 1985, 672–674)
   - Beurteilte und Beurteiler gemeinsam mögliche Verhaltensbeispiele suchen und
   - diese Verhaltensbeispiele clusteranalytisch zur Definition von Leistungsmerkmalen dienen.

   Es wird somit aus den umfassend umschriebenen Merkmalsausprägungen (induktiv) auf die zugrundeliegenden Verhaltensmerkmale geschlos-

Leistungsdimension: Führung des Verkaufspersonals		
		Man könnte von diesem Abteilungsleiter erwarten ...
Leitet sein Personal effektiv an; gezielte Förderung, geschickte Motivation	9	daß er für neue Mitarbeiter Verkaufspraktika durchführt und sie in die Gruppe der besten Verkaufsmitarbeiter führt.
	8	daß er seinen Mitarbeitern ein starkes Gefühl des Vertrauens und der Verantwortlichkeit vermittelt.
	7	daß er es nie versäumt, wöchentliche Trainingsveranstaltungen mit seinen Mitarbeitern zu festgelegten Terminen durchzuführen.
	6	daß er sich gegenüber seinen Mitarbeitern höflich und korrekt verhält.
Leitet sein Personal überwiegend befriedigend an, fördert und motiviert seine Mitarbeiter so, daß sie ihre Aufgabe zumeist befriedigend bewältigen.	5	daß er Verkaufspersonal daran erinnert, auf Kunden zu warten, anstatt sich untereinander zu unterhalten.
	4	daß er sich vor seinen eigenen Mitarbeitern kritisch über die Qualität des Kaufhauses äußert und so die Entwicklung negativer Einstellungen riskiert.
	3	daß er einen Mitarbeiter auch dann auffordert zur Arbeit zu kommen, wenn dieser angerufen hat, um mitzuteilen, daß er krank sei.
	2	daß er die einem Mitarbeiter gemachte Zusage, er könne in seine frühere Abteilung zurückkehren, nicht hält.
Verhält sich gegenüber seinem Personal so, daß dessen Leistungsbereitschaft und -fähigkeit durch ihn eher verschlechtert wird.	1	daß er einem Mitarbeiter eine umsatzorientierte Gehaltsfestsetzung verspricht, obwohl dies gegen die Unternehmenspolitik verstößt.

Übersicht 2.3: Exemplarische Dimension einer Verhaltenserwartungsskala (*Campbell et al.* 1973, 16–17 in der modifizierten Form von *Domsch/Gerpott* 1985, 671)

sen. Die Definition von Verhaltensbeispielen kann zusätzlich als Teil einer umfassenden Organisationsentwicklung realisiert werden.

(3) **Verhaltensbeobachtungsskalen** (VBS) sind als Likert-Skalen definiert (Übersicht 2.4) und bestehen aus verschiedenen Verhaltensbeschreibungen (Items). Zur Generierung aussagekräftiger Items können die unter-

Arbeitsplanung und -organisation						
Der beurteilte Mitarbeiter ...						
(a) entwickelte vor Projektbeginn einen Plan, in dem Projektorganisation, -termine, -steuerung und -überwachung festgelegt wurden (d. h. er spezifizierte unter anderem die Aufgaben aller am Projekt Beteiligten).						
Fast nie	–1–	–2–	–3–	–4–	–5–	Fast immer
(b) bereitete sich auf Besprechungen vor, z. B. durch Niederschrift einer Tagesordnung oder anzusprechender Diskussionspunkte.						
Fast nie	–1–	–2–	–3–	–4–	–5–	Fast immer
(c) bearbeitete gleichzeitig zwei oder mehrere Arbeitsaufträge effektiv.						
Fast nie	–1–	–2–	–3–	–4–	–5–	Fast immer
(d) versäumte es sicherzustellen, daß Teilaufgaben zufriedenstellend abgeschlossen wurden.						
Fast nie	–5–	–4–	–3–	–2–	–1–	Fast immer
(e) hielt Termine ein.						
Fast nie	–1–	–2–	–3–	–4–	–5–	Fast immer
(f) versäumte es, die Hauptziele seiner Stelle zu verfolgen, da er sich durch nebensächliche Probleme oder persönliche Interessen ablenken ließ.						
Fast nie	–5–	–4–	–3–	–2–	–1–	Fast immer
(g) gab mehr als das zur Zielerreichung erforderliche Geld aus (z. B. unzulängliche Beachtung von Budgetrestriktionen; kein Kostenbewußtsein).						
Fast nie	–5–	–4–	–3–	–2–	–1–	Fast immer
(h) versäumte es, Arbeitsziele und Prioritäten zu erkennen und/oder zu setzen.						
Fast nie	–5–	–4–	–3–	–2–	–1–	Fast immer
Punktsumme =	☐					

Übersicht 2.4: Exemplarische Dimension einer Verhaltensbeobachtungsskala (modifiziert nach *Latham/Mitchell* 1976, 35 sowie *Domsch/Gerpott* 1985, 675)

schiedlichsten Personen herangezogen werden. Bei der Bewertung muß der Beurteiler für jede Verhaltensbeschreibung angeben, wie häufig sie realisiert wurde. Im Gegensatz dazu konnte/mußte er sich bei der VES für eine Ausprägung entscheiden.

Die Anwendung einer VOBS erfordert unabhängig vom Typ immer die **Schritte**

- Beobachtung eines Ereignisses,
- Zuordnung des Ereignisses auf ein Verhaltensmerkmal,
- Bestimmung der Merkmalsausprägung und
- schriftliches Festhalten des Ergebnisses.

Grundsätzlich eignen sich alle drei Formen der VOBS zur Bestimmung von Verhaltensmerkmalen, wobei für die qualitative Bestandsanalyse die VBS die geeignetste sein dürfte: Sie stellt mehr als VVBS und wesentlich mehr als VES auf tatsächliches (individuelles) Verhalten ab, also weniger auf arbeitsplatzspezifisches Verhalten.

2.2.3.3 Bewertung

Leistungsmerkmale und Verhaltensmerkmale sind Ersatzgrößen, deren Aufnahme in Fähigkeitsprofile Probleme aufwirft. Dies erfordert entsprechende **Konsequenzen:**

- Entweder erfolgt zusätzlich die Bestimmung von *Leistungsgraden.* Ist es dem Mitarbeiter bei Beurteilung mit einer Verhaltensbeobachtungsskala (Übersicht 2.4) erkennbar leicht gefallen, ein günstiges Ergebnis zu realisieren, so kann daraus geschlossen werden, daß die Ausprägung des Fähigkeitsmerkmals noch über der gezeigten Ausprägung des Leistungsmerkmals liegt. War ein VBS-Wert dagegen nur mit extrem hoher Anstrengung realisierbar, so kann daraus auf eine Identität der Ausprägungen von Fähigkeitsmerkmal und Leistungsmerkmal geschlossen werden. Es bleibt aber die Schwierigkeit der Abschätzung von Leistungsgraden (vgl. Abschnitt 3.2.3).
- Oder aber es wird bei der Erstellung des Fähigkeitsprofils auf den *Erhebungsweg* hingewiesen und sichergestellt, daß diese Informationen grundsätzlich immer mit der Merkmalsausprägung weitergeleitet werden. Dies gilt vor allem bei computergestützter (Weiter-)Verarbeitung: Gerade hier kann leicht die wichtige Zusatzinformation verloren gehen, so daß es sich bei der Merkmalsausprägung nicht um ein Leistungspotential (als maximal erbringbaren Wert) handelt, sondern um einen Leistungs- oder Verhaltenswert aus einer spezifischen Situation. Hier ist entweder auf den Erhebungsweg oder aber auf den Charakter als Untergrenze hinzuweisen.

Zusammenfassend stellt die Verwendung von Leistungsmerkmalen und Verhaltensmerkmalen als Basis von Fähigkeitsprofilen einen speziell für Verhaltensmerkmale nicht selten unausweichlichen **Ausweg** aus der Erhebungsproblematik von Fähigkeitsmerkmalen dar, der – mit Vorsicht beschritten – die informatorische Basis des operativen Personalmanagements verbessern hilft.

2.3 Taktische Ebene: Tätigkeits- und Qualifikationsfeld

2.3.1 Überblick

Die taktische Ebene geht nicht mehr individuumsbezogen vor. Sie orientiert sich vielmehr an **aggregierten** Informationen. Dieser Aggregationsvorgang kann stellen- oder qualifikationsbezogen erfolgen: Im ersten Fall bezieht sich die Bestandsbestimmung auf Tätigkeitsfelder, im zweiten Fall auf Qualifikationsgruppen.

Auf der taktischen Ebene der Bestandsanalyse wird die Zahl der Mitarbeiter ermittelt, die demselben Tätigkeits- oder Qualifikationsfeld zugeordnet werden kann (Diagnosefunktion), und bestimmt, wie sich diese Zahl unter den vorliegenden Gegebenheiten in der Zukunft verändern wird (Projektionsfunktion). Durch Abweichungen vom jeweiligen Bedarf können Veränderungsmaßnahmen notwendig werden (Handlungsfunktion). Anschließend wird analysiert (Prognosefunktion), wie viele Mitarbeiter tatsächlich pro Tätigkeitsfeld oder Qualifikationsfeld in der Zukunft zu erwarten sind: In diese Berechnungen gehen auch solche Bestandsdifferenzen ein, die sich aus befristeter Stellensperre bei Stellenvakanz oder aus längerer Beschaffungsdauer bei hochqualifiziertem Personal ergeben.

Alle Funktionen erfolgen ausschließlich **stellen**- und/oder **qualifikationsbezogen**: Bezugsbasis ist immer eine Menge gleichartiger Stellen oder Qualifikationen, nie der einzelne Mitarbeiter.

2.3.2 Stellenbezogene Aggregation

Die **stellenbezogene** Aggregation faßt gleichartige Stellen oder Arbeitsplätze zu Tätigkeitsfeldern zusammen und erhebt die Anzahl von Mitarbeitern pro Tätigkeitsfeld. Dieser Wert wird später mit der Anzahl notwendiger Mitarbeiter verglichen.

Übersicht 2.5 skizziert ein einfaches Beispiel für diesen simplen Vorgang. Der IST-Wert bezieht sich auf die diagnostische Funktion der Personalbestandsanalyse, die Spalte WIRD auf die projektive Funktion. Die SOLL-Werte stellen die Verbindung zur Personalbedarfsbestimmung her.

Solche Tabellen sind gerade wegen ihrer Trivialität ein zentrales Hilfsmittel der Personalabteilung in der Praxis: Da sinnvoll aggregierte Bestandswerte nur schwer zu realisieren sind, wird in diesen Übersichten offenbar ein Kompromiß zwischen Aggregationsleistung und Aussagekraft gesehen.

2.3.3 Qualifikationsbezogene Aggregation

Eine Alternative zur stellenbezogenen Aggregation ist eine qualifikationsbezogene Aggregation. Für sie bieten sich folgende Anwendungsschritte an:

- In **Schritt 1** werden die auf der operativen Ebene erhobenen Fähigkeits-

	1. 1. 1988		feststehende Veränderungen		1. 1. 1989	
	IST	SOLL	AB	ZU	WIRD	SOLL
Abteilung A						
Einrichter	27	28	4	2	25	28
Vorarbeiter	52	50	6	3	49	45
.						
.						
.						
Abteilung B						
Einrichter	3	3	1	1	3	3
Anreißer	5	6	2	1	4	6
Handformer	2	4	1	0	1	4
Handgießer	3	3	0	0	3	3
Maschinenformer	6	8	1	2	7	8
Maschinengießer	8	8	3	1	6	8

Übersicht 2.5: Taktische Personalbestandsanalyse

profile clusteranalytisch untersucht. Dies setzt Strukturgleichheit der Fähigkeitsprofile voraus. Die Profile müssen also identische Fähigkeitsmerkmale (nicht Ausprägungen!) aufweisen. Die Verwendung von Fähigkeitsprofilen aus genau einem Tätigkeitsbereich sichert die Erfüllung dieser Voraussetzung. Das Ergebnis der Clusteranalyse von Schritt 1 besteht aus Gruppierungen von jeweils untereinander ähnlichen Fähigkeitsprofilen.

- In **Schritt 2** wird für jedes Cluster das Durchschnittsprofil bestimmt, was der Festlegung von Qualifikationsprofilen („Muster") entspricht. Diese Qualifikationsprofile lassen sich dann, ausgehend von den realisierten Merkmalsausprägungen, verbal beschreiben und mit einem aussagekräftigen Namen versehen.
- Die qualitative Analyse von Schritt 1 und Schritt 2 führt als **Schritt 3** zu einer quantitativen Analyse. Sie besagt, wie viele Mitarbeiter auf die jeweilige Qualifikationsgruppe entfallen. Einmal fixierte Qualifikationsprofile können für zusätzliche Mitarbeiter als Standardmuster dienen, sofern eine periodische Überprüfung die unveränderte Gültigkeit der Standardmuster sicherstellt.

Dieses Vorgehen folgt dem Grundsatz der Mustererkennung: Die Schritte 1 und 2 betreffen die Musterextraktion, der Schritt 3 die Mustererkennunng im engeren Sinne (vgl. *Scholz* 1987 a, 77–85).

Ein **Beispiel** soll abschließend das hier vorgeschlagene Vorgehen einer qualifikationsbezogenen Aggregation im Rahmen der taktischen Personalbestandsanalyse verdeutlichen: Ausgangsbasis für **Schritt 1** (Abbildung 2.3) sind strukturgleiche Fähigkeitsprofile von 12 Sekretärinnen. Die Clusteranalyse reduziert die 12 Einzelprofile auf drei Gruppen ähnlicher Fähigkeitsprofile (Cluster I, II und III): Innerhalb desselben Clusters unterscheiden sich die Fähigkeitsprofile nur geringfügig, heben sich aber von denen

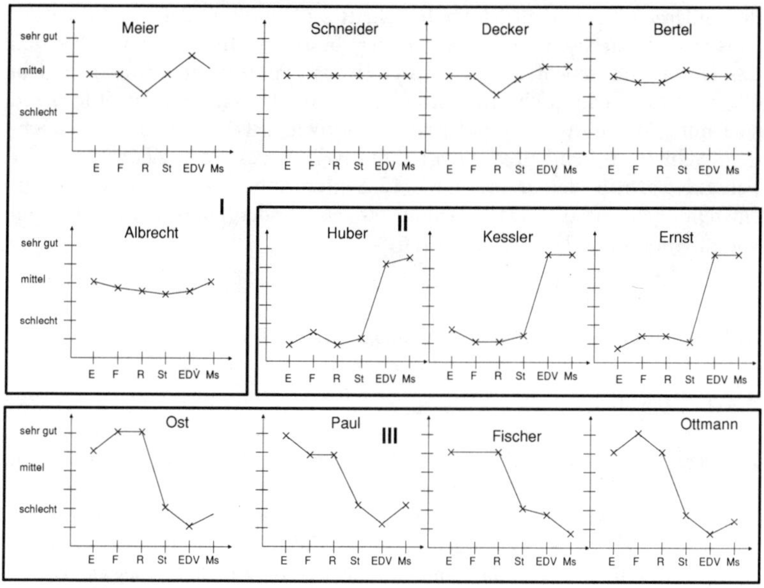

Abbildung 2.3: Clusteranalytische Gruppierung der Fähigkeitsprofile (Legende: E = Englisch, F = Französich, R = Russisch, St = Steno, EDV = Computerkenntnisse, Ms = Maschineschreiben)

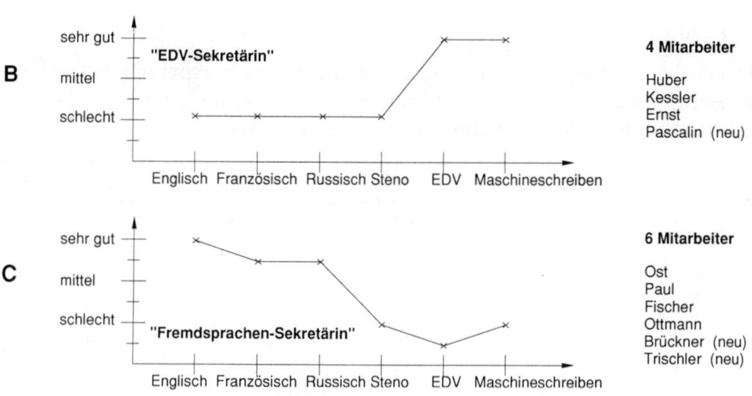

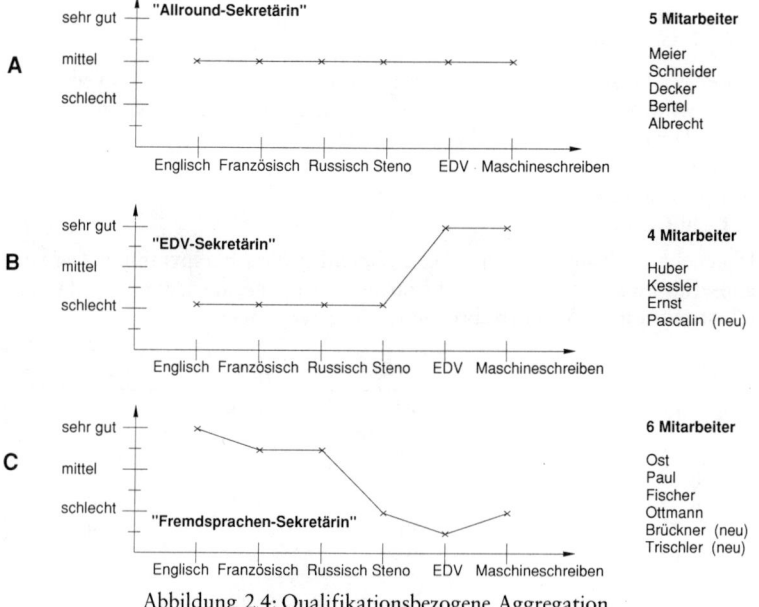

Abbildung 2.4: Qualifikationsbezogene Aggregation

der anderen Cluster deutlich ab. In **Schritt 2** (Abbildung 2.4) wird für jedes Cluster das Durchschnittsprofil (Muster) bestimmt. In Cluster I ergibt sich das Durchschnittsprofil A, in Cluster II das Durchschnittsprofil B und in Cluster III das Durchschnittsprofil C. Diese drei Durchschnittsprofile lassen sich mit „Allround-“, „Fremdsprachen-“ sowie „EDV-Sekretärin“ bezeichnen. **Schritt 3** beinhaltet als quantitativen Aspekt die Zuordnung der Fähigkeitsprofile der ursprünglich 12 Sekretärinnen sowie von drei Neueinstellungen auf diese Standardmuster. Das Endergebnis stellt sich dann wie in Abbildung 2.4 aufgezeigt dar.

2.4 Strategische Ebene: Personalstruktur

2.4.1 Überblick

Die Personalbestandsanalyse auf der strategischen Ebene orientiert sich an der globalen Personalstruktur als einem noch stärker aggregierten Planungsobjekt und findet ihre Anwendung in Form der Personalkonfiguration sowie der Humanvermögensrechnung: Während die **Personalkonfiguration** (Abschnitt 2.4.2) die zahlenmäßige Verteilung der Belegschaft auf einzelne Belegschaftsgruppen ausdrückt, dient die **Humanvermögensrechnung** (Abschnitt 2.4.3) der wertmäßigen Beurteilung von Mitarbeiterbestand oder von mitarbeiterbezogenen Maßnahmen.

2.4.2 Personalkonfiguration

2.4.2.1 Grundmodell

Unter der **Personalkonfiguration** versteht man die zahlenmäßige Verteilung der Gesamtbelegschaft nach mindestens einem Kriterium. Beispiele für derartige Übersichten sind die Verteilung auf
- Altersstufen („Alterspyramide“),
- Dienstränge oder
- Qualifikationsgruppen.

Übersicht 2.6 bringt ein einfaches **Beispiel** für die Alterspyramide: Die **Diagnosefunktion** besteht in der Ermittlung der Ausgangsdaten, die **Projektionsfunktion** in der Fortschreibung (für 1998 sowie 2008).

Altersstufe	1988	1998	2008
15 bis 25	200		
26 bis 35	400	200	100
36 bis 45	600	400	200
46 bis 55	200	600	400
56 bis 65	100	200	600

Übersicht 2.6: Einfache Alterspyramide

Für die **Handlungsfunktion** muß die Zweckmäßigkeit der zu erwartenden Personalkonfiguration aus strategischer Sicht analysiert werden. Hierfür gibt es mit der Kontingenz- und der Initiativaktivität (*Scholz* 1987a, 38–42) zwei grundsätzlich unterschiedliche Vorgehensweisen:

- Entweder wird die Personalkonfiguration so gewählt, daß sie unterschiedlichen Umweltentwicklungen in gleicher Weise Rechnung trägt. Dieses *kontingenzaktive* Verhalten setzt allerdings die Definition unterschiedlicher Szenarien und daran ansetzender Unternehmensstrategien im Bereich der strategischen Personalbedarfsbestimmung voraus. Eine zumindest rudimentäre Form einer solchen Kontingenzaktivität liegt in den Fällen vor, in denen eine „ausgeglichene" Personalkonfiguration realisiert wird.
- Oder aber die strategische Geschäftsfeldplanung sieht eine deutliche Verlagerung des primären Geschäftszwecks vor und erfordert – wieder zunächst ausgehend von der Bedarfsplanung – entsprechende Verschiebungen der Personalkonfiguration. Eine derartige *Initiativaktivität* schlägt sich dann ebenfalls in der vorausschauenden Bestandsanalyse (Projektions-, Handlungs- und Prognosefunktion) nieder.

Strategisches Personalmanagement erfolgt aber nicht ausschließlich abgeleitet (**derivativ**): Speziell die ausgeglichene Personalkonfiguration stellt ein primäres (**originäres**) Planungsobjekt des Personalbereichs dar. So interessiert es die Produktionsplanung selten, welches Alter und welche (gerade nicht benötigten) Zusatzqualifikationen die Mitarbeiter aufweisen; wichtig ist ausschließlich die Kongruenz der zum jeweiligen Zeitpunkt relevanten Anforderungen mit den Fähigkeiten. Über welche zusätzlichen Merkmale der Mitarbeiter verfügt, interessiert zu diesem Zeitpunkt ausschließlich den Personalbereich: im Hinblick auf andere Einsatzbereiche, die vorgesehen oder zumindest möglich sind.

2.4.2.2 *Ein Simulationsmodell*

Das Ergebnis einer Personalkonfigurationsanalyse wurde in Übersicht 2.6 in stark vereinfachter Form dargestellt. Wesentlich komplexer und realistischer sind Modelle, die gruppenspezifische Veränderungsraten berücksichtigen. Sie basieren zum einen auf den Altersstufen, zum anderen auf den Qualifikations- oder Tätigkeitsbereichen.

Das im folgenden beschriebene **Planungsmodell** verbindet beide Bezugsbasen und differenziert auf der einen Dimension nach Altersgruppen, auf der anderen nach Angestellten und gewerblichen Arbeitnehmern. Die Ausgangsdaten des Basisjahres stehen in Übersicht 2.7. Die prozentualen Angaben über Zugänge und Abgänge pro Beschäftigungsgruppe wurden aus beobachteten Veränderungen in der Vergangenheit abgeleitet.

Bei der Ermittlung der gruppenspezifischen Veränderungsraten wurden auch die Umgruppierungen von gewerblichen Arbeitnehmern zu Angestellten (und vice versa) berücksichtigt.

Einer Veranschaulichung der Daten dient die grafische Umsetzung der Bestandsgrößen in Form einer zweiseitigen Alterspyramide (Abbildung 2.5).

Alter	bis 20	21–25	26–30	31–35	36–40	41–45	46–50	51–55	56–60	61–65
Angestellte										
Bestand	492	590	667	744	808	1117	976	758	688	183
Zugänge (prozentual)	9,3	13,7	13,4	10,2	8,0	7,0	5,3	2,1	0,2	0
Abgänge (prozentual)	2,7	2,4	3,0	4,0	4,4	5,1	5,7	6,0	0,0	0,4
gewerbliche Arbeitnehmer										
Bestand	423	527	496	533	521	937	1121	882	588	98
Zugänge (prozentual)	10,7	15,0	16,9	12,6	8,6	7,3	6,4	3,9	0,1	0
Abgänge (prozentual)	3,5	2,7	3,5	4,4	4,7	5,0	5,9	6,0	10,4	21,3

Übersicht 2.7: Ausgangsdaten zur Bestimmung der zukünftigen Personalkonfiguration

Im Rahmen einer computergestützten Simulation läßt sich ausgehend von den Werten des Basisjahres und unter der Annahme der Konstanz aller übrigen Einflußgrößen die Entwicklung der Belegschaftsstrukturen im Lauf der Zeit aufzeigen. Als Ergebnis liefert das Modell für jedes Jahr die grafische Darstellung des Personalbestandes als Alterspyramide. Dabei kann beispielsweise ein Knick, der sich aufgrund eines Einstellungsstops innerhalb der unteren Altersgruppe ergibt, über die Jahre hinweg von unten nach oben verfolgt werden. Somit werden die Auswirkungen personalbestandspolitischer Eingriffe aufgezeigt und deutlich erkennbar.

Die linke Darstellung in Abbildung 2.5 zeigt die Alterspyramide eines Unternehmens zu Beginn des Planungszeitraums im Basisjahr 1984. Die Verbindung der x-Symbole drückt die gewünschte Soll-Konfiguration aus und macht somit Soll-Ist-Abweichungen erkennbar. Nach dem Starten der Simulation baut sich sukzessiv die projizierte Personalbestandsentwicklung auf dem Bildschirm auf. So zeigt die rechte Darstellung in Abbildung 2.5 die Projektion für das Jahr 1994.

Solche Simulationsstudien verbreitern die informatorische Grundlage einer längerfristig-strategischen Personalbestandsplanung vor allem bei starker Differenzierung nach Beschäftigtengruppen. Die Differenzierung findet allerdings ihre (natürliche) Grenze in der **Datenqualität**: Disaggregation bringt daher nur dann ein Mehr an Information, wenn entsprechende Daten vorliegen. Neben der Datenqualität ist bei der Interpretation derartiger Modelle auch die **Abbildungsqualität** mitentscheidend: Sie betrifft die Kongruenz beziehungsweise Divergenz zwischen Modell und Realität (vgl. auch Abschnitt 2.5). Für die Validität von Simulationsmodellen ist ferner die Gültigkeit der Prämisse der **Bedingungskonstanz** wichtig: Auch von

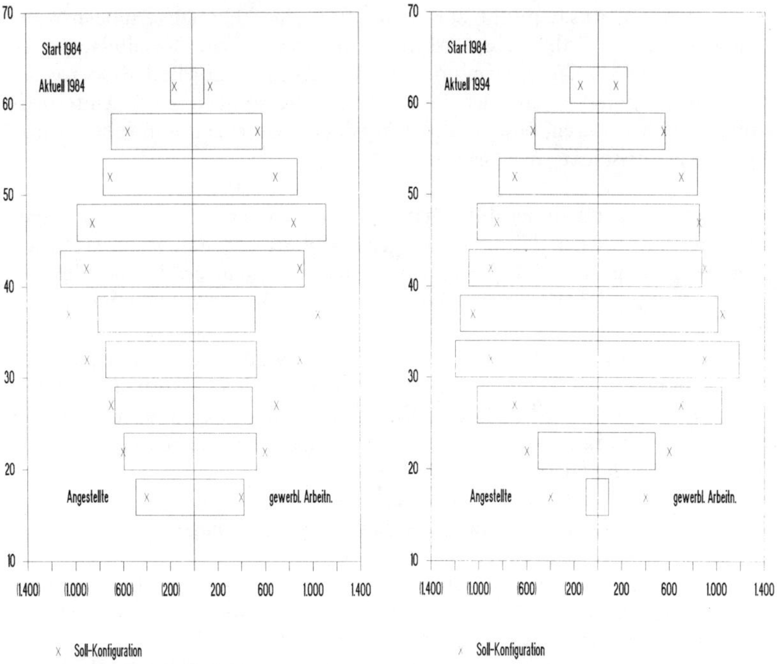

Abbildung 2.5: Personalkonfiguration im Ausgangsjahr und im Planjahr

ihr hängt die Anwendbarkeit eines solchen Modells substantiell speziell in der Interpretationsphase ab.

2.4.3 Humanvermögensrechnung

Den **Anstoß** zur Entwicklung einer selbständigen Humanvermögensrechnung gab die Erkenntnis, daß sich die klassischen betrieblichen Rechnungslegungswerte nicht als Informations- und Entscheidungsgrundlage zur Bewertung des Einsatzes menschlicher Ressourcen einer Unternehmung eignen. Gesucht wurden vielmehr übergreifende Ansätze, die in der Lage sind, ganzheitlich und an den Unternehmenszielen ausgerichtete Beurteilungen des betrieblichen Humankapitals zu realisieren. Dies führte zu dem Versuch, die Mitarbeiter im Unternehmen als „wichtigstes Kapital" des Unternehmens entsprechend zu „bilanzieren".

Diese Überlegungen sind natürlich nicht neu. So beschrieb *Rumpf* bereits 1978 nicht nur auf *Likert* (1961, 62–76) zurückgehende Wurzeln solcher Bemühungen, sondern auch die Breite der zur Diskussion stehenden Ansätze: Sie manifestierte sich damals im deutschsprachigen Bereich in den Arbeiten von *Conrads* (1975) und *Aschoff* (1978), im englischsprachigen Bereich unter anderem in der Arbeit von *Flamholtz* (1974) sowie in der Bibliographie des *Committee on Human Resource Accounting* (1973).

Ein möglicher **Ansatzpunkt** zur Realisation einer Humanvermögensrechnung ist die im Rahmen des Aktienrechts vorgesehene Sozialbilanz (z.B. *v. Wysocki* 1981): Sie unternimmt den Versuch, eine gesellschaftsbezogene Rechnungslegung (auch) der menschlichen Ressourcen einer Unternehmung durchzuführen, beschränkt sich jedoch weitgehend auf die Informationsbedürfnisse **externer** Gruppen.

Diese überwiegend an den Informationsinteressen externer Personen ausgerichtete Form einer Humanvermögensrechnung ist daher zu ergänzen durch eine explizite und konsequente **interne** Humanvermögensrechnung. Sie muß über den Rahmen dieser gesetzlichen Vorschriften hinausgehen und sich auf das Humanvermögen als potentiellen strategischen Erfolgsfaktor konzentrieren. Die hierzu entwickelten **Modelle** der Humanvermögensrechnung (vgl. *Schmidt* 1982) versuchen dieser Aufgabenstellung gerecht zu werden und zielorientiert, operational sowie zukunftsorientiert Vorschläge zur Bewertung des Humanpotentials zu machen (vgl. *Fischer-Winkelmann/Hohl* 1982, 2638–2642):

- *Inputorientierte Ansätze* ziehen dazu tatsächlich oder geschätzte Aufwendungen für das Personal als Bewertungsgrundlage heran. Hierfür gibt es mehrere Vorschläge:
  - Bei der Bewertung mit historischen Kosten bestimmen die in der Vergangenheit tatsächlich angefallenen Aufwendungen den Wert des Humanvermögens.
  - Bei der Bewertung zu Wiederbeschaffungskosten werden die Aufwendungen berücksichtigt, die für die Wiederbeschaffung eines Mitarbeiters bei Ausfall anfallen würden. Dazu gehören als Aufwandsposten die reinen Beschaffungskosten, aber auch Anlernkosten.
  - Die Bewertung mit Opportunitätskosten basiert auf den Preisen, die der „Markt" für den Mitarbeiter zahlen würde. Nicht immer existiert aber ein solcher Markt.
  - Die Bewertung mittels ranggewichteter Personalkosten orientiert sich an tatsächlichen Aufwendungen gewichtet mit rangspezifischen Faktoren.
  - Bei der effizienzgewichteten Personalkostenmethode werden die Lohnkosten der folgenden (fünf) Jahre geschätzt und auf den Planungszeitpunkt diskontiert. Der Barwert wird dann mit einer Effizienzrate gewichtet, die sich aus dem Verhältnis der betriebseigenen Rentabilität zur Durchschnittsrentabilität der Branche ergibt.
  - Eine Bewertung auf der Basis zukünftiger Einkünfte beruht auf statistisch ermittelten Einkommensprofilen verschiedener Mitarbeitergruppen. Für jeden Mitarbeiter wird eine Wahrscheinlichkeit für den weiteren Verbleib geschätzt, der dann in Verbindung mit dem Einkommensprofil den individuellen Wert ergibt.
- *Outputorientierte Modelle* basieren dagegen auf der Bewertung der Leistungsbeiträge von Mitarbeitern zu den betriebsrelevanten Zielen.
  - Die Firmenwertmethode ermittelt Humanvermögen als Differenz aus bilanziellem und tatsächlichem Vermögen. Der gesamte Firmenwert wird somit dem Humanvermögen zugerechnet.

- Bei der Bewertung mit Hilfe zukünftiger Leistungsbeiträge werden die zukünftigen Leistungen aus der Stellung in der betrieblichen Hierarchie, dem individuellen Leistungsniveau oder der Dauer des Verweilens in einer bestimmten Position abgeleitet.
- Die Methode der Verhaltensvariablen relativiert kostenorientierte Werte durch nichtmonetäre Größen, die den Einfluß von falschen Managemententscheidungen ausdrücken.

Übersicht 2.8 bewertet das Humankapital exemplarisch für einen Mitarbeiter anhand der historischen Kosten und zeigt dessen Personalinvestitionskonto nach dem ersten Berechnungsjahr.

Personalinvestitionskonto für Hauptabteilungsleiter XYZ			
Beschaffung	45.000,-	Abschreibung Fortbildung (1/3, da 3 Jahre Nutzung)	4.000,-
Einarbeitung	28.000,-	Abschreibung der Humanakquisition (1/10, da 10 Jahre Betriebszugehörigkeit prognostiziert)	7.300,-
Fortbildung	12.000,-	(Schlußbestand) Humanvermögenssammelkonto	73.700,-
	85.000,-		85.000,-

Übersicht 2.8: Personalinvestitionskonto (modifiziert nach *Fischer-Winkelmann/Hohl* 1982, 2640)

Die **Kritik** an diesen Ansätzen (vgl. *Fischer-Winkelmann/Hohl* 1982, 2642–2644) konzentriert sich hauptsächlich auf die teilweise Nichtbeachtung der obengenannten Forderungen: So liefert keines der Modelle konkrete Regeln zur Erfassung und Bewertung. Außerdem ist die Bewertung mit historischen Kosten immer vergangenheitsorientiert, die Bewertung mit Wiederbeschaffungskosten, Opportunitätskosten und mittels ranggewichteter Personalkosten nur beschränkt zukunftsorientiert.

Erstaunlich ist die bisher **geringe Weiterentwicklung** der Ansätze zur Humanvermögensrechnung. Hier wurde offenbar zumindest für den deutschsprachigen Raum Anfang der 80er Jahre ein Höhepunkt gefunden. Neuere Arbeiten (z.B. *Wohlgemuth* 1987) konzentrieren sich auch vorrangig auf die Frage der grundsätzlichen Verankerung eines Humanvermögens-Managements, liefern aber kaum neue inhaltliche Erkenntnisse.

Die Humanvermögensrechnung eignet sich trotz zeitpunktbezogenem Vermögensausweis durchaus zur **Analyse** des aktuellen Mitarbeiterbestandes. Eine **Projektion** mit Hilfe vergangenheitsorientierter Ansätze ist dagegen nur dann möglich, wenn das Modell eine dynamische Grundlage erhält.

2.5 Methodischer Exkurs

2.5.1 Überblick

Während die operative Ebene der Personalbestandsanalyse den einzelnen Mitarbeiter mit seinen Fähigkeitsmerkmalen als Analyseobjekt ansieht und daher primär vor Problemen bei der Merkmalsfeststellung steht, besteht auf der taktischen und der strategischen Ebene die Hauptschwierigkeit in der Erfassung (dynamischer) Änderungstendenzen der Belegschaft. Hilfestellung bei dieser aggregiert-dynamischen Betrachtungsweise leisten zwei Analysetechniken: nämlich Markoff-Modelle (Abschnitt 2.5.2) und Simulationsstudien vom Typ System Dynamics (Abschnitt 2.5.3).

2.5.2 Markoff-Modelle

2.5.2.1 Methodenbeschreibung

Markoff-Modelle (vgl. *Forbes* 1970; *Wächter* 1974a) erlauben ein Abschätzen der zu erwartenden Entwicklung (auch) der Personalkonfiguration, indem sie historische Entwicklungstendenzen in die Zukunft projizieren.

Eine vollständige Markoff-Studie besteht aus **vier Schritten** (Abbildung 2.6):

(1) Die zahlenmäßige Aufschlüsselung des Bestandes zu einem bestimmten Zeitpunkt und die innerhalb der gewählten Beobachtungsperiode realisierten Veränderungen führen zu einer *Verteilungs- und Veränderungsstatistik.* „Veränderungen" sind in diesem Falle Übergänge von einer Beschäftigtengruppe zu einer anderen oder aber Austritte aus dem durch das Markoff-Modell abgebildeten Bereich. Ob auch der Wechsel in den abgebildeten Bereich erfaßt wird (Eintritte), hängt vom Untersuchungsziel ab.

(2) Aus der Verteilungs- und Veränderungsstatistik (gegebenenfalls für mehrere Perioden) wird eine *Übergangsmatrix* erstellt. Sie gibt an, wie groß der Prozentsatz von Mitarbeitern einer Kategorie ist, der zu einer anderen Kategorie gewechselt oder den Abbildungsbereich verlassen hat. Diese Prozentsätze lassen sich als Übergangswahrscheinlichkeiten interpretieren: Man nimmt also an, daß auch in Zukunft jeweils ein konstanter Prozentsatz p der Beschäftigten aus der Kategorie x in die Kategorie y wechselt. Die Schritte 1 und 2 sind Teile der Diagnosefunktion der Personalbestandsbestimmung.

(3) Die Übergangsmatrix erlaubt dann die *Projektion* als zukünftige Entwicklung der Personalkonfiguration. Sie unterstellt, daß unabhängig vom aktuellen Bestand in der Kategorie x grundsätzlich immer der konstante Prozentsatz p in die Kategorie y überwechselt. Schon allein aufgrund der Austritte aus dem System würde der Inhalt in den Beschäftigtenkategorien jeweils gegen Null konvergieren. Aus diesem

Grund wird in der Übergangsmatrix (meist als absoluter Wert) auch die Zahl der Mitarbeiter berücksichtigt, die jeweils laut Plan neu in die betreffende Beschäftigungskategorie „von außen" eintreten soll. Die Anwendung der Übergangsmatrix entspricht der projektiven Funktion der Bestandsbestimmung.

(4) Als nächstes wird geprüft, inwieweit die zu erwartende Entwicklung in Einklang steht mit der aus der sonstigen Unternehmensplanung angestrebten Unternehmensentwicklung. Treten hier Divergenzen auf, so ist neben der historischen (Ist-)Übergangsmatrix eine zukunftsbezogene *Plan*-Übergangsmatrix zu erstellen. Diese gibt an, welcher Prozentsatz jeweils in der Zukunft zwischen zwei Beschäftigtenkategorien wechseln müßte, damit die zu erwartende Personalkonfiguration den strategischen Unternehmenszielen entspricht (Handlungsfunktion).

Falls in der Plan-Übergangsmatrix vorgesehene Veränderungen als nichtrealisierbar einzustufen sind, ist es – über die eigentliche Markoff-Studie hinausgehend – Aufgabe der Prognosefunktion, diese Abweichungen in die zu erwartende Entwicklung der Personalkonfiguration einzubauen.

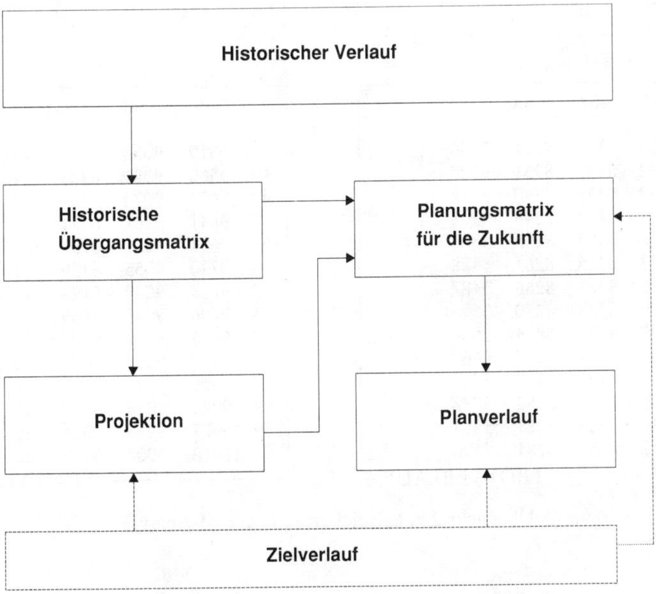

Abbildung 2.6: Struktur einer Markoff-Analyse

Die Anwendung von Markoff-Modellen basiert auf zwei **zentralen Annahmen**: Erstens müssen die Übergangswahrscheinlichkeiten im statistischen Sinne zuverlässig sein, was einen längeren Beobachtungszeitraum und eine breite Analysebasis (Anzahl der Mitarbeiter pro Kategorie) erfordert; verläßliche Richtwerte dafür, was als „statistisch zuverlässig" gilt, fehlen allerdings. Zweitens gilt die ceteris paribus-Bedingung; strukturelle Veränderun-

Zeit	Bestand				Übergänge					Externe Zugänge und Abgänge					
t	S1	S2	S3	S4	1–2	1–3	2–3	2–4	3–4	ZS 1	ZS 2	AS 1	AS 2	AS 3	AS 4
0	10000	9000	6000	2000	0	0	0	0	0	0	0	0	0	0	0
1	9840	9059	5970	2026	110	40	35	20	15	70	26	80	22	90	9
2	9660	9108	6018	2048	120	50	43	25	15	70	26	80	29	30	18
3	9460	9152	6088	2094	130	60	51	30	20	70	26	80	31	21	4
4	9240	9203	6169	2143	140	70	59	35	25	70	26	80	21	23	11
5	9000	9233	6235	2206	150	80	67	40	30	70	26	80	39	51	7
6	8740	9279	6342	2283	160	90	75	45	35	70	26	80	20	23	3
7	8460	9319	6466	2360	170	100	83	50	40	70	26	80	23	19	13
8	8160	9360	6588	2454	180	110	91	55	45	70	26	80	19	34	6
9	7840	9392	6736	2557	190	120	99	60	50	70	26	80	25	21	7
10	7500	9425	6888	2669	200	130	107	65	55	70	26	80	21	30	8

HIST-VERLAUF

Historische Übergangsmatrix:

	S1	S2	S3	S4	exit
S1	0,964	0,017	0,010	0,000	0,009
S2	0,000	0,985	0,008	0,005	0,003
S3	0,000	0,000	0,989	0,005	0,006
S4	0,000	0,000	0,000	0,996	0,004
Zu	70	26	0	0	

IST

Planungsmatrix für die Zukunft:

	S1	S2	S3	S4	exit
S1	0,986	0,001	0,000	0,000	0,013
S2	0,000	0,991	0,001	0,000	0,008
S3	0,000	0,000	0,993	0,001	0,006
S4	0,000	0,000	0,000	0,992	0,008
Zu	175	66	19	0	

PLAN

t	S1	S2	S3	S4
47	3354	8539	8221	5126
48	3302	8495	8231	5187
49	3252	8451	8240	5248
50	3204	8407	8248	5308
51	3158	8363	8255	5368
52	3113	8318	8261	5428
53	3070	8273	8266	5487
54	3029	8228	8270	5546
55	2989	8183	8274	5604
56	2951	8138	8277	5662
57	2914	8093	8279	5720
58	2878	8048	8280	5777
59	2844	8003	8281	5834
60	2811	7958	8281	5890

PROJ-VERLAUF

t	S1	S2	S3	S4
47	9519	9088	6219	2177
48	9560	9081	6203	2165
49	9601	9074	6187	2153
50	9641	9067	6171	2141
51	9681	9061	6155	2130
52	9720	9055	6139	2119
53	9758	9049	6124	2108
54	9796	9043	6109	2097
55	9833	9037	6094	2086
56	9870	9031	6079	2075
57	9906	9025	6064	2064
58	9942	9019	6049	2053
59	9977	9013	6034	2042
60	10012	9007	6019	2031

PLAN-VERLAUF

Übersicht 2.9: Beispiel einer Markoff-Analyse

gen im Unternehmen, in der Belegschaft beziehungsweise bei den Einstellungen der Mitarbeiter sind damit ausgeschlossen.

Ist die Gültigkeit dieser Annahmen sichergestellt, so lassen sich mit Markoff-Modellen eine Vielzahl von **Fragestellungen** beantworten, darunter:

- Welche Personalverteilung, bezogen auf Stellen oder Altersgruppen, wird zu einem bestimmten Zeitpunkt vorliegen?
- Welche Übergangswahrscheinlichkeiten sind erforderlich, um eine bestimmte Verteilung zu einem bestimmten Zeitpunkt zu erreichen?

- Welche Eingriffe (im Sinne von Zugängen beziehungsweise Abgängen) realisieren bei konstanten Übergangswahrscheinlichkeiten eine vorgegebene Zielverteilung zu einem festgelegten Zeitpunkt?

Die Markoff-Studie liefert als Output (nur), **welche** quantitativen Veränderungen der Personalpolitik gegebenenfalls erforderlich sind. Sie sagt nichts darüber, **wie** diese Ergebnisgröße realisiert werden kann und soll (vgl. dazu das Personalveränderungsmanagement in Kapitel 4).

Ein **Beispiel** (Übersicht 2.9) demonstriert die Durchführung einer Markoff-Analyse in einer Situation, die vier Stellentypen unterscheidet. Gesucht ist hier exemplarisch eine Entwicklung, die den Personalbestand wieder auf die Konfiguration der Periode 0 (also die Verteilung 10 000/9000/6000/2000) zurückführt:

- Für die abgelaufenen Perioden 1 bis 10 werden zunächst die Bestandswerte in den vier Stellentypen (S1-S4) sowie die entsprechenden Veränderungen erfaßt (**HIST-VERLAUF**).
- Aus diesen Werten wird die historische Übergangsmatrix bestimmt (**IST**). Wegen der Rundungen bei der Datenausgabe addieren sich hier die Zeilensummen nicht zwingend auf den Wert eins.
- Mit Hilfe dieser Übergangsmatrix wird der aktuelle Personalbestand bis zum Ende der Planungsperiode hochgerechnet (**PROJ-VERLAUF**).
- Anschließend wird eine neue Übergangsmatrix erstellt und diese so lange interaktiv-heuristisch verändert (**PLAN**), bis die angestrebte Bestandsentwicklung eintritt (**PLAN-VERLAUF**).

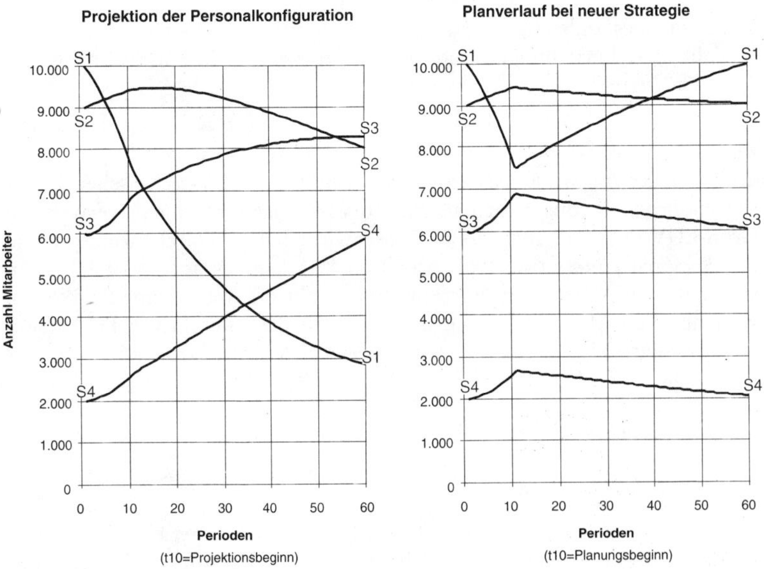

Abbildung 2.7: Projektierte und veränderte Entwicklung der Personalkonfiguration

Derartige Analysen lassen sich ohne viel Aufwand auf dem Personal Computer durchführen und auch grafisch umsetzen: Abbildung 2.7 zeigt links die Projektion, also die zu erwartende Entwicklung der Personalkonfiguration; man erkennt ein gefährliches Absinken der Belegungszahl in Stellungstyp S1 und S2. Die Probleme lassen sich aber, wie aus Abbildung 2.7 rechts erkennbar, durch eine veränderte Personalpolitik beseitigen.

2.5.2.2 Das Modell von Wessels et al.

Wessels, Verhoeven und *van Nunen* (1980) haben in Zusammenarbeit mit Privatunternehmen und öffentlichen Dienststellen ein interaktives Computerprogramm (FORMASY) entwickelt, das aufbauend auf Markoff-Ketten eine Projektion des Personalbestandes erlaubt. Im Rahmen dieses Programms kann der Benutzer den aktuellen Personalbestand individuell in Klassen aufteilen. Sinnvoll sind zum Beispiel Kategorisierungen nach Dienstgrad, Qualifikationsstufe, Alter und Verweildauer auf der Dienstgradstufe. In einem weiteren Schritt werden die Abgangs- und Beförderungsraten von jeder Klasse in jede andere ermittelt.

Die interaktive Benutzung eröffnet dem Personalplaner die Möglichkeit, Auswirkungen unterschiedlicher Einstell- und Beförderungspolitiken zu erkennen:
- die Entwicklung des Personalbestandes bei vorgegebenen Beförderungs- und Einstellquoten spezifiziert nach einzelnen Klassen,
- die Fluktuationsraten innerhalb der Planungsmethode,
- die Gehaltskosten je Beschäftigtenklasse,
- die Altersverteilung des Personals sowie das Durchschnittsalter,
- Auskünfte über individuelle Karrierepfade,
- Personalbestandsschwankungen bei geänderten Übergangsraten,
- Zahl der Einstellungen, um eine vorgegebene Mindestbesetzung je Beschäftigtenklasse zu realisieren.

Soweit erkennbar blieb allerdings der durchschlagende Erfolg dieses speziellen Markoff-Modells aus. Hierfür gibt es eine Reihe von Gründen, die aber weniger im Modellansatz selber als in seiner EDV-technischen Realisierung liegen. So dürfte sich als ein großes Problem die damals verwendete Groß-EDV mit ihrer Inflexibilität ausgewirkt haben. Durch Konzepte wie das Personal Computing (vgl. Abschnitt 8.4) kam es aber inzwischen zu substantiellen Änderungen hinsichtlich interaktiver Analysenmöglichkeiten, weshalb auch Markoff-Modellen (speziell in der interaktiven PC-Version aus Abschnitt 2.5.2.1) eine interessante Zukunft sicher ist.

2.5.3 System Dynamics

2.5.3.1 Methodenbeschreibung

System Dynamics (vgl. *Forrester* 1961; 1968) ist eine spezielle Form eines stetigen Simulationsansatzes und baut auf dem Level-Rate-Konzept auf: Durch ein System fließen Ströme (beispielsweise Geld, Güter und Mitarbeiter), die an Quellen (**Source**) in das System eintreten und dieses nach einer durch Stromstärkeregler (**Rate**) hervorgerufenen Verzögerung wieder an den Mündungen (**Sink**) verlassen; dabei bilden sich im System zwischen den Rates jeweils Bestände (**Level**).

Der aktuelle Inhalt x eines Levels berechnet sich aus dem Anfangszustand x(0) sowie den kumulierten Zu- und Abgängen. Die Zu- und Abgänge sind bei stetigen Simulationskonzepten als (auf die jeweilige Zustandsvariable bezogene) Veränderungsraten definiert. Deshalb bestimmt sich die Kumulation jeweils aus dem entsprechenden Integral über Zugangsrate ($\Delta x_z/\Delta t$) minus Abgangsrate ($\Delta x_a/\Delta t$). Vereinfacht läßt sich bei diskreten Beobachtungszeitpunkten die Integration durch eine Summation ersetzen:

$$x(t) = x(0) + \sum_{t=1}^{T} [(\Delta x_z/\Delta t) \cdot \Delta t] - \sum_{t=1}^{T} [(\Delta x_a/\Delta t) \cdot \Delta t]$$

beziehungsweise

$$x(t) = x(0) + \sum_{t=1}^{T} [(\,(\Delta x_z/\Delta t) - (\Delta x_a/\Delta t)\,) \cdot \Delta t]$$

Eine Abgangsrate kann beispielsweise „50 Mitarbeiter pro Woche" sein; sie führt – im einfachsten Fall – durch Multiplikation mit der Zahl der Bezugsperiode zum Abgangsvolumen. Verzögerungen im Output entstehen entweder in zeitlich abgestufter Intensität aus einem Input (**Delay**) oder nach einer festgelegten Zeitspanne in der vollen Höhe des Inputs (**Lag**). Ein Netz von Informationskanälen verbindet die Realgüterströme und setzt sie in Abhängigkeit zueinander. Neben direkten Abhängigkeiten sind die Komponenten des Systems durch Rückkopplungen miteinander verbunden: Sie wirken bei positivem Feedback verstärkend, bei negativem Feedback abweichungsminimierend.

Diese Zusammenhänge lassen sich unter Verwendung spezifischer Symbole als Blockschaltbild wiedergeben (Abbildung 2.8 links); das so entstehende grafische Modell kann direkt in ein mathematisches Modell und damit in eine computergerechte Form gebracht werden.

Die Funktion einer derartigen System-Dynamics-Analyse soll ein einfaches Beispiel verdeutlichen: Das Ein-Level-Modell in Abbildung 2.8 rechts beschreibt die Entstehung des Personalbestands (PBEST) in Abhängigkeit vom Personalbedarf (PBDF) sowie von Zugängen (PZU) und Abgängen (PAB).

Aus dem grafischen Modell läßt sich (vereinfacht unter der Prämisse $\Delta t = 1$) das **mathematische Modell** ableiten:

$$\begin{aligned} \text{PBEST}(t) &= \text{PBEST}(t\text{-}1) + \text{PZU} - \text{PAB} \\ \text{PZU} &= \max(0; \text{PBDF}(t\text{-}1) - \text{PBEST}(t\text{-}1)) \cdot F \\ \text{PAB} &= \text{PBEST}(t\text{-}1) \cdot D \end{aligned}$$

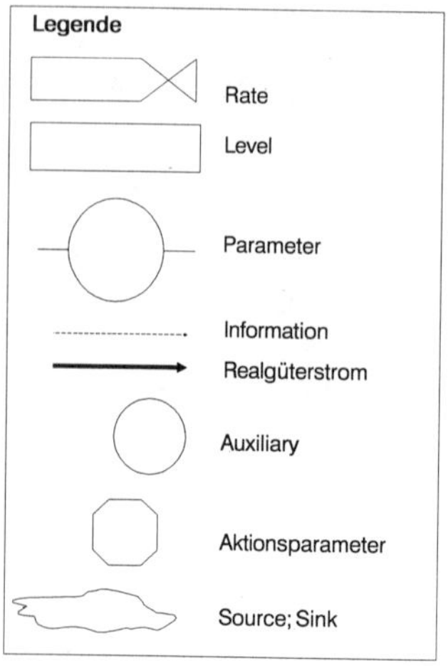

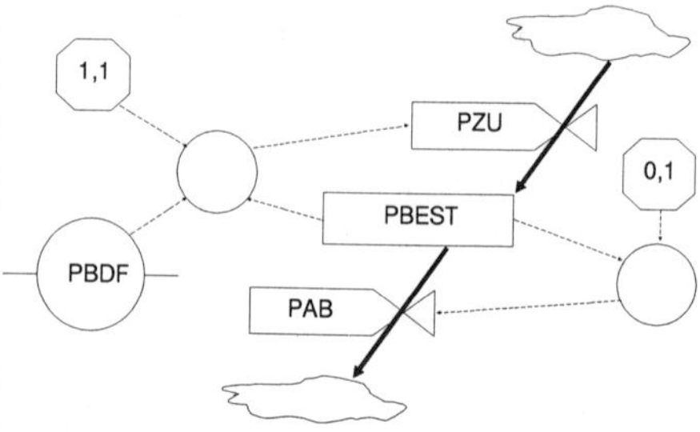

	A	B	C	D	E
1	PZU	PBEST	PAB		
2					
3					
4					
5					

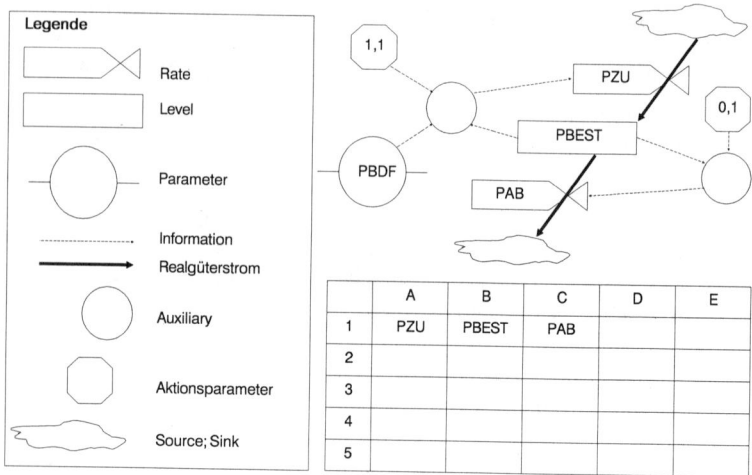

Abbildung 2.8: System-Dynamics-Modell

Die erste Zeile ist dabei die Bestandsgleichung. In der zweiten Zeile wird der Personalzugang festgelegt: Er ergibt sich aus der Multiplikation der aktuellen Bestandsdifferenz mit einem (Regelungs-)Faktor F; über die Maximierungsbedingung werden negative Personalzugänge ausgeschlossen. Die dritte Zeile errechnet den Personalabgang als konstanten Prozentsatz D des jeweiligen Personalbestandes. Als nächstes wird dieses Modell (im Computer) durchgerechnet: In diesem Fall liegen Daten aus den Jahren 1982 bis 1987 vor. In der **Diagnosephase** wird der Modellverlauf mit dem tatsächlichen Verlauf aus diesen fünf Jahren (nach 1982) verglichen. Mit den Parametern

$F = 1{,}1$ und

$D = 0{,}1$

läßt sich eine gute Approximation des tatsächlichen Verlaufs realisieren (Übersicht 2.10): Die Modellstruktur sowie die Parameter F und D gelten daher als valide; die Diagnosefunktion (hier: Struktur- und Parameterbestimmung) ist damit erfüllt.

Für die anschließende **Projektionsphase** wird dieses Modell auch für die Zukunft als gültig angesehen. Bei konstanter Struktur sowie unveränderten Parametern F und D sind weiterhin relativ starke Schwankungen im Personalbestand und erhebliche Abweichungen zum angestrebten Personalbedarf zu erwarten.

Zur Analyse alternativer **Handlungsfunktionen** werden daher die Parameter **F** und **D** so lange verändert, bis eine als zulässig angesehene Bestandsentwicklung zu erwarten ist. Ein solcher günstiger Verlauf würde sich in diesem Beispiel bei der Parameterkonstellation

	Modellverlauf				Realität
	PBEST 31.12.	PBDF 31.12.	PZU 1.1.–31.12.	PAB 1.1.–31.12	PBEST
Analyse					
1982	90	100			90
1983	81	100		9	85
1984	84	100	11	8	80
1985	97	100	21	8	90
1986	105	100	18	10	105
1987	97	100	3	11	100
Projektion					
1988	87	100	0	10	
1989	81	100	3	9	
1990	87	100	14	8	
1991	99	100	21	9	
1992	103	100	14	10	
1993	94	100	1	10	

Übersicht 2.10: Modellverhalten zu Abbildung 2.8

F = 1,05 und

D = 0,05

einstellen. Offen bleibt allerdings auch hier wieder, wie diese Parameter anschließend in der Realität erreicht werden sollen: Dies ist Aufgabe des Personalveränderungsmanagements.

Bereits aus den obigen kurzen Darstellungen lassen sich die **fünf** charakteristischen **Schritte** einer **Simulationsstudie** erkennen:

- Als Schritt 1 *(Strukturmodell)* wird versucht, die relevanten Systemzusammenhänge zu erkennen und in ein strukturelles (also noch nicht quantifiziertes) Modell zu übertragen.
- In Schritt 2 *(Datenmodell)* werden diese Zusammenhänge quantifiziert und in das Strukturmodell übertragen. Ein derartiges Simulationsmodell wird als valide angesehen, wenn (ausgehend von einem möglichst weit in der Vergangenheit liegenden Zeitpunkt) sein Modellverlauf dem Realitätsverlauf entspricht. Wird also im obigen Beispiel (Übersicht 2.10) ausgehend von 1982 mit dem Modell eine Bestandsentwicklung 90;81;84;97;105;97 erreicht und entspricht diese Folge in etwa dem realen Verlauf, so gilt das Modell als valide. Ansonsten müssen neue Beziehungen (Schritt 1) und oder präzisere Daten (Schritt 2) gesucht werden.
- In Schritt 3 *(Projektion)* wird ausgehend vom Struktur- und Datenmodell der Personalbestand in die Zukunft fortgeschrieben.
- In Schritt 4 *(Modellmodifikation)* wird geprüft, ob die Projektion von Schritt 3 zufriedenstellende Zukunftswerte verspricht. Ist dies nicht der Fall, werden alle veränderbaren Parameter (in diesem Beispiel die Ein-

stellrate und die Abgangsrate) so lange variiert, bis sich (mit F = 1,05 und D = 0,05) ein zufriedenstellender Modellverlauf abzeichnet.

- In Schritt 5 *(Systemmodifikation)* erfolgen entsprechend der Aussagen aus Schritt 4 die realen Veränderungen im System.

Ein **ausführlicheres Modell** liegt Übersicht 2.11 zugrunde: Der Anfangsbestand ist zunächst auf 1000 Mitarbeiter festgelegt. Für die ersten 25 Perioden stellt dieser Wert auch den **Soll-Bestand** dar. Ab Periode 25 beträgt der Soll-Bestand 1200, ab Periode 50 dann 800 Mitarbeiter. Der **Abgang** errechnet sich als konstante Rate von 3% des aktuellen Bestandes; diese Rate kann jedoch, über einen Zufallszahlengenerator gesteuert, um 50% nach oben oder nach unten schwanken. Der Zugang bestimmt sich durch Multiplikation der negativen Bestandsdifferenz aus Bestand und Soll mit einem Regelungsfaktor (bei Alternative A: 0.5, bei Alternative B: 0.2). Der

Input-Parameter:	**Ergebnis-Werte** (Durchschnitte):		
Anfangsbestand 1000	für Alternative	**A**	**B**
Soll-Bestände (t = 0;25;50) 1000; 1200; 800			
Abgangsrate 3%	Unterdeckung	55	117
Schwankung 50%	Überdeckung	65	20
Regelungsfaktor Alternative A 0,5			
Regelungsfaktor Alternative B 0,2	Gesamtabweichung	120	137

PARAMETER

Exemplarisch: Verlauf bei Alternative A

Periode	Bestand	Abgang	Zugang	Soll	M-Diff.	P.-Diff.	S.-Diff.
0	1000	0	0	1000	0	0	0
1	1000	17	0	1000	0	0	0
2	983	36	0	1000	17	0	17
3	947	37	0	1000	53	0	53
4	910	29	0	1000	90	0	90
5	881	26	0	1000	119	0	119
6	855	36	8	1000	145	0	145
7	827	28	26	1000	173	0	173
8	825	22	45	1000	175	0	175
9	848	13	59	1000	152	0	152
10	894	38	72	1000	106	0	106
11	928	23	86	1000	72	0	72
12	991	26	87	1000	9	0	9
13	1052	24	76	1000	0	52	52
.	.	.	.	.	.	.	.
.	.	.	.	.	.	.	.
.	.	.	.	.	.	.	.

Übersicht 2.11: Ausschnitt aus dem erweiterten System-Dynamics-Modell

Zugang erfolgt zeitlich um 4 Perioden verzögert. Eine Personalbestandsdifferenz von 17 Personen in Periode 2 führt daher bei Alternative A zu einem Zugang von 8 Personen (0.5 x 17) in Periode 6.

Ziel des Modells ist die Abweichungsminimierung. Abbildung 2.9 zeigt grafisch die Personalbestandsentwicklung beider Alternativen im Vergleich mit dem Sollverlauf über 100 Perioden: Ein Regelungsfaktor von 0,5 führt zu enormen Schwankungen. Im Gegensatz dazu ruft ein Regelungsfaktor von 0,2 einen relativ glatten Verlauf hervor, verbunden mit einer chronischen Unterdeckung.

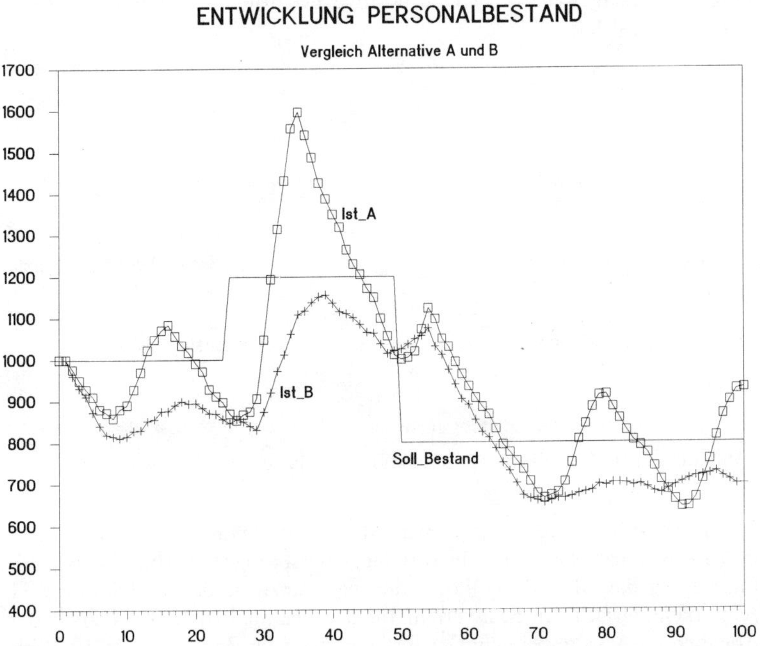

Abbildung 2.9: Erweitertes System-Dynamics-Modell, grafischer Verlauf

Obwohl auch dieses Modell noch deutlich von der Realität abstrahiert, erkennt man doch bereits die **Stärken** dieser Methodik: Sie liegen primär in einer erheblichen Flexibilität; werden fehlende oder realitätsferne Strukturen erkannt, läßt sich das Modell leicht entsprechend modifizieren. Hierbei kommt als weiterer Vorteil die – besonders auf dem PC – unproblematische und schnell erlernbare Anwendbarkeit zum Tragen.

2.5.3.2 *Das Modell von Weinmann*

Weinmann (1978) entwickelte ein System-Dynamics-Modell zur Simulation des langfristigen Personalbestandes und der Personalentwicklung, das auf realen Daten der BASF AG Ludwigshafen basiert. Als „relevant" wurden von *Weinmann* folgende Subsysteme identifiziert: Als Objektsystem die Bereiche Absatz, Produktion, Investition, Finanzen, als Subjektsystem die Bereiche Personalbedarf, -entwicklung, -kosten, Motivation und Arbeitsproduktivität sowie als Umweltsystem wirtschaftliche Entwicklung, technischer Fortschritt, Arbeitsmarkt und Arbeitszeit.

Grundlage seiner Analysen ist zunächst ein Strukturmodell, das sich durch mehrere Kausalketten beschreiben läßt: Die Kausalkette (in Abbildung 2.10) verdeutlicht exemplarisch die verstärkende Wirkung, die eine Erhöhung der Anlagewerte über eine positive Beeinflussung anderer Faktoren auf sich selbst hat.

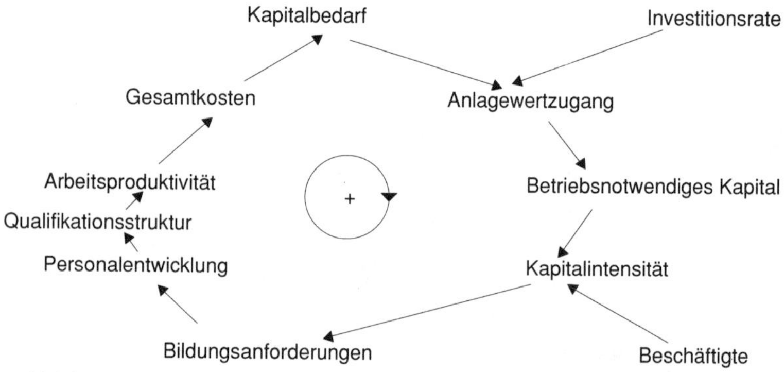

Abbildung 2.10: Kausalkette als Simulationsgrundlage (nach *Weinmann* 1978, 65)

Nach der Validierung des gesamten Modells mit Hilfe von Plausibilitäts- und Konsistenztests sowie von vergangenheitsbezogenen Abbildungsqualitäten kann das Modell zur Projektion eingesetzt werden. Abbildung 2.11 zeigt exemplarisch den Basisverlauf für den Personal-Ist-Bestand sowie der Abgänge im Arbeiterbereich: Der Bestand steigt im Zeitraum von 1972 bis 1974 auf 28.570 Personen. In der Rezessionsphase führt ein Ausnutzen der natürlichen Fluktuation zu einer Bestandsreduktion auf 28.000 Personen. Ein stärkerer Rückgang des Personalbestandes wird durch den Rückgang der Fluktuationsrate während der Rezessionsjahre 1974 bis 1975 verhindert. Ab 1976 steigt die Fluktuationsrate langsam an. Der Personal-Ist-Bestand erreichte 1978 wieder die Höhe von 28.570 Personen, um dann in den Jahren bis 1981 progressiv zuzunehmen. Am Ende des Simulationszeitraums 1984 stagniert er bei 29.860 Arbeitern. Gründe hierfür sind technische Fortschritte sowie steigende Arbeitsproduktivität. Gemäß dem Altersaufbau der Belegschaft ist im Zeitraum von 1979 bis 1982 eine rückläufige Pensionierungsrate zu beobachten. Der Fehlbestand durch Krankheiten,

Unfälle oder sonstige personelle Ausfallzeiten weist eine abflachende Reduzierungstendenz auf und sinkt auf 100 Arbeiter pro Monat.

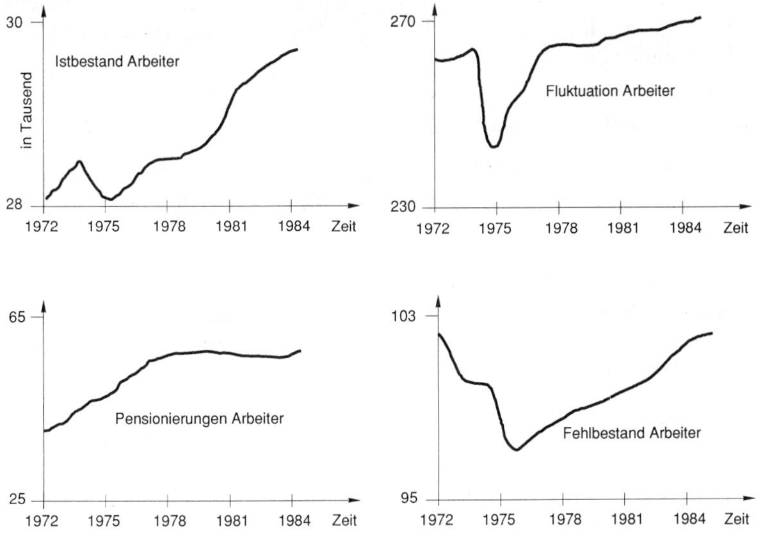

Abbildung 2.11: Modellergebnisse für gewerbliche Arbeitnehmer (nach *Weinmann* 1978, 336)

Auch das Simulationsmodell von *Weinmann* weist Schwächen und Lücken auf (vgl. *Weinmann* 1978, 401–406):

- Der Komplexitätsgrad des Modells könnte noch zu gering sein, um das Realsystem ausreichend abzubilden.
- Der Einfluß der Gesetzgebung (Betriebsverfassungsgesetz, Mitbestimmungsgesetz, Arbeitssicherheitsbestimmungen, Vorruhestandsregelungen, Arbeitsförderungsgesetz oder Umweltschutzvorschriften) wurde nicht berücksichtigt.
- Die Kosten der Simulationsstudie sind im überproportionalen Maße abhängig von der Komplexität des Modellentwurfs und der Anwendung. Eine genaue Kosten-Nutzen-Analyse ist jedoch für den Bereich der Personalplanung nur mit Hilfskriterien (zum Beispiel die Bestätigung eines validen Modellverhaltens) möglich.
- Die personalwirksamen Variablen des Investitionsbereiches reagieren auf Parameter sehr sensibel. Eine Quantifizierung dieser Kosten war aufgrund der ungenügenden Datenbasis aus dem Produktions- und Investitionssektor nicht möglich.
- Die Datenbasis ist unzureichend statistisch abgesichert.

Trotz seiner Schwächen beweist dieses Modell, daß mit Hilfe von System Dynamics eine Simulation relevanter Entwicklungen im Personalbereich möglich ist. Dies gilt besonders dann, wenn die Komplexität des Modells erhöht und die Absicherung sensibel reagierender Variablen statistisch verbessert wird. Hinzu kommen auch hier wieder die Nutzungsmöglichkeiten der neuen Computertechnologien mit ihrer Benutzerfreundlichkeit: Hier lassen sich Sensitivitätsanalysen durchführen und auch Modelländerungen unmittelbar umsetzen. Vor allem PC-gestützte Modelle, wie in Abschnitt 2.5.3.1 vorgestellt, bieten sich daher als effektives und effizientes Instrumentarium an.

2.5.4 Methodenvergleich

Unter **„Markoff-Eigenschaft"** versteht man die Tatsache, daß Veränderungen (Zugänge und Abgänge) nur von den Übergangswahrscheinlichkeiten, nicht aber von der „Entwicklungsgeschichte" abhängen. Das Modell hat also kein „Gedächtnis". Die Entwicklung im Zeitpunkt $t+2$ hängt damit nur vom jeweiligen Zustand in $t+1$ ab, nicht aber davon, wie (also auf welchem Entwicklungspfad) dieser Zustand erreicht wurde. Diese Beschränkung weisen alle Markoff-Modelle, aber auch einfach gebaute System-Dynamics-Modelle auf.

Wichtigster Unterschied zwischen Markoff und System Dynamics ist die Möglichkeit von **Parameteränderungen**. Dabei muß zwischen exogenen und endogenen Änderungen unterschieden werden:

- *Exogene* Parameteränderungen werden vom Modellbauer selbst vorgenommen (zum Beispiel Veränderungen der Übergangswahrscheinlichkeit zwischen zwei Stellentypen) und sind in beiden Modelltypen möglich.
- *Endogene* Parameteränderungen werden dagegen von Zustandsvariablen im Modell hervorgerufen; so läßt sich beispielsweise die Zugangsrate zum Stellentyp A von der Besetzungszahl dieses Stellentyps abhängig machen. Auf diese Weise sind auch Variablen wie Motivation oder Aufstiegserwartung berücksichtigbar. Endogene Parameteränderungen sind **nur** im Simulationsmodell möglich, also bei System Dynamics. Bei Markoff-Modellen sind sie ausgeschlossen.

Ein weiterer Unterschied betrifft die modellmäßige Berücksichtigung des **Abgangsverhaltens** pro Stellentyp. Auch hier läßt System Dynamics eine differenziertere Betrachtung als Markoff zu: Bei Markoff ist das Abgangsvolumen ein konstanter Teil des jeweiligen Bestandes (beispielsweise 30% des aktuellen Bestandes); bei System Dynamics sind unterschiedliche Arten von Abgangsverzögerungen möglich. Es können also bei System Dynamics Überlebenskurven vollständig abgebildet werden: Gilt als jahresbezogene Überlebenskurve beispielsweise (0,1; 0,7; 0,2), so resultiert der Abgang in 1984 aus 20% der Zugänge von 1983, aus 70% der Zugänge von 1982 und aus 10% der Zugänge von 1981.

Für stetige Entscheidungsparameter ist das **Planungsoptimum** bei System Dynamics und bei Markoff-Modellen jeweils nur zufällig lokalisierbar, aber nie als solches einwandfrei identifizierbar. Nur wenn wenige diskrete Entscheidungsparameter vorliegen (wie Einstellung von n oder m Personen pro Monat), läßt sich ein Optimum lokalisieren und identifizieren: Dazu werden alle denkbaren Alternativen permutiert; der Vergleich der alternativen Ergebnisse führt dann zum Optimum.

2.6 Resümee und Vorschau

Informationen über den aktuellen und über den zukünftigen Personalbestand sind Grundlage für ein erfolgversprechendes Personalmanagement. Die dazu erforderliche Personalbestandsanalyse umfaßt die
- Diagnosefunktion,
- Projektionsfunktion,
- Handlungsfunktion und
- Prognosefunktion.

Dabei reicht es nicht, in Form einer „Buchhaltung" den Überblick über die Veränderung der Gesamtbelegschaftszahl zu behalten, vielmehr sind auch qualitativ differenzierende Informationen über den einzelnen Mitarbeiter nötig. Das Spektrum von Vorschlägen, die sich selbst im weitesten Sinne unter der Bezeichnung „qualitativ" positionieren, reicht von der eindimensionalen Unterscheidung Arbeiter/Angestellter bis hin zur mehrdimensionalen Potentialerfassung.

Wie auch bei den nachfolgenden Managementfeldern sind die Inhalte und Aufgaben der drei Managementebenen strikt voneinander zu trennen, da sie jeweils durch unterschiedliche Analyseobjekte und -methoden charakterisiert sind:
- Auf der *operativen* Ebene steht der einzelne Mitarbeiter im Mittelpunkt, repräsentiert durch sein individuelles Fähigkeitsprofil. Hier ergeben sich Probleme vor allem in der Erfassung des Leistungspotentials.
- Auf der *taktischen* Ebene erfolgt eine erste Aggregation individueller Fähigkeitsprofile durch Zusammenfassung zu stellen- und qualifikationsbezogenen Tätigkeitsfeldern. In diesem Bereich erlaubt die Mustererkennung interessante Möglichkeiten zur Qualifikationsgruppierung.
- Auf der *strategischen* Ebene schließlich dominieren Humanvermögensrechnung und Personalkonfiguration. Da hier die zahlenmäßig größte Bezugsgruppe vorliegt, sind gerade bei der Entwicklung der Personalkonfiguration Verfahren wie Markoff und System Dynamics einsetzbar.

Im nächsten Kapitel erfolgt spiegelbildlich zur Personalbestandsanalyse, die wieder an drei Managementebenen zu positionierende Personalbedarfsbestimmung.

2.7 Testfragen

(1) Erklären Sie an einem von Ihnen gewählten Beispiel die vier Funktionen der Personalbestandsanalyse. Welche Bedeutung hat dabei die Differenzierung nach unterschiedlichen Managementebenen?

(2) Wozu dient eine explizite Differenzierung zwischen Projektions- und Prognosefunktion?

(3) Welche Probleme wirft das Erheben von Fähigkeitsprofilen auf? Wie lassen sie sich beseitigen? Welche zusätzlichen Probleme treten bei der

Ermittlung zukunftsbezogener Fähigkeitsprofile auf? Sehen Sie dafür Lösungsmöglichkeiten?

(4) Wie würden Sie die Notwendigkeit einer operativen Personalbestandsanalyse begründen?

(5) Worin besteht der Nutzen eines explizit „strategischen" Personalbestandsmanagements?

(6) Diskutieren Sie das Problem der Personalbestandsanalyse vor dem Hintergrund der in Kapitel 1 behandelten Validitäts- und Reliabilitätsproblematik.

(7) Interpretieren Sie die Alterspyramide aus Übersicht 2.6 als Verteilung auf Dienstränge. Was wären sinnvolle Konsequenzen, wenn die Konfiguration von 1988 gleichzeitig die anzustrebende Soll-Konfiguration darstellt?

(8) Der derzeitige Personalbestand von 7400 Mitarbeitern läßt sich auf sechs Qualifikationsstufen zuordnen (Übersicht 2.12). Aus Ihrer Belegschaftsstatistik entnehmen Sie Übergangswahrscheinlichkeiten, die Ihre bisherige Beförderungspolitik sowie die Personalabgänge widerspiegeln. Welcher Personalbestand ergibt sich (ohne Neuzugänge) im nächsten und im übernächsten Jahr? Welche Beförderungspolitik müßten Sie wählen, um nach zwei Jahren in Qualifikationsstufe 4 einen Personalbestand von 900 Personen zu realisieren?

Qualifikationsstufe	1	2	3	4	5	6	Exit
Mitarbeiter	2400	1400	800	600	1000	1200	
1	0,75	0,1	–	–	0,05	–	0,1
2	–	0,6	0,1	0,1	–	–	0,2
3	–	–	0,7	0,1	0,05	0,1	0,05
4	–	–	0,1	0,65	0,10	0,05	0,1
5	–	–	–	0,05	0,8	0,15	–
6	–	–	–	–	–	0,75	0,25

Übersicht 2.12: Qualifikationsverteilung und Übergangswahrscheinlichkeiten

(9) Markoff-Modelle basieren im Personalmanagement auf der Ganzzahligkeitsprämisse. Welche Konsequenzen hat sie? Wie muß eine daran anknüpfende Entscheidungsregel aussehen, die Aussagen über Mindestbelegungszahl bei Markoff-Modellen macht?

(10) Entwerfen Sie ein System-Dynamics-Modell, das Aussagen über die Entwicklung der Studentenzahlen in der Übung „Personalmanagement" macht! Differenzieren Sie zwischen mindestens zwei Gruppen von Studenten und quantifizieren Sie die von Ihnen verwendeten Variablen.

3 Personalbedarfsbestimmung

3.1 Charakterisierung

Grundlage für die Personalbedarfsbestimmung ist die zu realisierende Aufgabe, charakterisiert durch zeitbezogene Informationen hinsichtlich Art und Umfang des geplanten Leistungsprogramms. Die Personalbedarfsbestimmung legt ausgehend davon fest,
- in welcher Situation,
- aufgrund des geplanten Produktions- und Leistungsprogramms,
- wieviele Mitarbeiter,
- welcher Qualifikation,
- zu welchen Zeitpunkten

erforderlich sind. Die Personalbedarfsbestimmung hat damit als **Input** eine aufgabenbezogene und eine situative, als **Output** eine quantitative, qualitative und zeitbezogene Komponente.

Die Bestimmung des quantitativen, qualitativen und zeitbezogenen Personalbedarfs erfolgt also nicht nur aufgrund der zu **realisierenden Aufgaben**, sondern auch in Abhängigkeit von **Kontextfaktoren** wie Technologie oder Arbeitsbedingungen. Auf diese beiden Gruppen von Bestimmungsfaktoren lassen sich die verschiedenen Determinanten des Personalbedarfs zuordnen, die in der Literatur genannt werden (vgl. Überblicke bei *Hackstein/Nüssgens/Uphus* 1971a, 117–118; 1971b, 160–161; *Beyer* 1981, 20; *Bresser* 1985, 2855). Bei den **Kontextfaktoren** ist dabei hinsichtlich ihrer Beeinflußbarkeit zwischen **zwei Gruppen** von Faktoren zu unterscheiden (Abbildung 3.1):

- *Unternehmensinterne* Kontextfaktoren, die der Personalbereich (mit-) beeinflußt, sind gleichzeitig Rahmenbedingung und Objekt für das Personalmanagement. So befaßt sich das Personaleinsatzmanagement mit Arbeitsbedingungen und damit mit der Arbeitsproduktivität. Andere unternehmensinterne Faktoren wie Produktionspläne oder Automatisierungsgrade werden nur begrenzt vom Personalbereich geprägt.
- *Unternehmensexterne* Kontextfaktoren wie Arbeits- und Sozialrecht oder die Bildungspolitik sind im Regelfall exogen vorgegeben, also vom Unternehmen nicht beeinflußbar.

Ferner lassen sich die Kontextfaktoren entsprechend ihrem **Zeitbezug** differenzieren. Die tarifliche Arbeitszeit ist eine eher mittelfristig beeinflußbare Determinante, die Bildungspolitik dagegen allenfalls langfristig.

Für den Vorgang der Personalbedarfsbestimmung gibt es eine Fülle von Vorschlägen (vgl. Überblick bei *Drumm/Scholz* 1988, 104–115). Sie lassen sich zwei Gruppen von Planungsansätzen zuordnen, nämlich der Planung auf Fortführungsbasis und auf Nullbasis. Innerhalb dieser Gruppen wie-

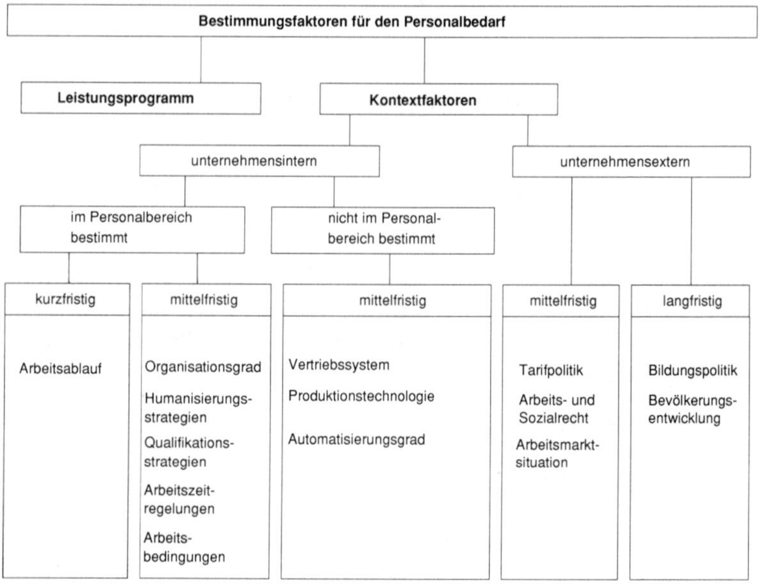

Abbildung 3.1: Bestimmungsfaktoren für den Personalbedarf

derum gibt es weitere Unterformen, die sich unter anderem durch den Grad der Vergangenheitsorientierung unterscheiden.

Die sich daraus ergebende Systematik bietet die Basis für die ebenenspezifischen Planungsansätze. Sie soll daher hier kurz andiskutiert werden:

(1) Die Planung auf **Fortführungsbasis** geht davon aus, daß der bisherige Personalbestand genau dem Personalbedarf entspricht, also der Personalbedarf quantitativ und qualitativ bisher richtig bestimmt und auch durch einen entsprechenden Personalbestand erfüllt wurde. Bliebe die zu realisierende Aufgabe konstant, blieben danach auch Personalbedarf und damit Personalbestand konstant. Die Personalbedarfsbestimmung auf Fortführungsbasis befaßt sich aus diesem Grunde ausschließlich mit der Evaluierung der bedarfswirksamen Konsequenzen von Veränderungen, wofür es zwei Varianten gibt:

- Entweder man geht von **Vergangenheitsdaten** aus. Liegen also Erfahrungswerte darüber vor, wie stark sich in der Vergangenheit Umsatzsteigerungen auf den Personalbestand ausgewirkt haben, so berechnet sich mit diesem Erfahrungswert der Personalzusatzbedarf. Die vergangenheitsbezogene Bedarfsbestimmung geht von historischem Datenmaterial aus:
  - Die *zeitabhängige* Planung setzt die „Zeit" als unabhängige Variable ein, was dem methodischen Instrument der Trendextrapolation entspricht. Dieser Ansatz ist nur in Phasen konstanter Unternehmensentwicklung sinnvoll.
  - Die *nicht-zeitabhängigen* Ansätze dagegen basieren auf diversen Bedarfsdeterminanten, allen voran dem Produktionsprogramm.

Hier kommen Regressionsmodelle, speziell aber Kennziffernmodelle zum Einsatz.

- Oder man operiert **ohne** Vergangenheitsdaten. In diesem Fall erfordert jede Veränderung der zu realisierenden Aufgabe eine Personalbedarfsanalyse, die sich direkt an der Zusatzaufgabe orientiert und sich auch ausschließlich auf diese Zusatzaufgabe beschränkt. Eine solche (zumindest ansatzweise) Abkehr von der Vergangenheitsorientierung läßt sich durch Expertenbefragungen realisieren:
  - Bei der *singulären* Schätzung steht das subjektive Urteil eines Vorgesetzten im Mittelpunkt. Hier ist allerdings sicherzustellen, daß dieses Urteil nicht als unbewußte Projektion aus der Vergangenheit abgeleitet wird.
  - Bei der *einfachen* Expertenbefragung kommt es zu einem Gruppenurteil mehrerer Personen, das – bei entsprechender Instruierung – die Gefahr der Vergangenheitsextrapolation reduziert, aber störende Effekte wie Meinungsführer-Dominanz oder Intra-Gruppen-Konkurrenz produziert.
  - *Systematische* Expertenbefragungen wie die Delphi-Technik (vgl. Abschnitt 3.5.2) versuchen derartige Probleme durch prozedurale Vorschriften zu vermeiden, die einerseits die Unabhängigkeit des einzelnen Experten fördern, andererseits eine Konvergenz der Urteile in Richtung auf ein verwertbares Ergebnis sicherstellen.

(2) Eine Alternative zur Planung auf Fortführungsbasis ist die **Nullbasisplanung**, wozu auch das Zero Base Budgeting (vgl. *Pyhrr* 1973; *Horváth* 1991, 279–285) als spezielle Vorgehensweise zählt (vgl. Abschnitt 7.3). Bei der Nullbasisplanung wird der **gesamte** Personalbedarf einer Planungsperiode in die Personalbedarfsbestimmung einbezogen und neu festgelegt. Diese löst sich damit vom gegenwärtigen und vergangenen Personalbestand. Eine in ihren Implikationen abgeschwächte Form der Nullbasisplanung ist das „Vakanzenmodell" (vgl. *Drumm/Scholz* 1988, 119, 152): Hier müssen freigewordene Stellen vor einer Neubesetzung inhaltlich neu begründet werden. Für eine Bedarfsbestimmung auf Nullbasis genügt es also nicht, (wie bei der Fortführungsbasis) lediglich die neu zu besetzenden Stellen für das Erweiterungsvolumen zu berechnen; vielmehr muß der gesamte Personalbedarf vollständig aus der zu realisierenden Leistung und den jeweiligen Kontextfaktoren abgeleitet werden. Auch für die Nullbasisplanung sind die drei oben beschriebenen Schätzverfahren einsetzbar: Sie haben aber jetzt nicht mehr inkremental einzelne Veränderungen zum Gegenstand, sondern den gesamten Personalbedarf.

Abbildung 3.2 zeigt zusammenfassend die Varianten der Personalbedarfsbestimmung. Hervorzuheben ist dabei das Fehlen einer „vergangenheitsorientierten" Nullbasisplanung: Sie würde zwangsläufig im konstanten Teil von historischen Werten ausgehen und somit zum gleichen Ergebnis führen wie eine entsprechende Planung auf Fortführungsbasis.

Die in Abbildung 3.2 aufgeführten Formen einer Personalbedarfsbestimmung schließen sich, bezogen auf ein Planungsobjekt und einen Planungszeitraum, jeweils aus: So dürfte es im Regelfall gegen das Prinzip der Planungseffizienz verstoßen, den globalen Personalbedarf für eine Abteilung auf Fortführungsbasis **und** gleichzeitig für die gleiche Bezugsperiode auf Nullbasis zu bestimmen. Allerdings bietet sich eine Kombination für unterschiedliche Planungszeitpunkte an: Danach wären im Rahmen des kurzfristigen Personalmanagements aktuelle Veränderungen überwiegend auf Fortführungsbasis zu planen, in periodischen Abständen (zum Beispiel drei oder fünf Jahren) dagegen die Personalbedarfswerte auf Nullbasis zu überprüfen.

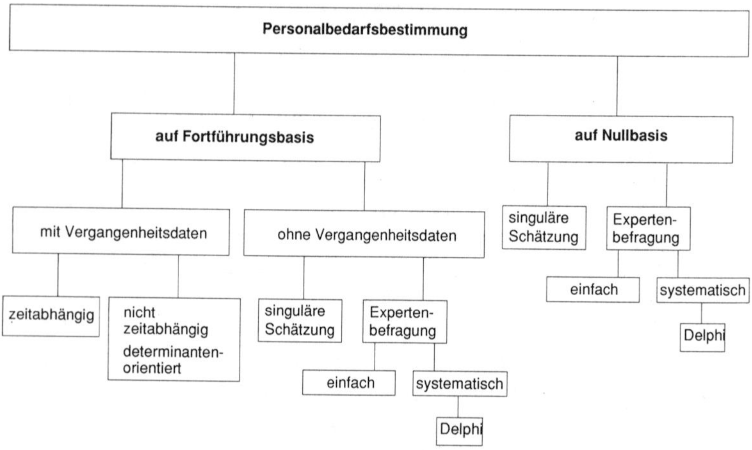

Abbildung 3.2: Formen der Personalbedarfsbestimmung

Die unterschiedlichen Formen der Personalbedarfsbestimmung aus Abbildung 3.2 betreffen **alle drei Managementebenen**: Eine operative Planung ist demnach genauso auf Fortführungsbasis möglich wie auf Nullbasis. Oder es läßt sich auf der strategischen Ebene zum einen die Wirkung zentraler Veränderungen wie der Einführung neuer Technologien auf Fortführungsbasis ohne Vergangenheitsdaten planen, zum anderen unabhängig davon periodisch die gesamte Personalbedarfsstruktur auf Nullbasis überprüfen.

Zur Illustration der unterschiedlichen Varianten der Personalbedarfsbestimmung soll abschließend ein kurzes **Beispiel** dienen: Eine Universität wird durch mehrere zusätzliche Lehrstühle erweitert, was zu einem verstärkten Arbeitsanfall in der Universitätsdruckerei führt. Bei der extrapolativen Planung auf Fortführungsbasis (**mit** Vergangenheitsdaten) wird geprüft, wieviele Beschäftigte in der Universitätsdruckerei bisher im Durchschnitt auf einen Lehrstuhl entfielen; mit dieser Relation läßt sich dann auch der Personalzusatzbedarf bestimmen. Bei der Fortführungsplanung **ohne** Vergangenheitsdaten wird ermittelt, welcher Bedarf an Drucktätigkeiten von den neuen Lehrstühlen zu erwarten ist. Dieser Bedarf an Drucktätigkeiten wird dann auf unterschiedliche Aktivitäten aufgeschlüsselt (Vervielfältigen, Heften etc.), ihr Zeitbedarf erhoben und daraus dann der Personalzusatzbedarf festgelegt. Die **Nullbasisplanung** schließlich unterzieht den gesamten Personalbedarf der Universitätsdruckerei einer Überprüfung: Hierzu gehört auch die Prüfung, ob nicht aufgrund des erweiterten Auftragsvolumens neue Drucktechnologien einzuführen und damit Rationalisierungsvorteile zu nutzen sind.

In den nachfolgenden Abschnitten werden verschiedene Methoden zur Personalbedarfsbestimmung diskutiert. Sie sind alle entsprechend den drei in Abbildung 3.2 skizzierten Alternativen einsetzbar: So kann eine Kennziffernplanung genauso auf Fortführungsbasis einzelne Teilbereiche erfassen, wie auf Nullbasis unternehmensübergreifend operieren.

3.2 Operative Ebene: Stellenbezogen

3.2.1 Überblick

Aus der Charakterisierung der operativen Managementebene ergibt sich für diese Ebene als zentrales Planungsobjekt die einzelne Stelle oder die einzelne Tätigkeit, die – wie bei der Bestandsanalyse – wieder eine qualitative und quantitative Dimension aufweist: Personalbedarfsbestimmung in **qualitativer** Hinsicht (Abschnitt 3.2.2) verlangt Aussagen über die Anforderungsmerkmale einer Stelle und ihre jeweiligen Ausprägungen. Merkmale und Merkmalsausprägungen führen dann zum Anforderungsprofil, das später für den Personaleinsatz dem Fähigkeitsprofil der Mitarbeiter gegenübergestellt werden kann. Für die **quantitative** Dimension der Personalbedarfsbestimmung auf der operativen Ebene wird dagegen ermittelt, wieviel Zeit eine vorher definierte Tätigkeit erfordert und welche Zahl von Mitarbeitern sich daraus ableitet (Abschnitt 3.2.3).

3.2.2 Qualitativ: Anforderungsprofil

Unabhängig von aktuellen oder zukünftigen Stelleninhabern machen Anforderungsprofile nach mehreren Merkmalen differenziert Aussagen über Art und Höhe der Anforderungen einer Stelle.

Entsprechend dem in Kapitel 2 beschriebenen Ansatz sollte die Festlegung des Merkmalssatzes für das **Fähigkeitsprofil** tätigkeitsbereichsspezifisch erfolgen: Danach gehen auch solche Merkmale in das Fähigkeitsprofil ein, die im Verlauf der (absehbaren) Karriere des Mitarbeiters bedeutsam werden könnten. Aus diesem Grund stellt auch das **Anforderungsprofil** immer eine Teilmenge des Fähigkeitsprofiles dar: Für jedes Merkmal im Anforderungsprofil existiert somit ein Fähigkeitsmerkmal. Umgekehrt muß aber nicht jedes Fähigkeitsmerkmal ein korrespondierendes Anforderungsmerkmal aufweisen, da eine Person im Rahmen eines Tätigkeitsbereichs mehrere Stellen innehaben könnte und deshalb zusätzliche Merkmale erhoben wurden.

Vorschläge zur inhaltlichen Ausgestaltung von Anforderungsprofilen kommen primär aus drei Bereichen:

(1) Die Arbeitswissenschaft liefert das **Genfer Schema** (vgl. *Gehle* 1950; *Böhrs* 1980) und das **REFA-Schema** (vgl. *REFA* 1985 a, 42–54), als ineinander überführbare Vorschläge. Übersicht 3.1 enthält die Hauptgruppen von Anforderungsmerkmalen dieser beiden Gliederungsvorschläge.

<table>
<tr><th>Genfer Schema</th><th>REFA Schema</th><th>Beispiele</th><th>Datenermittlung</th></tr>
<tr><td rowspan="2">Können</td><td>Kenntnisse</td><td>Ausbildung, Erfahrung</td><td rowspan="2">in Klassen beschreibbar</td></tr>
<tr><td>Geschicklichkeit</td><td>Handfertigkeit, Körpergewandtheit</td></tr>
<tr><td colspan="2">Verantwortung</td><td>für die
.. eigene Arbeit
.. Arbeit anderer
.. Sicherheit</td><td>in Klassen beschreibbar beziehungsweise Konsequenzen abschätzbar</td></tr>
<tr><td rowspan="2">Belastung</td><td>geistige Belastung</td><td>Aufmerksamkeit, Denktätigkeit</td><td rowspan="2">Dauer, Art und Häufigkeit meßbar beziehungsweise beschreibbar</td></tr>
<tr><td>muskelmäßige Belastung</td><td>dynamische, statische, einseitige Arbeit</td></tr>
<tr><td colspan="2" rowspan="3">Umgebungseinflüsse</td><td>Klima, Staub, Lärm, Hitze</td><td>meßbar und zählbar</td></tr>
<tr><td>Nässe, Schmutz, Dämpfe</td><td>in Klassen beschreibbar</td></tr>
<tr><td>Erkältungsgefahr, Unfallgefahr</td><td>allgemein beschreibbar</td></tr>
</table>

Übersicht 3.1: Vorschläge für Obermerkmale von Anforderungen

(2) **Der Position Analysis Questionnaire** als zweiter Vorschlag für die Schematisierung von Anforderungsmerkmalen stammt aus den USA (vgl. *McCormick/Ilgen* 1981, 41–43); er unterscheidet in der Originalversion 194 Anforderungsmerkmale, die auf sechs Hauptkategorien („divisions") zugeordnet werden können:
- Informationsinput,
- geistige Prozesse (Informationsverarbeitung),
- Arbeitsausführung und Arbeitsergebnis,
- arbeitsrelevante Beziehungen zu anderen Personen,

– Arbeitssituation und Umgebungseinflüsse sowie
– sonstige Arbeitsbedingungen.

Eine deutsche Version des PAQ wurde unter der Bezeichnung **„Fragebogen zur Arbeitsanalyse“** (FAA) von *Frieling* und *Hoyos* (1978) entwickelt; auch das „Arbeitswissenschaftliche Erhebungsverfahren zur Tätigkeitsanalyse“ (AET) orientiert sich am PAQ (vgl. *Rohmert/Landau* 1979; *Landau/Bokranz* 1986). Beim PAQ werden die Ausprägungen der einzelnen Anforderungsmerkmale auf Skalen für Häufigkeit und Wichtigkeit festgelegt. Auf die Frage beispielsweise „Wie häufig dienen Meß- und Prüfgeräte (Lineal, Stechzirkel, Senkwaage etc.) als Quelle der Arbeitsinformation“ stuft man auf der Likert-Skala

– „trifft nicht zu“ (0) bis
– „sehr häufig“ (5)

dieses Item bei einem Werkzeugmacher mit 5 ein und kreuzt auch die verwendeten Meßgeräte an; dies führt zu einer statistisch auswertbaren (ordinalen) Skalierung und hilft bei der inhaltlichen (nominalen) Erfassung der Arbeitstätigkeit (vgl. *Frieling/Sonntag* 1987, 56–57). Für den PAQ, mit seinem „anerkannt hohen theoretischen und empirischen“ (*Berthel* 1989, 115) Niveau, liefert besonders die synthetische Validierung bestätigende Befunde (vgl. *Neunert* 1977, 48–57).

(3) Eine weitere Quelle zur Konstruktion von Anforderungsprofilen sind die bereits in Abschnitt 2.2.3.2 diskutierten **verhaltensorientierten Beurteilungsskalen (VOBS)**. Sie drücken in diesem Fall nicht die Beurteilung mitarbeiterspezifischen Verhaltens aus, sondern dienen zur Erfassung speziell von verhaltensorientierten Anforderungen existierender oder geplanter Tätigkeiten. Von den VOBS-Formen sind für diesen Zweck besonders die VE-Skalen sinnvoll: Bei diesen Verhaltenserwartungsskalen wird betont, daß es sich um stellenspezifische Anforderungen handelt, deren Erfüllung man „erwarten“ kann. Wenn allerdings die Anforderungsprofile für zukünftige Tätigkeiten konstruiert werden sollen, stellt sich wieder das Problem der aufzunehmenden Anforderungsmerkmale: Als Mindestdifferenzierung gilt die Einteilung in die Dimensionen des Arbeits-, Entscheidungs-, Kooperations-, Führungs-, Zeit-, Planungs- und Kontrollverhaltens (vgl. *Drumm* 1987b, 962).

Offen blieb bisher die Frage, auf welche dieser drei Quellen im Einzelfall zurückgegriffen werden soll: Hier dürfte der auf konkrete Anforderungen abstellende Fähigkeitsansatz (Genfer Schema, REFA) bei gut planbaren Aufgaben sinnvoll sein, der abstraktere und die generellen Verhaltensmerkmale betonende VOBS-Ansatz dagegen eher bei schlecht planbaren Aufgaben (anders *Drumm* 1987b, 961). Der PAQ und seine diversen Adaptionen bieten sich wegen der umfangreichen Merkmalskataloge nicht nur für gut planbare und bereits existierende, sondern auch für schlecht strukturierte oder erst zu planende Aufgaben an.

Die Häufigkeit, mit der die Erstellung von Anforderungsprofilen vorgeschlagen wird, darf nicht über ihre grundlegenden theoretischen und praktischen **Probleme** hinwegtäuschen: Diese beginnen beim Auswahlproblem der relevanten Merkmale und setzen sich fort in der Schwierigkeit, die Ausprägung dieser Anforderungsmerkmale zu erheben. Sie führen schließlich zum Konflikt zwischen Stabilität und Aktualität der Anforderungsmerkmale: „Stabilität" verlangt inhaltliche Konstanz über einen längeren Zeitraum, „Aktualität" dagegen rasche Anpassung der Anforderungsmerkmale.

Besonders aus diesem Grund ist es unerläßlich, bei der Erstellung von Anforderungsprofilen nicht nur die oben diskutierten (drei) Quellen für Anforderungsmerkmale im Auge zu behalten, sondern sich zusätzlich von übergeordneten **Entwurfsprinzipien** leiten zu lassen:
- Nur wesentliche Merkmale der Stelle sind zu berücksichtigen (Relevanz).
- Alle charakterisierenden Merkmale der Stelle müssen erfaßt sein (Vollständigkeit).
- Die gleichen Tatbestände sollen nicht mehrfach erhoben werden (Überschneidungsfreiheit).
- Abgrenzung und Erhebung der Merkmale sollen interpersonell nachprüfbar sein (Eindeutigkeit, Objektivität).
- Die Merkmalsausprägung soll leicht erhebbar sein (Einfachheit).
- Der Vorgang der Merkmalserhebung soll zuverlässig sein (Reliabilität).
- Das Meßergebnis soll die tatsächliche Ausprägung der Anforderungshöhe widerspiegeln (Validität).
- Die Merkmalsanzahl hat Kosten/Nutzen-Überlegungen zu genügen (Effizienz).

Eine die Merkmalsauswahl „optimierende" Regel fehlt aber auch hier; trotzdem trägt bereits die teilweise Erfüllung obiger Bedingungen zur Effektivitäts- und Effizienzverbesserung im betrieblichen Personalmanagement bei.

Die allenfalls in ihren Implikationen abschwächbaren Probleme einer sinnvollen Ausgestaltung von Anforderungsprofilen sprechen allerdings nicht grundsätzlich gegen eine qualitative Personalbedarfsbestimmung; sie sollen lediglich die damit erzielbaren Ergebnisse **relativieren**: Dies gilt besonders für den Vergleich von Fähigkeits- und Anforderungsprofilen im Personaleinsatzmanagement (Abschnitt 5.2.5.2).

3.2.3 Quantitativ: Zeitstudien

Zeitstudien dienen der Ermittlung des Soll-Zeitbedarfs einer vorgegebenen Tätigkeit. Für diesen Zeitbedarf gibt es zwei **potentielle Adressaten**: Neben der Entgeltfestsetzung (vgl. Abschnitt 7.2) dienen sie als wichtige Grundlage für die quantitative Personalbedarfsbestimmung, machen also Aussagen über die Menge des zu erwartenden Arbeitsanfalls. Bei Zeitstudien lassen sich drei **Grundformen** unterscheiden:
- direkte Zeitmessung,
- Stichprobenverfahren und
- Elementarzeitverfahren.

Abbildung 3.3 gibt einen ersten Überblick über den Ablauf dieser drei Verfahren, die nachfolgend näher erläutert werden.

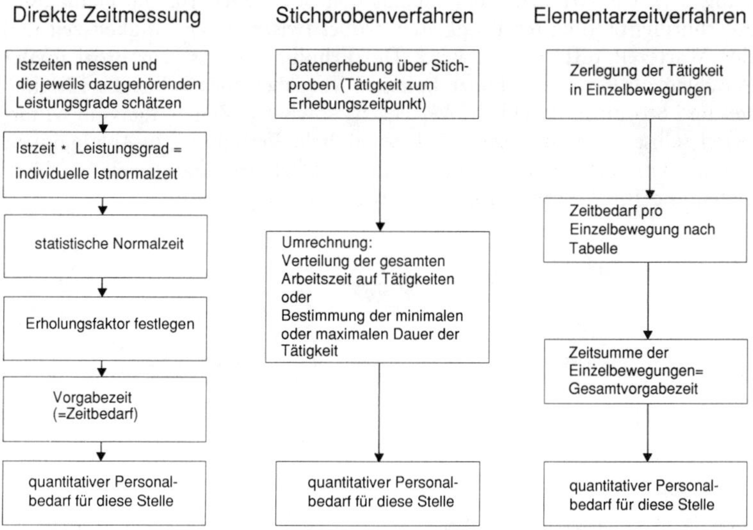

Abbildung 3.3: Ablaufschemata von Zeitstudien

3.2.3.1 Direkte Zeitmessung

Die direkte Zeitmessung basiert auf dem Konzept der **Normalleistung**. Darunter versteht man die Leistung, die von jedem in erforderlichem Maße geeigneten, geübten und voll eingearbeiteten Mitarbeiter über einen längeren Zeitraum erbracht werden kann (*REFA* 1978, 136). Bei der direkten Zeitmessung wird wie folgt vorgegangen:

- Zunächst werden die Zeitbedarfswerte verschiedener Mitarbeiter für einen spezifischen Vorgang gemessen.
- Die gleichzeitig geschätzten Leistungsgrade halten fest, wie stark sich der jeweilige Mitarbeiter bei der Erfüllung der Aufgabe anstrengen mußte.
- Aus Ist-Zeiten und Leistungsgraden läßt sich dann für jeden Mitarbeiter eine individuelle Ist-Normalzeit ermitteln.
- Die individuellen Ist-Normalzeiten führen zur statistischen Normalzeit (arithmetisches Mittel oder Median).
- Zusätzlich wird ein Erholungsfaktor festgelegt, um den Einfluß einer Dauerbelastung zu berücksichtigen.
- Nach Verknüpfung von statistischer Normalzeit und Erholungsfaktor steht die Vorgabezeit fest, die den tatsächlichen Zeitbedarf einer Tätigkeit angibt.
- Aus diesem Zeitbedarf läßt sich dann als quantitativer Personalbedarf die Anzahl der erforderlichen Mitarbeiter für diese Aufgabe bestimmen.

Eine spezifische und stark untergliederte Basis für die direkte Zeitmessung ist das **REFA-Zeitschema** (vgl. *REFA* 1978, 47). Danach setzt sich die Vorgabezeit zusammen aus Grundzeiten, Verteilzeiten und Erholzeiten (Abbildung 3.4). Die Grundzeit besteht aus den Soll-Zeiten für die planmäßige Ausführung bestimmter Tätigkeiten, wobei zwischen der Tätigkeitszeit und der Wartezeit differenziert wird. Die Erholungszeit ist ein prozentualer Zuschlag zur Grundzeit. Hinzu kommen Vorgaben für zusätzliche Tätigkeiten und Störungen (sachliche Verteilzeit) sowie für Zeiten, die vom Mitarbeiter selbst zu verantworten sind (persönliche Verteilzeit). In Abhängigkeit von der konkreten Fragestellung ist diese Differenzierung jeweils für Rüstzeiten und für Ausführungszeiten getrennt vorzunehmen.

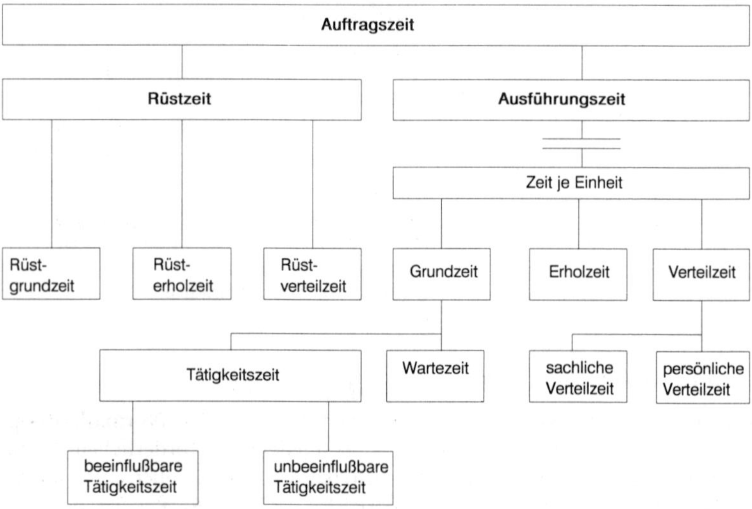

Abbildung 3.4: Gliederung der Auftragszeit nach *REFA* (1978, 47)

3.2.3.2 *Stichprobenverfahren*

Bei einer Zeitmessung nach dem Stichprobenverfahren (vgl. z.B. *REFA* 1978, 243–253; *Simons* 1987) wird nicht mehr die gesamte Arbeitszeit beobachtet. Vielmehr werden durch stichprobenartige Datenerhebungen Zeitlängen der Vorgänge beziehungsweise prozentuale Häufigkeiten ausgeführter Tätigkeiten bestimmt.

Synonym zu Stichprobenverfahren steht „Multimoment-Verfahren“:

- Beim **Multimoment-Häufigkeitszählverfahren** (MMH) wird zu unregelmäßigen Zeitpunkten, die sich aus Zufallstabellen ergeben, die zum jeweiligen Zeitpunkt ausgeführte Tätigkeit festgestellt und auf einer Strichliste erfaßt. Unter Berücksichtigung statistischer Gesetzesmäßigkeiten erhält man dann eine entsprechende Häufigkeitsverteilung. Ziel der

Erhebung ist somit in erster Linie die Ermittlung von Zeitanteilen, weniger von Zeitlängen.

- Beim **Multimoment-Zeitmeßverfahren** (MMZ) erfolgt zusätzlich zur Zeitmessung eine Erfassung des Zeitpunktes der Beobachtung. So läßt sich bei drei aufeinanderfolgenden Teilvorgängen A, B, C für den Teilvorgang B anhand von Notierungen des letzten Zeitpunktes von A sowie des ersten von C bei mehrmaliger Beobachtung die Mindest- und Höchstdauer des Teilvorganges B ermitteln. Mit Hilfe statistischer Verfahren kann nun ein Näherungswert für die Dauer des Vorgangs ermittelt werden.

Beide Stichprobenverfahren arbeiten ohne Erfassung des Leistungsgrades, was die Anwendung ihrer Ergebnisse zwangsläufig einschränkt. Zudem determiniert der Stichprobenumfang die Abbildungsqualität und damit die Validität dieser Verfahren.

Während zunächst die Erfassung mit Stoppuhr sowie Strichliste realisiert und dann in ein Auswertungsprogramm eingegeben wurde, boten sich bald elektronische Erfassungsmöglichkeiten an, aus denen Daten direkt zur Analyse in einen Großrechner überspielt werden konnten (vgl. *Gerlitz* 1984). Noch einen Schritt weiter gehen Systeme, die auch die Analyse auf einem entsprechend tragbaren und handlichen Gerät durchführen: So beschreiben *Wobbe* und *Bloch* (1986) ein MMH-System, das auf einem tragbaren Mikrocomputer basiert, über die Tastatur Ablaufdaten der zu analysierenden Tätigkeit annimmt und die notwendigen Zufallszahlen für Erhebungszeiten auf dem Bildschirm anzeigt; mit einem Barcode-Lesestift wird dann die jeweils ausgeübte Funktion erfaßt (z. B. Haupttätigkeit, Nebentätigkeit, ablaufbedingte Unterbrechung, zusätzliche Tätigkeit, störungsbedingte Unterbrechung, erholungsbedingtes Unterbrechen, persönlich bedingte Unterbrechung) und gegebenenfalls eine Zwischenauswertung mit dem realisierten Sicherheitsniveau auf einem Kleindrucker ausgegeben.

Der nächste Schritt besteht dann in der Übertragung dieser und ähnlicher Systeme auf kleine Personal Computer („Laptops"): Ihre Vielseitigkeit und Kompatibilität erlaubt dann noch effizientere Durchführungen von Multimomentaufnahmen und -auswertungen. Sie können wesentlich zur Integration im Rahmen eines informationsorientierten Personalmanagements beitragen.

3.2.3.3 Elementarzeitverfahren

Elementarzeitverfahren (synonym „Systeme vorbestimmter Zeiten, SvZ") basieren auf Katalogen mit Zeitvorgaben für normierte Tätigkeiten und werden in der Literatur seit langem (vgl. z. B. *Brink/Fabry* 1974, 52–58) umfassend diskutiert.

Bei der Anwendung eines Elementarzeitverfahrens wird zunächst die zu untersuchende Tätigkeit in Einzelbewegungen zerlegt und anschließend der Zeitbedarf pro Einzelbewegung einer industriespezifischen Tabelle entnommen. Es handelt sich hierbei um konstante Zeitwerte bei Normalleistung: Situative Arbeitsbedingungen mit Einfluß auf die Bewegungszeiten werden durch Messen, Schätzen oder Beurteilen bestimmt und den Einzelbewegungen zugeordnet. Die Summierung der situativ modifizierten Einzelbewegungszeiten einschließlich Erholungs- und Verteilzeiten liefert dann die Gesamtvorgabezeit, aus der sich der quantitative Personalbedarf ableitet.

Die wichtigste Form des Elementarzeitverfahrens ist das **Methods Time Measurement** (z.B. *Pfeiffer/Dörrie/Stoll* 1977, 228–239): Das MTM differenziert nach den neun Grundbewegungen

- Hinlangen, Reichen (reach),
- Mitnehmen, Bewegen, Bringen (move),
- Drehen (turn),
- Kurbelbewegung (crank),
- Greifen (grasp),
- Drücken (apply pressure),
- in Position bringen (position),
- Loslassen (release),
- Trennen, Lösen (disengage) sowie

den zwei Blickfunktionen

- Augen richten (eye focus),
- Augen bewegen (eye travel) und

diversen Körper-, Bein- und Fußbewegungen. Diese Bewegungen werden fallweise weiter differenziert.

Zur Ermittlung der MTM-Zeitwerte wurde eine Vielzahl von Tätigkeiten mehrfach in realen Arbeitssituationen ausgeführt und gefilmt. Die Bewegungsdauer wurde anhand der Bildfrequenz abgelesen und in Normalzeiten als Time Measurement Unit (TMU = 0,036 Sekunden) festgehalten.

Übersicht 3.2 enthält exemplarische Zeitwerte vom MTM für die Einzelbewegung „Hinlangen". Situative Bedingungen sind die Bewegungslänge und Bewegungsarten: Die Zeitwerte ergeben sich dann jeweils in Abhängigkeit von der Bewegungslänge und der Bewegungsart.

Eine zweite Form des Elementarzeitverfahrens ist die **Work Factor Analysis** (WF) (vgl. z.B. *Brink/Fabry* 1974, 59–66). WF operiert ähnlich wie MTM, erlaubt es aber, auf mehrere gleichzeitig ablaufende Aktivitäten einzugehen und so eine Verknüpfung von unterschiedlichen Bewegungszeiten simultan involvierter Körperteile vorzunehmen.

Der Unterschied zwischen WF und MTM liegt damit weniger in der Bewegungsablaufanalyse begründet (sie verläuft ähnlich), als vielmehr in der Berücksichtigung unterschiedlicher Einflußgrößen (vgl. *REFA* 1978, 76–77): Bei **WF** kommen vorwiegend solche Einflußgrößen vor, die sich aus den Maßen von Arbeitsplatz und -gegenstand bestimmen. **MTM** dagegen berücksichtigt auch qualitative Einflußgrößen; so wird bei MTM zum Beispiel auch danach differenziert, ob bei „Hinlangen nach einem Gegenstand" dieser erst aus ähnlich aussehenden Stücken herauszusuchen ist. Ferner sind bei MTM mehr „kleinste Zeitbausteine" (Standarddaten) als bei WF vorhanden.

Die Anwendung der im einzelnen differenziert zu diskutierenden Elementarzeitverfahren (vgl. z.B. *Laurig/Kloke/Kühn* 1984) findet ihre Grenzen in

Hinlangen – R – Reach				
Bewegungslänge in cm	Normalzeitwerte in TMU			
	R-A	R-B	R-C R-D	R-E
bis 2	2,0	2,0	2,0	2,0
4	3,4	3,4	5,1	3,2
6	4,5	4,5	6,5	4,4
8	5,5	5,5	7,5	5,5
10	6,1	6,3	8,4	6,8
.				
.				
.				
60	14,7	21,2	22,3	19,0
65	15,6	22,6	23,6	20,0
70	16,5	24,1	25,0	21,4
75	17,3	25,5	26,4	22,6
80	18,2	26,9	27,7	23,9

A: Hinlangen zu einem alleinstehenden Gegenstand, der sich immer an einem genau bestimmten Ort befindet, in der anderen Hand liegt oder auf dem die andere Hand ruht.
B: Hinlangen zu einem alleinstehenden Gegenstand, der sich an einem von Arbeitsgang zu Arbeitsgang veränderten Ort befindet.
C: Hinlangen zu einem Gegenstand, der mit gleichen oder ähnlichen Gegenständen so vermischt ist, daß er ausgewählt werden muß.
D: Hinlangen zu einem Gegenstand, der klein oder sehr genau ist oder mit Vorsicht gegriffen werden muß.
E: Verlegen der Hand in eine nicht bestimmte Lage, sei es zur Erlangung des Gleichgewichts, zur Vorbereitung der folgenden Bewegung oder um die Hand aus der Arbeitszone zu entfernen.

Übersicht 3.2: MTM-Zeitwerttabelle (nach *Pfeiffer/Dörrie/Stoll* 1977, 231)

der Wirtschaftlichkeit, da sie erheblichen Aufwand erfordern. Elementarzeitverfahren bieten sich besonders bei gut strukturierten Aufgabenstellungen an. Speziell in Betrieben mit Großserienfertigung werden sie lohnend eingesetzt und erlauben gerade bei hochautomatisierten Fertigungsverfahren eine enge Verknüpfung der Zeitwirtschaft mit der Produkt- und Produktionsplanung (z.B. *Glatz* 1986). Sie erlauben durch ihr analytisches Vorgehen selbst die Festlegungen von Zeitvorgaben und damit von Personalbedarfswerten für geplante (also noch nicht realisierte) Arbeitsabläufe.

3.3 Taktische Ebene: Gruppenbezogen

3.3.1 Überblick

Entsprechend der Differenzierung zwischen den einzelnen Managementebenen orientiert sich die Personalbedarfsbestimmung der taktischen Managementebene an einem stärker aggregierten Planungsobjekt: Dieses besteht mindestens aus einer Stelle, im Regelfall aber aus einer größeren Anzahl von Stellen eines Tätigkeitsfeldes. **Quantitative** Bedarfsbestimmung auf der taktischen Ebene legt fest, wieviele Personen einer bestimmten Qualifikationsart das vorgegebene Leistungsprogramm erfordert; zentrales

Hilfsmittel hierfür sind diverse Kennzahlenmodelle (Abschnitt 3.3.3). Die quantitative Bedarfsbestimmung setzt allerdings eine Bezugsbasis voraus: Ihre Definition ist Aufgabe der **qualitativen** Bedarfsbestimmung (Abschnitt 3.3.2).

3.3.2 Qualitativ: Berufsklassifikation

Die Bedarfsbestimmung auf der taktischen Ebene benötigt qualitative Bezugsbasen als Aggregation von Anforderungsprofilen. Eine für diesen Zweck sich anbietende Form der Aggregation ist die Erstellung beziehungsweise Anwendung einer Berufsklassifikation. Eine solche Definition von Berufsgruppen kann **unternehmensintern** erfolgen und sich am Bedarf oder an den aktuellen Stelleninhabern („Bestand") orientieren; ferner kann sie auf Identität oder auf Ähnlichkeit zwischen Anforderungsprofilen abstellen. Die Zusammenfassung kann sich aber auch aus **unternehmensexterner** Klassifikation bedienen (Abbildung 3.5).

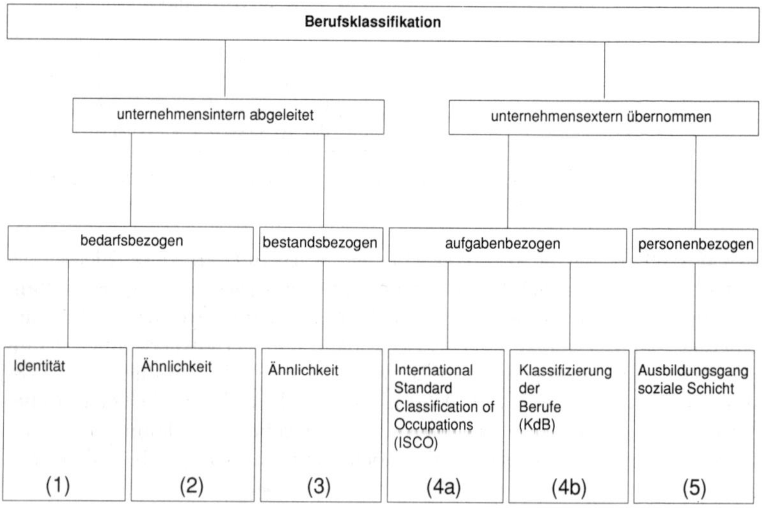

Abbildung 3.5: Varianten der Berufsklassifikation für die taktische Bedarfsbestimmung

Im einzelnen stellen sich die fünf Varianten zur Schaffung einer qualitativen Bezugsbasis für eine Bedarfsbestimmung der taktischen Ebene wie folgt dar:

(1) Die einfachste Form der Berufsklassifikation erfolgt bedarfsbezogen und unternehmensintern. Sie stellt auf **Identität** zwischen den **Anforderungsprofilen** ab. Hier werden also direkt die Anforderungsprofile aus der operativen Bedarfsbestimmung übernommen und bei Identität zu einer Berufsgruppe zusammengefaßt. Dies ist dann sinnvoll, wenn eine größere Anzahl von Stellen mit identischen Anforderungsprofilen vor-

liegt. Beispiele hierfür finden sich im Vertriebsbereich, im Sekretariatsbereich oder bei (einfachen) Verwaltungsaufgaben: Exemplarische Berufsklassen wären hier Vertriebsbeauftragte, Stenotypistinnen und Sachbearbeiter.

(2) Auch die zweite Variante leitet sich aus Anforderungsprofilen der operativen Ebene ab. Sie gilt für Anforderungsprofile, die nicht in allen Merkmalen übereinstimmen. Dieser Fall tritt in hochspezialisierten technischen Bereichen auf. Basierend auf dem **Ähnlichkeitskonzept** erfordert dies
- Bestimmung der Ähnlichkeitskoeffizienten zwischen den Anforderungsprofilen,
- Ermittlung von Gruppen ähnlicher Profile und
- Berechnung des Profildurchschnitts, also Fixierung von markanten Anforderungsmustern.

Die Mustererkennung (vgl. *Scholz* 1985, 120–140; 1987a, 77–82) reduziert also eine Vielzahl von Profilen auf einige wenige Muster. Auf die damit verbundenen Schwierigkeiten der Auswahl des Clusterverfahrens und besonders eines geeigneten Ähnlichkeitsmaßes wird im Rahmen eines methodischen Exkurses in Abschnitt 5.5.4 eingegangen.

(3) Lieferte die operative Ebene keine oder aber keine aggregierbaren Anforderungsprofile, so ist ersatzweise auf die **Fähigkeitsprofile** aus der Personalbestandsanalyse zurückzugreifen (vgl. Abschnitt 2.2). Auch hier werden **ähnliche** Profile zusammengefaßt und daraus charakteristische Muster abgeleitet: Sie stammen aber nicht (als Anforderungsprofile) von Stellen, sondern (als Fähigkeitsprofile) von Mitarbeitern. Sie können aber dennoch unter zwei Annahmen als Klassifikationsgrundlage für die Bedarfsbestimmung dienen:
- Die im Tätigkeitsbereich eingesetzten Personen erfüllen die gestellten Anforderungen. Aus diesem Grund liegt dann das ermittelte Fähigkeitsmuster nicht unter dem tatsächlichen Anforderungsmuster.
- Die im betreffenden Tätigkeitsbereich anfallenden Aufgaben bleiben konstant, weshalb das aus den dort arbeitenden Personen abgeleitete Fähigkeitsmuster auch charakteristisch für zukünftige Stelleninhaber sein sollte.

Das Fähigkeitsmuster aus dem Tätigkeitsbereich wird also als globales Anforderungsmuster für den jeweiligen Tätigkeitsbereich definiert.

(4) Die taktische Personalbedarfsbestimmung kann auch eine **unternehmensübergreifende** Berufsklassifikation verwenden (vgl. *Frieling* 1980, 53–131):
- Die „Internationale Standardklassifikation der Berufe" **ISCO** (*Statistisches Bundesamt* 1971) ist ein vom Internationalen Arbeitsamt in Genf erstelltes System, das wegen seiner Vollständigkeit universell anwendbar sein soll. Über ein hierarchisches Schlüsselsystem werden Hauptgruppen (wie Wissenschaftler) sowie Untergruppen (wie Wirtschaftswissenschaftler) definiert. Weitere Unterteilungen sind dann Berufsgattungen und Berufsfamilien.
- Das „Schlüsselverzeichnis der Berufsbenennungen", das auf der „Klassifizierung der Berufe" **KdB** (*Statistisches Bundesamt* 1982) aufbaut,

wurde als Arbeitsunterlage für die Auswertung der Volks- und Berufszählung 1987 erstellt. Sie ermöglicht eine Zuordnung von mehr als 23.000 Berufsbezeichnungen zu den entsprechenden Berufsgruppen und -ordnungen. Für jeden hier aufgeführten Beruf existiert eine eigene Mappe, die von Anforderungen über Ausbildung bis hin zu exemplarischen Zeitungsartikeln über die einzelnen Berufsklassen umfassend informiert.

Berufsbilder wandeln sich jedoch häufig schneller, als Aktualisierungen der Klassifikationen möglich sind.

(5) Aus den **Sozialwissenschaften** stammen eine Reihe weiterer Klassifikationsvorschläge, die beispielsweise anhand von Ausbildungsgang oder sozialer Schicht die für bestimmte Berufe vorauszusetzenden Persönlichkeitsmerkmale festlegen. Einfachste Formen solcher Klassifikationen differenzieren zum Beispiel zwischen Arbeiter/Angestellte, Akademiker/Nicht-Akademiker oder personenorientiert/objektorientiert (vgl. *Frieling* 1980, 76–88 + 133–162).

Keiner der fünf Ansätze zeichnet sich durch grundsätzliche Überlegenheit aus: So kann durchaus im Einzelfall ein KdB-Anforderungsprofil zukunftsweisender sein als ein Anforderungsprofil, das direkt aus einem (veralteten) Arbeitsplatz abgeleitet wurde. Aus diesem Grund sollten Anforderungsprofile unternehmensintern (1), (2) aufgestellt, dann aber mit den korrespondierenden Standardprofilen (4), (5) verglichen und Abweichungen analysiert werden.

3.3.3 Quantitativ: Kennziffernplanung

Wurde auf der operativen Ebene aufgrund einer Aufgabenanalyse oder aber auf der taktischen Ebene über die Berufsfeldanalyse das aggregierte Anforderungsprofil festgelegt, so ist jetzt die erforderliche Anzahl von Personen dieses Profils zu bestimmen: Die qualitative Planung ist also durch eine quantitative zu komplettieren. Dazu eignen sich (bei aller Problematik) diverse Formen von Kennzahlenmodellen. Ihnen liegt folgende Grundgleichung zugrunde:

$$\frac{\textbf{Arbeitsmenge}}{\textbf{Leistungsfähigkeit pro Mitarbeiter}} = \textbf{Personalbedarf}$$

Aus dieser Grundgleichung lassen sich verschiedene Formen von Kennziffernmodellen ableiten. Die nachfolgend aufgeführten fünf Beispiele charakterisieren das Spektrum möglicher Modelle.

3.3.3.1 Einfache Kennziffern

Einfache Kennziffernmodelle kommen vor allem im Vertrieb und in Verbindung mit Umsatzzahlen vor. Wurde danach in der Vergangenheit ein bestimmter Umsatz mit einer bestimmten Anzahl von Vertriebsbeauftragten erwirtschaftet, so läßt sich daraus der zukünftige Personalbedarf bestimmen:

$$\text{Vertriebsbeauftragtenzahl} = \text{Planumsatz} \cdot \frac{\text{alte Zahl an Vertriebsbeauftragten}}{\text{alter Umsatz}}$$

$$\text{z.B. Personalbedarf} = 2 \text{ Millionen DM} \cdot \frac{30 \text{ Personen}}{1.5 \text{ Millionen DM}} = 40 \text{ Personen}$$

Eine Analogie zu diesen Kennziffern findet man, wenn fest vorgegebene **Bedienungsrelationen** zwischen Produktionsanlage und Arbeitnehmer bestehen: Diese geben den jeweils durch den Produktionsprozeß beziehungsweise die Maschinengestaltung determinierten Bedarf an Arbeitnehmern bestimmter Qualifikation an. Die Relation ist dabei unabhängig von der Produktivität des Aggregats oder der Arbeitsleistung der Arbeitnehmer. Sind beispielsweise an einer Maschine immer fünf Arbeiter mit Transport- und Zuarbeiten sowie ein Arbeiter mit Einrichttätigkeiten beschäftigt, ist der Personalbedarf für dieses Aggregat bestimmt. Dieser erhöht sich um den durchschnittlichen, unter Umständen noch um eine Sicherheitsmarge vermehrten, Fehlzeitensatz und wird mit der Anzahl der Arbeitsschichten multipliziert.

Die äußerst einfache Handhabung der Berechnungsformeln auf Basis solcher Kennzahlen wirkt sich zwangsläufig positiv auf ihre Akzeptanz in der Praxis aus und führt zur durchgängigen Aufnahme in die Planungsliteratur (vgl. *Remer* 1978, 267–269; *RKW* 1990, 102–108; *Wimmer* 1985, 31–38). Die Sinnhaftigkeit einer Personalbedarfsbestimmung mit Hilfe von einfachen Kennziffern setzt aber die Gültigkeit von mindestens **drei Prämissen** voraus:

- Das *Leistungsprogramm* muß konstant bleiben. Werden neue (personalintensivere) Produkte eingeführt, so führen alte Kennziffern zu falschen Bedarfswerten.
- Die *Produktivität* muß konstant bleiben. Jede zusätzlich eingesetzte Person hat danach eine konstante Outputänderung zur Folge. Zwischen der Outputgröße und der Inputgröße muß also eine lineare Beziehung bestehen. Diese Prämisse ist verletzt, wenn Verkäufer aufgrund intensiver Schulung zu höheren Umsätzen fähig sind und auf diese Weise der Personalbedarf (bezogen auf Umsatzeinheiten) reduziert werden kann.
- Die übrigen *Bedarfsdeterminanten* müssen konstant bleiben. Es darf also keine bedarfsbeeinflussende Umweltänderung eingetreten sein; das Erreichen von Sättigungsgrenzen eines Marktes ist ein Beispiel für eine mögliche Änderung von Bedarfsdeterminanten, die eine Verwendung von Kennzahlenmodellen stört.

3.3.3.2 Rosenkranz-Formel

Auch der Büro- und Verwaltungsbereich benötigt Methoden zur Berechnung des Personalbedarfs. Hier fehlt jedoch der direkte Bezug zu einer Outputgröße (Umsatzkennziffer) oder zu einem Produktionsverfahren (Bedienungsrelation). Statt dessen prägen unterschiedliche Geschäftsvorfälle in unterschiedlicher Anzahl und mit unterschiedlichen Bearbeitungszeiten das jeweilige Tätigkeitsfeld: Dies macht den Einsatz von mehreren, additiv verknüpften Kennzahlen erforderlich.

Der wohl bekannteste Vorschlag zur Lösung derartiger Problemstellungen ist die Rosenkranz-Formel (vgl. *Rosenkranz* 1966) als eine speziell für Bürotätigkeiten einsetzbare Bestimmungsform für den Personalbedarf. Sie verwendet folgende Variablen:

T = (Brutto-)Arbeitszeit pro Person und Monat

m_i = durchschnittliche Menge von Geschäftsvorfällen der Kategorie i pro Monat

t_i = Zeitbedarf laut Zeitaufnahme für Geschäftsvorfall der Kategorie i (Netto-Soll-Bearbeitungszeit)

t_v = Ist-Bearbeitungszeit für Aufgaben ohne Zeitaufnahme („Verschiedenes")

f_{NV} = notwendiger Verteilzeitfaktor als Produkt aus
- vergessenen Arbeiten und Neben-Arbeiten
- Ermüdung und Erholung
- Ausfallstunden

f_{TV} = tatsächlicher Verteilzeitfaktor (Quotient aus Bruttoarbeitszeit aller Mitarbeiter und Netto-Soll-Bearbeitungszeit aller Geschäftsvorfälle laut Zeitaufnahme)

Der notwendige Personalbedarf PBDF ergibt sich dann als

$$\mathbf{PBDF} = \frac{\sum_{i=1}^{n} (m_i \cdot t_i)}{T} \cdot f_{NV} + \frac{t_v}{T} \cdot \frac{f_{NV}}{f_{TV}}$$

Diese Formel verbindet zwei Möglichkeiten zur Personalbedarfsermittlung: Auf der einen Seite wird **analytisch** bestimmt, wie hoch der Personalbedarf aufgrund des angestrebten Arbeitsanfalles sein müßte (linker Term in der Addition). Auf der anderen Seite wird **summarisch** versucht, ausgehend von der im tatsächlichen Verteilzeitfaktor enthaltenen Produktivität der Mitarbeiter eine Korrekturgröße einzuführen (rechter Term). Dies bedeutet aber, daß sich der tatsächliche Verteilzeitfaktor immer aus dem aktuellen Personalbestand bestimmt. Aus diesem Grunde dient die Rosenkranz-Formel auch überwiegend dazu, den aktuellen Personalbestand auf seine Angemessenheit hin zu prüfen.

3.3.3.3 Leitungsspannenmodelle

Unter **Leitungsspanne** versteht man die Anzahl von Mitarbeitern, die ein Vorgesetzter maximal kontrollieren kann. Auch diese Leitungsspanne ist damit eine Kennziffer: Sie bezieht sich allerdings auf die Outputgröße „kontrollierte Mitarbeiter". Nimmt man auf der untersten Ebene die Erstellung einer realen Unternehmensleistung an (Umsatz oder Marktsegmentgröße), so läßt sich dadurch auf den Personalbedarf der verschiedenen Ebenen schließen.

Ein Beispiel für eine komplexere Form dieses Leitungsspannenmodells liefert *Hanssmann* (1970): Er bildet mit Hilfe von Leitungsspannen die Kontrollprozesse in Vertriebsorganisationen über die Ebenen

- Verkaufsdirektor,
- Distriktleiter,
- Geschäftsstellenleiter,
- Vertreter und
- Kunden

ab (Abbildung 3.6). Über die entsprechenden Kontrollspannen (y_i), die Gehälter (x_i), ergibt sich als Leistungsmaßstab die Qualität der „produzierten Leitung“ (s_i) beziehungsweise die Qualität der „empfangenen“ Aufsicht (s_{i-1}). Ein mathematisches Modell liefert dann unter den gemachten Annahmen die optimalen Kontrollspannen und die optimale Gehaltsstruktur.

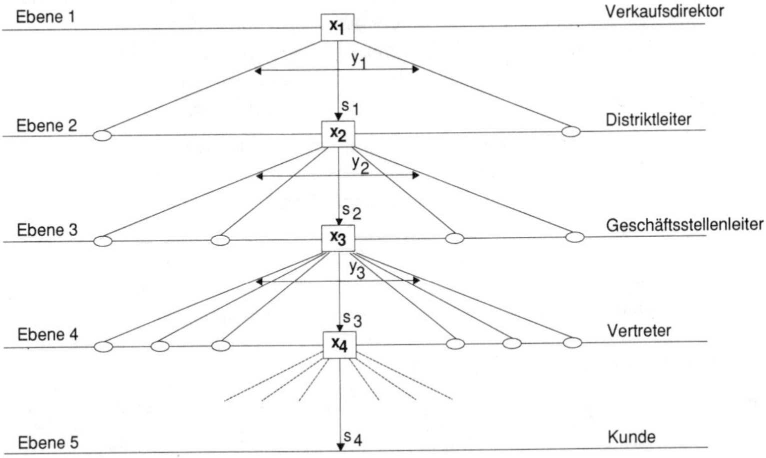

Abbildung 3.6: Das Leitungsspannenmodell von *Hanssmann* (1970, 18)

3.3.3.4 Multiple Regression

Bei dieser Form der Personalbedarfsplanung werden – vereinfacht ausgedrückt – mehrere Kennziffern gleichzeitig verwendet. Ein Beispiel für eine solche Bestimmungsgleichung ist

$$\mathbf{PBDF} = K + s_1 \cdot \text{Umsatz} + s_2 \cdot \text{Produktdiversifikation} + s_3 \cdot \text{Serviceniveau}$$

Hier werden also mehrere Bedarfsdeterminanten mit entsprechenden Skalaren (s_1, s_2, s_3) multipliziert. Hinzu kommt ein konstanter Wert (K). Mögliche Erweiterungen der multiplen Regression sind nicht-lineare, vor allem aber exponentielle Modelle. Ein Sonderfall der einfachen Regression ist die Trendberechnung: Sie verwendet als einzige Bedarfsdeterminante den Faktor „Zeit“ (vgl. Abschnitt 3.5.2.2).

Grundsätzlich sind multiple Regressionsmodelle für die Personalbedarfsplanung schwierig zu **erstellen**, da sie nicht nur umfangreiches Datenmaterial, sondern auch zum Teil umfangreiche statistische Berechnungen erfordern. Sofern die Bestimmungsgleichung bekannt ist, lassen sich derartige Modelle aber relativ einfach **anwenden**. Abgesehen vom Problem der Lokalisation von relevanten Determinanten ist aber zu prüfen, ob (analog zu den Kennziffernmodellen) tatsächlich Rahmenbedingungen und funktionale Zusammenhänge konstant geblieben sind.

3.3.3.5 Interaktive Bedarfsanalyse

(a) Allgemeine Darstellung

Einfache Kennzahlenansätze bis hin zu multiplen Regressionsmodellen basieren zwangsläufig auf vielen problematischen Prämissen. Besonders die Übertragbarkeit in die Zukunft stellt ein schwerwiegendes Problem dar: Dies betrifft besonders die verschiedenen Lern- und Rationalisierungseffekte, die im Zeitablauf zu Bedarfsverschiebungen führen. Hinzu kommt das Problem der Datenqualität: So liegen selten empirische Vergleichswerte aus einem (vollkommen) vergleichbaren Analysefeld vor.

Abgesehen vom generellen Verzicht auf formalisiertere Planungsansätze besteht eine Lösungsmöglichkeit für dieses Problem in einer expliziten **Sichtbarmachung** der Planungsunsicherheit und einer daran ansetzenden Evaluierung des Unsicherheitsbereiches. Zu diesem Zweck müssen Modelle entworfen werden, die im interaktiven Dialog (mit dem Computer) sukzessive die Konsequenz von Parameteränderung prüfen lassen. Ein solches Analysemodell wird nachfolgend exemplarisch vorgestellt.

(b) Ein allgemeines Analysemodell

Wie in Abschnitt 3.2.3 diskutiert, läßt sich mit Hilfe von Multimoment-Verfahren die Verteilung der Arbeitszeit auf einzelne Tätigkeiten bestimmen. Neben der aufgabenorientierten Vorgehensweise der operativen Ebene, bei der über die Summe der Arbeitszeiten die Anzahl der Arbeitskräfte bestimmt wurde, erlaubt eine solche Datenbasis auch das weitergehende Abschätzen von Bedarfsstrukturen für Arbeitsplatzgruppen auf der taktischen Planungsebene.

Bei dem nachfolgend präsentierten Modell werden ausgehend von einer gegebenen Aufgabenstruktur die Konsequenzen von Veränderungen im Arbeitsvolumen sowie von Veränderungen in der Arbeitsorganisation beziehungsweise in der Arbeitstechnologie bestimmt.

Erstellung und Anwendung dieses Modelles gliedern sich in fünf Schritte:

(1) Zunächst wird ein Gesamtkatalog aufgestellt, der die einzelnen Tätigkeiten erfaßt und alle **Tätigkeiten** der zu analysierenden Gruppe(n) von Arbeitsplätzen abdeckt. Er umfaßt Tätigkeiten wie Telefonieren, Kommunizieren oder Präsentieren.

(2) Für jede Gruppe von Arbeitsplätzen wird eine Multimoment-Studie durchgeführt, die in aggregierter Form Aussagen über ihre typische **Strukturen-Zeit-Verteilung** macht. Bei einer stark aggregierten Analyse bietet sich eine Differenzierung nach
   - Geschäftsführung,
   - oberer Führungskreis,

- unterer Führungskreis,
- Sachbearbeiter,
- Sekretariatsbereich und
- Hilfskräfte

an.

(3) Als nächstes gilt es zu prüfen, welche Veränderungen sich für den Personalbedarf aus **geänderten Aufgabenstellungen** ableiten. So hat die Zahl der zu bearbeitenden Geschäftsvorfälle unmittelbaren Einfluß auf die Menge der zu verwaltenden Dokumente und die Telefonatshäufigkeit. Derartige Zusammenhänge lassen sich durch Aufgabenanalysen sowie (begrenzt) durch daran ansetzende Zeitstudien ermitteln. Ebenfalls zu berücksichtigen ist die Möglichkeit der Reduktion beziehungsweise des Wegfallens von Funktionen aufgrund von geänderten Bedarfsstrukturen.

(4) Umgekehrt verkürzen Verbesserungen organisatorischer Abläufe und technischer Systeme (speziell im Kommunikationsbereich) die Arbeitszeit. Diese Rationalisierungseffekte lassen sich bei einfachen Tätigkeiten (Einführung eines neuen Fotokopierers) durch Zeitstudien erfassen. Ähnliches gilt für komplexere Systeme, wo die Hersteller selber Vergleichsdaten anbieten. Speziell hier sind jedoch zwei Unterfälle zu unterscheiden:

(4a) In einem Fall bezieht sich die Analyse **einzelfallspezifisch** auf eine konkrete Tätigkeit und eine konkrete Rationalisierungsmaßnahme. Diese Analyse führt dann zum Ergebnis, daß bei der Einzeltätigkeit E durch Einführung des Hilfsmittels H eine Zeitverkürzung um x-Prozente zu realisieren ist. Sie liefert als Ergebnis direkt das tatsächlich nutzbare Rationalisierungspotential (NRP).

(4b) Im anderen Fall wird zunächst **allgemein** vom maximalen Rationalisierungspotential (MRP) einer neuen Technologie gesprochen. Dieses basiert allerdings auf der Prämisse, daß in der Vergangenheit im betreffenden Bereich durch neuere Technologien noch keinerlei Rationalisierungseffekte eingetreten sind. Das (von Herstellern) ermittelte MRP ist daher um das bereits genutzte Rationalisierungspotential (GRP) zu reduzieren und ergibt dann das tatsächlich nutzbare Rationalisierungspotential (NRP).

(5) Besonders die Einführung neuer Techniken im Bereich der Bürokommunikation führt darüber hinaus durch Veränderung im **Delegationsgrad** zu einer Verschiebung von Aufgaben zwischen Hierarchieebenen. Dies äußert sich auf der einen Seite in einer verstärkten Delegierbarkeit von Tätigkeiten, zum anderen aber darin, daß Führungskräfte Aufgaben übernehmen, die früher delegiert wurden. Hierzu gehört beispielsweise die Durchführung von computergestützten Analysen, die durch das Personal Computing (vgl. Abschnitt 8.4) leicht realisiert werden können.

Die zusammenfassende Abbildung 3.7 zeigt eine Personalbedarfsanalyse, die nach vier Tätigkeiten differenziert. Delegationswirkungen sind in diesem Fall nicht berücksichtigt: Abbildung 3.7 umfaßt daher die Schritte (1) bis (4a) beziehungsweise (4b).

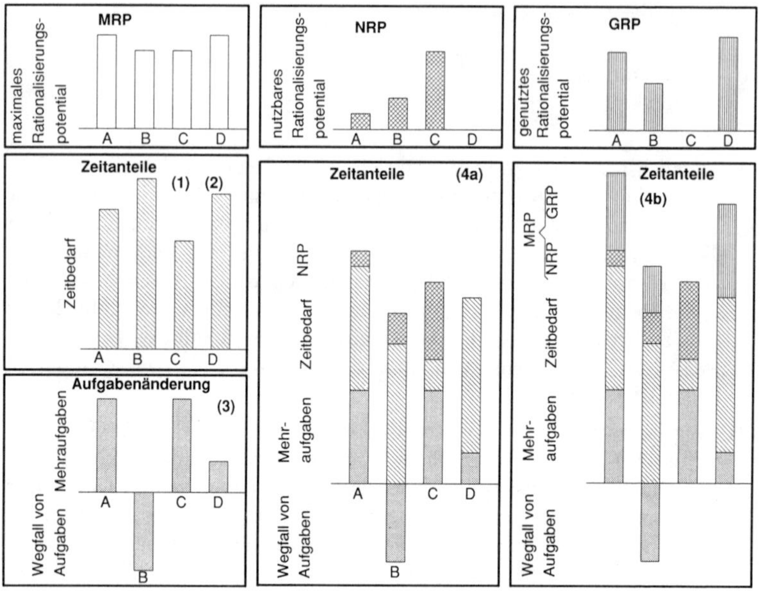

Abbildung 3.7: Analyse von Bedarfsveränderungen

(c) Eine spezielle Realisation

Um Aussagen und Komplexität dieses Modells zu verdeutlichen, soll es nachfolgend in eine realistische Situation übertragen werden. Dies betrifft besonders die gleichzeitige Berücksichtigung mehrerer Effekte, nämlich Veränderungen an Aufgaben, Ablauf und Delegation.

Übersicht 3.3 enthält als Ausgangslage in der linken Spalte die durch eine Aufgabenanalyse bestimmten Einzeltätigkeiten und ihre Zeitanteile: Sie geben an, wieviel Prozent der gesamten Arbeitszeit auf die jeweilige Tätigkeit fällt. In der nächsten Spalte sind (exemplarische) Wirkungen der Einführung eines neuen Systems der Bürokommunikation ausgewiesen: Entsprechend dem oben beschriebenen Fall (4 b) sind diese Prozentangaben als maximales Rationalisierungspotential zu interpretieren (MRP) und um das bereits genutzte Rationalisierungspotential (GRP) zu relativieren. Das Ergebnis ist das nutzbare Rationalisierungspotential (NRP).

Durch zeilenbezogene Multiplikation ergeben sich die entsprechenden Veränderungen der Zeitanteile (MRPA, GRPA, NRPA): Die Tätigkeit „Eingangspost" macht in diesem Fall 5,5% der Tagesarbeitszeit aus; vom MRP (16,3%) ist bisher nur ein kleiner Teil realisiert. Würde das gesamte verbleibende Potential (11,4%) realisiert, so würde dies bezogen auf die Gesamtarbeitszeit eine Reduktion von 0,6% bedeuten. Hinzu kommt in diesem Fall eine durch sonstige Maßnahmen im Bereich der Ablauforganisation bedingte Reduktion im Aufgabenvolumen (2,0%).

	Tätigkeitsbezeichnung	Zeitanteile (alt)	Rationalisierungspotential						Neue Aufgaben AUFG
			bezogen auf Einzeltätigkeit			bezogen auf Gesamtzeit			
			max. MRP	genutzt GRP	nutzbar NRP	max. MRPA	genutzt GRPA	nutzbar NRPA	
A	Eingangspost	5,5	16,3	4,9	11,4	0,9	0,3	0,6	−2,0
B	Dok.-Verteilung	1,1	22,9	22,9	0,0	0,2	0,2	0,0	0,2
C	Ausgangspost	0,8	19,5	15,0	4,5	0,2	0,1	0,0	0,2
D	Ablage	3,5	31,0	9,3	21,7	1,1	0,3	0,8	0,2
	∑ Postverwaltung →10,8								
E	Datenauswahl	5,2	35,7	10,7	25,0	1,9	0,6	1,3	0,0
F	Suchen/Abfragen	4,0	28,2	8,4	19,7	1,1	0,3	0,8	0,0
G	Lesen der Informationen	5,0	1,4	0,4	1,0	0,1	0,0	0,0	0,0
	∑ Info.-Beschaffung →14,1								
H	Telefonieren	11,4	16,9	5,1	11,8	1,9	0,6	1,3	0,0
I	Besprechungen	6,7	3,4	1,0	2,4	0,2	0,1	0,2	0,1
K	Informelle Kommunikation	4,4	4,3	1,3	3,0	0,2	0,1	0,1	0,1
L	Reisezeit	1,9	1,3	0,4	0,9	0,0	0,0	0,0	−1,0
	∑ Kommunikation →24,3								
M	Kalenderfunktion	1,0	10,4	3,1	7,3	0,1	0,0	0,1	0,0
N	Terminplanung	1,5	17,0	5,1	11,9	0,3	0,1	0,2	0,0
O	Wartezeiten	1,5	0,0	0,0	0,0	0,0	0,0	0,0	0,0
P	Benutzung Hilfsmittel	2,0	2,5	0,7	1,7	0,0	0,0	0,0	0,0
	∑ Zeitmanagement →6,0								
Q	Schreiben	10,9	17,1	5,1	11,9	1,9	0,6	1,3	1,0
R	Diktieren	1,8	3,2	1,0	2,2	0,1	0,0	0,0	0,0
S	Formular erstellen	1,0	10,0	3,0	7,0	0,1	0,0	0,1	0,0
T	Maschineschreiben	7,5	31,2	5,0	26,2	2,3	0,4	2,0	−1,0
U	Schreibsystem benutzen	0,3	8,8	2,6	6,1	0,0	0,0	0,0	0,0
V	Korrekturlesen	3,8	30,7	9,2	21,5	1,2	0,3	0,8	2,0
W	Zusammentragen/sortieren	1,3	25,6	7,7	17,9	0,3	0,1	0,2	0,0
X	Dok. zusammenfassen	0,5	31,8	9,5	22,3	0,1	0,0	0,1	0,0
Y	Kopieren	3,9	39,1	11,7	27,4	1,5	0,5	1,1	0,0
	∑ Dokument Erstellung →30,8								
a	Analyse	1,0	7,9	2,4	5,5	0,1	0,0	0,1	2,0
b	Berechnungen	3,5	20,0	6,0	14,0	0,7	0,2	0,5	0,0
c	Planungen	1,8	8,4	2,5	5,8	0,2	0,0	0,1	0,0
d	Arbeit am Terminal	3,6	20,2	10,0	10,2	0,7	0,4	0,4	0,0
e	Anleiten/Training	0,4	0,0	0,0	0,0	0,0	0,0	0,0	0,0
f	Selbstlernen	0,4	0,0	0,0	0,0	0,0	0,0	0,0	2,0
g	Präsentation erstellen	0,8	54,6	16,4	38,2	0,4	0,1	0,3	0,0
	∑ Entscheidungsunterstützung →11,4								
	Erfaßte Gesamtzeit:	97,6%							
	Verkürzungsanteil	(Kommunikationstechnologie)				12,4%			
	Erweiterungsanteil (neue Aufgaben) →								3,8%
	Ergebnis (Gesamtveränderung) = **Reduktion der Gesamtzeit um 8,6 Prozent**								

Übersicht 3.3: Analyse von Zeitanteilsveränderungen (in %)

In dem Übersicht 3.3 zugrundeliegenden Beispiel werden insgesamt 31 Einzeltätigkeiten erfaßt, die zusammen 97,6% der Arbeitszeit abdecken. Einer potentiellen Verkürzung um 12,4% stehen zusätzliche Aufgaben im Umfang von 3,8% gegenüber. Nach Einführung der hier analysierten Informationstechnologie ergibt sich danach trotz des vergrößerten Volumens eine Reduktion der Gesamtzeit um 8,6%, also eine Personalbedarfsreduktion.

Eine solche Analyse setzt eine breite **Datenbasis** voraus: Ihr zentraler Bestandteil ist die Verteilung der aktuellen Arbeitszeit entsprechend der Multimoment-Studie. Die Abschätzung potentieller Rationalisierungsvorteile geht im Regelfall von Modellannahmen aus, weil nur selten empirisch abgesicherte Daten vorliegen. Aus diesem Grund dient eine Analyse nach oben vorgestelltem Muster primär als Ausgangspunkt für weitere Überlegungen: Diese fließen sukzessive in das Modell ein und werden auf ihre **Implikationen** hin untersucht. Hierfür eignen sich speziell Modelle, die auf dem Personal Computer erstellt werden: Das Modell aus Übersicht 3.3 wurde mit Hilfe eines der in Abschnitt 8.4 diskutierten Tabellenkalkulations-Programme entwickelt und erlaubt deshalb eine interaktive Problemlösung.

Zu diesem Modell der interaktiven Bedarfsanalyse gehören auch grafisch aufbereitete Darstellungen wie Kuchen- oder Säulendiagramme, die Veränderungen in den Zeitanteilen deutlich machen. Das Säulendiagramm in

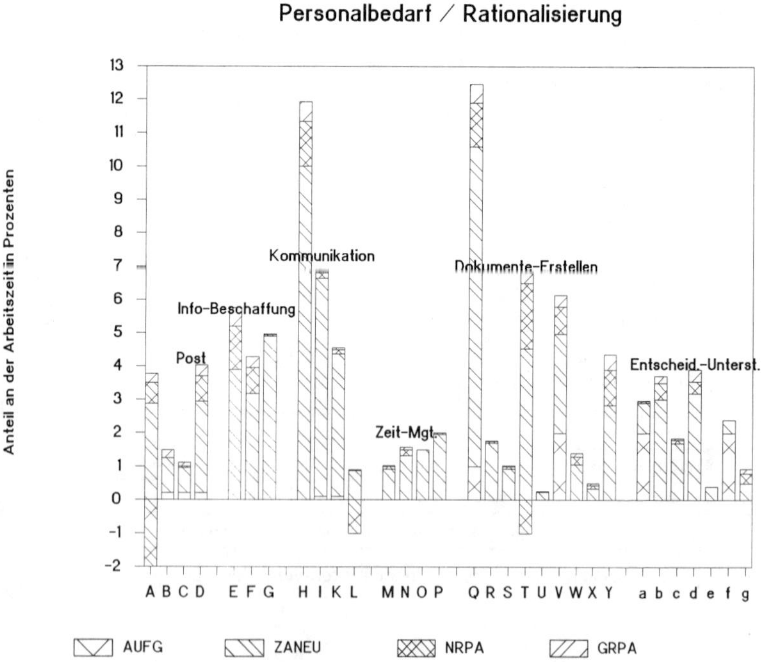

Abbildung 3.8: Grafische Auswertung zu Übersicht 3.3

Abbildung 3.8 bezieht sich auf das Beispiel aus Übersicht 3.3 und läßt die Verschiebungen der Zeitbedarfsstruktur im Hinblick auf
- das bereits genutzte Rationalisierungspotential,
- das noch nutzbare Rationalisierungspotential,
- den ursprünglichen Zeitanteil reduziert um das nutzbare Rationalisierungspotential,
- die Zusatzaufgaben sowie
- (gegebenenfalls) die Reduktion vom Arbeitsvolumen

erkennen.

Dem Delegationsaspekt kommt besonders dann Bedeutung zu, wenn das Modell mehrere arbeitsteilig verbundene Aufgabenbereiche umfaßt. Das oben skizzierte Modell der interaktiven Bedarfsanalyse differenziert zu diesem Zweck nach sieben Aufgabenbereichen, die sich von der Geschäftsführung über mehrere Führungskreise bis hin zum Hilfskraftbereich erstrekken (Übersicht 3.4). Aufgrund von anstehenden Aufgabenveränderungen, die sich prozentual unterschiedlich auf die Aufgabenbereiche auswirken, wird ein **Mehrbedarf** von 81 Personen erforderlich. Dieser soll – im vorliegenden Beispiel – durch den gleichzeitigen Einsatz neuer Informationstechnologien und durch eine veränderte Organisation kompensiert werden.

Durch gruppenspezifische Analysen (entsprechend Übersicht 3.3) werden die nutzbaren Rationalisierungspotentiale (NRP) bestimmt; hinzu kommen die veränderten Delegationsmöglichkeiten: Sie betreffen zum einen die delegierende Stelle, die durch die Delegation entlastet wird (Del −), zum anderen die Stelle, deren Arbeitsvolumen durch Delegation steigt (Del +). Als Ergebnis wird in diesem Beispiel durch den Einsatz der neuen Informationstechnologie und durch veränderte Ablauforganisation der zusätzliche Arbeitsanfall sogar überkompensiert.

Das Modell berücksichtigt noch nicht die **Kosten** für die neue (Informations-)Technologie: Sie können dazu führen, daß auch das nutzbare Rationa-

	Bestand **Alt**	Aufgabenänderung %	Personen	Ergebnis	NRP	Delegation Del −	Del +	Bedarf **Neu**	+/−
Geschäftsführung	5	10%	1	6	7%	5%	0%	5	0
Oberer Führungskreis	20	15%	3	23	7%	5%	1%	21	1
Mittlerer Führungskreis	100	10%	10	110	8%	10%	1%	91	−8
Unterer Führungskreis	350	10%	35	385	9%	10%	3%	325	−25
Sachbearbeiter	280	9%	26	306	12%	0%	7%	292	12
Sekretariatsbereich	27	9%	3	30	12%	0%	37%	38	11
Hilfskräfte	53	5%	3	56	12%	0%	7%	53	0
Personalbestand →	**835**								
Personalbedarf nach Aufgabenänderung →				**916**					
Nutzbares Rationalisierungspotential →					9,9%				
Personalbedarf nach Aufgabenänderung und Rationalisierung →								**825**	

Übersicht 3.4: Interaktive Bedarfsanalyse (Gesamttableau)

lisierungspotential nicht ganz ausgeschöpft, das nutzbare Rationalisierungspotential also reduziert wird.

(d) Bewertung

Wie generell bei formalisierten Personalplanungsmodellen, basiert auch dieses Modell der interaktiven Personalbedarfsanalyse auf einer Reihe von **Annahmen**: Sie betreffen (wie oben ausgeführt) speziell die Datenverfügbarkeit, die Zurechenbarkeit von Rationalisierungswirkungen, die Einheitlichkeit von Aufgabenstrukturen und die Antizipation der Wirkung von Ablaufänderungen. Da gerade die simultane Berücksichtigung unterschiedlicher Wirkungsrichtungen ein kaum lösbares Planungsproblem darstellt, bietet das Modell der interaktiven Bedarfsanalyse (bei kritischer Anwendung) trotzdem eine wichtige Hilfe bei diesem ansonsten planerisch kaum durchdringbaren Problem einer gruppenbezogenen Personalbedarfsbestimmung.

3.4 Strategische Ebene: Unternehmensbezogen

3.4.1 Überblick

Während auf der operativen und taktischen Ebene der Umfang des Personalmanagements im wesentlichen aus den aktuellen Aufgaben (Absatz- und Produktionsprogramm) ableitbar ist, muß bei der strategischen Ebene zunächst das **Meta-Problem** der Bestimmung von relevanten Planungsinhalten gelöst werden: Diese liegen (wie bei der strategischen Personalbestandsanalyse) zum einen im quantitativen Bereich und/oder im qualitativen Bereich, zum anderen im derivativen und/oder im originären Aspekt.

Als Grundlage zur Ermittlung der qualitativen Komponente des strategischen Personalplans können die **strategischen Merkmale** Holismus, Elementarismus, Initiativaktivität, Kontingenzaktivität, Komplexitätsreduktion und Potentialkonzentration herangezogen werden: Sind die Grundentwicklungen der Zukunft bekannt, so basiert eine initiativaktive Strategie auf der Annahme des **sicheren** Eintretens der erwarteten Zukunftsausprägung; es wird von der Realisation der meist präferierten Strategie ausgegangen. **Unsicherheit** erfordert dagegen ein kontingenzaktives Vorbereiten auf alternative Entwicklungen. Bei **ungewisser** Zukunft als Fehlen von Informationen hinsichtlich der zukünftigen Entwicklung kann in Grenzen versucht werden, Bedarfsstrukturen aus Umweltkonstanten abzuleiten (derivativ) oder aber unabhängig von der Zukunftsentwicklung (originäre) „Bedarfsvisionen“ zu formulieren.

Die aus diesen Überlegungen resultierenden sechs Formen einer strategischen Bedarfsbestimmung (Abbildung 3.9) betreffen den qualitativen Bereich (Abschnitt 3.4.2) ebenso wie den quantitativen Bereich (Abschnitt 3.4.3).

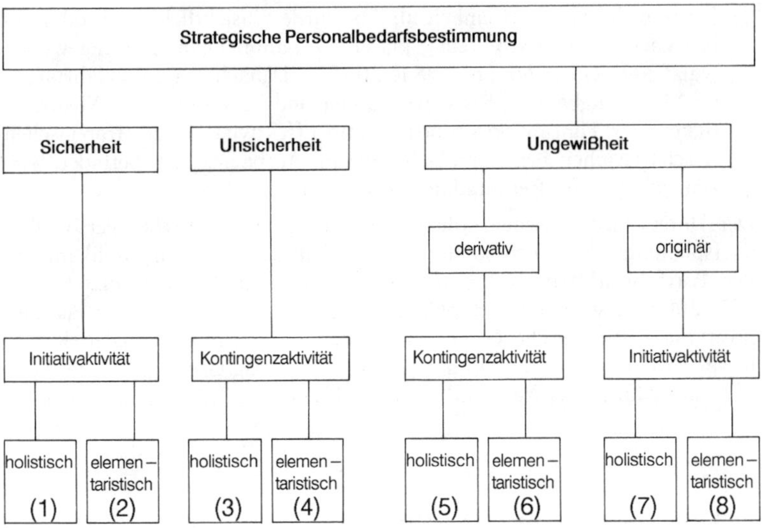

Abbildung 3.9: Formen strategischer Personalbedarfsbestimmung

3.4.2 Qualitativ: Bedarfsstruktur

3.4.2.1 Personalbedarf bei Sicherheit

Die strategische Produktplanung liefert die Vorgabe, welche Produkte, mit welchen Technologien, auf welchen Märkten und über welche Wege vertrieben werden sollen. Aus Sicht des Personalwesens führt dies zu einer **initiativaktiven** Vorgehensweise: Die Vorgabewerte der strategischen Produktplanung gelten als „sicher" und sind daher holistisch oder elementaristisch umzusetzen.

(1) Für die *holistische* Vorgehensweise steht hier als Ergänzung die Komplexitätsreduktion im Vordergrund. Sie betrifft grundsätzliche Verschiebungen in der anzustrebenden Personalkonfiguration aufgrund von Verschiebungen im Beschaffungs-, Produktions- und Absatzbereich. Es werden also feststehend Veränderungen anderer Planungsbereiche als Ausgangsinformationen genommen und daraus Bedarfswerte abgeleitet. Je nach Umfang dieser Veränderung kann es sich dabei um eine Nullbasisplanung oder eine Planung auf Fortführungsbasis handeln (vgl. Abbildung 3.2). Gerade weil strategische Probleme neuartig und zum Teil diskontinuierlich sind, birgt eine einfache Trendextrapolation Gefahren und legt zumindest eine Planung auf Fortführungsbasis ohne Vergangenheitsdaten nahe.

(2) Strategische Planung befaßt sich aber nicht nur holistisch mit globalen Aspekten, sondern auch *elementaristisch* mit zentralen Einzelfragen. Hierzu gehört speziell die Bestimmung des Anforderungsprofils für wichtige Führungskräfte. Dieses Profil hängt von der strategischen

Position der Geschäftseinheit ab. So wurde hinsichtlich der Produktlebenskurve empirisch ein klarer Zusammenhang nachgewiesen (vgl. *Gupta/Govindarajan* 1984, 30–37): Danach tragen Erfahrungen im Marketingbereich, Risikofreudigkeit und Verständnis für Mehrdeutigkeit der Führungskraft positiv zur Effektivität einer strategischen Geschäftseinheit bei, wenn sich diese im Aufbaustadium befindet, wirken sich aber im Reifestadium negativ aus.

Der Unterschied zwischen holistischer und elementaristischer Personalbedarfsplanung läßt sich besonders gut verdeutlichen an den Implikationen der **Portfolio-Matrix** (vgl. *Hedley* 1977; *Roventa* 1981; *Scholz* 1987a, 187–200): Dieses äußerst populäre Instrument der strategischen Planung positioniert strategische Geschäftseinheiten im zweidimensionalen Raum, beispielsweise bei der Matrix der Boston Consulting Group (BCG) im Hinblick auf Marktwachstum und relativen Marktanteil (Abbildung 3.10).

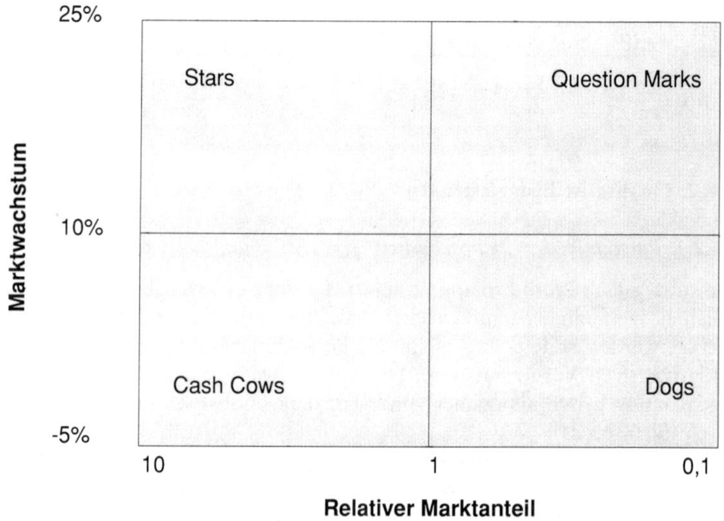

Abbildung 3.10: Portfolio-Matrix (BCG)

Die Entscheidung für ein bestimmtes Zielportfolio hat Konsequenzen für die Mitarbeiterstruktur (holistischer Aspekt): So nimmt der Bedarf an F&E-Personal von „Question Mark" über „Star" zu „Cash Cow" ständig ab, der Bedarf an Marketingspezialisten dagegen zumindest bis in das Stadium „Cash Cow" zu. Zusätzlich erfordern die Portfolio-Zellen unterschiedliche Führungsstile und damit auch im Regelfall unterschiedliche Führungspersonen (**elementaristischer** Aspekt): Die Führung in einem „Question Mark" zielt auf Innovation, was nach einem kreativitätsfördernden Bereichsleiter verlangt; bei der „Cash Cow" dagegen stehen Kosten- und Leistungsbewußtsein im Vordergrund.

In ähnlicher Form wie das strategische Produkt-Portfolio läßt sich auch ein **Human-Ressourcen-Portfolio** konstruieren (vgl. *Jacobs/Thiess/Söhnholz* 1987): Danach ergeben sich in einer Portfolio-Matrix mit den Achsen

- strategische Bedeutung der Geschäftsbereiche und
- Personal-Qualität der Geschäftsbereiche

als alternative Normstrategien

- Erhöhung der Personalqualität/-quantität in traditionellen Tätigkeitsfeldern (Wachstumsstrategie),
- Ausbau einer Belegschaftsstruktur in neuen Tätigkeitsfeldern (Diversifikationsstrategie),
- Stabilisierung des qualitativen Personalbestandes bei gleichzeitiger Suche nach Rationalisierungspotentialen (Konsolidierungsstrategie) sowie
- Abbau großer Teile der Belegschaft (Eliminierungsstrategie).

Auch wenn sich Meßprobleme im Hinblick auf die „Personalqualität" ergeben, läßt sich doch zumindest im Sinne einer Tendenzaussage der aktuellen Belegschaftsstruktur (IST-Portfolio) eine auf die strategische Planung abgestimmte Zielkonfiguration (SOLL-Portfolio) gegenüberstellen.

Analoge Überlegungen (vgl. *Scholz* 1987 a) gelten auch für die anderen Techniken der strategischen Unternehmensführung, die ebenfalls kollektiv-holistische sowie individuell-elementaristische Konsequenzen für den Personalbedarf mit sich bringen.

3.4.2.2 Personalbedarf bei Unsicherheit

Bei einschätzbarer Zukunft **unter Unsicherheit** – also bei den Fällen (3) und (4) aus Abbildung 3.9 – sind unterschiedliche Entwicklungen als realistisch einzustufen: Es gibt mehrere Szenarien möglicher Umweltzustände. Im methodischen Exkurs (Abschnitt 3.5) wird dazu auf entsprechende Analysetechniken hingewiesen, die sich auch hier einsetzen lassen. Ein denkbarer Methodenverbund besteht aus der Erstellung mehrerer Szenarien („Multiple Szenarioanalyse") und der Prüfung ihrer Implikationen („Cross-Impact-Matrix").

Bei einer derartigen Kontingenzaktivität bereitet sich das Unternehmen auf **unterschiedliche** Zukunftsentwicklungen vor. Es wird also ein Personalbedarf bestimmt, der unterschiedlichen Zukunftsentwicklungen Rechnung trägt:

(3) Der *holistische* Ansatz macht die gesamte Personalstruktur zum Planungsobjekt und realisiert die Personalausstattung, die den unterschiedlichen Anforderungen aus der Multiplen Szenarioanalyse genügt. Als Teil der qualitativen Personalbedarfsbestimmung bedeutet dies zunächst Festlegung von einem Anforderungsmuster pro Zukunftsentwicklung (analog zu Abschnitt 3.2.2). Im Rahmen der Kontingenzaktivität ist dann eine Lösung zu suchen, die unnötige Qualifikationsreserven vermeidet und dennoch auf als realistisch anzusehende Extremsituationen vorbereitet.

(4) Der *elementaristische* Ansatz fokussiert dagegen eine Schlüsselposition und sichert sie durch Erstellung eines entsprechend hohen Anforde-

rungsprofils ab. Stelleninhaber auf derartigen Positionen haben daher auf alle als möglich angesehenen Situationen vorbereitet zu sein.

Die holistische Variante operiert hier unternehmens- und tätigkeitsbezogen, die elementaristische dagegen personen- und stellenbezogen. Deshalb lassen sich in diesem Fall beide Varianten kombinieren.

3.4.2.3 Personalbedarf bei Ungewißheit

Die vier zuvor beschriebenen Möglichkeiten zur strategischen Personalbedarfsbestimmung gehen von **einschätzbaren** – allerdings gegebenenfalls mit Unsicherheit behafteten – Zukunftsentwicklungen aus und entwickeln daraus entsprechende Anforderungsmuster. In den Fällen (1) und (2) gilt es zudem als sicher, welche zukünftigen bedarfsauslösenden Determinanten zum Zuge kommen werden; in den Fällen (3) und (4) soll das strategische Personalmanagement eine Vorbereitung auf unterschiedliche (aber dennoch in ihrer möglichen Ausprägung bekannte) Zukunftsentwicklungen realisieren.

Das strategische Personalmanagement muß aber den „Potentialfaktor Personal" auch auf solche Bedarfsentwicklungen vorbereiten, die von zunächst noch **ungewissen** Segmenten der Zukunft herrühren. Hier vervielfacht sich das Planungsproblem, da die Bedarfsdeterminanten und ihre Wirkung unbekannt sowie keine Eintrittswahrscheinlichkeiten abschätzbar sind. Trotzdem müssen (und können) in Grenzen auch hier Anhaltspunkte für eine derivative Ableitung der Personalbedarfsstruktur gesucht werden:

(5) Eine *holistische* Variante dieser Bedarfsbestimmung stützt sich auf (externe) Berufsklassifikationen. Da die ISCO- oder KdB-Systematiken aus Abschnitt 3.3.2 auch Berufsbilder enthalten, die im betreffenden Unternehmen (noch) nicht vertreten sind, lassen sich diese Informationen in internen Expertenrunden gegebenenfalls mit externer Beratung auf ihre mögliche Relevanz hin prüfen und zur Grundlage entsprechender Bedarfsspezifikationen machen.

(6) Bei der *elementaristischen* Variante stehen ausgewählte Schlüsselpositionen und (mit zunehmender Bedeutung) ausgewählte Schlüsseltechnologien im Vordergrund. Um reibungsminimierten Einsatz zu gewährleisten, muß das Personalmanagement bereits **vor** dem Abschluß der Entwicklungszeit aktiv werden, also
   - die personalwirtschaftlichen Implikationen der entsprechenden Technologie trotz ihres hohen Unbestimmtheitsgrades über ein auf den Personalbereich abgestimmtes **technology assessment** abschätzen und
   - frühzeitig Personalbedarfsbestimmungen sowie Bedarfsdeckungen einleiten.

   Ein spezieller (ebenfalls elementaristischer) Vorschlag zur „Personalplanung bei technologischem Wandel" findet sich bei *Cieplik* (1985), der (vereinfacht ausgedrückt) folgende **zwei Komponenten** vorsieht:
   - Im Rahmen der *Auswirkungsanalyse* werden generelle Implikationen von neuen Technologien auf das Personal bestimmt, um eine entsprechende Datenbasis aufzubauen.
   - Im Rahmen einer *Investitionsanalyse* werden Auswirkungen geplanter (also noch nicht ausgeführter!) Investitionen auf den Personalbe-

darf abgeschätzt, um eine frühzeitige Sensibilisierung der Betroffenen und vor allem eine rechtzeitige Maßnahmenplanung zu ermöglichen.

Alle sechs bisher genannten Formen der Bedarfsbestimmung operierten derivativ, leiteten also aus (exakten/vagen) Vorgabewerten die Bedarfsstrukturen ab. Hinzu kommt aber begrenzt auch die Entwicklung eigenständiger (originärer) Ziele im Personalbereich:

(7) Sie betreffen zum einen die *holistische* Ausrichtung auf ausgeglichene und langfristig stabile Beschäftigtenstrukturen.

(8) Zum anderen ergibt sich die Möglichkeit, *elementaristisch* eigene Schwerpunkte zu forcieren, die in der Zukunft zu strategischen Wettbewerbsvorteilen werden können. Beide Formen der Analyse sind aber nicht primär bedarfsinduziert, sondern vielmehr bestandsorientiert. Aus diesem Grund wurden sie bereits im Zusammenhang mit der strategischen Personalbestandsanalyse behandelt (vgl. Abschnitt 2.4.2).

3.4.3 Quantitativ: Bedarfsniveau

3.4.3.1 Globalprognose

Die zuvor behandelten Ansätze liefern als Ergebnis jeweils Bedarfsstrukturen. Diese qualitativen Aussagen über die zukünftig aus strategischer Sicht erforderlichen Mitarbeitertypen müssen um eine quantitative Komponente erweitert werden: Sie gibt an, auf welchem Beschäftigtenniveau das vorgesehene Leistungsprogramm zu realisieren ist. Solche Globalprognosen differenzieren im Regelfall nach nur einigen wenigen Beschäftigtengruppen. Als hierfür einsetzbare Modelltypen bieten sich neben System Dynamics (analog zu Abschnitt 2.5.3) komplexere Kennzahlenmodelle an: Ein Beispiel dafür ist der nachfolgend skizzierte Ansatz zur interaktiven Bedarfsanalyse. Das dort praktizierte Vorgehen entspricht einem strengen top-down-Ansatz: Ausgangspunkt ist ein globales Bedarfsniveau, das dann differenziert disaggregiert zu Vorgaben für tiefere Ebenen führt. Grundsätzlich sind aber alle Informationsflußrichtungen möglich (vgl. Abschnitt 7.3.3.4).

3.4.3.2 Interaktive Bedarfsanalyse

Das in diesem Beispiel abgebildete Unternehmen wird (unabhängig von seiner organisatorischen Grundstruktur) in fünf Bereiche aufgeteilt:

- Vertrieb,
- Produktion,
- Beschaffung,
- Forschung und Entwicklung (F&E) sowie
- Verwaltung.

Zwischen der Mitarbeiterzahl der Funktionsbereiche und jeweils einer monetären Größe (wie Umsatz, spezieller Etat für Roh-, Hilfs- und Betriebsstoffe) wird ein linearer Zusammenhang unterstellt. Funktionsbereiche erhalten so ihre spezifische Determinante für den Personalbedarf; der Personalbedarf für den allgemeinen Verwaltungsbereich bestimmt sich als Prozentsatz der Mitarbeiter in den übrigen Bereichen (Übersicht 3.5).

Bezugsgröße	Mitarbeiter im Bereich			
	Vertrieb	Produktion	Beschaffung	F&E
Umsatz	X			
Wertschöpfung		X		
RHB-Aufwand			X	
F&E-Aufwand				X

Übersicht 3.5: Bedarfsdeterminanten

Zur Anwendung eines solchen Modells (Übersicht 3.6) werden zunächst die in der **Vergangenheit** realisierten Kennziffern bestimmt. Diese Produktivitätsziffern drücken beispielsweise die Relation zwischen Umsatz (in Millionen DM) und Mitarbeiter im Vertrieb aus. Bezogen auf den Zeitablauf, spiegeln diese Kennzahlen eine graduelle Steigerung der Produktivität wider. Das Modell liefert als **Projektion** die entsprechenden Werte für das Jahr 1989. Ihnen werden **Planwerte** gegenübergestellt, die durchaus von der Projektion abweichen können: Dies gilt besonders für die Leistungsdaten, da es gerade Aufgabe der strategischen Planung ist, von der simplen Vergangenheitsfortschreibung abzuweichen. Da sich in diesem Modell der Personalbedarf aus Leistungswerten und aus Produktivitätskennziffern ergibt, darf der Modellanwender Plandaten nur für Leistungswerte und Produktivitätskennziffern angeben: Der Personalbedarf für 1989 folgt daraus als abhängige Variable.

	1985	1986	1987	1988	1989 Projektion	1989 Plan
Leistungsdaten						
Umsatz (Mio)	30.080	30.393	34.822	42.600	47.904	44.400
Wertschöpfung (Mio)	14.850	15.862	16.948	19.656	21.600	20.200
RHB-Aufwand (Mio)	11.423	12.158	14.606	16.167	17.764	17.500
F&E-Aufwand (Mio)	2.550	2.672	2.890	2.924	3.035	3.100
Personalstruktur						
Mitarbeiter gesamt	243.000	241.000	242.440	271.440	285.574	276.769
Vertrieb	35.153	34.720	35.150	38.545	39.233	40.000
Produktion	133.107	131.910	132.278	146.545	155.396	149.629
Beschaffung	12.112	11.565	11.767	13.030	14.166	14.056
F&E	22.128	22.638	22.838	28.080	29.183	26.956
Allg. Verw. (20%)	40.500	40.167	40.407	45.240	47.596	46.128
Kennziffern						
Vertrieb (Umsatz)	0,856	0,875	0,991	1,105	1,221	1,150
Produktion (Wertsch.)	0,112	0,120	0,128	0,134	0,139	0,135
Beschaffung (Aufwand)	0,943	1,051	1,241	1,241	1,254	1,245
F&E (Aufwand)	0,115	0,118	0,127	0,104	0,104	0,115

Übersicht 3.6: Strategische Personalbedarfsbestimmung

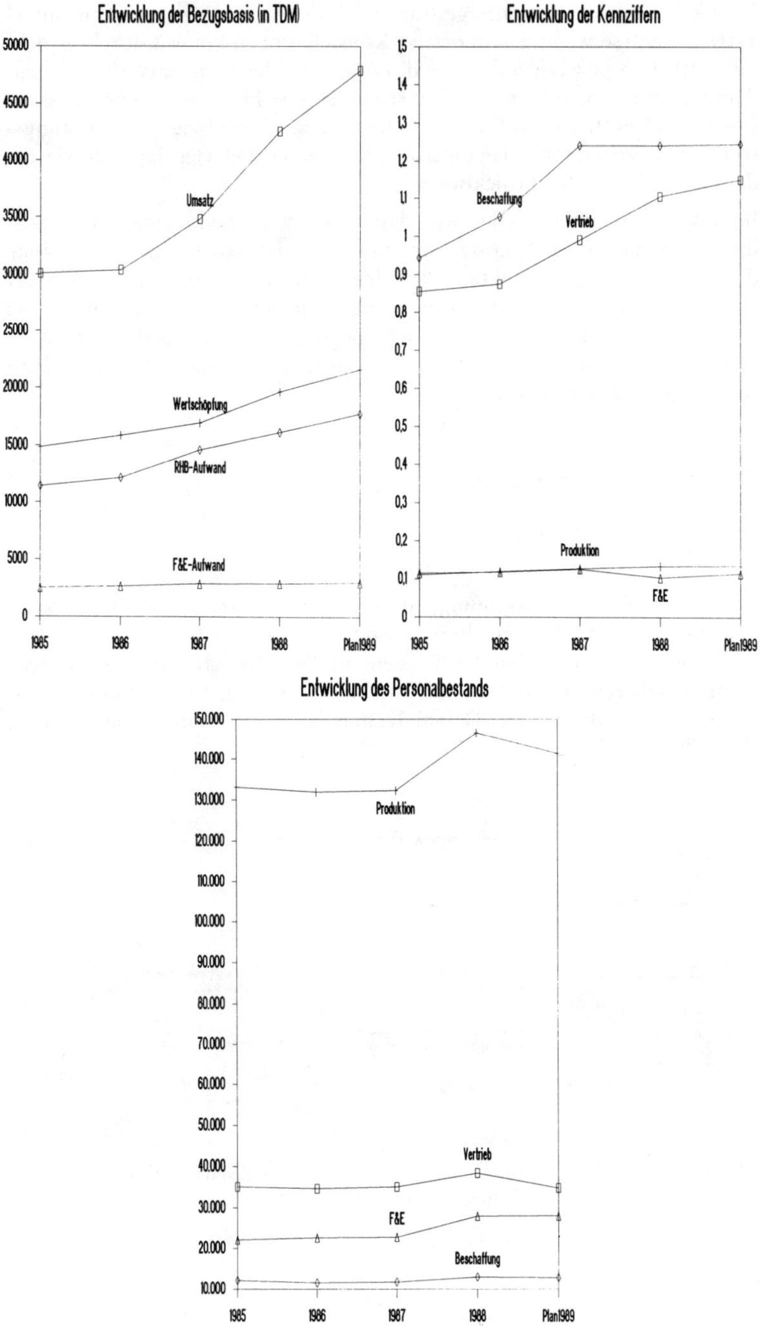

Abbildung 3.11: Entwicklung der Kennziffern in den Bereichen Beschaffung und Vertrieb

Gerade bei solchen computergestützten Modellen ist die Eignung zur interaktiven Analyse wichtig: Alternative Konstellationen können durchgespielt, hinsichtlich ihrer Realisierbarkeit diskutiert und letztlich zu (verbindlichen) Planwerten gemacht werden. Eine stimulierende Hilfe bei solchen Diskussionen sind grafische Aufbereitungen: So zeigt Abbildung 3.11 Leistungswerte, Kennziffern und Personalstruktur der letzten vier Jahre sowie die daraus resultierenden Projektionen.

Interaktive Analysemodelle, wie das zuvor vorgestellte, machen wegen ihrer Komplexitätsreduktion strategisch bedeutsame Zusammenhänge deutlich. Aber auch potentielle Probleme der Ausgangsdaten werden bei Parameteränderung über Sensitivitätsanalysen sichtbar. Aus diesem Grund verbessern interaktive Analysemodelle nicht nur die informatorische Basis einer Personalplanung, sie führen auch zu einer kritisch-realistischen Haltung gegenüber diesen Daten.

3.5 Methodischer Exkurs

3.5.1 Überblick

Die Personalbedarfsbestimmung auf allen drei Managementebenen setzt Prognose- und Analyseverfahren voraus, die zur Bereitstellung der erforderlichen Informationsbasis beitragen: In den Bereich der quantitativen Planung gehören die diversen statistischen Techniken, zur qualitativen Planung unter anderem die Delphi-Technik und die Cross-Impact-Matrix (Abbildung 3.12).

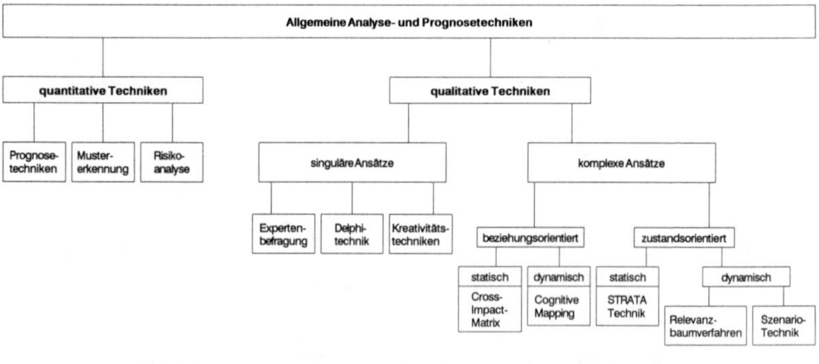

Abbildung 3.12: Allgemeine Techniken zur Bedarfsanalyse
(nach *Scholz* 1987 a, 169)

Von den qualitativen Techniken werden in Abschnitt 3.5.2.1 die Expertenbefragung, die Delphi-Technik, die Relevanzbaum-Technik sowie die Cross-Impact-Matrix dargestellt. Von den quantitativen Techniken werden nachfolgend in Abschnitt 3.5.2.2 die statistischen Verfahren diskutiert, die speziell im Zusammenhang mit Kennziffernansätzen vorkommen. In Abschnitt 3.5.3 folgen spezielle Verfahren zur Bestimmung von Bedarfskonstellationen. Für die übrigen Methoden sei auf *Scholz* (1987 a, 159–171) sowie auf die dort angegebene Literatur verwiesen.

3.5.2 Analyse- und Prognosetechniken

3.5.2.1 Qualitativ

Qualitative Verfahren sollen die Anforderungen ermitteln, die in der Zukunft an die Mitarbeiter gestellt werden. Problematisch sind dabei besonders solche Bedarfsanalysen, die im Bereich der „unbekannten" Zukunft operieren: Dies sind generell alle Bedarfsfelder für innovative Technologien. Leitet man aus neuen Produkten neue Technologien und daraus dann die Bedarfsstruktur ab, so macht dies die Problematik der Personalbedarfsanalyse bei innovativen Produkten und/oder innovativen Technologien deutlich.

Informatorische Ausgangsbasis für solche Analysen liefern verschiedenste Techniken, die sich im weitesten Sinne mit einer systematischen Analyse der Umwelt(änderung) befassen. Exemplarisch zu nennen sind hier

- die bereits auf *Ansoff* (1975) zurückgehenden Überlegungen zur Wirkung von schwachen Signalen,
- Ansätze zur strategischen Frühaufklärung (vgl. *Kirsch/Trux* 1979; *Müller* 1981),
- diverse Methoden zur Umfeldanalyse (vgl. z.B. *Buchinger* 1983) sowie
- Integrationsvorschläge für ein Strategisches Surprise Management (vgl. *Scholz* 1987 a, 53–57).

Diese Informationen erlauben es, bei entsprechend logischer Systematisierung, gegebenenfalls Bedarfstendenzen zu lokalisieren.

Als nächstes gilt es die vorliegende Ausgangsinformation zu bewerten, gegebenenfalls durch neue Informationssuchaktivitäten zu erweitern und schließlich in Bedarfsspezifikationen zu transformieren.

Ein hier einsetzbares Hilfsmittel sind **Expertenbefragungen**: Sie dienen dazu, veränderte Konstellationen und Diskontinuitäten in der Zukunft zu ermitteln. Expertenurteile bergen allerdings immer dann das Potential problematischer Antworten, wenn mehrere Experten gemeinsam Urteile abgeben: So fassen sich Gruppenmitglieder in einer Gruppensituation auch ohne expliziten Wettbewerbsdruck leicht als Konkurrenten auf, was sogar zur Unterdrückung von konstruktiven Vorschlägen führen kann. Hinzu kommt die Gefahr, daß einmal geäußerte und von einem dominanten Gruppenmitglied unterstützte Meinungen sehr leicht zu Mehrheitsmeinungen werden, die dann eine starke Anziehungskraft auf abweichende Urteile ausüben (“bandwaggon-effect“).

Aus diesem Grund wurde die **Delphi-Technik** entwickelt (vgl. zusammenfassend *Wechsler* 1978): Hier geben die Experten zunächst vollkommen unabhängig voneinander ihre Meinung zu dem zu analysierenden Problem ab. Eine Moderatorengruppe sammelt diese Urteile und wertet sie (statistisch) aus. Diese Auswertung besteht nicht nur aus einer Mittelwertbestimmung, sondern auch aus dem Aufzeigen der Schwankungsbreite sowie (gegebenenfalls) der Begründungen. So kann auch eine stark abweichende Meinung „überleben“. Die Informationen der ersten Auswertungsrunde werden dann an die Mitglieder der Delphi-Runde zurückgespielt, die wieder isoliert Stellung nehmen und ihre (revidierte) Auffassung der Moderatorengruppe mitteilen. Dieser Prozeß setzt sich bis zu einer annähernd einheitlichen Gruppenmeinung fort.

Für den sinnvollen Einsatz der Delphi-Technik ist die Erfüllung von zwei Bedingungen wichtig: Erstens müssen die Gruppenmitglieder zum Konsens fähig sein, ihre Urteile also im Hinblick auf eine Konvergenz modifizieren. Zweitens müssen alle Gruppenmitglieder über ausreichende Information zur Lösung des Problems verfügen: Ist die Mehrzahl der Experten uninformiert, kann sich die Minderheit (die über die nötige Information verfügt) nicht gegen die (falsche) Gruppenmeinung durchsetzen. Im Bereich der Personalbedarfsbestimmung läßt sich die Delphi-Technik vor allem dann gut einsetzen, wenn es um globale Schätzwerte für die Zukunft geht: Dies betrifft besonders die Konsequenzen veränderter Technologien und vollkommen unstrukturierter Märkte.

Während die Delphi-Technik im Extremfall nur die Ausprägung einer einzigen Variablen in der Zukunft zu bestimmen versucht, legt die **Szenario-Technik** (vgl. zusammenfassend *Geschka/Hammer* 1986) das Schwergewicht auf die innere Konsistenz einer komplexen Systembeschreibung: Ein Szenario soll darüber hinaus eine hypothetische Sequenz von Ereignissen ausdrücken, die in diesen einen Systemzustand münden. Szenarien besagen damit, wie sich die Zukunft möglicherweise entwickeln könnte.

Szenarien können sowohl exakt und quantifiziert, als auch vage und verbal gestaltet werden. Dies gibt dem Planer einen erheblichen Freiraum in der Anwendung dieses Konzeptes. In der Praxis hat es sich durchgesetzt, mehrere Szenarien zu entwickeln. Diese „Multiple Szenario-Analyse“ (*Linneman/Kennell* 1977) definiert mehrere als möglich eingestufte Extremszenarien. Speziell im Hinblick auf eine kontingenzaktive Strategie leiten sich aus diesen Extremszenarien Personalbedarfswerte ab, die Verträglichkeit mit unterschiedlichen Zukunftsentwicklungen sicherstellen sollen.

Als ein Element einer Szenarioanalyse wird in Übersicht 3.7 die Auswirkung einer verstärkten Einführung neuer Büro- und Fertigungstechnologien im Hinblick auf die Qualifikation des Personals in zwei Extremszenarien dargestellt.

Delphi-Technik und Szenario-Analyse sollen helfen, neue Informationen in den Entscheidungsprozeß einzubringen. Im Gegensatz dazu dient eine weitere Gruppe von Analysetechniken dazu, aus bestehenden Informationen durch Verknüpfung beziehungsweise durch Deduktion Informationen zu

Entwicklung	Szenario 1	Szenario 2
Verstärkte Einführung neuer Büro- und Fertigungstechnologien	generelle Höherqualifizierung des Personals (Professionalisierung)	Polarisierung: wenig Hochqualifizierte und viele Niedrigqualifizierte
	ganzheitliche Arbeitsaufgaben	vollkommene Spezialisierung
	neue Berufsfelder	keine Veränderung der Berufsfelder

Übersicht 3.7: Element einer Szenarioanalyse

schaffen. Ein Beispiel dafür ist die **Relevanzbaum-Technik** (vgl. *Jantsch* 1967, 219–233). Hier werden hierarchisch aus übergeordneten Begriffen über Ziel-Mittel-Beziehungen untergeordnete Komponenten konkretisiert und (mathematisch) spezifiziert. Diese Technik wird unter anderem auch für die Ermittlung von Anforderungsmerkmalen propagiert (vgl. *Drumm* 1987b, 964).

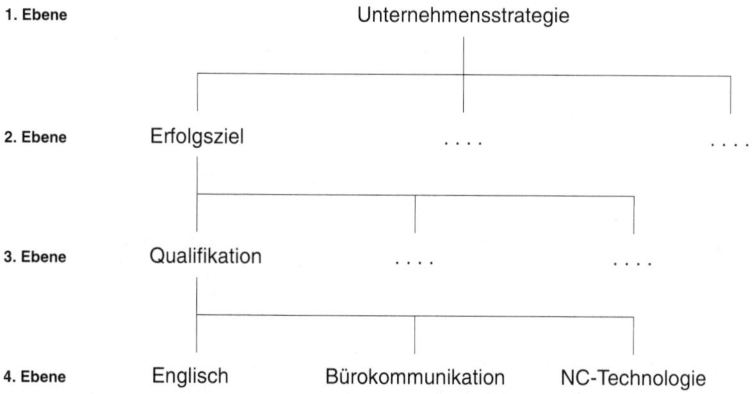

Abbildung 3.13: Relevanzbaum-Verfahren

PATTERN (*P*lanning *A*ssistance *T*hrough *T*echnical *E*valuation of *R*elevance *N*umbers) als spezielle Relevanzbaum-Technik baut auf der Entwicklung einer hierarchischen Ordnung von Zielen und Mitteln auf (vgl. *Berthel* 1976). Dargestellt wird diese Ziel-Mittel-Hierarchie im Relevanzbaum (Abbildung 3.13): In diesem asymmetrischen Diagramm stellen die Knoten Ziele für die untergeordnete Ebene und Mittel (Alternativen) für die übergeordnete Ebene dar. Die Kanten repräsentieren Wirkbeziehungen zwischen den Zielen und Mitteln. Die Wahl einer Alternative auf einer Ebene basiert auf zwei Informationen:

- Die Gewichte g_i der Ziele i ($i = 1..n$) geben Auskunft über die Wichtigkeit der Beurteilungskriterien.

– Die Signifikanzziffern a_{ij} für das Ziel i und die Alternative j (j = 1. .m) stellen Urteile über die Eignung der Alternativen zur Erfüllung der Ziele (Beurteilungskriterien) dar. Sie bringen im gegenseitigen Vergleich die relative Eignung der Alternativen für das jeweilige Beurteilungskriterium zum Ausdruck.

Die Evaluierung der zu wählenden Ziel-Mittel-Folge erfordert anschließend drei Schritte:

(1) Zunächst wird für jede Alternative eine Relevanzziffer (r_j) errechnet.

$$r_j = \sum_{i=1}^{n} g_i \cdot a_{ij}$$

Die Relevanzziffern fassen alle Urteile der Kriteriengewichtung und Alternativeneignung (Signifikanzziffern) zusammen, also zahlenmäßig die relative Vorziehenswürdigkeit von Alternativen im Lichte aller Beurteilungskriterien. R_{lj} ist die ebenenweise aggregierte Gesamtrelevanz einer Alternative j auf Zielebene l, wenn l-1 (z = l. .L) Zielebenen vorgelagert sind. Gewählt wird die Alternative mit der höchsten Relevanzziffer.

(2) Im nächsten Schritt wird das Produkt aller Ziel-Mittel-(Kanten-)Folgen gebildet:

$$R = \pi_{z=l}^{L} r_{zj}$$

(3) Letztlich wird die Ziel-Mittel-Folge ausgewählt, die das maximale Produkt der Ziel-Mittel-Folgen aufweist.

Übersicht 3.8 ist die Entscheidungsmatrix für die Ebene 4. Hier werden die Alternativen für das Ziel Qualifikation (3. Ebene) dargestellt. Es zeigt sich, daß als Mittel die Qualifikationsanforderung „Englisch" die weitaus größte Relevanz für das Ziel der 3. Ebene „Qualifikation" erhält.

PATTERN erfordert einen erheblichen Rechenaufwand. Hierbei bietet sich vor allem der Einsatz des Personal Computers an, der neben der reinen

Beurteilungskriterien i	Wett-bewerb	Ver-trieb	Pro-duktion	
Gewichte g_i	0.5	0.3	0.2	
Alternativen j				Relevanz-ziffern r_j
Englisch	0.6	0.7	0.3	0,57
Bürokommunikation	0.3	0.25	0.2	0,265
NC-Technologie	0.1	0.05	0.5	0,165

Übersicht 3.8: Entscheidungsmatrix

Rechenarbeit ein interaktives Vorgehen, somit auch Sensitivitätsanalysen der Gewichtungen und Signifikanzziffern erlaubt.

Anders als die deduzierende Relevanzbaum-Methode geht die **Cross-Impact-Matrix** kombinierend vor: Ihr Ziel liegt in einer systematischen Verknüpfung von Einzelaussagen. In ihrer ursprünglichen Form basiert die Cross-Impact-Matrix auf Eintrittswahrscheinlichkeiten (vgl. *Gordon/Hayward* 1968): Aus einem Ausgangsvektor mit möglichen Zukunftsereignissen und ihren Wahrscheinlichkeiten bestimmt die Cross-Impact-Matrix die Frage, wie sich bei Eintritt eines Ereignisses die Wahrscheinlichkeit für die übrigen Ereignisse ändert.

Aufgrund des Datenbeschaffungsproblems und aufgrund der stark kritisierbaren Linearitätsprämisse eignet sich für die Personalbedarfsbestimmung speziell eine rein semantische Cross-Impact-Matrix (vgl. *Scholz* 1987a, 163–164): Hier werden auf beiden Achsen die entscheidenden Schlüsselereignisse eingetragen. Die Wirkungen werden dann durch verbale Aussagen beziehungsweise durch Plus und Minus gekennzeichnet. Danach kann man senkrecht unter jedem Element die Einflußgrößen bestimmen, die auf das betreffende Ereignis wirken und daraus die prägenden Determinanten herausfiltern. Waagrecht ist erkennbar, welche Einflüsse von einem Schlüsselereignis ausgehen (Übersicht 3.9).

	Fertigungs-automation	Arbeitszeit-verkürzung	Personalkosten-änderung
Fertigungsautomation	–	...erleichtert...	...führt zu ...
Arbeitszeitverkürzung	...begründet...	–	...beeinflußt evt...
Personalkostenänderung	...beeinflußt...	kein Einfluß	–

Übersicht 3.9: Cross-Impact-Matrix

Es liegt nahe, die oben beschriebenen Techniken zu einem **Methodenverbund** zu kombinieren, der – einzelfallspezifisch zusammengestellt – potentielle Bedarfsstrukturen evaluiert. Abbildung 3.14 zeigt ein Beispiel für eine solche Konstruktion: Hier kommt die erste Ausgangsinformation aus einer Umfeldanalyse (Environmental Scanning), ergänzt durch eine Analyse interner Potentialfaktoren (Internal Scanning). Die Cross-Impact-Matrix verbindet diese Informationen und liefert als Ergebnis kritische Schlüsselbereiche, die über Delphi-Studien vertieft werden. Ihre Resultate gehen dann in die Multiple Szenario-Analyse ein, die in alternative Szenarios mündet: Über weitere Expertenrunden entstehen daraus alternative Bedarfsstrukturen als Grundlage für eine strategische Personalbedarfsplanung.

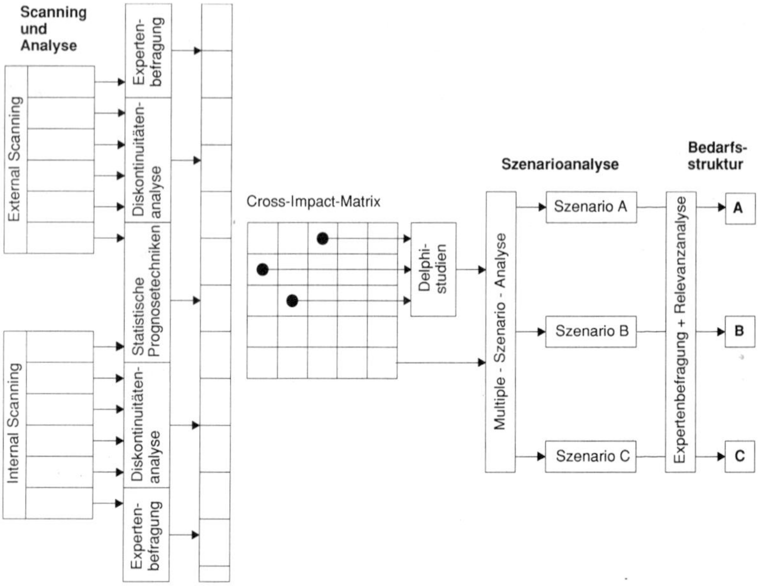

Abbildung 3.14: Methodenverbund zur Personalbedarfsplanung

3.5.2.2 *Quantitativ*

Im Hinblick auf die quantitative Bedarfsspezifikation bieten sich diverse statistische Verfahren an (vgl. z.B. *Wheelwright/Makridakis* 1985). Sie unterscheiden zwei **Verlaufshypothesen:**

(a) Eine Entwicklung aus der Vergangenheit setzt sich kontinuierlich in die Zukunft fort.

(b) Mindestens einer der wichtigen Verursachungsfaktoren wirkt in unveränderter Weise wie in der Vergangenheit auch in der Zukunft.

Bei der Verlaufshypothese (a) spielt die Zeit eine explizite Rolle: **Zeitreihenverfahren** (gleitende Durchschnitte, exponentielles Glätten) prognostizieren die Entwicklung der Zielvariablen aus ihrer eigenen Vergangenheit. Für den Personalbedarf bedeutet dies eine extrapolative Fortschreibung der Vergangenheitswerte in die Zukunft. Im einfachsten Fall läßt sich der Trend mathematisch in einer Geraden ausdrücken (Abbildung 3.15). Die unabhängigen Variablen (Jahre, Quartale, Monate) beeinflussen nicht direkt den Personalbedarf als abhängige Variable: Sie stehen vielmehr als Repräsentanten für alle Einflußfaktoren im jeweiligen Zeitintervall.

Bei der Methode der **gleitenden Durchschnitte** wird eine Folge von arithmetischen Mitteln, die aus den Werten des Personalbedarfs gebildet wurden, verwertet. Dabei wird der gleitende Durchschnitt jeweils aus einer gleichen Anzahl zeitlich jeweils benachbarter Beobachtungswerte berechnet und dem „mittleren Zeitpunkt" zugeordnet.

Mathematisch läßt sich die Methode des gleitenden Durchschnitts wie folgt formulieren (vgl. *Bohley* 1987, 224–226):

Für eine ungerade Anzahl von Beobachtungswerten ($m = 2k + 1$) wobei $k = (1,2,..,n)$, errechnet sich der korrigierte Personalbedarf für das Jahr j wie folgt:

$$PBDF_j^* = \frac{1}{m} (PBDF_{j-k} + \ldots + PBDF_j + .. + PBDF_{j+k})$$

$$= \frac{1}{m} \sum_{s=-k}^{k} PBDF_{j+s}$$

Dadurch werden Extrema ausgeglichen und somit eine Grundrichtung des Personalbedarfs, die glatte Komponente der Zeitreihe, herausgearbeitet. Durch diese Vorgehensweise werden nachträglich bereinigte Personalbedarfswerte ermittelt. Dies zeigt sich in Abbildung 3.15 als Trendgerade. Durch Projektion der Trendgerade in die Zukunft wird der zukünftige Personalbedarf aus korrigierten früheren Personalbedarfswerten ermittelt.

Für eine gerade Anzahl von Beobachtungswerten ($m = 2k$) mit $k = (1,2,..,n)$ errechnet sich der gleitende Durchschnitt aus:

$$PBDF_j^* = \frac{1}{2m} \left(\sum_{s=-k}^{k-1} PBDF_{j+s} + \sum_{s=-k+1}^{k} PBDF_{j+s} \right)$$

Die Methode des **exponentiellen Glättens** nimmt eine Gewichtung der Ausprägungen der abhängigen Variablen vor. In einem vorgegebenen Zeitintervall N werden die Daten vom ältesten Zeitpunkt bis zum aktuellsten Zeitpunkt mit abnehmenden Gewichten $h = 1/N$ ($0 \leqslant h \leqslant 1$) versehen.

Der zu prognostizierende Personalbedarf für die Periode $t+1$ errechnet sich wie folgt aus den bisherigen mit h gewichteten tatsächlichen Personalbedarfszahlen X im Beobachtungszeitraum:

$$PBDF_{t+1} = h \cdot X_t + h \cdot (1-h) \cdot X_{t-1} + h \cdot (1-h)^2 \cdot X_{t-2} + \ldots + h \cdot (1-h)^{N-1} \cdot X_{t-(N-1)}$$

Der zu prognostizierende Personalbedarf für die Periode $t+1$ kann auch auf andere Weise ausgedrückt werden. Hierbei wird der zu prognostizierende Personalbedarf für die Periode $t+1$ aus dem prognostizierten Personalbedarf für die augenblickliche Periode t plus der mit h gewichteten Fehlerkomponente der Prognose für die Periode t berechnet. X_t ist dabei der tatsächlich eingetretene Personalbedarf und $PBDF_t$ der ursprünglich prognostizierte Personalbedarf für die Periode t.

$$PBDF_{t+1} = PBDF_t + h \cdot (X_t - PBDF_t)$$

Eine zweite Variante, die ebenfalls auf Hypothese (a) basiert, macht die Ausprägung der Zielvariablen in der Zukunft abhängig von der Entwicklung zentraler **Leitindikatoren**. Ein solcher Zusammenhang ist gegeben, wenn der Bedarf an Wartungspersonal eine zeitlich verzögerte Funktion des Investitionsvolumens darstellt.

Verfahren wie die einfache und multiple **Regression** und die Input-Output-Analyse basieren dagegen auf Hypothese (b): Sie unterstellen die Konstanz einer Beziehungsstruktur. Wurde also in der Vergangenheit eine (klare) Beziehung zwischen Personalbedarf und Werbebudget ermittelt, so läßt sich auch der Personalbedarf für das Jahr $t+1$ aus dem Werbebudget von $t+1$ ableiten. Einfache lineare Regressionsmodelle verwenden zur Vorhersage des Personalbedarfs lediglich eine Determinante (wie Umsatz) und sind somit den einfachen Kennziffern gleichzustellen. Ein Sonderfall der einfachen Regression ist die Trendberechnung: Sie verwendet als einzige Bedarfsdeterminante den Faktor „Zeit".

In der multiplen einfachen Regressionsgleichung werden mehrere Personalbedarfsdeterminanten ($D_1, D_2, .., D_n$) herangezogen und mit entsprechenden Skalaren ($s_1, s_2, .., s_n$) multipliziert. Hinzu kommt ein konstanter Wert (K).

$$PBDF = K + s_1 \cdot D_1 + s_2 \cdot D_2 + s_3 \cdot D_3 + .. + s_n \cdot D_n$$

Erweiterungen dieses Modells sind nichtlineare Beziehungszusammenhänge, die in exponentiellen Modellen ihren Ausdruck finden.

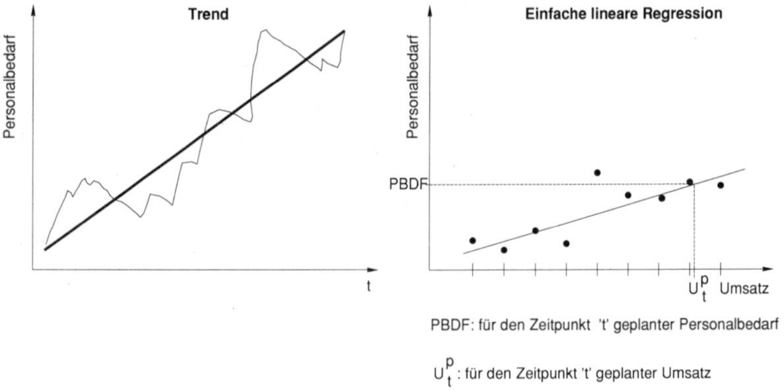

Abbildung 3.15: Trend und einfache lineare Regression

Wichtig für die Verwendung solcher Prognosetechniken ist die Konstanz der Parameter sowie ihre Nicht-Kollinearität: Die Regressoren dürfen nicht linear abhängig sein, also keine unabhängige Variable (D_1 bis D_n) durch eine Linearkombination der übrigen unabhängigen Variablen darstellbar sein. Weiters wird eine konstante Beziehungsstruktur zwischen der abhängigen Variable und den unabhängigen Variablen unterstellt: Im Analysezeitraum darf weder eine Diskontinuität auftreten, noch dürfen sich die Beziehungen zwischen abhängiger Variable und unabhängigen Variablen oder zwischen den unabhängigen Variablen ändern.

Haupteinsatzgebiet der statistischen Verfahren im Bereich der Personalbedarfsbestimmung ist das weite Feld der Kennzahlen: Gültigkeit von Hypothese (b) unterstellt, erlauben sie die Ermittlung von Personalbedarfswerten in Abhängigkeit von Indikatoren für die zu realisierende Aufgabe beziehungsweise die gegebenen Kontextvariablen.

3.5.3 Mehrfachqualifikation als Planungsproblem

3.5.3.1 Das Bedarfsdreieck von Kossbiel

Auf der taktischen und der strategischen Ebene stellt sich in gleicher Weise das Problem von Struktur und Qualifikation des Personals. Hierzu hat *Kossbiel* (1987) einen Vorschlag unterbreitet, der nachfolgend anhand eines einfachen Beispiels skizziert werden soll:

Gegeben ist ein als konstant anzusehender quantitativer Personalbedarf von 20 Personen, offen die Frage nach der qualitativen Ausstattung. Ausgegangen wird von drei unterschiedlichen Bedarfskategorien: Unter Berücksichtigung von einfach, zweifach und dreifach qualifiziertem Personal bedeutet dies sieben Qualifikationskategorien (Q1 bis Q7). Diese Zusammenhänge sind in Übersicht 3.10 zusammengefaßt.

	Qualifikationskategorien						
	Q1	Q2	Q3	Q4	Q5	Q6	Q7
Bedarfskategorie							
B1	x			x	x		x
B2		x		x		x	x
B3			x		x	x	x

Übersicht 3.10: Definition der Bedarfskategorien nach *Kossbiel* (1987, 88)

Weiter sind für den Arbeitsanfall die Ober- und Untergrenze bezüglich der drei Bedarfskategorien (B1, B2, B3) mit

$3 \leqslant B1 \leqslant 8$

$7 \leqslant B2 \leqslant 10$

$4 \leqslant B3 \leqslant 9$

bekannt. Gesucht ist jetzt die Verteilung (PA1 bis PA7) der 20 Mitarbeiter auf die Qualifikationskategorien, die allen Eventualitäten gerecht wird und die keine unnötigen Qualifikationsreserven hervorruft.

Diese Frage kann im dreidimensionalen Fall (also bei drei Bedarfskategorien) und bei überschaubarer Mitarbeiterzahl mit Hilfe des in Abbildung 3.16 wiedergegebenen Diagramms beantwortet werden:

(1) Für jede der drei Bedarfskategorien wird durch zwei parallele Linien ein **Zulässigkeitsbereich** eingezeichnet und zwar
   - für Bedarfskategorie 1 als waagrechte Zone,
   - für Bedarfskategorie 2 als von rechts oben nach links unten verlaufende Zone sowie

– für Bedarfskategorie 3 als von links oben nach rechts unten verlaufende Zone

(2) Die Schnittmenge dieser drei Zonen ergibt ein Vieleck mit maximal sechs Seiten als letztlich ausschlaggebender **Zulässigkeitsbereich.**

(3) An dieser Fläche läßt sich die (gemäß obiger Definition) **"optimale"** Personalausstattung ablesen:
- Der Abstand der Sechseckseite MN von der Dreieckseite YZ entspricht PA1.
- Der Abstand der Sechseckseite OP von der Dreieckseite XZ entspricht PA2.
- Der Abstand der Sechseckseite KL von der Dreieckseite XY entspricht PA3.
- Die Länge der Sechseckseite NO entspricht PA4.
- Die Länge der Sechseckseite LM entspricht PA5.
- Die Länge der Sechseckseite KP entspricht PA6.
- Die Zahl der dreifach-qualifizierten Personen ergibt sich aus dem Rest, also den noch nicht verteilten Mitarbeitern (PA7).

Die optimale Lösung lautet danach:

PQ = {3, 7, 4, 1, 3, 1, 1}.

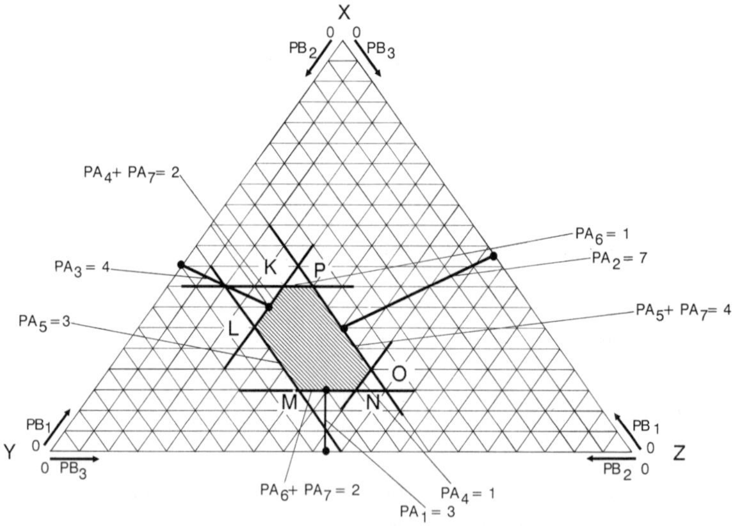

Abbildung 3.16: Dreieck zur Bestimmung der optimalen Personalausstattung (*nach Kossbiel* 1987, 103 + 116)

Unter Verwendung einer größerzahligen Bezugsbasis (z. B. in 100er-Schritten) läßt sich dieser Ansatz auch auf der strategischen Ebene einsetzen. In „realistischen" Fällen von mehr als drei Bedarfskategorien müßte allerdings obiges Procedere über einen Ansatz zur Linearen Programmierung realisiert werden, was allerdings nichts am Grundansatz ändert.

3.5.3.2 Methodenbeschreibung: Lineare Programmierung

Ein lineares Programm besteht aus Nebenbedingungen und einer Zielfunktion:

Die **Nebenbedingungen** schränken den zulässigen Lösungsraum ein. Beispiele dafür sind

- Zahl eingesetzter Mitarbeiter $\leqslant$ Zahl vorhandener Mitarbeiter und
- Absatzmenge $\leqslant$ Lagermenge.

Im zweidimensionalen Modell lassen sich die Nebenbedingungen grafisch darstellen: Hier werden nur die Ausprägungen von zwei Variablen (x_1,x_2) gesucht. In Abbildung 3.17 ist der Lösungsraum exemplarisch für mehrere Nebenbedingungen schraffiert eingezeichnet, zusätzlich werden Nichtnegativitätsbedingungen unterstellt, d. h. als weitere Nebenbedingungen müssen x_1 und x_2 jeweils $\leqslant$ 0 sein.

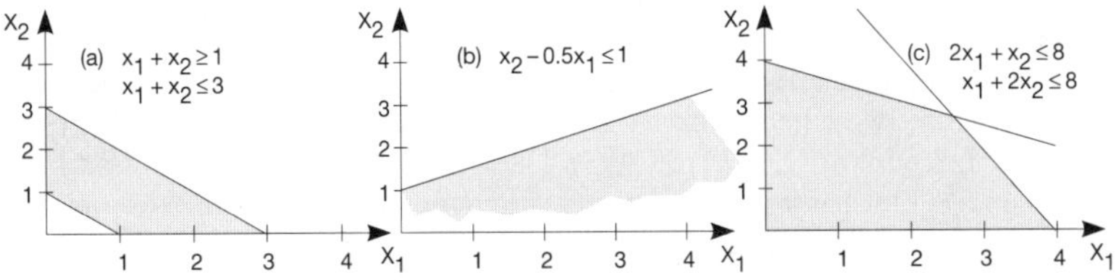

Abbildung 3.17: Beispiele für Nebenbedingungen

Die Nebenbedingungen stecken den **zulässigen** Lösungsraum ab: Alle Lösungen im schraffierten Bereich sind demnach „zulässige" Lösungen. So ist beispielsweise im Fall (c) die Lösung

$x_1 = x_2 = 1$

genauso eine zulässige Lösung wie

$x_1 = x_2 = 2$ oder
$x_1 = 4$ und $x_2 = 0$.

Im zulässigen Lösungsraum soll nun diejenige x_1,x_2-Kombination gesucht werden, die die **Zielfunktion** extremiert (optimiert), also ein Maximum (bei einer zu maximierenden Zielfunktion) oder ein Minimum (bei einer zu minimierenden Zielfunktion) erreicht.

Im zweidimensionalen Modell läßt sich die (lineare) Zielfunktion durch eine **Gerade** darstellen. Abbildung 3.18 zeigt für den vorher aufgeführten Fall (a) zwei exemplarische Zielfunktionen. Jede Zielfunktion selber ist – im Gegensatz zu einer Nebenbedingung – streng genommen eine Kurvenschar. Durch paralleles Verschieben der eingezeichneten Zielfunktion läßt sich dann das **Optimum** bestimmen. Im Fall (a_1) ist dies die Lösung

$x_1 = 0$ und
$x_2 = 3$.

Hat die Zielfunktion die gleiche Steigung wie eine der Nebenbedingungen, so kann es allerdings mehrere gleichwertige Optima geben, die immer den gleichen Zielfunktionswert wie die korrespondierenden Eckwerte haben. Dies gilt beispielsweise für Fall (a_2).

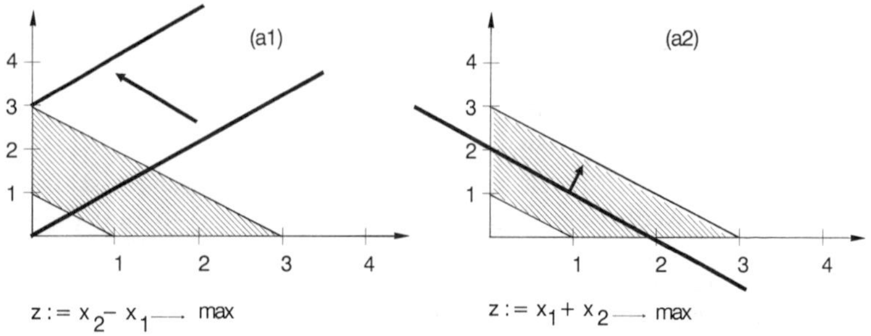

Abbildung 3.18: Beispiele für Zielfunktionen

Da es sich hierbei um **lineare** Modelle handelt, sind Zielfunktionen und Nebenbedingungen definitionsgemäß linear. Es kann im Fall (a_2) keinen Punkt geben, der einen höheren Zielfunktionswert realisiert als der beste der vier Eckpunkte (1,0/0,1/3,0/0,3). Diese Eigenschaft, daß grundsätzlich (wegen der Linearität) ein Eckpunkt Element der optimalen Lösung ist, nutzen LP-Algorithmen aus, indem sie lediglich die Ecken des Lösungsraums absuchen.

3.5.3.3 Qualifikationsplanung mit Linearer Programmierung

(a) Allgemein

Um das oben beschriebene Bedarfsanalysemodell in ein lineares Programm zu transformieren, sind zunächst die verwendeten Variablen zu definieren.

x_1 = Anzahl der Mitarbeiter mit Qualifikation 1
x_2 = " " " " " 2
: :
: :
x_7 = " " " " " 7
B_1 = Bedarfskategorie 1
B_2 = Bedarfskategorie 2
B_3 = Bedarfskategorie 3

$$\longrightarrow \quad x_1 + x_4 + x_5 + x_7 = B_1$$
$$x_2 + x_4 + x_6 + x_7 = B_2$$
$$x_3 + x_5 + x_6 + x_7 = B_3$$

Für die Definition der Zielfunktion (ebenso wie für die Festlegung der Nebenbedingungen) gibt es mehrere Möglichkeiten. Eine sinnvolle Alternative besteht in einem Maximieren der „Bedarfsdeckung", also ein Maximieren der Summe über B_1, B_2 und B_3:

(z) **max** $x_1 + x_2 + x_3 + 2x_4 + 2x_5 + 2x_6 + 3x_7$

unter den Nebenbedingungen:

$$
\begin{array}{llr}
(1) & x_1 & \geqslant B_{1u} \\
(2) & x_2 & \geqslant B_{2u} \\
(3) & x_3 & \geqslant B_{3u} \\
(4) & x_1 + x_4 + x_5 + x_7 & \leqslant B_{1o} \\
(5) & x_2 + x_4 + x_6 + x_7 & \leqslant B_{2o} \\
(6) & x_3 + x_5 + x_6 + x_7 & \leqslant B_{3o} \\
(7) & x_1 + x_2 + x_3 + x_4 + x_5 + x_6 + x_7 & = n
\end{array}
$$

mit B_{1u} = Untergrenze der Bedarfskategorie 1
B_{2u} = „ „ „ 2
B_{3u} = „ „ „ 3
B_{1o} = Obergrenze „ „ 1
B_{2o} = „ „ „ 2
B_{3o} = „ „ „ 3
n = Anzahl der zu verteilenden Mitarbeiter

Die Nebenbedingungen (1) – (6) stellen sicher, daß die optimale Lösung innerhalb der angegebenen Bandbreiten der Bedarfskategorien liegt. Die Gleichung in Nebenbedingung (7) gewährleistet, daß genau n Mitarbeiter zugeordnet werden. In der Zielfunktion (z) werden die Eignungswerte als Gewichtungsfaktoren verwendet, so daß diese Zielfunktion eine möglichst flexible Konstellation anstrebt.

Sowohl im oben vorgestellten Ansatz von Kossbiel als auch im LP-Ansatz sind keinerlei Kosten berücksichtigt. Das Modell unterstellt, daß alle Mitarbeiter unabhängig von ihrer Qualifikation dieselben Kosten verursachen.

(b) LINDO/PC

Für die **Lösung** solcher linearer Programme stehen eine Reihe von Computerprogrammen zur Verfügung. Eines davon ist LINDO/PC, dessen Funktionsweise stellvertretend für ähnliche Programme kurz vorgestellt werden soll:

Das Programm wird mit dem Befehl „lindo" aufgerufen (Übersicht 3.11). Der Doppelpunkt signalisiert, daß LINDO auf die Eingabe eines Kommandos wartet:

save „Name" = speichert das eingegebene Beispiel unter „Name" ab,
retr „Name" = aktiviert das unter „Name" abgespeicherte Beispiel
look all = zeigt das lineare Programm vollständig an,
go = LINDO löst das lineare Programm und gibt die optimale Lösung an
quit = Befehl zum Verlassen von LINDO

Zur Eingabe eines linearen Programms wird nach dem Doppelpunkt die Zielfunktion eingelesen und mit RETURN abgeschlossen. In der nächsten Zeile erscheint nun ein Fragezeichen; nach der Eingabe von **subject to** können die Nebenbedingungen erfaßt werden. Zur Beendigung wird **end** eingegeben. In der nächsten Zeile meldet sich LINDO wieder mit einem Doppelpunkt. Zum Speichern des Beispiels wird der Befehl **save** „Name des

Beispiels“ eingegeben. Das hier dargestellte lineare Programm wurde unter dem Namen „Bedarf“ abgespeichert und wird mit **retr** „Bedarf“ geladen. Mit dem Befehl **look all** wird das gesamte Beispiel aufgelistet. Der Befehl **go** aktiviert dann die Berechnung.

```
:>lindo
```

```
                         LINDO/PC
       (Linear Interactive aNd Discrete Optimizer)
                         for the
                          IBM PC
                 Copyright(C) 1984, 1985
                   LINDO Systems, Inc.

                                          Press any key ...
```

```
LINDO/PC (UC 25 EB 87)
COPYRIGHT (C) 1984, 1985 LINDO SYSTEMS, INC. PORTIONS
COPYRIGHT (C) 1981 MICROSOFT CORPORATION. LICENSED
MATERIAL, ALL RIGHTS RESERVED. COPYING EXCEPT AS
AUTHORIZED IN LICENSE AGREEMENT IS PROHIBITED.
Site License, Universitaet des Saarlandes
:
```

```
: retr „Bedarf“
: look all
 MAX     X1 + X2 + X3 + 2 X4 + 2 X5 + 2 X6 + 3 X7
 SUBJECT TO
          2) X1  > = 3
          3) X2  > = 7
          4) X3  > = 4
          5) X1 + X4 + X5 + X7  < = 8
          6) X2 + X4 + X6 + X7  < = 10
          7) X3 + X5 + X6 + X7  < = 9
          8) X1 + X2 + X3 + X4 + X5 + X6 + X7 = 20
 END
 : go
```

Übersicht 3.11: Lineare Programmierung mit LINDO/PC

Iterativ sucht das System nun die optimale Lösung und gibt die gefundene (Zwischen-)Lösung des jeweiligen („Pivot-“)Schrittes auf dem Bildschirm aus. Nach sieben Iterationen ist in diesem Fall eine optimale Lösung gefunden (Übersicht 3.12): In der ersten Zeile steht die Anzahl der Pivotschritte. Danach erscheint der Zielfunktionswert der gefundenen optimalen Lösung. Hinzu kommen die Werte der Variablen sowie die Kostensenkung, die durch Erhöhungen der jeweiligen Variablen (um eine Einheit) erreicht werden können. Hier sind die „Reduced Cost“ bei allen Variablen Null: Es kann also keine Kostensenkung durch eine Veränderung der Variablen mehr erreicht werden. In der Spalte Slack or Surplus werden die Werte der Schlupfvariablen der Nebenbedingungen angegeben. Die Werte der Dualvariablen können in der Spalte Dual Prices abgelesen werden. Mit dem Befehl **quit** wird LINDO verlassen.

```
LP OPTIMUM FOUND AT STEP 7
OBJECTIVE FUNCTION VALUE
1) 27.0000000
VARIABLE        VALUE               REDUCED COST
      X1        3.000000             .000000
      X2        7.000000             .000000
      X3        4.000000             .000000
      X4        1.000000             .000000
      X5        3.000000             .000000
      X6        1.000000             .000000
      X7        1.000000             .000000

ROW             SLACK OR SURPLUS    DUAL PRICES
      2)         .000000             .000000
      3)         .000000             .000000
      4)         .000000             .000000
      5)         .000000            1.000000
      6)         .000000            1.000000
      7)         .000000            1.000000
      8)         .000000             .000000
NO. ITERATIONS = 7
: quit
```

Übersicht 3.12: Iterationsschritte

Nichtnegativitätsbedingungen müssen bei LINDO nicht explizit eingegeben werden. Im hier dargestellten Beispiel wurden auch keine Ganzzahligkeitsbedingungen gefordert; die optimale Lösung des linearen Programms ist auch ohne diese Restriktionen bereits ganzzahlig: Sie entspricht mit den Werten (3, 7, 4, 1, 3, 1, 1) der im grafischen Modell gefundenen Lösung (Abbildung 3.16).

3.6 Resümee und Vorschau

Die Personalbedarfsbestimmung verbindet die absatz- beziehungsweise produktionsprogrammorientierten Teile der Unternehmensplanung mit den übrigen Bereichen des Personalmanagements: Derivativ wird in qualitativer, quantitativer und terminbezogener Hinsicht ein Soll-Bestand festgelegt: Hauptinstrumente der Bedarfsbestimmung sind demnach explizite oder implizite Funktionszusammenhänge, die das Absatz- beziehungsweise das Produktionsprogramm als unabhängige Variablen in den Personalbedarf transformieren.

Auch die Personalbedarfsbestimmung findet ihre inhaltlichen und methodischen Schwerpunkte in der Orientierung an qualitativen und quantitativen Aspekten. Dies manifestiert sich auf allen drei **Managementebenen:**

- Auf der *operativen* Ebene agiert die Personalbedarfsbestimmung stellenbezogen. In qualitativer Hinsicht führt dies zum Anforderungsprofil der Stelle, in quantitativer Hinsicht mit Hilfe von
  - direkter Zeitmessung,
  - Stichprobenverfahren und
  - Elementarzeitverfahren

  zur Ermittlung des Zeitbedarfs.
- Auf der *taktischen* Ebene wird gruppenbezogen vorgegangen. Auf der qualitativen Seite bieten sich hier diverse Berufsklassifikationen an, die Aussagen über mehr oder weniger genau spezifizierte Bedarfskategorien machen. Die quantitative Seite wird geprägt durch Kennzahlenmodelle: Sie stellen trotz ihrer Problematik ein unverzichtbares Hilfsmittel zur Personalbedarfsbestimmung dar.
- Auf der *strategischen* Ebene erfolgt die Personalbedarfsbestimmung unternehmensbezogen und realisiert primär die Verbindung zur globalen Unternehmensstrategie. Auch hier finden sich wieder beide Aspekte: der qualitative als Aussage über die Bedarfsstruktur, der quantitative als Festlegung des Bedarfsniveaus. Speziell bei der qualitativen Dimension mit ihrer inhaltlichen Problematik der Bedarfsbestimmung kommt der Differenzierung nach
  - Sicherheit,
  - Unsicherheit und
  - Ungewißheit

  entscheidende Bedeutung zu, da sie jeweils unterschiedliche Entscheidungssituationen mit spezifischem Managementverhalten impliziert.

Ob diesem Personalbedarf als notwendigem Personalbestand auch ein entsprechender Personalbestand gegenübersteht und so das vorgesehene Absatz- beziehungsweise Produktionsprogramm realisiert werden kann, hängt von der Personalbeschaffung, -freisetzung und -entwicklung ab: Dieses Personalveränderungsmanagement wird in Kapitel 4 behandelt.

3.7 Testfragen

(1) Bestimmen Sie das Anforderungsprofil für einen „erfolgreichen Studenten“ im Fach Personalwesen. Wie gehen Sie bei der Beantwortung dieser Frage vor? Wo liegen die zentralen Probleme und wie lassen sie sich zumindest in Grenzen lösen?

(2) Erklären Sie den Unterschied zwischen quantitativer und qualitativer Personalbedarfsbestimmung. Begründen Sie die Notwendigkeit für eine derartige Differenzierung für alle drei Managementebenen.

(3) Führen Sie eine MMH-Studie an sich selber für einen normalen Vorlesungstag durch.

(4) Nach welcher (komplexen) Entscheidungsregel ließe sich die Verwendung der Verfahren auf Fortführungsbasis (mit/ohne Vergangenheitsdaten) beziehungsweise auf Nullbasisplanung regeln?

(5) Zeigen Sie anhand von realem statistischen Material (zum Beispiel aus statistischen Jahrbüchern) die Vorgehensweise bei einer Personalbedarfsplanung mit Hilfe von statistischen Methoden. Welche Probleme sehen Sie?

(6) Ein zentrales Schreibbüro (vgl. *RKW* 1978, II 74) – mit fünf Kräften besetzt – erreicht eine Schreibjahresleistung von 48 Millionen Anschlägen. Nach Hinzukauf eines Kleinbetriebes wird ermittelt, daß circa 10 Millionen Anschläge pro Jahr hinzukommen. Inzwischen wurde jedoch untersucht, inwieweit Texte von Schreibautomaten übernommen werden können. 17,5 Millionen Anschläge sind pro Jahr speicherbar: Ein Schreibautomat schafft allerdings (einschl. Rüstzeit) 20 Millionen Anschläge pro Jahr. Ein Mitarbeiter ist für die Bedienung dieses Automaten somit nur teilweise ausgelastet. Trotz des vermehrten Bedarfs an Schreibarbeiten konnte durch die Rationalisierung der Personalbestand von fünf Kräften beibehalten werden.
Wie sieht diese Rechnung aus und stimmt sie?

(7) In einer Abteilung fallen drei Aufgabenarten an (Beispiel nach *Gaugler/Huber/Rummel* 1974, 73).
Aufgabe 1 ... 500 mal ... Bearbeitungszeit 1 Stunde
Aufgabe 2 ... 3000 mal ... Bearbeitungszeit ½ Stunde
Aufgabe 3 ... 300 mal ... Bearbeitungszeit 3 Stunden.
Hinzu kommt
„Verschiedenes" .... 200 Stunden.
Die notwendigen Verteilzeitfaktoren betragen für
- vergessene und Neben-Arbeiten 1,3
- Ermüdung und Erholung .... 1,12 und
- Ausfälle .... 1,1.

In der Abteilung sind 30 Mitarbeiter beschäftigt, die durchschnittliche Arbeitszeit pro Mitarbeiter beträgt monatlich 170 Stunden.
Ist die Abteilung unter- oder überbesetzt? Um wie viele Personen?

(8) Ein Unternehmen verfügte bisher ausschließlich über eine vergangenheitsorientierte Personalbedarfsplanung auf Fortführungsbasis. Aufgrund einer vorgesehenen Erweiterung soll jetzt unternehmensweit eine strategische Personalbedarfsplanung eingeführt werden. Welche Schritte wären in diesem Fall zu durchlaufen und welche konkreten Fragen zu stellen?

(9) Eine Personalausstattung von $n = 1800$ soll im Hinblick auf eine flexible Bedarfsberücksichtigung ohne unnötige Qualifikationsreserven auf drei Bedarfskategorien aufgeteilt werden, wobei
$400 \leqslant B1 \leqslant 800$
$300 \leqslant B2 \leqslant 800$
$B3 = 900$
gilt. Welche Lösung ergibt sich unter Berücksichtigung von Mehrfachqualifikationen im Kossbiel-Dreieck?

3.8 Praxisbeispiele

3.8.1 John Deere

Das bereits 1837 gegründete amerikanische Unternehmen John Deere beschäftigt weltweit rund 40.000 Arbeitnehmer. Die Produktpalette umfaßt zwar auch Freizeitgeräte (wie „Snow-Mobils"), wird aber vorrangig von Landmaschinen geprägt. Der Umsatz betrug 1985 weltweit rund 4 Milliarden US$.

Das Werk Zweibrücken ist eines der drei deutschen Produktionsstätten. Hier werden „selbstfahrende Erntemaschinen" (Mähdrescher) von insgesamt 1.300 Arbeitnehmern entwickelt, produziert und vertrieben; davon sind 900 Mitarbeiter im gewerblichen Bereich beschäftigt.

Die Personalbedarfsermittlung im produktiven Bereich wird weitgehend anhand eines rechnergestützten Systems von Vorgabezeiten realisiert. Für rund 80% aller Vorgabezeiten existieren sogenannte Standard-Daten. Dieses System wird seit Ende der 70er Jahre verwendet und läßt sich in seinem Aufbau folgendermaßen beschreiben:

- Ausgangsbasis sind MTM-Zeitwerte, die um Verteil- und Erholzeiten erweitert sowie gegebenenfalls durch eigene Zeitstudien korrigiert wurden.
- Diese Zeitwerte wurden zu einzelnen Zeitbausteinen zusammengefaßt, um auf diese Weise die Anwendbarkeit zu vereinfachen und der Tatsache Rechnung zu tragen, daß im Regelfall ein Zeitbaustein immer aus mehreren Komponenten (wie Hinlangen, Kontrolle erlangen, Bewegen und Kontrolle aufgeben) besteht.
- Diese Zeitbausteine („Basiswerte") führten zu den Universaltabellen, die jeweils Vorgabezeiten in Abhängigkeit von Parametern wie Art des zu

FOLGT ARBG.	ABMESSUNG DES TEILES NACH DEM ZUSCHNEIDEN IN MM					
NEIN	≤ 300 x 200 ODER ≤ 450 x 150	> 300 x 200 ≤ 360 x 240 ODER > 450 x 150 ≤ 800 x 150	> 360 x 240 ODER > 800 x 150			
JA				X	CODE	METHODE
	≤ 3,6 KG				A 1047	ABWERF. OD. FALLENL. MEHRERE TL. IN HK
	> 3,6 KG				A 2055	ABLEG. EINZELNE TL. IN HK
		≤ 3,6 KG			A 1068	ABLEG. MEHRERE TL. IN HK
		> 3,6 KG			A 2055	ABLEG. EINZELNE TL. IN HK
			≤ 1200 x 305 ≤ 3,6 KG		A 1068	ABLEG. MEHRERE TL. AUF PALETTE
			> 1200 x 305 > 3,6 KG		A 2055	ABLEG. EINZELNE TL. AUF PALETTE
				≤ 1200x305 ≤ 3,6 KG	A 2034	ABLEG. MEHRERE TL.AUF RW
				> 1200x305 > 3,6 KG	A 2054	ABLEG. EINZELNE TL. AUF RW
	ABMESS.D.TLS.N.D.ZUSCHNEIDEN ODER TEILEGEWICHT IN KG					

Abbildung 3.19: Exemplarische Methodentabelle zur Festlegung der Arbeitsmethode bei John Deere (Quelle: John Deere)

bearbeitenden Gegenstandes (Blech, Gußteil, Stabmaterial) oder Arbeitshöhe enthalten.

- Unter Hinzuziehung von Ergänzungszeiten (wie Gehen) ergaben sich dann spezifische Anwendungstabellen, die Zeitvorgaben für komplexere Teilarbeitsabläufe enthalten. Sie implizieren auch immer eine bestimmte Methode, legen also beispielsweise fest, wie ein vorgegebener Gegenstand zu transportieren ist.
- Die Notwendigkeit, im Einzelfall diese „optimale" Methode finden zu können, führte zur Definition von Entscheidungstabellen: Sie geben in Abhängigkeit der Aufgabenspezifika an, welche Arbeitsmethode (und welche Betriebsmittel beziehungsweise Maschinendaten) sinnvoll ist und verwendet werden soll.

Im nachfolgenden Beispiel wird die Berechnung der Vorgabezeit für das Ablegen eines Gegenstandes (Metalltafel) mit den Abmessungen 3 × 900 × 570 mm und 12.3 kg Gewicht dargestellt. Die Verwendung der Methodentabelle (Abbildung 3.19) führt zur Spezifikation der Methode „Ablegen Einzelteil auf Rollwagen" und zum Verweis auf die Anwendungstabelle A2054 (Abbildung 3.20). In analoger Weise werden dann Maschinen- und

Max.Gew.d. Tls. in kg	Maximale Länge des Teiles in mm															
0,45	635	1194	1753	2286	2845	3353	3658									
4,1	356	914	1448	1956	2515	2997	3658									
6,4		686	1194	1676	2184	2718	3480	3658								
9,1			737	1219	1702	2184	2896	3581	3658							
10,9				889	1372	1829	2515	3226	3658							
12,7				610	1041	1473	2134	2794	3480	3658						
15,4					711	1118	1727	2337	2997	3658						
18,1					457	813	1372	1956	2515	3251	3658					
20,9						559	1067	1575	2108	2769	3454	3658				
23,6						330	787	1270	1727	2311	2896	3531	3658			
26,3							559	940	1372	1829	2311	2896	3658			Strd.Min.
30,9								584	940	1422	1829	2311	2896	3658		pro
34,0									610	1016	1422	1829	2311	2921	3658	Vorkommen
										Max. Breite d. Teiles in mm						
	152															.060
	305	152														.070
	432	305	152													.080
	559	432	305	152												.090
	635	559	432	305	152											.100
		711	559	432	305	152										.110
		991	787	610	508	356	229									.120
		1118	991	838	711	559	508	152								.140
		1219	1194	1041	914	787	610	356	229							.150
			1219	1219	1194	1041	914	610	508	229						.170
					1219	1219	1194	914	787	508	229					.190
							1219	1194	1041	711	508	229				.210
								1219	1219	1118	838	559	305			.230
										1219	1219	991	711	305		.260
												1219	1194	787	356	.290
													1219	1219	838	.330
															1219	.360

Abbildung 3.20: Anwendungstabelle A2054 „Ablegen Teil auf Rollwagen"
(Quelle: John Deere)

Verarbeitungsdaten (wie Maschinennummer, Einstellmaß, Kippanschlag und Zuschnittprinzip) festgelegt.

Die eigentliche Vorgabezeit für diesen Teilarbeitsablauf ergibt sich dann aus der entsprechenden Anwendungstabelle (A 2054), die in Abhängigkeit von Gewicht, Breite und Länge des Gegenstandes die Vorgabezeit enthält; in diesem Beispiel 0,14 Minuten (vgl. Abbildung 3.20).

Dieser Wert (0,14 Min.) geht dann in das Kalkulationsblatt (vgl. Abbildung 3.21) ein, mit dessen Hilfe die gesamte Vorgabezeit für einen Arbeitsgang bestimmt wird: In diesem Fall sollen mit Hilfe einer Tafelschere aus einem größeren Blech drei kleinere Bleche herausgeschnitten werden. Der gesamte Arbeitsgang beginnt somit beim Herunternehmen des Rohlings vom Rollband und endet bei einer stichprobenmäßigen Prüfung des zugeschnittenen Teiles.

Die erste Spalte im Kalkulationsblatt gibt die jeweils verwendete Anwendungstabelle an. Die vorletzte Spalte macht Aussagen über die Häufigkeit, in der diese Tätigkeit pro Arbeitsgang vorkommt. Einige Aufgaben fallen pro Ausgangsblech nur einmal an: Dies gilt beispielsweise für das Herunternehmen des Rohlings vom Rollband. Andere Aufgaben sind mehrfach zu erledigen: So müssen in diesem Fall drei Einzelbleche abgelegt werden, was zur (Teil-)Vorgabezeit von 0,420 Minuten führt. Nach jeweils 25 Arbeitsgängen ist der Rollwagen zu wechseln, nach jeweils 83 Arbeitsgängen ist das zugeschnittene Teil zu prüfen.

JOHN DEERE KALKULATIONSBLATT

STÜCK NR.	ARBTSG.	ABT. NR.	WERK	GÜLTIG AB	SEITE
Z 35192	10.0	001	ZWEIBRUECKEN		1

INVENTAR NR.	MASCHINENART	ARBEITSGANGBESCHREIBUNG
8591 16245	TAFELSCHERE	ZUSCHNEIDEN SCHERCODE IST : 03

DATUM	GEGENSTAND	MATERIALABMESSUNGEN
31. März 1985		AUSGANGSMATERIAL : 3.00 x 900.0 x 1800.0 38.88 KG TEILGROESSE : 3.00 x 900.0 x 570.0 12.31 KG

KENNZIFFER	ELEMENTBESCHREIBUNG	R/M	VORK	S/TAKT
T 1133	ROHTEIL VON ROLLBAND,UEBER AUFLEGEARM AUF MASCH.TISCH FUER SCHNEID.KURZ.SEITE		1/1	0.327
AA 646	ROHTEIL UNTER MESSER AN ANSCHLAG UND AUSRICHTEN (VORD.ANSCHLAG)		1/1	0.020
EX 280	SCHALTEN MASCHINE UND HUB		1/1	0.037
AX 295	TEIL GEGEN ANSCHLAG SCHIEBEN UND HUB FUER 1 SCHNITT(E)		1/1	0.075
AA 648	TEIL VON ANSCHLAG UND TEIL TEIL ZUM ANSCHLAG BRINGEN		1/1	0.010
A 1572	WENDEN TEIL		1/1	0.086
EX 280	SCHALTEN MASCHINE UND HUB		1/1	0.025
A 2096	TEIL ODER ABFALL UNTER MESSER HINTER MASCHINE SCHIEBEN		1/1	0.015
G 1303	GEHEN HINTER MASCHINE UND ZURUECK		1/23	0.016
A 118	ABHAKEN BEIM ZAEHLEN (GESCHNITTENE STUECKE)		3/10	0.012
A 2054	EINZEL-TEIL(E) ABLEGEN IN(AUF) ROLLWAG. HINTER MASCHINE		3/ 1	0.420
A 2266	MEHRERE ABFALLTEILE IN BEHAELTER BRINGEN -- OHNE FALTEN		1/ 1	0.020
A 2101	ABFALL AUSSORTIEREN		1/1	0.026
IA - 3	ROLWAGEN-WECHSEL		1/25	0.049
F 51	TEIL PRUEFEN		1/83	0.009
				39

Σ S/TAKT	STÜCK/TAKT	TS	ZF	ZU BEL. ABT.	KONTO-NR.	PROZ. CODE	STÜCK-NR.	ARBTSG.	BESCHREIBUNG	MASCH.-CODE	STÜCKZEIT (MINUTEN)	LOHNST.
1.147	30	0.029		001	23501	16	Z 35192	10.0	ZUSCHNEIDEN	16245	0.040	053
									RÜSTEN 23.000			
									ABRÜSTEN			

BEMERKUNG:
Tabelle 6
VERFUEGUNGS-NR.: OVERF.

433 E 003 0A 4.2 JD-Form 4182

ARBEITSMETHODE UND TECHNISCHE DATEN DÜRFEN NICHT GEÄNDERT WERDEN. EINE ÄNDERUNG IST ERST DURCH AUSGABE EINES NEUEN K-BLATTES GENEHMIGT.

Abbildung 3.21: Kalkulationsblatt zur Festlegung der Vorgabezeit bei John Deere (Quelle: John Deere)

Die gesamte Vorgabezeit für diesen Arbeitsgang, bei dem zugleich 30 Einzelteile zugeschnitten werden, beträgt danach 1,147 Minuten; dazu kommt noch ein Zuschlag von 4% als sogenannte sachliche Verteilzeit. Die Stückzeit (pro Einzelblech) beträgt somit gerundet 0,40 Minuten. Diese Werte werden – gemeinsam mit abrechnungstechnischen Daten – im unteren Bereich des Kalkulationsblattes ausgewiesen.

Mit diesem Verfahren kann der Zeitbedarf von rund 80% aller regelmäßig auftretenden Arbeitsgänge in der Produktion vorausberechnet werden. *Peter Maiwald*, Personalleiter bei John Deere in Zweibrücken, betrachtet dieses Verfahren als Grundlage für die Planung von Maschinen und Anlagen, des Personalbedarfs, der Entlohnung sowie für die Steuerung des betrieblichen Ablaufs. Er ist der Überzeugung, daß in Zukunft diese betrieblichen Kenndaten Vorrang haben werden vor Entlohnungsfragen.

3.8.2 EDEKA

Die EDEKA-Gruppe ging aus einer Vereinigung von Einzelhändlern im Lebensmittelbereich zum Zwecke des gemeinsamen Wareneinkaufs hervor. Heute besteht das Unternehmen aus 31 regionalen, selbständig arbeitenden Großhandlungen, die juristisch und warenwirtschaftlich unabhängig sind. Die EDEKA Zentrale AG übt für diese Großhandlungen Holding-Funktion aus.

(a) Personalbedarfsbestimmung für selbständige Lebensmitteleinzelhändler

Neben der Funktion als Einkaufskontor bietet die EDEKA den Einzelhändlern Unterstützung bei der Bewältigung organisatorischer und betriebswirtschaftlicher Probleme. Für die verschiedenen Warenbereiche werden Personalbedarfskennzahlen in Abhängigkeit von warenbereichstypischen Faktoren gebildet: Dazu gehören beispielsweise der Personalbedarf pro Meter Thekenlänge im Fleisch- und Wurstwarenbereich oder der Personalbedarf pro Meter Regal im Obst- und Gemüsebereich. Es zeigte sich jedoch, daß diese Kennzahlen von der Gesamtverkaufsfläche abhängen und auch warenbereichstypische Faktoren mit der Verkaufsfläche korrelieren. Die EDEKA teilt daher flächenbezogen die Einzelhandelsbetriebe in **acht Gruppen** ein, für die dann Personalbedarfsdaten angegeben werden (Abbildung 3.22).

(b) Personalbedarfsbestimmung für eigene Aktivitäten der EDEKA im Lebensmitteleinzelhandel

Neben dem Großhandel ist die EDEKA auch selbst im Lebensmitteleinzelhandel tätig. Hierzu geht sie mit Einzelhändlern Kooperationen in der Rechtsform der GmbH & Co. KG ein. Aufgrund marketing-strategischer Überlegungen beschränkt sich diese Kooperation jedoch auf **zwei Betriebstypen**, die wie folgt definiert sind:

Typ I: „Rationeller" Supermarkt mit Vollsortiment als Nahversorger;
Verkaufsfläche: ca. 500 qm

Mindestumsatz: ca. DM 3,5 Mio pro Jahr
Lage: Ortszentren und Stadtteilzentren
Marktanteils-Ziel: Je nach Ortsgröße 10–35%

Typ II: Kleinverbrauchermarkt mit „aggressiver" Angebotspolitik; niedriger Preis steht an der Spitze der Leistungspyramide des Marktes;
Verkaufsfläche: ca. 800 qm
Mindestumsatz: ca. DM 6,0 Mio pro Jahr
Lage: vollintegriert und verkehrsorientiert
Marktanteils-Ziel: je nach Ortsgröße 15–30%

Für beide Typen wird im Kooperationsvertrag vereinbart, daß das jeweils aktuelle Warenkonzept des betreffenden Großhandels übernommen wird, so daß es sich tatsächlich um einheitliche Betriebsformen handelt. Auch der Personalbedarf ist in der Konzeption beider Typen aufgeführt und nach

PLANDATEN

Reg Nr	Größenklassen in qm/VK-Flache	150 - 199	200 - 249	250 - 299	300 - 399	400 - 499	500 - 599	600 - 699	700 - 800
1	Geplanter Bruttoumsatz DM/Mio/Jahr	1,0 - 1,4 Ø 1,2	1.4 - 1.8 Ø 1,6	1,8 - 2.3 Ø 2,1	2.3 - 3.0 Ø 2,7	3.0 - 4.0 Ø 3.5	4.0 - 4.8 Ø 4,4	4.8 - 5.6 Ø 5,2	5.6 - 6.4 Ø 6,0
2	Ø Raumleistung DM/qm/Jahr	7.000,-	7.000,-	7.500,-	7.500,-	8.000,-	8.000,-	8.000,-	8.000,-
3	Ø Personen-Umsatzleistung DM/Jahr	230.000,-	240.000,-	250.000,-	260.000,-	270.000,-	280.000,-	290.000,-	300.000,-
3	Personalbedarf Vollkräfte	5 - 6	6 - 8	7 - 9	9 - 11	11 - 14	14 - 17	16 - 19	18 - 21
4	FF-Abteilung:								
	Umsatzanteil in%	20 - 24 %		19 - 23 %		18 - 22 %		17 - 21 %	
	Thekenlänge in m	4 - 5 m		6 - 8 m		7 - 9 m		8 - 10 m	
	Umsatz pro lfd.m Theke/DM/Monat	4.500,-/7.500,-		5.000,-/8.000,-		7.500,-/10.000,-		8.500,-/11.000,-	
	Vorbereitungsraum in qm	6 - 10 qm		6 - 10 qm		10 - 12 qm		12 - 15 qm	
	Kühlraum in qm	6 - 8 qm		6 - 8 qm		8 - 10 qm		10 - 12 qm	
5	Abteilung Mopro/Fette:								
	WKR in lfd. m	4 - 6 m		6 - 7 m		7 - 8 m		8 - 10 m.	
	Kühlraum in qm	6 - 9 qm		6 - 9 qm		9 - 12 qm		9 - 12 qm	
6	TK-Inseln (ohne Eis) normal in m	4 - 5 m		5 - 6 m		6 - 7 m		7 - 8 m	
	TK-Inseln (ohne Eis) Überbreite in m	2 - 3 m		3 - 4 m		4 - 5 m		5 - 6 m	
	TK-Kühlraum in qm	-		6 - 8 qm		6 - 8 qm		8 - 10 qm	
7	O + G Wandregal (2 Böden) in m	4 - 5 m		5 - 7 m		6 - 8 m		7 - 9 m	
	Kassenleistungen DM/Jahr	500/700.000	700.000,-/1,0 Mio.			1,0 Mio./1,2 Mio.		1,2 Mio./1,3 Mio.	
	Kassenstellen	1 - 2	2 - 3			3 - 4		4 - 5	
9	Korbwagenbedarf	50 - 60	60 - 70	70 - 80	80 - 90	90 - 100	100 - 120	110 - 130	120 - 140

Abbildung 3.22: Umsatz- und Personalplandaten der EDEKA nach Größenklassen (Quelle: EDEKA)

Warengruppen aufgegliedert. Die Zahlen und Angaben basieren auf Erhebungen bei erfolgreichen Einzelhandelsunternehmen der EDEKA-Gruppe, deren Situation im wesentlichen der Konzeption der Modell-Typen entspricht (Übersicht 3.13):

	Typ I	Typ II
Bruttoumsatz Frisch-Fleisch Abt. Ums./Besch. Vollkräfte	855 250 3,5	1.368 270 5,0
Bruttoumsatz Obst- und Gem. Abt. Ums./Besch. Vollkräfte	405 310 1,5	648 325 2,0
Bruttoumsatz Käse/Salat Abt. Ums./Besch. Vollkräfte	135 200 –	216 230 1,0
Bruttoumsatz Brot/Backwaren Abt. Ums./Besch. Vollkräfte	180 230 1,5	252 250 1,0
Bruttoumsatz Molkereiprod. Abt. Ums./Besch. Vollkräfte	495 660 0,75	792 800 1,0
Bruttoumsatz Tiefkühl Abt. Ums./Besch. Vollkräfte	135 540 0,25	252 – 0,0
Bruttoumsatz Trockensortiment Ums./Besch. Vollkräfte	2.295 2.300 1,0	3.672 1.850 2,0
Summe Vollkräfte im Verkauf	8,5	12,0
+ Vollkräfte Marktleitung + Vollkräfte Kasse + Vollkräfte Verwaltung + Vollkräfte sonstige Funktionen	1,0 2,5 0,5 –	1,0 4,0 1,0 –
Summe Vollkräfte Markt	**12,5**	**18,0**
Bruttoumsatz gesamt	**4.500**	**7.200**
Durchschn. Umsatz/Vollkraft	360	400

Übersicht 3.13: Umsatz (TDM) und Umsatzkennzahlen der beiden Betriebstypen (Quelle: EDEKA)

3.8.3 Ford

Bei den Ford-Werken in Saarlouis, dem zweitgrößten Ford-Standort in Deutschland, sind ungefähr 7200 Mitarbeiter (6600 Lohnempfänger und 600 Gehaltsempfänger) beschäftigt. Dort werden zur Zeit täglich 1350 Fahrzeuge der Modelle Escort und Orion hergestellt. Am Standort Saarlouis gibt es drei Fertigungsbereiche:
(1) Preßwerk und Rohbau
(2) Lackiererei sowie
(3) Endmontage.

Einzelne Teile, wie Achsen, Motoren, Bleche werden auch von anderen Werken bezogen. Die Kölner Ford-Zentrale hat gegenüber dem Werk Saarlouis fachliche Weisungsbefugnis.

Ford unternimmt alle erforderlichen Anstrengungen, die Verantwortung (und damit zugleich die Identifikation) des einzelnen Arbeitnehmers für seine Arbeit auch in den unteren hierarchischen Ebenen zu stärken. Daraus ergeben sich zwangsläufig Veränderungen der Arbeitsanforderungen: „Die im direkten Lohn beschäftigten Mitarbeiter", also solche Arbeitnehmer, die mit der Fertigung des Produktes betraut sind, sollen gleichzeitig auch Kontroll- und Serviceaufgaben und damit auch Teilverantwortung für ihren Arbeitsbereich mitübernehmen, indem „indirekte Mitarbeiter", also Arbeitnehmer, die auch in Produktionsabteilungen bislang ausschließlich diese Funktionen ausübten, langfristig gesehen in die „direkten" Bereiche integriert werden sollen.

Die Personalbedarfsplanung für die verschiedenen Mitarbeitergruppen erfolgt auf unterschiedlichen Wegen. Nachfolgend wird die Bedarfsermittlung der im direkten Lohn Beschäftigten dargestellt:

a) Qualitative Bedarfsbestimmung

Bei Ford bestehen summarische Arbeitsplatzbeschreibungen für Stellen, die mit Angestellten und im indirekten Lohn Beschäftigten besetzt werden sollen. Der Vorgesetzte der zu besetzenden Stelle, erstellt diese Arbeitsplatzbeschreibungen und leitet sie anschließend an die entsprechende Personalabteilung weiter. In Abstimmung zwischen Vorgesetzten und Personalabteilung wird unter Beachtung der Mitwirkungsrechte des Betriebsrates ein auf die Arbeitsplatzbeschreibung passender Mitarbeiter ausgesucht.

Für Lohnempfänger, die direkt in der Produktion arbeiten, werden die tariflich festgelegten lohngruppenspezifischen Ausbildungsklassifikationen und Arbeitsanforderungen herangezogen. Ein Beispiel soll das pragmatische, nicht von spezifischen Anforderungsprofilen geleitete, Vorgehen bei der Auswahl der Arbeitsanforderungen verdeutlichen: Für Arbeiten an einer Presse (im Rohbau) werden aufgrund ihrer fachlichen Ausbildung 4 Arbeiter einer bestimmten Lohngruppe und 2 Arbeiter der darüberliegenden Lohngruppe benötigt. Bei der Auswahl der Mitarbeiter wird geprüft, ob Mitarbeiter aus der Abteilung diese Aufgaben übernehmen können, wobei werksärztlich festgestellte Einschränkungen zu beachten sind.

b) Quantitative Bedarfsbestimmung

Die Fließ(band)fertigung bei Ford in Saarlouis zieht sich von Fertigungsbereich (1) nach Fertigungsbereich (3). In den einzelnen Werksteilen durchlaufen die Teile verschiedene Arbeitsbereiche, die sachlogisch aufeinander abgestimmt sind, wie beispielsweise bei der Endmontage dem Arbeitsbereich Kabeleinbau und -prüfung der Einbau der Batterie oder der Einbau des „Himmels" dem der Fenster vorangehen muß. In diesen Arbeitsbereichen werden jeweils ein oder mehrere Operationen verrichtet, die die Basis zur Errechnung des gesamten Personalbedarfs im Fertigungsbereich bilden.

Eine Operation ist die Beschreibung eines Arbeitsvorgangs, wie beispielsweise die Montage eines Außenspiegels, der Sonnenblenden oder der Einbau der Zündspule. Von den Ingenieuren der Industrial Engineering Abteilung wird dieser Vorgang zur Arbeitszeitermittlung in einzelne Elemente, die sogenannten „Jobs", zerlegt und deren Zeitbedarf festgestellt. Die Elemente sind so abgegrenzt, daß sie als ganzes sinnvoll einer vor- oder nachgelagerten Arbeitsoperation zum Ausgleich von Arbeitsauslastungsschwankungen zugeordnet werden können. In der Endmontage (Fertigungsbereich 3), wo die meisten unterschiedlichen Montagearbeiten geleistet werden, gibt es etwa 6000 erfaßte Arbeitselemente (Jobs). Ein Verlagern der Jobs beziehungsweise der Operationen ist dann sinnvoll, wenn sich dadurch eine effektivere Auslastung der Mitarbeiter ergibt. Die Auslastung der Mitarbeiter ergibt sich aus der Summe ihrer Tätigkeiten bezogen auf die Schichtdauer. Den Unterschied zwischen optimaler und tatsächlicher Auslastung bezeichnet man als Off-Standard.

Die Dauer der einzelnen Arbeitselemente wird von den Arbeitszeit-Ingenieuren mit einem Zeiterfassungsgerät aufgenommen; diese errechnen unter Beurteilung des jeweiligen Leistungsgrades nach den gängigen REFA-Methoden die Normalzeit für dieses Arbeitselement. Um hierfür eine ausreichend verläßliche Aussage zu erhalten, werden in der Regel zwischen 10 und 30 Messungen durchgeführt. Werden diese Normaleinzelzeiten nun zusammengefaßt, so erhält man die Zeit, die zur Verrichtung eines „Jobs" notwendig ist. Bei der Einführung neuer Produktionsverfahren, zum Bei-

Arbeitselemente der Operation 011210 340 (Montage Handschuhkasten)	Zeit (min) Normalzeit
Handschuhkasten von Ablage nehmen	.034
Handschuhkasten in Instrumententafel positionieren	.077
Schrauben und Schrauber von Ablage aufnehmen	.067
Handschuhkasten an Instrumententafel mit 2 Schrauben montieren	.101
Schrauber ablegen	.024
Gesamtzeitbedarf der Operation	.303

Übersicht 3.14: Operation Handschuhkasten an Instrumententafel montieren (Beispiel für den Aufbau eines transferierbaren Elements (Quelle: Ford)

spiel bei neuen Modellen, kommen Schätzungen von Vorgabezeiten, die auf vorhandene Zeitstudienwerte aufbauen, zur Anwendung. Diese Schätzungen werden von den zuständigen Industrial Engineers durchgeführt.

Danach wird mit Hilfe der Angaben über Produktionsmenge und genaue Typen- und Ausstattungszusammensetzung eine wöchentliche Liste aller Operationen und deren Zeitbedarf erstellt. Aus dieser Liste geht die zeitliche Auslastung jeder Arbeitsgruppe für jede Produktionsschicht hervor. Anhand dieser Liste ist auch die Verlagerung einzelner Jobs oder Operationen in andere Arbeitsgruppen möglich. Damit soll eine ausgeglichene Auslastung aller Arbeitsgruppen erreicht werden.

Errechnet man die Summe aller an einem Tag zu erledigenden Operationen (Zeitbedarf × Häufigkeit), so erhält man die insgesamt benötigte Arbeitszeit der direkten Mitarbeiter für ein gesamtes Werk. Damit wird der Auslastungsgrad bestimmt. Die Anzahl der im direkten Lohn beschäftigten Arbeitnehmer wird von der Personalabteilung um einen bestimmten prozentualen Satz erhöht, der sich aus Erfahrungswerten entschuldigter und unentschuldigter Abwesenheiten ergibt. Dieser Satz kann von Woche zu Woche unterschiedlich sein. Die Anzahl der herzustellenden Autos insgesamt ist meist konstant. Die sich aus der Schwankung bestimmter Ausstattungen und Anwesenheitsquoten ergebenden Auslastungs- und Personalbedarfsunterschiede in den einzelnen Werksteilen können teilweise durch einen internen Arbeitskräftetausch ausgeglichen werden.

Eine solche Planung wird langfristig über mehrere Monate, kurzfristig für einige Wochen erstellt. Personaltausch aufgrund einer solchen Planung kann also recht flexibel innerhalb eines Werkes zwischen den Werksteilen erfolgen. Ergibt die Monatsplanung, daß infolge erhöhter Produktionsprogramme in allen drei Fertigungsbereichen vorübergehend zusätzliche Mitarbeiter benötigt werden, so wird versucht, diesen Bedarf kurzfristig durch befristete Einstellungen zu decken.

3.8.4 Messerschmitt-Bölkow-Blohm

An 18 Standorten in der Bundesrepublik betätigt sich die MBB GmbH München mit rund 36.000 Mitarbeitern vornehmlich auf den Gebieten Luft- und Raumfahrt, additive Energien sowie der konventionellen Verteidigung. Im divisional organisierten Unternehmen erfolgt eine direkte Zuordnung der Produkt- und Systementwicklung, sowie von Fertigung und Vertrieb auf die einzelnen Unternehmensgruppen.

Eine der angewandten Methoden zur Personalbedarfsermittlung soll am Beispiel des Dienstleistungswerkes Wehrtechnik vorgestellt werden: Dieses **gruppenbezogene Produktivitätskennzahlenmodell** setzt die Anwesenheitsstunden der 166 Mitarbeiter in der Organisationseinheit „Kommunikation und Medien“ mit meßbaren Arbeitsergebnissen wie Buchungen, Bedienkopien oder Übersetzungen ins Verhältnis. Daraus leiten sich dann vergleichbare Produktivitäts-Kennzahlen ab:

$$\text{Produktivität} = \frac{\text{Input (Anwesenheit in Stunden)}}{\text{Output (Menge in Übersetzungsseiten)}}$$

Die auf diese Weise errechnete Produktivitätskennzahl dient unter Berücksichtigung vorliegender Kundenaufträge oder anfallender Dienstleistungen dazu, mit den Fachabteilungen zu Beginn der aktuellen Planungsperiode eine Sollvorgabe zu vereinbaren, an der sich die quantitative Personalbedarfsplanung orientiert.

Ein monatlich erstellter Ergebnis-/Leistungsbericht umfaßt, neben den Ausgangsdaten wie Anwesenheitszeiten oder Arbeitsergebnisse, eine grafische Aufbereitung dieser Informationen. Die zum Vergleich aufgeführten Durchschnittswerte aus vorangegangenen Jahren sollen zur Prognose möglicher Entwicklungstendenzen dienen. Der Ergebnis-/Leistungsbericht operiert mit relativ einfachen Darstellungsmethoden, um zu gewährleisten, daß dieser von den jeweiligen Fachabteilungen selbst erstellt und die benötigten Daten mit geringem Aufwand erhoben werden können. Exemplarisch soll das Vorgehen an zwei derartigen Berichten vorgestellt werden:

(a) Vervielfältigungswesen I (Bedienkopien)

Die Produktivität errechnet sich in diesem Bereich als (August 1987; Abbildung 3.23):

$$\frac{\text{1,3 Mio. St. Ist-Mengen Bedienkopien}}{\text{3100 Std Nettoarbeitsstunden}} = \text{419 Kopien/Stunde}$$

(b) Postdienste

Als Produktivitätskennzahl wird hier die Anzahl der Post-Zustellungen pro Stunde verwendet (November 1987; Abbildung 3.24):

$$\frac{\text{582 900 Postbewegungen}}{\text{3700 Ist-Anwesenheitsstunden}} = \text{158 Zustellungen/Stunde}$$

Die errechneten Produktivitätskennzahlen dienen als Kapazitätssteuerungsinstrument der quantitativen Personalbedarfsplanung. Zu Beginn der Planungsperiode erfolgt, unter Berücksichtigung des Auftragseingangs und vergangenheitsorientierter Kennziffern (hier die vorangegangenen Jahresdurchschnittswerte), die Vereinbarung einer Sollvorgabe. Der zukünftige Personalbedarf wird aus dieser Produktivitäts-Sollvorgabe und dem geschätzten Arbeitsanfall abgeleitet. So wurden für 1987 im Bereich Postdienste als Soll 4,8 Mio. Postbewegungen und eine durchschnittliche Leistung von 130 Postbewegungen pro Anwesenheitsstunde vorgegeben. Daraus errechnete sich ein Personalbedarf von 25 Mitarbeitern. Die im Laufe des Jahres eingetretene erhöhte Beanspruchung des Postdienstes führte bei gleichbleibender Mitarbeiterzahl zu einer deutlichen Steigerung der Arbeitsproduktivität.

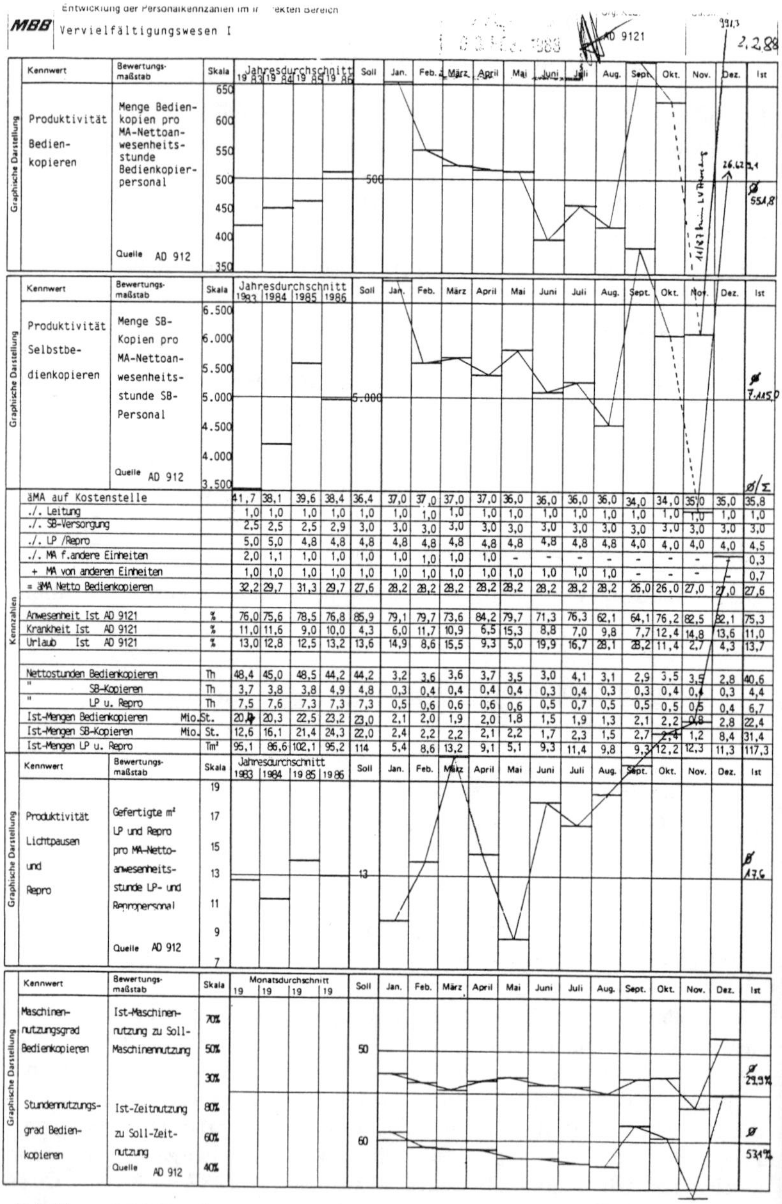

Kennzahlen		1983	1984	1985	1986	Soll	Jan.	Feb.	März	April	Mai	Juni	Juli	Aug.	Sept.	Okt.	Nov.	Dez.	Ist ø/Σ
äMA auf Kostenstelle		41,7	38,1	39,6	38,4	36,4	37,0	37,0	37,0	37,0	36,0	36,0	36,0	36,0	34,0	34,0	35,0	35,0	35,8
./. Leitung		1,0	1,0	1,0	1,0	1,0	1,0	1,0	1,0	1,0	1,0	1,0	1,0	1,0	1,0	1,0	1,0	1,0	1,0
./. SB-Versorgung		2,5	2,5	2,5	2,9	3,0	3,0	3,0	3,0	3,0	3,0	3,0	3,0	3,0	3,0	3,0	3,0	3,0	3,0
./. LP /Repro		5,0	5,0	4,8	4,8	4,8	4,8	4,8	4,8	4,8	4,8	4,8	4,8	4,8	4,0	4,0	4,0	4,0	4,5
./. MA f.andere Einheiten		2,0	1,1	1,0	1,0	1,0	1,0	1,0	1,0	1,0	-	-	-	-	-	-	-		0,3
+ MA von anderen Einheiten		1,0	1,0	1,0	1,0	1,0	1,0	1,0	1,0	1,0	1,0	1,0	1,0	1,0	-	-	-		0,7
= äMA Netto Bedienkopieren		32,2	29,7	31,3	29,7	27,6	28,2	28,2	28,2	28,2	28,2	28,2	28,2	28,2	26,0	26,0	27,0	27,0	27,6
Anwesenheit Ist AD 9121	%	76,0	75,6	78,5	76,8	85,9	79,1	79,7	73,6	84,2	79,7	71,3	76,3	62,1	64,1	76,2	82,5	82,1	75,3
Krankheit Ist AD 9121	%	11,0	11,6	9,0	10,0	4,3	6,0	11,7	10,9	6,5	15,3	8,8	7,0	9,8	7,7	12,4	14,8	13,6	11,0
Urlaub Ist AD 9121	%	13,0	12,8	12,5	13,2	13,6	14,9	8,6	15,5	9,3	5,0	19,9	16,7	28,1	28,2	11,4	2,7	4,3	13,7
Nettostunden Bedienkopieren	Th	48,4	45,0	48,5	44,2	44,2	3,2	3,6	3,6	3,7	3,5	3,0	4,1	3,1	2,9	3,5	3,5	2,8	40,6
" SB-Kopieren	Th	3,7	3,8	3,8	4,9	4,8	0,3	0,4	0,4	0,4	0,4	0,3	0,4	0,3	0,3	0,4	0,[illegible]	0,3	4,4
" LP u. Repro	Th	7,5	7,6	7,3	7,3	7,3	0,5	0,6	0,6	0,6	0,6	0,5	0,7	0,5	0,5	0,5	0,5	0,4	6,7
Ist-Mengen Bedienkopieren	Mio. St.	20,[illegible]	20,3	22,5	23,2	23,0	2,1	2,0	1,9	2,0	1,8	1,5	1,9	1,3	2,1	2,2	0,8	2,8	22,4
Ist-Mengen SB-Kopieren	Mio. St.	12,6	16,1	21,4	24,3	22,0	2,4	2,2	2,2	2,1	2,2	1,7	2,3	1,5	2,7	2,4	1,2	8,4	31,4
Ist-Mengen LP u. Repro	Tm²	95,1	86,6	102,1	95,2	114	5,4	8,6	13,2	9,1	5,1	9,3	11,4	9,8	9,3	12,2	12,3	11,3	117,3

Abbildung 3.23: Ergebnis-/Leistungsbericht 1987 des Vervielfältigungswesens I (Quelle: MBB)

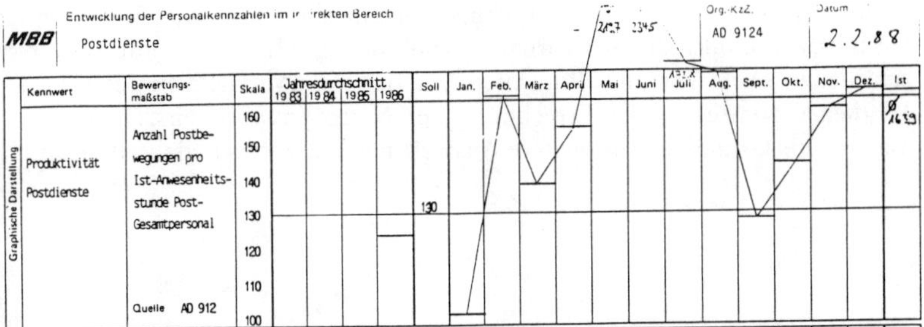

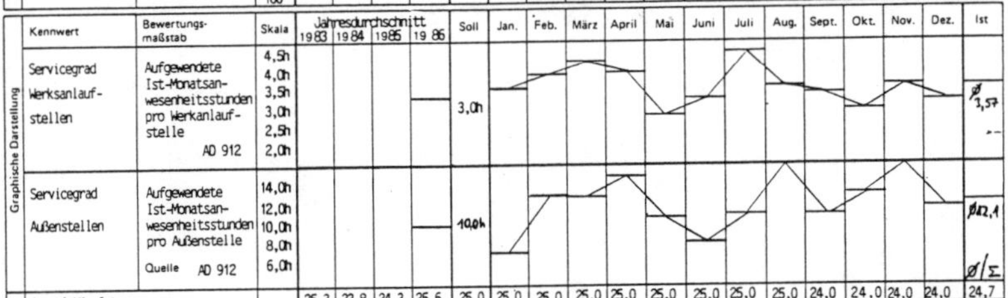

Kennzahlen

		1983	1984	1985	1986	Soll	Jan.	Feb.	März	April	Mai	Juni	Juli	Aug.	Sept.	Okt.	Nov.	Dez.	Ist
Anzahl MA Ist		25,3	23,8	24,3	25,6	25,0	25,0	25,0	25,0	25,0	25,0	25,0	25,0	25,0	24,0	24,0	24,0	24,0	24,7
Anwesenheit Ist	Th	41,5	40,0	39,2	39,0	40,0	3,3	3,6	3,6	3,7	3,0	2,9	3,6	3,2	3,4	3,3	3,7	2,5	39,8
Krankheit Ist	Th	2,1	2,5	2,7	3,8	2,5	0,2	0,2	0,2	0,1	0,1	0,1	0,0	0,0	0,2	0,1	0,2	0,4	1,8
Urlaub Ist	Th	7,7	5,5	6,4	6,6	6,5	0,1	0,2	0,5	0,2	0,4	0,7	1,1	1,0	0,9	0,8	0,1	0,0	5,9
Postbewegungen	TSt.	-	-	-	4846	4800	336,1	589,2	504,2	577,4	669,5	676,9	624,7	546,8	432,7	475,3	582,9	512,1	6.528
Anzahl dir.Werksanlaufstellen	St.	157	125	104	75	70	65	65	65	65	65	65	52	52	65	65	65	65	62,8
Anzahl indir.Werksanlaufstellen	St.	185	266	281	332	350	374	374	374	374	374	374	385	385	400	400	400	400	384,5
Anzahl Außenstellen	St.	23	13	32	26	25	23	23	23	23	23	23	21	21	21	21	21	21	22
Summe Verrechng.Soll (kum.)	TDM	2166	2166	2377	2526	2580	-	430	645	860	1.075	1.290	1.505	1.720	1.935	2.150	2.365	2.580	2.580
Summe Verrechng. Ist (kum.)	TDM	2228	2339	2589	2683	2580	-	436	687	810	1.037	1.225	1.445	1.653	1.952	2.171	2.437	2.670	2.670
Ü(+)/U(./.)-Deckg.aus Verr.(kum.)	TDM	- 62	- 173	- 212	- 157	-.-	-	- 6	- 42	+ 50	+ 38	+ 65	+ 60	+ 67	✗ 17	- 21	- 72	- 90	- 90
Summe Stellengesamtergebnis(kum.)	TDM	- 66	- 115	- 191	- 190	-.-	-	- 6	- 42	+ 37	+ 24	+ 50	+ 60	+ 67	✗ 17	- 21	- 72	- 90	- 90

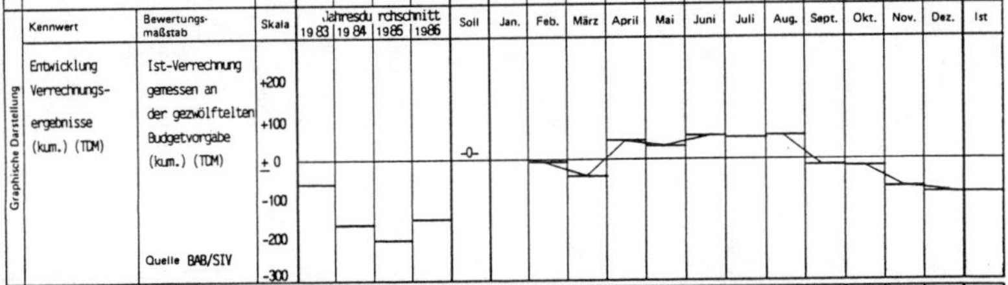

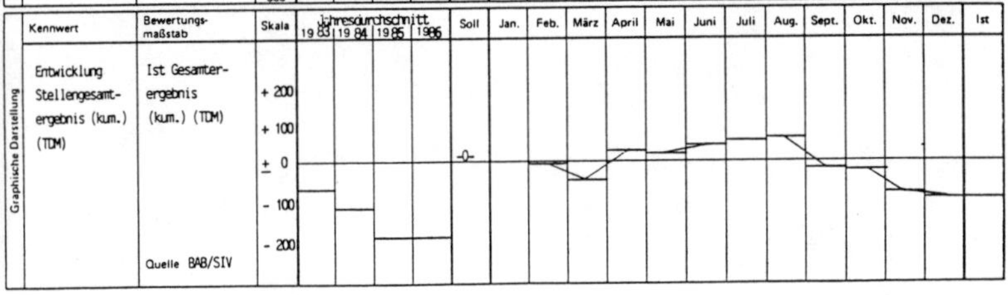

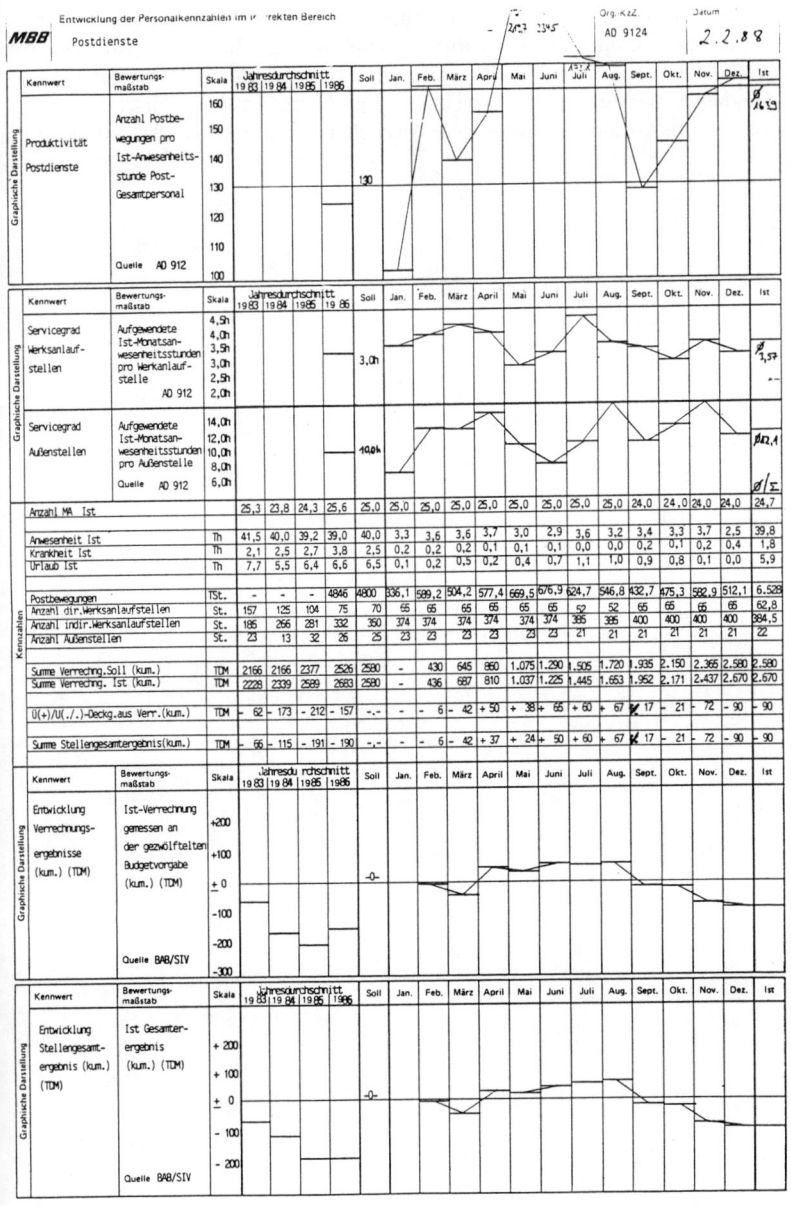

Abbildung 3.24: Ergebnis-/Leistungsbericht 1987 für die Postdienste (Quelle: MBB)

Weitere Informationen des Ergebnis-/Leistungsberichts, wie Fehl- und Urlaubszeiten, oder die prozentuale Verteilung der Mitarbeiter auf die verschiedenen Dienstleistungstätigkeiten (im Beispiel „Vervielfältigungswesen I“) dienen zum einen der Errechnung der Netto-Anwesenheitszeiten, zum anderen als Grundlage für weitere Auswertungen der Personalabteilungen.

4 Personalveränderung

4.1 Charakterisierung

Weichen Personalbestand und Personalbedarf in quantitativer oder qualitativer Hinsicht voneinander ab, so muß als **Konsequenz** eine Personalveränderung in Form von
- Personalbeschaffung,
- Personalfreisetzung und/oder
- Personalentwicklung

initiiert werden. Unterstellt man vereinfachend nur ein Tätigkeitsfeld und für den Vergleich zwischen Bestand und Bedarf nur drei mögliche Ergebnisse, so führt dies zu einer Unterscheidung von sieben Anlässen für eine Personalveränderung (Übersicht 4.1).

quantitativ	**qualitativ**		
	Bestand < Bedarf	Bestand = Bedarf	Bestand > Bedarf
Bestand < Bedarf	Beschaffung und Entwicklung (1)	Beschaffung und evt. Entwicklung (2)	
Bestand = Bedarf	Entwicklung und/ oder Beschaffung und Freisetzung (3)	evt. Entwicklung (4)	evt. Freisetzung und Beschaffung (5)
Bestand > Bedarf	Freisetzung und Beschaffung und/ oder Entwicklung (6)	evt. Freisetzung (7)	

Übersicht 4.1: Anlässe und Formen der Personalveränderung

Diese sieben **Anlässe** für eine Personalveränderung und ihre Konsequenzen lassen sich wie folgt charakterisieren:

(1) Der vorhandene Personalbestand entspricht weder quantitativ noch qualitativ den Bedarfsvorgaben. Diese Situation verlangt nach Maßnahmen zur *Personalbeschaffung*, in der Regel verbunden mit Entwicklungsmaßnahmen.

(2) Der Bestand liegt qualitativ nicht unter dem Bedarf, wohl aber quantitativ. Die Differenz sollen zunächst *Personalbeschaffungsmaßnahmen* ausgleichen, die sich entweder auf das Unternehmen beschränken (interne Beschaffung) oder aber auf Bewerber außerhalb des Unternehmens zielen (externe Beschaffung). Falls kein Mitarbeiter oder Bewer-

ber mit annähernder Deckungsgleichheit zwischen Fähigkeitsprofil und Anforderungsprofil gefunden wird, sind Maßnahmen der *Personalentwicklung* nötig. Sie sollen die noch bestehenden Fähigkeitslücken des Mitarbeiters ausgleichen.

(3) Die Mitarbeiterzahl des Unternehmens (Bestand) entspricht zwar quantitativ dem notwendigen Bedarf, nicht aber qualitativ. Es sind also bei einzelnen Mitarbeitern Fähigkeitslücken zu schließen. Die hier erforderlichen *Entwicklungsmaßnahmen* können durch Kombinationen von Beschaffung und Freisetzung ersetzt oder ergänzt werden.

(4) Stimmen Bedarf und Bestand quantitativ sowie qualitativ überein, so kann dennoch im Hinblick auf eine langfristige Absicherung des Unternehmens oder aber zur Fort- und Weiterbildung der Mitarbeiter die Notwendigkeit zu *Personalentwicklungsmaßnahmen* bestehen.

(5) Stimmen Bedarf und Bestand quantitativ überein, liegt aber eine Überqualifizierung vor, sind Motivationskonflikte nicht ausgeschlossen. Deshalb ist zu prüfen, ob eine *Kombination* aus Freisetzung und Beschaffung zu einer sinnvollen Reduktion der Überqualifikation führen kann.

(6) Ist der betrachtete Bereich charakterisiert durch zu viele Mitarbeiter mit zu geringer Qualifikation, so verlangt dies nach *Simultanität* von Personalfreisetzung und Personalbeschaffung beziehungsweise Personalentwicklung.

(7) Überschreitet der Bestand quantitativ (aber nicht qualitativ) den Bedarf, so führt dies zur *Personalfreisetzung;* auch dies kann aber im Einzelfall mit Entwicklungsmaßnahmen bei den verbleibenden Mitarbeitern verbunden werden.

Das Personalveränderungsmanagement sieht sich mit drei Hauptschwierigkeiten konfrontiert: Die reine Abwicklung von Beschaffungs-, Freisetzungs- und Entwicklungsmaßnahmen verursacht prozedurale und methodische Probleme; hinzu kommen die Integrations- und Abstimmungsprobleme zwischen diesen drei Planungsfeldern sowie die Selektion einer Grundstrategie für die Entscheidung zwischen alternativen Maßnahmen(-kombinationen). Aus diesem Grund werden auf den drei Managementebenen bei der Personalveränderung unterschiedliche **Schwerpunkte** gesetzt:

- Die *operative* Ebene befaßt sich überwiegend mit der konkreten Maßnahmenplanung und konzentriert sich (isoliert) jeweils auf ein einziges Managementfeld.
- Die *taktische* Ebene behandelt als Meta-Planung die generelle, also nicht mehr einzelfallspezifische Maßnahmendurchführung.
- Die *strategische* Ebene realisiert die Abstimmung zwischen Planungsfeldern, legt also fest, welche Alternativen aus übergeordnet-strategischen Überlegungen zu präferieren sind.

4.2 Operative Ebene: Personelle Einzelmaßnahmen

4.2.1 Überblick

Personalbeschaffung, -entwicklung und -freisetzung auf der operativen Ebene erfolgen strikt **einzelfallbezogen**: Es steht also immer der konkret zu besetzende Arbeitsplatz, die individuelle Fähigkeitslücke oder der einzelne Freizusetzende im Mittelpunkt.

4.2.2 Personalbeschaffung

4.2.2.1 Inhalt und Ablauf

Die Personalbeschaffungsplanung erhält als Input den **Personalnettobedarf**: Dieser ergibt sich aus dem terminbezogenen Vergleich vom (quantitativen/ qualitativen) Personalbestand mit den entsprechenden Bedarfswerten (vgl. *Weber* 1975, 106). Ausgehend von dieser Information ist festzulegen, **wo** und **wie** ein entsprechender Mitarbeiter gesucht beziehungsweise beschafft werden soll. Abbildung 4.1 zeigt als Überblick die im Zusammenhang mit der Personalbeschaffungsplanung und -durchführung erforderlichen Aktivitäten.

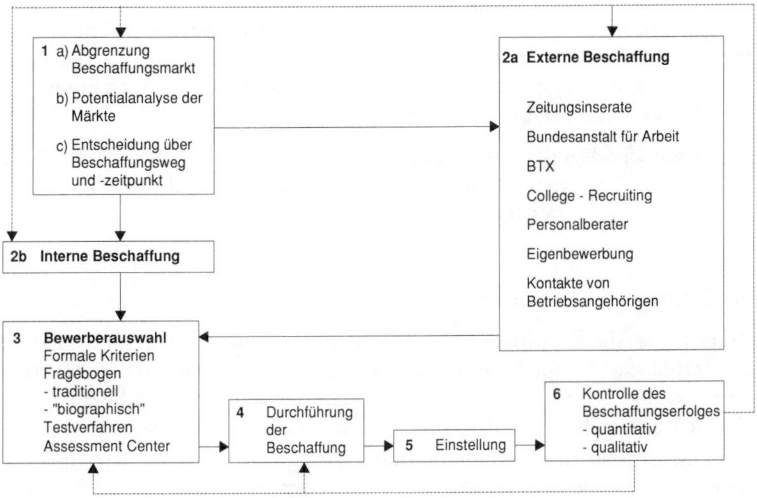

Abbildung 4.1: Inhalt und Ablauf der Personalbeschaffung

4.2.2.2 Beschaffungsweg und Beschaffungszeitpunkt

Die Wahl des Beschaffungsweges erfordert Informationen über die Potentiale der Beschaffungsmärkte. Dazu gehört zunächst die Abgrenzung des als „Beschaffungsmarkt" anzusehenden Bereiches. Dieser hängt vom gesuchten Fähigkeitsniveau ab: Bei geringerem Qualifikationsniveau bietet sich im Regelfall der lokale Arbeitsmarkt an, bei Führungskräften und hochspezialisierten Facharbeitern der überregionale Markt.

Für den relevanten (externen und internen) Beschaffungsmarkt wird auf der einen Seite die **aktuelle** Ergiebigkeit als gegenwärtiges Beschaffungspotential geprüft. In Frage kommen hier sowohl Arbeitskräfte in bestehenden Beschäftigungsverhältnissen als auch solche, die noch nicht beziehungsweise nicht mehr beschäftigt sind (Schulabgänger, Arbeitslose). Auf der anderen Seite ist das **zukünftige** Beschaffungspotential zu analysieren, damit das Unternehmen einen Überblick über die Entwicklung des Arbeitsmarktes in der Zukunft erhält.

Während für das **interne** Beschaffungspotential auf die eigene Personalbestandsanalyse zurückgegriffen werden kann, stellt sich (speziell beim zukünftigen) **externen** Beschaffungspotential das Problem der Informationsgewinnung. Hierfür bieten sich an:
- eigene Urdatenerhebung,
- Verwertung von Informationen der Arbeitsämter,
- Gewinnung von Informationen von Ausbildungsinstitutionen,
- Schätzungen von Industrie- und Handelskammer,
- Verwendung von Strukturanalysen der Bundesanstalt für Arbeit,
- Analyse von Stellenanzeigen und
- Erfahrungswerte.

Auf der operativen Ebene werden derartige Informationen einzelfallbezogen zur Lösung eines exakt spezifizierten Beschaffungsproblems ausgewertet. Eine sinnvolle Hilfestellung zur effizienten Durchführung solcher Analysen bietet eine systematische (betriebliche) **Arbeitsmarktforschung**, die vom konkreten Einzelfall abstrahiert (vgl. Abschnitt 4.3.2.1).

Bei diesen Überlegungen stehen diverse Beschaffungswege zur Auswahl; sie reichen von der internen Beschaffung über die Bundesanstalt für Arbeit und private Vermittler bis hin zum Arbeitnehmer, der unaufgefordert seine Arbeitskraft anbietet:

(a) Interne oder externe Beschaffung

Zunächst ist die Entscheidung zwischen externer und interner Beschaffung zu treffen. Stehen im Einzelfall tatsächlich beide Alternativen zur Verfügung, so sind diese – wie in Übersicht 4.2 ausgeführt – anhand der jeweiligen Bedeutung ihrer spezifischen Vor- und Nachteile zu bewerten.

Wichtig ist speziell die **Signalwirkung** für Mitarbeiter im Betrieb: Ausschließlich interne Beschaffung kann leicht zur Interpretation als Beförderungsautomatik führen, überwiegend externe Beschaffung zu Frustration und Fluktuation. Als Konsequenz folgt daraus die Forderung nach einem leistungsorientierten **Kompromiß**, bei dem durchaus häufig – aber nicht ausschließlich immer – Beförderungen aus den eigenen Reihen erfolgen.

Verstärkend im Hinblick auf eine Tendenz zur internen Bedarfsdeckung wirken die Mitbestimmungsrechte des **Betriebsrats**: Er kann verlangen, daß

Personalbeschaffung	
Innerbetrieblich	**Außerbetrieblich**
Geringes Risiko	Verringerung von Betriebsblindheit
Im Regelfall schnellere Durchführung	Eventuell neue Ideen
Geringere Kosten für Beschaffung	Eventuell geringere Fortbildungskosten
Betriebskenntnis	Information über Konkurrenzverhalten
„Sicherheitsgefühl“	„Wettbewerbsgefühl“
Signalwirkung	Signalwirkung

Übersicht 4.2: Vorteile inner- und außerbetrieblicher Personalbeschaffung

zu besetzende Stellen vorher betriebsintern ausgeschrieben werden (§ 93 BetrVG).

(b) Zeitungsinserate

Das Zeitungsinserat zählt zu den klassischen Werbemitteln und stellt sicherlich noch immer eines der bei der Personalakquisition am häufigsten eingesetzten Instrumente dar. Dies zeigt auch eine schriftliche Befragung hinsichtlich der Beschaffungswege bei der Personaleinstellung (vgl. *Schüle* 1987). Übersicht 4.3 führt eine Rangfolge der Personalbeschaffungswege auf.

Beschaffungsweg	in Prozent aller Nennungen
Stellenanzeigen in Zeitungen	36,8
Unaufgeforderte Bewerbung	20,1
örtliches Arbeitsamt	19,2
Kontakte von Betriebsangehörigen	16,6
Anschlagtafel/Aushang am Betriebseingang	1,9
andere Beschaffungswege	5,4

Übersicht 4.3: Relative Wichtigkeit von Akquisitionswegen (vgl. *Schüle* 1987, 125)

(c) Bundesanstalt für Arbeit

Die Bundesanstalt für Arbeit (BA) in Nürnberg und die ihr untergeordneten Arbeitsämter unterstützen die betriebliche Personalbeschaffung durch
- Beratung des Arbeitnehmers
- Beratung des Arbeitgebers
- Auswahl und Vermittlung der geeigneten Bewerber.

Hierfür ist der BA ein gesetzliches Vermittlungsmonopol eingeräumt, von dem nur in sehr geringem Umfang Ausnahmen existieren.

Entscheidend für die effiziente und effektive Nutzung dieser Beschaffungswege ist die exakte Definition der Anforderungen und Bedingungen der Stelle. Eine allzu enge Beschreibung der Anforderungen kann die Auswahl allerdings unnötig einschränken. Die Ausschreibung beziehungsweise

Aktendurchsicht erfolgt zunächst regional; eine überregionale oder bundesweite Ausschreibung kann auf Wunsch des Arbeitgebers vorgenommen werden, ohne diesem damit Kosten zu verursachen. Der Vermittler wählt dann geeignete Bewerber nach den Angaben des Arbeitgebers. Die Arbeitsvermittler können dazu über die rund 11.000 Terminals auf die gespeicherten Arbeitsangebote zugreifen (System „micros“). Falls gewünscht, übernimmt der Vermittler auch die Terminkoordination von Vorstellungsgesprächen und läßt arbeitsärztliche oder psychologische Gutachten erstellen. Als neueste Möglichkeit zur Personalbeschaffung bietet die BA ausgewählte Stellen über Satellitensender (RTL) auch im Fernsehen an, um Angebote flächendeckend publik zu machen.

Für besondere Berufsgruppen und Aufgaben hat die BA eigene Programme und Institutionen geschaffen:

- Die *Zentralstelle für Arbeitsvermittlung (ZAV)* als Dienststelle für zentrale und internationale Beratungs- und Vermittlungsaufgaben unterhält
  - das Büro für Führungskräfte der Wirtschaft (BFW),
  - das Büro für internationale Organisationen (BFIO),
  - die zentrale und internationale Fachvermittlung für Hotel- und Gaststättenpersonal (ZIHOGA) sowie
  - die zentrale Bühnen-, Fernseh- und Filmvermittlung.
- Der *Fachvermittlungsdienst (FVD)* befaßt sich mit Universitäts- und Fachhochschulabsolventen sowie anderen qualifizierten Fach- und Führungskräften.
- *„JOB“* vermittelt Zeitpersonal für Arbeitnehmer in Verwaltung, Verkauf, technischen und sozialen Bereichen.
- *„Servis“* ist die Zeitarbeitsvermittlung für den gewerblichen Bereich mit den fünf Spezialdiensten
  - Studentenvermittlung,
  - Messe-“servis“ zum Beispiel für Auf- und Abbau, Standhilfen und Dolmetscher,
  - Hafen-“servis“,
  - Raumpflege-“servis“ für Haushalt und Büro sowie
  - Großmarkt-“servis“.

Für die Einarbeitung schwervermittelbarer Arbeitsloser trägt die BA unter bestimmten Voraussetzungen Teile der anfallenden Kosten als Einarbeitungszuschüsse beziehungsweise Eingliederungsbeihilfen. Über das Vermittlungsangebot hinaus bietet die BA diverse Statistiken über den Arbeitsmarkt und seine Veränderungen an, die vom BA-eigenen „Institut für Arbeitsmarkt- und Berufsforschung“ bearbeitet und ausgewertet werden (vgl. Abschnitt 4.3.2.1).

(d) BTX

Das Medium Bildschirmtext (BTX) der Deutschen Bundespost ermöglicht jeder Privatperson und jedem Unternehmen – die Existenz eines entsprechenden Terminals vorausgesetzt – Informationen abzufragen und Dialoge mit anderen Teilnehmern zu führen: Anders als das „einseitige“ Videotext-Angebot stehen hier zweiseitige Informationskanäle zur Verfügung. Auch

wenn die Verbreitung von BTX aus den verschiedensten Gründen noch weit hinter den Erwartungen der Deutschen Bundespost zurückliegt (z.B. *Tietz* 1987, 313–375), erlaubt BTX im Bereich der Personalbeschaffung eine direkte, rasche sowie aktuelle Kommunikation zwischen Stellenanbieter und Stellensucher.
Grundsätzlich stehen **zwei Wege** der Personalbeschaffung über BTX (vgl. *Triebskorn* 1982) zur Verfügung:

- Die *Unternehmen* nehmen neben den üblichen Informationen über ihre Produkte in ihr BTX-Programm die aktuellen Stellenangebote auf. Über eine Antwortseite kann der Stellensuchende sein Interesse an der Stelle bekunden und somit die Kommunikationsfähigkeit des Systems voll ausnützen.
- Auch *Stellensuchende* können prinzipiell ihre Stellengesuche über BTX veröffentlichen, wozu sie jedoch auf die Hilfe eines spezialisierten Dienstleistungsunternehmens angewiesen sind, welches die Dateneingabe für sie übernimmt.

Der Schwerpunkt in der Anwendung wird aber sicherlich im erstgenannten Bereich liegen.

Unterstützende Funktion für beide Teilnehmer könnte die BA übernehmen, indem sie vorliegende Stellenangebote und -gesuche über BTX veröffentlicht. Eine derartige Anwendung wird zur Zeit noch nicht praktiziert. Die Arbeitsämter stellen in ihrem BTX-Angebot jedoch allgemeine Informationen zur Verfügung.

(e) College-Recruiting

Ein gezieltes und differenziertes Ansprechen potentieller Mitarbeiter ergibt sich durch (in-)direkte Anwerbung in **Ausbildungsinstitutionen**. Angesichts sektoraler Knappheit an Arbeitskräften gewinnt auch das „College-Recruiting" zunehmend an Bedeutung. Hochschulkontakte manifestieren sich in vielfältigen Maßnahmen:

- Bereitstellen von Praktikantenstellen,
- Zusammenarbeit bei Diplomarbeiten,
- Unterstützung von Dissertationen,
- Firmenpräsentationen (durch Studentenvereinigungen wie AIESEC oder MTP),
- Besichtigungen,
- Fachvorträge,
- Aushänge und
- Bewerbertage.

Diese direkte Art der Personalbeschaffung/-werbung an Hoch-, Fach(hoch)- und Berufsschulen ist besonders bei kontinuierlicher Aktivierung in Form eines langfristigen Kontaktes erfolgversprechend.

(f) Personalberater

Problematisch sind Beschaffungsaktivitäten auf von Knappheit gekennzeichneten Märkten. Neben dem Boom bei Ingenieuren und Informatikern führt speziell der Nachfrageüberhang am Führungskräftemarkt verstärkt zum Einsatz von externen Beratern (Executive Searcher, Headhunter). Bei diesem durchaus sinnvollen Beschaffungsweg sind allerdings die **rechtlichen Rahmenbedingungen** zu beachten: Grundsätzlich darf nur die Bundesanstalt für Arbeit eine Arbeitsvermittlung durchführen (§ 4 AFG).

Davon ausgenommen ist allerdings die Besetzung von gehobenen Führungspositionen im konkreten Einzelfall: **Personalberater** dürfen danach das Unternehmen bei der Besetzung einer offenen Position unterstützen, ohne sich allerdings selber eine Bewerberkartei oder Stellenlisten für andere Anfragen aufzubauen. Ferner gilt (vgl. *Pillat* 1986, 76–77), daß
- die Mitwirkung des Personalberaters bei der Personalsuche nur ein Teil eines globalen Beratungsauftrags sein darf,
- ausschließlich Führungskräfte der oberen Ebene betroffen sein dürfen,
- die Aktionen nur gelegentlich vorzunehmen sind und
- sich die Suche auf das Medium der Anzeige in Zeitungen und Zeitschriften beschränken muß.

Diese Regelungen dienen offenbar dem Schutz der Zentralstelle für Arbeitsvermittlung (ZAV) mit ihrem Büro für Führungskräfte, dem – und dies zeigt der Boom bei den Personalberatungen – eine substantielle Hilfestellung bei der Personalbeschaffung auf dieser Ebene offenbar nicht zugetraut wird.

(g) Eigenbewerbung

Ein wichtiger Akquisitionsweg besonders bei Hochschulabsolventen ist die Form der Eigenbewerbung, bei der ein Bewerber von sich aus ein Unternehmen kontaktiert. Auslöser dazu kann allerdings eine „Marktpflege" des Unternehmens an der Hochschule sein, wie sie sich auch im Zusammenhang mit dem College-Recruiting (e) anbietet.

(h) Kontakte von Betriebsangehörigen

Vor allem in den USA spielen Kontakte von Betriebsangehörigen als Akquisitionsweg eine wichtige Rolle: So werden – je nach Beschäftigtengruppe – zwischen 28% und 57% der Belegschaft auf diesem Wege rekrutiert (vgl. *Magnus* 1987, 55). Diese Akquisitionsform hat den wesentlichen Vorteil, den personellen „Fit" innerhalb der Belegschaft zu fördern; sie dürfte aber auch zur Cliquenbildung führen.

(i) Entscheidung

Die eigentliche **Entscheidung** zwischen den obengenannten Beschaffungswegen müßte entscheidungstheoretisch über Erfolgswahrscheinlichkeiten, Nutzenwerte, Beschaffungskosten und Opportunitätskosten erfolgen. Eine derartige Vorgehensweise bietet sich allerdings nur dann an, wenn ausreichendes Erfahrungsmaterial über die Verwendung der Beschaffungswege und ihrer Konsequenzen vorliegt. Dies dürfte in den meisten Fällen (noch) nicht der Fall sein.

Aus diesem Grund erfolgt die Wahl des Beschaffungsweges überwiegend anhand von „historisch gewachsenen" **Verknüpfungen** zwischen Beschaffungsweg und Beschaffungsobjekt, beispielsweise die Kombination Sekretärinnenschule und Stenotypistin. In der Folge einer zunehmenden **EDV**-Durchdringung auch des Personalbereiches gibt es vermehrt Alternativen zu dieser intuitiv-heuristischen Vorgehensweise: Erfolgt zumindest die Verwaltung der Personalbeschaffung computergestützt, so lassen sich die dadurch angefallenen Daten abspeichern und zur Grundlage von erfahrungsbasierten Urteilen machen.

4.2.2.3 Bewerberauswahl

Stehen für eine zu besetzende Stelle mehrere Kandidaten zur Verfügung, so stellt sich das Problem der Bewerberselektion. Berücksichtigt man die hohen Kosten, die eine falsche Entscheidung letztlich zur Folge hat, so kommt der Bewerberauswahl zwangsläufig erhebliches Gewicht zu.

(a) Formale Kriterien

Wenn aus einer großen Menge von Bewerbern nur eine kleine Anzahl eingestellt werden soll, kommen als erstes **formale Kriterien** zum Zuge. So weisen die aus Anschreiben und Lebenslauf zu entnehmenden Informationen

- Schulabschluß,
- Staatsbürgerschaft,
- Alter oder
- Zeugnisnoten

bereits auf Bewerber hin, die nicht den (formalen) Wünschen des Unternehmens entsprechen. Zwar ist die Validität speziell von Zeugnisnoten umstritten (vgl. *Kompa* 1984, 115) – aus pragmatischen Gründen scheinen sie aber in einigen Fällen zumindest als Indikator für die Anpassungsfähigkeit des Bewerbers verwendbar (vgl. *Berthel* 1989, 167).

(b) Fragebogen

Einfache Fragebogen beschränken sich auf das Erheben von harten Fakten, also primär ebenfalls auf formale Kriterien. Andere Personalfragebogen gehen weiter und erheben Daten, die das Verhalten des Bewerbers in der Vergangenheit sowie seine zukünftigen Pläne widerspiegeln (sollen): Mit Hilfe dieser **biographischen Fragebogen** werden auf der einen Seite objektive Daten wie Examensnoten oder Heiratsalter, auf der anderen Seite subjektive Daten wie primäre Interessengebiete erfaßt (vgl. *Neuberger* 1979, 132–133; *Stehle* 1983; 1986). Auf die Technik dieser methodisch nicht unumstrittenen biographischen Fragebogen wird im Rahmen eines methodischen Exkurses in Abschnitt 4.5.2 näher eingegangen.

(c) Testverfahren

Psychologische Testverfahren (vgl. Überblick bei *Michel/Conrad* 1982) als Instrument der Personalauswahl wollen individuelle Verhaltensmerkmale erfassen, um daraus auf Eigenschaften oder Leistungen der betreffenden Personen zu schließen. Für die Personalselektion bieten sich die in Übersicht 4.4 zusammengefaßten Tests an.

Persönlichkeitstests		
	Subjektive Tests	
		Persönlichkeitsfragebogen
		Interessen- und Neigungstests
	Objektive Tests	
		Testbatterie nach *Cattell*
		Apparative Verfahren z. B. zur Ermittlung von Lernkurven
	Projektive Tests	
		Formdeuteverfahren
		Verbalthematische Verfahren
		Zeichnerische und gestalterische Verfahren
Fähigkeitstests		
	Allgemeine Leistungstests	
		Aufmerksamkeitstests
		Konzentrationstests
		Willenseinsatztests
	Intelligenztests	
		Allgemeine Intelligenztests
		Spezielle Intelligenztests
	Spezielle Fähigkeiten	
		Sensorische Fähigkeiten
		Motorische Fähigkeiten
		Einzelfunktionen des Bewegungsapparates

Übersicht 4.4: Klassifikation psychologischer Testverfahren (nach *Brickenkamp* 1975, 13–17 und *Schneider/Heim/Wacker* 1975, 57)

Psychologische Testverfahren können unterteilt werden in Persönlichkeitstests und Fähigkeitstests:

- **Persönlichkeitstests** sollen solche Merkmale des Bewerbers erfassen, die weitgehend situationsunabhängig und zeitlich konstant sind. Sie wollen daher offene und freie Reaktionsmöglichkeiten schaffen, da im Gegensatz zu den Fähigkeitstests nicht auf eine vorgeschriebene Leistung abgestellt wird. Der Schwerpunkt des Persönlichkeitstests zielt auf das „Wie" der Problemlösung im Test:
  - Bei *subjektiven Tests* ist das Testprinzip für den Probanden durchschaubar. Er kann durch seine Antworten das Testergebnis beeinflussen und verfälschen. Dem können „Lügenfragen" begrenzt entgegenwirken. Zu den subjektiven Testverfahren zählen auch Interessen- und Neigungstests, bei denen der Bewerber auf seine Präferenz für bestimmte Tätigkeiten und Situationen getestet wird. Diese Tests spielen in der Berufsberatung eine wichtige Rolle.
  - Bei *objektiven Tests* bleibt dem Probanden das Prinzip des Tests verborgen. Da er nicht weiß, wie sein Verhalten interpretiert wird, kann

er auch das Ergebnis vorsätzlich nicht beeinflussen oder verfälschen (vgl. *Häcker* 1982).
- Bei ***projektiven Tests*** wird versucht, durch psychologische Techniken die tieferliegende Persönlichkeitsstruktur von Bewerbern zu ergründen. Dazu wird von dem in der Tiefenpsychologie entwickelten Phänomen der „Projektion" ausgegangen: Die sich im Unterbewußtsein abspielenden Vorgänge werden in die Umwelt hineinprojiziert. Um diese Projektion offenzulegen, muß sich das Individuum während des Tests mit „Stimuli" beschäftigen und dabei versuchen, in natürlicher Weise darauf zu reagieren. Diese Reaktionen werden analysiert und daraus auf die Persönlichkeitsstruktur sowie die zugrundeliegenden Motive Rückschlüsse versucht. Beispiele für projektive Tests sind der Rorschach-Test und der TAT (vgl. Abschnitt 6.2.4.3; *Hörmann* 1982).

• **Fähigkeitstests** verlangen eine klar vorgegebene Leistung. Beim Geschwindigkeitstest sind daher in der vorgegebenen Zeit soviel Aufgaben wie möglich zu lösen, beim Niveautest möglichst viele Aufgaben mit zunehmender Schwierigkeit.
- *Allgemeine Leistungstests* (vgl. *Bartenwerfer* 1983) nehmen Bezug auf Grundvoraussetzungen für jede geistige Leistung. Diese Merkmalsgruppe mit Allgemeinheitscharakter umfaßt die Merkmale Konzentration, Aufmerksamkeit, Willensstoßkraft sowie Willenseinsatz.
- *Intelligenztests* (vgl. *Conrad* 1983) sollen die intellektuelle Leistungsfähigkeit ermitteln und zwar hinsichtlich der relativen Intelligenzhöhe als Intelligenzquotient (bezogen auf die jeweilige Altersgruppe) sowie hinsichtlich der Intelligenzstruktur als qualitative, mehrdimensionale Konkretisierung.
- *Spezielle Fähigkeitstests* (vgl. *Brambring* 1983; *Ritter* 1983) zielen auf sensorische Fähigkeiten (wie Sehschärfe, Farbwahrnehmung, Gehörsinn) oder motorische Fähigkeiten (wie Muskelkraft, Handgeschicklichkeit, Reaktionszeit).

Ein **Beispiel** für einen Intelligenztest ist der I-S-T 70 von *Amthauer* (1973): Er dient nicht nur zur Erfassung der Intelligenz des Bewerbers, sondern auch zur Erfassung der Struktur der Intelligenz (Art der Begabung). *Amthauer* arbeitet mit neun Subtests, die gemeinsam den Intelligenzquotienten als Intelligenzhöhe ergeben. Aus den Ergebnissen von vier Subtests ergibt sich zudem ein „Profil" der Intelligenzstruktur: Dabei spricht man von sprachlich-theoretischer Begabung, wenn Stärken in den Subtests „Wortauswahl" und „Gemeinsamkeiten" mit Schwächen in den Subtests „Satzergänzung" und „Analogie" zusammenfallen. Optisch ergibt sich der Anfang eines „M", weshalb *Amthauer* von einem **M-Profil** spricht. Beim **W-Profil**, das eine mehr praktische Begabung widerspiegeln soll, verhält es sich genau umgekehrt (Abbildung 4.2). Die restlichen fünf Subtests „Merkaufgaben", „Rechenaufgaben", „Zahlenreihen", „Figurenauswahl" und „Würfelaufgaben" haben auf die Intelligenzstruktur bezüglich sprachlich-theoretischer oder praktischer Begabung keinen Einfluß. Allerdings lassen sich aus diesen Subtests Rückschlüsse auf mathematische Begabung und räumlich-grafisches Vorstellungsvermögen ziehen.

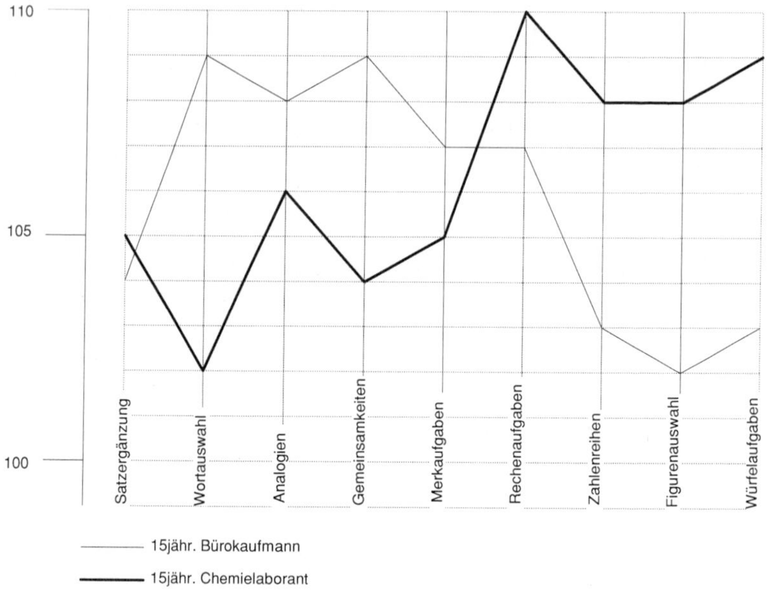

Abbildung 4.2: Exemplarische Intelligenzstrukturen

Persönlichkeitstests sind zeit- und kostenintensiv, da sie in der Regel nur individuell unter psychologisch geschulter Leitung durchgeführt werden können. Die Anforderungen verschiedener Tätigkeiten im Hinblick auf charakteristische Merkmale wurden nur wenig untersucht, Validierungsstudien anhand von beruflichen Außenkriterien noch kaum durchgeführt. Auch fehlt eine theoretische Fundierung der im Persönlichkeitstest erfaßten Merkmale. **Fähigkeitstests** sind ebenfalls problematisch. So erlauben Intelligenztests nur sehr begrenzt Rückschlüsse auf die berufliche Eignung. Ferner kann man Intelligenzquotienten nur schwer als Bestandteile von Anforderungsprofilen definieren: Es bleibt also offen, wie intelligent ein Mitarbeiter quantitativ (Intelligenzquotient) beziehungsweise qualitativ (Intelligenzstruktur) eigentlich sein soll. Der einfachen Regel, im Zweifelsfall den intelligenteren Bewerber einzustellen, steht das potentielle Motivationsproblem überqualifizierter Mitarbeiter entgegen. Etwas weniger problematisch im Hinblick auf die Definition von Anforderungsprofilen sind allgemeine Leistungstests und die Tests zur Prüfung spezieller Fähigkeiten wie Konzentration. Problematisch ist allerdings hier die inhaltliche Umsetzung: Nimmt man beispielsweise den sogenannten Pauli-Test, bei dem der Bewerber möglichst schnell unterschiedliche Zahlen addieren soll, so stellt sich die Frage, was dieser Test letztlich eigentlich mißt.

Um diese Schwierigkeiten zu reduzieren, werden in **situativen Tests** die Bewerber mit realistischen Situationen aus dem Arbeitsleben konfrontiert und ihre Verhaltensweisen in ihrem zukünftigen Tätigkeitsfeld beobachtet. Beispiele für situative Verfahren sind Plan- und Rollenspiele sowie Gruppendiskussionen. Bei Gruppendiskussionen beispielsweise werden mehrere Bewerber mit der Lösung einer Aufgabe beauftragt; dadurch können die Bewerber direkt miteinander verglichen und ihre sozialen Verhaltensweisen beobachtet werden. Eine spezielle und als Exkurs in Abschnitt 4.5.3 ausführlich diskutierte Form von situativen Testbatterien ist das **Assessment Center**.

Eine extreme Form, Mitarbeiter direkt zu vergleichen, ist das **Peer-Rating**. Bei dieser vor allem im militärischen Bereich in den USA üblichen Beurteilungsmethode werden die Kandidaten aufgefordert, Urteile über ihre Konkurrenten abzugeben.

(d) Einstellungsinterviews

Zentrale Informationsquelle für die Personalauswahl bleibt das Vorstellungsgespräch. Wie bei allen Interviews gibt es auch hier eine Reihe von Ausgestaltungsformen (Übersicht 4.5):

- Der **Freiheitsgrad** der Interviews drückt aus, inwieweit der Interviewer das Interview gestalten und auf Antworten des Bewerbers reagieren kann.
  - Beim *strukturierten* Interview sind die Fragen vor dem Interview fixiert und werden allen Bewerbern mit gleichem Wortlaut sowie in gleicher Reihenfolge gestellt.
  - Das *halbstrukturierte* Interview ermöglicht dem Interviewer, Fragen zu reformulieren. Dabei kann der Interviewer durch lediglich vage vorformulierte Fragen („Leitfaden") auf die besondere Situation eingehen und den Bewerber individuell unterstützen.
  - Beim *freien* Interview ist der Interviewer an keinen Leitfaden gebunden, er kann somit Fragen frei formulieren und eine beliebige Thematik anreißen. Auch wird ermöglicht, daß der Interviewer auf die Antworten des Bewerbers spontan eingeht.
- Eine weitere Unterscheidung des Interviews ergibt sich aus der **Anzahl** der beteiligten Personen. Beim *Einzelgespräch* sind nur Interviewer und Bewerber beteiligt; im Gegensatz dazu stehen *serielles Interview* (mehrere Interviews in Folge), *Juryinterview* (mehrere Interviewer) und *Gruppeninterview* (mehrere Bewerber).
- Darüber hinaus gibt es diverse **Sonderformen** für Interviews. Beim *Streßinterview* versucht der Interviewer den Bewerber unter Druck zu setzen, und dabei die psychische Beanspruchungsfähigkeit des Bewerbers zu testen und Widersprüche aufzudecken. Das *Tiefeninterview* dient dazu, ähnlich wie in der Psychoanalyse, die Persönlichkeitsstruktur des Bewerbers offenzulegen. Dabei sollen unbewußte Einstellungen, Werte oder Motive an das Tageslicht gebracht werden.

Mit steigendem Freiheitsgrad des Interviews nehmen die Anforderungen an den Interviewer zu. Für das freie Interview ist ein größerer Zeitaufwand erforderlich, die Vergleichbarkeit a priori nicht gegeben. Diesen Nachteilen steht jedoch der Vorteil gegenüber, individuell auf den Befragten eingehen zu können und den Bewerber zu aussagekräftigeren Antworten zu ermutigen.

Freiheitsgrad	**Beteiligte Personen**			
	Einzel-gespräch	mehrere Teilnehmer		
		serielles Interview	Jury-interview	Gruppen-interview
strukturiertes Interview				
halbstrukturiertes Interview				
freies Interview				
Sonderformen				
Streßinterview				
Tiefeninterview				

Übersicht 4.5: Klassifikation von Interviews

Das Vorstellungsgespräch bietet – je nach Ausgestaltung – einen großen Freiraum, damit auch ein großes Potential zur Informationsgewinnung. Seine Aussagekraft dürfte aber dennoch stark **überschätzt** sein (vgl. *Kompa* 1984, 159–210):
- So suchen Interviewer stärker nach negativen als nach positiven Informationen,
- fällen Interviewer oft bereits nach wenigen Minuten ein später nur schwer korrigierbares Urteil über den Bewerber und
- üben Geschlecht und physische Attraktivität des Bewerbers einen starken Einfluß auf das Urteil des Interviewers aus;

mit steigendem Gesprächsanteil des Bewerbers, mit zunehmender Erfahrung des Interviewers und mit zunehmender Information des Interviewers über die zu besetzende Stelle steigt allerdings die Qualität eines aufgrund von Interviews getroffenen Urteils.

Einen abschließenden Überblick über Einflußfaktoren beim Auswahlinterview zeigt das von *Arvey* und *Campion* (1982) entwickelte Modell (Übersicht 4.6). Hierbei werden Charakteristika sowohl von Bewerbern und Interviewern aufgezeigt, die in der gegenseitigen Perzeption der Beteiligten für das Ergebnis des Auswahlinterviews von Bedeutung sind. Hinzu kommen situative Faktoren, die ebenfalls das Auswahlinterview beeinflussen.

Eine spezielle Form des Einstellungsinterviews ist das **computergestützte Interview**: Bei einem solchen System werden dem Bewerber sukzessive Fragen auf dem Bildschirm vorgelegt, wobei die Fragen von den bisherigen Antworten abhängen. Als besondere Vorteile dieses Systems gelten (vgl. *Rodgers* 1987)
- Sicherstellung der Vollständigkeit des Fragevolumens,
- effiziente Nutzung der Interviewer-Zeit,

Bewerber	**Situation**	**Interviewer**
1. Alter, Rasse, Geschlecht	1. Politische, rechtliche und wirtschaftliche Kräfte am Markt und in der Organisation	1. Alter, Rasse Geschlecht
2. Physischer Druck	2. Rolle des Interviews im Auswahlprozeß	2. Physischer Eindruck
3. Ausbildung und beruflicher Hintergrund	3. Auswahlrate	3. Psychologische Merkmale: Einstellung, Intelligenz, Motivation ...
4. Berufliches Interesse und Karriereplanung	4. Physikalische Bedingungen: Atmosphäre, Anzahl an Interviewern	4. Erfahrung und Übung als Interviewer
5. Psychologische Merkmale: Einstellung, Intelligenz, Motivation ...	5. Interviewstruktur	5. Wahrnehmung der Stellenanforderung
6. Erfahrung und Übung als Interviewter		6. Vorwissen über den Bewerber
7. Wahrnehmungen bezüglich Interviewer, Stelle, Firma ...		7. Ziele des Interviews
8. Verbales und nonverbales Verhalten		8. Verbales und nonverbales Verhalten

Übersicht 4.6: Einflußfaktoren im Auswahlinterview
(nach *Arvey/Campion* 1982, 283)

- Verhinderung eines unkontrollierten Einflusses nonverbalen Verhaltens auf das Interviewergebnis und
- höhere Ehrlichkeit und Antwortbereitschaft bei den Bewerbern.

Gerade im Hinblick auf die Trennung von subjektiven und objektiven Kriterien bietet sich ein computergestütztes Interview als Ergänzung zum Einstellungsgespräch an: Gegenüber dem herkömmlichen Personalfragebogen kommen aber die Vorteile des computergestützten Interviews nur dann zum Tragen, wenn die Gestaltung der Fragen tatsächlich in hohem Maße von den vorangegangenen Antworten abhängt.

(e) Validitätsproblematik (Überblick)

Bereits die **Wiederholungsreliabilität** als Vorbedingung für eine Prognosevalidität ist problematisch: So kann die mehrfache Durchführung des gleichen Verfahrens zu unterschiedlichen Ergebnissen führen. Speziell bei Beurteilungen im Zusammenhang mit der Bewerberselektion stellt sich darüber hinaus das Problem der Inter-Rater-Reliabilität: Unterschiedliche Beurteiler kommen danach zu unterschiedlichen Ergebnissen.

Betrachtet man die **Prognosevalidität** der oben genannten Verfahren als Fähigkeit zum Vorhersagen eines Berufserfolgs, so zeigen Einstellungstests und Leistungstests nur sehr geringe Validitätswerte (Übersicht 4.7). Lediglich das Assessment Center verspricht mit 70% ein akzeptables Sicherheitsniveau.

	Stehle 1980	*Reilly/Chao* 1982	*Cascio* 1987
Intelligenztest	0.20–0.30		0.30–0.53
Leistungstest	0.10–0.20	0.35	
Persönlichkeitstest	0.20–0.40		
Biographische Fragebogen	0.20–0.50		
BIB, WAB		0.35	0.33–0.37
Situative Verfahren gesamt	0.20–0.30		
(1) Postkorb			0.18–0.32
(2) Business Game			0.28
(1) + (2)			0.39
Peer Rating	0.30–0.50	0.41	
Assessment Center	0.40–0.70		0.44–0.71
Interview	0.00–0.25	0.19	

Übersicht 4.7: Prognosevaliditätswerte im Vergleich (nach *Stehle* 1980, 95; *Reilly/Chao* 1982, 15; *Cascio* 1987, 316 + 320)

Übersicht 4.7 faßt die Aussagen repräsentativer Autoren zusammen, die jeweils diverse empirische Studien betrachten und verdichten. Relativiert werden müssen diese Aussagen allerdings dahingehend, daß sich unterschiedliche Validitätswerte ergeben, wenn dieselbe Prädiktor-Variable im Hinblick auf unterschiedliche Zielkriterien untersucht wird (vgl. *Hunter/Hunter* 1984; *Tornage/Muchinsky* 1984). Auf die Validitätsfrage geht der methodische Exkurs in Abschnitt 4.5.4 vertiefend ein.

4.2.2.4 Kontrollphase

Personalbeschaffung manifestiert sich in mehreren Schritten, an deren Ende die Kontrollphase zu stehen hat. Diese Kontrolle orientiert sich an prozeduralen, an quantitativen und an qualitativen Aspekten:

Die **prozedurale** Kontrolle definiert alle vier vorangegangenen Schritte, also

- Analyse der Beschaffungsmärkte,
- Wahl des Beschaffungsweges,
- Wahl des Beschaffungszeitpunktes sowie
- Bewerberauswahl

als Kontrollobjekte. Dies bedingt die Entwicklung entsprechender Kontrollmechanismen. Die prozedurale Kontrolle prüft ausschließlich, ob die vorgesehenen Maßnahmen im geplanten Umfang und zum festgelegten Zeitpunkt stattfanden.

An diese Informationen knüpft dann die **ergebnisorientierte** Kontrolle an, die auf den quantitativen und qualitativen Aspekt fokussiert. Die Kontrolle des **quantitativen** Beschaffungserfolges umfaßt die Prüfung, ob die gewünschte Anzahl von Bewerbern eingestellt wurde. Sie kann bei negativen Ergebnissen zu

- einer anderen Abgrenzung des Arbeitsmarktes,
- zu anderen Beschaffungsstrategien und/oder
- zu früheren oder späteren Startpunkten für die Personalbeschaffung

führen. Die eigentliche Bewerberselektion läßt sich dagegen ausschließlich über den **qualitativen** Beschaffungserfolg kontrollieren. Bei dieser Kontrolle der Art der Maßnahmendurchführung wird geprüft, ob adäquate Bewerber eingestellt wurden. Ein Instrument dafür wäre die Verbleiberate bezogen auf die gewählte Beschaffungsstrategie. Eine derartige Kontrolle kann zur Verwendung anderer Kriterien beziehungsweise anderer Verfahren bei der Bewerberselektion führen. Hierbei ist allerdings wieder auf methodische Probleme (wie Unlösbarkeit des Zurechnungsproblems) hinzuweisen.

4.2.2.5 Rechtliche Aspekte

Auf den Vorgang der Bewerberselektion treffen eine Reihe von gesetzlichen Vorschriften zu, die Selektion und Einstellungsinterview regeln. In der Reihenfolge ihrer zeitlichen Relevanz sind dies (neben der reinen vertragstechnischen Abwicklung) speziell die Vorschriften zum Erstellen von Auswahlrichtlinien, zur internen Ausschreibung, zu Personalfragebogen und schließlich zur Unzulässigkeit von „persönlichen“ Fragen im Einstellungsinterview:

(a) Auswahlrichtlinien

Bewerberselektion mit Hilfe obengenannter Verfahren impliziert immer eine zumindest indirekte Anwendung von Auswahlrichtlinien. Hierfür gibt es ein Mitbestimmungsrecht des Betriebsrats nach § 95 I BetrVG – sofern der Bewerber (nach § 5 BetrVG) unter dieses Gesetz fällt. In Betrieben mit mehr als 1000 Mitarbeitern kann der Betriebsrat die Aufstellung von Auswahlrichtlinien im Hinblick auf fachliche, persönliche und soziale Gesichtspunkte verlangen (§ 95 III BetrVG).

(b) Interne Ausschreibung

Im Bereich der Personalbeschaffungsmaßnahmen kann der Betriebsrat verlangen, daß freiwerdende oder neugeschaffene Arbeitsplätze im Betrieb ausgeschrieben werden (§ 93 BetrVG). Der Arbeitgeber darf diese Stelle darüber hinaus aber auch auf anderen Wegen ausschreiben (z. B. Zeitungsannonce, Meldung beim Arbeitsamt). Er ist auch nur dann verpflichtet, sie mit einem internen Bewerber zu besetzen, wenn dies aus einer entsprechenden innerbetrieblichen Auswahlrichtlinie (§ 95 BetrVG) zwingend folgt (vgl. *Fitting et al.* 1987, § 93 RZ 3–11).

(c) Fragebogen und Beurteilungsgrundsätze

Die Einführung und Verwendung von Personalfragebogen bedarf der Zustimmung des Betriebsrats. Dasselbe gilt für persönliche Angaben in schriftlichen Arbeitsverträgen, sogenannten Formularverträgen (§ 94 BetrVG). Die Problematik der Rechtmäßigkeit der verschiedenen Fragebogen, zu denen auch psychologische Testverfahren oder graphologische Gutachten zählen, trifft auch den Einsatz computergestützter Verfahren (vgl. Abschnitt 8). Im Regelfall ist die Zustimmung des Betroffenen (z.B. des Bewerbers) nötig, um dessen Persönlichkeitsrechte zu schützen (Art. 1 Abs. 1 GG); diese kann nicht durch eine generelle Zustimmung des Betriebsrats ersetzt werden (vgl. *Fitting et al.* 1987, § 94 RZ 1–26).

Wenn allgemeine **Beurteilungsgrundsätze** vom Arbeitgeber verwendet werden, unterliegen auch diese der Zustimmungspflicht durch den Betriebsrat. Zu Beurteilungsgrundsätzen zählen Beurteilungsformulare und Beurteilungskriterien in Führungsrichtlinien. Anforderungsprofile (in Personalinformationssystemen) sind dagegen nicht automatisch als Beurteilungsgrundsätze einzustufen, da sie nicht auf den Arbeitnehmer, sondern auf die Arbeitsplätze bezogen sind (vgl. *Fitting et al.* 1987, § 94 RZ 28–32).

§ 95 des Betriebsverfassungsgesetzes regelt die Mitbestimmung des Betriebsrats bei der Erstellung von **Auswahlrichtlinien** für Einstellungen, Versetzungen, Umgruppierungen und Kündigungen. Diese bedürfen der Zustimmung durch den Betriebsrat und werden, wenn sie der Arbeitgeber einführen will, meist in Betriebsvereinbarungen kodifiziert: **Betriebsvereinbarungen** zwischen Arbeitgeber und Betriebsrat können zu allen betrieblichen Fragen „mit Personalbezug“ abgeschlossen werden, sofern sie nicht zu ungunsten einzelner Arbeitnehmer beziehungsweise deren individuellen Arbeitsverträgen wirken oder gegen geltende Tarifverträge verstoßen (§ 77 BetrVG; vgl. *Bobrowski/Gaul* 1979 b, 585–598).

In Betrieben mit mehr als 1000 Arbeitnehmern hat der Betriebsrat ein durchsetzbares Initiativrecht zur Aufstellung von Auswahlrichtlinien (§ 95 II BetrVG). Inhalt von Auswahlrichtlinien sind Auswahlgrundsätze (z.B. Berücksichtigung von betrieblichen, persönlichen oder sozialen Gründen) und Auswahlkriterien sowie deren Gewichtung. Dazu kommen noch die Bestimmung der zu berücksichtigenden Unterlagen und die Festlegung des Informations- und Beteiligungsverfahrens (vgl. *Vogt* 1987, 43–47). Auswahlrichtlinien sollen die Personalführung für den Betriebsrat durchschaubarer machen und einer unterschiedlichen Beurteilung personeller Einzelmaßnahmen aufgrund der vorherbestimmten allgemeinen Richtlinien entgegenwirken.

(d) Unzulässigkeit von Fragen

Grundsätzlich muß die „**Persönlichkeitssphäre**“ des Bewerbers geschützt bleiben. Unzulässig sind daher Fragen nach der seelischen Verfassung und aus dem religiösen oder familiären Bereich. Zur Beantwortung derartiger Fragen darf ein Bewerber nicht gezwungen werden. Gleiches gilt für möglicherweise diskriminierende Fragen (wie Haftstrafen), die in keinem Zusammenhang mit der betreffenden Stelle stehen. Die Frage nach einer bestehenden Schwangerschaft ist nur dann als zulässig anzusehen und wahrheitsgetreu zu beantworten, wenn sie keine geschlechtsspezifische Diskriminierung darstellt, weil der Bewerberkreis ausschließlich aus weiblichen Kandidaten besteht (BAG Urteil vom 20.02.1986, 2 AZR 244/85). Das Diskriminierungsverbot (§ 611a BGB) ist in diesem Fall nicht einschlägig.

Zur Beantwortung von unzulässigen Fragen kann ein (potentieller) Mitarbeiter nicht gezwungen werden: Er darf in diesem Fall sogar nicht-wahrheitsgemäß antworten. Umgekehrt kann ein Unternehmen aber nicht gezwungen werden, einen Mitarbeiter einzustellen. Aus diesem Grund dürfte der Mitarbeiter im Regelfall geneigt sein, selbst eine unzulässige Frage zu beantworten: Wird der Kandidat dann allerdings aufgrund der Beantwortung dieser Frage nicht eingestellt, kann unter Umständen ein Anspruch auf Schmerzensgeld (§ 823 I BGB) wegen Verletzung des Persönlichkeitsrechts in Betracht kommen.

Auf der anderen Seite hat der Bewerber die **Pflicht**, von sich aus auf Fakten (wie eine Schwerbehinderteneigenschaft) hinzuweisen, wenn er erkennen muß, daß er deswegen die vorgesehene Arbeit nicht in vollem Umfang zu leisten vermag. Aus diesem Grund hat der Arbeitgeber uneingeschränktes Fragerecht und – bei wahrheitswidriger Beantwortung – das Recht zur Anfechtung des Arbeitsvertrags wegen arglistiger Täuschung (§ 123 BGB). Arglistig täuscht ein Bewerber also durch eine unwahre Antwort auf eine zulässige Frage oder durch eine nichterfüllte Offenbarungspflicht.

Zu unterscheiden sind damit drei Gruppen von Tatbeständen (Übersicht 4.8): Erstens solche, auf die der Bewerber von sich aus hinzuweisen hat,

	Offenbarungspflicht (von sich aus)	**Zulässige Frage und wahrheitsgemäße Beantwortung**	**Unzulässige Frage und Verweigerungs- bzw. Lügerecht**
Wettbewerbsverbot	ja	ja	nein
Schwerbehinderteneigenschaft chronische Krankheiten	wenn der Bewerber erkennen muß, daß er wegen der Behinderung die vorgesehene Arbeit nicht leisten kann, oder eine deswegen beschränkte Leistungsfähigkeit für die vorgesehene Arbeit von ausschlaggebender Bedeutung ist	soweit für die Stelle von Bedeutung	wenn kein Einfluß auf vertragsgemäße Leistung

	Offenbarungspflicht (von sich aus)	Zulässige Frage und wahrheitsgemäße Beantwortung	Unzulässige Frage und Verweigerungs- bzw. Lügerecht
beruflicher Werdegang einschließlich Wehr-/Zivildienst	nein	ja	nein
Schwangerschaft	wenn das Nichtvorliegen einer Schwangerschaft unverzichtbare Einstellungsvoraussetzung ist (z. B. Mannequin, Sportlehrerin bzw. auch, wenn Beschäftigungsverbote für die spezifische Tätigkeit nach dem Mutterschutzgesetz bestehen)		ja (Ausnahme siehe vorangegangene Spalte)
letztes Einkommen		wenn bisheriges Einkommen Schlüsse auf Eignung für angestrebten Posten zuläßt	wenn nicht aufschlußreich für die erforderliche Qualifikation
Vorstrafen	bei höherer Stellung z. B. Lehrer mit Sittlichkeitsvorstrafen	soweit für Stelle von Bedeutung, z. B. Eigentumsdelikt bei Kassierer, Verkehrsdelikt bei Fahrer	
Vermögensverhältnisse		zulässig bei leitenden Angestellten, Bankkassierern und ähnlichen Vertrauensstellungen	ja
Religions- und Parteizugehörigkeit	nein	ausnahmsweise konfessionelle Krankenhäuser/Kindergärten, religions-/parteigebundene Verlage	(Ausnahme siehe vorangegangene Spalte)
Gewerkschaftszugehörigkeit		allenfalls wegen Tarifbindung oder betrieblichem Beitragseinzug	
Heiratsabsicht insbesondere bei Frauen		nein	ja

Übersicht 4.8: „Frage und Lüge“ im Vorstellungsgespräch (nach *Grassl* 1987, 118)

zweitens zulässige Fragen (die wahrheitsgetreu zu beantworten sind) und drittens unzulässige Fragen, bei denen der Bewerber ein Verweigerungs- beziehungsweise „Lüge"-Recht hat.
Neben den methodischen Problemen der Validität einer Bewerberselektion sind es gerade die rechtlichen Aspekte, die den Ablauf der Personalbeschaffung prägen.

4.2.3 Personalentwicklung

4.2.3.1 Inhalt und Ablauf

Personalentwicklung umfaßt im weitesten Sinne Ausbildung, Fortbildung und Weiterbildung sowie generell Mitarbeiterförderung. Personalentwicklung wird immer dann erforderlich, wenn Diskrepanzen zwischen Fähigkeiten und Anforderungen nicht über Personalbeschaffung beziehungsweise -freisetzung ausgeglichen werden können oder sollen.

Je nach verursachendem Faktor lassen sich fünf unterschiedliche **Schwerpunkte** für eine Personalentwicklung festhalten (vgl. *Drumm/ Scholz* 1988, 164–165):

- Eine aktuelle oder geplante Veränderung der Stellenaufgaben erfordert ein zumindest teilweises Schließen der Fähigkeitslücke und damit eine Anpassungsentwicklung.
- Steht vorrangig die innerbetriebliche Beschaffung von Führungskräften im Vordergrund, so wird eine Aufstiegsentwicklung notwendig.
- Soll die Personalentwicklung individuellen Zielen der Mitarbeiter Rechnung tragen, so ist die Notwendigkeit zu einer Individualwunsch-Entwicklung gegeben.
- Dient die Personalentwicklung einer Veränderung der Werturteilssysteme von Mitarbeitern im Hinblick auf geänderte Umweltbedingungen beziehungsweise eine veränderte Unternehmensstrategie, so wird eine Einstellungsentwicklung erforderlich. Sie hat auch die unternehmenskulturellen Implikationen zu berücksichtigen (vgl. Abschnitt 6.4).
- Sollen vorrangig die Fähigkeiten der Mitarbeiter zur Erfassung sowie zur Anpassung an die Umwelt erhöht werden, so erfolgt in Anlehnung an den Adaptive Coping Cycle von *Schein* (1980, 233–238) eine Kognitionsentwicklung.

Wie die zusammenfassende Abbildung 4.3 erkennen läßt, hängen diese Schwerpunkte miteinander zusammen und schließen sich allenfalls in Ausnahmefällen (Interessenkollision plus Ressourcenknappheit) aus.

In den letzten fünfzehn Jahren haben sich eine Vielzahl von Autoren mit der Personalentwicklung befaßt (z.B. *Kolvenbach* 1975; 1977; *Kossbiel* 1982; *Wagner* 1982; *Weber* 1985; *Thom* 1987). In Anlehnung an *Drumm* und *Scholz* (1988, 162–179) lassen sich die dort angesprochenen **Teilaktivitäten** einer Personalentwicklung wie folgt charakterisieren:

- Bestimmung der Fähigkeitslücke,
- Ermittlung des Entwicklungspotentials,
- Ermittlung des Entwicklungsvolumens,

- Festlegung des einzelfallspezifischen Adressatenkreises,
- Festlegung der einzelfallspezifischen Maßnahmen,
- Durchführung der Entwicklungsmaßnahme und
- Kontrolle der Personalentwicklung.

Diese Teilaktivitäten werden in den nächsten Abschnitten konkretisiert.

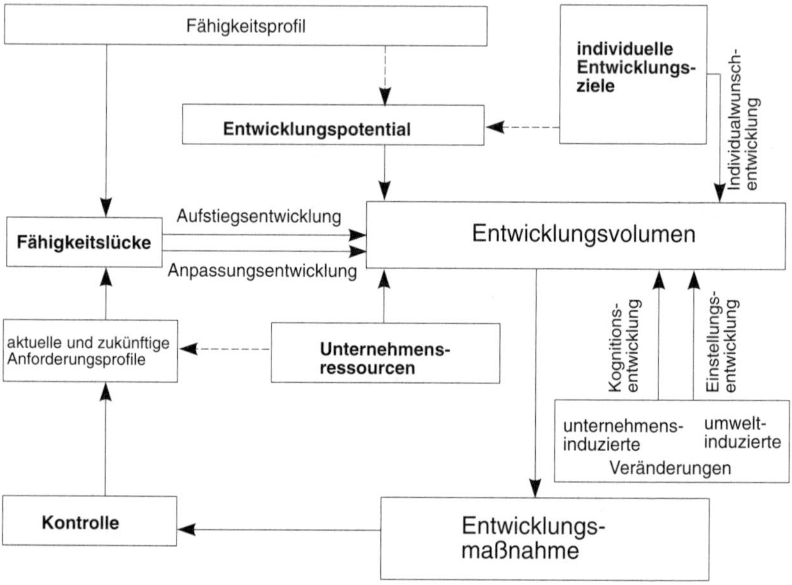

Abbildung 4.3: Ablauf der Personalentwicklung

4.2.3.2 Fähigkeitslücke

Ausgangsbasis für die Personalentwicklung ist das Gegenüberstellen von Anforderungsprofil und Fähigkeitsprofil. Dieser Vergleich führt zur Bestimmung einer **Fähigkeitslücke** (vgl. *Drumm/Scholz* 1988, 172–173). Die Ausgangsinformation dafür liefern Personalbedarfsbestimmung und Personalbestandsanalyse.

Bei dieser im Prinzip recht simplen Überlegung ergeben sich allerdings drei **Schwierigkeiten** (Abbildung 4.4):

- Zur Gestaltung und mitarbeiterbezogenen Konkretisierung der *Fähigkeitsprofile* (Abschnitt 2.2) kann nicht immer nur auf („wirkliche") Fähigkeitsmerkmale zurückgegriffen werden. Vielmehr müssen oft auch die allenfalls als Untergrenze geeigneten Leistungsmerkmale Verwendung finden.
- Analoge Schwierigkeiten treten bei der Bestimmung der *Anforderungsprofile* auf (Abschnitt 3.2.2). Zwar gibt es Fälle, in denen man exakte („scharfe") Anforderungsmerkmale als Soll-Fähigkeitsmerkmale definieren kann; gerade für neuartige Tätigkeiten dürften dagegen unscharfe Merkmalsausprägungen (oder vereinfacht: Bandbreiten) die Regel sein.

- Das Zusammenbringen von Anforderungsprofil und Fähigkeitsprofil wird ferner noch dadurch erschwert, daß nur in Ausnahmefällen die *vollständige Vergleichbarkeit* der Profile gewährleistet ist. Dies betrifft die Strukturgleichheit der Profile genauso wie die jeweilige Erhebungsmethodik.

Die letztgenannte Problematik zeigt sich besonders deutlich an der Merkmalserhebung mit Hilfe einer VOBS (Abschnitt 2.2.3.2): So sind Verhaltensmerkmale im Fähigkeitsprofil dominierend über Verhaltensbeobachtungsskalen (VBS) erfaßbar, Verhaltensmerkmale im Anforderungsprofil dagegen eher über Verhaltenserwartungsskalen (VES). Hier ist daher die Fähigkeitslücke nur begrenzt bestimmbar.

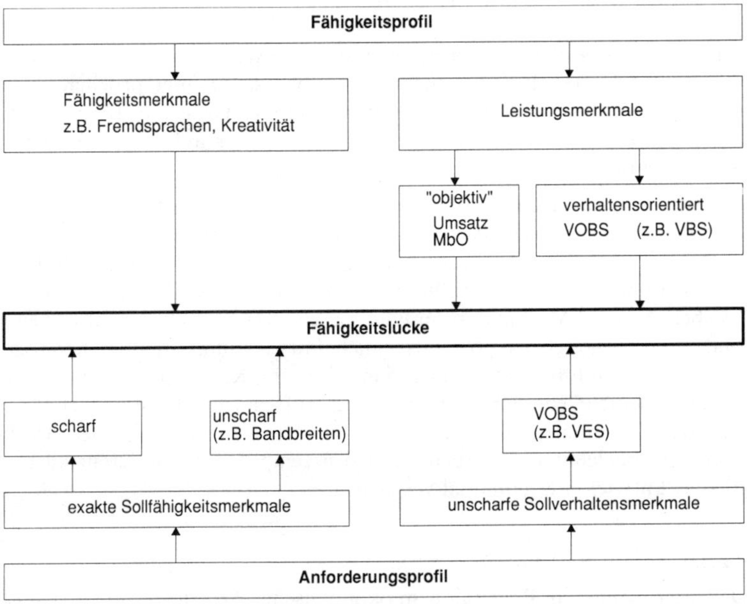

Abbildung 4.4: Ableitungsproblematik der Fähigkeitslücke

Die Kenntnis dieser Probleme ist wichtig, um die erzielten Ergebnisse vor dem Hintergrund dieser methodischen Schwierigkeiten „angemessen" zu interpretieren. Die Probleme bei der analytischen Herleitung der Fähigkeitslücke dürfen natürlich nicht dazu verleiten, auf eine Bestimmung der Fähigkeitslücke zu verzichten und summarisch-intuitiv vorzugehen: Angebracht ist vielmehr die **sinnvolle Interpretation** der Befunde. In dieser Form stellt dann die mitarbeiter-/arbeitsplatzbezogene Fähigkeitslücke eine sinnvolle Ausgangsbasis für die Gestaltung einer Personalentwicklung dar.

4.2.3.3 Entwicklungspotential

Entscheidend für eine Personalentwicklung ist nicht nur eine Fähigkeitslücke als Entwicklungsbedarf, sondern auch ein entsprechendes Entwicklungspotential als individuelle **Entwicklungsmöglichkeit**. Diese Information ist Voraussetzung um festzulegen, welche Fähigkeitsmerkmale bei welchen Mitarbeitern entwickelt werden sollen und können. Wie aber bereits bei der Personalbestandsanalyse begründet (Abschnitt 2.2), stellt schon die vorgelagerte Erfassung des aktuellen Fähigkeitspotentials des Mitarbeiters ein schwer lösbares Problem dar. Dies gilt umso mehr für das zukunftsorientierte Entwicklungspotential.

Eine „gängige" Methode zur Beurteilung dieses Entwicklungspotentials ist das **Expertenurteil** des Vorgesetzten. Zweifelsohne ist dieser Weg häufig unumgänglich. Die Auffassung aber, nach der diese Aufgabe intuitiv überwiegend richtig erfüllt wird, ist gefährlich: Sie führt allenfalls zu einem nicht begründeten Sicherheitsgefühl und verstellt den Blick auf weitere Vorschläge.

Zu diesen Vorschlägen gehört auch das in Abschnitt 4.5.3 diskutierte **Assessment Center**: Es dient nicht nur – wie zuvor angesprochen – der Personalselektion, sondern erlaubt durch die standardisierte Berücksichtigung mehrerer Beurteiler wichtige Hinweise auf das individuelle Entwicklungspotential.

Sinnvoll ist zudem das Bestreben – entsprechend dem Grundansatz des informationsorientierten Personalmanagements – vorhandene Informationen zu nutzen: Beim Vorliegen einer größeren Zahl von Vergleichsdaten läßt sich (analog zum biographischen Fragebogen) über **Mustererkennung** erheben, welche Merkmalsausprägungen charakteristisch für Mitarbeiter sind, bei denen sich ex post tatsächlich Entwicklungspotential herausgestellt hat. Diese Information dient dann dazu, im Kreis der von den Vorgesetzten als nicht entwicklungsfähig eingestuften Mitarbeitern nach „versteckten" Potentialen zu suchen: Dazu werden die entsprechenden Merkmale der abgelehnten Mitarbeiter mit den „empirischen" Referenzmustern für das Entwicklungspotential verglichen.

4.2.3.4 Volumen, Adressaten, Maßnahmen

Da Unternehmen im Regelfall dem ökonomischen Prinzip verpflichtet sind, wird die Personalentwicklung nicht immer das gesamte Entwicklungspotential ausschöpfen (vgl. Abbildung 4.3): Das **Entwicklungsvolumen** hängt demnach nicht nur von Fähigkeitslücke und Entwicklungspotential ab. Mitausschlaggebend sind auch

- die zur Personalentwicklung bereitstehenden Unternehmensressourcen,
- die globale Entwicklungsstrategie, wie sie die strategische Ebene formuliert und
- die individuellen Entwicklungsziele, deren Kongruenz zu den Entwicklungsmaßnahmen den Erfolg einer Personalentwicklung bestimmen.

Die notwendige Abstimmung erfolgt in Zusammenwirkung mit vorgelagerten Planungsaktivitäten: So ist die Festlegung der zukünftigen Anforderungsprofile bereits vor dem Hintergrund der zur Verfügung stehenden Ressourcen zu sehen. Auch das Entwicklungspotential hängt nicht zuletzt von den individuellen Entwicklungszielen ab.

Die Bestimmung des geplanten Entwicklungsvolumens impliziert die Festlegung des im Einzelfall angesprochenen **Adressatenkreises**. Hierfür stellt die taktische Ebene der betrieblichen Personalentwicklung entsprechende Entscheidungskriterien bereit (Abschnitt 4.3.3.1).

Für die festgelegte Adressatengruppe sind dann die konkreten **Entwicklungsmaßnahmen** zu bestimmen. Die hierzu in der Literatur vorgeschlagenen Methoden lassen sich auf sechs Gruppen von Aktivitäten zuordnen (vgl. *Remer* 1978, 376; *Conradi* 1983):

- Personalentwicklung **into** the job als Hinführung zu einer neuen Tätigkeit,
- Personalentwicklung **on** the job als direkte Maßnahmen am Arbeitsplatz, beispielsweise
  - planmäßiger Arbeitsplatzwechsel,
  - Urlaubsvertretung,
  - Krankheitsvertretung,
  - Sonderaufgabe,
  - Kooperationsprojekt,
- Personalentwicklung **near** the job als arbeitsplatznahes Training,
- Personalentwicklung **off** the job als Weiterbildung, beispielsweise
  - Konferenzmethode,
  - Seminare,
  - Fallstudien,
  - Sensitivitätstraining,
  - programmierte Unterweisung,
- Personalentwicklung **along** the job als laufbahnbezogene Entwicklung und
- Personalentwicklung **out of** the job als Ruhestandsvorbereitung.

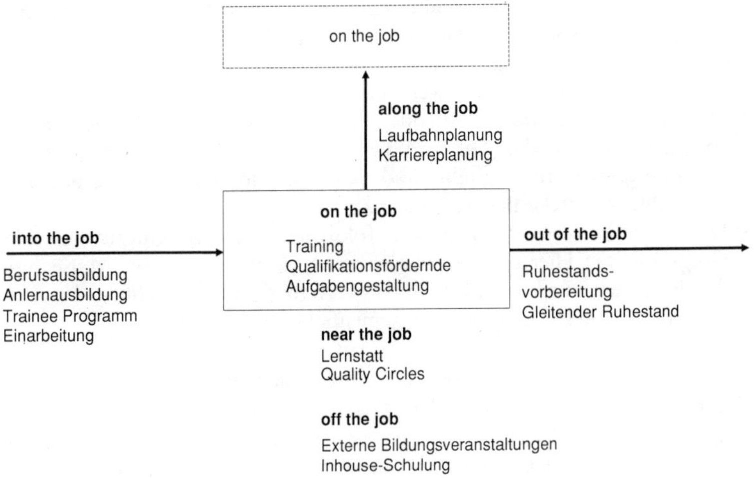

Abbildung 4.5: Personalentwicklungsmaßnahmen (modifiziert nach *Conradi* 1983, 25)

Wie Abbildung 4.5 zeigt, werden die Mitarbeiter im Extremfall permanent einer Personalentwicklung unterzogen: auf der einen Seite laufbahnbezogen, auf der anderen Seite „umweltbezogen“ als Reaktion auf sich im Laufe der Zeit verändernde Anforderungen.

Zwischen diesen Methoden muß eine **Auswahlentscheidung** gefällt werden. An Vorschlägen hierzu fehlt es nicht: So propagiert *Berthel* (1989, 264–266) beispielsweise eine Problemlösung mit Hilfe des Relevanzbaumverfahrens PATTERN (vgl. Abschnitt 3.5.2.1 sowie *Jantsch* 1967, 219–233). Andere Methoden orientieren sich in erster Linie an den entstehenden Kosten, wobei einige allerdings so aufwendig sind, daß ihr Einsatz erst bei einem größeren Personenkreis wirtschaftlich vertretbar ist (*Hentze* 1991, 345). Ähnliches gilt für den Versuch einer gezielten Validierungsstudie für den Erfolg von Entwicklungsmaßnahmen. Eine pragmatische – aber methodisch nicht einwandfreie – Alternative zur Lösung des Problems besteht darin, zunächst breit gestreut Informationen über das externe und interne Entwicklungsangebot zu erhalten. Anschließend kann dann mit Hilfe eines Versuchs-Irrtums-Procederes vorgegangen werden.

Gerade wegen der Schwierigkeit einer zuverlässigen Bestimmung sinnvoller Entwicklungsmaßnahmen stellt sich verstärkt die Frage nach wirksamen Erfolgskontrollen, die letztlich zu einer Verbreiterung der informatorischen Basis führen können.

4.2.3.5 Kontrollphase

Nach der Durchführung von Personalentwicklungsmaßnahmen hat im Hinblick auf einen methodisch vollständigen Ablauf eine Kontrollphase zu erfolgen: Sie bezieht sich auf **alle** Teilaspekte eines Personalentwicklungsmanagements, beginnt also bei der Erfassung der Leistungspotentiale und reicht bis zur konkreten Durchführung der Entwicklungsmaßnahme. Zugrundezulegen sind dabei **zwei Kontrollobjekte:**

- Die *formal/prozedurale* Kontrolle bezieht sich auf die Erfüllung der entsprechenden Aufgabe. So wird geprüft, ob explizit Fähigkeits- sowie Anforderungsprofile erstellt und anschließend Entwicklungspotential und Fähigkeitslücke bestimmt wurden.
- Die *ergebnisorientierte* Kontrolle fokussiert auf den Output der Planungsaktivität. Hier interessiert also nicht, **ob** eine bestimmte Maßnahme durchgeführt wurde, sondern nur **inwieweit** sie zur Erreichung der Ziele eines Personalentwicklungsmanagements beitragen konnte.

Der Unterschied zwischen beiden Kontrollobjekten manifestiert sich beispielsweise bei der Kontrolle der Aktivität „Durchführung der Entwicklungsmaßnahme“ in einer Kontrolle der konkreten Durchführung entsprechend des vorher erstellten Planes einerseits (formal/prozedural) und einer Kontrolle des letztlich realisierten Entwicklungserfolges andererseits (ergebnisorientiert).

Da diese Kontrollaktivitäten in analoger Form auf **allen drei** Managementebenen stattfinden müssen, enthält die zusammenfassende Übersicht 4.9 auch entsprechende Spalten für die jeweiligen Kontrollobjekte der taktischen und strategischen Ebene.

	formal/prozedural			**ergebnisorientiert**		
	operativ	taktisch	strategisch	operativ	taktisch	strategisch
Erfassen der Leistungspotentiale						
Festlegen der Anforderungsprofile						
Bestimmen der „Lücken“						
Abschätzen des Entwicklungspotentials						
Fixieren der Entwicklungsziele						
Festlegen der Entwicklungsmaßnahmen – wer? – wann? – wo? – wie? – warum? – was?						
Durchführen der Entwicklungsmaßnahmen						

Übersicht 4.9: Kontrolle der Personalentwicklung

Gleichermaßen wichtig wie problematisch ist die Kontrolle des ergebnisorientierten Aspektes der Entwicklungsmaßnahmen, weshalb sich ein zweiseitiges Verfahren anbietet: Auf der einen Seite können die Personalentwicklungsmaßnahmen von den jeweils Betroffenen selber eingeschätzt werden; abgesehen von routinemäßigen Fragebogen nach Personalentwicklungsmaßnahmen dient hierzu ein Mitarbeitergespräch vor **und** nach der Entwicklungsmaßnahme. Auf der anderen Seite ist zu prüfen, inwieweit sich das Fähigkeitsprofil des Mitarbeiters nach einer Entwicklungsmaßnahme verändert hat; hier wäre allerdings das Zurechnungsproblem zu lösen, da nicht zwingend aus einer Veränderung **nach** der Bildungsmaßnahme auf eine Veränderung **wegen** der Bildungsmaßnahme geschlossen werden kann.

4.2.3.6 *Rechtliche Aspekte*

Der Betriebsrat hat zu Fragen der betrieblichen **Berufsbildung** ein Beratungs- und Vorschlagsrecht (§§ 96–98 BetrVG). Dieses umfaßt neben der Berufsausbildung, der beruflichen Fortbildung und Umschulung (§ 1 I BBiG) auch kurzfristige Bildungsmaßnahmen (Praktikanten), betriebliche Lehrgänge und Seminare, sofern sie sich (auch) auf die zukünftig erforderliche Qualifikation der Arbeitnehmer beziehen. Mitbestimmungsfrei sind dagegen die Unterrichtungen, die der Arbeitgeber dem Arbeitnehmer über dessen Aufgabe und Verantwortung sowie über Art seiner Tätigkeit und (hierarchische) Einordnung zu erteilen hat (§ 81 I BetrVG).

4.2.4 Personalfreisetzung

4.2.4.1 *Inhalt und Ablauf*

Personal wird freigesetzt, wenn Stellenaufgaben wegfallen, wobei die Gründe sowohl in einem Beschäftigungsrückgang wegen Absatzverlusten als auch in Rationalisierungs-„Erfolgen" liegen können. Personalfreisetzung ist nicht identisch mit **Kündigung**, sondern besagt lediglich, daß ein weiteres Verbleiben des Stelleninhabers auf seiner jetzigen Stelle auszuschließen ist. **Ausgangsinformation** für die Personalfreisetzung ist der negative Personalnettobedarf, als Differenz aus dem Personalbestand und dem Personalbedarf: Er bestimmt das Freisetzungsvolumen quantitativ (Zahl der Mitarbeiter) und qualitativ (betroffene Qualifikationsgruppe).

Der **Ablauf** einer Personalfreisetzung (vgl. *Jakobs-Fuchs* 1978; *Inhoffen* 1979; *Deters/Karg/Rosenberg* 1985) läßt sich in fünf Schritte gliedern:
- Identifikation des Freisetzungsvolumens,
- Wahl der Freisetzungsform,
- Identifikation der freizusetzenden Personen,
- Durchführung der Personalfreisetzung und
- Kontrolle der Personalfreisetzung(splanung).

Eine wichtige Differenzierung ergibt sich aus dem zu realisierenden **Volumen** der Freisetzung, nämlich die Unterscheidung zwischen einer gruppenbezogenen („kollektiven") Personalfreisetzung und einer einzelfallbezogenen Freisetzung: Die kollektive Personalfreisetzung wird im Zusammenhang mit der taktischen Ebene diskutiert (Abschnitt 4.3.4).

Bei einer **einzelfallbezogenen Personalfreisetzung** (Abbildung 4.6) geht es konkret um einen oder mehrere Mitarbeiter, dessen oder deren Verbleiben auf dem gegenwärtig besetzten Arbeitsplatz problematisch ist. Gründe dafür können organisatorische und „umweltbezogene" Veränderungen sein, aber auch sich wandelnde Umweltbedingungen, technologischer Fortschritt oder persönliche Lebenskrisen. Diese Faktoren schlagen sich nieder in einer als nicht schließbar angesehenen Lücke zwischen Fähigkeitsprofil des Mitarbeiters und Anforderungsprofil der Aufgabe.

Für die zu wählende Maßnahme mitausschlaggebend ist die auslösende **Ursache** für die Fähigkeitslücke oder das Leistungsdefizit:

- Bei einer *personenbedingten* Freisetzung liegt der Freisetzungsgrund im Mitarbeiter beziehungsweise in seinen Fähigkeiten zur Erbringung der Arbeitsleistung. Der Mitarbeiter ist also trotz Konstanz der Anforderungsstruktur nicht mehr in der Lage, die an ihn gestellten Aufgaben zu erfüllen.
- Der *betriebsbedingten* Personalfreisetzung liegt im Gegensatz dazu keine Verringerung des Leistungspotentials des Mitarbeiters zugrunde. Vielmehr führten Änderungen in der Personalbedarfsstruktur dazu, daß der betreffende Mitarbeiter nicht mehr den Anforderungen gerecht wird.
- Eine *verhaltensbedingte* Freisetzung ist dagegen dann gegeben, wenn das Verhalten des Mitarbeiters eine Weiterbeschäftigung im Unternehmen auszuschließen droht oder bereits unabänderlich ausschließt.

Durchsetzung und Durchführung der Personalfreisetzung auf der operativen Ebene impliziert die frühzeitige Information der Arbeitnehmervertretung, betrifft aber (natürlich) primär den freizusetzenden Arbeitnehmer, speziell wenn es sich um Freisetzungen in Form von Entlassungen handelt.

4.2.4.2 Abgangsinterview

Kommt es tatsächlich zu einer Freisetzung in Form einer Entlassung oder kündigt der Mitarbeiter von sich aus, so sind Personalverwaltungsmaßnahmen zu ergreifen: Hierzu gehört unter anderem die Erstellung eines Arbeitszeugnisses. Vorrangig aus Sicht des informationsorientierten Personalmanagements ist aber das Bestreben, **Informationen** vom ausscheidenden Mitarbeiter zu erhalten. Dazu dient das Abgangsinterview (vgl. *Hilb* 1977, 307; *Sherwood* 1983, 744), mit dessen Hilfe

- charakteristische Merkmale des Unternehmens,
- Stärken und Schwächen der Personalführung,
- charakteristische Merkmale des Arbeitsplatzes,
- subjektive Beurteilungen des Arbeitsplatzes und
- subjektive Beurteilungen des Arbeitsumfeldes

erhoben werden. Geht die Initiative zur Kündigung vom betreffenden Mitarbeiter aus, so bietet das Abgangsinterview eine gute Gelegenheit, die **Gründe** für das geplante Ausscheiden zu erheben (und möglicherweise den Mitarbeiter zu einer Rücknahme der Kündigung zu bewegen).

Die besondere Situation des Ausscheidens eines Mitarbeiters aus dem Unternehmen birgt allerdings die Gefahr einer **Informationsverfälschung**: Kündigt der Mitarbeiter, so kann er versuchen, sich durch „harmlose" Antworten einer unbequemen und langwierigen (Nach-)Frageprozedur zu entziehen; kündigt dagegen der Arbeitgeber, so können die Antworten ein „Rache-Element" enthalten. Diese Probleme dürften mit ein Grund sein für den geringen Stellenwert von Abgangsinterviews in der betrieblichen Praxis.

Zur Reduktion dieser Schwierigkeiten trägt allerdings eine prozedurale **Standardisierung** der Interviews bei: Sie stellt die Vollständigkeit der

behandelten Fragen sicher und verhindert, daß der Mitarbeiter nur selektiv zu von ihm als wichtig wahrgenommenen Themen Stellung nimmt. Dazu gehört auch die Vereinheitlichung der Frageformulierung. Sie kann mit Hilfe von **Imagekarten** erfolgen (vgl. *Hilb* 1977, 308): Der ausscheidende Mitarbeiter erhält einen Stapel von Karten mit Imagefaktoren und soll diese einordnen nach
- in der Firma verwirklicht,
- zum Teil verwirklicht,
- noch nicht verwirklicht;

die so gewonnene Charakterisierung des Unternehmens wird mit dem ausscheidenden Mitarbeiter kurz durchgesprochen. Beispiele für Imagefaktoren sind
- guter Eindruck des Unternehmens in der Öffentlichkeit,
- angenehme Arbeitsplatzgestaltung,
- gutes Verhältnis zu den Kollegen und zum Vorgesetzten,
- gutes Betriebsklima,
- gute Sozialleistungen,
- gute Aufstiegschancen und
- sicherer Arbeitsplatz.

Dennoch bleiben Bedenken bezüglich der Validität solcher Informationen. *Zarandona* und *Camuso* (1985) stellten in einer Studie über die Erhebung von Austrittsgründen fest, daß sich das Schwergewicht der Begründung im Zeitablauf deutlich verschiebt: Unmittelbar nach dem Ausscheiden geben Mitarbeiter zu 38% monetäre Gründe an, nur zu 4% dagegen die Führungssituation. 18 Monate später antworten die gleichen Mitarbeiter auf die gleiche Frage zu 24% mit Unzufriedenheit über die Führungssituation und nur noch zu 12% mit monetären Unzulänglichkeiten. *Zarandona* und *Camuso* fordern daher für das Abgangsinterview den Einsatz standardisierter Interviewformen, die anonyme Durchführung der Interviews durch externe Berater und die spätere Wiederholung des Interviews (**Diagnosefunktion**); ferner soll betont werden, daß die Informationen in einer konstruktiven, nicht benachteiligenden Art eingesetzt und in eine Diskussion mit dem Vorgesetzten des ausscheidenden Mitarbeiters münden (**Therapiefunktion**).

4.2.4.3 Outplacement

Das Ausscheiden von Mitarbeitern aus dem Unternehmen galt bis vor kurzem in der deutschen Personalwirtschaftslehre allenfalls unter arbeitsrechtlichen und finanziellen Aspekten als problematisch (vgl. *Heymann* 1984, 308). In den USA wurden dagegen seit Ende der 60er Jahre unter dem Begriff „**Outplacement-Counseling**" weiterführende Aspekte der Trennung von Mitarbeitern von Unternehmen analysiert (vgl. *Cuddihy* 1974; *Stybel/Cooper/Peabody* 1982; *Fottler/Shuler* 1984).

Ein gezieltes Outplacement soll individuelle und unternehmensbezogene Probleme einer Personalfreisetzung verringern (vgl. *Heymann/Seiwert* 1982a, 25: *Königswieser* 1985; *Mayrhofer* 1987, 154–159), also

- die materiellen Lebensbedingungen durch Ausnutzung der rechtlichen Rahmenbedingungen und der unternehmensspezifischen Möglichkeiten absichern,
- bei der Bewältigung psychisch-sozialer Spannungen beim Betroffenen helfen, um seinen phasenspezifisch unterschiedlichen Problemdruck beim Stellenwechsel zu reduzieren,
- die berufliche Weiterentwicklung durch Trainingsveranstaltungen fördern und
- die Arbeitsplatzsuche noch in der ungekündigten Stellung durch systematische Karriereplanung fördern.

Dem **Unternehmen** bietet das Outplacement die Möglichkeit zu einer einvernehmlichen Trennung ohne Rechtsstreit und durch die damit verbundene Informationsverbesserung zu einer Schwachstellenanalyse bei Positionsneubesetzungen.

Outplacement als Bemühung um den ausscheidenden Mitarbeiter soll in der Umwelt als Zeichen für die soziale Verantwortlichkeit des Unternehmens interpretiert, den relevanten Interessengruppen (Stakeholder) sollen Gründe für ein Eingreifen genommen werden. Unternehmensintern soll durch den Outplacement-Prozeß die Gefahr von Unruhen in der Belegschaft aufgrund von Störungen in der informellen Organisation und im individuellen Sicherheitsgefühl gemindert werden.

Hier spielt die **Kultur** eines Unternehmens eine wichtige Rolle: Sie enthält die impliziten Werte und Verhaltensregeln, wie Trennungen vom Unternehmen abzulaufen haben. Wie die "rites de passage" beim Eintritt neuer Mit-

1. Das Top-Management wird vom Outplacement als Problemlösungsmethode überzeugt.
2. Das mit dem Outplacement-Prozeß beschäftigte Personal wird entsprechend geschult. Wenn dieses Personal nicht zur Verfügung steht, wird häufig ein externer Berater für das Outplacement beauftragt.
3. Das Unternehmen übermittelt dem Betroffenen die Trennungsnachricht und gleichzeitig das Angebot eines Outplacements.
4. Die Personalabteilung oder der externe Berater leitet die Beratungsschritte ein: – psychologische Hilfe, – Vorbereitung auf neuen Tätigkeitsbereich, – Bewerbungsunterstützung und – Auswahl des neuen Unternehmens.
5. Ein Tätigkeitsbereich für den freigesetzten Mitarbeiter ist gefunden, weshalb jetzt ein geregelter „Rückzug" dieses Mitarbeiters eingeleitet wird.
6. Die freiwerdende Stelle wird adäquat wiederbesetzt.
7. Der Outplacement-Prozeß wird durch Rückkopplungsinformation von den Betroffenen kontrolliert und gegebenenfalls modifiziert.

Übersicht 4.10: Ablauf des Outplacement-Prozesses (modifiziert nach *Heymann* 1984, 310)

arbeiter zur zielgerichteten Sozialisation dieser neuen Organisationsmitglieder führen, laufen beim Austritt von Mitarbeitern bei Outplacement-Prozessen Desozialisationsvorgänge ab. In welcher Weise diese Desozialisationsvorgänge ablaufen, wird von der Unternehmenskultur (vgl. Abschnitt 6.4) geprägt; diese besitzt als implizites Bewußtsein die Verhaltensmaximen über erfolgreiches, das heißt für beide Seiten akzeptables Ausscheiden von Mitarbeitern.

Auch das Outplacement erfordert eine gründliche Planung der einzelnen Schritte, da es nur im Gesamtverbund seine Wirksamkeit entfalten kann (Übersicht 4.10). Dazu gehört zunächst die **Überzeugung** des Top-Managements von der Notwendigkeit des Einsatzes dieses Instrumentes.

Eine fundierte **Bewertung** des Outplacements ist zum gegenwärtigen Zeitpunkt jedoch noch schwierig: So fehlen noch immer theoretische Fundierung und empirische Basis (vgl. *Mayrhofer* 1987, 166–168). Trotzdem: Stagnierende Wirtschaftsentwicklung sowie zunehmender technologischer Fortschritt machen das Problem der Personalfreisetzung auch in Deutschland evident und somit das Outplacement für Mitarbeiter und Unternehmen als **personalwirtschaftliches Instrument** aktuell, um die negativen Folgen einer Trennung zu reduzieren.

4.2.4.4 Kontrollphase

In der **Kündigungspraxis** deutscher Unternehmen (vgl. *Falke* 1983) geben nur in einem Drittel der Fälle aus Arbeitgebersicht betriebsbedingte Gründe den Ausschlag für arbeitgeberseitige Kündigungen (Übersicht 4.11); bemerkenswert ist dagegen die hohe Anzahl von Kündigungen wegen Unpünktlichkeit oder Alkoholmißbrauch. Über diese Statistik hinausgehend, glauben aber 57% der Gekündigten, andere Faktoren (persönliche Unstimmigkeiten) hätten eine wichtige Rolle gespielt.

Unentschuldigtes Fernbleiben	23%
Mangelhafte Leistung	21%
Krankheit (häufig/lange)	20%
Arbeitsmangel	16%
Fehlende Eignung	12%
Unpünktlichkeit	11%
Alkoholmißbrauch	10%
Abnehmende Leistungsfähigkeit	10%
Rationalisierung	9%
Arbeitsverweigerung	8%
Sonstige personen- oder verhaltensbedingte Gründe	21%
Sonstige betriebsbedingte Gründe	16%

Übersicht 4.11: Arbeitgeberseitige Kündigungsgründe (nach *Falke* 1983, 17)

Die **Kontrollphase** der Personalfreisetzung bezieht sich daher nicht nur prozedural auf den („erfolgreichen“) Ablauf der Freisetzung, sondern umfaßt durch Analyse der Freisetzungsgründe weitergehend eine Beurteilung anderer unternehmensinterner und externer Aspekte. Die Datenbasis besteht in diesem Fall aus den (internen) Entscheidungsgrundlagen für die Freisetzung sowie aus Angaben des freigesetzten Mitarbeiters (z. B. Abgangsinterview). Diese Datenbasis bietet bei systematischer Erstellung eine Übersicht über unternehmens- oder bereichsspezifische Freisetzungsgründe als Anknüpfungspunkte für entsprechende Maßnahmen des betrieblichen Personalmanagements.

Eine solche Informationsbasis hilft bei der Analyse von Veränderungen im Zeitablauf und bei der Lokalisation von Schwachstellen eines betrieblichen Personalmanagements in allen funktionalen Bereichen, beginnend

- bei der Bedarfsanalyse,
- über Beschaffung (einschließlich Auswahl!),
- Entwicklung (einschließlich mitarbeiterspezifischer Förderung und Betreuung) und
- Freisetzungsrealisation,

bis hin zur übergreifenden Evaluierung von Betriebsklima und Unternehmenskultur.

4.2.4.5 Rechtliche Aspekte

Kündigungen als Spezialfall der Freisetzung bringen für den betroffenen Arbeitnehmer im Regelfall einschneidende Veränderungen seiner Lebensumstände mit sich. Daher hat der Gesetzgeber mit dem Kündigungsschutzgesetz ein Regelwerk geschaffen, um soziale Härten zu vermeiden und ungerechtfertigte Kündigungen zu verhindern (Abbildung 4.6).

Grundsätzlich sind Entlassungen von Arbeitnehmern, die mindestens 6 Monate im selben Unternehmen beschäftigt waren, nur möglich, wenn die **Gründe** in der Person beziehungsweise im Verhalten des Arbeitnehmers liegen oder dringende betriebliche Erfordernisse einer Weiterbeschäftigung entgegenstehen (§ 1 KSchG; vgl. *Herschel/Löwisch* 1984, § 1 RZ 1–207):

- Kann durch (geringfügige) Änderung der Aufgabeninhalte im Rahmen des bestehenden Arbeitsvertrages eine Stimmigkeit zwischen Anforderungsprofil und Fähigkeitsprofil hergestellt werden, so führt dies zu keinen weiteren rechtlichen Implikationen. Hier ist allenfalls betriebliche *Personalentwicklung* angesprochen.
- Weichen Fähigkeitsprofil und Anforderungsprofil so stark voneinander ab, daß auf der bestehenden Stelle eine Weiterbeschäftigung nicht mehr möglich ist, ist zu prüfen, ob eine Weiterbeschäftigung des Mitarbeiters grundsätzlich auch auf einer anderen Stelle im Betrieb beziehungsweise Unternehmen möglich ist (vgl. *Joost* 1988, 351–357). In diesem Fall kommt es zu einer Änderungskündigung (§ 2 KSchG). Falls eine Änderungskündigung vom Mitarbeiter nicht akzeptiert wird beziehungsweise nicht möglich ist, kommt es zu einer ordentlichen Kündigung.
- Bei einer *verhaltensorientierten* Freisetzung kann der Arbeitgeber zunächst prüfen, ob ein Verbleiben im Betrieb bei verändertem Verhalten des Arbeitnehmers möglich wäre. Ist dies der Fall, erfolgt eine Abmahnung, im Wiederholungsfall gegebenenfalls eine ordentliche Kündigung.

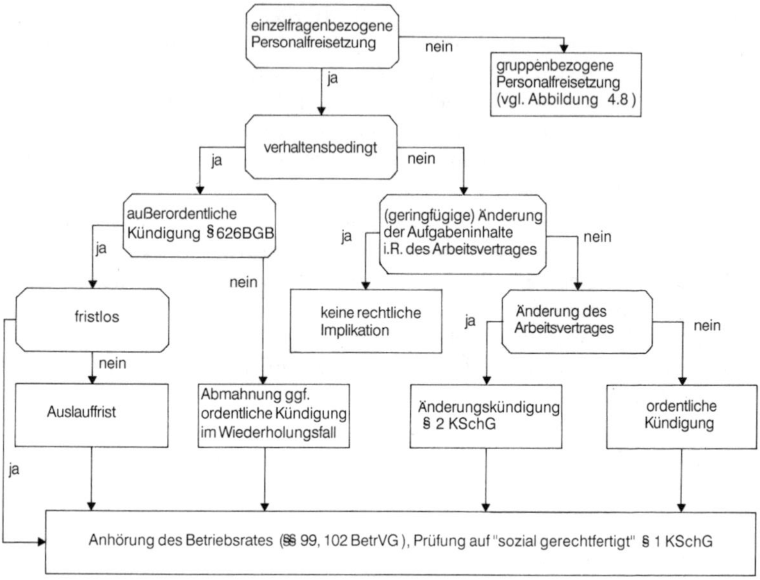

Abbildung 4.6: Einzelfallbezogene Freisetzung

Ist ein Verbleiben im Betrieb nicht möglich, da eine derartig gravierende Störung des Arbeitsverhältnisses vorliegt, ist eine außerordentliche Kündigung nach § 626 BGB „aus wichtigem Grund" auszusprechen. Sie kann fristlos oder unter Berücksichtigung einer Auslauffrist erfolgen.

In allen Fällen einer einzelfallbezogenen Freisetzung, die auf eine Umsetzung oder eine Änderungskündigung hinauslaufen, ist eine Anhörung des **Betriebsrats** nach § 102 BetrVG erforderlich. Über seine Mitbestimmung bei personellen Einzelmaßnahmen (§ 99 BetrVG) hinausgehend sind ihm die ausschlaggebenden Gründe mitzuteilen. Ohne Anhörung des Betriebsrats ausgesprochene Kündigungen sind unwirksam (§ 102 I BetrVG). Der Beriebsrat kann einer ordentlichen Kündigung widersprechen, wenn soziale Gesichtspunkte (vgl. § 1 KSchG) nicht ausreichend berücksichtigt wurden oder wenn gegen die betriebliche Auswahlrichtlinie (vgl. § 95 BetrVG) verstoßen wurde. Auch wenn der Arbeitnehmer (gegebenenfalls nach Umschulung und/oder mit Vertragsänderung) an einem anderen Arbeitsplatz im Unternehmen weiterbeschäftigt wird, ist ein Widerspruch möglich (§ 102 III BetrVG).

Eine Kündigung ist aber trotz Widerspruches des Betriebsrats möglich; dem gekündigten Arbeitnehmer bleibt dann nur die Möglichkeit einer Kündigungsschutzklage vor dem Arbeitsgericht. Hat er diese eingereicht, kann er im Regelfall seine Weiterbeschäftigung bis zum Abschluß des Rechtsstreits verlangen (§ 102 V BetrVG).

4.3 Taktische Ebene: Gruppenbezogene Maßnahmen

4.3.1 Überblick

Die Funktion der taktischen Ebene im Bereich des betrieblichen Personalveränderungsmanagements geht über einzelfallspezifische Fragestellungen hinaus und beinhaltet generalisierende Überlegungen zu Personalbeschaffung, -entwicklung und -freisetzung: Für die **Personalbeschaffung** beziehen sich diese zum einen auf eine Verbreiterung der informatorischen Basis, zum anderen auf eine Vergrößerung des Flexibilitätspotentials (durch Personalleasing).

Die **Personalentwicklung** benötigt generelle Entwicklungsrichtlinien für die Veränderung des Leistungspotentials. Für die **Personalfreisetzung** schließlich ist die einzelfallbezogene Freisetzung zu ergänzen durch die kollektive Freisetzung mit allen ihren rechtlichen und sozialen Problemen.

4.3.2 Personalbeschaffung

4.3.2.1 Arbeitsmarktforschung als Datenquelle

Auf der operativen Ebene der Personalbeschaffungsplanung artikulierte sich ein erheblicher Informationsbedarf hinsichtlich der quantitativen und qualitativen Ergiebigkeit des externen und (teilweise) des internen Arbeitsmarktes. Eine zentrale Aufgabe der taktischen Managementebene der Personalentwicklung besteht deshalb aus der Bereitstellung einer entsprechenden Informationsbasis, die vom konkreten Einzelfall abstrahierend Aussagen über den Arbeitsmarkt erlaubt.

Unter einer solchen **Arbeitsmarktforschung** versteht man die ständige Beobachtung und Analyse der Entwicklungen auf den regionalen, nationalen und internationalen Arbeitsmärkten. Neben einer **betrieblichen** Arbeitsmarktforschung, die besonders im Zusammenhang mit einer unternehmensbezogenen Arbeitsmarktstrategie (Abschnitt 4.4.3) zunehmend an Bedeutung gewinnt, schafft die **überbetriebliche** Arbeitsmarktforschung ein Informationspotential, das auch vom einzelnen Unternehmen zu nutzen ist.

Prägend in diesem überbetrieblichen Bereich tätig ist das **Institut für Arbeitsmarkt- und Berufsforschung** IAB (1982) als Forschungseinrichtung der Bundesanstalt für Arbeit (BA) in Nürnberg. Die im IAB durchgeführte Forschung erfüllt einen gesetzlichen Auftrag: § 3 II Satz 2 des Arbeitsförderungsgesetzes (AFG) von 1969 verlangt von der BA, Arbeitsmarkt- und Berufsforschung zu betreiben, also „Umfang und Art der Beschäftigung sowie Lage und Entwicklung des Arbeitsmarktes, der Berufe und der beruflichen Bildungsmöglichkeiten im allgemeinen und in den einzelnen Wirtschaftszweigen und -gebieten, auch nach der sozialen Struktur, zu beobachten, zu untersuchen und (die Ergebnisse) für die (anderen) Aufgaben der Bundesanstalt auszuwerten" (§ 6 I AFG).

Um Arbeitsmarktungleichgewichte zu antizipieren, wendet das IAB diverse prognostische Modelle an: Beispiele dafür sind der Arbeitskräftebedarfsansatz und Ansätze zur Deutung der Qualifikationsstrukturentwicklung aus technischen Fortschrittsprozessen. Ferner führt das IAB Konjunkturforschung, soziologische Mobilitätsforschung, technische Innovationsforschung und spezifische Produktivitätsanalysen durch (vgl. *Mertens* 1982, 3). Weitere Forschungsschwerpunkte sind die Erforschung, Beobachtung und Analyse

- der demographischen Bevölkerungsentwicklung,
- der Motivation für die Wahl bestimmter Berufe,
- der Erwartung und Einstellung zu Berufsbildern,
- der Lohn- und Gehaltsentwicklung der Gesamtwirtschaft und einzelner Branchen,
- von Strukturschwächen sowie
- von Fortbildung, Umschulung, Rehabilitation und deren Erfolgskontrolle.

Zusätzlich liefert das IAB ein umfangreiches Publikationsangebot (Übersicht 4.12).

Wissenschaftliche Publikationen
Mitteilungen des Instituts für Arbeitsmarkt- und Berufsforschung
Mitteilungen aus der Arbeitsmarkt- und Berufsforschung
Beiträge zur Arbeitsmarkt- und Berufsforschung
Glossare zur Arbeitsmarkt- und Berufsforschung

Dokumentationen
Literaturdokumentation zur Arbeitsmarkt- und Berufsforschung, Sonderhefte
Forschungsdokumentation zur Arbeitsmarkt- und Berufsforschung
Expertenregister zur Arbeitsmarkt- und Berufsforschung, Profildienste
Individuelle Recherchen

Schriften zur Forschungsumsetzung
Quintessenzen aus der Arbeitsmarkt- und Berufsforschung
Handbuch zu ausbildungs-, berufs- und wirtschaftszweigspezifischen Beschäftigungschancen
Materialien aus der Arbeitsmarkt- und Berufsforschung
Überlegungen zu einer vorausschauenden Arbeitsmarktpolitik

Übersicht 4.12: Veröffentlichungsprogramm des IAB (vgl. *IAB* 1982, 61–64)

4.3.2.2 Personalleasing als Flexibilitätspotential

Eine zunehmende Variabilität der Umwelt führt zwangsläufig zu Bestrebungen im Personalmanagement, das Flexibilitätspotential im Personalbereich zu erhöhen. Neben operativer Personalentwicklung betrifft dieses Problem besonders die taktische Ebene der Personalbeschaffung, da sie der operativen Ebene entsprechende Vorgaben machen muß.

Eine Form der Flexibilitätssteigerung ist der Einsatz des Personalleasings: Da es sich hierbei um ein im Einzelfall durchaus „zweischneidiges" Instrument handelt, sind im Unternehmen grundlegende Verhaltensrichtlinien nötig. Beim **Personalleasing** (Arbeitnehmerüberlassung) wird der bei einem Unternehmen Beschäftigte – unter Aufrechterhaltung des zwischen beiden Parteien geschlossenen Arbeitsvertrages – einem Dritten vorübergehend „zur Verfügung gestellt". Diese (gewerbsmäßige) Arbeitnehmerüberlassung wird vom Arbeitnehmerüberlassungsgesetz (AÜG) geregelt.

Bei der Abwicklung der Arbeitnehmerüberlassung direkt involviert sind vier Parteien (Abbildung 4.7): Die **Bundesanstalt für Arbeit** erteilt dem Personalleasing-Geber nach entsprechender Vorkontrolle eine widerrufbare Erlaubnis zum Personalleasing. Dieser **Leasing-Geber** gilt als Arbeitgeber des Leiharbeitnehmers und übernimmt sämtliche Arbeitgeberpflichten und Risiken. Er schließt mit dem **Leasing-Personal** (Leiharbeitnehmer) Verträge ab (§ 11 AÜG), in denen sich die Arbeitnehmer zur Erbringung der Arbeitsleistung bei einem Dritten, dem **Leasing-Nehmer**, verpflichten. Das Leasing-Personal erwirbt dadurch Anspruch auf Lohnzahlung vom Leasing-Geber.

Der Leasing-Nehmer schließt mit dem Leasing-Geber einen **Arbeitnehmerüberlassungsvertrag** (§ 12 AÜG) ab: Damit erhält der Personalleasing-Nehmer ein Weisungsrecht gegenüber dem Leiharbeitnehmer. Im Arbeitnehmerüberlassungsvertrag und im Arbeitsvertrag des Leasing-Personals sind die zu erfüllenden Aufgaben und die zulässigen Einsatzorte anzugeben, wobei sich der Arbeitnehmerüberlassungsvertrag im Rahmen des Arbeitsvertrages zu bewegen hat. Der Leasing-Geber erhält eine entsprechende Vergütung direkt vom Leasing-Nehmer.

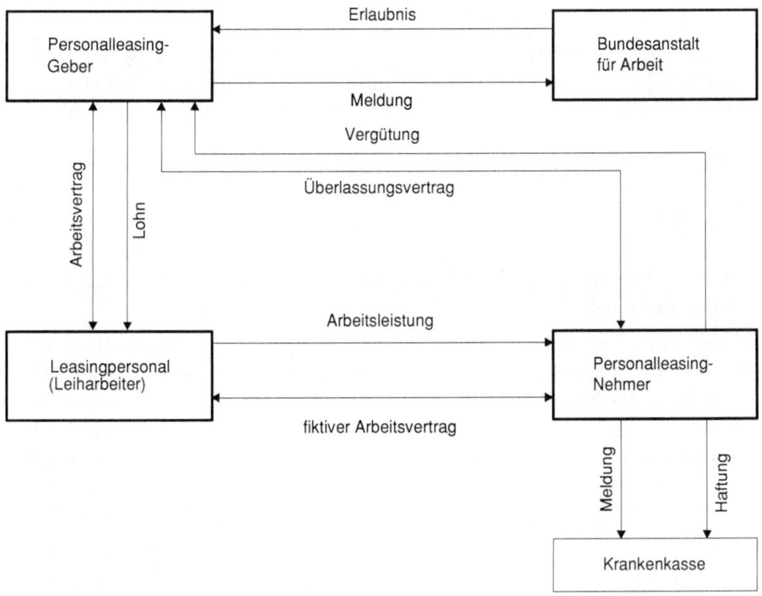

Abbildung 4.7: Personalleasing (modifiziert nach *Oltmanns* 1979, 36)

Um einen Mißbrauch der Arbeitnehmerüberlassung zu vermeiden, sieht der Gesetzgeber **Absicherungsmechanismen** vor:

- Der Leasing-Geber hat der Erlaubnisbehörde entsprechende Meldungen über seine Aktivitäten zu machen.
- Der Leasing-Geber muß dem Leasing-Nehmer in schriftlicher Form erklären, daß er überhaupt über eine Verleihbefugnis verfügt.
- Der Leasing-Geber hat dem Leasing-Nehmer die für die Meldung nach § 317a der Reichsversicherungsordnung (RVO) erforderlichen Angaben zu machen.
- Der Leasing-Nehmer hat Beginn und Ende einer Überlassung der Krankenkasse des Leiharbeitnehmers zu melden.
- Der Leasing-Nehmer schließt mit dem Leiharbeitnehmer einen fiktiven Arbeitsvertrag ab, sodaß bei Unwirksamkeit des Arbeitsvertrages zwischen Leiharbeitnehmer und Leasing-Geber ein Arbeitsvertrag zwischen Leiharbeitnehmer und Leasing-Nehmer zustande kommt.
- Leiharbeitnehmer dürfen maximal sechs Monate lang bei demselben Leasing-Nehmer beschäftigt sein.

Aus Sicht des **Leasing-Nehmers** bringt die Verwendung von Leiharbeitnehmern eine Reihe von **Vorteilen** (vgl. *Becker/Kreikebaum* 1982, 270-282):

- Vor allem in Zeiten der Hochkonjunktur läßt sich durch Leiharbeit ein größeres *Arbeitskräftepotential* mobilisieren.
- Fallen Stammarbeitnehmer infolge von Urlaub, Krankheit oder sonstigen Ursachen kurzfristig aus, können Unternehmen *kurzfristig* durch Personalleasing Produktivitätsverluste vermeiden.
- Die *Anpassungsgeschwindigkeit* des Personalbestands an den Personalbedarf wird erhöht, da weder bei der Personalfreisetzung noch bei der Personalbeschaffung Zeitverzögerungen eintreten.
- Leasing-Geber verfügen in der Regel über eine breite Palette an *spezialisiertem* Leasing-Personal. Aus diesem Grund können Mitarbeiter gefunden werden, die genau den (kurzfristig anfallenden) Stellenanforderungen gerecht werden.
- Das *Beschäftigungsrisiko* wird auf den Leasing-Geber abgewälzt. Er muß dem Leasing-Personal entsprechenden arbeitsrechtlichen Schutz gewähren.
- Das Leasing-Personal bewahrt das Stammpersonal vor Überbelastung, wenn Überstunden zur Erhöhung der Krankheits-, Unfall- und Fluktuationsquote bei der Stammbelegschaft führen würden.

Diesen Vorteilen stehen allerdings auch entsprechende **Nachteile** gegenüber: Diese betreffen sowohl den Einarbeitungsaufwand für spezifische Tätigkeiten des betreffenden Unternehmens beziehungsweise des betreffenden Arbeitsplatzes als auch „klimatische“ Implikationen im Hinblick auf die **Stammbelegschaft**. So reduziert der intensive Einsatz von Leasing-Personal die Wahrscheinlichkeit des Aufbaus einer starken Unternehmenskultur, die einen essentiellen Bestandteil der Unternehmensführung darstellt.

Analog zur Entscheidung über Eigenherstellung oder Fremdbezug („make or buy“), **kann** ein befristeter Einsatz von Leasing-Personal kostensparend im Vergleich zur Einstellung von Dauerarbeitskräften sein, sofern die

Beschäftigung von Leasing-Personal ausschließlich vorübergehender Natur ist.

Dies zeigt folgende Kostenvergleichsrechnung (vgl. *Friese* 1981, 1582–1587): Der Basisstundenlohn eines Leiharbeitnehmers besteht aus Einzelkosten, Gemeinkosten (Zuschläge für die Deckung von Verwaltungs-, Vertriebs- und Werbekosten) und Gewinn des Verleihunternehmens; Gemeinkosten und Gewinn betragen etwa 25% bis 33% vom effektiven Gesamtpreis. Die Kosten für Anwerbung und Einstellung eines neuen Mitarbeiters werden pauschal auf ein bis zwei Monatsgehälter geschätzt; diese Kosten entstehen beim Leasing-Personal nicht.

Wird ein Monatsgehalt von DM 3000,-- zugrundegelegt, so ist (Übersicht 4.13) bei Personalbeschaffungskosten in Höhe von einem Monatsgehalt der Leiharbeitnehmer
- bei einem Zuschlag von 25% vier Monate,
- bei einem Zuschlag von 33% drei Monate lang

„ökonomischer".

Fallen bei Dauerarbeitnehmern Personalbeschaffungskosten in Höhe von zwei Gehältern an, so ist der Leiharbeitnehmer
- bei einem Zuschlag von 25% acht Monate,
- bei einem Zuschlag von 33% sechs Monate

unter Kostengesichtspunkten einem Dauerarbeitnehmer vorzuziehen. Die Berechnung in Übersicht 4.13 berücksichtigt allerdings nicht alle Kostenelemente: So fehlen zum Beispiel die Freisetzungskosten für Dauerarbeitnehmer.

Einsatzdauer in Monaten	Gehaltssumme	**Dauerarbeitnehmer** (Beschaffungskosten)		**Leiharbeitnehmer** Zuschlag	
		Ein Gehalt	Zwei Gehälter	25%	33%
1	3000	6000	9000	3750	3990
2	6000	9000	12000	7500	7980
3	9000	12000	15000	11250	**11970**
4	12000	15000	18000	**15000**	15960
5	15000	18000	21000	18750	19950
6	18000	21000	24000	22500	**23940**
7	20000	24000	27000	26250	27930
8	24000	27000	30000	**30000**	31920
9	27000	30000	33000	33750	35910

Übersicht 4.13: Kostenvergleich beim Personalleasing

Das Personalleasing ist damit im Einzelfall durchaus ein wichtiges Instrument des taktischen Personalveränderungsmanagements, das aber – aus den obengenannten Gründen – **nicht** als Regelinstrumentarium auf Dauer eingesetzt werden darf.

4.3.3 Personalentwicklung

Die vorrangige Aufgabe der Personalentwicklungsplanung auf der taktischen Ebene des betrieblichen Personalmanagements besteht im Ableiten von Entscheidungsregeln, nach denen die operative Ebene im Einzelfall vorzugehen hat: Diese Entscheidungsregeln betreffen zum einen den Adressatenkreis, zum anderen die als sinnvoll anzusehenden Entwicklungsrichtungen.

4.3.3.1 Entwicklungsadressaten

Hinsichtlich des **Adressatenkreises** lassen sich vier Möglichkeiten unterscheiden (vgl. *Drumm/Scholz* 1988, 170–171):

- Das gesamte Personal gilt als Objekt von Entwicklungsmaßnahmen *(„Chancengleichheit")*. Hier wird das Prinzip der Gleichbehandlung erfüllt und Personen unabhängig von ihrem Leistungspotential sowie unabhängig von der Fähigkeitslücke ausgewählt.
- Die Personalentwicklung wird auf bestimmte Beschäftigtengruppen wie zum Beispiel auf Führungskräfte beschränkt *(„Privilegierung")*.
- In den Genuß von Personalentwicklungsmaßnahmen kommen primär solche Mitarbeiter, bei denen noch ein hohes Entwicklungspotential gesehen wird *(„Begabtenförderung")*. Bei diesem Potentialansatz entscheidet also die Höhe des individuellen Entwicklungspotentials.
- Die Mitarbeiter werden in Abhängigkeit davon sortiert, wie groß der zu erwartende Schaden von nicht geschlossenen Fähigkeitslücken für das Unternehmen sein dürfte *(„Engpaßregel")*. Zum individuellen Entwicklungspotential kommt bei diesem Prinzip der Nutzenmaximierung somit der spezifische Beitrag, den dieser Mitarbeiter zu leisten in der Lage sein wird.

Die Entscheidung über den letztlich auszuwählenden Adressatenkreis wird dabei primär determiniert durch die Existenz von Engpaßsituationen. Erst dann stellt sich die Frage nach Verfolgung der Grundsätze der Chancengleichheit, der Privilegierung und/oder der Begabtenförderung.

4.3.3.2 Entwicklungsrichtungen

Personalentwicklung impliziert die Veränderung eines Fähigkeitsprofils in Richtung auf ein Anforderungsprofil. Vereinfachend können aber (gerade auf der taktischen Ebene) Profile zusammengefaßt werden: Aus diesen aggregierten Profilen leiten sich dann die vorgesehenen Maßnahmen ab.

Im einzelnen gibt es dazu folgende **Entwicklungsvarianten**: Das individuelle Fähigkeitsprofil eines Mitarbeiters wird auf ein spezifisches Anforderungsprofil hin entwickelt (**A**) oder aber in Richtung auf das aggregierte Profil einer Gruppe von Arbeitsplätzen (**B**). Bilden dagegen eine Gruppe von Fähigkeitsprofilen die Ausgangsbasis, so können auch diese auf eine Gruppe von Stellen (**C**) oder eine einzelne Stelle hin entwickelt werden (**D**). Entwickelbar sind schließlich Schlüsselqualifikationen (**E**) sowie globale Größen (**F**).

Je nach Bezugsbasis liegt der Schwerpunkt dieser Entwicklung im Bereich der operativen, taktischen oder strategischen Planung, wobei sich die Zuordnung aus den Aggregationsniveaus der Anforderungs- und Fähigkeitsprofile ergibt. Die sechs Varianten aus Übersicht 4.14 sind damit Gestaltungsvorschriften für die Personalentwicklung auf unterschiedlichen Ebenen, die sich allerdings nicht ausschließen, sondern ergänzen können und müssen. Die taktische und operative Ebene gehen strikt analytisch vor: Grundlage sind daher immer konkret existierende Anforderungs- und Fähigkeitsprofile, die in Abhängigkeit von der gewählten Entwicklungsrichtung entsprechend aggregiert werden.

<table>
<tr><th></th><th>Fähigkeiten</th><th>Anforderungen</th><th>Vorgehen</th><th>Ebene</th></tr>
<tr><td>A</td><td rowspan="2">Fähigkeitsprofil **eines** Mitarbeiters</td><td>gegenwärtiges oder zukünftiges Anforderungsprofil **eines** Arbeitsplatzes</td><td rowspan="4">analytisch</td><td>operativ</td></tr>
<tr><td>B</td><td rowspan="2">aggregiertes (ggf. zukünftiges) Anforderungsprofil **mehrerer** Arbeitsplätze</td><td rowspan="3">taktisch</td></tr>
<tr><td>C</td><td rowspan="2">aggregiertes Fähigkeitsprofil **mehrerer** Mitarbeiter eines Tätigkeitsbereichs</td></tr>
<tr><td>D</td><td>(ggf. zukünftiges) Anforderungsprofil **eines** Arbeitsplatzes</td></tr>
<tr><td>E</td><td>„typischer Mitarbeiter“ einer spezifischen Prägung</td><td>„typischer Arbeitsplatz“ einer in Zukunft wichtigen Prägung</td><td rowspan="2">summarisch</td><td rowspan="2">strategisch</td></tr>
<tr><td>F</td><td>gesamtes Unternehmen</td><td>Kulturerfordernis (vgl. Abschnitt 6.4)</td></tr>
</table>

Übersicht 4.14: Ansatzpunkte der taktischen Personalentwicklung

Im Fall B und C geht es um Anpassungen an (zukünftige) Anforderungen einer ganzen Gruppe von Arbeitsplätzen. Dieses aggregierte **Anforderungsprofil** kann über
- Minimum,
- Maximum oder
- (gewichtete) Durchschnitte

der jeweiligen Merkmale der zugrundegelegten Anforderungsprofile bestimmt werden. Im Zusammenhang mit der Maximumverknüpfung wird in der Literatur (vgl. *Drumm* 1982, 55–58) auch von einem „unscharfen" Anforderungsprofil gesprochen (vgl. dagegen zum Unschärfebegriff der Entscheidungstheorie *Zimmermann/Zadeh/Gaines* 1984).

Besonders interessant ist **Fall C**, da es sich hierbei nicht nur um einen „typischen" Fall für die taktische Managementebene handelt, sondern zudem Aggregationsentscheidungen bei Anforderungs- und Fähigkeitsprofilen erforderlich werden (Übersicht 4.15): Implikationen ergeben sich primär im Hinblick

- auf den erforderlichen Aufwand und
- auf die zu erwartenden Kosten.

Geht beispielsweise ein Unternehmen vom Minimumprofil der Fähigkeiten und vom Maximumprofil der Anforderungen aus, so erreicht es zwar eine vollständige Schließung der Fähigkeitslücke, allerdings zu einem hohen Preis (Fall C3); genau die umgekehrte Situation ergibt sich in Fall C7. Die Entscheidung hängt damit letztlich primär von den zur Verfügung stehenden finanziellen Ressourcen ab.

Fähigkeitsprofil	**Anforderungsprofil**		
	Minimum	gewichtete Durchschnitte	Maximum
Minimum	teuer, unsicher (C1)	teuer, sicher (C2)	sehr teuer sehr sicher (C3)
gewichtete Durchschnitte	billig, unsicher (C4)	mittlere Kosten mittlere Sicherheit (C5)	teuer, sicher (C6)
Maximum	sehr billig, sehr unsicher (C7)	billig, unsicher (C8)	teuer, unsicher (C9)

Übersicht 4.15: Aggregationsrichtungen im Fall C

4.3.4 Personalfreisetzung

Bei gruppenbezogener Personalfreisetzung auf der taktischen Ebene steht nicht mehr der konkrete **Einzelfall** als Auslöser im Mittelpunkt; aufgrund der größeren Zahl (zukünftig) betroffener Mitarbeiter sind deshalb auf der taktischen Ebene generelle Überlegungen zu Freisetzungsformen und Freisetzungsabwicklung nötig.

4.3.4.1 Freisetzungsformen

(a) Allgemein

Bei der Personalfreisetzung geben zwei Betrachtungsdimensionen Auskunft über die möglichen Freisetzungsformen:

- Zum einen kann Personalfreisetzung mit oder ohne **Bestandsreduktion** erfolgen. Personalfreisetzung **mit** Bestandsreduktion ist die Entlassung von Mitarbeitern (gegebenenfalls über Aufhebungsverträge) oder die Anwendung eines der zahlreichen Modelle zur Vorruhestandsregelung. **Ohne** Bestandsreduktion läßt sich eine Personalfreisetzung realisieren über zeitliche Anpassung (Kurzarbeit), intensitätsmäßige Anpassung oder Abbau von Überstunden.
- Zum anderen kann die Freisetzungsaktion zeitlich vor oder nach dem Eintreten des Freisetzungszwangs eingeleitet werden. Bei einer **reaktiven** Freisetzung werden die Maßnahmen erst nach dem Auftreten eines akuten Anlasses ergriffen. Dagegen leitet ein **antizipatives** Personalfreisetzungsmanagement bereits vor dem Entstehen von Personalüberhängen gegenläufige Maßnahmen ein. Als konkrete Maßnahmen stehen zur Auswahl:
  - Förderung der Fluktuation,
  - vorzeitige Pensionierungen,
  - Nichtverlängerung zeitlich befristeter Arbeitsverträge,
  - selektive Kündigungen im Vorfeld einer Beschäftigungskrise,
  - Kurzarbeit und
  - Aufhebungsvertrag.

Aus den im Einzelfall zur Verfügung stehenden Alternativen wird nun diejenige gewählt, die nicht nur praktisch anwendbar (durchsetzbar) ist, sondern auch eine, die möglichst frühzeitig und möglichst ohne arbeitgeberseitige Kündigungen zu realisieren ist.

(b) Kurzarbeit

Eine spezielle Form der Personalfreisetzung, die nur bei temporärem Personalüberhang zum Zuge kommt, ist die Kurzarbeit: Sie stellt eine vorübergehende Verkürzung der „betriebsüblichen“ normalen Arbeitszeit dar und ist in der Regel auf wirtschaftliche Ursachen zurückzuführen, wie beispielsweise Mangel an Aufträgen oder Rohstoffen.

Aus Sicht des Unternehmens verhindert Kurzarbeit den Verlust der eingearbeiteten Belegschaft. Kurzarbeitergeld dient dem Erhalt von Arbeitsplätzen, impliziert Zahlungen der Bundesanstalt für Arbeit und ist im Arbeitsförderungsgesetz (AFG) geregelt: Sofern die entsprechenden Voraussetzungen erfüllt sind (§ 19 KSchG; § 68 AFG), beträgt bei vorübergehendem Arbeitsausfall nach § 68 AFG die Höhe der Geldleistung maximal 68% des regulären Netto-Arbeitsentgelts und wird für einen Zeitraum bis zu 6 Monaten, in Ausnahmefällen 24 Monate (§ 67 AFG) gezahlt.

(c) Frühzeitige Pensionierung

Die Breite des Instrumentariums der frühzeitigen Pensionierung hat sich in den letzten Jahren ausgeweitet. Sie reicht von persönlichen (arbeitnehmerseitigen) Entscheidungen zu tarifvertraglichen und gesetzlichen Regelungen. Diese setzen jedoch dem Gestaltungsspielraum für Arbeitgeber und Arbeitnehmer, wegen der hohen individuellen aber auch gesellschaftlichen Bedeutung des Übertrittes vom Arbeitsleben in den Ruhestand, feste Grenzen. Für den betroffenen Arbeitnehmer wird ein neuer Lebensabschnitt mit den damit verbundenen sozialen und psychischen Belastungen eingeläutet; Unternehmen, Staat und Sozialversicherungsträger werden in der Regel finanziell in Anspruch genommen.

Gerade in Zeiten überlasteter Arbeitsmärkte entwickeln allerdings Gesetzgeber und Tarifvertragsparteien, wegen des erwarteten Entlastungseffektes, eine Reihe neuer Vorschläge. Stichworte dazu sind beispielsweise: flexible Altersgrenze, Vorruhestand sowie gleitender Übergang in den Ruhestand (vgl. z.B. *Glaubrecht/Wagner/Zander* 1984, 105–180).

(d) Aufhebungsvertrag

Bei (Dienst-)Aufhebungsverträgen verständigen sich Arbeitgeber und Arbeitnehmer darüber, in gegenseitigem Einvernehmen den Arbeitsvertrag zu einem vereinbarten Zeitpunkt zu lösen. Bei „offenen" Aufhebungsverträgen hat jeder Arbeitnehmer die Möglichkeit, sein Arbeitsverhältnis aufzulösen; bei „zustimmungsbedürftigen" Verträgen ist die Arbeitsvertragslösung von der Zustimmung des Arbeitgebers abhängig: Auf diese Art und Weise kann die Unternehmensleitung steuernd eingreifen und „unerwünschte Abwanderungen" verhindern (vgl. *Jakobs-Fuchs* 1978, 118–119).

Aufhebungsverträge haben den **Vorteil** der guten Planbarkeit (vgl. *RKW* 1990, 231):

- Sie können gezielt auf bestimmte Arbeitnehmergruppen beschränkt werden, wodurch sich gezielte Veränderungen realisieren lassen.
- Sie sind zeitlich limitierbar.
- Personalfreisetzung über Aufhebungsverträge ist nicht an gesetzliche Fristen gebunden und nicht anzeigepflichtig.
- Aufhebungsverträge lassen sich günstiger realisieren als Massenentlassungen.

Die Höhe der Abfindung setzt sich aus pauschalierten Bestandteilen und nach Lebensalter oder Betriebszugehörigkeit gestaffelten Zahlungen zusammen. Mögliche **Nachteile** für die Arbeitnehmer können allerdings im Hinblick auf das Arbeitslosengeld (§§ 117, 119 AFG) entstehen und sind deshalb in der Abfindungshöhe zu berücksichtigen.

4.3.4.2 Freisetzungsabwicklung

(a) Soziale Aspekte

Mit der Entscheidung zwischen den oben angesprochenen Alternativen wurde festgelegt, **wie** die Personalfreisetzung realisiert werden soll: Dies läßt noch offen, nach welchen Kriterien die betroffenen Personen auszuwählen sind. Gängige Praxis besonders bei „harten“ Maßnahmen und umfangreichen Entlassungen ist die mit dem Betriebsrat abgestimmte Fixierung eines entsprechenden Kriterienkataloges. Mögliche **Auswahlkriterien** sind Alter, Betriebszugehörigkeit, Familienstand oder Verstöße gegen die Unternehmensordnung.

Sicherlich läge es im Einzelfall aus Sicht des Unternehmens auch nahe, diskutierbare Kriterien wie Krankheit, Lohnaufwand, Absenzen oder Sozialaufwand zur Auswahl freizusetzender Mitarbeiter heranzuziehen. Nicht zuletzt aufgrund der Mitbestimmungspflicht des Betriebsrates scheiden derartige Auswahlkataloge aber aus.

Realistischer sind dagegen Kriterienkataloge, die sich primär am Grundsatz der **sozialen Angemessenheit** (§ 1 KSchG) orientieren. Ein Beispiel für eine derartige Sozialauswahl, die auf einem Punktesystem basiert, zeigt Übersicht 4.16: Danach ergibt sich die Auswahl der freizusetzenden Personen anhand der erreichten Punktzahl, wobei mit zunehmender Punktzahl Freisetzung (aus sozialen Gesichtspunkten) ausscheidet.

Auswahlkriterien	**Bewertung**
1. Alter bis... Punkte	20 30 40 50 57 über 57 0 1 3 6 8 10
2. Betriebszugehörigkeit... Punkte pro Jahr	unter 10 Jahre ab 10 Jahre 0,5 1
3. Unterhaltsverpflichtung... Punkte	Ehegatte je Kind 5 3
4. Berufsaussichten Punkte	gut mittel schlecht 0 2 4
5. Doppelverdiener Punkte	Verhältnis: Ehegatteneinkommen/Arbeitnehmereinkommen 4:1 3:1 2:1 1:1 1:2 1:3 weniger −10 −8 −7 −5 −3 −2 0

Übersicht 4.16: Kriterienbeispiel für Sozialauswahl (nach *Berkowski* 1983, 1296)

(b) Gesetzliche Aspekte

Sobald das Problem der Personalfreisetzung ansteht (Abbildung 4.8), ist die Dauer des Personalüberhangs zu antizipieren und bei nur vorübergehender Unterbeschäftigung der Übergang zu Kurzarbeit zu prüfen (§ 19 KSchG). Ansonsten stellt sich die Frage nach dem Vorliegen einer Betriebsänderung nach § 111 BetrVG: Als **Betriebsänderungen** gelten nach diesem Gesetz

- Einschränkung und Stillegung des ganzen Betriebes oder von wesentlichen Betriebsteilen,
- Zusammenschluß mit anderen Betrieben,
- grundlegende Änderungen der Betriebsorganisation, des Betriebszwecks oder der Betriebsanlagen und

– Einführung grundlegend neuer Arbeitsmethoden und Fertigungsverfahren.

Liegt eine Betriebsänderung (§ 111 BetrVG) vor, können sich die Betriebspartner auf einen „Interessenausgleich“ oder die Aufstellung eines Sozialplanes verständigen (§ 112 I BetrVG). Kommt eine Einigung nicht auf diesem Weg zustande, kann ein Sozialplan durch die Einigungsstelle erzwungen werden (§ 112 V BetrVG). Dies gilt allerdings nicht für die ersten vier Jahre nach Neugründung eines Unternehmens (§ 112a II BetrVG) oder, wenn die Betriebsänderung ausschließlich aus Entlassungen besteht und die Größenordnungen gemäß § 112a I BetrVG nicht erreicht wurden.

Liegt **keine** Betriebsänderung nach § 111 BetrVG vor und sind die Größenmerkmale nach § 17 KschG nicht erfüllt, so wird eine Personalfreisetzung wie eine einzelfallbezogene/betriebsbedingte Personalfreisetzung behandelt (siehe Abschnitt 4.2.4). Ansonsten gibt es eine Anzeigepflicht des Arbeitgebers (§ 17 KschG), gegebenenfalls verbunden mit einer einmonatigen Entlassungsperre (§ 18 KschG).

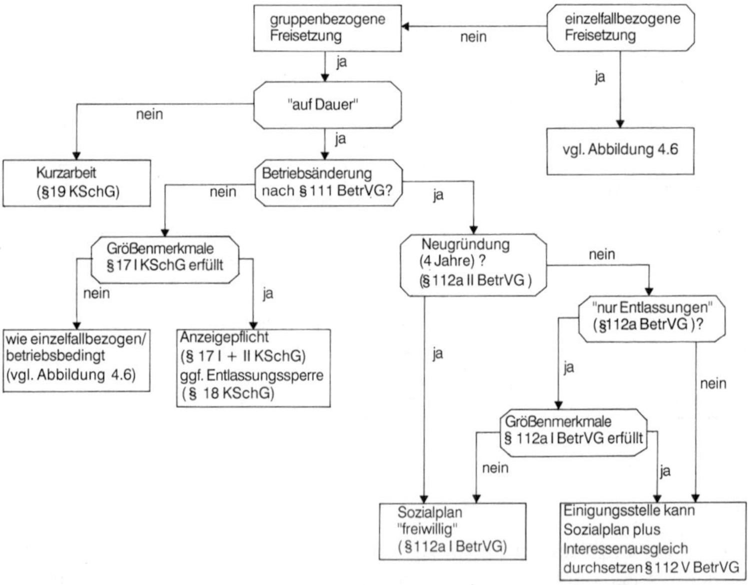

Abbildung 4.8: Gruppenbezogene Freisetzung

4.4 Strategische Ebene: Integration

4.4.1 Überblick

In integrativer Hinsicht gehört zum Aufgabenbereich der strategischen Ebene die Festlegung einer Auswahlstrategie zwischen den drei Veränderungsvarianten Beschaffung/Freisetzung/Entwicklung: Diese Entscheidungsgrundlage besteht je nach dem praktizierten Delegationsgrad

- aus bindenden Entscheidungsregeln als zwingende Wenn-Dann-Verknüpfungen ohne Autonomiebereich oder
- aus der Vorgabe einer Informationsbasis zur Realisierbarkeit der verschiedenen Veränderungsmaßnahmen.

Entscheidungsregeln und Informationsbasis beziehen sich primär auf die Wahl zwischen Entwicklung eigener Mitarbeiter einerseits sowie Beschaffung und Freisetzung andererseits. Hier sind übergreifende Abstimmungsaufgaben zu lösen (**Holismus**). Darüber hinaus gibt es wichtige Einzelmaßnahmen, die ausschließlich von der strategischen Ebene ergriffen werden können (**Elementarismus**): Hierzu zählen die vorbereitenden Absicherungen über Einstellstopps genauso wie die Programme des vorzeitigen Ruhestandes.

Als zielorientierte Weiterentwicklung der Fähigkeiten der eigenen Mitarbeiter (**Potentialkonzentration**) befaßt sich die strategische Ebene schließlich mit der Formulierung einer langfristigen Entwicklungsstrategie: Sie bezieht sich auf den Fall E aus Übersicht 4.14, bei dem die Mitarbeiter summarisch in Richtung auf zukunftsträchtige Berufsbilder entwickelt werden; derartige Qualifizierungsstrategien (vgl. *Sadowski* 1980) leiten sich ab aus der in der strategischen Personalbedarfsplanung festgelegten Soll-Personalkonfiguration.

Dem übergreifenden (integrativen) Aspekt trägt die Formulierung einer unternehmensbezogenen Arbeitsmarktstrategie (**UAMS**) Rechnung. Hierfür wird in Abschnitt 4.4.3 ein entsprechender Vorschlag vorgestellt, zuvor werden aber in Abschnitt 4.4.2 als Grundlage Personalmarketing und interner Arbeitsmarkt angesprochen.

4.4.2 Grundlagen

4.4.2.1 Externer Arbeitsmarkt

Der für ein Unternehmen relevante externe Arbeitsmarkt umfaßt sämtliche potentiellen Arbeitnehmer, die für eine Mitarbeit grundsätzlich geeignet sind. Geografisch ergibt sich seine Größe im wesentlichen aufgrund der nachgefragten Qualifikation der Arbeitnehmer. Spezialisierte, hochqualifizierte Fachkräfte sind meist aus der unmittelbaren Umgebung weitaus schwieriger einzustellen als beispielsweise ungelernte Hilfskräfte. Die regionale Abgrenzung ist damit hauptsächlich an das Arbeitskräfteangebot geknüpft und nicht an Landesgrenzen. Unabhängig vom Angebot an Arbeitskräften in dem gesuchten Qualifikationsraum ist die Grenze des externen Arbeitsmarktes dort zu ziehen, wo ein Unternehmen nicht mehr in der Lage ist, entsprechende Aktivitäten zur Rekrutierung neuer Mitarbeiter zu entfalten.

Verschiedene Faktoren beeinflussen den externen Arbeitsmarkt im Hinblick auf die betrieblichen Möglichkeiten der Personalbeschaffung: Zunächst kann das quantitative und qualitative Potential an Arbeitskräften variieren. Beispielsweise sind im Zusammenhang mit der Mobilität die Wertvorstellungen in der Gesellschaft von großer Relevanz. Dies umfaßt sowohl die Bereitschaft potentieller Mitarbeiter, einen Ortswechsel vorzunehmen oder längere Anfahrtswege zu akzeptieren, als auch die Firmenbindung. Mit zunehmender „Hire and fire"-Mentalität ist es für ein Unternehmen einfacher, gegebenenfalls auch Mitarbeiter der Konkurrenz abzuwerben, was bei ausgeprägter Loyalität zu dem jeweiligen Arbeitgeber im Sinne „lebenslanger Zusammenarbeit" erheblich schwieriger ist. Ein wichtiger Einflußfaktor des externen Arbeitsmarktes ist zudem die Gesetzgebung. So sind die Beschaffungsmöglichkeiten auf dem externen Arbeitsmarkt von gesetzlichen Kündigungsregelungen ebenso abhängig, wie von Möglichkeiten zum Abschluß zeitlich befristeter Arbeitsverträge.

Ganz entscheidend wirken sich schließlich auch wirtschaftliche und demographische Aspekte auf den externen Arbeitsmarkt aus. So ist beispielsweise die demographische Entwicklung (neben anderen Faktoren) mit ausschlaggebend für die zu Beginn der 90er Jahre bestehende Situation hoher Arbeitslosigkeit, verbunden mit einer Vielzahl unbesetzter Lehrstellen.

4.4.2.2 Interner Arbeitsmarkt

Die Generierung beziehungsweise Stärkung eines unternehmensinternen Arbeitsmarktes stellt die bewußte Verlagerung externer (quasi öffentlicher) Marktfunktionen in die Planungs- und Entscheidungssphäre des betrieblichen Personalmanagements dar (vgl. *Keller* 1981, 7). Auch in der Volkswirtschaftslehre befaßt man sich mit „firmeninternen" Arbeitsmärkten. Hier gilt die Arbeit von *Doeringer* und *Piore* (1971) als grundlegend, die speziell die Frage nach deterministischen Karrierepfaden innerhalb von Unternehmen untersuchten: Hier existieren strenge **Aufstiegsmechanismen**, die nur an einigen Stellen durch **„ports of entry"** unterbrochen werden. Daran anknüpfend stellt sich die Frage, wie derartige Systeme unter Allokationsgesichtspunkten zu bewerten (und zu gestalten) sind. Zentrale Aussage dieser Arbeiten ist aber dennoch die prinzipielle Existenz solcher Mechanismen, da sie zu strategisch relevanten Rahmendaten werden.

Die weitere Diskussion faßt *Balzer* (1987) aus Sicht der Neuen Institutionellen Ökonomie zusammen und kommt zu dem Ergebnis, daß gerade die politische Willensbildung für die explizite Schaffung von abgegrenzten internen Arbeitsmärkten verantwortlich ist, da sie den entsprechenden **rechtlichen Rahmen** schafft; hinzu kommt auch das „Unternehmenskalkül", das sich nach *Balzer* von solchen Regelungen Vorteile verspricht.

Derartige interne Arbeitsmärkte entstehen aber nicht zuletzt auch durch Annahmen und (Vor-)Urteile von Unternehmensleitung und Mitarbeitern über die jeweiligen Vorteile einer internen Rekrutierung, was sich anhand diverser Fallstudien zeigen ließe (vgl. *Bills* 1987). Positive Gesichtspunkte einer „Besetzung offener Stellen aus eigenen Reihen" aus Sicht des Arbeitgebers sind vor allem:

- bessere Beurteilungsmöglichkeit der Leistung und des Verhaltens der Bewerber,
- Motivation durch gezielte Karriereperspektiven,
- schnelleres Einarbeiten in die neue Aufgabe durch Nutzung bereits erworbener Erfahrungen und Kontakte,
- Senkung der Fluktuation und der damit verbundenen Kosten (vgl. Abschnitt 7.4.4.1).

Für die Arbeitnehmer bestehen Vorteile in den Karriereerwartungen (-chancen) und der erhöhten (subjektiv empfundenen) Arbeitsplatzsicherheit. Auch der Gesetzgeber hat dies anerkannt und dem Betriebsrat die Möglichkeit eröffnet, interne Ausschreibungen freier Arbeitsplätze zu erzwingen (§ 93 BetrVG).

4.4.3 Unternehmerische Arbeitsmarktstrategie (UAMS)

4.4.3.1 Vorbemerkung

Im Idealfall erfüllt der Arbeitsmarkt zwei Servicefunktionen für ein Unternehmen: Er stellt entsprechend qualifizierte Arbeitskräfte in ausreichendem Umfang zur Verfügung (Bereitstellungsfunktion) und er absorbiert nicht länger benötigte Arbeitskräfte (Pufferfunktion). Solange der für das Unternehmen relevante Arbeitsmarkt in dieser Form funktioniert, verringert er den Aufwand, der für das Unternehmen im Hinblick auf Entwicklungs- beziehungsweise Freisetzungsaktivitäten anfällt. Sobald aber der (öffentliche) Arbeitsmarkt nicht adäquat funktioniert, ist zu prüfen, ob und inwieweit eine aktive Arbeitsmarktpolitik erforderlich sein kann. Hierfür gibt es im wesentlichen zwei Möglichkeiten: Zum einen kann eine nationale Arbeitsmarktpolitik in einem zentralen top-down-Ansatz Schwachstellen im (öffentlichen) Arbeitsmarkt beseitigen, zum anderen kann das Unternehmen selber eine eigene betriebliche Arbeitsmarktpolitik formulieren und implementieren.

Die Forderung nach einer betrieblichen Arbeitsmarktpolitik ist nicht neu: So wies *Gaugler* bereits 1978 darauf hin, daß betriebliche Sozialleistungen ein möglicher Bestandteil einer derartigen Politik sein können; *Dribbusch* (1978) beschrieb, wie bei der BASF eine derartige betriebliche Arbeitsmarktpolitik aussieht. Für weitere Vorschläge, die in diese Richtung zielen, sei exemplarisch verwiesen auf die akquisitorische Wirkung von Ausbildungsstrategien (vgl. *Sadowski* 1980), die Anreizwirkungen von Sozialleistungen (vgl. *Sadowski* 1984), die Voraussetzungen und Konsequenzen von Entlassungen (vgl. *Inhoffen* 1979), Vorschläge zur strategischen Personalplanung (vgl. *Scholz* 1982) sowie konzeptionelle Auseinandersetzungen mit einer unternehmerischen Arbeitsmarktpolitik (vgl. *Drumm* 1987 a; *Scholz* 1987 b).

In Zusammenfassung der expliziten und impliziten Definitionen von unternehmerischer beziehungsweise betrieblicher Arbeitsmarktpolitik aus diesen Quellen verstehen wir nachfolgend unter einer **unternehmerischen Arbeitsmarktstrategie (UAMS)**
- die systematische Beeinflussung des externen Arbeitsmarktes sowie
- die systematische Entwicklung des internen Arbeitsmarktes im Hinblick auf die in der Unternehmensstrategie artikulierten Anforderungen.

Zur Konzeptionalisierung einer solchen UAMS bietet sich entsprechend eines an anderer Stelle präsentierten Vorschlags (*Scholz* 1987 b) das Prinzip strategischer Kräfte an: Dieses dient dabei sowohl zur Analyse des Arbeitsmarktes als auch zur Formulierung entsprechender Strategien.

Das Prinzip strategischer Kräfte postuliert **strategische Kräfte** (*Scholz* 1987 a, 103–135) als das Ergebnis eines funktionalen Zusammenspiels von strategischen Potentialen, strategischen Bewegungen und strategischen Barrieren (Abbildung 4.9):
- Strategische *Potentiale* sind die statische Komponente einer strategischen Kraft. Sie ergeben sich unter anderem aus Produktionstechnologien, Finanzanlagevermögen, Marktdominanz und betrieblichem Humanvermögen.
- Strategische *Bewegungen* sind die Aktionen, die zur Veränderung von strategischen Potentialen führen. Wenngleich die Literatur zum strategischen Management überwiegend Änderungen auf Beschaffungsmärkten diskutiert (z.B. *Porter* 1980, 4), gelten strategische Bewegungen auch für den Arbeitsmarkt.

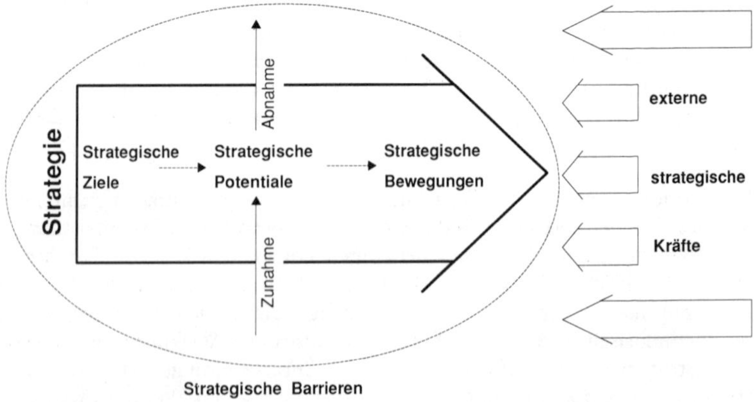

Abbildung 4.9: Bestandteile einer strategischen Kraft (*Scholz* 1987 a, 113)

- Strategische *Barrieren* sind Hindernisse, die das Aufbauen von strategischen Potentialen beziehungsweise die Durchführung von strategischen Bewegungen behindern. Auch hier gibt es über Marktbarrieren (z.B. *Yip* 1982) hinausgehend Barrieren, die sich auf Entwicklungen im Arbeitsmarkt beziehen und die nachfolgend diskutiert werden sollen.

Wichtig für die nachfolgenden Überlegungen ist der zentrale Unterschied zwischen strategischer Bewegung und strategischer Kraft: Strategische Bewegung ist die initiierende Aktivität, strategische Kraft das von der Existenz von Potentialen und Barrieren abhängende Ergebnis.

4.4.3.2 Strategische Potentiale

Die erste entsprechend dem Prinzip strategischer Kräfte zu analysierende Gruppe von Elementen sind die strategischen Potentiale, in diesem Fall also **Qualität** und **Quantität** von Arbeitskräften. Ebenfalls zu strategischen Potentialen im Personalwesen zählt die Motivation der Mitarbeiter beziehungsweise ihr geringes Fehlzeiten-Verhalten. Eine systematische Analyse dieser strategischen (Ist-)Potentiale erfolgt im Zusammenhang mit der strategischen Personalbestandsermittlung; eine Analyse der Soll-Potentiale liefert die strategische Personalbedarfsbestimmung.

Neben der absoluten Höhe dieser Potentiale sind im Hinblick auf eine UAMS die **relativen** strategischen Potentiale zu bestimmen: Diese geben an, inwieweit spezifische Potentialfaktoren unter oder über den Vergleichswerten der Konkurrenz liegen.

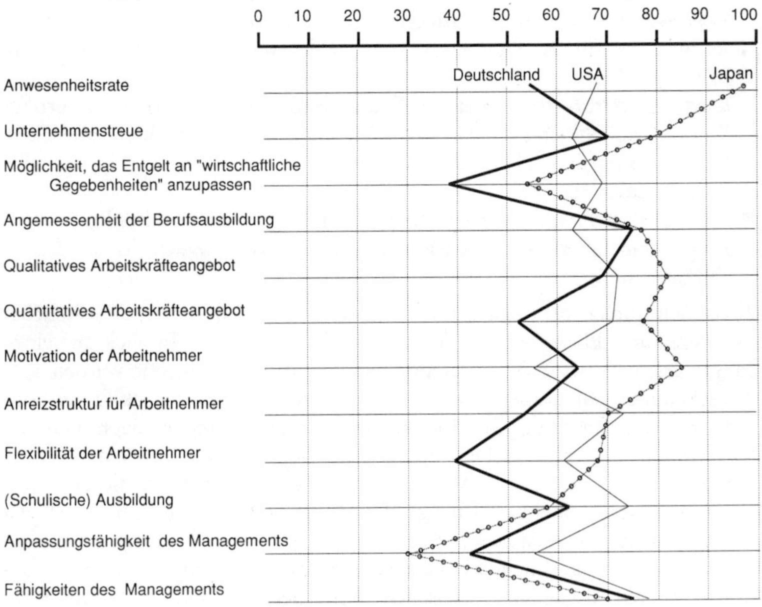

Abbildung 4.10: Arbeitsmarktpotential (aus *EMF* 1986, 120–121 + 154–157)

Vergleicht man beispielsweise das „typisch deutsche Unternehmen“ (sofern es dieses überhaupt gibt) mit seinen amerikanischen und japanischen Wettbewerbern, so zeigen sich deutliche Unterschiede (Abbildung 4.10): Danach ergeben sich komparative Schwächen deutscher Unternehmen vor allem aufgrund

- des Mangels an hochqualifiziertem Personal,
- der geringen Arbeitskräfteflexibilität und
- der hohen Fehlzeiten.

Obwohl die Unternehmen durchaus ihre unterschiedlichen Profile bezüglich dieser strategischen Potentiale haben, treten zumindest diese obengenannten relativen Potentiale in Deutschland im Regelfall prägend in Erscheinung.

Um strategische Potentiale im Hinblick auf Humanvermögen aufzubauen, gibt es zwei (kombinierbare) **Strategien**, nämlich Aufbau eines eigenen internen Arbeitsmarktes und/oder Erhöhung der Attraktivität des Unternehmens für externe Bewerber:

(a) Aufbau eines internen Arbeitsmarktes

Zum Aufbau des eigenen internen Arbeitsmarktes sind zunächst Entscheidungen bezüglich der verschiedenen **Bildungsstrategien** zu fällen:

- *Multifunktionale* Bildungsstrategien bereiten die Mitarbeiter auf eine große Bandbreite von möglichen Arbeitsanforderungen vor, die in der Zukunft benötigt werden könnten. Hierbei kann die Entscheidung über die Bildungsinhalte vom betreffenden Mitarbeiter aufgrund spezieller Interessen und Fähigkeiten (mit-)beeinflußt werden. Eine mögliche Realisationsform für die Umsetzung dieser Bildungsstrategie ist der bezahlte Bildungsurlaub.
- *Kontingenzstrategien* zielen auf Fähigkeiten, die mit hinreichend großer Wahrscheinlichkeit auch alternativ entstehende Arbeitsinhalte abdecken. Beispiele hierfür sind die diversen Computerkurse, die bis hin zur NC-Programmierung reichen.
- *Strategiebegleitende* Bildungsmaßnahmen leiten sich aus konkreten und exakt formulierten Arbeitsanforderungen der nahen oder fernen Zukunft ab.

Bezüglich dieser Strategien muß das Unternehmen auf grundsätzlicher (strategischer) Ebene entscheiden, welche Mischung im Hinblick auf einen langfristigen Ausbau der strategischen Potentiale angestrebt werden soll. Entscheidungsgrundlagen sind daher die antizipierten Variabilitäten von Umwelt und Strategie. Die Konsequenz dieser Strategien liegt dann im Aufbau eines internen Arbeitsmarktes, der Arbeitskräfte mit entsprechender Ausbildung bereitstellt. Weitere Möglichkeiten zur Vergrößerung strategischer Potentiale ohne Rückgriff auf den außerbetrieblichen Arbeitsmarkt bestehen in Absprachen zwischen Unternehmen, kurzfristig Bedarfsüberhänge auszugleichen (**Personalbereitstellung auf Abruf**). Ferner können direkte Absprachen zwischen Unternehmen mit schrumpfenden Bereichen und Unternehmen mit wachsenden Bereichen getroffen werden, die Arbeitnehmer – ohne den Umweg über den externen Arbeitsmarkt – direkt von einem Unternehmen zum anderen transferieren (**Arbeitskräftetausch**). Hierzu kann auch die Zusammenarbeit zwischen Unternehmen und Ausbildungsinstitutionen gezählt werden. Die Akquisition von neuen Mitarbeitern erfolgt dann direkt von den Ausbildungsstätten. Dem vorgelagert sind Placement-Strategien wie Informationsveranstaltungen und das Anbieten von Praktika für Studenten und Schüler, die das akquisitorische Potential des Unternehmens langfristig erhöhen.

(b) Schaffung eines akquisitorischen Potentials

Die zweite Grundstrategie besteht darin, die **Attraktivität des betreffenden Unternehmens** für potentielle Bewerber auf dem Arbeitsmarkt zu steigern. Derartige akquisitorische Potentiale (vgl. *Wohlgemuth* 1987) können auf

- Karriereperspektiven,
- Gehältern,
- Sozialleistungen,
- Arbeitsplatzsicherheit oder
- dem Unternehmensimage

basieren. Entscheidend bei derartigen akquisitorischen Potentialen ist weniger ihre Existenz, als ihre Sichtbarkeit für externe Adressaten. Instrumente hierzu sind Aktivitäten im Bereich Public Relation und Sozialberichte (z. B. *v. Wysocki* 1981). Eine weitere Möglichkeit, akquisitorische Potentiale publik zu machen, sind Konzepte zur Corporate Identity (z. B. *Antonoff* 1983; *Birkigt/Stadler* 1986), die ein positives und einmaliges Bild des Unternehmens in der Öffentlichkeit durchsetzen wollen. Zu den akquisitorischen Potentialen zählt schließlich auch das Konzept der Unternehmenskultur, da diese diverse Implikationen für die Personalführung hat (Abschnitt 6.4).

Die Erhöhung von strategischen Potentialen innerhalb des Unternehmens – vor allem, wenn mit der Errichtung von entsprechenden strategischen Barrieren verbunden – führt dazu, daß strategisches Potential im Sinne hochqualifizierten Personals auf dem externen Arbeitsmarkt nur in geringerem Ausmaß vorhanden sein wird. Als Konsequenz steigt die Notwendigkeit, interne Strategien zur Potentialerhöhung durchzuführen, wodurch sich die Differenz zwischen dem externen und dem internen Arbeitsmarkt vergrößert.

4.4.3.3 Strategische Barrieren

Alle Organisationen sehen sich mit einer Vielzahl von funktionalen, institutionalen, gesetzlichen, sozialen und emotionalen Barrieren konfrontiert, die eine Durchführung von strategischen Maßnahmen erschweren oder sogar verhindern. Zentrale Barrieren im Bereich des Personalwesens sind die **Fluktuationsbarrieren** (Abbildung 4.11):

- *Entlassungsbarrieren* erschweren und verhindern aufgrund gesetzlicher, politischer und finanzieller Regelungen Kündigungen des Arbeitsverhältnisses durch den Arbeitgeber.

- *Mobilitätsbarrieren* begründen sich zum einen in den gesetzlichen Regelungen zur betrieblichen Mitbestimmung, zum anderen in der fehlenden individuellen Bereitschaft der Mitarbeiter zur Veränderung des Arbeitsplatzes. Angesprochen sind hier die Umsetzung von Mitarbeitern im Unternehmen (am selben Ort), aber auch Versetzungen in andere Regionen.
- Barrieren gegen *freiwillige Fluktuation* hindern den Arbeitnehmer am Verlassen des Unternehmens. Sie basieren nicht nur auf gesetzlichen Regelungen, sondern auch auf dem „psychologischen Vertrag" zwischen dem Unternehmen und dem Mitarbeiter, wonach dieser sich „seinem" Unternehmen verpflichtet fühlt.

Den arbeitgeberseitigen Kündigungsbarrieren stehen somit arbeitnehmerseitige Kündigungsbarrieren und arbeitnehmerseitige Mobilitätsbarrieren entgegen.

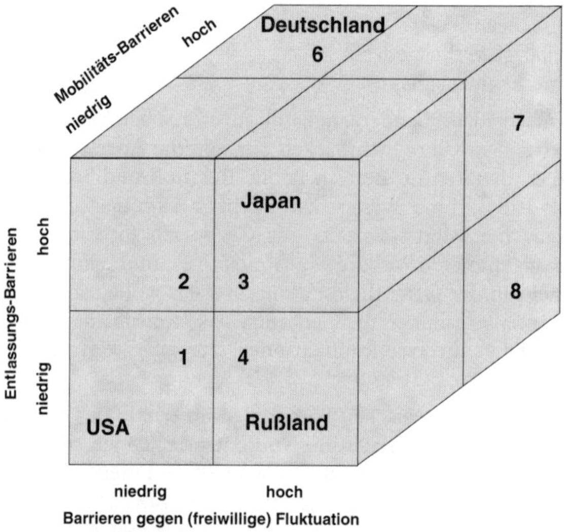

Abbildung 4.11: Fluktuaktionsbarrieren

Nimmt man vereinfachend für jede der drei Fluktuationsbarrieren zwei polare Ausprägungen, so entstehen acht Fälle (Abbildung 4.11), wovon sich die drei wichtigsten Fälle wie folgt beschreiben lassen:

- **Fall 1** verbindet niedrige arbeitnehmerseitige mit niedrigen arbeitgeberseitigen Barrieren. Dies führt aus Sicht des Unternehmens zu einer „hiring and firing policy"; aber auch der Arbeitnehmer kann leicht das Unternehmen verlassen, ohne zwingend negative Einflüsse auf die Karriere in Kauf nehmen zu müssen. Konsequenz ist eine Tendenz zur überwiegend kurzfristigen Beschäftigung. Daher sind Unternehmen nur begrenzt zur Investition in Bildungsmaßnahmen bereit. Mit Ausnahme von Spezialisten und von Arbeitnehmern mit hoher Seniorität trifft diese Fallbeschreibung tendenziell für die USA zu.

- **Fall 3** verbindet hohe Entlassungsbarrieren mit hohen arbeitnehmerseitigen Barrieren. In einer derartigen Situation wird das Arbeitsverhältnis als eine Konstante angesehen, die weder Arbeitnehmer noch Arbeitgeber in Frage stellen. Dies fördert (lebens-)lange Beschäftigungsverhältnisse (für die Stammbelegschaft) und die Bereitschaft zum Anbieten innerbetrieblicher Bildungsmaßnahmen. Diese Fallbeschreibung charakterisiert überwiegend japanische Unternehmen.
- **Fall 6**, tendenziell die deutsche Situation charakterisierend, basiert zum einen auf hohen Entlassungsbarrieren aufgrund von gesetzlichen Regelungen zum Kündigungsschutz. Entlassungen sind danach nicht nur schwer realisierbar, sondern wegen Abfindungszahlungen und Sozialplanleistungen auch teuer. Mobilitätsbarrieren sind in Deutschland ebenfalls relativ hoch (vgl. Abbildung 4.11). Niedrig sind allerdings die arbeitnehmerseitigen Fluktuationsbarrieren, da allenfalls der „psychologische Vertrag" Arbeitnehmer am Verlassen des Unternehmens hindert.

Im Zuge einer UAMS muß ein Unternehmen seine verschiedenen Beschäftigtengruppen bezüglich dieser drei Gruppen von Barrieren positionieren und dieser **Ist**-Positionierung eine **Soll**-Positionierung entgegenstellen.

Geht man exemplarisch und vereinfachend davon aus, daß sich alle Arbeitnehmer eines Unternehmens in einer Situation entsprechend Fall 6 befinden, so bieten sich zwei zentrale Entwicklungsstrategien an:

- Auf der einen Seite kann im Sinne einer reaktiven Strategie für einige Arbeitnehmergruppen versucht werden, die hohen Entlassungsbarrieren auszunutzen und diese mit hohen Austrittsbarrieren zu kombinieren. Dies würde einer Bewegung in Richtung auf Fall 3 gleichkommen. Ein derartiges Verhalten bietet sich für hochqualifizierte Arbeitnehmer an, um Bildungsinvestitionen im Unternehmen zu halten.
- Auf der anderen Seite könnte sich für Arbeitnehmer mit niedriger oder nur mit kurzzeitig benötigter Qualifikation eine Bewegung in Richtung auf Fall 1 anbieten. Die Konsequenz wäre ein Versuch, sowohl die Mobilitätsbarrieren als auch die Entlassungsbarrieren radikal zu verringern. Letzteres ist nur durch Gesetzesänderung beziehungsweise durch Kooperation des Betriebsrats möglich.

4.4.3.4 Strategische Bewegungen

Strategische Bewegungen betreffen die quantitative und die qualitative Dimension des internen und externen Arbeitsmarktes:

- Veränderungen in der *quantitativen* Dimension beziehen sich auf das Vorhandensein von Arbeitskräften einer bestimmten Ausbildung in bestimmten Arbeitsmärkten. Ein Beispiel für eine derartige Veränderung wäre der Trend von Abiturienten zu informatiknahen Studiengängen.
- Veränderungen in der *qualitativen* Dimension beziehen sich nicht ausschließlich auf die Ausbildungsmerkmale der Arbeitskräfte sowie auf charakterisierende Merkmale ihres Einsatzes; hierzu zählen auch Gehaltsstruktur und Einsatzflexibilität (Wochenendarbeit).

Initiatoren für strategische Bewegungen sind Arbeitgeber, (potentielle) Arbeitnehmer, die Interessenvertretungen beider Gruppen sowie staatliche und rechtliche Institutionen.

Anders als in Deutschland erfolgen strategische Bewegungen in den USA überwiegend dezentral und abgestimmt auf die lokalen beziehungsweise individuellen Verhältnisse der involvierten Gruppen: Rund zwei Drittel aller Tarifabschlüsse werden zwischen lokalen Gewerkschaften und individuellen Unternehmen abgeschlossen (vgl. *McMillan* 1984, 177). Als Konsequenz fallen strategische Bewegungen auf Seiten der Gewerkschaften relativ schwach aus.

Unternehmen können zwar nur selten direkt Bewegungen auf dem externen Arbeitsmarkt induzieren, haben aber doch eine Reihe von **Beeinflussungsmöglichkeiten:**

- Durch Veränderungen der eigenen strategischen *Potentiale* (auf dem internen Arbeitsmarkt) können akquisitorische Wirkungen herbeigeführt werden, die Bewegungen auf dem externen Arbeitsmarkt zur Folge haben.
- Veränderungen der strategischen *Barrieren* führen dann zu Bewegungen auf dem externen Arbeitsmarkt, wenn sich der Zustrom zum externen Arbeitsmarkt (Austritte aus dem Unternehmen, Entlassungen) in Quantität oder Qualität verändert beziehungsweise umgekehrt das Einstellungsverhalten des Unternehmens den Abfluß vom externen Arbeitsmarkt beeinflußt. Die Veränderung derartiger Barrieren hat dann eine Umstrukturierung am externen Arbeitsmarkt zur Folge, was weitere Bewegungen auslösen kann.
- Entscheidend können Unternehmen das Verhalten am externen Arbeitsmarkt durch bewußte *Signalsetzung* beeinflussen. Zu solchen Aktionen zählen öffentlichkeitswirksam realisierte Unterstützungen für ausgewählte universitäre Fachbereiche genauso wie öffentliche Ankündigungen von zukünftigem Bedarf. Betont ein Unternehmen beispielsweise die Bedeutung bestimmter Schlüsselqualifikationen, so ist dies ein Hinweis für Unternehmensexterne (die gegebenenfalls interessante Berufsperspektiven sehen) und an Unternehmensmitglieder, die auf diese Weise nähere Informationen über die angestrebte Unternehmensstrategie erhalten.

4.4.3.5 Ein Schrittmodell

Operationalisiert man die oben präsentierten Vorschläge zur Formulierung und Implementation einer unternehmensbezogenen Arbeitsmarktstrategie **UAMS**, so folgen daraus sechs Schritte:

- **Schritt 1** besteht aus einer Umsetzung der Unternehmensstrategie für den Personalbereich. Dies impliziert die Bestimmung der Konsequenzen der Strategie im Hinblick auf den erforderlichen Personalbedarf. Das Ergebnis des Vergleichs der strategischen Bestandsanalyse und der strategischen Bedarfsbestimmung führt dann zu einer qualitativen, quantitativen und terminbezogenen Festlegung eines Personalfehlbestandes beziehungsweise eines Personalüberhanges. Soweit diese Differenz nicht durch operative Maßnahmen ausgleichbar und sofern sie aufgrund ihrer

Dimension entscheidende (strategische) Bedeutung hat, werden die weiteren Schritte einer UAMS eingeleitet.

- In **Schritt 2** wird zunächst festgelegt, wie der ideale Arbeitsmarkt für die in Schritt 1 festgelegte Unternehmensstrategie aussehen müßte. Dies impliziert Festlegungen im Hinblick auf folgende Fragestellungen:
  - Welche strategischen Potentiale soll der (externe/interne) Arbeitsmarkt zu welchen Zeitpunkten (zusätzlich) bereitstellen?
  - Welche strategischen Bewegungen auf dem (externen/internen) Arbeitsmarkt würden die Unternehmensstrategie unterstützen?

	Externe Analyse: Environmental Scanning Szenario-Analyse	Cross-Impact-Analyse Stärken/Schwächen Chancen/Risiken	Interne Analyse: internes Scanning Potential-Analyse
1	Formulierung der Unternehmensstrategie		
2	„Wie sollte der für unser Unternehmen ideale Arbeitsmarkt aussehen, hinsichtlich . .		
	. . . strategischer Barrieren?	. . . strategischer Potentiale?	. . . strategischer Bewegungen?
3	Analyse des relevanten Arbeitsmarktes hinsichtlich . .		
	. . . strategischer Barrieren?	. . . strategischer Potentiale?	. . . strategischer Bewegungen?
4	Formulierung einer unternehmensinduzierten Arbeitsmarktstrategie hinsichtlich . . .		
	. . . strategischer Barrieren? z. B. Entlassungsbarrieren	. . . strategischer Potentiale? z. B. multifunktionale Bildungsstrategien, akquisitorische Potentiale, Unternehmenskultur	. . . strategischer Bewegungen? z. B. Lobbyismus, Signalling
5	Implementieren der unternehmensinduzierten Arbeitsmarktstrategie als Änderung von		
	. . . strategischen Barrieren?	. . . strategischen Potentialen?	. . . strategischen Bewegungen?
6	Kontrolle der Arbeitsmarktstrategie hinsichtlich . . .		
	. . . strategischer Barrieren?	. . . strategischer Potentiale?	. . . strategischer Bewegungen?

Übersicht 4.17: Ablauf einer UAMS

  - Welche strategischen Barrieren stören vorgesehene strategische Bewegungen oder angestrebte strategische Potentiale? Von welchen strategischen Barrieren können Schutzwirkungen erwartet werden?
- Analog dazu gilt es in **Schritt 3** zu analysieren, welche Ausprägungen der relevante Arbeitsmarkt konkret angenommen hat beziehungsweise annehmen wird. Dies bedeutet wieder Analyse im Hinblick auf strategische Barrieren, Bewegungen und Potentiale. Die Differenz aus den Informationen von Schritt 2 und Schritt 3 zeigt dann die Ansatzpunkte für die weitere Ausgestaltung der UAMS auf.
- Sie erfolgt in **Schritt 4** als Formulierung der UAMS.
- Nach der Formulierung der Arbeitsmarktstrategie ist diese zu implementieren (**Schritt 5**). Die damit zwangsläufig verbundenen Schwierigkeiten lassen sich analog zur allgemeinen Akzeptanzproblematik, beispielsweise mit Hilfe des Akzeptanztheorems (vgl. Abschnitt 1.2.3.5), reduzieren.
- Als letztes schließlich wird in **Schritt 6** kontrolliert, ob und inwieweit sich strategische Potentiale, Bewegungen und Barrieren tatsächlich in der Form manifestiert haben, wie sie vorher bei der Strategieformulierung fixiert wurden.

Übersicht 4.17 bringt eine Zusammenfassung dieser sechs Schritte.

Gerade der strategischen Ebene des Personalveränderungsmanagements kommt eine immer größere Bedeutung zu. Der Grund hierfür ist in den Schwierigkeiten zu sehen, die die Beschaffung von qualifizierten Mitarbeitern bestimmter Berufsrichtungen aufwirft. Aus diesem Grund muß sich das Personalmanagement in Zukunft verstärkt um das strategische Veränderungsmanagement und insbesondere um die Schaffung und Weiterentwicklung des innerbetrieblichen Arbeitsmarktes kümmern.

4.5 Methodischer Exkurs

4.5.1 Überblick

Das Personalveränderungsmanagement wirft eine Reihe von methodischen und instrumentellen Fragen auf, von denen vier im Rahmen dieses methodischen Exkurses vertieft diskutiert werden sollen: Dies ist zunächst der biographische Fragebogen, mit dessen Hilfe standardisierte Informationen über Bewerber gewonnen und nach vorgegebenen Prozeduren statistisch ausgewertet werden. Hier interessiert speziell der Aspekt der Validierung dieses Instrumentes. Ähnliches gilt auch für das Assessment Center, bei dem aber mehr der instrumentelle Teil diskutiert wird. Im nächsten Abschnitt wird dann das Problem der Prognosevalidität unter wissenschaftsmethodischen Gesichtspunkten behandelt, bevor im letzten Abschnitt zwei Persönlichkeitstests exemplarisch dargestellt werden.

4.5.2 Biographische Fragebogen

4.5.2.1 Grundidee

Beim biographischen Fragebogen (vgl. *Stehle* 1983; 1986) beantwortet der Bewerber zunächst eine Vielzahl von Fragen, beispielsweise nach
- Herkunft,
- Familienstand,
- Erziehung,
- Wohnverhältnissen,
- Gesundheit,
- Ausbildung,
- Berufswahl,
- Berufserfahrung,
- Freizeitinteresse oder
- Mitgliedschaften in Parteien und Vereinen.

Aus dem Vergleich der Antworten des Bewerbers mit historischen „Erfolgsprofilen" soll sein Berufserfolg prognostiziert werden.

Zwei spezielle, vor allem in den USA stark verbreitete und neuerdings auch in Deutschland (vgl. *Weuster* 1987) diskutierte Ausgestaltungsformen von biographischen Fragebogen sind der **„Weighted Application Blank"** (WAB) und der **„Biographical Information Blank"** (BIB) (vgl. *Cascio* 1987, 257–269).

4.5.2.2 Weighted Application Blank

Beim **WAB** (vgl. *Cascio* 1982, 191–194) wird aus in der Vergangenheit beobachteten Merkmalen auf die Eignung des Bewerbers für eine genau definierte Tätigkeit geschlossen. Die Charakterisierung von „nicht-erfolgreich" und „erfolgreich" orientiert sich an unternehmensspezifischen Gegebenheiten: Sie kann auf das reine Verbleiben im Unternehmen genauso abstellen wie auf den Aufstieg innerhalb der Unternehmenshierarchie.

Bei Verwendung des WAB-Ansatzes lassen sich Erhebungs-, Ableitungs-, Validierungs- und Anwendungsphase unterscheiden.

(a) Erhebungsphase

Zunächst gilt es die „Erfolgsprofile" zu bestimmen. Dies verlangt als erstes Erhebung einer Vielzahl von (durchaus spekulativen) Merkmalen für eine größere Gruppe von Mitarbeitern, die zur Zeit bereits im betreffenden Tätigkeitsbereich arbeiten. Für sie wird auch entsprechend der oben angesprochenen Zielsetzung ihr Erfolg bestimmt. Bei einem zumindest ordinal skalierten Erfolgskriterium ergibt sich dann die Trennung zwischen „nicht-erfolgreich" und „erfolgreich" durch Halbierung der sortierten Probandenmenge. Die beiden resultierenden Teilmengen werden dann zufällig weiter aufgespalten: in eine Teilmenge, aus der sich die „Erfolgskriterien" ableiten, und in eine Validierungsgruppe.

Die beiden (gleichgroßen!) Teilmengen sollten im Hinblick auf statistische Signifikanz jeweils mindestens 125 Personen umfassen; in der weiteren Aufteilung soll die Validierungsruppe um ein Drittel kleiner sein als die Datenbasis zur Ableitung der Einstellungskriterien.

Übersicht 4.18 zeigt einen Vorschlag für diese Einteilung: In diesem Beispiel besteht das Sample aus 250 Mitarbeitern mit je 125 „erfolgreichen" und „nicht-erfolgreichen" Probanden. Innerhalb der Gruppen erfolgt dann zufällig die Aufteilung in die Datenbasis zur Ableitung der Erfolgskriterien (insgesamt 150 Mitarbeiter) sowie in die Datenbasis zur Validierung der Kriterien (insgesamt 100 Mitarbeiter).

	Nicht-erfolgreiche Mitarbeiter	**Erfolgreiche Mitarbeiter**
Datenbasis zur Ableitung der Einstellungs-kriterien	(1) n=75	(2) n=75
Datenbasis zur Validierung der Einstellungs-kriterien	(3) n=50	(4) n=50

Übersicht 4.18: Gruppeneinteilung beim WAB (nach *Cascio* 1982, 192)

(b) Ableitungsphase

Zunächst kommen ausschließlich die Merkmalsausprägungen der Gruppen (1) und (2) zum Zuge. Da die Aussagekraft eines Merkmals davon abhängt, inwieweit sich die Belegungszahlen von Spalte (a) und (b) unterscheiden, ergibt sich die **Diskriminierungskraft** in der Ableitungsphase aus der (zeilenweisen) Division von (a) durch (c). Der in Spalte (d) ausgewiesene Prozentsatz führt dann gerundet in Spalte (e) zur Wertungszahl. Sie gibt Auskunft über die (empirische) Bedeutung des entsprechenden Merkmals in der Untersuchungsgruppe: Wertungszahlen unter 5 signalisieren nach dieser Berechnungsvorschrift eine **geringe** Erfolgswahrscheinlichkeit, solche über 5 dagegen eine **hohe** Erfolgswahrscheinlichkeit.

(c) Validierungsphase

Die Validierungsphase bestimmt die **Prognosekraft** der anhand von Gruppe (1) und (2) festgelegten Wertungszahlen. Grundlage zur Prüfung der Prognosevalidität sind die Daten der Kontrollgruppen (3) und (4): Für die Mitglieder dieser beiden Gruppen wird ausgehend von den ermittelten Kriterien (e) eine Aussage darüber getroffen, ob dem betreffenden Mitarbeiter nach Bewertung mit dem WAB eine „erfolgreiche" Zukunft am entsprechenden Arbeitsplatz prognostiziert wird. Diese „Prognose" wird dann mit

	Erhebung		Auswertung		Ergebnis
Kriterien mit ihren Ausprägungen	erfolg-reich (a)	nicht erfolg-reich (b)	Summe (c)	% (d)	Wertungs-zahl (e)
Anzahl abhängiger Angehöriger					
– keine	29	18	47	62	6
– 1 oder 2	16	6	22	73	7
– 3 oder 4	17	14	31	55	5
– mehr als 4	13	37	50	26	3
Summe	75	75	150		
Größe des gegenwärtigen Wohnortes					
– größer 100.000	10	37	47	21	2
– 20.000 bis 100.000	16	19	35	46	5
– 2.000 bis 20.000	31	8	39	79	8
– unter 2.000	18	11	29	62	6
Summe	75	75	150		
Ausbildungsabschluß					
– Universität	7	4	11	64	6
– Fachhochschule	26	6	32	81	8
– Abitur	12	22	34	35	4
– Mittlere Reife	19	26	45	42	4
– Volksschule	11	17	28	39	4
Summe	75	75	150		

Übersicht 4.19: Berechnungsvorschrift für WAB (modifiziert nach *Cascio* 1982, 193)

seinem tatsächlichen Erfolg verglichen. Diese Validierung sollte – als doppeltes Minimum – sowohl merkmalsbezogen als auch en bloc für den gesamten Merkmalssatz erfolgen. Ab einem (vorher) festgelegten Prozentsatz (zum Beispiel 80%) wird ein Merkmal beziehungsweise der Merkmalssatz als valide angesehen.

(d) Anwendungsphase

In der **Anwendungsphase** können mit Hilfe der Wertungszahlen aus Spalte (e) konkrete Bewerber im Hinblick auf ihre Erfolgswahrscheinlichkeit „bewertet" werden. Zu diesem Zweck wird für jeden Bewerber ein Durchschnittswert über alle erzielten Wertungszahlen gebildet: Auch hier prognostizieren Punktsummen unter 5 Mißerfolg, Punktsummen über 5 dagegen Erfolg.

(e) Bewertung

Der WAB unterstellt nicht die Existenz einer Kausalität zwischen biographischen Daten und Berufserfolg: Er berücksichtigt lediglich **Koinzidenz** zwischen biographischer Vergangenheit und Berufserfolg, wobei davon ausgegangen wird, daß die gleichen Persönlichkeitsmerkmale biographische Vergangenheit und Berufserfolg beeinflussen (vgl. *Weuster* 1987, 417–418). Diese Koinzidenz wird in der Regel durch ein drittes Merkmal hervorgerufen, das die Ausprägungen der beiden Koinzidenzvariablen in gleicher Weise beeinflußt, aber nicht bekannt und daher nicht abfragbar ist.

Die **Grundidee** von biographischen Fragebogen und speziell vom WAB läßt sich gut am Merkmal „Größe des gegenwärtigen Wohnortes" verdeutlichen: Zwischen diesem Merkmal und dem beruflichen Erfolg existiert keine plausible Kausalität. Trotzdem kann im Einzelfall die gesuchte Gruppe von Mitarbeitern durchaus eine deutliche Präferenz für bestimmte Wohngegenden haben. Deshalb wird die gegenwärtige Wohngegend als Prädiktor verwendet. Falls dieses Merkmal jedoch keine Bedeutung für den Erfolg hat, wird dies durch identische Verteilungen der Merkmalsausprägungen in Gruppe (1) und (2) deutlich: Dies führt zu einer Wertungszahl von 5 und einer Trefferwahrscheinlichkeit von 50% in der Validitätsstudie. Das entsprechende Merkmal scheidet damit aus dem WAB aus.

4.5.2.3 Biographical Information Blank

Der **BIB** (vgl. *Milkovich/Glueck* 1985, 300–301; *Cascio* 1987, 258) geht ähnlich vor: Hier kommen allerdings biographische Daten zum Einsatz, die bewußt extrem auf subjektive Einstellungen und Eigenbeurteilungen des Bewerbers abstellen (Übersicht 4.20). Aus diesem Grund fällt auch die Erstellung eines empirisch überprüfbaren Ansatzes im Regelfall schwerer als beim WAB.

Familienstand?
Zahl der Studiensemester?
Haben Sie jemals ein Modellflugzeug gebaut, das geflogen ist?
Wieviel Zeit haben Sie während des Examensjahres mit Sport verbracht?
Welche Fächer fielen Ihnen am leichtesten in der Schule?
Welche Arbeiten haben Sie bisher gegen Bezahlung erledigt?
Wie oft fühlen Sie sich selbstsicher?
Was glauben Sie, wird sich in den nächsten fünf Jahren am meisten in Ihrem Berufsfeld ändern?
Wenn Sie Entertainer wären, womit würden Sie am liebsten unterhalten?
Wenn Sie (noch einmal) studieren würden, für welches Gebiet würden Sie sich entscheiden?
Wie lösen Sie schwere Probleme?

Übersicht 4.20: Beispiele für biographische Fragen (modifiziert nach *Cascio* 1987, 259)

Auch der BIB wird in den USA verwendet und als durchaus valide bezeichnet: So weist *Cascio* (1982, 195) auf eine Untersuchung hin, nach der man im Zweiten Weltkrieg anhand der Antwort auf die Frage nach dem flugfähigen Modellflugzeug die Eignung zum Piloten fast so gut vorhersagen konnte wie die gesamte Testbatterie der Air Force.

Unabhängig von einer mitbestimmungsrechtlichen Beurteilung eines derartigen WAB/BIB-Fragebogens bleibt die Möglichkeit des Einsatzes dieser Fragen im Einstellungsinterview.

4.5.3 Assessment Center

Das Assessment-Center (vgl. *Jeserich* 1981; *Heitmeyer/Thom* 1982; *Klimoski/Brickner* 1987) dient als komplexes, standardisiertes, meist mehrtägiges Verfahren zur Ermittlung und Feststellung von Verhaltensleistungen. Beim Assessment Center werden mehrere Tests situativ miteinander verbunden: Bewerber müssen also, in Gruppen von sechs bis acht Personen zusammengefaßt, (gemeinsam) verschiedene Fragestellungen beantworten.

Typische **Beispiele** für Assessment-Übungen sind
- In-Basket-Methode („Postkorb"), bei dem ein „zufällig" zusammengestellter Inhalt eines Posteingangkorbes sortiert und die daraus resultierenden Aktionen in eine Prioritätenrangfolge gebracht werden sollen,
- führerlose Gruppendiskussionen mit oder ohne Rollenvorgabe,
- Simulation von Interviews,
- Fallstudienanalysen,
- Präsentationsverfahren sowie
- schriftliche Übungen.

Jede dieser Aufgaben zielt auf spezifische **Fähigkeitsmerkmale** des Kandidaten (Übersicht 4.21): So läßt sich mit Hilfe eines Postkorbs die Problemanalysefähigkeit des Bewerbers bestimmen. Für das Merkmal „Entschlossenheit" bietet sich dagegen das Managementspiel an.

Die gesuchten Fähigkeitsmerkmale des Bewerbers werden jeweils durch mehrere Verfahren erfaßt: Diese **Redundanz** dient dem Ausgleich von Beurteilungsfehlern. Ebenfalls zur Kompensation von Beurteilungsfehlern geeignet ist der Vorschlag, unterschiedliche Personen zur Durchführung der diversen Tests heranzuziehen. Auch hier tragen die Überschneidungen in den Beobachtungsbereichen zur Reduktion von Beurteilungsfehlern bei.

Ein Assessment Center ist in hohem Maße **standardisiert**: Umfangreiche Formulare und Ablaufhinweise sollen eine konstante Beurteilungsleistung realisieren helfen. Die auf mehrere Tage angesetzte Dauer reduziert die Gefahr vorschneller Meinungsbildung.

Um die Objektivität des Verfahrens sicherzustellen, kommen als mögliche **Beurteiler** neben den Mitarbeitern der Personalabteilung und externen Beratern oder Psychologen vor allem hierarchisch mindestens zwei Stufen höher stehende Vorgesetzte in Frage, so daß die Objektivität des Verfahrens sichergestellt ist (vgl. *Cascio* 1987, 322). Betrachtet man auf der anderen

Merkmale	Aktivitäten								
	Interview	Management-Spiel	Postkorb und Interview	Führerlose Gruppendiskussion (ohne Rollenvorgabe)	Führerlose Gruppendiskussion (mit Rollenvorgabe)	Daten sammeln und Entscheiden	Analyse/Präsentation (falls Gruppendiskussion)	Interview-Simulation	Schriftliche Übung
Energie/Tatkraft	(x)	x	(x)	x	x	x	x	x	
Mündlicher Ausdruck	x	x	x	x	x	x	x	x	(x)
Mündliche Präsentation				(x)		x	(x)		
Schriftlicher Ausdruck	x		(x)				(x)		(x)
Kreativität	x		x	x					x
Interessenbereich	(x)								x
Streß-Toleranz		x		x	x	(x)	x		
Motivation	(x)								
Arbeitsnormen	(x)								x
Karriereorientierung	(x)								
Führungsfähigkeit	x	(x)		(x)	(x)				
Sensibilität	x	x	(x)	x	x	x	x	(x)	
Zuhören können		x		x	x	(x)		x	
Flexibilität		x		(x)	x	(x)	x	(x)	
Beharrlichkeit	x	x		x	x	(x)	x	x	
Risikobereitschaft	x	(x)	x		x				
Initiative	x	x	x	x	x				
Unabhängigkeit	x	x		x	x	x			
Planen/Organisieren	x	x	(x)				x	x	x
Steuern/Kontrollieren	x	(x)							
Delegieren	x		(x)						
Problemanalyse	x	x	x	x	(x)	(x)	x	x	x
Urteilsfähigkeit	x	x	(x)	x	(x)	(x)	x		x
Entschlossenheit		x	(x)		(x)	(x)			

x starke diagnostische Qualität
(x) schwache diagnostische Qualität

Übersicht 4.21: Assessment-Übungen und beobachtbare Merkmale (nach *Byham* 1975, 77; *Jeserich* 1981, 123)

Seite die notwendige „Stimmigkeit" zwischen Vorgesetzten und Mitarbeitern, bietet es sich an, auch den direkten Vorgesetzten zur Beurteilung heranzuziehen.

Im Hinblick auf die (aggregierende) **Konsens-Bildung** (vgl. *Cascio* 1987, 324) sind formale Methoden zur Verdichtung des Datenmaterials hilfreich. Sie aggregieren die Beurteilungen von mehreren Beobachtern und/oder aus mehreren Übungsarten zu einer Gesamtausprägung.

Als **Vorteile** vom Assessment Center (vgl. *Jeserich* 1981, 33–34; *Heitmeyer/Thom* 1982, 23–24) gelten sein systematischer Ablauf, seine Fokussierung auf direkt beobachtbare Verhaltensmerkmale aus dem zukünftigen Tätigkeitsfeld; hinzu kommt die mehrfache Erfassung desselben Fähigkeitsmerkmals im Methodenverbund, der Einsatz mehrerer Beobachter und die direkte Vergleichsmöglichkeit zwischen den Bewerbern. Als **Nachteil** ist allenfalls auf den großen Aufwand und auf die Notwendigkeit „erfahrener" Beurteiler hinzuweisen.

Die **Validität** der mit dem Assessment Center erzielten Ergebnisse wird als äußerst hoch bezeichnet (vgl. Übersicht 4.7). So führten *Thornton et al.* (1987, 36–60) eine Meta-Analyse von 50 Studien zum Assessment Center mit insgesamt 107 Validitätskoeffizienten durch: Danach wurde eine besonders **hohe** Validität bei
- weiblichen Testpersonen,
- mehreren Bewertungsmöglichkeiten sowie
- Psychologen und Kollegen als Beurteiler

erzielt, während
- das Alter der Beurteilten,
- die Dauer des Beurteilungstrainings oder
- die Zahl der Beurteilungstage

keinen Einfluß auf die Validität hatten; ein entsprechend dem spezifischen Verwendungszweck gut gestaltetes Assessment Center kann nach dieser Untersuchung als „mit Sicherheit prädikativ valide" angesehen werden. Damit hebt sich das Assessment Center deutlich von den übrigen Verfahren zur Bewerberselektion ab.

4.5.4 Validität der Bewerberauswahl

In Abschnitt 1.4.4.2 wurde auf die allgemeine Problematik der Validität und in Abschnitt 4.2.2 speziell auf die Problematik der Validität von Verfahren zur Bewerberselektion hingewiesen (vgl. *Cascio/Awad* 1981, 210–270). Vertiefend dazu soll in diesem Abschnitt daher auf die wichtigen Teilaspekte Prognosevalidität, Basisrate und Selektionsrate näher eingegangen werden.

4.5.4.1 Prognosevalidität

Auswahlverfahren sollen eine Vorhersage der zukünftigen Arbeitsleistung eines neu einzustellenden Mitarbeiters ermöglichen. Ihre Validierung erfordert die Messung des Ziel-(Außen)Kriteriums, nämlich der realisierten Arbeitsleistung zu einem späteren Zeitpunkt. Deshalb ist die Validierung auf die **Prognosevalidität** auszurichten (vgl. *Ghiselli/Campbell/Zedeck* 1981, 270–271; *Rumpf* 1981, 103).

Als Validitätskriterium ist somit der tatsächlich realisierte Arbeitserfolg des eingestellten Mitarbeiters entscheidend. Die Bestimmung der „realisierten Arbeitsleistung" erfolgt mit Hilfe **eindimensionaler Globalkriterien** („composite criteria", vgl. *Blum/Naylor* 1968, 184–187) wie erreichte Gehaltsstufe/Hierarchieebene. Allerdings wirken zahlreiche Beeinflussungsvariablen auf die Entgelt- und Beförderungspolitik eines Unternehmens, weshalb die eindimensionale Messung des Arbeitserfolges allenfalls begrenzt sinnvoll ist.

Eine Alternative bietet eine **mehrdimensionale** Erfassung der Arbeitsleistung unter Verwendung mehrerer Außenkriterien ("multiple criteria"):

- Bei der **explizit mehrdimensionalen Validierung** (vgl. *Blum/Naylor* 1968, 187–189; *Wernimont/Campbell* 1968) werden die einzelnen Dimensionen einer Leistungsbewertung mit Hilfe von Leistungs- oder Verhaltensmerkmalen (vgl. Abschnitt 2.2.3) mit den während der Personalselektion erhobenen Werten korreliert. Dies führt zu mehreren Validitätskoeffizienten je Prädiktor (vgl. Abbildung 4.12). Wichtig dabei ist die personelle Trennung der Fähigkeitserhebung (bei der Personalselektion) und der Leistungsbewertung (als Indikator für den Arbeitserfolg), da sonst die erhöhte Gefahr von Verfälschungen der Validierung ("self fulfilling prophecies") auftritt.

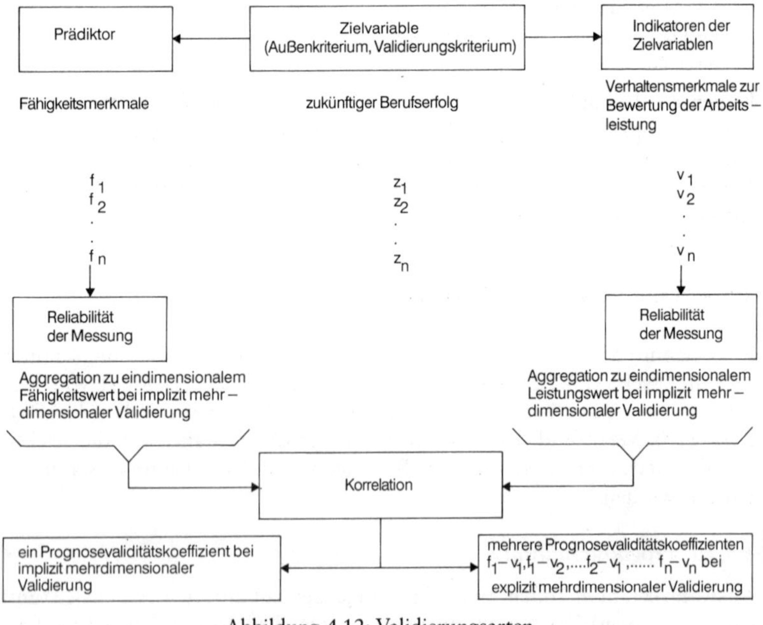

Abbildung 4.12: Validierungsarten

- Bei der **implizit mehrdimensionalen Validierung** ("composite criterion") wird der in einer aggregierten Maßzahl ausgedrückte Arbeitserfolg mit einer während der Bewerberauswahl erstellten (summarischen) Fähigkeitsprognose korreliert; die Vielschichtigkeit von Fähigkeit und Arbeitsleistung wird also nur implizit berücksichtigt (vgl. *Schmidt/Kaplan* 1971).

Abbildung 4.12 faßt schematisch die Vorgangsweise bei der implizit mehrdimensionalen und explizit mehrdimensionalen Validierung zusammen.

Die **synthetische Validität** (vgl. *Balma* 1959; *Cascio* 1987, 156–157) kann als eine Kombination von explizit und implizit mehrdimensionaler Validierung betrachtet werden. Hier wird – als situationsspezifische Validität – der zu realisierende Aufgabenkomplex in seine Komponenten zerlegt, um diese dann zu validieren und die komponentenspezifischen Validitäten zu einem aufgabenkomplexspezifischen Gesamtwert zusammenzufassen. Um die Stichprobengröße zu erhöhen, werden Daten mehrerer Stellen oder Tätigkeitsfelder verwendet, wenn dieselbe Leistungskomponente Bestandteil mehrerer Aufgabenkomplexe ist. Die synthetische Validierung löst daher vor allem bei kleineren Unternehmen das Problem der zu gering besetzten Tätigkeitsfelder (vgl. *Hamilton* 1981, 805–806).

Die Durchführung einer synthetischen Validierung umfaßt **fünf Schritte** (vgl. *Mossholder/Arvey* 1984, 322–323; *May* 1986, 165–168):
- Beschreibung der in der Untersuchung herangezogenen Aufgabenkomplexe durch Anforderungsvektoren,
- Identifikation der Komponenten, die in mehreren Aufgabenkomplexen Bestandteil der geforderten Arbeitsleistung sind,
- Evaluierung und Validierung von Prädiktoren für jede Leistungskomponente,
- Zusammenstellung der validierten Prädiktoren für jeden Aufgabenkomplex und
- Schluß auf die Validität der Prädiktorkonfiguration im Hinblick auf die (Gesamt-)Arbeitsleistung. Dieser Schluß basiert auf den ermittelten Validitäten der Einzelprädiktoren im Hinblick auf die einzelnen Leistungskomponenten.

Die Frage nach der Auswahl zwischen den Validierungsformen kann nicht allgemeingültig beantwortet werden; sie ist immer von Untersuchungsziel und -objekt abhängig (vgl. *Cascio* 1987, 69–70).

4.5.4.2 Basisrate und Selektionsrate

Wichtig für eine Personalselektion sind auch Selektionsrate und Basisrate, die ihrerseits Einfluß auf die Validität der Bewerberselektion ausüben.

Die **Basisrate** ist definiert als der Anteil einer nicht vorsortierten Bewerberpopulation, der a priori bei gegebenen Auswahlverfahren als erfolgreich gilt. Die Basisrate spiegelt somit die Qualität des Bewerberpools wider (vgl. *Kompa* 1984, 101–103; *Milkovich/Glueck* 1985, 306; *Cascio* 1987, 286–287).

$$\text{Basisrate} = \frac{\text{Anzahl a priori erfolgreich eingeschätzter Bewerber}}{\text{Bewerbergesamtzahl}}$$

Bei einer Basisrate von 1 erfüllen alle Bewerber die gestellten Anforderungen; hier ist der Einsatz eines Prädiktors wenig sinnvoll. Analoges gilt für eine extrem niedrige Basisrate, da zur Personalselektion eine unrealistisch hohe Anzahl von Bewerbern nötig wäre, um den „Richtigen" zu finden.

Die **Selektionsrate** ist das Verhältnis der Anzahl der einzustellenden neuen Mitarbeiter zur Gesamtzahl der Bewerber (vgl. *Kompa* 1984, 98–101; *Milkovich/Glueck* 1985, 306; *Cascio* 1987, 284–286).

$$\text{Selektionsrate} = \frac{\text{akzeptierte Bewerber}}{\text{Bewerbergesamtzahl}}$$

In Abbildung 4.13 sind die Zusammenhänge zwischen Selektionsrate und Ablehnung/Akzeptanz sowie zwischen Basisrate und Erfolg/Mißerfolg von Bewerbern bei einem Prädiktor mit gegebener Prognosevalidität von r = 0,70 dargestellt. Im linken Teil von Abbildung 4.13 wird der Einfluß der Basisrate dargestellt. Bei einer Basisrate von 0,80 wird von 80% erfolgreichen Bewerbern in der Bewerberpopulation ausgegangen. Abbildung 4.13 rechts zeigt den Einfluß der Selektionsrate. Bei einer Selektionsrate von 0,80 werden im Gegensatz zu einer Selektionsrate von 0,20 eine höhere Anzahl von Bewerbern aus der Gesamtbewerberzahl akzeptiert.

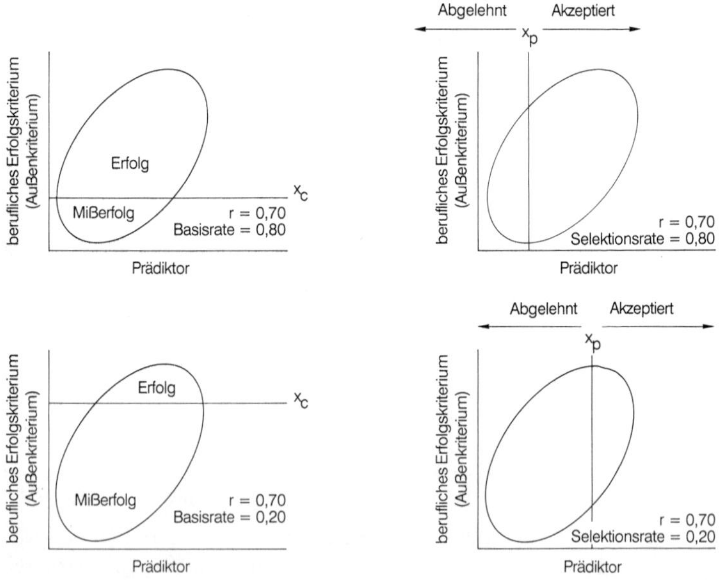

Abbildung 4.13: Einfluß unterschiedlicher Basisraten und Selektionsraten auf einen Prädiktor bei gegebener Prognosevalidität (nach *Blum/Naylor* 1968, 49; *Cascio* 1987, 284–286)

Beide situativen Einflußvariablen haben einen Einfluß auf die Auswahlentscheidung und somit auf die Prognosevalidität von Prädiktoren. Im einzelnen sind vier Fälle zu unterscheiden (Abbildung 4.14):
- erfolgreich und akzeptiert (Feld A)
- erfolgreich und abgelehnt (Feld B)
- erfolglos und abgelehnt (Feld C)
- erfolglos und akzeptiert (Feld D).

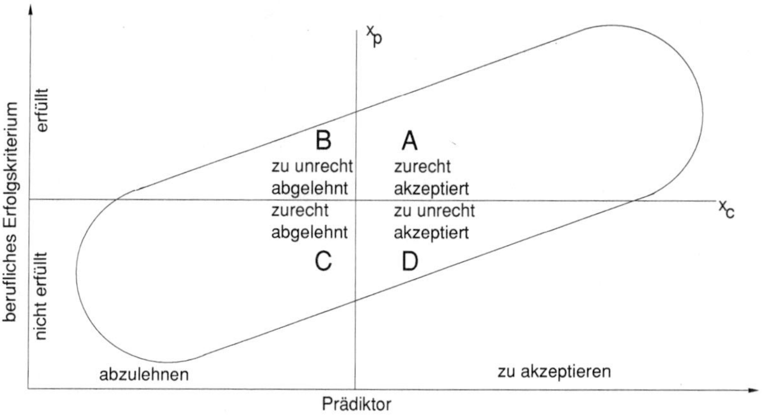

Abbildung 4.14: Zusammenwirken von Basisrate und Selektionsrate im Hinblick auf die Auswahlentscheidung (*nach Cascio* 1987, 285)

Die **Angemessenheit** einer Auswahlentscheidung hängt davon ab, wie hoch der Anteil der falschen Selektionsentscheidungen im Vergleich zur Gesamtzahl der Selektionsentscheidungen ist. Von größtem Interesse in der Praxis ist aber auch das Verhältnis von „erfolgreich" zu „nicht-erfolgreich" bei den akzeptierten Bewerbern: Das unternehmerische Entscheidungskalkül erfordert eine Minimierung der Zahl der akzeptierten, jedoch ungeeigneten Bewerber. Hinsichtlich gesellschaftlicher Nutzenüberlegungen ist aber eine Minimierung der abgelehnten, jedoch geeigneten Bewerber zu fordern. Es entsteht also ein unternehmerisch-gesellschaftlicher Zielkonflikt, der auf eine „soziale Validität" der Personalselektion (vgl. *Schuler/Stehle* 1983) abstellt.

4.5.5 Zwei exemplarische Persönlichkeitstests

Im folgenden Abschnitt werden in Ergänzung zu Abschnitt 4.2.2.3 zwei aus Amerika stammende Persönlichkeitstestverfahren vorgestellt.

4.5.5.1 Learning-Styles Inventory (LSI)

Der LSI (1976) will Stärken und Schwächen im individuellen Lernverhalten messen. Die Ausgangsbasis bilden dabei neun Reihen aus jeweils vier Worten, zwischen denen die Testperson eine Bewertung vornehmen muß: Das den Lernstil nach eigener Einschätzung am ehesten beschreibende Wort erhält 4 Punkte, das dem Lernstil am wenigsten entsprechende einen Punkt (Abbildung 4.15 oben).

Die vier Spalten repräsentieren jeweils vier Dimensionen des individuellen Lernstils; allerdings werden nicht alle Wertungen berücksichtigt: Für jede Dimension gehen in die Addition nur spezifische Wertungen ein (Abbildung 4.15 unten).

Bewerten Sie die vier Worte in jeder Reihe danach, inwieweit sie Ihren Lernstil beschreiben. Vergeben Sie dazu Werte zwischen eins (schlechteste Charakterisierung) und vier (beste Charakterisierung)

1	differenzierend	4	versuchend	1	interessiert	3	praktisch	2
2	aufnahmefähig	1	anwendbar	3	analytisch	4	unbefangen	2
3	fühlend	1	betrachtend	2	denkend	4	ausführend	3
4	akzeptierend	1	risikoreich	2	bewertend	4	wahrnehmend	3
5	intuitiv	2	produktiv	1	logisch	3	fragend	4
6	abstrakt	4	beobachtend	1	greifbar	3	aktiv	2
7	gegenwartsbezogen	3	reflektierend	1	zukunftsbezogen	4	pragmatisch	2
8	Erfahrung	1	Beobachtung	3	Vorstellung	4	Experiment	2
9	intensiv	4	zurückhaltend	1	rational	3	verantwortlich	2
	KE=	9	**RB=**	9	**AV=**	22	**AE=**	13
					AV-KE=	13	**AE-RB=**	4

Abbildung 4.15: Berechnungsschema zum LSI (nach *LSI* 1976, 1)

Hohe Werte in den einzelnen Dimensionen haben folgende Bedeutung:

- Concrete Experience ist ein auf Beispiele fokussiertes Lernverhalten, in die die Person direkt involviert ist. Dieser Lernstil impliziert ein interessiertes, offenes, und vorurteilsfreies Lernverhalten. Theoretische Lernsituationen werden abgelehnt, da Personen mit hoher CE-Ausprägung jede Situation als einzigartig ansehen.
- Personen mit einer hohen Ausprägung der Dimension Abstract Conceptualization zeichnen sich durch analytisches konzeptionelles Lernverhalten aus, das zum größten Teil auf logischem Denken und rationaler Einschätzung beruht. Dies impliziert ein sachbezogenes Denken und Handeln. Diese Personen erzielen den größten Lernerfolg in autoritären und unpersönlichen Lernsituationen.
- Active Experimentation ist ein aktiver Lernstil, gekennzeichnet durch Freude am Experimentieren (Learning by doing). Personen, die nach dieser Methode lernen, sind eher extrovertiert und lehnen passive Lernsitua-

tionen ab. Der Lernerfolg ist am größten in Situationen wie Projektarbeit oder Gruppendiskussionen.

- Ein hoher Wert bei der Dimension **R**eflective **O**bservation zeigt einen objektiven und überdenkenden Lernstil an. Personen mit diesem Lernstil verlassen sich hauptsächlich auf sorgfältige Beobachtung bei ihren Entscheidungen. Sie bevorzugen Lernsituationen, wie beispielsweise Vorlesungen, die es ihnen ermöglichen die Rolle eines objektiven Beobachters einzunehmen. Diese Personen sind eher introvertiert.

Die Ausprägungen der einzelnen Dimensionen werden in ein Koordinatensystem eingetragen; durch Linien miteinander verbunden führen sie zum LSI-Profil (Abbildung 4.16).

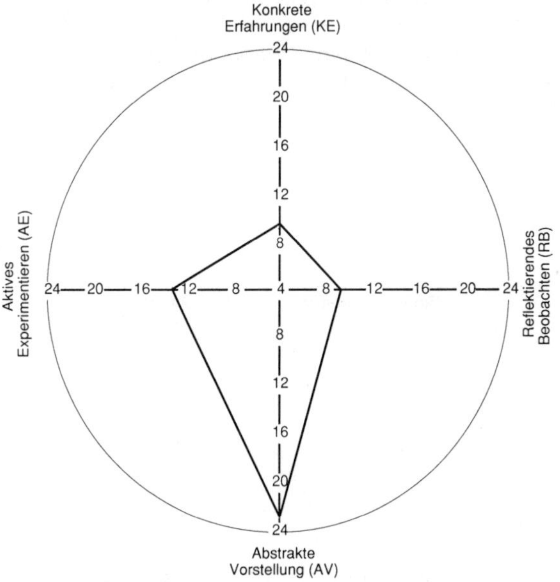

Abbildung 4.16: LSI-Beispielsprofil (nach *LSI* 1976, 3)

Durch die Kombination von zwei Dimensionen will der LSI zusätzlich Informationen über das individuelle Lernverhalten liefern:

- Die Kombination von **A**bstract **C**onceptualization und **C**oncrete **E**xperience drückt aus, inwieweit die Person abstraktes Lernen konkreten Lernsituationen vorzieht.
- Die Kombination von **A**ctive **E**xperimentation und **R**eflective **O**bservation drückt aus, inwieweit die Person die Aktion der Reflexion vorzieht.

Die daraus resultierenden Kombinationen werden in ein Koordinatensystem mit vier Quadranten eingetragen (Abbildung 4.17). Dies führt zu vier **Lernstiltypen:**

- Die größte Stärke des Convergers ist die praktische Anwendung, in welcher er sein Wissen in deduktiver Art und Weise unmittelbar auf spezifische Probleme anwenden kann. Er ist rational und sachorientiert (zum Beispiel bei Ingenieuren).

- Die Stärke des Divergers ist seine Vorstellungskraft, mit der er Situationen aus unterschiedlichen Blickwinkeln analysiert. Er ist emotional und personenorientiert (charakteristisch beispielsweise für Organisationsentwicklungsspezialisten oder Personalmanager).
- Die Stärken des Assimilators liegen in der Konstruktion theoretischer Modelle, die er induktiv aus Einzelaspekten zusammensetzt; im Gegensatz zum Converger ist er aber nicht an deren praktischen Umsetzung interessiert (charakteristisch für Mitarbeiter von Forschungs- und Planungsabteilungen).
- Die Stärken des Accommodators liegen – im Gegensatz zum Assimilator – primär im unmittelbaren Tätigkeitsbezug, das heißt in der Umsetzung von Plänen oder wenn ihm neue Erfahrungen ermöglicht werden; er zeichnet sich vor allem durch Risikobereitschaft, Anpassungsfähigkeit und Flexibilität aus (charakteristisch für Mitarbeiter in Marketing/Verkauf).

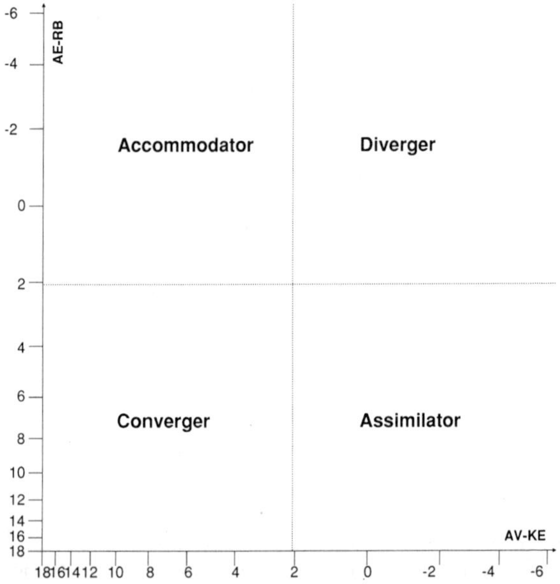

Abbildung 4.17: Lernstiltypen des LSI (nach *LSI* 1976, 5)

Wichtigster Kritikpunkt zu diesem Ansatz ist das Fehlen eines Theoriebezuges. Auch Reliabilität und Validität der Messung sind problematisch. Zudem versuchen die Autoren in keiner Weise, ihre Ergebnisse in Unterrichtsstile umzusetzen.

4.5.5.2 Strong-Campbell Interest Inventory (SCII)

Das Strong-Campbell Interest Inventory, das an der Stanford University entwickelt wurde, versucht individuelle Interessen zu erheben; **nicht** erhoben werden individuelle Fähigkeiten. Die Interessen werden in einem 325 Fragen umfassenden Fragebogen erfaßt. Aufgrund dieser Ergebnisse wird auf die berufliche Eignung der Probanden hinsichtlich bestimmter Berufe beziehungsweise Berufsgruppen geschlossen.

Die Testpersonen werden befragt über ihre Interessenlage hinsichtlich
- Beruf,
- Schulfächer,
- sonstige Aktivitäten (z. B. eine Rede halten oder eine Uhr reparieren),
- Freizeitbeschäftigungen sowie
- tägliche Kontakte zu verschiedenen Personengruppen (z. B. alte Menschen oder Personen, die gefährlich leben).

Durch Mustererkennung wird bei diesem Test das Interessenprofil der Testperson mit Interessenprofilen von Referenzpersonen verglichen. Diese Referenzpersonen haben diesen Test bereits durchgeführt und gelten als beruflich erfolgreich.

Die Antworten des Fragebogens werden auf drei Arten analysiert:

(a) General Occupational Themes

Die erste Analyse beinhaltet einen Vergleich mit sechs allgemeingültigen Mustern, die allgemeine Bereiche beruflichen Interesses darstellen. Jedes Wort charakterisiert nicht nur einen Personentyp, sondern auch die Art der Arbeitsumwelt, die dieser Personentyp bevorzugt. Die Ergebnisse der Testperson werden hier mit einer Referenzgruppe bestehend aus jeweils 300 Männern und Frauen aus verschiedenen Berufszweigen verglichen. Für Frauen und Männer existieren jeweils unterschiedliche Skalen, da man festgestellt hat, daß die Interessen von Männern und Frauen, obwohl der gleiche Beruf ausgeübt wird, differieren.

Die sechs Muster lassen sich wie folgt beschreiben:
- Die Dimension „**R**ealistic" charakterisiert Personen, die sich lieber mit Dingen als mit Menschen auseinandersetzen und die neuen Ideen eher ablehnend gegenüberstehen. Diese Personen bevorzugen Berufe, wie Mechaniker, Konstrukteur, Militärberufe oder Berufe in der Landwirtschaft.
- Die Dimension „**I**nvestigative" beinhaltet das Interesse an wissenschaftlichen Aktivitäten. Personen mit starker Ausprägung dieser Dimension sind in der Regel aufgabenorientiert und lösen gern abstrakte Probleme. Sie haben unkonventionelle Werte und Ansichten und sind sehr kreativ, besonders im wissenschaftlichen Bereich. Diese Personen bevorzugen Berufe wie zum Beispiel Biologe, Meteorologe oder Physiker.
- Die Dimension „**A**rtistic" charakterisiert Personen, die eher künstlerisch orientiert sind. Diese Personen arbeiten gern in einer Umgebung, die Selbstdarstellung zuläßt. Bevorzugte Berufe sind Autor, Sänger oder Schauspieler.

- Die Dimension „Social" charakterisiert Personen, die sich vor allem um das Wohlergehen anderer bemühen. Diese Personen beschreiben sich selbst als heiter, beliebt und als gute Führer. Bevorzugte Berufe sind zum Beispiel Hochschullehrer, Psychologe oder Sprachtherapeut.
- Die Dimension „Enterprising" charakterisiert Personen, die eine Abneigung gegen längere geistige Anstrengungen haben. Diese Personen bevorzugen Macht, Status und materiellen Wohlstand. Bevorzugte Berufe sind zum Beispiel Hotelmanager, Berater oder Fernsehproduzent.
- Die Dimension „Conventional" charakterisiert Personen, die es vorziehen nach genau definierten Regeln zu arbeiten. Sie passen gut in große Organisationen. Bevorzugte Berufe sind zum Beispiel Bankangestellte, Buchhalter oder Steuerexperten.

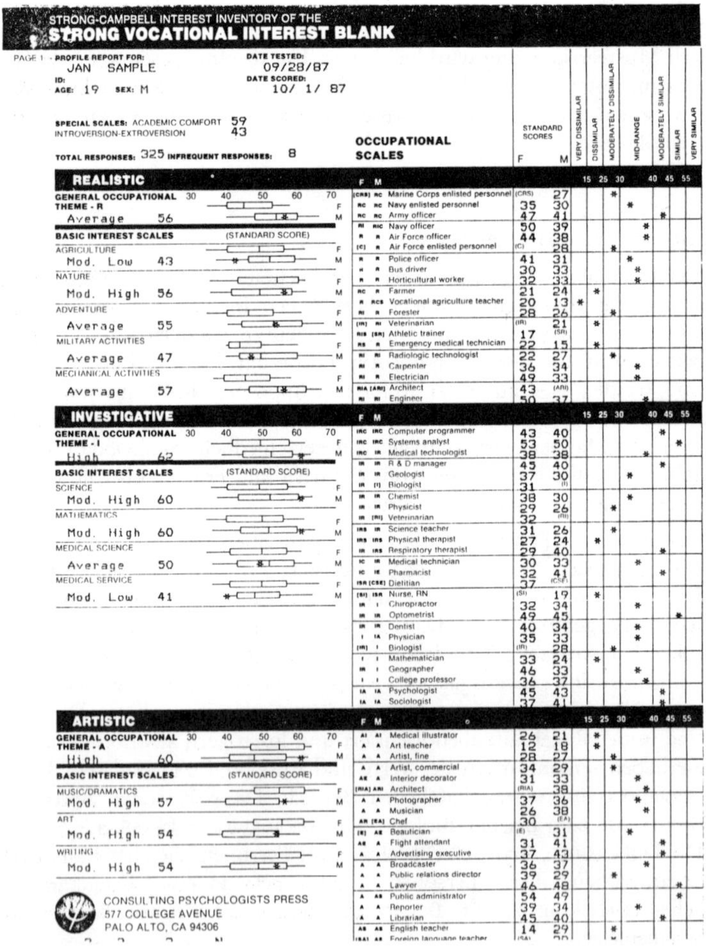

STRONG-CAMPBELL INTEREST INVENTORY OF THE
STRONG VOCATIONAL INTEREST BLANK

PAGE 1 - PROFILE REPORT FOR: JAN SAMPLE
ID:
AGE: 19 SEX: M
DATE TESTED: 09/28/87
DATE SCORED: 10/ 1/ 87

SPECIAL SCALES: ACADEMIC COMFORT 59
INTROVERSION-EXTROVERSION 43

TOTAL RESPONSES: 325 INFREQUENT RESPONSES: 8

REALISTIC

GENERAL OCCUPATIONAL THEME - R: Average 56

BASIC INTEREST SCALES (STANDARD SCORE)

AGRICULTURE	Mod. Low	43
NATURE	Mod. High	56
ADVENTURE	Average	55
MILITARY ACTIVITIES	Average	47
MECHANICAL ACTIVITIES	Average	57

INVESTIGATIVE

GENERAL OCCUPATIONAL THEME - I: High 62

BASIC INTEREST SCALES (STANDARD SCORE)

SCIENCE	Mod. High	60
MATHEMATICS	Mod. High	60
MEDICAL SCIENCE	Average	50
MEDICAL SERVICE	Mod. Low	41

ARTISTIC

GENERAL OCCUPATIONAL THEME - A: High 60

BASIC INTEREST SCALES (STANDARD SCORE)

MUSIC/DRAMATICS	Mod. High	57
ART	Mod. High	54
WRITING	Mod. High	54

CONSULTING PSYCHOLOGISTS PRESS
577 COLLEGE AVENUE
PALO ALTO, CA 94306

OCCUPATIONAL SCALES

F	M	Occupation	Standard score F	Standard score M	Very dissimilar	Dissimilar	Moderately dissimilar	Mid-range	Moderately similar	Similar	Very similar
REALISTIC											
(CRS)	RC	Marine Corps enlisted personnel	(CRS)	27			*				
RC	RC	Navy enlisted personnel	35	30				*			
RC	RC	Army officer	47	41					*		
RI	RIC	Navy officer	50	39				*			
R	R	Air Force officer	44	38				*			
(C)	R	Air Force enlisted personnel	(C)	28			*				
R	R	Police officer	41	31				*			
R	R	Bus driver	30	33				*			
R	R	Horticultural worker	32	33				*			
RC	R	Farmer	21	24		*					
R	RCS	Vocational agriculture teacher	20	13	*						
RI	R	Forester	28	26			*				
(IR)	RI	Veterinarian	(IR)	21		*					
RIS	(SR)	Athletic trainer	17	(SR)							
RS	R	Emergency medical technician	22	15		*					
RI	RI	Radiologic technologist	22	27			*				
RI	R	Carpenter	36	34				*			
RI	R	Electrician	49	33				*			
RIA	(ARI)	Architect	43	(ARI)							
RI	RI	Engineer	50	37				*			
INVESTIGATIVE											
IRC	IRC	Computer programmer	43	40					*		
IRC	IRC	Systems analyst	53	50						*	
IRC	IR	Medical technologist	38	38				*			
IR	IR	R & D manager	45	40					*		
IR	IR	Geologist	37	30				*			
IR	(I)	Biologist	31	(I)							
IR	IR	Chemist	38	30				*			
IR	IR	Physicist	29	26			*				
IR	(RI)	Veterinarian	32	(RI)							
IRS	IR	Science teacher	31	26			*				
IRS	IRS	Physical therapist	27	24		*					
IR	IRS	Respiratory therapist	29	40					*		
IC	IR	Medical technician	30	33				*			
IC	IE	Pharmacist	32	41					*		
ISR	(CSE)	Dietitian	37	(CSE)							
(SI)	ISR	Nurse, RN	(SI)	19		*					
IR	I	Chiropractor	32	34				*			
IR	IR	Optometrist	49	45						*	
IR	IR	Dentist	40	34				*			
I	IA	Physician	35	33				*			
(IR)	I	Biologist	(IR)	28			*				
I	I	Mathematician	33	24		*					
IR	I	Geographer	46	33				*			
I	I	College professor	36	37				*			
IA	IA	Psychologist	45	43					*		
IA	IA	Sociologist	37	41					*		
ARTISTIC											
AI	AI	Medical illustrator	26	21		*					
A	A	Art teacher	12	18		*					
A	A	Artist, fine	28	27			*				
A	A	Artist, commercial	34	29			*				
AE	A	Interior decorator	31	33				*			
(RIA)	ARI	Architect	(RIA)	38				*			
A	A	Photographer	37	36				*			
A	A	Musician	26	38				*			
AR	(EA)	Chef	30	(EA)							
(E)	AE	Beautician	(E)	31				*			
AE	A	Flight attendant	31	41					*		
A	A	Advertising executive	37	43					*		
A	A	Broadcaster	36	37				*			
A	A	Public relations director	39	29			*				
A	A	Lawyer	46	48						*	
A	AS	Public administrator	54	49						*	
A	A	Reporter	39	34				*			
A	A	Librarian	45	40					*		
AS	AS	English teacher	14	29			*				
(SA)	AS	Foreign language teacher	(SA)	[illegible]							

STRONG-CAMPBELL INTEREST INVENTORY OF THE
STRONG VOCATIONAL INTEREST BLANK
PROFILE REPORT FOR: JAN SAMPLE
DATE TESTED: 09/28/87
DATE SCORED: 10/ 1/ 87
AGE: 19 SEX: M
OCCUPATIONAL SCALES
STANDARD SCORES F M
VERY DISSIMILAR
DISSIMILAR
MODERATELY DISSIMILAR
MID-RANGE
MODERATELY SIMILAR
SIMILAR
VERY SIMILAR
SOCIAL
GENERAL OCCUPATIONAL THEME - S
Average 53
BASIC INTEREST SCALES (STANDARD SCORE)
TEACHING Average 47
SOCIAL SERVICE Average 51
ATHLETICS Average 58
DOMESTIC ARTS Average 44
RELIGIOUS ACTIVITIES Low 37
ENTERPRISING
GENERAL OCCUPATIONAL THEME - E
Average 55
PUBLIC SPEAKING High 62
LAW/POLITICS High 62
MERCHANDISING Very High 64
SALES Mod. Low 43
BUSINESS MANAGEMENT High 65
CONVENTIONAL
GENERAL OCCUPATIONAL THEME - C
Average 54
OFFICE PRACTICES Mod. Low 41
Foreign language teacher
Minister
Social worker
Guidance counselor
Social science teacher
Elementary teacher
Special education teacher
Occupational therapist
Speech pathologist
Nurse, RN
Dental hygienist
Nurse, LPN
Athletic trainer
Physical education teacher
Recreation leader
YWCA/YMCA director
School administrator
Home economics teacher
Personnel director
Elected public official
Life insurance agent
Chamber of Commerce executive
Store manager
Agribusiness manager
Purchasing agent
Restaurant manager
Chef
Travel agent
Funeral director
Nursing home administrator
Optician
Realtor
Beautician
Florist
Buyer
Marketing executive
Investments manager
Accountant
Banker
IRS agent
Credit manager
Business education teacher
Food service manager
Dietitian
Nursing home administrator
Executive housekeeper
Food service manager
Dental assistant
Secretary
Air Force enlisted personnel
Marine Corps enlisted personnel
Army enlisted personnel
Mathematics teacher
Reproduced by special permission from the distributor, Consulting Psychologist, Palo Alto, Ca.94306, acting for the publisher Stanford University Press, from the
ADMINISTRATIVE INDEXES (RESPONSE %)
OCCUPATIONS 51 L% 5 I% 44 D%
SCHOOL SUBJECTS 72 L% 19 I% 8 D%
ACTIVITIES 27 L% 47 I% 25 D%
LEISURE ACTIVITIES 38 L% 46 I% 15 D%
TYPES OF PEOPLE 46 L% 38 I% 17 D%
PREFERENCES 23 L% 50 =% 27 R%
CHARACTERISTICS 43 Y% 50 ?% 7 N%
ALL PARTS 45 % 26 % 29 %
CONSULTING PSYCHOLOGISTS PRESS
577 COLLEGE AVENUE
PALO ALTO, CA 94306

Abbildung 4.18: Skalen des Strong-Campbell Interest Inventory

(b) Basic Interest Scales

Die zweite Skala stellt eine Spezifizierung von (a) dar. Die sechs Muster werden weiter aufgespalten zu Untergruppen (Abbildung 4.18 links). Aus den Werten dieser Analyse läßt sich die Konsistenz der Aussagen zu den Interessen aus dem Fragebogen mit den Ergebnissen der Interessenanalyse der spezifischen Untergruppen ablesen. Auch hier ist wieder ein Vergleich mit der Referenzgruppe möglich.

(c) Occupational Scales

Die Occupational Scales (Abbildung 4.18 rechts) beinhalten 119 Berufe. Die Berufsbilder können sich hierbei allerdings auf mehrere Bereiche der Basic Interest Scales beziehen, wobei allerdings zwischen Frauen und Männern differenziert wird. Als Ergebnis erhält man die Übereinstimmung der eigenen Interessen mit denen von Referenzpersonen, die in den angegebenen Berufen erfolgreich tätig sind. Im Unterschied zu den „General Occupational Themes“ und den „Basic Interest Scales“ basiert der Vergleich also nicht auf einer Referenzgruppe, die alle Berufe beinhaltet, sondern es gibt für die angeführten Berufe eine eigene Referenzgruppe.

Die Kritik am SCII schließt an die Kritik aller Persönlichkeitstests, hier speziell der Interessentests, an: Im allgemeinen ist es sehr problematisch, ausschließlich von Interessen auf die berufliche Eignung und den beruflichen Erfolg zu schließen. Berufliche Erfolgskriterien sind nicht definiert, ihre Erhebung bleibt unklar. Hinzu kommt, daß über die Zusammensetzung der Referenzgruppe nur vage Informationen gegeben werden. Weiterhin ist es durchaus denkbar, daß Personen mit den gleichen Interessen in unterschiedlichen Berufen erfolgreich sind, beziehungsweise Personen, die den gleichen Beruf erfolgreich ausüben, unterschiedliche Interessen verfolgen, zumal die Interessen sich im Zeitablauf ändern (können).

4.6 Resümee und Vorschau

Die Breite der Palette möglicher Maßnahmen zur Personalveränderung bietet nicht nur die Möglichkeit zur gezielten Verwendung, sondern auch die Gefahr ungeplanter Improvisation. Gerade dies führt zur Forderung nach einem systematischen Personalveränderungsmanagement auf allen drei **Managementebenen:**

- Auf der *operativen* Ebene erfolgt die personelle Einzelmaßnahme als Beschaffung (gegebenenfalls Einstellung), Entwicklung und Freisetzung (gegebenenfalls Entlassung). Hier kommen neben prozeduralen Problemen primär rechtliche Aspekte zum Tragen. Gravierende methodische Schwierigkeiten ergeben sich dabei
  - im Hinblick auf eine effektive und effiziente Personalentwicklung beim Versuch der Bestimmung von Entwicklungspotential und Entwicklungsmaßnahmen sowie
  - im Hinblick auf eine effektive und effiziente Personalauswahl bei der Suche nach validen Mechanismen zur Bewerberselektion.
- Auf der *taktischen* Ebene wird von der personellen Einzelmaßnahme abstrahiert. Diese Generalisierung betrifft die drei Managementfelder der Personalveränderung in unterschiedlicher Form:
  - Bei der Personalbeschaffung geht es zum einen um die Verbesserung der informatorischen Basis. Neben dem Aufbau einer Datenbasis über erfolgreiche/erfolglose Beschaffungsaktivitäten bieten sich die betriebliche und überbetriebliche Arbeitsmarktforschung als Datenquelle an. Zum anderen ist auch hier das Flexibilitätspotential zu erhöhen und auf das differenziert zu diskutierende Instrument des Personalleasings hinzuweisen.
  - Bei der Personalentwicklung müssen zum einen generalisierende Vorschriften für die Festlegung der Entwicklungsadressaten definiert,

zum anderen erfolgversprechende Entwicklungsrichtungen ausgewählt werden.
– Bei der Personalfreisetzung ist neben der Wahl der Freisetzungsform (sie reicht von Kurzarbeit bis frühzeitige Pensionierung) auch auf die gesetzlich festgeschriebenen Regelungen zur Freisetzungsabwicklung hinzuweisen.

- Auf der *strategischen* Ebene ist die *integrative* Verknüpfung von Beschaffung, Entwicklung und Freisetzung zu realisieren. Basierend auf Grundlagen wie Personalmarketing und dem (auch mikroökonomisch zu betrachtenden) internen Arbeitsmarkt bietet sich die Formulierung einer unternehmensinduzierten Arbeitsmarktstrategie an: Sie verlangt vom planenden Unternehmen eine Analyse und eine auf die Unternehmensstrategie abgestimmte Gestaltung der
  – strategischen Potentiale,
  – strategischen Barrieren und
  – strategischen Bewegungen

  im externen/internen Arbeitsmarkt.

Ein systematisches Personalveränderungsmanagement benötigt neben einer verhaltensorientierten Fundierung (speziell bei Beschaffung und Freisetzung) eine umfangreiche Informationsbasis, die sich nicht nur auf Mitarbeiter und Stellen, sondern auch auf geplante und historische Veränderungsmaßnahmen bezieht.

Nach Herstellung der Kongruenz zwischen Personalbestand und Personalbedarf erfolgt der Personaleinsatz, der im nächsten Kapitel behandelt wird.

4.7 Testfragen

(1) Entwickeln Sie einen Vorschlag für eine Kosten/Nutzen-Analyse bei der Personalbeschaffung! Welche Konsequenzen leiten sich aus Ihrem Vorschlag ab?
(2) Mit welcher generellen Entscheidungsregel läßt sich der Einsatz alternativer Selektionsverfahren regeln?
(3) Diskutieren Sie alternative Maßnahmen der Personalfreisetzung unter Berücksichtigung ökonomischer und sozialer Ziele.
(4) Wie würden Sie organisatorisch den Ablauf einer Personalfreisetzung beziehungsweise einer Personalfreisetzungsplanung regeln?
(5) Wie läßt sich der aktuelle Bildungsbedarf eines Unternehmens bestimmen? Entwickeln Sie grafisch eine mögliche Bedingungskonstellation für Determinanten, die bei der Bestimmung des Personalentwicklungsbedarfs eine Rolle spielen.
(6) „Soweit auf dem internen oder dem externen Arbeitsmarkt potentielle Mitarbeiter vorhanden sind, deren Fähigkeitsprofil dem gewünschten Anforderungsprofil genau entspricht, wird eine Personalentwicklungsplanung überflüssig". Diskutieren Sie diese These!
(7) Eine Büroangestellte wird zum 1.6. befristet auf 18 Monate eingestellt. Am 1.8. des Jahres zeigt sie beim Arbeitgeber eine Schwanger-

schaft im 7. Monat an und beantragt nach Ablauf der Mutterschutzfrist Erziehungsurlaub. Skizzieren Sie die Rechtslage. Hat der Arbeitgeber die Möglichkeit, die Büroangestelle zu entlassen?

(8) An einem neu eingerichteten Lehrstuhl ist die Stelle einer Lehrstuhlsekretärin zu besetzen. Neben den „normalen" Stellenaufgaben (Administration, Budgetüberwachung, Umgang mit den Studenten) sind gute Kenntnisse in Englisch sowie Grundkenntnisse in Französisch erforderlich. Erwünscht sind ferner Kenntnisse im Umgang mit Textverarbeitungssystemen; zumindest aber sind Bereitschaft und Fähigkeit im Umgang mit einer computergestützten Textverarbeitung Grundbedingung. Entwerfen Sie ein umfassendes Testdesign für die Personalselektion und gehen Sie dabei auch auf „operative" Details ein. Erläutern Sie ferner, wie Sie sich den Ablauf (also die organisatorische Umsetzung) Ihres Vorschlags vorstellen.

(9) Erläutern Sie den Unterschied zwischen Aus-, Fort- und Weiterbildung: Wie unterscheidet sich die Weiterbildung auf der operativen Ebene von der taktisch-dispositiven sowie der strategischen Ebene?

(10) Erklären Sie die drei alternativen Ansatzpunkte einer taktisch-dispositiven Personalentwicklung anhand je eines Beispiels. Welche Fragestellungen sind generell typisch für diese Vorgehensweise?

(11) Gegeben sind folgende fünf Fähigkeitsprofile:
$f_1 = (3,7,6,5,7,3,8)$
$f_2 = (6,3,5,3,6,4,5)$
$f_3 = (2,5,3,5,8,7,6)$
$f_4 = (5,8,2,1,2,5,8)$
$f_5 = (1,2,4,3,3,3,2)$
und folgende drei Anforderungsprofile:
$a_1 = (6,6,6,5,4,3,2)$
$a_2 = (3,8,5,1,2,7,4)$
$a_3 = (1,3,2,3,8,3,8)$.
Zeigen Sie grafisch die neun alternativen Deckungslücken, an denen eine taktisch-dispositive Veränderungsplanung ansetzen kann.

(12) Welche gesetzlichen Vorschriften sind bei einem **strategischen** Personalentwicklungsmanagement zu beachten?

(13) Entwickeln Sie ein Phasen-Schema für die Formulierung, Implementation und Kontrolle einer betrieblichen Bildungsstrategie.

(14) Welche Vor- und Nachteile hat ein genereller Einstellstopp im Vergleich zu denkbaren Alternativen?

(15) Welche Eignung würden Sie basierend auf Übersicht 4.19 einem Universitätsabsolventen ohne abhängige Angehörige aus einer Großstadt für den dort zugrundegelegten Aufgabenbereich prognostizieren? Bewerten Sie das Ergebnis!

(16) Nehmen Sie zu der Aussage Stellung, daß im Zuge der Personalselektion bei niedriger Selektionsrate auch Prädiktoren mit niedriger Validität eingesetzt werden können, ohne daß sich dadurch das Ergebnis der Auswahlentscheidung verschlechtert.

4.8 Praxisbeispiele

4.8.1 BASF

Die BASF ist eine der großen Unternehmensgruppen der chemischen Industrie mit weltweit über 40 000 Millionen DM Umsatz, wobei gegenwärtig etwa 60% des Umsatzes in den Ländern der Europäischen Gemeinschaft erwirtschaftet wird. Die Arbeitsgebiete der BASF sind:
- Rohstoffe und Energie
- Chemikalien
- Produkte für die Landwirtschaft
- Kunststoffe
- Veredlungsprodukte und Farbstoffe
- Verbraucherprodukte

(a) Unterstützende Personalbeschaffungsmaßnahmen auf strategischer Ebene

1987 betrug die Zahl der Mitarbeiter in der BASF-Gruppe (weltweit) 144.701, der BASF-Deutschland 91.640 Mitarbeiter. Am Standort Ludwigshafen beschäftigt die BASF 51.836 Personen. Dazu kommen 4.184 Auszubildende. Die Nachfrage des Unternehmens nach Arbeitskräften kann dabei aus dem Raum Ludwigshafen alleine nicht befriedigt werden. Während beispielsweise die Schichtarbeiter in erster Linie aus dem vorderpfälzischen Raum rekrutiert werden, müssen andere Arbeitskräfte, die das Unternehmen nicht selber ausbildet, besonders Angestellte, zum Teil bundesweit angeworben werden. So reicht das regionale Arbeitsamt Stellenangebote der BASF üblicherweise auch an andere Arbeitsämter weiter. Problematischer zu besetzende Stellen – wie etwa die des Druckeringenieurs oder Parfümeurs – werden nach Absprache mit der BASF von vornherein in der ganzen Bundesrepublik beziehungsweise weltweit gesucht.

Als international tätiges naturwissenschaftliches Industrie-Unternehmen benötigt die BASF viele Spezialisten und Führungskräfte mit Hochschulausbildung. So waren 1987 rund 3500 Naturwissenschaftler, Ingenieure und Wirtschaftswissenschaftler in der BASF AG beschäftigt. Um den steigenden Ersatz- und Zusatzbedarf zu decken, unternimmt die BASF im strategischen Bereich zahlreiche Anstrengungen zur Gewinnung hochqualifizierter Nachwuchskräfte. Dazu gehören der Aufbau und die Pflege von Kontakten zu in- und ausländischen Hochschulen, zu Professoren und Studentenorganisationen. Begleitend dazu werden Informations- und Image-Maßnahmen wie zum Beispiel Vorträge, Hochschulbesuche und Veröffentlichungen durchgeführt.

Die exponierte Stellung der BASF als multinationaler Konzern erlaubt den Personalabteilungen, umfangreiche strategische Maßnahmen einzuleiten, um die **Attraktivität** der BASF als Arbeitgeber zu erhöhen. Hierzu gehört auch die Schaffung einer adäquaten **Infrastruktur**, die beispielhaft folgende Bereiche betrifft:

- Insbesondere in Ludwigshafen werden Wohnungen und Eigenheime für Mitarbeiter bereitgestellt. Die Wohnungsbaugesellschaften der BASF verfügen über einen großen Wohnungsbestand. Darüber hinaus vergab die BASF zinslose beziehungsweise zinsgünstige Baudarlehen in Höhe von rund 100 Millionen DM an ihre Mitarbeiter. Ziel dieser Maßnahmen ist zum einen das werksnahe Wohnen mit geringen Anfahrtszeiten. Eine Studie zeigt, daß circa 65% der Beschäftigten weniger als eine Stunde Fahrzeit täglich benötigen. Auf der anderen Seite werden so Mitarbeiter längerfristig an das Unternehmen gebunden,
- die Mitarbeiter haben neben einer umfassenden firmeneigenen Altersversorgung die Möglichkeit, den Versicherungsschutz der betriebseigenen Krankenkasse in Anspruch zu nehmen,
- die BASF unterhält ein eigenes Erholungswerk mit zwei Erholungsheimen, in denen Familien ihren Jahresurlaub verbringen können,
- Gesundheitsschutz und arbeitsmedizinische Betreuung wird in Ludwigshafen von 24 Werksärzten durchgeführt,
- die angebotenen Freizeitaktivitäten reichen vom Breitensport über unterschiedliche Hobby-Gruppen (Vortragsreihen, Theatergruppe, Fotokurse) und dem „Internationalen Mitarbeiterclub“ bis zu einem kulturellen Programm, dessen 68 Veranstaltungen 1986 insgesamt 73.032 Besucher anzog.

Das Unternehmen bietet ein breites Spektrum an Berufseinstiegs- und Entwicklungsmöglichkeiten. In einem dualen System (Ausbildungsbetrieb und Berufsschule) bildet die BASF Jugendliche in über 50 Berufen aus und deckt damit ihren gesamten Bedarf an Fachkräften der Metall-, Labor-, Elektro- und Produktionsberufe sowie der verschiedenen technischen und kaufmännischen Tätigkeitsbereiche.

BASF hat interne Fortbildungsmöglichkeiten für verschiedene Mitarbeitergruppen, beispielsweise
- vom Industriekaufmann zum Wirtschaftsassistenten sowie
- vom Facharbeiter zum Vorarbeiter und Meister.

Die Weiterbildung der BASF macht das Unternehmen attraktiv für alle Berufsgruppen und hilft den Mitarbeitern und dem Unternehmen sich für neue Anforderungen zu qualifizieren, etwa durch
- Anpassungsfortbildung in neuen Technologien,
- Vorbereitung für Vorgesetztenfunktionen und
- Weiterbildung von Führungskräften vor Übernahme neuer Leitungsfunktionen.

Hochschulabsolventen werden interessante Ein- und Aufstiegsmöglichkeiten geboten. So gibt es für Wirtschaftswissenschaftler neben dem Direkteinstieg in die Fachabteilungen spezielle Nachwuchsprogramme in den Bereichen Marketing/Verkauf oder Finanzen. Naturwissenschaftler können über die Forschung, Ingenieure über die technische Entwicklung oder in einer Spezialabteilung in den Beruf starten. Individuelle Programme garantieren eine maßgeschneiderte Ausbildung, die zum Teil durch Auslandsaufenthalte ergänzt wird. Neben interessanten Tätigkeitsfeldern sind die Aufstiegschancen ein großer Anziehungspunkt. Die BASF besetzt in der Regel alle Vorgesetzten-, Führungs- und Leitungsfunktionen aus den eigenen Reihen.

Einen weiteren Schwerpunkt sieht die BASF in der Zusammenarbeit mit den **Schulen** in Ludwigshafen: Durch
- Angebote an Schülerpraktika zur Berufsorientierung,
- Tage der offenen Tür (1987: 18.000 Besucher),
- wissenschaftliche Beratung bei Chemieexperimenten,
- Veranstaltung von Studientagen im Werk,
- Werksbesichtigungen,
- Informationsveranstaltungen und Ausbildungsprogramme sowie
- Betreuung des Wettbewerbs „Jugend forscht" für Rheinland-Pfalz

können potentielle Mitarbeiter bereits frühzeitig angesprochen werden. Mit Hilfe dieser Maßnahmen wurden 1986 über 10.000 Schüler aller Schularten erreicht. Darüber hinaus werden Materialien und Unterrichtshilfen erarbeitet; zudem unterstützt die BASF die Erstellung von Lehrerfortbildungsprogrammen.

(b) Unterstützende Personalbeschaffungsmaßnahmen auf taktischer Ebene

Die Aktivitäten auf taktischer Ebene sollen anhand von zwei Mitarbeitergruppen, die für das Unternehmen nur schwer zu rekrutieren sind, exemplarisch dargestellt werden:

Die Arbeit in der **12-Stunden-Wechselschicht** ist bei jüngeren Arbeitnehmern weniger attraktiv, was die Personalbeschaffung erschwert. Um dieses Problem zu lösen, gibt es folgende tarifliche und betriebliche Regelungen:
- jährlich stehen jedem dieser Arbeiter 47 Freischichten zur Verfügung,
- jeder Mitarbeiter dieser Gruppe hat Anspruch auf 36 Urlaubstage,
- eine spezielle Gesundheitsvorsorge wurde eingeführt,
- bei Empfehlung des Arbeitsmediziners besteht ein Anspruch auf einen dreiwöchigen Erholungsurlaub und
- Ausgleichszahlungen beim Übergang von Wechsel- auf Normalschicht werden bewilligt, sofern ein Mitarbeiter aus gesundheitlichen Gründen aus der Wechselschicht ausscheiden muß.

Derzeit sind von den 52.000 Beschäftigten in Ludwigshafen nur 7.700 Frauen. Angesichts eines Industriedurchschnitts von 39% **weiblichen Mitarbeitern** traf die BASF (über das in großem Umfang genutzte Teilzeitprogramm hinausgehend) folgende Maßnahmen, um ihre Struktur anzupassen:
- Angebot von Ausbildungsstellen für Mädchen in Metall- und Elektroberufen (1987 wurden alle 54 Ausbildungsplätze besetzt).
- Zusätzlich zu vorhandenen Teilzeitmöglichkeiten wird Müttern (und auch Vätern) die Möglichkeit geboten, bis zum Ende des ersten Schuljahres ihres Kindes ihre Beschäftigung zu unterbrechen und zwar verbunden mit einer Arbeitsplatzgarantie. Bei Wiedereinstellung werden die früheren Dienstzeiten angerechnet. So ist das Ausscheiden auf Zeit nicht mehr mit dem Risiko des Arbeitsplatzverlustes verbunden.

Mittelfristig-taktische Maßnahmen zur Personalbeschaffung erfolgen auch im Bereich der Akademiker. So nutzt die BASF ihre Hochschulkontakte für gezielte Gespräche mit potentiellen Bewerbern und durch Informationsveranstaltungen für Studenten.

Ausgewählte Studenten und Jungakademiker verschiedener Universitäten werden zu Ferienkursen eingeladen, wo sie Informationen über das Unternehmen erhalten und mit kompetenten Stellen diskutieren können. Darüber hinaus bietet die BASF interessierten Studenten die Möglichkeit, Praktika in deren Fachbereichen zu absolvieren. Die Schaltung von Anzeigen in Studentenzeitschriften und Hochschulführern rundet dieses Maßnahmepaket ab.

4.8.2 Bosch

Die Arbeitsgebiete der Bosch-Gruppe reichen von Kraftfahrzeugausrüstung über Kommunikationstechnik bis hin zur Gebrauchs- und Produktionsgüterherstellung. Der Umsatz belief sich im Jahr 1986 auf rund 21,7 Milliarden DM. Die Personalaufwendungen für die rund 147 000 Mitarbeiter betrugen 7,5 Milliarden DM.

Bei Bosch versteht man Personalentwicklung als den ständigen Prozeß der Erhaltung und Weiterentwicklung jener Qualifikationen, welche die Mitarbeiter zur Bewältigung gegenwärtiger und zukünftiger Leistungsanforderungen benötigen.

(a) Mitarbeiterförderung

Ein wesentlicher Bestandteil der Personalentwicklung ist die Mitarbeiterförderung. Sie dient der Förderung von Mitarbeitern mit überdurchschnittlich ausgeprägtem Entwicklungspotential mit dem Ziel des beruflichen Aufstiegs. Grundlage ist das 1971 eingeführte Mitarbeiterförderungsprogramm für Angestellte, das 1987 aktualisiert worden ist. Es erstreckt sich auf folgende Punkte (Abbildung 4.19):
Die Auswahl der **Mitarbeiter mit Entwicklungspotential** geschieht nach folgendem Verfahren:

- Auf Veranlassung der zuständigen Personalabteilung wird jeweils im ersten Quartal eines Jahres anhand einer vollständigen Namensliste das Entwicklungspotential aller Mitarbeiter durchgesprochen (**Mitarbeiterförderungsdurchsprache**).
- An der Mitarbeiterförderungsdurchsprache nehmen der zuständige Vorgesetzte (in der Regel der Abteilungsleiter) und die zuständige Personalabteilung teil.
- Das Potential wird danach beurteilt, ob ein Mitarbeiter die fachliche und persönliche Qualifikation besitzt, innerhalb von längstens vier Jahren eine Position zu erreichen, die mindestens eine Einkommensgruppe beziehungsweise (bei Tarifangestellten) zwei Tarifgruppen über der Ausgangsposition liegt. Sofern ein Mitarbeiter darüber hinaus eine weitere Entwicklung erwarten läßt, ist die langfristig voraussichtlich erreichbare Einkommensgruppe anzugeben.

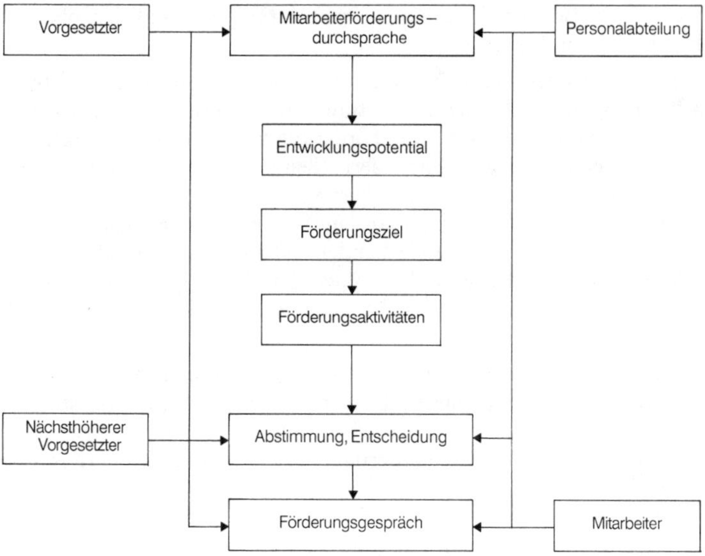

Abbildung 4.19: Ablaufschema zur Mitarbeiterförderung bei Bosch (Quelle: Bosch)

- Als Anhaltspunkte für die Einschätzung des Entwicklungspotentials dienen folgende Eignungsmerkmale:
  - volle Wahrnehmung der bisherigen Aufgabe (in der Regel belegt durch die Ergebnisse der jährlichen Leistungsbeurteilung),
  - hohes Persönlichkeitsformat,
  - Wille und Potential, mehr Verantwortung sowie neue Aufgaben zu übernehmen,
  - Bereitschaft zum Standortwechsel.
- Die Auswahl wird mit dem nächsthöheren Vorgesetzten abgestimmt.
- Das Auswahlverfahren beruht auf folgenden Grundsätzen und Überlegungen: Der Vorgesetzte trägt die Verantwortung für die Förderung seiner Mitarbeiter. Es ist eine seiner wichtigsten Führungsaufgaben, sich für die berufliche Entwicklung seiner Mitarbeiter entsprechend ihrem Können und ihrem Leistungswillen einzusetzen. Aufgrund der täglichen Zusammenarbeit kann der Vorgesetzte die Leistungfähigkeit seiner Mitarbeiter, ihre Eignungsschwerpunkte sowie ihr Potential, in der Zukunft qualifiziertere Aufgaben zu übernehmen, am besten einschätzen. Die Personalabteilung bringt neben der Beurteilung im Einzelfall den Vergleich mit anderen Mitarbeitern anderer Bereiche in die Entscheidungsfindung mit ein. Entsprechendes gilt für die nächsthöheren Vorgesetzten, mit denen die Auswahlentscheidung zu diskutieren und abzustimmen ist. Von allen beteiligten Führungskräften wird aufgrund ihrer Bosch-Erfahrung, ihrer Sach- und Personenkenntnis, ihres Überblicks (auch über benachbarte Bereiche) und ihrer zukunftsorientierten Denkweise erwar-

tet, in gegenseitiger Abstimmung zu tragfähigen, möglichst objektiven, Ergebnissen zu kommen.

Für jeden zu fördernden Mitarbeiter wird entsprechend seinem festgestellten Potential ein **Förderungsziel** bestimmt, das innerhalb von längstens vier Jahren erreicht werden soll. Das Förderungsziel wird nach Funktion und hierarchischer Einstufung formuliert (Beispiele: kaufmännische Leitung, Abteilungsleiter in der Qualitätssicherung, Gruppenleiter in der Konstruktion, Sachbearbeiter im Verkauf Ausland). Dabei kann es sich in der Regel nicht um eine bestimmte Stelle handeln. Orientierungsgrundlage bei der Festlegung von Förderungszielen bilden Laufbahnpläne, die auch funktions- und bereichsübergreifende Versetzungen, insbesondere auch ins Ausland, vorsehen.

Die **Planung der Förderung** umfaßt folgende **Maßnahmen**:

- Gemäß der Erfahrung, daß Fach- und Führungskönnen am besten durch „training on the job" erworben wird, steht die Zuweisung *neuer Aufgaben* im Mittelpunkt der Förderung. Das derzeitige Förderungssystem sieht hierzu vor:
  - den Aufgabenwechsel im Rahmen der Laufbahnplanung (Wechsel zwischen Stab und Linie, Inland und Ausland und/oder von einem Geschäftsbereich in den anderen sowie von einem Funktionsbereich in den anderen) und die
  - Übertragung von Projektaufgaben.
- Die Förderung durch Aufgabenwechsel findet ihre Ergänzung in weiterbildenden *Schulungsmaßnahmen*. Neben der fachlichen und allgemeinen Weiterbildung, deren Zielgruppe alle Mitarbeiter des Unternehmens sind, stehen den Förderkreis-Mitgliedern zusätzliche Weiterbildungsmöglichkeiten zur Verfügung. Folgende Schulungsmaßnahmen werden angeboten:
  - Förderseminare (Informationsseminare über die Geschäftspolitik der BOSCH-Gruppe, Entscheidungstraining, Technik für Kaufleute/Betriebswirtschaftslehre für Techniker,
  - Individuelle Förderseminare, zu denen Förderkreis-Mitglieder in Abhängigkeit von ihrem Förderungsziel entsandt werden sowie
  - Externe Seminare, Studienreisen.

  Förderkreismitgliedern, denen Positionen mit Führungsaufgaben übertragen werden sollen, werden in den Bosch-Führungsseminaren auf diese Aufgaben vorbereitet.
- Über die von den Vorgesetzten mit Unterstützung der Personalabteilung vorgeschlagenen Förderungsmaßnahmen wird gemeinsam mit dem nächsthöheren Vorgesetzten entschieden. Planungen des Vorjahres werden überprüft und gegebenenfalls bestätigt oder geändert.

Nach der internen Entscheidung über die Förderung findet ein **Förderungsgespräch** mit dem Mitarbeiter statt, an dem sein Vorgesetzter, der nächsthöhere Vorgesetzte und die zuständige Personalabteilung teilnehmen. Der Mitarbeiter wird über das vorgesehene Förderungsziel informiert und hat Gelegenheit, seine eigenen beruflichen Vorstellungen und Pläne darzulegen. Bei Einvernehmen über das Förderungsziel werden die erforderlichen Förderungsmaßnahmen festgelegt. Vorschläge des Mitarbeiters werden soweit wie möglich berücksichtigt. Dem Mitarbeiter wird erläutert, daß das Erreichen des Förderungsziels von seinen Leistungen, seiner Einsatzbereitschaft und den betrieblichen Möglichkeiten abhängt.

(b) Allgemeine und fachliche Weiterbildung

Parallel zur Mitarbeiterförderung läuft die allgemeine und fachliche Weiterbildung, durch die die Mitarbeiter in die Lage versetzt werden, die Leistungsanforderungen ihres derzeitigen oder eines vergleichbaren Arbeitsplatzes zu erfüllen.

Grundlage für die Planung, Organisation und Durchführung von Weiterbildungsmaßnahmen ist die jährlich im ersten Halbjahr durchgeführte **Bildungsbedarfserfassung**. Sie erfolgt in folgenden Schritten:
- Der Ausbildungsbereich erstellt ein Standardbildungsangebot, das neben anderen Unterlagen der Bildungsplanung der Fachbereiche dient.
- Auf dieser Grundlage vermittelt der Vorgesetzte (Abteilungsleiter) den Bildungsbedarf für seine Mitarbeiter.
- Die vom Fachbereich festgelegten Bildungsmaßnahmen werden mit der Personalabteilung beraten (Bildungsbedarfsabstimmung).
- Die für Weiterbildungsmaßnahmen vorgesehenen Mitarbeiter werden an den Ausbildungsbereich gemeldet, der im „Jahres-Bildungsprogramm" festlegt, wie und in welchem zeitlichen Rahmen die Weiterbildungsmaßnahmen durchgeführt werden. Dementsprechend werden die Teilnehmer eingeladen.

4.8.3 Procter & Gamble

Procter & Gamble ist eine weltweit tätige Gesellschaft, deren Stammhaus in Cincinnati (USA) vor über 150 Jahren gegründet wurde: Sie produziert und vertreibt vornehmlich Wasch- und Reinigungsmittel, Körperpflegeartikel, Zelluloseprodukte und Nahrungsmittel. Das Unternehmen ist sowohl länderübergreifend in Funktionsbereichen als auch nach geographischen Zonen organisatorisch gegliedert. In Deutschland ist Procter & Gamble seit 1960 ansässig und beschäftigt zur Zeit (1988) unter Einbeziehung der Richardson GmbH und von Blendax circa 6.500 Mitarbeiter.

Zielgruppe des Personalentwicklungsprogramms von Procter & Gamble ist der akademische Managementnachwuchs, der in der Regel „frisch" von den Universitäten in das Unternehmen kommt. Der ständig wachsende Managementbereich umfaßt in Deutschland zur Zeit etwa 600 Personen. In allen Direktionsbereichen gibt es eigene Entwicklungsprogramme, die allenfalls wegen aufgabenspezifisch unterschiedlichen Anforderungen voneinander abweichen.

Exemplarisch soll das Vorgehen am Beispiel des Einsatzgebietes eines „**Product-Managers**" verdeutlicht werden: Seine „Ausbildung" (besser: sein Aufstieg) dauert bei Procter & Gamble drei Jahre. Diese Zeit gliedert sich in **drei Abschnitte** mit jeweils fest umrissenen Aufgaben und Zielen:

Als **erste** Stufe (Dauer circa 12 Monate) soll der akademische „Lehrling“ das von Procter & Gamble eingesetzte Marketing-Mix kennenlernen, indem er als Product-Manager-Assistent damit erste Aufgaben zu bewältigen versucht. Gearbeitet wird in kleinen selbständigen Gruppen, die in diesem ersten Jahr die „Heimat“ im Unternehmen bilden. Diese Gruppen werden jeweils von einem erfahrenen Product-Manager geleitet. Neben einem Einblick in die Produktpalette ist das Kennenlernen der Unternehmensorganisation und der Kommunikationswege von großer Bedeutung. Erste Aufgaben, die einen solchen Einstieg erleichtern können, bestehen beispielsweise in der Übernahme einer nationalen Verkaufsförderung für eine der eigenen Marken. Das **Projekt** ist dabei so konzipiert, daß der Product-Manager-Assistent dieses auch in der vorgegebenen Zeit abschließen kann.

An diese Ausbildung schließt sich als **zweite** Stufe ein ungefähr vier-monatiger Einsatz im **Außendienst** an. Hier soll der „Point of Sale“ mit seinen Problemen kennengelernt werden, die sich vor Ort oft anders darstellen als in der Unternehmenszentrale. Neben dem Verkaufen stehen bei Großkunden auch kleinere Präsentationen auf dem Programm; diese geben ersten Aufschluß über die Akzeptanz der Produkte im Handel.

Die **dritte** Stufe (Dauer circa 20 Monate) beginnt mit der Beförderung vom Product-Manager-Assistenten zum stellvertretenden Product-Manager (**Junior-Product-Manager**). Dies ist in der Regel mit einem Wechsel der Produkt-Marke verbunden. Mit dieser neuen Position sind „größere Freiheiten im Kommunikationsprozeß“ und höhere Verhandlungskompetenzen verbunden. Zur höheren Kompetenz gehört auch die Teilverantwortung bei der Einführung neuer Marken. Solche selbständigen Aufgaben sollen ein Gefühl für die Gewichtung des Marketings bei Procter & Gamble vermitteln. „Job-Rotation“ zwischen verschiedenen Marken ist eine weitere Möglichkeit, mit der Breite der Marketingaktivitäten vertraut zu werden. Am Ende der „Ausbildungszeit“ hat der angehende Product-Manager alle in der Gruppe anfallenden Aufgaben übernommen und Komitee- sowie Koordinationsarbeit kennengelernt. Er kann daher seine zukünftige Position einschätzen und müßte ausreichend Erfahrungen mit Mitarbeitern sowie Kunden gesammelt haben, um seiner Aufgabe als Product-Manager gerecht zu werden.

Dieses dreistufige Vorgehen wird analog in den übrigen Funktionsbereichen praktiziert. Abweichungen ergeben sich allenfalls vorübergehend im Zuge von Eingliederungen übernommener Unternehmen. Im Anschluß an die dreijährige „Ausbildung“ und einen ungefähr zweijährigen Einsatz im Heimatland, kann ein erster Auslandsaufenthalt erfolgen. Dieser ist oft Sprungbrett für eine weitere Karriere, wobei für das Ziel der oberen Managementebene – also direkt unterhalb der Direktionsebene – ein Einsatz in Übersee die Regel ist. Der Bedarf an Führungskräften wird bei Procter & Gamble ausschließlich aus den eigenen Reihen gedeckt.

5 Personaleinsatz

5.1 Charakterisierung

Die traditionelle Aufgabe der Personaleinsatz*planung* besteht aus der „optimalen" Zuordnung von Mitarbeitern auf Stellen beziehungsweise von Stellen auf Mitarbeiter, wobei die Positionierung dieses Optimums von den konkreten Zielen des Einzelfalles abhängt. Die Aufgabe eines Personaleinsatz*managements* geht über die Zuordnungsfunktion hinaus und umfaßt auch Gesichtspunkte wie Arbeitssituation oder Arbeitsablauf. Im einzelnen besteht der Objektbereich eines Personaleinsatzmanagements aus drei Gruppen von **Teilaufgaben:**

- *Arbeitsplatzbezogen* sind Voraussetzungen zu schaffen, die sich auf den Einsatzort des Mitarbeiters beziehen.
- *Arbeitszeitbezogen* ist festzulegen, wann und wie lange der Arbeitseinsatz zu erfolgen hat.
- *Arbeitsaufgabenbezogen* ist das Zuordnungsproblem zu lösen, das sich im weitesten Sinne aus der Zusammenführung von Arbeitsplatz und Mitarbeiter ergibt.

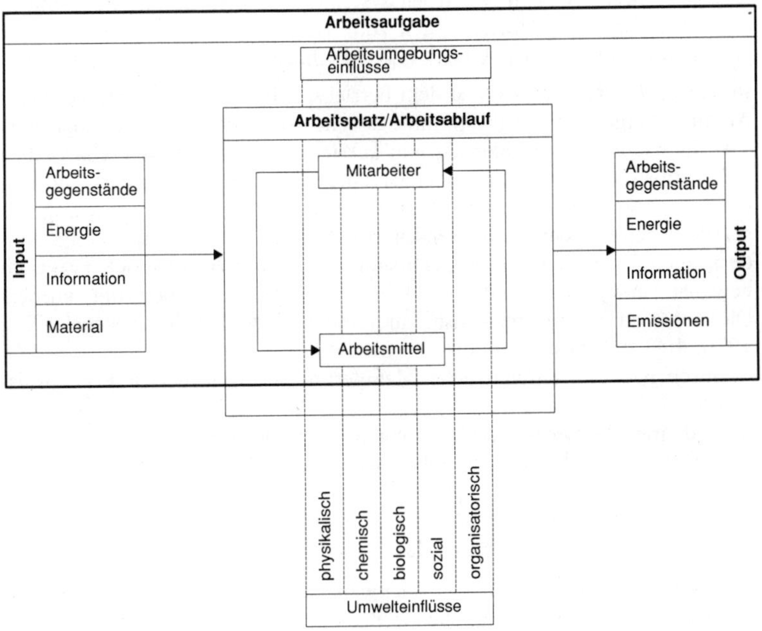

Abbildung 5.1: Das Arbeitssystem

Das Personaleinsatzmanagement befaßt sich mit der „Bestgestaltung von Arbeitsplatz und Arbeitsablauf". Dies erfordert eine systematische Analyse von Voraussetzungen und Bedingungen, unter denen der Arbeitsprozeß im Beziehungsgefüge des gesamten Arbeitssystems abläuft. Das **Arbeitssystem** (Abbildung 5.1) ist damit ein soziotechnisches Gefüge aus Arbeitsaufgabe, Input, Arbeitsplatz (Mitarbeiter, Arbeitsmittel, Arbeitsmethode), Arbeitsablauf, Arbeitsumgebungseinfluß, Umwelteinfluß und Output.

Konkretisierungen des Arbeitssystems sind auf allen Managementebenen erforderlich. Dabei verschiebt sich der **Schwerpunkt** von der individuumsbezogenen Gestaltung auf der operativen Ebene über die mitarbeitergruppenbezogene Ausrichtung auf der taktischen schließlich zur globalen Ausrichtung auf der strategischen Ebene.

Den gemeinsamen Rahmen für die Ausgestaltung des Arbeitssystems liefert die **Arbeitswissenschaft** (vgl. *Rohmert* 1972; *Kaminsky* 1980): Ihre Aufgabe besteht aus der Analyse und Gestaltung von Arbeitssystemen unter besonderer Berücksichtigung der menschlichen Komponente.

Die **Analysefunktion** der Arbeitswissenschaft umfaßt dabei
- die Analyse der menschlichen Arbeit hinsichtlich des Zusammenwirkens von Mensch, Arbeitsmittel und Arbeitsablauf,
- die Analyse der Voraussetzungen und Bedingungen der Arbeit,
- die Analyse der Wirkungen und Folgen der Arbeit auf den Menschen, sein Verhalten sowie seine Leistungsfähigkeit.

Die **Gestaltungsfunktion** impliziert im Anschluß an die Analyse den „menschengerechten" Aufbau des Arbeitssystems. Bei dieser Gestaltung kommen auch grundsätzliche Überlegungen zum Tragen, die letztlich in Konzepte zur „Humanisierung der Arbeit" (vgl. Abschnitt 5.4) münden.

In den §§ 90–91 BetrVG wird dem Betriebsrat bei der Ausgestaltung dieser Arbeitssysteme ein Mitbestimmungsrecht zugesprochen (vgl. Abschnitt 1.4): Er hat auf die Einhaltung von „gesicherten arbeitswissenschaftlichen Erkenntnissen über die menschengerechte Gestaltung der Arbeit" zu achten. Die praktische Auslegung dieser Gesetzesnorm ist jedoch schwierig. Als gesichert gelten nicht nur wissenschaftlich fundierte Zusammenhänge, sondern auch Tatsachen, die in Rechtsnormen verankert sind, sich praktisch bewährt haben oder durch die Mehrheit der Fachleute bestätigt wurden. Dies führt zu einer Erkenntnishierarchie (vgl. *Birkwald/Pornschlegel* 1973; 1976, 40 + 44), bestehend aus
- durch naturwissenschaftliche Meßmethoden abgesicherten Erkenntnissen,
- eindeutig überwiegenden Meinungen innerhalb der Fachwelt,
- kollektiv vereinbarten und arbeitswissenschaftlich begründbaren Aussagen,
- (DIN)-Normen sowie
- Gesetzen, Verordnungen und Tarifverträgen.

Die Anerkennung innerhalb der Fachwelt kann als notwendige Bedingung formuliert werden, als hinreichende Bedingung ist allerdings die methodische und statistische Absicherung zwingend (vgl. *Oechsler* 1987, 89–90).

Diese Hierarchie unterstellt jedoch abgesehen von der untersten Stufe keine Differenzierung der Rechtsqualität (vgl. *Bokranz* 1978, 37).

Damit die Arbeitswissenschaft „gesicherte arbeitswissenschaftliche Erkenntnisse" zur Optimierung des sozio-technischen Arbeitssystems bereitstellen kann, ist sie als interdisziplinäre Wissenschaft aufzufassen: Diese erfaßt (Teil-)Erkenntnisse aus sozialen, rechtlichen, wirtschaftlichen, technischen sowie medizinischen Disziplinen und versucht sie in widerspruchsfreien Gestaltungslösungen zusammenzusetzen (vgl. *Luczak/Rohmert* 1985). Übersicht 5.1 ordnet den daraus resultierenden vier Schichten ihre originären Inhalte zu, ferner die dominierend zuständigen Wissenschaftsdisziplinen.

Schicht		Inhalt	Wissenschaftsdisziplinen
1	**Zufriedenheit**	Realisierung eines psychischen und physischen subjektiven Wohlbefindens unter Abwägung von Wirtschaftlichkeitskriterien	Wirtschaftswissenschaften Sozial- und Individualpsychologie
2	**Zumutbarkeit**	Zumutbarkeit der Arbeit hinsichtlich des Standes von Wissenschaft und Technik sowie soziale Angemessenheit unter effizienten Arbeitsbedingungen	Gesellschaftswissenschaften Rechtswissenschaften Rationalisierungsforschung
3	**Erträglicheit**	Ausführbarkeit der Arbeit für ein ganzes Arbeitsleben (Dauerleistungsgrenze)	Arbeitsphysiologie Arbeitspsychologie Arbeitssoziologie Arbeitsmedizin Arbeitstechnik
4	**Ausführbarkeit**	Ausführbarkeit der Arbeit hinsichtlich kurzfristiger Spitzenbelastungen (Höchstleistungsgrenze)	Arbeitsphysiologie Arbeitspsychologie Arbeitssoziologie Arbeitsmedizin Arbeitstechnik

Übersicht 5.1: Bewertungsebenen und Inhalte der Arbeitswissenschaft (nach *Rohmert* 1972, 8–9; 1983)

Die Schichten 3 und 4 analysieren Fragen der Ausführbarkeit beziehungsweise Erträglichkeit der Arbeit. Obwohl die Literatur Arbeitswissenschaft teilweise fälschlicherweise mit Ergonomie gleichsetzt (z.B. *Neuberger* 1985 a, 41), stellen gerade diese beiden Schichten die Kerninhalte der **Ergonomie** und damit ein wichtiges Teilgebiet der Arbeitswissenschaft dar: Auch aufgrund ihrer wachsenden Bedeutung ist es gerechtfertigt, die Ergonomie im folgenden Abschnitt als eigenständiges Gebiet (innerhalb der Arbeitswissenschaft) herauszugreifen und zu behandeln.

Innerhalb der Ebenensystematik eines betrieblichen Personalmanagements ist die Ergonomie als eine der zentralen Gestaltungsaspekte der **operativen** Ebene zu positionieren, da hier der einzelne Arbeitsplatz beziehungsweise der einzelne Mitarbeiter im Mittelpunkt steht. Die **taktische** Ebene des Einsatzmanagements befaßt sich dagegen gruppenbezogen mit diversen Einsatzprinzipien, die vom konkreten Einzelfall abstrahierend Aussagen zur Gestaltung des Arbeitssystems machen. Die **strategische** Ebene schließlich geht noch generalisierender vor: Sie untersucht speziell die Schichten 1 und 2 auf Möglichkeiten, mit Humanisierungskonzepten den Personaleinsatz langfristig zu optimieren.

5.2 Operative Ebene: Ergonomie und Eignung

5.2.1 Überblick

Aufgabe des Personaleinsatzmanagements auf der operativen Ebene ist die individuelle Zuordnung von einzelnen Mitarbeitern auf Arbeitsplätze. Hier rücken ergonomische Gesichtspunkte mehr und mehr in den Vordergrund. Sie sind als Rahmenbedingungen für den Personaleinsatz anzusehen. Aus diesem Grund werden zunächst in Abschnitt 5.2.2 ausführlich Grundlagen der Ergonomie diskutiert; ein Schwerpunkt liegt dabei auf dem Belastungs-Beanspruchungskonzept. Aus diesen Überlegungen leiten sich dann Konsequenzen für die Arbeitsplatzgestaltung (Abschnitt 5.2.3), die Arbeitszeitgestaltung (Abschnitt 5.2.4) sowie die Gestaltung der Arbeitsaufgabe (Abschnitt 5.2.5) ab, wozu auch die Bestimmung der Eignungswerte gehört.

5.2.2 Ergonomie als Grundlage

5.2.2.1 Grundsystematik

Die Ergonomie schafft die Voraussetzungen für eine Anpassung der Arbeit an den Menschen sowie (begrenzt) des Menschen an die Arbeit. Ihre primären **Ansatzpunkte** sind Arbeitsplatz, Arbeitsmethode und Arbeitsumgebung. Untersucht und gestaltet werden physische, psychische und psychophysische Belastungsursachen. Durch Verbindung dieser Grunddeterminanten ergeben sich überblicksartig die zentralen Problembereiche für ergonomische Studien (Übersicht 5.2).

Die Ergonomie liefert unter Benutzung anatomischer, physiologischer, psychologischer, soziologischer und technischer Erkenntnisse die zentralen **Methoden** zur Bestimmung der Ausführbarkeits- und Erträglichkeitsgrenzen für menschliche Arbeit (vgl. *Hackstein* 1977a, 52–73; *Stirn* 1980, 19–30; *REFA* 1984, 125–270):

- Die *Arbeitsphysiologie* untersucht als (eigenständiger) Teilbereich der Arbeitsmedizin die Funktionen des menschlichen Körpers während der Arbeit. Mit Abnahme des Anteils schwerer körperlicher Tätigkeiten an den Aufgaben der Mitarbeiter verlagerte sich der Schwerpunkt der

	physische Belastung	psychophysische Belastung	psychische Belastung
Arbeitsplatz	Form, Funktion und Anordnung der Arbeitsmittel	Beanspruchung der Sinnesorgane ausgelöst durch Farbe, Form, Helligkeit, Anordnung, Geräusche von Arbeitsmitteln, Kontrollinstrumenten sowie Arbeitsobjekten	Zeitdruck (z.B. Akkord)
Arbeitsmethode	Arbeitshaltung, Form und Gewicht von Arbeitsmitteln	Arbeitsrhythmus, Pausengestaltung	Anforderungen an Konzentrationsvermögen, Genauigkeit, Informationsermittlung und -verarbeitung, Unfallgefahr
Arbeitsumgebung	Strahlung, Gase, Staub, Hitze/Kälte	Lärm, Klima	persönliche und organisatorische Konflikte am Arbeitsplatz

Übersicht 5.2: Ansatzpunkte für ergonomische Studien (modifiziert nach *Drumm* 1976, 315–316)

Arbeitsphysiologie auf die Beanspruchung von Nerven und Sinnen, also generell auf die Ermüdung des Menschen.

- Die *Arbeitspsychologie* befaßt sich mit den psychischen Anforderungen der Arbeit an den Menschen und mit dem Verhältnis des Menschen zu seiner Arbeit. Erforscht werden auch die bereits im Zusammenhang mit der Personalbestandsanalyse angesprochenen Ursachen der Leistungsbereitschaft des Mitarbeiters, soweit sie sich aus der Gestaltung der Arbeitsbedingungen ableiten.
- Die *Arbeitssoziologie* konzentriert sich auf die soziale Bedeutung der menschlichen Arbeit. Dies beinhaltet auf der einen Seite die Bestimmung der Auswirkungen der Arbeit auf das soziale Leben des Menschen, auf der anderen Seite die Bestimmung des Einflusses des sozialen Lebens auf die Arbeit. Erforscht werden somit auch die Wirkungen, die von Veränderungen der gesellschaftlichen Struktur ausgehen. Ein Schwerpunkt der Arbeitssoziologie ist die Frage der Gruppenbildung, also das Aufdecken von Abhängigkeiten in einem Arbeitskollektiv.
- Die *Arbeitspädagogik* beantwortet Fragen der beruflichen Bildung und speziell der Arbeitsunterweisung als Teil der Personalführung.
- Die *Arbeitstechnologie* zielt auf die bestmögliche Anwendung und Gestaltung der Arbeitsverfahren im Hinblick auf Sicherheit und Wirtschaftlichkeit.

- Die *Arbeitsmedizin* umfaßt die Analyse arbeitsbezogener Faktoren, die Krankheiten, Verletzungen oder Gesundheitsschäden verursachen. Dazu gehört auch der präventive Gesundheitsschutz (vgl. *Weichardt* 1975):
  - Die Arbeitspathologie untersucht die Auswirkungen chemischer, toxischer, physikalischer und biologischer Arbeitsplatzbelastungen im Hinblick auf „typische" Berufskrankheiten, Berufsstigmata und Verschleißerscheinungen.
  - Die Arbeitshygiene hat den vorbeugenden Gesundheitsschutz am Arbeitsplatz zur Aufgabe.
  - Die Arbeitstoxikologie beschäftigt sich mit Vergiftungen durch Arbeitsstoffe und mit Umgebungsstoffen des Arbeitsplatzes. Hierzu zählt die Festlegung von maximal zulässigen Arbeitsplatzkonzentrationen für Arbeitsstoffe (MAK-Werte) und die Beurteilung der tatsächlich vom Körper aufgenommenen Schadstoffmenge als „biologische" Arbeitsstoff-Toleranzen (BAT-Werte).
- Die *Anthropometrie* als Lehre von den Maßen des menschlichen Körpers ermittelt Durchschnittswerte für die Länge der Extremitäten in Abhängigkeit von Lebensalter, Geschlecht und Rasse.

5.2.2.2 Das Belastungs-Beanspruchungskonzept

Voraussetzung für ergonomisch vertretbaren Personaleinsatz ist die möglichst objektive Erfassung der auf den Mitarbeiter einwirkenden Faktoren. Diesen Beurteilungsmaßstab für die Ausführbarkeit und Erträglichkeit der Arbeit will das **Belastungs-Beanspruchungskonzept** (Abbildung 5.2) liefern (vgl. *Rohmert* 1973; *Schönpflug* 1987):

Die Ursache der **Arbeitsbelastung** ergibt sich aus der Gesamtheit der aufgaben- und situationsspezifischen Teilbelastungen. Diese Teilbelastungen können auf eine Kombination von Belastungsgrößen und Belastungsfaktoren zurückgeführt werden: Belastungsgrößen sind mittels naturwissenschaftlich-technischer Methoden quantifizierbar; hierunter fallen Strahlungsenergien, mechanische Energien, Schwingungen sowie chemische Stoffe. Im Gegensatz dazu stellen Belastungsfaktoren nicht eindeutig quantifizierbare Größen wie Zeitdruck und Gruppendruck dar (vgl. *Schmidke/Bubb* 1981). Jede Teilbelastung läßt sich ferner charakterisieren durch die Belastungsintensität und die Belastungsdauer.

Belastung = f (Dauer und Intensität der Belastungsgrößen und Belastungsfaktoren einer Arbeitsaufgabe)

Mit **Beanspruchung** bezeichnet man dagegen die individuelle Wirkung der Belastung auf den Menschen. Während die Belastung sachbezogen ermittelt wird, hängt die Beanspruchung darüber hinaus von individuellen Faktoren (Eigenschaften, Fähigkeiten, Fertigkeiten sowie Bedürfnissen) ab. Daraus ergeben sich *inter*personelle Beanspruchungsunterschiede bei gleichen Belastungen. Analog dazu führt eine Veränderung individueller Faktoren im Zeitablauf zu *intra*personellen Beanspruchungsveränderungen. Die Bestimmung der Beanspruchung setzt somit die Berücksichtigung der Leistungsfähigkeit ebenso wie der individuellen Ziele und Motive voraus (vgl. *Schönpflug* 1987, 149–150).

Beanspruchung (t) = f (Belastung; individuelle Eigenschaften, Fähigkeiten, Fertigkeiten, Bedürfnisse zum Zeitpunkt t)

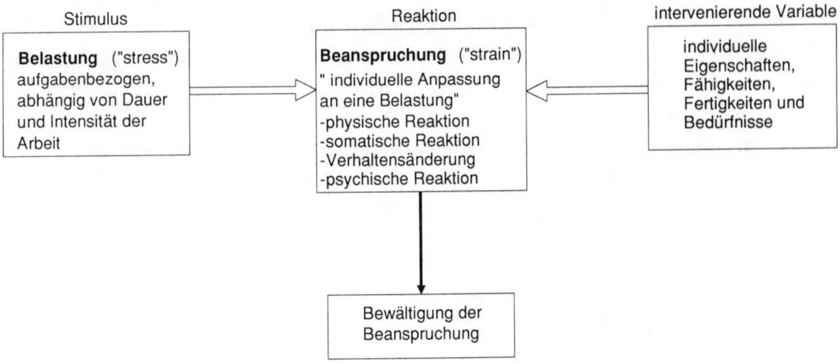

Abbildung 5.2: Belastungs-Beanspruchungskonzept

Nach der **Aktivierungstheorie** (vgl. *Haider* 1969) führt jede Arbeit zu einer verhaltensbezogenen Äußerung und damit zu einer Gesamterregung des Organismus. Hierbei spielt das Zentralnervensystem die entscheidende Rolle. Dieses äußerst komplexe System läßt sich am einfachsten als Regelkreishierarchie auffassen (vgl. *Beer* 1972, 129; *Stirn* 1980, 132–135; *Müller-Limmroth* 1981). An diesen Regelkreissystemen setzen diverse streßauslösende Faktoren (Stressoren) an: mentale Faktoren (Großhirnrinde), psychische Faktoren (limbisches System), vegetative Faktoren (Hypothalamus), physische Faktoren (Retikularformation) sowie Umweltfaktoren.

Stressoren bewirken im Organismus eine **Streßreaktion** (Beanspruchung), indem sie das Hormonsystem und das vegetative Nervensystem aktivieren; dies führt dann zu vielfältigen Folgereaktionen im Organismus wie eine Erhöhung der Glucose- und Fettkonzentration im Blut oder Steigung der Herzfrequenz. Die physiologischen Körperreaktionen sind zum einen die Voraussetzung für die Arbeit, da sie das nötige Aktivierungsniveau des Organismus bewirken, zum anderen liefern sie Grundlagen für die Messung der Beanspruchung.

Dabei ist zu unterscheiden zwischen überwiegend physischer Beanspruchung durch energetische Arbeit und überwiegend psychischer Beanspruchung durch informatorische Arbeit (Übersicht 5.3):

- **Energetische Arbeit** impliziert muskuläre und sensomotorische Arbeit.
  - *Muskuläre* Arbeit dient der Krafterzeugung. Sie führt als mögliche Teilbelastung zur statischen (isometrischen) Muskelkontraktion bei der Haltearbeit oder zur dynamischen (isotonischen) Muskelkontraktion bei Anspannung/Entspannung. Diese Belastungen bedingen aufgrund ihrer spezifisch beanspruchten Fähigkeit der Kraft und Ausdauer entsprechende Teilbeanspruchungen von Herz, Kreislauf, Atemsystem und Muskulatur.

- *Sensomotorische* Arbeit verlangt exakte Koordination von Hand- und/oder Armbewegungen. Als Teilbelastungen leiten sich daher eine einseitig dynamische Muskelbelastung, aber auch Aufmerksamkeits- und Konzentrationsbelastung ab: Verlangt werden Beweglichkeit, Kraft, Geschicklichkeit und Wahrnehmung.

Energetische Arbeit führt zu Teilbeanspruchungen der Muskeln, Sehnen, Bänder, Sinnesorgane und Nerven, also zur überwiegend physischen Beanspruchung.

- Die **informatorische Arbeit** erfolgt reaktiv, kombinatorisch oder kreativ.
  - Die *reaktive* Arbeit basiert auf Informationsaufnahme und -verarbeitung; sie verlangt entsprechendes Wahrnehmungs- und Reaktionsvermögen.

<table>
<tr><th></th><th colspan="2">energetische Arbeit</th><th colspan="3">informatorische Arbeit</th></tr>
<tr><td>Formen</td><td>muskulär</td><td>senso-motorisch</td><td>reaktiv</td><td>kombinatorisch</td><td>kreativ</td></tr>
<tr><td rowspan="4">Teilbelastungen</td><td>statische Muskelbelastung</td><td>einseitige dynamische Muskelbelastung</td><td colspan="3" rowspan="3">Aufmerksamkeits- und Konzentrationsbelastung</td></tr>
<tr><td>allseitig dynamische Muskelbelastung</td><td rowspan="2">Aufmerksamkeits- und Konzentrationsbelastung</td></tr>
<tr><td>einseitig dynamische Belastung</td></tr>
<tr><td colspan="5">Umgebungsbelastung</td></tr>
<tr><td>überwiegend beanspruchte Fähigkeiten</td><td>Ausdauer, Kraft</td><td>Kraft, Beweglichkeit, Wahrnehmung, Geschicklichkeit</td><td>Wahrnehmung, Reaktion</td><td>Sensibilität, Engagement</td><td>Kreativität, Ratio, Engagement</td></tr>
<tr><td rowspan="2">Teilbeanspruchung</td><td>Herz, Kreislauf, Muskeln, Lunge</td><td>Sinnesorgane, Nerven, Sehnen, Bänder, Skelett</td><td>Sinnesorgane, Nerven, Muskeln</td><td>emotional</td><td>mental, emotional</td></tr>
<tr><td colspan="5">physische Beanspruchung ⟵⟶ psychische Beanspruchung</td></tr>
</table>

Übersicht 5.3: Zusammenhänge zwischen Arbeitsbelastung, Teilbelastungen und Teilbeanspruchungen (modifiziert nach *Laurig* 1982, 25)

- Die *kombinatorische* Arbeit beinhaltet Aufnahme, Verarbeitung (speziell Zusammenführung) und Abgabe von Informationen. Als Folge ergeben sich Aufmerksamkeits- und Konzentrationsbelastungen.
- Die *kreative* Arbeit ist primär charakterisiert durch die Erzeugung von Information; dies führt zu mental-emotionalen Teilbeanspruchungen.

Informatorische Arbeit bewirkt somit im Organismus überwiegend eine psychische Beanspruchung.

Problematisch ist allerdings die Erfassung der Beanspruchungszustände im Rahmen einer Feldforschung. Einige Untersuchungsmethoden sind technisch nur schwer durchführbar, andere behindern die Versuchspersonen bei der Arbeitsausführung. Auch die Frage nach der Reliabilität und Validität scheint nicht vollständig geklärt.

In den folgenden Abschnitten werden die wichtigsten Möglichkeiten zur (möglichst) objektiven Beanspruchungsmessung dargestellt.

5.2.2.3 Beanspruchung durch energetische Arbeit

Die Messung der Beanspruchung bei überwiegend energetischer Arbeit setzt bei der muskulären Belastung an. Diese kann mit Hilfe von zwei Verfahren bestimmt werden, nämlich Energieumsatzmessung und Analyse der Herzschlagfrequenz (vgl. *Hackstein* 1977b, 110–154; *Hettinger/Kaminsky/Schmale* 1980, 44–89; *Rohmert* 1981):

(a) Energieumsatz

Bei Umwandlung der in Form von Nahrung aufgenommenen chemischen Energie (Eiweiß, Fett, Kohlehydrate) in Wärme und mechanische Energie besteht eine relativ konstante Beziehung zum Sauerstoffverbrauch: Ein Liter Sauerstoff entspricht dem Energieverbrauch von 20,4 Kilo Joule (KJ). Durch Messung des Sauerstoffverbrauchs läßt sich somit der Energieverbrauch einer Tätigkeit ermitteln (Übersicht 5.4).

		Richtwerte KJ	
		Männer	Frauen
	Energieumsatz durch die Nahrungsaufnahme		
–	Energieverlust bei der Umwandlung von chemischer in mechanische Energie		
=	**Netto-Energieumsatz**	18.000	13.500
–	Zur Aufrechterhaltung der normalen Körperfunktionen notwendige Energie		
=	**Grundumsatz** (abhängig von den individuellen Merkmalen Alter, Größe, Gewicht, Geschlecht)	7.000	6.000
–	Freizeit-Energieumsatz	2.500	2.500
=	**maximaler Arbeits-Energieumsatz:**	8.500	5.000

Übersicht 5.4: Berechnungsschema für den Arbeits-Energieumsatz

Entscheidend für die Beanspruchungsbestimmung bei energetischer Arbeit ist der Arbeits-Energieumsatz als die während der Arbeitszeit verbrauchte Energie (Abbildung 5.3): Sie ergibt sich aus dem Grundumsatz, reduziert um einen beschäftigungsinvarianten Umsatzanteil („durchschnittlicher Freizeit-Energieumsatz").

Eine tägliche Arbeitsbelastung von 8.500 KJ für Männer und 5.000 KJ für Frauen an einem 8-Stunden-Arbeitstag gilt nach REFA bei einem Leistungspensum von 100% als das auf Dauer zumutbare Maximum; dieser aus der Dauerleistungsgrenze abgeleitete Wert ist aufgrund individueller Unterschiede mit einer Schwankungsbreite von ± 10% anzusetzen und bei Männern um eine kurzfristige Energiereserve von 2.000 KJ zu vergrößern (vgl. *Kaminsky* 1980, 342).

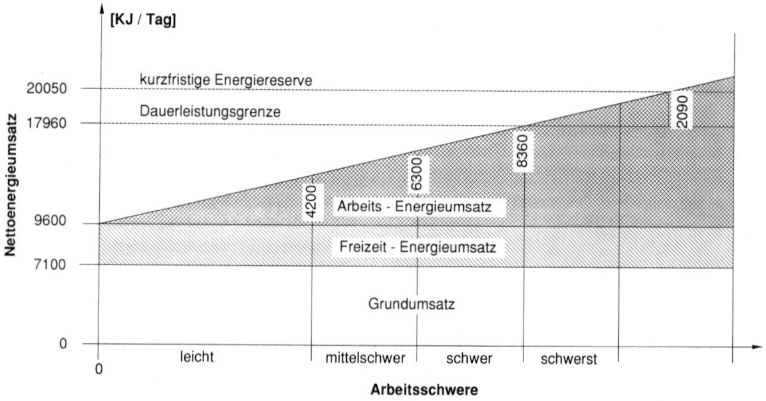

Abbildung 5.3: Täglicher Energieverbrauch in Abhängigkeit von der Arbeitsschwere (nach *Hettinger/Kaminsky/Schmale* 1980, 77)

Zur Bestimmung des Energieumsatzes bieten sich zwei Methoden an, die beide auf der Atemluftmenge basieren (vgl. *Kaminsky* 1980, 346–365; *Hettinger/Kaminsky/Schmale* 1980, 44–77):

- Zu Arbeitsbeginn kann der Organismus nicht unmittelbar den nötigen Initial-Energiemehrbedarf decken (Sauerstoffdefizit). Nach 3 bis 5 Minuten kommt es dann zu einem Gleichgewicht zwischen Sauerstoffaufnahme und Sauerstoffverbrauch. Während diesem „steady-state" (Abbildung 5.4 oben) erfolgt bei der **Partialmethode** die Messung des Sauerstoffverbrauchs und damit des Energiebedarfs. Das bis zur Erreichung des steady-state-Bereiches bereits eingetretene Sauerstoffdefizit wird nach der Arbeit ausgeglichen.
- Bei schwerer energetischer Arbeit (Abbildung 5.4 unten) steigt der Sauerstoffbedarf exponentiell bis zur Erschöpfung an, da der Sauerstoffbedarf das physiologisch bedingte maximale Sauerstoffaufnahmevermögen übersteigt. Nach Arbeitsende müssen das Sauerstoffdefizit (des Initial-Energiebedarfs) sowie die Sauerstoffschuld (während der Arbeit) ausgeglichen werden, die als Differenz aus Soll-Sauerstoffaufnahme während

der Arbeit und der maximalen Ist-Sauerstoffaufnahme entsteht. Wegen des Fehlens eines Gleichgewichtsbereiches wird bei dieser sogenannten **Integralmethode** die Arbeitsdauer und die Erholungszeit zur Grundlage der Energieumsatzbestimmung gemacht.

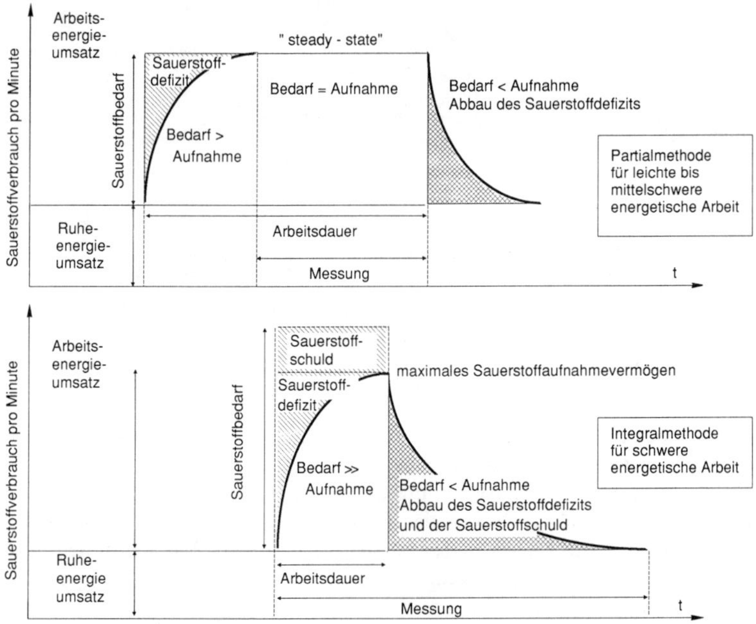

Abbildung 5.4: Bestimmung des Energieverbrauchs (nach *Kaminsky* 1980, 346–347; *Hettinger/Kaminsky/Schmale* 1980, 44–46)

Die Durchführung einzelfallspezifischer Energieverbrauchsmessungen ist allerdings nicht immer erforderlich, da für viele Grundtätigkeiten in Verbindung mit „normalen“ Arbeitsbedingungen und „normalem“ Arbeitstempo die Energiewerte in standardisierter Form tabellarisch (ähnlich wie bei SvZ und MTM) vorliegen. Auf interpersonelle Beanspruchungsunterschiede wird dabei allerdings nicht eingegangen.

(b) Herzschlagfrequenz

Herzschlagfrequenzmessungen als Methode zur Beanspruchungsermittlung funktionieren analog zur Energieumsatzbestimmung. Bezugsbasis ist dabei die Arbeitspulsfrequenz, als gemessene Ist-Frequenz minus Ruhepulsfrequenz (Abbildung 5.5). Die Dauerleistungsgrenze liegt etwa bei einem **Arbeitspuls** von etwa 30 pro Minute (im Stehen gemessen). Nach etwa 3 bis 5 Minuten kommt es zu einem steady-state, also zu einer konstanten Pulsfrequenz. Bei schwersten energetischen Arbeiten steigt die Pulsfrequenz bis zur Ermüdung oder Erschöpfung kontinuierlich an. Die Erholungsdauer nach Arbeitsende hängt von der Belastungsintensität ab.

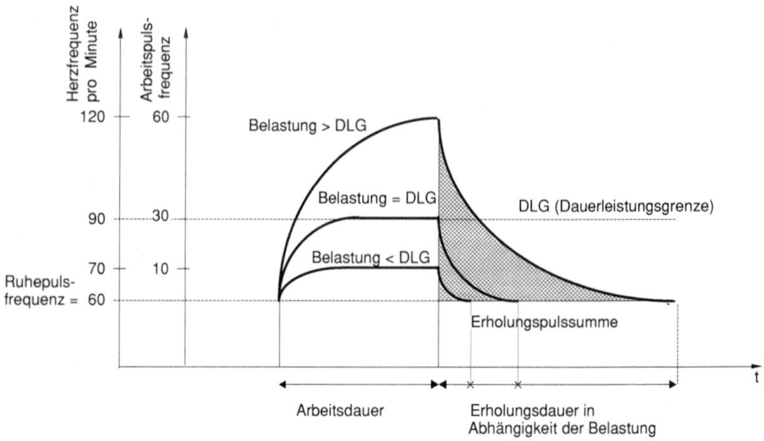

Abbildung 5.5: Herzschlagfrequenz und Erholungsdauer in Abhängigkeit der Belastung (nach *Rohmert* 1981, 124)

5.2.2.4 Beanspruchung durch informatorische Arbeit

Informatorische Arbeitsaufgaben führen primär zu psychischer, aber auch physischer Beanspruchung. Die psychophysische Beanspruchungsbestimmung erfordert andere Bestimmungsmethoden als bei überwiegend energetischem Arbeitsvollzug. Neben der Beobachtung und Befragung subjektiv empfundener Beanspruchungen lassen sich auch **Meßmethoden** der Arbeits- und Leistungsphysiologie einsetzen (vgl. *Fahrenberg* 1983; *Frieling/Sonntag* 1987, 60–67; *Luczak* 1987):

- Ein Ansatzpunkt für die Bestimmung der psychophysischen Beanspruchung ist die *neuronale Aktivität* im Gehirn. Hier ermöglichen die mit Hilfe der Elektroenzephalographie aufgezeichneten Alpha-, Beta-, Delta- und Theta-Wellen Aussagen über den psychischen Zustand des Menschen. Hinzu kommt die Möglichkeit, die „Antwort" des Gehirns auf sensorische Reize zu analysieren (evozierte Potentiale).
- Die *Flimmerverschmelzungsfrequenz* ist als diejenige Frequenz definiert, ab der man nicht mehr angeben kann, ob eine Lichtquelle kontinuierlich leuchtet oder abwechselnd ein- und ausgeschaltet wird. Dabei ist eine Abnahme der Flimmerverschmelzungsfrequenz bei pausenloser, hoher mentaler Beanspruchung, bei Augenarbeiten mit hohen Anforderungen und reizarmer, monotoner Arbeitssituation festzustellen (vgl. *Grandjean* 1979, 213–217). In ähnlicher Weise signalisiert auch die Erhöhung der *Lidschlußfrequenz* zunehmende Beanspruchung und Ermüdung.
- Messungen der *elektrodermalen Aktivität der Hautoberfläche* (Hautleitfähigkeit) dienen dazu, durch Analyse ihrer Veränderungen emotionale und mentale Beanspruchungssituationen zu beschreiben. Dabei steigt der Hautwiderstand mit zunehmender Emotionalität.
- Die Herzschlagfrequenz ist nicht nur – wie oben skizziert – eine Determinante der körperlichen Beanspruchung. Insbesondere bei mentaler oder emotionaler Beanspruchung werden über das vegetative Nervensy-

stem Herz-Kreislauf-Reaktionen ausgelöst. Hierzu zählen als *kardiovaskuläre Parameter* die Erhöhung der Herzschlagfrequenz, Variabilität der Herzschlagfrequenz (Arrhythmie) und Blutdruckerhöhung.
- Die unwillkürliche Bewegung von Körperteilen („Tremoraktivitäten") nimmt bei starker psychophysischer Beanspruchung zu. *Tremormessungen* lassen daher auf die psychophysische Beanspruchung schließen.
- Beim Vorliegen von Streß oder angstauslösenden Situationen sind durch *Elektro-Myogramme* elektrische Spannungszustände von Muskelgruppen feststellbar.
- Ferner läßt sich psychophysische Beanspruchung mit Hilfe einer *Katecholamin-Clearance* nachweisen. Die Konzentration der Streßhormone Adrenalin und Noradrenalin (Katecholamine) im Blut ist in Ruhe ziemlich gering und steigt mit zunehmender Belastungshöhe und -dauer an. Beanspruchung durch informatorische Arbeit führt primär zur erhöhten Adrenalinproduktion. Bei Tätigkeiten mit energetischer Belastung kommt es dagegen zu einer erhöhten Noradrenalinproduktion.

Die vielfältigen Kopplungen der physiologischen Reaktion im Organismus verlangen zu einer exakten Bestimmung der psychophysischen Beanspruchung als „polygraphisches Meßkonzept" jeweils mehrere der angebotenen Verfahren (Übersicht 5.5).

Untersuchungsmethode	**Zielgröße**	**Meßobjekt**
physiologisch/ elektrophysiologisch	Energieumsatz Gehirnstromkurven Muskelfunktionen Hautwiderstand Augenaktivität Körpertemperatur, Atmung, Tremor	Sauerstoffverbrauch, Pulsfrequenzmessungen Elektro-Enzephalogramm (EEG) Elektro-Myogramm (EMG) Elektromoderale Aktivität (EDA) Elektro-Okulographie (EOG)
bio-chemisch	Körperflüssigkeiten, insbesondere im Hinblick auf den Hormonhaushalt	allgemeine chemische Analysen, insbesondere Katecholamin-Clearance
psychologisch	psychologische Veränderungen oder Problemfelder	Interview, Befragung, Tiefeninterview

Übersicht 5.5: Wichtige Methoden der Beanspruchungsevaluierung

5.2.2.5 Beanspruchung durch Umgebungseinflüsse

Umgebungseinflüsse zählen neben den organisatorischen und sozialen Einflüssen zu den Umwelteinflüssen, die auf das Arbeitssystem wirken (Abbildung 5.1). Die Arbeitsumgebungseinflüsse können dabei physikalische, chemische sowie biologische Belastungsfaktoren sein, die zu Beanspruchungen

des menschlichen Organismus führen. Als mögliche Einflußfaktoren aus der Arbeitsumgebung lassen sich
- Schall,
- Klima,
- mechanische Schwingungen,
- Beleuchtung,
- Farbe,
- chemische und biologische Stoffe sowie
- ionisierende Strahlung

identifizieren und jeweils mit spezifischen Verfahren bestimmen (Übersicht 5.6).

Zusammenfassend lassen sich die vorangegangenen Ausführungen in ein erweitertes Belastungs-Beanspruchungskonzept integrieren (Abbildung 5.6): Danach lösen die Teilbelastungen, ihre Bestimmungsfaktoren wie auch die Form ihres Auftretens individuell unterschiedliche Teilbeanspruchungen aus. Intervenierende Einflußgrößen des Individuums steuern diese Reaktion. Die Summe der Teilbeanspruchungen führt zur Gesamtbeanspruchung, diese wiederum im Organismus zur Anpassung: als positive Anpassung zur Verbesserung der Leistungsfähigkeit, als negative zur Ermüdung und im Extremfall zur Schädigung des Organismus.

Der unmittelbare Einfluß der Arbeit auf die Gesundheit ist nur bei „anerkannten Berufskrankheiten" wie Asbestose, Silikose und spezifischen Berufsstigmata evident. Die unspezifischen Folgen von Arbeitsbeanspruchungen sind jedoch nicht weniger gefährlich für die Gesundheit, jedoch sind diese nicht unmittelbar der Arbeit zuzuordnen: Überlagernd wirken hier soziales Umfeld, Rauch- und Trinkgewohnheiten sowie sportliche Fit-

Umgebungs-einfluß	**Ursache**	**Messung**	**Wirkung**
Schall	Belastungshöhe – Schalldruck (N/qm) – Schalldruckpegel (dB) – Frequenz (Hz) Belastungsdauer – zeitlicher Verlauf – Einwirkungsdauer	Schalldruckpegel = f (Schalldruck, Frequenz), gemessen in dB (A) Beurteilungspegel = f (Schalldruck, Frequenz, Dauer), gemessen in dB (A)	vegetative Wirkungen mit – Verengung der Blutgefäße – Pupillenerweiterung – Blutbild- sowie – Blutdruckveränderung psychische Wirkungen Gehörschäden (Berufskrankheiten) somatische Wirkungen
Klima	Lufttemperatur (°C) relative Luftfeuchtigkeit (%) Luftgeschwindigkeit (m/s) Strahlungstemperatur der Umgebung (°C)	Normal-Effektiv-Temperatur (NET) = f (Lufttemperatur, relative Luftfeuchtigkeit, Luftgeschwindigkeit); Klimasummenmaße	Veränderung der Körpertemperatur Schweißabgabe Veränderung der Herzfrequenz Veränderung des Blutdruckes

Umgebungseinfluß	Ursache	Messung	Wirkung
Mechanische Schwingungen	Schwingwegamplitude s (m) Schwinggeschwindigkeit v Schwingbeschleunigung a Schwingrichtung im Bezug zum menschlichen Organismus Schwingperiodendauer T (s) Schwingfrequenz 1/T (Hz)	Messung der Schwingparameter an der Einleitungsstelle in den menschlichen Körper	akute Wirkung durch biomechanisches Schwingverhalten physiologische Reaktionen vegetative Wirkungen Störung des peripheren Nervensystems (Tastempfindung) Leistungsbeeinflussung durch –erschwerte feinmotorische Koordination –verminderte visuelle Wahrnehmung –chronische Wirkungen (Berufskrankheiten)
Beleuchtung	Lichtstrom Φ (Lumen, Lm) Beleuchtungsstärke E (Lux, Lx) Lichtstärke I (Candela, Cd) Leuchtdichte L (Cd/m^2) Reflexionsgrad p (%) Kontrast (K)	Zusammenspiel der Beleuchtungsparameter	bei schlechten Beleuchtungsvoraussetzungen: – vegetative Wirkungen – Ermüdung – Sehschwäche – psychische Wirkungen
Farbe	Wellenlänge (nm)	Spektrometer	psychische Farbwirkungen
chemische und biologische Stoffe	Staub, Rauch, Gase, Dämpfe, Aerosole; Krankheitserreger, Bakterien, gentechnische Mutanten	maximale Arbeitsplatzkonzentration (MAK) maximale Immissionskonzentration (MIK) maximale Organkonzentration (MOK) technische Richtkonzentration (TRK)	Vergiftung Verätzung Krebs Asbestose und Silikose (Berufskrankheiten)
ionisierende Strahlung	Energiedosis D (Gray, Gy) Energiedosisleistung (Gy/s) Aktivität (Becquerel, Bq) Äquivalentdosis H	Äquivalentdosis H $H = q \times D$ q: Maßstab für biologische Wirksamkeit der Strahlenart. Bei Alphastrahlen, schnellen Neutronen und Protonen $q = 10$; bei Beta-, Gamma-, und Röntgenstrahlen $q = 1$; bei Spaltprodukten $q = 20$.	molekulare Veränderung der Zellen (Krebs) biochemische Veränderungen im Körper

Übersicht 5.6: Ursache, Erfassung und Wirkung von Umgebungseinflüssen

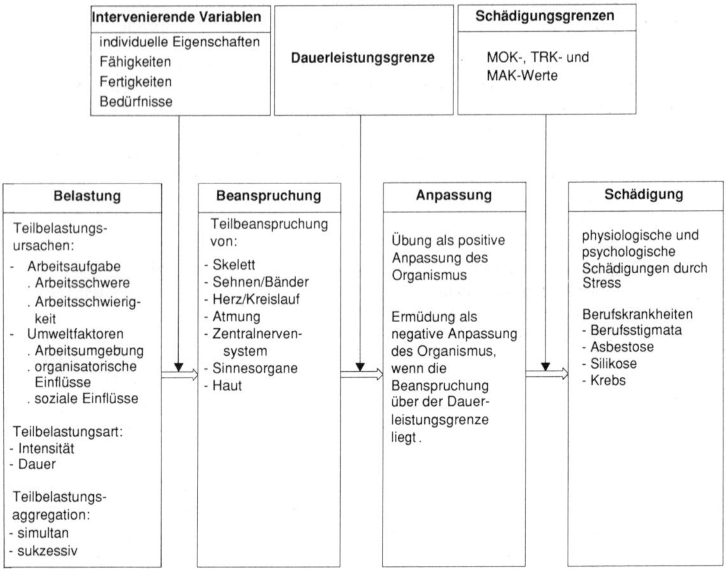

Abbildung 5.6: Erweitertes Belastungs-Beanspruchungskonzept (modifiziert nach *Rohmert* 1984)

neß. Es sind jedoch durchaus kurzfristige und langfristige Folgen einer hohen und dauerhaften Beanspruchung ableitbar (vgl. *Frieling/Sonntag* 1987, 180–185):

- im physischen/somatischen Bereich wie Herzfrequenzerhöhung und Blutdrucksteigerung, langfristig Bluthochdruck, Koronar- und Myokarderkrankungen sowie Magen/Darmerkrankungen,
- direkte Verhaltensänderungen wie Konzentrationsmängel, Alkohol- und Drogenmißbrauch sowie Isolation und erhöhte Fehlzeiten und
- psychische Reaktionen wie Frustration, Gereiztheit und Depressionen.

Aus den Ergebnissen der ergonomischen Analysen von Belastungen und Beanspruchungen leiten sich für den Objektbereich des Personaleinsatzmanagements mit den Gestaltungsvariablen Arbeitsplatz, Arbeitszeit und Arbeitsaufgabe vielfältige Empfehlungen ab.

5.2.3 Konsequenzen für die Gestaltung des Arbeitsplatzes

5.2.3.1 Grundsätzliches

Die Konsequenzen ergonomischer Studien für die Gestaltung des Arbeitsplatzes sind unmittelbar ersichtlich. Dies betrifft speziell die Reduzierung von Beanspruchungen hinsichtlich energetischer Arbeit und von Umgebungseinflüssen. Übersicht 5.6 bringt eine Auflistung verschiedener Umgebungseinflüsse, Übersicht 5.7 entsprechende Gestaltungshinweise. Hinzu

	Bauliche Maßnahmen	**Maschinenbezogene Maßnahmen**	**Arbeitsorganisatorische Maßnahmen**	**Mitarbeiterbezogene Maßnahmen**
Schall	Gebäudeform Lärmschutzwände Schallschutzkabinen schallschluckende Stoffe	Schalldämpfung Abschirmungen	Lärmpausen	persönlicher Gehörschutz Weckung des Eigenschutzinteresses
Klima	Raumklimatisierung Sonnenschutz	Schutzanstrich Schutzverkleidung Verwendung von Geräten mit geringer Wärmeabgabe	Kurzpausen Räume mit günstigem Klima während der Arbeitspausen	Klimaschutzkleidung
Mechanische Schwingungen	Abschirmung	Schwingabschirmung durch entsprechende Lagerung	entsprechend der Belastung angemessene Erholungspausen	
Beleuchtung	abhängig von Arbeitsaufgabe, Arbeitsplatz sowie individueller Disposition Allgemeine Anforderungen: – ausreichende Lichtstärke – gleichmäßige Beleuchtung – passende Leuchtfarbe – zweckmäßiger Lichteinfall – Blendungsfreiheit			
Farbe	Sicherheitsfarben (rot, grün, gelb) Ordnungsfarben (blau) Farbkombinationen			
Chemische und biologische Stoffe	Sauglüftung hermetische Abriegelung Alarmsysteme	Abzugsvorrichtungen Abschirmung	Belastungsmessungen	Schutzkleidung Gesundheitsvorsorge
Ionisierende Strahlung	Abschirmung Belüftung	Abschirmung Manipulatoren Entlüftung	Verringerung der Dauer der Strahlenbelastung durch Aufsplitterung der Arbeitszeit	Schutzkleidung Ionendosimeter Verhaltensregeln beim Umgang mit strahlendem Material

Übersicht 5.7: Gestaltungsmöglichkeiten zur Reduzierung von Umgebungseinflüssen

kommen diverse Empfehlungen, um die **Arbeitsorganisation** durch sinnvolle Anordnung der Arbeitsmittel zu unterstützen. Hierzu zählen Vorschläge, wie

– häufig benötigte Arbeitsmittel müssen von der Sitzposition aus leicht erreichbar sein,
– Arbeitsmittel, mit denen der häufigste Blickkontakt besteht, sind zentral anzuordnen und

– Sehabstände zu Arbeitsmitteln, die oft vergleichend beobachtet werden müssen, sind einander anzugleichen.

Für solche Gestaltungen von Arbeitsplätzen existieren eine Vielzahl von Vorschriften, Richtlinien und Empfehlungen (beispielsweise DIN 66 234).

5.2.3.2 Bildschirmarbeitsplatz als Spezialfall

In zunehmendem Maße gewinnen Bildschirmarbeitsplätze an Verbreitung und damit an Bedeutung. Auch für sie gibt es dezidierte Gestaltungsvorschläge (vgl. *Hettinger/Kaminsky/Schmale* 1980, 298–301; *Zink/Oetinger* 1984; *REFA* 1985 c, 226–242; *Ulich* 1986; *Frieling/Sonntag* 1987, 164–168; *Schließmann* 1987). Sie betreffen Hardware, Software, sonstige Arbeitsmittel sowie die Arbeitsumgebung:

- Beim *Bildschirm* sind von ergonomischer Bedeutung
  - adäquate Größe (z.B. 14 Zoll, bei CAD 19 Zoll),
  - hohe Auflösung (z.B. Herkules-Auflösung 720 · 348 Punkte, bei CAD etwa 1000 · 1000),
  - hohe Bildwiederholungsfrequenz,
  - leichte Zugänglichkeit der Einstellregler,
  - geringe Bildschirmkrümmung (flat screen),
  - adäquates Bildschirmformat (z.B. bei Desktop Publishing DIN A4-Monitor).
- *Tastaturen* sind im wesentlichen genormt. Hier wirken allerdings abgesetzter Zehnerblock, unabhängige Cursorsteuerung sowie sinnvolle Druckpunkte der Tasten beanspruchungsreduzierend.
- Der *Rechner* selber muß über einen der Problemstellung angemessenen Arbeitsspeicher, entsprechende Permanentspeicher sowie einen ausreichenden Prozessor verfügen; Ziel ist dabei die Realisierung von konstanten und psychologisch vertretbaren Antwortzeiten.
- Bei der *Aufstellung* des Gerätes sind zu beachten.
  - Höhe und Neigung,
  - Sehabstand,
  - Lichteinfall-Reflexionen,
  - Funktionalität der Büromöbel,

  wobei speziell die auf die Körpermaße des Menschen abstellenden Normierungen wie DIN 66 234 Teil 1 bis 7 (Bildschirmarbeitsplatz) und DIN 4549 (Büromöbel) zu verweisen ist.
- Zu diesen im wesentlichen auf Hardware-Ergonomie hinauslaufenden Überlegungen gewinnen zunehmend auch Gestaltungsvorschläge für *Software* an Bedeutung. Hierzu zählen
  - standardisierte Bildschirmaufteilungen,
  - Hervorhebungen von Schlüsselwörtern,
  - am Kurzzeitgedächtnis ausgerichtete Merknotwendigkeiten,
  - Hilfefunktionen in Abhängigkeit vom akuten Problem (Kontextsensitivität),
  - Übereinstimmung von Bildschirminhalt und Druckausgabe nach dem WYSIWYG-Konzept („what you see is what you get"),
  - Angebot der zum aktuellen Analyseschritt sinnvollen Befehle,

- weitgehender Verzicht auf das Eintippen von Befehlen durch Verwendung von (pull down) Menüs.

Auch in diesem Bereich erfolgen zunehmend Normungen, wie DIN 66234 Teil 8.

Alle diese Merkmale sollen die psychophysischen Belastungen möglichst gering halten.

5.2.4 Konsequenzen für die Gestaltung der Arbeitszeit

5.2.4.1 Grundsystematik

Klassische Konzepte der Aufbauorganisation nahmen von der Arbeitszeit im wesentlichen nur als konstante Nebenbedingung Notiz: Abgesehen von

- der Teilzeitarbeit, als ein freiwilliges, aber regelmäßiges und unbefristetes Arbeitsverhältnis mit einer geringeren Stundenzahl als die tariflich vereinbarte Arbeitszeit sowie
- der „nicht-freiwilligen" Arbeitszeit und
- „nicht-regelmäßigen" Aushilfstätigkeit

wurde dabei meist vom gesetzlichen Umfang der Arbeitszeit pro Arbeitsplatz ausgegangen.

Anhaltende Arbeitslosigkeit, gesellschaftlicher Wertewandel und (internationaler) Konkurrenzdruck verschafften der Arbeitszeitgestaltung **verstärkte Beachtung** (vgl. *Gaugler* 1983; *Wagner* 1985; 1987; *Marr* 1987). Es ist somit die Aufgabe des betrieblichen Arbeitszeitmanagements, bedarfs- und interessenorientierte Arbeitszeitmodelle zu entwerfen sowie zu implementieren.

Bei den Regelungen der Arbeitszeit ist zwischen zwei Grundformen zu differenzieren: Die Tages-, Wochen- und gegebenenfalls auch die Monatsarbeitszeit beziehen sich auf die zu leistende Arbeitszeit pro Periode der Berufstätigkeit (z.B. „durchschnittliche Stundenzahl pro Arbeitstag"); die Jahres- sowie Lebensarbeitszeit dagegen orientiert sich an der Länge der Berufstätigkeit (z.B. „Anzahl der Arbeitstage pro Arbeitsleben").

Der **Rahmen** für ein betriebliches Arbeitszeitmanagement besteht aus

- *gesetzlichen Bestimmungen* in
  - Arbeitszeitordnung (AZO),
  - Gewerbeordnung (§ 105 GewO),
  - Ladenschlußgesetz (§ 17 LadschlG),
  - Jugendarbeitsschutzgesetz (§§ 8–21 JArbSchG),
  - Mutterschutzgesetz (§§ 7,8 MuSchG),
  - Arbeitsförderungsgesetz (§ 68 AFG),
  - Kündigungsschutzgesetz (§ 19 KSchG),
- *tarifvertraglichen Regelungen* zur durchschnittlichen Wochenarbeitszeit und zu Überstunden sowie
- dem *Mitbestimmungsrecht des Betriebsrates* hinsichtlich Beginn und Ende der täglichen Arbeitszeit, Pausenregelungen, Verteilung der Arbeitszeit und vorübergehende Verkürzungen beziehungsweise Verlängerungen der betrieblichen Regelarbeitszeit (§ 87 I Nr. 2 + 3 BetrVG).

Die Arbeitszeitordnung (AZO) sieht eine **werktägliche Höchstarbeitszeit** von acht Stunden vor (§ 3 AZO). Eine Verteilung der Wochenarbeitszeit, die vom 8-Stunden-Tag abweicht, ist allerdings zulässig, wenn eine tägliche Arbeitszeit von 10 Stunden nicht überschritten wird (§ 4 III AZO). Ausnahmeregelungen bei vollkontinuierlichem Arbeitsvollzug sind auf Antrag vom Gewerbeaufsichtsamt (§ 8 I AZO) genehmigbar, wenn in die Arbeitszeit regelmäßig und in erheblichem Umfang Arbeitsbereitschaft fällt oder aus Gründen des Gemeinwohls erforderlich ist (§ 8 II AZO). Darüber hinaus darf die Arbeitszeit täglich um 2 Stunden für Vor- und Abschlußarbeiten verlängert werden (§§ 5 I, 6, 7, 11 AZO). Weitere Verlängerungen sind für Notarbeiten und Zeiten mit Arbeitsbereitschaft vorgesehen. Für Jugendliche und Frauen gelten gesonderte einschränkende Bestimmungen.

Spezielle Fragen, die ein betriebliches Arbeitszeitmanagement beantworten muß, betreffen primär Schichtarbeit und Pausenregelung, darüber hinaus aber auch zunehmend Konzepte der Arbeitszeitflexibilisierung.

5.2.4.2 Schichtarbeit

Die Schichtarbeit stellt eine Abweichung vom „normalen" 8-Stunden-Tag dar, die in der Verteilung der Wochenarbeitszeit zum Ausdruck kommt: Als **Schichtarbeit** bezeichnet man eine Arbeit, die zu „konstant ungewöhnlicher" Arbeitszeit (permanentes Schichtsystem) oder zu wechselnder Tageszeit (Wechselschichtsystem) an einem konstanten Betriebsmittelpotential vollzogen wird (vgl. *Müller-Seitz* 1980, 13).

Schichtsysteme lassen sich durch folgende **Merkmale** beschreiben (vgl. *Knauth/Rutenfranz* 1987, 550–552):

- Die *Schichtkontinuität* macht Aussagen über den durch das Schichtsystem abgedeckten Bereich; diskontinuierliche Systeme schließen die Sonn- und Feiertagsarbeit aus, bei kontinuierlichen Systemen wird auch an diesen Tagen gearbeitet.
- Die *Schichtlänge* ist die Dauer der Schicht in Zeiteinheiten; am häufigsten in der Industrie mit 8 oder 12 Stunden-Schichten.
- Die *Schichtwechselzeitpunkte* beziehen sich auf die Anfangs- und Endzeiten der Schichten.
- Die *Schichtfolge* gibt an, in welcher Reihenfolge Früh-, Spät- und Nachtschichtperioden aufeinander folgen. Bei einem Dreischichtbetrieb sind Vorwärtswechsel und Rückwärtswechsel zu unterscheiden. Bei der Vorwärtsrotation erfolgt der Wechsel in der Reihenfolge Früh-, Spät-, Nachtschichtperiode, bei der Rückwärtsrotation in umgekehrter Reihenfolge.
- Die *Schichtwechselperiodik* beschreibt die Anzahl der gleichartigen nacheinander zu absolvierenden Schichten.
- Durch den *Schichtwechselrhythmus* wird das Gleichmaß der aufeinander folgenden Schichtwechselperioden bestimmt.
- Der *Schichtzyklus* ist die Dauer vom Beginn des Schichtplans, bis zu dem Tag, an dem sich das Schichtsystem auf den Wochentag bezogen wiederholt.
- Hinzu kommt die Verteilung von *Freizeit* im Schichtsystem.

Permanente Schichtsysteme zu konstanten Tageszeiten kommen hauptsächlich in den USA vor. In Europa sind Wechselschichtsysteme vorherrschend (vgl. *Knauth* 1983, 11).

Aufgrund der Belastung durch die Verschiebung von Arbeits- und Schlafzeiten, die der „Circadianperiodik" als biologischem Rhythmus des Organismus (vgl. *Aschoff* 1971) entgegenläuft, treten bei Schichtarbeit als Beanspruchungsfolgen hauptsächlich Schlafstörungen, Appetitstörungen, Leistungsbeeinträchtigungen sowie soziale Probleme auf. Sie führen zu einer schichtarbeitspezifischen Belastungs-Beanspruchungs-Problematik.

Das Ausmaß, in dem sich Belastungen durch Schichtarbeit in tatsächlichen Beanspruchungen auswirkt, hängt von intervenierenden Variablen (Person, Familie, Umwelt) ab. Trotzdem lassen sich aber einige generelle **Empfehlungen** für Schichtsysteme postulieren (vgl. *Knauth* 1983, 205; *Knauth/Rutenfranz* 1987, 568), wie kleine Anzahl an hintereinanderliegenden Nachtschichten, Schichtlänge in Abhängigkeit der Arbeitsschwere, flexible Gestaltung der Schichtwechselzeiten, geblockte Freischichten und keine kurzen arbeitsfreien Zeiten zwischen den Schichten, zwei zusammenhängende arbeitsfreie Tage an Wochenenden und Bevorzugung des Vorwärtswechsels. Abbildung 5.7 zeigt drei **exemplarische Schichtsysteme**, die diesen Empfehlungen weitgehend Rechnung tragen:

Wochentag		Mo	Di	Mi	Do	Fr	Sa	So
Schicht	1	N	░	F	S	N	N	N
	2	░	F	S	N	░	░	░
	3	F	S	N	░	S	S	S
	4	S	N	░	F	F	F	F

F = Frühschicht
S = Spätschicht
N = Nachtschicht
░ = Freischicht

Wochentag		Mo	Di	Mi	Do	Fr	Sa	So	Mo	Di	Mi	Do	Fr	Sa	So
Schicht	1	F	F	S	S	N	N	░	░	░	░	F	F	S	S
	2	N	N	░	░	░	░	F	F	S	S	N	N	░	░
	3	░	░	F	F	S	S	N	N	░	░	░	░	F	F
	4	S	S	N	N	░	░	░	░	F	F	S	S	N	N
	5	░	░	░	░	F	F	S	S	N	N	░	░	░	░

Wochentag		Mo	Di	Mi	Do	Fr	Sa	So
Schicht	1	F	F	F	F	F	░	░
	2	N	N	░	S	S	░	░
	3	N	N	N	░	░	F	░
	4	S	S	N	N	N	░	░
	5	S	S	S	N	N	░	░
	6	░	F	S	F	F	F	░
	7	F	░	F	S	S	░	░

Abbildung 5.7: Empfehlenswerte Schichtsysteme (nach *Knauth* 1983, 219–220; *Knauth/Rutenfranz* 1987, 569)

- Der (obere) kontinuierliche Schichtplan basiert auf einer durchschnittlichen Wochenarbeitszeit von 42 Stunden und vier Schichtbelegschaften. Dies ergibt sich aus einer maximal möglichen Arbeitszeit von 168 Stunden pro Woche, die bei Division durch 42 ganzzahlig ist und vier Schichtbelegschaften zur Folge hat. Der Ausgleich für kürzere Wochenarbeitszeiten erfolgt über zusätzliche Freischichten. In der Zyklusdauer von vier Wochen ergibt sich daher bei einer 40-Stunden-Woche eine zusätzliche Freischicht.
- Der (mittlere) kontinuierliche Schichtplan ist für fünf Schichtbelegschaften und eine Zyklusdauer von zehn Wochen ausgelegt. Eine Anpassung an verschiedene Wochenarbeitszeiten ist durch Zusatzschichten erreichbar (vgl. Übungsfrage 12 in Abschnitt 5.7).
- Der (untere) diskontinuierliche Schichtplan ist für sieben Schichtbelegschaften ausgelegt. Die Gesamtarbeitszeit pro Woche der sieben Schichten beträgt 256 Stunden. Daraus ergibt sich bei sieben Schichtbelegschaften eine durchschnittliche Arbeitszeit von rund 36,6 Stunden. Eine Anpassung an abweichende Wochenarbeitszeiten erfolgt entsprechend durch Mehr- oder Minderarbeit.

5.2.4.3 Arbeitspausen

Neben der reinen Arbeitszeit stellen Arbeitspausen einen wichtigen ergonomischen Gestaltungsparameter dar (vgl. *Hackstein* 1977 b, 216–223): Pausen sollen primär der durch die Arbeitsbelastung verursachten Ermüdung mit Hilfe von Erholungsphasen entgegenwirken. Während dieser Erholung

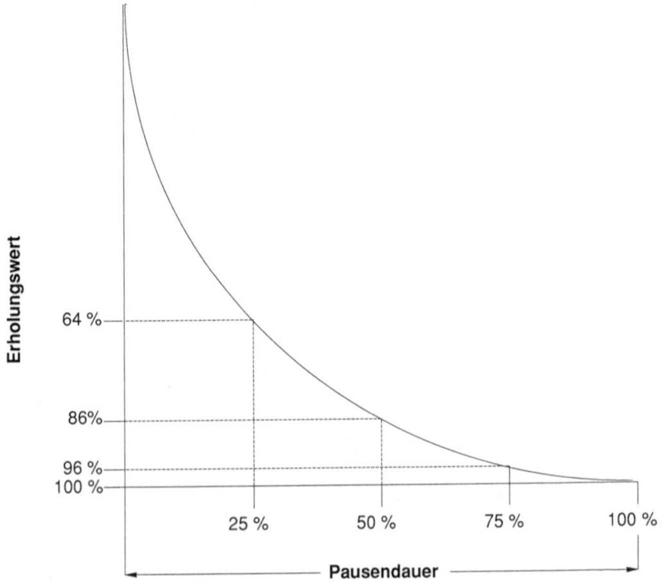

Abbildung 5.8: Pausenlänge und Erholungswirkung (nach *Lehmann* 1962, 53)

werden zentrale Ermüdungszustände (Herz-Kreislaufsystem, Zentralnervensystem) oder periphere Ermüdungszustände (Muskelgruppen) auf den Ruhewert hin abgebaut. Durch den degressiven Verlauf der Erholungskurve erfolgt eine überproportionale Erholung im ersten Teil, wie das Integral des Erholungsfortschritts über der Pausenzeit zeigt (Abbildung 5.8).

Pausen dienen zudem als Prophylaxe möglicher Ermüdungssymptome wie Wahrnehmungsstörungen, Koordinationsstörungen, Konzentrationsmängel und Störung mentaler Prozesse. Sie tragen somit zu einer Motivationssteigerung und einer Verminderung des Unfallrisikos bei (vgl. *REFA* 1985 c, 202). „Lohnende Pausen" überkompensieren die durch die Arbeitsunterbrechung aufgetretene Leistungsminderung durch Verbesserung von Organfunktionen. Bei monotonen Beobachtungs- und Kontrolltätigkeiten kommt den Pausen wichtige Bedeutung zur Erhaltung eines ausreichenden Wachsamkeitsniveaus zu.

Zusätzlich kommt die Verlängerung der Mittagspause als (umstrittenes) Instrument zur Umsetzung von Arbeitszeitverkürzungen zum Einsatz.

5.2.4.4 *Arbeitszeitflexibilisierung*

Eine Variation der Arbeitszeit bezieht sich auf die tägliche Arbeitszeit, die wöchentliche Arbeitszeit, die Jahresarbeitszeit oder sogar die Lebensarbeitszeit. Bezogen auf diese Ansatzpunkte impliziert Flexibilisierung der Arbeitszeit eine Variation der Dauer der Arbeitszeit (Chronometrie) und/oder eine Variation der Lage der Arbeitszeit (Chronologie): Eine Variation der **Dauer der Arbeitszeit** bedeutet, Eckwerte des meist tarifvertraglich festgelegten

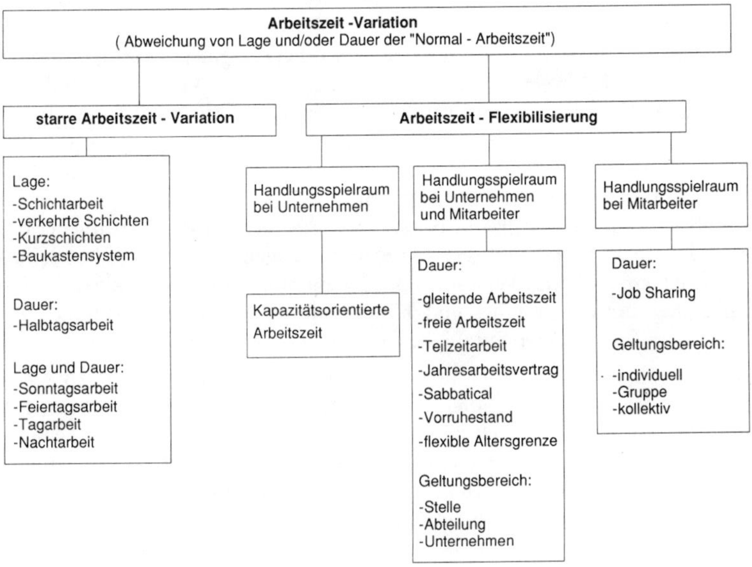

Abbildung 5.9: Formen der Arbeitszeitvariation (modifiziert und erweitert nach *Schuh/Schultes-Jaskolla/Stitzel* 1987, 98)

Arbeitszeitgefüges zu über- oder unterschreiten. So ist die Forderung nach der 35-Stunden-Woche eine Variation der wöchentlichen Arbeitszeit. Auch Teilzeitarbeit stellt eine chronometrische Variation der Arbeitszeit dar. Eine Variation der **Lage der Arbeitszeit** ermöglicht die Dispositionsmöglichkeit innerhalb eines gegebenen Bezugsrahmens. Hierzu zählen die Regelungen der Gleitzeit.

In den letzten Jahren wurden eine Reihe zum Teil auch neuer Ansätze zur Flexibilisierung der Arbeitszeit propagiert (vgl. *Heymann/Seiwert* 1982b, 471–483; *Glaubrecht/Wagner/Zander* 1984; *Frey* 1985; *Marr* 1987). Abbildung 5.9 gibt einen Gesamtüberblick über die Möglichkeiten der Arbeitszeit-Variation.

Die wichtigsten dieser Flexibilisierungsformen werden nachfolgend skizziert:

Bei der **Gleitzeit** kann der Arbeitnehmer seine Wochenarbeitszeit auf mehrere Tage mit beliebiger Stundenzahl (abgesehen von Kernzeiten) weitgehend frei verteilen. Die Abrechnung der gleitenden Arbeitszeit erfolgt über ein Gleitzeitkonto, wobei bei einigen Modellen auch der Ausgleich über Urlaubstage möglich ist.

Beim **Job Sharing** (vgl. *Heymann/Seiwert* 1982b) arbeiten die Mitarbeiter weniger als die gesetzlich vorgeschriebene Regelarbeitszeit. Das Job Sharing unterscheidet sich dabei von der Teilzeitarbeit dadurch, daß der Mitarbeiter innerhalb gewisser Grenzen über seinen Tagesablauf frei bestimmen darf: Das „Teilen“ eines Arbeitsplatzes beim Job Sharing bezieht sich also nicht nur auf die Stündigkeit, sondern auch auf die konkreten Arbeitsinhalte sowie (in Grenzen) auf den Ausgleich von Ausfallzeiten (Krankheit, Urlaub).

Für den Vorgesetzten hat ein derartiges Modell (verglichen mit der Teilzeitarbeit) Vorteile im Hinblick auf die wechselseitige Vertretung und den geringeren Koordinationsaufwand; dazu können im Einzelfall Motivationsgewinne kommen. Für den Arbeitnehmer bedeutet das Job Sharing insofern eine Erhöhung der Flexibilität, als für den einzelnen keine festen Einsatzzeiten vorgeschrieben sind (wohl aber für das Team als ganzes). Verglichen mit einer Vollzeitarbeitskraft ergibt sich für den Arbeitgeber der Vorteil einer ausfallzeitlosen Besetzung (gegenseitige Vertretung), als Nachteil ein höherer Verwaltungsaufwand und höhere Lohnkosten: Ob diese aber tatsächlich höher sind, hängt nicht zuletzt davon ab, ob die Mitarbeiter aufgrund ihrer Stündigkeit sozialversicherungspflichtig sind.

Bei Job Sharing ist hinsichtlich der rechtlichen Konsequenzen zwischen zwei Formen zu unterscheiden (vgl. *Löwisch/Schüren* 1984, 929): Beim **Job Pairing** wird ein Arbeitsvertrag mit zwei (oder mehr) Mitarbeitern gemeinsam abgeschlossen, wodurch ein einheitliches (und damit auch nur gemeinsam kündbares) Arbeitsverhältnis besteht; beim **Job Splitting** bekommt jeder Arbeitnehmer einen unabhängigen Arbeitsvertrag, der die Verantwortung des Arbeitnehmers letztlich auf seine eigene Tätigkeit reduziert.

Bei der **kapazitätsorientierten variablen Arbeitszeit** („KAPOVAZ“) wird mit dem Arbeitnehmer ein Monats- und Jahreskontingent an Stunden festgelegt, nicht aber wann diese Arbeit konkret zu leisten ist. Im Gegensatz zu den diversen Gleitzeitmodellen bestimmt hier der Arbeitgeber den Personaleinsatz, der damit ausschließlich von Betriebserfordernissen abhängt. Um dem Mißbrauch dieser „Arbeit auf Abruf" vorzubeugen, schränkt das Beschäftigungsförderungsgesetz die Arbeitsvertragsgestaltung entsprechend ein (§ 4 BeschFG).

Grundsätzlich kann ein Mitarbeiter auch mit dem Arbeitgeber in seinem Arbeitsvertrag eine Arbeitszeit aushandeln, die von der üblichen Regelung der Branche abweicht. Durch solche **Jahresarbeitsverträge** kann der Mitarbeiter (beziehungsweise der Arbeitgeber) seine jährliche Arbeitszeit entsprechend der jeweiligen Interessenlage steuern.

Eine Möglichkeit zur zumindest begrenzten Flexibilisierung der Lebensarbeitszeit ist das **Sabbatical**: Bei diesem in jüngster Zeit wieder in den Vordergrund gerückten Vorschlag (vgl. *Löwisch/Schüren* 1984, 928) bekommt der Arbeitnehmer auf Wunsch die Möglichkeit, ein Jahr lang aus dem Berufsleben auszuscheiden, wobei der Arbeitgeber (gegebenenfalls eingeschränkt) die Kosten dieser Beschäftigungspause trägt.

Ebenfalls auf Flexibilisierung der Lebensarbeitszeit zielen die diversen Vorschläge zur Vorruhestandsregelung ab (vgl. *Behm* 1984; *Linnenkohl/Rauschenberg/Schmidt* 1984; *Zander* 1984). Sie sehen in Abhängigkeit von arbeitgeber- und arbeitnehmerseitigen Interessen in verschiedenen Modellen variable Grenzen für die Pensionierung vor.

5.2.5 Konsequenzen für die Gestaltung der Arbeitsaufgabe

5.2.5.1 Grundsystematik

Das primäre Ziel des Personaleinsatzmanagements ist die wechselseitige Zuordnung von Mitarbeitern und Arbeitsaufgaben. Eine derartige Personalzuordnung auf der operativen Ebene erfolgt kurz- und mittelfristig:

Kurzfristig geht das Personaleinsatzmanagement von einer vorgegebenen Stellenstruktur und einer konstanten Stellenzuordnung aus. Den einzelnen Mitarbeitern, die bereits einer Abteilung oder einem bestimmten Stellentyp zugewiesen sind, werden entsprechend ihrer (zum Beispiel durch Krankheit oder Urlaub beeinträchtigten) Verfügbarkeit Aufträge zugeordnet. Ergebnis dieser **Aufgabenzuordnung** sind Tageseinsatzpläne, Schichtpläne und Urlaubspläne. Kurzfristiges Personaleinsatzmanagement umfaßt damit (abgesehen von der Urlaubsplanung) im allgemeinen einen Dispositionszeitraum von Tagen oder einigen Wochen.

Dieses kurzfristige Personaleinsatzmanagement kann stark dezentralisiert erfolgen: Entscheidungsträger sind dann Abteilungsleiter, Bürovorsteher oder Meister. Die vorgeschlagenen Personaleinzelmaßnahmen – also die Zuordnung des Mitarbeiters i auf den Arbeitsplatz j zur Erledigung des Auftrags z – fallen nicht unter die nach § 99 BetrVG mitbestimmungspflichtigen personellen Einzelmaßnahmen, wenn die Zuordnung weniger als einen Monat dauert und für den Mitarbeiter keine erhebliche Änderung der äußeren Umstände mit sich bringt (vgl. *Fitting et al.* 1987, § 99 RZ 25–29).

Mittelfristig geht das Personaleinsatzmanagement von einer vorgegebenen Stellenstruktur und einem vorhandenen Mitarbeiterbestand aus. Bei dieser **Stellenzuordnung** werden die im Planungszeitraum voraussichtlich verfügbaren Mitarbeiter eines Planungsbereiches Stellen(typen) zugewiesen, mit Konsequenzen für Entlohnung sowie fachliche und disziplinarische Unterordnung. Der Planungszeitraum hat hierbei eine Länge von wenigen Monaten bis zu einigen Jahren. Konsequenzen dieser Stellenzuordnung sind Umsetzungen (hierarchieneutral-horizontal oder hierarchieverändernd-vertikal). Eine Mitbestimmungsmöglichkeit des Betriebsrates nach § 99 BetrVG ist dabei gegeben. Mittelfristiges Personaleinsatzmanagement erfolgt überwiegend zentral durch die Personalabteilung in Zusammenarbeit mit den jeweiligen Fachvorgesetzten.

5.2.5.2 Eignungswerte und Eignungsprofile

(a) Darstellung

Personaleinsatzmanagement impliziert die (wechselseitige) Zuordnung von Mitarbeitern und Arbeitsplätzen. Voraussetzung dafür sind Aussagen über die Eignung eines Mitarbeiters für die jeweiligen Tätigkeiten. Man benötigt also einen **Eignungswert** e_{ij}, der Auskunft darüber gibt, wie geeignet ein Mitarbeiter **i** für die Stelle **j** ist. Eine Möglichkeit dazu besteht in der Verwendung von Nutzenwerten, die sich für das Unternehmen aus der jeweiligen Zuordnung ergeben. „Klassische" Vorschläge dazu beziehen sich auf

- benötigte Arbeitszeit (*Ackoff/Sasieni* 1968, 139),
- Einarbeitungskosten (*Dönni* 1965, 315–316),
- Gewinnbeiträge (*Churchman/Ackoff/Arnoff* 1971, 335),
- Arbeitsergebnismenge (*Wagner* 1966, 63),
- Neigungskoeffizienten (*Kossbiel* 1988, 1108–1109) und
- Lohnkosten (*Moser* 1979).

Es fehlen allerdings zumeist konkrete Vorschläge dazu, **wie** diese (direkten) Eignungswerte ermittelbar sind. Aus diesem Grund haben sich diese Eignungswerte in der Praxis – soweit erkennbar – kaum durchgesetzt.

Ein alternatives Vorgehen dagegen orientiert sich an zwei bereits vorhandenen Datenbeständen: nämlich den aus der Personalbestandsanalyse bekannten Fähigkeitsprofilen (**f**) sowie den Anforderungsprofilen (**a**) der Personalbedarfsbestimmung. Durch die Gegenüberstellung von Fähigkeitsprofil und Anforderungsprofil wird dann ein Eignungswert ermittelt, der die Eignung des betreffenden Mitarbeiters für eine konkrete Stelle ausdrückt. Eine Form dieses Profilabgleichs besteht aus der Bestimmung der Profildifferenz als Summe über der (absoluten) Differenz zwischen den **m** Merkmalen des Fähigkeitsprofils $\mathbf{f}_i$ und des Anforderungsprofils $\mathbf{a}_j$. Das Ergebnis gibt dann an, wie geeignet der Mitarbeiter **i** für die Stelle **j** ist:

$$e_{ij} = \sum_{k=1}^{m} |f_{ik} - a_{jk}| \text{ für alle i,j}$$

Die Bestimmung der Eignungswerte basiert auf Überlegungen zur Ähnlichkeit zwischen Profilen, wobei im Normalfall aus größerer Ähnlichkeit von Anforderungs- und Fähigkeitsprofil auf höhere Eignung geschlossen wird. Eine detailliertere Behandlung der diversen Maße zum Profilabgleich findet sich in Abschnitt 5.5 als methodischer Exkurs. Werden die Eignungswerte eines Mitarbeiters für mehrere Stellen ermittelt, so führt dies zum **Eignungsprofil** (e): Die Zusammenstellung von **n** Eignungswerten eines Mitarbeiters (für **n** Stellen) ergibt als Eignungsvektor dann ein **n**-elementiges Eignungsprofil.

Für den Profilvergleich, also für die Bestimmung von Eignungswerten, gibt es eine Vielzahl von **Anwendungsbereichen**. So nennt das *RKW* (1978, VI 50) als Zwecke des Profilvergleichs die Feststellung der Eignung der für eine offene Stelle in Betracht kommenden Arbeitskräfte, die Auswahl geeigneter Arbeitsplätze für umzusetzende Mitarbeiter und die Lokalisation von Mitarbeitern mit bestimmten Fähigkeitsmerkmalen; hinzu kommt die Überprüfung der gegenwärtigen Stellenbesetzung im Hinblick auf Unterdeckungen und damit die Feststellung von Förderungs- und Fortbildungserfordernissen.

(b) Problematik

Ein derartiger Profilvergleich auf Grundlage von korrespondierenden Anforderungs- und Fähigkeitsprofilen ist allerdings „nicht ohne methodische Problematik" (*RKW* 1978, VI 51). Diese Schwierigkeiten lassen sich speziell auf vier zentrale Planungsprobleme zurückführen (vgl. *Scholz* 1981 b, 162):

- Die **algorithmische Durchführung** wird als schwierig eingestuft. Die Einwände kommen dabei sowohl aus der Theorie als auch aus der Praxis (vgl. *Heinrich/Pils* 1977, 29; 1979, 110–113); wichtig erscheinen dabei – neben grundsätzlichen Problemen wie der Indikatorenauswahl, der Meßmethode und der Auswertungsverfahren vor allem folgende **Einwände**:
  - Der Profilvergleich „vergißt" die konkrete Situation, in der die Merkmale erhoben wurden. Dies bedeutet für die Interpretationsphase dann einen entscheidenden Informationsverlust, wenn Aussagen über die Datengewinnung (zumindest Datum) bei der Analyse nicht berücksichtigt werden.
  - Bei der Interpretation ist die jeweilige Merkmalsausprägung losgelöst von den anderen Merkmalsausprägungen (also unter Vernachlässigung des **Kontextes** wenig aussagefähig): So ist beispielsweise eine geringe verbale Ausdrucksfähigkeit in Deutsch bei einem Deutschen anders zu bewerten als bei einem Arbeitnehmer, der eben erst aus einem nicht-deutsch-sprachigen Ausland zugezogen ist.
  - Die Notwendigkeit, die Ausprägungen eines Fähigkeitsmerkmales oft durch andere Personen (Abteilungen) ermitteln zu lassen als die Ausprägung des korrespondierenden Anforderungsmerkmales, schafft **Vergleichbarkeitsprobleme**.
  - Eine fehlende **Strukturgleichheit** von Fähigkeits- und Anforderungsprofilen erschwert die algorithmische Verknüpfbarkeit.

- Ein „Planungsidealzustand“, bei dem sämtliche Mitarbeiter eines Stellentyps **identische** und dem Anforderungsprofil entsprechende Fähigkeitsprofile aufweisen, kann sich negativ auf die in einer Fähigkeitsvielfalt liegende Flexibilität des auf einem Stellentyp eingesetzten Personals auswirken.
- Eine lediglich **rechnerische** Über- oder Unterdeckung, die aus der Differenz zweier Profile ermittelt wurde, kann auch unter ceteris-paribus-Bedingungen nicht unbedingt Indikator für fehlende Eignung eines Mitarbeiters sein, weshalb eine pauschale Abweichungsminimierung falsch sein kann.
- Der Abbau derartiger oft nur durch den Einsatz der Profilsubtraktionsmethode verursachten „künstlichen“ Eignungsdefizite kann **unnötigen** Aufwand für Fort- und Weiterbildungsmaßnahmen erfordern.

Diese algorithmischen Probleme implizieren allerdings keinen pauschalen Verzicht auf derartige Ansätze, erzwingen aber eine theoretisch durchdachte und auf den Einzelfall abgestimmte Lösung. Speziell in der Interpretationsphase sind dabei Beschränkungen des jeweils verwendeten Eignungsmaßes zu berücksichtigen.

- Die algorithmische Durchführung einer mehrdimensionalen Personalplanung wird zum Teil als **inhuman** betrachtet. Vor allem Gewerkschaftsvertreter dringen darauf, Profil“abgleiche“ durch Betriebsvereinbarungen auszuschließen (vgl. *Mülder* 1984). Allerdings muß auch festgehalten werden, daß die algorithmengestützte Profilsubtraktionsmethode unter anderem zu Humanisierungszwecken entwickelt wurde (vgl. *Hackstein/Güttler* 1979).
- Ein zusätzliches Problem ist die **Komplexität** einer derartigen algorithmischen Eignungswertfeststellung: Geht man von einer grundsätzlich geringen Akzeptanz von formalen Planungsmethoden aus (vgl. Abschnitt 1.4.5), so erfordert die algorithmische Eignungswertfeststellung zwangsläufig aufwendigere Verfahren als die simple Profilsubtraktionsmethode; gerade komplexe Ansätze sind aber selten transparent, weshalb sich hierbei noch mehr das Akzeptanzproblem stellt.
- Hinzu kommen **rechtliche Probleme,** auf die speziell in Abschnitt 8.4.2.6 hingewiesen wird.

(c) Konsequenz

Zur Realisation der Aufgaben- und Stellenzuordnung gibt es zwei grundsätzliche Möglichkeiten: Bei der **intuitiv-heuristischen** Methode erfolgt die Lösung des Zuordnungsproblems durch „Intuition und Erfahrung“ des jeweiligen Planers. Charakteristisch für eine derartige Vorgehensweise ist der Verzicht auf eine explizite Festlegung von Eignungswerten. Statt dessen hat der Planer ein „Gefühl“ dafür, welcher Mitarbeiter sich für welchen Arbeitsplatz oder für welche Aufgabe eignet. Bei einer **formalisiert-algorithmischen** Lösung des Zuordnungsproblems wird dagegen explizit auf Eignungswerte sowie Eignungsprofile abgestellt und zur Lösung des Zuordnungsproblems meist ein mathematisch (optimierender) Algorithmus verwendet. Zum letztgenannten Aspekt bietet sich die lineare Programmierung an (vgl. Abschnitt 5.5.2).

Die **Abwägung** zwischen beiden Möglichkeiten hängt davon ab, inwieweit die erforderlichen Daten in entsprechender Qualität zur Verfügung stehen. Hinzu kommen Überlegungen zur Qualität der Lösung: Auf der einen Seite basiert die Bestimmung von Eignungswerten und -profilen auf einer methodisch nicht unproblematischen Verknüpfung von nicht weniger unproblematischen Fähigkeits- und Anforderungsprofilen. Auf der anderen Seite erreicht gerade in größeren Unternehmen die Zahl der Personen, für die ein Personaleinsatzmanagement durchzuführen ist, eine Größenordnung, die aufgrund ihrer Komplexität nicht mehr „im Kopf des Planers" gelöst werden kann. Naheliegende Konsequenz daraus ist die **Verbindung** von exakten (optimierenden) Verfahren mit einem intuitiv-heuristischen Vorgehen. Dabei kann der Computer zum Vorsortieren des Problems dienen und einen ersten Vorschlag für die Lösung des Zuordnungsproblems liefern.

5.2.5.3. Biorhythmus als Denkanstoß

Eignungswerte und -profile führen Fähigkeitsprofile der Mitarbeiter und Anforderungsprofile der Stelle zusammen, woraus sich dann die Zuordnung Mitarbeiter und Aufgabe ergibt. Bei einem solchen Vorgehen wird allerdings im Regelfall die aktuelle (körperliche) Disposition des Mitarbeiters außer acht gelassen. In einigen Unternehmen werden deshalb zusätzlich biorhythmische Gesichtspunkte berücksichtigt: So senkte die ehemalig staatliche japanische Eisenbahngesellschaft auf diesem Wege ihre Unfallrate um rund 58% (vgl. *Jantzen* 1982, 53–54); auch in anderen Unternehmen verschiedener Branchen konnten Unfallzahlen drastisch verringert werden (vgl. *Mallardi* 1978, 62–63).

Die **Biorhythmik-Forschung** begann Anfang des 19. Jahrhunderts durch den Arzt *Fliess* und den Psychologen *Swoboda:* Nach Untersuchungen von Schwankungen in der Anfälligkeit für Krankheiten beziehungsweise von Schwankungen im Gefühlsleben wurden ein 23- und 28-Tage-Rhythmus entdeckt. Diese Rhythmen ergänzte der Ingenieur *Teltscher* durch den 33-tägigen Intellekt-Rhythmus (Abbildung 5.10). Diese **drei Rhythmen** werden wie folgt charakterisiert (vgl. *Genuit* 1977; *Mallardi* 1978):

- Der 23-Tage-Rhythmus, auch männlicher Rhythmus oder *Körperkurve* genannt, beeinflußt primär die körperliche Leistungsfähigkeit und die Organtätigkeit.
- Der 28-tägige weibliche Rhythmus oder die *Seelenkurve* ist verantwortlich für Gemüt, Einfühlungsvermögen, Launen, Gefühle und soziale Sensibilität.
- Der 33-Tage-Intellekt-Rhythmus oder die *Geistkurve* bestimmt unter anderem Kreativität, Lebenskraft und Gedächtnisleistung.

Diese sinusförmigen Kurven beginnen am Tage der Geburt auf der Nullinie und leiten zunächst eine Hochphase ein. Die Tage, an denen dann eine Kurve die Mittellinie schneidet, werden als **kritische Tage** bezeichnet: Sie bedeuten eine Instabilität, da ein Umschwung zwischen positiver und negativer Phase stattfindet. Biorhythmiker sehen an diesen Tagen eine größere Tendenz zu Fehlverhalten, Unlust oder Erkrankung als an anderen Tagen; dies gilt speziell dann, wenn mehrere Risikofaktoren zusammenkommen (vgl. *Jantzen* 1982, 50).

Bei fallender Seelen- und Körperkurve bestehen verstärkte Erkrankungsgefahren und depressive Tendenzen, während steigende Seelen- und Geistkurven Schaffenskraft und Eingebungen begünstigen sollen; belegt werden diese Erkenntnisse durch eine Vielzahl verschiedener Untersuchungen mit Daten von Unfällen, Krankheiten, Todesfällen, Prüfungen, Erfindern und Politikern (vgl. *Genuit* 1977). Wie stark ein Mensch auf die Kurvenverläufe reagiert, hängt jedoch – auch nach Aussagen der Biorhythmiker – stark von der persönlichen Sensibilität ab. Äußere Einflüsse können die Kurvenausprägungen allerdings nur geringfügig verschieben; die Kurven pendeln sich wieder sehr schnell homöostatisch im alten Rhythmus ein (vgl. *Mallardi* 1978; *Jantzen* 1982).

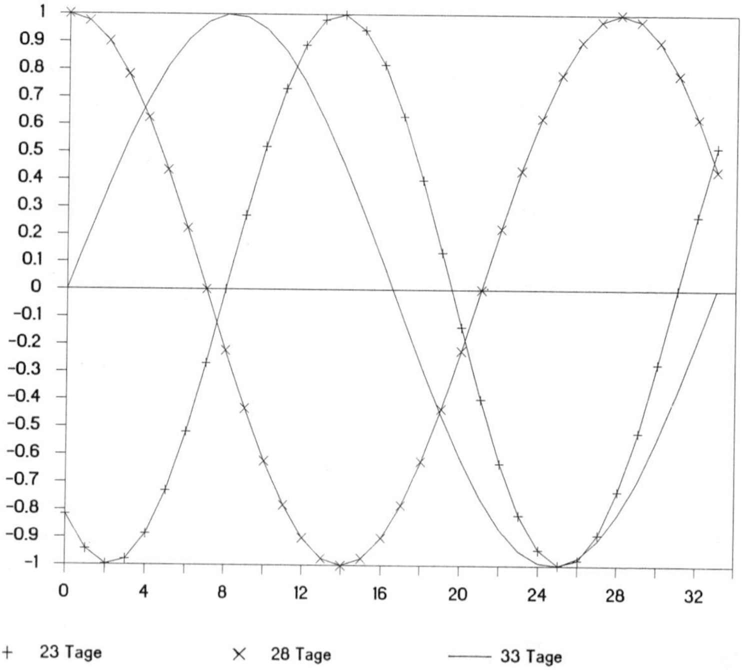

Abbildung 5.10: Beispiel für eine Kurvenkonstellation

Andere Unfallanalysen stellten jedoch keine Signifikanz der kritischen Tage als Unfalltage fest (vgl. *Brown/Graeber* 1982). Hier setzt die Kritik der **Chronobiologie** von *Dietziker* (1987) an: Sie akzeptiert zwar die drei Rhythmen als Grundlage, sieht jedoch deren Wirkungen ausschließlich in ihrem Zusammenspiel. Trotz einer Einteilung in Kräfteabgabe- und Regenerationsphasen können Belastungen also aufgrund des Zusammenwirkens der Rhythmen in beiden Phasen auftreten: Auslöser von Belastungsphasen sind unterschiedliche Rhythmenkonstellationen, die *Dietziker* bei seinen Untersuchungen gefunden hat. Das spezifische Zusammenspiel der Rhythmen beziehungsweise bestimmte Rhythmenkonstellationen stimmen zeitlich mit der Aktivität in einem ganz bestimmten Körperbereich überein. Je nach Kombination der Rhythmen können Wirkungen auf Blut und Kreislauf, Kopf und Atmung oder das Herz festgestellt werden (vgl. *Christopher* 1983). In einer Unfallanalyse mit *Dietzikers* Diagnosesystem wurden zum Beispiel in 63,5% der Fälle chronobiologisch existente „Kopfbelastungen" registriert (vgl. *Spira* 1987).

Akzeptiert man Existenz und Deutung von Biorhythmus beziehungsweise Chronobiologie, so führt dies bei der Personaleinsatzplanung nicht nur zur Reduktion des Unfallrisikos durch biorhythmische Vorwarnung; auch **Arbeitsgruppen** können unter dem Aspekt größtmöglicher Rhythmenverwandtschaft oder (je nach Aufgabenstellung) weitgehender Rhythmendivergenz zusammengesetzt werden. Außerdem bietet sich eine Differenzierung der **Aufgaben** in Abhängigkeit von der individuellen Disponiertheit an (vgl. *Gittelson* 1978; *Dietziker* 1987).

Die **Kritik** an solchen Überlegungen liegt auf der Hand: Auch wenn spekulative Erklärungen über Hormonsysteme möglich sind, stellt sich trotzdem die Frage nach der Naturgesetzlichkeit der Biorhythmen als periodische Wiederkehr von bestimmten Funktionsabläufen im Organismus. Die Biorhythmik stützt sich somit primär auf eine Fülle von Erfahrungswerten und beobachteten Phänomenen. Kritisierbar ist auch die Ausrichtung auf einen „homo biologicus".

Auch wenn die Aussagekraft biorhythmischer Analysen und die Art der Auswertung der Rhythmus-Kurven-Daten sehr umstritten ist, *könnte* die Biorhythmik möglicherweise eine Entscheidungshilfe für das operative Personaleinsatzmanagement im „Personaldispatching" darstellen, beispielsweise beim kurzfristig – flexiblen Personaleinsatz in Zeitarbeitsfirmen oder in Taxizentralen. Derartige Umsetzungen bedürfen allerdings noch weitergehender empirischer Forschung.

5.3 Taktische Ebene: Einsatzprinzipien

5.3.1 Überblick

Auf der taktischen Ebene sind **Prinzipien** festzulegen, nach denen der Personaleinsatz auf der operativen Ebene vollzogen werden kann. Dabei kann zwischen statischen und dynamischen Prinzipien unterschieden werden: **Statische** Zuordnungsprinzipien für die Aufgaben- und Stellenzuordnung sind primär Arbeitsverteilungsprinzipien, wozu unter anderem auch Schichtrhythmuspläne gehören; ferner wird gegebenenfalls festgelegt, welche Stellen „grundsätzlich" mit welchen Personen zu besetzen sind. In **dynamischer** Hinsicht gehört es zur Aufgabe des **taktischen** Personaleinsatzmanagements, eine Nachfolge- und Laufbahnplanung zu realisieren, also Selektions- sowie Beförderungsprinzipien zu erstellen. Eine derartige Nachfolgeplanung soll die Kontinuität der Aufgabenerfüllung bei unerwartetem Ausfall des Stelleninhabers sicherstellen, indem derzeit anderweitig eingesetzte Mitarbeiter prophylaktisch als potentielle Nachfolger identifiziert und durch zusätzliche Bildungsmaßnahmen für eine eventuelle Übernahme des betreffenden Aufgabengebietes qualifiziert werden.

5.3.2 Job Rotation, Enrichment und Enlargement

Neben der dem Taylorismus folgenden Grundidee einer Effektivitätssteigerung durch strikte **Aufgabenspezialisierung** mit ihren Nachteilen wie Monotonie, einseitige Belastung, Flexibilitätsverluste, Entfremdung und Verlust des Sinnzusammenhanges (vgl. z. B. *Kupsch/Marr* 1985, 699) wird in der Organisationstheorie seit langem auch die Stellenbildung nach dem Prinzip der **Aufgabengeneralisierung** diskutiert (vgl. z. B. *Ulich* 1980; *Nystrom* 1981):

- *Job Rotation* impliziert einen systematischen Arbeitsplatztausch, um einerseits Erfahrungen und Kenntnisse der Mitarbeiter zu prüfen, andererseits Arbeitsmonotonie und einseitige Belastung zu verhindern. Das Konzept dient auch zur Vorbereitung und Selektion von Führungsnachwuchs.
- Unter *Job Enrichment* wird eine Maßnahme verstanden, die eine vertikale Ausweitung der Arbeitsinhalte eines Mitarbeiters beinhaltet. Die erweiterten Aufgaben dienen vor allem einer Höherqualifizierung des Mitarbeiters.
- Im Gegensatz zum Enrichment vergrößert sich das Arbeitsfeld bei *Job Enlargement* durch Hinzufügen qualitativ gleichwertiger Aufgaben Hierdurch soll die starke Unterteilung eines Arbeitsganges aufgehoben und dem Mitarbeiter eine weitgehend abgeschlossene Aufgabe zugeteilt werden.

Diese drei inzwischen hinlänglich bekannten Einsatzprinzipien bieten sich speziell an im Hinblick auf die Motivation der Mitarbeiter und auf das dadurch vergrößerbare Flexibilitätspotential.

5.3.3 Gruppenbezogene Einsatzprinzipien

5.3.3.1 Grundüberlegung

Einsatzprinzipien beziehen sich auch auf gruppenspezifische Regelungen: Danach werden Aufgaben nicht auf einzelne Personen übertragen, sondern auf mehrere. Das Ergebnis sind Arbeitsgruppen mit partieller Autonomie und dezidierter Aufgabenstellung, wobei die Organisationstheorie speziell das Konzept der „teilautonomen Arbeitsgruppen" seit langem in umfassender Weise diskutiert (vgl. z. B. Überblick bei *Pfeiffer/Staudt* 1980): Das Schwergewicht liegt bei allen diesen Überlegungen auf der Betonung einer eigenständigen Aufgaben- und Rollenverteilung in der Gruppe. Neben Vorschlägen zu teilautonomen Arbeitsgruppen werden zunehmend japanische

Ansätze zur Gruppenbildung mit dem Schwergewicht der Qualitätssicherung in Theorie und Praxis diskutiert. Hinzu kommt das Konzept der Lernstatt, das ebenfalls nachfolgend erläutert wird.

5.3.3.2 Teilautonome Arbeitsgruppen

Das Konzept der teilautonomen Arbeitsgruppen (vgl. *Bihl* 1973; *Pfeiffer/Staudt* 1980) wurde in Skandinavien entwickelt: **Teilautonome Arbeitsgruppen** bestehen aus einer Arbeitsgruppe von 3 bis 10 Personen und sollen eine abgeschlossene Aufgabe von Anfang bis Ende ohne einen formellen Führer bearbeiten; ihnen wird somit die Vorbereitung, Planung, Durchführung und Kontrolle der Aufgabe selbst übertragen. Neben einer in Grenzen freien Einteilung der Arbeitszeiten und Pausen, regelt die Gruppe auch die Vergabe der Aufgaben an die einzelnen Gruppenmitglieder. Eingeschränkt wird die Gestaltungsautonomie lediglich durch Produktionsnormen sowie die ökonomischen Rahmenbedingungen des Unternehmens. Teilautonome Arbeitsgruppen sollen dazu beitragen, die Qualität der Arbeit zu steigern, die Abwesenheitsrate zu verringern und die Motivation zu heben. Ein potentielles Problem liegt allerdings in der unterstellten und vorausgesetzten Fähigkeit zur Selbststeuerung und Selbstkontrolle der Gruppe.

5.3.3.3 Qualitätszirkel

(a) Darstellung

Qualitätszirkel unterscheiden sich von den teilautonomen Arbeitsgruppen durch die **Freiwilligkeit** der Teilnahme: Die Mitarbeiter treffen sich freiwillig alle zwei bis vier Wochen zu gemeinsamen Sitzungen, womit die negativen Folgen eines permanenten Gruppendrucks wegfallen sollen (vgl. *Strasmann* 1984). Hinzu kommt die ausgeprägte **Qualitätsorientierung** (Übersicht 5.8): Sie umfaßt neben der Qualität des Arbeitsergebnisses auch die technische, verfahrensbezogene und soziale Qualität. Hauptziel von Qualitätszirkeln ist die Verbesserung der Leistungsfähigkeit des Unternehmens

	Technische Qualität	**Verfahrensqualität**	**Soziale Qualität**
Qualität des Arbeitsergebnisses	gefertigtes Produkt	Planungsergebnis erstellter Bericht	Dienstleistung
	Einrichtungen Rohlinge Werkzeuge Maschinen Zulieferteile Meßeinrichtungen Material	Methoden Abläufe Organisationsstruktur Kontrollverfahren Genehmigungsverfahren Dienstanweisungen Layout	Einstellung zur Arbeit Kenntnisse Motivation Kooperation Führungsverhalten Arbeitsbedingungen

Übersicht 5.8: Qualitätsbegriff der Qualitätszirkel (nach *Domsch* 1985, 431; 1987, 128)

durch verstärkte Einbeziehung der Mitarbeiter; daraus leiten sich Einzelziele ab, die sich

- unternehmensbezogen unter anderem auf Wettbewerbsposition und Produktivität,
- gruppenbezogen unter anderem auf Teamfähigkeit und Kommunikation sowie
- mitarbeiterbezogen unter anderem auf Zufriedenheit und Identifikation

beziehen (vgl. *Domsch* 1985, 429–431; 1987, 127–128). Neben ursprünglichen Fragestellungen wie Verringerung der Abfallanteile, Fehlerquoten,

Phase		**Aktivitäten**
1	**Vorbereiten** der Qualitätszirkelarbeit	Willenserklärung der Unternehmensführung Gespräche der Unternehmensleitung mit Führungskräften und Betriebsrat Bildung eines Steuerungskomitees und Auswahl von Koordinatoren und Information Erstellung eines firmenspezifischen Konzeptes Information und Motivation aller Mitarbeiter Detailplanung der Qualitätszirkelarbeit Auswahl/Schulung/Information von Zirkelleitern, Vorgesetzten, Fachabteilungen
2	**Durchführen** von Qualitätszirkeln	Schulung der Zirkelmitarbeiter Probleminventur durch die Q-Gruppe Problemrangfolge und -auswahl Abstimmung mit Koordinator Problem-Detailanalyse Entscheidung über weiteres Vorgehen (Abbruch, Problemteilung etc.) Entwicklung von Lösungsvorschlägen Bewertung und Bericht an Koordinator Präsentation der Ergebnisse Auswahl von Umsetzungsalternativen
3	**Umsetzen** der Qualitätszirkelempfehlungen	Entwicklung eines Detail-Aktivitätenplans für die Vorschlagsumsetzung Berichterstattung an Koordinator Abstimmung mit Steuerungskomitee Vorbereitung der Umsetzung (Information, Budget) Tatsächliche und schrittweise Umsetzung
4	**Kontrolle** der Qualitätszirkelarbeit	Erfolgskontrolle durch die Q-Gruppe Überlegungen zur Übertragbarkeit der Ergebnisse auf andere Bereiche Präsentation des Ergebnisberichtes Anerkennung des Einsatzes und der Ergebnisse Entscheidung über das weitere Vorgehen Information aller Mitarbeiter

Übersicht 5.9: Ablauf der Qualitätszirkelarbeit (nach *Domsch* 1985, 432; 1987, 129)

Lackdefekte werden heute auch Probleme der Bearbeitungsgeschwindigkeit, Irrläuferzahl und erforderliche Rückfragen als Auslöser beziehungsweise als Objekte für Qualitätszirkel angesehen.

Charakteristisch für Qualitätszirkel ist zum einen die **Zusammensetzung** aus bis zu 10 Mitgliedern, die aus einem gemeinsamen betrieblichen Erfahrungsbereich stammen: Die in diesem Bereich entstehenden Qualitätsfragen (im weitesten Sinne) werden dann nicht nur durch die Nennung möglicher Lösungen beantwortet, sondern induzieren auch eine unmittelbare Umsetzung der Vorschläge. Charakteristisch ist ebenfalls die **Organisationsform** (vgl. *Zink/Schick* 1984; *Hackstein/Heeg* 1986): „Qualitätszirkel"-Mitglieder sollen gemeinsam Probleme insbesondere im Zusammenhang mit der Produktqualität identifizieren, analysieren und lösen (vgl. *Weinert* 1987 a, 415). Der Zirkelleiter steht in der Regel im Unternehmen eine Hierarchiestufe höher als die sonstigen Zirkelmitglieder. Ein Koordinator betreut die verschiedenen Qualitätszirkel in einem Unternehmen.

Aus den Zielen und der Gruppenzusammensetzung leitet sich dann ein auf den Einzelfall abzustimmender Ablaufplan für die Tätigkeit der Qualitätszirkel ab, der von der Vorbereitung der Qualitätszirkelarbeit bis hin zur Kontrolle ihrer Resultate reicht (Übersicht 5.9). Dieser Ablauf ist noch in das oben angesprochene hierarchische System der Qualitätszirkelarbeit
- Zirkelleiter
- Koordinator
- Steuerungskomitee

einzubauen.

(b) Bewertung

Verschiedene Anwendungsberichte und Forschungsarbeiten (vgl. z.B. *Behrens* 1984; *Heeg* 1985) lassen auf eine starke Verbreitung von Qualitätszirkeln schließen, wenngleich zumindest für den deutschen Bereich noch zusammenführende (Meta-)Studien fehlen. Für die USA führten *Barrick* und *Alexander* (1987) einen derartigen Vergleich von 33 Arbeiten zu Qualitätszirkeln durch:

- Als Ergebnis konstatieren die Autoren überwiegend *positive* Befunde.
  - Die Hälfte der Arbeiten berichtet von positiven Erfahrungen.
  - Von den wenigen strikt negativen Ergebnissen stammen die meisten aus dem amerikanischen Verteidigungsministerium, nach Ansicht der Autoren möglicherweise ein institutionaler Spezialfall.
  - Als wichtig erwies sich auch das Alter von Qualitätszirkeln, die offenbar erst im Laufe der Zeit ihre Wirksamkeit erfüllten.
- Trotzdem weisen die beiden Autoren auch auf mögliche *Probleme* hin, speziell
  - die geringe Anzahl von wissenschaftlich nachprüfbaren Resultaten,
  - die häufigen (zwangsläufig positiven) Berichte durch Qualitätszirkelverantwortliche und
  - die methodischen Schwächen (Validität der Effektivitätskriterien).

Hinzu kommt die Gefahr, daß viele der positiven Befunde mit Qualitätszirkeln auf einen Hawthorne-Effekt zurückführbar sein könnten: Danach sind nicht die Qualitätszirkel selber für das positive Ergebnis verantwortlich, sondern vielmehr die Involvierung der Betroffenen bei diesem „modernen“ Ansatz, unabhängig von den Inhalten (vgl. *Staehle* 1991a, 32–33, 681).

5.3.3.4 Lernstatt

Die Lernstatt wurde – zu Beginn der 70er Jahre – als „deutsche Alternative“ (*Reichart* 1984) zum Qualitätszirkel entwickelt (vgl. *Einsiedler/Knura* 1984; *Kunstek* 1986; *Dunkel* 1987) : Ihr Kern ist eine autonom arbeitende Kleingruppe, die Inhalt und Ablauf der Gruppenarbeit frei bestimmt. Im Unternehmen werden mehrere solche Lernstattgruppen aus den Reihen der Mitarbeiter gebildet. Die Lernstattgruppen bestehen aus 8 bis 12 freiwilligen Teilnehmern. Ihre Sitzungen finden in der Regel einmal pro Woche für die Dauer von circa 4 Monaten statt. Jeder Lernstattgruppe sind 1 bis 2 Moderatoren als Gruppenberater zugeordnet, die Gruppenprozesse in Gang bringen und gegebenenfalls steuern. Die Moderatoren rekrutieren sich aus den Reihen der Meister oder Gruppenführer.

Alle Moderatoren sind in der Supervisionsgruppe zusammengefaßt, die einmal pro Woche einen Erfahrungsaustausch unter der Leitung des Lernstatt-Teams durchführt. Das Lernstatt-Team besteht aus zwei oder mehreren Moderatoren. Es organisiert alle Lernstattaktivitäten und nimmt die Schulung der Moderatoren vor. Dabei wird die Anwendung von Problemlösungstechniken und Kreativitätstechniken (wie Metaplan-Technik oder Brainstorming) eingeübt. Je nach Problemstellung dienen externe oder interne Berater den Lernstattgruppen einmalig zum Wissenstransfer.

Potentielle Lernziele von Lernstattaktivitäten liegen im weiten Feld von Personal- und Organisationsentwicklung: Individuelle Lernprozesse sind danach genauso anstrebbar wie kollektives oder prozeßbezogenes Lernen. Die Ergebnisse der Lernstatt haben Vorschlagscharakter, ein Entscheidungsrecht zur Umsetzung der entwickelten Lösungen besitzt die Lernstattgruppe nicht.

Dieses Grundkonzept der Lernstatt ist situations- und unternehmensspezifisch zu gestalten. Seine Einführung hängt ab vom Willen der **Unternehmensleitung**, den Mitarbeitern Selbständigkeit, Freiraum, Partizipation und auch Provokation einzuräumen (vgl. *Dunkel* 1987, 121–122), sowie von dem Engagement und der Bereitschaft zur Gruppenarbeit bei den **Mitarbeitern**.

Als übergeordnete Unterstützung beziehungsweise Restriktion kommt auch bei der Lernstatt der spezifischen **Unternehmenskultur** erheblich Bedeutung zu: Sie steuert
- die Bereitschaft zur Implementation von Lernstattaktivitäten (Promotoren in allen Hierarchieebenen),
- die Themenwahl sowie
- den Gruppenprozeß,

ist also letztlich (mit-)ausschlaggebend für den Erfolg. Wie in Abschnitt 6.5 im Zusammenhang mit der strategischen Personalführung noch näher

	teilautonome Arbeitsgruppe	**Qualitätszirkel**	**Lernstatt**
Aufgabenstellung	exakt vorgegeben arbeitsablaufbezogen	vorgegeben, zum Teil selbst gestellt	frei gewählt
Inhalt	aufgabenbedingt	problembezogen	frei wählbar
Strukturierung	mittlerer Strukturierungsgrad	stark strukturiert	schwach strukturiert
Zeitbezug	zeitlich unbegrenzt selbständige Einrichtung	zeitlich begrenzt unselbständige Einrichtung	zeitlich begrenzt selbständige Einrichtung
Gruppenzusammensetzung	homogen, entsprechend dem Aufgabenzusammenhang	homogen, entsprechend der Aufgabenstellung	identische oder bewußt differierende Arbeitserfahrungen
Ergebnisbewertung	kurzfristige Ergebnisbewertung möglich mittelfristige Abstimmungsprobleme in der Gruppe	Ergebnisse kurzfristig bestimmbar kurzfristig Anfangserfolge, mittelfristig Ernüchterung bei komplexen Problemen	mittelfristig Ergebnisbewertung möglich und sinnvoll Zurechnung zu Lernstattaktivitäten schwierig
Koordination	Ergebnisorientierung	Ergebnisorientierung begleitende Prozeßkoordination	Prozeßorientierung als „Ausbildungsprogramm" begleitende Ergebniskontrolle
Zielhierarchie	Motivationsgewinne und damit Verbesserung des Arbeitsergebnisses Flexibilitätssteigerung Qualifikationsgewinne	Verbesserung des Arbeitsergebnisses Verbesserung der Zusammenarbeit Mitarbeiterqualifikation und -motivation Lernaspekt	Mitarbeiterqualifikation (Lernaspekt) Verbesserung der Zusammenarbeit Verbesserung des Arbeitsergebnisses Enkulturation

Übersicht 5.10: Vergleich von Arbeitsgruppen (erweitert nach *Bednarek* 1985, 16; *Einsiedler/Knura* 1984, 754; *Einsiedler* 1987, 139)

erörtert, impliziert dies die Notwendigkeit zur Analyse der Unternehmenskultur, um dann eine „kulturkonforme" Lernstatt zu entwickeln. Nur in diesem Fall ist eine Akzeptanz des Konzeptes zu erwarten. Umgekehrt läßt sich die Lernstatt aber auch zur Kulturverstärkung einsetzen: Im Hinblick auf Enkulturation wird neuen Mitarbeitern durch intensiven Kontakt zu Kulturträgern die „typische" Unternehmenskultur vermittelt. Die Mitarbeit in der Lernstattgruppe kann somit ein Teil der „rites de passage" neuer Mitarbeiter sein (vgl. *Trice/Beyer* 1984; 1985).

5.3.3.5 Zusammenführung

Teilautonome Arbeitsgruppe, Qualitätszirkel und Lernstatt bieten insofern interessante Ansätze zum Personaleinsatz, als sie problemspezifische Einsatzprinzipien für Aufgabeninhalte von Gruppen darstellen. Trotz ihrer ähnlichen Grundausrichtung sind jedoch inhaltliche und prozedurale Unterschiede festzuhalten (Übersicht 5.10): Sie erzwingen im konkreten Einzelfall eine präzise Formulierung der mit einer solchen Gruppenbildung verfolgten Ziele.

Alle oben beschriebenen Gruppenkonzepte sind jedoch kulturell zu relativieren: Nicht in jeder Kulturregion stellt sich die Einführung von Qualitätszirkeln so einfach und erfolgreich dar wie in Japan. *Hofstede* (1980 a) konstatierte in seiner Studie, daß der Erfolg von Managementtechniken an spezifische **landeskulturelle** Charakteristiken gebunden ist. Aus diesem Grund ist eine Übertragung dieser in Japan (Quality Circle) und Skandinavien (teilautonome Arbeitsgruppe) entwickelten Managementtechniken auf deutsche Verhältnisse kritisch zu reflektieren (vgl. auch *Claassen* 1988).

Neben diesen landeskulturellen Einflüssen wirken – wie bereits bei der Lernstatt hervorgehoben – auch **unternehmenskulturelle** Werte, Normen und Einstellungen auf die Akzeptanz und beeinflussen den Erfolg von Qualitätszirkeln und Lernstatt. Deshalb sind solche Gruppenmodelle in jedem Fall unternehmenskulturspezifisch zu konzipieren und zu implementieren.

5.3.4 Gruppenzusammensetzung als Einsatzproblem

5.3.4.1 Grundlagen

Einsatzprinzipien betreffen nicht nur einzelne Personen, sondern lassen sich auch für die Kombination von Mitarbeitern in Arbeitsgruppen postulieren. In Abhängigkeit von der vorgegebenen Aufgabenstellung sind daher Entscheidungskriterien erforderlich, die eine „optimale" Gruppenzusammensetzung sichern helfen. Konkret bedeutet dies, aus der **Aufgabenstellung** erforderliche **Gruppenmerkmale** wie Team- und Konsensbereitschaft abzuleiten: Solche Merkmale sind a priori weder grundsätzlich als positiv, noch als negativ einzustufen; vielmehr hängt es vom konkreten Einzelfall ab, ob und wie stark diese Merkmale als sinnvoll für die Gruppe beziehungsweise die zu lösende Aufgabe anzusehen sind.

Offen bleibt aber zunächst die Frage, wie man auf die zu erwartenden Gruppenmerkmale schließen kann. Zu diesen Fragestellungen liegen eine

Fülle von **Untersuchungen** vor. Sie versuchen insbesondere aufzudecken, welchen Einfluß die Qualifikation der Gruppenmitglieder auf Verlauf und Ergebnis von (innovativen) Gruppenentscheidungsprozessen haben; auch Geschwisterkonstellationen wurden aufgrund vermuteter Sozialisationseffekte geprüft:

- Nach *Gurnee* (1962) werden Lernprozesse mit steigender Intelligenz der Probanden von diesen alleine besser als in Gruppen bewältigt, wobei weniger intelligente Personen stärker als hoch intelligente Personen von der Gruppensituation profitieren.
- *Lorge* und *Tuckman* (1962) prüften, ob Gruppenentscheidungen durch Interaktion in der Gruppe oder durch die Einwirkung des besten Gruppenmitglieds verbessert werden; nach ihrem Experiment hat der Einfluß höher qualifizierter Gruppenmitglieder die größere Bedeutung.
- Nach *Toman* (1976) haben Erstgeborene eine durch Sozialisation erworbene Fähigkeit zum Führen, können selbständig arbeiten und streben nach Macht. Nachgeborene besitzen die Fähigkeiten zur Einordnung und Unterordnung.
- *Goldman* (1965) stellte in einem Laborexperiment fest, daß
  - hoch- und geringqualifizierte, nicht aber mittelqualifizierte Personen in homogenen Gruppen zu besseren Ergebnissen kommen,
  - in gemischten Gruppen die hochqualifizierten Gruppenmitglieder das Ergebnis prägen und
  - der Gruppeneffekt mit fallender Qualifikation der Mitglieder zunimmt.
- Abweichend dazu erzielten nach *Laughlin* und *Johnson* (1966) trotz ähnlichem Testdesign homogene Gruppen hochqualifizierter Personen bessere Ergebnisse als gemischt qualifizierte Gruppen; die Autoren stützten ihre Ergebnisse auch durch diverse Nachfolgestudien (z.B. *Laughlin et al.* 1975; 1976).
- *Liebe-Harkort* (1976, 121–135) stellte fest, daß heterogen zusammengesetzte Gruppen bei der Lösung schwieriger Probleme bessere Ergebnisse als homogene Gruppen erzielen.
- *Yetton* und *Bottger* (1983, 148–152) haben den Zusammenhang zwischen Mitgliederfähigkeiten und Gruppenleistung unter relativ realistischen Bedingungen geprüft und kommen zu dem Ergebnis, daß die Gruppenleistung mit den Fähigkeiten der Mitglieder steigt.
- *Fiedler* und *Garcia* (1987) postulierten Zusammenhänge zwischen Führungsverhalten und kognitiver Ressourcen der Gruppe (vgl. Abschnitt 6.2.6.3)
- *Goodman*, *Ravlin* und *Schminke* (1987) untersuchten die Effektivität der Arbeitsgruppe in Abhängigkeit der Variablen Technologie, Gruppenzusammenhalt und Gruppennormen.

Alle diese Befunde belegen die Existenz von Zusammenhängen zwischen Gruppencharakteristika und Gruppeneffektivität, wenngleich sich allgemeingültige und eindeutige Beziehungen kaum über die diversen Studien erhärten ließen. Theoretische Erklärungsversuche und experimentelle Untersuchungen von Gruppenentscheidungsprozessen bleiben also relativ unbefriedigend. Ein Grund dafür liegt sicherlich in der Komplexität **situativer** Variablen, die sich nur schwer reduzieren beziehungsweise kontrollieren läßt.

Vor dem Hintergrund dieser Problematik wird nachfolgend ein Laborexperiment (an der Universität des Saarlandes) beschrieben. Abgesehen von weiteren Anstößen zur Gruppenbildung dient diese Dokumentation exemplarisch zur Beschreibung einer für solche Fragestellungen erforderlichen Methodik: Sie erlaubt unabhängig von einer Generalisierbarkeit der Befunde die Entwicklung von problemspezifischen Studien, die dann für konkrete Aufgabenstellungen sinnvolle Gruppenzusammenstellungen anzeigen.

5.3.4.2 Ein Laborexperiment

(a) Untersuchungsziel

In dieser Studie dienten einige der oben beschriebenen Befunde als heuristischer Anlaß, diese zu einem empirisch überprüfbaren Ansatz zu integrieren: Eine derartige **These** besagt, daß hohe Qualifikation der Gruppenmitglieder zu rascherer und besserer Strukturierung und Lösung von komplexen innovativen Problemen führt. Dieser Effekt wird jedoch umso stärker abgebaut, je häufiger und länger individualistische Positionskämpfe zwischen den Gruppenmitgliedern geführt werden. Qualifikation und der durch Sozialisation erworbene Wunsch nach Herrschaft wirken in Gruppenentscheidungsprozessen also gegenläufig.

Um diese These zu prüfen, fand ausgehend von zwei Vorstudien an der Universität Regensburg (n = 24; n = 39) ein größeres Laborexperiment an der Universität des Saarlandes statt (vgl. *Drumm/Scholz* 1987). Hypothesen, Testablauf und Ergebnisse des Saarbrücker Experiments präsentieren sich wie folgt:

(b) Hypothesen

Im ersten Schritt wurden ausgehend von Literaturanalysen und Befunden der Regensburger Vorstudien acht Globalhypothesen formuliert und diese dann in 25 testbare Hypothesen aufgefächert. Aus Gründen der Übersichtlichkeit finden sich in dieser Darstellung die Hypothesen direkt bei den Ergebnissen. Die Hypothesen wurden von einer Koordinationsgruppe (des betreuenden Lehrstuhls) entwickelt und dann gemeinsam mit einer studentischen Projektgruppe in Seminararbeiten operationalisiert. Geprüft werden sollte, wie unterschiedlich zusammengesetzte Gruppen aus fünf bis sieben Studenten den "*qualitativen und quantitativen Bedarf an universitärem Lehrpersonal für das Fach Betriebswirtschaftslehre in den 90er Jahren*" beurteilen. Dafür sollten sie sich der Metaplan-Diskussionsmethoden bedienen.

(c) Testablauf

Das eigentliche Experiment fand im Wintersemester 1986/87 an der Universität des Saarlandes in Saarbrücken statt. Als Versuchspersonen stellten sich 109 Studenten der Betriebswirtschaftslehre (4.-12. Semester) zur Verfügung (Übersicht 5.11). Als Anreiz wurde den Teilnehmern die Möglichkeit geboten, individuelle Testergebnisse nach Beendigung des Experimentes zu erfahren.

	Erstgeborene Einzelkinder	Nachgeborene	Summe
männlich	33	39	72
weiblich	12	25	37
Summe	45	64	109

Übersicht 5.11: Geschlecht und Geschwisterkonstellation der Versuchspersonen

Zur Vorbereitung wurden alle Teilnehmer aufgefordert, drei vorgegebene Aufsätze zu lesen, die sich mit Zukunftsaspekten des Faches befassen. Ferner wurde der Altersaufbau der Bevölkerung in Deutschland tabellarisch und grafisch den Teilnehmern präsentiert. Vier Tage vor dem Experiment wurde das in diesen Aufsätzen vermittelte Faktenwissen beziehungsweise das bereits vorhandene Vorwissen durch einen **Multiple-Choice-Test** abgeprüft. Ferner wurden alle Teilnehmer dem Intelligenz-Struktur-Test **I-S-T 70** von *Amthauer* (1973) unterzogen (vgl. Abschnitt 4.2.2.3). Diese beiden Tests führten zur Erhebung der Merkmale „Wissen“ und „Intelligenz“.

Das durchschnittliche Alter der Teilnehmer betrug 23,4 Jahre. Die Korrelationen zwischen Wissen und Intelligenz (r = 0,17), Alter und Wissen (r = 0,01) sowie Alter und Intelligenz (r = − 0,09) der Teilnehmer waren unwesentlich. Die Versuchspersonen wurden aufgrund ihrer Testergebnisse in je drei Klassen (hoch-mittel-niedrig) für Wissen und Intelligenz eingeteilt. Auf Basis dieser Einteilung wurden 18 Gruppen gebildet (Übersicht 5.12).

Die studentischen Moderatoren wurden in Probesitzungen geschult und bedienten sich standardisierter Auswertungsbögen für die Gruppe als ganzes beziehungsweise für jedes einzelne Gruppenmitglied (Übersicht 5.13). Die Diskussionssitzungen liefen ohne externe Eingriffe ab: Jedes Gruppenmitglied erhielt ein Informationsblatt mit Angaben zur Problemstellung und zum vorgesehenen Ablauf der Sitzung. Als Lösungszeit waren 90 Minuten vorgesehen, die nicht überschritten werden durften.

Naheliegender Weise verfügten die Moderatoren über keine Informationen hinsichtlich der Gruppenzusammenstellung, kannten also weder Intelligenz noch Ergebnisse des Wissenstests der Mitglieder ihrer Gruppe. Darüber hinaus waren ihnen auch die Hypothesen nicht bekannt: Es waren also in unterschiedlichen Stadien der Studie verschiedene Gruppen an der Vorbereitung, Durchführung und Auswertung beteiligt, um zu gewährleisten, daß beispielsweise die Gruppenmoderatoren Verhaltensbeurteilungen nicht aus der Kenntnis der Persönlichkeitsmerkmale ableiteten. Standardisierte Erhebungsunterlagen wurden dann von der Projektgruppe ausgewertet,

Gruppe	**Wissen**		**Intelligenz**		männlich		**weiblich**	
	Niveau	Homogenität	Niveau	Homogenität	Erstgeborene/Einzelkinder	Nachgeborene	Erstgeborene/-Einzelkinder	Nachgeborene
G01	>	i	=	i	0	0	1	5
G02	=	i	=	i	3	3	0	0
G03	>	i	=	i	1	4	1	1
G04	<	h	<	i	2	1	1	2
G05	>	h	>	h	3	2	0	2
G06	>	h	=	h	2	0	1	3
G07	<	h	>	h	2	3	2	0
G08	<	h	<	h	2	3	0	0
G09	>	h	>	h	4	3	0	0
G10	<	i	<	h	0	3	1	1
G11	>	h	<	h	2	1	0	2
G12	<	h	>	h	2	5	0	0
G13	=	h	<	h	1	4	0	1
G14	=	h	=	h	4	0	0	3
G15	=	h	>	h	3	3	0	0
G16	=	h	=	h	1	0	4	1
G17	=	h	<	i	0	2	1	2
G18	=	i	=	h	1	2	0	2

Symbol: > oberes Drittel
= mittleres Drittel
< unteres Drittel

h homogene Verteilung des Merkmals in der Gruppe
i inhomogene Verteilung

Übersicht 5.12: Gruppeneinteilung im Saarbrücker Experiment

deren Teilnehmer weder als Moderatoren noch als Gruppenteilnehmer fungierten.

Mit Hilfe einer anonymisierten Teilnehmernummer wurde sichergestellt, daß weder der Koordinatorgruppe des Lehrstuhls noch der Projekt- oder der Moderatorgruppe eine Zuordnung von personenbezogenen Merkmalen und den Namen der Teilnehmer möglich war.

Bewertungsbogen für Gruppenmitglied Nr. ______/______ in Gruppe ________

1. Sucht Konsens <————————————> Sucht Konflikt

☐	☐	☐	☐	☐

2. Erkennt andere Meinungen an <——————> Beharrt auf seiner Meinung

☐	☐	☐	☐	☐

3. Geht auf die Beiträge anderer ein:

☐	☐	☐	☐	☐
sehr oft	häufig	manchmal	selten	nie

4. Fördert (ermuntert, unterstützt) ruhige bzw. passive Gruppenmitglieder:

☐	☐	☐	☐	☐
sehr oft	häufig	manchmal	selten	nie

5. Versucht Ergebnisse konstruktiv zusammenzufassen, verknüpft einzelne Beiträge:

☐	☐	☐	☐	☐
sehr oft	häufig	manchmal	selten	nie

6. Argumentiert:
sachbezogen <——————————————> persönlich

☐	☐	☐	☐	☐

7. Unterbricht nicht <——————————> Unterbricht häufig

☐	☐	☐	☐	☐

8. Äußert Selbstkritik bzw. akzeptiert berechtigte Kritik:

☐	☐	☐	☐	☐
sehr oft	häufig	manchmal	selten	nie

9. Kritisiert andere:

☐	☐	☐	☐	☐
sehr oft	häufig	manchmal	selten	nie

10. Prägt das Gruppenergebnis:

a.) durch hohe Qualität und Relevanz seiner Beiträge:

☐	☐	☐	☐	☐
stark	deutlich	mittel	wenig	nicht

b.) durch seine Aktivität und Initiative:

☐	☐	☐	☐	☐
stark	deutlich	mittel	wenig	nicht

c.) durch konstruktive Lösungsvorschläge:

☐	☐	☐	☐	☐
stark	deutlich	mittel	wenig	nicht

d.) durch innovative Ideen (neue Standpunkte bzw. Perspektiven) zum Ablauf:

☐	☐	☐	☐	☐
stark	deutlich	mittel	wenig	nicht

11. Zeigt Interesse am Experiment (Mitarbeit) <—————> Zeigt Desinteresse

☐	☐	☐	☐	☐

Übersicht 5.13: Beurteilungsbogen für Gruppenmitglieder

(d) Ergebnisse

Die Prüfung der acht Globalhypothesen mit ihren 25 Einzelaussagen führte zu folgenden Resultaten:

H1: Bei der Lösung komplexer innovativer Probleme steigt die
a) Vollständigkeit der Lösung
b) Geschwindigkeit der Lösungsfindung
c) Geschwindigkeit von Gruppierungsprozessen
d) Geschwindigkeit von Bewertungsprozessen
mit dem durchschnittlichen **Wissensstand** der Gruppenmitglieder.

Hypothese H1 konnte durch die Ergebnisse nicht gestützt werden. Die Vollständigkeit der Lösung nahm mit steigendem Wissen der Gruppe tendenziell eher ab. Die Korrelationen von Wissen und Geschwindigkeit der einzelnen Metaplan-Phasen waren nicht signifikant.

H2: Bei der Lösung komplexer innovativer Probleme steigt die
a) Vollständigkeit der Lösung
b) Geschwindigkeit der Lösungsfindung
c) Geschwindigkeit von Gruppierungsprozessen
d) Geschwindigkeit von Bewertungsprozessen
mit der durchschnittlichen **Intelligenz** der Gruppenmitglieder.

H2b konnte gestützt werden: Hoch intelligente Gruppen benötigten weniger Zeit zur Lösungsfindung als niedrig intelligente Gruppen. Ein Zusammenhang, wie in den Hypothesen H2 a, H2 c, H2d vermutet, konnte nicht nachgewiesen werden. Auch die durchschnittliche Intelligenz der Gruppenmitglieder war mit der Vollständigkeit der Lösung leicht negativ korreliert. Die Lösung hing also nicht von der durchschnittlichen „Qualität" der Gruppe ab, sondern von anderen Merkmalen: Dazu zählen speziell die Kombination von spezifischen Fähigkeits- und Persönlichkeitsmerkmalen der Teilnehmer in den Gruppen.

H3: Der positive Einfluß des durchschnittlichen Wissensstandes auf die
a) Vollständigkeit der Lösung
b) Geschwindigkeit der Lösungsfindung
ist **größer** als der Einfluß der durchschnittlichen Intelligenz.

H3 konnte nicht bestätigt werden: Der Zusammenhang von durchschnittlichem Wissen der Gruppe und Vollständigkeit und Geschwindigkeit der gefundenen Lösung erwies sich im Experiment als negativ.

H4: Der positive Einfluß der durchschnittlichen Intelligenz auf die
a) Geschwindigkeit von Gruppierungsprozessen
b) Geschwindigkeit von Bewertungsprozessen
ist **größer** als der Einfluß des durchschnittlichen Wissensstandes.

Auch H4 wurde nicht bestätigt. Mit steigender Intelligenz nahm die Geschwindigkeit der Gruppierungsprozesse sogar leicht ab. Intelligenz und Geschwindigkeit von Bewertungsprozessen (H4 b) erwiesen sich als unabhängig.

H5: **Zeitdruck** wird mit
a) zunehmender Intelligenz
b) zunehmendem Wissensstand
der Gruppe besser wahrgenommen.

In vielen Gruppen wurde im Verlauf der Sitzung Zeitdruck gespürt. Er äußerte sich – für die Moderatoren sichtbar – in ständigem Nennen des Zeitverzug-Problems oder in hektischer Betriebsamkeit während der Schlußphase. Es ergab sich ein signifikant positiver Zusammenhang zwischen Wahrnehmung des Zeitdruck-Problems und der durchschnittlichen Intelligenz der einzelnen Gruppen: Hypothese H5a wurde also gestützt, H5b hingegen nicht.

H6: Das **Geschlecht** hat keinen Einfluß auf die
a) Vollständigkeit der Lösung
b) Geschwindigkeit der Lösungsfindung
c) Geschwindigkeit von Gruppierungsprozessen
d) Geschwindigkeit von Bewertungsprozessen.

Der Anteil der weiblichen Teilnehmer lag bei 29%. Bei der Zusammenstellung der Gruppen wurde darauf geachtet, daß ihr Anteil in den einzelnen Gruppen stark schwankte (0% bis 100%), um Aussagen über den Einfluß des Geschlechts auf den Gruppenprozeß treffen zu können. Das Ergebnis war gleichermaßen erstaunlich wie deutlich: Ein höherer Frauenanteil führte im Experiment zu signifikant unvollständigeren Lösungen. Die Studentinnen hatten bessere Ergebnisse im Wissenstest und schlechtere Testleistungen im Intelligenztest als die Studenten. Höhere Testleistungen waren negativ mit der Lösungsvollständigkeit korreliert und können daher die signifikanten Unterschiede nicht erklären. Hypothese H6a wurde also falsifiziert. Nicht gestützt werden konnten die Hypothesen H6b und H6d. Dagegen erwiesen sich Frauenanteil der Gruppen und Geschwindigkeit von Gruppierungsprozessen als voneinander unabhängig: H6c wurde somit bestätigt.

Die wichtigsten Ergebnisse sind in Übersicht 5.14 zusammengefaßt.

	Lösungsqualität	**Geschwindigkeit**			**Wahrnehmung von Zeitdruck**
		Lösungsfindung	Gruppierungsprozesse	Bewertungsprozesse	
Intelligenz	– 0,10	0,53*	– 0,04	– 0,02**	0,54*
Wissen	– 0,18	– 0,24	– 0,29	0,34	– 0,11
Frauenanteil	– 0,45*	– 0,24	– 0,02**	0,29	– 0,43*

* signifikanter Zusammenhang ($p < 0{,}05$)
** signifikante Unabhängigkeit ($p < 0{,}05$)

Übersicht 5.14: Korrelationen der Gruppenwerte

H7: In allen Gruppen bestimmt bei **ungleicher** Verteilung der Intelligenz das intelligenteste Mitglied das Gruppenergebnis.

Zur Untersuchung dieser Hypothese wurden die Gruppen mit inhomogener Intelligenzverteilung (G01, G02, G03, G04, G17) betrachtet. Das Ausmaß der Prägung der Gruppenlösung durch einzelne Gruppenmitglieder wurde von den Moderatoren mit Hilfe von vier Items erhoben und jedem ein Rangplatz innerhalb der Gruppe zugeordnet. Die Hypothese wurde in den Gruppen G03 und G17 gestützt. In den Gruppen G01 und G02 waren es die jeweils „Zweit-Intelligentesten", die Rang 1 belegten und somit das Ergebnis am nachhaltigsten beeinflußten. Lediglich Gruppe G04 fiel gänzlich aus dem Rahmen: Die beiden intelligentesten Mitglieder belegten nur Rang 3 und 5. Obwohl daher die Hypothese nicht statistisch-signifikant bestätigt wurde, bleibt dennoch auffallend, daß in vier der betrachteten fünf Gruppen die beiden Intelligentesten jeweils den 1. beziehungsweise 2. Rangplatz für „Prägung des Gruppenergebnisses" belegten.

H8: a) Ist das intelligenteste Gruppenmitglied bei ungleicher Verteilung der Intelligenz ein **Erstgeborener** oder ein **Einzelkind**, bestimmt es das Gruppenergebnis besonders stark.
b) Das Kooperationsverhalten hoch intelligenter Erstgeborener und Einzelkinder ist besser als dasjenige durchschnittlich intelligenter Erstgeborener und Einzelkinder.
c) Das Kooperationsverhalten von Nachgeborenen ist unabhängig von Intelligenz und Wissensstand besser als dasjenige von Erstgeborenen und Einzelkindern.
d) Kooperationsmängel von Erstgeborenen und Einzelkindern werden um so besser kompensiert, je höher die durchschnittliche Intelligenz der Gruppe ist.
e) Erstgeborene und Einzelkinder verzögern Gruppenprozesse durch Machtkämpfe.
f) Nachgeborene fördern Gruppenprozesse durch Einbindung.

In drei Gruppen war das intelligenteste Mitglied Erstgeborener/Einzelkind und prägte das Ergebnis in den Gruppen G03 sowie G17 am stärksten, in der Gruppe G02 am zweitstärksten. Eine abschließende Aussage zu Hypothese H8a ist wegen des in Hinblick auf diese Fragestellung zu geringen Stichprobenumfangs nicht möglich. Unter Hinzuziehung der Gruppen mit homogener Intelligenzverteilung nahm bei den Erstgeborenen/Einzelkindern die Prägung mit höherem Wissen ($r = 0{,}33$) und Alter ($r = 0{,}37$), bei den Nachgeborenen mit höherer Intelligenz ($r = 0{,}28$) zu. Die Unterschiede zwischen männlichen und weiblichen Versuchspersonen waren gering. Studenten, die das Gruppenergebnis stark prägten, waren eher mit dem Ablauf der Sitzung ($r = 0{,}35$), Studentinnen eher mit dem Ergebnis ($r = 0{,}44$) zufrieden.

Zwischen der Intelligenz von Erstgeborenen/Einzelkindern und deren Kooperationsverhalten wurde ein leicht positiver Zusammenhang festgestellt. Diese Tendenz war jedoch nicht deutlich genug ausgeprägt, um H8b zu stützen.

H8c wurde widerlegt: Erstgeborene/Einzelkinder zeigten überraschenderweise ein durchschnittlich besseres Kooperationsverhalten während den Metaplan-Sitzungen als die Nachgeborenen. Dieses Ergebnis führte dazu, daß auch H8d nicht bestätigt werden konnte, da keine Kooperationsmängel von Erstgeborenen/Einzelkindern im Vergleich zu ihren nachgeborenen Kommilitonen festgestellt wurden.

Nachgeborene zeigten einen deutlichen Hang zu Macht- und Positionskämpfen. Sie unterschieden sich signifikant von den Erstgeborenen und den Einzelkindern, die eher Konsens anstrebten, andere Meinungen anerkannten und sachbezogen argumentierten. H8e wurde somit falsifiziert.

Bestrebungen, andere Gruppenmitglieder in den Lösungsprozeß mit einzubinden, waren bei Nachgeborenen nur geringfügig stärker ausgeprägt; wegen der zu geringen Unterschiede konnte H8f dennoch nicht bestätigt werden.

(e) Wertung

Übersicht 5.15 zeigt noch einmal den Ablauf des Laborexperimentes und speziell die Differenzierung nach
- Koordinationsgruppe,
- Projektgruppe,
- Moderatorengruppe und
- Probandengruppe.

Das Experiment lieferte eine Reihe interessanter **Ergebnisse,** obwohl aus dem umfangreichen und nach systematischen Gesichtspunkten erstellten Hypothesenkatalog nur wenige Hypothesen statistisch-signifikant gestützt werden konnten. Wegen der daher notwendig gewordenen vielschichtigen Gruppeneinteilung überlagerten sich in den einzelnen Gruppen verschiedene Effekte, was insgesamt zur Verminderung der Teststärke hinsichtlich einzelner Einflußgrößen geführt hat.

Eine mögliche Ungenauigkeit lag auch in den vorab durchgeführten Tests: So war das abgetestete Wissen zwar aufgabenrelevant – dennoch gibt es bei einem derartig komplexen Problem auch eine Vielzahl von Lösungen, die bereits mit Allgemeinwissen und Intelligenz in die Diskussionssitzungen eingebracht werden konnten. Da es kaum möglich war, das gesamte aufgabenrelevante Wissen für ein komplexes innovatives Problem zu testen, haben die Ergebnisse des durchgeführten Wissenstests nur beschränkte Aussagefähigkeit.

Eine Schwierigkeit bereitete die Erfassung der Lösungsvollständigkeit. Die operationalisierten Kriterien zur Erfassung der Lösung deckten sich nicht immer mit dem subjektiven Eindruck der Moderatoren oder der Teilnehmer: So war die Korrelation von Lösungsvollständigkeit und Zufriedenheit der Teilnehmer mit dem Ergebnis der Sitzung signifikant negativ ($r = -0{,}49$).

Aufgaben		Involvierte Gruppe			
		Koordinatorgruppe	Projektgruppe	Moderatorgruppe	Probandengruppe
1	Ausgangsbasis: Vorinformation (Literatur, andere Experimente) zum konkreten Problemstellungstyp für die Gruppe	x			
2	Formulierung der Hypothesen	x	x		
3	Entwicklung des Testdesigns für die verwendeten Variablen		x		
4	Schulung der Moderatoren		x	x	
5	Erhebung der Probandendaten (hier Wissenstest und Intelligenztest)		x		x
6	Gruppeneinteilung		x		
7	Durchführung der Experimente			x	x
8	Zusammenführung von (5) und (7)		x		
9	Ergebnisbestimmung und gegebenenfalls Einleiten neuer Studien	x	x		

Übersicht 5.15: Ablauf des Laborexperiments

(f) Konsequenz

Eine mögliche Verallgemeinerung und **Übertragung** der in dem beschriebenen Experiment gewonnenen Erkenntnisse ergibt sich weniger aus den konkreten und statistisch abgesicherten Ergebnissen zu einzelnen Hypothesen, sondern aus der Methodik: Es konnte am Beispiel eines bestimmten Aufgabentyps und der Vermutung über die Wirkung verschiedener Persönlichkeitsmerkmale auf die Effizienz von Gruppenprozessen ein Weg gezeigt werden, die Wirkungen dieser einzelnen Merkmale auf die Gruppe zu erkennen und daraus abgeleitet jeweils „optimale Gruppenzusammensetzungen“ zu erreichen:

Einflußgrößen können so für verschiedene Problemstellungen in ihrer Wirkung auf die Gruppeneffizienz extrahiert und bewertet werden. Daraus abgeleitet lassen sich dann Gruppen zusammenstellen, die die Aufgaben besser erfüllen als zufällig beziehungsweise willkürliche Zusammenstellungen, was vor allem bei wiederkehrenden Aufgabenstellungen von Interesse ist.

5.4 Strategische Ebene: „Humanisierung der Arbeit“

5.4.1 Überblick

Auf der strategischen Ebene des Personaleinsatzmanagements sind die grundsätzlichen Bedingungen des Personaleinsatzes hinsichtlich der gegenwärtigen Situation, aber auch hinsichtlich der wirtschaftlichen, gesellschaftlichen und technologischen Veränderungen zu analysieren. Ein wichtiger Ansatzpunkt dazu ist die „Humanisierung der Arbeit“, die gegenwärtige und zukünftige Kontextfaktoren des Personaleinsatzes miteinbezieht.

Unter Humanisierung der Arbeit, auch unter den Stichworten „Quality of working life“, „work democracy“ oder „Arbeitsqualität“ bekannt (vgl. Überblick bei *Kubicek* 1979), versteht man die menschengerechte Gestaltung der Arbeitsweise im weitesten Sinne: „Human“ ist Arbeit danach dann, wenn sie Merkmale wie ausführbar, erträglich, schädigungslos, fähigkeitserweiternd und persönlichkeitsfördernd aufweist. Solche Zielhierarchien sind in der Literatur seit langem bekannt (vgl. Abschnitt 5.1 sowie *Rohmert* 1972; *Bachmann* 1978, 176; *Hacker* 1978, 378) und erfahren jeweils aktuelle, zeitbezogene Konkretisierung.

Stellvertretend dafür steht der Katalog von *Neuberger* (1980 a; 1985 a, 24–27), der unter anderem folgende detaillierte **Humanisierungsziele** beinhaltet:
- Würde (im Sinne von Selbstachtung sowie Identität) und Ästhetik,
- Aufgabensinn als Nutzen und Ganzheitlichkeit,
- Gerechtigkeit und Konfliktregelung,
- Sicherheit als Planbarkeit und Kontinuität,
- Orientierung des Mitarbeiters über Position und Perspektive,
- Gesundheit (Unfallschutz, Pausenregelung, Sportmöglichkeit),
- Autonomie (als Selbst- und Mitbestimmung) sowie Privatheit,
- Kontakt (kleinere Arbeitsgruppen, informelle Kontakte) und Anerkennung sowie
- Entfaltung, Abwechslung, Aktivität und Leistung.

Diese Ziele gilt es in einem Personaleinsatzmanagement umzusetzen.

Dafür bieten sich zwei zentrale Umsetzungsbereiche an: Zum einen erlaubt die überbetriebliche Humanisierungsforschung das Lokalisieren von generellen Humanisierungsstrategien, die vor dem Hintergrund einer im Regelfall relativ breiten empirischen Absicherung Erfahrungsaustausch und Handlungsanweisungen liefern (Abschnitt 5.4.2). Zum anderen bietet aber auch ein individuelles, unternehmensbezogenes Humanisierungsmanagement vielfältige Gestaltungsmöglichkeiten auf der strategischen Ebene des Personaleinsatzmanagements (Abschnitt 5.4.3).

5.4.2 Überbetrieblich: Humanisierungsforschung

5.4.2.1 Humanisierungsprogramme

Ein strategisches Personaleinsatzmanagement hat sich mit den grundsätzlichen Fragen der Analyse und Gestaltung des Arbeitssystems zu befassen: Anhaltspunkte dafür liefert das Programm „Forschung zur Humanisierung des Arbeitslebens" (HdA). Dieses Programm wurde 1974 vom Bundesministerium für Forschung und Technologie und vom Bundesministerium für Arbeit und Sozialordnung ins Leben gerufen.

Forschung zur Humanisierung des Arbeitslebens
Generelle Programmziele 1) Erarbeitung von Schutzdaten, Richtwerten, Mindestanforderungen an Maschinen, Anlagen und Arbeitsstätten, 2) Entwicklung von menschengerechten Arbeitstechnologien, 3) Erarbeitung von beispielhaften Vorschlägen und Modellen für die Arbeitsorganisation und die Gestaltung von Arbeitsplätzen, 4) Verbreitung und Anwendung wissenschaftlicher Erkenntnisse und Betriebserfahrungen
Aktuelle Programmschwerpunkte 1) Schutz der Gesundheit durch Abbau und Abwehr von Belastungen 2) Menschengerechte Anwendung neuer Technologien hinsichtlich einer umfassenden Innovationsorientierung 3) Verbesserung der Forschungsanwendung durch Unterstützung des Technologietransfers; Berücksichtigung der Wirtschaftlichkeit als Umsetzungsvoraussetzung
Bearbeitete Arbeitsschwerpunkte 1) Menschengerechte Anwendung neuer Technologien in Büro, Verwaltung Produktion, 2) Menschengerechte Gestaltung der Arbeitsbedingungen in der Gießereiindustrie, im Steinkohlebergbau, in der Schmiedereiindustrie und im Straßengüterverkehr, 3) Arbeitsbedingungen und Gesundheit von Erwerbstätigen, 4) Lärmminderung in der Blechverarbeitung, 5) Schutz der Gesundheit an Arbeitsplätzen mit neuen Informations- und Kommunikationstechniken, 6) Krebsrisiken am Arbeitsplatz, 7) Grundlagen und Querschnittsfragen zum HdA-Programm
Fördersummen 1986 (in Millionen DM) 1) Wirtschaft (56,4) 2) hochschulfreie Forschungsinstitute (12,6) 3) Hochschulinstitute (10,7) 4) Gewerkschaften und andere Institute (6,0) 5) Verbände und Berufsorganisationen (5,4) 6) Sonstige (6,3)

Übersicht 5.16: Das Programm zur Humanisierung der Arbeit (zusammengestellt nach *Ziegler* 1986; *HdA-Dokumentation* 1987; *Wiebus* 1987, 103)

Als generelles Oberziel wurde die menschengerechtere Gestaltung der Arbeitswelt postuliert und daraus vier **Programmziele** abgeleitet. Diese Programmziele stecken nach wie vor den Rahmen von HdA-Projekten ab. Die Prioritäten unterlagen jedoch im Zeitablauf diversen Änderungen: Die Neuorientierung des HdA-Programms ab 1983 sieht drei aktuelle Programmschwerpunkte vor (Übersicht 5.16). Konkretisiert werden die Programmschwerpunkte durch vielfältige Arbeitsschwerpunkte (vgl. *Schulte/Bieneck* 1986; *Pornschlegel* 1986; *Lorenzen* 1987).

5.4.2.2 Humanisierungsinhalte

Als konkrete Inhalte einer überbetrieblichen Humanisierungsforschung lassen sich zwei wichtige **Themenkomplexe** identifizieren (vgl. *Altmann/Düll/Lutz* 1987):

- Die eine Gruppe befaßt sich mit *akuten Fragestellungen der Humanisierungsforschung*. Im einzelnen sind dies folgende Problemfelder:
  - Arbeitsbedingungen an Computerarbeitsplätzen aufgrund von neuen Informations- und Steuertechnologien, Industrierobotern und automatisierten Montagesystemen,
  - Gesundheitsgefährdungen durch Technologien und Werkstoffe,
  - staatliche Arbeitsschutzpolitik im Hinblick auf psychosoziale streß- und arbeitsbedingte Erkrankungen,
  - Langfristwirkungen karzinogener Stoffe,
  - Durchsetzung bestehender Arbeitsschutzvorschriften und
  - veränderte Qualifikationsstrukturen durch computergestütztes Arbeiten.

  Trotz ihrer Bedeutung weisen diese Fragestellungen einen tendenziell geringen Innovationscharakter auf.
- Anders dagegen die nachfolgenden Humanisierungsinhalte, die als eher *innovativ* eingestuft werden. Hierbei handelt es sich primär um den Zusammenhang zwischen technologischem Wandel und seinen vielfältigen organisatorischen/personalwirtschaftlichen Implikationen, also um
  - datentechnische Vernetzung betrieblicher Funktionen und technologischer Insellösungen,
  - Rückwirkungen der Vernetzung auf das Verhältnis von Arbeits- und Funktionsteilung,
  - Zusammenhang zwischen Rationalisierungsstrategien und betrieblichen Belegschaftsstrukturen bei datentechnischer Vernetzung, bei flexiblen Fertigungssystemen sowie bei Bürokommunikationssystemen,
  - Hersteller/Anwender-Beziehungen bei Einsatz und Verbreitung neuer Technologien,
  - Entstehung und Durchsetzung veränderter Management-Konzeptionen vor dem Hintergrund der Diskussion um eine „Deprofessionalisierung" und um
  - Probleme der Akzeptanz des Technikeinsatzes durch die Betroffenen, insbesondere an Computerarbeitsplätzen.

Das HdA-Programm erfährt zum Teil heftige Kritik (vgl. *Wiebus* 1987), die sich beispielsweise auf die starke Mittelvergabe an die Industrie, auf versteckte Rationalisierungsforschung und auf die Schaffung von HdA-geförderten Infrastrukturen bezieht. Trotzdem ist zusammenfassend festzuhalten, daß durch die breit angelegte Humanisierungsforschung (hier stellvertretend durch das HdA-Programm beschrieben) eine Fülle bislang offener Fragen beantwortet wird. Diese Informationsbasis kann einzelfallspezifisch vom Unternehmen genutzt werden.

5.4.3 Innerbetrieblich: Humanisierungsmanagement

Genauso wie ein Unternehmen eine langfristige Unternehmensstrategie formuliert, muß es zur Erhaltung beziehungsweise zur Verbesserung der Wettbewerbsposition eine unternehmensspezifische Humanisierungsstrategie entwickeln: Sie macht Aussagen über die langfristige Perspektive des Personaleinsatzes und über die dazu erforderlichen Schritte. Hier ergibt sich ein zweifacher **Strategiebezug**: Zum einen folgt die Personaleinsatzstrategie aus der Unternehmensstrategie. Auf diesen Zusammenhang wies die strategische Bedarfsbestimmung (Abschnitt 3.4) hin. Zum anderen manifestiert sich eine originäre Strategie des Personalbereichs in Zielvorgaben dazu, wo und wie die Mitarbeiter langfristig eingesetzt werden sollen, wo also aus personalwirtschaftlicher Sicht Schwerpunkte zu setzen sind.

Für eine solche Personaleinsatzstrategie existiert eine Fülle von Ansatzpunkten (Übersicht 5.17). Sie leiten sich nicht zuletzt aus den Inhalten der taktischen und operativen Managementebene ab. So obliegt die Ausgestaltung von Qualitätszirkeln zwar der taktischen Ebene; die Entscheidung darüber aber, ob mit Qualitätszirkeln gearbeitet werden soll, fällt in den Aufgabenbereich der strategischen Ebene. Dies gilt umso mehr für die ganzheitliche (holistische) Verbindung zwischen den einzelnen Strategiekomponenten.

Gestaltungsbereiche	**Gestaltungsinhalte**
Arbeitszeit	flexible Arbeitszeitgestaltung
Arbeitsumgebung	Verminderung der Belastungseinflüsse
Arbeitsplatz	Abbau von Belastungsfaktoren, ergonomische Arbeitsplatzgestaltung
Eignung	Anforderungs- und eignungsgerechte Stellenbesetzung
Arbeitsschutz	Unfallforschung
Arbeitsablauf	Schaffung überschaubarer Produktionseinheiten, Abbau der Taktbindung bei Fließfertigung
Arbeitsunterweisung	Qualifizierungsstrategien, Maßnahmen zur Aus- und Weiterbildung
Einsatzprinzipien	Job Enrichment, Job Enlargement, Job Rotation, teilautonome Arbeitsgruppen, Qualitätszirkel, Lernstatt

Übersicht 5.17: Exemplarische Ansatzpunkte unternehmensbezogener Einsatzstrategien

Die konkrete Ausgestaltung einer solchen Humanisierungs- beziehungsweise Einsatzstrategie hängt von der individuellen Unternehmenssituation und -position ab. Sie folgt dabei allerdings den gleichen **Konstruktionsprinzipien** wie die übrigen funktionalen Unternehmensstrategien (vgl. *Scholz* 1987a):

- Ausgehend vom *Prinzip strategischer Effektivität* sind die Ziele für ein strategisches Humanisierungsmanagement im Bereich des Einsatzmanagements zu bestimmen. Hiernach handelt ein Unternehmen effektiv, wenn es bei der Ableitung der originären Ziele (gemäß dem Postulat der Systemerhaltung) auch die Ziele der Interessengruppen berücksichtigt. Im Falle eines Humanisierungsmanagements sind dies primär die Ziele der Mitarbeiter und ihrer Interessenvertretung.
- Gemäß dem *Prinzip des strategischen Verhaltens* hat ein strategisches Humanisierungsmanagement holistisch das gesamte Unternehmen und seine Umwelt zu umfassen. Dies bedeutet Zusammenführung der einzelnen Teilaspekte eines Personaleinsatzmanagements und Integration in eine konsistente Gesamtstrategie. Entscheidend für sinnvolle Inhalte und erfolgversprechende Umsetzungen ist dabei die strikte Überzeugung aller Betroffenen, in der menschengerechten Arbeitsgestaltung ein mögliches Erfolgspotential des Unternehmens zu sehen (Potentialkonzentration). Zwingend ist auch ein (initiativaktives) frühzeitiges Festlegen auf intendierte Humanisierungsmaßnahmen, speziell auch im Hinblick auf technologischen Wandel sowie gesellschaftlichen Wertewandel.
- Das *Prinzip strategischer Stimmigkeit* stellt ab auf den Fit zwischen den einzelnen Komponenten einer Strategie und des umgebenden Systems. Strategische Stimmigkeit ist notwendige Bedingung für strategische Effektivität und strategisches Verhalten. Auf das strategische Humanisierungsmanagement übertragen bedeutet dies Stimmigkeit
  - zwischen den Zielen des Humanisierungsmanagements und den restlichen Strategiekomponenten, sowie zwischen den aus den Unternehmenszielen und Humanisierungszielen abgeleiteten Maßnahmen,
  - zwischen den Zielen und Maßnahmen der Humanisierung und den Komponenten des Unternehmenssystems,
  - zwischen landes- sowie unternehmenskulturellen Werten und den durch die Einsatzstrategie vermittelten Werten.
- Nach dem *Prinzip strategischer Kräfte* sind Humanisierungsmaßnahmen eines Unternehmens genauso wie die aktive Teilnahme an entsprechenden Forschungsprojekten strategische Bewegungen, die strategische Potentiale aufbauen. Dadurch können Wettbewerbsvorteile gewonnen werden, aber auch strategische Signale für Konkurrenten, Kunden, Lieferanten, Gewerkschaften und Mitarbeiter gesetzt werden. Speziell im Hinblick auf die Mitarbeiter kann dies eine erhöhte Akzeptanz technologischer Neuerungen sowie ein erhöhtes Motivations- und Akquisitionspotential bedeuten.

In einem betrieblichen strategischen Humanisierungsmanagement stellen somit Humanisierung und Wirtschaftlichkeit langfristig kein Gegensatzpaar dar. Zwar kann auf Humanisierungsmaßnahmen kaum eine betriebliche Kosten-Nutzen-Analyse angewandt werden, dennoch stehen den erhöhten Kosten durch Personal- und Sachinvestitionen sowie dem erhöhten Zeitbedarf für die Durchführung von Humanisierungsmaßnahmen vielfältige strategische **Chancen** entgegen.

5.4.4 Humanisierung und CIM als Spezialfall

5.4.4.1 CIM-Konzeption

Unternehmen haben in der Vergangenheit eine Computer-Durchdringung in vielfältiger Form erlebt: Über reines Massendatenverwalten (Lagerdaten, Personaldaten) hinausgehend, erstreckt sich die Computerisierung zunehmend auch auf weniger strukturierte Fragestellungen, die jetzt zumindest ansatzweise computergestützt beantwortbar sind (Übersicht 5.18). Die hier angebotenen Systeme betreffen den Fertigungsbereich im weitesten Sinne, genauso aber auch den Verwaltungs- und Planungsbereich. Die Intensivierung der Computerisierung in diesen Bereichen führt zu Integrationsnotwendigkeiten: Dies gilt speziell für die Zusammenführung der unmittelbaren Produktionsprozesse mit den betriebswirtschaftlich-planerischen Funktionen. Die **Integration** dieser bisher nicht direkt verknüpften Aktionsbereiche über EDV führt zur bereichsübergreifenden Gestaltung diverser betrieblicher Abläufe, hat damit organisatorische und personalwirtschaftliche Implikationen.

CIM	Computer Integrated Manufacturing
BDE	Betriebsdatenerfassung
CAD	Computer Aided Design
CAE	Computer Aided Engineering
CAI	Computer Assisted Industry
CAM	Computer Aided Manufacturing
CAO	Computer Aided Office
CAP	Computer Aided Planning
CAQ	Computer Aided Quality Ensurance
PPS	Produktionsplanungs- und steuerungssystem

Übersicht 5.18: CIM und CIM-Teilsysteme (vgl. *REFA* 1987, 255–258; *Scheer* 1990, 2; *Schramm* 1987, 14–16)

CIM-Konzepte sind daher Ansätze zur integrativen Optimierung unterschiedlichster Abläufe auf der Realgüterebene wie auch auf der betriebswirtschaftlichen Steuerebene.

Integrationsüberlegungen gibt es im Bereich der computerorientierten Organisationstheorie seit langem, wobei nichtzuletzt auf das Kölner Integrationsmodell KIM hinzuweisen ist (vgl. *Grochla* 1974). Bezogen auf unterschiedliche Integrationsdimensionen leiten sich aus der Betriebskybernetik speziell drei **Integrationspostulate** ab (vgl. *Scholz* 1981 a, 83–92):

- *Datenseitige* Integration bedeutet Einmalspeicherung. Dies ist wegen der damit verbundenen Vorteile (z.B. Datenidentität; einfaches Updating) zwar immer anzustreben, aber aus mehreren Gründen (z.B. Zugriffsregelung) nur teilweise sinnvoll.

- *Softwareseitige* Integration bedeutet ausschließlich geschlossene Informationsströme. Jede Information wird bis zur letzten Konsequenz weiterverarbeitet, bevor die Bearbeitung einer neuen Information begonnen wird. Allerdings sprechen mehrere Gründe, beispielsweise modulare Programmänderung, unterschiedliche Verarbeitungsgeschwindigkeit pro Systemkomponente sowie anzustrebende Ultra- und Multistabilität (Fähigkeit als Gesamtsystem koordiniert beziehungsweise als Einzelkomponente rasch zu reagieren) für eine programmseitige Dekomposition.
- *Hardwareseitige* Integration bezieht sich auf die Anzahl unabhängiger Zentraleinheiten. Vollständig maschinenseitig integriert ist ein aus einem einzigen Großrechner bestehendes System, vollständig maschinenseitig dekomponiert eine ausschließlich aus Mikrocomputern bestehende Systemkonfiguration. Die Forderung nach Prozeßfähigkeit spricht für eine teilweise maschinenseitige Dekomposition.

Anders als KIM impliziert CIM somit nicht die Verwendung eines Gesamtprogramms auf einem Rechner mit einer Datenbank, sondern läßt zumindest bezüglich Programm und Maschine eine Dekomposition zu, sofern strikte Kompatibilität von Verfahren und durchgängige Konsistenz der Daten gewährleistet bleiben.

Ein strategischer Wettbewerbsvorteil der CIM-Konzeptionen ist in der **Flexibilität** zu sehen. So können individuelle Kundenwünsche schneller und präziser bearbeitet werden (Abbildung 5.11): Die Auftragsbearbeitung induziert – sofern nötig – eine sofortige Anfrage an die Konstruktionsabteilung. Mit Rückgriff auf die Konstruktionsdaten (CAD) erfolgt automatisch die Generierung von Stücklisten, verbunden damit die Kalkulation. Parallel werden Verfügbarkeit und Liefersituation von auftragsbezogenem Material geprüft. In Abhängigkeit zur Materialversorgung kann zudem die Einplanung in die Produktion (CAP, CAM) durchgeführt werden. Als Ergebnis dieser Aktivitäten kann dem Kunden ein Angebot unterbreitet werden, das neben dem individuell kalkulierten Preis auch einen realistischen Liefertermin beinhaltet.

Die informatorische Verbindung bei CIM läßt sich bei hardwareseitiger Dekomposition über lokale Computer-Netzwerke (Local Area Networks) herstellen. Die Weiterentwicklung der unternehmensbezogenen CIM-Konzepte führt zum Datenaustausch mit Kunden, beispielsweise über Wide Area Networks.

Probleme bei der Realisation bestehen vor allem im Bereich der Hard- und Softwarekompatibilität verschiedener Herstellerkonzepte (technische Probleme) und im Hinblick auf die Implementation von CIM-Konzepten (organisatorische Probleme): So überrascht es nicht, daß die angestrebte „Computerintegration" bisher in maximal zwei Prozent der Unternehmen realisiert wurde; neben technischen und organisatorischen Problemen sind für diese niedrige Erfolgsquote auch Schwierigkeiten bei der Akzeptanz und der Qualifizierung der Mitarbeiter (personelle Probleme) verantwortlich (vgl. *Warnecke* 1987, 6).

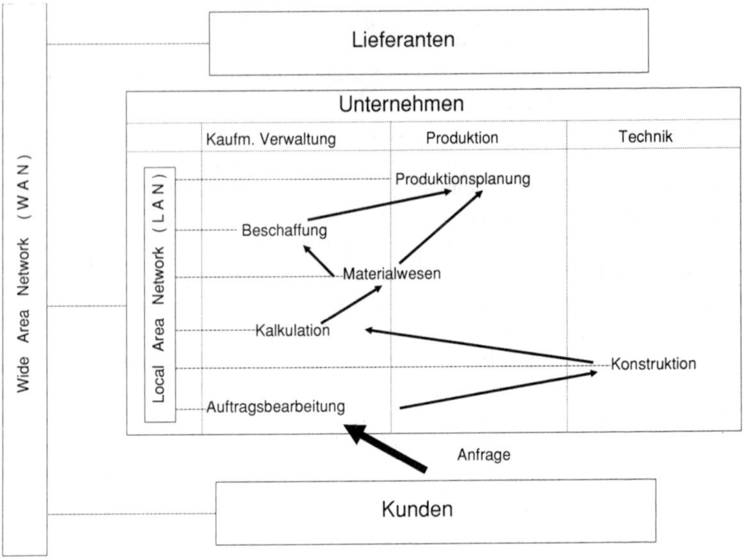

Abbildung 5.11: Bearbeitung einer Anfrage im Rahmen eines CIM-Konzepts

5.4.4.2 *CIM-Implikationen*

Mit CIM ist eine völlig „neue Qualität des Rationalisierungspotentials" verbunden (*Kern/Schumann* 1986, 16). Offen bleibt aber beim gegenwärtigen Stand der Forschung, welche konkreten Implikationen CIM in organisatorischer und personalwirtschaftlicher Hinsicht haben wird. Verantwortlich dafür ist das Fehlen von empirischen Studien zu umfassend realisierten CIM-Konzeptionen. So beschäftigen sich betriebssoziologische Studien überwiegend mit den isolierten Auswirkungen von CIM-Bausteinen wie CAD, NC-Maschinen oder der Fertigungsprozeßsteuerung. Hinzu kommt ein Mangel an inhaltlicher und methodischer Systematik (vgl. *Euler* 1987); dies führt dazu, daß selbst Ergebnisse zu analogen Sachverhalten zum Teil stark divergieren und deshalb in der Fachliteratur kontrovers diskutiert werden.

Neben quantitativen, also beschäftigungswirksamen Auswirkungen im Zusammenhang mit neuen Technologien rücken zunehmend auch **qualitative** Überlegungen in den Mittelpunkt der Diskussion. Sie betreffen die Struktur, die Gestaltung und die situativen Bedingungen von Arbeitstätigkeiten hinsichtlich des Einsatzes der neuen Produktionstechnologien.

Besonders hervorzuheben ist hier die Studie von *Kern* und *Schumann* (1986). In ihr beschreiben die Autoren Untersuchungen der Automobilindustrie, des Werkzeugmaschinenbaus und der Chemischen Industrie. Als Konsequenz konstatieren sie einen „arbeitspolitischen Paradigmenwechsel": Die bisherige Praxis der Arbeitsteilung mit hoher Spezialisierung (Taylorismus) verschenke wichtiges Potential, die neuen Produktionstechnologien ermöglichen die Rücknahme der Arbeitsteilung und somit eine ganzheitliche Aufgabenstruktur („integrierter Aufgabenzuschnitt"). Damit einher geht eine Höherqualifikation, die (alle!) Mitarbeiter betrifft.

Dieser arbeitspolitische Paradigmenwechsel mit seinen Konsequenzen konnte in anderen Studien **nicht** nachgewiesen werden (vgl. *Benz-Overhage et al.* 1981; *Hirsch-Kreinsen/Wolf* 1987). Dies betrifft speziell die Auswirkungen der neuen Technologien auf die Qualifikation (vgl. *v. Alemann/Schatz* 1986, 135–138): Hier wurde keine generelle Höherqualifikation (Reprofessionalisierung), allerdings auch keine generelle Dequalifikation (Deprofessionalisierung) oder Nivellierung der Qualifikation festgestellt; es zeigte sich vielmehr eine deutliche **Polarisierung** mit vielfältigen Dequalifizierungen und nur wenigen Hochqualifizierungen.

Auch wenn viele CIM-Implikationen noch der weitergehenden Forschung bedürfen, lassen sich zentrale Konsequenzen für den Personalbereich bereits aus Änderungen in der Unternehmensstrategie beziehungsweise der Unternehmensorganisation ableiten (Übersicht 5.19). So impliziert die (reale und informatorische) Verbindung der Arbeitsabläufe notwendiger-

	Gestaltungsfelder bei CIM-Implementationen	
Management	Globalstrategie	Produktstrategie, Beschaffungsstrategie, Technologiestrategie, Absatzstrategie
	Unternehmenskultur	
	Akzeptanzsicherung	
Organisation	Aufbauorganisation	Arbeitsteilung (Spezialisierung) Zentralisierung Hierarchiestruktur Organisationsformen Kompetenzregelungen
	Ablauforganisation	Kommunikationsprozesse Entscheidungsprozesse
Personal	Qualifikation	Qualifikationsanforderungen Qualifikationsermittlung
	Entgeltfindung	Arbeits- und Leistungsbewertung Entlohnungsformen
	Personalentwicklung Personalfreisetzung Personalbeschaffung Personaleinsatz Mitarbeitermotivation Mitarbeiterführung Personalkonfiguration Personalkosten	

Übersicht 5.19: Exemplarische Gestaltungsfelder bei CIM-Implementationen

weise eine antizipative Personal- und Organisationsentwicklung (vgl. *Sonntag/Hamp/Rebstock* 1987, 72–99; *Hackstein/Junker* 1988, 14), bezüglich
- Fachkompetenz (z.B. CNC-Technik, Industrieroboter-Technik, Steuerungstechnik, Werkstofftechnik),
- Methodenkompetenz (z.B. Arbeitsplanung, Diagnosetraining, Arbeitstechniken, Problemlösungstechniken) und
- Sozialkompetenz (z.B. Teamentwicklung, Kommunikationstraining, Technisches Englisch, Akzeptanzsicherung).

CIM-induzierte Veränderungen im Unternehmen betreffen aber nicht nur das Personaleinsatzmanagement. Auch die anderen Personalmanagementfelder werden in vielfacher Form berührt (Übersicht 5.19; vgl. auch *Bardens* 1988): Die Personalveränderung als Ergebnis von Bedarfs- und Bestandserhebung muß die durch CIM ausgelösten Veränderungsnotwendigkeiten realisieren und entsprechend qualifiziertes Personal am externen oder internen Arbeitsmarkt beschaffen, beziehungsweise Personal freisetzen oder entwickeln. Dies führt zur langfristigen Veränderung der Personalkonfiguration. Die Personalführung hat sich mit möglichen Veränderungen der Mitarbeitermotivation und Mitarbeiterführung zu befassen. Das Personalkostenmanagement muß die durch die CIM-Implementation verursachten Personalkosten antizipieren und kontrollieren.

5.4.4.3 Ansatzpunkte einer Humanisierung

Die **technische Innovation** durch das Computer Integrated Manufacturing zieht weitreichende Auswirkungen organisatorischer und personalwirtschaftlicher Art sowie eine geänderte Rationalisierungssituation nach sich. Dadurch werden **soziale Innovationen** zur Verbesserung der Qualität des Arbeitslebens nötig (vgl. *Schulte/Bieneck* 1986, 141). Gestaltungsbereiche für eine Humanisierung der Arbeit liegen somit in technischen, personalwirtschaftlichen und organisatorischen Feldern (Abbildung 5.12).

Grundstrategie bei der Einführung neuer Technologien muß die integrierte Problemlösung technischer, organisatorischer und personalwirtschaftlicher Gestaltungsparameter sein. Dies impliziert eine Anpassung der neuen Techniken an den Menschen (vgl. *Lorenzen* 1985; *HdA-Dokumentation* 1987, 28–31 + 122–126):
- Innovationen als rein technisch bedingte Lösungen greifen zu kurz; Innovationen beziehen sich als interdependente Phänomene immer auf organisatorische, personalwirtschaftliche und soziale Dimensionen.
- Erfolgreiche Innovationen zeichnen sich durch integrative Berücksichtigung technischer, wirtschaftlicher, organisatorischer, personalwirtschaftlicher, sozialer und humaner Aspekte aus.
- Die Wirksamkeit technisch ausgelöster Innovationsprozesse ist größer, wenn im Planungs- und Entwicklungsprozeß Aspekte einer humanen Arbeitsgestaltung berücksichtigt werden.

Die CIM-Philosophie bietet die **Chance**, derzeitig stark ausgeprägte Arbeitsteilung und Spezialisierung einschließlich ihrer Folgen (zumindest teilweise) rückgängig zu machen, also in Richtung auf eine humane

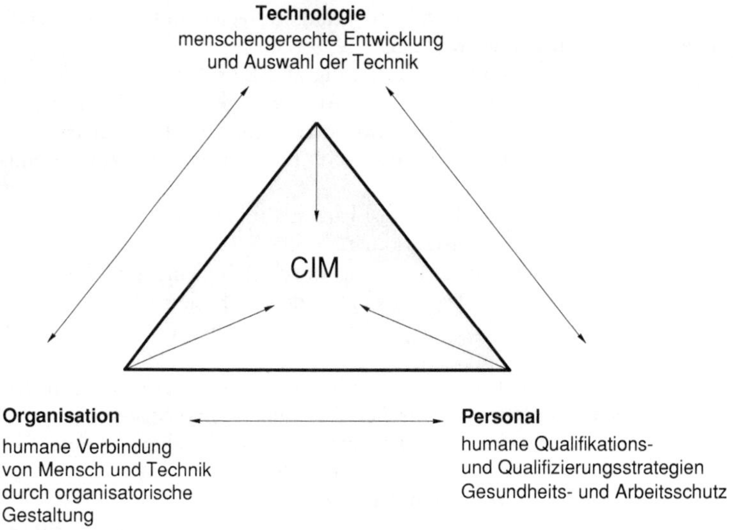

Abbildung 5.12: Gestaltungsbereiche für eine Humanisierung der Arbeit bei neuen Technologien

Arbeitsgestaltung zu lenken (vgl. *Wächter*, 1985, 147): Hierzu zählt eine Erweiterung der Tätigkeitsinhalte unter Vermeidung von kurzzyklischen, repetitiven und monotonen Tätigkeiten. Die Arbeit sollte qualifikationshaltig sein, Wissen und Können beanspruchen sowie Lernchancen im Beruf eröffnen. Darüber hinaus sollte die Arbeit im sozialen Zusammenhang ausgeführt werden und zur Kooperation mit Mitarbeitern anregen. Der individuelle Gestaltungsspielraum soll erhalten sein.

Damit aber die **Chancen** der CIM-Konzepte genutzt werden können, bedarf es einer **Wirkungsanalyse** mit Ableitung von kritischen Faktoren für eine humane Arbeitsgestaltung (vgl. *Wingert* 1984; *Altmann/Düll/Lutz* 1987, 19–53; *Frieling/Sonntag* 1987, 139–157):

- *Qualifizierungsstrategien* sind zu entwickeln, die der geänderten Struktur der Qualitätsanforderungen entsprechen. Dazu gehört
  - Qualifikationsvermittlung bei computergestützten Arbeitsplätzen in Industrie und Verwaltung sowie
  - systematische Evaluierung von Konzepten zur Aus- und Weiterbildung von angelernten Arbeitskräften.
- Belastungen und Beanspruchungen sind als *Gesamtfunktionsbetrachtungen* zu untersuchen, da isolierte Analysen einzelner Faktoren nicht ausreichen. Dies führt zu
  - neuen Methoden der Arbeits- und Leistungsbewertung,
  - adäquaten Entlohnungssystemen und
  - Veränderung der Mensch-Maschinen-Schnittstellen mit einhergehender Verlagerung/Verringerung der Eingriffsfunktionen der Mitarbeiter.

- Das *Management* muß neue Motivationsstrategien mit entsprechenden Organisationsformen entwickeln.
- Die *Arbeitskräfte* sind an der Gestaltung und Einführung von CIM-Konzepten zu beteiligen, nichtzuletzt aus Akzeptanzgesichtspunkten.
- Die betriebliche *Belegschaftsstruktur* ist zu verändern. Dies betrifft
  - Veränderungen im Verhältnis von planerischer zu ausführender Arbeit,
  - Abwertung einiger traditioneller Fachqualifikationen,
  - Einführung neuer Qualifikationen,
  - Besetzung der Fertigungssteuerung durch Ingenieure und Informatiker, also Blockierung der Aufstiegspfade von Facharbeitern,
  - Reduzierung des „Massenarbeiters" und Ersetzung durch Höherqualifikation,
  - Reorganisation betrieblicher Produktions- und Verwaltungsabläufe mit neuen Schnittstellen zwischen Abteilungen und Stellen,
  - veränderte Einsatzfelder für kaufmännische und technische Qualifikation, also Veränderung von Karrierepfaden,
  - Veränderung von Kompetenzregelungen.

Für diese Problembereiche sind somit Wirkungsanalysen durchzuführen, die stark einzelfallbezogenen Charakter haben, letztlich also eine unternehmensindividuelle Humanisierungsstrategie im Bereich des Personaleinsatzmanagements implizieren.

5.5 Methodischer Exkurs

5.5.1 Überblick

Besonders auf der operativen Ebene, analog aber auch auf den beiden anderen Ebenen des Personaleinsatzmanagements, steht die Verbindung von Fähigkeitswerten und Anforderungswerten zu Eignungswerten explizit oder implizit im Mittelpunkt. In Abschnitt 5.5.2 wird daher auf die Bestimmung dieser Werte eingegangen, im Anschluß daran auf ihre Berechnung in Linearen Programmen (Abschnitt 5.5.3). Danach wird auf eine spezielle Anwendung der Mustererkennung eingegangen (Abschnitt 5.5.4).

5.5.2 Ähnlichkeitswerte als Eignungswerte

Für die Bestimmung der Eignungswerte gibt es in der Literatur eine Vielzahl von Vorschlägen (vgl. *Daegling/Hermsen* 1973; *Meiritz* 1984, 151–172). Diese lassen sich jedoch auf drei grundsätzliche Formen reduzieren:

(a) Abstandsmaße

Abstandsmaße basieren auf der Profildistanz, also auf der Differenz zwischen Anforderungs- und Fähigkeitsprofil. Dazu wird jeweils die Differenz zwischen dem Anforderungsmerkmal und dem korrespondierenden Fähigkeitsmerkmal ermittelt und in einen Abstandswert aggregiert. Unter den seit langem bekannten Maßen (vgl. *Mensch* 1968, 490; *Klingelhöfer* 1975, 185) befindet sich als eines der bekanntesten Abstandsmaße die sogenannte „euklidische Distanz“.

$$e_{ij} = \sqrt{\sum_{k=1}^{m} (f_{ik} - a_{jk})^2}$$

Dabei geben $\mathbf{f_{ik}}$ die Ausprägung des Fähigkeitsmerkmals **k** beim Mitarbeiter **i** und $\mathbf{a_{jk}}$ die in der Stelle **j** geforderte Ausprägung dieses Merkmals an. Die Abstandsmaße unterscheiden sich unter anderem in ihrer Behandlung von Über- und Unterdeckung: Beim euklidischen Distanzmaß ist es letztlich gleichgültig, ob ein Mitarbeiter mit seinem Fähigkeitsprofil im Durchschnitt um z Einheiten über dem Anforderungsprofil oder um z Einheiten unter dem Anforderungsprofil liegt. Das gleiche gilt für alle Abstandsmaße, die die Differenz aus den beiden Merkmalen in einen absoluten Betrag transformieren. Wird dagegen explizit ausschließlich eine **Minimierung der Unterdeckung** angestrebt, so läßt sich der Eignungskoeffizient als

$$e_{ij} = \sum_{k=1}^{m} [\text{Minimum } (0; a_{jk} - f_{ik})]$$

realisieren.

(b) Verlaufsmaße

Bei Verlaufsmaßen interessiert nicht die Differenz zwischen Anforderungs- und Fähigkeitsprofil, sondern ausschließlich ihr „ähnlicher“ Verlauf. Weist also das Merkmal **x** im Anforderungsprofil einen doppelt so hohen Wert auf wie das Merkmal **y**, so wird bezüglich dieses Merkmals dasjenige Fähigkeitsprofil als adäquat angesehen, bei dem (unabhängig von der absoluten Höhe der Ausprägung) das Merkmal **x** ebenfalls doppelt so hoch ausgeprägt ist wie das Merkmal y.

Aus diesem Grund sind Korrelationskoeffizienten immer Verlaufsmaße. Die Funktion hängt allerdings vom Typ des Korrelationskoeffizienten ab: Ein Korrelationskoeffizient, der auf ordinalskalierten Daten aufbaut (z.B. *Spearman*), stellt lediglich auf die Ordnung zwischen den Merkmalen ab. Ein Korrelationskoeffizient, der auf kardinalskalierten Daten basiert (z.B. *Pearson*), berücksichtigt darüber hinaus die absoluten Werte für die Steigungen der Anforderungs- und Fähigkeitsprofile: Hier wird die maximale Ähnlichkeit (+1) nur dann erreicht, wenn beide Profile identische Verläufe aufweisen, sich also lediglich durch eine Lineartransformation voneinander unterscheiden.

(c) Binärmaße

Binärmaße zeigen an, ob sich ein Mitarbeiter für eine spezifische Stelle eignet oder nicht, nehmen daher als Ausprägung lediglich die Werte 0 und 1 an. Ein einfaches Binärmaß läßt sich wie folgt definieren:

$$e_{ij} = \begin{cases} 1, \text{ wenn } f_{ik} > a_{jk} \text{ (geeignet)} \\ 0, \text{ sonst (ungeeignet)} \end{cases}$$

Binärmaße werden immer dann verwendet, wenn bestimmte Anforderungsausprägungen für den Stelleninhaber **zwingende** Voraussetzung sind. Beispiel dafür sind: Prädikatsexamen, Führerschein Klasse 3, Nicht-Brillenträger, jünger als 40 Jahre, mindestens 1.75m groß oder mindestens Fachhochschulabschluß.

(d) Kombinierte Maße: Beispiel „duale Ähnlichkeit"

Die duale Ähnlichkeit (*Scholz* 1980) verbindet ein Abstandsmaß mit einem Verlaufsmaß und basiert auf

– dem Vergleich der beiden (relativen) Kurvenverläufe sowie
– dem Vergleich der beiden (absoluten) Durchschnittshöhen.

Als Maß für die Steigung dient dabei der Tangens; da die Abstände auf der Merkmalsachse Einheitsabstände mit der Länge 1 sind, ergibt sich der Tangens jeweils aus der Differenz zweier aufeinanderfolgender Merkmalsausprägungen.

Damit gilt für den Steigungsverlauf zweier Profile i und j bei m Merkmalen:

$$a_{ij} = \frac{\sum_{k=1}^{m} |(i_k - i_{k-1}) - (j_k - j_{k-1})|}{m-1}$$

Für die Differenz der beiden Signalhöhen gilt:

$$d_{ij} = \frac{|(\sum_{k=1}^{m} i_k - \sum_{k=1}^{m} j_k)|}{m}$$

Wegen der unterschiedlichen Schwankungsbreiten von a_{ij} sowie d_{ij} und um mit einem Ähnlichkeitswert von 1 vollständige Identität und mit einem von 0 maximale Unähnlichkeit (bezogen auf die jeweilige Untersuchungsgesamtheit) auszudrücken, gilt für den Ähnlichkeitswert:

$$S_{ij} = g \cdot \frac{1-a_{ij}}{a_{max}} + (1-g) \cdot \frac{1-d_{ij}}{d_{max}}$$

Die Auswahl von g mit $0 < g < 1$ hängt vom konkreten Problem ab.

(e) Kombinierte Maße: Grundform

Bei dualem Ähnlichkeitsmaß wurden Steigungsmaß und Verlaufsmaß miteinander verknüpft. Grundsätzlich ist es aber auch möglich, Maße aus allen drei Gruppen miteinander zu verbinden. Als allgemeine Grundform für ein derartiges Maß beim personalbezogenen Profilvergleich gilt dann:

[Gewicht · Abstandsmaß + (1 – Gewicht) · Verlaufsmaß] · Binärmaß

Das Binärmaß wird bei obiger Formel lediglich dann wirksam, wenn es den Wert Null erreicht, wenn also bei mindestens einem Merkmal, das als zwingende Grundvoraussetzung gilt, das Fähigkeitsprofil unter dem Anforderungsprofil liegt. Ansonsten hat das Binärmaß den Wert 1 und damit keinen Einfluß auf das Ergebnis. Derartige Verknüpfungen wurden unter anderem von *Meyer* (1975) sowie von *May* (1986, 111–112) vorgeschlagen.

Mit der allgemeinen Grundform der Ähnlichkeit läßt sich beispielsweise die euklidische Distanz als Abstandsmaß, ein Korrelationskoeffizient als Verlaufsmaß und ein Binärmaß (für einige zentrale Merkmale) verknüpfen. Zur Vermeidung von Ergebnisverzerrungen muß allerdings immer darauf geachtet werden, daß die Schwankungsbreiten für die verwendeten Abstands- und Verlaufsmaße übereinstimmen: So müßte in obigem Beispiel die euklidische Distanz genauso wie der Korrelationskoeffizient durch Skalentransformation in den Bereich (−1, +1) transformiert werden.

5.5.3 Lineare Optimierung als Zuordnungsansatz

5.5.3.1 Allgemeine Modellformulierung

Die Lösung des Zuordnungsmodells mit Hilfe der linearen Programmierung stützt sich in ihrer formalen Struktur immer auf das aus dem Operations Research hinlänglich bekannte Assignment-Problem (vgl. *Sasieni/Yaspan/Friedman* 1959, 195–203; *Churchman/Ackoff/Arnoff* 1971, 314–336). Im Kern besteht dieses Zuordnungsproblem darin, die **n** Elemente einer bestimmten Menge **I** (z.B. Mitarbeiter) auf die **m** Elemente einer anderen Menge **J** (z.B. Stellen) so zuzuordnen, daß die Zielfunktion einen Maximal- oder Minimalwert annimmt. Die einfachste Form des Zuordnungsproblems lautet wie folgt:

(1) $\sum_{i=1}^{n} \sum_{j=1}^{m} e_{ij} \cdot x_{ij} \Rightarrow \min \text{ (bzw. max)!}$

(2) $\sum_{i=1}^{n} x_{ij} = 1$

(3) $\sum_{j=1}^{m} x_{ij} = 1$

(4) $x_{ij} = 1$ oder $x_{ij} = 0$ für $i = 1 \ldots n$ und $j = 1 \ldots m$

(5) $n = m$

Die Variable x_{ij} gibt an, ob das Element **i** dem Element **j** zugeordnet wurde ($x_{ij} = \mathbf{1}$) oder nicht ($x_{ij} = \mathbf{0}$). Jede mögliche Zuordnung hat einen spezifischen Zielbeitragswert e_{ij}. Ob dieser in die doppelte Summation von Zeile

(1) eingeht, hängt damit von der Ausprägung der Variablen x_{ij} ab. Die Nebenbedingung (2) stellt sicher, daß pro Stelle (j) nur ein Mitarbeiter zugeordnet wird, also die Variable x_{ij} für alle j nur einmal den Wert 1 annimmt. Aufgrund von Nebenbedingung (3) wird jedem Mitarbeiter nur eine Stelle zugewiesen. Die Nebenbedingung (4) gewährleistet die Beschränkung des Wertevorrates von x_{ij} auf 0 und 1 sowie die Ganzzahligkeit und Nichtnegativität der Lösung. Die Bedingung (5) signalisiert in diesem Fall eine Übereinstimmung zwischen Stellenzahl und Mitarbeiterzahl.

Mit Hilfe dieses Modells läßt sich nun das generelle Zuordnungsproblem lösen: Verwendet wird dazu für jeden Mitarbeiter ein Eignungsprofil, also Aussagen darüber, welchen Zielfunktionsbeitrag der Mitarbeiter auf einer bestimmten Stelle erbringen kann. Die Zusammenfassung der Eignungswerte e_{ij} ergibt dann die Eignungsmatrix **E**. Ausgehend von ihr wird die Zuordnungsmatrix **X** erstellt: Sie gibt an, welche Mitarbeiter auf welchen Stellen eingesetzt werden.

Übersicht 5.20 zeigt ein Beispiel für eine derartige Zuordnung, wobei fünf Stellen und fünf Mitarbeiter verwendet werden. Ausgewiesen ist links die Eignungsmatrix E und rechts die Zuordnungsmatrix X (Zielfunktionswert = 21). Bei Lösung des Zuordnungsproblems bleibt (naheliegenderweise) die Eignungsmatrix E konstant: Variabel sind lediglich die Zuordnungen in der Matrix X.

Stellen	1	2	3	4	5
Personen					
1	4	2	3	7	0
2	2	3	3	3	2
3	3	2	1	3	0
4	0	1	2	3	4
5	1	4	3	5	3

Eignungsmatrix

Stellen	1	2	3	4	5
Personen					
1	0	0	0	1	0
2	0	0	1	0	0
3	1	0	0	0	0
4	0	0	0	0	1
5	0	1	0	0	0

Zuordnungsmatrix

Übersicht 5.20: Beispiel für ein einfaches Zuordnungsmodell

Eine Schwierigkeit bei der Verwendung von Zuordnungsmodellen in der Praxis liegt in der großen Anzahl von Nebenbedingungen, die zusätzlich zu beachten sind: Hierzu zählen diverse Kapazitätsrestriktionen genauso wie tarifvertragliche Vorschriften. Auch derartige Fragestellungen lassen sich aber mit Hilfe der linearen Programmierung lösen wie die diversen Ansätze in der Literatur zeigen (vgl. *Moser* 1979; *Niehaus* 1979).

5.5.3.2 Das modifizierte LP-Modell von Kossbiel

Als ein konkretes lineares Personalplanungsmodell soll das Modell von *Kossbiel* (1988, 1045–1257) in einer etwas modifizierten Form vorgestellt werden. Es berührt neben dem Personaleinsatzmanagement auch die Personalbereiche

- Personalbestand,
- Personalbedarf,
- Personalbeschaffung und
- Personalfreisetzung.

Folgende Komponenten sind in diesem LP enthalten:

Variablen:	x^L_{et}	Lagermenge	w^h_{it}	Personaleinstellung
	v_{ijt_ht}	Personaleinsatz	$w^f_{it_ht}$	Personalfreisetzung
	x_{et}	Produktionsmenge	B_{it_ht}	Personalbestand
Indizes:	e	Produkte	i	Ausstattungskategorie
	t	Perioden ($1 \leqslant t \leqslant T$)	j	(Stellen-)Bedarfskategorie
	t_h	Einstellperioden	I_j	auf Stelle j zuordbare Personen
	τ	Periodenhilfsindex	J_i	von Personen i besetzbare Stellen
Koeffizienten:	C_e	Lagerkosten	δ	Fluktuationsrate
	k^h_{it}	Einstellkosten	σ	Absentismusrate
	k^f_{it}	Freisetzungskosten	β	Einarbeitungsgrad
	k_{it}	Lohnkosten	α	Personalbedarfskoeffizient
Konstanten:	T	Planungsendzeitpunkt		
	A	„historischer Planungs-“Beginn		
	x^L_{e0}	Lageranfangsbestand		
	x^A_{et}	Absatzmenge		
	max w^h_{it}	Einstellobergrenze		
	max w^f_{it}	Entlassungsobergrenze		
	R_i	Einarbeitungsdauer		

$$\sum_{e=1}^{E} \sum_{t=1}^{T} C_e x^L_{et} + \sum_{t=1}^{T} \sum_{i=1}^{N} (k^h_{it} + \sum_{\tau=t}^{T} k_{i\tau}) \cdot w^h_{it}$$

Lagerkosten beschaffungsabhängige Lohnkosten

$$+ \sum_{t=1}^{T} \sum_{i=1}^{N} \sum_{t_h=1-R_i}^{t-1} (k^f_{it_ht} - \sum_{\tau=t}^{T} k_{i\tau}) \cdot w^f_{it_ht}$$

entlassungsbedingte Lohnkosten

$$- \sum_{t=1}^{T} \sum_{i=1}^{N} \sum_{t_h=A}^{t-1} \delta_{i,t-t_h} \cdot B_{it_ht} k_{it} \rightarrow \text{Min}$$

fluktuationsbedingte Lohnkostenersparnis

(1) $x^L_{et} = x^L_{e0} + \sum_{\tau-1}^{t-1} x_{e\tau} - \sum_{\tau-1}^{t-1} x^A_{e\tau} + 0{,}5\,(x_{et} - x^A_{et})$ für alle e,t

mittlerer Lagerbestand EB = AB + Z − A umformuliert

(2) $\sum_{e=1}^{E} x_{et} \cdot \alpha_{ej} - \sum_{i\varepsilon Ij} (\sum_{t_a=t-R_i+1}^{t} \beta_{it_ht} V_{ijt_ht})$

Personalbedarf nicht voll eingearbeitete Arbeitskräfte

$$- \sum_{i\varepsilon Ij} (\sum_{t_h \leqslant t-R_i} V_{ijt_ht}) = 0 \text{ für alle j,t}$$

voll eingearbeitete Arbeitskräfte

(3) $\sum_{j\varepsilon J_i} V_{ijt_ht} - (1 - \sigma_{it}) \cdot B_{it_ht} \leqslant 0$

eingesetzte Personen – vorhandene Personen

(4) $B_{it_ht} = w^h_{it}$ für $t = t_h$

Bestand = neu eingestellte Personen

(5) $B_{it_ht} = (1 - \delta_{i,t-t_h}) \cdot B_{it_h, t-1} - w^f_{it_ht}$ für $t > t_h$

Bestands-Definitionsgleichung

(6) $w^h_{it} \leqslant \max w^h_{it}$

Einstellungsbedingung

(7) $w^f_{it_ht} \leqslant \max w^f_{it_ht}$

Entlassungsbedingung

(8) $x^L_{et}, x_{et}, w^h_{it}, w^f_{it_ht}, v_{ijt_ht}, B_{it_ht} \geqslant 0$ für alle i,j,e,t,t_h

Nichtnegativitätsbedingungen

} für alle i,t,t_h (gilt für (3)–(8))

Nicht erfaßte Größen in diesem Modell sind Kapazitäts- oder Ressourcenbeschränkungen, Schichtbetrieb, Überstunden, Kurzarbeit, Arbeitszeitrestriktionen, Intensitätsschwankungen, Kündigungsschutzbedingungen für w^f_i, Beschaffungs- und Absatzrestriktionen sowie mehrere Produktionsstufen.

5.5.4 Mustererkennung

Eine weitere Methode, die sich zum Personaleinsatzmanagement verwenden läßt, ist die Mustererkennung (vgl. *Scholz* 1981b; 1987a 77–78). Unter einem **Muster** wird dabei eine für eine begrenzte Menge von **Profilen** charakteristische Ausprägungskombination der Merkmale verstanden. In diesem Sinne stellen beispielsweise die in Kapitel 6 zu diskutierenden Menschentypologien spezifische „Muster" dar.

Ähnlich wie in der Umgangsprache hat „Muster" eine zweifache **Bedeutung**, die auch bei der Mustererkennung deutlich wird: Auf der einen Seite impliziert „Muster" eine bestimmte Anzahl von charakteristischen Merkmalen, die bei bestimmten Objekten in ähnlicher Form beobachtet werden; auf der anderen Seite dient „Muster" als Standardvorgabe für andere Objekte.

Für die Mustererkennung gibt es im Bereich des Personalmanagements eine Vielzahl von **Einsatzmöglichkeiten**. Hierzu zählt neben der Ermittlung eines Anforderungsmusters für eine Gruppe von Arbeitsplätzen vor allem die Bestimmung von Fähigkeitsmustern der Mitarbeiter. Auf diesen Ansatz wurde im Zusammenhang mit den qualifikationsbezogenen Tätigkeitsfeldern bereits in Abschnitt 2.3.3 eingegangen.

Zu den Möglichkeiten der Mustererkennung im Bereich des Personalwesens zählt auch die **situative Eignungsprognose**. Die konkrete Fragestellung lautet dabei: „Wie lassen sich, ohne direkten Vergleich von Bewerberprofilen mit Stellen-Anforderungsprofilen, Aussagen über die zu erwartende Eignung ableiten?"

Entsprechend der Kritik (vgl. *Scholz* 1981b) an traditionellen Profilsubtraktionen wird darauf verzichtet, aus Über- und Unterdeckungen zwischen Anforderungsprofil und Fähigkeitsprofil Eignungswerte abzuleiten; vielmehr soll geprüft werden, ob aufgrund bisheriger Resultate (Erfolgsprofil) von Mitarbeitern aus dem entsprechenden Tätigkeitsbereich auf die vom Bewerber zu erwartenden Erfolgswerte geschlossen werden kann.

Dazu ist wie folgt vorzugehen (vgl. *Scholz* 1981b):

- Als erstes sind die *Tätigkeitsfelder* als Mengen anforderungsähnlicher Arbeitsplätze abzugrenzen. Hierzu werden die Arbeitsplatzprofile einer Clusteranalyse unterzogen, was zur Gruppierung der Arbeitsplätze führt. Für jede dieser Gruppen läßt sich dann als Clusterschwerpunkt ein Durchschnittsmuster definieren.
- Falls das zu untersuchende Tätigkeitsfeld zu klein ist, wird durch Zusammenfassung mehrerer Tätigkeitsfelder eine aussagefähige Untersuchungsbasis geschaffen.
- Als nächstes erfolgt ein Wechsel der Bezugsbasis: Die Anforderungsprofile waren stellenbezogen, jetzt wird über *Erfolgsprofile* von Mitarbeitern operiert. Erfolgsprofile sind in diesem Fall die bisher von Mitarbeitern realisierten Leistungswerte. Es wird also in diesem Fall nicht mehr über Merkmale von Stellen geclustert, sondern über Merkmale von allen

Personen, die eine der Stellen aus dem zu untersuchenden Tätigkeitsbereich besetzen. Das Ergebnis besteht jetzt aus (mindestens) einem Cluster von Personen mit extrem niedrigen und (mindestens) einem Cluster mit extrem hohen Erfolgswerten.

- Aus dem Ergebnis werden jetzt explizit zwei Mengen von Personen definiert, die als *charakteristisch* für niedrigen sowie für hohen Erfolg gelten können.
- Als nächstes wird explizit auf die Fähigkeitsprofile der Mitarbeiter mit niedrigen beziehungsweise hohen Erfolgswerten abgestellt. Für diesen Schritt kann auf einen Grundgedanken von *Cattell* (1957, 772–775) zurückgegriffen werden, bei dem als „Anforderungsprofil" jeweils das Fähigkeitsprofil eines erfolgreichen Mitarbeiters auf einer derartigen Stelle verwendet wird. Aus diesem Grund wird jetzt über die Fähigkeitsprofile der erfolgreichen Mitarbeiter geclustert. Das Ergebnis ist dann (mindestens) eine *Musterhüllkurve,* die das charakteristische Muster für (Miß-)Erfolg umschließt.

Abbildung 5.13 zeigt ein Beispiel für derartige Musterhüllkurven; in diesem Fall haben sich jeweils nur die Merkmale 28 bis 39 als aussagefähig erwiesen.

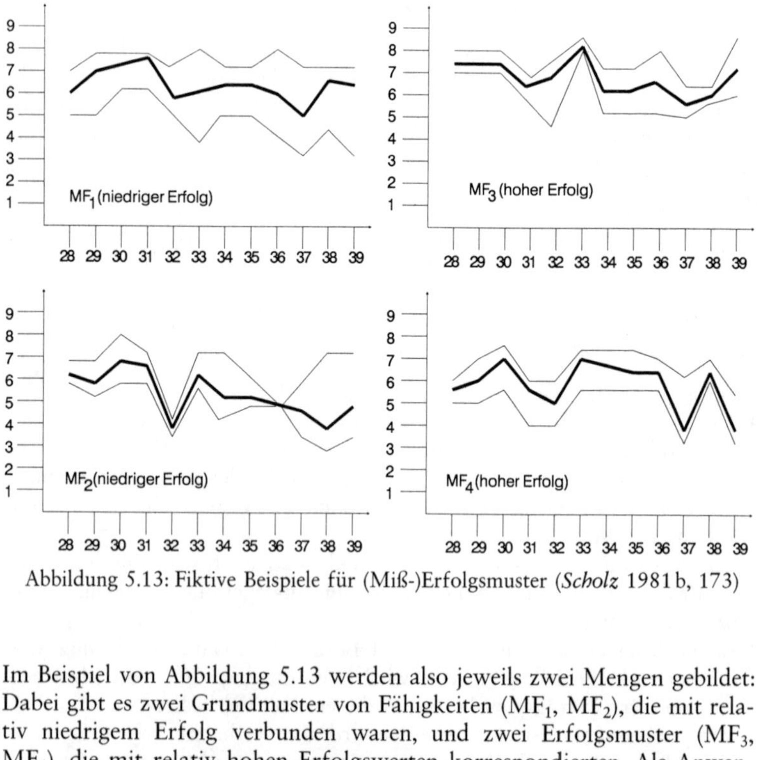

Abbildung 5.13: Fiktive Beispiele für (Miß-)Erfolgsmuster (*Scholz* 1981 b, 173)

Im Beispiel von Abbildung 5.13 werden also jeweils zwei Mengen gebildet: Dabei gibt es zwei Grundmuster von Fähigkeiten (MF_1, MF_2), die mit relativ niedrigem Erfolg verbunden waren, und zwei Erfolgsmuster (MF_3, MF_4), die mit relativ hohen Erfolgswerten korrespondierten. Als Anwendung für Personalentscheidungen folgt aus dieser Deskription folgende situative Eignungsprognose:

Wenn ein Mitarbeiter bei den Merkmalen 28 bis 39 einem der vier Durchschnittsmuster (zumindest aber einem der vier Hüllkurvenbereiche) entspricht, besteht Grund zur Annahme, daß er im betreffenden Tätigkeitsbereich relativ niedrige (bei MF_1, MF_2) beziehungsweise relativ hohe (bei MF_3, MF_4) Erfolgswerte erzielen wird.

Verwendet man diesen Ansatz nicht nur zur Personaleinsatzplanung, sondern auch für die Personalentwicklungsplanung, so ergeben sich bei Mitarbeitern mit niedrigen Erfolgswerten zwei Entwicklungsrichtungen, zwischen denen in Abhängigkeit vom bestehenden Fähigkeitsprofil entschieden werden kann.

Die Mustererkennung ist im Gegensatz zur linearen Programmierung **kein** optimierendes Verfahren: Zuordnungsentscheidungen werden somit allenfalls unterstützt. Der oben skizzierte Ansatz ist im Gegensatz zur linearen Programmierung auch kein scharfes Vorgehen: Die „Anforderungsprofile" (besser: charakteristische Fähigkeitsprofile von erfolgreichen Mitarbeitern) werden in Form der Musterhüllkurve auch nur unscharf angegeben.

Charakteristisch für den vorangegangenen Ansatz und für seine interaktive Heuristik ist das Wechseln von Bezugsbasen für die Mustererkennung im Hinblick auf
- verwendete Merkmale (Anforderungsprofil, Erfolgsprofil, Fähigkeitsprofil) und
- untersuchte Arbeitsplätze beziehungsweise Mitarbeiter.

Das Erfolgsprofil darf in diesem Falle **nicht** mit einem generellen Eignungsprofil verwechselt werden: Ein Eignungsprofil gibt jeweils mehrere einwertige Kennzahlen an, die (einwertige) Aussagen zur Eignung von Mitarbeitern auf einem bestimmten Arbeitsplatz machen. Ein Erfolgsprofil dagegen ist eine mehrdimensionale Aussage über die erzielten Leistungen eines Mitarbeiters auf **einem** Arbeitsplatz.

5.6 Resümee und Vorschau

Im Personaleinsatzmanagement laufen eine Fülle von Informationen aus anderen Personalmanagementfeldern zusammen; gleichzeitig werden eine Vielzahl von gesetzlichen Restriktionen wirksam. Beides erzwingt auch hier wieder eine ebenenspezifische Betrachtungsweise:
- Die *operative* Ebene des betrieblichen Personaleinsatzmanagements orientiert sich an der konkreten Zuordnung von Mitarbeitern und Aufgaben, wobei der Schwerpunkt auf ergonomischen Studien und ihren Erkenntnissen liegt. Aus ihnen leiten sich dann Gestaltungsvorschläge ab, die sich auf Arbeitsplatz, Arbeitszeit und Arbeitsaufgabe beziehen.
- Während ein betriebliches Personaleinsatzmanagement auf der operativen Ebene noch relativ klar vorgegebene Konturen aufweist, wirft die

taktische Ebene substantielle Probleme auf. Hier müssen Einsatzprinzipien formuliert werden, die losgelöst von einzelfallspezifischen Problemen eine für alle Beteiligten sinnvolle Zuordnung von Mitarbeiter und Aufgabe erlauben. Klassische Einsatzprinzipien wie Job Enrichment oder Job Enlargement werden hier zunehmend ergänzt durch gruppenbezogene Einsatzprinzipien wie Qualitätszirkel und Lernstatt.
- Auf der *strategischen* Ebene schließlich ergibt sich die Notwendigkeit, eine globale Unternehmensstrategie zu definieren, die langfristig Aussagen zum Einsatz von Mitarbeitern und zu ihren Arbeitsbedingungen macht. Eingebettet in unternehmensübergreifende Forschungsprojekte zur Humanisierung der Arbeit (HdA) führt dies zur Formulierung unternehmensspezifischer Personaleinsatz- beziehungsweise Humanisierungsstrategien. Sie müssen auch langfristige Entwicklungen der Fertigungstechnologie (wie CIM) berücksichtigen.

Die formale Zuweisung eines Mitarbeiters auf einen Arbeitsplatz beziehungsweise einer Aufgabenstellung auf einen Mitarbeiter und die „menschengerechte“ Ausgestaltung des Arbeitsplatzes liefern den äußeren Rahmen für die im nächsten Kapitel zu behandelnde Personalführung: Sie regelt – im Prinzip losgelöst von konkreten Aufgabeninhalten – die Beziehung zwischen Vorgesetztem und Untergebenem.

5.7 Testfragen

(1) Welche Beziehungen bestehen zwischen dem Personaleinsatzmanagement und den übrigen Bereichen des Personalmanagements?

(2) Betrachten Sie Ihren „Arbeitsplatz“ im Hörsaal. Wie schneidet er aus ergonomischer Sicht ab?

(3) Wie müßte ein Studenten-Arbeitsplatz in der Bibliothek unter ergonomischen Gesichtspunkten gestaltet sein?

(4) Welche Beziehungen bestehen zwischen den Arbeitswissenschaften und dem Industrial Engineering? Aufgrund welcher charakteristischen Eigenschaften läßt sich das Industrial Engineering auf der taktischen Ebene ansiedeln?

(5) Warum kann es aus unternehmerischer Sicht sinnvoll sein, sich mit Humanisierung der Arbeit zu befassen?

(6) Fünf Mitarbeiter, die auf fünf Stellen zuzuordnen sind, haben folgende Eignungsprofile:
$e_1 = (3,3,3,1,3)$
$e_2 = (6,3,5,2,3)$
$e_3 = (3,5,3,4,1)$
$e_4 = (4,4,4,1,1)$
$e_5 = (2,4,4,1,1)$.
Lösen Sie das Zuordnungsproblem durch die Trial-and-Error (Versuchs-Irrtums)-Methode.

(7) An einem Bahnhof besteht durchschnittlich folgender Bedarf an Schalterbeamten (nach *Gaugler/Huber/Rummel* 1974, 201–202):

In der Zeit	sind erforderlich
zwischen 0 und 4 Uhr	3 Personen
zwischen 4 und 8 Uhr	8 Personen
zwischen 8 und 12 Uhr	10 Personen
zwischen 12 und 16 Uhr	8 Personen
zwischen 16 und 20 Uhr	14 Personen
zwischen 20 und 24 Uhr	5 Personen

Dienstbeginn ist jeweils um 0, 4, 8, 12, 16 beziehungsweise 20 Uhr. Die Dienstzeit beträgt 8 Stunden. Aufzustellen ist der Schichtplan, der den geringsten Einsatz von Arbeitskräften erfordert.

(8) Formulieren Sie verbal ein lineares Programm für Ihre Tätigkeitszuordnung in der nächsten Woche. Berücksichtigen Sie dabei vor allem die Nebenbedingungen und unterschiedlichen Zielfunktionsbeiträge.

(9) Was ist unter einer „empirischen Bestimmung von Mustern der Personalzuordnung“ zu verstehen?

(10) Wozu dienen Stellenbesetzungsprinzipien und was wären Beispiele für diese Bestandteile eines Personaleinsatzmanagements?

(11) Welche Vorteile hat es für ein Unternehmen, eine aussagefähige Personalnachfolgeplanung zu betreiben? Gelten diese Vorteile in gleicher Weise auch für eine individuelle Laufbahnplanung?

(12) Begründen Sie folgende Überlegung für den Aufbau von Schichtsystemen:
- 33,6 Stunden pro Woche ohne Zusatzschicht (168 Wochenarbeitsstunden : 5 Schichtbelegschaften = 33,6),
- 35,2 Stunden pro Woche mit zwei Zusatzschichten in zehn Wochen (33,6 + 2 · 8 : 10 = 35,2),
- 36,8 Stunden pro Woche mit vier Zusatzschichten in zehn Wochen (33,6 + 4 · 8 : 10 = 36,8) beziehungsweise
- 38,4 Stunden pro Woche mit sechs Zusatzschichten in zehn Wochen (33,6 + 6 · 8 : 10 = 38,4).

5.8 Praxisbeispiele

5.8.1 Hewlett-Packard

Hewlett-Packard (HP) ist ein weltweit tätiges Unternehmen, mit Firmensitz in Palo Alto, Kalifornien. Die 1959 in Deutschland gegründete Hewlett-Packard GmbH, mit ihrem Hauptsitz in Böblingen, ist die größte Tochtergesellschaft der Hewlett-Packard Company. Mit ca. 6.300 Mitarbeitern in Entwicklung, Produktion, Verwaltung, Marketing und Vertrieb wurde im Geschäftsjahr 1993 ein Umsatz von ca. 6,5 Mrd. DM erzielt.

Die Geschäftsaktivitäten decken ein breites Feld von Produkten und Dienstleistungen auf dem Gebiet der Meß- und Datentechnik ab. Mit weitem Abstand der größte Unternehmensbereich ist die Informationstechnologie.

Schon bevor sich im Frühjahr 1984 die Vertreter der Gewerkschaften und die Arbeitgeber der Metallindustrie auf eine Flexibilisierung der Wochenarbeitszeit einigten, begannen bei HP Überlegungen zur Entwicklung eines eigenen, „auffallend anderen“ Arbeitszeitmodells: Bei HP bestanden bereits Regelungen über Gleitzeit, Swingtime, Job-Sharing und Urlaubsübertragung. Das HP-Arbeitszeitmodell sollte darauf aufbauend ein Modell zur Flexibilisierung der Arbeitszeit unter Einbeziehung der Zielsetzungen und Grundsätze von HP werden.

Eine HP-interne **Umfrage** nach den Wünschen der Mitarbeiter bezüglich der Arbeitszeitregelung ergab, daß jüngere Mitarbeiter tendenziell an flexibler Wochenarbeitszeit interessiert sind, Mitarbeiter mittleren Alters eine Verlängerung des Urlaubs und ältere Beschäftigte eine Verkürzung der Lebensarbeitszeit vorziehen. Die neue Arbeitszeitregelung sollte deshalb allen Mitarbeitergruppen die Möglichkeit geben, ihre spezifischen Wünsche zu erfüllen.

In das aus diesen Überlegungen resultierende Arbeitszeitmodell werden alle in Vollzeit beschäftigten Mitarbeiter einbezogen. Jeder Mitarbeiter arbeitet weiterhin im Rhythmus der 40-Stunden-Woche. Diese 40 Stunden gliedern sich in 37 Stunden vertragliche Regelarbeitszeit und 3 Stunden Vorarbeit. Jeweils jährlich können die Mitarbeiter wählen, ob die Vorarbeitszeit dem persönlichen Freizeitkonto gutgeschrieben oder monatlich ausbezahlt werden soll.

Der angewachsene Freizeitanspruch kann mit freien Stunden beziehungsweise freien Tagen, die man aus dem Freizeitkonto entnimmt, abgebaut werden. Ziel ist der Abbau des Freizeitkontos im Vierstundenblock als kleinste Einheit. Ein Zwang dazu besteht allerdings nicht. Es ist auch möglich, einzelne freie Stunden zu nehmen. Aus Gründen der Arbeitsorganisation muß jeder Mitarbeiter die Nutzung seiner Freizeit innerhalb der Abteilung mit dem Vorgesetzten absprechen. In der hohen Flexibilität und

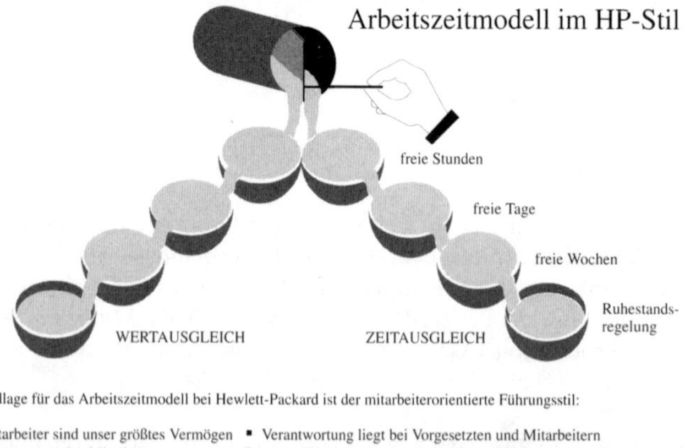

Grundlage für das Arbeitszeitmodell bei Hewlett-Packard ist der mitarbeiterorientierte Führungsstil:

- Mitarbeiter sind unser größtes Vermögen
- Vertrauen zu den Mitarbeitern
- Gleichbehandlung aller Mitarbeiter
- Verantwortung liegt bei Vorgesetzten und Mitarbeitern
- Keine Zeiterfassungs- bzw. Zeitkontrollsysteme wie z.B. Stechuhren

Abbildung 5.14: Das Arbeitszeitmodell von HP (Quelle: Hewlett-Packard) im Freiraum, den der Mitarbeiter für die Verwendung seiner Freizeit erhält, liegt dann auch die Besonderheit dieses Modells.

Das Modell betrachtet die verschiedenen Einheiten, in die sich die Arbeitszeit der Mitarbeiter aufgliedert, als ein System von Tages-, Wochen-, Monats-, Jahres- und Lebensarbeitszeit. Vorarbeit muß nicht etwa in der Periode, in der sie geleistet wurde, durch freie Zeit ausgeglichen werden; sie kann auch auf die Jahres- oder sogar Lebensarbeitszeit übertragen werden (Abbildung 5.14).

Der Mitarbeiter gewinnt durch Vorarbeit Entscheidungsspielraum über den Tag, die Woche oder den Monat, in dem er seine Freizeit nutzen möchte. Bestände im Freizeitkonto, die am Monatsende 3 Tage übersteigen, werden in das persönliche Langzeitkonto übertragen. In das Langzeitkonto wird auch nichtgenommener Urlaub übertragen, allerdings ist der gesetzliche Mindesturlaub zu nutzen. Aus dem Langzeitkonto sollen ganze freie Wochen entnommen werden.

Im Rahmen der oben bereits erwähnten Swingtime-Regelung haben HP-Mitarbeiter auch die Möglichkeit, die tägliche Arbeitszeit zwischen 6 und 9 Stunden zu variieren. Ein Ausgleich muß jeweils in derselben Woche erfolgen.

Arbeitnehmern ist mit diesem Modell auch die Möglichkeit geboten, über ein langfristiges Ansparen im Langzeitkonto die Lebensarbeitszeit zu verkürzen. Im Falle einer Kündigung wird der Freizeitanspruch finanziell abgegolten.

5.8.2 Modehaus Beck

Das Modekaufhaus Beck in München bietet in erster Linie hochwertige Textilien und modische Bekleidung an. Dabei werden rund 900 Mitarbeiter beschäftigt, von denen rund 70–75% im direkten Kundenkontakt stehen. In fünf Filialen sowie dem Haupthaus erreicht man bei Beck einen Umsatz von rund 130 Millionen DM (1986).

(a) Entwicklung des Modells

Um sich den veränderten Umweltbedingungen (hohe Personalkosten) anzupassen, wurde im Juli 1978 die „individuelle Arbeitszeit“ eingeführt: Jeder Mitarbeiter kann in Absprache mit Personalleitung oder Abteilungsleitung entscheiden, wann und wie lange er arbeiten will. In einem individuellen Arbeitsvertrag wird die Arbeitszeit festgelegt, die zwischen 60 und 167 Stunden pro Monat betragen kann. Abstufungsmöglichkeiten bestehen jeweils in 5Stunden Schritten.

Eine im Vorfeld durchgeführte Mitarbeiterbefragung zeigte, daß 38% der Vollzeitbeschäftigten ein großes Interesse an einer Verkürzung sowie einer Flexibilisierung der Arbeitszeit hatten; 21% der Teilzeitarbeiter wollten eine weitere Verkürzung und Flexibilisierung ihrer Arbeitszeit.

Eine weitere Nebenbedingung war die Situation im Einzelhandel: der tarif-

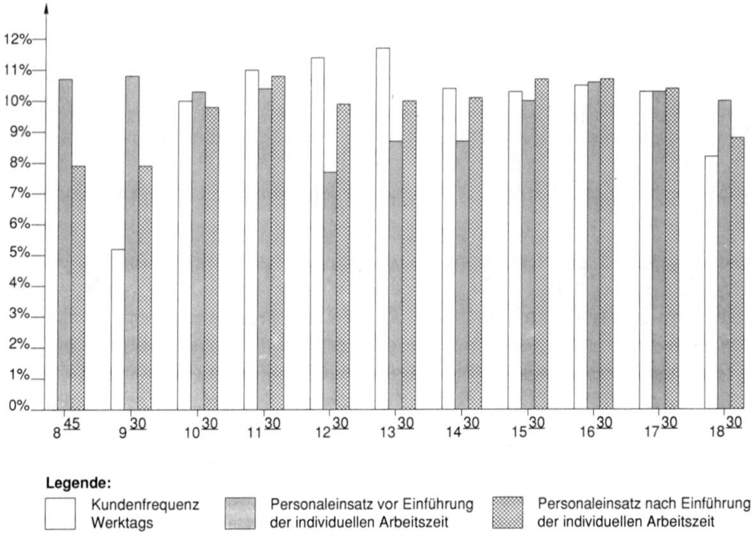

Abbildung 5.15: Tabelle Personaleinsatz und Kundenfrequenz (Quelle: Beck)

lichen Arbeitszeit von 8 Stunden steht eine Öffnungszeit von 10 Stunden gegenüber. Ebenfalls in der Vorbereitungsphase führte eine Projektgruppe eine Untersuchung der Kaufgewohnheiten durch, die Informationen zu Kundenfrequenz und Personaleinsatz über einen Zeitraum von zwei Jahren hinweg lieferte (Abbildung 5.15).

(b) Anwendung des Modells

Zur Festlegung des Personaleinsatzes stehen den Abteilungsleitern zwei Hilfsmittel zur Verfügung: Zum einen die **Planungstabelle**, die angibt, wieviel Personaleinsatzstunden bei einem bestimmten Umsatz im Regelfall für eine gute Bedienung notwendig sind und zum anderen die **Kundenfrequenztabelle**. Aus ihr wird abgeleitet, wie die Personaleinsatzstunden optimal über den Tag zu verteilen sind.

Geschäftsführung und Abteilungsleitung erstellen gemeinsam für jeden Monat einen groben Umsatzplan, aus dem dann mit Hilfe der Planungstabelle der Personaleinsatz abgeleitet wird. In Alleinverantwortung erstellt dann Abteilungsleiterin oder Substitutin eine Woche im voraus die Feinplanung. Dabei werden unter Berücksichtigung von Mitarbeiterwünschen die Einsatzzeiten festgelegt. Zielsetzung der Personaleinsatzplanung ist es also, den Personaleinsatz der Kundenfrequenz anzupassen.

Auch der Feinplan ist flexibel gestaltet. So haben die Mitarbeiter die Möglichkeit im Laufe des Tages, nach Rücksprache mit ihrem Vorgesetzten, die Arbeitszeit zu ändern. Weitere Flexibilität wird durch die sogenannte „Nachbarschaftshilfe" erreicht. Die einzelnen Abteilungen haben die Möglichkeit, je nach Kundenfrequenz und Personaleinsatz, Mitarbeiter von anderen Abteilungen anzufordern oder an andere Abteilungen abzugeben.

Hierbei treten kaum Probleme durch unterschiedliche Anforderungen auf, da im Kaufhaus Beck ähnliche Sortimente angeboten werden und die Mitarbeiter ihnen fremde Sortimente durch Nachbarschaftshilfe-Schulungen kennenlernen können.

Lohn- und Gehaltszahlungen erfolgen unabhängig vom Stand des Zeitkontos entsprechend der vertraglich vereinbarten Sollarbeitszeit. Über das vertraglich vereinbarte Gehalt hinaus ist der Mitarbeiter am Umsatz beteiligt, was den Personaleinsatz in Zeiten mit hoher Kundenfrequenz wesentlich erleichtert.

(c) Beurteilung der individuellen Arbeitszeit durch die Mitarbeiter

Von 900 Mitarbeitern der Firma Beck sind rund 600 teilzeitbeschäftigt. 75% der Teilzeitbeschäftigten nennen als Vorteil:
- die Möglichkeit der kurzfristigen Änderung der Arbeitszeit,
- die zusammenhängenden Freizeitblöcke und
- die Umsatzbezogenheit des Einkommens.

Einen Nachteil sehen jedoch viele im Anwachsen der Zeitschulden. Jede zweite Verkäuferin fühlt sich durch ein Ansteigen der Minusstunden belastet. Dieses Problem zeigt aber rückläufige Tendenz. Im übrigen sind bei Beck auch die Führungskräfte in das Modell der individuellen Arbeitszeit eingebunden.

5.8.3 Dow Chemical

1972 nahmen die ersten Anlagen des Werkes Stade der Dow Chemical Company ihre Produktion auf. In mehreren Bauabschnitten wurde das Werk erweitert und ist heute mit ca. 1300 Mitarbeitern und einer breiten Produktpalette die zweitgrößte Produktionsstätte von Dow Chemical in Europa. Insgesamt investierte Dow bisher ca. 1,8 Mrd. DM in Stade. Neue Investitionsschwerpunkte sind die Diversifikation der Produktpalette und der Umweltschutz. Heute werden in insgesamt 12 Produktionsanlagen Spezialprodukte hergestellt, die neben der Grund- und Kunststoffchemie den wirtschaftlichen Erfolg absichern. Die Umsatzerlöse betrugen 1986 1,56 Mrd. DM, der Jahresüberschuß nach Steuern ca. 200 Mio. DM.

(a) Qualitätsbegriff

Qualität ist bei Dow in erster Linie kundenbezogen definiert als
- absolutes Einhalten der von Kunden gewünschten Produktionsspezifikation
- absolutes Einhalten der mit dem Kunden vereinbarten Liefertermine, Transportarten und Produktgebinde sowie
- Beratung, Analytik und Anwendungsforschung für vom Kunden vorgesehene Verwendungszwecke und dabei eingesetzte Verfahrenstechniken.

Qualitäts-Denken wird vor allem begriffen als ein Denken in Prozessen, das die Optimierung von internen Arbeitsabläufen durch Identifikation und Elimination sämtlicher Arten von Reibungsverlusten bewirkt.

Neben dem Sicherheitsprogramm wurden daher Instrumente wie ein "quality-focal-point-Netz" oder das System des "product-stewardship" entwikkelt, die das Bestreben von Dow, Qualitätsprodukte herzustellen und dafür bis zu deren Verwendung beim Kunden die Verantwortung zu übernehmen, verdeutlichen sollen.

(b) Das QPS-Programm

Als Instrument, um mit allen Mitarbeitern einen weiteren Schritt in Richtung Qualitätsbewußtsein und Prozeßdenken zu unternehmen, entschied man sich für die Moderationsmethode: Das Programm erhielt den Namen „QPS", der für Qualität, Produktivität und Sicherheit steht. Kernstück des Programms waren 88 Suchzirkel (Übersicht 5.21). Jeder Mitarbeiter des Werkes war Teilnehmer in einem Suchzirkel, in welchem er gemeinsam mit Kollegen aus der gleichen Arbeitsgruppe oder Abteilung nach Problemen und Verbesserungsvorschlägen innerhalb seines Aufgabengebietes suchte. Die Suchzirkel wurden moderiert von insgesamt 11 Koordinatoren, die werksweit eingesetzt wurden und 44 Moderatoren, die für die Zirkel ihrer Abteilung zuständig waren. Als Koordinatoren und Moderatoren fungierten ausschließlich Dow Mitarbeiter.

August 1987	Das Management entscheidet sich, das QPS Programm durchzuführen
September 1987	Auswahl der Koordinatoren- und Moderatorengruppe, Information des Betriebsrates und der Abteilungsleiter
Okt. – Dez. 1987	Suchphase * Moderatorentraining für die Suchzirkel * Durchführung der Suchzirkel * Auswertung der Suchzirkel
Jan. – Apr. 1988	Task Force Phase * Moderationstraining für die Task Forces * Arbeitsphase der Task Forces * Auswertung der Ergebnisse

Übersicht 5.21: QPS-Ablaufschritte (Quelle: Dow Chemical)

Die Koordinatoren und Moderatoren wurden in einem zweitägigen Training mit dem Instrument und der Moderationssequenz vertraut gemacht. Die Suchzirkel bestanden aus möglichst homogenen Mitarbeitergruppen, beispielsweise aus einer Schicht oder aus einem Ingenieurteam. Sie fanden an insgesamt 8 Tagen statt. In einer Plenarveranstaltung für die rund 150 Teilnehmer pro Tag erläuterte ein Vertreter des Managements Sinn und Zweck des QPS-Programms. Die Suchzirkel folgten einer dezidierten Moderationssequenz (Übersicht 5.22).

Die Verbesserungsvorschläge wurden in zwei Auswertungsveranstaltungen von den Koordinatoren und Abteilungsleitern auf drei Entscheidungsebenen zugeordnet:

- Vorschläge, über die auf Abteilungsebene entschieden werden kann (Superintendent-Themen),
- Vorschläge, über die auf der Ebene der Werksleitung entschieden werden kann (Management-Themen) und
- Vorschläge, für deren Entscheidung noch Vorarbeit von einer Task Force geleistet werden muß (Task Force-Themen).

Frage/Sequenzschritt	Methode	Ziel
1. Wir wollen Qualität, Produktivität und Sicherheit verbessern, was würde ich entscheiden, veranlassen, tun ...	Kartenabfrage	Durch die projektive Fragestellung soll eine möglichst breite Ideensammlung zu Schwachpunkten und Problemen erarbeitet werden.
2. So gut die Idee auch ist, der Teufel steckt in folgendem Detail!	Kartenabfrage Widerstandsanalyse	Es sollen auch Gegenargumente bedacht werden, die weitere Diskussion soll dadurch realistischer werden.
3. Was könnte man sonst noch anpacken? – Jeder schaut noch einmal in seinen eigenen Arbeitsbereich!	Zuruffrage	Die durch die schriftliche Diskussion noch aufgekommenen Ideen sollen noch erfaßt werden.
4. In welchem Vorschlag stecken die nachhaltig größten QPS-Effekte?	Mehrpunktfrage	Die Gruppe soll bereits jetzt Prioritäten bei den anstehenden Problemen setzen.
5. Formulieren von konkreten Verbesserungsvorschlägen und kurze Diskussion der Vorschläge in der Gruppe!	Ergebnisliste Gruppendiskussion	Es sollen Lösungsvorschläge von der Gruppe erarbeitet werden.
6. Was sollten wir auf jeden Fall anpacken?	Mehrpunktfrage	Die Gruppe soll eindeutige Prioritäten für die Verwirklichung der Lösungsvorschläge setzen.

Übersicht 5.22: QPS-Moderationssequenz (Quelle: Dow Chemical)

Am Ende der Suchphase standen rund 1.600 QPS-Vorschläge fest, von denen 1.320 Superintendent-Themen, 130 Management-Themen und rund 150 Task Force-Themen betrafen. Den Koordinatoren und Moderatoren kommt in dieser Phase die Aufgabe zu, sich über die Fortschritte bei der Umsetzung der Vorschläge zu informieren und zusammen mit dem Management auf die Realisierung zu drängen. Die Abteilungsleiter verpflichteten sich bereits, innerhalb von vier bis sechs Wochen die Entscheidungen zu ihren Themen bekanntzugeben.

Ebenfalls in die Obhut der Koordinatoren und Moderatoren fällt die Betreuung der eingerichteten **Task Forces**. Hierzu erhalten sie nochmals ein spezielles Training. Die Arbeit der Task Forces erfolgt nach dem Werkstattzirkelkonzept.

5.8.4 Hertie

Hertie blickt, beginnend mit der Eröffnung des ersten Einzelhandelsgeschäftes am 1. März 1882 in Gera, auf eine über hundertjährige Geschichte zurück. Mittlerweile besteht die Hertiegruppe aus mehr als 160 Vertriebseinheiten in über 100 Städten Deutschlands. In den Waren- und Kaufhäusern von Hertie, darunter dem KaDeWe in Berlin und dem Alsterhaus in Hamburg, sowie in den Tochtergesellschaften und Beteiligungsgesellschaften, darunter der World of Music (WOM), waren im Durchschnitt des Geschäftsjahres 1991 31.270 voll- und teilzeitbeschäftigte Mitarbeiter tätig. Auf Vollbeschäftigte umgerechnet entspricht dies einer Zahl von 24.663 Mitarbeitern. Im Geschäftsjahr 1991 erreichte der Hertie-Konzern einen Umsatz von 6,76 Milliarden DM.

Hertie sieht als Handels- und Dienstleistungsunternehmen wegen seines hohen Anteils an Mitarbeitern mit unmittelbarem Kundenkontakt zwangsläufig die Notwendigkeit einer Zusammenführung von Kunden- und Mitarbeiterzielen. Dies kommt auch in der Unternehmensphilosophie zum Ausdruck, die sich in einer spezifischen, werteorientierten Personalarbeit niederschlägt. „Wir respektieren die Würde und die Kompetenz des einzelnen Mitarbeiters, fordern seine Leistung und bieten ihm Chancen zur Selbstentfaltung." Diesem Zitat aus den Unternehmensgrundsätzen Herties folgend, gelten strategische Personalarbeit, Management von Innovationen und die Orientierung an den Wertvorstellungen der Mitarbeiter als Herausforderung und Chance zugleich.

Der Hintergrund ist leicht ersichtlich: „Bei der Festlegung einer Personalpolitik ist der ganze Mensch zu sehen. Wem die Sensibilität gegenüber den Mitarbeitern fehlt, dem geht sie auch gegenüber den Kunden ab" (*Dr. Artur Wollert*, Mitglied des Vorstandes der Hertie Waren- und Kaufhaus GmbH).

Ein spezifisches Feld, auf dem diese Herausforderung umgesetzt wird, ist der Bereich des Personaleinsatzmanagements, konkret die **Arbeitszeitflexibilisierung**. Pilotfunktion soll das nachfolgende Modell der „Arbeitszeitflexibilisierung im regionalen Warenverteilzentrum Norderstedt der Hertie Warenhaus- und Kaufhaus GmbH" haben. Anhand unterschiedlicher Aufgabenbereiche wie Wareneingang, Warenauszeichnung, Warenlagerung, Warenversand und Verwaltung kann die Praktikabilität des neuen Systems auf breiter Basis getestet werden.

(a) Zentrales Ziel

Ziel des Modells ist es, die Flexibilität der Mitarbeiter mit der Flexibilität der eingesetzten Systeme verschiedener Arbeitsbereiche durch adäquate Führung zu kombinieren. Arbeitszeitmodelle müssen daher Mitarbeiter- und Unternehmensinteressen berücksichtigen und daraus die größtmögliche Flexibilität durch eine kundengerechte und arbeitsablauffördernde Personalarbeit realisieren. Dies bedeutet auf der einen Seite Systemflexibilität, auf der anderen Seite Mitarbeiterflexibilität.

Systemflexibilität heißt: Die organisationalen Systeme müssen genügend Freiraum bereitstellen, daß eine entsprechende Führung umfassend für Problemlösungen im Rahmen der Zielerreichung sorgen kann; vorgegebene Rahmenbedingungen nehmen dabei den Platz der als hinderlich betrachteten detaillierten Systemvorschriften ein. Das System berücksichtigt die individuellen Interessen der Mitarbeiter, so daß die Arbeitszufriedenheit auf Basis der bestehenden Leistungsgesichtspunkte optimiert wird.

Mitarbeiterflexibilität heißt: Den Mitarbeitern wird zusätzlicher Freiraum zur Verfügung gestellt, in dessen Rahmen sie eine individuellere Zeitplanung realisieren können; allerdings müssen sie ihrerseits eine größere Bereitschaft zur Mitwirkung im Teamprozeß entwickeln und zeigen. Neben der fortbestehenden Orientierung an den vorgegebenen Leistungszielen ist eine Abkehr von der Vorstellung starrer Arbeitszeiten gefordert.

„Nicht das beste aller denkbaren Systeme, möglichst mit allen noch so interessanten Einzelpunkten und Vorstellungen gespickt, verspricht den gewünschten Erfolg. Auch dann nicht, wenn es an anderer Stelle vielleicht vorbildlich war oder ist. Als erster Schritt ist es deshalb unerläßlich, betriebliche Ziele für den Änderungsprozeß zu erarbeiten und zu formulieren, Grenzen und Vorteile ‚objektiv' zu bewerten und darauf aufbauend die Erarbeitung von Rahmenvoraussetzungen zu starten. Weniger ist dabei manchmal mehr, und dem schrittweisen Realisieren ist der Vorrang vor dem allumfassenden großen Wurf einzuräumen" (*Hans-Jürgen Hein*, Direktor Personal- und Sozialwesen der Hertie Waren- und Kaufhaus GmbH).

Eingepaßt wird das Arbeitszeitflexibilisierungs-Modell in die systematische Personalarbeit von Hertie, deren Konzeption in Abbildung 5.16 veranschaulicht wird.

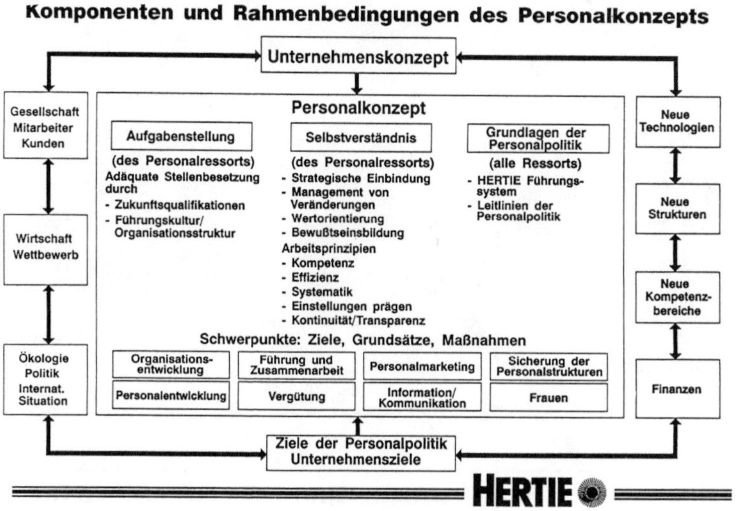

Abbildung 5.16: Die Einbindung des Personalkonzeptes von Hertie in das Unternehmenskonzept (Quelle: Hertie)

(b) Regelungsinhalte des flexiblen Arbeitszeitsystems

Die oben angesprochenen Rahmenvoraussetzungen sind in diesem Projekt die „Regelungsinhalte des flexiblen Arbeitszeitsystems". Sie lösen die starre Tagesarbeitszeitfestlegung ab und ermöglichen es, in bestimmten Zeitabschnitten („Betriebsnutzungszeit") die Arbeit verteilen zu können.

Dadurch agieren letztlich sowohl die Firma bei unterschiedlichem Arbeitsanfall als auch die Mitarbeiter bei ihrer individuellen Arbeitszeitgestaltung flexibler: Pro Mitarbeiterteam werden Rahmenzeitanforderungen durch die Führungskraft wöchentlich im voraus geplant; das Mitarbeiterteam stimmt sich untereinander und mit der Führungskraft über ihre tägliche und wöchentliche Leistungszeit ab und informiert den Betriebsrat über ihre Grundplanung. Es sind als Betriebsnutzungszeit die Zeit zwischen 7.00 Uhr und 17.00 Uhr und als Regelarbeitszeit die Zeit zwischen 9.00 Uhr und 15.00 Uhr vorgesehen, aber auch diese sind nicht starr, sondern in Absprache flexibel änderbar. Über- und Unterschreitungen der Regelarbeitszeit/tariflichen Arbeitszeit werden auf einem Mitarbeiter-Monatskonto festgehalten und sollen sich im Rahmen von +/– 25 Stunden bewegen. In Ausnahmefällen können weitergehende Abweichungen über einen Ausgleich im Folgemonat oder über Langzeitkonten geregelt werden. Unabhängig von der tatsächlich geleisteten monatlichen Stundenzahl wird generell ein vereinbartes Festgehalt auf Basis der vereinbarten Arbeitszeitstunden gezahlt.

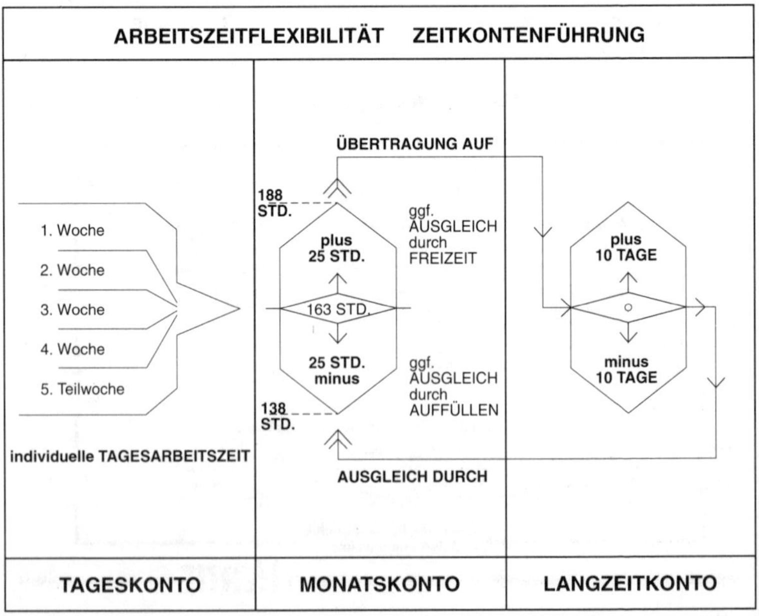

Abbildung 5.17: Zeitkontenführung als Teil der Arbeitszeitflexibilität (Quelle: Hertie)

Bei Urlaub oder Krankheit wird täglich die anteilige Wochenarbeitszeit (z. B. Vollbeschäftigte: 37,5-Std.-Woche : 5 Tage = 7,5 Stunden pro Tag) verrechnet. Die Übertragung von Zeitguthaben bzw. Zeitschulden vom Monatskonto auf ein Langzeitkonto mit Höchstgrenzen von 10 Tagen ist möglich. Der Ausgleich des Monatszeitkontos erfolgt durch Freizeitausgleich der Über- bzw. Arbeitsausgleich der Unterdeckung; beides fließt in die jeweils folgenden laufenden wöchentlichen Grundplanungen mit ein. Der Saldenausgleich beim Langzeitkonto erfolgt analog, allerdings zu einem innerhalb des Jahres festzulegenden Zeitpunkt, um Engpässe zum Ende des Kalenderjahres zu vermeiden. Bei Vertragsende müssen beide Konten durch Arbeitszeit oder Vergütungen ausgeglichen werden. Zu besonderen, unvorhersehbaren Arbeitsschwerpunkten kann Mehrarbeit angeordnet werden. Geleistete Stunden über dem Monatssoll an Plusstunden werden einschließlich Zuschläge in Arbeitszeit oder Vergütung entlohnt, wenn die tägliche Arbeitszeit 8 Stunden und die wöchentliche 37,5 Stunden überschreitet. Mehrarbeitsstunden müssen mit dem Betriebsrat geregelt und ausdrücklich angeordnet sein. Die Systembetreuung erfolgt durch ständigen Austausch der Ergebnisse, im Regelfall einmal monatlich, zwischen Betriebsrat und Geschäftsleitung Personal. Abbildung 5.17 zeigt zusammenfassend den Rahmen auf, den die Zeitkonten den Mitarbeitern bieten, ihre Arbeitszeit individuell und flexibel zu planen.

(c) Organisatorische Realisation

Die Einbindung des neuen Systems in das Personalkonzept Herties wird auf einer Betriebsvereinbarung, entwickelt von einer Projektgruppe aus Betriebsrat und Geschäftsführung, basieren. Generell sind im Umsetzungskonzept die Grundideen der Organisationsentwicklung wiederzufinden, hinter der die Einsicht steht, daß der Erfolg des Systems letztlich vom verantwortlichen Zusammenspiel aller Beteiligten abhängt und insbesondere unerfüllbare Erwartungshaltungen dabei nicht dienlich sind. Hertie hat für die **Projektrealisation** folgende Grundsätze aufgestellt:

- Es gibt kein Patentrezept, deshalb:
- Ziele langfristig definieren, Rahmenbedingungen festlegen
- Bedarf daraus ermitteln
- System maßschneidern
- „Betroffene" zu „Beteiligten" machen
- Gemeinsamkeit schaffen
- Betriebsleitung, Betriebsrat, Führungskräfte, Mitarbeiter in Entwicklung frühzeitig einbinden
- Umsetzung aktiv begleiten
- Laufend optimieren
- Kontinuität sichern
- Mut zum „gebremsten" Risiko

Der Zeitplan von der Konzeption bis zur Implementierung wurde auf eineinhalb Jahre veranschlagt. In diesen Zeitraum fällt auch ein spezielles Training der Führungskräfte. Weiterhin wird eine Übergangsphase in die flexible Arbeitszeit eingerichtet, um Strukturbrüche einer abrupten Systemumstellung zu vermeiden. Betroffen sind alle Mitarbeiter des betreffenden Warenverteilzentrums, also ca. 400 gewerbliche und kaufmännische Beschäftigte. Ausgenommen sind nur spezielle Mitarbeitergruppen mit separaten Vertragsbestimmungen und die Geschäftsleitung.

(d) Ergebnisse

In der Umsetzung der „Zeitmanagement"-Idee bei Hertie werden
- individuell geprägte,
- kunden- und arbeitsablaufangepaßte,
- aus Rahmenregelungen abgeleitete

Arbeitszeitregelungen/Systeme geschaffen, um
- eine optimale Vereinbarkeit von Mitarbeiter- und Unternehmensinteressen unter dem beidseitigen „Nutzen"-Gedanken sowie
- eine Verbesserung der Produktivität und Arbeitszufriedenheit

zu erreichen.

Bei einigen Führungskräften war allerdings zunächst etwas Skepsis zu überwinden, da sie durch die zunehmende Autonomie der Mitarbeiter ihre Führungssituation verändert sahen, was eine Umstellung im Führungsverhalten zur Folge haben mußte. Diese Schwierigkeiten werden aber weitgehend überwunden, weil im Überzeugungsprozeß alle die Vorteile erkennen konnten.

In der Langfristperspektive ist die Ausdehnung des Systems auf einzelne Abteilungen der Hertie-Verkaufsniederlassungen vorgesehen. Erfahrungen, beispielsweise über den Umgang der Mitarbeiter mit ihren neuen Freiheiten und ihre angepaßten Arbeitszeitgewohnheiten, die Einbeziehung der Mitarbeiter durch Befragungen und die permanente Systemkontrolle durch Betriebsrat und Geschäftsleitung werden dazu neue Gestaltungsimpulse liefern.

Zeitmanagement ist Wettbewerbsvorteil, weil getreu der Unternehmensaussage motivierte, sich eingebunden fühlende Mitarbeiterinnen und Mitarbeiter auch in dem äußerst flexiblen Umfeld Handel die Leistungsbereitschaft zeigen, die im Sinne verbesserter Kundenorientierung für den Erfolg unerläßlich ist.

6 Personalführung

6.1 Charakterisierung

Personalführung ist die **zielorientierte Beeinflussung** von Einstellungen und Verhaltensweisen der Mitarbeiter durch den Vorgesetzten. Personalführung gehört daher zum Tätigkeitsbereich jedes Vorgesetzten. Darin unterscheidet sich dieses Personalmanagementfeld von den übrigen Feldern im Personalmanagement. Während Aufgaben wie Personalbedarfsbestimmung oder Personalbestandsanalyse dominierend von der Personalabteilung wahrgenommen werden, ist Personalführung zunächst losgelöst von der Personalabteilung zu sehen.

Auf die **Probleme**, die Personalführung in der Praxis und Führungsforschung in der Theorie mit sich bringt, weist die Literatur seit langem vehement und umfassend hin (vgl. z.B. *Neuberger* 1980b; *Niederfeichtner* 1983). Diese Probleme und der daran ansetzende Wunsch ihrer Lösung erklären die **Fülle** der Führungsliteratur, mit der sich Praktiker und Studenten befassen müssen. Sie ist auch Indikator für die inhärenten Schwierigkeiten dieses Managementfeldes.

Aus diesem Grund verfolgt das Kapitel „Personalführung" weniger das **Ziel** der Vermittlung konkreter Handlungsanweisungen: Hierzu fehlt die methodische Basis. Vielmehr sollen die zentralen Führungsansätze **charakterisiert** und **problematisiert** werden: Jeder dieser Führungsbausteine hat seine (kleinen) Stärken und (großen) Schwächen. Erst wenn dem Vorgesetzten eine individuell und situativ angepaßte Kombination dieser Bausteine gelingt, kann sich der vieldiskutierte „Führungserfolg" einstellen.

Gemäß der hier verfolgten Grundkonzeption eines drei Ebenen umfassenden Personalmanagements wird zunächst die **operative Ebene** der Personalführung behandelt: Hier stehen explizit der einzelne Vorgesetzte und der einzelne Mitarbeiter im Mittelpunkt. Grundlagen der operativen Personalführung sind Theoriebausteine, die menschliches Verhalten erklären und Vorschläge zu seiner Beeinflussung machen.

Auf der **taktischen** Ebene wird dagegen vom einzelnen Vorgesetzten beziehungsweise Mitarbeiter abstrahiert und Personalführung auf eine generalisierende Basis gestellt. Hier anzusiedeln sind unter anderem Führungsgrundsätze, die unternehmensweit das Führungsverhältnis regeln.

Die **strategische Ebene** schließlich bietet einen noch umfassenderen Rahmen für die Personalführung. Hilfestellung kommt von einem (erweiterten) Ansatz zur Unternehmenskultur: Auch auf dieser Ebene muß allerdings genau geprüft werden, welche Lösungsmöglichkeiten sich aus diesem Ansatz ableiten, wie er entsprechend zu modifizieren ist und wie er – unter Berücksichtigung seiner Probleme – implementiert werden kann.

6.2 Operative Ebene: Individualführung

6.2.1 Überblick

Auf der operativen Ebene steht das einzelne **Individuum** im Mittelpunkt: Zu berücksichtigen ist daher

- der *Vorgesetzte,* der unmittelbar Unternehmensziele sowie mittelbar seine eigenen Ziele realisieren möchte und deshalb auf das Verhalten seiner Mitarbeiter Einfluß zu nehmen versucht,
- der *Mitarbeiter* (Untergebene), der je nach Betrachtungsweise ebenfalls Unternehmensziele, sicherlich aber eigene Zielvorstellungen erfüllen möchte und der gleichzeitig auch Vorgesetzter sein kann, und
- die *Führungssituation,* wie sie durch die Unternehmensziele sowie Führungsbedingungen und -restriktionen gekennzeichnet ist.

Um Vorgesetzte und Mitarbeiter in einer konkreten Führungssituation in Verbindung zu setzen, sind Führungsinstrumente, -modelle und -theorien entwickelt worden. Dies wirft jedoch die Frage nach dem Unterschied zwischen „Instrument", „Modell" und „Theorie" auf. Nach *Steinle* (1978, 30–77) zum Beispiel sind Führungsinstrumente die Methoden, Verfahren und Mittel, die zur Erfüllung der Führungsaufgaben oder Führungsfunktionen verwendet werden. Führungsmodelle sind komplexe, integrierte Sollvorstellungen, die sich auf die Normierung der Führungsaufgaben beziehen; sie sind Handlungsanweisungen, wie auf das Leistungsverhalten eingewirkt werden soll. Führungstheorien schließlich stellen ein Geflecht empirisch gehaltvoller (nomologischer) Hypothesen dar, die sich als Wenn-Dann-Sätze formulieren lassen.

Aus diesen und ähnlichen Vorschlägen (vgl. *Neuberger* 1985 b; *Hentze/Brose* 1986) ergibt sich als **Synthese,** daß

- *Führungsinstrumente* konkrete (aber nicht unbedingt fundiert begründete) Vorschläge zur Personalführung liefern. Spezielle Formen von Führungsinstrumenten sind **Führungstechniken**, die auf Hilfsmittel der Führung (wie Aufgabenbeschreibungen) abstellen, und **Führungsstile**, die Verhaltensformen des Vorgesetzten beschreiben.
- *Führungsmodelle* dagegen systematisieren mehrere Komponenten der Personalführung und bringen sie zueinander in Verbindung. Sie enthalten mindestens ein Führungsinstrument.
- *Führungstheorien* entstehen aus Führungsmodellen und bringen (je nach Form der Theorie) beschreibende oder erklärende Aussagen zum Verhältnis zwischen Vorgesetztem und Untergebenem. Wird darüber hinaus die Führungssituation in die Überlegungen miteinbezogen, spricht man von situativen Führungstheorien.

Die nachfolgend diskutierten Vorschläge sind – unabhängig von ihrer teilweise hochtrabenden Bezeichnung als Führungstheorie – allenfalls als auf Teilaspekte reduzierte Führungsmodelle anzusehen. Sie müssen daher entsprechend dem jeweils vorliegenden Problem einzelfallspezifisch zusammengeführt werden.

In Abschnitt 6.2 werden mehrere Gruppen von Modellen angesprochen: Modelle zu **Menschenbildern** dienen als komplexitätsreduzierende Mechanismen für die am Führungsprozeß Beteiligten. Aussagen über den Geführten liefern **Verhaltenstheorien** und **Motivationstheorien**, wobei sich letztere statisch auf Inhalte von Motivstrukturen („Inhaltstheorien") oder dynamisch auf ihre Entwicklung beziehen („Prozeßtheorien"). Aussagen über den Vorgesetzten finden sich in den verschiedenen **Führungsstilmodellen**. Als eine besondere Gruppe dieser Ansätze werden nachfolgend diejenigen Führungsmodelle gemeinsam behandelt, die sich aus der **Ohio-State-Forschung** ableiten.

Abbildung 6.1 faßt diese Gruppe von Führungsbausteinen zusammen und zeigt gleichzeitig die Einordnung der wichtigsten Autoren: Im Gegensatz zu den anderen Managementfeldern verläuft in der Führungsforschung üblicherweise die Diskussion der Ansätze **autorenzentriert**.

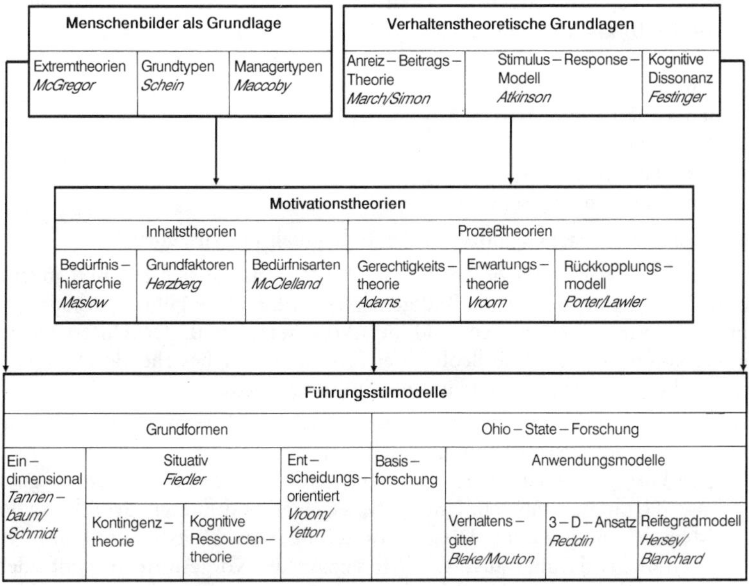

Abbildung 6.1: Führungsbausteine auf der operativen Ebene

Schließlich ist im Rahmen der Individualführung der operativen Ebene auch auf die Problematisierung einzugehen, die sich zwangsläufig durch die Existenz von individuellen Neurosen ergibt (vgl. Abschnitt 6.2.8). Eine solche „Erweiterung" der Personalführung liefert als extremes Ergebnis den „homo pathologicus" und belegt damit, daß letztlich Individualführung immer Aufbau von Menschenbildern und Ableiten von Handlungen aus diesen Menschenbildern impliziert.

6.2.2 Menschenbilder als Grundlage

6.2.2.1 Funktionen von Menschenbildern

Menschenbilder sind vereinfachte und standardisierte Muster von menschlichen Verhaltensweisen, die Personen im Laufe der Zeit aufgrund ihrer Erfahrungen glauben lokalisieren zu können.

Diese idealtypischen Abbilder der Realität dienen primär der **Komplexitätsreduktion**. Wie alle Mechanismen zur Komplexitätsreduktion erfüllen auch Menschenbilder zwei **Aufgaben**: Sie reduzieren die Vielfalt der vorkommenden Menschentypen auf wenige Grundformen (Klassifikationsfunktion) und sie erlauben die schnelle Feststellung, auf welche Grundform eine gegebene Person zuordbar ist (Lokalisationsfunktion); aus dieser Zuordnung werden dann standardisierte Handlungen abgeleitet.

Menschenbilder haben in der organisationstheoretischen genauso wie in der personalwirtschaftlichen Literatur eine lange **Tradition** (vgl. *Staehle* 1991a, 172–178; *Weinert* 1984a). So definierte bereits *Spranger* (1914/1950) als Menschenbilder
- den theoretischen Menschen,
- den ökonomischen Menschen,
- den ästhetischen Menschen,
- den sozialen Menschen,
- den Machtmenschen,
- den religiösen Menschen,

um dadurch „ideale Grundtypen der Individualität" auszudrücken.

„Menschenbilder" implizieren immer eine Person, die sich ein Bild **macht** und eine Person, von der ein Bild **gemacht** wird: Für die Führungstheorie in Frage kommende Personen sind der Vorgesetzte und der Untergebene; hinzu kommt der externe Beobachter (Forscher), der bestehende Organisationen beurteilt oder Vorschläge zur Führung macht.

Aus dieser Überlegung resultieren sieben verschiedene **Wege zur Bildung** von Menschenbildern (Abbildung 6.2):

(1) Der *Vorgesetzte* macht sich ein subjektives Bild vom *Geführten;* er geht also davon aus, daß sein Untergebener einen bestimmten Grundtyp von Mensch repräsentiert. Diese Anwendung von Menschenbildern sagt noch nichts darüber aus, wie differenziert der Vorgesetzte vorgeht oder inwieweit das gemachte Bild der Realität entspricht.

(2) Umgekehrt machen sich auch *Untergebene* „Bilder" von ihren *Vorgesetzten,* indem sie diese auf typische Muster von Vorgesetzten zuordnen. Unabhängig von der Richtigkeit ist auch hier nur ausschlaggebend, daß sich die Untergebenen vereinfachte Bilder von ihren Vorgesetzten machen und dementsprechend handeln.

(3) Externe *Beobachter* (Forscher) entwickeln ebenfalls Bilder von den *zu führenden* Personen. Sie treffen also (mehr oder weniger empirisch fundierte) Annahmen über die Motive und Fähigkeiten der geführten Personen. Diese Menschenbilder beeinflussen die zu formulierenden Führungstheorien.

(4) Gleiches gilt für die Bilder, die sich externe *Beobachter* (Forscher) von den *Vorgesetzten* und ihren charakterisierenden Attributen machen. Diese Annahmen gehen ebenfalls (unbewußt) in die Gestaltung von Führungsvorschlägen ein.
(5) Die *Mitglieder* im Unternehmen machen sich Bilder von den externen *Beobachtern* des Unternehmens und klassifizieren sie.
(6) Nicht zuletzt aufgrund der Existenz und des hohen Bekanntheitsgrades diverser Menschenbilder, ordnen sich *Vorgesetzte selber* auf Menschenbilder zu. Auch wenn eine derartige Zuordnung nur unterbewußt erfolgt, geht von ihr ein verhaltensprägender Einfluß aus, wenn der Vorgesetzte seinem eigenen Bild von sich „nacheifert" oder wenn er dieses als Leitbild an seine Untergebenen weitergibt.
(7) Analog dazu haben auch *Geführte* Auffassungen über ihre **eigene** Identität, die sich standardisierend auf bestimmte Menschenbilder übertragen läßt. Diese Form der Menschenbilder wird überwiegend unter dem Begriff des Rollenbewußtseins diskutiert.

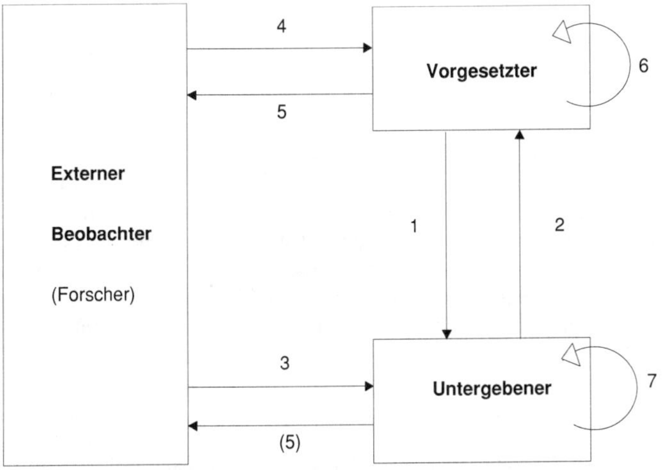

Abbildung 6.2: Generierung von Menschenbildern

Untersucht und zum Gegenstand der Führungstheorie gemacht wurden primär Bilder des Untergebenen, wie sie sich in den Abbildungsfunktionen des Vorgesetzten (1) und des externen Beobachters (3) niederschlagen. Die Verwendung von Menschenbildern des Vorgesetzten wirkt sich dabei **direkt** auf das Führungsverhalten aus. Die Menschenbilder von externen Forschern beeinflussen dagegen das Führungsverhalten **indirekt**: Sie prägen die Konstruktion von Führungstheorien, die ihrerseits das Führungsverhalten beeinflussen (können).

Die in den nachfolgenden Abschnitten diskutierten Vorschläge zu Menschenbildern als Führungsgrundlage sind ausgewählte Beispiele aus der Vielzahl von Literaturvorschlägen (vgl. Überblick bei *Weinert* 1984 a). Sie lassen sich zwei Grundformen zuordnen: **Pluralistische** Ansätze gehen von einem breiten Spektrum von Alternativen aus. **Dualistische** Menschenbilder differenzieren dagegen nur zwischen zwei polaren Alternativen und beinhalten zumeist eine zumindest implizite Wertung: Sie führt zu einer Dichotomisierung in pessimistische und optimistische Menschenbilder (Übersicht 6.1).

Pessimistisch:
Der Mensch ist undankbar und heuchlerisch (*Machiavelli*)
Der Mensch ist prestige- und machtsüchtig (*Hobbes*)
Der Mensch ist selbstsüchtig (*Smith*)
Der Mensch überlebt nur, wenn er tüchtig ist (*Darwin/Spencer*)
Der Mensch ist primitiv und triebgesteuert (*Freud*)
Der Mensch ist wie ein Teil einer Maschine (*Taylor*)
Optimistisch:
Der Mensch ist vernünftig (*Locke*)
Der Mensch wird von der Gesellschaft geprägt (*Fromm*)
Der Mensch ist ein soziales Wesen und Gruppenmitglied (*Mayr*)
Der Mensch hat auch „hochwertige" Motive (*Maslow*, *McGregor*)

Übersicht 6.1: Pessimistische und optimistische Menschenbilder (vgl. *Knowles/Saxberg* 1967, 23–178)

Stellvertretend für dualistische Menschenbilder wird nachfolgend die Klassifikation von *McGregor* diskutiert, exemplarisch für die pluralistischen Ansätze sind die Grundtypen von *Schein*. Im Gegensatz zu *McGregor* und *Schein*, die überwiegend die Abbildungsfunktionen (1) und (3) berücksichtigen, basiert der Ansatz von *Maccoby* auf den Abbildungsfunktionen (2) und (4). Abschließend wird die Untersuchung von *Weinert* skizziert, die Aussagen über die tatsächliche Verbreitung von Menschenbildern macht (1).

6.2.2.2 Die „Theorien" von McGregor

McGregor entwickelte seine Aussagen zu Menschenbildern und ihren Implikationen in dem 1960 erschienenen Buch „The human side of enterprise". Im ersten Teil dieser Arbeit differenziert er zwischen zwei polaren Menschenbildern, nämlich der „Theorie X" und der „Theorie Y" (Übersicht 6.2): Diese Menschenbilder repräsentieren stark vereinfachende Annahmen über Mitglieder von Organisationen, aus denen sich dann konkrete Gestaltungshinweise ableiten.

McGregor beschränkt sich nicht nur darauf, die Existenz dieser beiden Grundtypen zu postulieren. Er bezieht vielmehr (im zweiten Teil seines Buches) eine klare Position, indem er dafür plädiert, ausschließlich vom **Menschenbild Y** auszugehen und die entsprechenden Rahmenbedingungen zur Realisation dieses Menschenbildes zu schaffen: Die Anwendung von Theorie Y habe zur Konsequenz, daß Unternehmensziele weitgehender erreicht und Mitarbeiter zufriedener werden.

„Theorie X":

- Der „normale" Mensch hat eine angeborene Abneigung gegen Arbeit und wird sie deshalb – soweit wie möglich – vermeiden.
- Aufgrund der Abneigung gegen Arbeit müssen Untergebene gezwungen, kontrolliert, geführt und mit Strafandrohung bedroht werden. Erst dann leisten sie positive Beiträge zur Erfüllung der Organisationsziele.
- Der „normale" Mensch zieht es vor, geführt zu werden und Verantwortung zu vermeiden. Er verzichtet auf ehrgeizige Ambitionen und strebt nach Sicherheit.

„Theorie Y":

- Physische und geistige Anstrengungen bei der Arbeit sind natürlich wie Spielen oder Schlafen. Daher lehnt der „normale" Mensch Arbeit nicht prinzipiell ab.
- Überwachung und Strafe stellen nicht die einzigen Möglichkeiten dar, die Realisation von Organisationszielen zu erreichen. Der „normale" Mensch wird vielmehr Eigeninitiative und Selbstkontrolle zugunsten von Zielen praktizieren, denen er sich verpflichtet fühlt.
- Die Identifikation des Individuums mit den Zielen der Organisation ist eine Funktion der damit erreichbaren Belohnungen. Die wichtigste Belohnung ist die Befriedigung der Ich-Bedürfnisse und des Bedürfnisses nach Selbstverwirklichung.
- Der „normale" Mensch sucht – unter speziellen Bedingungen und nach entsprechender Unterrichtung – Verantwortung.
- Das Kreativitätspotential ist weit gestreut in Organisationen.
- Im Normalfall ist in der gegenwärtigen Situation das intellektuelle Potential des „normalen" Menschen nur teilweise genutzt.

Übersicht 6.2: Annahmen der „Theorien X und Y" (nach *McGregor* 1960, 33–34, 47–48)

Eine ähnliche Einteilung findet sich bei *Herzberg* (1968): Dort ist **Adam** ein Mensch, dem es allenfalls um die Vermeidung des Unangenehmen geht, während **Abraham** durch Arbeit zur Selbstverwirklichung gelangen will. Analog zu Menschenbild Y propagiert Herzberg (normativ) die Entwicklung in Richtung auf den Typ „Abraham".

Nach *McGregor* führt die Anwendung des („falschen") Menschenbildes X durch den Vorgesetzten dazu, daß sich die Untergebenen tatsächlich entsprechend verhalten und somit das Menschenbild X zu einer selbsterfüllenden Vorhersage wird: Geht also der Vorgesetzte davon aus, daß ein Untergebener grundsätzlich keine Eigenverantwortung tragen will, so gewährt er ihm keinen Autonomiefreiraum und beraubt ihn der Möglichkeit zur eigenverantwortlichen Handlung. Dies bestärkt den Vorgesetzten letztlich in der Annahme, daß Untergebene Eigenverantwortung ablehnen. Eine **Selbsterfüllung** von Theorie X ist also durchaus plausibel.

Dagegen erscheint es zweifelhaft, ob auch die Theorie Y tatsächlich als selbsterfüllende Vorhersage einsetzbar ist: Wenn der Untergebene keinerlei Verantwortung übernehmen möchte (Theorie X), so wird er durch das Einräumen von Autonomiespielräumen (Theorie Y) nicht zwingend Gefallen an eigenverantwortlichem Handeln finden.

Abgesehen davon, daß dichotomisierende Ansätze grundsätzlich die Realität sehr stark vereinfachen, muß *McGregor* vorgeworfen werden, daß er nicht darauf hinweist, wann welche „Theorien" tatsächlich in der Realität vorliegen (deskriptiv) und welche in einer konkreten Situation vorzuziehen sind (präskriptiv). Die Arbeit von *McGregor* ist letztlich also **normativ-deduktiv**: Im Hinblick auf eine Humanisierung der Arbeit (vergleiche Titel seines Buches) und im Hinblick auf die Unternehmensziele soll nach seinem Konzept **immer** (also nicht situativ!) von Theorie Y ausgegangen werden.

6.2.2.3 Die Grundtypen von Schein

Beeinflußt von *McGregor* geht auch *Schein* in seinem Klassiker „Organizational Psychology" (erste Auflage 1965) davon aus, daß Vorgesetzte explizit oder zumindest implizit Annahmen über ihre Untergebenen treffen. Diese Menschenbilder beeinflussen dann sein Führungsverhalten. Gestützt auf Literaturaussagen und Erfahrungen als Unternehmensberater differenziert *Schein* zwischen vier Grundtypen von Menschen (Übersicht 6.3).

Die Klassifikation von *Schein* spiegelt eine **historische Entwicklung** des Menschenbildes wider:
- Der *rational-ökonomische Mensch* folgt aus der Annahme des homo oeconomicus, wie er dem Scientific Management von *Taylor* (1911) zugrundeliegt.
- Der *soziale Mensch* entspricht der von *Mayo* propagierten und initiierten Human-Relations-Bewegung (vgl. *Roethlisberger/Dickson* 1939).
- Der *sich-selbst-verwirklichende Mensch* dagegen resultiert nicht zuletzt aus Individualisierungsbestrebungen in Humanisierungsansätzen („Theorie Y" von *McGregor*).
- Die Grundtheorie des *komplexen Menschen* schließlich geht von einem situativen Ansatz aus, bei dem in Abhängigkeit von den persönlichen Merkmalen des Untergebenen (Eigenschaftsansatz) und in Abhängigkeit von der Führungssituation (Situationsansatz) eine individuell- und zeitpunktbezogene Form der Führung gewählt werden muß.

Wie bei *McGregor* haben auch die Vorschläge von *Schein* **organisatorische** Implikationen. So muß der Vorgesetzte
- klassische Führungs- und Kontrollfunktionen ausüben (beim rational-ökonomischen Menschen),
- für die Bedürfnisse nach Anerkennung und Zugehörigkeit zu einer Gruppe sorgen (beim sozialen Menschen),
- die individuelle Entwicklung des Untergebenen fördern (beim sich-selbst-verwirklichenden Menschen) und
- die im Einzelfall vorhandene Situation diagnostizieren und entsprechende Maßnahmen einleiten (beim komplexen Menschen).

Schein macht keine konkreten Aussagen über die Verbreitung dieser Menschenbilder bei Vorgesetzten. Auch geht er kaum darauf ein, inwieweit diese Menschenbilder der Realität entsprechen: Lediglich der komplexe Mensch als sich permanent verändernde Mischung der drei anderen Grundtypen genießt bei *Schein* eine deutliche Präferenz.

Der rational-ökonomische Mensch:
- Der Mensch ist primär durch monetäre Anreize motivierbar.
- Aus diesem Grunde ist er manipulierbar und passiv.
- Der Mensch hat irrationale Gefühle, strebt aber trotzdem nach rationaler Bewältigung seiner Probleme.
- Organisationen können und müssen deshalb irrationale Gefühlssteuerungen ausschalten.

Der soziale Mensch:
- Der Mensch wird in erster Linie durch soziale Bedürfnisse motiviert und benötigt Interaktionen mit anderen Personen.
- Da aber die organisatorische Arbeitsgestaltung aufgrund ihrer Rationalisierungswirkung häufig zu Isolation und Sinnentleerung führt, sind derartige soziale Beziehungen verstärkt erforderlich.
- Die sozialen Kräfte innerhalb der Gruppe wirken stärker als Maßnahmen des Vorgesetzten.
- Der Untergebene reagiert auf Führungsinformationen nur in dem Ausmaß, in dem der Vorgesetzte auf die sozialen Bedürfnisse des Untergebenen und speziell auf das Anerkennungs- und Zugehörigkeitsstreben des Untergebenen Rücksicht nimmt.

Der sich-selbst-verwirklichende Mensch:
- Die Bedürfnisse des Menschen lassen sich hierarchisch anordnen, wobei das Bedürfnis nach Selbstverwirklichung die zentrale Rolle spielt.
- Der Mensch will und kann seine Aufgabe erfüllen. Er strebt deshalb nach Autonomie.
- Der Mensch ist selbstmotiviert und bevorzugt die Selbstkontrolle.
- Es gibt keinen zwangsläufigen Konflikt zwischen der Selbstverwirklichung und der Erreichung organisatorischer Ziele.

Der komplexe Mensch:
- Der Mensch ist komplex, vielschichtig und wandlungsfähig.
- Der Mensch ist lernfähig und kann neue Motive erlernen.
- Der Mensch verhält sich situativ differenzierend, strebt also in unterschiedlichen Situationen nach unterschiedlichen Zielen.
- Es gibt verschiedene Kombinationsmöglichkeiten, um aus Fähigkeiten, Motiven und Führungsformen ein effektives Verhalten hervorzurufen.
- Es gibt keine allgemeingültige Führungsstrategie.

Übersicht 6.3: Die Grundtypen nach *Schein* (1965, 47–63; 1980, 52–72, 93–94)

Zusammenfassend bleibt festzuhalten, daß diese 1965 vorgenommene Differenzierung von *Schein* nach seinen vier Grundtypen weniger eine eigenständige Klassifikationsleistung widerspiegelt (diesen Anspruch erhebt *Schein* auch nicht), sondern vielmehr unterschiedliche und überwiegend implizite Menschenbilder aus diversen Forschungsansätzen einprägsam zusammenfaßt.

6.2.2.4 *Die Managertypen von Maccoby*

Der Klassifikationsvorschlag von *Maccoby* (1976) unterscheidet sich von den beiden vorangegangenen Vorschlägen dadurch, daß er explizit idealtypische Menschenbilder formuliert, die auf Führungspersonen zutreffen (sollen).

Maccoby untersuchte zwischen 1969 und 1975 insgesamt 250 Manager **amerikanischer Unternehmen**. Er verwendete einen umfangreichen Fragebogen (vergleiche Anhang seines Buches), bei dem die spezifische Tätigkeit des Managers sowie seine Einstellungen und Verhaltensweisen erfaßt wurden. Das Ergebnis dieses – soweit erkennbar nicht statistisch ausgewerteten – Materials ist eine Differenzierung nach vier Managertypen, die durchaus gleichzeitig im Unternehmen auftreten können (Übersicht 6.4).

Fachleute („Craftsmen"):
Ihr Selbstwertgefühl basiert auf ihrem Fachwissen und ihrer Disziplin, sie erlangen Befriedigung durch das Lösen von Problemen in ihrem Arbeitsbereich. Ihnen liegt die strukturierte Projektarbeit; sie sind Perfektionisten, die vor allem im F&E-Bereich operieren und (fast kindliche) Freude an der Entwicklung eines technisch überlegenen Produktes haben.

Dschungelkämpfer („Jungle fighters"):
Sie streben die Dominanz in allen Bereichen an, bauen persönliche Machtbasen auf und erkämpfen davon ausgehend für sich selber sowie für ihren Unternehmensbereich Vorrangstellungen. Dabei brechen sie oft mit Traditionen und mißachten die Spielregeln. Charakteristisch für sie ist ein sehr stark ausgeprägtes Selbstbewußtsein.

Firmenmenschen („Company men"):
Sie fühlen sich als integrierter Teil des Unternehmens und halten Regeln strikt ein. Die zukünftige Entwicklung des Unternehmens ist ihnen genauso wichtig wie die eigene Karriere, somit werden sie zu wichtigen Stützen des Unternehmens. Aufgrund der fehlenden Energie und Risikobereitschaft für eine Führungsposition an der Spitze, sind sie besonders für bürokratische Funktionen im mittleren Management geeignet.

Spielmacher („Games men"):
Sie sehen ihre persönliche Situation, aber auch ihre Position im Geschäftsleben als Wettbewerb an, in dem sie aus Prinzip immer gewinnen wollen und müssen. Dabei kämpfen sie fair und mit kalkuliertem Risiko. Sie sind trotzdem kooperativ und zur Teamarbeit bereit, stets flexibel und durchaus innovativ.

Übersicht 6.4: Managertypen nach *Maccoby* (1976)

Gerade im Bereich des **strategischen Managements** erfreut sich der Ansatz von *Maccoby* zunehmender Beachtung: So werden beispielsweise für die verschiedenen Phasen der **Produktlebenskurve** (vgl. *Huppert* 1978; *Anderson/Zeithaml* 1984; *Scholz* 1987 a, 178–183) unterschiedliche Managertypen vorgeschlagen (vgl. *Stybel* 1982, 52–53):

- Für die *Marktentwicklung* eignet sich ein Dschungelkämpfer, der zusätzlich die Fähigkeiten des Fachmanns aufweist.
- Für die *Marktwachstumsphase* ist ein Spielmacher an die Spitze der strategischen Geschäftseinheit zu setzen, der mit untergeordneten Managern vom Typ „Fachmann" zusammenarbeitet.

- Für die *Reifephase* eignen sich ausschließlich Firmenmenschen, die zwar weder mit „Fachleuten" noch mit „Spielmachern" zusammenarbeiten können, es in dieser Phase aber auch nicht brauchen.
- Für die *Abschwungphase* sind am ehesten Dschungelkämpfer geeignet, da sie auch unpopuläre Maßnahmen durchsetzen können.

Diese Ableitung ist als heuristischer **Denkanstoß** zu werten, bei dem ausgehend von den Anforderungen der Phasen der Produktlebenskurve auf erforderliche Fähigkeiten der Manager und dann auf den diese Fähigkeiten am ehesten repräsentierenden Managertyp geschlossen wurde.

Die implizite **Aussage** des Ansatzes von *Maccoby* besteht aus einer situativen Empfehlung, je nach Anforderungen Manager unterschiedlichen Typs einzusetzen. Dies betrifft sowohl Abteilungen, die in unterschiedlicher Weise geführt und zusammengesetzt werden können, als auch die dominierende Grundtendenz von Unternehmensbereichen. *Maccoby* belegt aber nicht, **wann** und **warum** Manager eines spezifischen Typs effektiver sind als andere. Statt dessen argumentiert er ausgehend von der beobachteten Realität überwiegend plausibilitätsgestützt. Der Ansatz von *Maccoby* ist demnach ein rein induktiver Ansatz.

Auch *Maccoby* legt den Schwerpunkt auf ein einziges Menschenbild, indem er sich in seinen Ausführungen überwiegend auf den Typ „Spielmacher" konzentriert: Er wird – nach *Maccoby* – am ehesten den Anforderungen der heutigen, durch Instabilität und ausgeprägten Wettbewerb charakterisierten Welt gerecht; die Begeisterung des Spielmachers für Innovationen und seine Fähigkeit, Mitarbeiter zu motivieren, prädestinieren ihn deshalb (nach Ansicht von *Maccoby*) zum idealen „Manager der Zukunft".

Maccoby hat allerdings – und darin liegt ein erhebliches **Kritikpotential** – ausschließlich Manager einer spezifischen Branche untersucht: nämlich Führungskräfte aus dem High-Tech-Bereich von stark wachsenden amerikanischen Unternehmen. Darüber hinaus sind Zweifel an der statistischen Signifikanz angebracht. Ferner ist es zumindest nicht als zwingend anzusehen, daß dieser Typ „Spielmacher" auch in Zukunft eine dominante Rolle spielen wird: So ist es nicht ausgeschlossen, daß durch zunehmende Automatisierung und Vertechnisierung in der „Fabrik der Zukunft" ein neuer (noch nicht lokalisierter) Managertyp „den Ton angeben" wird.

6.2.2.5 *Die Untersuchung von Weinert*

Weinert untersuchte in seiner empirischen Studie (1984 b), ob und wenn ja welche Menschenbilder Führungskräfte ihren Handlungen zugrundelegen. *Weinert* ging dabei zunächst von folgender Überlegung aus:

- Führungskräfte treffen bewußt oder unbewußt Annahmen über ihre Untergebenen,
- diese Annahmen lassen sich zu mehreren markanten Menschenbildern verdichten und
- die Verwendung dieser Menschenbilder durch die Führungskräfte hängt von situativen Variablen der Führungskräfte ab.

Insgesamt wurden Fragebogen von 293 Führungspersonen ausgewertet. Sie enthalten demographische Fragen und Stellungnahmen der Befragten zu 135 Annahmen über das menschliche Verhalten.

Die Items wurden in einem ersten Schritt zu **12 Faktoren** verdichtet, die jeweils Teilbestandteile von „impliziten" Menschenbildern repräsentieren (Übersicht 6.5 links). Während einige dieser Faktoren eher **neutralen** Charakter haben, klingen andere Menschenbilder durchaus **negativ** (zum Beispiel der träge, ambitionslose Mensch), wieder andere dagegen durchaus **positiv** („der Mensch als optimaler Entscheidungsfäller"). Nachdem eine rein zufällige Verteilung (statistisch) ausgeschlossen werden konnte, läßt sich mit diesem Zwischenbefund zumindest belegen, daß Führungskräfte tatsächlich von spezifischen Annahmen über ihre Untergebenen ausgehen.

In einem zweiten Schritt versuchte *Weinert* nun herauszufinden, ob biographische Variablen als mögliche **Prädiktoren** diese impliziten Menschenbilder von Führungskräften beeinflussen. Hier zeigte sich, daß nur die Variable „Schul-/Ausbildung der Führungskraft" signifikant mit einer größeren Zahl von Menschenbildern korreliert (Übersicht 6.5. rechts).

In vielen Fällen entsprach die **Richtung** der Korrelation den Erwartungen von *Weinert*. In einigen Fällen wurden dagegen die impliziten Annahmen von *Weinert* falsifiziert: So hat die Schul-/Ausbildung offenbar einen deut-

Menschenbild der Führungskraft („Der Mensch. . .")	Item-zahl	Wertung	Korrelation zur Schul-/Ausbildung der Führungskraft	
			erwartet	tatsächlich
1. Passiv unselbständig	16	Negativ	Negativ	Positiv
2. Mechanisches Objekt	14	Negativ	Negativ	Negativ
3. Strebt nach Vervollkommnung	14	Positiv	Positiv	Negativ
4. Soziales Individuum	13	Neutral	Neutral	Nicht signifikant
5. Von der Arbeitssituation bestimmt	11	Neutral	Neutral	Negativ
6. Optimaler Entscheidungsfäller	8	Positiv	Negativ	Negativ
7. Begrenzter Entscheidungsfäller	8	Negativ	Negativ	Nicht signifikant
8. Teil sozialer Gruppen	7	Positiv	Positiv	Positiv
9. Nach Führung suchend	7	Negativ	Negativ	Negativ
10. Träge, ambitionslos	7	Negativ	Negativ	Negativ
11. Träger unterschiedlicher Motive	6	Neutral	Positiv	Positiv
12. Von innen gelenkt	5	Positiv	Positiv	Negativ

Übersicht 6.5: Die impliziten Teil-Menschenbilder abgeleitet nach *Weinert* (1984 b, 36–47)

lich positiven Zusammenhang zum Menschenbild „passive und unselbständige Wesen"; dies bedeutet, daß Führungskräfte mit zunehmender eigener Bildung ihre Untergebenen verstärkt als passive Wesen einstufen (!). Das Umgekehrte gilt für den „nach Selbstvervollkommnung strebenden Menschen".

In einem dritten Schritt wurden die Ergebnisse clusteranalytisch zusammengefaßt, wobei sich **sieben Führungstypen** herauskristallisierten (Übersicht 6.6): Der "väterliche" Führungstyp und der "klassische" Führungstyp sehen den Menschen als träges und ambitionsloses Wesen, das Führung sucht. Die "positivistische" Führungsperson betrachtet den Menschen als optimalen Entscheidungsfäller, während der "mittelmäßige" und der "skeptische" Führer ihn eher farblos einstufen. Beim "sozial empfindsamen" Führer stehen soziale und gruppenbezogene Aspekte im Vordergrund, bei der Theorie Z kommt die Betonung der Eigenverantwortlichkeit hinzu.

„Führungstyp"							
Menschenbild der Führungskraft	väterlich	positivistisch	mittelmäßig	skeptisch	klassisch	sozial empfindsam	Theorie Z
1. Passiv unselbständig	ja	nein					nein
2. Mechanisches Objekt		nein					nein
3. Strebt nach Vervollkommnung	nein	ja		nein		ja	
4. Soziales Individuum	nein					ja	ja
5. Von der Arbeitssituation bestimmt						ja	ja
6. Optimaler Entscheidungsfäller		ja		nein			
7. Begrenzter Entscheidungsfäller						ja	ja
8. Teil sozialer Gruppen			nein		nein		ja
9. Nach Führung suchend	ja	nein			ja		nein
10. Träge, ambitionslos	ja	nein	nein		ja	nein	nein
11. Träger unterschiedlicher Motive			nein			ja	ja
12. Von innen gelenkt	nein	ja			nein	ja	ja

Übersicht 6.6: Von Führungskräften vertretene Menschenbilder (vereinfacht nach *Weinert* 1987b, 1435)

Gerade dieser letzte Schritt zeigt deutlich, daß die Untersuchung von *Weinert* keine Aussagen über Typen von Untergebenen machen will: Sie spiegelt ausschließlich Menschenbilder im „Kopf des Vorgesetzten" wider.

Diese von *Weinert* selbst als explorativ eingestufte Studie ist zwangsläufig **erweiterungsfähig**: So untersucht *Weinert* Führungskräfte ausschließlich auf der Meister- und Vorarbeiterebene; hier wäre zu prüfen, ob nicht Führungskräfte in höheren Ebenen **andere** Menschenbilder aufbauen, möglicherweise in Abhängigkeit von anderen unabhängigen Variablen. Auch bleibt die Frage der Repräsentativität der acht untersuchten Unternehmen unbeantwortet: So könnten gerade diese acht Unternehmen typische Merkmale und eine charakteristische Unternehmenskultur (vgl. Abschnitt 6.4) aufweisen. Zudem ist nicht erkennbar, wie sich die letztlich gefundenen sieben Führungstypen auf die acht Unternehmen aufteilen. Trotzdem ist diese

Studie vor allem deshalb **wichtig**, weil sie eindrucksvoll die Existenz von Menschenbildern bei Führungskräften belegt.

6.2.2.6 Zusammenführung

Menschenbilder dienen der **Komplexitätsreduktion**. Je nachdem, welche Klassifizierung zugrundegelegt wird, erfolgt diese Musterextraktion und Musterlokalisation beim Führer, beim Geführten oder beim externen Beobachter (Forscher). Die oben skizzierten Ansätze lassen sich dabei entsprechend Abbildung 6.2 wie folgt positionieren:

- Die Dichotomisierung von *McGregor* ist eine Abbildung vom Typ (1) und (3), da hier ausschließlich Bilder von Untergebenen entworfen werden.
- Der Ansatz von *Schein* ist ebenfalls auf diese beiden Funktionen konzentriert, wenngleich grundsätzlich die Menschenbilder von *Schein* auch für den Geführten (2 und 4) zutreffen müßten.
- Der Ansatz von *Maccoby* bezieht sich primär auf die Abbildungsbeziehung (4), da er Menschenbilder widerspiegelt, wie sie der externe Beobachter (*Maccoby*) von Führungskräften erhoben hat.
- Die Analyse von *Weinert* ist auf die Beziehung (1) beschränkt. Es geht ihm also ausschließlich darum, ob und welche Bilder sich Vorgesetzte von ihren Untergebenen machen.

Differenziert man nicht nur danach, von wem und durch wen die Bilder gemacht werden, sondern darüber hinaus, zu welchem **Zweck** Menschenbilder als komplexitätsreduzierende Mechanismen eingesetzt werden, so ergibt sich folgende Einteilung:

- Die reine *deskriptive,* wertneutrale Funktion im Sinne einer Erfassung von in der Realität produzierten Menschenbildern erfüllt *Weinert*, der beschreibt, welche Menschenbilder „in den Köpfen" von Vorgesetzten vorhanden sind.
- Die *präskriptive* Funktion findet sich zumindest implizit bei *Schein* sowie bei *Maccoby.* Die Typologisierung von *Schein* stellt den Versuch dar, von der Existenz eines Menschenbildes auf das entsprechende Führungsverhalten zu schließen. *Maccoby* dagegen schließt von einer gegebenen (umweltbedingten) Anforderungsstruktur auf den erforderlichen Managertyp.
- Die *normative* Funktion ist extrem ausgeprägt bei *McGregor.* Bei ihm sollen Manager generell vom Menschenbild Y ausgehen beziehungsweise die Menschen zum Menschentyp Y entwickeln.

Die **Bedeutung** von Menschenbildern reicht aber über die oben skizzierten Ansätze hinaus: Auch die Führungstheorien sind stark vom Menschenbild beeinflußt, das der **Entwickler** der Führungstheorie vom Menschen generell hat. Das Bild, das der externe Forscher vom Menschen hat, betrifft die Abbildungsfunktionen (3) und (4). Auch die nachfolgend zu diskutierenden Vorschläge zur Personalführung gehen häufig implizit von spezifischen Menschenbildern aus. Deshalb sind Vorschläge zur Personalführung grundsätzlich auf die zugrundeliegenden Menschenbilder hin zu überprüfen: Dies betrifft die Menschenbilder des Modellentwicklers genauso wie die des Modellanwenders.

Chancen auf Verwirklichbarkeit haben Führungsansätze grundsätzlich sowieso nur dann, wenn das unterstellte Menschenbild mit den tatsächlichen Charakteristika des Menschen übereinstimmt. Dieses **Übereinstimmungspostulat** gilt sowohl für den Vorgesetzten im Hinblick auf seine Untergebenen als auch für den externen Forscher.

6.2.3 Verhaltenstheoretische Grundlagen

6.2.3.1 Die Anreiz-Beitrags-Theorie von March und Simon

Zunächst stellt sich die trivial wirkende Frage, warum ein Vorgesetzter überhaupt bereit ist zu führen beziehungsweise warum ein Untergebener sich überhaupt führen läßt. Oder anders ausgedrückt: Warum ist eine Person bereit, einer Organisation beizutreten und in einer bestimmten Rolle an ihren Aktivitäten teilzunehmen?

Eine Antwort auf diese Frage präsentierten *March* und *Simon* bereits vor rund drei Jahrzehnten mit ihrer **Anreiz-Beitrags-Theorie**: Danach müssen die Anreize, die dem Individuum geboten werden, den Beiträgen des Individuums zur Leistungserstellung der Organisation entsprechen. Nur wenn hier ein Gleichgewichtszustand erreicht wird, ist das Individuum bereit, in die Organisation **einzutreten** (decision to participate) und an der Leistungserstellung **mitzuwirken** (decision to produce).

Dieser Grundgedanke der **Anreiz-Beitrags-Theorie** geht zurück auf Arbeiten von *Barnard* (1938) und *Simon* (1945/1976). *March* und *Simon* (1958) befassen sich aber im entsprechenden Kapitel ihres Buches (Kapitel 4, „Motivational Constraints: The decision to participate“, 83–111) nicht nur mit dieser relativ einfachen Formulierung des Anreiz-Beitrags-Gedankens, wie er oben skizziert wurde. Es finden sich dort auch eine Reihe von weitergehenden Aspekten, die überwiegend erst später durch andere Autoren populär gemacht wurden, darunter

- die Unterscheidung zwischen dem faktischen Anreiz und den individuellen Nutzenwerten,
- Überlegungen zur Teilnahmeentscheidung des Individuums in der Gruppe oder
- Überlegungen zum Erkennen von möglichen Alternativen.

Als zentrale **Implikation** bleibt jedoch wieder die (simple, aber schwer umsetzbare) Grundaussage, daß der Vorgesetzte den Geführten in eine psychologische Lage versetzen muß, in der die Anreize der Organisation den Beiträgen des Individuums subjektiv (aus Sicht des Untergebenen) entsprechen. Analoges gilt für den Vorgesetzten, dem die Organisation entsprechende Anreize für seine (Führungs-)Beiträge liefern muß.

6.2.3.2 Stimulus-Response-Modelle

Die Anreiz-Beitrags-Theorie läßt sich auch dahingehend interpretieren, daß in Abhängigkeit von einem Stimulus (Anreiz) eine Reaktion (Beitrag) des Individuums erfolgt. Diese einfachen Stimulus-Response-Modelle (**SR-**

Modelle) sehen damit eine direkte Abhängigkeit der Reaktion vom beobachtbaren Reiz.

Weiter gehen die **SIR-Modelle**: Sie unterstellen, daß die Reaktion nicht nur vom Stimulus, sondern zudem von intervenierenden Variablen abhängt: Beispiele für derartige nicht-beobachtbare Faktoren sind die Einstellungen und die Wahrnehmungsprozesse des Individuums. Dieses Modell läßt sich auf Überlegungen von *Atkinson* und *Reitman* (1956) zurückführen: Sie ermittelten bei studentischen Versuchspersonen die Leistungserbringung (Reaktion) bei einfachen Tätigkeiten und konnten zumindest tendenziell einen Einfluß der Stimuli (=Belohnung) feststellen, der aber von der Leistungsbereitschaft abhängt (intervenierende Variable). Die Leistungsbereitschaft als meßtheoretisch problematische Größe wurde dabei über den TAT (vgl. Abschnitt 6.2.4.3) erhoben.

Zentrale Aussage dieses SIR-Modells ist damit, daß ein gewünschtes Verhalten beim Untergebenen nicht allein von dem Führungsverhalten abhängt, sondern auch von den „intervenierenden" Variablen, die charakteristisch für das Individuum sind. Im SIR-Modell lassen sich die situativen Variablen (Führungssituation) ebenfalls als Reiz (Stimulus) interpretieren, der dann in Abhängigkeit von den intervenierenden Variablen das Verhalten des Untergebenen prägt.

Die Organisationstheorie generalisiert das SIR-Modell unter der Bezeichnung **SOR-Modell** und verwendet anstelle der intervenierenden Variablen den Organismus des zu betrachtenden Systems (vgl. *Staehle* 1991a, 194–195). Nachfolgend sollen SIR und SOR dennoch aufgrund ihrer inhaltlichen Nähe als synonym angesehen werden.

Bei diesen SIR/SOR-Modellen sind drei **intervenierende Variablen** von zentraler Bedeutung:

- Die erste ist das System des *Anspruchsniveaus* des Individuums. Je nach Intensität und Häufigkeit der Reize wird ein spezifischer Bezugsrahmen aufgebaut, bei dem der eingehende Reiz mit den bisher empfangenen Reizen verglichen wird. Sukzessive wird dieser durchschnittliche Reizwert aufgrund neuer Stimuli angepaßt. Es findet also eine Niveauanpassung statt (vgl. *March/Simon* 1958, 47–52; *Shull/Delbecq/Cummings* 1970).
- Eine zweite wichtige intervenierende Variable ist die Antriebsstruktur des Individuums als Manifestation seiner aktuell angestrebten Ziele. Diese Ziele leiten sich ebenfalls über Lernprozesse aus der Vergangenheit ab und führen als *„evoked set of alternatives"* (vgl. *March/Simon* 1958, 53–82; *Shull/Delbecq/Cummings* 1970, 77) zu einer situationsspezifischen Umsetzung des Reizes. Diese Antriebsstruktur, wie sie sich aus den Alternativen und den daraus ableitbaren Zielen des Individuums bestimmt, ruft in der Terminologie von *March* und *Simon* die „motivation to produce" hervor.
- Eine dritte intervenierende Variable im SIR/SOR-Modell ist die als Rückkopplung wirkende *Reaktionszeit.* Diese „Verhaltensschwerkraft" (vgl. *Atkinson/Birch* 1970) ergibt sich zum einen aus den Möglichkeiten des Individuums, auf einen Stimulus (schnell) zu reagieren. Zum anderen

aber ist sie eine Folge der vom Individuum perzeptierten Notwendigkeit (schnell) zu reagieren.

Intervenierende Variablen wirken somit als interne Rückkopplungsschleifen, durch die das Individuum lernt, seine Reaktionen in Abhängigkeit vom Stimulus zu steuern. Darüber hinaus gibt es (mindestens) eine Rückkopplungsschleife zur **Umwelt**: Auch sie „lernt" in Abhängigkeit von den Reaktionen die Stimuli zu gestalten (Abbildung 6.3).

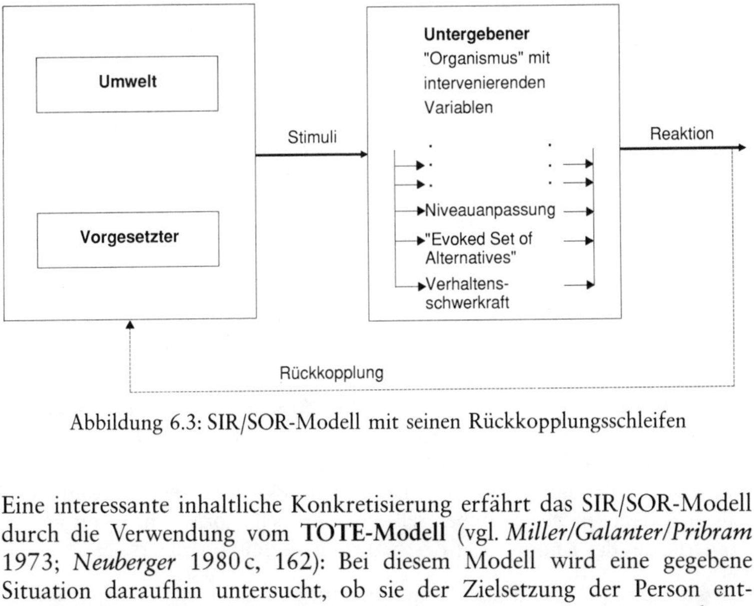

Abbildung 6.3: SIR/SOR-Modell mit seinen Rückkopplungsschleifen

Eine interessante inhaltliche Konkretisierung erfährt das SIR/SOR-Modell durch die Verwendung vom **TOTE-Modell** (vgl. *Miller/Galanter/Pribram* 1973; *Neuberger* 1980c, 162): Bei diesem Modell wird eine gegebene Situation daraufhin untersucht, ob sie der Zielsetzung der Person entspricht (Test), um dann durch eine Handlung (Operate) eine Zustandsveränderung herbeizuführen, die einen erneuten Test und gegebenenfalls eine erneute Handlung zur Folge hat; dieser Kreislauf wird erst dann geschlossen (Exit), wenn das angestrebte Ziel realisiert ist.

Aus Sicht des den Stimulus generierenden Systems (**Vorgesetzter**) verhält sich der Untergebene behavioristisch nach dem SIR/SOR-Modell; der Vorgesetzte dagegen handelt aus seiner Sicht nach dem TOTE-Modell, indem er sukzessive durch Stimuli versucht, den Untergebenen in eine bestimmte Richtung zu lenken. Genau das umgekehrte Bild ergibt sich aus Sicht des **Untergebenen**: Dieser agiert nach dem TOTE-Modell und versucht nun seinerseits, durch Handlungen (im SIR/SOR-Modell die Reaktionen) den Vorgesetzten zu beeinflussen, letztlich also die Aussendung von Stimuli.

Diese Verbindbarkeit eines eng behavioristisch interpretierten SOR-Modells mit dem TOTE-Modell wird besonders dann erkennbar, wenn man diese Zusammenhänge als duale Regelung darstellt (vgl. *Scholz* 1981a, 32): Je nach Blickrichtung werden dabei die gleichen Tatbestände unterschiedlich interpretiert, was zu einer Situation führt, in der die Betroffenen (Vorgesetzte/Untergebene) jeweils sich selbst nach dem TOTE-Modell, die anderen aber nach dem SIR/SOR-Modell sehen (Abbildung 6.4):

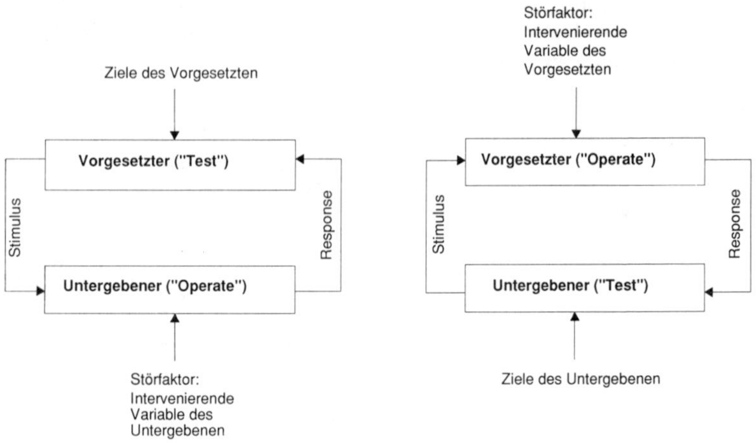

Abbildung 6.4: SIR/SOR-Modell und TOTE-Modell als duales Regelkreismodell

Diese Umkehrbarkeit des behavioristischen Ansatzes zeigt sich deutlich am **Rattenbeispiel:** Aus Sicht des (intentionalen) Forschers verhält sich eine Ratte behavioristisch, die erst nach Drücken eines bestimmten Knopfes ihre Nahrung erhält und deswegen den Knopf drückt. Aus Sicht der Ratte verhält sich dagegen der Forscher selbst streng behavioristisch, wenn er auf das Drücken des Knopfes mit der Nahrungszuteilung reagiert.

Als zentraler Gedanke dieses Ansatzes ergibt sich damit der (wechselseitige) Zusammenhang zwischen den Anreizen (Stimuli), die das Unternehmen dem Individuum bietet, und dem darauf folgenden Verhalten (Reaktionen) des Individuums, das jeweils situativ durch die Umstände geprägt ist.

6.2.3.3 Die Theorie kognitiver Dissonanz von Festinger

Hat ein Individuum eine Entscheidung getroffen und umgesetzt, so kann es nicht verhindern, weitere Stimuli zu erhalten: Wegen dieser – möglicherweise sogar absichtlich gesuchten – zusätzlichen Information kommt es immer dann zu Problemen, wenn die ursprünglich im Gedächtnis gespeicherte Information (die zur Entscheidung führte) mit der neuen Kognition (dem neuen Stimulus) im Widerspruch steht, also eine **kognitive Dissonanz** hervorruft.

Basierend auf diesem Grundgedanken führte *Festinger* Gruppenexperimente und Fallstudien durch, die zur Formulierung seiner Theorie der kognitiven Dissonanz beitrugen. Sein **Ansatz** läßt sich wie folgt zusammenfassen (vgl. *Festinger* 1957, speziell 260–268):

Ausgangspunkt ist die Feststellung, daß zwei Kognitionen durch
- eine Irrelevanzbeziehung,
- eine Konsonanzbeziehung oder
- eine Dissonanzbeziehung

verbunden sein können. Interessant, weil nicht dem internen Gleichgewicht förderlich, sind primär die Dissonanzbeziehungen. Derartige kognitive Dissonanzen können nach dem Treffen einer Entscheidung zwischen zwei oder mehr vergleichbaren Alternativen entstehen. Sie werden induziert durch die Präsenz von positiven Eigenschaften der abgelehnten Alternative und von negativen Eigenschaften der akzeptierten Alternative im Bewußtsein des Entscheidungsfällers. Abgesehen vom offenbar „menschentypischen" Drang nach Suche derartiger Dissonanzen, treten kognitive Dissonanzen nach *Festinger* primär dann auf, wenn neue Informationen absichtlich oder zufällig hinzukommen oder wenn sich wichtige Gruppenmitglieder gegen die gewählte Alternative aussprechen.

Die **Größe** der entstehenden Dissonanz hängt ab von der Bedeutung der Alternativen und von der relativen Attraktivität der nicht gewählten Alternative; weitere Einflußfaktoren auf die Dissonanz sind die Unterschiede zwischen den beiden Alternativen sowie die Intensitäten der diese Entscheidung mißbilligenden Stimmen beziehungsweise das Fehlen eines externen Zwanges zur Wahl der Alternative.

Nachdem im Anschluß an eine Entscheidung fast zwangsläufig eine kognitive Dissonanz entsteht, will der Betreffende die Dissonanz **reduzieren**. Hierfür hat er mehrere **Möglichkeiten**, darunter:
- Erhöhung der subjektiven Attraktivität der gewählten Alternative,
- Gleichsetzung kritischer Charakteristika der gewählten und der nicht gewählten Alternative,
- Reduktion der Bedeutung von kritischen Charakteristika,
- gezielte Suche nach neuen Informationen, durch die sich die Richtigkeit der getroffenen Entscheidung bestätigen läßt,
- gezielte Mißinterpretation oder Ausklammerung von Informationen, die die kognitive Dissonanz erhöhen könnten, oder
- Herbeiführung einer Einstellungsänderung bei den Personen, die sich bisher gegen die gewählte Alternative aussprachen.

Das Individuum versucht also, entweder sein **eigenes** Verhalten zu ändern (die Entscheidung überhaupt rückgängig zu machen) oder aber Elemente der dissonanten **Situation** subjektiv/objektiv zu modifizieren.

Diese bereits von *Festinger* mit einer Fülle von empirischem Material abgestützte Theorie hat für die betriebliche Personalführung zwei zentrale **Implikationen**: Erstens hebt sie die Bedeutung der **Anspruchsniveauanpassung** hervor, indem sie Gründe für Kognitionsänderungen aufzeigt. Danach besteht die Möglichkeit zum Abbau kognitiver Dissonanzen in einer Veränderung der „Soll"-Vorstellungen der betreffenden Person (Anspruchsniveau), die erst dann ein Ende findet, wenn dieses Soll-Niveau dem Ist-Wert entspricht. Zweitens ist nach diesem Ansatz der Untergebene grundsätzlich nicht zur **Selbstkontrolle** fähig: Er versucht vielmehr zwangsläufig durch

Umbewertung von Tatbeständen eine kognitive Dissonanz zu reduzieren. Im Hinblick auf die Selbstkontrolle falsifiziert somit der Ansatz von *Festinger* das Menschenbild Y von *McGregor*.

6.2.3.4 Zusammenführung

Zwischen der Anreiz-Beitrags-Theorie und der Theorie der kognitiven Dissonanz besteht insoweit ein Zusammenhang, als nach beiden Ansätzen das Individuum zu einem **Gleichgewichtszustand** tendiert. *Festinger* befaßt sich dabei speziell mit den „menschlichen" Strategien, die dazu führen sollen, diesen Gleichgewichtszustand zumindest im Sinne eines subjektiven Gleichgewichtes (wieder) herzustellen.

Die Bedeutung des subjektiven Charakters bei dieser Gleichgewichtsfindung zeigt der Ansatz von *Adams* (Abschnitt 6.2.5.1). Auch die übrigen Vorschläge zu **Prozeßtheorien** in Abschnitt 6.2.5 stellen explizit ab auf die Verschiebungen innerhalb der Motivstruktur der Individuen: auf Veränderungen der intervenierenden Variablen bei den Untergebenen (häufig) sowie bei den Vorgesetzten (selten). Die in Abschnitt 6.2.4 zu behandelnden **Inhaltstheorien** führen logisch vorgelagert zu der notwendigen Konkretisierung der intervenierenden Variablen. Hierbei werden nähere Aussagen zu den Faktoren gemacht, die letztlich die Antriebsstruktur von Personen ergeben („Motivation").

Motive und Bedürfnisse sollen hier, wie meist in der Literatur (vgl. *Rüttinger/v. Rosenstiel/Molt* 1974; *v. Rosenstiel* 1975; *Neuberger* 1985 b), als synonym angesehen werden: Sie stehen für potentielle Ursachen oder Anlässe für ein intentionales Verhalten. Auf eine mögliche Differenzierung der beiden Begriffe, wie sie zum Beispiel bei *Staehle* (1991 a, 147–153) zu finden ist, kann aufgrund der Geringfügigkeit der Unterschiede durchaus verzichtet werden. Von den Motiven und Bedürfnissen zu trennen sind allerdings Werte. Sie beziehen sich auf das, was der Betreffende für „gut und richtig" hält: Während die Motive für eine Handlung ex definitione Einfluß auf diese Handlung ausüben, hängt es vom Einzelfall ab, ob sich der Betreffende tatsächlich entsprechend seinen Wertvorstellungen verhält. Trotzdem zählen Werte genauso wie die Motive zu den intervenierenden Variablen im SIR/SOR-Modell, da sie die Umwälzung der Stimuli in Richtung auf die Reaktionen beeinflussen.

6.2.4 Inhaltstheorien der Motivation

6.2.4.1 Die Bedürfnishierarchie von Maslow

Inhaltstheorien der Führung machen Aussagen über die qualitative Ausprägung der Antriebsstruktur. Die klassische Arbeit in diesem Zusammenhang ist der Ansatz von *Maslow* (1943; 1970; 1971), der – trotz seines unbestreitbaren Kritikpotentials – wie kein anderer die Führungsforschung geprägt hat. *Maslow* wollte, basierend auf potentiellen Elementen einer Führungstheorie und seiner „klinischen Erfahrung", eine umfassende Motivationstheorie schaffen: Ihr – inzwischen hinlänglich bekannter – **Kern** ist die Betonung von fünf hierarchisch geschichteten Motiven (Übersicht 6.7).

Selbstverwirklichungsbedürfnisse: Bedürfnis nach Entfaltung der eigenen Persönlichkeit (self-actualization needs)
Wertschätzungsbedürfnisse: Auf der einen Seite Anerkennung durch andere Personen im Sinne von Bedürfnis nach Status, Aufmerksamkeit, Anerkennung (ego needs); auf der anderen Seite Wertschätzung im Sinne von Selbsteinschätzung, also Bedürfnis nach Selbstvertrauen, Selbständigkeit, Können und Wissen (self-esteem needs)
Zugehörigkeitsbedürfnisse: Bedürfnis nach gefühlsbetonten Kontakten mit anderen Personen (love needs) sowie nach einem akzeptierten Platz innerhalb einer Gruppe (social needs)
Sicherheitsbedürfnisse: Absicherung gegen Verlust des Arbeitsplatzes, Schutz vor Krankheit sowie generell Sicherung des Erreichten (safety needs)
Physiologische Bedürfnisse: Bedürfnisse hinsichtlich der unmittelbaren Selbst- und Arterhaltung, wie Hunger, Durst, Sexualität, Ruhe, Bewegung (physiological needs)

Übersicht 6.7: Die Bedürfnisschichten nach *Maslow*

Maslow postuliert eine im Laufe der Zeit erfolgende **Umschichtung** dieser Bedürfnisse: Zunächst steht die Befriedigung der physiologischen Bedürfnisse im Vordergrund. Erst wenn das Individuum hinsichtlich dieser Bedürfnisklasse keine Defizite mehr verspürt, will es Zugehörigkeitsbedürfnisse, Wertschätzungsbedürfnisse und zuletzt Selbstverwirklichungsbedürfnisse befriedigen. Nach *Maslow* kommt einer Ebene mit befriedigten Motiven keine Motivierungswirkung und damit kein verhaltenssteuernder Einfluß mehr zu. Der Mensch wird also zu jedem Zeitpunkt primär von genau einem – dem gerade aktuellen – **Grundmotiv** geleitet.

Das Menschenbild der „Theorie X" von *McGregor* trifft überwiegend auf Personen zu, bei denen die unteren Hierarchieebenen der Bedürfnispyramide noch befriedigt werden müssen, während „Theorie Y" vor allem auf solche Personen zutrifft, die bereits höhere Bedürfnisebenen erreicht haben.

Genauso häufig wie Hinweise auf die Bedürfnishierarchie von *Maslow* sind Auflistungen potentieller **Kritikpunkte** (vgl. z.B. *v. Rosenstiel* 1975, 140–164; *Conrad* 1983, 260–264):

- In empirischen Untersuchungen konnte weder die Bedürfnisschichtung noch die vermutete Reihenfolge der Bedürfnisbefriedigung gestützt werden.
- Viele Aussagen von *Maslow* sind nicht zwingend, da einfache Gegenbeispiele konstruierbar sind.
- Der Einfluß von schichtspezifischen Sozialisationsprozessen wird nicht berücksichtigt.

Anknüpfend an die massive Kritik des Ansatzes von *Maslow* entstanden eine Reihe von **Modifikationen**. Exemplarisch ist hier der Ansatz von *Alderfer* (1972) zu nennen, der hinsichtlich der Bedürfnisklassen und bezüglich der Prämissen für ihre „Abarbeitung" von *Maslow* abweicht: So reduzierte *Alderfer* die Anzahl der Ebenen, um Abgrenzungsprobleme zu vermeiden. Die Grundkritik an einem derartigen Vorgehen, nämlich am Postulieren einer allgemeingültigen Motivschichtung, bleibt aber auch hier bestehen.

Zusammenfassend besteht die **Leistung** von *Maslow* weniger im Entwurf einer Theorie mit empirischem Bezug, als vielmehr im Aufzeigen einer sich im Zeitablauf verschiebenden Motivstruktur, wobei befriedigte Bedürfnisse sukzessive als Handlungsantrieb ausscheiden.

6.2.4.2 Die zwei Faktorengruppen von Herzberg

(a) Modelldarstellung

Bei der Bedürfnishierarchie von *Maslow* wirken alle Motive in die gleiche Richtung: Ein Bedürfnis entsteht, danach versucht das Individuum dieses zu befriedigen, um im Anschluß daran neue Bedürfnisse zu entdecken.

Herzberg (1968) dagegen geht in seinem Ansatz zur Arbeitszufriedenheit und Arbeitsmotivation von der Existenz zweier unterschiedlicher **Gruppen** von Faktoren aus (Übersicht 6.8): Die **Satisfaktoren** (Motivatoren) eignen sich dazu, die Zufriedenheit zu erhöhen. Dagegen können **Dissatisfaktoren** (Hygienefaktoren) allenfalls Unzufriedenheit abbauen, nicht jedoch Zufriedenheit erzeugen; aus diesem Grund lassen sich Hygienefaktoren nur begrenzt als Anreiz zur Leistungssteigerung verwenden.

Satisfaktoren (Motivatoren):
Leistung
Anerkennung der Leistung durch andere
Arbeit selbst
Verantwortung
Aufstieg
Möglichkeit zur Selbstverwirklichung

Dissatisfaktoren (Hygienefaktoren):
Überwachung
Unternehmenspolitik und -verwaltung
Arbeitsbedingungen
Beziehungen zu Vorgesetzten
Beziehungen zu Untergebenen
Beziehungen zu Gleichgestellten
Status
Arbeitsplatzsicherheit
Gehalt
Familiäre Implikationen

Übersicht 6.8: Motivatoren und Hygienefaktoren nach *Herzberg* (1968, 95–129; eine Definition dieser Variablen findet sich bei *Herzberg* 1968, 193–198)

Die Gültigkeit der These von *Herzberg* unterstellt, eignen sich **Hygienefaktoren** ausschließlich zur Schaffung von notwendigen Rahmenbedingungen für die Leistungserbringung. So sind gute Beziehungen zwischen Vorgesetzten und Untergebenen zwar eine Grundbedingung für Leistungserbringung, ab einer gewissen Grenze läßt sich aber auch durch eine Verbesserung dieser Beziehungen kein weiterer Leistungsanreiz schaffen. Im Gegensatz dazu sind nach *Herzberg* die **Motivatoren** unbegrenzt in der Lage, Zufriedenheit zu erhöhen und damit ohne Grenzwerte als Führungsgrundlage verwertbar.

(b) Modellüberprüfung

Ende der 50er Jahre ließen sich *Herzberg* und sein Team Arbeitserlebnisse von Pittsburger Ingenieuren und Buchhaltern schildern, die als möglichst angenehm oder aber als möglichst unangenehm empfunden wurden. Die resultierenden rund 5000 Arbeitsepisoden wurden sortiert und auslösenden Faktoren zugeordnet (Abbildung 6.5): Faktoren wie Leistung oder Anerkennung tauchten überwiegend im Zusammenhang mit positiven Erlebnissen auf, während Faktoren wie Unternehmenspolitik oder Überwachung fast nur mit negativen Erlebnissen verknüpft waren.

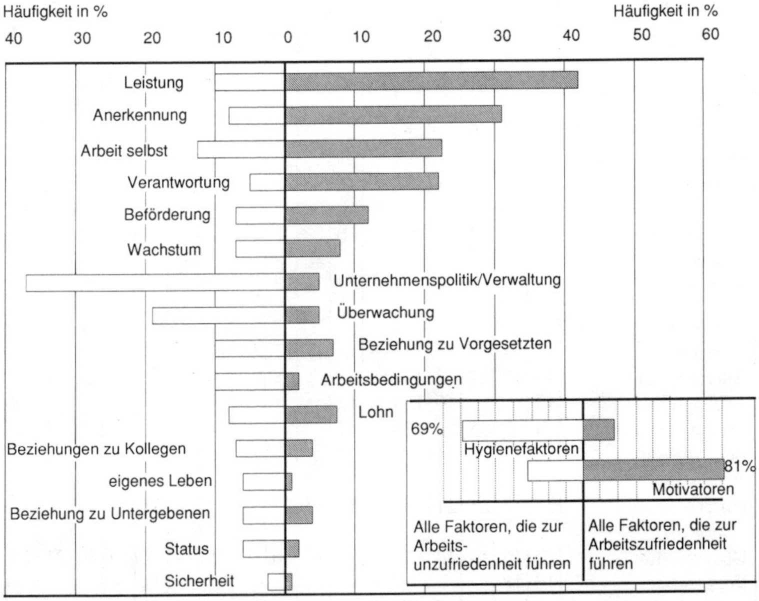

Abbildung 6.5: Hygienefaktoren und Motivatoren in der ursprünglichen Studie von *Herzberg/Mausner/Snyderman* (1959, 81)

In der Folgezeit fand eine Vielzahl von unterschiedlichsten Versuchen statt, um die Aussage von *Herzberg* **empirisch weitergehend** zu überprüfen. Die überwiegend unter der (zumindest indirekten) Leitung von *Herzberg* stehenden Untersuchungen betreffen amerikanische Krankenschwestern genauso wie ungarische Ingenieure oder finnische Vorarbeiter. Zählt man die bei *Herzberg* (1968, 92–129) referierten Studien zusammen, so wurden insgesamt die Arbeitsepisoden von 1220 Personen untersucht; hinzu kommen noch diverse andere Untersuchungen (vgl. *Herzberg* 1968, 130–167), die alle – nach Ansicht von *Herzberg* – seine ursprüngliche These stützen.

In Übersicht 6.9 sind die von *Herzberg* präsentierten Studien vergleichend dargestellt. Man erkennt deutlich, daß durchaus Unterschiede zwischen diesen Probandengruppen existieren, also Faktoren situationsspezifisch und in Abhängigkeit von der betreffenden Person wirken. Darüber hinaus treten einige Faktoren gleichzeitig als Hygienefaktoren und als Motivatoren auf.

Studien	A	B	C	D	E	F	G	H	I	J	K	L	M	N	O	P	Q
Motivatoren:																	
Leistung	43	38	55	29	66	70	39	53	52	32	37	54	26	19			11
Anerkennung	33	34	44	16	39	28				14	18	25	43	35	69	37	15
Arbeit selbst	33			27	48		30										45
Verantwortung	28	17	23	30	42		10				12				12	6	6
Beförderung		27	20	18			24									14	
Wachstum			9											19			
Unternehmens-politik	3	2	7	0	13	0	5	3	4	12	4		3	4	6	10	2
Überwachung	3	2	1	6		0	0	1	1		4			0	0	1	2
Vorgesetzte	5	3				0	4						14				
Arbeitsbedingungen	2	0	0	2	6	2							0			9	
Lohn																9	
Kollegen	2			1	27		5								6	2	
eigenes Leben		0			3	0											
Untergebene			23		15	0	0										
Status																	
Sicherheit			0														
Frustratoren:																	
Leistung	10	4	19	5	21	6	7	17	27	15	15	28	4	0			1
Anerkennung	19	17	22	2	11	15				0	4	6	23	3	27	4	4
Arbeit selbst	14			10	15		12										18
Verantwortung	4	7	5	2	18		1				4				0	1	0
Beförderung		15	8	4			11									2	
Wachstum			1											4			
Unternehmens-politik	28	37	25	21	64	17	23	34	27	32	21		35	32	40	26	35
Überwachung	22	18	14	22		8	7	17	20		23			29	30	21	18
Vorgesetzte	13	18				8	17						31				
Arbeitsbedingungen	9	13	12	17	37	14							15			16	
Lohn																21	
Kollegen	10			13	7		15								17	8	
eigenes Leben		7			16	8											
Untergebene			15		4	12	5										
Status																	
Sicherheit			5														

Übersicht 6.9: Probandenspezifische Faktoren (nach *Herzberg* 1968, 97–121)

Darüber hinaus untersuchte das Team von *Herzberg* die Episoden darauf, ob und inwieweit die Wirkung des jeweiligen Faktors in der Arbeitsepisode zu einer lang andauernden Änderung der Arbeitszufriedenheit beziehungsweise zur Einstellungsänderung des Mitarbeiters geführt hat. Diese Forschungslinie wurde aber offenbar nicht weiter verfolgt.

(c) Modellbewertung

Gegen die Untersuchung von *Herzberg* wird eingewendet (*v. Rosenstiel* 1975, 162), daß die empirischen Belege nur für die Theorie von *Herzberg* sprechen, wenn methodisch in gleicher Weise wie in der Ausgangsuntersuchung vorgegangen wird.

Auch an der übrigen Kritik am Ansatz von *Herzberg* zeigt sich, daß es offenbar leichter fällt, Konzepte zu kritisieren als neue (bessere) zu entwikkeln. So konnten *House* und *Wigdor* bereits 1967 eine Zusammenstellung von 31 (!) Studien publizieren, die auf rund 15 000 (!) Probanden basierten und überwiegend als Falsifikation des Ansatzes von *Herzberg* aufzufassen sind. Hinzu kamen folgende grundsätzliche **Kritikpunkte** (vgl. *House/Wigdor* 1967, 371–384):

- Die Ergebnisse sind methodenbedingt, da erst das gezielte Abfragen nach zwei Erlebnis-Kategorien zum Zwei-Faktoren-Ergebnis führt.
- Die Meßmethodik weist substantielle Schwächen auf, da beispielsweise „Zufriedenheit“ nicht operationalisiert wurde.
- Die Resultate widersprechen dem vorher gesammelten empirischen Wissen vor allem darin, daß Erinnerungen über Stimuli nicht mit tatsächlicher Motivation gleichzusetzen sind.

House und *Wigdor* (1967, 386–387) betonten darüber hinaus den **situativen Charakter** von *Herzbergs* These: Ein Faktor kann danach für eine Person als Motivator, für eine andere Person als Frustrator wirken, wobei diese Wirkung von situativen Variablen wie Beruf, Hierarchieniveau, Alter, Geschlecht, Erziehung, Kultur (Landeskultur, Unternehmenskultur), Zeitbezug und Position in der Gruppe abhängt. Genau hier liegt aber eine vor zwei Jahrzehnten genauso wie heute gültige **Nutzanwendung** des Modells von *Herzberg*, nämlich die Betonung der Wirkungsvielfalt, mit der Motivationspotentiale aktivierbar sein können. *Herzbergs* These der nicht-situativen, generellen Zuordnung von Faktoren zur Gruppe der Motivatoren beziehungsweise der Frustratoren hat sich dagegen nicht gehalten.

Zu prüfen wäre daher erstens, ob und inwieweit sich die **Methode** von *Herzberg* (subjektiv bewertete Geschichten) dazu eignet, im Einzelfall festzustellen, welche Faktoren bei einem konkreten Mitarbeiter in der Vergangenheit als Motivator beziehungsweise als Frustrator gewirkt haben. Dies könnte die individuelle Personalführung sicherlich erleichtern, indem festgestellt wird, welche Motivatoren/Frustratoren im jeweiligen Unternehmen bei den betreffenden Mitarbeitergruppen von Bedeutung sein dürften.

Zweitens wartet die Fülle des Materials zu *Herzbergs* These auf eine konsequente integrative Auswertung vor dem Hintergrund einer situativen Führungstheorie. So falsifiziert zwar die oben aufgeführte Liste situativer Einflüsse die generelle (pauschale) These von *Herzberg*, läßt aber eine neue **„situative Zwei-Faktoren-These“** zu: Gerade die Widersprüche in *Herzbergs* Befunden könnten Ausgangsbasis für eine situative Differenzierung sein. So ist es sicherlich plausibel, wenn je nach hierarchischer Einordnung der Befragten andere Faktoren dominieren würden.

Insgesamt liegt die zentrale **Leistung** von *Herzberg* in der Betonung von unterschiedlichen Konsequenzen unterschiedlicher Motive. Danach lassen sich bestimmte Anreize nur bis zu einer gewissen Grenze hin als Motivatoren einsetzen, darüber hinaus wirken sie aber nicht mehr. Abgesehen von einigen stabilen Faktoren (Leistung als Motivator und Überwachung als Hygienefaktor) bleibt aber offen, welche Faktoren im Einzelfall als relevant einzustufen sind. Festzustehen scheint aber, daß monetäre Anreize nur einen geringen Einfluß auf die Arbeitszufriedenheit haben.

6.2.4.3 Die Bedürfnisarten von McClelland

(a) Modelldarstellung

Nach *McClelland* (1975, 1985) erklärt sich menschliches Verhalten aus dem Zusammenspiel des Strebens nach Leistung, Macht, Zugehörigkeit

Leistungsmotiv (*McClelland et al.* 1953):
Das Bedürfnis nach Leistung zeigt sich im Setzen von Zielen, in Befriedigung durch Zielerreichung, in Begeisterung an der Arbeit selbst sowie an der Bedeutung von Effizienz und Effektivitätskriterien. Typisch ist ein Streben nach innovativen Aufgaben, die ein kalkuliertes Risiko von Eigenverantwortung und schnellem Feedback mit sich bringen.

Machtstreben (*McClelland* 1975; 1985, 304):
Das Machtstreben äußert sich im Versuch, eine Position der Überlegenheit gegenüber anderen Personen zu realisieren. Analog zur psychosexuellen Entwicklung wird dabei unterschieden zwischen vier Reifestadien des Menschen, die beim unreifen Urzustand beginnen (orale Phase) und eine Fortentwicklung bis hin zum Reifestadium erfahren (genitale Phase). Diese Phasen gelten nicht nur für die menschliche Entwicklung, sondern werden nach *McClelland* mehrfach, auf verschiedenen Positionen in einem Unternehmen, immer wieder neu durchlaufen.

Bedürfnis nach Zugehörigkeit (*McClelland* 1985, 333–370):
Zugehörigkeitsgefühle äußern sich nach *McClelland* im Wunsch, Bestandteil einer Gruppe zu sein und dort Sicherheit zu finden. Personen mit hohem Zugehörigkeitsstreben präferieren konfliktfreie Situationen und Interaktionen mit geringem Wettbewerb.

Vermeidungsstreben (*McClelland* 1985, 373–410):
Das Vermeidungsmotiv ist bis jetzt noch am wenigsten erforscht und wird auch üblicherweise (noch) nicht zu den Grundmotiven gezählt. Das Vermeidungsmotiv ist gerichtet auf die Reduktion der Eintrittswahrscheinlichkeiten für
- Versagen,
- Ablehnung,
- Erfolg und
- Macht.

Vermeidungsstreben folgt aus der Erfüllung eines Grundmotivs (so ergibt sich die Furcht vor Zurückweisung aus dem Zugehörigkeitsmotiv) oder aus einer gegengerichteten Größe zu einem Grundmotiv (zum Beispiel Furcht vor Macht).

Übersicht 6.10: Die vier Grundmotive nach *McClelland*

und Vermeidung (Übersicht 6.10). Im Gegensatz zu *Maslow*, der seinen Ansatz als geschlossene Theorie entwickelt und verschiedenen Tests unterzogen hat, baut *McClelland* seinen Ansatz offenbar schrittweise auf: Beginnend mit einer generalisierenden Publikation über Persönlichkeitsstrukturen (*McClelland* 1951) scheint sich *McClelland* sukzessive Teile aus dem Vorschlag von *Murray* (1938) zur Bedürfnisklassifikation herauszugreifen.

(b) Modellüberprüfung

Wichtig und interessant ist auch bei *McClelland* seine **Forschungsmethodik**: Sie basiert auf einer Reihe von – in der Psychologie akzeptierten – Testverfahren. Eines dieser Hilfsmittel ist der Thematische Apperzeptionstest (**TAT**): Hierbei werden den Versuchspersonen Bilder präsentiert, die sie in Form einer kurzen Geschichte (spekulativ) kommentieren müssen. Schlüsselwörter aus diesen Geschichten werden dann interpretiert und in Codierungsschemata eingetragen. Mit Hilfe dieser Kriterien lassen sich die schriftlich festgehaltenen Geschichten auswerten, also beispielsweise die Stärken von Vermeidungs- und Leistungsstreben festhalten.

Ein typisches – und häufig reproduziertes – Bild zeigt einen sitzenden Studenten (offenbar in einer Bibliothek), den Kopf aufgestützt, vor einigen aufgeschlagenen Büchern. Mit diesem Bild werden unterschiedlichste Geschichten assoziiert. Übersicht 6.11 zeigt zwei Beispiele dafür.

Beispielsgeschichte A (Subjekt 1, Bild 2):
„Student is contemplating the value of study. Something ponderous has presented itself in the reading. The question of values is bewildering the student. Is it likely that he can comprehend the material and successfully pass the teacher's examination? Reading will continue after the moment's diversion."

Beispielsgeschichte B (Subjekt 2, Bild 2):
„This chap is doing some heavy meditating. He is a sophomore and has reached an intellectual crisis. He cannot make up his mind. He is troubled, worried. He is trying to reconcile the philosophies of Descartes and Thomas Aquinas – and at his tender age of 18. He has read several books on philosophy and feels the weight of the world on his shoulders. He wants to present a clear-cut synthesis of these two conflicting philosophies, to satisfy his own ego and to gain academic recognition from his professor. He will screw himself up royally. Too inexperienced and uninformed, he has tackled too great a problem. He will give up in despair, go down to the Goodyear and drown his sorrows in a bucket of Piel's."

Übersicht 6.11: Zwei exemplarische Geschichten zum Bild „sitzender Student" (*McClelland et al.* 1953, 335–336)

Zur Analyse dieser Geschichten dient eine **formal-logische Sequenz**, die von der handelnden Person in Abhängigkeit von Hindernissen zu einem Ziel führt. Gemessen werden einzelne Elemente dieser Kette: Sie beginnt mit dem Entstehen eines Bedürfnisses (**N** = need) und mit Erwartungen darüber, ob das Ziel erreicht wird (**Ga+** = positive anticipatery goal state) oder nicht (**Ga–**). Hinzu kommen positive oder negative Gefühlsäußerungen im Zusammenhang mit der Zielerreichung (**G+**/**G–** = affective states).

Mögliche Blockaden, die einer Zielerreichung entgegenstehen, können entweder globaler Natur sein (**Bw** = environmental obstacle) oder aber in der Person selbst begründet sein (**Bp** = personal obstacle). Hinzu kommen Aktivitäten der Person, die eine Zielerreichung fördern, sie unwahrscheinlicher machen oder deren Wirkung noch unbekannt ist (**I** = instrumental activity). Schließlich wird auch geprüft, welche Bedeutung dem eigentlichen Ziel der Anstrengung als „Achievement Thema" (**Ach th**) zukommt.

Als weiterer Faktor wird darauf geachtet, ob Hilfe von außen erwähnt wird (**Nup** = Nutorant press). Vorgelagert sind noch drei weitere Kriterien, nämlich:

- **UI** (= Unrelated Imagery), das Bild läßt keinen .Bezug zu einem Leistungsziel erkennen.
- **TI** (= Doubtful Achievement Imagery), das Bild enthält einen schwachen Bezug zu einem Leistungsziel.
- **AI** (= Achievement Imagery), das Bild enthält einen eindeutigen Bezug zu einem Leistungsziel.

Das **Auswertungsschema** in Übersicht 6.12 zeigt in der Kopfzeile die Beurteilungskriterien, darunter ihre Gewichte. Die Sterne geben an, welche Kriterien in der betreffenden Geschichte als erfüllt gelten: Subjekt 1/Geschichte 2 und Subjekt 2/Geschichte 2 beziehen sich dabei auf die in Übersicht 6.11 abgedruckten Texte. Für jede der beiden Personen werden die Spaltenwerte über die vier Geschichten zu den vier Standard-Vorlagen aufsummiert: Person 1 kommt danach für das Leistungsstreben auf den Wert − 2, Person 2 auf den Wert + 21.

Subjekt Nr.	Geschichte Nr.	UI	TI	AI	N	I			Ga+	Ga−	G+	G−	Nup	Bp	Bw	Ach Th	Ach Score
						+	?	−									
		−1	0	+1	+1		+1		+1	+1	+1	+1	+1	+1	+1	+1	
1	1		*														0
	2		*														0
	3	*															−1
	4	*															−1
Summe		−2	0														−2
2	1			*	*			*	*			*				*	+6
	2			*	*			*	*			*			*	*	+7
	3			*	*	*				*	*					*	+6
	4			*	*												+2
Summe				+4	+4	+1		+2	+2	+1	+1	+2			+1	+3	+21

Übersicht 6.12: Auswertungsschema für TAT (*McClelland et al.* 1953, 371)

McClelland analysierte auch literarische Kurzgeschichten, Bücher und Bilder, um historische Gestalten und Epochen auszuwerten: So untersuchte er (1961, 119–120) die Entwicklung der Außenhandelsleistung des vorchristlichen Griechenlands (gemessen am Verbreitungsgrad griechischer Vasen) und stellte sie in Zusammenhang zu dem jeweiligen Leistungsstreben der Griechen (gemessen aufgrund der Textanalyse). Diese interessanten, aber diskutierbaren Überlegungen zur gesamtwirtschaftlichen Implikation seines

Ansatzes sollen hier wegen ihrer geringen Relevanz für die Personalführung nicht weiter diskutiert werden.

Wichtiger erscheinen Aussagen von *McClelland* darüber, welche Eigenschaften **Manager** für verschiedene Positionen benötigen: So sind nach *McClelland* (1985, 354–355) Manager, die ein hohes **soziales** Streben haben, in ihrem Beruf **nicht** sehr erfolgreich und allenfalls in Ausnahmefällen als Integrator sinnvoll. Derartigen generalisierenden Aussagen von *McClelland* ist – unabhängig von der Fülle des Zahlenmaterials – mit Vorsicht zu begegnen: So stammt die negative Zukunftsprognose für Personen mit hohem sozialen Streben aus einer Untersuchung von Führungskräften bei AT&T; spätestens vor dem Hintergrund von Überlegungen zur Unternehmenskultur (vgl. *Deal/Kennedy* 1982; *Scholz* 1987a, 88–102; sowie Abschnitt 6.4. dieses Buches) sind hier Zweifel angebracht.

(c) Modellbewertung

Abgesehen vom Hinweis auf die Existenz der vier Grundbedürfnisse liegt die **Bedeutung** des Ansatzes von *McClelland* in folgenden Feststellungen:

- Es existiert eine Vielzahl von möglichen *Kombinationen* aus Streben nach Leistung, Zugehörigkeit, Macht und Vermeidung. Diese Mischung ergibt sich als Funktion aus Situation, persönlicher Erfahrung und Kultur (Landeskultur, Unternehmenskultur).
- Die Grundmotive sind in ihrer Ausprägung kurzfristigen *Schwankungen* unterworfen. So konnten die Experimente von *McClelland* deutlich zeigen, daß das Machtstreben mit zunehmendem Alkoholisierungsgrad zunimmt (vgl. *McClelland* 1985, 296–302).
- Die Grundmotive verändern sich langfristig im *Zeitablauf*. Hierbei ist auch auf die vier Stadien hinzuweisen, die oben im Zusammenhang mit dem Machtstreben bereits diskutiert wurden.

Aus diesen drei Feststellungen ergeben sich primär **diagnostische Implikationen**: Der Vorgesetzte muß sich sowohl seiner eigenen Motivstruktur klarwerden, als auch die seiner Untergebenen erfassen. Während ersteres durchaus noch als möglich erscheinen kann, ist letzteres zwangsläufig mehr als problematisch: Abgesehen von generellen juristischen Problemen ist wieder auf die ethischen Probleme im Zusammenhang mit derartigen Tests hinzuweisen. Die von *McClelland* (implizit) angesprochene Möglichkeit einer Personalauswahl in Abhängigkeit von der Motivstruktur dürfte daher eine unrealistische Utopie bleiben.

Darüber hinaus läßt sich – als vierte Implikation dieses Ansatzes – die Motivstruktur gezielt **verändern**. Dazu propagiert *McClelland* Verfahren zur Verstärkung des Strebens nach Leistung: Neben generellen Vorschlägen wie Zielvereinbarung oder Mitarbeitergespräch weist *McClelland* auf die Möglichkeit hin, Vorgesetzte in der Technik des TAT zu unterrichten und auf diese Weise zur Transparenz der eigenen Motivstruktur beizutragen (vgl. *McClelland* 1965; 1985, 547–584). Aber: Sobald die Probanden mit der Auswertungsmethode vertraut gemacht werden, läßt sich der TAT streng genommen nicht mehr als Kontrollinstrument zur Feststellung des

Erfolgs der Motivationsschulung von *McClelland* verwenden; dieser Einwand trifft auch *McClellands* Argument von der erwiesenen Effektivität seiner Verfahren im Hinblick auf Steigerung des Leistungsstrebens (konkreter: Erhöhung des TAT-Wertes), was durch Einüben des TAT-Schemas eigentlich zu erwarten ist. Diese Skepsis gegenüber den von *McClelland* präsentierten Befunden schmälert aber nicht die grundsätzliche Bedeutung seines Ansatzes.

6.2.4.4 Zusammenführung

Alle drei hier beschriebenen Inhaltstheorien stehen in klarem Zusammenhang zueinander (Übersicht 6.13). Abgesehen von den konkreten Definitionen der einzelnen Motive unterscheiden sich die drei Ansätze aber in der Erhebungsmethodik und in der zugrundeliegenden Hypothese des Auftretens der Bedürfnisse: Nach *Maslow* werden die Bedürfnisse **sukzessive** abgearbeitet, nach *Herzberg* **gleichzeitig** berücksichtigt und nach *McClelland* ergibt sich ein ständig **wechselndes** Zusammenspiel der vier Grundbedürfnisse.

<table>
<tr><th>Maslow</th><th>Herzberg</th><th>McClelland</th></tr>
<tr><td>Selbstverwirklichung</td><td rowspan="2">Arbeit selbst,
Verantwortung
Beförderung</td><td>Leistungsstreben</td></tr>
<tr><td>Anerkennungsbedürfnis</td><td>Machtstreben</td></tr>
<tr><td>Soziale Bedürfnisse</td><td>Beziehungen zu Vorgesetzten, Untergebenen und Mitarbeitern</td><td>Zugehörigkeitsstreben</td></tr>
<tr><td>Sicherheitsbedürfnisse</td><td>Sicherheit</td><td>Vermeidungsstreben</td></tr>
<tr><td>Physiologische Bedürfnisse</td><td>Arbeitsbedingungen
Gehalt</td><td></td></tr>
</table>

Übersicht 6.13: Gegenüberstellung von *Maslow*, *Herzberg* und *McClelland*

In ihrer Kernaussage befassen sich alle Inhaltstheorien (mit Abstrichen bei *McClelland*) primär damit, die Existenz unterschiedlicher Motivstrukturen aufzuzeigen. Im Gegensatz dazu gehen die nachfolgend zu diskutierenden Prozeßtheorien auf das Zusammenspiel der Faktoren ein, die Motivation und damit Leistungserbringung hervorrufen.

6.2.5 Prozeßtheorien der Motivation

6.2.5.1 Die Gerechtigkeitstheorie von Adams

Zentrale Aussage der Anreiz-Beitrags-Theorie von *March* und *Simon* (Abschnitt 6.2.3.1) war der Zusammenhang zwischen den Leistungen des Organisationsmitgliedes für die Organisation und den Anreizen, die dem Individuum geboten werden. *Homans* (1961) postulierte weitergehend ein dezidiertes Gefühl der **Gerechtigkeit** hinsichtlich der Relation von eingebrachten Leistungen und resultierenden Output-Variablen. Ein Gefühl der Ungerechtigkeit ist dann entsprechend der Theorie von *Festinger* (vgl. Abschnitt 6.2.3.3) abzubauen. Die Verbindung der Theorien von *March/Simon*, *Homans* und *Festinger* führt zu *Adams* **Gerechtigkeitstheorie:**

(a) Modelldarstellung

Adams (1963; 1965) unterscheidet zwischen zwei Maßgrößen des Austausches: **Input** sind die von einer Person eingebrachten Faktoren wie Erfahrung, Ausbildung, Intelligenz, Erziehung, Alter, Geschlecht, sozialer Status und Arbeitsanstrengung. **Output** sind die Konsequenzen für die betrachtete Person, wie Entlohnung, Prestige, Sozialleistung und Status.

Da unterschiedlich dimensionierte Größen miteinander verglichen werden, kann sich das (Un-)Gerechtigkeitsgefühl nicht durch einen direkten Vergleich von Input und Output ergeben. Erforderlich sind vielmehr Input und Output einer Vergleichsperson. Die **Austauschrelationen** für beide Personen, also für die beurteilende Person **P** und die Vergleichsperson **V**, werden dann miteinander verglichen:

$$\frac{O_p}{I_p} < \frac{O_v}{I_v} = \text{„ungerecht“, weil P benachteiligt}$$

$$\frac{O_p}{I_p} > \frac{O_v}{I_v} = \text{„ungerecht“, weil V benachteiligt}$$

$$\frac{O_p}{I_p} = \frac{O_v}{I_v} = \text{„gerecht“ für P und V}$$

Entspricht der Wert des eigenen Austauschverhältnisses (also der Wert des linken Bruches) dem des Austauschverhältnisses der Vergleichsperson, so entsteht ein Gefühl der **Gerechtigkeit**. Ist das eigene Austauschverhältnis kleiner als das der Vergleichsperson, so fühlt sich die vergleichende Person **ungerecht** behandelt: Sie erhält also entweder zu wenig oder bringt zuviel ein. Umgekehrt fühlt sich (nach *Adams*!) eine Person aber auch dann ungerecht behandelt, wenn ihre eigene Austauschrelation dem Wert nach die der Vergleichsperson übertrifft: In diesem Fall entsteht das Gefühl, für die Leistung zuviel erhalten zu haben.

Aus diesem Grund setzt ein sukzessiver Prozeß ein, bei dem die beurteilende Person einen als gerecht empfundenen Zustand herbeizuführen versucht. Hierzu stehen ihr folgende **Alternativen** zur Verfügung (vgl. *Adams* 1965, 283–295):

(1) Sie kann ihren *Input verändern*, also die Beiträge zum Tauschverhältnis vergrößern oder vermindern. Als Ansatzpunkt bieten sich Produktivität und Qualität an, da bei ihrer Variation die Wirkung sofort ersichtlich wird. Dagegen lassen sich Inputvariablen wie Alter, Erfahrung, Ausbildung nur schwer oder gar nicht verändern.

(2) Ein Gleichgewicht kann auch durch *Output-Veränderung* herbeigeführt werden. Realistisch sind im Regelfall aber nur Verbesserungen im Output (Gehaltserhöhung), kaum aber ein Herbeiführen von Verschlechterungen im eigenen Output (Gehaltsreduktion).
(3) Eine *psychologische Verzerrung* von Input und Output kann zu einem Gleichgewichtszustand führen, ohne daß reale Größen verändert werden. Diese subjektive Umbewertung erfolgt durch Modifikation einzelner Nutzenbeiträge (Höherbewertung von Freizeit oder Höherbewertung von sicherem Arbeitsplatz gegenüber hohem Einkommen).
(4) Eine Veränderung der *Austauschrelation* der *Vergleichsperson* tritt dann ein, wenn die Vergleichsperson dazu gebracht wird, ihren Input oder Output zu modifizieren. Diese nur begrenzt als realistisch einzustufende Veränderung kann freiwillig oder durch externen Druck erfolgen.
(5) Realistischer dagegen ist ein *Wechsel* der *Vergleichsperson*. Dies ist immer dann möglich, wenn beide Personen nicht in einem direkten Austauschverhältnis stehen und daher alternative Austauschrelationen zum Vergleich herangezogen werden können. Man ist dann in der Lage, ein Vergleichsobjekt zu suchen, dessen Austauschrelation der eigenen tendenziell entspricht.
(6) Der *Ausstieg* aus dem Austauschverhältnis („leave the field") ist die radikalste Lösung und bewirkt letztlich Gerechtigkeit nur mehr durch den grundsätzlichen Verzicht auf Vergleich.

Zur Auswahl zwischen diesen sechs Alternativen bietet *Adams* (1965, 295–296) folgende **Entscheidungsregeln** an:
- Positive Outputwerte sind zu maximieren.
- Teure und mit Aufwand verbundene Inputwerte sind zu minimieren.
- Änderungen, die das Selbstwertgefühl angreifen, sind zu vermeiden.
- Psychologische Manipulationen im Austauschverhältnis sind eher bei der Vergleichsperson anzubringen (weil sie dort leichter realisierbar sind).
- Ein Wechsel der Vergleichspersonen ist weitgehend zu vermeiden.
- Ein Ausstieg aus dem Austauschverhältnis ist nur dann zu wählen, wenn die Ungerechtigkeit extrem groß ist und keine andere Alternative zur Auswahl steht.

Diese Handlungsanweisungen sind allerdings – wie *Adams* selber betont – lediglich als erste Anhaltspunkte anzusehen.

(b) Modellüberprüfung

Da die Gerechtigkeitstheorie von *Adams* auf den ersten Blick relativ operabel wirkt, fehlt es nicht an Versuchen zu ihrer empirischen Überprüfung: Im klassischen **Experiment** von *Adams* und *Rosenbaum* (1962) wurden 36 Studenten als Hilfskräfte eingestellt. Als Aufgabe hatten sie Interviews durchzuführen. Bei Einstellungsgesprächen wurden ihnen unterschiedliche Auskünfte über ihre Qualifikation gegeben. Zwei Gruppen wurden pro Stunde bezahlt, zwei andere pro Stück (Übersicht 6.14).

Dabei sollten folgende aus der Dissonanztheorie abgeleitete Hypothesen getestet werden:
- Wird eine Person im Stundenlohn bezahlt, wird ihre Produktivität bei dem Gefühl der zu hohen Bezahlung größer sein als bei dem Gefühl der gerechten Bezahlung.
- Wird eine Person im Stücklohn bezahlt, wird ihre Produktivität bei dem Gefühl der zu hohen Bezahlung pro Einheit geringer sein als bei dem Gefühl der gerechten Bezahlung.

Die Produktivität wurde aus der Anzahl der geführten Interviews im Vergleich mit den anderen Testpersonen ermittelt.

	Studenten wurden für einen Teilzeitjob eingestellt, mit dem Hinweis . . .			
	„. . .Qualifikation entspricht überhaupt **nicht** den Anforderungen, aber trotzdem Einstellung bei normaler Bezahlung wegen betriebsinterner Umstände“		„. . .Qualifikation entspricht exakt den Anforderungen“	
Bezahlung pro:	Stunde	Stück	Stunde	Stück
Gruppe:	A	B	C	D
Produktivitätsdurchschnitt	.27	.15	.23	.20

Übersicht 6.14: Realisierte Produktivitätswerte im Experiment von *Adams* und *Rosenbaum* (1962, 163)

Vergleicht man zunächst die **Gruppen A und C** miteinander, so realisiert die als unterqualifiziert bezeichnete Gruppe A einen höheren Produktivitätswert als die „ausreichend qualifizierte“ Gruppe C; ein mit der These von *Adams* konformes Ergebnis: Die Studenten, die sich aufgrund mangelnder Qualifikation gegenüber ausreichend qualifizierten Personen zu gut bezahlt fühlten, versuchten das „unausgeglichene Verhältnis“ durch eine erhöhte Leistungserbringung (= höhere Produktivität) in eine als gerecht empfundene Relation zu bringen. Mangelnder Input (= mangelnde Qualifikation) soll durch höheren Output (= Produktivität) kompensiert werden.

Offen bleibt aber die Frage, **warum** die Versuchspersonen tatsächlich ihre Produktivität erhöhten. Die oben aufgeführte Erklärung ist nur eine von vielen Möglichkeiten. So ist es durchaus auch denkbar, daß die „unterqualifizierten“ Studenten durch Produktivitätssteigerung lediglich ihr angegriffenes Selbstwertgefühl aufbessern wollten.

Gruppe B hatte im Vergleich zu **Gruppe D** nicht die Möglichkeit, über die Produktivität „Ungerechtigkeit“ abzubauen: Bei der Bezahlung pro Stück hätte eine Erhöhung der Produktivität (Output) auch eine Einkommenssteigerung bewirkt, wodurch die Dissonanz zwischen erreichtem Einkommen und gerechtem Einkommen zusätzlich verstärkt worden wäre. Als einzig wirksame Maßnahme, eine gerechte Beziehung zu den Vergleichspersonen herzustellen, kommt in diesem Fall daher die Verringerung der Produktivität (Verringerung der Stückzahl) in Betracht. Der Vergleich der Ergebnisse von Gruppe B mit Gruppe D stützt also ebenfalls die Behauptung von *Adams*.

Ein unvorhergesagtes Resultat war die signifikant niedrigere Produktivität der Testpersonen, die nach Stücklohn bezahlt wurden. Dieses Ergebnis konterkariert die übliche Annahme, daß Stücklöhne als Anreize zu höherer Leistung dienen. Die Gründe für dieses Ergebnis konnten jedoch nicht schlüssig aufgedeckt werden; wahrscheinlich ist es auf den Aufbau des Experimentes zurückzuführen (*Adams/Rosenbaum* 1962, 164).

Es gibt diverse Untersuchungen, die den Aufbau und/oder die Reduktion von Ungerechtigkeitsgefühlen erforschen wollen (vgl. *Adams/Jacobsen* 1964; *Goodman/Friedman* 1971; *Trautwein-Kalms* 1986): Diese Arbeiten bestätigen der Theorie von *Adams* überwiegend einen hohen Erklärungswert; ausgesprochene Widersprüchlichkeit wurde selten festgestellt. Festzuhalten ist allerdings die mögliche Mehrdeutigkeit in der Interpretation der Befunde (*v. Rosenstiel* 1975, 170), die „theoriekonforme“ Aussagen fördern kann.

(c) Modellbewertung

Faßt man den Ansatz von *Adams* zusammen, so sind zwei Erkenntnisse wichtig: Erstens ist das Gerechtigkeitsgefühl immer **relativ**, hängt also von der jeweils gewählten Vergleichsperson ab; zweitens ist das Gerechtigkeitsgefühl grundsätzlich **subjektiv**, kann also bei jeder Person anders entwikkelt werden.

Für die Personalführung ergeben sich **Konsequenzen** in mehrfacher Hinsicht: Vorsicht ist angebracht bei direkt vergleichbaren Tatbeständen, weil hier die Wahrscheinlichkeit hoch ist, daß bei einem der Betroffenen ein Ungerechtigkeitsgefühl aufkommt. Dies spricht dafür, Gehaltsstrukturen grundsätzlich nicht offen zu legen und beispielsweise Zimmergrößen (bei Mitarbeitern gleicher Hierarchiestufe) zu standardisieren.

Gefährlich – wenn nicht sogar aus ethischen Gründen abzulehnen – ist der Versuch, eine gezielte Ungerechtigkeitssituation (wie zwischen Gruppe A und C im obigen Experiment) herbeizuführen, um damit Mitarbeiter zu mehr Leistung anzuspornen. Es ist höchst unwahrscheinlich, daß Ungerechtigkeitsgefühle ad infinitum – also auch über einen extrem langen Zeitraum – arbeitsmotivierend wirken können: Hier ist vielmehr mit *Adams* zu argumentieren, daß der betreffende Mitarbeiter ab einem gewissen Zeitpunkt keine realistische Chance zur Verbesserung der Austauschrelation sieht und das Unternehmen verläßt.

Allerdings ist zu prüfen, ob durch eine vom Mitarbeiter **mitbeeinflußbare** Komponente im Output das Gerechtigkeitsgefühl erhöht werden kann: Exemplarisch ist hier auf das „Cafeteria-System“ zur Wahl von Sozialleistungen hinzuweisen, das sich in den USA verstärkter Beliebtheit erfreut (vgl. *Waldholz* 1983; *Dycke/Schulte* 1986). Bei diesem System haben die Mitarbeiter die Möglichkeit, zwischen verschiedenen Entgeltbestandteilen innerhalb eines bestimmten Budgets selbst auszuwählen. Die so möglich werdende Übereinstimmung der betrieblichen Zusatzleistungen mit den Bedürfnissen der Mitarbeiter muß dann entsprechend diesem Ansatz von *Adams* eine hohe Motivationswirkung haben und damit zur Effektivitätsverbesserung im Personalbereich beitragen und zu einer steigenden Wirtschaftlichkeit der Personalkosten.

Aus der **Subjektivität** von Bewertungen der Austauschverhältnisse folgt abschließend die Forderung an den Vorgesetzten, eine differenzierte **Analyse** der Prioritäten des Untergebenen durchzuführen: Er sollte die Faktoren bestimmen können, die bei der betreffenden Person eine hohe Wertigkeit haben. Wie und ob dies allerdings möglich ist, muß offenbleiben.

6.2.5.2 Die Erwartungstheorie von Vroom

Die Wurzeln des Ansatzes von *Vroom* finden sich in seiner 1960 publizierten Dissertation „Some personality determinants of the effects of participation". Ziel dieser Arbeit war die Bestimmung von möglichen Erklärungsmustern dafür, warum Arbeitnehmer in bestimmten Situationen eine positive (aktive) Haltung gegenüber ihrem Beruf einnehmen, in anderen Situationen dagegen eine negative (passive) bevorzugen. Diese Überlegung führte zu der inzwischen klassischen **Annahme**, daß Leistung letztlich nur durch Verknüpfung von Fähigkeiten und Motivation zustandekommt.

(a) Modelldarstellung

Basierend auf empirischen Untersuchungen (vgl. *Vroom* 1964/67, 184 – 185) kam *Vroom* zu dem Ergebnis, daß sich die **Anstrengungsbereitschaft**

Logisches Modell:

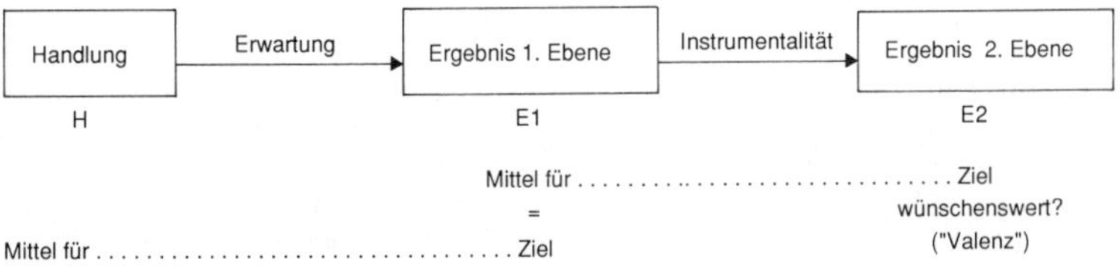

Valenzmodell:
Valenz (E1) = Instrumentalität (E1 → E2) * Valenz (E2)

Kraftmodell:
Anstrengung (H) = Erwartung (H → E1) * Valenz (E1)

Gesamtmodell:
Anstrengung (H) = Erwartung (H → E1) * Instrumentalität (E1 → E2) * Valenz (E2)

Abbildung 6.6: Vereinfachte Zusammenfassung des Modells von *Vroom* (nach *Vroom* 1964/67) zusammensetzt aus der Wertigkeit des Ziels und seiner Realisierbarkeit (Abbildung 6.6): Eine Person strebt das Endziel (E2) an und macht sich zunächst ein Urteil darüber, wie wünschenswert dieses Ziel ist (**„Valenz“**). Danach wird geprüft, inwieweit das zur Verfügung stehende Mittel (hier Ergebnis erster Ebene = E1) in der Lage ist, den Zustand E2 herbeizuführen: Hierbei geht es um eine Abschätzung der **Instrumentalität** von E1 für E2. Zu prüfen bleibt, ob und inwieweit durch die Person die zur Verfügung stehende Handlung (H) tatsächlich das Ergebnis E2 herbeiführen kann. Die Person bildet sich dazu ein Urteil über eine Wahrscheinlichkeit dafür, daß die Handlung H zum Ergebnis E1 führt. Dieses Urteil führt zur Anstrengungsbereitschaft.

Wie bei der Ziel-Mittel-Analyse ist dieses Modell retrograd zu lesen, also ausgehend vom letztlich angestrebten Endziel:

- Dazu definiert Vroom zunächst sein *Valenzmodell.* Danach ergibt sich der Wert des Ergebnisses der ersten Ebene aus der Valenz des Ergebnisses der zweiten Ebene multipliziert mit der Instrumentaltität von E1 für E2. Letztere ist (wie ein Korrelationskoeffizient) definiert in der Bandbreite zwischen −1 und +1.
- An diesem Valenzmodell setzt das *Kraftmodell* an. Es beschreibt die Anstrengung, die ein Individuum in die Handlung H investiert, als eine Verknüpfung des Wertes des Ergebnisses der ersten Ebene (also hier von E1) multipliziert mit der Erwartung (definiert in der Bandbreite zwischen 0 und 1), so daß H tatsächlich zum Ergebnis E1 führt.
- Ersetzt man die Valenz E1 im Kraftmodell durch das Valenzmodell, so

Valenzmodell:

$$V_j = f_j \left[\sum_{k=1}^{n} (V_k \cdot I_{jk}) \right]$$
$$(i = 1. \ldots .n)$$
$$f_j' > 0$$

V_j = Valenz des Mittels j
V_k = Valenz des Ziels k
I_{jk} = Instrumentalität des Mittels j für das Ziel k

Kraftmodell:

$$K_i = f_i \left[\sum_{j=1}^{n} (E_{ij} \cdot V_j) \right]$$
$$(i = n+1, \ldots m)$$
$$f_i' > 0$$

V_j = Valenz des Mittels j (hier Ergebnis j)
E_{ij} = Erwartung (Wahrscheinlichkeit), daß die Handlung i zum Ergebnis j führt
K_i = Kraft (Anstrengung), die ein Individuum auf die Handlung i aufwendet

Gesamtmodell:

$$K_i = g_i \left[\sum_{j=1}^{n} (E_{ij} \cdot (\sum_{k=1}^{n} (V_k \cdot I_{jk})) \right] \quad \text{mit} \quad 0 \leq E_{ij} \leq 1; \ -1 \leq I_{jk} \leq 1$$
$$g_i' > 0$$

Übersicht 6.15: Das Modell von Vroom (vgl. *Vroom* 1964/67, 17–18) erhält man das *Gesamtmodell.* Dieses erklärt dann die Anstrengung als Verknüpfung aus Erwartung, Instrumentalität und Valenz.

Vroom selber argumentiert überwiegend mathematisch und läßt zudem mehrere Ereignisse pro Ebene zu (Übersicht 6.15).

(b) Modellüberprüfung

Vroom stützt sich unter anderem auf die Untersuchung von *Rosen* (1961), die äußerst prägnant die Grundüberlegung dieses Ansatzes erkennen läßt (Übersicht 6.16): Amerikanische High School-Schüler sollten zunächst den für sie jeweils interessantesten Beruf beurteilen. Auf diese Weise wurde (in der Terminologie von *Vroom*) die **Valenz** der verschiedenen Berufe aus Sicht der Versuchspersonen bestimmt. Die Schüler wurden dann – ohne daß dies für die Versuchspersonen transparent wurde – in zwei Gruppen **aufgeteilt**: Eine Gruppe enthielt die Schüler die dem letztlich ausgewählten Beruf eine hohe Valenz entgegenbrachten, die andere Schüler, die sich selbst für den Wunschberuf nur schwach erwärmen konnten (niedrige Valenz).

Quer über beide Gruppen wurden nun scheinbare Berufseignungstests durchgeführt: Im Anschluß daran erhielten die Versuchspersonen Informationen darüber, inwieweit sie für den betreffenden Beruf geeignet sind, wie hoch also die Wahrscheinlichkeiten für das Erreichen der Berufsziele ausfielen (bei *Vroom* **Instrumentalität**).

Alle Schüler wurden zu weiteren Berufseignungstests eingeladen. Es zeigte sich, daß der Teilnahmeanteil je Gruppe davon abhing, wie hoch die verspürte Valenz **und** wie hoch die mitgeteilte Wahrscheinlichkeit (Erwartung) ausgefallen waren: Bei hoher Valenz und hoher Instrumentalität erschienen die meisten Schüler (86%) wieder, bei niedriger Valenz die wenigsten (35%).

	Wahrscheinlichkeit, Berufsziel zu erreichen			
Bewertung des Berufs	Hoch	Mittel	Niedrig	Gesamt
Hohe Valenz	**86%** (n = 22)	83% (n = 23)	70% (n = 23)	79% (n = 68)
Niedrige Valenz	68% (n = 22)	52% (n = 25)	**35%** (n = 23)	51% (n = 70)
Gesamt	77% (n = 44)	67% (n = 48)	52% (n = 46)	

Übersicht 6.16: Prozentsatz der erschienenen Teilnehmer für die zweite Stufe beim Experiment von *Rosen* (1961)

(c) Modellbewertung

Der entscheidende **Beitrag** von *Vroom* zur Motivationstheorie und damit zur Personalführungstheorie besteht im Hinweis darauf, daß Individuen nicht nur Ziele mit individuellen Wertigkeiten versehen, sondern auch Urteile über instrumentale Relationen und Wahrscheinlichkeiten bilden. Es genügt damit nicht, dem Untergebenen einen für ihn interessanten Anreiz zu bieten. Ihm muß auch gezeigt werden, daß es Mittel zur Erreichung dieses Zieles gibt (Instrumentalität), die im Bereich des Möglichen für den Untergebenen liegen (Erwartung).

6.2.5.3 Das Rückkopplungsmodell von Porter und Lawler

Das Prozeßmodell von *Porter* und *Lawler* (1968) will plausibilitätsgestützte Beziehungen zwischen allen relevanten Komponenten aufzeigen, die zur Leistungserstellung führen. Im Gegensatz zu den von ihrer Struktur her sehr einfachen Modellen von *Adams* und *Vroom* ist dieses Modell umfangreich und schwerer empirisch überprüfbar.

Porter und *Lawler* erklären Leistung und Zufriedenheit als ein mehrfach **rückgekoppeltes** System (Abbildung 6.7). Deswegen sind Kausalitäten kaum aufdeckbar. Trotzdem sind alle Bestandteile dieses Systems mögliche Ansatzpunkte zur Veränderung von Motivation und Leistung.

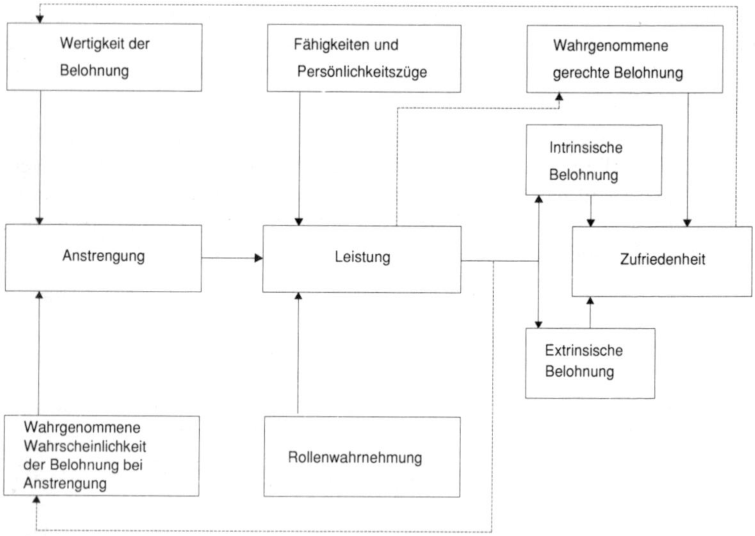

Abbildung 6.7: Das Modell von *Porter* und *Lawler* (nach *Porter/Lawler* 1968, 165)

Porter und *Lawler* nehmen dabei eine Aufteilung der Belohnung in intrinsische und extrinsische Belohnung vor; mit intrinsisch werden personeninterne Faktoren (wie Erfolgserlebnis), mit extrinsisch von außen kommende Faktoren (z. B. Bezahlung) bezeichnet. Durch die Fülle der beteiligten Komponenten erhält das Modell einen hohen Komplexitätsgrad und gibt eine gute Übersicht über die vielfältigen Interdependenzen menschlicher Motivation.

6.2.5.4 *Zusammenführung*

Als Basis für eine kurze Zusammenfassung obiger Modelle bietet sich der Ansatz von *Smith* und *Cranny* (1968) an: Durch die wechselseitigen Beziehungen zwischen seinen vier Komponenten (Belohnung, Anstrengung, Zufriedenheit, Leistung) sind hier eine Vielzahl von Anknüpfungspunkten enthalten (Abbildung 6.8).

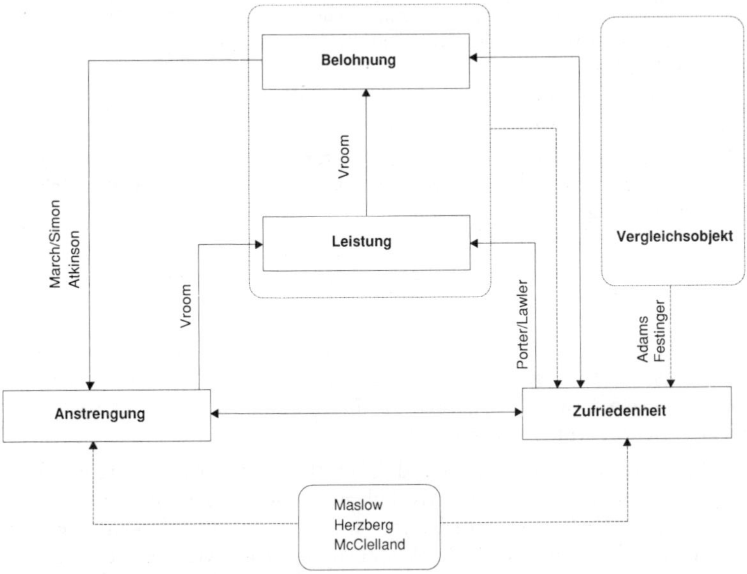

Abbildung 6.8: Das Modell von *Smith* und *Cranny* als Integrationsbasis (nach *Smith/Cranny* 1968)

6.2.6 Grundformen von Führungsstilmodellen

6.2.6.1 *Das Kontinuum von Tannenbaum und Schmidt*

Unter einem **Führungsstil** versteht man eine grundsätzliche Handlungsmaxime des Vorgesetzten. Gegenüber dem in der konkreten Situation stark modifizierbaren **Führungsverhalten** bleibt der Führungsstil über einen längeren Zeitraum konstant. Wie Menschenbilder sind auch Führungsstile vereinfachte Modelle, mit deren Hilfe die Realität beschreibbar und konkretes Verhalten gestaltbar gemacht wird.

Die einfachste Klassifikation, die sich in fast allen Personallehrbüchern findet, ist das Kontinuum von *Tannenbaum* und *Schmidt* (1958), mit den in Übersicht 6.17 beschriebenen **Grundformen** von Führungsstilen.

Diese Systematik ist allerdings lediglich als **Heuristik** anzusehen, die mögliche Führungsstile beschreibt. Zudem bleiben weitere Zwischenformen zwi-

1. Der Vorgesetzte entscheidet und gibt die Entscheidung bekannt.	**Führerzentriert** („autoritär") ↑
2. Der Vorgesetzte entscheidet, „verkauft" seine Entscheidung sehr diplomatisch.	
3. Der Vorgesetzte präsentiert seine Ideen und bittet um weitere Vorschläge.	
4. Der Vorgesetzte präsentiert vage Vorschläge und ermuntert zu Veränderungsvorschlägen.	
5. Der Vorgesetzte präsentiert Probleme, sucht Vorschläge, trifft dann aber trotzdem die Entscheidung.	
6. Der Vorgesetzte setzt Rahmenbedingungen, die Gruppe löst das (vorgegebene) Problem.	
7. Der Vorgesetzte fungiert als Koordinator für Problemdefinition, Alternativensuche und Entscheidung.	↓ („partizipativ") **Gruppenzentriert**

Übersicht 6.17: Führungsstil-Grundformen im Kontinuum nach *Tannenbaum* und *Schmidt* (1958, 96)

schen autoritär und demokratisch denkbar. Auch werden die verschiedenen Führungsstile zwar jeweils durch mehrere Merkmale beschrieben, stellen aber dennoch zwangsläufig eine Verkürzung der Realität und somit eher idealtypische Formen von Führungsstilen dar.

Die Leistung von *Tannenbaum* und *Schmidt* liegt daher eindeutig im **klassifikatorischen Bereich**: Alternative Führungsstile werden aufgezeigt und in eine logische Ordnung gebracht. Im Hinblick auf einen deskriptiv-empirischen Ansatz wären zusätzliche Aussagen darüber nötig, welche Führungsstile tatsächlich verwendet werden beziehungsweise (exakter:) **damals** verwendet wurden. Es fehlt zudem die präskriptive Komponente: Danach wäre noch zu prüfen, welcher Führungsstil in welchen Situationen angewendet werden muß.

6.2.6.2 Die Kontingenztheorie von Fiedler

Während *Fiedler* (1960) in seiner ersten Arbeit noch relativ vage aus der psychologischen **Distanz** auf die Zweckmäßigkeit von Führungsverhalten schloß, legte er kurz darauf (1965; 1967) seine Kontingenztheorie vor, die im wesentlichen bis heute von ihm nicht mehr verändert wurde.

(a) Modelldarstellung

Kern seines Modells ist der **LPC-Score** (Übersicht 6.18): Dieser drückt die Wertschätzung aus, die ein Vorgesetzter demjenigen Mitarbeiter entgegenbringt, mit dem er am wenigsten gern zusammenarbeitet („least preferred co-worker").

Ein **hoher** LPC-Wert drückt nach *Fiedler* aus, daß ein Vorgesetzter selbst den am wenigsten geschätzten Mitarbeiter noch immer wohlwollend

LPC-SKALA									
angenehm	8	7	6	5	4	3	2	1	unangenehm
freundlich	8	7	6	5	4	3	2	1	unfreundlich
zurückweisend	1	2	3	4	5	6	7	8	entgegenkommend
gespannt	1	2	3	4	5	6	7	8	entspannt
distanziert	1	2	3	4	5	6	7	8	persönlich
kalt	1	2	3	4	5	6	7	8	warm
unterstützend	8	7	6	5	4	3	2	1	feindselig
langweilig	1	2	3	4	5	6	7	8	interessant
streitsüchtig	1	2	3	4	5	6	7	8	ausgleichend
verdrießlich	1	2	3	4	5	6	7	8	heiter
offen	8	7	6	5	4	3	2	1	verschlossen
verleumderisch	1	2	3	4	5	6	7	8	loyal
unzuverlässig	1	2	3	4	5	6	7	8	zuverlässig
rücksichtsvoll	8	7	6	5	4	3	2	1	rücksichtslos
widerlich	1	2	3	4	5	6	7	8	nett
akzeptabel	8	7	6	5	4	3	2	1	nicht akzeptabel
unaufrichtig	1	2	3	4	5	6	7	8	aufrichtig
gefällig	8	7	6	5	4	3	2	1	nicht gefällig

Übersicht 6.18: LPC-Skala (*Fiedler/Chemers/Mahar* 1979, 16; vgl. auch *Fiedler* 1967, 269)

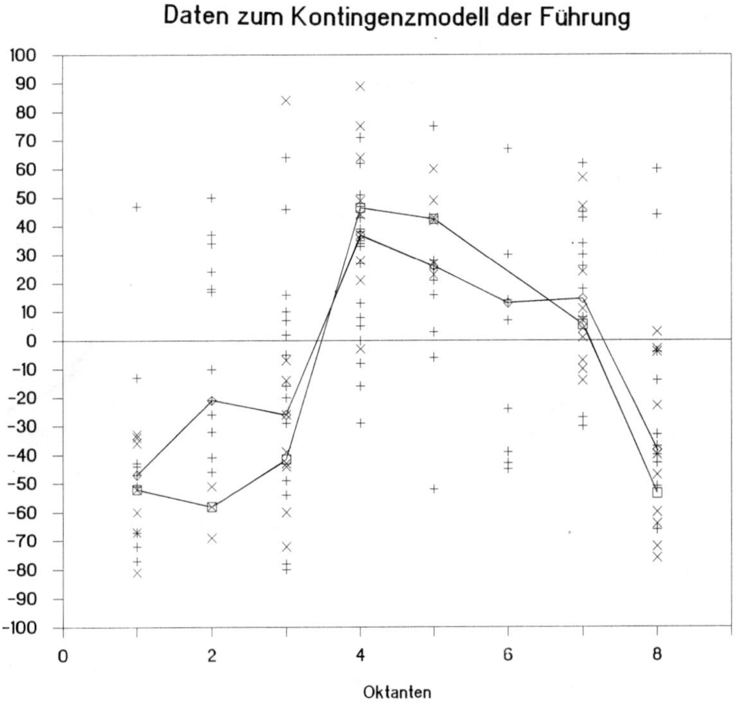

Abbildung 6.9: Das Grundmodell von *Fiedler*

beschreibt, also beziehungsorientiert führt. Bei **niedriger** Ausprägung vom LPC-Score orientiert sich der Führer dagegen aufgabenorientiert ausschließlich an der zu lösenden Aufgabe.

Die Führungssituation wird durch **drei Dimensionen** beschrieben:

- Die *Führer-Mitglieder-Beziehung* betrifft das Vertrauen der Gruppe in den Führer und ihre Bereitschaft, den Anweisungen des Führers zu folgen.
- Die *Aufgabenstruktur* bezieht sich auf den Grad, mit dem die zu realisierende Tätigkeit genau vorgegeben ist. Die Aufgabenstruktur kann damit wohl strukturiert oder aber vage und unspezifiziert sein.
- Die *Positionsmacht* entsteht durch die Befugnisse, die der Führer im Hinblick auf Belohnung oder Bestrafung eingeräumt bekommt.

Auch diese Führungssituation wird mit Hilfe eines Fragebogens erfaßt, der vereinfachend von zwei Ausprägungen pro Dimension ausgeht. Dies führt zu **acht** verschiedenen Führungssituationen, für die jeweils eine Aussage darüber gemacht wird, welcher Führungsstil (also aufgaben- oder personenorientiert) sinnvoll ist (Abbildung 6.9 und 6.10).

Nach *Fiedler* (1965) ist es wesentlich schwerer, den Führungsstil zu verändern als die Führungssituation. Deshalb müssen als **Konsequenz** Manager in ihren diagnostischen Fähigkeiten geschult werden, damit sie die für ihren Führungsstil geeignete Führungssituation ermitteln und schaffen (!) können.

Eine vereinfachte Form des Modells von *Fiedler* wurde später unter der Bezeichnung **Leader-Match-Concept** von *Fiedler* in Zusammenarbeit mit

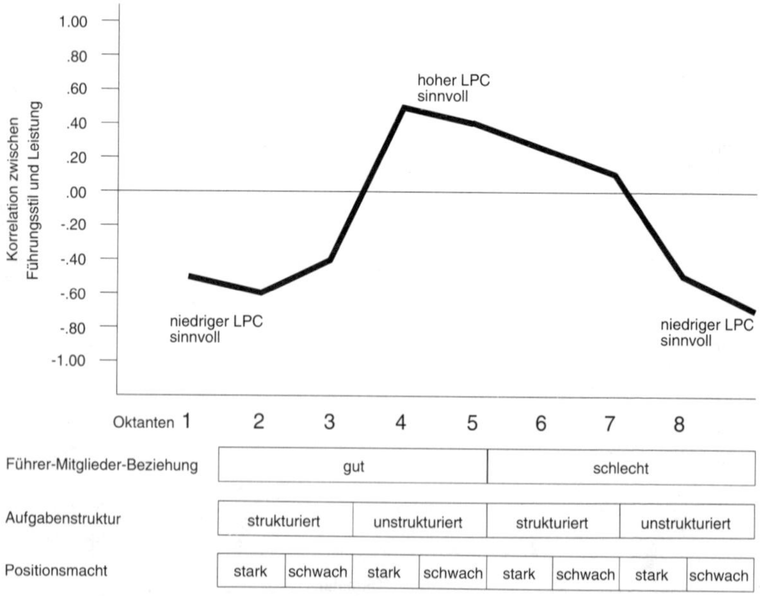

Abbildung 6.10: Das Modell von *Fiedler* (nach *Fiedler* 1964, 175)

Chemers und *Mahar* (1979) präsentiert. In diesem Modell wurden die Meßmethoden simplifiziert und nur mehr drei unterschiedliche Führungssituationen vorgegeben (Abbildung 6.11). Befindet sich danach beispielsweise ein Führer mit hohem LPC-Wert in der Situation mit „hohen situativen Einflußchancen", so ist er falsch plaziert und kann allenfalls mit schwachen Leistungsergebnissen rechnen. Aus diesem Grunde muß er versuchen, seine Führungsfunktion in eine Situation zu verlagern, die durch „mittlere" situative Einflußchancen gekennzeichnet ist.

(b) Modellüberprüfung

Zur Herleitung seines „Kontingenzmodells" verwendete *Fiedler* empirische Studien: Sie untersuchten die Gruppeneffektivität und enthielten Angaben über die Führungssituation. Die Gruppeneffektivität wurde für jede Studie getrennt nach Führungssituation mit dem LPC-Wert korreliert. Diese **Korrelation** besagt, wie stark der LPC-Score mit der Gruppeneffektivität zusammenhängt. Jeder Punkt in Abbildung 6.9 repräsentiert somit einen Korrelationskoeffizienten.

Aus Abbildung 6.9 kann man erkennen, daß in Situationen, die für den Führer extrem günstig oder aber extrem ungünstig waren, der LPC-Score und die Gruppeneffektivität überwiegend **negativ** korrelieren; hier fiel also die Gruppenleistung umso besser aus, je aufgabenorientierter sich der Führer verhielt. Nur in den mittleren Oktanten – also in Situationen von mittlerer Günstigkeit für den Führer – zeigte sich überwiegend eine **positive** Korrelation zwischen LPC und Leistung: Hier waren offenbar die personenorientierten Führer am erfolgreichsten.

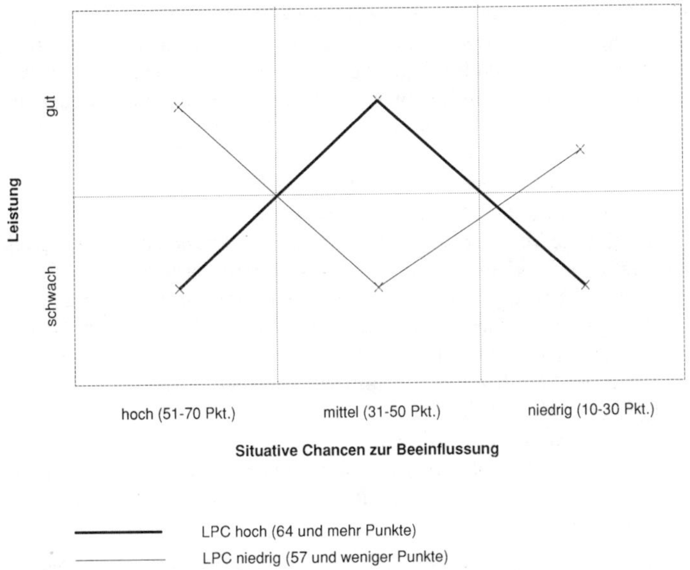

Abbildung 6.11: Das Leader-Match-Konzept (vgl. *Fiedler/Chemers/Mahar* 1979)

Aus diesen Korrelationen berechnete *Fiedler* den Median, den er dann als **Prognosewert** interpretiert: Nach seinem Kontingenzmodell (exakter: seiner Kontingenzhypothese) lassen sich somit günstige Konstellationen zwischen LPC und Führungssituation ablesen.

Abbildung 6.9 unterscheidet sich von der bei *Fiedler* (und in der Literatur) üblichen Darstellung dadurch, daß sie die Untersuchungen enthält („x"-Zeichen), die *Fiedler* als Grundlagen für seine These zuvor reformulierte. (Anmerkung: Wie bei *Fiedler* 1967, 133–146 ersichtlich, weicht das klassische und immer wieder zitierte Bild – Seite 146 – von den davor referierten Befunden – Seite 134 bis 141 – in den Einzelwerten ab, nicht aber in der Median-Korrelation.) Die „+"-Zeichen geben das Ergebnis von diversen Vergleichsstudien wieder, die in der Literatur (vgl. *Schreyögg* 1973a, 33; *Fiedler/Chemers* 1974, 82; *Aigner* 1977, 50) genannt werden. Das Symbol „□" kennzeichnet den Median bei Fiedler, „◇" den Median gesamt.

Auffallend ist die hohe Streuung der Einträge pro Oktanten. Berücksichtigt man zudem, daß jeder Eintrag einen Korrelationskoeffizienten darstellt, der seinerseits eine Vielzahl von Einzelbeobachtungen repräsentiert, stellt sich die Frage nach der **statistischen Signifikanz**. Von den insgesamt 161 Koeffizienten sind nur 6 signifikant. Der sich daraus ergebende Kurvenverlauf ist in Abbildung 6.9 und 6.10 durch Verbindungsstriche gekennzeichnet. Für die Mediankorrelationen fehlt ein Signifikanzwert. Eine statistische Bestätigung des Gesamtverlaufs der Kurve fehlt ebenfalls.

(c) Modellbewertung

Fiedler ist bereits im **statistischen** Teil höchst angreifbar (vgl. *Graen et al.* 1970; *Schreyögg* 1973a; *Neuberger/Roth* 1974). Sein Hinweis, daß die Vorzeichen der Koeffizienten überwiegend in die korrekte Richtung deuten, ändert daran (bei fehlender Signifikanz) nichts. Auch sonst fällt die **Kritik** an *Fiedler* umfassend und teilweise vehement aus (vgl. z.B. *Graen et al.* 1970; *Schreyögg* 1973b; *Meleghy* 1980; *Neuberger* 1985b, 160–162; *Staehle* 1991a, 326–327):

- Ungeklärt ist der eigentliche Inhalt des LPC-Werts,
- methodisch unsauber der Effektivitätsbegriff,
- unfundiert die Verknüpfung der Situationsmerkmale zur „Günstigkeit",
- oft werden sehr kleine Stichproben (wie $n = 6$) verwendet,
- die Führer-Mitglieder-Beziehungen können nicht als unabhängige situative Variable angesehen werden, da der Führer in Kenntnis der Gruppenleistung ein Urteil über die Gruppenatmosphäre abgibt,
- die Rolle der Geführten bleibt unberücksichtigt,
- offen bleibt, wieso Feldstudien *Fiedler* eher stützen, während Laborexperimente *Fiedler* eher falsifizieren,
- problematisch ist die Konsequenz, zum Beispiel durch Verschlechterung der Beziehungen eine Stimmigkeit zwischen Führungsstil und Situation herstellen zu wollen.

Die Liste der Kritikpunkte läßt sich nahezu beliebig verlängern: Sie reicht bis zum Vorwurf, *Fiedler* habe im nachhinein die Zuordnung der Gruppen zu seinen Oktanten gewechselt, um das Falsifikationsrisiko zu verringern (*Neuberger/Roth* 1974, 140).

Abschließend zeigt Übersicht 6.19 exemplarische Beurteilungen des Vorschlags von *Fiedler*, gleichzeitig aber auch den schmalen Grad zwischen einem interessanten Ansatz und einem fast verpönten Konzept.

Neuberger (1972, 211):
Mit diesem Modell hat Fiedler einen Weg gewiesen, den die empirische Forschung einschlagen kann. Dahinter steht die Hoffnung, daß sich durch systematische Bedingungsvariation letzten Endes die wichtigsten Zusammenhänge offenbaren würden.

Neuberger (1976, 231–232):
Die praktische Bedeutung der Aussagen, der klare Aufbau der Theorie und die unaufwendige Ermittlung der Prädiktoren und Kriterien haben *Fiedlers* Ansatz zu der – ... – wohl meist untersuchten Hypothese der Organisationspsychologie werden lassen.... Abschließend ist festzuhalten, daß *Fiedlers* großer Verdienst darin besteht, als erster eine Interaktionstheorie der Führung operational und falsifizierbar formuliert zu haben.

Neuberger (1985 b, 160 + 162):
Fiedler hat sich gegenüber Falsifikationsversuchen seiner Theorie äußerst uneinsichtig gezeigt. *Fiedlers* Theorie ist ein wertvolles Anschauungsbeispiel für Tendenzen, die in anderen Ansätzen der technologisch und instrumentell orientierten Führungsforschung zu finden sind. Ein sehr dürftiges Grundkonzept wird durch einfache Instrumente, die eine leichte Anwendung zulassen, operationalisiert. Die verwirrende Datenmenge wird durch eine vorläufige Hypothese geordnet, die aber plötzlich als „Theorie" ausgegeben und uneinsichtig gegenüber jeder Kritik verteidigt wird. Statt den Ansatz aufzugeben oder weiter zu entwikkeln, erschöpft sich die Energie *Fiedlers* in hartnäckiger Verteidigung eines Phantoms, so daß er langsam zum least preferred co-worker vieler seiner Kollegen wird.

Übersicht 6.19: Urteile über *Fiedler* „im Laufe der Zeit"

Insgesamt läßt sich zum Modell von *Fiedler* beziehungsweise zum Leader-Match-Konzept feststellen: Das **Verdienst** von *Fiedler* besteht vorrangig im Betonen des **situativen** Charakters der Führung als Wegrücken von der Fiktion des „(immer) optimalen" Führungsstils. Interessant und soweit erkennbar noch nicht substantiell von der Führungstheorie aufgegriffen ist auch die von *Fiedler* postulierte **Glockenkurve**, wonach die Effektivität eines Führungsstils bis zu einem bestimmten Punkt zunimmt, danach wieder abnimmt.

6.2.6.3 Die Theorie kognitiver Ressourcen von Fiedler

Fiedler erntete mit seinem Kontingenzansatz nicht nur Applaus, sondern – wie oben ausgeführt – auch massive Kritik: Einer dieser Kritikpunkte betrifft das Fehlen eines Modells, mit dessen Hilfe das Zustandekommen von Führungserfolg aus dem Zusammenwirken von LPC-Score und Gruppensituation erklärt werden kann.

Diese Lücke soll die „Theorie kognitiver Ressourcen" schließen, die *Fiedler* und *Garcia* 1987 vorlegten: Danach kann die Intelligenz des Führers entscheidend das Gruppenergebnis prägen, wobei es aber von der Aufgabenart und der Gruppenkooperation abhängt, ob und inwieweit die Intelligenz des Führers tatsächlich den Ausschlag gibt. Ausgangspunkt für den an diesen Überlegungen ansetzenden Ableitungszusammenhang ist die Frage nach dem „direktiven Führerverhalten" als lenkende und steuernde Funktion des Vorgesetzten; ihre Beantwortung ergibt sich nach *Fiedler* aus dem LPC-Score des Vorgesetzten sowie aus der Führungssituation.

Die **„Theorie kognitiver Ressourcen"** unterscheidet sieben unterschiedliche Fälle (Abbildung 6.12): Danach entscheiden die intellektuellen Fähigkeiten des Vorgesetzten vor allem dann das Gruppenergebnis, wenn der Vorgesetzte ein „direktives Führungsverhalten" praktiziert, die Situation wenig streßbeladen ist, die Aufgabe kognitive Ressourcen benötigt und die Gruppe den Vorgesetzten unterstützt. Extremer Gegenfall dazu ist die Situation, in der der Vorgesetzte kein direktives Führungsverhalten zeigt und die Gruppe den Vorgesetzten nicht unterstützt: Hier entscheiden ausschließlich externe Faktoren über die Gruppenleistung.

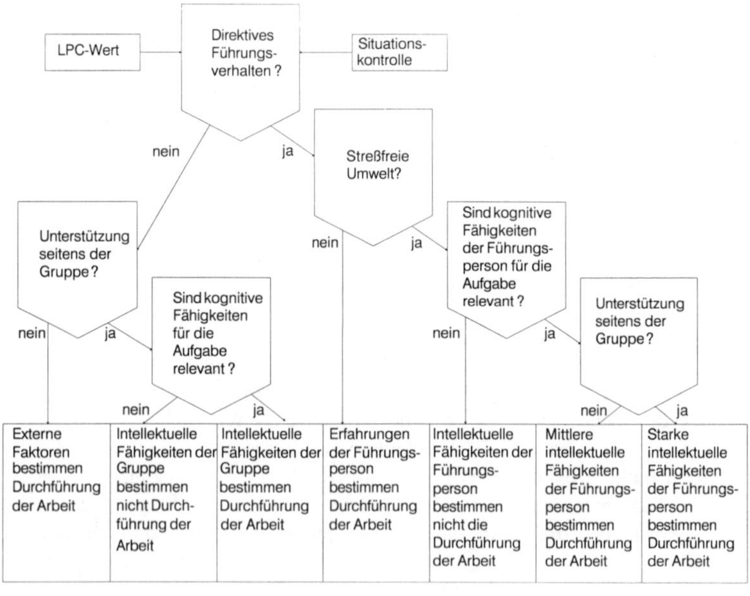

Abbildung 6.12: Schematische Darstellung der kognitiven Ressourcentheorie (nach *Fiedler/Garcia* 1987, 9)

Der Ableitungszusammenhang der kognitiven Ressourcentheorie von *Fiedler* und *Garcia* ist durchaus nachvollziehbar und bietet sicherlich als Ausgangshypothese Möglichkeiten für umfangreiche empirische Arbeiten.

Trotzdem gibt es eine Reihe von **Kritikpunkten**: So soll dieses Modell einen zusätzlichen Erklärungsbaustein für *Fiedlers* Kontingenzmodell liefern (*Fiedler/Garcia* 1987, 7). Dieses Ziel dürfte aber kaum erreicht sein. Paradoxerweise scheint sogar das Kontingenzmodell durch die „Theorie kognitiver Ressourcen" falsifizierbar: Die Grundhypothese von *Fiedlers* Kontingenztheorie war, daß sich Gruppeneffektivität aus LPC-Score und Gruppensituation ergibt. Nach der kognitiven Ressourcentheorie hängt aber der Erfolg von zusätzlichen substantiellen Variablen ab. Wenn nun die Kontingenztheorie tatsächlich aussagekräftig wäre, so scheint die kognitive Ressourcentheorie überflüssig, da bereits die Varianz überwiegend durch *Fiedlers* Kontingenztheorie erklärt wird; erweist sich dagegen die kognitive Ressourcentheorie empirisch als stützbar, so falsifiziert sie damit die Kontingenztheorie: Dann würden LPC-Score und Gruppensituation eben nicht als Prädiktoren für den Gruppenerfolg genügen.

Das Modell von *Fiedler* und *Garcia* ist zu neu, um es einer abschließenden Würdigung zu unterziehen: Als Basis für eine weitergehende empirische Forschung dürfte es sich jedoch sicherlich eignen. Hinzu kommt die plausibilitätsmäßige Stringenz des Modells.

6.2.6.4 *Das Entscheidungsmodell von Vroom und Yetton*

(a) Modelldarstellung

Wie *Fiedler* gehen auch *Vroom* und *Yetton* (1973) davon aus, daß es grund-

(AI)	Der Vorgesetzte löst das Problem oder trifft die Entscheidung alleine, wobei er ausschließlich die ihm gerade zur Zeit verfügbare Information verwendet.
(AII)	Der Vorgesetzte holt die notwendige Information von seinen Untergebenen ein und entscheidet dann (alleine!). Ihm ist dabei freigestellt, ob er die Untergebenen darüber informiert, wozu die Information erforderlich ist: Die Untergebenen sind ausschließlich Informationsbeschaffer, nicht aber Alternativengenerierer oder Alternativenbewerter.
(CI)	Der Vorgesetzte diskutiert das Problem mit einzelnen Untergebenen (individuell), holt deren Meinung ein und trifft dann aber die Entscheidung alleine. Die Untergebenen werden nicht gemeinsam als Gruppe zu diesem Problem gehört.
(CII)	Der Vorgesetzte diskutiert das Problem mit der Gruppe der Untergebenen, wobei Informationsbeschaffung und Alternativengenerierung kollektiv erfolgen. Die nachfolgende Entscheidung wird ausschließlich vom Vorgesetzten getroffen.
(G)	Der Vorgesetzte diskutiert das Problem mit seinen Untergebenen in einer Gruppe aus nahezu gleichrangigen Mitgliedern. Gemeinsam werden Informationen gesucht, Alternativen generiert und bewertet. Die Rolle des Vorgesetzten ist mehr die eines Gruppenleiters, der sich mit der organisatorischen Abwicklung befaßt, nicht aber mit der Beeinflussung der Gruppenmitglieder.

Übersicht 6.20: Führungsstile nach *Vroom* und *Yetton* (1973, 13)

sätzlich keinen in allen Situationen gleichermaßen günstigen Führungsstil gibt. **Ausgangspunkt** ihres Modells ist eine Klassifikation von Führungsstilen, die sich primär im **Partizipationsgrad** unterscheiden. Die Autoren stützen sich dabei auf in der Literatur propagierte Führungsstile, darunter die zuvor angesprochene Systematik von *Tannenbaum* und *Schmidt*. Im einzelnen unterscheiden *Vroom* und *Yetton* – neben der Individualführung (1:1-Führung) – fünf **Führungsstile** (Entscheidungsstrategien) für Gruppenentscheidungen (Übersicht 6.20).

(Anmerkung: In den nachfolgenden Ausführungen wurden die sachlich und historisch im Zeitablauf divergierenden Bezeichnungen in diesem Modell leicht modifiziert, damit die Aussagen zueinander kompatibel sind. Die Bezeichnungen in den Übersichten und Abbildungen stimmen daher nicht immer mit den zitierten Originalquellen überein.)

Fiedler charakterisierte die Führungssituation anhand von drei situativen Variablen mit jeweils zwei Ausprägungen und erhielt deshalb acht alternative Führungssituationen (2^3). *Vroom* und *Yetton* verwenden ein wesentlich **differenzierteres** Klassifikationsschema: Dieses berücksichtigt nicht nur die Informationsverfügbarkeit, sondern auch die Entscheidungsakzeptanz

(a) Die „objektive" Qualität der Entscheidung ist wichtig.

(b) Der Vorgesetzte verfügt über genug Informationen, um alleine eine qualitativ hochwertige Entscheidung zu treffen.

(c) Das Problem ist aus Sicht des Vorgesetzten insoweit ausreichend strukturiert, da er sowohl weiß, wer über die notwendigen Informationen verfügt, als auch wie sie eingeholt werden können.

(d) Das Ausmaß an Akzeptanz oder Engagement auf seiten der Mitarbeiter hat einen deutlichen Einfluß auf eine sinnvolle Entscheidungsdurchführung.

(e) Die Wahrscheinlichkeit ist hoch, daß eine autokratische Entscheidung des Führers von den Untergebenen akzeptiert wird.

(f) Der Vorgesetzte kann davon ausgehen, daß die Untergebenen im Hinblick auf die in der Problemstellung angesprochenen Organisationsziele hoch motiviert sind.

(g) Die Wahrscheinlichkeit ist groß, daß es zwischen den Untergebenen zu deutlichen Meinungsunterschieden im Hinblick auf die bevorzugte Lösung kommt.

(x) Die Untergebenen haben (als Kollektiv) die notwendigen Informationen, um eine hochwertige Entscheidung alleine zu treffen.

(y) Notwendige Zusatzinformation kann im Kreise der Mitarbeiter gefunden werden.

(z) Es ist zulässig, zusätzliche Informationen außerhalb der Gruppe (also Vorgesetzter plus Untergebene) zu sammeln, bevor eine Entscheidung getroffen wird.

Übersicht 6.21: Situationsattribute nach *Vroom* und *Yetton* (1973, 13+21–30+39) durch die Gruppe. Die **sieben** Situationsattribute führen – aufgefaßt als binär zu beurteilende Variablen – zu **128** unterschiedlichen Führungssituationen (2^7). Die sieben Situationsattribute sind in Übersicht 6.21 ausgewiesen und mit **a** bis **g** gekennzeichnet; hinzu kommen drei „zusätzliche" Situationsattribute, die Unterfälle beschreiben.

Nicht alle 128 Situationen sind logisch sinnvoll. *Vroom* und *Yetton* gehen daher von einem **Entscheidungsbaum** aus, bei dem sukzessive bestimmte Äste abgearbeitet und unzulässige Situationsattribute übergangen werden. So sind die Aussagen zu den Situationsattributen **b** und **c** immer dann bedeutungslos, wenn die Entscheidungsqualität **a** unwichtig ist, die Frage also mit „nein" beantwortet wird.

Als nächstes definieren die Autoren Unzulässigkeitsregeln, um Qualität und Akzeptanz der Entscheidung zu sichern: Das Schnittmengensymbol ∩ charakterisiert in Übersicht 6.22, daß beide Situationsattribute zutreffen. Ein Strich oberhalb vom Situationsattribut bedeutet Verneinung der entsprechenden Frage, ein Strich oberhalb eines Führungsstils, daß dieser Führungsstil **nicht** Bestandteil der zulässigen Lösungsmenge ist.

„Qualitätsregeln"	
Informationsregel:	$a \cap \bar{b} \rightarrow \overline{AI}$
Vertrauensregel:	$a \cap \bar{f} \rightarrow \overline{G}$
Strukturregel:	$a \cap \bar{b} \cap \bar{c} \rightarrow \overline{AI}, \overline{AII}, \overline{CI}$
„Akzeptanzregeln"	
Akzeptanzregel:	$d \cap \bar{e} \rightarrow \overline{AI}, \overline{AII}$
Konfliktregel:	$d \cap \bar{e} \cap g \rightarrow \overline{AI}, \overline{AII}, \overline{CI}$
Fairneßregel:	$\bar{a} \cap d \cap \bar{e} \rightarrow \overline{AI}, \overline{AII}, \overline{CI}, \overline{CII}$
Prioritätsregel:	$d \cap \bar{e} \cap f \rightarrow \overline{AI}, \overline{AII}, \overline{CI}, \overline{CII}$

Übersicht 6.22: Unzulässigkeitsregeln von *Vroom* und *Yetton* (1973, 32–34)

Wendet man diese Unzulässigkeitsregeln an, so erhält man in einigen Fällen eine eindeutige **Lösung**: So führt die Verneinung der Situationsattribute **a** und **e**, verbunden mit der Bejahung des Situationsattributes **d**, zur Wahl des Führungsstils **G**. In anderen Fällen dagegen bleiben alle **fünf** Führungsstile zulässig: Dies gilt beispielsweise bei Verneinung der Situationsattribute **a** und **d**. Abbildung 6.13 zeigt dieses **„mehrdeutige"** Modell, das auch bei den abschließend zu diskutierenden empirischen Überprüfungen als Test-Hypothese Verwendung fand.

Um in allen Situationen zu einer eindeutigen Lösung zu gelangen, wurde eine weitere Einschränkung des Lösungsraums im Hinblick auf eine optimale Lösung notwendig: Zur Auswahl stand erstens ein Vorschlag, nach dem grundsätzlich immer der Führungsstil mit dem höchsten Partizipationsgrad zu wählen war; dies hätte aber nahezu immer den Führungsstil **G**

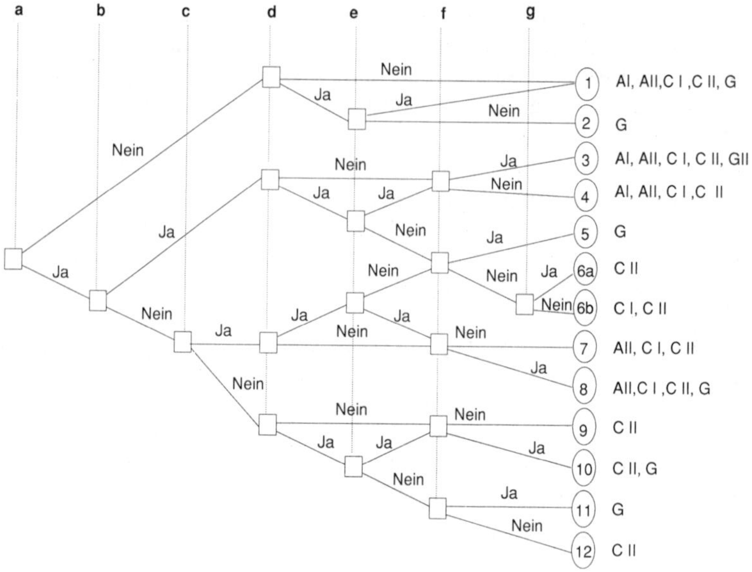

Abbildung 6.13: Führungsstil-Auswahl im „mehrdeutigen" Modell von *Vroom* und *Yetton* (nach *Jago* 1987, 938)

ergeben. Eine andere Auswahlregel besagte, immer den Führungsstil zu verwenden, der mit dem **geringsten Aufwand** für die Lösungsfindung verbunden ist: Unter Berücksichtigung dieser zweiten Zusatzregel konnte für jede Führungssituation exakt ein Führungsstil festgelegt werden (Abbildung 6.14).

(b) Modellüberprüfung

Das Modell von *Vroom* und *Yetton* wurde einer Reihe von **empirischen Überprüfungen** unterzogen (vgl. z.B. *Vroom/Jago* 1978, 151–162; *Yetton/Vroom* 1978, 133–149; sowie *Margerison/Glube* 1979). Keiner dieser Tests falsifizierte das Modell von *Vroom* und *Yetton*, wenngleich auch die Stützung der Thesen häufig eher schwach ausfiel.

Eine der überzeugendsten Untersuchungen des Vorschlags von *Vroom* und *Yetton* ist die Studie von *Field* (1982): Sie basiert nicht wie andere Studien auf der Selbsteinschätzung von Managern, sondern analysiert im Laborexperiment das Entscheidungsverhalten von 276 MBA-Studenten. Für 23 Führungssituationen wurde eine Fallstudie geschrieben und fünf Kleingruppen zur Lösung übertragen: In jeder der fünf Parallelgruppen wurde dem Gruppenleiter ein anderer Führungsstil vorgeschrieben, weshalb letztlich jede der 23 Fallstudien (Situationen) mit jedem Führungsstil „bearbeitet" wurde.

Im einzelnen sollten folgende **Hypothesen** getestet werden (*Field* 1982, 525):

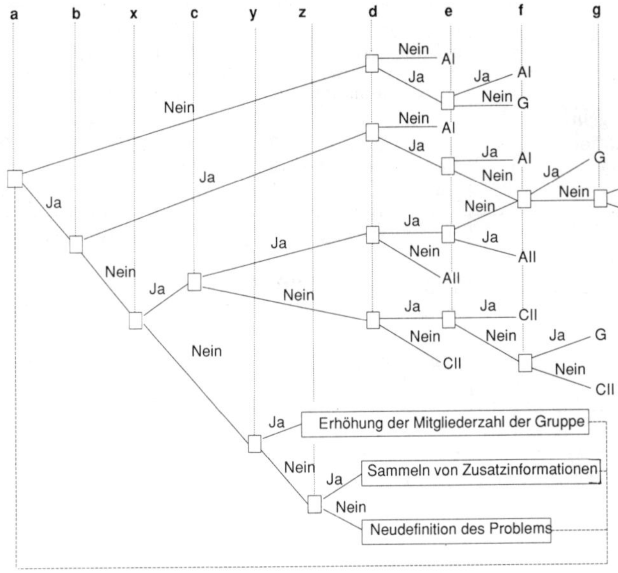

Abbildung 6.14: Führungsstil-Auswahl im „eindeutigen" Modell von *Vroom* und *Yetton* (nach *Vroom/Yetton* 1973, 39)

(1) Ergebnisse, die mit einer zulässigen Kombination von Führungsstil und Führungssituation gemacht werden, sind effektiver als „unzulässige" Kombinationen.
(2) Die Qualität der Entscheidung sinkt, sobald eine Qualitätsregel verletzt wird.
(3) Ceteris paribus führt die Verletzung jeder Qualitätsregel zur Reduktion der Entscheidungsqualität.
(4) Verletzung bereits einer Akzeptanzregel verringert die Entscheidungsakzeptanz.
(5) Ceteris paribus verringert die Verletzung jeder Akzeptanzregel die Entscheidungsakzeptanz.

Aus der rechten Spalte von Übersicht 6.23 geht hervor, daß **fünf der sieben** Zulässigkeitsregeln auf die Gesamtlösungseffektivität durchschlagen. Hypothese 1 fand sich gestützt. Hypothese 2 und 3 konnten nicht gestützt werden, da die Erfüllung der Vertrauensregel zu keiner signifikanten Qualitätsverbesserung führt. Hypothese 4 konnte gestützt werden, wie die Werte im linken unteren Quadranten anzeigen. Im Hinblick auf Hypothese 5 ist lediglich von einer teilweisen Stützung zu sprechen, da bei der Konfliktregel das notwendige Signifikanzniveau nicht erreicht wurde.

Eine weitere Überprüfung dieses Modells wurde in **Österreich** vorgenommen (*Böhnisch/Jago/Reber* 1987): 381 Führungskräfte beschrieben 675 konkrete Problemlösungssituationen. Auch hier sollte wieder geprüft werden, inwieweit Regelverletzungen zu Effektivitätsverlusten führten: Es

	Regel befolgt	Regel verletzt	t	Regel befolgt	Regel verletzt	t
		Qualität			Gesamteffektivität	
Qualitätsregeln						
(1) Information	3.13	2.73	1.02	3.35	2.59	2.19*
(2) Vertrauen	2.68	3.05	−0.84	2.81	3.48	−1.60
(3) Struktur	3.91	3.43	1.69*	4.05	3.32	2.76*
		Akzeptanz			Gesamteffektivität	
Akzeptanzregeln						
(1) Grundakzeptanz	4.48	3.36	3.10**	3.69	3.15	1.69*
(2) Konflikt	4.56	3.63	1.50	3.79	2.70	2.29*
(3) Fairneß	5.33	3.58	2.11*	5.33	3.58	2.11*
(4) Priorität	5.06	4.26	2.30*	3.64	3.36	0.67
* p < 0.05, ** p < 0.01						

Übersicht 6.23: Das Experiment von *Field* (1982, 529)

zeigte sich eindeutig, daß die (allerdings wieder subjektive) Einschätzung der Gesamteffektivität mit der Anzahl verletzter Regeln signifikant negativ korreliert ($r = -0{,}22$, $p < 0.01$), also abnimmt.

Übersicht 6.24 enthält die Mittelwerte der jeweils relevanten Effektivitätskriterien, aufgeteilt in Fälle, wo die entsprechende Regel verletzt beziehungsweise befolgt wurde. Drei Regeln erreichten signifikante Unterschiede, für die übrigen Regeln war die Belegungszahl möglicherweise zu gering.

	Regel befolgt (69%)	Regel verletzt (21%)	t
Qualitätsregeln			
(1) Information	1.37 (122)	−0.58 (12)	2.57**
(2) Vertrauen	1.25 (100)	0.39 (23)	1.38
(3) Struktur	0.95 (37)	0.04 (26)	1.31
Akzeptanzregeln			
(4) Grundakzeptanz	0.69 (148)	−1.47 (47)	4.64**
(5) Konflikt	0.42 (66)	−0.86 (58)	2.58**
(6) Fairneß	1.43 (7)	−0.29 (14)	1.22
(7) Priorität	1.85 (26)	1.16 (56)	1.13
** p < 0.01			

Übersicht 6.24: Konsequenzen von Regelbefolgung und Regelverletzung für Qualität (oben) beziehungsweise Akzeptanz (unten) in der Studie von *Böhnisch*, *Jago* und *Reber* (1987, 91)

Abgesehen von der durchwegs guten Stützung der Überlegungen von *Vroom* und *Yetton* deutet diese Studie zumindest für diesen Führungsansatz auf eine **interkulturelle Validität** hin. Dies belegt auch die in Übersicht 6.25 wiedergegebene Zusammenfassung der vier wichtigsten Studien zu diesem Modell.

	Studie	**Effektiv**	**Nicht-Effektiv**
Führungsstil in Übereinstimmung mit dem Modell	(a) (b) (c) (d)	68% 67% 49% 67% **63%**	32% 33% 51% 33% **37%**
Führungsstil **nicht** in Übereinstimmung mit dem Modell	(a) (b) (c) (d)	22% 41% 36% 44% **36%**	78% 59% 64% 56% **64%**
(a) *Vroom/Jago* 1978 (b) *Zimmer* 1978		(c) *Field* 1982 (d) *Böhnisch/Jago/Reber* 1987	

Übersicht 6.25: Untersuchungen zum *Vroom/Yetton* – Modell (erweitert nach *Jago* 1987, 941)

(c) Modellbewertung

Zusammenfassend kann als entscheidender **Vorteil** des Modells von *Vroom* und *Yetton* festgestellt werden, daß es eine hohe Zahl von Situationsvariablen verwendet und durchaus plausible, im empirischen Test (tendenziell) abstützbare Empfehlungen zur Führungsstilwahl macht.

Der Ansatz von *Vroom* und *Yetton* läuft üblicherweise unter der Bezeichnung „ein **normatives** Modell". Dies deutet auf die Einbeziehung von spezifischen Wertvorstellungen seiner Entwickler hin, wonach partizipative Führung grundsätzlich als anstrebenswert gilt – sofern von der Situation her möglich. Allerdings ist das Modell von *Vroom* und *Yetton* speziell in der Version von Abbildung 6.14 ein nahezu deterministisches Modell. Diese technokratische Modellstruktur scheint dabei dem „humanen" Grundansatz dieses Modells zu widersprechen. So spricht *Neuberger* (1985 b, 153–154) in diesem Zusammenhang von „Horrorvision" und einer als Trugbild entlarvten „technizistischen Fassade", die von der zugrundeliegenden „normativen Irrationalität" ablenkt.

Trotzdem: Gerade dieser Ansatz verlangt viel von den Führungskräften, besonders hinsichtlich der differenzierten Analyse der aktuellen Führungssituation. Dieser Vorschlag ist sicherlich weit von einer Automatisierbarkeit entfernt. Auch die (implizite) Forderung von *Vroom* und *Yetton*, in jeder Führungssituation einen anderen Führungsstil zu praktizieren, stellt hohe Anforderungen an die Führungskräfte.

Nicht zuletzt aus diesen Gründen dürfte – trotz aller Kritik – das Modell von *Vroom* und *Yetton* ein wichtiger Denkanstoß zu einem Ansatz sein, wonach in Abhängigkeit
- vom aktuellen Problem,
- vom Informationsstand des Vorgesetzten,
- vom Informationsstand der Untergebenen,
- von diversen Akzeptanzüberlegungen,
- von diversen Qualitätsüberlegungen und
- von Effizienzüberlegungen

einzelfallspezifisch über den Führungsstil entschieden wird.

6.2.6.5 Zusammenführung

Das Kontinuum von *Tannenbaum* und *Schmidt* ist rein **deskriptiv**: Es zeigt, welche unterschiedlichen Formen von Führungsstilen existieren und durch welche Charakteristika sie sich auszeichnen. Das Modell von *Fiedler* macht **präskriptiv** Aussagen darüber, wie in Abhängigkeit vom Führungsstil die Führungssituation zu gestalten ist. *Vroom* und *Yetton* gehen ebenfalls präskriptiv vor: Sie definieren den effektiven Führungsstil aber als situationsspezifisch wählbar; hinzu kommt die „**normative**" Grundausrichtung auf einen Kompromiß zwischen Aufwandsminimierung und Partizipation.

Vergleicht man die **Methodik**, die zur Generierung der drei zuvor diskutierten Ansätze geführt hat, so gehen *Tannenbaum* und *Schmidt* ausschließlich **klassifikatorisch** vor. *Fiedler* operiert **induktiv**, indem er generalisierend aus empirischen Befunden auf eine allgemeingültige „Theorie" schließt. Dagegen operieren *Vroom* und *Yetton* **deduktiv**: Sie entwickeln plausibilitätsgestützte und aus Führungstheorien abgeleitete Aussagen, die sie dann empirischen Prüfungen unterziehen.

6.2.7 Führungsstilmodelle der Ohio-State-Forschung

6.2.7.1 Die Ohio-State-Forschung

Unter der Bezeichnung „Ohio-State-Forschung" oder „Ohio-Schule" faßt man die Studien zum Führungsstil zusammen, die zwischen 1945 und 1960 an der Ohio State University durchgeführt wurden: Ziel dieser bei *Stogdill* und *Coons* (1957) dokumentierten Studien war es, einen Zusammenhang zwischen dem Vorgesetztenverhalten und den Gruppencharakteristika aufzudecken. Aus den zunächst deskriptiven Ansätzen sollten dann „gute Führerqualitäten" bestimmt werden. Dennoch lag das Schwergewicht der Ohio-State-Studien überwiegend auf der Beschreibung des Führungsverhaltens. So ist auch eine der zentralen Leistungen dieser Forschung ein Fragebogen zur Bestimmung von Führungsverhalten („leader-behavior-description-questionnaire").

(a) Modelldarstellung

Die Basis der Ohio-State-Studien besteht aus **neun** plausibilitätsmäßig abgeleiteten „Dimensionen" von Führungsverhalten. Für sie wurden 1790

Items generiert, von denen über Expertenurteile 150 als aussagekräftig eingestuft und auf Subkategorien zugeordnet wurden. Übersicht 6.26 zeigt die neun Dimensionen der Ohio-State-Forschung, die (zwei bis vier) Subkategorien pro Dimension sowie (in Klammern) die Anzahl der Items pro Subkategorie.

1. Initiative:
Entwicklung neuer Ideen und Praktiken (7)
Unterstützung neuer Ideen und Praktiken (4)
Widerstand gegen neue Ideen und Praktiken (4)

2. Mitgliedschaft:
Fraternisierung des Führers mit der Gruppe (4)
Informale Interaktion (5)
Austausch persönlicher Dienstleistungen (6)

3. Repräsentation:
Verteidigung der Gruppe gegen Angriffe (5)
Förderung von Gruppeninteressen (7)
Handlungen im Auftrag der Gruppe (4)

4. Integration:
Zurückstellen individuellen Verhaltens (6)
Unterstützung einer angenehmen Gruppenatmosphäre (4)
Reduktion von Konflikten zwischen Gruppenmitgliedern (5)
Förderung der individuellen Anpassung an die Gruppe (2)

5. Organisation:
Definition oder Strukturierung der eigenen Arbeit (4)
Definition oder Strukturierung der Arbeit von anderen (9)
Definition oder Strukturierung der Arbeitsbeziehung zwischen Personen (5)

6. Dominanz:
Einschränkung der Aktionen (6)
Einschränkung von Entscheidungen (8)
Einschränkung von Meinungen (5)

7. Kommunikation:
Informieren von Mitarbeitern (8)
Informationen suchen (4)
Informationsaustausch unterstützen (4)
Erkennen von Gruppenproblemen (6)

8. Anerkennung:
Handlungen, die Zustimmung ausdrücken (7)
Handlungen, die Ablehnung ausdrücken (7)

9. Leistungsbetonung:
Vorgabe von Leistungszielen (6)
Antreiben von Mitgliedern im Hinblick auf Leistung (6)

Übersicht 6.26: Verhaltensdimensionen und Subkategorien der Ohio-State-Studie nach *Hemphill* und *Coons* (1957, 10–12); die Zahlen in Klammern geben die Anzahl der Items pro Subkategorie an

(b) Modellüberprüfung

Wegen der Redundanzgefahr der Merkmale wurden faktoranalytische Studien durchgeführt. Sie hatten konkret beobachtbares Führungsverhalten zum Inhalt (vgl. *Stogdill/Coons* 1957, 39–51 + 52–64 + 65–68): In einer dieser Studien wurden 52 Flugzeugbesatzungen von B-50 Bombern befragt, also (52) Flugzeugkommandanten von ihren (300) Besatzungsmitgliedern charakterisiert.

Vor allem die Dimensionen Dominanz, Organisation, Leistungsorientierung, Mitgliedschaft und Initiative erwiesen sich als hoch interkorreliert. Damit verstärkte sich der Verdacht einer Reduzierbarkeit auf wenige Grunddimensionen. Das Ergebnis dieser Faktoranalyse (Übersicht 6.27) zeigt **vier** lokalisierte **Faktoren** und gibt für jeden Faktor die durch ihn erklärte Varianz an; zusätzlich ausgewiesen sind alle Items, die eine Faktorladung (Einfluß Item auf Faktorausprägung) von mindestens 0.60 erzielten.

Erster Faktor:	**Beziehungsorientierung („consideration", V = 49,6%)**
(F = .68)	Erweist Besatzungmitgliedern persönliche Gefallen
(F = .70)	Kümmert sich um das persönliche Wohlergehen der Besatzungsmitglieder
(F = –.77)	Verweigert die Erklärung von Aktionen
(F = .81)	Behandelt alle Mitglieder gleich
(F = .81)	Ist freundlich und ansprechbar
(F = .81)	Findet Zeit zum Zuhören
Zweiter Faktor:	**Aufgabenorientierung („initiating structure", V = 33,6%)**
(F = .60)	Verlangt die Einhaltung der standard operation procedures
(F = .75)	Hält strikte Leistungsstandards ein
(F = .72)	Macht seine Rolle im Flugzeug deutlich
(F = .62)	Setzt seine Vorstellungen bei der Besatzung durch
(F = .63)	Macht seine Auffassungen der Besatzung deutlich
Dritter Faktor:	**Leistungsorientierung („production emphasis", V = 9,8%)**
(F = .62)	Behandelt Besatzungsmitglieder wie Zahnräder einer Maschine
Vierter Faktor:	**Sozialorientierung („sensitivity", V = 7,0%)**
(F = .65)	Erkennt Konflikte in der Besatzung
(F = –.60)	Trampelt auf einem Besatzungsmitglied herum, das Fehler gemacht hat

Übersicht 6.27: Lokalisierte Faktoren in der Flugkapitän-Studie nach *Halpin/Winer* (1957, 41–44) unter Angabe der Items mit mindestens Faktorladung .60; V = erklärte Varianz, F = Faktorladung

Da die letzten beiden Faktoren nur einen geringen Teil der Varianz erklärten, wurden sie nicht weiter untersucht und sind auch in den nachfolgenden Studien nicht mehr enthalten. Die Dimensionen **„Beziehungsorientierung"** und **„Aufgabenorientierung"** dagegen prägten nicht nur die Ohio-State-Studien, sondern auch die daraus entstandenen Nachfolgeprojekte. Entscheidend ist, daß zwischen der Beziehungsorientierung und der

Aufgabenorientierung **kein Kontinuum** vorliegt: Ein Vorgesetzter kann danach durchaus gleichzeitig ein menschliches Verhältnis zu seinen Mitarbeitern haben **und** eine strikte Aufgabenorientierung im Sinne einer Betonung der Leistung praktizieren.

Eine nachfolgende Studie prüfte, inwieweit diese beiden zentralen Verhaltensdimensionen in Zusammenhang mit der **Effektivität** stehen. Dazu wurde ein Gesamteffektivitätswert definiert, der sich aus Urteilen von Vorgesetzten (beispielsweise im Hinblick auf Streßbeständigkeit oder Motivation) und aus Urteilen der Besatzung (zum Beispiel Vertrauen) ergab. Hohe Effektivitätswerte ergaben sich vor allem für solche Situationen, in denen hohe Aufgabenorientierung **und** hohe Beziehungsorientierung vorlag. Dieser Fall ist in Übersicht 6.28 in der rechten oberen Zelle beschrieben; das Umgekehrte ergibt sich in der linken unteren Zelle.

		Beziehungsorientierung	
		niedrig	hoch
Aufgaben-orientierung	hoch	hoch 4 Effektivität niedrig 2	hoch **8** Effektivität niedrig **2**
	niedrig	hoch **1** Effektivität niedrig **6**	hoch 0 Effektivität niedrig 2

Übersicht 6.28: Effektivität in der Flugkapitän-Studie (nach *Halpin* 1957, 63)

Da auch die anderen empirischen Studien der Ohio-State-Gruppe Aufgaben- und Beziehungsdimension betonten, entwickelte sie sich zum zentralen Charakteristikum der Ohio-State-Nachfolgearbeiten, wie *Blake/Mouton*, *Reddin* und *Hersey/Blanchard.*

(c) Modellbewertung

Hier setzt allerdings auch ein potentieller Kritikpunkt an: Falls die in Übersicht 6.28 – genauso wie in den verschiedenen Ansätzen, die sich von der Ohio-State-Studie ableiten – implizierte **Unabhängigkeit** der Aufgabenorientierung von der Beziehungsorientierung in statistischer Hinsicht nicht gegeben ist (vgl. die diversen Befunde bei *Stogdill/Coons* 1957), bedeutet diese „mangelnde **Orthogonalität**", daß mit Zunahme der Beziehungsorientierung tendenziell auch die Aufgabenorientierung zunimmt und umgekehrt. Dies schränkt die Umsetzbarkeit **aller** Ohio-State-Ansätze ein.

6.2.7.2 Das Verhaltensgitter von Blake und Mouton

Blake und *Mouton* (1968; 1969; 1980) greifen die beiden zentralen Dimensionen der Ohio-State-Forschung unter der Bezeichnung „Sachorientierung" und „Menschenorientierung" auf (Abbildung 6.15): Bei der **Sachorientierung** erfolgt eine Ausrichtung auf Produktion, Ergebnisse, Endresultate oder Gewinne; sie läßt sich durch Betonung von Effektivitäts- und Effizienzüberlegungen feststellen. **Menschenorientierung** zeigt sich in Verständnis und Unterstützung sowie im Bemühen von Führungskräften um Zuneigung ihrer Mitarbeiter.

Für beide Dimensionen verwenden *Blake* und *Mouton* neunteilige Skalen, wodurch das bekannte und vielzitierte „Verhaltensgitter" entsteht.

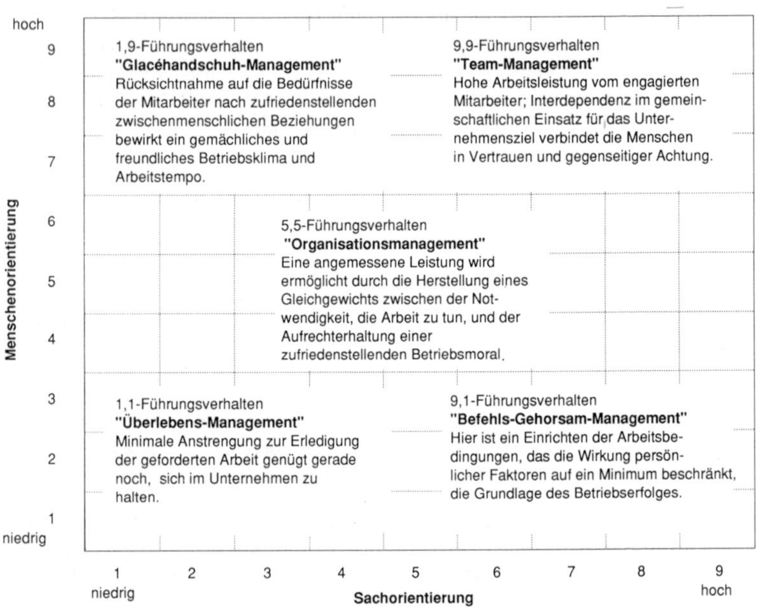

Abbildung 6.15: Das Verhaltensgitter von *Blake* und *Mouton* (1980, 27)

Aus Gründen der Komplexitätsreduktion konzentrieren sich *Blake* und *Mouton* lediglich auf **fünf** verschiedene Führungsstile: Vier davon stellen extreme Ausprägungen im Verhaltensgitter dar, der fünfte (5,5) eine mittlere Position. Für diese fünf Führungsstile liefern die Autoren nicht nur Mechanismen zur Bestimmung des praktizierten Führungsstils, sondern auch zum Teil äußerst umfangreiche Charakterisierungen des Führungsstils und seiner Konsequenzen.

In Übersicht 6.29 ist in der zweiten Spalte ein Ausschnitt aus der Charakterisierung des entsprechenden Führungsstils wiedergegeben. Es folgt ein **Ausschnitt** aus der von den Autoren angegebenen „Selbstbefragung", mit deren Hilfe man seinen Führungsstil bestimmen kann: nämlich die Beurteilung des eigenen Humors. Aufgeführt sind ferner ausgewählte Konsequenzen des Führungsstils für das Unternehmen sowie die persönlichen Folgen für den Mitarbeiter, der diesen Führungsstil praktiziert.

Typ	Charakterisierung	Selbstbefragung Stichwort „Humor“	Konsequenz für das Unternehmen	Konsequenz für den Mitarbeiter
1,1	Minimale Anstrengung zur Erledigung der geforderten Arbeit genügt gerade noch, sich im Unternehmen zu halten.	Andere halten meinen Humor für witzlos	Treibt auf Bankrott zu	Resignation Krebs Tuberkulose früher Tod
1,9	Rücksichtnahme auf die Bedürfnisse der Mitarbeiter nach zufriedenstellenden Beziehungen bewirkt ein gemächliches Arbeitstempo und ein freundliches Betriebsklima.	Mit meinem Humor lenke ich vom Ernst der Lage ab	Hohe Kosten geringe Leistung geringe Produktion	Masochismus Asthma Diabetis Bluthochdruck
5,5	Eine angemessene Leistung wird ermöglicht durch die Herstellung eines Gleichgewichts zwischen der Notwendigkeit, die Arbeit zu tun, und der Aufrechterhaltung einer zufriedenstellenden Betriebsmoral.	Mein Humor dient mir und meiner Stellung	Mittlere Leistung und Produktion	Übermäßige Sorgen Magengeschwüre
9,1	Der Betriebserfolg beruht darauf, die Arbeitsbedingungen so einzurichten, daß der Einfluß persönlicher Faktoren auf ein Minimum beschränkt wird.	Ich habe einen beißenden Humor	kurzfristig Erfolge	Sadismus Herzinfarkt Migräne
9,9	Hohe Arbeitsleistung vom engagierten Mitarbeiter, Interdependenz im gemeinschaftlichen Einsatz für das Unternehmensziel verbindet die Menschen in Vertrauen und gegenseitiger Achtung.	Selbst unter Druck bewahre ich meinen Humor	Hohe Leistung und Produktion hohe Rendite	Zuversicht Achtung Bewunderung gute Gesundheit

Übersicht 6.29: Die Führungsstile von *Blake* und *Mouton* (1980, 27, 15, 317)

Aus Übersicht 6.29 erkennt man deutlich die Präferenz der Autoren für den **Führungsstil 9,9**. Gerade damit wird aber dieses Modell angreifbar: Plötzlich hängt der optimale Führungsstil nicht mehr von situativen Variablen ab, sondern läßt sich allgemeingültig festlegen. Dies enthebt *Blake* und *Mouton* der Aufgabe, sich mit situativen Variablen auseinanderzusetzen.

Diese Idee, bei hoher Ausprägung auf beiden Dimensionen die Gesamteffektivität als maximiert zu unterstellen, findet sich auch in der ursprünglichen Ohio-State-Studie. Dort wurde allerdings lediglich für **eine** spezifische Situation die Überlegenheit einer derartigen Ausprägungskombination festgehalten (Übersicht 6.28) und plausibel begründet, daß eine hohe Personen- und Aufgabenorientierung die Gesamteffektivität maximiert: So dürfte bei der „Aufgabenstellung“ von Bomber-Besatzungen zweifelsohne sowohl die technische (aufgabenorientierte) als auch die mitarbeiterorientierte Dimension eine wichtige Rolle spielen. Generelle und allgemeingültige Aussagen werden daraus von den klassischen Autoren der Ohio-State-Forschung – anders als von *Blake* und *Mouton* – nicht abgeleitet.

Die **Verkürzung** auf den 9,9-Führungsstil bei *Blake* und *Mouton* läßt sich aus der Zielrichtung dieses Ansatzes heraus klären: In **Grid-Seminaren** steht das Erkennen des eigenen Führungsstils und eine Entwicklung zum 9,9-Führer im Vordergrund. Würde eine situativ differenzierte Führung notwendig sein, so müßten *Blake* und *Mouton* zusätzlich

- Diagnoseinstrumente für die Situationsanalyse anbieten,
- Aussagen zur Zuordnung von Führungsstil und Führungssituation machen sowie
- Entwicklungsprogramme im Hinblick auf alle möglichen Führungsstile entwickeln.

Die strategische Konzentration auf den 9,9-Führungsstil ist nur eine Erklärung für den großen Erfolg dieser Grid-Seminare. Eine zusätzliche Begründung dürfte darin liegen, daß die Autoren überzeugend darlegen, wie häufig Manager der **Selbsttäuschung** unterliegen: So charakterisieren 69,2% der Teilnehmer des Grid-Seminars ihren Führungsstil **vor** der Seminarteilnahme mit 9,9, während sich nachher nur mehr 24,6% diesen „optimalen" Führungsstil zutrauen (*Blake/Mouton* 1980, 320). Mit diesen und ähnlichen Angaben wollen *Blake* und *Mouton* (1969, 32–66) sicherlich nicht auf eine Verschlechterung des Führungsverhaltens durch das Grid-Seminar hinweisen, sondern auf die große Gefahr der Selbsttäuschung.

Auch im Hinblick auf das Verständnis der beiden Grunddimensionen warnen *Blake* und *Mouton* vor **dilettantischen Interpretationsversuchen**: Die beiden Grunddimensionen sind nicht etwa unabhängig voneinander zu sehen, sondern als interdependent zueinander. Beispielsweise repräsentiert die „9" im 1,9-Stil etwas völlig anderes als die „9" im erstrebenswerten 9,9-Stil. Diese Feststellung folgt nach Ansicht der Autoren aus der interaktiven Verbindung ihrer Elemente, die durch die Kombination ihre ursprüngliche Identität verlieren (vgl. *Blake/Mouton/Lux* 1987, 2019): Auch Wasser ist danach mehr als die arithmetische Verknüpfung von Wasserstoff und Sauerstoff.

Der Ansatz von *Blake* und *Mouton* ist in der **Praxis** offenbar äußerst beliebt – darauf deutet die Verbreitung der Grid-Seminare hin. Auch in den meisten Personallehrbüchern findet er sich wieder, allerdings verbunden mit häufig äußerst kritischen Stellungnahmen: Diese beziehen sich auf die „kuriose Operationalisierung der beiden Dimensionen" (*Neuberger* 1985 b, 111) genauso wie auf den normativen Charakter (*Staehle* 1991 a, 773). Am gravierendsten dürfte aber die Kritik sein, daß *Blake* und *Mouton* in der Anwendung ihrer 9 x9-Matrix nicht-situativ vorgehen.

6.2.7.3 Der 3-D-Ansatz von Reddin

Auch *Reddin* (1967; 1981) verwendet die beiden Grunddimensionen der Ohio-State-Forschung, teilt sie aber nur in zwei Stufen. Dadurch entstehen **vier** verschiedene Grundstile. Im Gegensatz zu *Blake* und *Mouton* können bei *Reddin* in Abhängigkeit von den **situativen Variablen**
- Organisation
- Arbeitsweise
- Vorgesetzte
- Arbeitskollegen
- Untergebene

alle vier Grundstile effektiv sein. Für diese effektiven und nicht effektiven Ausprägungen seiner vier Grundstile prägte *Reddin* jeweils spezifische Termini (Abbildung 6.16).

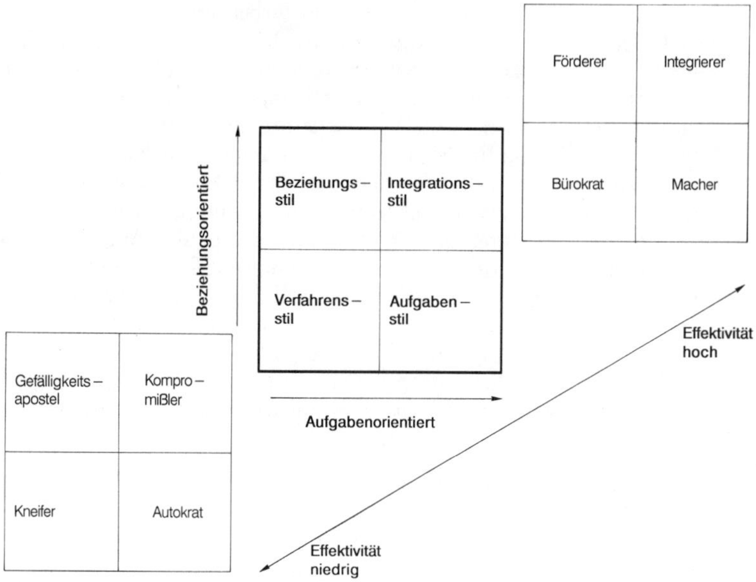

Abbildung 6.16: Die drei Dimensionen des Führungsmodells nach *Reddin* (1981)

Die **vier Grundstile** von *Reddin* manifestieren sich mit ihren zwei Ausprägungen wie folgt:

(1) Der *Verfahrensstil* ist durch Regeln und Vorschriften geprägt. Dieser Stil ist in einer durch hohe Dynamik gekennzeichneten Situation nicht anwendbar. *Reddin* bezeichnet daher einen Vorgesetzten, der in einer solchen Situation den Verfahrensstil anwendet, als "Kneifer". Er beharrt auf Regeln und Vorschriften, obwohl die Situation eine flexible Anpassung erfordern würde. Da er Angst vor der Verantwortung hat, flüchtet er sich in Paragraphen und Dienstvorschriften, womit er andere behindert. Im Gegensatz dazu praktiziert der ebenfalls nach dem Verfahrensstil vorgehende "Bürokrat" insofern einen sinnvollen Führungsstil, als er für ein reibungsloses Funktionieren des Unternehmens entsprechend der fixierten Spielregeln sorgt. (Der im Deutschen negativ gefärbte Ausdruck „Bürokrat" ist im Amerikanischen eher als wertneutral einzustufen.)

(2) Ein Manager, der den *Beziehungsstil* praktiziert, bemüht sich um ein gutes Verhältnis zu seinen Mitarbeitern. Dies artet allerdings beim "Gefälligkeitsapostel" dahingehend aus, daß er selbst kleineren Unstimmigkeiten und Problemen grundsätzlich aus dem Weg geht, jeglichen Konflikt vermeidet und auf diese Weise seine Führungsposition aufgibt. Im Gegensatz dazu ist der "Förderer" eine Führungskraft, die diesen Beziehungsstil effektiv einsetzt: Er widmet sich seinen Mitarbeitern, motiviert sie und sorgt – trotz einer existenten Führung – für eine vertrauensvolle Atmosphäre, in der sich seine Mitarbeiter selbst verwirklichen können.

(3) Beim *Aufgabenstil* stehen Leistung und Arbeitsergebnis im Vordergrund. Der ineffektive "Autokrat" denkt dabei nur an die Aufgabe, hat keinerlei Vertrauen zu seinen Mitarbeitern und übt unnötig Druck auf sie aus. Dies führt zwangsläufig zu Reibungsverlusten. Im Gegensatz dazu führt der "Macher" seine Mannschaft durch Erfahrung, Fleiß und Initiative zum Erfolg: Er diskutiert zwar einzelne Probleme mit seinen Mitarbeitern, behält sich aber dennoch das Entscheidungsrecht vor. Aufgrund seines Fachwissens akzeptieren seine Untergebenen ihn.

(4) *Integrationsstil* bedeutet Berücksichtigung sowohl der Aufgaben- als auch der Beziehungskomponente. Der "Kompromißler" erlaubt extensive Mitsprache seiner Mitarbeiter und sieht in jeder Entscheidung den Zwang zu Kompromissen. Hierdurch steigt die Bearbeitungszeit, während die Mitarbeitermotivation sinkt. Der "Integrierer" dagegen akzeptiert zwar die Persönlichkeit seiner Mitarbeiter, koordiniert dann aber die Aktivitäten seines Teams. Darüber hinaus setzt er hohe Maßstäbe, denen er auch selber gerecht wird.

Die Unterschiede zwischen den ineffektiven und effektiven Dimensionen liegen somit weniger im spezifischen Verhalten der Führerperson begründet, als in der **Kombination** aus Führungssituation **und** Führungsverhalten. Aus diesem Grund schlägt *Reddin* ein (recht einfaches) Instrumentarium vor, mit dessen Hilfe der erforderliche Stil gefunden werden kann: Diese situationsspezifischen Anforderungen werden anhand von Indikatoren der

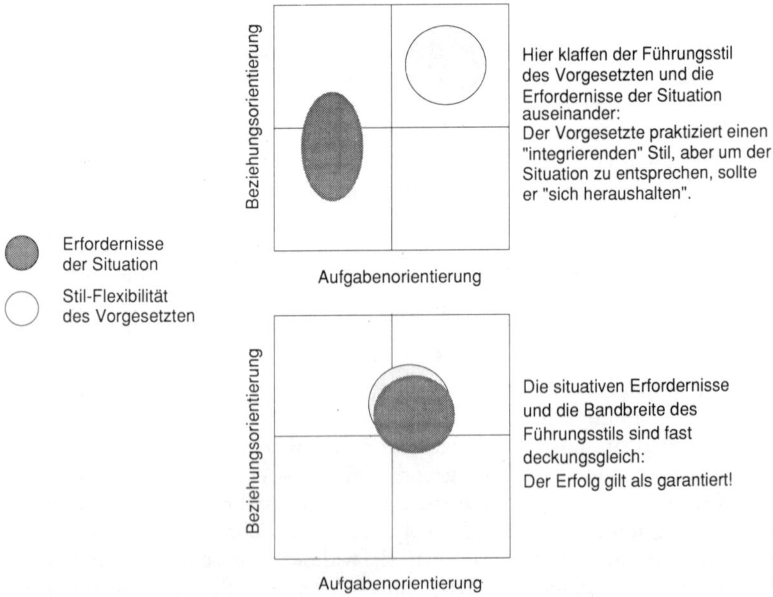

Abbildung 6.17: Anwendung des Konzeptes von *Reddin* (vgl. *Reddin* 1981, 44, 98)

Situation bestimmt. Dieses „Anforderungsprofil" wird dargestellt durch eine **Fläche** in der Führungsstilmatrix (Abbildung 6.17).

Diesem „Anforderungsprofil" der Situation wird das „Fähigkeitsprofil" des Vorgesetzten entgegengestellt, also sein Führungsstil. Beide (unscharf definierten) Bereiche müssen sich decken: Ist dies der Fall, gilt der Führungsstil als **effektiv**. Praktiziert also ein Vorgesetzter in einer Situation, die den Aufgabenstil verlangt, diesen Aufgabenstil, so ist er ein „Macher"; erfordert die Führungssituation dagegen einen Integrationsstil, so trifft auf den Vorgesetzten die Bezeichnung „Autokrat" zu.

Auch *Reddin* propagiert sein Konzept in Managementseminaren: Im Gegensatz zu *Blake* und *Mouton* liegt aber bei ihm das Schwergewicht auf der **Situationsanalyse**. Als Hauptstärke des Ansatzes von *Reddin* kann man dessen situativen Charakter hervorheben: Führungseffektivität ergibt sich immer nur durch Kombination von Führungssituation und Führungsverhalten. In dieser Hinsicht unterscheidet er sich deutlich vom Ansatz von *Blake* und *Mouton.*

Allerdings will auch *Reddin* zur Akzeptanzsicherung seines Ansatzes in der Praxis sicherstellen, daß sich die Führungsrealität immer in diesem Ansatz widerspiegeln kann. Daher bleiben viele seiner Aussagen **äußerst vage**: Nur so kann sich jeder Manager im System von *Reddin* (leicht) wiederfinden. Dementsprechend schwierig ist auch die empirische Überprüfbarkeit dieses Modells.

6.2.7.4 Das Reifegradmodell von Hersey und Blanchard

Zum Verständnis dieses Ansatzes (vgl. *Hersey/Blanchard* 1982) ist es vor allem hilfreich, sich die Biographie der beiden Autoren zu vergegenwärtigen: *Ralph Hersey* ist ein pensionierter „Telephone Pioneer", der im Laufe seiner 39 Dienstjahre in der Industrie mehr als 50 Telefonpatente für die Bell-Laboratorien anmeldete. Konteradmiral *Kenneth Blanchard* dagegen stammt aus der US-Navy, wo er während des zweiten Weltkriegs im Pazifik imposante Führungsqualitäten bewiesen haben soll. Während der Zeit ihrer aktiven Führungstätigkeit konnten beide die unüberschaubare Fülle von Führungstheorien miterleben, die bis Ende der 60er Jahre das amerikanische Managementleben prägten.

Ihr Buch „Management of organizational behavior" (erste Auflage 1969, vierte Auflage 1982) ist daher offenbar vor einer zweifachen Zielsetzung zu sehen: Erstens bringt es eine (individuelle) **Synthese** der verschiedenartigsten Führungsvorschläge, mit denen sich die Autoren im Laufe ihrer Dienstzeit auseinandersetzten. Hier reicht das Spektrum von *Maslow* bis *Blake* und *Mouton.* Zweitens präsentieren die Autoren einen **eigenen Führungsansatz**, der – im Gegensatz zu *Reddin* beziehungsweise *Blake* und *Mouton* – am Ausgangspunkt dieser Forschungslinie, nämlich an der Ohio-State-University, entwickelt wurde. Trotz der höchst lesenswerten Synthese von Managementvorschlägen aus Sicht von zwei Praktikern, verbindet sich mit dem Namen *Hersey* und *Blanchard* ausschließlich der zweite Aspekt, also ein spezifisches Nachfolgemodell der Ohio-State-Studien.

Prägende Komponente ihres Modells ist der **aufgabenrelevante Reifegrad** des Mitarbeiters: Dieser ergibt sich aus der stellenbezogenen Reife als technische Fähigkeit, eine Aufgabe zu erfüllen, und aus der psychologischen Reife, die sich in Selbstvertrauen und Motivation äußert. Ein **höherer** aufgabenrelevanter Reifegrad äußert sich dabei in (mentaler) Unabhängigkeit, in ganzheitlicher Betrachtungsweise und in einem hohen Streben nach Leistung. Bei einem Mitarbeiter mit einem **niedrigen** aufgabenrelevanten Reifegrad dagegen ist das Streben nach Leistung nur sehr gering ausgeprägt („Theorie X").

Die zentrale Überlegung von *Hersey* und *Blanchard* ist in Abbildung 6.18 zusammengefaßt: Sie zeigt im unteren Bereich eine Skala für den aufgabenbezogenen **Reifegrad** des Untergebenen. Darüber befinden sich die vier Zellen aus der Ohio-State-Forschung, hier charakterisiert durch aufgabenbezogenes und mitarbeiterbezogenes Verhalten. Für jede der vier Zellen definieren die beiden Autoren einen spezifischen **Grundstil**, der ähnlich wie bei *Reddin*, *Blake* und *Mouton* ausfällt.

Über diese vier Führungsstile legen *Hersey* und *Blanchard* eine **Entwicklungskurve**, die mit zunehmendem Reifegrad des Mitarbeiters einen entsprechenden Wechsel im Führungsstil propagiert:

- Ausgangspunkt ist der *autoritäre* Führungsstil („Telling"), bei dem der Vorgesetzte eindeutig die Tätigkeiten der Untergebenen fixiert und Zeitpunkte für ihre Erfüllung vorgibt. Dieser Führungsstil entspricht dem militärischen Kommandoton in Krisenzeiten.

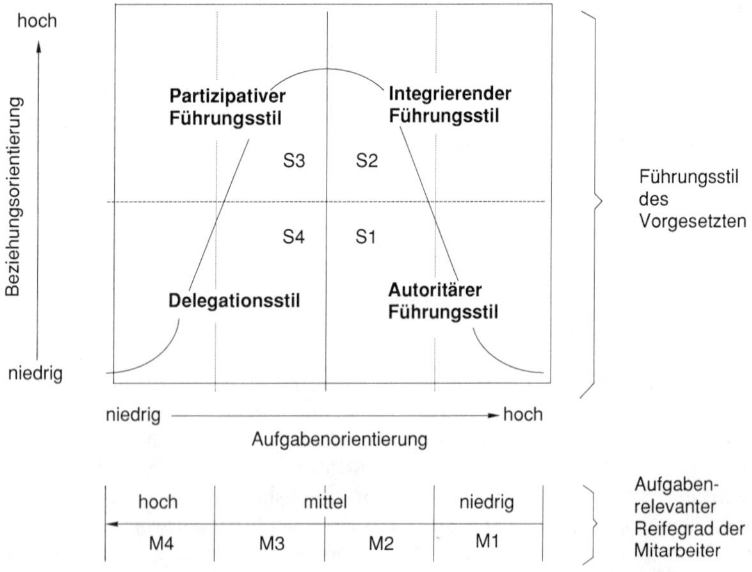

Abbildung 6.18: Das Führungsmodell von *Hersey* und *Blanchard* (nach *Hersey/Blanchard* 1982, 152)

- Einem reiferen Mitarbeiter ist mit einem *integrierenden* Führungsstil entgegenzukommen („Selling"). Hier versucht der Vorgesetzte auch die Meinungen der Untergebenen zu berücksichtigen, behält sich aber die Entscheidungsbefugnisse vor. Darüber hinaus bemüht er sich, seine Mitarbeiter von der Richtigkeit seiner Vorschläge zu überzeugen, also seine Konzepte zu „verkaufen".
- Mit zunehmender Reife kann der Untergebene bei der Entscheidungsfindung und bei der Durchführung eine wichtigere und aktivere Rolle spielen. Bei diesem *partizipativen* Stil („Participating") gehen die Ansichten von Vorgesetzten und Untergebenen in die Entscheidungsfindung ein, wobei nicht eindeutig festgelegt ist, wer die Entscheidung trifft.
- Mitarbeitern mit extrem hohem aufgabenrelevanten Reifegrad ist nach *Hersey* und *Blanchard* mit einem *delegierenden* Stil („Delegating") zu begegnen. Im Extremfall bedeutet dieser Führungsstil den Verzicht auf Führung, da nach einer orientierenden Startinformation der Mitarbeiter allein über Mittel und Wege entscheidet.

Im Gegensatz zum Modell von *Reddin* werden alle vier Möglichkeiten für angemessen gehalten, letztlich aber doch Entwicklungen in Richtung auf den **Delegationsstil** befürwortet. So liegt die entscheidende Aussage des Ansatzes von *Hersey* und *Blanchard* auch darin, die Mitarbeiter durch **Trainingsprogramme** entlang dieser Kurve von rechts nach links sukzessive weiterzuentwickeln (Untertitel des Buches: „Utilizing human resources").

Bei der Anwendung dieses Modells wird zunächst der aufgabenrelevante Reifegrad des jeweiligen Mitarbeiters **bestimmt**, wobei das von den Autoren angebotene Instrumentarium eher „rudimentär" wirkt. Dann wird der Mitarbeiter sukzessive in Richtung auf den Delegationsstil **weiterentwickelt**. Nur in Ausnahmefällen erfolgt als **Regression** eine Rückentwicklung im Führungsstil, bedingt durch eine situationsgebundene Reduktion des Reifegrads des Geführten.

Bei *Hersey* und *Blanchard* scheint der **Idealfall** der Personalführung (für beide Seiten) dann gegeben, wenn der Vorgesetzte nahezu nicht mehr in Interaktionen mit dem Untergebenen tritt und diesen in völliger Autonomie seinen Aufgaben nachgehen läßt. *Blake* und *Mouton* wollen dagegen in ihrem 9,9-Führungsstil maximale Interaktionen zwischen Vorgesetzten und Untergebenen, sowohl aufgabenbezogen als auch mitarbeiterbezogen.

Die **Anforderungen**, die *Hersey* und *Blanchard* an Führungskräfte stellen, sind weitreichend: So muß ein Vorgesetzter selbst bei konstanter Führungssituation und einem („konstanten") Mitarbeiter für jede einzelne **Tätigkeit** bestimmen, wie hoch der aufgabenrelevante Reifegrad dieses Mitarbeiters ist und muß dann dementsprechend einen Führungsstil festlegen. Darüber hinaus sollte der Vorgesetzte für alle diejenigen Aufgaben, bei denen der Mitarbeiter einen niedrigen aufgabenrelevanten Reifegrad aufweist, für dessen Weiterentwicklung sorgen. Dementsprechend ist die zentrale Implikation dieses Ansatzes eine **Führungsstilflexibilität**: Der Vorgesetzte muß das gesamte Spektrum von Führungsstilen abdecken. Die Autoren konzentrieren sich dabei allerdings weniger auf Mechanismen zur Erweiterung der

Führungsstilflexibilität, als auf Instrumente zur **Bestimmung** der eigenen Führungsstilflexibilität.

Über die **Entwickelbarkeit** von Führungsqualitäten sagen die beiden Autoren wenig: Es bleibt also offen, ob auch der Führungsstil des Vorgesetzten einer derartigen Reifegradkurve folgt. Die Autoren scheinen sich an den Ansatz von *Fiedler* anzulehnen: Jeder Führer hat bestimmte Führungseigenschaften und muß versuchen, entsprechende Führungssituationen zu schaffen. Dies bedeutet für einen Führer mit einer **großen Stilflexibilität** die Möglichkeit, unterschiedlichste Mitarbeiter unter unterschiedlichsten Aspekten zu führen; ein Führer mit **eingeschränkter** Stilflexibilität dagegen kann nur eine bestimmte Gruppe von Untergebenen bezüglich einer eingeschränkten Menge von Aufgaben leiten.

Hersey und *Blanchard* leiten ihr Konzept des aufgabenrelevanten Reifegrads aus diversen Arbeiten (wie *Maslow* oder *Herzberg*) ab. In der **Integration** dieser Vorschläge in die Ohio-State-Matrix liegt sicherlich ein bedeutendes Verdienst von *Hersey* und *Blanchard*. Hinzu kommt die einfache und klare Formulierung des Reifegradmodells. Auf der anderen Seite werden aber die Instrumente zu Bestimmung von Reifegrad und Führungsstilverhalten eher spärlich behandelt. Ferner fehlen Hinweise dazu, warum nur die angegebene Kombination aus Reifegrad und Führungsstil „effektiv" ist. Auch legen die Autoren nicht offen, warum der Grundstil „Delegating" als Endziel anzusehen ist.

6.2.7.5 Zusammenführung

Vergleicht man die drei auf den Ohio-State-Studien aufbauenden Ansätze miteinander, so lassen sich zunächst eine Reihe von gemeinsamen **Schwächen** feststellen:

- Es fehlen durchwegs Aussagen dazu, was der jeweilige Forscher unter der *Führungseffektivität* versteht. Überwiegend scheint es sich um eine Mischung aus Erfüllung von Unternehmenszielen (vorrangig) und Mitarbeiterzielen (nachrangig) zu handeln.
- *Empirisch* fundiert ist keiner der angegebenen Vorschläge. Dies betrifft sowohl die Untermauerung der Vorschläge als auch die Konsequenz der Anwendung der Konzepte. Es fehlen also Hinweise darauf, warum die angegebenen Kombinationen aus Führungsverhalten und Führungssituation die sinnvollsten sind beziehungsweise ob ein Unternehmen durch Verwendung dieser Kombination seine Effektivität steigern kann.
- Die in den Publikationen enthaltenen *Instrumente* zur Ist-Analyse wirken mehr wie das Ergebnis einer Brainstorming-Sitzung als wie das Produkt intensiver wissenschaftlicher Tätigkeit. Dies bedeutet zwar nicht, daß die Instrumente untauglich sind, wohl aber, daß ihre Tauglichkeit zur Diagnose nicht nachgewiesen werden konnte.

Aus diesen und ähnlichen Gründen werden die angegebenen Ansätze in der Literatur heftig kritisiert, wie die Beispiele in Übersicht 6.30 zeigen.

Auch wenn diese Kritik in ihren Einzelpunkten durchaus gerechtfertigt erscheint, stellt sich doch die Frage, **wie** tatsächlich geführt werden soll.

Blake/Mouton:
Kurios mutet die Operationalisierung der beiden Dimensionen an, der ... keine große methodische Sorgfalt gewidmet wird. Ohne eine systematische Begründung wird hier eine Mischung von Variablen versammelt, die offensichtlich als untereinander gleichwertig und gleich wichtig betrachtet werden.

Reddin:
Seine Theorie ist ein anregender Entwurf, bei dem der Verfasser keine große Mühe auf systematisch entwickelte und geprüfte Meßverfahren, empirische Untersuchungen oder eine theoretische Reflexion des Erfolgskriteriums verwendet hat. Das Modell gibt dem Anwender extremen Interpretationsspielraum; das Schicksal, falsifiziert zu werden, hat es nicht zu befürchten. Es suggeriert Orientierung und Handlungsanweisung, wo es letztlich nur recht allgemeine und unverbindliche Weisheiten zum besten (!?) gibt.

Hersey/Blanchard:
Insgesamt handelt es sich bei dieser Arbeit um einen Aufguß aus allen möglichen Ansätzen, denen keinerlei Erklärungswert zukommt, der aber – weil er der interpretierenden Phantasie keine Grenzen setzt – als Initialzündung bei Seminaren für Praktiker und Studenten dienen kann (der Dozent muß sich nur rechtzeitig distanzieren!).

Übersicht 6.30: *Neubergers* Forschungskritik (1980 b, 625; 1985 b, 111–112, 164)

Aus diesem Grund bleibt es sinnvoll, die komparativen **Stärken** der drei vorangegangenen Modelle herauszuarbeiten:

Blake und *Mouton* orientieren sich an einer generalisierenden Handlungsanweisung, die in allen Situationen eine Entwicklung nach *„rechts oben“* vorschreibt; im Gegensatz dazu postulieren *Hersey* und *Blanchard* eine situative Auswahl des Führungsstils, die zu einer Entwicklung nach *„links unten“* hinführen soll. *Reddin* macht **keine Aussagen** dazu, welche Führungsform grundsätzlich überlegen ist.

Der jeweiligen Beschreibung entsprechend, scheint das Modell von *Blake* und *Mouton* überwiegend für *innovative* und *kreative* Tätigkeiten einsetzbar zu sein: Hier ist es erforderlich, die mitarbeiter- und die aufgabenorientierte Dimension gleichermaßen zu forcieren. Im Gegensatz dazu dürfte der von *Hersey* und *Blanchard* letztlich angestrebte Führungsstil „Delegating“ überwiegend bei *Routineaufgaben* sinnvoll sein. Folgt man dieser Überlegung, so stellen diese beiden Ansätze jeweils Extrempunkte eines Kontinuums über die Aufgabenstruktur dar, wobei *Reddin* in der Mitte zu positionieren ist.

Abbildung 6.19 zeigt ein derartiges “**Maximalmodell**“: Der Ansatz von *Reddin* ist dabei in einer mittleren Position eingeordnet, in der keine Aussagen über eine grundsätzliche Vorziehenswürdigkeit eines Führungsstils möglich sind.

Vergleicht man den Inhalt der Ohio-State-Studien sowie Ihrer Nachfolger, so berücksichtigen Ohio-State-Studien überwiegend das Führungsverhalten; dieses wird charakterisiert durch einen nicht näher spezifizierten, funktio-

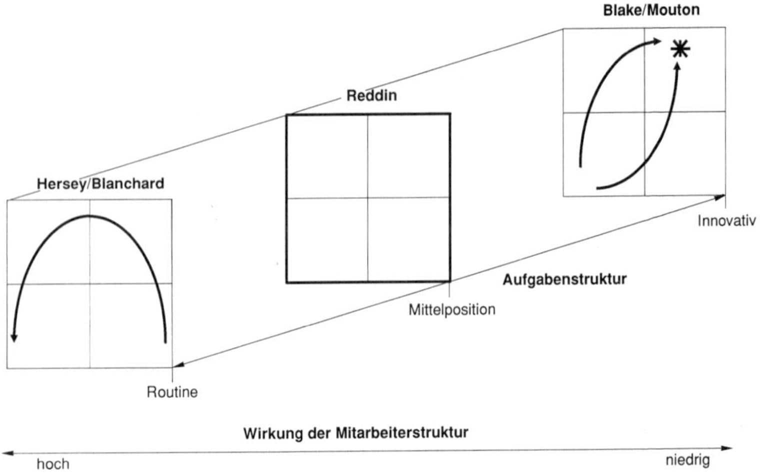

Abbildung 6.19: Synthese der Ohio-State-Nachfolger

nalen Zusammenhang zwischen Mitarbeiterorientierung und Aufgabenorientierung. Daraus leiten sie – sofern überhaupt – die Effektivität ab. *Blake* und *Mouton* beziehen sich ebenfalls auf das Führungsverhalten, sehen aber eine **lineare** Beziehung zwischen dem Ausmaß an Mitarbeiterorientierung und dem Ausmaß der Aufgabenorientierung. *Reddin* führt zusätzlich die **Führungssituation** ein, bei ihm charakterisiert durch die Aufgabenstruktur. *Hersey* und *Blanchard* berücksichtigen als Führungssituation die **Mitarbeiterstruktur**, wie sie sich im Reifegrad niederschlägt.

Verbindet man die verschiedenen Ansätze aus der Ohio-State-Studie formal wieder zu einem „**Maximalmodell**", so ergibt sich die Führungseffektivität aus der Aufgabenstruktur, der Mitarbeiterstruktur, der Beziehungsorientierung sowie der Aufgabenorientierung (Übersicht 6.31).

Ohio-State:	E = f (FV) = f (BO, AO)
Blake/Mouton:	E = f (FV) = a · BO + b · AO
Reddin:	E = f (FS, FV) = f (AS, BO, AO)
Hersey/Blanchard:	E = f (FS, FV) = f (MS, BO, AO)
Maximalmodell:	**E = f (FS, FV) = f (AS, MS, BO, AO)**
E = Effektivität FV = Führungsverhalten FS = Führungssituation	BO = Beziehungsorientierung AO = Aufgabenorientierung AS = Aufgabenstruktur MS = Mitarbeiterstruktur

Übersicht 6.31: Vergleich der Ohio-State-Forschungen

So dienen die Ohio-State-Forschungen dazu, die Vielfalt der Einflußvariablen auf den Führungserfolg aufzuzeigen. Ihre wesentlichste Konsequenz besteht in der Forderung nach Diagnosefähigkeiten beim Vorgesetzten. Zur eigentlichen Wahl des Führungsstils geben sie zumindest tendenziell Auskunft, wenngleich die empirische Untermauerung (noch?) fehlt.

6.2.8 Der „homo pathologicus" als Denkanstoß

Trotz aller Faszination wurde in den Abschnitten 6.2.2 bis 6.2.7 auch die Problematik der langjährigen Motivations- und Führungsforschung evident: Keiner dieser Ansätze liefert theoretisch fundierte und empirisch abgesicherte Hinweise auf eine effektive und effiziente Ausgestaltung der Führung. Zudem gehen letztlich immer Motivations- und Führungstheorien vom Menschenbild des zumindest begrenzt rational Handelnden aus: Affektive, emotionale oder irrationale Prozesse und Verhaltensweisen wie Intrigen, Korruption und Günstlingswirtschaft bleiben gänzlich unberücksichtigt. Sie gelten allenfalls als vernachlässigbare Umweltfaktoren oder Störgrößen.

Langsam beginnt jedoch eine Überlegung Fuß zu fassen, wonach gerade diese üblicherweise als negativ oder krankhaft einzustufenden Charakteristika von Menschen als zentrale Grundlagen jeglicher Personalführung anzusehen sind. So regen Autoren wie *Neuberger* oder *v. Rosenstiel* an, eben diese Verhaltensweisen zu analysieren und die verursachenden Gründe aufzudecken (vgl. *Gottschall* 1988).

Als dominanter Ausgangspunkt dient hierbei die von *Freud* geprägte **Psychoanalyse**: Sie analysiert Störungen im Interaktions- und Kommunikationsverhalten vor dem Hintergrund frühkindlicher Erlebnisse. Die Psychoanalyse geht davon aus, daß ein Großteil der Motive für das Denken und Handeln emotionaler und unbewußter Natur sei. Innerhalb dieser unbewußten Vorgänge herrscht allerdings eine im naturwissenschaftlichen Sinn strikte Kausalität; jedoch sind die Gründe für spezifisches Verhalten direkt nicht erkennbar, da sie verdeckt in der Kindheit begründet liegen (Primärsozialisation).

Wichtig für das Verständnis von Interaktions- und Kommunikationsverhalten ist die unbewußte Notwendigkeit einer Verarbeitung dieser Kindheitserlebnisse: Dazu tritt ein Individuum innerhalb einer Interaktionsbeziehung dem Partner so gegenüber, als wäre er eine Bezugsperson aus der Vergangenheit. Diese **Übertragungen** werden als Mechanismus verstanden, konfliktäre Situationen aufzuarbeiten, indem man sie als Erwachsener erneut durchspielt.

Sicherlich sind frühkindliche Erlebnisse nicht die einzigen Ursachen für Verhaltensmanifestationen bei Erwachsenen und die Thesen von *Freud* nicht die einzigen hier anwendbaren Erklärungsansätze. Vielmehr dürfte sich eine Vielzahl von weiteren Erklärungsansätzen aus der Psychologie als Grundlage „neuerer" Führungstheorien anbieten. Die sich hier anbahnenden Entwicklungen sind allerdings noch in einem solchen frühkindlichen

Stadium, daß sie im Rahmen dieses Lehrbuchs zu diesem Zeitpunkt nur begrenzt vertiefbar sind.

Die Perspektiven einer solchen Führungsforschung lassen sich jedoch bereits jetzt zumindest prinzipiell anhand der markanten Studie von *Kets de Vries und Miller* (1984) aufzeigen: Sie untersuchten bei US-amerikanischen Topmanagern den Zusammenhang zwischen psychischer Verfassung und Konsequenzen für die Organisation, speziell für die Organisationskultur. In diesem Zusammenhang leiten sie ihre Aussagen von den individuellen Wahnvorstellungen und neurotischen Stilen ab. Interessant ist dabei vor allem die klassifikatorische Differenzierung von **fünf** unterschiedlichen **Wahnvorstellungen** ("fantasies") als Prädispositionen für neurotische Stile und pathologische Verhaltensweisen (vgl. *Kets de Vries/Miller* 1986, 268–277):

(1) *Verfolgungswahn* bedeutet, niemandem zu vertrauen und jederzeit auf der Hut zu sein, um sofort auf imaginäre oder reale Angriffe reagieren zu können. Konsequenz ist der neurotische Stil des *Mißtrauens* verbunden mit Übererregbarkeit und Überempfindlichkeit. Deshalb sind Manager mit diesem neurotischen Stil jederzeit bereit, auf bedrohliche Situationen zu reagieren – meist beleidigt und ärgerlich. Handlungen anderer werden leicht mißverstanden und gestört, da Manager mit diesem neurotischen Stil von anderen grundsätzlich immer betrügerische und irreführende Handlungen erwarten. Manager dieses Zuschnittes besitzen (nur) eine extrem eingeengte Problemsicht und neigen zur Vorsicht, aber auch zur Geheimnistuerei.

(2) Der *Hilflosigkeitswahn* basiert auf der Selbsteinschätzung, dem Lauf der Dinge hoffnungslos gegenüberzustehen und für die Welt nicht tauglich zu sein. Hier dominiert der neurotische Stil der *Depression.* Depressiven Managern fehlt Selbstbewußtsein und Initiative; sie streben nach Vermeidung und Abhängigkeit: Um sich beliebt zu machen, passen sie sich an und geben Verantwortung ab. Ärger über eigene Machtlosigkeit führt zur Vorsicht im Umgang mit anderen: Die daraus abgeleitete Feindseligkeit projizieren sie in sich hinein („moralischer Masochismus") und sehen psychischen Schmerz als Mittel, Schuldgefühle wegen unerreichter Ziele zu mildern. Gleichzeitig suchen diese Manager nach einem „Erlöser", der sie vor vermeintlichen Gefahren beschützt. Daraus leitet sich das Bestreben ab, andere Personen zu idealisieren: beispielsweise Unternehmensberater, Vorgesetzte oder Bankiers.

(3) *Großartigkeitswahn* bedeutet Überbetonung der eigenen Person und das permanente Bedürfnis, Aufmerksamkeit auf sich zu lenken. Dies manifestiert sich in der zentralen Neurose der *Dramatik.* Manager mit dramatisch-neurotischen Zügen wollen ständig andere beeindrucken. Deshalb übertreiben sie eigene Leistungen und sind äußerst emotionsgeladen. Ihre Selbstdiziplin ist meist minimal, ihre Aufmerksamkeit für andere Personen gering. Dies kann bis zu deren rücksichtslosen Ausnutzung ausarten: Oft geben sich solche Manager warmherzig und charmant, in Wirklichkeit sind sie anderen gegenüber häufig rücksichtslos. Ihre interpersonellen Beziehungen neigen deshalb zur Instabilität, oft

bewegen sie sich zwischen den Extrema der Überidealisierung und der brutalen Abwertung.

(4) Manager mit *Kontrollwahn* streben danach, perfektionistisch alle Details durch Regeln und Beschränkungen festzulegen. Das Ergebnis ist *Zwanghaftigkeit.* Solche Manager sehen Beziehungen zu anderen immer im Lichte von Dominanz und Unterordnung: Sie bestehen also darauf, daß ihre Untergebenen ihre Handlungs- und Denkmuster übernehmen. Gleichzeitig treten sie ihrem Vorgesetzten achtungsvoll und einschmeichelnd gegenüber. Diese Unpersönlichkeit führt zu einer Übergenauigkeit, zu Dogmatismus und zu Hartnäckigkeit, was sich im Streben nach Ordnung, Organisation und Effizienz im Unternehmen ausdrückt. Zwanghafte neurotische Manager besitzen deshalb weder Spontanität noch die Fähigkeit zur Entspannung. Andererseits sind sie häufig unentschlossen und neigen dazu, Entscheidungen hinauszuzögern, da sie davor Angst haben, Fehler zu machen. Zur Kaschierung dieser Probleme zeigen sie häufig rigides Verhalten und stürzen sich in (repetitive) Routinetätigkeiten, auch wenn sie dabei persönliche Beziehungen abbrechen.

(5) Der *Abkopplungswahn* basiert auf einer festen Annahme, wonach die Umwelt keinerlei Befriedigung bieten kann. Persönliche Beziehungen werden als problematisch angesehen und verursachen bei ihrem Scheitern persönlichen Schmerz und Schaden. Dies führt zur Neurose der *Distanzierung*. Manager mit diesem neurotischen Stil vermeiden persönliche Kontakte und „emotionales Involvement", was sich auch im Mangel am Kommunikationsbedürfnis widerspiegelt. Obwohl sie an der Oberfläche Lob, Kritik und Gefühlen gleichgültig gegenüberstehen, ist dieses Verhalten lediglich Konsequenz aus der Furcht vor (seelischer) Verletzung. Folglich erscheinen diese Individuen sanftmütig und reserviert, ohne die Möglichkeit Freude oder Enthusiasmus ausdrücken zu können. Diese Manager können keine Zweierbeziehung nach dem Prinzip „Geben und Nehmen" eingehen.

Die **Kritik** an dieser Klassifikation liegt auf der Hand: So geht diese Beschreibung nur begrenzt in die Tiefe, was angesichts der psychologischen Literatur zu diesem Thema (z.B. *APA* 1980) durchaus korrigierbar scheint. Trotzdem liefert sie eine Reihe von wichtigen **Denkanstößen**: Auf der individuumsbezogenen Ebene läßt sich mit Hilfe dieser Typologisierung das Entstehen von Harmonie, Konflikt und Tendenzen zur Pathologisierung von Organisationen erklären. So stellt die Kombination eines „dramatischen" Vorgesetzten mit einem „depressiven" Untergebenen eine stabilere Konstellation dar, als es mit einem „Mißtrauer" der Fall wäre, wenngleich diese Konstellation der Entstehung des "kollektiven Wahns" ("folie à deux") förderlich ist (vgl. *Kets de Vries* 1985). Vor allem aber hilft die Kenntnis um individuelle Neurosen beim Umgang mit diesen Personen. Dies setzt jedoch ein Instrumentarium zur Situationsanalyse voraus: Eine Möglichkeit zur Identifizierung der eigenen Position innerhalb der Vorgesetzten-Untergebenen-Beziehung bietet die Transaktionsanalyse (vgl. *Berne* 1979). Auch projektive Testverfahren (vgl. Abschnitt 4.2.2.3) sowie der

TAT (vgl. 6.2.4.3.) erlauben es in Grenzen, neurotische Tendenzen zu erfassen.

Auf der kollektiven Ebene ergibt sich eine inhaltliche Erweiterung des Ansatzes der Unternehmenskultur (vgl. Abschnitt 6.4 sowie *Neuberger/Kompa* 1987, 204–209). Eine Einbeziehung der Pathologie-Thematik in die Unternehmenskulturforschung bedeutet, daß die neurotischen Dispositionen einzelner Manager unter spezifischen Umständen eine ganze Organisation neurotisieren und eine pathologische Unternehmenskultur hervorbringen können (vgl. *Kets de Vries* 1986; *Scholz/Hofbauer* 1990).

Im Bereich der Führungsforschung schließlich ist verstärkt von der Existenz solcher Neurosen auszugehen. Dies bedeutet Entwicklung
- von Diagnosetechniken und
- von entsprechenden Führungskonzepten.

Änderung als Korrektur der neurotischen Dispositionen dürfte dabei ein unrealistisches Ziel darstellen: Wichtiger wird es vielmehr sein, „effiziente" Kombinationen aus Neurotikern zu lokalisieren, und das Führungsverhalten situativ auf die eigenen sowie fremden Neurosen abzustimmen, um die Möglichkeit pathologischer Unternehmen zu verhindern.

Auch wenn beim gegenwärtigen Entwicklungsstand dieses Astes der Führungsforschung operable Konzepte weitgehend fehlen, wird – unabhängig von einer normativen Wertung – ein neues Menschenbild verstärkt an Relevanz und Beachtung gewinnen: der „homo pathologicus".

6.2.9 Bewertung

Auf der operativen Ebene der Personalführung stehen der einzelne Mitarbeiter und sein Vorgesetzter im Mittelpunkt: Angestrebt wird eine Personalführung, die individuumsbezogen auf die jeweils involvierten Personen ausgerichtet ist und situationsbezogen ihre aktuelle Führungssituation berücksichtigt.

Dementsprechend dienen die Vorschläge zu einer solchen Individualführung auch primär dazu, die Führungssituation einschließlich des Geführten zu analysieren, um
- deskriptiv erklärende Hilfen zum Verständnis der Führungssituation zu liefern und
- (begrenzt) präskriptive Empfehlungen für das eigene Führungsverhalten zu generieren.

Die deskriptive Komponente betrifft speziell die Verhaltens-, Inhalts- und Prozeßtheorien. Präskriptiv operieren dagegen die Entscheidungsmodelle zur Führungsstilwahl.

Individuelle und situative Personalführung verlangt aber – ausführlich dokumentiert – eine laufende Bestimmung der aktuellen Führungssituation, um daraus die jeweils angebrachte Führungsform zu wählen und auch tatsächlich zu praktizieren. Diese Vorgabe bleibt trotz aller Vorschläge zur Individualführung nur zum Teil erfüllbar.

6.3 Taktische Ebene: Kollektive Führungsansätze

6.3.1 Überblick

Wegen der evidenten Problematik einer individuumsorientierten Personalführung ist es verständlich, wenn speziell in der unternehmerischen Praxis zusätzlich nach standardisierenden Verhaltensmustern gesucht wird: Sie sind ohne Bezug auf konkrete Personen generalisierend formuliert, gehören im Rahmen der hier verwendeten Systematik eines betriebswirtschaftlichen Personalmanagements daher zur taktischen Ebene.

Vier Ansätze sind dabei (aus unterschiedlichen Gründen) hervorzuheben:
- das *Harzburger Modell* als ein fast schon historischer Ansatz zur kollektiven Personalführung,
- *Führungsgrundsätze* als zunehmend an Bedeutung gewinnende Handlungsanweisungen,
- *kybernetische Führungsmodelle* als informationsorientierte Personalführung und
- *Erfolgsbeteiligung* als Anreizsystem.

6.3.2 Das Harzburger Modell

Das Harzburger Modell – entwickelt von *Höhn* in den 60er Jahren – stellt vom eigenen Anspruch her einen umfassenden Führungsansatz dar, der im Sinne einer geschlossenen Konzeption alle relevanten Führungsfragen beantwortet. Neben dem Bürokratiemodell von *Max Weber* (1972) ist das Harzburger Modell – soweit erkennbar – einer der wenigen (originären) Vorschläge zur Personalführung, der von deutschsprachigen Autoren stammt.

Das Harzburger Modell lehnt sich an **militärische** Überlegungen an, über die *Höhn* bereits ab 1938 ausführlich publizierte: Danach ist Führung nicht etwa eine situativ-differenzierende Kunst, sondern eine relativ leicht lehr- und erlernbare Fertigkeit, die auf einigen wenigen überlebenskritischen Grundüberlegungen basiert. Diese leiten sich überwiegend ab aus dem Paradigma der **absolutistisch-patriarchalischen Führung**: Dem Vorgesetzten (Offizier, Fürst, Fabrikherr) kommt die uneingeschränkte Führungsautorität zu, aber auch eine uneinschränkbare Fürsorgepflicht. Kombiniert wird dieses Paradigma bei *Höhn* mit dem Zwang zur **Delegation** von Teilaufgaben bei zunehmender Komplexität der Arbeitsabläufe.

Die Konkretisierung dieser Überlegungen in Übersicht 6.32 enthält das, was *Höhn* als das „grundlegend Neue der Führung im Mitarbeiterverhältnis" bezeichnet.

Die **Delegation** von Verantwortung (*Höhn* 1970, 24–32) basiert vorrangig auf dem Instrument der Stellenbeschreibung. Diese Stellenbeschreibung gibt nicht nur an, wem der Stelleninhaber untersteht und welche Personen ihrerseits dem Stelleninhaber unterstehen, sie artikuliert auch das im Rah-

Die betrieblichen Entscheidungen werden auf den Ebenen getroffen, zu denen sie ihrem Wesen nach gehören.
Die Mitarbeiter werden nicht mehr durch einzelne Aufträge vom Vorgesetzten geführt, sondern haben einen festen Aufgabenbereich mit bestimmten Kompetenzen.
Verantwortung ist nicht mehr auf die oberste Spitze allein konzentriert, sondern wird zusammen mit den Aufgaben und den Kompetenzen auf diejenige Ebene übertragen, die sich ihrem Wesen nach damit zu beschäftigen hat.
Der Vorgesetzte gibt nicht mehr lediglich das nach unten ab, was ihm zuviel wird, sondern erhält vielmehr (von unten nach oben) diejenigen Entscheidungen, die ihrem Wesen nach nicht mehr auf die untere Ebene gehören.
Der Vorgesetzte muß den aufrichtigen Willen haben, die Initiative seiner Mitarbeiter dem Unternehmen nutzbar zu machen.
Die Mitarbeiter ihrerseits müssen bereit sein, Verantwortung zu übernehmen. Sie müssen den Willen und die Fähigkeit aufweisen, eigene Initiative zu entfalten und Selbständigkeit zu entwickeln.

Übersicht 6.32: Grundzüge der „Führung im Mitarbeiterverhältnis“ (nach *Höhn* 1970, 6–7)

men der Gesamtzielsetzung des Unternehmens mit der betreffenden Stelle verbundene Ziel. Daraus leiten sich die Aufgaben ab, die der Stelleninhaber wahrzunehmen hat. Hinzu kommen Regelungen für die damit verbundenen Kompetenzen und für eine mögliche Abwesenheit des Stelleninhabers.

Mit zunehmender Delegation wächst die Kontrollnotwendigkeit. „Alles was delegiert worden ist, muß auch kontrolliert werden“, lautet daher das oberste **Kontrollprinzip** im Harzburger Modell (*Höhn* 1970, 129). Daraus abgeleitet enthält das Harzburger Modell weitgehende Ausführungen zu Umfang und Formen der Dienstaufsicht, zum Verfahren der verschärften Dienstaufsicht, zur laufenden Verhaltens- und zur Ergebniskontrolle. Hinzu kommen Erläuterungen von technischen Hilfsmitteln für die Kontrollaufgabe des Vorgesetzten (Kontrollplan, Kontrollakte).

Weiterhin postuliert *Höhn* eine sogenannte **„allgemeine Führungsanweisung“**: Obwohl ihr offenbar bei der praktischen Umsetzung des Konzeptes keine signifikante Bedeutung zukommt, ist sie insoweit interessant, als bereits hier Grundzüge zu den (in Abschnitt 6.3.3 zu diskutierenden) Führungsgrundsätzen gelegt sind.

Das Harzburger Modell wird in der Theorie durchwegs abgelehnt. Soweit erkennbar gibt es keine (sich selbst als wissenschaftlich fundiert bezeichnende) Publikation aus dem Bereich der Personalführung, die das Harzburger Modell nicht strikt ablehnt. So mündete eine von *Steinle* vorgenommene Analyse des Harzburger Modells in folgendes Resümee (1975, 342): „. . .palliative Führungsfassade“ (weil motivationspsychologisch begründbare Forderungen nach Partizipation letztlich doch umgangen werden), „Vollständigkeits-Defekt“ (weil wichtige Instrumente fehlen) und „Formations-Defekt“ (weil vorhandene Instrumente falsch ausgestaltet sind).

Etwas weniger plakativ, aber nichtsdestoweniger deutlich, faßt *Guserl* (1973, 244) die gegenüber dem Harzburger Modell geäußerten **Bedenken** zusammen:

- Das Harzburger Modell ändert kaum Verhalten, da es lediglich rational an den Verstand appelliert.
- Das Harzburger Modell führt zu einer Bürokratisierung.
- Die Führungsanweisungen haben Zwangscharakter.
- Menschliches Fehlverhalten wird im Modell vernachlässigt.
- Die Stellenbeschreibung führt bei gründlicher Realisierung zur organisatorischen Zementierung und zur Überorganisation.
- Die Forderung, Entscheidungen auf diejenigen Ebenen zu verlagern, zu denen sie ihrem Wesen nach gehören, ist inhaltsleer.
- Es ist zweifelhaft, ob die „Führung im Mitarbeiterverhältnis" tatsächlich (ohne situative Einschränkung) der optimale Führungsstil ist.
- Das Modell ist lediglich eine Form des autoritären Führungsstils.
- Das Modell nimmt auf die Entwicklungsphasen eines Unternehmens keine Rücksicht.

Trotz dieser bereits seit langem bekannten und sowohl wissenschaftlich wie auch praktisch fundierten Kritik, ist dieser Ansatz noch immer im Sinne eines „einheitlichen Führungsmodells" in der **Praxis** vorzufinden (vgl. Übersicht 6.38).

6.3.3 Führungsgrundsätze

6.3.3.1 Einordnung

Unternehmensgrundsätze sind an Mitarbeiter, Eigentümer und Geschäftspartner gerichtete Aussagen, die in schriftlich fixierter Form Auskunft geben über Ziele und Potentiale des Unternehmens sowie über die zur Erreichung der Ziele erforderlichen Verhaltensweisen.

Auf diesen gemeinsamen Nenner lassen sich die verschiedenen Systematiken zu Unternehmensgrundsätzen bringen (vgl. Überblick bei *Gabele/Kretschmer* 1986, 43–47). Zentrale Komponente dieser Unternehmensgrundsätze sind Hinweise dazu, wie Kommunikationsprozesse im weitesten Sinne, speziell aber Führungsbeziehungen zu gestalten sind: Diese **Führungsgrundsätze** geben dann an, wie das Verhalten zwischen Vorgesetzten und Untergebenen im Normalfall ausgestaltet werden soll. Führungsgrundsätze sind damit eine Teilmenge der Unternehmensgrundsätze. Führungsgrundsätze gelten in allen Situationen für alle Mitglieder des Unternehmens in gleicher Weise, sind also weder individuell noch situativ differenziert. Aufgrund des Verzichtes auf eine individuelle Differenzierung eignen sie sich somit als Führungsmechanismen auf der taktischen Ebene, bei der – entsprechend der grundsätzlichen Definition dieser Ebene – immer eine individuumsbezogene Gestaltung ausgeklammert wird.

6.3.3.2 Darstellung

Führungsgrundsätze als Instrument zur Verhaltensstandardisierung dienen in dreifacher Weise der **Komplexitätsreduktion**:

- Sie charakterisieren die *Führungssituation,* von der grundsätzlich auszugehen ist. Dazu gehören sowohl Feststellungen zum spezifischen Zweck der Personalführung im betreffenden Unternehmen, als auch die generelle Charakterisierung der vorgesehenen Aufgabenteilung.
- Sie machen in vereinfachter Form die *Rolle des Vorgesetzten* deutlich. Dazu gehört nicht nur die sachbezogene, sondern auch die personenbezogene Komponente. So muß der Vorgesetzte gleichzeitig den Mitarbeiter motivieren, ihm aber auch Ziele vorgeben und seine Leistungen kontrollieren.
- Drittens beschreiben Führungsgrundsätze die Aufgaben und Pflichten der *Mitarbeiter.* Hier sind speziell Aussagen über den vorgesehenen Autonomiegrad der Untergebenen zu machen.

Übersicht 6.33 enthält eine Synopse über verschiedene Bestandteile von Führungsgrundsätzen deutscher Unternehmen.

Grundsätze des Unternehmens
wirtschaftlicher Erfolg,
soziale Verpflichtung,
partnerschaftliche Zusammenarbeit,
Unternehmensziele, Bereichsziele, Stellenziele

Übertragen von Aufgaben und Befugnissen
Organisation, Aufgabenzuordnung,
Dienstanweisungen, Vollmachten

Aufgaben und Pflichten des Vorgesetzten
Einführungsverantwortung, Risikobereitschaft,
Zielsetzung, Motivation der Mitarbeiter,
Dienstaufsicht, Entlohnung, Arbeitssicherheit,
Zusammenarbeit, Diskussionsregelung

Aufgaben und Pflichten der Mitarbeiter
Arbeit am Unternehmenserfolg ausrichten,
Verhalten gegenüber Kunden und Öffentlichkeit,
Verzicht auf Rückdelegation, Initiative, Mitverantwortung

Führungsmittel und Führungstechniken
Entscheidungsbefugnisse, Führungsstil,
Stellenbeschreibungen, Organigramme, Dienstweg,
Mitarbeiterbeurteilung, Mitarbeiterförderung

Übersicht 6.33: Inhalte von Führungsgrundsätzen (verkürzt nach *Knebel* 1982, 202–205)

Führungsgrundsätze erfreuen sich in der Praxis einer immer größeren **Beliebtheit** (vgl. *Fiedler* 1980; *Töpfer/Zander* 1982; *Wunderer* 1983; *Gabele/Kretschmer* 1986). Wegen der Schwierigkeiten, individuell differenziert und situationsspezifisch abgestimmt ein einzelfallbezogenes Führungsverhalten zu entwickeln, erscheinen Führungsgrundsätze als möglicher Ausweg: Gerade ihr Charakter als schriftlich dokumentiertes Grundsatzpapier erlaubt standardisiertes Führungsverhalten.

Gabele und *Kretschmer* untersuchten 51 Unternehmens- beziehungsweise Führungsgrundsätze (Abbildung 6.20). Im Vergleich zu älteren Führungsmodellen wie dem Harzburger Modell mit seinen starren „Muß“-Regelungen sind diese (neueren) Führungsgrundsätze eher allgemein und situationsoffen; dies zeigt sich auch an der Dominanz von „Soll“- und „Kann“-Formulierungen (*Gabele/Kretschmer* 1986, 56).

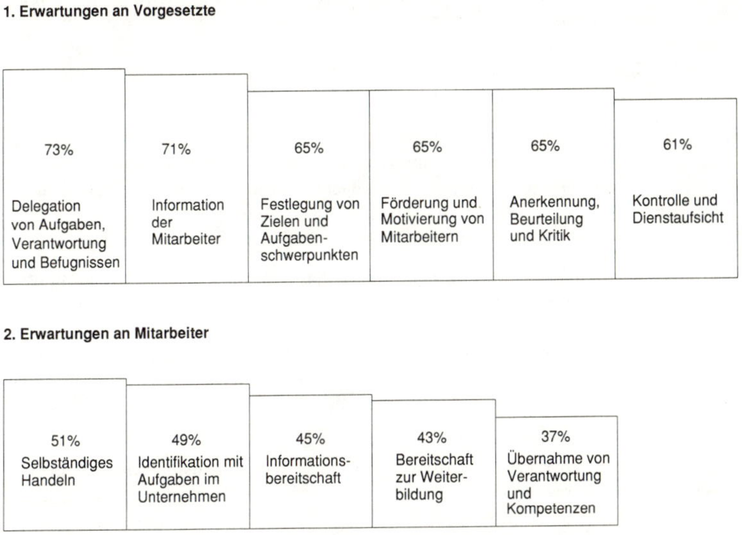

Abbildung 6.20: Inhalte von Führungsgrundsätzen bei 51 Unternehmen (verkürzt nach *Gabele/Kretschmer* 1986, 58–61)

6.3.3.3 Kritik

Führungsgrundsätze lassen sich aus der theoretischen Perspektive relativ leicht kritisieren (vgl. stellvertretend *Kubicek* 1984a; 1984b). Dies gilt besonders für die systemimmanente **Grundproblematik** von Führungsgrundsätzen: Allgemein und vage formuliert liefern sie kaum Hinweise auf anzustrebendes Führungsverhalten, exakt und eindeutig ausgeführt produzieren sie einen starren Handlungsrahmen, der allenfalls zufällig einer Führungssituation gerecht wird.

Führungsgrundsätze enthalten darüber hinaus teilweise originelle Formulierungen, die ironische Zusammenstellungen geradezu provozieren (Übersicht 6.34).

Es drängt sich der Eindruck auf, daß Führungsgrundsätze im Kern kaum voneinander abweichen. Führungsgrundsätze haben demnach allenfalls eine **Alibifunktion**, indem sie auf eigentlich Selbstverständliches hinweisen: nämlich daß sowohl der Vorgesetzte als auch der Untergebene bestimmte Rechte und Pflichten hat, die aus der jeweiligen Führungssituation erwach-

Landauf, landab definieren und regeln Grundordnungen, Statuten, Manifeste, Verfassungen, Prinzipien, Chartas und Kodizes als „verbindliche Richtlinien der Unternehmensleistung“ (so beim Kaufhof) „die Grundlagen einer erfolgsversprechenden Führung“ (BBC). Auf Hochglanzpapier gedruckt, dienen sie als „ethischer Pfeiler“ (BMW), als „Richtschnur des Handelns“ (Esso), „die nicht dem Buchstaben, sondern dem Geiste nach“ (Audi) zu verwirklichen seien, um dem Unternehmen „die langfristige Ertragskraft und Wettbewerbsfähigkeit“ (Voith) zu erhalten. Sie tragen „dem Prinzip der Gleichbehandlung von Mann und Frau Rechnung“ (3M) und sind Ausdruck „der besonderen Verpflichtung gegenüber Kapitalgebern, Kunden, Mitarbeitern, Staat und Gesellschaft“ (Allianz). Du Pont verfolgt nur „höchste ethische Grundsätze“. Unilever will sich „an die Gesetze eines jeden Landes“ halten und die Coca-Cola Company ihr „Geschäft mit Anstand und Sauberkeit“ betreiben.

Esso unterstützt auch einen Mitarbeiter, „wenn er einen geschäftlichen Vorteil ungenützt läßt, weil er ihn nur unter Verletzung unserer geschäftspolitischen Grundsätze hätte erlangen können“. Ciba-Geigy betont, „die private Sphäre unserer Mitarbeiter zu respektieren“, Henkel läßt „keine Arbeitsbedingungen zu, aus denen Mitarbeitern vermeidbare physische Schäden entstehen können“.

Die Leitlinien „sollen Mitarbeitern und Führungskräften dabei helfen, veränderten Anforderungen gerecht zu werden“ (Reemtsma), „geben die Richtung an, in die eine Weiterentwicklung eingeleitet werden soll“ (Ruhrkohle), werfen einen „kurzen Blick zurück“ und einen „konsequenten Blick nach vorn“ (Dortmunder Union-Schultheiss Brauerei-Gruppe), sind also „Teil unserer zielorientierten, mitarbeiterbezogenen und situationsbestimmten Führungskonzeption“ (Dresdner Bank).

Der Vorgesetzte hat dabei die Aufgabe, „schädlichen Einflüssen wie Bummelei, Leerlauf, Unzulässigkeit, Reibung und Ordnungswidrigkeit energisch entgegenzutreten“ (BBC) und ahndet sie notfalls mit „Verweis, Verwarnung, Buße“ oder „Strafversetzung“ (Agfa-Gevaert). Nie darf er jedoch darüber vergessen, „seinen Mitarbeitern mindestens dieselbe Achtung und Höflichkeit entgegenzubringen, die er selbst von seinen Vorgesetzten erwartet“ (Henkel), und „die Verpflichtung außer acht lassen, um das persönliche Wohlergehen seiner Mitarbeiter besorgt zu sein“ (Karstadt). Stets hat er „seine menschliche Haltung zu vervollkommen“ (Boehringer Mannheim).

All dies führt zu einem euphorischen Gesamtziel: „Laßt uns zu einer Gruppe von positiven Fanatikern zusammenwachsen, die sich mit unerschütterlicher Hartnäckigkeit weigern, das Unmögliche zu akzeptieren. Was wir wollen, können wir, und das werden wir auch gemeinsam tun – Wunderbare Zukunft“ (Ikea).

Übersicht 6.34: Zusammenstellung von Führungsgrundsätzen
(nach *Gottschall* 1986, 15–18)

sen. Wenn aber Führungsgrundsätze sowieso nur ein Führungsverhalten widerspiegeln, das als „normal und selbstverständlich“ bezeichnet werden kann, so muß bezweifelt werden, ob mit Hilfe von Führungsgrundsätzen tatsächlich das Führungsverhalten beeinflußbar ist. Zusammenfassend läßt sich damit die große Akzeptanz von Führungsgrundsätzen in der Praxis weniger aus ihren Qualitäten, als aus den nachgewiesenen Mängeln anderer Führungsvorschläge begründen.

6.3.4 Informationsflußbezogene Führung

6.3.4.1 *Grundlagen*

Im Zeitalter der Computer-Durchdringung ist von einer zunehmenden informatorischen Vernetzung zwischen Vorgesetzten und Untergebenen auszugehen: Gefragt ist daher eine Führungskonzeption, die **auch** den Computer als Geführten und – wichtiger – als führendes Element einbezieht.

Zu diesem Zweck soll auf ein an anderer Stelle (*Scholz* 1981a; 1987a, 145–148) diskutiertes Konzept zurückgegriffen werden: Danach – und dieser Gedanke ist sicherlich nicht neu – wird Personalführung in strenger Analogie als Regelkreisprinzip interpretiert. Ähnliches hatte bereits *Wild* (1973a, 45–51) vorgeschlagen. Der Regelkreis ist jedoch noch immer wegen seiner formallogischen Nähe zum Führungsprozeß ein zentrales Modell zur Analyse und Gestaltung von Systemen; er berücksichtigt Materie- und/oder Informationsbeziehungen zwischen menschlichen und/oder maschinellen Komponenten.

Ein **Regelkreis** besteht aus
- der Regelstrecke **RS** (betrachtetes Regelungsobjekt),
- der Zustandsgröße **x** (gemeldete Ist-Information),
- der Führungsgröße **w** (vorgegebener Sollwert),
- dem Regler **R** (Aktionseinheit, die x an w annähert),
- der Stellgröße **y** (konkrete Maßnahme),
- der Störgröße **z** (systemexterner Einfluß) und
- dem Entscheidungsvektor **e** (Verhaltensnorm für den Regler).

Bei der informationsflußbezogenen Führung geht es aber um mehr als nur um das bloße Zusammenspiel von Führungsgröße und Stellgröße: Wichtig ist vielmehr die **Art** der Informationen, die zwischen den betrieblichen Führungsebenen ausgetauscht werden. Gleichzeitig soll mit der informationsflußbezogenen Führung eine Brücke geschlagen werden zu den Führungskonzepten „Management by Exception“ und „Management by Objectives“: Beide Führungskonzepte haben praktische Relevanz und lassen sich ohne Schwierigkeiten als Spezialfall der informationsflußbezogenen Führung interpretieren.

Die informationsflußbezogene Führung ergibt sich aus der Kombination verschiedener **Partialmodelle** (Übersicht 6.35): Die **diskreten** Partialmodelle decken eindeutig voneinander abgrenzbare Formen des Informationsaustausches ab; die **stetigen** Partialmodelle berücksichtigen auch graduelle Abstufungen, wie sie für den Partizipationsgrad typisch sind.

Bei den diskreten Partialmodellen ist zu unterscheiden zwischen den Partialmodellen der **Zustandsgrößenseite**, die (auf der rechten Seite des Regelkreises) Informationen von der Regelstrecke zum Regler senden, und zwischen den Partialmodellen der **Stellgrößenseite** (links), die Aussagen über die vom Regler zur Regelstrecke gesendeten Informationen machen.

Partialmodelle	
diskret	**stetig**
Führungsgrößenseite Management by Objectives (**MbO**) Management by Decision Rules (**MbDR**) Direkter Eingriff (**DirE**) Partizipatives Management by Objectives (**PMbO**) **Zustandsgrößenseite** Management by Exception (**MbE**) Management by Results (**MbR**)	Management by Motivation (**MbM**) Management by Participation (**MbP**) Management by Delegation (**MbD**) Management by Systems (**MbS**)

Übersicht 6.35: Partialmodelle der Führungsbeziehung

Die (kybernetischen) Partialmodelle der Stell- und Zustandsgrößenseite differenzieren nicht danach, ob Regler beziehungsweise Regelstrecke durch eine Person oder durch einen Computer repräsentiert sind; ebenfalls ist es zunächst unerheblich, wie der Informationsaustausch erfolgt: Hier ist verbale Kommunikation genauso möglich wie die Informationsweiterleitung über einen maschinellen Informationskanal.

6.3.4.2 Diskrete Partialmodelle

Bei der nachfolgenden Diskussion wird eine Führungshierarchie unterstellt, die aus einem Regler R1 (zum Beispiel Meister) und einer Regelstrecke RS1 besteht, wobei sich letztere wiederum aus einem Regler R2 (zum Beispiel Vorarbeiter) und einer Regelstrecke RS2 (zum Beispiel Arbeiter und Maschine) zusammensetzt.

Nach der organisatorischen Lösung für die **Zustandsgrößenüberwachung** der Regelstrecke RS2 durch den hierarchisch höheren Regler R1 unterscheidet man Management by Exception und Management by Results:

- Im Rahmen des *Management by Exception* (MbE) findet eine Meldung über die Zustandsvariable nur dann statt, wenn diese eine vordefinierte Bandbreite verläßt; solange sich die Zustandsvariable innerhalb dieses Bereiches bewegt, unterbleibt jegliche Nachricht an übergeordnete Regler. Es erfolgt somit eine fallweise Berichterstattung, die ereignisorientiert von (vorher zu definierenden) Vorfällen gesteuert wird.
- Als Alternative zum MbE bietet sich das *Management by Results* (MbR) an, welches eine regelmäßige Berichterstattung über den aktuellen Wert der zu kontrollierenden Variable fordert. Der Schwerpunkt liegt hier auf der regelmäßigen Berichterstattung. Aus diesem Grund erfolgen beim MbR die Meldungen an den Vorgesetzten jeweils zeitabhängig von (vorher) definierten Zeitintervallen. Eine Extremform des Management by Results ist die Realzeit-Überwachung (real time), bei dem der Vorgesetzte laufend (beispielsweise auf einem Monitor) das Verhalten beziehungsweise die Leistung des Untergebenen kontrollieren kann.

Die beiden Partialmodelle der Zustandsgrößenseite finden ihre komplementäre **Ergänzung** in den vier Partialmodellen der Stellgrößenseite:

- *Management by Objectives* (MbO) verändert die Führungsgröße des hierarchisch auf der nächst tieferen Stufe angeordneten Reglers. MbO beinhaltet also ausschließlich den Vorgang der Zielfestsetzung und der Zielgrößenverteilung.
- Beim *Management by Decision Rules* (MbDR) gibt die obere Führungsebene ihren untergebenen Stellen (alternativ oder zusätzlich zu den Zielen) Entscheidungsregeln vor, nach denen diese sich zu verhalten haben; der untere Regler erhält also (explizit oder implizit) eine Entscheidungstabelle, die Aussagen darüber macht, welches Verhalten in welcher Situation angebracht ist.
- Eine Modifikation des MbO ist das sogenannte *Partizipative Management by Objectives* (PMbO). Dieses sieht eine Mitwirkung des untergeordneten Reglers an der Gestaltung seiner ihm vorzugebenden Führungsgröße vor. R1 und R2 legen also die für den Regler R2 zu geltende Zielgröße (W2) gemeinsam fest. Nach dieser Phase der Zielfestlegung gilt diese Vorgabe allerdings als fest vereinbart.
- Schließlich kann der Vorgesetzte auch direkt in den Aufgabenbereich des Untergebenen eingreifen. Bei diesem *Direkten Eingriff* (DirE) übt der Regler R1 zur Unterstützung von Regler R2 direkt einen Stelleingriff auf die Regelstrecke RS2 aus.

In der Terminologie von *Wild* (1973 b, 284) würde man das hier postulierte MbO mit konstanter Informationsflußrichtung als „Führung durch Zielvorgabe" bezeichnen, das PMbO mit seiner wechselseitigen Interaktion zwischen Führer und Geführtem als „Führung durch Zielvereinbarung".

Die Partialmodelle der Zustandsgrößenseite sowie der Stellgrößenseite lassen sich durch Blockschaltbilder darstellen (Abbildung 6.21).

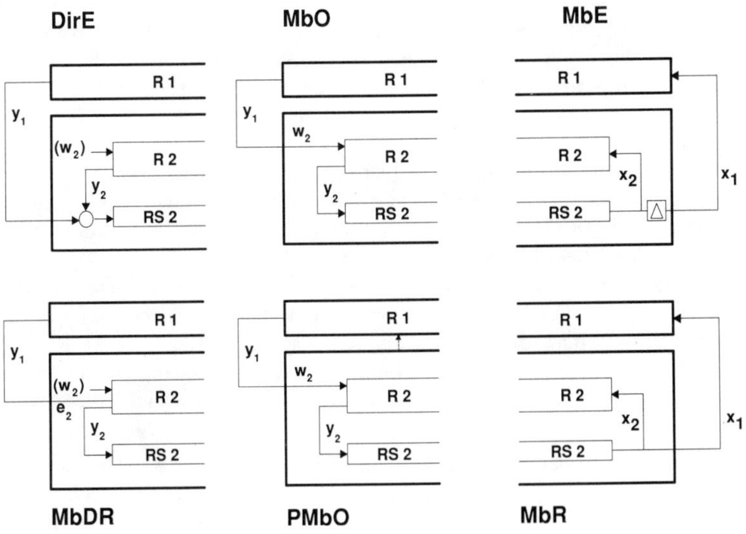

Abbildung 6.21: Kybernetische Partialmodelle der Stell- und Zustandsgrößenseite (vgl. *Scholz* 1987 a, 146)

Beschränkt man sich zunächst – entsprechend der in Abbildung 6.21 ausgewiesenen Blockschaltbilder – lediglich auf zwei Hierarchieebenen und verzichtet zunächst darauf, mehrere Modelle der Stellgrößenseite beziehungsweise mehrere Modelle der Zustandsgrößenseite miteinander zu verbinden, so ergeben sich insgesamt acht „reine" Führungsmodelle (Übersicht 6.36).

Typ	Stellgrößenseite	Zustandsgrößenseite
A	PMbO	MbE
B	PMbO	MbR
C	MbO	MbE
D	MbO	MbR
E	DirE	MbE
F	DirE	MbR
G	MbDR	MbE
H	MbDR	MbR

Übersicht 6.36: Diskrete Führungsmodelle

Exemplarisch sollen mit den Typen E und D zwei dieser Führungsmodelle näher betrachtet werden (Abbildung 6.22):

- **Typ E** verbindet eine Information an den Vorgesetzten nach dem Prinzip des Management by Exception mit dem Führungsverhalten des direkten Eingriffs. Dies bedeutet, daß (nur!) dann, wenn auf der Regelstrecke RS2 eine als außergewöhnlich einzustufende Entwicklung eintritt, der obere Regler selber eingreift. Verursacht beispielsweise eine Störgröße in Form einer Grippewelle eine Reduktion des Produktionsergebnisses in der Regelstrecke und ist der Vorarbeiter (Regler R2) nicht in der Lage, dieses Ergebnis durch entsprechende Maßnahmen zu korrigieren, so erfolgt eine Meldung an den übergeordneten Regler R1 (zum Beispiel Meister), der dann auf diese Meldung mit einem direkten Eingriff auf die untere Regelstrecke RS2 reagiert: Dieser könnte beispielsweise im Bereitstellen von zusätzlichem Personal bestehen.
- **Typ D** ist eine Verbindung von MbO und MbR. Der Vorgesetzte (zum Beispiel Meister) gibt klare Zielvorgaben an den Untergebenen (zum Beispiel Vorarbeiter), die das von der Arbeitsgruppe (Regelstrecke RS2) zu realisierende Aufgabenpensum konkretisieren. In regelmäßigen Abständen erhält der Vorgesetzte Informationen darüber, inwieweit diese Werte realisiert wurden.

Das Führungsmodell **Typ D** entspricht in dieser Form dem in der Literatur üblicherweise verwendeten „allgemeinen Management by Objectives", **Typ E** dem in der Literatur verwendeten „allgemeinen Management by Exception". Das Schwergewicht bei diesem „Management by Objectives" liegt dabei auf der Zielvorgabe, beim „Management by Exception" dagegen auf der in Ausnahmefällen zu aktivierenden Ergebniskontrolle. Die hier diskutierten Partialmodelle MbO und MbE sind also enger (und damit konkreter) als die in der Literatur verwendeten Begriffe.

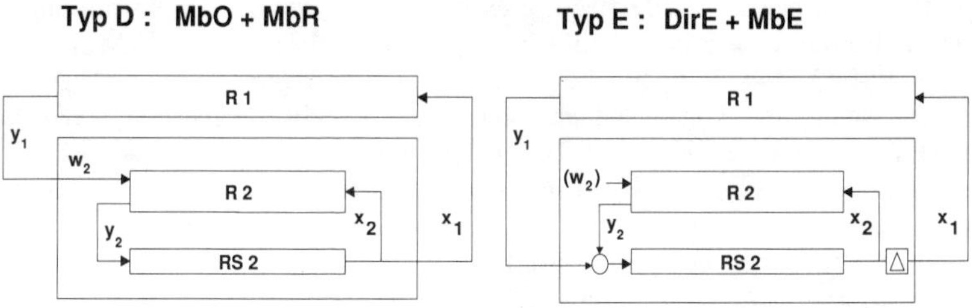

Abbildung 6.22: Führungsmodelle Typ D und Typ E im Vergleich

6.3.4.3 Stetige Partialmodelle

Während die zuvor diskutierten Partialmodelle als strukturelle Führungsmodelle eindeutige (diskrete) Führungszusammenhänge erfassen, dienen die vier nachfolgend skizzierten Modelle einer Charakterisierung der situativen Ausgestaltung der Führung sowie ihrer möglichen Konsequenzen:

- *Management by Systems* (MbS) drückt den Anteil maschineller Komponenten in der Reglerstruktur aus. Das MbS bedeutet grundsätzlich nicht, den Menschen aus dem System zu eliminieren und durch computergestützte Steuerungs- oder Regelungssysteme zu substituieren; MbS beschreibt lediglich den Technisierungsgrad.
- *Management by Delegation* (MbD) impliziert die Übertragung von Entscheidungskompetenz an untergeordnete Regler. Im Rahmen des MbD wird Entscheidungsverantwortung übertragen, wobei allerdings die Gesamtverantwortung eines Reglers für alle untergeordneten Reglerebenen voll erhalten bleibt.
- *Management by Participation* (MbP) strebt eine Leistungssteigerung des Gesamtprozesses durch Teilnahme unterer Hierarchieebenen an der Zielfindung an. Das MbP ist an die spezielle Informationsflußrichtung des PMbO gebunden.
- *Management by Motivation* (MbM) impliziert Aufbau und Nutzung eines Motivationspotentials. Während MbD und MbP nicht zwischen maschinellen Regelungselementen und Menschen als Regelkreiskomponenten unterscheiden, kann sich MbM definitionsgemäß nur auf Menschen beziehen. Das Motivationspotential einer Führungsstruktur ergibt sich somit unter anderem aus dem Technisierungsgrad (MbS) und dem Delegationsgrad (MbD).

Die stetigen Führungsmodelle konkretisieren somit die diskreten Modelle. So sagt beispielsweise das MbS in Verbindung mit dem MbO und dem MbE aus, inwieweit Zielvorgabe beziehungsweise Ergebniskontrolle mit Hilfe maschineller Komponenten erfolgt.

6.3.4.4 Zusammenführung

Verbindet man die diskreten Führungsmodelle in Form der „reinen“ Führungsmodelle (Typ A bis Typ H) mit den stetigen Modellen, so läßt sich als erstes das **MbP** positionieren: Wie bereits oben angesprochen, ist MbP als Mitwirkung bei der Zielfestlegung ex definitione nur bei der Bestimmung der Führungsgrößen mit PMbO möglich. Der Delegationsgrad (**MbD**) ist beim PMbO (Typ A, B) am höchsten; er erreicht dann seinen niedrigsten Wert, wenn dem Untergebenen (sogar) die Regeln vorgegeben werden, nach denen er vorzugehen hat. Unter der zusätzlichen Annahme, daß MbE einen höheren Delegationsgrad impliziert als MbR, ergibt sich eine eindeutige Reihung der acht „reinen“ Führungsmodelle im Hinblick auf den damit verbundenen Delegationsgrad.

Abbildung 6.23 folgt dieser Überlegung und enthält daher – als **vertikale** Achse – die Beziehungen zwischen den „reinen“ Führungsmodellen und den stetigen Modellen MbP beziehungsweise MbD. Die **horizontale** Achse spiegelt die Ausprägungsbreite des MbS wider. Diese ist zumindest vom Prinzip her unabhängig vom gewählten Führungsmodell. Lediglich ein hohes MbS im Zusammenhang mit den partizipativen Typen A und B bereitet Interpretationsschwierigkeiten, sofern nicht von der Möglichkeit sich gegenseitig beeinflussender Computer ausgegangen wird.

Problematisch und beim gegenwärtigen Ausbaustand dieses Konzeptes allenfalls mit Plausibilitätsüberlegungen realisierbar ist die Einbeziehung des **MbM**: Unter den Prämissen, daß

– MbP und MbD die Motivation erhöhen,

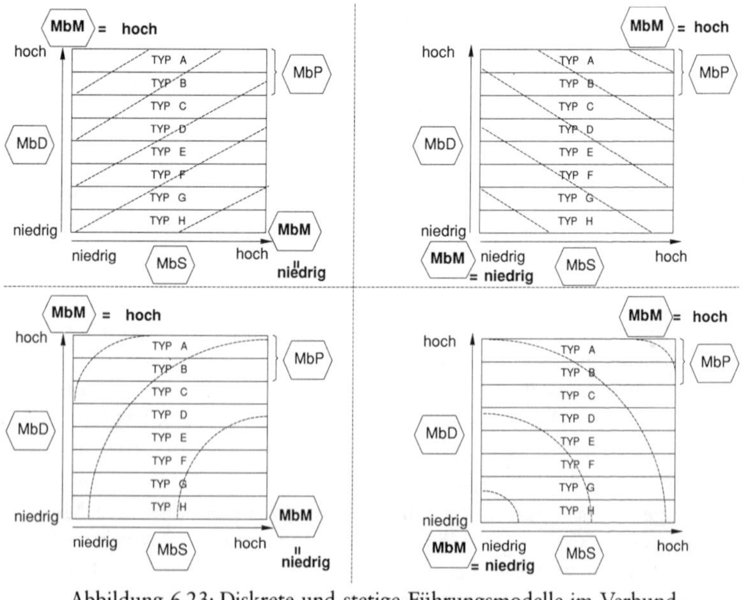

Abbildung 6.23: Diskrete und stetige Führungsmodelle im Verbund

– MbS die Motivation tendenziell reduziert und
– alle Beziehungen linear sind,

ergibt sich der in Abbildung 6.23 links oben ausgewiesene Zusammenhang. Grundsätzlich sind – vor allem in Abhängigkeit von der Unternehmensebene – verschiedene Verläufe der **Motivations-Indifferenzkurven** möglich. Abbildung 6.23 zeigt als Beispiel dafür vier Führungssysteme mit unterschiedlichen Indifferenzkurven. Die oberste Führungsebene wird hierbei durch eine eingipflige Motivations-Indifferenzkurve beschrieben, während in der untersten Führungsebene eine linear verlaufende Kurvenschar vorliegt.

Hervorzuheben ist aber auch hier die Erfassungsproblematik. Abbildung 6.23 bleibt primär ein deskriptives Instrument, mit dessen Hilfe der Ist-Zustand erfaßt werden soll. Nur beschränkt sind aus dieser Darstellung präskriptive Überlegungen direkt ableitbar: So stellt nicht zwingend die Konstellation mit dem höchsten Motivationspotential auch tatsächlich die effektivste und effizienteste Führungsform dar.

6.3.5 Erfolgsbeteiligung

6.3.5.1 Ziele

Unter Erfolgsbeteiligung versteht man eine Zahlung des Unternehmens an den Mitarbeiter, die über die reine Entlohnung hinausgeht und die auf längerfristiger Basis (jährlich) an den wirtschaftlichen Erfolg einer „größeren Betriebseinheit" (*Berthel* 1989, 333–334) gekoppelt ist: **Bezugsbasis** ist damit die Leistung einer Abteilung, eines Werkes oder des gesamten Unternehmens.

Erfolgsbeteiligungen dienen in unterschiedlicher Intensität drei **Zielen** (vgl. *Berthel* 1989, 333–334):

- Als *wirtschaftspolitisches* Ziel kann mit Hilfe einer Erfolgsbeteiligung das Arbeitseinkommen an konjunkturelle Schwankungen angeglichen werden, ohne daß Tariflöhne angehoben (oder gesenkt) werden.
- Als *sozialpolitisches* Ziel ist das Sozialisierungsargument zu nennen, bei dem (bei einigen Formen der Erfolgsbeteiligung) ein Miteigentum des Arbeiters an den Produktionsmitteln realisiert wird.
- Als *betriebliche* Ziele sind neben Motivationswirkungen auch Finanzierungseffekte für den Betrieb zu nennen, die dann eintreten, wenn die Erfolgsbeteiligung mit einer betrieblichen Vermögensbildung gekoppelt wird.

Betrachtet man empirisch die Ziele, die Unternehmen mit der Einführung von Erfolgsbeteiligungssystemen verknüpfen, so läßt sich (allerdings ausschließlich bezogen auf Vermögensbildungsmodelle) folgende **Rangordnung** der Ziele aufstellen (vgl. *Guski/Schneider* 1983, 111):

(1) Primäres Ziel ist die *Motivation* der Mitarbeiter. Man versucht durch Erfolgsbeteiligungssysteme das Interesse der Mitarbeiter am Unternehmen zu erhöhen, um auf diese Weise Arbeitsleistung, Produktivität, Ein-

satzbereitschaft, Kostenbewußtsein und eine Identifikation mit dem Unternehmen zu erreichen.

(2) Im Hinblick auf das *Finanzierungsziel* kommen mehrere Faktoren zum Tragen. Der Abfluß an Liquidität wird verringert, statt gewerbesteuerpflichtigem Gewinn fallen Betriebsausgaben an (die dann allerdings in diesem Fall der Einkommenssteuer des Erfolgsbeteiligten unterliegen). Zusätzlich erfolgt eine Liquiditätserhöhung dadurch, daß die Mitarbeiter eigene Mittel in das Unternehmen einbringen.

(3) Als Teil der *Personalpolitik* dient eine betriebliche Vermögensbildung der Abrundung des Sozialleistungspakets des Unternehmens, der generellen materiellen Verbesserung sowie der zusätzlichen Altersversorgung.

(4) Durch den Abbau der Konfrontation zwischen „Kapital und Arbeit", durch verstärkte Mitverantwortung, Mitsprache und Mitwirkung soll eine *Partnerschaft* entstehen, die eine (Mit-)Eigentümermentalität hervorruft.

(5) Betriebliche Vermögensbildung steht im Gegensatz zu einer überbetrieblichen Vermögensbildung in Arbeitnehmerhand, wie sie beispielsweise von gewerkschaftlichen Fondslösungen propagiert wird. Mit einer betrieblichen Vermögensbildung wird dabei – durchaus im Einklang mit den Betriebsräten – eine klare *gesellschaftspolitische Zielsetzung* verfolgt.

Ansatzpunkt bei dieser von *Guski* und *Schneider* 1983 durchgeführten Erhebung waren 1000 in der Bundesrepublik existierende Beteiligungsunternehmen. Nur 10,8% dieser befragten Unternehmen streben mit der Erfolgsbeteiligung als primäre Ziele Vermögensbildung und Verbesserung des Mitarbeiterpotentials an (*Guski/Schneider* 1983, 111). Dies ist insoweit nicht überraschend, als Vermögensbildung in Arbeitnehmerhand primär kein Ziel des Unternehmens darstellt; auch dürfte sich die Verbesserung des Mitarbeiterpotentials nur langfristig und nur in einem sehr schwer quantifizierbaren Umfang positiv auf das Unternehmen auswirken.

6.3.5.2 Formen

Bei der Erfolgsbeteiligung ist zu differenzieren zwischen der Beteiligungsbasis als verwendete Erfolgsgröße, der Beteiligungsquote als Höhe der Erfolgsbeteiligung und der Form der Beteiligungsverwendung (vgl. *Berthel* 1989, 335–346):

- Die **Beteiligungsbasis** kann definiert sein als
  - die erwirtschafteten Leistungen in Form von Verbesserungen bei Gestaltung oder Durchführung von Arbeitsprozessen,
  - Produktions- oder Verarbeitungsvolumen als mengenmäßiger Güterausstoß,
  - Umsatz der betreffenden Abrechnungseinheit,
  - Wertschöpfung als Leistung, die den eingesetzten Materialien durch Bearbeitung, Verarbeitung oder Veredelung hinzugefügt wird, sowie
  - (korrigierter) Gewinn.

- Neben der Bestimmung des Anteils an der Beteiligungsbasis, der auf die Mitarbeiter verteilt werden soll, ist das **Verteilungsprinzip** festzulegen. Hierzu gibt es im wesentlichen drei Möglichkeiten:
  - Gleichheitsprinzip (alle Mitarbeiter erhalten den gleichen Betrag),
  - Sozialprinzip (z. B. Kinderzahl, Dienstalter) und
  - Leistungsprinzip (in Abhängigkeit vom regulären Entgelt).
- Für die **Anteilsverwendung** gibt es wiederum drei Formen, nämlich
  - Ausschüttung als direkte Auszahlung an den Mitarbeiter,
  - Einbehaltung in Form von Eigenkapital (Aktien) oder
  - Umwandlung in Fremdkapital (Darlehen).

In Abhängigkeit von der konkreten Ausgestaltung des Erfolgsbeteiligungssystems lassen sich unterschiedliche Ziele der Erfolgsbeteiligung realisieren (Übersicht 6.37).

Ziele	**Gestaltungselemente**										
	Beteiligungsbasis					Individualquote			Anteilsverwendung		
	Leistungen	Produktionsvolumen	Umsatz	Wertschöpfung	Gewinn	Gleichheitsprinzip	Sozialprinzip	Leistungsprinzip	Ausschüttung	Eigenkapitaleinbehalt	Fremdkapitaleinbehalt
Wirtschaftspolitisch:											
Konjunkturanpassung	o	o	+	o	+	o	o	o	+	+	+
antizyklisch	o	o	o	o	o	o	o	o	–	+	+
Sozialpolitisch:											
Spannungsabbau	o	o	o	o	+	o	/	o	/	+	+
Vermögensbildung	o	o	o	o	o	o	o	o	–	+	/
Miteigentum am Betrieb	o	o	o	o	o	o	o	o	–	+	–
Betrieblich:											
Leistungsbereitschaft	+	+	+	/	+	–	/	+	+ +	+	+
Betriebsverbundenheit	o	–	–	/	+	–	o	+	+	+ +	+
Ökonomisches Denken	–	–	–	–	+ +	–	o	/	+	+	+
Einkommensverbesserung	+	+	+	+	+	/	+	+	+ +	+	+
Finanzsituation	o	o	o	o	o	o	o	o	–	+ +	+

+	Ziel erreicht
+ +	Ziel sehr gut erreicht
o	zielneutral
/	Ziel teilweise erreicht
–	Ziel verfehlt

Übersicht 6.37: Zielerreichungsgrad bei Erfolgsbeteiligungen (nach *Berthel* 1979, 252)

Die meisten Ziele einer Erfolgsbeteiligung werden erfüllt bei der **Kombination** der Beteiligungsbasis „Gewinn" (Jahresüberschuß), der Quotenbestimmung entsprechend dem Leistungsprinzip mit dem Einbehalten der Erfolgsanteile und der Überführung in Eigenkapital. Dies läßt sich (begrenzt) auch aus den in der Praxis üblichen Formen von Erfolgsbeteiligungssystemen ablesen (vgl. *Guski/Schneider* 1977; 1983).

6.3.6 Kollektive Führungsmodelle in der Praxis

Nach einer Untersuchung in 355 deutschen Unternehmen (vgl. *Töpfer/Zander* 1982) verwenden von den Unternehmen, die überhaupt ein einheitliches Führungsmodell besitzen (49%), immerhin 33% das Harzburger Modell. Weitere „einheitliche" Führungsmodelle in der Praxis sind das Management by Exception (27%) und das Management by Objectives (53%), jeweils verstanden im allgemeinen Sinn und nicht als kybernetisches Führungsmodell. Differenziert nach Größenklassen (Übersicht 6.38) dominiert bei kleineren Unternehmen das Harzburger Modell, bei größeren Unternehmen das Management by Objectives. Gerade bei großen Unternehmen treten aber Mehrfachnennungen auf, weil Führungsmodelle kombiniert oder in Tochtergesellschaften unterschiedliche Führungsmodelle praktiziert werden.

Wenn ein einheitliches Führungsmodell verwendet wird, welches?				
	Harzburger Modell	**Management by Exception**	**Management by Objectives**	**Sonstige kooperative Führung**
355 Unternehmen (Gesamtrücklauf)	58 (16,3%)	48 (13,5%)	92 (25,9%)	3 (0,8%)
Das sind bezogen auf Ja-Antworten	58 (31,1%)	48 (27,4%)	92 (52,6%)	3 (1,7%)
238 Unternehmen >1000 Beschäftigte	45 (15,9%)	42 (14,8%)	83 (29,3%)	3 (1,1%)
Das sind bezogen auf Ja-Antworten	45 (30,8%)	42 (28,8%)	83 (56,8%)	3 (2,1%)
72 Unternehmen <1000 Beschäftigte	13 (18,1%)	6 (8,3%)	9 (12,5%)*	
Das sind bezogen auf Ja-Antworten	13 (44,8%)	6 (20,9%)	9 (31,9%)*	
Mehrfachnennungen waren zulässig * statistisch signifikant negative Abweichung zu Unternehmen mit mehr als 1000 Beschäftigten				

Übersicht 6.38: Verwendung unterschiedlicher Führungsmodelle (nach *Töpfer/Zander* 1982, 11)

6.3.7 Gruppenbezogene Mentalitäten

Auf der operativen Ebene der Individualführung stand bereits der „homo pathologicus" zur Diskussion (Abschnitt 6.2.8). Darüber hinausgehend kommt es aber auch zu Übertragungen von Pathologien auf Gruppenebene, so daß sie Teil kollektiver Denkschemata werden: Die Ausbreitung neurotischer Tendenzen bleibt also nicht auf die Vorgesetzten-Untergebenen-Beziehung beschränkt. Wie einzelne Individuen können auch ganze Gruppen regressive Denk- und Verhaltensmuster entwickeln.

Von besonderer empirischer Relevanz sind dabei folgende drei Kulturmuster, die sich jeweils durch eine spezifische Denk- und Verhaltensmentalität charakterisieren lassen (vgl. *Bion* 1959; *Kets de Vries/Miller* 1984, 48–70):

Die **Kampf-/Flucht-Mentalität** („*fight/flight-fantasy*") unterteilt das Umfeld konsequent nach Freunden und Feinden. Das Verhalten wird durch den Kampf gegen den imaginären Feind bestimmt und gleichzeitig der Gruppenzusammenhalt verstärkt. Der Zeithorizont dieser aus der Verfolgungs-Übertragung entstehenden Kultur ist kurz, das Weltbild undifferenziert und durch Verfolgungsangst geprägt. Indem Gruppenmitglieder während des Arbeitsgeschehens laufend unterschwellig mit Feindbildern konfrontiert werden und Stellung beziehen müssen, übernehmen sie die *fight/flight*-Mentalität. Sind einzelne Gruppenmitglieder in diesem Sinne nicht programmierbar, werden sie zu Feinden.

Die **Abhängigkeitsmentalität** („*dependency-fantasy*") ist durch eine charismatische Führungspersönlichkeit geprägt, der man sich blind unterordnet. Konkurrenz und Konfrontation werden beim Wettbewerb um die Gunst des Führers spürbar. Dieser hat alle Möglichkeiten der Beeinflussung seiner Anhänger, die ihrerseits nur eine passive Rolle spielen. Die Mitglieder dieser Gruppe können sich dem Bann des Führers kaum entziehen. Seine Omnipotenz ist durch eine fast schon biblisch anmutende Moral legitimiert; zudem ist er bemüht, die Gruppenmitglieder mit ständigem Aktivismus in Atem zu halten („what he says, goes").

Die **Utopie-Mentalität** („*pairing-fantasy*") zeichnet sich durch Zukunftsorientierung, Sendungsbewußtsein und Enthusiasmus aus. Man hat sich einer großen Idee verschrieben, die innerhalb der Gruppe verwirklicht werden soll. Die mitreißende Idee der (zukünftigen) Führungspersönlichkeit hält die Gruppenmitglieder zusammen und fördert ihren Tatendrang. Trotzdem steht im Unterbewußtsein eines fest: Der ersehnte Messias, der alle anstehenden Probleme löst, wird nie kommen.

Alle diese Mentalitäten resultieren darin, daß sich in der Gruppe starke Konformitäten etablieren, die zu gestörter Wahrnehmung, irrealen Weltbildern und falschen Entscheidungen führen können. Dieses *pathologische Gruppendenken* ist im Regelfall den einzelnen Gruppenmitgliedern nicht einmal bewußt.

Die gruppenbezogenen Mentalitäten sind Rahmenbedingungen, die den Einsatz der kollektiven Führungsmodelle prägen: Wird beispielsweise die Idee einer Führung durch Zielorgane (MbO) überlagert durch eine Abhängigkeitsmentalität, so wirkt sie lähmend auf das angestrebte Aktionspotential. Ähnlich fatal wäre die Kombination von Erfolgsbeteiligungssystem und Utopie-Mentalität. Auf der Hand liegt auch, daß bei Existenz einer Kampf-Flucht-Mentalität die Idee einer bewußt informationsflußbezogenen Führung allenfalls als Kampfinstrument umgesetzt wird, nicht aber zur langfristig sinnvollen Kooperation zwischen Gruppen.

6.3.8 Bewertung

Die kollektiven Führungsansätze sollen primär das Arbeitsklima in der Gruppe verbessern und inhaltlich die Arbeit der Gruppe in Richtung auf die Unternehmensziele weiterentwickeln. Hier dürfte vor allem den **Führungsgrundsätzen** zunehmende Bedeutung zukommen: Sie stellen nicht nur globale Vorgaben dar, sondern lassen sich auch abteilungsspezifisch instrumentalisieren und mit konkreten Inhalten füllen.

Wie bei den Führungsgrundsätzen geht es auch bei der **informationsflußbezogenen Führung** um Führungsverhalten, das nicht an eine spezifische Person gekoppelt ist. Im Unterschied zu den Führungsgrundsätzen liegt aber der Schwerpunkt auf der analytischen Funktion (Ist-Analyse): Erst eine systematische Erfassung des praktizierten Führungsverhaltens – das sich besonders in den Informationsbeziehungen äußert – läßt die Vorgabe eines Soll-Verhaltens zu. Hinzu kommt die **Erfolgsbeteiligung** als monetäres Anreizsystem.

Auch bei Führungsüberlegungen, die oberhalb vom Individuum an der Gruppe ansetzen, ist der Mythos des streng rationalen Menschenbildes aufzugeben. Gerade Gruppen neigen zur Entwicklung von pathologischen Denkstrukturen: Von der Ausdehnung individueller Neurosen über Vorgesetzten-Untergebenen-Beziehungen und gruppenbezogenen regressiven Verhaltensweisen zur Pathologisierung einer ganzen Organisation und ihrer Kultur bleibt nur noch ein kleiner Schritt: Diese ausgeprägten „shared fantasies" werden die Organisation durchdringen und ihre Kultur bestimmen. Die jeweiligen Arbeitsgruppen sind hier eine wichtige Schaltstelle, über die Entstehung und Verbreitung derartiger Pathologien verhindert werden kann: Dies unterstreicht die Bedeutung von Führungsansätzen auf der taktischen Ebene.

6.4 Strategische Ebene: Kulturorientiertes Personalmanagement

6.4.1 Überblick

Führungsinstrumente und -modelle auf der operativen Ebene liefern Vorschläge zur Personalführung, die aber trotz ihrer Erklärungs- und Gestaltungskraft jeweils nur begrenzte Objektbereiche der Individualführung abdecken. Führungsansätze auf der taktischen Ebene gehen über die Einzelfallbetrachtung der operativen Ebene hinaus, bleiben aber dennoch auf einzelne Aspekte des Führungsverhaltens begrenzt. An dieser Stelle kommt die **Unternehmenskultur** zum Zuge (vgl. z. B. *Matenaar* 1983; *Heinen* et al. 1987; *Scholz* 1988 a; *Scholz/Hofbauer* 1990; *Dülfer* 1991a): „Unternehmenskultur" unterscheidet sich inhaltlich – aber nicht methodisch – von der „Organisationskultur" dadurch, daß sie sich als Spezialfall der Organisationskultur ausschließlich auf Unternehmen konzentriert, während letztere für alle Institutionen (also beispielsweise auch Schulen, Sportvereine, Krankenhäuser und öffentliche Verwaltungen) gilt.

Den Ausgangspunkt der nachfolgenden Überlegungen bildet eine **dualistische** Auffassung der Unternehmenskultur (*Scholz* 1987a, 88): Danach spiegelt die Unternehmenskultur solche Verhaltensmuster wider, die sich nach Ansicht der Unternehmensmitglieder in der Vergangenheit bewährt haben und an denen sie sich orientieren; Unternehmenskultur ist somit das implizite Bewußtsein eines Unternehmens, das sich aus dem Verhalten der Unternehmensmitglieder ergibt und das umgekehrt formale wie informale Verhaltensweisen der Individuen steuert.

Die Verknüpfung von Unternehmenskultur und Personalführung auf der **strategischen** Ebene liegt nahe, weil – wie noch zu zeigen sein wird – gerade eine sinnvoll ausgeprägte Unternehmenskultur Verhaltenspostulate wie holistisch, proaktiv und relevanzbetont erfüllen hilft. So wird gerade im Bereich des strategischen Managements eine ganzheitliche (holistische) Sichtweise nicht nur von Wissenschaftlern gefordert, sondern auch von erfolgreichen Managern teilweise intuitiv praktiziert. Die Faszination, die der Unternehmenskultur mit Recht zukommt, wird dadurch nur noch vergrößert.

Nachfolgend wird zunächst näher untersucht, wieso die Unternehmenskultur gegenwärtig für viele Unternehmen gerade auch im Hinblick auf das strategische Personalmanagment eine besondere Herausforderung darstellt (Abschnitt 6.4.2). Zum besseren Verständnis der Rolle von unternehmenskulturellen Fragestellungen wird dann ein kurzer Überblick über die betriebswirtschaftliche Kulturforschung gegeben (Abschnitt 6.4.3). Es folgen fünf Prinzipien (Abschnitt 6.4.4), mit deren Hilfe sich
- Unternehmenskultur durch Personalführung und
- Personalführung durch Unternehmenskultur

umsetzen läßt (Abschnitt 6.4.5). Nach einem kurzen Verweis auf ein Schrittmodell (Abschnitt 6.4.6) folgt eine zusammenfassende Bewertung (Abschnitt 6.4.7).

6.4.2 Kulturproblematik als Herausforderung

Unternehmenskultur hat gute Chancen, zum zentralen Konzept der 90er Jahre zu werden. Spätestens seit dem von *Peters* und *Waterman* (1982) propagierten Ergebnis der „Suche nach Spitzenleistungen" gilt Unternehmenskultur als eine der wichtigsten Determinanten für den Unternehmenserfolg.

Auch in Deutschland besteht nach anfänglichem Zögern speziell in der Praxis eine zunehmende Nachfrage nach „Unternehmenskultur". Dennoch: Anders als in den USA sehen laut verschiedener Untersuchungen (z. B. *Hoffmann* 1986) bundesdeutsche Manager Unternehmenskultur meist als relativ unproblematisch an. Offenbar gilt: „Jedes gute deutsche Unternehmen hat eine Kultur und noch dazu eine gute Kultur!" Diese Argumentation liegt nahe, denn in Deutschland wird Unternehmenskultur fälschlicherweise oft mit „klassischer Kultur" oder „kultiviert" assoziiert. Eine solche „Kultur" sprechen sich zwangsläufig die meisten Unternehmen zu.

Allerdings signalisieren die in Kapitel 1 referierten Untersuchungen einen Umschwung und eine stärkere Beachtung unternehmenskultureller Fragestellungen (auch) in Deutschland. Denn gerade im Informationszeitalter mit seiner zunehmenden Faszination und Bedrohung wächst ein Gefühl für die Unzulänglichkeit technokratischer Unternehmensführung. Auch Fragen wie die nach Motivation und Identifikation der Mitarbeiter bedürfen einer grundsätzlichen Antwort. Ähnliches gilt für die hohe Zahl von Unternehmensakquisitionen, die nicht zum erwünschten Ziel führten: Hier wächst das Bewußtsein für die Notwendigkeit einer Kompatibilität der Wertesysteme von fusionierenden Unternehmen.

Die Unternehmenskultur erfüllt im günstigsten Fall, nach Ansicht der Verfechter eines unternehmenskulturellen Funktionalismus (vgl. *Deal/Kennedy* 1982; *Heinen* et al. 1987, 141–209), folgende vier **Funktionen**:

- Sie wirkt verhaltenssteuernd und vermittelt Richtlinien für das „tägliche Verhalten" der Mitarbeiter, indem sie Handlungsabläufe festlegt, sowie Handlungsfreiräume definiert (*Koordinationsfunktion*).
- Sie vermittelt Mitarbeitern den Sinn der Arbeit und steigert dadurch deren Leistungsbereitschaft (*Motivationsfunktion*).
- Sie schafft ein Potential für eine Zugehörigkeit der Mitarbeiter zum Unternehmen (*Identifikationsfunktion*).
- Sie erlaubt die Abgrenzung zu anderen Unternehmen (*Profilierungsfunktion*).

Neben diesen primären Funktionen hat die Unternehmenskultur weitere sekundäre Auswirkungen. So trägt sie beispielsweise zu einer allgemeinen Erhöhung der wirtschaftlichen Effektivität bei und führt unter anderem durch geringere Fluktuationsraten und Abwesenheitsquoten zu einer Steigerung der Verhaltenseffektivität (vgl. *Albert/Silverman* 1984, 13). Offen bleibt allerdings die Bestimmung der exakten **Bedingungen**, unter denen die oben skizzierten Kulturwirkungen eintreten. Die betriebswirtschaftliche Kulturforschung stellt hierfür die theoretischen Grundlagen zur Verfügung, bildet also die Basis für die praktische Umsetzung und Ausgestaltung von Unternehmenskultur in den einzelnen Betrieben.

6.4.3 Kulturforschung als Basis

In der Anthropologie (z. B. *Kluckhohn* 1951) gibt es bereits seit langem Hinweise auf die Bedeutung von Wert- und Denkmustern in Organisationen. Dennoch dauerte es relativ lange, bis sich das Denken in unternehmenskulturellen Dimensionen in der Betriebswirtschaftslehre durchsetzen konnte. Im einzelnen lassen sich dabei die fünf, in Übersicht 6.39 dargestellten, Phasen unterscheiden.

Vor 40 Jahren gab es bereits mehr als 150 verschiedene Kulturdefinitionen (vgl. *Kroeber/Kluckhohn* 1952); dennoch wurden in der Betriebswirtschaftslehre kulturelle Phänomene damals als kaum relevant angesehen. Diese erste Phase der Kulturforschung läßt sich daher am besten mit (betriebswirtschaftlicher) **Kulturignoranz** bezeichnen.

Mit Beginn der 60er Jahre richtete sich die Forschung dann auf länderübergreifende Vergleiche der Managementsysteme aus. Das **Cross Cultural Management** postulierte zunächst einen kulturfreien Ansatz („culture free thesis"), bei dem etwaige Unterschiede zwischen festgestellten Managementformen auf nicht-kulturellen Situationsfaktoren beruhen. Es folgte der kulturbedingte Managementansatz („culture bound thesis"), der in der Landeskultur eine wichtige Variable zur Erklärung von Managementverhalten in unterschiedlichen Ländern sieht.

Zeit	Ausgangsebene	Stadium	Betrachtungsweise
bis 1960	**Makro-Ebene**	Betriebswirtschaftliche „Kulturignoranz"	
ab 1960		Cross Cultural Management	a) Kulturfreier Managementansatz b) Kulturgebundener Managementansatz (Landeskultur als unabhängige Variable)
ab 1970		Comparative Management	Wechselbeziehungen zwischen Landeskultur und Managementverhalten
ab 1980	**Mikro-Ebene**	Unternehmenskulturforschung	Untersuchung/Beeinflussung der Unternehmenskultur weitgehend ohne landeskulturellen Kontext: a) Ansatz der (individuellen) Verhaltensforschung b) Organisationstheoretischer Ansatz c) Ansatz des strategischen Managements
ab 1990	**Makro- und Mikro-Ebene**	Kulturintegration	Wechselbeziehung zwischen Unternehmenskultur und Landeskultur

Übersicht 6.39: Entwicklungspfad der Management-Kulturforschung

In einer nächsten Stufe befaßte sich die kulturvergleichende Managementforschung (**Comparative Management**) mit wechselseitigen Einflüssen von Landeskultur und Managementverhalten. Zum Comparative Management gehören auch die Arbeiten, die sich mit japanischer Kultur und japanischer Unternehmensführung befassen (z. B. *Ouchi* 1981; *Pascale/Athos* 1981).

Die vorangegangenen Forschungsrichtungen gingen primär von einer Makro-Perspektive aus. Erst die Auseinandersetzung mit wechselseitigen Einflüssen von Kultur und Managementverhalten führte zur Betrachtung der Mikro-Ebene, also der Unternehmenskultur als einer intern bedingten und beeinflußbaren Variablen. Hierbei werden im Rahmen einer **Unternehmenskulturforschung** diverse Teilaspekte mit betriebswirtschaftlicher Relevanz diskutiert. Hier sind vor allem drei Quellen für Vorschläge von Bedeutung, nämlich die Verhaltensforschung, die Organisationstheorie und das strategische Management (*Scholz* 1988 b):

(a) Verhaltensforschung

Die individuelle Verhaltensforschung betrachtet die Unternehmenskultur als eine der zentralen Einfluß- und Steuergrößen des Verhaltens von Mitarbeitern. Ein markanter Vertreter dieser Forschungsrichtung ist *Schein* (1985), der – basierend auf den Grundlagen der Organisationspsychologie und Organisationsentwicklung – die Unternehmenskultur als Zusammenspiel von **drei Kulturschichten** erklärt:

- Auf der obersten Ebene zeigt sich die Kultur eines Unternehmens in künstlich geschaffenen Objekten und Verhaltensweisen *(Artefakten)*, wie die Gebäudearchitektur, Bürogestaltung, Bekleidungsvorschriften und Zeremonien, die sichtbar und/oder hörbar direkt zu erfassen sind. Beispielsweise kann die Architektur eines Verwaltungsgebäudes durchaus Rückschlüsse auf die Unternehmenskultur zulassen, ebenso wie Rituale und Zeremonien.
- Auf der zweiten Ebene liegen die kollektiven *Werte* der Organisationsmitglieder. Sie beziehen sich auf das im Laufe der Zeit entstandene Werte-Kompositum im Unternehmen und steuern (mehr noch als die Artefakte der ersten Ebene) das Verhalten der Organisationsmitglieder. Bei „angenommenen“ Werten, wie sie durch Unternehmens- oder Führungsgrundsätze vermittelt werden, ist der Einfluß auf das Verhalten der Unternehmensmitglieder allerdings geringer als bei „internalisierten“ Wertvorstellungen, die dauerhaft verhaltenssteuernd wirken.
- Auf der dritten und tiefsten Ebene der Unternehmenskultur befinden sich die *Grundannahmen* der Organisationsmitglieder als kaum noch diskutierte und langfristig konstante Auffassungen über Umwelt, Realität, menschliches Wesen, menschliche Handlungen und menschliche Beziehungen. Diese kulturtragenden Annahmen haben den größten Einfluß auf das Verhalten der Organisationsmitglieder, lassen sich aber nur schwer ermitteln, da sie häufig im Unterbewußtsein liegen (Abbildung 6.24).

Für *Schein* ist besonders die Entschlüsselung der Grundannahmen in einer Organisation von Bedeutung: In Einzel- und in Gruppeninterviews versucht

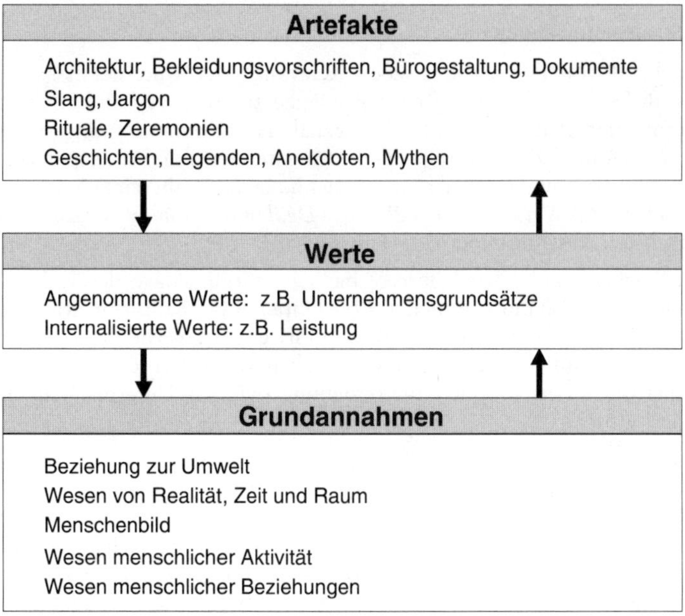

Abbildung 6.24: Ebenen der Unternehmenskultur nach *Schein* (1985, 14)

dazu der Kulturforscher/Kulturberater die tieferliegenden Schichten der Unternehmenskultur zu erfassen. *Schein* ist ein strikter Vertreter vom „clinical approach“: Danach können nur professionell geschulte Außenstehende die Unternehmenskultur richtig erfassen.

(b) Organisationstheorie

Die Kulturforschung im Bereich der Organisationstheorie (vgl. z. B. *Pondy* 1983; *Frost et al.* 1985) beginnt mit Kritik an den bisherigen analytisch orientierten Modellen der Organisationstheorie. Sie konnten beispielsweise in Form des Kontingenzansatzes trotz weitestgehender Verfeinerung Organisationen nur zu einem geringen Grad beschreiben. Nötig wurde daher eine Abkehr vom ökonomisch-rationalen („social factist“) Paradigma (*Ritzer* 1975), um Organisationen auf eine komplexere Art beschreiben zu können (vgl. *Pondy/Mitroff* 1979).

Eine wichtige und vielversprechende Möglichkeit stellt dabei der **symbolische** Ansatz der Unternehmenskultur dar (vgl. *Pondy* 1983). Kommunikation und Führung in Organisationen basieren demnach vorrangig auf gemeinsamen Metaphern und symbolhaften Aktionen: Im Kontext der jeweiligen Organisation interpretiert bedeuten sie mehr als die pure Handlung im kontextfreien Raum. Organisatorische Symbolik dient damit der logischen Vereinfachung, also der Komplexitätsreduktion.

(c) Strategieforschung

Ausgehend von der „strategischen Relevanz" der Unternehmenskultur sucht die Strategieforschung nach Aussagen zu effektiven und effizienten Unternehmensstrukturen und sieht speziell in der Kompatibilität von organisations- und landeskulturellen Gegebenheiten zentrale Erfolgspotentiale. Hervorzuheben sind in diesem Zusammenhang die wegbereitenden Ansätze von *Peters* und *Waterman* (1982) sowie *Deal* und *Kennedy* (1982), auf die im nächsten Abschnitt noch eingegangen wird.

Zurückgehend auf Übersicht 6.39 hat eine fünfte Phase der Kulturforschung schließlich mit Beginn der 90er Jahre mit der **Kulturintegration** begonnen. Hierbei werden nicht nur die individuellen Verhaltensweisen der Organisationsmitglieder im landeskulturellen Kontext untersucht, sondern darüber hinaus insbesondere die Beziehung zwischen Unternehmens- und Landeskultur.

6.4.4 Kulturprinzipien als Handlungshilfen

Erfolgreiches Unternehmenskulturmanagement verlangt nach umfassender Auseinandersetzung mit diesem Phänomen. Zu diesem Zweck werden nachfolgend fünf Kulturprinzipien vorgestellt (vgl. auch *Scholz/Hofbauer* 1990). Das Dualitätsprinzip befaßt sich mit dem Zusammenhang zwischen Kulturursache und Kulturwirkung. Das Pathologieprinzip orientiert sich am Organismuskonzept der Kultur und gibt Hinweise auf den Umgang mit krankhaften beziehungsweise neurotischen Kulturerscheinungen. Das Hierarchieprinzip weist auf Zusammenhänge zwischen unterschiedlichen Kulturebenen hin. Das FOSI-Prinzip verbindet die zentralen Perspektiven der Unternehmenskulturforschung. Das Stimmigkeitsprinzip schließlich befaßt sich mit diversen Abstimmungsnotwendigkeiten, vor allem im Zusammenhang mit der Strategie des Unternehmens.

6.4.4.1 Das Dualitätsprinzip

Für den sinnvollen Umgang mit Unternehmenskultur ist es nötig, die Fragen nach ihrem Entstehen zu beantworten: Unternehmenskultur ist immer Ergebnis des Verhaltens von Mitarbeitern und gleichzeitig prägend für deren Verhalten. Dieses dynamische Verständnis betont **zwei Beeinflussungsrichtungen** (vgl. Abbildung 6.25):

- Zum einen entsteht Unternehmenskultur aus dem laufenden Verhalten der Mitarbeiter. Es gibt also in jedem Unternehmen eine Unternehmenskultur. Unternehmenskultur als Ansammlung von gemeinsam geteilten Werten und Normen im Unternehmen ist in dieser Hinsicht eine Ergebnisgröße.
- Zum anderen wirkt die Unternehmenskultur als „kollektive Programmierung" (*Hofstede* 1980b, 1169). Sie prägt das Verhalten der Unternehmensmitglieder: Sie spüren permanent die Kultur ihres Unternehmens und verhalten sich dementsprechend. Natürlich gibt es auch Fälle, in denen Mitarbeiter sich nicht an die Spielregeln der Kultur halten. Dieser Kul-

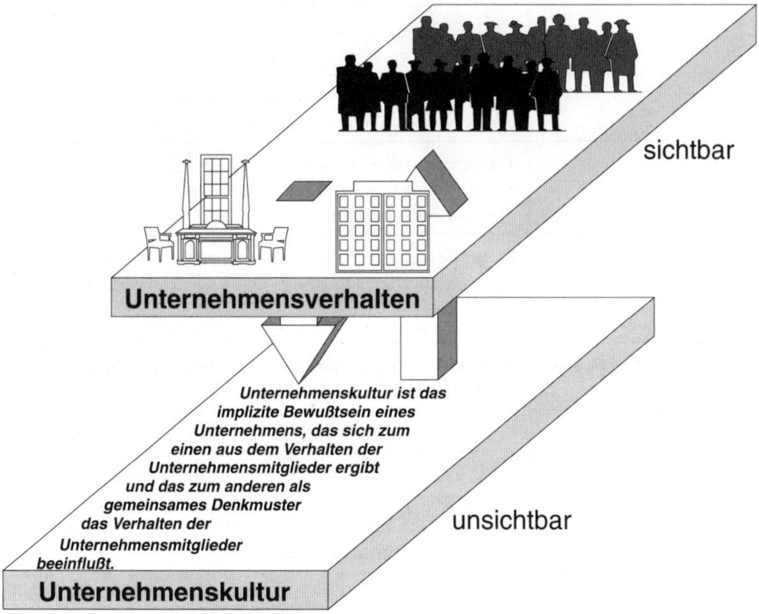

Abbildung 6.25: Das Dualitätsprinzip

turkonflikt führt langfristig zur (gegebenenfalls inneren) Kündigung von Mitarbeitern oder aber zu einer graduellen Veränderung der Unternehmenskultur, sofern viele Mitarbeiter neue Spielregeln favorisieren.

Das Dualitätsprinzip verlangt somit die explizite Berücksichtigung der wechselseitigen Beeinflussung von kulturellen Vorgaben (Grundannahmen, Werten, Normen und Einstellungen) und gelebtem Verhalten.

Im Zusammenhang mit der Unternehmenskultur ist zu differenzieren zwischen der sichtbaren Ebene des Unternehmensverhaltens und der Unternehmenserscheinung sowie der unsichtbaren Ebene der Unternehmenskultur. Diese Differenzierung entspricht auch der aus der Anthropologie kommenden Unterscheidung zwischen **Konzeptas** und **Perzeptas**: Kulturelle Perzeptas befinden sich auf der sichtbaren Ebene von Unternehmensverhalten und Unternehmenserscheinung, während kulturelle Konzeptas Bestandteil der Unternehmenskultur sind. Streng genommen gibt es damit keine „sichtbare Schicht" der Unternehmenskultur, sondern vielmehr nur sichtbare Indikatoren, die als markante Objekte und Verhaltensweisen ansatzweise (ähnlich wie die Spitze eines Eisbergs) Rückschlüsse auf die Unternehmenskultur zulassen.

(a) Unternehmensverhalten/Unternehmenserscheinung

Jeder, der ein Unternehmen betritt, wird sofort mit einer Fülle von markanten Objekten und Verhaltensweisen konfrontiert: Dies beginnt mit dem Empfangsritual und reicht bis zum (mehr oder weniger) devoten Verhalten

Architektur	Baustil, Vorplatz, Parkanlagen, Trennung von Verwaltung und Produktion
Inneneinrichtung	Entrée, Farbgestaltung, Kunstgegenstände, Vorzimmer, Foyer, Möbel, Konferenzzimmer, Casino, Pausenräume
Arbeitsplätze	Teppiche, Vorhänge, Wandschmuck, Pflanzen, Türschilder, ergonomische Gestaltung (auch in der Produktion)
Arbeitsorganisation	Größe des Arbeitsplatzes, Großraumbüro, Einzelzimmer, Gruppenzimmer, Transport- und Lagereinrichtungen
Arbeitsmittel	Telefonanlage, EDV, PCs, Maschinen, Anlagen
Äußere Erscheinung der Mitarbeiter	Freizeitkleidung, Business Dress, Uniform, Arbeitskleidung
Art der Überwachung	Verzicht auf Zeitkontrolle, Stechuhren, Kontrollpersonal
Sonstiges	Titelhierarchie, Logos, Embleme, Fahnen, Visitenkarten, Ausweise, Freistempler, Briefpapier, Firmenwagen, Jahresbericht, Führungsgrundsätze, Organigramme, Incentives, Veranstaltungen

Übersicht 6.40: Sichtbare Objekte als potentielle Indikatoren für Unternehmenskultur (*Scholz/Hofbauer* 1990, 26)

der Mitarbeiter gegenüber ihrem Chef. Übersicht 6.40 bringt einige **Beispiele** für sichtbare Objekte auf der Ebene des Unternehmensverhaltens.

Ein erstes Objekt stellt die *Architektur* dar: Sie strahlt permanent kulturelle Botschaften auf die Unternehmensmitglieder aus und erzeugt zugleich einen kulturtragenden Rahmen im Unternehmen. So lassen sich bereits an der Struktur der Gebäude Sachbezogenheit, Extravaganz oder Unauffälligkeit ablesen als potentielle (aber nicht immer zutreffende) Indikatoren der Unternehmenskultur.

Ähnliches gilt auch für *Logos* oder *Embleme* als Kenn- oder Markenzeichen von Unternehmen. Sie können, wenn auch nicht in derart eindrucksvoller Weise, äußeres Zeichen einer spezifischen Unternehmenskultur sein. In diesem Zusammenhang ist auch die *Kleidung* zu erwähnen. Unabhängig davon, ob nun eine Kleiderordnung explizit vorgegeben wird oder nicht, läßt in aller Regel die Kleidung Hypothesen über die Unternehmenskultur zu.

Aber es geht nicht nur um physikalische Objekte; es gibt vielmehr noch eine ganze Reihe weiterer „Medien", über die Aussagen der Unternehmenskultur transportiert und in den sichtbaren Bereich gerückt werden. Ein derartiges und vor allem in der amerikanischen Managementliteratur häufig genanntes Kulturmedium sind *„Helden"*: Als exponierte Persönlichkeiten stehen sie für spezifische Leistungen des Unternehmens, symbolisieren also bevorzugte Werte und Erfolge.

Kultur wird auch durch *Geschichten* vermittelt. Unabhängig von ihrem Wahrheitsgehalt dienen sie der Erklärung nicht-hinterfragter Glaubenssätze und zur Rechtfertigung von Handlungen.

Ebenso vermittelt *Sprache* Unternehmenskultur: So deutet die Form, wie in einem Unternehmen bestimmte Sprachstrukturen und Redewendungen gebraucht werden, auf konkrete Bedeutungsinhalte hin. Insbesondere *Slogans* können Unternehmenskultur vermitteln, sofern sie nicht nur als Werbebotschaft nach außen dienen, sondern tatsächlich auf kulturellen Werten beruhen. Für Außenstehende läßt es sich nur schwer feststellen, ob ein Slogan tatsächlich in der Unternehmenskultur verankert ist.

Die sichtbare Ebene des Unternehmensverhaltens läßt somit zumindest ansatzweise Rückschlüsse auf die Unternehmenskultur zu, die aber der eigentlich interessierende Faktor ist.

(b) Unternehmenskultur

In der Literatur gibt es eine Vielzahl von Vorschlägen dazu, wie man die Kultur von Unternehmen systematisieren kann (vgl. z. B. *Allen/Kraft* 1982; *Handy* 1978; *Davis* 1984; *Heinen* et al. 1987, 1–48). Nachfolgend sollen diese und ähnliche Vorschläge zu fünf zentralen **Kulturdimensionen** verdichtet werden. Meßtechnisch sind alle Dimensionen als Nominalskalen aufzufassen, wobei jede Ausprägung für sich genommen qualitativ-beschreibend existiert, oder aber bei entsprechender Abstraktion eine ordinal skalierte Variable darstellt. Es können also gleichzeitig mehrere Ausprägungen pro Dimension auftreten. So kann beispielsweise ein Unternehmen auf der zeitbezogenen Dimension durchaus eine Kulturmischung aus „stabil" und „kreativ" besitzen.

Die Entwicklungsstufe des Unternehmens wird mit Hilfe der *zeitinduzierten* Dimension erfaßt. Ein Vorschlag für eine entsprechende Klassifikation stammt bereits von *Ansoff* (1979), der fünf Arten der Unternehmenskultur unterscheidet. Das Spektrum reicht hier von der auf Stabilität ausgerichteten Vergangenheitsorientierung bis hin zu einem kreativen Erfinden neuer Spielregeln für die Zukunft. Diese Dimension basiert aber nicht auf der Prämisse einer zwangsläufigen Entwicklung; eine Veränderung ist jederzeit in beide Richtungen möglich.

Die Beziehung des Unternehmens zur Umwelt drückt die *externinduzierte* Dimension aus. Nach Untersuchung von annähernd achtzig Unternehmen sowie ihrer jeweiligen Umwelt konnten *Deal* und *Kennedy* (1982) in Abhängigkeit von Unternehmensrisiko sowie von Feedback-Zeit zwischen Aktion und Erfolg vier Typen von Unternehmenskultur nachweisen. Die Ergebnisse sind in Übersicht 6.41 zusammengefaßt.

Die *interninduzierte* Kulturdimension orientiert sich an der Form der Leistungserstellung. Hierzu gibt es wieder mehrere Möglichkeiten der Klassifizierung, die jeweils verschiedene Abstufungen zwischen einer routinemäßigen (einfachen) und einer einmaligen (schwierigen) Leistungserstellung enthalten. Hierbei wird zwischen der erstellten Leistung und den zugrundeliegenden Verfügungsrechten differenziert.

	Risiko	
Feedback	niedrig	hoch
rasch	**work-hard/play-hard** („Harte Arbeit/Viel Spaß“) Teamkult Kundenorientierung Spielrituale Wert=Umsatz (Sport=Basketball)	**tough-guy/macho** („Macho-Kultur der harten Männer“) Starkult, Spielertypen „Alles oder nichts“ Schutzrituale Wert=Risiko (Sport=Squash)
langsam	**process** („Verfahrenskultur“) Bürokratiekult Dienstwegorientierung Hierarchierituale Wert=Kontinuität (Sport=Jogging)	**bet-your-company** („Risikokultur“) Techniker/Tüftler-Kult Technologieorientierung Konferenzrituale Wert=Erfahrung (Sport=Golf)

Übersicht 6.41: Externbezogene Dimension (nach *Deal/Kennedy* 1982, 107–123)

Die *werteorientierte* Kulturdimension der Unternehmenskultur stellt auf diverse betriebswirtschaftliche Kerngrößen ab (vgl. z. B. *Pümpin/Kobi/Wüthrich* 1985):

- Kundenorientierung als Kenntnis und Wertschätzung von Kunden sowie Orientierung an Kundenproblemen,
- Mitarbeiterorientierung als Ausdruck von Wertschätzung, Vertrauen, Partizipation und Kommunikation,
- Resultatsorientierung und Leistungsorientierung als Zielbewußtsein, Einsatzbereitschaft und Arbeitsintensität,
- Innovationsorientierung als Ergebnis von Risikoneigung, Lernbereitschaft, Innovationshäufigkeit und Flexibilität,
- Kostenorientierung im Sinne von Kostenbewußtsein und -einsparungen,
- Unternehmensorientierung als Ausdruck von Identifikation, Teamwork, Toleranz und Konfliktverhalten,
- Technologieorientierung als Ergebnis des Technologiebewußtseins, der verwendeten Technologie und aufgeschlossener Denkhaltung.

Einzelfallspezifisch kann (und muß!) dieser Katalog erweitert werden.

Die *pathologiebezogene* Kulturdimension basiert auf dem in Abschnitt 6.4.4.2 zu beschreibenden Pathologieprinzip und geht davon aus, daß Unternehmen bis zu einem gewissen Grad neurotische oder pathologische Züge aufweisen können.

Bereits die Darstellung in Abbildung 6.26 macht die Vielfalt möglicher Kombinationen unterschiedlicher Unternehmenskulturen deutlich, von denen das betriebliche Personalmanagement auszugehen hat: Es ist daher unmittelbar einsichtig, daß für die Wahl der richtigen personalpolitischen Instrumente die Kenntnis der jeweils vorliegenden Unternehmenskultur

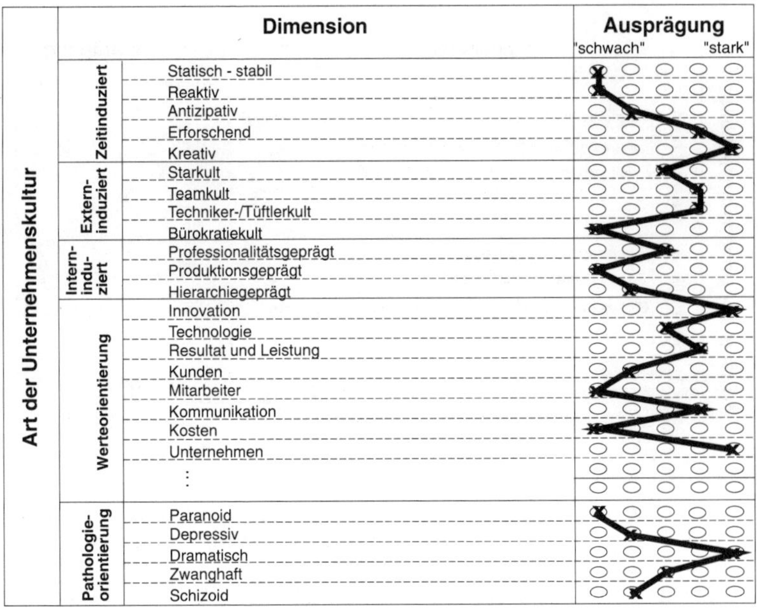
Art der Unternehmenskultur
Dimension
Ausprägung
"schwach"
"stark"
Zeitinduziert
Statisch - stabil
Reaktiv
Antizipativ
Erforschend
Kreativ
Extern-induziert
Starkult
Teamkult
Techniker-/Tüftlerkult
Bürokratiekult
Intern-induziert
Professionalitätsgeprägt
Produktionsgeprägt
Hierarchiegeprägt
Werteorientierung
Innovation
Technologie
Resultat und Leistung
Kunden
Mitarbeiter
Kommunikation
Kosten
Unternehmen
Pathologie-orientierung
Paranoid
Depressiv
Dramatisch
Zwanghaft
Schizoid

Abbildung 6.26: Unternehmenskulturarten

wichtig ist. Dies gilt umso mehr, wenn es sich um eine „starke“ Unternehmenskultur handelt.

(c) Kulturstärke

Je intensiver die Beziehungen zwischen der sichtbaren Verhaltensebene und der unsichtbaren Kulturebene verlaufen, umso stärker wird die Unternehmenskultur. Neben der Kulturart ist somit die Kulturstärke ein weiterer wichtiger Aspekt beim Umgang mit der Unternehmenskultur. Denn je stärker die Kultur ist, desto eher prägt sie das Verhalten.

Ob es tatsächlich zu einer starken Kultur kommt, hängt von mehreren, größtenteils noch unerforschten Faktoren ab: Zu vermuten ist allerdings, daß sich eine starke Unternehmenskultur mit einer **höheren Wahrscheinlichkeit** entwickeln kann, wenn
- die Wertvorstellungen und Ziele der Mitarbeiter nicht gegenläufig sind,
- die Wertemuster für die Unternehmensmitglieder transparent sind,
- die Organisation alt genug ist, damit alle Mitarbeiter die Kultur internalisieren konnten,
- die sichtbaren Objekte stimmig zu den Kulturwerten sind und
- die grundlegenden Landeskulturwerte nicht konträr zu den Wertemustern der Organisation verlaufen.

Die Kulturstärke als quantitative Ausprägung der Unternehmenskultur ist danach eine Funktion der Verbundenheit (Konnektivität), Interaktionsdichte, Werttransparenz sowie der Ereignisdynamik.

Stärke der Unternehmenskultur		Indikator	Gewichtung	Ausprägung "keine"				"viele"
	Geschichten	Existieren dominierende Legenden, Mythen oder Episoden?		○	X	○	○	○
		Existieren als Helden aufgefaßte Personen?		○	○	○	X	○
		Existieren umfangreiche Firmenchroniken?		X	○	○	○	○
		⋮		○	○	○	○	○
				○	○	○	○	○
	Symboliken	Gibt es akzeptierte Slogans?		○	○	○	○	X
		Gibt es übergreifende Rituale?		○	○	X	○	○
		Gibt es Komponenten einer firmenspezifischen Sprache?		○	X	○	○	○
		⋮		○	○	○	○	○
				○	○	○	○	○
	Clans	Existieren überwiegend lang andauernde Mitgliedschaften?		○	X	○	○	○
		Fehlen akzeptable Alternativen für die Mitarbeiter?		○	○	○	X	○
		⋮		○	○	○	○	○
				○	○	○	○	○

	schwach				stark
Kulturstärke (aggregiert)	○	X	○	○	○

Abbildung 6.27: Unternehmenskulturstärke

Neben diesen eher theoretisch-abstrakten Determinanten der Kulturstärke gibt es drei pragmatisch-konkrete **Indikatoren** für starke Unternehmenskulturen (Abbildung 6.27):

- *Geschichten* sind Spiegel einer Kultur. Ihr Weitererzählen läßt auf eine Kongruenz zur Unternehmung schließen. Geschichten spielen eine prägende Rolle, da sich aktuelles und zukünftiges Verhalten an ihren Pointen orientiert. Typisch für starke Kulturen ist daher der ausgeprägte Hang zu derartigen Geschichten.
- *Symbolik* liegt in vielen organisierten oder gewachsenen Handlungsmechanismen. Dies gilt für Zeremonien genauso wie für Mittel zur Standardisierung der Kommunikation. Je intensiver die Symbolik, umso stärker dürfte auch die Unternehmenskultur sein.
- *Clans* sind Personengruppen in einer Organisation, die einen prägenden Einfluß auf die Organisationskultur haben. Je höher die Wahrscheinlichkeit dafür ist, daß ein Clan innerhalb eines Unternehmens existiert, umso höher ist die Wahrscheinlichkeit für das Auftreten einer starken Organisationskultur.

Starke Kulturen haben den Vorteil, deutliche Impulse zur Verhaltenssteuerung auszusenden: Sie wirken daher koordinierend und leisten somit Hilfestellung gerade auch im Hinblick auf die notwendige (strategische) Stimmigkeit. Auch die sonstigen funktionalen (positiven) Effekte der Unternehmenskultur (vgl. Übersicht 6.42) setzen die Existenz einer starken Unternehmenskultur voraus.

Trotzdem wirken sich starke Kulturen häufig problematisch aus (vgl. z. B. *Schreyögg* 1989). Sie bringen die Tendenz zur Abschottung sowie Inflexibi-

Die Unternehmenskultur begründet Identität!
Sie konstituiert die kulturelle Identität einer Unternehmung und stützt damit das „Wir-Gefühl" der Unternehmungsangehörigen sowie das personale Selbstbewußtsein jedes einzelnen, soweit er dieses aus seiner Berufsrolle bezieht.

Die Unternehmenskultur vermittelt Sinn und Motivation!
Sie vermittelt den Unternehmungsangehörigen sowie Außenstehenden einen glaubwürdigen Sinnzusammenhang des unternehmerischen Handelns: Motivation nach innen und Legitimation nach außen.

Die Unternehmenskultur stiftet Konsens!
Sie sichert ein Grundverständnis über fundamentale Grundfragen sowie ein kommunikatives Verständigungspotential, auf dessen Boden auch in unternehmerisch schwierigen Zeiten produktive wie befriedigende Formen der Zusammenarbeit bestehen und wachsen können.

Die Unternehmenskultur gibt Orientierung und vereinfacht die Koordination!
Sie entlastet die Mitarbeiter aller Ebenen von fundamentalen Problemen der Handlungsorientierung und -koordination und gibt ihnen Sicherheit; die vorhandene Sinngemeinschaft unter den Beteiligten beseitigt einen erheblichen Teil potentieller Organisations-, Führungs- und Kontrollprobleme und verringert so den administrativen Aufwand an formalen Regelungen und Weisungen im Ansatz.

Die Unternehmenskultur eröffnet Lernpotentiale!
Sie bleibt stets „weltoffen" und birgt in sich ein fast unerschöpfliches Lern- und Entwicklungspotential zur Mobilisierung der notwendigen Fähigkeiten und psychischen Energien, um auf veränderte Existenzanforderungen innovativ und „progressiv" reagieren zu können.

Übersicht 6.42: Positive Effekte der Unternehmenskultur(nach *Ulrich* 1984, 312–313)

lität mit sich und produzieren emotionale Barrieren, die bis hin zur kollektiven Vermeidungshaltung führen können. Insbesondere können folgende **negative Effekte** auftreten:

- Es besteht die Gefahr, daß das unternehmenskulturell verankerte Wertesystem zu einer alles beherrschenden Kraft wird. Änderungen in der Aufgabenumwelt und der externen Umwelt werden nicht mehr wahrgenommen oder ignoriert.
- Starke Unternehmenskulturen wehren sich gegen Änderungen im Wertesystem und sind bei einer Strategieänderung nur sehr schwer in eine neue Richtung zu bewegen (moving).

Starke Unternehmenskulturen haben daher oft einen ambivalenten Charakter: Einerseits bieten sie allen Organisationsmitgliedern eine klare Handlungsorientierung durch Stabilität und Zuverlässigkeit (effiziente Homogenität). Andererseits ist dies ihre größte Schwäche, da die Fixierung auf historische Erfolgsmuster keinen Raum für neue Orientierungsmuster läßt (mangelnde kreative Heterogenität).

Dieser Widerspruch verliert jedoch an Schärfe, wenn man Unternehmenskultur nicht mehr als unveränderbare, konstante Größe ansieht, sondern gemäß dem Dualitätsprinzip als wechselseitigen Prozeß zwischen kulturellem Wertesystem einer Organisation und dem Verhalten der Organisationsmitglieder begreift. Werte, Grundannahmen und Verhalten der Organisationsmitglieder werden in diesem Prozeß nicht nur durch die Unternehmenskultur geprägt, sondern auch durch landeskulturelle Besonderheiten und gesellschaftlichen Wertewandel, wodurch ein Werteausgleich als gegenseitige Beeinflussung stattfindet.

6.4.4.2 Das Pathologieprinzip

*Neurose*n als psychische Störungen kennzeichnen ein auffallendes Verhalten, das bei einer Person vorkommt und mit einem als unangenehm erlebten Symptom oder einer Leistungsbeschränkung in einem oder mehreren wichtigen Funktionsbereichen einhergeht. *Pathologisches* Verhalten geht über diese Neurosen hinaus und entsteht, wenn einzelne neurotische Züge die Oberhand gewinnen. Pathologisches Verhalten ist somit charakterisiert durch das exzessive und situationsunspezifische Auftreten eines bestimmten neurotischen Stils, was zu Leistungsbeeinflussungen des Individuums führt (*Kets de Vries* 1987, 17).

Wie Menschen zeigen auch Organisationen verschiedene Formen von Persönlichkeits- und Verhaltensstörungen. Das Pathologieprinzip verlangt daher, sich explizit mit dem Irrationalen, Unbewußten und Pathologischen in Unternehmen auseinanderzusetzen: Erst durch die Sensibilisierung für diese Problematik kann das Etablieren einer kranken Organisation mit einer pathologischen Kultur verhindert beziehungsweise die Notwendigkeit für Therapiemaßnahmen erkannt werden.

Kulturpathologien entwickeln sich aus individuellen Neurosen und Pathologien, also aus Persönlichkeitsstörungen. Genauso wie das einzelne Individuum der Unternehmenskultur positive Impulse zu vermitteln vermag, schlagen auch individuelle Schwierigkeiten auf die Unternehmenskultur durch, wenn sie durch Wiederholung und kollektive Akzeptanz auf andere Gruppenmitglieder übertragen werden. Dies geht aus dem Dualitätsprinzip hervor, das die wechselseitige Beeinflussung von Kultur und Verhalten betont.

Potentielle Pathologien lassen sich auf drei Ebenen lokalisieren, nämlich auf der Ebene des Individuums, der Gruppe und des gesamten Unternehmens. Werden Gruppenstörungen für das gesamte Unternehmen kulturprägend, so führen sie zu Unternehmenskulturpathologien. Aus individuellen Neurosen und gruppenbezogenen Problemen entwickeln sich damit Systemstörungen, die das gesamte Unternehmen betreffen und gegebenenfalls in Verbindung mit gleichgerichteten Organisationsstrukturen wie

- Überkomplizierung,
- Übersteuerung und
- Überstabilisierung

zu pathologischen Unternehmenskulturen führen (vgl. *Türk* 1976).

Abbildung 6.28 faßt die Bestandteile des Pathologieprinzips zusammen und zeigt auch die Beziehungsstruktur auf, die zwischen den Persönlichkeitsstörungen auf der individuellen Ebene und den kollektiven Systemstörungen auf der Unternehmensebene bestehen.

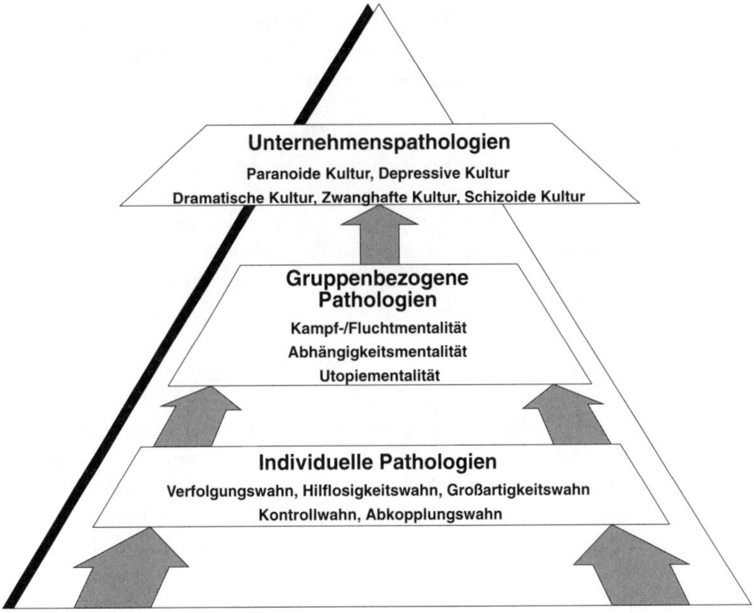

Abbildung 6.28: Das Pathologieprinzip

(a) Kulturpathologien

Vor allem fünf pathologische Kulturen sind aufgrund ihrer Verbreitung in der Praxis und ihrer fatalen Konsequenzen hervorzuheben (vgl. nachfolgend *Kets de Vries/Miller* 1984):

Die **paranoide** Kultur entsteht aus Verfolgungswahn und Kampf-/Flucht-Mentalität. Sie ist durch Mißtrauen und einen repressiven, autoritären Führungsstil geprägt. Zudem gehört die Suche nach Sündenböcken und Strategien für deren Ausschaltung zu den vorrangigen Maßnahmen. Die Arbeitsatmosphäre ist betont rational, zuweilen auch aggressiv. Informelle Kommunikation wird eingeschränkt. Die Unternehmensumwelt wird intensiv und mißtrauisch im Hinblick auf eine mögliche Bedrohung analysiert. Die paranoiden Kulturen besitzen einen differenzierten Kontrollapparat, um potentielle Gefahrenquellen schon im Ansatz zu vernichten. Die Entscheidungskompetenz liegt in den Händen weniger Personen, die eine restriktive Informationspolitik betreiben. Das Aktionspotential des Einzelnen ist stark eingegrenzt, Flexibilität und Kreativität werden als gefährlich angesehen.

Die **depressive** Kultur entsteht aus einer hilf- und hoffnungslosen Grundeinstellung der Schlüsselfiguren. Diese ähnelt dem Phänomen der erlernten Hilflosigkeit: Unangenehme Ereignisse, die als unkontrollierbar empfunden werden, behindern Lernfähigkeit und Effizienz des Handelns. Die Motivation zum initiativaktiven Handeln läßt nach, da die Beeinflußbarkeit der eigenen Situation angezweifelt wird. Somit ist das Weltbild von Fatalismus geprägt, der mit einem Mangel an Selbstbewußtsein, mit Schuldgefühlen, Machtlosigkeit und Apathie einhergeht. Die depressive Kultur besitzt keine Führungspersönlichkeiten, allenfalls Verwaltungsfiguren. Das Unternehmen wird durch Routinetätigkeiten auf dem Laufenden gehalten. Der Mangel an Initiative und neuen Ideen läßt die Kultur in einem bequemen, passiven Konservativismus verharren. Die Atmosphäre ist unpersönlich: Kommunikation und Interaktion bleiben an der Oberfläche. Strategien und Ziele sind vage beziehungsweise nicht vorhanden. Die depressive Kultur zeigt starke Hierarchisierung und Formalisierung. Rigidität, Bürokratisierung und Mechanisierung bestimmen den Arbeitsablauf. Der Umwelt wird wenig Bedeutung geschenkt.

Die **dramatische** Kultur entsteht aus dem Bedürfnis einzelner Vertreter des oberen Managements, permanent die Aufmerksamkeit auf sich ziehen zu müssen und ständig im Mittelpunkt des Interesses zu stehen. Man zeigt Tendenzen zu einem oberflächlichen Aktivismus und sucht durch spektakuläre Aktionen zu beeindrucken. Unter diesem Deckmantel mangelt es jedoch an Durchhaltevermögen und Substanz. Statt dessen dominieren Selbstüberschätzung, Narzißmus und Exzentrik. Innerhalb der dramatischen Kultur besteht eine starke Idealisierung der Führerperson, deren Selbstinszenierung für diese Rolle prädestiniert ist. Dementsprechend mangelt es den Anhängern an Eigeninitiative und kritischer Distanz, nicht jedoch an Motivation und Enthusiasmus. Die Atmosphäre ist gefühlsgeladen, impulsiv und hyperaktiv. Dramatische Kulturen sind extrem zentralisiert, Koordination und Information erfolgen aber nach dem Zufallsprinzip. Das unternehmerische Umfeld wird in die ohnehin seltene Planung kaum miteinbezogen, was zu einer überzogenen Risikofreudigkeit führt.

Die **zwanghafte** Kultur schenkt dem Detail krampfhafte Beachtung, verliert aber den Blick für das Wesentliche. Kontrolle aller Eventualitäten durch überzogenen Perfektionismus steht im Vordergrund: Den Zufall, das unvorhergesehene Moment gilt es zu bekämpfen. Vom Untergebenen wird sklavische Ergebenheit gefordert und mit umfangreichen Kontrollmechanismen sichergestellt. Spontanitätsfördernder Handlungspielraum fehlt. Es herrscht totale Steuerung. Planung und Kontrolle wird nach innen gerichtet, der Umwelt wenig Bedeutung beigemessen. Zwanghafte Kulturen weisen einen umfangreichen Strukturapparat auf, der durch Formalismen, Ritualisierung sowie exzessive hierarchische und funktionale Differenzierung geprägt ist. Die Aktivitäten sind standardisiert; Innovation und Wandlung sind innerhalb des schwerfälligen Rahmens kaum zu realisieren.

Die **schizoide** Kultur entsteht meist aus einem Führungsvakuum. Manager zeigen eine völlig emotionslose und gleichgültige Haltung. Enthusiasmus und Engagement fehlen. Das Risiko eines emotionalen Kontaktes wird um jeden Preis vermieden: Distanz und Kälte sind die einzigen Mechanismen, mit denen sich schizoide Führungspersönlichkeiten zurechtfinden. Die schizoide Kultur weist bisweilen eine zweite Garde der „second-tier-manager" auf. Von ihnen werden Führungsaufgaben übernommen, obwohl ihre Befugnisse ebenfalls nicht abgegrenzt sind. So müssen sie fallweise versuchen, Anhänger um sich zu scharen, die sie in ihren Interessen unterstützen. Koordinations- und Kooperationsprobleme bleiben aber letztlich ungelöst, da die eigentlichen Spielmacher angesichts des Führungsvakuums um Macht und Positionen ringen. Die schizoide Kultur weist eine laissez-faire-Struktur auf. Kompetenzen und Arbeitsgebiete sind völlig im Unklaren.

(b) Ergebnis

Grundsätzlich stellen pathologische Kulturen auf Systemebene eine ernste Gefahr für jedes Unternehmen dar. Festzustellen ist allerdings auch, daß neurotische Stile bei Führungskräften in begrenzter Form durchaus ihre Existenzberechtigung haben, da sie teilweise systembedingt und bei kontrollierter Realisation auch erfolgssteigernd wirken können.

Neurotische Stile sind nicht a priori negativ. Top-Manager müssen charakteristische Züge besitzen, um sich von der Masse abzuheben und Mitarbeiter mitreißen zu können. Erst die exzessive, situationsunspezifische oder von der Organisation unkontrollierte Anwendung eines spezifischen Stils führt zur Ausbreitung der Neurose unter den Mitarbeitern und zur Entstehung einer krankhaften Unternehmenskultur mit all ihren negativen Konsequenzen.

Letztlich bedeutet dies die Notwendigkeit, Störungen auf den verschiedenen Ebenen zu erkennen und Einflüsse in Richtung auf eine kollektiv-pathologische Kultur zu reduzieren. Die Umsetzung des *Pathologieprinzips* reicht dabei bis zur *Metakommunikation* als Versuch einer Kommunikation über Kommunikation (vgl. *Watzlawick/Beavin/Jackson* 1985).

Als Konsequenz aus dem *Pathologieprinzip* leitet sich die Forderung nach expliziter Beschäftigung mit dem Irrationalen, Unbewußten und Pathologischen in Organisationen ab: Durch die Sensibilisierung und rechtzeitige Auseinandersetzung mit diesen Vorgängen kann die Entstehung einer krankhaften Organisation verhindert werden. Ist dies nicht der Fall, sind Therapiemaßnahmen unumgänglich, anderenfalls sind fatale Auswirkungen auf die Organisation und ihren Erfolg abzusehen.

Basieren Kulturpathologien auf individuellen Neurosen, liegt der Versuch einer individuellen Persönlichkeitstherapie nahe. Jedoch ist dieser Weg aufwendig, langwierig und aufgrund der geschilderten Wirkungszusammenhänge nur in wenigen spezifischen Situationen erfolgversprechend: beispielsweise die „Therapie" eines erfolgreichen, aber bedrohlich neurotischen Firmeninhabers. Die innerbetriebliche Versetzung eines betroffenen Mitarbeiters kann ebenfalls eine Schadensbegrenzung bewirken: Dem partiell neurotischen Individuum wird ein Unternehmenskontext geboten, der die Manifestierung seiner pathologischen Stile zumindest nicht fördert. Aber auch in diesen speziellen Fällen reicht in der Regel die Persönlichkeitstherapie und die Ausgrenzung des betroffenen Mitarbeiters nicht aus. Die gesamte Organisation muß sich einem – zugegeben langwierigen und steinigen – Wandlungsprozeß unterziehen.

Die Palette möglicher Lösungstechniken umfaßt den gesamten Bereich der operativen, taktisch-dispositiven und strategischen Personalführung, erstreckt sich aber auch auf Bereiche wie Personalentwicklung und Personalauswahl: Letztlich ist also das gesamte Personalmanagement gefordert.

6.4.4.3 Das Hierarchieprinzip

Im Dualitätsprinzip wurde Organisationskultur als Teil eines mentalen Programms beschrieben, das unterschiedliche Personen auf identische Stimuli ähnlich reagieren läßt. Organisationskultur trägt daher auch zur Abgrenzung gegenüber anderen Kulturen bei, indem sie gerade solche Aspekte in den Vordergrund rückt, die spezifisch und typisch für die jeweilige Gruppe sind.

Anders als **Unternehmenskultur**, die auf Unternehmen als Bezugsbasis fokussiert, bezieht sich **Organisationskultur** auf jede Gruppe von Personen mit zunächst ansatzweise ähnlicher Zielsetzung und mit rudimentär stabilisiertem inneren Zusammenhalt.

Das Hierarchieprinzip (Abbildung 6.29) trägt daher der Tatsache Rechnung, daß es nicht nur die Unternehmenskultur als konsistente Einheit gibt. Vielmehr setzt sich auf der einen Seite die Unternehmenskultur – abgesehen vom Spezialfall der Kleinstbetriebe – immer aus verschiedenen funktions- und ebenenbezogenen *Subkulturen* zusammen. Auf der anderen Seite ist die Unternehmenskultur Teil eines übergreifenden Systems, in dem diverse Unternehmenskulturen untereinander sowie mit einer Vielzahl von anderen Organisationskulturen (Vereine, Politik, Kunst) interagieren. Das Ergebnis dieser Interaktion ist dann die *Landeskultur*: Sie nimmt Werte der einzelnen Organisationskulturen in sich auf, prägt aber gleichzeitig durch das landeskulturelle Wertegefüge die Vielfalt der Einzelkulturen.

Aus Interaktionen der Landeskulturen ergibt sich schließlich die *Globalkultur*, die im weitesten Sinne mit der „Kultur vom Menschen“ gleichgesetzt werden kann. In ihr spiegelt sich (wie in der Unternehmenskultur) das historisch-evolutionäre Geschehen „der Menschheit“ wider.

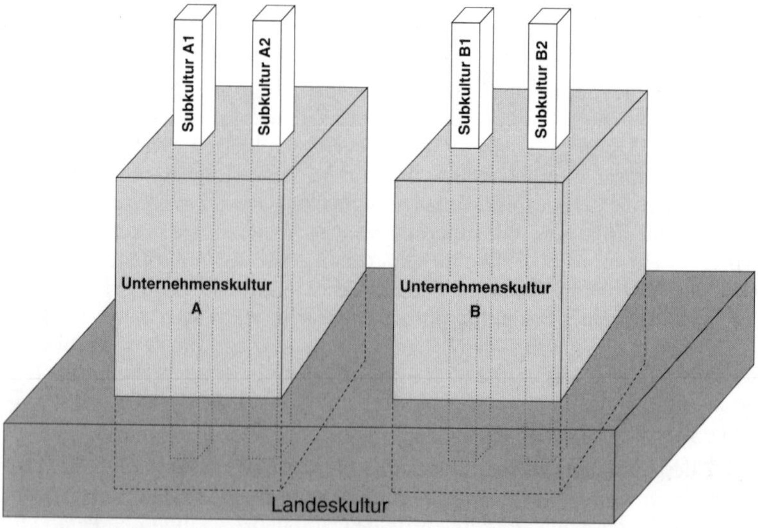

Abbildung 6.29: Das Hierarchieprinzip

Die Herausforderungen, die sich aus dem Hierarchieprinzip für das betriebliche Personalmanagement ergeben, liegen in der Bewältigung des **Antagonismus-Paradoxons**: Antagonismus ist das kybernetische Konzept der gegenläufigen Kräfte, das zur Stabilisierung von Systemen erforderlich ist (vgl. z. B. *Sachsse* 1974, 217–224). Übertragen auf das Hierarchieprinzip bedeutet dies die Auseinandersetzung mit der potentiellen Gegenläufigkeit zwischen der Kultur des Gesamtunternehmens und der Kultur einzelner organisatorischer Subsysteme. Widersprüche können sich beispielsweise auf den verschiedenen hierarchischen Ebenen oder auch zwischen unterschiedlichen Funktionsbereichen (Marketingkultur, F&E-Kultur, Controlling-Kultur) herausbilden. Da sich die Kultur einer Gruppe immer nur in Abgrenzung zu anderen Kulturen definiert, sind die positiven Effekte der Unternehmenskultur (wie die Motivationsfunktion) immer dann besonders stark, wenn es eindeutig abgrenzbare und somit relativ kleine Einheiten gibt. Umgekehrt ist aber zur Koordinationsfunktion gerade die Kompatibilität zum Gesamtverbund wichtig. Dieses permanente Konfliktpotential zwischen Koordination und Differenzierung stellt zwar ein Problem dar, fördert aber als Teil eines evolutionären Gesamtkonzeptes die Lernfähigkeit von Organisationen.

Die sich aus dem Hierarchieprinzip ableitenden Konsequenzen für das betriebliche Personalmanagement liegen in drei Bereichen:

Erstens sind im Rahmen der *Diagnostik* die zentralen Interkulturen und ihre Ausprägungen zu bestimmen; bei international tätigen Unternehmen gehört dazu auch die Evaluierung von nationalen Unterschieden (vgl. dazu Kapitel 9). Ein Teil dieser Diagnose betrifft die Bestimmung von neurotischen und von pathologischen Tendenzen, wie sie im Pathologieprinzip erläutert wurden.

Zweitens ist eine *Entscheidung* darüber zu fällen, welche Subkulturen aus Sicht der Unternehmenskultur sinnvoll sind und wo kritische Unstimmigkeiten vorliegen (Stimmigkeitsprinzip), vor allem wo Subkulturen eindeutig gegenläufig sind.

Drittens ist gegebenenfalls eine *Anpassung* der personalwirtschaftlichen Instrumente an die gewünschte Konfiguration der Subkulturen vorzunehmen, also beispielsweise Führungsrichtlinien oder Anreizsysteme entsprechend der jeweiligen Subkultur differenziert auszugestalten.

Insgesamt führt die Umsetzung des Hierarchieprinzips zwangsläufig zu einer Erschwerung des betrieblichen Personalmanagements, erhöht aber durch die Berücksichtigung der realen Situation mit ihren vielschichtigen Subkulturen die Erfolgswahrscheinlichkeit von unternehmenskulturellen Maßnahmen.

6.4.4.4 *Das FOSI-Prinzip*

Als Bezugsrahmen zur Einordnung kultureller und organisationstheoretischer Überlegungen (vgl. Abbildung 6.30) eignet sich die Systematik von *Burrell* und *Morgan* (1979): Sie ergibt sich aus der Soziologie der Regulation und führt in Verbindung mit den zwei polaren „Grundannahmen zur

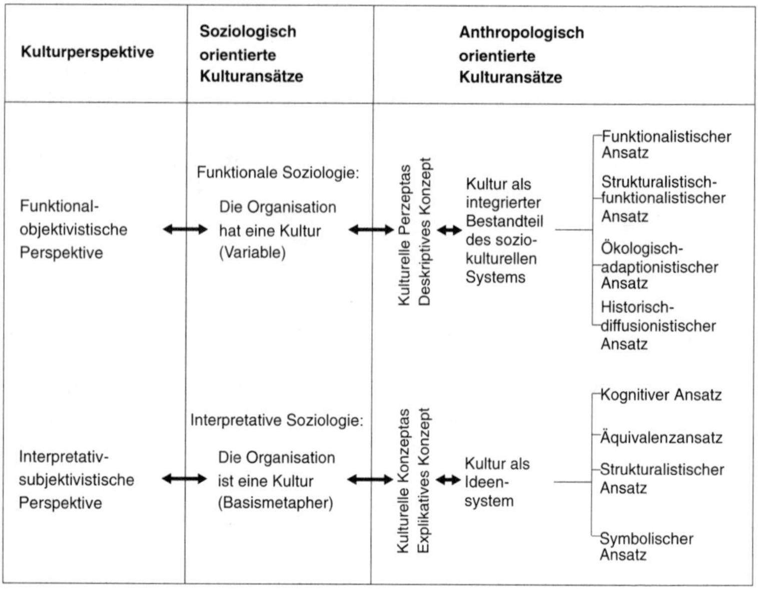

Abbildung 6.30: Einordnung der Unternehmenskulturforschung und ihre Zusammenhänge

Natur“ (objektiv/subjektiv) zur funktional-objektivistischen und subjektiv-interpretativen Perspektive.

Diese Differenzierung leitet über zu den beiden Kulturparadigmen der Organisationstheorie (vgl. z. B. *Morgan/Smircich* 1980; *Smircich* 1983 b). Dies deckt sich dann auch mit der aus der **Anthropologie** stammenden Systematik von *Allaire* und *Firsirotu* (1984):

- In einem Fall ist die Kultur als **Variable** zu konzeptionalisieren; demnach **haben** Organisationen eine Kultur als integrierter Bestandteil des soziokulturellen Systems. Hierunter fallen der funktionalistische, der strukturalistisch-funktionalistische, der ökologisch-adaptionistische sowie der historisch-diffusionistische Kulturansatz.
- Im anderen Fall gilt die Kultur als Basismetapher (**„root-metaphor“**); Organisationen werden als Kulturen gesehen und die Kultur als allumfassende organisatorische Erklärungsvariable (vgl. *Heinen* et al. 1987, 53–65). Demnach ist Kultur als eigenständiges Bedeutungssystem zu konzipieren. Hierzu zählen der kognitive, der strukturalistische, der Äquivalenz- sowie der symbolische Ansatz.

Diese Grundlagen einer allgemeinen Kulturforschung führen zu **zwei Richtungen** der Unternehmenskulturforschung, die sich auf unterschiedliche Weise zum Zwecke der Personalführung umsetzen lassen (Abbildung 6.31):

- In der *funktional-objektivistischen* Kulturforschung ist die Kultur eine von mehreren (unternehmens-)internen Variablen. Daher ist zu untersu-

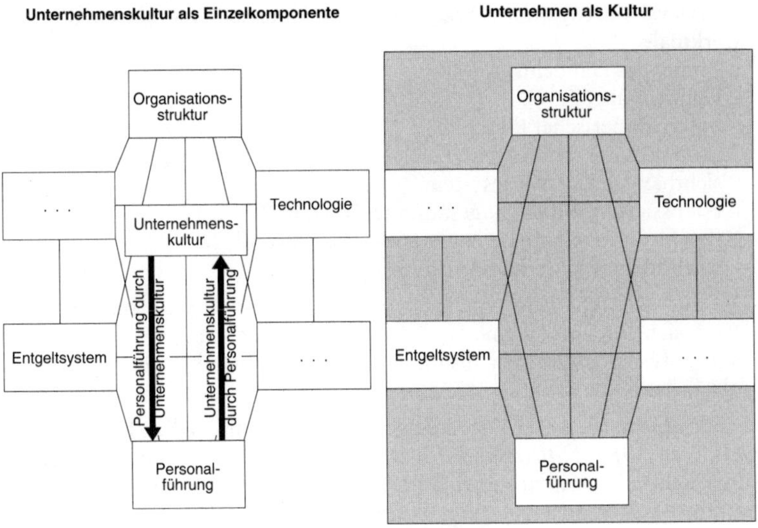

Abbildung 6.31: Personalführung in den zwei zentralen Kulturparadigmen

chen, ob und wie Unternehmenskultur durch Personalführung vermittelbar ist und/oder Funktionen der Personalführung übernehmen kann.

- Die *interpretativ-subjektivistische* Kulturforschung betrachtet Unternehmen als Kultur, die Unternehmenskultur als allumfassende organisatorische Erklärungsvariable. Hierbei ist die Personalführung ein Teil im vernetzten System organisatorischer Variablen, der hinsichtlich des Aufbaus eines organisatorischen Realitätssystems wichtige Bedeutung zukommt.

Diese Facetten einer Kulturforschung, die unmittelbar zu unterschiedlichen Formen des Umgangs mit der Unternehmenskultur führen, sollen nachfolgend näher betrachtet werden:

(a) Funktionale Kulturnutzung

Aus funktionaler Sicht ist Unternehmenskultur eine instrumentelle Größe, die sich gezielt zur Erhöhung des Zielerreichungsgrades einsetzen läßt. Auch wenn diese Absicht nicht immer explizit im Vordergrund der Diskussion steht, stellt sie doch ein gewichtiges Motiv zur Auseinandersetzung mit der Unternehmenskultur speziell von gewinn- und wachstumsorientierten Unternehmen dar.

Den Anfang mit dieser instrumentellen Nutzung von Unternehmenskultur machten *Peters* und *Waterman* (1982): Die beiden (damaligen) McKinsey-Berater suchten in „führenden" US-amerikanischen Unternehmen nach Gründen für deren Erfolg. Ausgehend von 62 im Zeitablauf als erfolgreich eingestuften Unternehmen verblieben nach einer Expertenbefragung zur Innovationsorientierung 43 „exzellente" Unternehmen; in 21 davon wurden

Interviews durchgeführt. Ergebnis dieser Untersuchung waren die **acht Merkmale**

- Primat des Handelns,
- Kundennähe,
- unternehmerischer Freiraum,
- Produktivität durch Menschen,
- sichtbar gelebtes Wertesystem,
- Fokussierung auf das angestammte Geschäft,
- flexible, überschaubare Aufbauorganisation und
- straff/lockere Unternehmensführung.

Die aus den acht Erfolgsdimensionen abgeleitete **Konsequenz** lag nahe: Wenn sich ein Unternehmen eine Kultur „schafft", die genau diese Merkmale aufweist, ergibt sich aus dieser Unternehmenskultur ein positiver Erfolgsbeitrag.

Die **Problematik** dieser Forschungsmethodik ist hinlänglich bekannt (vgl. z. B. *Frese* 1985; *Hitt/Ireland* 1987): Abgesehen davon, daß immer auch die umgekehrte Kausalität möglich ist und möglicherweise eine starke Unternehmenskultur oder ein gutes Betriebsklima nicht *Ursache für,* sondern *Konsequenz vom* Unternehmenserfolg sein kann, sind auch vollkommen falsche Deutungen möglich (vgl. *Pascale* 1984). Hinzu kommt, daß einige dieser „exzellenten" Unternehmen mittlerweile in ernsthafte wirtschaftliche Schwierigkeiten gerieten (vgl. z. B. *Aupperle/Acar/Booth* 1986).

Trotz dieser Problematik simplifizierender Ansätze zum Kulturmanagement entspricht die funktionalistische Kulturperspektive dem gängigen betriebswirtschaftlichen Verständnis. Organisationen sind demnach offene Systeme, in denen interne und externe Faktoren möglichst kontrolliert zusammenwirken. Soziale Phänomene werden analog zu naturwissenschaftlichen Gesetzmäßigkeiten behandelt und die Unternehmenskultur ähnlich wie Strategie, Struktur und Planungssystem als interne Gestaltungsvariable aufgefaßt.

(b) Objektive Kulturerfassung

Voraussetzung für die Annäherung einer bestehenden Istkultur an eine geplante Sollkultur ist die zuverlässige Erfassung und Beschreibung der bestehenden Kultur. Bei der objektiven Erforschung von Organisationen und speziell der Unternehmenskultur ist der Kulturanalytiker ausschließlich Beobachter: Er beobachtet kulturelle Phänomene, um Regelmäßigkeiten und Gesetze in den sozialen Verhaltensweisen der Organisationsmitglieder zu erkennen und zu erklären. Der Kulturanalytiker sieht sich dabei selbst außerhalb der von ihm beobachteten sozialen Welt der Unternehmenskultur: Das positivistische Wissenschaftsverständnis basiert auf der Grundannahme, daß auf diese Weise Befunde objektiv erhebbar und mit anderen Ergebnissen vergleichbar sind.

Zur Erfassung dieser Regelmäßigkeiten und Kausalgesetze bedient sich der Kulturanalytiker der Methoden klassischer Sozialforschung. Hierzu gehören Fragebögen (zum Beispiel für die Mitarbeiterbefragung), Beobachtungen und/oder Interviews sowie die daran ansetzenden statistischen Auswertungsmethoden wie Häufigkeitstabellen, Korrelationsanalysen und Faktorenanalysen. Diese standardisierten Meß-Methoden garantieren in einem genügenden Maße die erforderliche Validität und Reliabilität der Forschungsergebnisse, so daß man von intersubjektiv nachprüfbaren und in ausreichendem Ausmaß objektiven Erkenntnissen sprechen kann.

(c) Subjektive Kulturerfassung

Vollkommen anders verläuft die Kulturerfassung nach dem subjektivistischen Paradigma: Wirklichkeit existiert nicht an sich, sondern ist *sozial* konstruiert. Bestehende Ordnungen sind ausgehandelt und vereinbart. Sie sind nicht objektiv, sondern objektiviert: Was (objektive) Realität ist, muß immer erst entschlüsselt und gedeutet (also objektiviert) werden (*Thomas* 1965, 147).

Die Organisationsmitglieder kreieren ihre eigenen und daher subjektiven Auffassungen der organisatorischen Realität. Ähnliches gilt auch für den Kulturanalytiker, der dem subjektivistischen Paradigma folgt: Er sucht überhaupt nicht erst eine intersubjektiv nachprüfbare Objektivität. Statt dessen setzt er sein konkretes Erleben und Erfühlen des Unternehmens in sein eigenes Weltbild um, um auf diese Weise zu einer individuellen Kulturperzeption zu gelangen: Subjektive Kulturanalytiker bauen also auf ihren Erfahrungsschatz, weshalb die Qualität und Gültigkeit ihrer Analyse letztlich von der Substanz dieses Erfahrungsschatzes abhängt.

(d) Interpretative Situationsdefinition

Die Organisationen sind Miniaturgesellschaften mit eigenen Gesetzmäßigkeiten, die erst durch die interpretative Perspektive der Organisationsmitglieder Bedeutung erlangen. Der Begriff der Interpretation hat hier eine Doppelbedeutung: Einerseits bezieht er sich organisationsintern auf die Verstehensleistung der Mitarbeiter, andererseits systemextern auf die Rekonstruktion dieser Bedeutungen durch den Analytiker (*Habermas* 1985).

Dem interpretativen Paradigma folgend, entstehen die eigentlichen Kulturwirkungen ausschließlich durch individuelle Deutungen, die dann in ein spezifisches Sinnverständnis münden (vgl. *Berger/Luckmann* 1980; *Pondy* 1983).

Dabei spielen Symbole eine wichtige Rolle, ebenso die Sprache und die generelle Kommunikation. Dadurch ist es möglich, sich in die Lage anderer Organisationsmitglieder hineinzuversetzen und deren Rolle zu verstehen. Damit können auch ihre Haltungen in Interaktionsbeziehungen durchdacht werden, was wiederum auf die eigenen Handlungen zurückwirkt. Letztlich wird Wirklichkeit also dadurch geschaffen, daß sich innerhalb des Unternehmens sozialer Konsens darüber einstellt, was „wirklich" ist.

Ohne Berücksichtigung der *Eigenperspektive der Organisationsmitglieder* kann daher vom Kulturanalytiker nicht hinreichend erklärt werden, warum Personen in spezifischen Situationen in ganz bestimmter Art und Weise handeln. Sichtbare Kulturphänomene sind demnach immer interpretationsbedürftig: Deshalb kann auch nicht aus sichtbaren Objekten (kulturellen Perzeptas) auf Grundannahmen, Werte, Normen und Einstellungen (kulturelle Konzeptas) geschlossen werden. Dieselben Manifestationen können in verschiedenen Unternehmen gänzlich andere Bedeutung besitzen.

Der Kulturanalytiker versucht daher in Zusammenarbeit mit den Unternehmensmitgliedern durch seine eigene Interpretationsleistung die internen Sinnfindungsprozesse der Mitarbeiter zu rekonstruieren. Im Zuge dieses kontrollierten Fremdverstehens sollen dabei Grundannahmen, Werte, Normen und Einstellungen aufgedeckt werden.

(e) Ergebnis

Alle vier oben beschriebenen Aspekte sind durchaus sinnvolle Strategien, führen aber bei falscher und unprofessioneller Umsetzung zu fatalen Konsequenzen (Übersicht 6.43):

Seriöse Vertreter der **funktionalen** Kulturperspektiven verstehen Kulturmanagement als langwierigen Prozeß, der ernsthaft vorbereitet und gründlich durchgeführt werden muß (Ingenieur-Strategie). Im Gegensatz dazu suggeriert der „24-Stunden-Service“, bereits durch geringfügige Kosmetik eine essentielle Verbesserung der Unternehmenskultur erzielen zu können.

Das **objektive** Paradigma impliziert entweder eine Reporter-Strategie, bei der das wertneutrale Erhebungsinteresse im Mittelpunkt steht, oder einen Ferndiagnostiker, der im Extremfall das Unternehmen eigentlich gar nicht kennt.

Analoges gilt für das **subjektive** Paradigma, wo der Mystiker (positive Ausprägung) tatsächlich aus seiner Erfahrung heraus operiert und dem Unternehmen tatsächlich hilft, während der Allround-Guru (negative Ausprägung) mit extremem Subjektivismus allenfalls wohlklingende Trivialitäten von sich gibt.

Dem **interpretativen** Paradigma folgend, landet bei der Psychiater-Strategie das Unternehmen mit seinen Neurosen und Pathologien quasi auf der Couch des Analytikers, der – anders als ein simpler Kaffeesatzleser – ernsthaft vermittelnd konkrete Probleme des Unternehmens angeht und diese bereits durch ihre Analyse leichter lösbar macht.

Generell zeigt sich die Notwendigkeit zur Kombination der unterschiedlichen Vorgehensweisen (Abbildung 6.32). Die *funktional-objektivistische* Kulturperspektive kann nicht alle in einer Organisation vorhandenen Tat-

Paradigma	Positive Ausprägung	Negative Ausprägung
Funktional	Ingenieur-Strategie	24-Stunden-Service
Objektiv	Reporter-Strategie	Ferndiagnostiker
Subjektiv	Mystiker	Allround-Guru
Interpretativ	Psychiater	Kaffeesatzleser

Übersicht 6.43: Positive und negative Umsetzung der Kulturparadigmen im FOSI-Prinzip

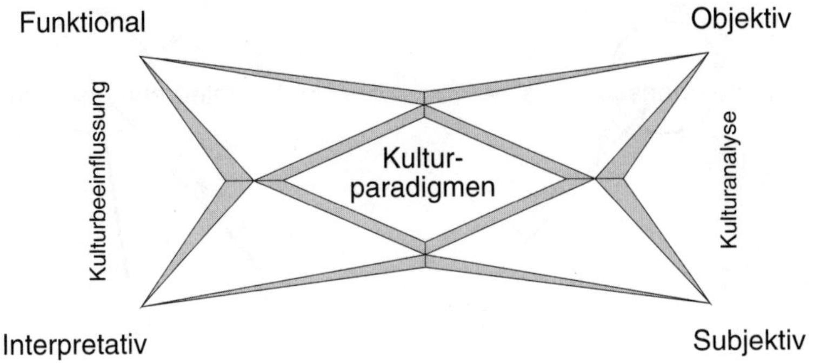

Abbildung 6.32: Das FOSI-Prinzip

bestände erfassen. Wesentliche Punkte wie Entstehung, Aufbau und Wirkung eines organisatorischen Sinnsystems und eines systemsubjektiven Realitätsbegriffes können nicht erklärt werden. Die *subjektiv-interpretative* Kulturperspektive dagegen liefert zwar eine Beschreibung der organisatorischen Realität bis zur Sinnebene, ihr fehlt aber eine pragmatisch-operable Gestaltungsbasis: Ohne Referenzsystem sind ihre Ergebnisse nicht objektivierbar und kaum übertragbar.

Als Konsequenz bedeutet dies zwingend die Verbindung der funktional-objektiven mit der subjektiv-interpretativen Vorgehensweise (*FOSI-Prinzip*), um zu einem erfolgreichen, alle Facetten der Unternehmenskultur umfassenden Kulturmanagement zu kommen.

6.4.4.5 *Das Stimmigkeitsprinzip*

Entscheidend für den Unternehmenserfolg ist vor allem die Stimmigkeit innerhalb des Unternehmens sowie zwischen Unternehmenskultur und Unternehmensstrategie (vgl. *Schwartz/Davis* 1981).

Besonders die praxisorientierte Managementliteratur forciert das Thema der Stimmigkeit, zumindest auf einem formal-abstrakten Niveau: So sollen im 7-S-Ansatz von *McKinsey*
- das angestrebte Aktionsbündel (strategy)
- der gemeinsame Grundkonsens (shared values)
- die Aufbauorganisation (structure)
- die Ablauforganisation (system)
- das Führungsverhalten (style)
- der Mitarbeiterstamm (staff) und
- die Fähigkeitspotentiale (skills)

aufeinander abgestimmt werden, wobei die zwischen den einzelnen Elementen vorhandenen Interdependenzen zu berücksichtigen sind. Ein zufriedenstellendes, stimmiges Ergebnis ist dann erreicht, wenn (bildhaft ausgedrückt) diese Elemente „in dieselbe Richtung" zeigen (vgl. *Waterman* 1982). Dies leitet auch über zu Stimmigkeit sowie Überlegungen im Bereich des strategischen Managements (vgl. *Scholz* 1987 a).

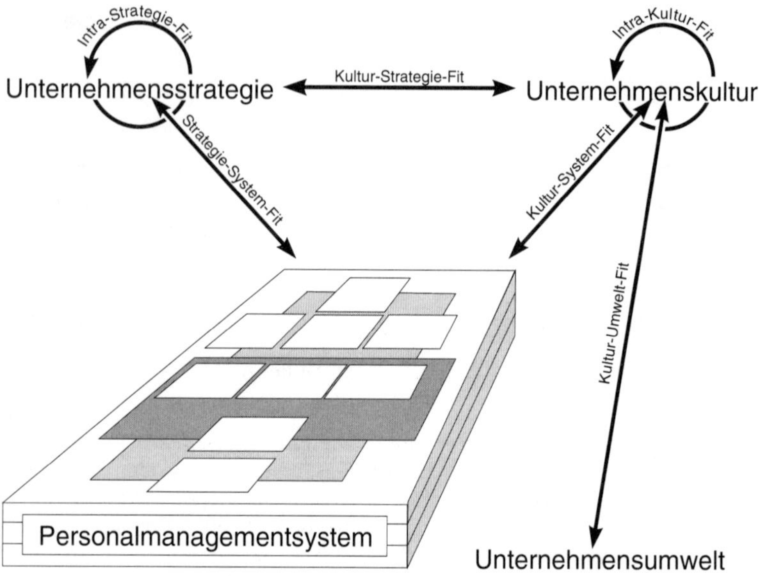

Abbildung 6.33: Das Stimmigkeitsprinzip

Im Personalmanagement bedeutet das Stimmigkeitsprinzip (Abbildung 6.33) zunächst Abstimmung zwischen Unternehmenskultur auf der einen und Unternehmensstrategie, Personalmanagement-System und Unternehmensumwelt auf der anderen Seite. Folgt man dem FOSI-Prinzip, so sind zusätzlich zu diesen Abstimmungsnotwendigkeiten aus dem funktionalistischen Paradigma noch alle übrigen „Fits" im Zusammenhang mit dem System des betrieblichen Personalmanagements zu berücksichtigen, denn gemäß der subjektiv-interpretativen Sichtweise gilt: „Unternehmen ist Unternehmenskultur".

(a) Intra-Kultur-Fit

Das Stimmigkeitsprinzip verlangt Stimmigkeit *innerhalb* der Unternehmenskultur: Diese Stimmigkeit gilt als relativ unproblematisch, da ex definitione nur konsistente Verhaltensmuster in eine Unternehmenskultur eingehen können. Eine wichtige **Ausnahme** ist die Existenz von Subkulturen innerhalb des Unternehmens, da sie nicht zwingend stimmig sein müssen. Eine weitere Situation, die zu mangelnder Stimmigkeit führen kann, besteht bei Kulturänderungen im Zeitablauf, da sich bestimmte Kulturaspekte meist nur langsam ändern.

(b) Kultur-Strategie-Fit

Im Gegensatz zum Intra-Kultur-Fit stellt die Stimmigkeit der Strategie mit der Unternehmenskultur ein essentielles Problem dar. So harmoniert eine Unternehmensstrategie, die auf „friedliches Nebeneinander" abstellt, nicht mit einer Unternehmenskultur, die internen und externen Wettkampf betont. Hier sind dezidierte Analysen der Unternehmenskultur und der expliziten sowie impliziten Unternehmensstrategie erforderlich, um längerfristig die erfolgsschmälernden Konsequenzen einer fehlenden Strategie-Kultur-Abstimmung zu verhindern.

Stimmigkeit bedeutet beim Kultur-Strategie-Fit Verträglichkeit zwischen den Hauptcharakteristika von Unternehmenskultur und Unternehmensstrategie, aber nicht zwingend Identität. So paßt eine Unternehmenskultur, die „Kundenorientierung" in den Vordergrund rückt, durchaus zu einer Unternehmensstrategie der Technologieführerschaft.

Bei **Unstimmigkeiten** zwischen Unternehmenskultur und Unternehmensstrategie gibt es **drei Handlungsmöglichkeiten,** nämlich Anpassung der Strategie an die Kultur, Anpassung der Kultur an die Strategie und Reduktion negativer Konsequenzen („managing around the culture"):

Die Anpassung der Strategie an die Kultur stellt nach dem Dualitätsprinzip insofern eine wichtige Alternative dar, als die Kultur sich aus dem Verhalten und damit auch aus der impliziten Strategie ergibt. Eine Diskrepanz zwischen Kultur und Strategie bedeutet damit automatisch eine Abweichung zwischen expliziter und impliziter Strategie. Deshalb bietet es sich an, von vorneherein die Strategie möglichst innerhalb des durch die Kultur vorgegebenen Kulturkorridors zu positionieren.

Die *Anpassung der Kultur an die Strategie* ist bei geringer Unstimmigkeit zwischen Unternehmenskultur und Unternehmensstrategie vielversprechend. Sie mündet in eine behutsame Veränderung der Kultur in Richtung Strategie. Bei einem grundlegenden Strategiewechsel stellt eine starke Kultur ein schwerwiegendes Hindernis dar, das sich nur durch massive und bewußte Beeinflussungsmechanismen aus dem Weg räumen läßt. Aus diesen Gründen gibt es nur drei Anlässe, die eine umfassende Kulturänderung und damit eine Anpassung der Kultur an die Strategie nötig machen (vgl. *Uttal* 1983, 70):

- Die Branche wurde plötzlich wettbewerbsintensiv.
- Das Unternehmen ist (zum Teil kulturbedingt) marode.
- Ein bisher relativ kleines Unternehmen beginnt stark zu wachsen.

„*Managing around the culture*" (vgl. *Schwartz/Davis* 1981) schließlich bedeutet ein teilweises Umgehen „strategischer Kulturbarrieren". Es werden aber weder Kultur noch Strategie geändert, vielmehr durch Detailänderungen im Rahmen der Strategie-Implementation die negativen Konsequenzen einer Unstimmigkeit abgemildert.

Neben der „reinen" Form der drei oben genannten Möglichkeiten zur Reaktion auf eine Kultur-Strategie-Unstimmigkeit existiert als **pragmatische Alternative** auch deren situationsspezifische *Kombination*. So bietet gerade in schwierigen Situationen die Kombination von „Managing around the culture", Teil-Anpassung der Strategie und Teil-Veränderung der Kultur die Möglichkeit, Unstimmigkeiten einzugrenzen.

(c) Kultur-System-Fit

Von der Unternehmenskultur gehen ständig (implizite) Steuerungsimpulse für Vorgesetzte und Mitarbeiter aus: Sie alle spüren (gegebenenfalls unbewußt) den Einfluß der Unternehmenskultur und fühlen sich dementsprechend verunsichert, wenn personalpolitische Instrumente (explizit) in eine andere Richtung deuten. Aus diesem Grund sind alle Maßnahmen des betrieblichen Personalmanagements immer dann auf die bestehende Unternehmenskultur auszurichten, wenn die vorhandene Istkultur weitgehend der angestrebten Sollkultur entspricht, damit auf diese Weise eine Stabilisierung (freezing) eintritt.

Ist letzteres nicht der Fall und soll die Unternehmenskultur eine Änderung erfahren, so kann ein bewußtes Verletzen des Kultur-System-Fits als erster Schritt in Richtung auf eine Kulturmodifikation wirken.

(d) Kultur-Umwelt-Fit

Die Unternehmenskultur spiegelt bis zu einem gewissen Grad die Wertvorstellungen der Mitarbeiter sowie die umfassende Landeskultur mit den Wertvorstellungen der Bevölkerung wider: Wie aber bereits im Zusammenhang mit dem Phänomen des Wertewandels diskutiert (vgl. Abschnitt 1.2.1.1), kann daraus aber nicht auf eine unmittelbare Deckungsgleichheit von Unternehmenskultur und Landeskultur geschlossen werden.

(e) Ergebnis

Neben dem Intra-Strategie-Fit (und hier speziell der Komponenten der Personalstrategie) und dem System-Strategie-Fit, stellt besonders die Schaffung eines Intra-System-Fit innerhalb des Personalmanagements eine schwierige Aufgabe dar. Die Stimmigkeitsdiskussion im Zusammenhang mit dem betrieblichen Personalmanagement und speziell mit der Unternehmenskultur wirft zwei Fragen auf:
- Welche Komponenten sollen aufeinander abgestimmt werden?
- Wie beurteilt (mißt) man die erzielte Stimmigkeit?

Auf die erste Frage gaben die Ausführungen zu der Abbildung 6.33 Antwort. Die zweite ist zunächst damit zu beantworten, daß stimmig nicht „identisch“, sondern lediglich „verträglich“ im Sinne von kompatibel bedeutet. Um diese Verträglichkeit zu beurteilen, gibt es in der Managementliteratur eine Reihe von Vorschlägen, die an anderer Stelle (*Scholz* 1987a, 61–103) im Detail referiert werden.

6.4.5 Kulturumsetzung als Wechselbeziehung

Im funktionalistischen Ansatz sind Unternehmenskultur und Personalführung zwei a priori gleichrangige Komponenten. Beziehungen zwischen ihnen können daher in zwei Richtungen verlaufen: Entweder kann die Unternehmenskultur durch die Personalführung vermittelt werden (Unternehmenskultur als funktionales Objekt) oder aber es werden Teilaufgaben der Personalführung durch die Unternehmenskultur realisiert (Unternehmenskultur als funktionales Subjekt). Im interpretativen Ansatz dagegen ist die Personalführung eine Komponente, die gemeinsam mit anderen letztlich als Unternehmenskultur aufgefaßt wird (Unternehmenskultur als interpretatives Konstrukt): Diese interpretative Perspektive ist nach dem FOSI-Prinzip der generelle Hintergrund, vor dem die beiden funktionalen Umsetzungsrichtungen realisiert werden.

Unternehmenskultur spielt auf der strategischen Ebene der Personalführung in gestaltender Hinsicht also eine doppelte Rolle: Zum einen läßt sich Unternehmenskultur durch Personalführung vermitteln, zum anderen übt die Unternehmenskultur selber personalführenden Einfluß aus.

6.4.5.1 Unternehmenskultur durch Personalführung

Bei dieser Form der Kulturumsetzung gilt es, situationsspezifisch Personalführungsinstrumente so einzusetzen, daß sie die Unternehmenskultur stabilisieren, verstärken oder verändern. Die daraus resultierenden Kultureffekte sollen sich dann positiv auf den Unternehmenserfolg auswirken.

(a) Voraussetzungen

Erste Voraussetzung für eine erfolgreiche Kulturvermittlung durch die Personalführung ist die Ermittlung der unternehmensspezifischen **Istkultur**. Auf die wichtigsten Instrumente zu einer solchen Kulturanalyse wurde bereits in Abschnitt 6.4.4.4 eingegangen.

Zweite Voraussetzung für eine zu verstärkende, zu verändernde oder neu zu implementierende Unternehmenskultur ist die Bestimmung der im Einzelfall günstigsten Unternehmenskultur („**Sollkultur**") sowie die Prüfung dieser Kultur auf Stimmigkeit zur Unternehmensstrategie. Diese Aufgabe fällt nicht vorrangig in den Bereich der Personalführung; vielmehr hat sich das strategische Management damit zu beschäftigen (vgl. *Davis* 1984; *Scholz* 1987 a).

Als dritte Voraussetzung muß die **Akzeptanz** der Kulturvermittlung durch die Personalführung sichergestellt sein. In Analogie zum Akzeptanztheorem (vgl. Abschnitt 1.2.3.5) steigt die Akzeptanz der zu vermittelnden Unternehmenskultur,

- wenn die Vorgesetzten von der Existenz konkreter Führungsprobleme überzeugt sind,
- wenn sie von der (neuen) Unternehmenskultur eine Reduktion ihrer Führungsprobleme erwarten,
- wenn Fachpromotor (Personalabteilung) und Machtpromotor (Vorstand) existieren, die alle die Unternehmenskultur als wichtiges Managementinstrumentarium sehen,
- wenn kein relevantes Organisationsmitglied durch die neue Kultur das Gefühl der Kompetenzangst hat und
- wenn alle Instanzen bei der Kulturdiskussion und -implementation involviert wurden.

Gefährlich und unrealistisch wäre es aber, von einer vollständigen „Machbarkeit" der Unternehmenskultur auszugehen, wie es extreme Vertreter der funktionalen Richtung unterstellen. „Unternehmenskultur durch Personalführung" bedeutet lediglich, im Rahmen der allgemeinen Führungstätigkeit des Vorgesetzten, Kultursignale zu setzen, was unabhängig von der konkreten Intention des Vorgesetzten zwangsläufig (meist unbewußt) immer passiert. „Unternehmenskultur durch Personalführung" beinhaltet daher auch nicht Manipulation, sondern allenfalls Überzeugung.

(b) Aufgabenstellung

Zunächst stellt sich die Frage nach den **Anlässen** für eine derartige Kulturvermittlung, wobei es hierfür eine Vielzahl von fallspezifischen Notwendigkeiten gibt:

Ein erster Anlaß, sich mit der Unternehmenskultur im Rahmen der Personalführung auseinanderzusetzen, ist die *Neugründung* eines Unternehmens. Ein junges Unternehmen hat allenfalls eine in schwachen Konturen ausgeprägte Kultur. Hier ist durch die Personalführung den Mitarbeitern der angestrebte – zumeist durch den Firmengründer verkörperte – Grundcharakter der Unternehmenskultur zu vermitteln. Stellt das zu gründende Unternehmen eine Tochter beziehungsweise eine Niederlassung dar, so kann es sinnvoll sein, die Kultur des Stammunternehmens auf den neuen Betrieb zu übertragen. Ein weiterer Anlaß zur Kulturvermittlung ist die Existenz einer *dysfunktionalen Subkultur*, deren Grundannahmen und Grundwerte von der Unternehmenskultur abweichen, was zu Inter-Gruppenkonflikten führen kann. Treten *neue Mitarbeiter* in das Unternehmen ein, so müssen diese erst die spezifische Kultur des Unternehmens kennenlernen. Eine „Kulturvermittlung bei Neueinstellungen" dient auch dazu, den Einfluß des Neueingestellten auf die Unternehmenskultur zu reduzieren. Eine Ausnahme ist die Absicht, durch Neueinstellung gezielt die Kultur des Unternehmens zu verändern.

Im einzelnen gibt es drei **Formen** der Kulturvermittlung, die sich primär hinsichtlich der Intensität der Kulturbeeinflussung und Kulturveränderung unterscheiden:

Decken sich Ist- und Sollkultur in Stärke und Art, so zeigt die von der Unternehmenskultur ausgehende Führungsinformation in die gewünschte Richtung. Dieser Fall erfordert lediglich eine *Kulturpflege* im Sinne eines Erhaltens kultureller Verhaltensweisen. Dies gilt vor allem im Hinblick auf die Abgrenzung zu anderen Unternehmen.

Entspricht die Istkultur lediglich in ihrer qualitativen Ausprägung der Sollkultur und ist eine Strategieänderung in absehbarer Zeit nicht zu erwarten, so stellt sich die Frage nach der *Kulturverstärkung*: Gerade im Hinblick auf die oben angesprochenen Möglichkeiten zur Schaffung von strategischen Stimmigkeiten kann die Unternehmenskultur als strategische Erfolgsposition ausgebaut werden. Derartige Veränderungen in der Stärke der Unternehmenskultur sind weder spektakulär, noch in ihren Erfolgsimplikationen unmittelbar belegbar. Trotzdem bieten sie eine nicht zu unterschätzende Chance zum Aufbau strategischer Stimmigkeiten.

Ein Wechsel der Unternehmensstrategie kann Konsequenzen für die Sollkultur des Unternehmens haben. Sicherlich kann sich in günstigen Ausnahmefällen die Istkultur eines Unternehmens sukzessive und ohne weiteres Zutun in Richtung auf die erforderliche Sollkultur entwickeln: Eine derartige „Selbstheilung" der Unternehmenskultur ist aber nicht zwingend. Vielmehr ist es erforderlich, in Abhängigkeit von der Unternehmensstrategie eine neue Sollkultur festzulegen und über das gesamte Spektrum der unternehmenskulturellen Phänomene und Artefakte eine **Kulturänderung** herbeizuführen.

(c) Allgemeine Maßnahmen

Um die Personalführung als Vermittlungsinstrument für die Unternehmenskultur einzusetzen, bieten sich **mehrere Wege** an: (allgemeine) Kommunikation, (gezielte) Beeinflussung einschließlich der Nutzung von Artefakten und Symptomen sowie diverse anlaßspezifische Maßnahmen.

- Bei der *Überzeugungsstrategie* übermittelt der Informationssender (primäre) Informationen, die deutlich erkennbar den Zweck der Kommunikation offenlegen, nämlich eine freiwillige Veränderung beim Informationsempfänger herbeizuführen. Beispielsweise sollen Mitarbeiter davon überzeugt werden, daß Kundenorientierung lebenswichtig für das Unternehmen und zudem leicht praktizierbar ist. Die Mitarbeiter erfahren also zum einen den (plausiblen) Grund für kulturtragende Elemente, zum anderen Mechanismen zu ihrer Realisation. Wichtig sind auch die sekundären Informationen: Je höher bei der Überzeugungsstrategie die fachliche Autorität und die Glaubwürdigkeit des vermittelnden Vorgesetzten ist, desto eher werden die Mitarbeiter der Argumentation folgen und die intendierte Unternehmenskultur übernehmen.
- Bei der *Manipulationsstrategie* dagegen erhält der Informationsempfänger offene oder verdeckte Informationen, die durchaus bewußt falsch oder irreführend sein können. Einziger Zweck ist es, Grundannahmen und Werte des Informationsempfängers – ohne daß es ihm bewußt wird – in die vorgesehene Richtung zu ändern. Bei der Manipulationsstrategie sollen sekundäre Informationen eingesetzt werden, die von den Zielen des Informationssenders ablenken, so daß sich die Mitarbeiter über den Manipulationsversuch nicht einmal bewußt werden. Hinzu kommen emotionale Appelle, wie Vergleiche mit anderen Organisationsmitgliedern und Hinweise an die Gruppensolidarität. Weitere Manipulationsstrategien sind Veränderungen der physischen und sozialen Umwelt, die bis zum Zerstören von sozialen (Gruppen-)Bindungen reichen.

Die Frage, ob Manipulation grundsätzlich als Instrument zur Kulturvermittlung abzulehnen ist, hängt vom **normativen Werterahmen** ab: Geht man davon aus, daß Manipulation allenfalls bei krasser Abweichung zwischen Istkultur und Sollkultur eingesetzt wird, so ist zu fragen, ob nicht eine durch Manipulation herbeigeführte Kulturänderung lediglich an der Kulturoberfläche stecken bleibt. Aus diesem Grund dürften Manipulationsversuche, sofern sie nicht sowieso überflüssig sind (weil die anderen Mechanismen ausreichen), langfristig kaum erfolgreich sein.

Oben wurde bereits darauf hingewiesen, daß letztlich jegliche Kommunikation kulturprägend ist, eine gezielte Beeinflussung aber auch über bewußt geschaffene Kulturträger erfolgen kann. Solche **Artefakte** als sichtbare Manifestation einer Unternehmenskultur vermitteln den Organisationsmitgliedern die spezifischen Grundannahmen und Werte. Im Führungsprozeß geschieht dies durch das Erzählen charakteristischer Geschichten, Hervor-

Instrument	Beispiel	Aussage
Artefakte		
Geschichten	AT&T installierte innerhalb von nur 22 Tagen mit 4000 Mitarbeitern rund 3000 Tonnen technische Ausrüstung, um eine durch Feuer vernichtete Schaltzentrale für 170.000 Telefonanschlüsse wiederherzustellen.	Universeller Service rund um die Uhr
Riten/Rituale	„rites de passage" Paten-Prinzip	Zugehörigkeitsgefühl neuer Mitarbeiter stärken
Slogans	„Das grüne Band der Sympathie" „Mit Agepan im Markt voran" „Vorsprung durch Technik" „Nichts ist unmöglich" „Megerle macht Top-Böden"	Kundenorientierung Wettbewerbsorientierung Technologieorientierung Innovationsorientierung Qualitätsorientierung
Anreizsysteme		
Lohn/Gehalt	Provisionen Qualitätsprämien Nutzungsprämien	Leistungsorientierung Qualitätsorientierung Kostenorientierung
Arbeitszeit	flexible Arbeitszeit	Eigenverantwortliches Handeln
Belohnungen	Orden, Pokale Aufkleber, Plaketten, T-Shirts Incentive-Reisen, Firmenwagen	Soziale Anerkennung Wir-Gefühl stärken Statussymbole, Macht
Personalentwicklung		
Beförderung Weiterbildung	Inhouse-Recruiting Fremdsprachen-Kurse	Mitarbeiterorientierung Internationalität
Personalbetreuung		
Sportangebot	Teamsportarten Einzeldisziplinen	Teamgeist, soziale Verantwortung Leistungs- und Wettbewerbsdenken

Übersicht 6.44: Ansatzpunkte zur Kulturvermittlung durch Personalführung

hebung von Helden oder die Ausgestaltung von Belohnungsritualen und -zeremonien. Ähnliches gilt für Entgelt- und Arbeitszeitregelungen. Gerade weil Organisationsmitglieder zwangsläufig immer interpretativ operieren, wirken derartige Maßnahmen auch immer kulturprägend. Dies gilt speziell für Anreizsysteme und Personalentwicklungsmaßnahmen. Übersicht 6.44 bringt eine Zusammenstellung von unterschiedlichen Ansatzpunkten zur Kulturvermittlung durch Personalführung.

(d) Anlaßspezifische Maßnahmen

Aus den obengenannten Anlässen sind ferner anlaßspezifische Maßnahmen für eine Kulturvermittlung ableitbar:

Eine Maßnahme bei **Neugründung** ist die Vermittlung der Unternehmenskultur durch Aussagen und Verhalten des Firmengründers, im Idealfall auch durch sein „vorgelebtes" Wertesystem. Bei Gründung einer Niederlassung sind Kulturübertragungen in zweifacher Weise möglich. Zum einen können Mitglieder des neugegründeten Unternehmens für einige Zeit im Stammunternehmen arbeiten, zum anderen können Führungspersonen aus dem Stammunternehmen vorübergehend in der Niederlassung eingesetzt werden.

Da die Möglichkeit von Inter-Gruppenkonflikten bei Subkulturen besteht, ist es Aufgabe der Vermittlung von Unternehmenskultur, die Subkultur der Gruppe in die Kultur des gesamten Unternehmens zu integrieren. Dennoch muß der Gruppe aber das Recht belassen werden, eigene Normen und Werte (sofern sie nicht im Widerspruch zur Gesamtkultur stehen) beizubehalten. Im übrigen sind **Mechanismen** anwendbar, die *Schein* (1980, 176–180) zur Vermeidung von Gruppenkonflikten vorschlägt:
- Anknüpfen an ein übergeordnetes Ziel,
- Identifizierung eines systemexternen Feindes,
- hohe Interaktionsrate der Unternehmensmitglieder,
- Job-Rotation,
- Entwurf gesamtkultureller Spielregeln für „fairen Wettbewerb",
- Betonung des Unternehmens als ganzheitliches System.

Bei **Neueinstellungen** bieten Traineeprogramme und das Paten-Prinzip, bei dem sich (mindestens) eine Person des Neueingestellten und seiner beruflichen Förderung annimmt, gute Möglichkeiten der Kulturvermittlung.

Eine Maßnahme der **Kulturpflege** ist die permanente Reflexion der unternehmenskulturellen Werte, die in einem weiteren Schritt zu deren Kodifizierung führen. Eine **Stärkung** der Kultur kann durch kulturorientierte, unternehmensinterne Fortbildungsmaßnahmen realisiert werden.

Eine besondere Problemstellung ergibt sich bei einer intendierten **Kulturänderung**, die über marginale Anpassungen hinausgeht und eine generelle Neuausrichtung zum Ziel hat. Nach dem Dualitätsprinzip besitzt jede Unternehmenskultur stabilisierende Kräfte, die jeglicher Änderung massiv entgegenwirken. Aus diesem Grund ist zunächst ein hohes Maß an aktivierender Energie nötig, um das Unternehmen auf Änderungen vorzubereiten. Dem Paradigma von *Lewin* (1947) folgend, benötigt man daher drei Phasen, nämlich bewußtes Auftauen, Bewegen und Verfestigen der kulturellen Werte.

- In der *Auftauphase* wird das Unternehmen für die Kulturänderung vorbereitet. Sie wird ausgelöst durch einen plötzlichen Kulturschock oder aber durch das Bewußtsein für eine ernste Unternehmenskrise. Für diese Auftauphase gibt es zwei grundlegend unterschiedliche Ansatzpunkte: zum einen ein extremes Angstgefühl bei Mitarbeitern, zum anderen eine angstfreie, dem Wert „Vertrauen" Rechnung tragende Situation. Welche dieser beiden Grundansätze zu wählen ist, hängt vom Einzelfall ab.
- Nach der Auftauphase sind *Veränderungen* durchzuführen. Sie schließen an die Maßnahmen der Auftauphase an und intendieren letztlich einen Wechsel des Wertesystems im Unternehmen, gegebenenfalls auch der Grundannahmen.
- Schließlich ist das neue Wertesystem auch im Unternehmen zu verankern. Spätestens bei dieser *Stabilisierungsphase* ist wieder eine angstfreie Grundatmosphäre im Unternehmen herzustellen.

Zelle	**Artefakte**	**Werte**	**Grundannahmen**
Question Mark	„born heroes" entstehen, Management-Rituale als Substitute rationaler Techniken	Technologieorientierung, Innovationsorientierung	Machbarkeitsideal, Zukunftsorientierung, hohe Toleranz für Ambiguität, Initiative und aktive Gestaltung, Risikofreude, Autonomie nach außen, Personenorientierung nach innen
Star	„born heroes" als Vorbild, „heroes who are made", gemeinsame Sprache, Management-Rituale und rationale Techniken	Technologieorientierung, Kundenorientierung	Dominanzstreben, eingeschränkte Toleranz für Ambiguität, Aktion und Risikofreude, Autonomie nach außen, Gruppenbewußtsein
Cash Cow	„managers but no heroes", Verfahrensrituale, rationale Verfahren und Techniken ersetzen typische Artefakte	Kundenorientierung, Produktionsorientierung, Leistungsorientierung, Kostenorientierung	Dominanz, Gegenwartsorientierung, keine Toleranz für Ambiguität, Sachzwänge, Reaktion, geringe Autonomie, Zweckbestimmtheit
Dog	Keine Helden, Routinerituale	Produktionsorientierung, Kostenorientierung	Unterordnung, Vergangenheitsorientierung, gefangen in Situation, Verlust der Gruppenadhäsion

Übersicht 6.45: Kulturprofile in der BCG-Matrix (nach *Scholz/Hofbauer* 1990, 129)

Solche Kulturänderungen werden gerade dann notwendig, wenn ein Unternehmensteil im Laufe der Zeit seine Position in der **Portfolio-Matrix** (vgl. Abschnitt 3.4.2.1) wechselt: So entwickelt nach dem *Dualitätsprinzip* jede Geschäftseinheit im Laufe der Zeit aus dem gezeigten Verhalten eine spezifische (Sub-)Kultur, die ihrerseits verhaltensprägend wirkt. Diese Entwicklung der Istkultur muß aber nicht mit der Sollkultur der jeweiligen Portfolio-Zelle übereinstimmen: Wie zu zeigen sein wird, weist jede Zelle ihre eigenen charakteristischen Kulturerfordernisse auf, die sich somit beim „Wandern" durch die Matrix ändern, wodurch Stimmigkeitsprobleme vorprogrammiert sind. Da Portfolio-Maßnahmen laut *FOSI-Prinzip* in den Köpfen der Mitarbeiter immer auch kulturelle Wirkung haben, wird die Stimmigkeitsanalyse umso bedeutsamer. Jedes Portfolio-Management ist, wie Übersicht 6.45 belegt, immer zumindest implizites Kulturmanagement; erfolgreiches Portfolio-Management verlangt dagegen zwingend ein *explizites* Kulturmanagement.

(e) Kulturvermittlung: Wertpromotion und symbolisches Management

Das Management und die Vorgesetzten müssen die Beschäftigten für **vorgelebte Wertesysteme** und symbolisches Management sensibel machen (*Selznick* 1957, 28; *Pfeffer* 1981, 21): Der Vorgesetzte lebt bei allen Kontakten mit seinen Mitarbeitern das organisatorische Sinnsystem bewußt und sichtbar als **„Wertpromotor"** vor. Dadurch wird für die Untergebenen die Sinnwelt der Organisation reflektiert und ihr Verhaltensrahmen immer wieder aufs Neue abgesteckt. Die Mitarbeiter durchlaufen dabei einen Lernprozeß, der über Angleichung der Wahrnehmungsfilter und Interpretationsmuster zur interpersonell-identischen Interpretation derselben Stimuli führt.

Darüber hinaus macht ein Vorgesetzter durch die Verteilung seines Zeitbudgets, durch differenzierte Aufmerksamkeitszuwendungen, durch Reaktionen auf kritische Ereignisse sowie generell durch die Gestaltung seiner physischen Umwelt das organisatorische Wertesystem transparent, beeinflußt also die Entwicklung des organisatorischen Sinnsystems (vgl. *Neuberger/Kompa* 1987, 250–251).

Vor allen Dingen kann der Vorgesetzte durch bewußtes Setzen von **Symbolen** (vgl. *Peters* 1978; *Dandridge* 1983; *Siehl/Martin* 1984) das organisatorische Sinnsystem und die daran ansetzenden Verhaltensvorstellungen verdeutlichen. Das Spektrum möglicher Symbole ist groß: Mythen, Stories, Slogans, Witze, Rituale, Zeremonien, Pausenregelungen, Planungsabläufe, Statussymbole, Architektur, Bürogestaltung, Organisation, Struktur, Produkte, Trainingsveranstaltungen oder Informationssysteme. Alle diese Elemente können als Symbole eingesetzt werden.

Symbole entstehen durch die Eigenschaften der Sprache, die sowohl denotative als auch konnotative Bedeutungsinhalte enthält: Denotative Bedeutungsinhalte kennzeichnen die enge, interpretationsarme Beziehung zwischen einem Wert und einem Objekt. Der konnotative Bedeutungsinhalt ist weiter und vom Individuum und vom organisatorischen Kontext abhängig: Hier spiegeln sich die Werte, Perzeptionen und Interpretationen von Individuen wider. Aufgabe der Personalführung ist es nun, die differierenden Assoziationen der Organisationsmitglieder einander anzugleichen. Für die Schaffung einer starken Unternehmenskultur beziehungsweise für die Einflußnahme auf die Unternehmenskultur sind daher vor allem die *konnotativen* Bedeutungsinhalte der Sprache wichtig.

Symbole spiegeln in einer mitunter überspitzten, stark pointierten Weise wider, was als wichtig im betreffenden Unternehmen gilt. Im einzelnen lassen sich drei **Klassen** von Symbolen einsetzen (vgl. *Dandridge/Mitroff/Joyce* 1980):
- verbale Symbole,
- handlungsfokussierte Symbole und
- objektbezogene Symbole.

Sie alle haben neben ihrem instrumentellen Nutzen auch expressiv-symbolischen Gehalt (vgl. *Frost/Morgan* 1983). So haben Geschichten nur einen geringen instrumentellen Nutzen hinsichtlich der Erfüllung der Unternehmensaufgabe, jedoch einen hohen symbolischen Wert zur Sinnschaffung und Sinnvermittlung. Auf der anderen Seite besitzen beispielsweise computergestützte Informationssysteme primär instrumentellen Charakter; ihr expressiv-symbolischer Gehalt wird erst durch die Interpretationsleistung der Unternehmensmitglieder geschaffen.

Obwohl Symbole eigentlich in den Bereich der interpretativen Kulturbehandlung fallen, werden sie zur Realisierung einer Personalführung durch Unternehmenskultur explizit funktionalistisch eingesetzt. Dies bedeutet, daß ein Zusammenhang zwischen den
- angestrebten Führungszielen,
- den entsprechend zu vermittelnden Kulturinhalten und
- den dazu einzusetzenden Symbolen

herzustellen ist.

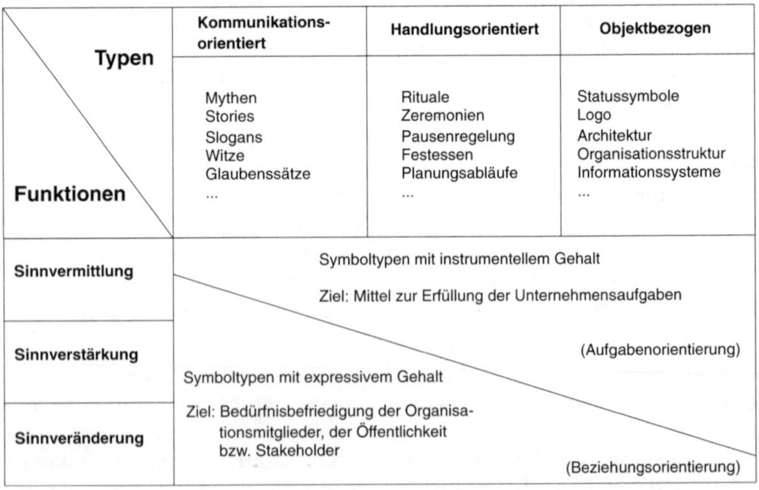

Abbildung 6.34: Symboltypen und Symbolfunktionen (zusammengeführt aus: *Dandridge/Mitroff/Joyce* 1980; *Frost/Morgan* 1983; *Neuberger/Kompa* 1987, 153)

Gerade im Hinblick auf das Sinnsystem wird darüber hinaus eine zweite Dimension wichtig (Abbildung 6.34), nämlich eine Differenzierung nach den **Funktionen** der Symbole (vgl. *Dandridge/Mitroff/Joyce* 1980; *Dandridge* 1983):
- Sinnvermittlung (deskriptive Funktion),
- Sinnverstärkung (stabilisierende Funktion) und
- Sinnveränderung (aktivierende Funktion).

Symbole besitzen danach nicht nur erklärenden Charakter für die Unternehmenskultur, vielmehr kann durch ihren gezielten Einsatz – und der damit verbundenen Vermittlung des Sinnsystems – eine Kulturverstärkung realisiert werden. Schließlich erlauben sie eine Sinnänderung der Unternehmenskultur in Form einer kognitiven Änderung der Wahrnehmungsfilter und Interpretationsmuster.

(f) Ergebnis

Personalführung prägt also die Unternehmenskultur (Abbildung 6.35) und trägt im günstigsten Fall zu einer starken, stimmigen und strategiebezogenen Kultur bei, deren Indikatoren für alle Mitarbeiter direkt erkennbar sind, so daß sie sich ihr nur schwerlich entziehen können. Nur wenn eine

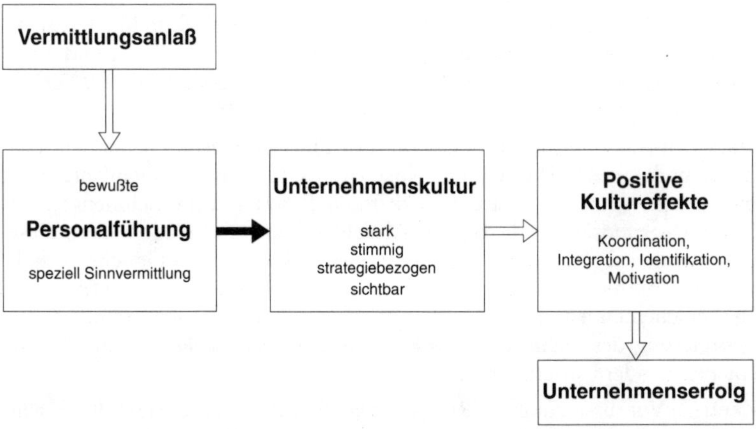

Abbildung 6.35: Unternehmenskultur durch Personalführung

solche Kultur vorliegt, sind die positiven Kultureffekte (Koordination, Integration, Identifikation und Motivation) zu erwarten.

6.4.5.2 *Personalführung durch Unternehmenskultur*

Der zweite Ansatz zur Verknüpfung von Unternehmenskultur und Personalführung sieht in der Unternehmenskultur das (agierende) Subjekt, das Führungsaktivitäten entwickelt und deshalb einer entsprechenden Gestal-

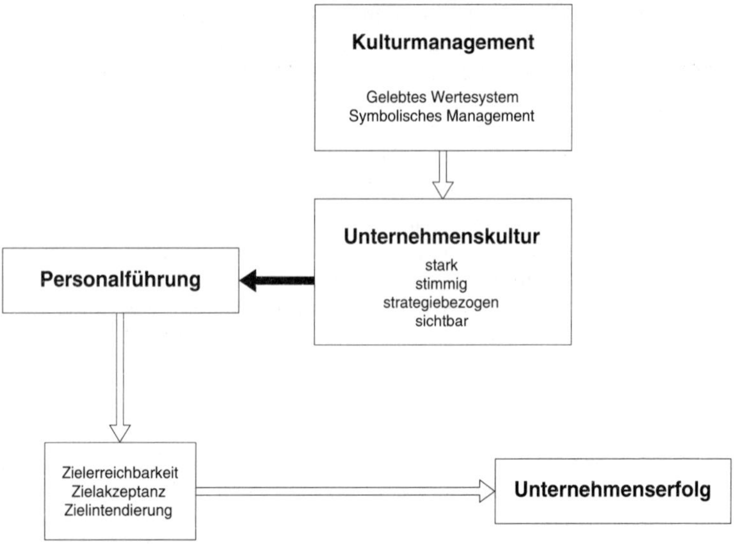

Abbildung 6.36: Personalführung durch Unternehmenskultur

tung bedarf. Personalführung durch Unternehmenskultur ist damit nicht auf spezielle Anlässe beschränkt. Die Unternehmenskultur übt vielmehr eine permanente **Führungsfunktion** aus: Grundannahmen, Werte und Artefakte haben sich im Laufe der Zeit im Unternehmen als *„Autopilot"* gebildet (Abbildung 6.36).

Die wichtigste Führungsinformation für Unternehmensmitglieder geht von den grundlegenden **Werten und Normen** aus, die das jeweilige Unternehmen prägen. Im Gegensatz zu schriftlich fixierten Unternehmens- oder Führungsgrundsätzen, die oft nur Absichtserklärungen sind, steuern diese unternehmenskulturellen Grundannahmen tatsächlich das tägliche Verhalten der Organisationsmitglieder. Selbst die zunächst als vage oder inhaltsleer erscheinenden Wertvorstellungen wie „Kundenorientierung" oder „Forcierung des technischen Fortschritts", wirken in dieser Hinsicht bei entsprechender Umsetzung verhaltenssteuernd.

Zentrale Voraussetzung zur Realisierung einer Personalführung durch Unternehmenskultur ist die **Existenz** einer starken Kultur. Eine Personalführung durch Unternehmenskultur braucht weder schriftlich noch „bewußt" zu erfolgen. Es geht also nicht darum, wie ein Vorgesetzter sein Verhalten zu seinen Mitarbeitern gestalten möchte. Die Unternehmenskultur legt vielmehr fest, wie man üblicherweise im betreffenden Unternehmen führt – unabhängig davon, ob dieses Führungsverhalten im konkreten Einzelfall zieladäquat ist.

Die Führungswirkung der Unternehmenskultur hängt ab von der Kulturstärke und der Kulturart: Die **Stärke** der Unternehmenskultur beeinflußt die Führungsintensität, die **Art** der Unternehmenskultur dagegen die Führungsrichtung. Jede starke Unternehmenskultur übt also eine Führungsfunktion

	schwache Unternehmenskultur	**starke Unternehmenskultur**
operatives und taktisches Führungsinstrumentarium kaum ausgeprägt	**Fall 1** wenig Führungsimpulse keine Zielkonflikte	**Fall 2** Führung durch Unternehmenskultur geringe Zielkonflikte
operatives und taktisches Führungsinstrumentarium umfassend ausgeprägt	**Fall 3** Führung durch (formales) Führungssystem geringe Zielkonflikte	**Fall 4** starke Führung durch Unternehmenskultur und durch das (formale) Führungssystem hohe Wahrscheinlichkeit für widersprüchliche Führungssignale

Übersicht 6.46: Konsequenzen einer Personalführung durch Unternehmenskultur

aus, unabhängig davon, ob die Richtung der Kulturart im Einzelfall den Unternehmens- beziehungsweise den Mitarbeiterzielen entspricht.

Ein besonderes Problem entsteht dadurch, daß auch das übrige Führungsinstrumentarium und speziell die Unternehmensstrategie Richtungsinformationen liefert. Hier stellt sich dann die bereits im Stimmigkeitsprinzip angesprochene Frage nach der Verträglichkeit (Übersicht 6.46): Ist die Unternehmenskultur nur schwach, so stellt die Stimmigkeit zum übrigen Führungsinstrumentarium und zum Zielsystem des Unternehmens kein ernstes Problem dar. Analoges gilt für die Existenz von vagen Zielen oder einem nur gering ausgebauten Führungsinstrumentarium. Bei einer präziseren Zielsetzung beziehungsweise gut ausgebauten Führungsinstrumenten und/oder einer starken Unternehmenskultur besteht dagegen die Gefahr von Dysfunktionalitäten. Andererseits ist nur eine starke Unternehmenskultur in der Lage, eine entsprechende Führungsfunktion wahrzunehmen.

Gerade der Fall 4 in Übersicht 6.46 bedeutet damit sowohl eine doppelte Gefahr als auch eine doppelte Chance: Hier üben Unternehmenskultur und Führungsinstrumentarium Führungsfunktionen aus, wodurch das Risiko unterschiedlicher Führungsrichtungen entsteht. Sofern aber die Führungsinformationen der Unternehmenskultur in die gleiche Richtung weisen und sich die Unternehmenskultur funktional zum strategischen Zielsystem des Unternehmens verhält, führt diese Konstellation nicht nur zu einer umfassenden Personalführung, sondern berücksichtigt zudem langfristig-globale Ziele genauso wie kurzfristige Detailziele.

„Personalführung durch Unternehmenskultur“ beinhaltet als zentrale Konsequenz die Notwendigkeit, tatsächlich die vorhandene Unternehmenskultur und ihre Steuerungsimpulse zu lokalisieren, um dann das personalwirtschaftliche Instrumentarium darauf abzustimmen.

Im Vordergrund steht somit die reine **Diagnosefunktion**, wie sie im Zusammenhang mit dem FOSI-Prinzip erläutert wurde. In diesem Zusammenhang spielen auch Mitarbeiterbefragungen eine Rolle (vgl. Abschnitt 8.2.4.1): Sie erheben – bei entsprechender Ausgestaltung und entsprechender Auswertung – die Unternehmenskultur primär über ihre Wirkung bei den Betroffenen und sind zusätzlich eine sinnvolle Basis für workshopartige Gruppendiskussionen. Diese bieten eine gute Möglichkeit, nach der Analyse der Oberflächenmerkmale tiefer in die Kultur einer Organisation einzudringen. Im Vergleich zu Einzelinterviews sind Gruppendiskussionen ökonomischer: Es wird eine große Bandbreite verschiedener Reaktionen erfaßt, wobei mit einem relativ geringen Aufwand viel Material gesammelt werden kann. Bei entsprechender Ausgestaltung reduziert diese Diskussionssituation psychische Kontrollen und fordert spontane, unkontrollierte Reaktionen heraus, durch die man auf den latenten Inhalt geäußerter Meinungen schließen kann. Gruppendiskussionen sind auch realitätsnäher, denn im Alltag bilden sich Meinungen und Einstellungen meist unter Gruppenbedingungen und werden auch von Gruppen artikuliert: Meinungen und Einstellungen bilden sich durch Wechselbeziehungen kommunizierender und handelnder Individuen. Anders als bei Einzelinterviews kommt es aber auch zu gruppendynamischen Effekten, die individuelle Meinungen und Einstellungen beeinflussen.

6.4.6 Ein Schrittmodell

Die Kulturprinzipien als strategischer Ansatz zur Personalführung führen in ihrer praktischen Anwendung zu einem Grundschema für ein systematisches „Kulturmanagement", das acht Schritte umfaßt (vgl. *Scholz* 1988 a, 91):

Zunächst muß es als Schritt 1 einen **Auslöser** für die Einrichtung eines Kulturmanagements oder die Beschäftigung mit Unternehmenskultur geben. Dies kann eine Krise genauso sein wie die Überzeugung der Unternehmensleitung, daß im Ansatz der Unternehmenskultur ein vielversprechender Weg zum Erfolg liegt. Das *FOSI-Prinzip*, aber auch das *Stimmigkeits-* und *Pathologieprinzip* belegen die Notwendigkeit und die strategische Chance einer fundierten (und nicht nur pseudo-intuitiven) Auseinandersetzung mit Kulturen.

Schritt 2 ist die **Überzeugung** des (übrigen) Top-Managements. Dies betrifft die Mitglieder der oberen Führungsebene, da die Unternehmenskultur letztlich alle Bereiche und Hierachieebenen umfaßt. Ausgehend vom *Pathologieprinzip* sind hier Schwierigkeiten zu erwarten, aber basierend auf dem Verständnis von Neurosen und Pathologien auch zu meistern.

In Schritt 3 folgt die **Überzeugung** des mittleren Managements. Seine Mitglieder müssen später sowohl die Analysephase als auch die Gestaltungsphase mittragen. Diese Überzeugungsleistung kann nur über das Top-Management erfolgen. Kulturanalytiker eignen sich hier allenfalls als Referenzpersonen, die die Überzeugungsleistung aber nicht initiieren.

Schritt 4 ist die **Analyse** der aktuellen Unternehmenskultur. Die Analyse der Istkultur hat sich dabei am *FOSI-* und *Dualitätsprinzip* auszurichten. In der interpretativen Synthese werden sowohl objektive als auch subjektive Daten zu einem Ergebnis verdichtet, das auch das Sinnsystem der Organisationsmitglieder umschließt und die wechselseitigen Abhängigkeiten von Kultur und augenblicklichem Verhalten erfaßt. Berücksichtigt werden müssen zudem auch die diversen Störungen, wie sie im *Pathologieprinzip* zum Ausdruck kommen. Schritt 4 setzt zwingend externe Kulturanalytiker voraus, die gemeinsam mit unternehmensinternen Personen in Projektteams arbeiten.

Schritt 5 ist dann die **Festlegung** der anzustrebenden Sollkultur. Generelle Hinweise auf die Sollkultur liefert die Unternehmensethik als Begründungslehre für spezifische Normen sowie gesellschaftliche Werteentwicklungen. Zentrale Aussagen hierzu liefert das *Stimmigkeitsprinzip*. Hiernach ist ein Fit zwischen Unternehmenskultur einerseits und Landeskultur, Global-, Portfolio-, Akquisitionsstrategie, dem Managementinstrumentarium sowie (vor allem!) den Mitarbeitern andererseits herzustellen: Die Sollkultur kann und darf nicht an essentiellen Bedürfnissen der Mitarbeiter vorbeilaufen. Eine Ausnahme sind pathologische Organisationen, bei denen einschneidende Therapiemaßnahmen zur Gesundung notwendig sind; hier sind verzerrte Weltbilder sowie verkrustete Strukturen aufzubrechen.

Schritt 6 besteht aus der **Abweichungsanalyse** zwischen Ist und Soll, wobei als Ergebnis durchaus zwar eine Abweichung, nicht aber eine Veränderung der Unternehmenskultur denkbar ist. Ein Entscheidungsraster zur Änderung der Kultur und/oder der Strategie liefert wiederum das *Stimmigkeitsprinzip*.

Als Schritt 7 folgt die **Verstärkung** oder eine **Veränderung** der Istkultur. Generell ist Kulturmanagement keine einmalige Aufgabe. Wie in den vergangenen Abschnitten deutlich wurde, ist Unternehmenskultur Inhalt jeden Verhaltens und jeder Entscheidung. Deshalb ist es vorrangige Managementaufgabe, die Unternehmenskultur zu „pflegen" und dafür zu sorgen, daß sie in den Köpfen und Herzen der Mitarbeiter „lebt". Kulturbewußtes Management und kulturfokussierte Personalführung realisieren im Zeitablauf eine Verstärkung der Kultur. Wird sogar eine Veränderung nötig, so ist dies ein diffiziler Vorgang, der einen umfangreichen Maßnahmenkatalog und entsprechende Interventionstechniken umfaßt. Speziell die Kulturänderung setzt zwingend externe Change Agents voraus.

Schritt 8 umfaßt abschließend Maßnahmen zur **Stabilisierung** der neuen Unternehmenskultur. Hierbei spielen wiederum symbolisches Management und vorgelebtes Wertesystem eine essentielle Rolle: Jeder Vorgesetzte kann durch bewußtes Setzen von Symbolen das organisatorische Sinnsystem und die daran ansetzenden Verhaltensnormen propagieren. Dies setzt aber Kenntnis der Sollkultur, vor allem aber Kenntnis und Verständnis der Istkultur voraus. Hierbei helfen ihm (hoffentlich) die fünf Kulturprinzipien, die in diesem Abschnitt vorgestellt wurden.

Für die konkrete Ausgestaltung dieses logischen und zeitlichen Schrittmodells gibt es eine Vielzahl von möglichen Einzelmaßnahmen, wozu auch die oben erwähnten Aktionen wie symbolisches Management oder vorgelebtes, neues Wertesystem zählen. Sicherlich mag es im Einzelfall möglich sein, bereits durch einen neuen Slogan eine Änderung der Unternehmenskultur herbeizuführen. Im Regelfall dürfte ein derartiger Versuch aber allenfalls marginale Implikationen haben. Vielmehr ist es erforderlich, ein Gesamtpaket aus verschiedenen, auf den Einzelfall abgestimmten Maßnahmen zu entwickeln und in entsprechender Form umzusetzen.

Festzuhalten ist somit die grundsätzliche Existenz von kulturvermittelnden Wirkungen, die von **allen** Komponenten eines betrieblichen Personalmanagements ausgehen. Dieser Effekt ist völlig unabhängig davon, ob das Unternehmen ein kulturbewußtes Management praktiziert. Exemplarisch ist in diesem Zusammenhang auf die betriebliche Personalentwicklung hinzuweisen, da es von den Mitarbeitern zwangsläufig (unbewußt) als Indikator für die im Unternehmen herrschende Kultur angesehen wird. Auch wenn man somit auf den bewußten Einsatz des Personalentwicklungssystems als Kulturträger verzichtet, so entstehen aus der praktizierten Personalentwicklung trotzdem „Kultursignale", die der intendierten Sollkultur entgegenlaufen können. Aus diesem Grund ist eine Beschäftigung mit unternehmenskulturellen Phänomenen unausweichlich, auch wenn nicht bewußt versucht wird, die Unternehmenskultur als strategisches Instrument der Personalführung zu nutzen. Vielmehr kommt es immmer zu einer Personalführung durch Unternehmenskultur und zu einer Unternehmenskultur durch Personalführung (Abbildung 6.37).

Gerade weil immer neben den funktionalen Aspekten auch interpretative Effekte auftreten, ist von einer technokratischen „Nutzung" der Unternehmenskultur abzuraten. Die Unternehmenskultur als Antwort auf eine übersteigerte Systemrationalität uneingeschränkt instrumentell nutzen und statt Kulturentwicklung totalitären Wertedrill einführen zu wollen, hieße letztlich eine neue Form der Manipulation zu schaffen.

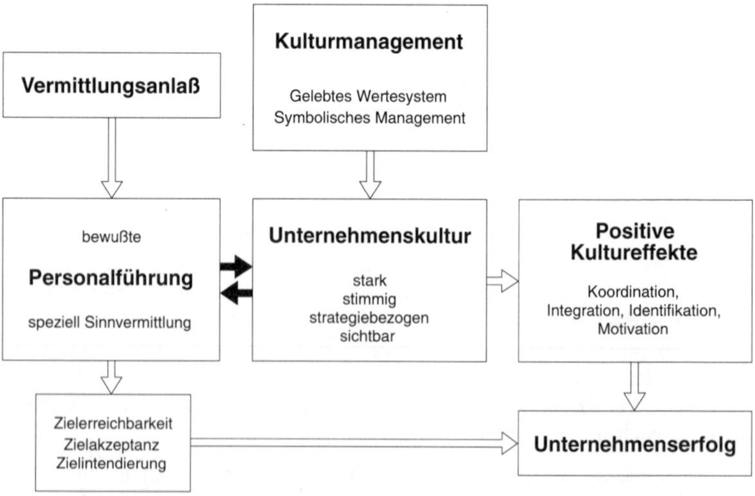

Abbildung 6.37: Personalführung und Unternehmenskultur

Die primäre Aufgabe der Personalführung im Hinblick auf die Kulturentwicklung stellt somit die **Sinnvermittlung** dar: Die Mitarbeiter müssen nicht nur generell die Zielsetzungen des Unternehmens internalisieren, sie müssen auch den konkreten Sinngehalt ihrer Tätigkeit verstehen. Dies gilt gerade auch vor dem Hintergrund der in Abschnitt 1.2.1.1 diskutierten Wertestruktur der Mitarbeiter.

Nach interpretativ-subjektiver Sichtweise sind Organisationen das gedankliche Bild real existierender Phänomene. Durch die Interaktionen der Organisationsmitglieder entstehen dabei (identische) kognitive Schemata. Dieser Prozeß führt dazu, daß sich die Organisationsmitglieder ihre „Realität schaffen" und dieser einen Sinn beimessen. Auf diesem Sinnverständnis wiederum gründen sich die Verhaltensweisen der Organisationsmitglieder.

Kulturbewußte Personalführung bedeutet, daß der Vorgesetzte Situationen herausstellt und interpretiert, um auf diese Weise die Perzeptionen und Interpretationsvorgänge in kollektiv-identischen Mustern ablaufen zu lassen. Diese kollektiv geschaffenen Wirklichkeitsvorstellungen stecken dann den faktischen Verhaltensrahmen ab.

Dies setzt die dezidierte Kenntnis der Sinnfunktion bei den kulturprägenden Personen voraus: Sie dürfen ihre Aufgabe nicht nur in der Vermittlung von arbeitsbezogenen Inhalten, sondern darüber hinaus in der Auseinandersetzung mit dem darunterliegenden Sinnsystem sehen. Diese Bereitschaft ist damit die entscheidende Voraussetzung, um letztlich alle Organisationsmitglieder dahingehend zu entwickeln, die Organisation als ein System gemeinsam geteilter und sozial geschaffener Wirklichkeitsvorstellungen mit ihren Implikationen zu begreifen.

Aus dem interpretativen Kulturparadigma leiten sich Sinngebung und Sinnvermittlung als Aufgaben der Personalführung ab. Zur Entwicklung und Weitergabe kollektiver Interpretationsmuster bei den Mitarbeitern eignen sich (bei fließender Abgrenzung) zum einen eine Sozialisation über gelebte Wertesysteme, zum anderen eine symbolische Personalführung.

6.4.7 Bewertung

Wie die vorhergehenden Abschnitte gezeigt haben, besitzen die diversen wissenschaftsprogrammatischen Paradigmen deutlich unterschiedliche Implikationen für die Sichtweise des Zusammenhangs zwischen Personalführung und Unternehmenskultur. Trotzdem sind die methodologischen Extrempunkte verbindbar. Eine derartige Synthese ist nicht zuletzt aus den Gründen der Erklärungs- und Gestaltungsfunktion der Betriebswirtschaftslehre nötig: Funktionale und interpretative Sichtweisen des Unternehmens müssen sich also nicht ausschließen.

Gestaltungsmittel einer kulturbewußten Personalführung sind Kulturartefakte und Kultursymptome im Verbund. Der erfolgreiche Einsatz erfordert jedoch deren Interpretation vor dem Hintergrund der organisatorischen Grundannahmen und des Wertesystems der Unternehmensmitglieder. In den vorangegangenen Abschnitten wurde das Phänomen der Unternehmenskultur und seine sinnvolle Behandlung auf fünf zentrale Prinzipien konzentriert. Die Kenntnis dieser Prinzipien sowie der daran ansetzenden Gestaltungsvorschläge hilft, Unternehmenskultur in Organisationen jeglicher Art zu analysieren und zu nutzen: Hierzu erfährt man

- aus dem *Dualitätsprinzip* die komplizerte Entstehung von Kultur,
- aus dem *FOSI-Prinzip* die zentralen Wege zum Verständnis von Kultur,
- aus dem *Hierarchieprinzip* das Zusammenwirken von Inter- und Subkulturen,
- aus dem *Stimmigkeitsprinzip* die kulturbedingten Abstimmungsnotwendigkeiten und
- aus dem *Pathologieprinzip* die mögliche Gefahr „kranker" Unternehmenskulturen.

Bei diesen Überlegungen geht es weder um die Schaffung von Illusionen noch um Schwarzmalerei: Viele Organisationen sind und bleiben erfolgreich, auch ohne sich explizit um ihre „Kultur" zu kümmern. Und in vielen Fällen liegen in begrenzten Kultur-Neurosen die Ursachen für den Erfolg des Unternehmens. Dennoch gibt es aber nicht nur den charismatischen Führer, der – ohne eigene Persönlichkeitsprobleme – eine Organisation leitet, in der sich demnach die per Zufall zur jeweiligen Situation „passende Kultur" entwickelt hat.

Aus diesen Gründen kann auf eine explizite Auseinandersetzung mit der Unternehmenskultur nicht verzichtet werden. Eine Auseinandersetzung, die meist interessanter als erwartet verläuft: Unternehmen sind zu einem gewissen Grad immer neurotisch; das macht ihren Reiz und ihren Erfolg aus (*Pathologieprinzip*). Und Unternehmenskulturen müssen in Einklang mit der Strategie und der Umwelt stehen (*Stimmigkeitsprinzip*), wobei sich auch die Unternehmenskultur „als implizites Bewußtsein" im Lauf der Zeit graduell ändert (*Dualitätsprinzip*), was das Verständnis und Management von Kultur zu einem diffizilen Unterfangen macht (*FOSI-Prinzip*).

6.5 Methodischer Exkurs: Führungsstilanalyse

Hersey/Blanchard (1974) schlagen zur Führungsstilanalyse die „Leader Effectiveness and Adaptability Description" (**LEAD**) vor: Dieses Instrument besteht aus einer Beschreibung von 12 Führungssituationen, für die jeweils vier mögliche Antworten vorgegeben sind. Sie repräsentieren die vier möglichen Führungsstile. Durch die geforderte Festlegung auf jeweils eine der vier Antworten kann nun ausgezählt werden, wie „flexibel" der Vorgesetzte ist. Da für die beschriebenen Situationen jeweils unterschiedliche Handlungsvarianten (Führungsstile) angemessen sind, müßte der „ideale" Vorgesetzte alle vier Grundstile in seinen Antworten enthalten haben. Zusätzlich kann auch die Diagnosefähigkeit des Vorgesetzten bestimmt werden: Hierzu wird ermittelt, wie viele Kombinationen zwischen Situation (Reifegrad) und Handlungsalternative (Führungsstil) der idealen Zuordnung entsprachen.

Situation	**Alternative Handlung**
1 Die Untergebenen reagieren neuerdings nicht auf deine freundliche Konversation und die Sorge um ihr Wohlergehen. Deine Leistung ist zur Zeit unbeständig.	**A** Forciere die Anwendung eines einheitlichen Vorgehens und betone die Wichtigkeit der Aufgabenerfüllung. **B** Stelle dich für Diskussionen zur Verfügung, aber dränge nicht. **C** Unterhalte dich mit deinem Untergebenen und setze dann die Ziele. **D** Misch dich nicht vorsätzlich ein.
2 Die wahrnehmbare Leistung deiner Gruppe wächst. Du hast dich versichert, daß sich alle Gruppenmitglieder ihrer Rolle und ihrer Anforderungen bewußt sind.	**A** Sorge für freundliche Interaktionen, aber fahre fort, Rollen und Anforderungen klar zu stellen. **B** Unternimm keine bestimmten Aktionen. **C** Sorge mit allen Mitteln dafür, daß sich die Gruppe wichtig und beteiligt fühlt. **D** Betone die Wichtigkeit von Terminen und Aufgaben.
3 Mitglieder der Gruppe sind nicht in der Lage, Probleme selbst zu lösen. Normalerweise hast du dich nicht darum gekümmert. Gruppenleistung und zwischenmenschliche Beziehungen waren gut.	**A** Ziehe die Gruppe bei der Problemlösung hinzu. **B** Laß die Gruppe eine eigene Lösung finden. **C** Handle schnell und sicher, um zu korrigieren und delegieren. **D** Ermutige die Gruppe, an dem Problem zu arbeiten, und stehe für Diskussionen zur Verfügung.
4 Du erwägst eine größere Veränderung. Deine Untergebenen erbringen gute Leistungen. Sie respektieren die Notwendigkeit der Veränderung.	**A** Ermögliche der Gruppe ein Mitwirken an der Veränderung, aber dränge nicht. **B** Kündige die Veränderung an und implementiere sie unter enger Kontrolle. **C** Erlaube der Gruppe, ihre eigenen Richtlinien zu formulieren. **D** Beziehe Vorschläge aus der Gruppe mit ein, aber übernimm selbst die Führung.
5 Die Leistung deiner Gruppe ist in letzter Zeit gesunken. Die Mitglieder zeigen sich gleichgültig gegenüber den gesetzten Zielen. Die Neudefinition der Rollen hat in der Vergangenheit geholfen.	**A** Erlaube der Gruppe, ihre eigenen Richtlinien zu formulieren. **B** Beziehe Gruppenvorschläge mit ein, aber achte auf Objektivität. **C** Definiere Ziele neu und kontrolliere sorgfältig. **D** Erlaube der Gruppe die Mitwirkung an der Zielsetzung, aber dränge nicht.
6 Du kommst in eine effizient arbeitende Gruppe. Der vorherige Verwalter führte straff. Du möchtest die produktive Situation erhalten, die Bedingungen dabei aber humanisieren.	**A** Setze dich dafür ein, daß die Gruppe sich wichtig und integriert fühlt. **B** Betone die Wichtigkeit von Terminen und Aufgaben. **C** Mische dich nicht vorsätzlich ein. **D** Integriere die Gruppe in die Entscheidungsfällung, aber achte auf Objektivität.
7 Du erwägst große Veränderungen in der Organisationsstruktur. Gruppenmitglieder haben Vorschläge zu der nötigen Veränderung gemacht und Flexibilität bewiesen.	**A** Definiere die Veränderungen und überwache sie sorgsam. **B** Gewinn den Beifall der Gruppe für die Veränderung und erlaube ihr, die Implementierung zu organisieren. **C** Bewillige eine Veränderung gemäß den gemachten Vorschlägen, aber behalte die Kontrolle über die Implementierung. **D** Vermeide Konfrontationen, laß die Dinge laufen.

Situation	Alternative Handlung
8 Gruppenleistung und interpersonelle Beziehungen sind gut. Du fühlst dich etwas unsicher aufgrund der fehlenden Führung der Gruppe.	A Laß die Gruppe allein. B Diskutiere die Situation mit mit der Gruppe und initiiere nötige Veränderungen. C Versuche die Untergebenen dahin zu lenken, daß sie klar-strukturiert und wohl-organisiert arbeiten. D Achte darauf, daß die Führer-Geführte-Beziehung nicht durch zu straffe Führung verletzt wird.
9 Dein Vorgesetzter hat dich dazu berufen, eine task-force-Gruppe zu leiten, die bereits überfällige Vorschläge zu einer Veränderung machen soll. Die Gruppe ist sich über die Ziele nicht klar. Die Beteiligungen an den Sitzungen sind gering und haben sich allenfalls in gesellige Zusammenkünfte verwandelt.	A Laß die Gruppe das Problem alleine ausarbeiten. B Beziehe Gruppenvorschläge mit ein, aber achte darauf, daß Objektives vereinbart wird. C Redefiniere Ziele und überwache sie sorgfältig. D Erlaube der Gruppe die Mitwirkung an der Zielsetzung, aber dränge nicht.
10 Deine Untergebenen, normalerweise fähig Verantwortung zu übernehmen, reagieren nicht auf deine kürzliche Neudefinition der Richtlinien.	A Erlaube der Gruppe die Mitwirkung an der Neudefinition von Richtlinien, aber dränge nicht. B Definiere neue Richtlinien und überwache sie sorgfältig. C Vermeide Konfrontationen, indem du keinen Druck ausübst. D Beziehe Gruppenvorschläge mit ein, aber achte darauf, daß neue Richtlinien gemacht werden.
11 Du bist in eine neue Position befördert worden. Der bisherige Vorgesetzte hat sich aus den Angelegenheiten der Gruppe herausgehalten. Die Gruppe hat ihre Aufgaben und Anweisungen angemessen erfüllt. Die Beziehungen innerhalb der Gruppe sind gut.	A Bringe die Gruppe dazu, klar-strukturiert und wohl-organisiert zu arbeiten. B Ziehe die Gruppe in die Entscheidungsfindung mit ein und forciere gute Mitarbeit. C Diskutiere vergangene Leistungen mit der Gruppe und prüfe die Notwendigkeit neuer Praktiken. D Fahre fort, die Gruppe allein zu lassen.
12 Neuere Informationen deuten auf einige Schwierigkeiten innerhalb der Gruppe hin. Die Gruppe ist sehr leistungsstark. Mitglieder haben auf lange Sicht geplante Ziele effektiv verfolgt. Sie haben die letzten Jahre harmonisch zusammengearbeitet. Alle sind für die Aufgabe gut qualifiziert.	A Probiere deine Lösung mit den Untergebenen aus und prüfe die Notwendigkeit neuer Praktiken. B Erlaube der Gruppe, die Probleme selbst auszuarbeiten. C Handle schnell und sicher, um zu korrigieren und neue Anweisungen zu treffen. D Stelle dich für Diskussionen zur Verfügung, aber achte darauf, die Führer-Geführten-Beziehung nicht zu verletzen.

Übersicht 6.47: Der LEAD-Fragebogen (*Hersey/Blanchard* 1974; 1982, 99)

Übersicht 6.47 enthält eine vereinfachte Version des LEAD-Fragebogens: Links stehen die zwölf Situationen, rechts die vier Alternativen, aus denen die zu beurteilende Führungskraft eine auswählen muß.

Situationen	Alternative Handlungen			
	(1)	(2)	(3)	(4)
1	A	C	B	D
2	D	A	C	B
3	C	A	D	B
4	B	D	A	C
5	C	B	D	A
6	B	D	A	C
7	A	C	B	D
8	C	B	D	A
9	C	B	D	A
10	B	D	A	C
11	A	C	B	D
12	C	A	D	B
Häufigkeit				

Übersicht 6.48: Bestimmung der Führungsstilbandbreite (nach *Hersey/Blanchard* 1974, 26)

Situationen	Alternative Handlungen			
	(A)	(B)	(C)	(D)
1	+2	−1	+1	−2
2	+2	−2	+1	−1
3	+1	−1	−2	+2
4	+1	−2	+2	−1
5	−2	+1	+2	−1
6	−1	+1	−2	+2
7	−2	+2	−1	+1
8	+2	−1	−2	+1
9	−2	+1	+2	−1
10	+1	−2	−1	+2
11	−2	+2	−1	+1
12	−1	+2	−2	+1
Untersummen				
			(Total) =	

Übersicht 6.49: Messung der Führungsstileffektivität (nach *Hersey/Blanchard* 1974, 28)

In dem Auswertungsschema in Übersicht 6.48 sind in den jeweiligen Spalten, die den Quadranten entsprechen, die Antworten aus dem LEAD-Fragebogen zugeordnet. Durch spaltenweises Summieren kristallisiert sich die Führungsstilbandbreite beziehungsweise ein dominanter Führungsstil hinsichtlich der vier Quadranten heraus.

Die Effektivität der Führung ergibt sich nun aus der situationsgerechten Anwendung des jeweils „richtigen" Führungsstils. Hierzu werden den möglichen Alternativen im LEAD-Fragebogen je nach deren Erfolgswahrscheinlichkeit in der jeweiligen Situation Punktwerte von +2, +1, −1 sowie −2 zugeordnet. Diese Zuordnung leiten *Hersey/Blanchard* nach ihren Angaben aus Ergebnissen der Verhaltensforschung sowie eigenen theoretischen und empirischen Forschungen ab. Als Ergebnis ergibt sich in Übersicht 6.49 ein aggregierte Punktewert, der von +24 bis −24 reichen kann und ab +1 als effektiv angesehen wird.

6.6 Resümee und Vorschau

Personalführung als systematische Beeinflussung der Mitarbeiter findet auf allen drei Managementebenen statt:

- Auf der *operativen* Ebene artikuliert sie sich in einer beeindruckenden Fülle von Führungsmodellen, die – mehr oder weniger fundiert – deskriptive oder präskriptive Aussagen zur Individualführung machen. Sie wollen den Vorgesetzten in die Lage versetzen, seine aktuelle Führungssituation und/oder sein eigenes Führungsverhalten zu analysieren, zu verstehen und/oder zu verändern. Dieses spezifische Eingehen auf den Einzelfall ist nötig, bleibt aber problematisch: So fehlt den meisten deskriptiven Untersuchungen die präskriptive Konsequenz, umgekehrt den meisten präskriptiven Empfehlungen der empirische Effektivitätsbeweis. Dies alles ändert aber wenig an der unbestreitbaren Faszination vieler dieser Führungsmodelle.
- Auf der *taktischen* Ebene werden Mechanismen zur kollektiven Personalführung diskutiert. Hervorzuheben sind hier – bei aller Problematik – Erfolgsbeteiligungen als Anreizsysteme und Führungsgrundsätze. Eine wichtige Rolle gerade für einen informationsorientierten Ansatz zum betrieblichen Personalmanagement spielen die informationsflußbezogenen Führungsmodelle.
- Die Einbeziehung der Unternehmenskultur in das Personalmanagement und speziell ihr Einsatz zur *strategischen* Personalführung stellt eine (vielversprechende) Möglichkeit dar, personalwirtschaftliche Problemstellungen ganzheitlich zu analysieren und einen neuen Ansatzpunkt zur Personalforschung zu liefern. Dies gilt speziell im Hinblick auf die im
  - Dualitätsprinzip,
  - Pathologieprinzip,
  - Hierarchieprinzip,
  - FOSI-Prinzip und
  - Schwierigkeitsprinzip

  zusammengefaßten Aussagen:

Jede Behandlung von unternehmenskulturellen Phänomenen (auch) im Zusammenhang mit der Personalführung ist aber vor dem Hintergrund einer breiten Diskussion in der Kulturforschung zu sehen, die gleichermaßen Basis wie Richtschnur für jegliche Kulturbetrachtung darstellt. Von besonderer Bedeutung sind die Kulturansätze
- der individuellen Verhaltensforschung,
- der Organisationstheorie und
- des strategischen Managements,

die gemeinsam mit den Paradigmen
- des funktional-objektivistischen und
- des interpretativ-subjektivistischen Ansatzes

in einen spezifischen Ansatz zur (unternehmens-)kulturbewußten Personalführung münden. Den großen Hoffnungen in das Leistungspotential der Unternehmenskultur zur Personalführung steht aber ein nicht-zu-übersehendes Forschungsdefizit gegenüber. Dies betrifft die Instrumente zur Kulturdiagnose, zur Definition der Soll-Kultur und besonders die in vielen Aspekten noch eher spekulativen Überlegungen zur Kulturbeeinflussung.

Während bei der Personalführung nahezu ausschließlich die verhaltensorientierte Dimension zum Zuge kommt, stützt sich das Personalkostenmanagement in Kapitel 7 zwangsläufig überwiegend (aber nicht ausschließlich) auf die informationsorientierte Dimension.

6.7 Testfragen

(1) Erläutern Sie den Einfluß der Menschenbilder und der Verhaltenstheorien nach Abbildung 6.1 auf die Motivationstheorien.

(2) Entwerfen Sie ein Testdesign, mit dem man analog zur Untersuchung von *Weinert* im Einzelfall die zugrundegelegten Menschenbilder erheben kann. Welche Konsequenz hätte es, wenn man tatsächlich reliable

	Fremdeinschätzung (... „die anderen")	**Selbsteinschätzung** (... „ich selber")
Typ X	60%	5%
Typ Y	40%	95%
Rational	33%	30%
Sozial	33%	30%
Selbstverwirklichung	33%	40%
Fachmann	5%	3%
Dschungelkämpfer	5%	0%
Firmenmensch	90%	5%
Spielmacher	0%	1%
keine Angaben	0%	90%

Übersicht 6.50: „Menschenbilder bei Studenten"

und valide Testverfahren für die Existenz von Menschenbildern (nach Abbildung 6.2) feststellen könnte?

(3) Rund 120 **Studenten** wurden während einer Personalvorlesung (Sommersemester 1986, Universität des Saarlandes) danach gefragt, wie sie ihre Kommilitonen und wie sie sich selbst auf die vorher in der Veranstaltung erläuterten Menschenbilder zuordnen würden (Übersicht 6.50). Beurteilen Sie das Ergebnis!

(4) Diskutieren Sie die Dualität von SIR/SOR- und TOTE-Modell anhand der Interaktion Student und Dozent!

(5) Suchen Sie nach Beispielen, mit denen sich die Gerechtigkeitstheorie von *Adams* überprüfen läßt. Wie müßte eine Personalführung aussehen, die sich strikt an *Adams* orientiert?

(6) Bewerten Sie eine Ihnen bekannte Person mit dem LPC-Score von *Fiedler*: Welche Schwierigkeiten ergeben sich dabei für Sie?

(7) In welchem Zusammenhang stehen die Kontingenztheorie und die kognitive Ressourcentheorie von *Fiedler*?

(8) Vergleichen Sie die Ohio-State-Nachfolger im Hinblick auf Anwendbarkeit und Aussagekraft!

(9) Analysieren Sie Führungsgrundsätze eines Ihnen bekannten Unternehmens auf Inhalt, Prägnanz und (explizite/implizite) Handlungsanweisungen. Worin scheint „das Charakteristische" des von Ihnen betrachteten Unternehmens zu liegen? Vergleichen Sie gegebenenfalls Ihr Ergebnis mit der Analyse weiterer Führungsgrundsätze anderer (branchengleicher) Unternehmen!

(10) Diskutieren Sie alternative Bestimmungsmöglichkeiten für die Existenz von Führungssystemen entsprechend der Informationsflußmodelle aus Abschnitt 6.3; wie lassen sich daraus präskriptive Empfehlungen ableiten?

(11) Arbeiten Sie die Unterschiede in Methodik sowie Ziel der funktional-objektivistischen und interpretativ-subjektivistischen Kulturforschung heraus.

(12) Beschreiben Sie den konzeptionellen Zusammenhang zwischen der Unternehmenskultur und einem werteorientierten Human Resource Management. Differenzieren Sie in Ihrer Antwort nach den einzelnen Personalplanungsfeldern.

(13) Das Paradigma von *Lewin* (organisatorischer Wandel) läßt sich auch für eine Veränderung der Unternehmenskultur nutzen. Wie?

(14) „Unternehmensethik ist (lediglich) eine spezifische Facette der Unternehmenskultur". Diskutieren Sie diese Aussage.

(15) Welche Möglichkeiten gibt es zur Kulturerfassung? Welche Probleme treten dabei auf? Berücksichtigen Sie in Ihrer Antwort auch die in Abschnitt 1.3 angesprochenen methodischen Problemfelder.

(16) Wie läßt sich die Unternehmenskultur gestalten?

(17) Welche Konsequenzen ergeben sich für die Personalführung aus (den unterschiedlichen Sichtweisen) der Unternehmenskultur?

6.8 Praxisbeispiele

6.8.1 Harald Kayser (Agepan)

Harald Kayser, seit 1978 äußerst erfolgreicher Geschäftsführer bei der Firma Agepan (Heusweiler; Saarland) zum Thema **Personalführung:**

> „Da gibt es verschiedene Marschrichtungen. Es gibt den Weg, daß man es versucht mit dem normalen, gesunden Menschenverstand. Aber es gibt Leute, die glauben das nicht, aus welchem Grund auch immer. Ich schmeiße dann glatt mal einen raus, als Probe aufs Exempel. Und so ist das dann eben, so eine richtig brutale Situation – ich meine, bei einer solchen Menge Geld, da muß einfach was passieren. Oder aber sie kapieren es, gleich von Anfang an."

Eine außergewöhnliche Vorgehensweise mußte Harald Kayser für eine frühere Firma in einem südamerikanischen Staat anwenden:

> „Und dann haben die da einmal nicht so gemacht wie ich wollte, und da dachte ich mir: Was machst du jetzt, daß die kapieren, daß ich es ernst meine? Ich habe dann folgendes gemacht: Ich habe eines Morgens die gesamte Führungsgruppe zusammengerufen und sie alle ans Fenster geholt. Vor dem Verwaltungsgebäude war an der Straße ein Mäuerchen mit Bäumchen. Ich hatte einen Bulldozer bestellt und ihm aufgetragen, daß er genau um 9.00 Uhr alles abreißen muß, umpflügen und flach machen, inklusive des Mäuerchens von ca. 20–30 Metern Länge. Um 9.00 Uhr habe ich alle kommen lassen und gesagt: So meine Herren, ich habe so das Gefühl, Sie verstehen nicht, was ich sage. Gehen wir mal ins Pragmatische. Kommen Sie mal her, ich werde jetzt mit Ihnen ein Spiel machen. Dann habe ich Zeichen gegeben, und der ist mit seinem Fahrzeug dahin, hat die Mauer umgerissen, die Bäume raus, alles flachgemacht, alles dem Erdboden gleichgemacht. Dann sagte ich: Der kommt gleich zu Ihnen und legt das Haus auch noch um! Meine Herren, so wie ich Ihnen das gerade vorgeführt habe, das mache ich mit Ihnen auch, wenn nicht innerhalb der nächsten drei Monate passiert, was wir besprochen haben. Dann habe ich meine Koffer gepackt und bin nach Europa zurückgeflogen. Nach drei Monaten bin ich wiedergekommen und es wehte ein ganz anderer Wind. Die ganze Checkliste war erledigt. Die haben gespurt, das war richtig prächtig da drüben, full power, alles wunderschön."

Bei einer Firma (in Deutschland) entließ Harald Kayser seine Chefsekretärin:

> „Insgesamt habe ich dort nur zwei oder drei Leute gefeuert, mehr nicht. Zur Chefsekretärin habe ich gesagt: „Hören Sie mal, wir fangen um 7.30 Uhr an und nicht um 8.00 Uhr, und auch nicht um 8.15, und auch nicht um 8.30 und um 9.00 schon gleich gar nicht!" „Ja, aber ich bleibe am Abend doch immer so lange." „Das interessiert mich nicht, wir wollen doch eine bestimmte Disziplin einhalten. Die Engste um mich, die muß Vorbild sein.

Das ging vier Wochen gut, dann kam sie wieder nicht. Um 8.30 Uhr habe ich bei ihr angerufen und gesagt: „Frau Soundso, wo ist Ihre Tochter?" – „Die liegt noch im Bett, die hat Migräne", war die Antwort. „Was hat die? Die hat Migräne? Die soll mal schnell mit ihrem Hintern aus dem Bett und soll mal ganz hurtig in die Firma kommen! Und im übrigen – wieso rufen Sie nicht an um 7.15 Uhr? Das geht doch nicht, daß ich Sie anrufen muß!"

Ein Jahr später mußte ich eine wichtige Aufstellung für die Banken machen. Die Sekretärin hatte mir versprochen, bis Samstagnachmittag alles vorzubereiten, so daß ich am Montag sämtliche Zahlen verwenden könnte. Ich komme in die Firma am Samstag: Da wurde es 11.00 Uhr, 15.00 Uhr und schließlich 17.00 Uhr. Sie kam nicht. Und da dachte ich mir: „Die rufst du jetzt nicht an, die feuerst du." Am Montag in der Frühe habe ich dann bei ihr angerufen: „Frau Soundso, wo ist Ihre Tochter?" – „Meine Tochter liegt im Bett, die hat Migräne." – „So, Migräne hat sie? Sagen Sie Ihrer Tochter, daß sie gar nicht mehr in die Firma zu kommen braucht, sie ist mit sofortiger Wirkung gekündigt. Sie kann sich ihre Papiere in der Personalabteilung abholen."

6.8.2 Rainer Megerle (Megerle GmbH)

Die Gewerbe- und Industriefußboden GmbH wurde 1974 von *Rainer M. Megerle*, 40 Jahre, gegründet.

Megerle, der eigentlich Hochschullehrer für Betriebs- und Sozialwissenschaft werden wollte, dann aber einsah, daß er als Lehrer „kaum etwas bewirken könnte", machte sich nach einer kaufmännischen Lehre selbständig, um „seine eigene Philosophie zu verwirklichen".

Die in Nürnberg ansässige Firma Megerle hat sich spezialisiert auf Problemlösungen bei Gewerbe und Industrie, nämlich auf die Sanierung alter Bodenflächen und den Neubau von Kunstharzböden, die je nach Kundenwünschen in jeder Farbe eingefärbt werden können. Nach Ansicht von Geschäftsführer *R. Megerle* hat sich das Unternehmen in einer Marktnische zum Qualitätsführer der Branche entwickelt. Mit 30 Mitarbeitern erreichte die Megerle GmbH 1987 einen Umsatz von 13,1 Millionen DM, wovon circa 70% auf die Sanierung alter Bodenflächen entfallen. Mit einem Pro-Kopf-Umsatz von 430.000 DM hebt sich die Nürnberger Firma deutlich vom Durchschnitt ab.

Für *R. Megerle* ist aber nicht nur das Produkt, sondern insbesondere in hohem Maße die Motivation und Leistungsbereitschaft seiner Mitarbeiter für den Erfolg ausschlaggebend:

> „Was nützt das beste Produkt, wenn das Unternehmen dessen Nutzen nicht verkaufen oder den Kunden nicht qualifiziert beraten kann. Nur ein optimales Betriebsklima mit bestmöglichen Mitarbeitern macht eine Firma unschlagbar."

Bereits der Grundsatz, der auf einer Plexiglastafel im Eingangsbereich der Firma Megerle festgehalten wurde, weist auf das Verständnis von *R.*

Megerle für sein Unternehmen hin, das er als „angenehm-anders-als-alle-anderen" ansieht.

> „Heute ist ein neuer Tag. Ich kann ihn verschwenden oder nutzen... Ich will heute abend mit Genugtuung rückblicken können, damit ich den hohen Preis nicht bereuen muß, den ich bezahlt habe. Denn die Zukunft ist nur eine Kette von „Heute". Und heute ist der erste Tag vom Rest meines Lebens."

Die Geschichte seiner Produktidee und Firmengründung schildert *R. Megerle* als das Resultat eines Aufenthaltes in Florida, wo er am Strand kleine eingefärbte Kunstharzfiguren entdeckte. Um sich gegen die harte Konkurrenz durchzusetzen, wurde die „Qualitätsüberzeugungsidee der Probeflächenverlegung" eingeführt. Nach dem Motto „Wir verkaufen die Katze nicht im Sack" wird eine Probeverlegung von 100 qm Kunstharzboden innerhalb von zwei Stunden ausgeführt.

R. Megerle versucht durch Unternehmensleitbild und Firmenphilosophie die Wir-Komponente hervorzuheben. Daraus leitet sich die Art und Weise ab, wie das Unternehmen die Beziehung zwischen Mitarbeitern und Chef verstanden wissen will: „Bei der Firma Megerle wird nicht gegeneinander gearbeitet, sondern alle ziehen am gleichen Strang" (Übersicht 6.51).

R. Megerle zum Führungsstil:

> „Die obersten Grundsätze unserer Mitarbeiterführung sind die Motivation der Mitarbeiter und die Transparenz aller Entscheidungen. Bei uns wird instrumentell durch Vorbild, mit Überzeugung und durch die besseren Argumente geführt. Durch diese Philosophie sind hier Menschen am Werk, die nicht einem Job nachgehen, sondern ihren Beruf als Berufung erfüllen."

Neben der Tatsache, daß die Mitarbeiter am Unternehmenserfolg beteiligt sind, gibt Übersicht 6.52 einen Überblick über weitere betriebliche Leistungen für die drei Firmenbereiche Verwaltung, Außendienst und Verleger.

Auch in die Gehaltsfindung sind die Megerle-Mitarbeiter eingebunden: Am Anfang eines Jahres wird jeder Mitarbeiter über seine Gehaltsvorstellungen befragt. Eine Gehaltserhöhung ist genehmigt, wenn der Mitarbeiter auch

„Wir müssen
... allen Mitarbeitern einen ihren Stärken entsprechenden sowie sicheren Arbeitsplatz bieten, ihre Arbeit so anerkennen, daß sie durch ihre wirkungsvolle Leistung Selbstwertgefühl, Bedeutung und Genugtuung gewinnen, und sie am Unternehmenserfolg angemessen beteiligen.
... unseren Mitarbeitern die Unternehmensziele so definieren, damit sie sich mit ihnen identifizieren, ihnen den individuellen Leistungsfreiraum zugestehen, um sich darin initiativ und schöpferisch zum gesamtheitlichen Wohle zu entfalten". ....

Übersicht 6.51: Grundsätze der R. Megerle GmbH (Quelle: R. Megerle GmbH)

Leistungen	Verwaltung	Außendienst	Verleger
Ausbildungs- und Einarbeitungsprämie	x	x	x
Prämien für Verbesserungsvorschläge	x	x	x
Mitarbeitervermittlungsprämie	x	x	x
Ouadratmeterprämien			x
Privatnutzung von Firmenwagen	x	x	x
Kaffee und sonstige Getränke kostenlos	x	x	x
Blumenstrauß je Büro (pro Woche)	x		
Fitneß-Center-Besuche	x	x	x
Sauna, Massagen	x	x	x
Mayr-Kuren	x	x	x
Team-Master-Prämien	x	x	x
Theater- und Konzertangebot	x	x	x
1. FCN-Dauerkarten mit Gästen	x	x	x

Übersicht 6.52: Betriebliche Leistungen der *R. Megerle GmbH* (Quelle: *R. Megerle GmbH*)

die dementsprechende Leistung erbringt. Dazu *R. Megerle*: „In 90% der Fälle stimmt die Selbsteinschätzung mit der Meinung der Geschäftsführung überein."

Darüber hinaus konzidiert *R. Megerle*, nach seinen Aussagen, vom Lehrling bis zum Angestellten jedem Mitarbeiter individuell einen Leistungsfreiraum, Mitsprache und Mitverantwortung. So auch zum Beispiel bei der Besetzung von Abteilungsleiterstellen: Nicht er beurteilt die Qualität des jeweiligen Teamleiters, sondern alle Mitarbeiter aus den drei Bereichen Verwaltung, Handwerk und Außendienst bestimmen jeweils ihre „Team-Master".

Die Transparenz der Entscheidungen ist nach Ansicht von *R. Megerle* ein weiterer wichtiger Grundsatz der Mitarbeiterführung. Grundlage jeder Entscheidung ist die umfassende Information. Dazu *R. Megerle*:

> „Wir legen großen Wert auf die gründliche Information unserer Mitarbeiter und die Transparenz der Entscheidungen. Nur so können wir erreichen, daß sich alle – vom Verleger bis zum Geschäftsführer – für ihren Arbeitsbereich und auch für das Unternehmen verantwortlich fühlen. Alle Ebenen sollen untereinander selbstbewußt und fachlich fundiert die eigene Meinung verteten. „Radfahrer" und „JaSager" sind bei uns fehl am Platz. Aber auch Mitarbeiter, die durch ihre Position allein und diktatorisch führen wollen. Bei uns soll letztlich nur das bessere Argument entscheiden."

Einmal pro Woche findet eine Arbeitsbesprechung statt, bei dem alle Mitarbeiter über wesentliche betriebliche Vorgänge informiert werden und über betriebliche Entscheidungen diskutieren. Daß dieses Führungskonzept bei den Mitarbeitern gut ankommt, beweisen auch die jährlich durchgeführten Mitarbeiterbefragungen.

7 Personalkostenmanagement

7.1 Charakterisierung

Die Bedeutung der Personalkosten für die strategische Erfolgsposition eines Unternehmens ist unbestritten. Dementsprechend steht ein betriebliches Personalmanagement zwangsläufig vor der Notwendigkeit, sich auch mit dieser Thematik intensiv auseinanderzusetzen. Dies gilt umso mehr, weil verkürzte Reaktionszeiten in Verbindung mit angespannten Budgetsituationen die rasche und exakte Personalkostenplanung zu einem überlebenskritischen Problem machen.

Abgesehen von reinen Verwaltungsaufgaben beschäftigen sich die Betriebswirtschaftslehre im allgemeinen und die Personalwirtschaftslehre im speziellen mit Personalkosten primär unter **vier Gesichtspunkten:**

- Hinsichtlich der Festlegung der Entlohnung stellt sich die Frage nach dem „gerechten Lohn". Die Forderung nach *Lohngerechtigkeit* impliziert die Wahl solcher Entlohnungsformen, bei denen die betriebliche Leistung dem Beitrag der Arbeitnehmer zur Erreichung der Unternehmensziele entspricht. Bereits *Kosiol* (1962) befaßte sich umfassend mit dieser Frage und lieferte als Antwort das Äquivalenzprinzip, nach dem die Entlohnung
  - den Anforderungen der Stelle und/oder
  - der tatsächlich erbrachten Leistung des Stelleninhabers

  zu entsprechen habe.
- Hinsichtlich der Ausnutzung von Motivationswirkungen wird seit längerem (z. B. *Baierl* 1974) versucht, über *Lohnanreizsysteme* das Interesse der Mitarbeiter am Unternehmen zu steigern und die Produktivität des Einzelnen unmittelbar zu belohnen. Danach sind im Rahmen eines betrieblichen Personalkostenmanagements Entlohnungssysteme zu entwerfen, die verhaltenssteuernd wirken. Alle diese Überlegungen sind jedoch auch vor dem Hintergrund einer eher skeptischen Grundhaltung zu sehen, wie sie sich aus der Untersuchung von *Herzberg* (1968) genauso ableitet wie aus neueren Arbeiten von *Bleicher* (1985) und *Bekker* (1987). Vor allem in den USA (vgl. *Rowland/Greene* 1987) und in Großbritannien (vgl. *Rothwell* 1987) ist jedoch eine zunehmende Bedeutung von Lohnanreizsystemen zu konstatieren.
- Ferner befaßt sich betriebliches Personalkostenmanagement, mit der Erstellung von *Personalkostenbudgets* und der damit verbundenen Problematik der Personalkostenkontrolle. Hierzu gehören auch die diversen Kennzahlensysteme, die in komprimierter Form Auskunft (auch) über die gruppenspezifischen Kostenentwicklungen geben.
- Auch im Zusammenhang mit Wachstums- und Strukturproblemen rükken zunehmend die Personalkosten in den Mittelpunkt der Diskussion

(vgl. *Albach/Clemens/Friede* 1985). Diese bezieht sich nicht nur auf global-volkswirtschaftliche Aspekte, sondern auch und gerade auf (einzel-) betriebliche Fragestellungen. Aus diesem Grund gehört es verstärkt zu den Aufgaben eines betrieblichen Personalkostenmanagements, sich mit dem *„Kostenverursachungsfaktor"* Personal auseinanderzusetzen. Im Hinblick auf die Wettbewerbsfähigkeit des Unternehmens ergeben sich hier zwangsläufig Zielkonflikte zwischen Kostenreduktion und Qualifikationsverbesserung, die in entsprechende (Kosten-)Strategien aufzulösen sind.

Nicht zuletzt aufgrund der letzten beiden Gesichtspunkte wird daher im Rahmen der hier präsentierten Gesamtkonzeption eines betrieblichen Personalmanagements explizit von einem **Kostenmanagement** gesprochen, zu verstehen als personalwirtschaftlich orientierte Planung, Steuerung und Kontrolle der mit dem „Produktionsfaktor Arbeit" verbundenen Kosten.

Wie bei den übrigen Managementfeldern bietet sich dabei eine Verteilung der Aufgaben auf drei klar voneinander abzutrennende **Managementebenen** an:

- Auf der *operativen* Ebene steht die Personalentlohnung im Vordergrund. Dies betrifft vor allem Fragen nach Entlohnungssystemen, die den oben angesprochenen Zielen des Äquivalenzprinzips, des Anreizprinzips und des Wirtschaftlichkeitsprinzips Rechnung tragen.
- Die Allokation des letztlich von der Finanzplanung festgeschriebenen Personalkostenbudgets fällt in den Aufgabenbereich der *taktischen* Ebene des Personalkostenmanagements. Hier kann ein gegebenes Personalkostenbudget restriktiv auf Aktivitäten im Personalbereich wirken und Modifikationen in der Entgeltstruktur sowie Beschränkungen bei Entwicklungs- oder Beschaffungsmaßnahmen hervorrufen. Auf der taktischen Ebene als Personalkostenbudgetierung wird nicht mehr mitarbeiterspezifisch vorgegangen, sondern abteilungs-, projekt- oder kostenstellenbezogen geplant.
- Auf der *strategischen* Ebene schließlich steht als höchste Aggregationsstufe die Kostenstrukturierung im Vordergrund: Neben einer Prüfung der internen und externen Bestimmungsfaktoren für die Personalkosten wird vor allem auf die Kostenstruktur und ihre Veränderungen beziehungsweise ihre Veränderbarkeit eingegangen. Auf dieser Ebene sind auch die Fragen bezüglich einer überbetrieblichen (sektoralen) Lohnpolitik zu beantworten.

Das Personalmanagement erfüllt auf diesen drei Ebenen in mehrfacher Hinsicht Verbindungsfunktionen (Abbildung 7.1): Innerhalb des Personalbereiches werden die Kostenverursachungsfaktoren Bestand, Veränderung (Beschaffung, Entwicklung, Freisetzung) und Einsatz aufeinander abgestimmt; hinzu kommt die Verbindung zur übergeordneten Unternehmensplanung.

Als **Personalkosten** (Übersicht 7.1) gelten alle Kosten, die für Bereitstellung und Einsatz der menschlichen Arbeitskraft im Unternehmen anfallen. Personalkosten untergliedern sich in die tätigkeitsbezogene Entgeltkomponente (Lohn, Gehalt) und in die Personalnebenkosten. **Personalnebenkosten**

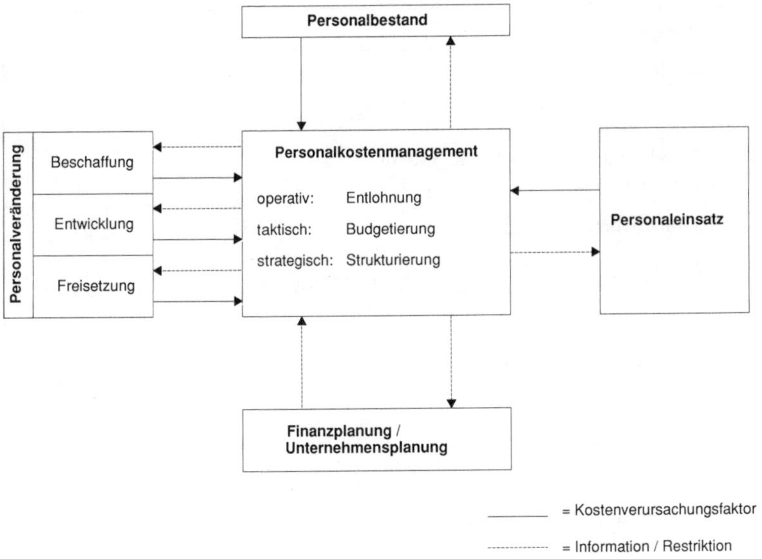

Abbildung 7.1: Stellung des Personalkostenmanagements

ergeben sich aufgrund von **gesetzlichen** beziehungsweise **tarifvertraglichen Vorschriften** wie Urlaubsgeld oder Arbeitgeberbeitrag zur Krankenversicherung und aufgrund von **freiwilligen Leistungen** wie Altersversorgung und Wohnungsbeihilfen (dazu ausführlich *Grünefeld* 1980, 265–270). Personalnebenkosten wie Weihnachtszuwendungen können konkreten Mitarbeitern zugeordnet werden, andere Personalnebenkosten – speziell aus dem unternehmensübergreifenden Sozialbereich – sind nur auf Mitarbeitergruppen oder aber auf die Gesamtbelegschaft zurechenbar.

Als **Datenlieferanten** für Personalkostenanalysen kommen diverse Teile des betrieblichen Rechnungswesens sowie externe Statistiken in Frage (vgl. *Vogt* 1984, 862–871):

- Aus der *Lohn- und Gehaltsabrechnung* stammen Daten, die im Zuge der Entgeltermittlung für Lohn- und Gehaltszahlungen erhoben werden, sowie weitere regelmäßige oder einzelfallspezifische Zahlungen an Mitarbeiter und die daran jeweils gekoppelten Sozialversicherungsbeiträge des Unternehmens.
- Die handelsrechtlichen Bestimmungen für die *Bilanz* und *Gewinn- und Verlustrechnung (GuV)* verlangen nach der Anpassung durch das Bilanzrichtliniengesetz geschäftsjahrbezogene Personalkostendaten: So sind in der GuV in Position 6 a die Löhne und Gehälter aufzuführen, in Position 6 b die sozialen Abgaben und Aufwendungen für die Altersversorgung. Das Bilanzierungswahlrecht von Pensionsrückstellungen wurde aufgehoben: Seit dem 1.1.1987 sind Rückstellungen für Pensionen nach § 249 HGB grundsätzlich bilanzierungspflichtig; für „Altzusagen" besteht weiterhin ein Wahlrecht. Problematisch ist die Zurechnung einzelner Perso-

Personalkosten
1 Entgelt 1.1 Lohn 1.2 Gehalt Tarifangestellte 1.3 Gehalt außertarifliche Angestellte 1.4 Sonstiges Entgelt
2 Personalnebenkosten 2.1 Aufgrund von Tarif und Gesetz – Arbeitgeberbeiträge zur gesetzlichen Sozial- und Unfallversicherung – Tarifurlaub – Bezahlte Ausfallzeiten – Schwerbehinderte – Werksärztlicher Dienst – Arbeitssicherheit – Kosten Betriebsverfassung und Mitbestimmung – Sonstige Kosten (Einmalzahlungen, Abfindungen etc.) – Vermögenswirksame Leistungen 2.2 Aufgrund freiwilliger Leistungen – Küchen und Kantinen – Wohnungshilfen – Fahrt- und Transportkosten – soziale Fürsorge – Betriebskrankenkasse – Arbeitskleidung – Betriebliche Altersversorgung – Versicherungen und Zuschüsse – Bezahlung von Ausfallzeiten – Sonstige Leistungen (z.B. Jubiläen, Verbesserungsvorschläge etc.) 2.3 Aus- und Weiterbildung

Übersicht 7.1: Systematik der Personalkosten (nach *RKW* 1978, VII 25–27)

nalaufwandsarten zur GuV-Position 8 „sonstige betriebliche Aufwendungen“ sowie Aufwendungen im Zusammenhang mit der Errichtung und dem Betrieb von Sozialeinrichtungen, da die relevanten Aufwandsarten in mehrere GuV-Positionen (7,9,13) eingehen. Weitere Zurechnungsprobleme werden durch periodenfremde Personalkosten ausgelöst.

- Das *interne Rechnungswesen* liefert Entgelt und Personalnebenkosten (Übersicht 7.1) als Einzelkosten sowie als Gemeinkosten beispielsweise Kosten des Betriebsrates oder von Sozial- und Bildungseinrichtungen. Diese regelmäßigen oder ereignisbezogenen Personalkosten werden in der Regel auf Kostenstellen und Kostenträger aufgeschlüsselt.
- Ergänzt werden diese Informationen durch *externe Erhebungen* beispielsweise der Wirtschaftsverbände, der Kammern, der Bundesanstalt für Arbeit oder der Statistischen Ämter. Dazu zählen auch die Untersuchungen der Deutschen Gesellschaft für Personalführung im Hinblick auf Beschäftigtenzahl und Personalbasisaufwand.

7.2 Operative Ebene: Personalentlohnung

7.2.1 Überblick

Die operative Ebene des Personalmanagements befaßt sich mit Formen und Methoden zur individuellen Entgeltbestimmung. Für die zu diskutierenden Entgeltformen soll dabei auf die (tarifrechtliche) Differenzierung zwischen Lohn und Gehalt verzichtet werden, also generell (wie auch in der Literatur in diesem Zusammenhang üblich) von „**Lohn**" als Oberbegriff aller Formen des Arbeitsentgeltes gesprochen werden. Konkret ergeben sich für die Entgeltdifferenzierung **zwei Fragestellungen**:

- Welche Lohnform soll für den einzelnen beziehungsweise für eine bestimmte Gruppe von Mitarbeitern angewendet werden?
- Wie soll (im Rahmen eines gegebenen Entlohnungssystems) der individuelle Arbeitslohn festgesetzt werden?

Die Frage nach den Lohnformen führt in ihrer Beantwortung zu den klassischen Lohnsystemen: Zeit-, Akkord- und Prämienlohn. Hinsichtlich der Lohnfestsetzung ist danach zu unterscheiden, ob der Lohn in Abhängigkeit von individuellen Leistungen oder aber in Abhängigkeit von dem jeweiligen Arbeitsplatz gezahlt werden soll.

Das Arbeitsentgelt und damit die Entgeltdifferenzierung basiert auf drei Komponenten: den Anforderungen der Stelle, den erbrachten Leistungen und dem Sozialstatus des Betreffenden. Während letzteres sich als **Soziallohn** auf Gesichtspunkte wie Familienstand, Lebensalter und Betriebszugehörigkeit bezieht, folgen die anforderungsabhängige und die leistungsabhängige Entgeltdifferenzierung als **Zeitlohn** beziehungsweise **Leistungslohn** dem oben angesprochenen Äquivalenzprinzip. Das letztlich gezahlte Arbeitsentgelt ergibt sich somit kumulativ aus

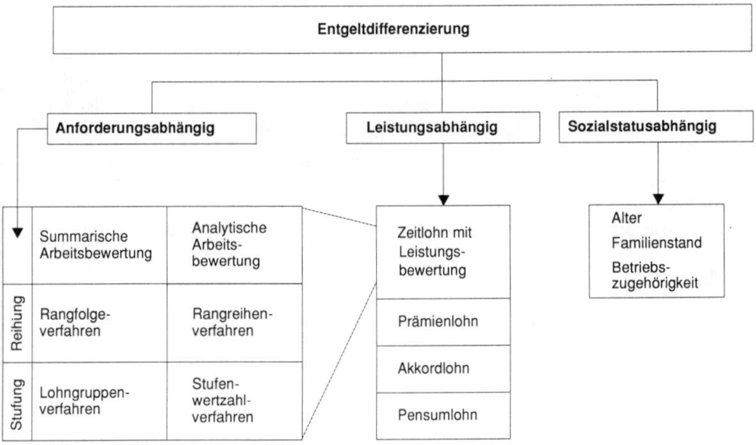

Abbildung 7.2: Entgeltdifferenzierung

– dem Soziallohn (zu dem als Sockelbetrag auch ein Mindestlohn gehört),
– dem anforderungsabhängigen Zeitlohn und
– den leistungsbezogenen Anteilen.

Spätestens seit *Wibbe* (1966) gilt für die Entgeltdifferenzierung im wesentlichen ein einheitliches Schema, das – in Abbildung 7.2 zusammengefaßt – den nachfolgenden Abschnitten zugrundeliegt. In Abbildung 7.2 ist zudem berücksichtigt, daß sich der Leistungslohn auch an der Arbeitsschwierigkeit orientiert, also auf der Anforderungsbewertung des Zeitlohns aufbaut.

7.2.2 Anforderungsabhängige Entgeltdifferenzierung

7.2.2.1 Grundsystematik

Die anforderungsabhängige Entgeltdifferenzierung geht von der vom Stelleninhaber zu erfüllenden Aufgabe aus. Diese Arbeitsschwierigkeit schlägt sich nieder im **Arbeitswert** als der Summe der Anforderungen einer zu erledigenden Aufgabe. Im Sinne einer gerechten Entlohnung dienen diese Arbeitswerte als Grundlage für die Lohnabstufung. Individuelle Anstrengungen der Mitarbeiter bleiben unberücksichtigt. Der Lohnsatz hängt daher ausschließlich vom Arbeitswert ab.

Die **Arbeitsbewertung** unterscheidet zwischen summarischen und analytischem Vorgehen: Beim *analytischen* Vorgehen wird die Arbeitsplatzschwierigkeit durch einzelne Anforderungsmerkmale explizit beschrieben, die – gegebenenfalls gewichtet – zum Arbeitswert führen werden. Bei der *summarischen* Arbeitsbewertung dagegen wird eine globale Beurteilung der Schwierigkeit des Arbeitsplatzes vorgenommen. Diese qualitative Analyse

<table>
<tr><td rowspan="3">Methode der Quantifizierung</td><td colspan="3">Methode der qualitativen Analyse</td></tr>
<tr><td colspan="2">analytisch
Zerlegung der Aufgabe in einzelne Anforderungen</td><td rowspan="2">summarisch
Erfassung der an den Arbeitnehmer gestellten Anforderungen als Ganzes</td></tr>
<tr><td>gebundene Gewichtung</td><td>offene Gewichtung</td></tr>
<tr><td>Reihung
Quantifizierung durch skalenunabhängige Reihenfolge</td><td colspan="2">Rangreihenverfahren</td><td>Rangfolgeverfahren</td></tr>
<tr><td>Stufung
Quantifizierung durch Zuordnung auf eine Skala</td><td colspan="2">Stufenwertzahlverfahren</td><td>Lohngruppenverfahren</td></tr>
</table>

Übersicht 7.2: Verfahren der Arbeitsbewertung

der Aufgaben ist zu ergänzen durch eine quantitative Komponente: Hier können zum einen als **Reihung** verschiedene Arbeitsplätze in Abhängigkeit von der Schwierigkeit der dort zu realisierenden Aufgabe in eine Rangordnung gebracht werden; zum anderen können als **Stufung** die Aufgaben auf vorher definierte Stufen einer Skala zugeordnet werden. Aus diesen 2 × 2 Alternativen ergeben sich die vier bereits bei *Wibbe* (1966, 30) genannten Verfahren für die Arbeitsbewertung (Übersicht 7.2).

7.2.2.2 *Analytische Arbeitsbewertung*

Jedes analytische Verfahren der Arbeitsbewertung verlangt Antworten auf die Fragen nach Merkmalskatalog, Gewichtung, Zuordnungs- und Einordnungsvorschrift:

Hinsichtlich der zu verwendenden **Anforderungsmerkmale** kann auf die bei der qualitativen Personalbedarfsbestimmung diskutierten Anforderungsprofile verwiesen werden. So stellt beispielsweise das **Genfer Schema** mit seinen Differenzierungsvorschlägen wie

- Fachkönnen,
- geistige Beanspruchung,
- Umgebungseinflüsse,
- Verantwortung

einen sinnvoll nutzbaren Vorschlag zur Konstruktion eines solchen Kataloges von Anforderungen dar (vgl. Abschnitt 3.2.2).

Hinsichtlich der **Gewichtung** werden zwei Vorgehensweisen unterschieden: Bei der **gebundenen** Gewichtung wird die Gewichtung durch die Anzahl der Punkte berücksichtigt, die pro Stufe vergeben werden. Höhere Punkte für ein Merkmal bedeuten dann auch eine stärkere Gewichtung. Bei der **offenen** Gewichtung werden dagegen zunächst die tatsächlichen (ungewichteten) Merkmalsausprägungen erhoben und anschließend mit den entsprechenden Gewichten multipliziert. Die offene Gewichtung bringt zwar als Nachteil die Ergebnisse erst in einem zweiten Rechengang, wird aber dennoch wegen der höheren Transparenz vorgezogen (vgl. *Kilger* 1986, 260).

Die konkrete **Einstufung** der Arbeitsplätze entsprechend ihrer Arbeitsschwierigkeit erfolgt nach dem Prinzip der Reihung (Rangreihenverfahren) oder dem der Stufung (Stufenwertzahlverfahren):

(a) Rangreihenverfahren

Beim Rangreihenverfahren werden alle Arbeitsplätze bezüglich aller verwendeten Anforderungsmerkmale gereiht: Bei n Anforderungsmerkmalen führt dies zu n Rangreihen. Den Rangplätzen werden bei der **gebundenen** Gewichtung direkt Punktwerte zugeordnet, wobei die maximal erreichbare Punktzahl eines Merkmals Auskunft gibt über seine Bedeutung. Bei der **offenen** Gewichtung wird zunächst der Rangplatz umgerechnet in die Position in der Rangreihe: Der höchste Rangplatz erhält hier den Wert 100%. Dieser Rangprozentsatz führt dann nach Multiplikation mit dem jeweiligen Gewicht zum Einzelwert des Merkmals im betreffenden Arbeitsplatz.

Bei beiden Verfahren werden diese Einzelwerte summiert, woraus sich dann der **Arbeitswert** des jeweiligen Arbeitsplatzes ergibt.

Übersicht 7.3 bringt einen Ausschnitt (4 Arbeitsplätze) aus dem Vergleich von zehn Arbeitsplätzen im Hinblick auf vier Anforderungen. Um den unmittelbaren Linearzusammenhang der beiden Rangreihenverfahren aufzuzeigen, wird dem niedrigsten Rangplatz bei der offenen Gewichtung der Wert 10% zugemessen (=100/n). Wenn die Summe der maximalen Wertzahlen der mit 100 multiplizierten Summe der Gewichte entspricht, führen beide Verfahren zum gleichen Ergebnis: Ansonsten sind die Arbeitswerte linear transformierbar.

Gebundene Gewichtung		**Arbeitsplatz**							
		1		**2**		**3**		**4**	
Anforderungsmerkmal	Wertzahlbereich	Rang	Wert	Rang	Wert	Rang	Wert	Rang	Wert
Fachkönnen	von 80 bis 8	1	80	10	8	5	48	3	64
Körperliche Belastung	von 40 bis 4	7	16	6	20	1	40	3	32
Geistige Beanspruchung	von 60 bis 6	4	42	8	18	6	30	1	60
Umwelteinflüsse	von 20 bis 2	3	16	4	14	6	10	2	18
Arbeitswert			**154**		**60**		**128**		**174**
Offene Gewichtung		**Arbeitsplatz**							
		1		**2**		**3**		**4**	
Anforderungsmerkmal	Gewicht	Rang %	Wert	Rang %	Wert	Rang %	Wert	Rang %	Wert
Fachkönnen	0,4	100	40	10	4	60	24	80	32
Körperliche Belastung	0,2	40	8	50	10	100	20	80	16
Geistige Beanspruchung	0,3	70	21	30	9	50	15	100	30
Umwelteinflüsse	0,1	80	8	70	7	50	5	90	9
Arbeitswert			**77**		**30**		**64**		**87**

Übersicht 7.3: Beispiele zur analytischen Berechnung des Arbeitswertes nach dem Rangreihenverfahren mit gebundener und offener Gewichtung

Das Rangreihenverfahren mit offener Gewichtung ist beispielsweise tarifvertraglich für die Metallindustrie im Bezirk Nordwürttemberg/Nordbaden geregelt. Den 20 detailliert beschriebenen Merkmalen werden Rangstufenzahlen von 0 bis 100, jeweils im Abstand von 5, zugeordnet. Die Arbeitswerte ergeben sich dann aus der Summe des jeweiligen Produktes aus Rangstufenzahl und Gewichtungsfaktor (Übersicht 7.4). Dieser Wert wird dann noch durch 10 dividiert. Die Zuordnung von Arbeitswertgrup-

Nr.	Merkmalsbezeichnung	Gewichtung
1	Kenntnisse	1,0
2	Geschicklichkeit	0,8
3	Zusätzlicher Denkprozeß	0,8
4	Verantwortung für die eigene Arbeit	0,8
5	Verantwortung für die Arbeit anderer	0,6
6	Verantwortung für die Sicherheit anderer	0,9
7	Belastung der Sinne und Nerven	0,9
8	Belastung der Muskeln	0,8
9	Schmutz	0,3
10	Staub	0,3
11	Öl/Fett	0,2
12	Temperatur	0,3
13	Nässe, Säure, Lauge	0,2
14	Gase, Dämpfe	0,2
15	Lärm	*)
16	Erschütterung	0,1
17	Blendung und Lichtmangel	0,2
18	Erkältungsgefahr	0,2
19	Unfallgefahr	0,3
20	Hinderliche Schutzkleidung	0,1

*) Lärm ist kein Gewichtungsfaktor zugeordnet, sondern wird direkt anhand einer „Lärmtabelle" in Teilarbeitswerte umgerechnet.

Übersicht 7.4: Beispiel von Gewichtungsfaktoren in der Metallindustrie Nordwürttemberg/Nordbaden (*Lohn- und Gehaltsrahmen-Tarifvertrag* 1988)

pen zu Grundlöhnen kann aus Übersicht 7.6 entnommen werden (vgl. *Lohn- und Gehaltsrahmen-Tarifvertrag* 1988).

(b) Stufenwertzahlverfahren

Das Stufenwertzahlverfahren verwendet für jedes Anforderungsmerkmal verschiedene Bewertungsstufen, die jeweils unterschiedliche Höhen der Beanspruchung ausdrücken. Neben rein arithmetischen Wertzahlfolgen (1/2/3/4/5) sind auch progressive Wertzahlfolgen denkbar: Bei ihnen wird die steigende Belastung bei höheren Anforderungsausprägungen berücksichtigt. Ein Beispiel für eine derartige progressive Wertzahlreihe ist die Skala 0/2/4/8/16.

Auch das Stufenwertzahlverfahren kennt gebundene und offene unabhängige Gewichtungen (Übersicht 7.5): Bei der gebundenen Gewichtung drückt sich die Bedeutung des Anforderungsmerkmals in der Höhe der zu vergebenden Punkte aus. Bei der unabhängigen Gewichtung haben alle Merkmale die gleiche Punktspanne; die Merkmalsausprägungen werden dann wieder mit implizierten Gewichten multipliziert und ergeben die Arbeitswerte.

Unter Verwendung der oben aufgeführten progressiven Wertzahlen ergibt sich folgendes Beispiel des Stufenwertzahlverfahrens zur Arbeitsbewertung mit unabhängiger Gewichtung:

Gebundene Gewichtung		**Arbeitsplatz**			
		1	**2**	**3**	**4**
Anforderungsmerkmal	Skalierung	Ausprägung	Ausprägung	Ausprägung	Ausprägung
Fachkönnen	3/ 6/ 9/12/15	15	9	6	3
Körperliche Belastung	1/ 2/ 3/ 4/ 5	3	3	1	2
Geistige Beanspruchung	2/ 4/ 6/ 8/10	8	6	6	8
Umwelteinflüsse	1/ 2/ 3/ 4/ 5	1	4	2	3
Arbeitswert		27	22	15	16

Offene Gewichtung (Skalierung:1/2/3/4/5)		**Arbeitsplatz**							
		1		**2**		**3**		**4**	
Anforderungsmerkmal	Gewicht	Auspr.	Wert	Auspr.	Wert	Auspr.	Wert	Auspr.	Wert
Fachkönnen	3	5	15	3	9	2	6	1	3
Körperliche Leistung	1	3	3	3	3	1	1	2	2
Geistige Beanspruchung	2	4	8	3	6	3	6	4	8
Umwelteinflüsse	1	1	1	4	4	2	2	3	3
Arbeitswert			27		22		15		16

Übersicht 7.5: Beispiel zur analytischen Berechnung des Arbeitswertes nach dem Stufenwertzahlverfahren bei gebundener und offener Gewichtung

(c) Grundlohnberechnung

Der durch das Rangreihenverfahren oder das Stufenwertzahlverfahren bestimmte Arbeitswert dient dann zur Entgeltfestsetzung, wobei Zuordnung und Verfahren vom jeweiligen Tarifvertrag abhängt (vgl. *Theis* 1983, 111–112, 589–590). Im einfachsten Fall besteht eine lineare Beziehung zwischen dem Arbeitswert und dem Entgelt. Unter der Voraussetzung, daß die untere und obere Lohngrenze (l_u, l_o) sowie die einzelnen Wertzahlen pro Arbeitsplatz (w_i, w_u, w_o) bekannt sind, ergibt sich die arbeitsplatzspezifische Entlohnung (l_i) nach der durch die Extremwerte bestimmten Gleichung (vgl. *Kilger* 1986, 265):

$$l_i = l_u + \frac{l_o - l_u}{w_o - w_u} \cdot (w_i - w_u);$$

daraus ergibt sich beispielsweise bei den Werten

$l_u = 10,-$ DM $\quad$ $w_u = 14,8$
$l_o = 22,-$ DM $\quad$ $w_o = 21,6$

der Lohn für einen Arbeitsplatz mit dem Arbeitswert $w_i = 19{,}4$

$$l_1 = 10 + (22 - 10) \,/\, (21{,}6 - 14{,}8) \cdot (19{,}4 - 14{,}8) = 18{,}12$$

Von besonderer Relevanz in der Praxis sind Verfahren, die erst die Arbeitswerte zu Arbeitswertgruppen zusammenfassen (vgl. *Theis* 1983, 112) oder die Bestimmungsgleichungen mit unterschiedlichen Steigungen verwenden (vgl. *REFA* 1985 b, 22). Übersicht 7.6 zeigt ein Beispiel aus dem Tarifbezirk Nordwürttemberg/Nordbaden für die Beschäftigten in der Metallindustrie. Hierbei ergibt sich eine annähernd proportionale Beziehung zwischen Arbeitswerten und Grundlöhnen (außer in Gruppe I), die für Arbeitswerte über 35 in eine streng lineare Beziehung übergeht. Dieses Vorgehen stellt allerdings keine direkte Verbindung von analytischer und summarischer Arbeitsbewertung dar, da für beide Systeme im betrachteten Tarifbezirk etwas unterschiedliche Prozentsätze und damit Grundlöhne für jede Lohngruppe vereinbart sind (vgl. *Lohnabkommen* 1987).

Summe der Arbeitswerte	Lohngruppe	Monats-Grundlohn gültig ab 1.4.1988
0 – 3,5	I	2120,–
über 3,5 – 6	II	2120,–
über 6 – 8,5	III	2220,–
über 8,5 – 11,5	IV	2319,–
über 11,5 – 14,5	V	2416,–
über 14,5 – 17,5	VI	2540,–
über 17,5 – 21	VII	2686,–
über 21 – 24,5	VIII	2830,–
über 24,5 – 28	IX	2973,–
über 28 – 31,5	X	3120,–
über 31,5 – 35	XI	3262,–
über 35*)	XII	

*) Bei Arbeitswerten über 35 wird für jeden Punkt ein Betrag in Höhe von 1,7% des Grundlohnes der Lohngruppe VI vergütet.

Übersicht 7.6: Beispiel einer Zuordnung von Arbeitswerten zu Grundgehältern für Montagearbeiter der Metallindustrie Nordwürttemberg/Nordbaden in DM pro Monat (*Lohnabkommen* 1987)

Analytische Bewertungsverfahren weisen eine hohe **Beurteilungsschärfe** auf und können damit einen Beitrag zur Lohngerechtigkeit leisten. Werden sie von paritätisch mit Vertretern von Arbeitgebern und Arbeitnehmern besetzten Beurteilungskommissionen angewendet, finden sie im Regelfall auch breite Akzeptanz. Dies gilt besonders dann, wenn die Bewertungskriterien transparent dargestellt und von den Betroffenen auch nachvollzogen werden können. Lohneinsparungen können auf diesem Wege wegen der in Tarifverträgen und Betriebsvereinbarungen festgeschriebenen Lohnstruktur (kurzfristig) nicht erreicht werden (*Fuhrmann/Heisterkamp/Schröter* 1984, 80–81; vgl. auch *Lorenzen* 1984).

7.2.2.3 *Summarische Arbeitsbewertung*

Unter summarischer Arbeitsbewertung versteht man solche Verfahren zur anforderungsabhängigen Entgeltdifferenzierung, bei denen die Anforderungen des Arbeitssystems an den Menschen als Ganzes erfaßt werden; das Ergebnis wird meist als Lohngruppe für gewerbliche Arbeitnehmer oder als Gehaltsgruppe für Angestellte ausgewiesen. Dies bedeutet, daß jeder Arbeitsplatz nur mehr durch einen summarischen Aufgabenwert repräsentiert wird (vgl. *REFA* 1985 b, 17).

Auch die summarische Arbeitsbewertung folgt alternativ dem Prinzip der Reihung oder dem Prinzip der Stufung: Bei der (summarischen) Reihung im **Rangfolgeverfahren** werden alle Arbeitsplätze eines Unternehmens (beziehungsweise eines Analysebereichs) entsprechend der Arbeitsschwierigkeit in eine Rangfolge gebracht. Dies bedeutet, daß bei n Arbeitsplätzen insgesamt n · (n-1) / 2 Vergleiche vorgenommen werden müssen. Das **Lohngruppenverfahren** als (summarische) Stufung verwendet festgelegte Lohngruppen, die unterschiedliche Schwierigkeitsgrade der Arbeiten zum Ausdruck bringen sollen. Die eigentliche Arbeitsbewertung besteht dann in der Zuordnung von Tätigkeiten auf Lohngruppen, also in einer Katalogisierung (daher auch: Katalogverfahren). Dieses Verfahren wird häufig durch ein System von Richtbeispielen ergänzt und dadurch operationalisiert.

Das Lohngruppenverfahren ist üblicherweise tarifvertraglich geregelt und in der Praxis äußerst beliebt, wobei die Regelungen nach Tarifgebiet und Branche unterschiedlich ausfallen (vgl. *Theis* (1983, 46–137). Zur Verdeutlichung des dabei realisierten Vorgehens bringt Übersicht 7.7 als Beispiel die Lohngruppeneinteilung für die Arbeiter der Eisen-, Metall- und Elektroindustrie des Saarlandes und die entsprechenden Stundenlohnsätze; die Lohngruppe 01 fiel bei den Lohnangleichungen weg.

Vergleichbare Einstufungen werden für Angestellte in sogenannten Gehaltsrahmentarifverträgen geregelt, wobei beispielsweise in der Metallindustrie die Gehaltsgruppenmerkmale für technische und kaufmännische Angestellte sowie Meister getrennt beschrieben werden.

7.2.3 Leistungsabhängige Entgeltdifferenzierung

7.2.3.1 *Grundsystematik*

Unter Leistung versteht man entsprechend der in Kapitel 2 abgeleiteten Basisdefinition das tatsächlich vom Mitarbeiter erbrachte **Arbeitsergebnis pro Zeiteinheit**: Diese Leistung hängt unter anderem ab vom Leistungspotential und der Anforderungsstruktur, aber auch von der Leistungsbereitschaft (Abbildung 2.1). Anforderungsstruktur und (begrenzt) Leistungspotential finden ihren Niederschlag in den anforderungsabhängigen Komponenten des Entlohnungssystems. Sie sind zu ergänzen um eine leistungsabhängige Komponente, die auf die gezeigte Leistung und damit auf die Leistungsbereitschaft abstellt.

Lohn-gruppe	Beschreibung der Arbeit	Prozent-satz	Grundlohn ab 1.4.88
02	Körperlich leichte Arbeiten, die ohne vorherige Arbeitskenntnisse nach einer Zweckausbildung oder einer Anlernzeit von mindestens 4 Wochen ausgeführt werden können.	82,0	DM 10,75
03	Körperlich leichte Arbeiten, die nach einer Anlernzeit von 3 Monaten und nach Erwerb von beruflicher Fertigkeit, Übung und Erfahrung ausgeführt werden können.	82,0	DM 10,75
1	Einfache Arbeiten mit körperlicher Belastung, die ohne vorherige Arbeitskenntnisse nach einer kurzfristigen Einweisung ausgeführt werden können.	82,0	DM 10,75
2	Arbeiten mit erhöhter körperlicher Belastung, die ohne vorherige Arbeitskenntnisse nach Einweisung ausgeführt werden können.	84,0	DM 11,01
3	Körperlich erschwerte Arbeiten, die eine Zweckausbildung oder ein systematisches Anlernen von drei Monaten und berufliche Fertigkeit, Übung und Erfahrung verlangen.	88,5	DM 11,60
4	Arbeiten, die ein Spezialkönnen voraussetzen, das durch eine abgeschlossene Anlernausbildung in einem anerkannten industriellen Anlernberuf oder durch gleichzubewertende Arbeitskenntnisse und Erfahrungen erreicht wird.	93,0	DM 12,19
5	Facharbeiten, die neben beruflicher Handfertigkeit und beruflichen Kenntnissen einen Ausbildungsstand verlangen, der durch eine fachentsprechende Berufslehre mit abgelegter Facharbeiterprüfung erzielt wird oder der ein gleichzubewertendes Können voraussetzt, das den Ausführenden befähigt, aufgrund langjähriger Erfahrungen alle Arbeiten des betreffenden Lehrberufs auszuführen.	100,0 (Ecklohn)	DM 13,11
6	Qualifizierte Facharbeiten, die besondere Fertigkeiten und Berufserfahrung voraussetzen.	110,0	DM 14,42
7	Hochwertige Facharbeiten, die hohe Anforderungen an Können und Wissen stellen und selbständiges Arbeiten voraussetzen.	120,0	DM 15,73
8	Hochwertigste Facharbeiten, die überragendes Können, große Selbständigkeit, Dispositionsvermögen, umfassende Verantwortung und entsprechende theoretische Kenntnisse erfordern.	133,0	DM 17,44

Übersicht 7.7: Beispiel zum Lohngruppenverfahren in der Metallindustrie des Saarlandes (vgl. *Lohnrahmentarifvertrag* 1987)

Für diese Leistungskomponente der Entlohnung hat sich in Theorie und Praxis eine Systematisierung durchgesetzt (vgl. z.B. *Fuhrmann/Heisterkamp/Schröter* 1984, 68 + 112; *REFA* 1985 b, 25), die in Übersicht 7.8 zusammengefaßt wurde.

Grundform	**Ausgestaltungsmöglichkeiten**	**Grundlagen**
Zeitlohn plus Leistungszulage	Beurteilungsmerkmale Verhaltensorientierte Beurteilungsskalen	Leistungsbewertung, Beurteilungsgespräch
Prämienlohn	Einzelprämie Gruppenprämie Qualitätsprämie Nutzungsprämie	Betriebsdatenerfassung (BDE)
	Zeitersparnisprämie	Planzeiten, Vergleichen und Schätzen (u. U. BDE, Multimomentaufnahmen, Selbstaufschreibung)
	Kostenersparnisprämie Innovationsprämie Kombinierte Prämien	komponentenabhängige Datenermittlung (je nach Ausgestaltung)
Akkordlohn	Mengenprämie	Zeitaufnahmen, System vorbestimmter Zeiten, Planzeiten, Vergleichen, Schätzen, (u. U. BDE, Multimomentaufnahmen)
	Einzelakkord Gruppenakkord Zeitakkord Geldakkord Kombinationsformen	
Pensumlohn	Einzelpensum Gruppenpensum Vertragslohn Programmlohn	
	Festlohn mit vorgeplanter Tagesleistung	Vergleichen und Schätzen (u. U. BDE, Multimoment)

Übersicht 7.8: Leistungsabhängige Entgeltdifferenzierung

Im Regelfall stellt der Leistungslohn lediglich eine Ergänzung zum Zeitlohn dar. Bis zu einer gewissen Leistungsgrenze kommt daher eine konstante Untergrenze zum Tragen. Nach oben ist der Leistungslohn insofern begrenzt, als – zum Schutz gegen Überbelastung – üblicherweise ein maximales Entgelt fixiert wird. Zwischen Unter- und Obergrenze sind verschiedene **Verläufe der Entgeltlinien** möglich:

- Lineare Verläufe machen den Zusammenhang zwischen Leistung sowie Entlohnung unmittelbar deutlich. Sie sind zudem vom Arbeiter leicht nachvollziehbar.

- Bei progressivem Verlauf liegt das angestrebte Optimum bei hohen Werten.
- Degressive Verläufe sollen das Erreichen hoher Werte weniger attraktiv machen.

Diese Grundformen führen zu diversen Kombinationsmöglichkeiten.

7.2.3.2 Zeitlohn plus Leistungsbewertung

Bei dieser Form der Entgeltfestsetzung wird zusätzlich zur anforderungsabhängigen Komponente eine leistungsbezogene Beurteilung vorgenommen. Sie führt zu einer Leistungszulage, die in globaler Form (vgl. *Gaugler et al.* 1978, 151–152)
- Leistungsergebnismerkmale,
- Führungsmerkmale,
- Verhaltensmerkmale,
- Merkmale der angewandten Qualifikation, also der eingesetzten Fähigkeiten und Fertigkeiten,
- Potentialmerkmale im Sinne sonstiger Fähigkeiten und Fertigkeiten oder
- Persönlichkeitsmerkmale

verwendet. Anders als beim reinen Leistungslohn operiert die Leistungsbewertung weniger mit strikt objektiven Maßgrößen: Diese Eigenschaft grenzt die Leistungszulage vom Akkordlohn und vom Prämienlohn ab, die beide in der Regel auf eindeutig quantifizierbare Bezugsgrößen abstellen.

Für diese Leistungszulage können insbesondere die in Abschnitt 2.2.3.2 formulierten Verhaltensmerkmale dienen. Diese verhaltensorientierten Beurteilungsskalen (vgl. *Weinert* 1981) eignen sich zur Bewertung von Führungs-, Planungs- und Forschungsaufgaben mit kreativen Arbeitsinhalten, aber auch zur Beurteilung von Mitarbeitern hinsichtlich ihres Verhaltens in kritischen Situationen.

Das **Beurteilungsgespräch** ist zwingender Bestandteil einer solchen Beurteilung (§ 82 II BetrVG). Hier sind die Ergebnisse der Beurteilung dem Mitarbeiter darzulegen und zu erörtern. Das Beurteilungsgespräch dient im einzelnen (vgl. *v. Eckardstein/Schnellinger* 1978, 290–291)
- dazu, dem Mitarbeiter seine Schwachstellen aufzuzeigen, ihm Anregungen für Lernaktivitäten zu geben,
- als positive Rückkopplung mit Verstärkungseffekt bei positiven Ergebnissen beziehungsweise vollzogenen Lernprozessen,
- zur Kontrolle des Beurteilungsverfahrens durch den Beurteilten sowie
- der Kommunikation über Aufgaben und Anforderungen im Unternehmen.

Die Ausgestaltung einer Leistungsbeurteilung erfolgt analog zur Arbeitsbewertung: Bei **analytischen** Ansätzen wird die Leistung des Mitarbeiters anhand mehrerer Merkmale nach dem Prinzip der Reihung oder Stufung beurteilt und gebunden oder offen gewichtet; bei **summarischen** Vorgehensweisen kommt dagegen nur ein globales Kriterium zum Einsatz, das wiederum gereiht oder gestuft werden kann.

In der Praxis hat sich das analytische Verfahren, verbunden mit dem Prinzip der Stufung und mit offener Gewichtung, durchgesetzt, wobei üblicherweise drei bis sechs Leistungsmerkmale zum Einsatz kommen (vgl. *REFA* 1985 b, 66). Dies zeigt sich auch an der Gegenüberstellung der zehn Tarifgebiete der Metallindustrie, die 1983 spezielle Leistungsbeurteilungsverfahren tarifiert hatten (Übersicht 7.9).

Tarifgebiet	**Merkmalszahl**	**Merkmalsart und Gewichtung**						**Skalenstufen**	**Beurteilungen pro Jahr**
		Quantität	Qualität	Einsatz	Sorgfalt	Sicherheit	Zus.arbeit		
Bayern	5	2	2	1	1	–	1	5	≥ 1
Bremen	4	2	1,5	1	1	–	–	7	≥ 1
Hamburg	4	2	1,5	1	1	–	–	7	≥ 1
Hessen	4	2	1	1	1	–	–	4	ca. 1
Nordrhein-Westf.	4	1	1	1	1	–	–	5	1
Nordw./Nordbaden	5	2	2	1	1	1	–	5	≥ 1
Pfalz	4	2	1	1	1	–	–	4	ca. 1
Rh./Rheinhessen	4	2	1	1	1	–	–	4	ca. 1
Südbaden	5	2	2	1	1	1	–	5	≥ 1
Südw./Hohenzollern	5	2	2	1	1	1	–	5	≥ 2

Übersicht 7.9: Tarifliche Regelungen zum Leistungsbeurteilungsverfahren in der Metallindustrie (zusammengestellt aus *Theis* 1983, 351–360)

7.2.3.3 Prämienlohn

Als besonderes differenziertes und flexibles Instrumentarium im Rahmen eines Entgeltanreizsystems gilt der Prämienlohn (vgl. *Baierl* 1974, 170–440; *Weber* 1983, 176–333), der gerade angesichts der Notwendigkeit zur problemspezifischen Anpassung der Entgeltsysteme zunehmend an Bedeutung gewinnt (*Kilger* 1986, 284).

Aus den Leistungszielen leiten sich vier **Prämiengruppen** ab (vgl. *Baierl* 1974, 171–173):

- *Mengenleistungsprämien* dienen der Steigerung der Mengenleistungen, vorzugsweise wenn die Tätigkeiten wegen eines zu geringen Anteils der beeinflußbaren Zeit nicht akkordfähig sind. Dies gilt auch für nicht-körperliche Arbeiten wie Tätigkeiten in der Verwaltung, im Handel und speziell im Außendienst.
- *Qualitätsprämien* sollen Verluste wie durch Ausschuß oder Bruch senken. Sie werden in der Regel mit Stichprobenkontrollen des jeweiligen Erzeugnisses verbunden, sofern nicht bereits die automatisierte Betriebsdatenerfassung die Qualitätskennzahlen liefert. Ist Qualität nicht auf den einzelnen Arbeitnehmer zuordbar, so läßt sie sich als Gruppenprämie realisieren.
- *Ersparnisprämien* werden eingesetzt, um speziell den Verbrauch an Roh-,

Hilfs- und Betriebsstoffen (Energie) sparsam ausfallen zu lassen. Auch das Einhalten von Wartungsvorschriften soll auf diese Weise gesichert werden, was allerdings nur bei sinnvoller Ausgestaltung der Ersparnisprämie (nicht zulasten von vorbeugenden Maßnahmen) möglich ist.

- *Nutzungsprämien* kommen bei kapitalintensiven Anlagen zum Zuge und sollen eine optimale Kapazitätsnutzung herbeiführen.

Diese vier Prämiengrundformen, in identischer Form auch von *REFA* (1985 b, 45) empfohlen, finden ihre Ergänzung in Sonderformen wie Terminprämien und Unfallverhütungsprämien. Hinzu kommen additive und funktionale Kombinationen aus den einzelnen Prämiengrundformen.

Anders als bei der Leistungszulage, orientiert man sich bei der Prämienfestsetzung an objektiven (operablen) **Bezugsgrößen**: Neben Stückzahlen sind dies vor allem Zeitwerte. Ihre Umrechnung in Geldwerte kann prinzipiell den in Abschnitt 7.2.3.1 vorgestellten Grundformen folgen, wobei grundsätzlich negative Prämien auszuschließen und daher die Basisentgelte als Untergrenze anzusehen sind. Das Argument der Nachvollziehbarkeit spricht allerdings auch hier für lineare, das der Gefahr von Überbelastung für degressive Verläufe.

Prämienlöhne werden in der Literatur seit langem propagiert (z. B. *Baierl* 1956, 98–141; *Kosiol* 1962, 94–193), wobei über die einfache Grundidee hinausgehend in einigen Fällen äußerst komplexe Vorschläge zur Bezugsgrößenermittlung für den Zusammenhang zwischen Bezugsgröße und Prämienhöhe entwickelt werden.

Als **Beispiele** für „klassische" Prämiensysteme sollen die Berechnungsmethoden nach *Halsey*, *Rowan* und *Bedaux* kurz skizziert werden:

Der *„Halsey-Lohn"* stellt ein Verbindungsglied zwischen Stück- und Zeitlohn dar. Ausgehend von der Annahme, daß bei Normalleistung nach beiden Entlohnungsformen derselbe Lohn bezahlt wird, errechnet sich die Prämie für Mehrleistung anhand des Verhältnisses der erzielten Zeitersparnis zur tatsächlich aufgewandten Zeit. Die auszuzahlende Prämie wird durch Multiplikation mit einem **Prämienfaktor** (p) bestimmt. Dieser gibt den Anteil an der Mehrleistung an, die dem Arbeitnehmer bei der Entlohnung zugerechnet wird. Der Prämienfaktor liegt in der Regel zwischen 0,33 und 0,67. Bei $p = 0$ würde ein reiner Zeitlohn, bei $p = 1$ Stücklohn vorliegen. Im Unterschied zu *Halsey* wählte **Rowan** das Verhältnis von ersparter zu vorgegebener Zeit zur Berechnung der Mehrleistungsprämie.

Das *Bedaux-System* (vgl. *Rochau* 1952; *Böhrs* 1980, 194–203) basiert auf einer eigenen Maßeinheit für die Leistung: Ein „**B**" bezeichnet danach die Arbeitsmenge, die ein geübter und geeigneter Arbeitnehmer pro Minute bei normaler Arbeitsgeschwindigkeit erbringt, wobei dieser Wert auch Verteilzeiten und Erholungszeiten berücksichtigt. Aus dieser Definition folgt dann eine Normalleistung pro Stunde von 60 B. Bei Unterschreiten wird wieder der Mindestlohn, ansonsten eine entsprechende Prämie gezahlt. Leistungen von über 80 B pro Stunde gelten langfristig als problematisch, da hier die Gefahr besteht, daß der Arbeitnehmer die Dauergrenze überschreitet und/oder Quantität zulasten der Qualität geht. Übersicht 7.10 faßt die wichtigsten Vorschläge zu Prämienlohnsystemen zusammen.

System	Berechnungsformel
Halsey	$\text{Prämienfaktor} \cdot \frac{(\text{Vorgabezeit} - \text{Istzeit})}{\text{Istzeit}} \cdot \text{Grundentgelt pro Stunde}$
Rowan	$\text{Prämienfaktor} \cdot \frac{(\text{Vorgabezeit} - \text{Istzeit})}{\text{Vorgabezeit}} \cdot \text{Grundentgelt pro Stunde}$
Bedaux	$\text{Prämienfaktor} \cdot \frac{\text{Ist B(edaux)} - 60}{60} \cdot \text{Grundentgelt pro Stunde}$

Übersicht 7.10: Systeme zur Prämienberechnung im Vergleich

Der charakteristische Unterschied dieser Systeme liegt primär in ihrem Verhältnis zwischen der Mehrleistung und der daraus resultierenden Prämienhöhe (Abbildung 7.3): Beim Verfahren von *Rowan* entsteht bei der Prämienhöhe ein degressiver Verlauf, der ab einer Mehrleistung von 50% sogar zu einem absoluten Absinken der Gesamtprämie führen würde, sofern nicht eine entsprechende Maximalprämie eingeführt wird. Die Verfahren von *Halsey* und *Bedaux* führen zu linear steigenden Prämien. Oberhalb einer Leistung von 80 B können bei *Bedaux* zur Vermeidung von Überlastungen auch degressive Prämienverläufe gewählt werden. Das Halsey- und das Bedauxsystem unterscheiden sich vor allem im Bestimmungsverfahren für Ist- und Vorgabewert. Grundsätzlich lassen sich jedoch alle vorgestellten Prämiensysteme betrieblichen Erfordernissen gemäß modifizieren.

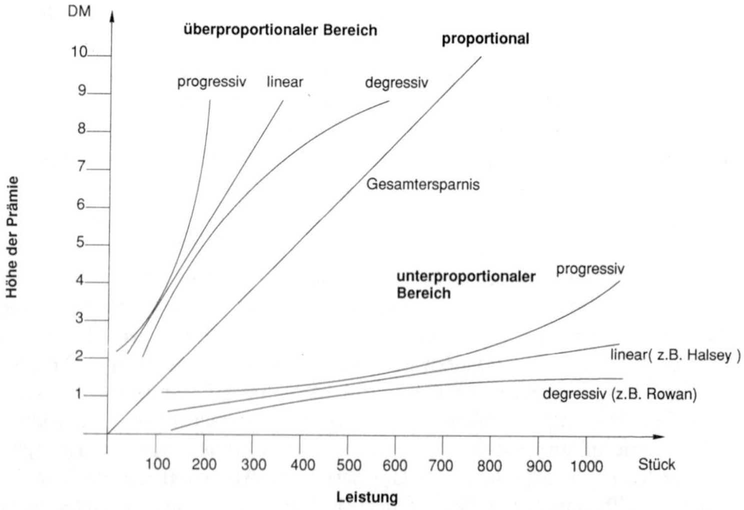

Abbildung 7.3: Prämienlinienverläufe im grafischen Vergleich
(nach *Baierl* 1974, 183)

Abbildung 7.3 zeigt eine Auswahl möglicher Verläufe von Prämienlohnlinien. Darüber hinaus lassen sich allerdings auch eine Vielzahl andersartiger Verläufe, beispielsweise abschnittsweise Kombination von verschiedenen Berechnungsmethoden, wie dies im Bedaux-System die Regel ist, vorstellen. In der Praxis finden vor allem Prämien im unterproportionalen Bereich ($p < 1$) Anwendung, zu denen alle drei dargestellten Systeme zählen. Diese werden auch als Teilungslöhne bezeichnet, da lediglich ein Teil der Mehrleistung direkt an den Arbeitnehmer in Form einer Prämie fällt, die Resterspamis beim Unternehmen verbleibt.

7.2.3.4 Akkordlohn

Der Akkordlohn (vgl. *REFA* 1985 b, 32–42) unterstellt einen unmittelbaren Zusammenhang zwischen der Arbeitsintensität (Leistungsgrad) und dem erzielten Mengenergebnis pro Zeiteinheit; daraus leitet sich dann eine (üblicherweise) proportionale Beziehung zwischen Mengenergebnis und Entgelt ab: Jede prozentuale Verbesserung des Mengenergebnisses pro Zeiteinheit bedeutet danach eine Erhöhung des Entgelts um diesen Prozentsatz.

Beim Akkordlohn sind zwei (ineinander transformierbare) **Formen** zu unterscheiden. Der Zeitakkord basiert explizit auf Vorgabezeiten; die Unterschreitung dieser Vorgabezeit führt dann zur Entgeltsteigerung. Beim weniger verbreiteten Geldakkord wird ein Geldbetrag für eine Arbeitsleistung vorgegeben und mit der Zahl der Leistungen multipliziert.

Der Akkordlohn besteht im allgemeinen aus einem garantierten (tariflichen) Mindestlohn und einem Akkordzuschlag, der 15 bis 25% des Mindestlohnes beträgt. Beides zusammen bildet den **Akkordrichtsatz**, der dem Stundenverdienst eines im Akkord arbeitenden Arbeitnehmers bei Normalleistung entspricht. Teilt man diesen Akkordrichtsatz durch 60, so ergibt sich der **Minutenfaktor**.

Der Stundenverdienst bestimmt sich danach als

$$\text{Stundenverdienst} = \text{Stückzahl} \cdot \text{Minutenfaktor} \cdot \text{Vorgabezeit je Stückzahl in Minuten}$$

Auch beim **Geldakkord** ist letztlich die Anzahl der hergestellten Teile Bezugsbasis; der Geldsatz je Stück (Stücklohn) entspricht dem Minutenfaktor multipliziert mit der Vorgabezeit je Stück.

Zur Ermittlung der Vorgabezeit wird bei beiden Akkordformen von einer Normalzeit ausgegangen (vgl. Abschnitt 3.2.3): Es wird also letztlich immer explizit (beim Zeitakkord) beziehungsweise implizit (beim Geldakkord) eine Vorgabezeit pro Stück festgelegt und mit dem Minutenfaktor multipliziert. Übersicht 7.11 bringt ein zusammenfassendes Rechenbeispiel zum Akkordlohn.

Sinkt die Akkordleistung unter die Normalleistung, so erhält der Arbeitnehmer den Grundlohn (plus Akkordzuschlag). Der Stundenverdienst ist somit nach unten abgesichert. Analoges kann für eine obere Schranke gelten, ab der sich Mehrleistung nicht in einer Erhöhung des Stundenverdienstes niederschlägt. Eine weitere Modifikation der Akkordlinie ergibt sich

Tariflicher Mindestlohn/Stunde	12,00 DM
+ 25% Akkordzuschlag	3,00 DM
Akkordrichtsatz	15,00 DM
Minutenfaktor $\frac{15{,}00 \text{ DM}}{60 \text{ Min}} = 0{,}25$ DM/Min	
Vorgabe (Normalleistung) Stückzeit = 15 Min Stückzahl pro Stunde = 4 Stück	
Stücklohn 15 Min · 0,25 DM/Min = 3,75 DM	
Ergebnis bei Normalleistung Zeitakkord : Stundenverdienst = 4 · 0,25 · 15 = 15,00 DM Geldakkord : Stundenverdienst = 4 · 3,75 = 15,00 DM	
Ergebnis bei 6 Stück (entspricht 90 Minuten) Zeitakkord : Stundenverdienst = 6 · 0,25 · 15 = 22,50 DM Geldakkord : Stundenverdienst = 6 · 3,75 = 22,50 DM	

Übersicht 7.11: Rechenbeispiel zum Akkordlohn

bei Aufgabe des linearen Zusammenhangs zwischen Ausbringung und Entlohnung durch die Verwendung von progressiven und/oder degressiven Kurvenelementen. Anders als beim Prämienlohn kommen die Einsparungen voll dem Arbeitnehmer zugute, allerdings nur bei Leistungswerten zwischen Unter- und Oberschranke. Abbildung 7.4 zeigt den Zusammenhang zwischen Stundenlohn und Stückkosten bei Zeitlohn und Akkordlohn.

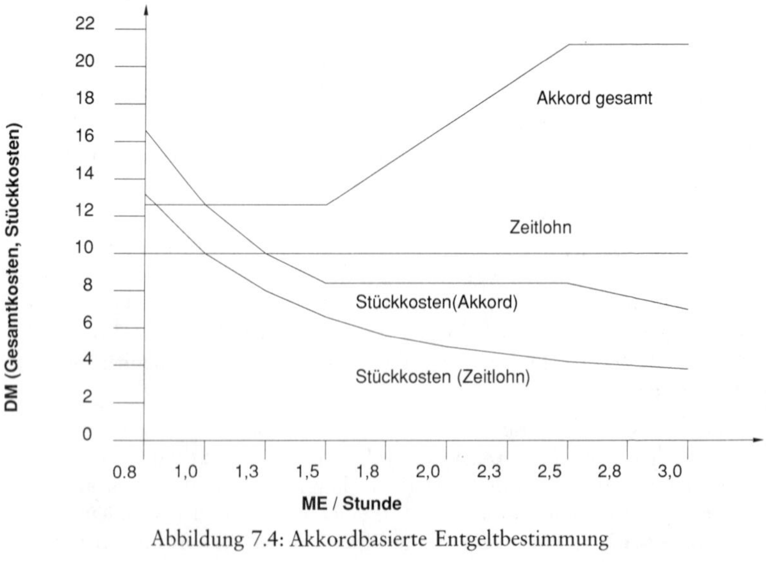

Abbildung 7.4: Akkordbasierte Entgeltbestimmung

Die Anwendung eines Akkordsystems ist an eine Fülle von Voraussetzungen gebunden. Sie fallen wesentlich restriktiver aus als die Bedingungen für den Einsatz von Prämiensystemen. Die erste Voraussetzung für die Akkord-Einführung ist die **Akkordfähigkeit** der zu erbringenden Leistung (vgl. *Baierl* 1974, 97–98): Der Ablauf der Arbeit und der Zeitbedarf müssen in ihrer Grundstruktur beziehungsweise in ihren Determinanten konstant bleiben. Abläufe mit einem hohen Anteil an Verteilzeiten, die auf Störungen zurückzuführen sind, eignen sich im Regelfall nicht für eine Akkordentlohnung: Ausnahmen sind nur solche Abläufe, bei denen auch das Ausmaß der Störungen direkt vom Arbeitsverhalten des einzelnen Mitarbeiters abhängt. Ferner muß der Arbeitsablauf von allen Mängeln befreit sein (**Akkordreife**), damit er von einem Mitarbeiter nach entsprechender Übung und Einarbeitung beherrscht wird. Erforderlich ist schließlich als dritte Voraussetzung eine vom Mitarbeiter beeinflußbare **Arbeitsgeschwindigkeit**.

Der Vorteil des Akkordlohnes (Anreiz zu erhöhter Leistung) kann gleichzeitig auch als sein **Nachteil** angesehen werden: Da beim Akkordlohn die Leistung des Mitarbeiters unmittelbar auf sein Entgelt durchschlägt, ist die Gefahr einer Überforderung der Mitarbeiter gegeben. Liegt die erbrachte Leistung grundsätzlich über der Normalleistung, kann dies zu einem permanenten Anstieg der Normalleistung und damit der Entlohnungsgrundlage führen. Nicht zuletzt aus diesem Grund werden die oben angesprochenen Unter- und Obergrenzen für den Akkordverdienst eingeführt. Ein weiterer Nachteil besteht in der Gefahr von Qualitätsverlusten: Es bietet sich daher an, den Akkordlohn mit einer Qualitätsprämie zu koppeln.

Läßt sich die Leistungserstellung nicht einem einzelnen Mitarbeiter zuordnen, so bietet sich – sofern ansonsten die Voraussetzungen für Akkord gegeben sind – **Gruppenakkord** an: Hier werden Vorgabezeit, Minutenfaktor und Stücklohn für eine Gruppe von Arbeitnehmern ermittelt. Probleme können bei der Verteilung des Akkordverdienstes auf die Gruppenmitglieder auftreten. Hier bietet sich eine Umverteilung nach Äquivalenzziffern an, die mit Hilfe der Arbeitsbewertung (vgl. Abschnitt 7.2.2) ermittelt werden. Um weitere mögliche Konflikte zu vermeiden, sollte bei der Zusammensetzung der Gruppe auf eine ausgewogene und aufeinander abgestimmte Leistungsfähigkeit der einzelnen Gruppenmitglieder geachtet werden.

Eine weitere spezielle Form des Akkordlohns ist der **Pauschallohn**. Hierbei wird für eine zu verrichtende Tätigkeit ein konstanter Geldbetrag gezahlt, unabhängig von dem Zeitbedarf, den der entsprechende Mitarbeiter für die Erbringung dieser Leistung benötigt. Der Pauschallohn läßt sich über **Werkverträge** realisieren: Der Arbeitnehmer verpflichtet sich darin, gegen ein vorgegebenes Entgelt eine bestimmte Leistung zu erbringen. Es muß sich vorwiegend um arbeitszeitabhängige Mengenleistungen handeln, die sich auch durch den Leistungsgrad des Arbeitnehmers bestimmen lassen.

7.2.3.5 Pensumlohn

Der Pensumlohn wird im Gegensatz zum Akkordlohn für eine **erwartete Leistung** gezahlt. Aufgrund einer Leistungsabsprache, die Leistungen der

Vergangenheit berücksichtigt, ergibt sich das **Pensum** als Vorgabe. Die Basis für die Berechnung des Pensumlohnes ist ein garantierter Grundlohn (Zeitlohn), zu dem nach Vereinbarung bis zu 30% als Zuschlag bei Erfüllung des Pensums zugerechnet werden. **Bezugsgrößen** des Pensums können unter anderem – wie bei der Prämie – Menge, Qualität oder Ersparnis sein. Wird das Pensum nicht eingehalten, wird der Lohn der geringeren Leistung angepaßt. Eine höhere Leistung als im Pensum vorgegeben führt direkt zu einem höheren Lohn. Kurzfristige Leistungsschwankungen haben keine unmittelbaren Lohnauswirkungen.

7.2.4 Führungskräfteentlohnung

Die Entlohnung von Führungskräften stellt einen gesonderten Bereich im Personalkostenmanagement dar. Dies ergibt sich zwangsläufig nicht nur aus der exponierten Stellung der Führungskräfte, sondern auch durch die zu „entlohnende" Leistung selbst: Leistungsanreize sind dabei in der Regel nicht auf rein kurzfristigen Erfolg ausgerichtet und können weitgehend frei gestaltet werden, da sie keinen tarifvertraglichen Bindungen unterliegen. So werden die Leistungen an Führungskräfte der ersten Ebene von diesen direkt mit den Kapitaleignern beziehungsweise deren Vertretern einzelvertraglich ausgehandelt.

Häufig anzutreffen ist eine Kombination bestehend aus einem festen Grundlohn, einer leistungs- beziehungsweise erfolgsabhängigen Komponente (Prämie, Tantieme oder Provision) und diversen Zusatzleistungen wie beispielsweise Altersversorgung, Firmenwagen, Versicherungen oder Weiterbildungsmöglichkeiten; hinzu kommen prestigeorientierte Anreize wie aufwendige Büroausstattung oder Chauffeur (vgl. *Hentze/Kammel* 1988, 48).

In einer in **Österreich** 1985–1987 durchgeführten Befragung von Führungskräften der obersten drei Ebenen (n = 472) wurden unter anderem folgende typischen Merkmale festgestellt (vgl. *Swoboda/Walland* 1987, 218–221):

- Der prozentuale Anteil der erfolgsabhängigen Entlohnung steigt mit der hierarchischen Position. Während Führungskräfte der dritten Ebene im Durchschnitt lediglich einen erfolgsabhängigen Gehaltsanteil von 4% aufweisen, betrug dieser auf der ersten Führungsebene immerhin 17%. Allerdings wünschten sich nahezu alle Befragten eine stärker erfolgsorientierte Bezahlung: Angestellte der ersten Führungsebene würden für sich im Durchschnitt einen Erfolgsanteil an der Entlohnung von rund 40% präferieren; einige (6%) konnten sich sogar einen Anteil von über 80% vorstellen.
- Die Höhe des tatsächlich bezahlten erfolgsabhängigen Anteiles orientierte sich zum überwiegenden Teil an finanzwirtschaftlichen Kenngrößen. Dabei lagen die gewinnabhängigen Tantiemen mit über 70% an der Spitze, gefolgt von Umsatz und Cash Flow.
- Als Zusatzleistungen wurden Firmenwagen (70%), Unfallversicherung (47%), Unternehmenspension (46%), Firmendarlehen (34%), Kranken-

versicherung (24%), bezahlte Kurzurlaube (22%) und Lebensversicherungen (18%) angegeben. Hier traten allerdings teilweise große Unterschiede zwischen den einzelnen Führungsebenen auf: So kamen auf der ersten Ebene 87%, auf der dritten Ebene nur noch 8% in den Genuß eines Firmenwagens.

7.3 Taktische Ebene: Personalkostenbudgetierung

7.3.1 Überblick

Anders als bei Rohstoffen, Betriebsmitteln oder Zwischenprodukten wird bei Personalkosten nicht der Faktorverbrauch, sondern vorrangig die Anwesenheit der Arbeitnehmer bewertet. Aus diesem Grund entsprechen im Personalbereich den Mengengerüsten für Sachgüter die jeweils geleisteten **Arbeitszeiten** (*Kilger* 1981, 203): Ansonsten sind Personalkosten entsprechend der in der Literatur (z.B. *Kilger* 1981, 373–384) diskutierten Verfahren im Hinblick auf Kostenstellen- und Kostenträgerrechnung zu behandeln. Die kostenrechnerische Abwicklung des Personalwesens ist damit kein originärer Bestandteil des betrieblichen Personalmanagements.

Die Aufgabe speziell der taktischen Ebene liegt vielmehr – analog zu den übrigen Personalmanagementfeldern – in der Verbindungsfunktion zwischen operativer und strategischer Ebene: Auf der einen Seite disaggregiert sie zentrale Rahmendaten in bereichs- oder abteilungsbezogene Vorgaben, auf der anderen Seite aggregiert sie Planwerte, aber vor allem Istwerte.

Diese Personalkostenbudgetierung entspricht somit den Grundcharakteristika der taktischen Planungsebene, indem sie – vom einzelnen Mitarbeiter und vom einzelnen Arbeitsplatz abstrahierend – aus der operativen Ebene verdichtet und umgekehrt Informationen aus der strategischen Ebene entsprechend dem Planungszusammenhang zerlegt. Zur Konkretisierung der Personalkostenbudgetierung ist zunächst auf die **Budgetgrundlagen** einzugehen (Abschnitt 7.3.2), um dann die Methoden der **Budgeterstellung** zu diskutieren (Abschnitt 7.3.3), gefolgt von Vorschlägen zur **Budgetkontrolle** (Abschnitt 7.3.4).

7.3.2 Budgetgrundlagen

7.3.2.1 Budgetbegriff und Budgetfunktionen

Ein **Budget** ist ein formalzielorientierter und in wertmäßige Größen formulierter Plan, der einer Entscheidungseinheit für eine bestimmte Zeitperiode mit einem genau festgelegten Verbindlichkeitsgrad vorgegeben wird (*Horváth* 1991, 255). Ein **Personalbudget** ist daher ein auf konkrete Leistungsziele abstellender Plan, der die Obergrenze des Personalaufwandes eines Bereiches oder einer Abteilung in der Regel für den Zeitraum eines (Abrechnungs-)Jahres festlegt, wobei überwiegend von starren, also nicht leistungsbezogen-flexiblen Budgets auszugehen ist. Diese Personalbudgets lassen sich über „genehmigte Stellen" mit entsprechender Entgeltbewertung oder als DM-Budget formulieren; zusätzlich sind auch Kombinationen aus diesen beiden Formen realisierbar.

Solche Budgets erfüllen regelungstheoretisch zwei **Funktionen**: Sie liefern der untergeordneten Einheit als Führungsgröße Vorgaben über den bewerteten Plan-Personalbestand, der übergeordneten Einheit dagegen durch den Budgetauslastungsgrad korrespondierende Kontrollinformation. Hinzu kommt eine potentielle (De-)Motivationsfunktion, wenn die Budgetzuteilung die Bedeutung der Abteilung signalisiert.

7.3.2.2 Personalkosten als Informationsbasis

Eine Möglichkeit der Unternehmensanalyse stellen Personalkennzahlen oder -systeme dar (vgl. *Grünefeld* 1981; *Potthoff/Trescher* 1986, 230–242). Personalkostenkennzahlen sind Verhältniszahlen, die absolute Personalkostenwerte relativieren (Übersicht 7.12): Diese Informationsbasis für solche

Strukturkennziffern der Personalkosten	
$\frac{\text{Personalkostenart n}}{\text{Gesamtpersonalkosten}}$	$\frac{\text{Personalzusatzkosten}}{\text{Gesamtpersonalkosten}}$ $\frac{\text{Personalkosten Angestellte}}{\text{Gesamtpersonalkosten}}$ $\frac{\text{Urlaubsgeldkosten}}{\text{Gesamtpersonalkosten}}$
Strukturkennziffer der Personalzusatzkosten	
$\frac{\text{Personalzusatzkostenart n}}{\text{Gesamtpersonalzusatzkosten}}$	$\frac{\text{Betriebliche Personalzusatzkosten}}{\text{Gesamtpersonalzusatzkosten}}$ $\frac{\text{Kosten vermögenswirksamer Leistung}}{\text{Gesamtpersonalzusatzkosten}}$ $\frac{\text{Kosten der Sozialeinrichtungen}}{\text{Gesamtpersonalzusatzkosten}}$
Vergleichskennziffern zu anderen betrieblichen Größen	
$\frac{\text{Personalkosten}}{\text{betriebliche Mengen- und Wertgrößen}}$	$\frac{\text{Personalkosten}}{\text{durchschnittlicher Personalbestand}}$ $\frac{\text{Personalzusatzkosten}}{\text{Entgelt für geleistete Arbeit}}$ $\frac{\text{Personalkosten}}{\text{Gesamtkosten}}$

Übersicht 7.12: Personalkostenkennzahlen (nach *Vogt* 1984, 866–867)

Personalkostenkennzahlen sind Lohn- und Gehaltsabrechnung, externes und internes Rechnungswesen sowie spezielle Personalkostenstatistiken.

Mit Hilfe der Personalkostenkennzahlen lassen sich die Zusammensetzung der Personalkosten und Anteile einzelner Personalkostenarten an den Gesamtpersonalkosten sowie Relationen zu anderen betrieblichen Größen bestimmen. Im innerbetrieblichen Vergleich läßt sich die Entwicklung im Zeitablauf analysieren. Zwischenbetriebliche Vergleiche benutzen als weitere Informationsbasis Arbeitskostenerhebungen und ermöglichen somit einen Vergleich der Personalkostenstruktur zu Konkurrenten und somit eine Beurteilung der Wettbewerbssituation.

Alle Kennzahlen sind jedoch in ihrer Aussagekraft beschränkt: So ergibt sich keine Veränderung der Kennzahl, wenn sich Zähler und Nenner entsprechend gleichgerichtet verändern.

7.3.3 Budgeterstellung

7.3.3.1 Grundformen

Die Erstellung von Personalkostenbudgets folgt den Überlegungen, die im Zusammenhang mit der Personalbedarfsbestimmung angestellt wurden (Kapitel 3). Danach lassen sich zwei grundsätzlich verschiedene Methoden unterscheiden, nämlich Budgetierung auf Fortführungsbasis und auf Nullbasis (Abbildung 7.5):

Die Budgetierung auf **Fortführungsbasis** geht vom Budget der Vorperiode aus und ermittelt als **Mengenkomponente** die erwartete Veränderung des Personalbedarfs. Dies läßt sich in solchen Bereichen realisieren, in denen eine direkte Beziehung zwischen Personalbedarf und Ausbringungsmenge besteht. Bereits in Abschnitt 3.3.3 wurde jedoch auf die Problematik dieses Vorgehens hingewiesen: So tradiert eine derartige Vorgehensweise zwangsläufig den "organizational slack" aus der Vergangenheit, da es Fehler in Form von zu üppigen Personalausstattungen nicht korrigiert, sondern über Analogieschluß immer wiederkehrend zur Planungsgrundlage für die Zukunft macht.

Als **Preiskomponente** sind bei der Planung auf Fortführungsbasis die Veränderungen der erwarteten Lohnkosten zu berücksichtigen. Auch sie führen zur Veränderung des Personalbudgets. Hinzu kommen die Finanzrestriktionen als übergeordnete Beziehung zu den sonstigen Unternehmensbudgets. Aus dem Personalbudget leitet sich der Plan-Personalbestand ab, der nach Gegenüberstellung mit dem Ist-Personalbestand in entsprechende Personalveränderungsmaßnahmen mündet. Auch sie können kostenintensiv sein: Deshalb sind Kosten der Personalbeschaffung, -entwicklung und -freisetzung ebenfalls über das Personalbudget zu decken.

Im Gegensatz zur Budgetierung auf Fortführungsbasis baut die **Nullbasisplanung** nicht auf Vergangenheitsdaten auf: Sie verwendet vielmehr den quantitativ und qualitativ spezifizierten Personalbedarf der Zukunft und multipliziert dann die Zahl der Beschäftigten je Gruppe mit den entsprechenden (erwarteten) Lohnkosten.

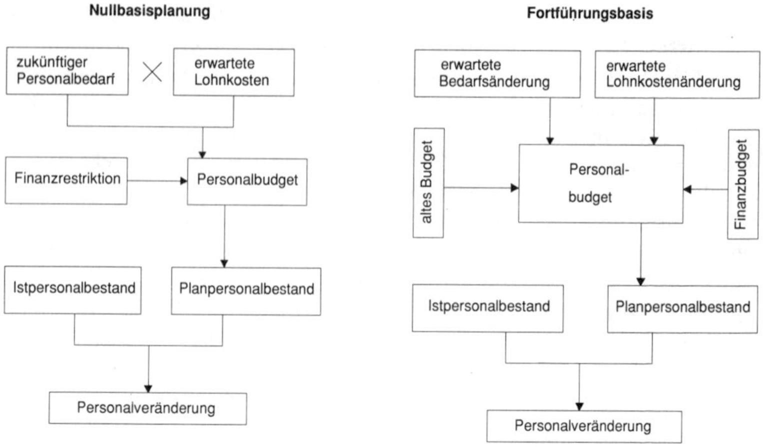

Abbildung 7.5: Grundformen der Personalbudget-Erstellung

Eine Nullbasisplanung kann aufgrund ihres großen Aufwandes nur in Ausnahmefällen durchgeführt werden, verlangt sie doch eine vollständige analytische Durchleuchtung der Bedarfs- und Kostenstrukturen des Personals. Aus diesem Grund ist in der Regel von einer Planung auf Fortführungsbasis auszugehen, die aber wegen ihrer inhärenten Schwächen durch diverse Kontrollmechanismen zu unterstützen ist:

Hierzu zählt das **Vakanzenmodell** (vgl. *Drumm/Scholz* 1988, 119, 152), bei dem jede freigewordene Stelle vor einer erneuten Besetzung hinsichtlich ihrer Notwendigkeit substantiell zu begründen ist. Diese routinemäßige Überprüfung von wieder zu besetzenden Stellen kann allerdings zur Abneigung gegen Personalveränderungen führen, wenn Vorgesetzte in der Überprüfung eine Gefahr für ihr Wegfallen sehen. Nichtsdestoweniger stellt das Vakanzenmodell bei sinnvoller Handhabung eine effizient einsetzbare Methode zur Anpassung des Personalbestandes an den tatsächlichen Personalbedarf dar. Das Vakanzenmodell entspricht der im Öffentlichen Dienst verbreiteten Methode der zu beantragenden Stellenfreigabe; auch sie kann bei sinnvoller Anwendung zu einem weitgehenden Überdenken von Personalstrukturen führen.

Eine wesentlich ungünstigere, weil auf Pauschalität abstellende Methode, ist der Ansatz einer automatischen **Stellensperre**: Danach darf jede freigewordene Stelle erst nach einer starren festgelegten Frist erneut besetzt werden. Hat eine organisatorische Einheit beispielsweise 100 nach Stellenplan ausgewiesene Stellen und eine Fluktuationsrate von 10% (bezogen auf das Jahr), so führt eine Stellensperre von 6 Monaten zu einer de facto Einsparung von 5 Stellen. Diese linearisierte Anpassung des als zu hoch angesehenen Personalbestandes an den Personalbedarf trifft allerdings alle Stellen in gleichem Ausmaß, unabhängig von der tatsächlichen Unter- beziehungsweise Überbelastung.

Vakanzenmodell und Stellensperre sind damit nur begrenzt in der Lage, die Schwächen einer Personalbudgetierung auf Fortführungsbasis auszugleichen. Dies wirft die Frage nach weitergehenden Instrumenten zur Budgetkorrektur auf: Hierfür kann zum einen auf den Ansatz des Zero-Base-Budgeting verwiesen werden, der als spezielle Form der Nullbasisplanung prozedurale Vorschriften zur Stellenüberprüfung macht; hinzu kommt die Gemeinkostenwertanalyse, die besonders im Verwaltungsbereich Einsparungspotentiale aufzeigen kann.

7.3.3.2 Zero Base Budgeting

Das Zero Base Budgeting (ZBB) wurde Anfang der 60er Jahre von Texas Instuments entwickelt, um Entwicklungsprojekte auf ihre Kosten-Nutzen-Relationen zu untersuchen, dann von *Pyhrr* (1970) im Harvard Business Review vorgestellt und anschließend von *Jimmy Carter* in Georgia beziehungsweise Washington eingeführt (vgl. *Pyhrr* 1970; 1973; *Dirsmith/Jablonsky/Luzi* 1980; *Horváth* 1991, 279–285): Ziel des Ansatzes ist es, Budgets über Kosten-Nutzen-Relationen von den jeweiligen Entscheidungszentren begründen zu lassen. Zu diesem Zweck werden zielrelevante Alternativen aufgezeigt, als „Entscheidungspakete" formuliert und dann evaluiert, um optimale Mischungen von Entscheidungspaketen definieren zu können. Mit Hilfe von ZBB sollen aber nicht nur Gemeinkosten gesenkt, sondern primär Budgets im Hinblick auf aktuelle und zukünftige Schwerpunktsetzungen des Unternehmens umverteilt werden.

Die diversen Vorschläge zur **Prozeduralisierung** vom ZBB lassen sich zu neun Schritten zusammenfassen (vgl. *Horváth* 1991, 279–285):

- Schritt 1 beinhaltet die Formulierung der strategischen und operativen Ziele. Da letztlich eine Konvergenz bei der Zielstruktur angestrebt wird, bietet sich für diese Aufgabe speziell die taktische Planungsebene an. Ebenfalls zu Schritt 1 gehört die Abgrenzung der zu analysierenden Gemeinkostenbereiche und die Festlegung der entsprechenden Projekt-Teams.
- In Schritt 2 erfolgt die Definition der Entscheidungseinheiten als Summe von Aktivitäten, die jeweils im Rahmen von ZBB-Prozessen zu analysieren sind. Dies setzt voraus, daß die Leiter der zielformulierenden Abteilungen die wesentlichen Aktivitäten beschreiben und diesen Aktivitäten Personal- und Sachkosten zuordnen. Ferner ist anzugeben, wer der Empfänger der in der Entscheidungseinheit produzierten Leistung ist.
- In Schritt 3 werden für jede der Entscheidungseinheiten „Leistungsniveaus" bestimmt. Üblicherweise werden dazu drei Leistungsniveaus verwendet, wobei
  - Leistungsniveau 3 wünschenswerte Leistungen im Hinblick auf Zukunftssicherung umfaßt,
  - Leistungsniveau 2 die durch Arbeitsanweisung geregelten Arbeitsabläufe beschreibt und
  - Leistungsniveau 1 ein Minimalniveau repräsentiert.
- In Schritt 4 werden die Alternativen gesucht, die für jedes Leistungsniveau das wirtschaftlichste Verfahren darstellen.

- Schritt 5 determiniert die Entscheidungspakete; ein Entscheidungspaket ist dabei definiert als die Konkretisierung eines spezifischen Leistungsniveaus einer Entscheidungseinheit.
- In Schritt 6 folgt eine Rangordnung der Entscheidungspakete und eine Abwägung von Kosten und Nutzen im Hinblick auf die Unternehmensziele.
- Schritt 7 schließlich bringt die verfügbaren Mittel ins Spiel und bestimmt das realisierbare Leistungsniveau. Entscheidungspakete unterhalb der Budget-Schnittlinie werden auf einen späteren Zeitpunkt verschoben beziehungsweise vollkommen aufgegeben.
- In Schritt 8 erfolgt die Festlegung der Maßnahmen zur Realisierung der beschlossenen Entscheidungspakete.
- In Schritt 9 schließlich werden die einzelnen Budgets konkretisiert, zur Verfügung gestellt und ihre Realisierungsbemühungen überwacht.

Wie aus dem Beispiel in Übersicht 7.13 erkennbar, betrifft das Zero Base Budgeting natürlich auch die Personalkosten. Der besondere Vorteil liegt darin, daß mit Hilfe dieser Methode konkret aufgezeigt werden kann, welche **zusätzliche** Leistung durch Erhöhung des Leistungsniveaus (also durch zusätzliche Mitarbeiter) erbracht werden soll.

Besonderes Merkmal vom ZBB ist sein kumulativer Charakter: So stellen die drei Entscheidungspakete aus Übersicht 7.13 aufeinander aufbauende Alternativen dar. A2 repräsentiert also (lediglich) eine Erhöhung des Leistungsniveaus von A1, weshalb von kumulierten Kostenniveaus auszugehen ist. Dies wird auch in der zusammenfassenden Abbildung 7.6 deutlich: Danach können die Entscheidungspakete B1 und B2 durchaus gleichzeitig im Bereich des genehmigten Budgets liegen, da B2 lediglich ein Anheben des Leistungsniveaus im Projekt B repräsentiert.

Leistungsniveau: 1 von 3	notwendige Ressourcen	geschätztes Ist 1988		Budget 1989			
				dieses Niveau		kumuliertes Niveau	
1. Aufgabe/Zweck: Erstellen von Angebots-, Entwurfs- und Fertigungszeichnungen und Stücklisten sowie von Funktionsschemata u. Beschreibungen nach Vorgaben des Auftrags, mit dem Ziel, die Unterlagen innerhalb von 6 Wochen mit eindeutigem Zeichnungs- u. Stücklisten-Inhalt zu erstellen. 2. Beschreibung . . . 3. Alternativen . . . 4. Vorteile . . . 5. Konsequenzen . . .	Personalzahl	Ltg.	Mitarb.	Ltg.	Mitarb.	Ltg.	Mitarb.
		1	14	1	9	1	9
	Personalkosten	623.200,–		430.500,–		430.500,–	
	Sachkosten	10.200,–		9.300,–		9.300,–	
	Kalkulatorische Kosten	21.070,–		19.500,–		19.500,–	
	Summe Kosten	654.470,–		459.300,–		459.300,–	
	Investitionen						

Leistungsniveau: 2 von 3	notwendige Ressourcen	geschätztes Ist 1988		Budget 1989			
				dieses Niveau		kumuliertes Niveau	
1. Aufgabe/Zweck: Erstellen von Angebots-, Entwurfs- und Fertigungszeichnungen und Stücklisten sowie von Funktionsschemata u. Beschreibungen nach Vorgaben des Auftrags, mit dem Ziel, die Unterlagen innerhalb von 4 Wochen mit eindeutigem Zeichnungs- u. Stücklisten-Inhalt zu erstellen und eine weitgehende Normung der verwendeten Teile zu gewährleisten. 2. Beschreibung ... 3. Alternativen ... 4. Vorteile ... 5. Konsequenzen ...	Personenzahl	Ltg.	Mitarb.	Ltg.	Mitarb.	Ltg.	Mitarb.
		1	14	0	4	1	13
	Personalkosten	623.200,–		172.200,–		602.700,–	
	Sachkosten	10.200,–		1.500,–		10.800,–	
	Kalkulatorische Kosten	21.070,–		2.700,–		22.200,–	
	Summe Kosten	654.470,–		176.400,–		635.700,–	
	Investitionen						

Leistungsniveau: 3 von 3	notwendige Ressourcen	geschätztes Ist 1988		Budget 1989			
				dieses Niveau		kumuliertes Niveau	
1. Aufgabe/Zweck: Erstellen von Angebots-, Entwurfs- und Fertigungszeichnungen und Stücklisten sowie von Funktionsschemata u. Beschreibungen nach Vorgaben des Auftrags, mit dem Ziel, die Unterlagen innerhalb von 3 Wochen mit eindeutigem Zeichnungs- u. Stücklisten-Inhalt zu erstellen und eine vollständige Verwendung der genormten Bauteile und -gruppen zu gewährleisten. 2. Beschreibung ... 3. Alternativen ... 4. Vorteile ... 5. Konsequenzen ...	Personenzahl	Ltg.	Mitarb.	Ltg.	Mitarb.	Ltg.	Mitarb.
		1	14	0	2	1	15
	Personalkosten	623.200,–		86.100,–		688.800,–	
	Sachkosten	10.200,–		20.300,–		31.100,–	
	Kalkulatorische Kosten	21.070,–		35.200,–		57.400,–	
	Summe Kosten	654.470,–		141.600,–		777.300,–	
	Investitionen			85.000.–		85.000.–	

Übersicht 7.13: Beispiel für ZBB-Entscheidungseinheiten (nach *Meyer-Piening* 1980, 1278)

ZBB erlaubt, in einem Zyklus von bis zu 5 Jahren praktiziert, durchaus sinnvolle Durchleuchtungen der Kostenstrukturen, indem Personalaktivitäten im Hinblick auf ihre Kosten-Nutzen-Relation durchleuchtet werden. Zudem kann bereits die Durchleuchtung der eigenen Aktivitäten der Entscheidungseinheiten zu einer Verbesserung ihrer Leistungsfähigkeit führen.

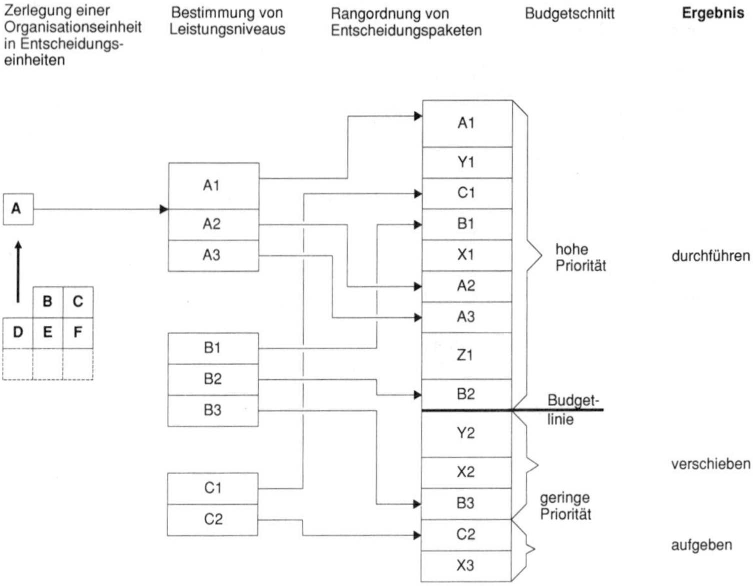

Abbildung 7.6: ZBB-Entscheidungspakete (zusammengestellt nach *Meyer-Piening* 1980, 1278)

Voraussetzung für den sinnvollen Einsatz vom ZBB ist allerdings eine generell positive Atmosphäre, die durch eine Kombination von partizipativem Führungsstil und hoher Motivation der Gruppenteilnehmer die kritischen Phasen vom ZBB überbrücken hilft (vgl. *Meyer-Piening* 1980, 1280).

7.3.3.3 Gemeinkostenwertanalyse

Während das ZBB primär auf eine Ressourcenverschiebung zielt, wird mit Hilfe der Gemeinkostenwertanalyse (GWA) explizit eine generelle Kostenreduktion angestrebt: Ausgehend von einer Analyse der vorhandenen Arbeitsstrukturen werden ihre Kosten ermittelt und geprüft, ob sie zwingend erforderlich oder aber durch kostengünstigere Alternativen ersetzbar sind.

Der Ablauf der GWA läßt sich als Abfolge von **acht Schritten** charakterisieren (vgl. *Groß* 1985, 50–54; *Horváth* 1991, 275–278):

- In Schritt 1 erfolgt eine Ist-Analyse der aktuellen Situation. Hierzu gehört vor allem eine Sammlung von Fakten zur realisierten Leistung der jeweiligen Stellen, um einen ausreichend gesicherten Informationsstand für die weiteren Analysen zu erhalten.
- In Schritt 2 wird die zuvor ermittelte Situation im Hinblick auf ihre Kosten-Nutzen-Relation sowie ihre Stärken und Schwächen untersucht. Dazu gehört auch eine Evaluierung der Gemeinkostenentwicklung und ihre Beziehung zu kostendeterminierenden Umweltfaktoren.

- Diese Beurteilung führt in Schritt 3 zu konkreten Kostensenkungszielen für die jeweiligen Untersuchungsbereiche in Form von quantitativen und qualitativen Zielvorgaben sowie Richtwerten zur Produktivitäts- und Auslastungssteigerung.
- Um diese Vorgaben umzusetzen, werden in Schritt 4 alternative Möglichkeiten zur Gemeinkostensenkung gesucht. Dazu wird jede Leistung daraufhin überprüft, ob sie
  - vollständig abschaffbar ist,
  - sich schrittweise abbauen läßt,
  - sich in ihrer Qualität reduzieren läßt,
  - sich in ihrer Quantität reduzieren läßt,
  - sich in ihrer Häufigkeit reduzieren läßt oder
  - durch eine andere Leistung ersetzbar ist.

  Die Beurteilung dieser Einsparungsalternativen im Hinblick auf ihre Kostenwirksamkeit führt zur Kosteneinsparungsmatrix.
- In Schritt 5 werden die Alternativen entsprechend ihrer Wirksamkeit und entsprechend ihrer Realisierbarkeit in eine Rangfolge gebracht.
- In Schritt 6 erfolgt die endgültige Entscheidung über die zu realisierenden Maßnahmen und über die verbindlichen Realisierungstermine durch die oberste Führungsebene.
- Daran schließt sich als Schritt 7 die Realisationsphase an, bei der die vorgesehenen Einsparungen in die Tat umgesetzt werden.
- Als Schritt 8 folgt eine Kontrollphase, die bereits in kurzfristigen

Schritt	**Aufgabenstellung**
0	Bewußtsein der zu hohen Kostensituation (im Top-Management)
1	Ist-Analyse der Unternehmensgesamtsituation
2	Kosten-Nutzen- sowie Stärken-Schwächen-Analyse hinsichtlich der Gemeinkostenentwicklung und externen Kostendeterminanten
3	Formulierung von Kostensenkungszielen (Soll-Kosten-Ziele)
4	Evaluierung von Alternativen zur Umsetzung der Soll-Kostenziele
5 a b	Bewertung der Alternativen hinsichtlich ihrer Wirksamkeit sowie Ordnen der Alternativen hinsichtlich ihrer Realisierbarkeit
6	Auswahl der erfolgversprechenden Alternativen zur Kostensenkung durch das Top-Management
7	Realisierung der gewählten Alternative(n)
8	Kontrolle der Umsetzung der Alternative(n) hinsichtlich der Soll-Kostenzielvorgaben

Übersicht 7.14: Ablauf einer Gemeinkostenwertanalyse

Abständen Ergebnis-Analysen konzipiert, um das Erreichen der Gemeinkostensenkungsziele sicherzustellen.

Der Ablauf einer GWA ist in Übersicht 7.14 zusammenfassend dargestellt.

Wie das Instrument der Stellensperre geht auch die GWA von einem unnötig hohen Personalbestand im Unternehmen aus. Ebenso wird auch hier ein Kostensenkungsziel (z.B. 30%) vorgegeben, das aber – anders als bei der Stellensperre – differenziert nach Leistungsträgern umzusetzen ist.

Die GWA kann als **Vorteil** auf eine gute Strukturierung ihrer Vorgehensweise verweisen; hinzu kommt die hohe Wirksamkeit dieser Methode, die vorrangig aus dem damit verbundenen Personalabbau resultiert. Daran knüpft aber auch der zentrale Kritikpunkt an: Die rigiden Kosteneinsparungsziele der GWA bewirken in der Praxis erhebliche Akzeptanzprobleme (*Horváth* 1991, 278), die in der Praxis offenbar ausschließlich über externe Beraterfirmen ausgeschaltet werden können.

Obwohl die GWA kurzfristig zweifelsohne Kostensenkungen realisieren hilft, bleibt ihre Einführung dennoch an die Prämisse eines extensiven Personalüberhanges gekoppelt: Die GWA unterstellt somit letztlich ein unzureichendes System der Personalbedarfsbestimmung.

7.3.3.4 Budgetabstimmung

Die Erstellung des Personalkostenbudgets ist im Zusammenhang mit der übrigen Unternehmensplanung und ihren Teilbudgets zu sehen. Dies betrifft nicht nur den derivativen Charakter von Personalkostenbudgets; vielmehr impliziert ein solches Vorgehen auch eine Abstimmung zwischen den einzelnen Budgets. Dies leitet über zur Grundsatzentscheidung, ob die Budgetierung primär in einem aggregierenden oder in einem disaggregierenden Ansatz stattfinden soll. Eine solche Entscheidung entspricht in Analogie der Wahl eines der **Informationsflußmodelle** (vgl. *Scholz* 1984a):
- Bei der *bottom-up-Planung* werden die Budgets dezentral erstellt und anschließend sukzessive über Hierarchieebenen aggregiert.
- Bei der *top-down-Planung* stellen strategische Ziele für das Unternehmen die Ausgangsinformation dar, die sich in strategischen Budgets niederschlagen und dann sukzessive bis hin zu operativen Einzelbudgets zerlegt werden.
- Beim *Komiteeprinzip* erfolgen Aggregation und Disaggregation in einem dazwischen liegenden Gremium mit persönlicher Interaktion der Betroffenen.
- Beim *Pufferprinzip* kommen sukzessive durch „linking pins" verbundene Ebenen zum Einsatz.
- Beim (reinen) *Gegenstromprinzip* erfolgen Aggregation und Disaggregation quasi durch Weiterreichen und Bearbeiten von Budgetunterlagen, wobei keine persönliche Interaktion zwischen den Ebenen zwingend erforderlich wird.

Da das (reine) Gegenstromprinzip mit einer top-down-Komponente oder aber mit einer bottom-up-Komponente „eröffnet" werden kann, ergeben

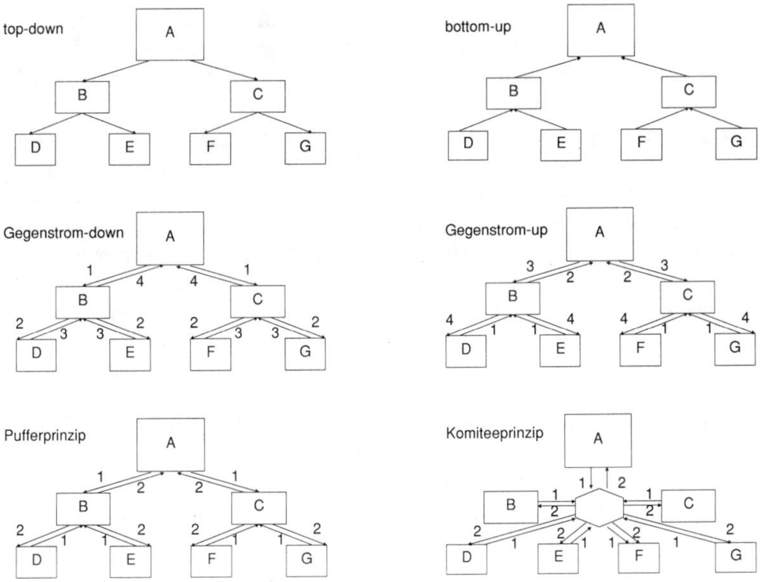

Abbildung 7.7: Informationsflußmodelle der Unternehmensplanung (*Scholz* 1984 a, 97)

sich sechs unterschiedliche Informationsflußmodelle (Abbildung 7.7), die in analoger Weise auch die Budgeterstellung regeln.

Für die Wahl zwischen diesen Modellen gibt es keine generell gültige Antwort: Es läßt sich lediglich feststellen, daß eine hohe Variabilität der Umwelt und damit ein hoher Komplexitätsgrad der Planung tendenziell für eine Planung „vor Ort" und damit das bottom-up-Prinzip spricht, während insbesondere Einsparungsprogramme aufgrund ihrer möglichen Rigidität eher über top-down-Ansätze realisierbar sind.

7.3.3.5 *Zusammenführung*

Vergleicht man die oben beschriebenen Methoden zur Erstellung des Personalbudgets, so ergeben sich deutliche Unterschiede hinsichtlich des primären Ansatzpunktes (Abbildung 7.8):

Die (reine) **Nullbasisplanung** beginnt mit der Personalbedarfsplanung, unabhängig vom aktuellen Personalbestand und unabhängig von Budgetvorgaben. Ausgangspunkt ist dabei das angestrebte beziehungsweise das zu erwartende Leistungsprogramm der jeweiligen organisatorischen Einheit. Die (reine) Nullbasisplanung muß nicht notwendigerweise streng analytisch vorgehen: Sie läßt sich auch summarisch oder global auf der taktischen beziehungsweise strategischen Ebene realisieren, sofern aktuelle Planbezugsgrößen vorliegen. Wichtig ist allerdings der Verzicht auf Budgetbezug bei der Formulierung der Bedarfswerte: Bei der (reinen) Nullbasisplanung kommen Budgetrestriktionen allenfalls in der Zusammenfassungsphase zum Zuge. Offen bleibt hier, wie auf ein Überschreiten des Finanzrahmens durch die Summe der Einzelanforderungen zu reagieren ist. Nicht zuletzt aus diesem Grund ist die (reine) Nullbasisplanung primär eine bottom-up-Budgetierung.

Das **Zero Base Budgeting** als spezielle Ausgestaltungsform der Nullbasisplanung geht streng analytisch vor, indem es die zu erfüllenden Aufgaben in einzelne Entscheidungspakete unter zusätzlicher Differenzierung nach Leistungsgraden zerlegt. Die Basis für die Definition der Entscheidungspakete liegt in den aktuellen Tätigkeiten (Personaleinsatz), erweitert um (aus Sicht der Leiter der Entscheidungszentren) „wünschenswerte" Verbesserungen der Leistungsgrade. Die konkreten, zukünftigen Anforderungen beeinflussen allerdings dann die Reihung der Entscheidungspakete. Das vorgegebene Budget schließlich bestimmt dann über die Budgetschnittlinie die zu akzeptierenden Entscheidungspakete und führt zu den entsprechenden Budgets für die Entscheidungseinheiten. Für dieses Budgetierungsverfahren empfiehlt sich wegen der iterativen Involvierung mehrerer Ebenen bei der Reihung das Gegenstromverfahren oder die Pufferplanung.

Die Planung auf **Fortführungsbasis** beginnt beim aktuellen Personalbestand und korrigiert diesen im Hinblick auf einen neuen Plan-Personalbestand um die antizipierten oder bereits eingetretenen Veränderungen auf der Personalbedarfsseite. Diese in der Regel auf eine Ausweitung der Personalbudgetwünsche hinauslaufende Vorgehensweise findet ihre Obergrenze in der summenmäßigen Budgetrestriktion. Die Personalkostenbudgetierung auf Fortführungsbasis ergibt sich wie die Nullbasisplanung primär als bottom-up-Ansatz.

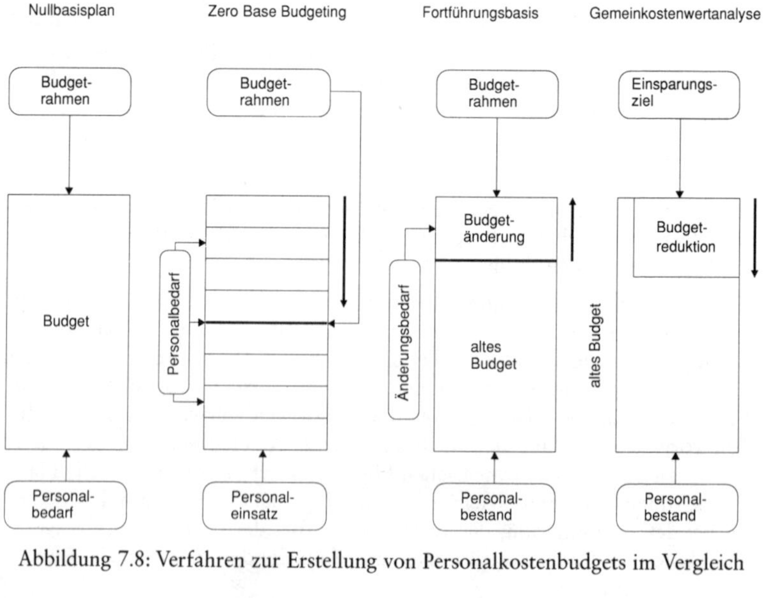

Abbildung 7.8: Verfahren zur Erstellung von Personalkostenbudgets im Vergleich

Die **Gemeinkostenwertanalyse** orientiert sich wie die Planung auf Fortführungsbasis am aktuellen (mit Entgeltsätzen bewerteten) Personalbestand und zielt auf Festlegung eines neuen Plan-Personalbestandes. Die GWA operiert allerdings vollkommen losgelöst von aktuellen oder zukünftigen Bedarfsstrukturen, sondern strebt ausschließlich nach Reduktion des Personalbestandes: Der Umfang dieser Reduktion folgt aus der globalen Zielvorgabe für die GWA. Aus diesem Grund liegt der GWA im Kern ein reiner top-down-Ansatz zugrunde, bei dem eine globale Vorgabe sukzessive disaggregiert wird.

7.3.4 Budgetkontrolle

7.3.4.1 Soll-Ist-Vergleich

Die einfachste Kontrollmöglichkeit für Budgets ist die ex post Kontrolle vorgegebener Budgets und tatsächlich realisierter Ausgaben. Diese Form der Budgetüberwachung läßt allerdings außer acht, daß bereits während der laufenden Budgetperiode Abweichungen erkannt und gegebenenfalls durch Gegensteuern korrigiert werden müssen.

Zu diesem Zweck sind die tatsächlichen Ausgaben über eine Prognosefunktion auf das Ende der Budgetperiode hin hochzurechnen. Übersicht 7.15 demonstriert dieses Vorgehen einer Personalbudgetüberwachung anhand von zwei Unternehmensbereichen mit drei beziehungsweise acht Beschäftigtengruppen. Aktueller Überwachungszeitpunkt ist das Ende des sechsten Budgetmonats. Die Jahresvorgabe von 7000 TDM wird auf die Unterneh-

Leitungsebene	Ist	Trend	Soll	ABW	Abs. Abw.
Bereich A	**2193**	4386	**4200**	4%	12%
Bereich B	**1400**	2800	**2800**	0%	10%
Summen:	**3593**	7186	**7000**	3%	

(Absolutabweichung = **11%**)

Bereich A	Ist	Trend	Soll	ABW
Gruppe 1	700	1400	1260	11%
Gruppe 2	520	1040	840	24%
Gruppe 3	973	1946	2100	−7%
Summen:	**2193**	4386	**4200**	4%

(Absolutabweichung = **12%**)

Bereich B	Ist	Trend	Soll	ABW
Gruppe 4	297	594	560	6%
Gruppe 5	199	398	420	−5%
Gruppe 6	328	656	700	−6%
Gruppe 7	196	392	280	40%
Gruppe 8	380	760	840	−10%
Summen:	**1400**	2800	**2800**	0%

(Absolutabweichung = **10%**)

Stichtag = 30. Juni
alle Angaben in TDM

Übersicht 7.15: Ist-Trend-Soll-Vergleich

mensbereiche A und B in Personalbudgets von 4200 TDM und 2800 TDM aufgeteilt. Im Anschluß daran erfolgt innerhalb der Bereiche eine Aufteilung auf die verschiedenen Beschäftigtengruppen. Die realisierten Ist-Kosten in den beiden Bereichen werden über eine Trendfunktion zum Ende des Jahres hochgerechnet: Auf diese Weise wird der **Soll-Ist-Vergleich** ergänzt durch einen **Trend-Soll-Vergleich**.

Übersicht 7.15 weist zusätzlich die prozentuale Abweichung des Trendwertes vom Sollwert aus, wobei positive Abweichungen eine Budgetüberschreitung, negative eine Budgetunterschreitung signalisieren (ABW). In diesem Fall wird offenbar der Unternehmensbereich A eine Budgetüberschreitung von insgesamt 4% realisieren, die sich allerdings durch gegenseitiges Aufheben von Unter- und Überdeckungen ergibt: Die Summe über die absoluten Abweichungen beträgt (als zusätzliche Kennzahl) 12%. Noch stärker kommt ein solcher Effekt in Unternehmensbereich B zum Tragen, wo Budgetüberschreitungen bei den Beschäftigtengruppen 5, 6 und 8 durch Einsparungen bei der Beschäftigtengruppe 7 kompensiert werden.

Die **Aggregation** dieser Werte auf die obere Leitungsebene kann zum einen in Form der Summenwerte erfolgen: Dies läßt erkennen, ob und inwieweit die Budgetvorgaben im laufenden Budgetjahr eingehalten (wahrscheinlich) werden dürften. Zusätzlich sind aber als Informationen neben der prozentualen Abweichung auch die Informationen darüber sinnvoll, inwieweit die Bereiche A und B ihre Budgets tatsächlich entsprechend der vorgegebenen Sollvorgaben bezogen auf die Einzelgruppen realisieren: Relevanter Indikator hierfür ist wieder die Absolutabweichung.

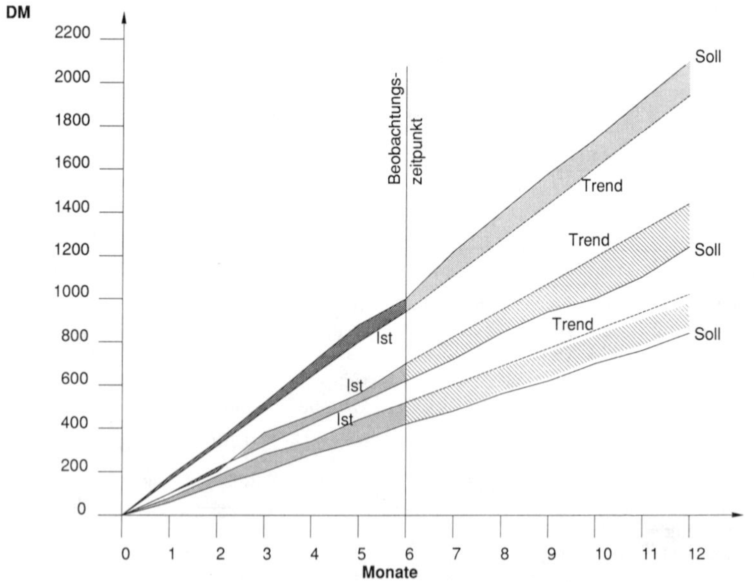

Abbildung 7.9: Ist-Trend-Soll-Vergleich

Die Entwicklung einer dynamischen Budgetüberwachung durch Ist-Trend-Soll-Vergleich demonstriert auch Abbildung 7.9: Hier wird exemplarisch für die Gruppen 1, 2 und 3 gezeigt, inwieweit die Ist-Werte zu einer tatsächlichen Budgetabweichung in der ersten Jahreshälfte geführt haben und welche Budgetabweichungen bei Weiterführung der entsprechenden Trends in der zweiten Budgetperiode zu erwarten sind. Das dieser Abbildung zugrundeliegende Beispiel unterstellt vereinfachend eine lineare Aufspaltung der Personalkosten auf die zwölf Monate: Im Regelfall ist hier realistischerweise von einer ungleichen Verteilung der Personalkosten auszugehen (13. Monatsgehalt). Ebenfalls vereinfachend wird hier ein linearer Trend unterstellt, mit dem die Ist-Werte in die Zukunft fortgeschrieben werden: Hier bietet es sich an, entsprechend aussagefähigere Prognosefunktionen zugrundezulegen.

7.3.4.2 Abweichungsanalyse

Grundsätzlich bietet es sich auch an, auf der taktischen Ebene zur Personalkostenkontrolle auf das aus der Kostenrechnung bekannte Instrumentarium der Abweichungsanalyse zurückzugreifen (vgl. *Kilger* 1981, 169–174). Analog zur Materialkostenabweichung lassen sich dabei primär zwei Abweichungsarten unterscheiden: Die Verbrauchsabweichung (Mengenabweichung) berechnet sich als mit dem Standardlohnsatz bewertete Differenz aus geplanten und tatsächlichen Arbeitszeiten. Die Preisabweichung ergibt sich aus einer Nichteinhaltung der geplanten Lohnkosten eines Fertigungsbereiches. Damit gilt:

Preisabweichung = Istzeit · (Standardlohnkosten – Istlohnkosten)

Verbrauchsabweichung = (Planzeit – Istzeit) · Standardlohnsatz

Übersicht 7.16 bringt ein Rechenbeispiel für die Preisabweichung und die Verbrauchsabweichung (Mengenabweichung).

Gruppe	Plan			Ist			Gesamtabweichung	Teil-Abweichungen	
	Std.	DM/h	DM	Std.	DM/h	DM		Menge $(x_p-x_i)\cdot l_p$	Preis $x_i\cdot(l_p-l_i)$
11	1000	10	10 000	1010	10	10 100	−100	−100	0
12	400	20	8 000	400	21	8 400	−400	0	−400
13	1100	50	55 000	1000	55	55 000	0	5000	−5000
14	40	40	1 600	45	35	1 575	25	−200	225
15	1000	10	10 000	900	11	9 900	100	1000	−900
Summen			84 600			84 975	**−375**	5700	−6075

Übersicht 7.16: Abweichungsanalyse bei Personalkosten

Die Preisabweichung als „Lohnsatzmischungsabweichung" (*Kilger* 1981, 284) entsteht vor allem deshalb, wenn bei Planung der Standardlohnfaktoren zu geringe Sätze angegeben wurden oder aber für bestimmte Tätigkeiten letztlich doch Arbeitnehmer anderer Lohngruppen eingesetzt wurden. Aus diesem Grund ist hier im Einzelfall genau zu prüfen, wer diese Preisabweichung verantworten muß. Die Verbrauchsabweichung berührt noch stärker die betriebliche Personalplanung. So resultieren Verbrauchsabweichungen bei Einzellöhnen aus fehlerhaften Vorgabezeitermittlungen und Störungen im Fertigungsablauf.

7.4 Strategische Ebene: Personalkostenstrukturierung

7.4.1 Überblick

Eine Analyse der Personalkostenstruktur setzt an den Bestimmungsgrößen der Personalkosten an (Übersicht 7.17): Solche Ansatzpunkte für ein betriebliches Personalkostenmanagement sind somit die vom Unternehmen disponierbaren Mengen- und Preiskomponenten der Personalkosten. Neben diesen originären Personalkosteneinflußgrößen kommen abgeleitete Einflußgrößen zum Tragen: So folgt das Wochen- oder Monatseinkommen aus disponierbaren Strukturparametern der Belegschaft und nichtdisponierbaren Parametern wie den tariflichen Preiskomponenten (vgl. *Vogt* 1984, 872–876).

Vom Unternehmen disponierbare Einflußgrößen	
Menge: Belegschaftsstruktur Alter, Geschlecht arbeitsrechtlicher Status Personaleinsatzgestaltung Arbeitszeit vertragliche Arbeitszeit Arbeitszeitflexibilisierung Schichtarbeit Mehrarbeit Kurzarbeit Arbeitsplatz Anforderungen Belastungen Kosten für spezielle HdA-Maßnahmen	**Preis:** Zulagen für Schicht-, Akkord-, Sonn- und Feiertagsarbeit (tarifvertragliche Untergrenze!) Zusatzleistungen Bemessungsgrundlagen
Vom Unternehmen nicht disponierbare Einflußgrößen	
Menge: Inanspruchnahme von Zusatzleistungen Arbeitstage arbeitsrechtliche Bestimmungen personalbedingte Ereignisse (z. B. Krankheit, Umzug)	**Preis:** Lohnsätze Beitragsbemessungsgrenzen der Sozialversicherung Altersversorgung

Übersicht 7.17: Originäre Einflußgrößen der Personalkosten (nach *Vogt* 1984, 874)

Ein strategisch orientiertes Personalkostenmanagement muß das Unternehmen in die Lage versetzen, im Hinblick auf die Personalkosten eine strategisch günstige Wettbewerbsposition zu realisieren. Hinter dieser abstrakten Zielformulierung stecken zwei zentrale Fragestellungen: Zum einen muß geklärt werden, worin strategisch relevante Personalkosten bestehen, zum anderen ist die strategische Wettbewerbsposition zu charakterisieren.

Zur Beantwortung dieser Fragen existieren drei unterschiedliche Argumentationslinien, die auch in den vorangegangenen Abschnitten zur strategischen Managementebene Verwendung fanden:

Die **erste** Argumentationslinie setzt an der **Grundstrategie** des Unternehmens an. Deren Definition spielt die zentrale Rolle im **strategischen Management**. Im Rahmen dieses „Strategischen Enterprise Managements" (vgl. *Scholz* 1987a, 45–48) muß sich das Unternehmen eine abstrakte Generalstrategie definieren, die als Handlungsmaxime zur Deduktion verschiedener Teilstrategien, darunter auch für das strategische Kostenmanagement dient. Ein Beispiel für eine solche Systematik ist die bekannte Strategie-Differenzierung von *Porter* (1980, 37–41), aus der sich (auch) Implikationen für **Personalkostenstrategien** ableiten (Übersicht 7.18):

- Die Strategie der *Kostenführerschaft* impliziert (inspiriert durch das Konzept der Erfahrungskurve) eine sukzessive Reduktion aller Kosten, um durch Preisführerschaft auf dem Markt eine dominante Position zu erreichen. Die im Regelfall engen Gewinnspannen derartiger Strategien haben zur Konsequenz, daß nicht zuletzt die personalintensiven Gemeinkostenbereiche einem permanenten Kostendruck unterworfen werden. Die Personaleinzelkosten sollen sich entsprechend der Erfahrungskurve vermindern.
- Vollkommen anders ist das Vorgehen bei Wahl der *Differenzierungsstrategie:* Hier versucht sich das Unternehmen durch qualitativ herausragende Produkte eine herausgehobene Marktposition zu schaffen. Dieses Ziel wird durch hohe Flexibilität im Produktangebot unterstützt, um direkt auf die Wünsche des Marktes reagieren zu können. Produktdifferenzierung impliziert nur begrenzt Kosteneffizienz im Personalbereich. Aus diesem Grund spielt das strategische Personalkostenmanagement hier eine weniger bedeutende Rolle, sondern geht allenfalls im Rahmen von Globaldeterminanten in die Feinformulierung der Strategie ein.
- Die Strategie der *Konzentration* schließlich fokussiert auf ein einziges Marktsegment: Dort wird eine dominante Position gegenüber den Wettbewerbern angestrebt. Zur erfolgreichen Durchführung dieser Strategie bedarf es allerdings einer Mitarbeiterstruktur, die quantitativ und qualitativ exakt auf die Anforderungen dieser Marktnische zugeschnitten ist. Vor allem aber erfordert diese Strategie eine zusätzliche Entscheidung für Kostenführerschaft oder der Differenzierung: Nur durch eine dieser beiden Grundkonzeptionen kann ein Unternehmen die Strategie der Konzentration erfolgreich realisieren. Für das strategische Personalkostenmanagement bedeutet dies entweder permanenten Kostendruck (bei Konzentration plus Kostenführerschaft) oder permanente Qualitätsverbesserung (bei Konzentration plus Produktdifferenzierung).

Diese Grundstrategien geben somit nicht nur die strategische „Vision“ für das Unternehmen an, sondern auch unmittelbar die jeweils anzustrebende Entwicklungsrichtung für das strategische Personalkostenmanagement.

Strategisches Ziel	Strategischer Wettbewerbsvorteil	
	Subjektive Einmaligkeit	Niedrige Kosten
Gesamtmarkt	**Differenzierung**	**Kostenführerschaft** (Preisführerschaft)
Marktsegment	**Konzentration**	
Personalwirtschaftliche Kostenimplikation	**qualitative Dominanz** im Personalbestand, mit Kostenwirkung durch Personalentwicklung und/oder Personalbeschaffung	**Kosteneffizienz** durch Gemeinkostenreduktion und Sinken der Personaleinsatzkosten

Übersicht 7.18: Die drei Grundstrategien von *Porter* und ihre Implikationen für das strategische Personalkostenmanagement

Die **zweite** Argumentationsrichtung zur Ableitung eines strategischen Personalkostenmanagements basiert auf den Vorüberlegungen, die im Rahmen der in Kapitel 2 bis 6 diskutierten strategischen **Personalmanagementfelder** entwickelt wurden. Aufbauend darauf sind die dort entwickelten Strategien auf ihre Kostenimplikationen hin zu evaluieren und mit Hilfe der Kostenargumente die jeweils vorgegebenen Entscheidungsspielräume auf eine effiziente Lösung zu reduzieren. Zu berücksichtigen sind dabei auch wieder mögliche Finanzierungsrestriktionen, wie sie bereits im Zusammenhang mit der Personalkostenbudgetierung angesprochen wurden.

Die **dritte** Argumentationslinie schließlich orientiert sich an den in Abschnitt 1.3.2 diskutierten drei **strategischen Merkmalen,** als allgemeine Verhaltensmaximen für ein strategisches Management (vgl. *Scholz* 1987a).

Da diese drei Argumentationslinien nur **integriert** zu sinnvollen Lösungen führen, bietet sich dieses Vorgehen auch für die strategische Ebene des Personalkostenmanagements an. Danach gehen die bisher diskutierten Ansätze zu einem strategischen Personalmanagement in eine strategisch orientierte Definition der Kosten und in die damit verbundene Analyse ein. In Fortführung der bisherigen Überlegungen werden die (strategischen) Personalkosten in drei Gruppen gegliedert, nämlich

- Bestandskosten als Bereitstellungskosten,
- Aktionskosten für Beschaffung, Entwicklung, Einsatz und Freisetzung sowie
- Reaktionskosten als Folge von Umweltentwicklungen im weitesten Sinne.

7.4.2 Bestandskosten

Bestandskosten im Personalbereich sind alle solche Kosten, die unmittelbar durch die Bereitstellung des „Potentialfaktors Personal“ entstehen. Aus diesem Grund besteht zwangsläufig eine enge Kopplung zwischen der strategischen Personalbestandsanalyse und der strategischen Betrachtung der Personalkosten: Die Aufgaben des strategischen Kostenmanagements ergeben sich dabei speziell

- aus der Definition einer aus strategischer Perspektive als sinnvoll angenommenen individuellen Bestandskostenstruktur (Analysephase),
- aus dem Vergleich dieser Kostenstruktur mit Konkurrenzunternehmen (Positionierungsphase) und
- aus dem Einleiten möglicher Kostenveränderungsmaßnahmen.

7.4.2.1 Bestandskostenstruktur

Die **allgemeine Kostenstruktur** drückt den Anteil der Personalkosten an den Gesamtkosten oder im Verhältnis zum Umsatz aus. Neben Entwicklungen im Zeitablauf sind hier vor allem Differenzierungen nach Unternehmensbereichen sinnvoll und möglich. Vor allem für Unternehmen, die eine Strategie der Preisführerschaft und die damit im Regelfall verbundene Zielsetzung einer auf der Kostenseite verbesserten Wettbewerbsposition anstreben, impliziert dies den unmittelbaren Vergleich der eigenen Personalkostenstruktur mit denen der Konkurrenzunternehmen. Auch wenn es im Einzelfall nicht möglich ist, die konkrete Kostenstruktur direkter Konkurrenzunternehmen zu ermitteln, läßt sich zumindest durch publizierte Informationen über die jeweiligen Unternehmen beziehungsweise anhand des statistisch errechneten Branchendurchschnittes ermitteln, wo das eigene Unternehmen zu positionieren ist. Aus einer solchen Personalkostenanalyse und einer entsprechenden Kostenpositionierung leiten sich dann als strategische Vorgaben Kostensenkungsmaßnahmen ab.

Während die allgemeine Kostenstruktur lediglich den Anteil der Personalkosten an den Gesamtkosten beziehungsweise am Umsatz ausweist, operiert die **Personalkostenstruktur** differenzierter: Sie unterscheidet zwischen den verschiedenen Anteilen der Entgeltbestandteile. Auch dies kann absolut (in DM) oder relativ (in Prozenten) erfolgen. Mögliche Bezugsbasen sind dabei Unternehmensbereiche und/oder die Entwicklung im Zeitablauf. Die Personalkostenstruktur ergibt sich im wesentlichen aus den Tarifabschlüssen, die durch Branche und Region determiniert sind, sowie durch Veränderungen im Aufwand für die Sozialversicherung. Eine darüber hinausgehende Einflußmöglichkeit gibt es im Bereich von „sonstigen Personalzusatzkosten“ wie Wohnungs- und Familienbeihilfe, was allerdings nur rund 6% bezogen auf Entgelte für tatsächlich geleistete Arbeit ausmacht. Einen relativ höheren Anteil haben die Aufwendungen für die betriebliche Altersversorgung (9%) und Sonderzahlungen (10%) wie Gratifikationen oder 13.-Monatsgehälter (z.B. *IW* 1987, 80). Der Entscheidungsspielraum der Unternehmensleitung hinsichtlich dieser „freiwilligen Leistungen“ ist allerdings weitgehend durch Betriebsvereinbarungen und Tarifverträge eingeschränkt.

Verschiebungen in der Personalkostenstruktur im Sinne einer Verschiebung der Preiskomponente der Personalkosten sind somit überwiegend durch Tarifverhandlungen, ansonsten allenfalls im AT-Bereich möglich.

Zentrale Eingriffsmöglichkeiten für ein strategisches Personalkostenmanagement bietet daher die **Mengenkomponente**: Sie zeigt sich in der (bewerteten) Personalqualifikationsstruktur, also der Verteilung der Belegschaft auf mehrere Qualifikationsgruppen, die im Unterschied zur Personalbestandsanalyse entsprechend ihrer Kostenwirksamkeit gebildet werden. Auch diese Personalqualifikationsstruktur dient wieder zunächst als Analyseinstrument, danach erfolgt eine Positionierung in Relation zur Konkurrenz. Dabei geben nicht nur relative Verteilungswerte den Ausschlag, sondern auch outputbezogene Kenngrößen. Der vorzugebende Sollwert folgt aus der Unternehmensgrundstrategie: Im Gegensatz zur Strategie der Kostenführerschaft ergibt sich allerdings keine eindeutige Zuordnung, da beispielsweise eine Konzentrationsstrategie durchaus auf unterschiedliche Qualifikationsgruppen zielen kann.

Die Entwicklung der Soll-Personalkostenstruktur hängt nicht nur von der Unternehmensgrundstrategie und der jeweils erreichten relativen Position im Hinblick auf die Konkurrenz ab. Wichtig sind vor allem auch die im Zusammenhang mit der strategischen Personalbedarfsanalyse festzustellenden Projektionen der Technologie- und Umweltveränderungen: Unter Zuhilfenahme der in Kapitel 3 diskutierten Verfahren (wie Expertenschätzung, Relevanzbaumverfahren oder Szenarioanalyse) ist zu prüfen, inwieweit sich besonders die Personalqualifikationsstruktur durch Einführung beispielsweise neuer Fertigungsverfahren oder verstärkter Büroautomatisierung verschiebt: Hier sind polarisierende Strukturveränderungen in Richtung auf eine (relative) Zunahme der niedrigen und hohen Qualifikationsgruppen genauso möglich wie nivellierende Tendenzen, die mittleren Qualifikationsgruppen in ihrer Bedeutung anzuheben. Als weitere Determinante der Personalkostenstruktur sind Kosten anzusehen, die in einem betrieblichen Humanisierungsmanagement direkt oder indirekt durch bereits realisierte oder intendierte Humanisierungsmaßnahmen entstehen.

Die oben beschriebenen Strukturierungsansätze der Personalkosten implizieren vorrangig Komplexitätsreduktion. Sie bezieht sich in Abhängigkeit von der Grundstrategie entweder auf die Gesamtbelegschaft (Holismus) oder aber auf zentrale Beschäftigtengruppen (Elementarismus). Für ein strategisches Personalkostenmanagement ausschlaggebend ist aber nicht nur die Analyse- und Positionierungsphase, sondern vor allem die Gestaltungsphase. Sie läßt sich in zwei Richtungen konkretisieren:

- Im Hinblick auf eine kontingenzaktive Strategie ist eine Belegschaftsstruktur zu wählen, die aufgrund ihrer Flexibilitätspotentiale unterschiedlichen Umweltzuständen gerecht werden kann.
- Im Hinblick auf eine initiativaktive Strategie ist dagegen eine Personalstruktur zu wählen, die sich ausschließlich an dem beabsichtigten Wett-

bewerbsvorteil ausrichtet, der in Kostenführerschaft, Diversifikation oder Konzentration liegen kann.

7.4.2.2 *Bestandskostenkontrolle*

Der Vorgabewert für die Personalbestandskosten ergibt sich durch Verbindung der Personalbestandsprojektion und der Personalbedarfsprojektion. Diese enge Kopplung zwischen der Personalkostenplanung und der Personalbedarfsplanung wird auch dann deutlich, wenn Personalkostenvorgaben unmittelbar aus dem Leistungsprogramm und damit der Personalbedarfsplanung abgeleitet werden. Während die Kontrolle der einzelnen Budgets Aufgabe der taktischen Ebene des Personalkostenmanagements ist, obliegt es der strategischen Ebene, die Kostenstruktur auf Einhaltung der vorgegebenen Strukturparameter hin zu kontrollieren: Dabei ist allerdings auf das zentrale Problem zu achten, daß Kostenstrukturen weniger durch die Preiskomponente als vielmehr über die Mengenkomponente aktiv beeinflußbar sind.

7.4.2.3 *Computergestützte Kostenanalyse und -prognose*

In der Literatur werden computergestützte Personalkostenplanungssysteme beschrieben (vgl. z.B. *Wagner/Heinemann/Papke* 1982), die selbst mit einfacher Hard- und Softwareausstattung recht umfangreiche Analyse- und Simulationsstudien der Personalkostenentwicklung erlauben. Nachfolgend werden stellvertretend für die Möglichkeiten zur Kostenanalyse zwei Ansätze angesprochen: zum einen die Analyse mit Hilfe der schon in Abschnitt 2.5.3 vorgestellten Methode „system dynamics", zum anderen Auswertungen, die sich mit Hilfe eines Tabellenkalkulationsprogrammes auf dem Personal Computer durchführen lassen.

(a) Personalkostensimulation mit System Dynamics

Die von *Forrester* (1961; 1968) entwickelte Methode System Dynamics dient zur Beschreibung des Verhaltens komplexer und vernetzter Systeme, beispielsweise eines Betriebes. Personalkosten sind darin Variablen, abhängig vom Personalbestand und den jeweiligen Kosten der Arbeit. Diese wiederum sind durch betriebsinterne und externe Faktoren, wie Produktivität, Absatz, Produktionstechnik, Wirtschaftswachstum, Lebenshaltungskosten, Konkurrenzsituation, Verhandlungsmacht der jeweiligen Interessenvertreter sowie eine Reihe weiterer sich wiederum gegenseitig beeinflussender Faktoren determiniert.

In zwei Untersuchungen wurde ein Personalkostenmodell mit System Dynamics erstellt und auch für ein reales Unternehmen „durchgerechnet". Während in der schon vorgestellten Untersuchung von *Weinmann* (1978) die gesamte Unternehmensentwicklung betrachtet wurde, und somit die Kosten des Personalbestandes nur eine untergeordnete Rolle spielen, stellen genau diese den Untersuchungsgegenstand von *Laukin* und *Merten* (1983) dar: Sie verwendeten verschiedene Zukunftsszenarien (4% Schrumpfung, Stagnation, 4% Wachstum), um die Entwicklung der Personalkosten eines größeren Maschinenbauunternehmens für den Zeitraum von 1980 bis 1988 zu simulieren. Dabei legten sie einen Schwerpunkt auf die Auswirkung von Arbeitszeitverkürzungen.

(b) Interaktive Personalkostenanalyse (IPKA)

Die interaktive Personalkostenanalyse basiert auf Mitarbeiterbestands- und Gehaltsdaten. Zudem fließen Parameter in die Berechnung ein, die entweder exakt vorgegeben sind oder aus Vergangenheitswerten abgeleitet wurden. Anhand eines einfachen Modelles, das hier aus Gründen der Komplexitätsreduktion mit kumulierten Werten operiert, soll die Analyse- und Planungsfunktion der interaktiven Personalkostenanalyse kurz erläutert werden.

Für die **Analysefunktion** werden die Personalbestandsdaten zusammengefaßt: Dabei bietet sich eine Aufteilung der Mitarbeiter in einer entsprechenden Matrix an, die nach Tarifgruppen sowie nach der Dauer der Betriebszugehörigkeit gegliedert ist. Pro Tarifgruppe läßt sich das Gehalt der Mitarbeiter entweder als arithmetischer Mittelwert („Durchschnitt") oder gemäß der Verteilung der Mitarbeiter aufgrund der Dauer ihrer Betriebszugehörigkeit („Verteilung") berechnen. Übersicht 7.19 zeigt den Aufbau einer solchen Mitarbeitermatrix.

	Anzahl Mitarbeiter							
Berufsjahr	1.-2.	3.-4.	5.-6.	7.-8.	9.	10.	11.	Summe
Tarifgruppe 1	4	3	3	2	1			13
Tarifgruppe 2	9	6	7	3	3			28
Tarifgruppe 3	14	16	14	19	20	14		97
Tarifgruppe 4	97	124	154	192	182	165		914
Tarifgruppe 5	74	83	98	105	96	83	71	610
Tarifgruppe 6	25	37	99	107	125	98	90	581
Tarifgruppe 7	19	28	44	69	77	81	69	387
Tarifgruppe 8	7	9	15	19	29	44	33	156
Tarifgruppe 9	2	7	18	19	27	44	39	156
Abteilungsleiter	5	14	26	44	52	69	59	269
Hauptabteilungsleiter	2	8	14	19	25	37	21	126
Abteilungsdirektor		2	2	7	3	10	6	30
Generaldirektor	1			3	2	5	3	14

	Gehalt pro Mitarbeiter (in DM)								
Berufsjahr	1.-2.	3.-4.	5.-6.	7.-8.	9.	10.	11.	Durchschnitt	Verteilung
Tarifgruppe 1	2067	2157	2247	2339	2428			2248	2199
Tarifgruppe 2	2143	2246	2349	2453	2553			2349	2294
Tarifgruppe 3	2256	2347	2439	2531	2622	2715		2485	2493
Tarifgruppe 4	2358	2482	2604	2728	2851	2973		2666	2703
Tarifgruppe 5	2456	2594	2733	2874	3014	3153	3297	2874	2872
Tarifgruppe 6	2738	2738	2913	3088	3263	3437	3612	3113	3199
Tarifgruppe 7	3120	3120	3120	3327	3530	3737	3945	3414	3515
Tarifgruppe 8	3597	3597	3597	3597	3828	4058	4290	3795	3917
Tarifgruppe 9	4123	4123	4123	4123	4123	4382	4638	4234	4325
Abteilungsleiter	3254	3781	4398	5104	5819	6199	6963	5074	5759
Hauptabteilungsleiter	4125	4958	5919	7162	8619	9462	10499	7249	8356
Abteilungsdirektor	5099	6288	7704	9391	11204	12265	14013	9423	11135
Generaldirektor	7211	8853	11028	14875	17992	19334	22189	14497	17933

Übersicht 7.19: Mitarbeitermatrix für IPKA

Die im Modell als relevant anzusehenden Parameter (Übersicht 7.20) stammen aus den entsprechenden Gesetzen beziehungsweise (Tarif-)Verträgen oder ergeben sich als Durchschnittswerte aus der Vergangenheit:

- Zu den exakten Daten gehören Beitragsbemessungsgrenzen sowie der Prozentanteil für Kranken-, Renten- und Arbeitslosenversicherung.
- Zu den Durchschnittswerten gehören Kindergeldzulage, die Fahrtkostenzulage und der Essensgeldzuschuß pro Mitarbeiter pro Jahr.

Parameter	**Ist**	**Plan**	
Urlaub	30	30	Tage
Gehaltsänderung	0	1	%
Grenze Rentenversicherung für 50% AG/50% AU	10	10	%
Rentenfaktor	0	0,7	%
Kindergeldzulage	75	75	DM
Vermögenswirksame Leistungen	2	2	%
Abschlußvergütung	2,2	2,2	%
Fahrtkosten	830	850	DM
Essensgeld	270	280	DM

Beiträge zur gesetzlichen	Beitragsbemessungsgrenze (BBG)		Beitrag in %	
	Ist	Plan	Ist	Plan
Krankenversicherung	4.500	4.500	14,1	15,0
Rentenversicherung	6.000	6.000	18,7	18,7
Arbeitslosenversicherung	6.000	6.000	4,3	4,3

Übersicht 7.20: Parameterstruktur für IPKA

Personalaufwendungen	**Ist**	**Plan**
1. Gehälter/Löhne	163.379.268	163.245.965
13. Monatsgehalt	11.925.494	11.915.764
vermögenswirksame Leistungen	3.267.585	3.264.919
Kindergeldzulage	263.625	263.625
Urlaubsgeld	2.027.334	2.025.680
halbes Monatsgehalt	5.962.747	5.957.882
Abschlußvergütung	3.594.344	3.591.411
Fahrtkostenzuschuß	2.940.827	2.987.750
Essensgeldzuschuß	980.276	984.200
2. Gesetzliche Sozialabgaben	28.445.613	29.054.093
Krankenversicherung	10.453.557	11.099.407
Rentenversicherung	14.628.324	14.597.940
Arbeitslosenversicherung	3.363.732	3.356.745
3. Alterversorgung		
Rentenzahlungen	4.100.568	4.129.272
Pensionszuführung	8.125.006	8.206.256

Übersicht 7.21: IPKA-Ausgabetableau

Ausgehend von diesen Parametern ergibt sich das IPKA-Ergebnistableau, das in unterschiedlich anwählbaren Aggregationsniveaus Aussagen über den geplanten Personalaufwand im Vergleich zum IST-Aufwand macht (Übersicht 7.21).

Die **Planungsfunktion** setzt ebenfalls an der Mitarbeitermatrix an, in der die geplante Anzahl der Beschäftigten für die nächste Periode eingetragen wird; Analoges erfolgt in der Parameterstruktur, wo die Spalte „Plan" mit den geplanten Werten der Einflußgrößen auf die Personalkosten zu besetzen ist: Dies betrifft Urlaubstage oder Beitragsbemessungsgrenzen genauso wie Gehaltsänderungen oder vermögenswirksame Leistungen. Auch die Auswirkungen einer veränderten Einstellungspolitik oder einer Personalstrukturänderung lassen sich im IPKA-Ausgabetableau ablesen.

Die interaktive Personalkostenanalyse bietet nicht nur die Möglichkeit des direkten Vergleiches der Ergebnisse von Ist- und Planwerten der Personalaufwendungen. Sie ermöglicht auch eine Sensitivitätsanalyse hinsichtlich der zukünftigen Gestaltung der Personalkosten eines Unternehmens. Der Vorteil einer solchen Analyse liegt vor allem in der Interaktivität, die alle Auswirkungen einer Einflußgrößenveränderung unmittelbar anzeigt. Schließlich ist IPKA, auch aufgrund der Verfügbarkeit auf einem Personal Computer, ein wichtiges Unterstützungsinstrument des strategischen Personalkostenmanagements.

7.4.3 Aktionskosten

Auch wenn die Interdependenz zwischen den verschiedenen Einflußfaktoren auf die Personalkosten eine exakt verursachungsgerechte Zuordnung von Kosten auf Verursacher erschwert, müssen dennoch die Aktionskosten zum Planungsobjekt gemacht werden: **Aktionskosten** im Personalbereich fallen auf den Managementfeldern
- Personalbeschaffung,
- Personalentwicklung und
- Personalfreisetzung

an.

Zwischen diesen Feldern besteht begrenzt Substitutionsmöglichkeit. Daraus folgt als erste Teilaufgabe der Kostenstrukturierung für die Aktionskosten die Entscheidung über die Schwerpunktsetzung **zwischen** diesen drei Managementfeldern. So bedeutet eine Abnahme der Personalentwicklungskosten dann eine Zunahme von Beschaffungs- und Freisetzungskosten, wenn Veränderungen in der Personalbedarfsstruktur nicht durch qualitative Veränderungen der eigenen Belegschaft aufgefangen werden können. Solche Kostenüberlegungen sind zwar nur eine Facette der Entscheidung zwischen alternativen Strategien der Personalveränderung, tragen aber dennoch zur Problemstrukturierung bei: Dies gilt speziell in Verbindung mit den Ansätzen zu einer unternehmensinduzierten Arbeitsmarktstrategie (UAMS) aus Abschnitt 4.4.3.

Die zweite Teilaufgabe der Strukturierung von Aktionskosten im Personalbereich betrifft kostenbasierte Entscheidungsregeln **innerhalb** der Aktionsfelder Beschaffung, Entwicklung und Freisetzung: Während bei Beschaffung und Freisetzung im Regelfall hinsichtlich der Kosten nur ein geringer Spielraum bestehen dürfte, sind im Bereich der Personalentwicklung erhebliche Wahlmöglichkeiten gegeben, die sich vor allem auf den Umfang der kontingenzaktiven Entwicklungsstrategien beziehen.

Abgesehen vom Wirtschaftlichkeitsprinzip (kostenminimaler Aufwand für gegebenes Ziel) hängt die Entscheidung hinsichtlich der Verteilung zwischen den Aktionsfeldern und innerhalb der Aktionsfelder primär von der Grundstrategie ab.

7.4.4 Reaktionskosten

Unter **Reaktionskosten** sind alle solchen Personalkosten zu verstehen, die dem Unternehmen ohne unmittelbar eigene Entscheidungen entstehen; dazu zählen vor allem die Fluktuationskosten und die Fehlzeitenkosten.

7.4.4.1 Fluktuation

Fluktuation als Folge fehlender arbeitnehmerseitiger Austrittsbarrieren, organisationsinitiierter Faktoren oder anderer Gründe wie Invalidität, Tod oder Einberufung zu Zivil- beziehungsweise Wehrdienst (vgl. *Sabathil* 1977, 5–19; *Redlin* 1987) hat nicht nur Konsequenzen hinsichtlich der Bestandsveränderung (vgl. Kapitel 2), sondern darüber hinaus auch gravierende Kostenimplikationen. Fluktuation ist **Desinvestition** von Humanvermögen. Dieses durch Anwerbung, Information, Aus- und Weiterbildung im Arbeitnehmer angehäufte Kapital scheidet mehrere Perioden vor Ablauf der vorgesehenen „Nutzungsdauer" aus dem Unternehmen aus. Die in den Mitarbeiter investierten und daher auch kostenwirksamen Vorleistungen kommen somit nicht in vollem Umfang wieder dem Unternehmen zugute.

Kostenwirkungen ergeben sich durch mehrere Faktoren. Dazu zählen unter anderem (vgl. Aufstellung und Ausführungen bei *Streim* 1982, 139–141 und *Moll* 1986, 71–92):

- Separationskosten
  - Entlassungskosten (Abwicklung der notwendigen Formalitäten einschließlich des Abgangsinterviews)
  - Minderleistungskosten vor, während und nach der Fluktuationsentscheidung (hier vor allem wegen Kündigung durch den Arbeitnehmer; z.B. als Kosten für erhöhten Absentismus oder Ausschuß)
- Stellenbesetzungskosten
  - Anwerbungskosten
  - Auswahl- und Einstellungskosten
  - unter Umständen auch Trennungsentschädigungen
  - Anlern- und Einarbeitungskosten.

7.4.4.2 *Fehlzeiten*

Versteht man unter Fehlzeiten allgemein die Abwesenheit des Arbeitnehmers vom Arbeitsplatz, so haben Fehlzeiten in der Regel Kostenimplikationen für das Unternehmen. Im einzelnen lassen sich folgende Ursachen für Fehlzeiten unterscheiden (Übersicht 7.22):

- Unfallbedingte Fehlzeiten als Folge von Arbeits- oder Freizeitunfällen,
- gesetzliche oder vertragliche Fehlzeiten wie Urlaub, Mutterschutz, Zivil- beziehungsweise Wehrdienst oder auch Kuren,
- "medizinisch-biologisch" bedingte Fehlzeiten, die einerseits durch das Individuum, aber auch auf Grund von arbeitsplatzspezifischen Verhältnissen (somit durch das Unternehmen) verursacht sein können sowie
- motivationale Fehlzeiten, die unter anderem auf Unzufriedenheit der Mitarbeiter zurückzuführen sind.

Fehlzeiten			
Unfall	gesetzlich/ vertraglich	medizinisch/ biologisch	motivational
während der Arbeitszeit außerhalb der Arbeitszeit	(Erholgungs-/ Bildungs-) Urlaub Kurs usw. Zivil-/Wehrdienst	individuuminduziert unternehmensinduziert	

Übersicht 7.22: Klassifikation von Fehlzeiten

Fehlzeiten stellen insofern Reaktionskosten für das Unternehmen dar, als sie nicht primär durch unternehmerische Entscheidungen ausgelöst sind, sondern in der Regel die Mitarbeiter „quasi autonom" handeln. Zwei Gründe sprechen dafür, sich auf strategischer Ebene mit dem Problem der Fehlzeiten gerade unter Kostengesichtspunkten besonders intensiv auseinanderzusetzen: Zum einen verursachen gerade Fehlzeiten erhebliche Kosten für das Unternehmen, und zwar auch dann, wenn Krankengeld nicht mehr vom Unternehmen gezahlt wird. Darüber hinaus treffen beim Problemfeld Fehlzeiten eine solche Fülle von Einflußfaktoren zusammen, daß isolierte Aktionen nur äußerst selten von Erfolg gekrönt sein dürften.

Eine auch für strategische Beeinflussungen wichtige Möglichkeit zur Beschreibung von Fehlzeiterscheinungsformen ist die Differenzierung nach Häufigkeit und Dauer der Fehlzeiten als zwei (miteinander verbundene) Variablen (Übersicht 7.23):

Aufgrund der Höhe der durch Fehlzeiten verursachten Kosten überrascht es nicht, daß eine Vielzahl von Untersuchungen sich mit dieser Materie auseinandersetzen (vgl. z.B. *Salowsky* 1983; *Vogt* 1983, 125–206; *Dincher* 1984). Exemplarisch soll das Ergebnis der Untersuchung von *Hollich* (1985, 155–160) skizziert werden, der 1557 Arbeiter und Angestellte deut-

Häufig – kurz	**Selten – lang**
Mitarbeiter mit niedrigem Lebensalter	Mitarbeiter mit hohem Lebensalter
Mitarbeiter mit niedrigem Dienstalter	Mitarbeiter mit hohem Dienstalter
Verheiratete Frauen mit Kind	Unverheiratete ohne Kinder
Ungelernte, angelernte, weniger qualifizierte Mitarbeiter	Fachkräfte, qualifizierte Mitarbeiter
Großstadtbevölkerung	Kleinstadtbevölkerung
Mitarbeiter, die häufig den Arbeitsplatz wechseln	Mitarbeiter, die selten den Arbeitsplatz wechseln
Mit den Arbeitsbedingungen unzufriedene Mitarbeiter	Mit den Arbeitsbedingungen zufriedene Mitarbeiter
Mit dem Vorgesetzten unzufriedene Mitarbeiter	Hoch motivierte Mitarbeiter
Mitarbeiter mit negativer Einstellung	Rentenantragsteller, Schwerbehinderte

Übersicht 7.23: Häufigkeit und Dauer von Fehlzeiten
(nach *Gieffers/Pohen* 1983, 30)

scher Industrieunternehmen untersuchte. Er kam im wesentlichen zu folgenden Ergebnissen:

- Weibliche Mitarbeiter weisen einen wesentlich höheren Krankheitsstand auf als männliche Mitarbeiter. Die Hypothese, wonach die Aufgabenart mit für dieses Ergebnis verantwortlich ist, konnte nicht gestützt werden.
- Bei verheirateten Arbeiterinnen steigen mit zunehmender Kinderzahl die Fehlzeiten, nicht jedoch bei verheirateten Arbeitern. Ausländische Männer weisen gegenüber deutschen Männern eine um 40% höhere Fehlzeit auf; das gleiche gilt für ausländische Frauen im Vergleich zu deutschen Frauen. Auch hier dürften die spezifischen Arbeitsbedingungen keine Ursache für die Fehlzeithäufigkeit sein.
- Mit zunehmender Arbeitszufriedenheit ist mit geringeren Abwesenheitsraten zu rechnen.
- Steigende Werte für Abwechslung, Arbeitsschwierigkeit, Selbständigkeit und Verantwortung führen zu fallenden Fehlzeiten.
- Steigende Betriebs- und Abteilungsgröße geht einher mit steigenden Fehlzeiten und Fehlhäufigkeiten.
- Kleinere Gruppen entwickeln ein größeres Zusammengehörigkeitsgefühl; hier stellt sich ein U-förmiger Verlauf der Fehlzeit ein, wobei Gruppengrößen von 5 bis 10 Gruppenmitglieder offenbar die Integration der Mitarbeiter am stärksten fördern und damit die Fehlzeiten am meisten reduzieren.
- Zwischen der Anzahl an Überstunden und den Fehlzeiten wurde ein negativer Zusammenhang festgestellt (wofür es allerdings unterschiedlichste Erklärungsmöglichkeiten gibt).
- Mit steigender Anzahl an Vorgesetztenkontakten fallen die Fehlzeiten speziell im Angestelltenbereich; dies belegt die Bedeutung des Vorgesetzten-Mitarbeiter-Verhältnisses für eine Reduktion von Fehlzeiten.
- Im Bereich der Arbeiter wurde allerdings ein U-förmiger Verlauf zwischen Vorgesetztenkontakten und Fehlzeiten festgestellt, wobei 4 bis 6

Kontakte pro Tag die niedrigste Fehlzeit aufwiesen. Hier könnte (bei mehr als 7 Kontakten pro Tag) der Arbeiter durch das Gefühl eines „Kontrolliertwerdens" negativ beeinflußt werden.

Diese und ähnliche Ergebnisse sind sicherlich interessant, wenngleich ihre Übertragbarkeit im Einzelfall geprüft werden müßte. Für ein betriebliches Personalmanagement ist eine direkte Übertragung solchermaßen gewonnener Erkenntnisse allerdings auch nicht grundsätzlich erforderlich: Wichtiger ist vielmehr, daß derartige Untersuchungen auf Basis von Fragebogen durchführbar sind und statistisch signifikante Ergebnisse liefern können. Dies bedeutet für ein strategisches Personalmanagement die Notwendigkeit (und die Chance), mit Hilfe eines differenzierten Analyseinstrumentariums detaillierte Auskünfte über Verursachungsfaktoren für Fehlzeiten im eigenen Unternehmen zu bekommen. Unabhängig von der verfolgten Grundstrategie läßt sich durch daraus abgeleitete Maßnahmen versuchen, über das Senken der Fehlzeiten eine Kostenreduktion herbeizuführen.

Eine solche Analyse von Fehlzeiten basiert auf zwei informatorischen Grundlagen: **Objektive** Fakten wie Familienstand, Alter, Abteilung, Tätigkeit, Betriebszugehörigkeit oder Ausbildung lassen sich unmittelbar aus den Mitarbeiterdaten ableiten. **Subjektive** Daten wie Arbeitszufriedenheit, Arbeitsorganisation, Arbeitsplatzanordnung, Selbständigkeit, Schwierigkeit oder Strukturiertheit der Arbeit lassen sich beispielsweise mit Hilfe von Likert-Skalen erheben. Dabei ist es nicht zwingend Voraussetzung, daß Arbeitsabläufe tatsächlich schwierig oder unstrukturiert sind; wichtig ist vielmehr die subjektive Einstufung der entsprechenden Tätigkeiten durch die Beschäftigten selbst. Eine solche Analyse von Fehlzeiten muß allerdings organisatorisch strikt von personenbezogenen Auswertungen getrennt werden: Dies bedeutet, daß auf keinen Fall Rückschlüsse auf das Fehlzeitverhalten einzelner Personen möglich sein dürfen, was für den Einsatz unternehmensexterner Forscher oder Berater spricht.

Bei der **Beurteilung** von Fehlzeiten als strategischen Kostenfaktor sind neben der absoluten Höhe der Fehlzeiten **drei Differenzierungen** wichtig:

- Innerhalb eines Unternehmens lassen unterschiedliche Fehlzeiten bei vergleichbaren Abteilungen oder Betrieben wichtige Rückschlüsse auf spezielle Einflußfaktoren in diesen Bereichen zu. Hier können Fehlzeitenstatistiken als vergleichendes Kontrollinstrument zu einem wichtigen Steuerungsfaktor im Unternehmen werden.
- Ferner ist die relative Höhe der Fehlzeiten im Vergleich zu unmittelbaren Konkurrenzunternehmen entscheidend. Sind Unternehmen in der Lage, aufgrund von geringen Fehlzeiten kostengünstig zu produzieren, so hat dies einen unmittelbaren Einfluß auf die strategische Erfolgsposition des Unternehmens, was die Bedeutung derartiger Fehlzeitenvergleiche rechtfertigt.
- Wichtig darüber hinaus ist die relative Höhe der Fehlzeiten im internationalen Vergleich. So zeigte *Salowsky* (1983) auf, daß Deutschland mit einer Fehlzeitenquote von 7,5% weitaus höher liegt als Japan (1,6%) und die USA (3,3%); allerdings noch immer unter Werten, wie sie in Schweden (13,5%) anzutreffen sind.

Nicht zuletzt aufgrund der Kostenwirkungen stellt damit die Fehlzeitenanalyse ein wichtiges Instrumentarium für das strategische Management dar.

7.5 Empirischer Exkurs: Personalkosten im Vergleich

Eine wichtige strategische Beeinflussung der Personalkosten im innerbetrieblichen Bereich liegt in der **Mengenkomponente**. Übersicht 7.24 bietet einen Vergleich der Kennzahlen ausgewählter Branchen des produzierenden Gewerbes der Jahre 1977 und 1986. Dabei ist ein Rückgang des Anteils der Lohn- und Gehaltssumme am Umsatz in fast allen Gewerbezweigen ablesbar. Dies ist unter Annahme der konstanten und simultanen Entwicklung von Umsatz und Beschäftigungsentgelt vor allem auf Maßnahmen zur Rationalisierung und Erhöhung der Arbeitsproduktivität zurückzuführen.

	Beschäftigte (in 1000)		Umsatz (in Mrd DM)		Lohn- und Gehaltssumme (in Mrd DM)		Personalkostenanteil	
	1977	1986	1977	1986	1977	1986	1977	1986
Bergbau	240	210	22	33	7	10	32%	30%
Eisenschaffende Industrie	306	210	40	46	9	9	22%	20%
Chemische Industrie	569	567	108	169	19	30	18%	18%
Maschinenbau	985	986	98	158	29	45	30%	28%
Elektrotechnik	955	962	91	158	27	42	30%	27%
Fahrzeugbau	654	838	96	194	21	40	22%	21%
Eisen-, Blech-, Metallwaren	310	294	30	47	8	11	27%	23%
Feinmechanik und Optik	138	148	11	19	4	6	36%	32%
Textilindustrie	328	228	31	37	7	8	23%	22%
Bekleidungsindustrie	256	186	19	23	4	5	21%	22%

Übersicht 7.24: Kennzahlen wichtiger Industriezweige von 1977 und 1986 (vgl. *IW* 1978, 48; 1987, 66)

Erhebungen über die Entwicklung der Personalkosten im produzierenden Gewerbe und im Dienstleistungssektor werden nur in längeren Zeitabständen durchgeführt. Die letzte Erhebung des statistischen Bundesamtes stammt aus dem Jahre 1984. Für eine Fortschreibung dieser Erhebung werden Hilfsstatistiken sowie amtliche Daten berücksichtigt, die aus Berichten der Bundesregierung, den Ministerien sowie der Krankenkassen und Sozialversicherungsträger stammen (*Hemmer* 1988, D16–17).

In Abbildung 7.10 ist die Entwicklung der Personalkosten, getrennt nach direktem Entgelt und Personalnebenkosten in ausgewählten Branchen des tertiären Sektors dargestellt.

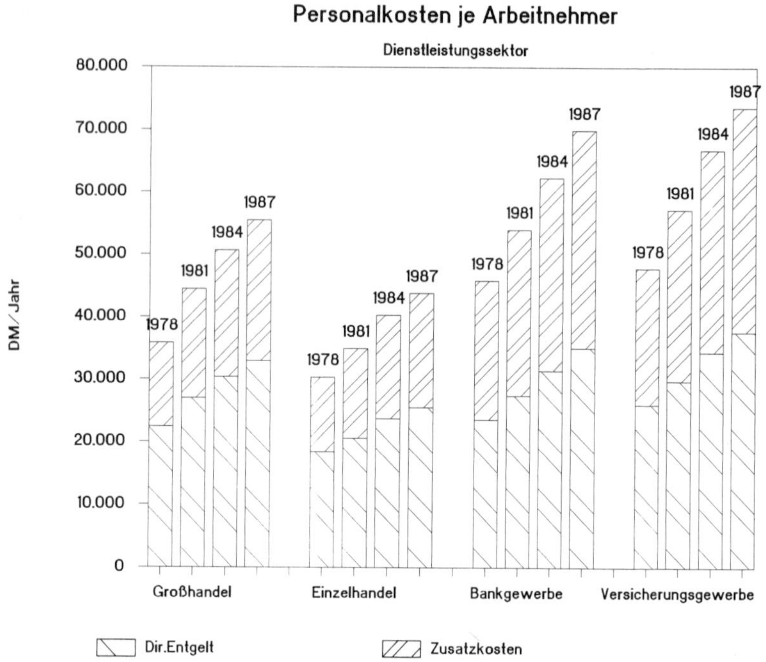

Abbildung 7.10: Personal- und Personalzusatzkosten-Entwicklung im Dienstleistungssektor (nach *Hemmer* 1988)

Die Entwicklung der Zusammensetzung der verschiedenen Lohnbestandteile (direktes Entgelt, tarifvertraglich festgeschriebene und gesetzlich verursachte Lohnnebenkosten) für den gesamten Bereich des produzierenden Gewerbes ist in Abbildung 7.11 dargestellt. Die Nebenkosten im produzierenden Gewerbe addieren sich für 1987 auf 83,1% der gesamten direkten Entgelte (vgl. *Hemmer* 1988, 18). Darin enthalten sind beispielsweise die Sozialversicherungsbeiträge der Arbeitgeber (22,4% im Verhältnis zu den direkten Entgelten), bezahlte Feiertage (5,3%), Entgeltfortzahlung im Krankheitsfall (5,3%). Einen großen Anteil hatten auch die („freiwilligen") tariflich fixierten Nebenkosten, bestehend aus Urlaub und Urlaubsgeld (20,6%), Sonderzahlungen wie das 13. Monatsgehalt (9,8%) und Aufwendungen für die betriebliche Altersversorgung (9,3%). Während die Personalzusatzkosten im langfristigen Trend ansteigen, konnte 1987 gegenüber dem Vorjahr dieser Trend zunächst einmal gestoppt werden.

Über die **international** sehr verschiedenen Löhne und Lohnnebenkosten, die einerseits Argumente in der politischen oder auch tariflichen Auseinandersetzung bilden, zum anderen die Grundlage etwaiger Produktions-**Standortentscheidungen** liefern, gibt Übersicht 7.25 Auskunft. Dabei sind neben wechselkursindizierten Verzerrungen auch die unterschiedliche Kaufkraft sowie vor allem Produktivität, Qualitätsstandard und Infrastruktur in den einzelnen Ländern in die Betrachtung miteinzubeziehen.

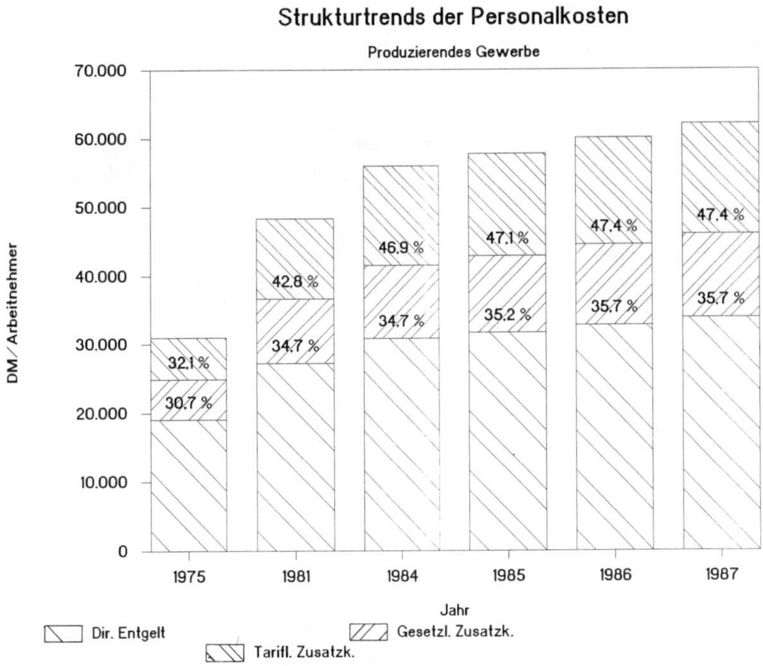

Abbildung 7.11: Lohn- und Lohnnebenkosten im produzierenden Gewerbe (zusammengestellt aus *Hemmer* 1988)

	Lohnkosten pro Stunde (einschl. Nebenkosten)	Anteil an Nebenkosten	Umsatz pro Arbeitnehmer (pro Jahr)
USA	12.6	37,1%	27855
Kanada	11,0	27,6%	22290
Norwegen	10,3	45,6%	20065
Australien	9,6	26,6%	19201
Schweiz	9,6	33,0%	27393
Deutschland	9,5	74,5%	21797
Schweden	9,1	66,7%	16045
.			
.			
Österreich	6,5	86,1%	15573
Japan	6,3	16,8%	19137
.			
.			
Hongkong	1,6	11,0%	9194
Südkorea	1,4	20,0%	15121
Brasilien	1,2	37,7%	1521

Übersicht 7.25: Lohnkosten und Output pro Arbeitnehmer in US-Dollar (vgl. *EMF* 1986, 115, 116)

7.6 Resümee und Vorschau

Personalkosten stellen einen zentralen Kostenverursachungsfaktor im Unternehmen dar. Die Planbarkeit von Personalkosten ist, sofern von einem konstanten Personalbestand ausgegangen werden kann, relativ hoch, ihre Beeinflußbarkeit dagegen relativ gering. Differenziert man wieder nach den drei **Managementebenen,** so ergibt sich folgendes Bild:

- Auf der *operativen* Ebene steht die individuumsbezogene Personalentlohnung im Mittelpunkt. Hier unterstützen diverse Verfahren der analytischen und der summarischen Arbeitsbewertung eine anforderungsabhängige Lohndifferenzierung, als Ergänzung zur leistungsabhängigen Lohndifferenzierung. Hinzu kommt das Spezialproblem der Führungskräfteentlohnung.
- Die *taktische* Ebene mit ihrer Personalkostenbudgetierung abstrahiert wieder vom einzelnen Individuum und konzentriert sich auf die Erstellung von abteilungs- und bereichsbezogenen Personalkostenbudgets. Spezielle Formen der Budgeterstellung sind hier das Zero Base Budgeting und die Gemeinkostenwertanalyse. Die Budgeterstellung wird ergänzt durch den Vorgang der Budgetkontrolle als Soll-Ist-Vergleich und Abweichungsanalyse.
- Die *strategische* Ebene hat als zentrales Planungs- und Gestaltungsobjekt die Personalkonfiguration. Sie liefert damit das mit Personalkosten bewertete Gegenstück zur strategischen Ebene der Bestandsanalyse mit ihrer (unbewerteten) Personalkonfiguration. Zentrale Kostendifferenzierungen auf der strategischen Ebene des Personalkostenmanagements sind Bestands-, Aktions- und Reaktionskosten mit ihren unterschiedlichen Beeinflussungsgraden.

Zurückblickend auf die einleitende Abbildung 1.1 sind damit die originär personalwirtschaftlichen Managementfelder abgedeckt. Sie werden ergänzt durch das in Kapitel 8 zu diskutierende Personalinformationsmanagement, das querschnittartig über den übrigen Managementfeldern liegt.

7.7 Testfragen

(1) Stellen Sie tabellarisch die Voraussetzungen und die Wirkungen der verschiedenen Entlohnungssysteme gegenüber.

(2) Das Gehalt eines Universitätsassistenten ergibt sich im wesentlichen in Form eines Zeitlohns. Wie würde eine Ausgestaltung als Akkord- oder Prämienlohn aussehen? Wann wären derartige Erweiterungsformen sinnvoll?

(3) Welche Zusammenhänge bestehen zwischen der Personalführung und der Entgeltfestsetzung? Gehen Sie bei Ihrer Antwort auch auf die diversen Menschenbilder ein, die unterschiedlichen Entlohnungssystemen zugrundeliegen.

(4) Gesetzt den Fall, man würde die Gehälter von Universitätsassistenten mit Hilfe einer analytischen Arbeitsbewertung festlegen: Wie würde man bei den vier verschiedenen Methoden der Arbeitsbewertung vorgehen?

(5) Welche Zusammenhänge können zwischen einer Leistungsbeurteilung und der Personalentwicklungsplanung bestehen? Welche Probleme und Konsequenzen ergeben sich daraus?

(6) Vergleichen Sie die Auswirkungen einer Mehrleistung in Form einer Zeitersparnis von 0, 2, 4 und 6 Stunden bei einer Vorgabezeit von 8 Stunden auf die absolute Höhe einer Leistungsprämie sowie auf den erzielten durchschnittlichen Stundenlohn in den Berechnungssystemen nach *Rowan* beziehungsweise *Halsey*. Gehen Sie von einem Grundlohn von 12.- DM/Std und einem Prämienfaktor von $p = 0.75$ aus.

(7) Wie müßte – in Grundzügen – eine flexible Plankostenrechnung für den Personalbereich aussehen? Differenzieren Sie in Ihrer Antwort zwischen operativer, taktischer und strategischer Ebene. Welche Voraussetzungen müßten für Ihren Vorschlag gegeben sein?

(8) Diskutieren Sie die nachfolgende Darstellung zur Ableitung von Personalkosten:

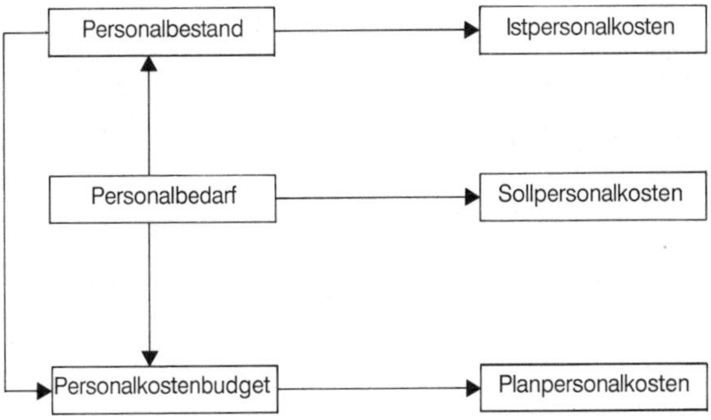

Abbildung 7.12: Personalkostenableitung

(9) Wie lassen sich die Auswirkungen einer x-prozentigen (linearen) Lohnerhöhung auf den Personalaufwand bestimmen?

(10) Inwieweit schließen sich in einem strategischen Personalkostenmanagement initiativaktives und kontingenzaktives Verhalten aus?

(11) Diskutieren Sie die Leiharbeit (Personalleasing) als Form des Personalkostenmanagements unter strategischen Gesichtspunkten.

(12) Empirische Untersuchungen zeigen, daß der Anteil an Personalnebenkosten bei großen Unternehmen wesentlich höher ausfällt als bei kleineren Unternehmen. Worauf führen Sie dieses Ergebnis zurück?

(13) Bestimmen Sie die Konsequenzen einer Tariferhöhung von 6% zum 1. April für das Kalenderjahr unter Verwendung folgender Ausgangsdaten (Beispiel nach *RKW* 1978, VII 49):

Mitarbeiter zahl	Durchschn. Entgelt	durchschnittliche Zusammensetzung		
Tarif zum Stichtag 01.04.	ohne Mehr- stunden DM	tarifl. Grund- gehalt DM	tarifl. Leistungs- zulage DM	übertarifl. Zulage DM
Arb. 480	10,65/Std.	9,50	–,60	–,55
Angest. 160	2170/Mon.	2030,-	100,-	40,-

Übersicht 7.26: Ausgangsdaten

8 Integrationsfelder

8.1 Charakterisierung

In Kapitel 2 bis 7 wurden die personalwirtschaftlichen Managementfelder präsentiert und auf den drei Managementebenen konkretisiert. Um die systemorientierte Gesamtkonzeption (vgl. Abbildung 8.1) weitergehend umzusetzen, sind felderübergreifende Integrationsmechanismen erforderlich. Einer dieser Mechanismen ist das *Personalmarketing* als kundenorientierte Zusammenführung von Personalbeschaffung, Personalentwicklung und Personalfreisetzung (Abschnitt 8.2): „Kundenorientierung" ist dabei die explizite Ausrichtung von Mechanismen und Aktionen des Personalmanagements auf die Interessenlage gegenwärtiger und zukünftiger Mitarbeiter. Die zusammenführende Ausrichtung des Personalmanagements auf betriebswirtschaftliche und strategische Überlegungen realisiert das *Personalcontrolling* (Abschnitt 8.3). Eine weitere Integration erfolgt über das *Personalinformationsmanagement*: Diese datenseitige Integration als abgestimmter Zugriff auf gemeinsame Daten bedeutet gleichzeitig eine managementorientierte Ausgestaltung der EDV im Personalwesen als Abkehr von der reinen DV-gestützten Personalverwaltung (Abschnitt 8.4).

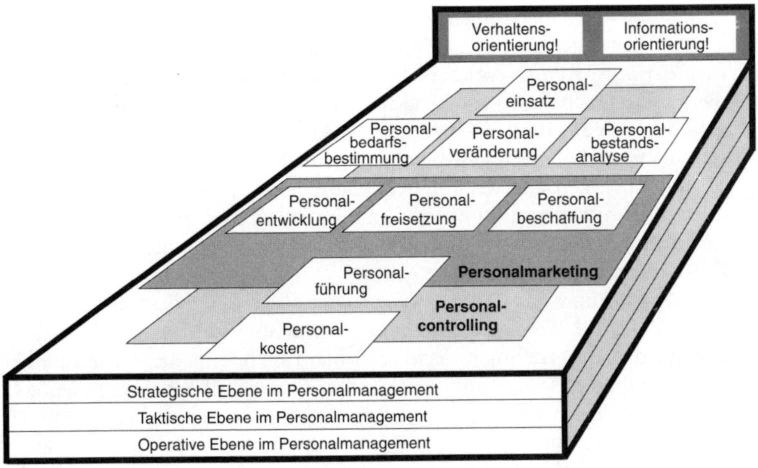

Abbildung 8.1: Querschnittsfunktionen im Personalmanagement

8.2 Personalmarketing

8.2.1 Überblick

Der **Marketingbegriff** stammt ursprünglich aus dem Absatz- und Vertriebsbereich der Unternehmen. Als zu Beginn der sechziger Jahre erstmals in der Nachkriegszeit ein ernster Arbeitskräftemangel auf dem Arbeitsmarkt zu verzeichnen war, wurde er auch mit der betrieblichen Personalarbeit in Verbindung gebracht und anfangs primär zur Verbesserung der Personalwerbung verwendet. Heute ist das Personalmarketing umfassender als bewußte und zielgerichtete Anwendung personalpolitischer Instrumente zur Schaffung einer positiven Einstellung bei gegenwärtigen und zukünftigen Mitarbeitern zu verstehen: Personalmarketing beinhaltet daher den externen *und* internen Arbeitsmarkt im Hinblick auf Akquisition von zukünftigen und Motivation von gegenwärtigen Mitarbeitern.

In Kapitel 1 wurde bereits auf die Fülle von aktuellen **Entwicklungen** eingegangen, die das Umfeld des betrieblichen Personalmanagements skizzieren. Diese Situation bietet eine Vielfalt von offenkundig strategischen Chancen. So erfordert es die *Wertedynamik*, Mitarbeiter gezielt für das Unternehmen zu begeistern, um ihre Motivationspotentiale zu nutzen. *Technologie-* und *Marktdynamik* implizieren Anforderungsprofile, die der Tendenz zu mehr Selbstbestimmung Rechnung tragen, da sie umfassend ausgebildete und verantwortungsbewußte Mitarbeiter einfordern.

Die oben skizzierte Situation beinhaltet aber auch eine Reihe ernstzunehmender **Probleme**, mit denen sich Unternehmen auseinandersetzen müssen:

- Güter und Dienstleistungen werden zunehmend austauschbar, so daß eine unverwechselbare Identität immer schwerer zu realisieren ist. Dieses *Profilierungsproblem* (vgl. z. B. *Kroeber-Riel* 1990, 123) betrifft sowohl das äußere Erscheinungsbild wie auch die zugrundeliegende Technologie. Analoges gilt für die Unternehmen als Anbieter von Arbeitsplätzen: Da sich die materiellen Entgelt-Bestandteile mehr und mehr angleichen, die objektiven Eigenschaften folglich kaum noch differenzierend wirken, müssen Unternehmen langfristig immaterielle Unterscheidbarkeitskriterien aufbauen, um ihren (potentiellen) Mitarbeitern einen emotionalen Zusatznutzen zu bieten.
- Überdies kommt das *Motivationsproblem* (vgl. z. B. *Fürstenberg* 1987; *Opaschowski* 1990) zum Tragen. Die Erwartungshaltung von Mitarbeitern an das Unternehmen deckt sich nicht mehr mit der traditionellen Handhabung des „Produktionsfaktors Arbeit“. Wenn Arbeitsentgelt und Arbeitszeit ihre Wirkung als alleinige Motivatoren verlieren, müssen andere Motivationsfaktoren genutzt werden, die auch die emotionale Sphäre einschließen. Damit ist die Personalverwaltung durch eine ständige Personalbetreuung zu ergänzen.
- Im Hinblick auf qualifizierte Mitarbeiter entsteht für viele Unternehmen zudem ein erhebliches *Akquisitionsproblem* (vgl. *Engelen-Kefer* 1990). Dies gilt für den Facharbeitermarkt genauso wie für den Führungskräftenachwuchs. Hier befindet sich das Unternehmen als Arbeitsplatzanbie-

ter auf einem Markt, der durch intensiven Verdrängungswettbewerb mit weitgehend ausgeschöpftem Marktpotential gekennzeichnet ist. Auch mittelständische Unternehmen stehen zunehmend vor dem Problem, höher qualifizierte Beschäftigtengruppen für den spezifischen Charakter ihres Unternehmens zu begeistern.

Verbindet man die drei Grundprobleme im Personalmarketing (Motivations-, Akquisitions- und Profilierungsproblem) mit den in Kapitel 1 genannten zentralen Aspekten der Umweltdynamik (Werte-, Markt- und Technologiedynamik), so stellt sich die Ausgangslage für das Personalmarketing wie in Abbildung 8.2 skizziert dar.

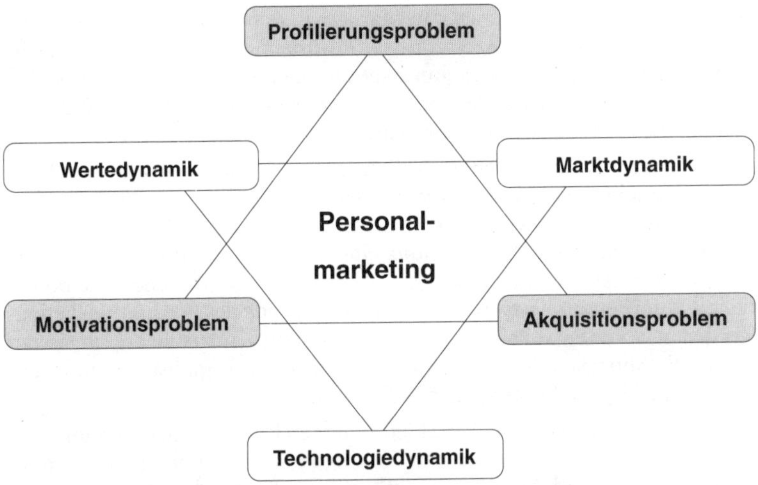

Abbildung 8.2: Personalmarketing als Herausforderung

Viele **Instrumente** im Personalmarketing sind nicht neu: Stellenanzeigen, Imagekampagnen, Hochschulkontakte oder Mechanismen zur internen Kommunikation gibt es schon seit langem. Sie werden aber durch die Grundphilosophie des Personalmarketings mit neuer Qualität belegt. So dienen Einstellungsinterviews häufig lediglich dazu, aus einer Gruppe von Bewerbern den geeignetsten herauszufiltern. Nicht selten wird dabei übersehen, daß Unternehmen sich damit unbewußt selbst präsentieren. Letztlich sollten auch abgelehnte Bewerber das Unternehmen nach Möglichkeit mit einem positiven Gesamteindruck in Erinnerung behalten: Nicht nur weil sie später vielleicht einmal erneut als Mitarbeiter in Frage kommen, sondern auch weil *jeder* Umgang mit einem Bewerber Einfluß auf das Image des Unternehmens am Arbeitsmarkt hat. Daß zudem aus potentiellen Mitarbeitern wichtige Kunden werden können (und umgekehrt), unterstreicht die Bedeutung des Personalmarketings zusätzlich.

Nachfolgend werden zunächst die wichtigsten Grundlagen für das Personalmarketing diskutiert (Abschnitt 8.2.2), um daran anschließend die wichtigsten Schritte eines erfolgreichen Personalmarketings zu erläutern (Abschnitt 8.2.3), die ihrerseits den Einsatz diverser Analyse- und Gestaltungstechniken erfordern (Abschnitt 8.2.4).

8.2.2 Grundlagen

8.2.2.1 Die Philosophie

Bevor man sich vorschnell auf eine simple Verbalanalogie zwischen Personalmarketing und Produktmarketing einläßt, bietet sich die Rückbesinnung auf die grundlegende „Marketingphilosophie" (vgl. *Kotler* 1989, 33) an: Danach ist es ein Kennzeichen von Marketing, sich an den Bedürfnissen der aktuellen und potentiellen Nachfrager zu orientieren. Konsequenz ist die aktive Anpassung der unternehmenspolitischen Maßnahmen an diese Bedürfnisse, wobei es neben objektiven Attraktivitätsvorteilen vor allem um die subjektive Produktperzeption geht.

Das Personalmarketing greift diese Grundüberlegungen des Marketings auf (vgl. Übersicht 8.1) und verlangt im Personalmanagement eine Fokussierung auf relevante Zielgruppen hinsichtlich ihrer Bedürfnisse und Interessen. Entsprechend der *Informationsseite* des Produktmarketings bedeutet dies in der ersten Phase Erfassung der Bedürfnisse von aktuellen und potentiellen Mitarbeitern. Entsprechend der *Aktionsseite* des Produktmarketings werden in der zweiten Phase die Personalmarketing-Instrumente eingesetzt, um die Erfüllbarkeit der geäußerten Bedürfnisse zu signalisieren und letztlich die subjektiven Erwartungen zu befriedigen.

Hier zeigt sich bereits ein Unterschied zwischen Produktmarketing und Personalmarketing. Die im Produktmarketing übliche Trennung zwischen Informationsseite und Aktionsseite läßt sich im Personalmarketing nur begrenzt einhalten: So erfüllen Instrumente wie Assessment-Center oder Mitarbeitergespräche zum einen informatorische Zwecke, zum anderen haben sie auf der Aktionsseite gestaltende und motivierende Wirkung (vgl. z. B. *Eckardstein und Schnellinger* 1975).

Personalmarketing heißt konsequentes Umsetzen des Marketinggedankens auch im Personalbereich. Das Unternehmen inklusive Arbeitsplatz (Produkt) muß an gegenwärtige und zukünftige Mitarbeiter (Kunden) „verkauft" werden, wobei speziell die Unternehmenskultur (Produkteigenschaft) eine entscheidende Rolle spielt. Personalmarketing heißt jedoch nicht „Vermarktung" von Arbeitsplätzen – ein Irrtum, der einer fälschlichen Gleichsetzung von Marketing und Absatz gleichkommen würde. Es geht vielmehr um eine grundsätzliche Denkhaltung, die sich an den Grundbedürfnissen der Kunden orientiert.

Personalmarketing darf keine unternehmensbezogene Schönfärberei betreiben oder eine heile Unternehmenswelt vorgaukeln. Noch schneller als beim Produktmarketing erkennt der Konsument (also der gegenwärtige oder zukünftige Mitarbeiter), wo Anspruch der Werbung und die Realität des betrieblichen Alltags auseinanderklaffen. Personalmarketing ist also weit

	Produktmarketing	Personalmarketing
Gegenstand	Produkt, teilweise auch produzierendes/lieferndes Unternehmen	Arbeitsplatz, speziell aber Arbeitsmöglichkeit in einem konkreten Unternehmen
Adressaten	Neukunden Altkunden	zukünftige Mitarbeiter gegenwärtige Mitarbeiter
Methoden	Absatz-Marktforschung, Image-Kampagne, Produktmarketing-Mix, After Sales Service	Arbeitsmarktforschung, Personalimageanzeigen, Personalmarketing-Mix, Mitarbeitergespräche
Aktionen	Produktbezogene Positionierung, Marktstrategien	Positionierung auf dem Arbeitsmarkt, Personalimagestrategien

Übersicht 8.1: Exemplarischer Vergleich zwischen Produkt- und Personalmarketing

mehr als nur mechanisches Abspulen einer gerade anstehenden Beschaffungsaktion.

Aus diesen Überlegungen lassen sich die drei zentralen **Funktionen** des Personalmarketings ableiten:

- Zunächst hat das Personalmarketing eine *Akquisitionsfunktion*. Externe Bewerber sollen sich für das Unternehmen und die angebotenen Arbeitsplätze interessieren. Über die reinen Entgelt- und Arbeitszeitregelungen hinausgehend kommt dabei das Unternehmensimage ins Spiel, das auch immaterielle und speziell emotionale Aspekte beinhaltet.
- Überdies gilt es, die Mitarbeiter im Unternehmen für ihr Unternehmen zu begeistern. Nur so können sie ihre Leistung erbringen, und nur so können sie auch überzeugend nach außen hin auftreten. Diese *Motivationsfunktion* wirkt langfristig besonders bei denjenigen Mitarbeitern, die sich mit der vorherrschenden Unternehmenskultur identifizieren können.
- Schließlich werden Motivations- und Akquisitionsfunktion entscheidend durch die oben skizzierte Positionierung des Unternehmens mitbestimmt. Gegenwärtige und potentielle Mitarbeiter erkennen dann das Spezifische des betreffenden Unternehmens. Aber nur, wenn eine unterscheidbare Positionierung erfolgt, wird diese *Profilierungsfunktion* ausgeübt.

Der Handlungsbedarf wird zudem noch dadurch vergrößert, daß diese Problemfelder miteinander verknüpft sind. Es ist daher erforderlich, die Instrumente des Personalmarketings aufeinander abzustimmen: Denn fragmentarische Einzelmaßnahmen wirken lediglich kurzfristig, da sie in der Regel nur bestimmte Mitarbeitergruppen betreffen. Überdies sind sie von Konkurrenzunternehmen leicht kopierbar.

Unmittelbar aus dem Aufgabenbereich von Personalmarketing (Unternehmen/Arbeitsplatz) ergibt sich die Notwendigkeit einer substantiellen Auseinandersetzung mit Unternehmensimage und Unternehmenskultur. Gerade diese Komponenten spielen im Hinblick auf die Wahrnehmung des

Unternehmens eine wichtige Rolle. Wenn es dem Unternehmen gelingt, seine individuellen Kulturwerte nach außen zu transportieren und so ein der Unternehmenskultur entsprechendes Unternehmensimage zu entwickeln, ist die Gefahr der austauschbaren Position auf dem Arbeitsmarkt reduziert. Umgekehrt kann sich ein Unternehmen nur schwer über emotionale Botschaften profilieren, die zwar mit Hilfe von Werbemaßnahmen kommuniziert werden, aber langfristig keine Entsprechung in der Unternehmenskultur finden.

8.2.2.2 Die Ansätze

Die Anreiz-Beitrags-Theorie ist die Basis des spezifischen Personalmarketing-Ansatzes, den *v. Eckardstein* und *Schnellinger* (1975, 1596–1597) propagieren. Der Grundgedanke hierbei ist, den Interessen und Erwartungen der Mitarbeiter entgegenzukommen beziehungsweise ihnen weitgehend gerecht zu werden, damit sie dem Unternehmen auch weiterhin ihre volle Arbeitsleistung zur Verfügung stellen und sich nicht abwerben lassen. Aus diesem Grundgedanken sollen sich dann entsprechende Gestaltungsvorschläge ableiten. Die Autoren vertreten somit einen **heuristischen** Personalmarketing-Ansatz, bei dem das zu Analogien anspornende Potential der Anreiz-Beitrags-Theorie als ein (wichtiger) Teilaspekt der Personalarbeit genutzt wird.

Nach *Strutz* (1989) muß sich nicht nur die Personalabteilung mit dem Personalmarketing auseinandersetzen, sondern alle Mitarbeiter, die Personalverantwortung haben oder die das Unternehmen nach außen repräsentieren. Aufgaben des Personalmarketings sind in diesem Zusammenhang:
- Bewertung der Strukturen und Aktivitäten des Unternehmens unter dem Aspekt der Position auf dem internen und externen Personalmarkt,
- aktives und systematisches Positionieren des Unternehmens auf dem Arbeitsmarkt und
- Kontaktaufnahme, Auswahl und Förderung geeigneter Mitarbeiter.

Strutz propagiert damit die Auffassung eines **expliziten** Personalmarketings.

Staffelbach (1986, 127) beginnt seine Auseinandersetzung mit dem Thema „Personalmarketing“ zunächst als **Kritik**:
- Der Begriff „Personalmarketing“ ist demnach in zweifacher Hinsicht leicht mißzuverstehen, denn weder vermarktet das Unternehmen Personal, noch geht es um ein Social Marketing des Personalwesens.
- Durch die Betonung von Austauschprozessen zwischen externem Arbeitsmarkt und Unternehmen wurde Personalmarketing in der Literatur der siebziger Jahre zu einer bestimmten Methodologie im Rahmen der Personalbeschaffung degeneriert.
- Eine Reihe von Errungenschaften, die häufig mit der Entwicklung eines Personalmarketings in Verbindung gebracht werden, sind nicht neu.
- Die stärkere Hinwendung zum Menschen, die im Einsatz der personalpolitischen Instrumente zum Ausdruck kommt, ist unabhängig von der Entwicklung des Personalmarketings zu sehen.

Er kommt dann zu der Auffassung, wonach Personalmarketing weder als eigenständige Methodologie noch als eigener Gegenstand einer selbständigen wissenschaftlichen Disziplin betrachtet werden kann. Da er trotzdem die handlungsbezogenen Konsequenzen des Personalmarketings bejaht, gehört *Staffelbach* zu den Vertretern eines **impliziten** Personalmarketings.

Einige andere Autoren (vgl. Schwerpunkthefte 12/91 und 12/92 der *Personalführung*) verstehen Personalmarketing als Konzept, mit dem sich die Mitarbeiter zum einen für ein Unternehmen rekrutieren lassen und mit dem sie zum anderen auch langfristig an das Unternehmen gebunden werden. Die Praxis steht diesem Ansatz sehr nahe, da hier im Sinne eines **pragmatisch-externen** Personalmarketings Personalwerbung und Personalbeschaffung gleichgesetzt werden.

8.2.2.3 Die Praxis

Um einen ersten Einblick in den derzeitigen Stand des Personalmarketings in deutschen Unternehmen zu erhalten, wurden im Rahmen von drei Seminarveranstaltungen (Herbst 1990/Frühjahr 1991) über Fragebogen 83 Unternehmen unterschiedlicher Größe aus verschiedenen Branchen (Übersicht 8.2) zu ihren Personalmarketing-Aktivitäten befragt.

Branche	n	%	**Größenklasse** (nach Anzahl der Mitarbeiter)		
			klein (weniger als 1000)	mittel (1000 bis 4999)	groß (mindestens 5000)
Bank und Versicherung	13	16	5	4	4
Bau und Bauzulieferind.	3	4	2	1	0
Chemie und Papier	12	14	1	2	9
Dienstleistung	13	16	9	3	1
Einzel- und Großhandel	9	11	6	3	0
Elektronik	2	2	0	2	0
Metall und Stahl	17	20	1	9	7
Versorgungswirtschaft	4	5	1	3	0
Sonstige	10	12	3	4	3
Summe	83	100%	28 (34%)	31 (37%)	24 (29%)

Übersicht 8.2: Sample der Befragung

Wichtig für das Verständnis der Ausgangssituation sind die virulenten **Probleme**, mit denen sich die Personalverantwortlichen konfrontiert sehen (Übersicht 8.3): An vorderer Stelle steht hier der Führungskräftenachwuchs, gefolgt von der generellen Arbeitsmarktproblematik. Hervorgehoben wurden aber auch Aspekte wie Wertewandel und Motivation, also sowohl Problemfelder der internen Sphäre (z. B. Unternehmenskultur) als auch der externen Sphäre (z. B. Arbeitsmarkt).

Problembereiche		**Größenklasse** (nach Anzahl der Mitarbeiter)		
	Gesamt n=83	klein n=28	mittel n=31	groß n=24
Führungskräftenachwuchsmangel	70%	43%	87%	79%
Arbeitsmarktlage	58%	68%	55%	50%
Akzeptanz der Personalarbeit	47%	21%	58%	63%
Facharbeitermangel	47%	46%	55%	38%
Unternehmenskultur	47%	46%	55%	38%
Wertewandel	47%	54%	39%	50%
Motivationsaspekte	46%	43%	45%	50%

Übersicht 8.3: Problembereiche der Personalarbeit

Konsequenz aus den diversen Problemen sind **Aktivitäten** im Bereich Personalmarketing. Abbildung 8.3 knüpft das Vorhandensein eines systematischen Personalmarketings an die Bedingung, daß im Unternehmen eine (ggf. auch rangniedrigere) Stelle existiert, die explizit den Begriff „Personalmarketing" als Teil ihrer Bezeichnung führt. Zwar ist dies nicht mit systematischem Personalmarketing gleichzusetzen, es ist jedoch ein Indikator dafür, daß sich das Unternehmen mit Personalmarketing auseinandersetzt und diesem auch einen festen Stellenwert in der Unternehmensorganisation einräumt. Zwei Erkenntnisse fallen besonders ins Auge: Ein erstaunlich großer

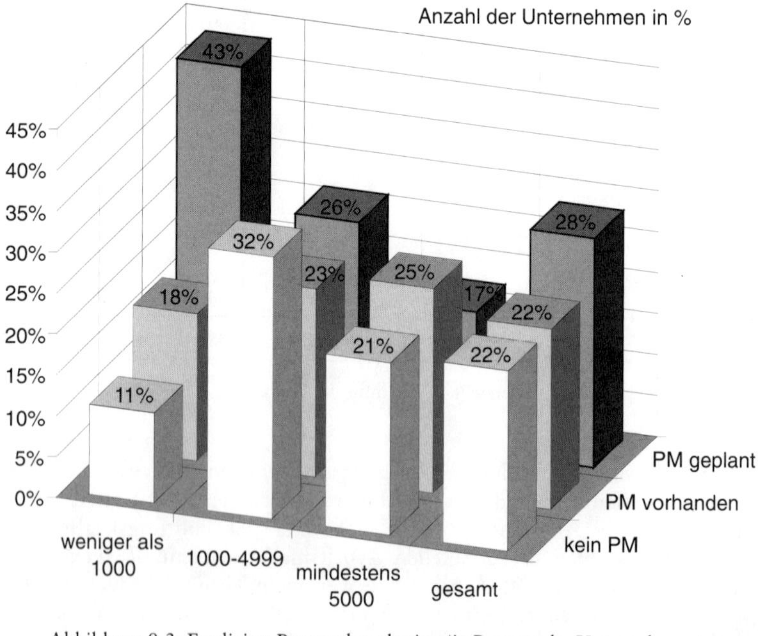

Abbildung 8.3: Explizites Personalmarketing (in Prozent der Unternehmen)

Anteil der Unternehmen mit mehr als 1000 Beschäftigten hat kein explizites Personalmarketing und plant dieses offenbar auch nicht in entsprechend organisatorischer Form. Umgekehrt interessieren sich gerade kleinere Unternehmen für Personalmarketing, ohne es aber bislang entsprechend realisiert zu haben.

Die Existenz einer expliziten Stelle für Personalmarketing wirkt sich aber (noch) nicht unbedingt auf die eingesetzten **Instrumente** des Personalmarketings aus; hier ist vielmehr eine Beziehung zur Unternehmensgröße zu erkennen (Übersicht 8.4).

Instrument		**Personalmarketingstelle**			**Unternehmensgröße**		
	Gesamt n=83	ja n=18	geplant n=24	nein n=18	klein n=28	mittel n=31	groß n=24
Kontakte zu Uni/FH/ andere Schulen	46%	56%	25%	56%	25%	45%	77%
Interne Maßnahmen (z. B. Mitarbeiter-entwicklung)	36%	28%	46%	44%	46%	29%	36%
(Image-)Anzeigen/PR	33%	39%	42%	28%	29%	29%	45%
Selbstdarstellung auf Messen	25%	33%	13%	39%	18%	23%	41%
Praktika/Ferienjobs	21%	22%	13%	17%	14%	19%	32%
Nachwuchsplanung	11%	6%	13%	11%	11%	10%	14%

Übersicht 8.4: Instrumente des Personalmarketings: Freie Antworten mit Mehrfachnennungen

Geht man noch einen Schritt weiter und untersucht exemplarische **Maßnahmen** aus dem Personalmarketing (Übersicht 8.5), so wird man vor allem im Bereich Führungskräftetraining und Führungsgrundsätze fündig. Erstaunlich viele Unternehmen verzichten dagegen auf Aktionen wie Mitarbeiterbefragungen, Imageanalysen und Workshops zur Vermittlung von Unternehmenskultur.

Instrument	**ja**	**nein**	**ohne Angabe**
Führungskräftetraining	82%	3%	15%
Führungsgrundsätze	74%	21%	5%
Unternehmensleitbild	67%	18%	15%
Fluktuationsanalysen	59%	20%	21%
Mitarbeiterbefragung	59%	26%	15%
Assessment Center	46%	28%	26%
Imageanalysen	26%	43%	31%
Kulturworkshops	15%	44%	41%
Medienwirkungskontrolle	31%	38%	31%

Übersicht 8.5: Instrumente des Personalmarketings (Vorgegebene Antworten, n=39)

Die obigen Ausführungen beschreiben den Ausbaustand des Personalmarketings, machen allerdings keine Aussagen zur **Effektivität** der Maßnahmen. Da konkrete Angaben dazu fehlen, wann genau welche Maßnahme in welchem Umfang eingesetzt wurde, läßt sich diese Frage in der hier beschriebenen Untersuchung auch nicht beantworten. Trotzdem sollen – ohne Kausalitätszuordnung – zunächst die Ausprägungen von zwei möglichen Effektivitätskriterien aufgeführt werden: die mitarbeiterseitigen Kündigungen und die Absagen von akzeptierten Bewerbern.

Im Hinblick auf die mitarbeiterseitigen *Kündigungen* erkennt man in Abbildung 8.4, daß die Unternehmen ohne explizites Personalmarketing mit Abstand die geringsten mitarbeiterseitigen Kündigungen aufweisen. Geht man von einer relativ langen Verzögerung zwischen Personalmarketingmaßnahmen und Einfluß auf die Fluktuation aus, so könnte dieser Befund darauf hindeuten, daß der explizite und bewußte Umgang mit Personalmarketing gegenwärtig eher von Unternehmen gepflegt wird, die Fluktuationsprobleme aufweisen.

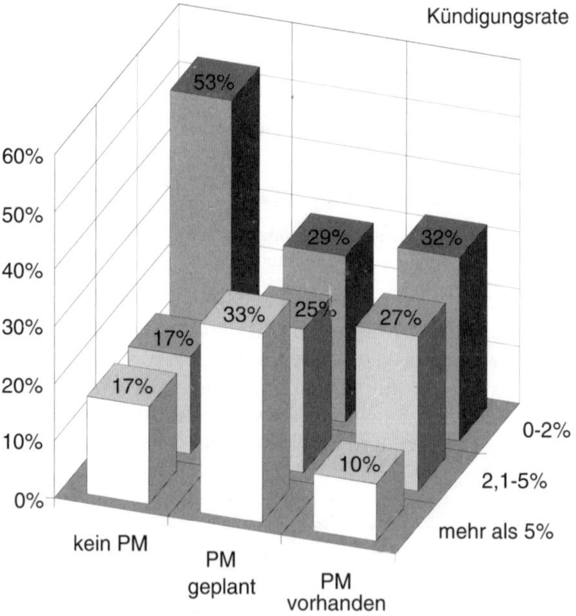

Abbildung 8.4: Mitarbeiterseitige Kündigung (in Prozent der Beschäftigten)

Anders sieht es dagegen bei dem in Abbildung 8.5 dargestellten Zusammenhang zwischen Personalmarketing und der „Absagen durch akzeptierte Bewerber" aus: Hier kann von einer relativ kurzen und unmittelbaren Wirkung von Personalmarketing auf die *Absagequote* der Bewerber ausgegangen werden. Dies scheint aber nur für ein bereits implementiertes Personalmarketing zu gelten. Wie zu sehen ist, haben 40% der Unternehmen, die ein Personalmarketing planen, eine Absagequote von über 10% bei den bereits akzeptierten Bewerbern. Dieser Wert liegt über der Quote von Unternehmen ohne Personalmarketing. Letztlich zeigt sich, daß Unternehmen mit einem institutionalisierten Personalmarketing die niedrigsten Absagequoten zu verzeichnen haben. Daraus könnte man die These ableiten, daß Personalmarketing einen reduzierenden Einfluß auf die Absagequote von (akzeptierten) Bewerbern hat.

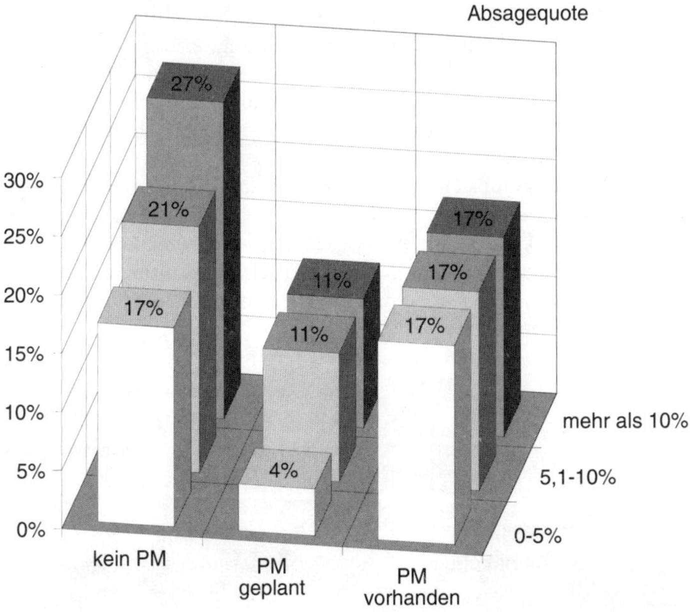

Abbildung 8.5: Absagen durch akzeptierte Bewerber (in Prozent der Bewerber)

Insgesamt belegt die Befragung, daß viele Unternehmen durchaus bereits im Bereich Personalmarketing aktiv sind, ihre Aktivitäten aber vielfach auf einige wenige nach außen gerichtete Kerninstrumente reduzieren. Die Gefahr besteht also, den stark mit externen Aktivitäten konnotierten Begriff „Marketing" unreflektiert auf den Personalbereich zu übertragen und folglich die internen Maßnahmen zu vernachlässigen.

8.2.2.4 Das LAMBDA-Modell

Erfolgversprechendes Personalmarketing setzt eine substantielle Auseinandersetzung mit Unternehmenskultur, Erscheinungsbild und Unternehmensimage sowie mit ihrer gegenseitigen Abstimmung voraus. Ein Hilfsmittel zur Behandlung der Wirkungskette von Unternehmenskultur bis Unternehmensimage ist das LAMBDA-Modell (vgl. *Scholz* 1989;1992). Dieses in seiner grafischen Form dem griechischen Buchstaben Lambda entsprechende Analysemodell basiert auf einer strikten Differenzierung zwischen der primär intern ausgerichteten Unternehmenskultur und dem extern ausgerichteten Unternehmensimage sowie der Trennung von sichtbarer und unsichtbarer Ebene (Abbildung 8.6).

Im einzelnen besteht das LAMBDA-Modell aus **drei Hauptbereichen**:

- LAMBDA 1 ist der unsichtbare unternehmensinterne Bereich mit der bereits in Abschnitt 6.4 ausführlich diskutierten Unternehmenskultur (*Corporate Culture*). In ihrem unsichtbaren Kulturkern entwickeln Betriebe im Laufe der Zeit ihre eigene Persönlichkeit. Hier unterscheiden sie sich oft deutlich von Konkurrenten, beispielsweise hinsichtlich ihrer Innovationsbereitschaft oder ihrer Kundenorientierung.
- LAMBDA 2 ist der sichtbare Bereich des Unternehmens. Dieses Erscheinungsbild (*Corporate Appearance*) umfaßt alle markanten Objekte und Verhaltensweisen, mit denen sich das Unternehmen nach innen und/oder nach außen präsentiert.
- LAMBDA 3 ist der unsichtbare externe Bereich. Außenstehende nehmen Kultur, Leistung und Erfolg des Unternehmens subjektiv wahr. Das hieraus entstehende Unternehmensimage (*Corporate Image*) ist das Bild, das sich Unternehmensexterne von der Unternehmenskultur machen. Diese Kulturperzeption muß jedoch nicht mit der tatsächlichen Unternehmenskultur übereinstimmen.

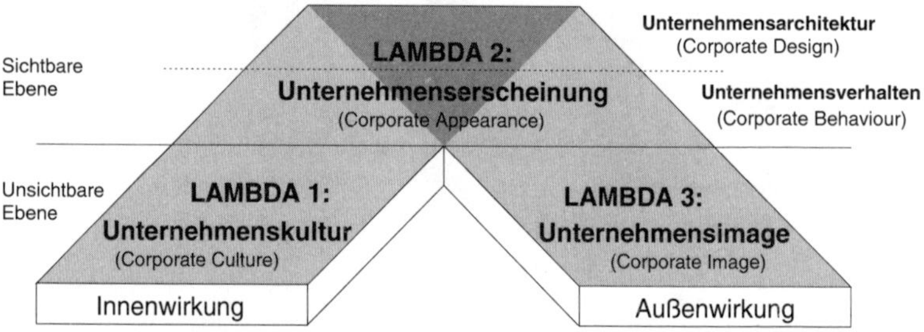

Abbildung 8.6: Das LAMBDA-Modell

Für die Vermittlung von Unternehmenskultur (LAMBDA 1) nach innen und nach außen ist die sichtbare Ebene das entscheidende Medium. Aus diesem Grund sind auch die verschiedenen Facetten von LAMBDA 2 wichtig, da hier jeweils dezidiert andere Maßnahmen ansetzen:

- Unternehmensverhalten (*Corporate Behaviour*) ist die Menge aller Verhaltensweisen, mit denen sich Vorgesetzte und Mitarbeiter des Unternehmens nach innen und außen präsentieren.
- Unternehmensarchitektur (*Corporate Design*) ist die Menge aller physikalischen Objekte, mit denen sich ein Unternehmen nach innen und außen präsentiert.

Hinter Corporate Design und Corporate Behaviour stecken gleichermaßen die gestalterischen Maßnahmen (Design oder Behaviour als Prozeß), wie auch die daraus resultierenden Endprodukte (Design oder Behaviour als Ergebnis).

LAMBDA 2 als Unternehmenserscheinung besteht somit aus Corporate Design und Corporate Behaviour. Erst beide Komponenten gemeinsam bieten die Möglichkeit zur Entwicklung einer Unternehmensidentität. Während LAMBDA 2 grundsätzlich *alle* sichtbaren Objekte und Verhaltensweisen umfaßt, ergibt sich die Unternehmensidentität (*Corporate Identity*) lediglich als ein in sich *stimmiger* Teil daraus. Unternehmensidentität ist die Summe aller konsistenten Objekte und Verhaltensweisen, mit denen sich das Unternehmen nach innen und außen präsentiert, und die sich zugleich auch in Unternehmenskultur und Unternehmensimage wiederfinden. Corporate Identity ist somit der Teil des Erscheinungsbildes, der – stimmig mit der Unternehmenskultur und in sich konsistent – Mitarbeitern und Externen ein Gefühl für die Identität („Persönlichkeit") des Unternehmens vermittelt.

Während Unternehmenskultur im Extremfall heterogen, neurotisch und chaotisch sein kann, ergibt sich die Corporate Identity aus solchen Komponenten, die zusammenpassen und deshalb eine Identität vermitteln können. Diese Unternehmensidentität ist somit der klare und einprägsame Teil der sichtbaren Ebene.

Dieser Teil ist in Abbildung 8.7 durch ein weißes Viereck gekennzeichnet:

- Ist dieser Bereich im LAMBDA eines Unternehmens nicht vorhanden, so sind Maßnahmen zu ergreifen, die ihn entstehen lassen, und es ist das Erscheinungsbild derart zu ändern, daß es mit der Unternehmenskultur stimmig ist und in sich konsistente Komponenten enthält.
- Sind solche Komponenten bereits vorhanden, aber noch unterentwickelt, muß versucht werden, den Anteil dieser Komponenten zu erhöhen.

Grafisch betrachtet bedeutet dies, den Flächeninhalt des Vierecks zu vergrößern. Dies ist (bei Unternehmen ohne krasse Subkulturen) soweit möglich, bis die Unternehmenserscheinung der Unternehmenskultur und der Unternehmensidentität entspricht. In diesem Fall umschließt das Viereck das gesamte LAMBDA 2.

Nur CI-Aussagen, die tatsächlich der Unternehmenskultur entsprechen, können langfristig nach innen und außen hin Bestand haben. Wird nach außen das Bild eines innovativen und technologieorientierten Unternehmens vermittelt, während die Mitarbeiter weder über PC-Kenntnisse verfü-

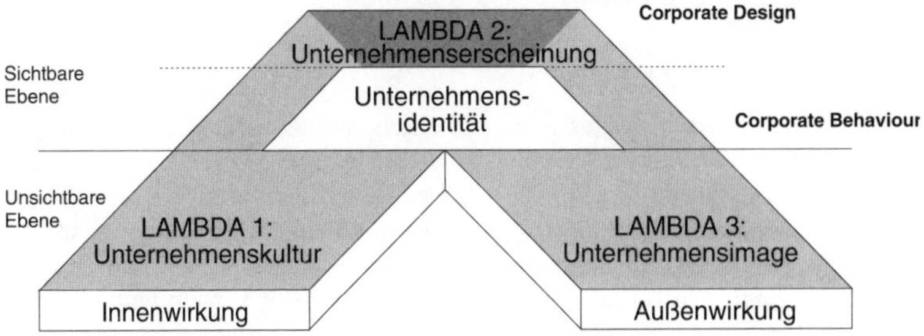

Abbildung 8.7: Corporate Identity im LAMBDA-Modell

gen, noch ausreichend Hardware zur Verfügung haben, kann ein solches „Bild“ nach außen nicht aufrechterhalten werden. Die CI ist in diesem Fall nur Fassade und wird bei Berührung mit dem Unternehmen unmittelbar als solche erkannt. Ein kulturorientiertes CI-Management unterscheidet sich damit grundsätzlich von einem allgemeinen CI-Management, das nur an der vermuteten Außenwirkung ansetzt und primär eine Optimierung im Corporate Design anstrebt. Letzteres versucht losgelöst von der tatsächlich vorhandenen Unternehmenskultur durch das Setzen von markanten Objekten eine vordergründige Realität zu schaffen. Eine Tendenz zu dieser Fehlentwicklung besteht immer dann, wenn man die Konzipierung einer CI ausschließlich externen Designern überträgt, die Unternehmenskultur primär als ein Endprodukt ihrer Tätigkeit und nicht als einen zentralen Rahmen dafür ansehen. Kulturbewußtes CI-Management nach dem LAMBDA-Modell ist mehr als Ästhetik. Es ist das Ergebnis einer Transformation kultureller Botschaften von innen nach außen, wobei die Mitarbeiter die zentralen Akteure sind.

Die **Wirkungskette** zwischen Unternehmenskultur, CI und Unternehmensimage läßt sich somit schließen: Ursprung sind die Werte und Grundannahmen der Unternehmenskultur (unsichtbare Ebene, Innenwirkung), da sie sich langfristig und gemäß dem Dualitätsprinzip eigendynamisch ausbilden. Das Corporate Image (unsichtbare Ebene, Außenwirkung) entspricht der Wahrnehmung der Unternehmenskultur durch Externe, beschreibt also die Charakteristika des Unternehmens in den Augen Außenstehender. Das Bindeglied stellt die Corporate Identity dar, die im konsistenten Überschneidungsbereich von Innen- und Außenwirkung auf der sichtbaren Ebene liegt und – idealerweise basierend auf den unternehmenskulturellen Werten – ein Bild der Unternehmenskultur nach außen trägt.

Dieses LAMBDA-Modell soll nachfolgend als konzeptioneller Rahmen dazu dienen, die verschiedenen Teilaspekte eines Personalmarketings in ein operables und den zuvor beschriebenen Anforderungen gerecht werdendes Ablaufmodell zu integrieren.

8.2.3 Ablauf

Der Ablauf eines erfolgreichen Personalmarketings läßt sich in sechs Schritten von der Situationsanalyse bis zur Erfolgskontrolle realisieren.

8.2.3.1 Analysieren der Situation

Im Personalmarketing ist zu unterscheiden zwischen der vordergründig auslösenden Schwierigkeit, beispielsweise der Knappheit in einer bestimmten Beschäftigungsgruppe, und dem tatsächlich zugrundeliegenden Problem, beispielsweise eines ungünstigen Unternehmensimages. Hier besteht die Gefahr, daß sich Unternehmen „in die eigene Tasche lügen“, indem sie vordergründigen Einflußfaktoren die alleinige Schuld für evidente Probleme geben. Um das auslösende Problem hinreichend zu klären, ist eine umfangreiche Ist-Analyse erforderlich (Abbildung 8.8):

- Im Bereich LAMBDA 1 sind Informationen über die unternehmenskulturelle Basis des Unternehmens zu ermitteln. Vielversprechende Hilfsmittel hierfür sind Mitarbeiterbefragungen, Vorgesetztenbeurteilungen, Klimastudien oder Unternehmenskulturanalysen. Ohne derartige Analysen besteht eine große Gefahr in potentiellen Fehleinschätzungen. Häufig glauben gerade Unternehmensinterne, intuitiv exakt über LAMBDA 1 informiert zu sein. Genau das aber ist ein gefährlicher Trugschluß. So erkennen gerade Führungskräfte mit langjähriger Betriebszugehörigkeit das Charakteristische des eigenen Unternehmens nur schwer, übersehen leicht die eklatanten Schwächen und verhindern so in ihrer Betriebsblindheit eine sinnvolle Auseinandersetzung mit der Unternehmenskultur.
- Im Bereich LAMBDA 2 erfolgt eine Evaluierung der sichtbaren Objekte und Verhaltensweisen. Konkret bedeutet dies eine Analyse des inneren und äußeren Erscheinungsbildes des Unternehmens in seinen verschiedenen Formen sowie die Bestimmung von Prägnanz und Wirksamkeit der eingesetzten Instrumente des Personalmarketings.
- In LAMBDA 3 sind Informationen über das Bild des Unternehmens, speziell auf dem Arbeitsmarkt, zu gewinnen. Hilfsmittel hierfür sind diverse Formen der Imageanalyse: Fragebogen, Interviews und Gruppendiskussionen. Imageanalysen beziehen sich auf alle für das Personalmarketing relevanten externen Gruppen. Hinzu kommen Querverbindungen zu anderen Imagesegmenten: So beeinflußt ein fortschrittliches Produktimage auch das Image des Unternehmens als Arbeitgeber.

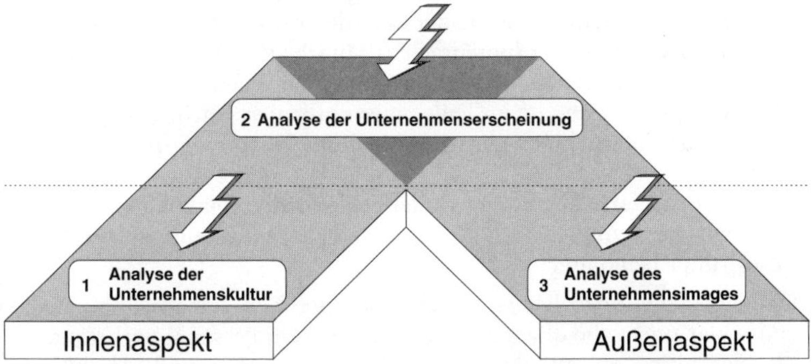

Abbildung 8.8: Ansatzpunkte für eine LAMBDA-Analyse

Allen drei LAMBDA-Bereichen gemeinsam ist die Gefahr der ritualisierten Selbsttäuschung. Sicherlich zu Recht sind viele Führungskräfte tatsächlich von ihrem Unternehmen überzeugt. Dies bedeutet aber nicht, daß diese Begeisterung tatsächlich auch von allen Mitarbeitern im Unternehmen geteilt wird (LAMBDA 1). Und natürlich wollen sich Unternehmen innovativ, modern und kundenorientiert darstellen. Offen bleibt aber, ob diese tatsächlich die richtigen Mittel dazu wählen (LAMBDA 2) und ob sie tatsächlich von außen so gesehen werden (LAMBDA 3).

Als Konsequenz ergibt sich daher die unumstößliche Notwendigkeit, vor gestalterischen Maßnahmen in so sensiblen Bereichen wie Unternehmenskultur und Erscheinungsbild umfassende Informationen über die Profile in den drei LAMBDA-Bereichen zu sammeln: Ansonsten geraten die Maßnahmen des Personalmarketings sehr schnell in die Nähe von Zufälligkeit und Willkürlichkeit.

8.2.3.2 Konkretisieren des Problems

Um Personalmarketing in einem Unternehmen zu implementieren, ist auf Basis der Situationsanalyse eine klare Definition des Problems erforderlich. Erst die Problemerkenntnis kann die entsprechenden Marketingaufgaben spezifizieren und die erforderlichen Maßnahmen für einen umfassenden Personalmarketing-Ansatz initiieren.

In direkter Analogie zum Produktmarketing (vgl. *Kotler* 1989, 24–28) führen die unterschiedlichen Nachfragekonstellationen auf dem Arbeitsmarkt zu unterschiedlichen **Marketingaufgaben**:

- *Anreizmarketing* wird erforderlich, wenn die Nachfrage fehlt. Deshalb muß der Bedarf (Arbeitsplatzwunsch) geweckt und dem Arbeitsmarkt kommuniziert werden, daß das Produkt (Unternehmen/Arbeitsplatz) diesen Bedarf auch befriedigen kann.
- *Entwicklungsmarketing* ist im Falle einer latenten Nachfrage angebracht. Hier ist ein grundsätzliches Interesse zwar vorhanden, jedoch nicht in dem für das Unternehmen wünschenswerten Maße.
- Eine stockende Nachfrage erfordert hingegen ein *Revitalisierungsmarketing*. Dies bedeutet Anpassung der unternehmensseitigen Anreize an veränderte Bedürfnisse der (potentiellen) Mitarbeiter. Oder aber das Unternehmen muß sich erneut in deren Bewußtsein bringen.
- *Erhaltungsmarketing* ist im Falle einer optimalen Nachfrage nötig, um die für das Unternehmen günstige Angebots-/Nachfragesituation zu stabilisieren.
- Eine übersteigerte Nachfrage schließlich erfordert Maßnahmen des *Reduktionsmarketings*, was beispielsweise eine bewußte Eingrenzung der Zielgruppe beinhaltet.

Diese Konstellationen liefern – über eine reine Verbalanalogie hinausgehend – klar unterscheidbare Ansatzpunkte für ein Personalmarketing, die sich gleichermaßen auf Motivation (Innenwirkung) und Akquisition (Außenwirkung) beziehen.

8.2.3.3 Formulierung der Strategie

Im Anschluß an die Situationsanalyse sowie die Problemkonkretisierung folgt die Formulierung der Personalmarketingstrategie. Hierbei ist in Analogie zu *Kotler* (1989, 75–79) zwischen drei Gruppen von Strategien zu wählen:

(1) **Intensivstrategien** eignen sich insbesondere für Entwicklungs- und Revitalisierungsaufgaben. Sie basieren auf der bekannten Produkt/Markt-Matrix (vgl. z. B. *Ansoff* 1965), die einen erhöhten Absatz der gegenwärtigen

Produkte auf den gegenwärtigen Märkten, eine Expansion mit den gegenwärtigen Produkten auf neue Märkte oder den Absatz verbesserter Produkte auf den gegenwärtigen Märkten postuliert. Für das Personalmarketing führt dies zu drei Intensivstrategien:

- Bei der *Pushstrategie* spricht das Unternehmen die bewährten Zielgruppen auf bewährten Arbeitsmärkten an, beispielsweise Hochschulabsolventen bestimmter Fächerkombinationen, Facharbeiter in bestimmten Regionen und Sachbearbeiter bestimmter Qualifikationen. Allerdings werden die Marketinganstrengungen intensiviert: Das Unternehmen sucht sein bereits bestehendes Image erfolgreicher zu transportieren, ohne es jedoch zu verändern.
- Auch bei der *Relaunchstrategie* konzentriert sich das Unternehmen auf die gewohnten Zielgruppen. Allerdings tritt es ihnen mit differenzierteren Anreizsystemen gegenüber, indem es seine Produkte verbessert. Es betont beispielsweise den emotionalen Zusatznutzen des Arbeitsklimas oder die intensive Teamorientierung. Im Gegensatz zur Pushstrategie als reiner Werbestrategie sind hier Anpassungen des Produktes durchaus angestrebt, nicht jedoch grundlegende Neuentwicklungen.
- Bei der *Zielgruppenstrategie* werden die vorhandenen Produkte des Unternehmens in Form monetärer und nichtmonetärer Anreize neuen Zielgruppen kommuniziert, indem entweder eine regionale Expansion stattfindet oder neue Zielgruppensegmente erschlossen werden. Beispiele dafür sind Interessenten aus Anrainerstaaten in grenznahen Bezirken sowie Arbeitnehmer anderer Regionen.

(2) **Integrativstrategien** verändern das Arbeitsplatzangebot, indem das Unternehmen – in „Produktmarketing-Termini" ausgedrückt – Rohprodukte selbst weiterverarbeitet oder konsumfertige Endprodukte übernimmt. Diese Strategien sind im Entwicklungs- und im Reduktionsmarketing anwendbar:

- Bei der *Entwicklungsstrategie* dehnt das Unternehmen seine Bemühungen auf qualifikationsniedrigere Zielgruppen aus. Es spricht statt Universitätsabsolventen auch Fachhochschüler oder statt Auszubildende auch ungelernte Arbeitskräfte an. Zudem nehmen die Beförderungen aus den eigenen Reihen zu. Beide Varianten erfordern Maßnahmen im Bereich der Personalentwicklung, vor allem für die neuen Mitarbeiter.
- Bei der *Akquisitionsstrategie* beschafft sich das Unternehmen konsequent angemessen qualifizierte Mitarbeiter vom Arbeitsmarkt, die keiner Entwicklungsarbeit mehr bedürfen. Hier geht es also nicht mehr um Personalentwicklung, sondern ausschließlich um Personalsuche und Personalselektion.

(3) **Diversifikationsstrategien** stellen auf Innovationen im Bereich der Produktpalette ab. Diese Strategien sind primär für Anreiz- und Entwicklungsaufgaben geeignet. Auf das Personalmarketing übertragen, ergeben sich zwei Möglichkeiten:

- *Die Anreiz-Innovationsstrategie* fokussiert auf für das Unternehmen gänzlich neue Anreizsysteme. Die denkbare Palette reicht von Betriebskindergärten und betriebseigenen Lernhilfen für schwächere Schüler bis hin zu flexiblen Modellen der Jahres- und Lebensarbeitszeit.

- *Die Personal-Innovationsstrategie* spricht potentielle Mitarbeiter an, die mit dem Unternehmen bisher überhaupt noch nicht in Berührung kamen. Dies betrifft beispielsweise Fachleute aus Ostblock-Staaten oder Leasing-Personal.

Übersicht 8.6 faßt den Zusammenhang zwischen den Personalmarketingaufgaben und den Personalmarketingstrategien zusammen.

Die Wahl zwischen diesen Strategieformen oder ihre fallweise Kombination leitet dann über zur Positionierung des Unternehmens beziehungsweise des angebotenen Arbeitsplatzes.

Personalmarketingaufgaben	**Personalmarketingstrategien**
Anreizmarketing	Intensivstrategien Diversifikationsstrategien
Entwicklungsmarketing	Intensivstrategien Integrativstrategien Diversifikationsstrategien
Revitalisierungsmarketing	Intensivstrategien
Erhaltungsmarketing	Intensivstrategien Akquisitionsstrategie
Reduktionsmarketing	Integrativstrategien Akquisitionsstrategie

Übersicht 8.6: Personalmarketingaufgaben und -strategien

8.2.3.4 Positionieren des Produktes

Anhaltspunkte zur Positionierung ergeben sich aus dem Postulat, das Angebot in den Augen der Zielgruppen attraktiv zu gestalten und vor allem gegenüber konkurrierenden Angeboten abzugrenzen. Zusätzlich leiten sich aus der Personalmarketingstrategie Überlegungen zur richtigen Positionierung ab, wobei die bereits erfolgte LAMBDA-Analyse wertvolle Hinweise liefert. Grundsätzlich lassen sich drei **Positionierungskonzepte** unterscheiden (vgl. *Kroeber-Riel* 1991, 56–82) und auf das Personalmarketing übertragen:

(1) Positionierung durch Information bedeutet Betonung der objektiven Eigenschaften des Produktes, also des Unternehmens beziehungsweise des Arbeitsplatzes. Um allerdings bei dem üblicherweise austauschbaren Arbeitsplatzangebot ein eindeutiges Profil auf dem Arbeitsmarkt zu erhalten, müssen markante Produktinformationen in den Vordergrund rücken. Beispiele hierzu wären Arbeitsplatzgarantien für werdende Eltern oder die Möglichkeit zur Halbtagsarbeit plus Promotion für Hochschulabsolventen. Nur neuartige und unterscheidbare Merkmale hinterlassen bei den potentiellen Mitarbeitern einen bleibenden positiven Eindruck. Bloße Hinweise auf „Entwicklungsmöglichkeiten“ oder „Karriereplanung“ eignen sich nicht als Profilierungsmerkmale.

(2) Positionierung durch Emotion dagegen zielt ausschließlich auf emotionale Bedürfnisse des Umworbenen. Sie will einen emotionalen Nutzen vermitteln, beispielsweise Umweltfreundlichkeit, Sozialkompetenz, Prestige oder Leistungsorientierung. Positionierung durch Emotion ist immer dann besonders zielführend, wenn die objektiven Produkteigenschaften so austauschbar sind, daß der (potentielle) Mitarbeiter an derartigen Informationen kein Interesse mehr hat. Sie ist darüber hinaus sinnvoll, wenn das Unternehmen die nach außen gerichtete Botschaft auf „soft facts" fokussiert. Beispiele hierfür wären Familiensinn und Teamorientierung, die einige (kleinere) Unternehmen erfolgreich kommunizieren. Trotzdem gibt es nur wenige Unternehmen, die ausschließlich diesen Weg beschreiten. Derart innovative Maßnahmen erscheinen offenbar als zu riskant, obgleich sie beispielsweise im Rahmen der Push- oder Anreiz-Innovationsstrategie optimal in das Personalmarketing-Mix eingepaßt werden könnten.

(3) Positionierung durch Information und Emotion trägt vor allem den Diversifikationsstrategien Rechnung. Hier werden objektive Fakten über das Unternehmen beziehungsweise die Arbeitsplätze gemeinsam mit emotionalen Aspekten präsentiert. Da dieser Weg inzwischen von vielen Unternehmen beschritten wird, entsteht jedoch die Gefahr einer Austauschbarkeit des Firmenauftretens. Diese Gefahr ist reduziert, wenn innovative Anreizsysteme mit der Unternehmenskultur abgestimmt und deutlich kommuniziert werden.

Abbildung 8.9 faßt diese Überlegungen zusammen und zeigt das enge Zusammenspiel der unterschiedlichen Entscheidungsparameter im Personalmarketing.

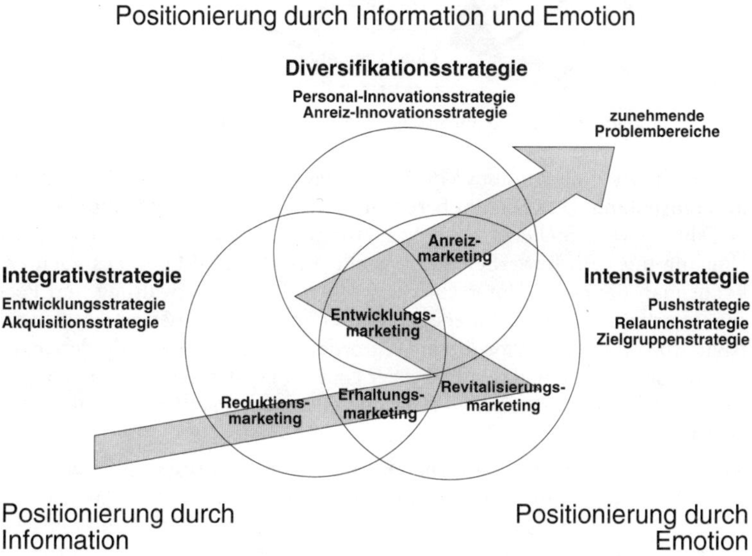

Abbildung 8.9: Situation, Strategie und Positionierung im Personalmarketing

8.2.3.5 Instrumentalisieren der Objekte

Personalmarketing kann auf eine Fülle von Instrumenten zurückgreifen (Abbildung 8.10). Den Anfang machen dabei in der Regel Kontakte zum **Arbeitsmarkt** und zu **Ausbildungsinstitutionen.** Hier sind neben der Betreuung von Diplomarbeiten, Betriebsbesichtigungen, Praktika und Hochschulbesuchen auch diverse Kooperationsprojekte wichtig. Dabei geht es weniger um die Präsenz an sich, als vielmehr um den bewußten Einsatz gemäß der Personalmarketingstrategie und der Positionierungsstrategie.

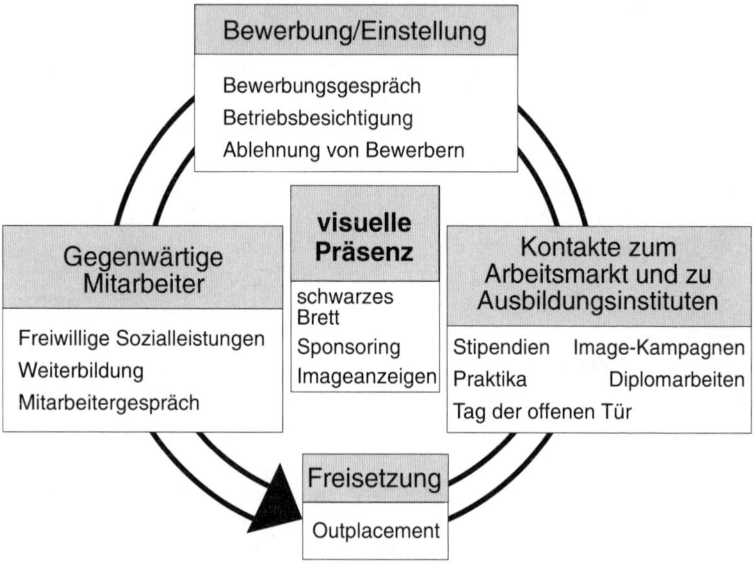

Abbildung 8.10: Exemplarische Instrumente im Personalmarketing

Personalmarketing umfaßt weiterhin den gesamten Bereich der **Bewerbung und Einstellung.** Dies beginnt bereits mit (internen) Stellenausschreibungen beziehungsweise Stellenanzeigen als Visitenkarte des Unternehmens. Beim Umgang mit dem Bewerber und vor allem beim Bewerbungsgespräch erkennt man dann den Unterschied zwischen Personalverwaltung und Personalmarketing schnell: Im erstgenannten Fall wird vorwiegend auf einen Abgleich von Fähigkeitsprofil und Anforderungsprofil abgestellt. Personalmarketing dagegen will den Bewerber generell für das Unternehmen begeistern, um ihn selbst bei einer Ablehnung mit einem positiven Gefühl wieder zu verabschieden.

Aber auch **gegenwärtige** Mitarbeiter sind wichtige Adressaten für das Personalmarketing. Freiwillige Sozialleistungen, Incentives in Form attraktiver Reisen, Weiterbildungsaktivitäten und Mitarbeitergespräche sind typische Beispiele. Letztere haben in Analogie zum Produktmarketing die Funktion des „after sales service".

Schließlich ist auch die **Trennung** von Mitarbeitern Teil des Personalmarketings. Die Frage, wie man mit denjenigen umgeht, die man wieder in den Arbeitsmarkt entläßt, wirkt auf das Image des Unternehmens auf dem Arbeitsmarkt. Relevant sind in diesem Zusammenhang alle Instrumente des „Outplacement", das scheidenden Führungskräften Chancen und Möglichkeiten im eigenen und in anderen Unternehmen aufzeigt (vgl. z. B. *Mayrhofer* 1989; *Stoebe* 1990).

Auch diese Instrumente sind nicht unbedingt neu. Wohl aber impliziert Personalmarketing ihre bewußte und strategieadäquate Umsetzung bis hin zu ihrem strategiekonformen Einsatz im Personalmarketing-Mix. So kann im Führungskräftetraining über die reine Vermittlung von Führungstechnik hinausgehend das Lernziel „Vermittlung der spezifischen Unternehmenskultur" Berücksichtigung finden.

Zum Personalmarketing gehört auch die **visuelle Präsenz**: „Schwarzes Brett", Firmenbroschüren, Sponsoring, Informationsveranstaltungen, Messeveranstaltungen und Personalimageanzeigen illustrieren exemplarisch die breite Palette der zur Verfügung stehenden Instrumente.

Der adäquate Einsatz von Personalmarketinginstrumenten wirkt kulturvermittelnd. Gerade die Auswahl von Kriterien zur Rekrutierung, Selektion und Beförderung von Mitarbeitern ist eine Maßnahme, um kulturelle Werte weiterzugeben und zu vertiefen: Zum einen wird dafür Sorge getragen, daß nur diejenigen Personen in das Unternehmen eintreten, die zu der jeweiligen Unternehmenskultur auch passen, beziehungsweise daß kulturtragende Mitarbeiter dem Unternehmen erhalten bleiben; zum anderen haben Art und Einsatzform dieser Instrumente – beispielsweise im Ablauf des Einstellungsinterviews – bereits symbolhaften und kulturvermittelnden Charakter.

8.2.3.6 Kontrollieren von Maßnahmen und Erfolg

Den Abschluß der Personalmarketingaktivitäten bildet die Kontrolle des Personalmarketings. Hier prüft das **Personalmarketing-Audit**, ob und inwieweit tatsächlich die Veränderungen im Bereich von LAMBDA 2 zu den erwünschten Wirkungen im Bereich von LAMBDA 1 und LAMBDA 3 geführt haben.

Ein solches Audit ist erforderlich, da sich beim Personalmarketing das Zurechenbarkeitsproblem in gleicher Weise stellt wie beim Produktmarketing. Ebensowenig, wie eine erhöhte Kaufrate (nur) einer bestimmten Werbekampagne zuzurechnen ist, kann eine erhöhte „Bewerberrate" (nur) auf den Einsatz neuartiger Personalmarketinginstrumente zurückgeführt werden. Auch im Falle des Personalmarketings liegt jedem Erfolg immer ein Ursachenverbund zugrunde, der im Einzelfall interne Phänomene ebenso wie Marktbedingungen umfaßt. Diesen Ursachenverbund kann ein Personalmarketing-Audit durchleuchten, wenn es außer der sichtbaren Ebene LAMBDA 2 auch die intern sowie die extern ausgerichteten Bereiche LAMBDA 1 und LAMBDA 3 analysiert, also feststellt:
- ob und in welchem Umfang das Ist-Image dem Soll-Image nähergebracht wurde,

- ob und in welchem Umfang die tatsächlichen Kulturwerte den Sollkulturwerten entsprechen,
- ob und inwieweit diese beiden Bereiche zueinander stimmig sind sowie
- in welchem Ausmaß die Personalmarketinginstrumente der sichtbaren Ebene diese Veränderungen bewirkt haben.

Im Rahmen einer solchen Analyse ist eine Image-Veränderung beziehungsweise eine Kulturänderung (Ziel) den auslösenden Personalmarketingmaßnahmen (Mittel) zurechenbar.

Erst in einem nächsten Schritt kann dann geklärt werden, ob aufgrund dieser Kultur- beziehungsweise Imagekorrektur Motivations- beziehungsweise Akquisitionserfolge erzielt wurden. Zwar bleiben eventuelle Arbeitsmarktverschiebungen noch als zusätzlicher Einflußfaktor vorhanden, die „Abhängigkeit“ des Unternehmens von diesen externen Einflußfaktoren ist jedoch auf ein Minimum reduziert, wenn relative Akquisitionserfolge – etwa im Branchenvergleich – weiteren Aufschluß über die Effektivität des Personalmarketings geben können.

8.2.4 Einzeltechniken

Im Zusammenhang mit dem zuvor diskutierten LAMBDA-Modell wurde deutlich, daß ein erfolgreiches Personalmanagement fundierter informatorischer Basisdaten bedarf, um tatsächlich die Maßnahmen erfolgreich durchführen zu können, die auch die jeweiligen Unternehmensspezifika berücksichtigen. Zu diesem Zweck sind in den drei LAMBDA-Bereichen jeweils spezifische Analyse- und Gestaltungstechniken erforderlich, die derartige Informationen liefern. Dazu zählen insbesondere Mitarbeiterbefragung und Aufwärtsbeurteilung als expliziter Bestandteil von LAMBDA 1 sowie die Imagestudie als Teil von LAMBDA 3. Auf LAMBDA 2 sind die Objektgestaltung sowie das Mitarbeitergespräch angesiedelt.

Bei all diesen Techniken läßt sich nur schwer zwischen expliziten **Analysetechniken** und expliziten **Gestaltungstechniken** trennen: So ist die Mitarbeiterbefragung zwar zunächst formal eine reine Analysetechnik. Schon in ihrer Durchführung läuft sie allerdings auf einen Eingriff in das Unternehmen hinaus. Es liegt also keine „Messung“ im physikalischen Sinne vor. Nimmt man die Bestimmung des Luftdrucks durch ein Barometer, so verändert das Ablesen des Luftdrucks auf der Barometerskala den tatsächlichen Luftdruck nicht. Anders bei der Mitarbeiterbefragung: Der Einsatz eines solchen Instrumentes wirkt bereits als teilweise massiver Eingriff in die Organisation. Gerade wegen der unglücklichen Analogie zu physikalischen Meßverfahren kommt es daher in der Praxis zu nicht unerheblichen Problemen. Dies darf natürlich nicht dazu führen, diese Techniken generell zu vermeiden. Der Ausweg besteht in ihrer professionellen Anwendung, welche die verhaltenspsychologische Seite und die meßtheoretisch-analytische Perspektive umfaßt.

Allen Techniken ist gemeinsam, daß nur bei exakter Bestimmung der Aufgabenstellung sinnvoll verwertbare Ergebnisse möglich sind. Werden Mitarbeiter über das Image ihres Unternehmens befragt, so ist es zwar ein interessanter Tatbestand – der im Zusammenhang mit der Identifikationstheorie durchaus bedeutsam ist –, das Ergebnis ist aber keine tatsächliche Beschreibung vom Image des Unternehmens bei Außenstehenden. Umgekehrt ist auch die Befragung eines ranghohen Vorgesetzten zwar ein erster Indikator für das Betriebsklima, zwischen seiner Perzeption und der tatsächlichen Ansicht der Mitarbeiter kann aber eine weite Kluft bestehen.

8.2.4.1 Mitarbeiterbefragung

Unter Mitarbeiterbefragung versteht man ein Verfahren der Unternehmensanalyse, mit dem Ansichten, Einstellungen und Wünsche von Mitarbeitern im Unternehmen erhoben werden. Analog zur Marktforschung will man den Mitarbeiter als Kunden besser verstehen lernen. Zwangsläufig ist es für die Unternehmensspitze schwierig, ehrliche und ungefilterte Informationen über die Ansichten der Mitarbeiter zu erlangen. Und umgekehrt dringen gerade in Umbruch- und Krisenphasen Mitarbeiter nur selten mit ihren Ansichten und kreativen Vorschlägen im Rahmen eines Bottom-up-Prozesses nach oben durch.

Wenngleich in Zukunft verstärkt Fragen der verhaltensorientierten Implikation von Mitarbeiterbefragungen und von statistisch höherwertigen Auswertungsmethoden eine Rolle spielen dürften, hat doch die Grundstruktur einer Mitarbeiterbefragung inzwischen weitgehend eine Standardisierung erfahren (vgl. z. B. *Töpfer/Zander* 1985; *Domsch/Schneble* 1991), die sich auch in den nachfolgend diskutierten Zielen, Methoden und Vorgehensweisen niederschlägt.

(a) Ziele von Mitarbeiterbefragungen

Mit Mitarbeiterbefragungen lassen sich eine Vielzahl von unterschiedlichen Zielsetzungen verfolgen. Dies sind zum einen allgemeine Zielsetzungen, die bei allen Mitarbeiterbefragungen verfolgt werden, zum anderen einzelfallspezifische Auslöser für ihre Durchführung.

Im Hinblick auf die **allgemeinen Zielsetzungen** von Mitarbeiterbefragungen lassen sich zwei Gruppen von Zielen unterscheiden (vgl. z. B. *Domsch/Schneble* 1992, 1376–1377):

- Zunächst sind Mitarbeiterbefragungen generell *Analyse- und Diagnoseinstrumente*, die Ausgangspunkt für eine mögliche organisatorische Gestaltung sind. Mitarbeiterbefragungen zeigen den Grad der Arbeitszufriedenheit der Mitarbeiter und das vorherrschende Arbeitsklima an. Sie sind zudem in der Lage, bestimmte Schwachstellen in der Organisation zu lokalisieren. Derartige Schwachstellen können im Bereich der Führung angesiedelt sein, vor allem aber auch im Bereich der (internen) Kommunikation sowie der Arbeitsplatz- und Aufgabengestaltung. Weiterhin lassen sich Mitarbeiterbefragungen als Kontrollinstrument für den Erfolg betrieblicher Maßnahmen einsetzen.
- Mitarbeiterbefragungen stellen andererseits jedoch selber bereits einen *gestalterischen Eingriff* in das Unternehmen dar, was zu verschiedenen

Folgewirkungen führt. So sind Mitarbeiterbefragungen ein wichtiges Instrument zur Verbesserung der Partizipation der Mitarbeiter. Zudem können Mitarbeiterbefragungen bei sinnvoller Durchführung die soziale Distanz zwischen der Unternehmensleitung und den Mitarbeitern verringern und zur Verbesserung der Kommunikation innerhalb des Unternehmens sowie zur Erhöhung der Arbeitszufriedenheit beitragen.

Neben diesen allgemeinen Zielen der Mitarbeiterbefragung gibt es **anlaßspezifische Auslöser**: Dies sind vor allem geplante Neugestaltungen auf einem der Aufgabenfelder oder auf einer der Managementebenen. So lassen sich über eine Mitarbeiterbefragung ein sinnvoller Einstieg in den Entwurf einer Personalentwicklungskonzeption realisieren, neue Formen der Arbeitsorganisation finden, eine bereits feststehende Personalfreisetzung in größerem Ausmaße sozial abfedern oder die Konsequenz eines Wechsels an der Führungsspitze ermitteln.

Eine Mitarbeiterbefragung kann gezielt Schwachpunkte im Bereich des Personalmarketings aufdecken. Ein Beispiel dafür ist die Analyse der Situation neuer Mitarbeiter im Betrieb, einschließlich des Ablaufes der Personalbeschaffung aus Sicht der Neueingestellten. Abgesehen von Fragen der Motivation zur Bewerbung bei der entsprechenden Firma lassen sich auch

- Kontaktaufnahme,
- Ort des Bewerbungsgesprächs,
- Ablauf des Bewerbungsgesprächs,
- gegebenenfalls Einbeziehung des Ehepartners und
- Ablauf der Einarbeitung

abfragen.

Auch wenn der Auslöser einer Mitarbeiterbefragung aus einem spezifischen Teilaspekt resultiert, bietet es sich doch generell an, die gesamte Situation des Unternehmens zu analysieren: Dies macht für den Erhebungs- und Auswertungsaufwand meist keinen großen Unterschied. Auch hängen Einzelmaßnahmen immer vom Gesamtkontext ab. Soll beispielsweise ein neues Arbeitszeitmodell eingeführt werden, so ist auch die Führungs- und Kommunikationsstruktur im Unternehmen zu analysieren, da erst in dieser Gesamtsituation ein Arbeitszeitmodell beurteilt werden kann. Aus diesem Grund umfassen Mitarbeiterbefragungen im Regelfall alle die in Übersicht 8.7 wiedergegebenen Themenbereiche.

Uneinigkeit herrscht in der Literatur darüber, ob im Rahmen einer Mitarbeiterbefragung gleichzeitig auch eine Bestimmung individuellen Vorgesetztenverhaltens erfolgen soll: Derartige Auswertungen sind immer dann möglich, wenn Mitarbeiter konkrete Angaben darüber machen müssen, zu welcher organisatorischen Untereinheit sie gehören und damit klar offenlegen, wer ihr Vorgesetzter ist. In diesem Fall ist es möglich, die Perzeption des Vorgesetztenverhaltens bei den Mitarbeitern zu erfassen und sie dem Vorgesetzten mitzuteilen. Angesichts der Sensibilität von Mitarbeiterbefragungen wird allerdings nachfolgend davon ausgegangen, daß *keine* unmittelbare Beurteilung individueller Führungsleistung im Rahmen der Mitarbeiterbefragung erfolgt. Ist dies geplant, so kommt das Instrument der Aufwärtsbeurteilung zum Tragen, auf das im nächsten Abschnitt näher eingegangen wird.

1	Unternehmensimage	z. B. Perzeption vom Ruf des Unternehmens in der Öffentlichkeit, Betriebsklima bezogen auf Gesamtunternehmen und Abteilung, Verbundenheit mit dem Unternehmen
2	Der direkte Vorgesetzte	z. B. gewünschtes und tatsächliches Führungsverhalten, Hilfestellung bei Problemen
3	Motivation	z. B. gewünschte und tatsächliche Ausprägung von Motivationen und Frustrationen der Arbeit, Einsatz nach Neigung und Fähigkeit, Arbeitsplatzgestaltung
4	Information	z. B. Informationsstand, Informationsbedürfnisse, Informationswege
5	Personalentwicklung	z. B. Aufstiegsmöglichkeiten, Bildungsmöglichkeiten
6	Entlohnung und freiwillige Leistung	z. B. Bedeutung und Nutzung
7	Statistik	z. B. Alter, Betriebszugehörigkeit, Geschlecht, Hierarchiestufe

Übersicht 8.7: Themenbereiche von Mitarbeiterbefragungen

Aufgrund der oben angesprochenen Sensibilität ist bei der Mitarbeiterbefragung im Regelfall auf relativ hochaggregiertem Niveau vorzugehen: Beispiele für derartige Aggregationen sind Mitarbeitergruppen (leitende Angestellte, Arbeiter), Unternehmensbereiche (F&E, Produktion, Vertrieb, Verwaltung) oder aber einzelne Werke beziehungsweise Niederlassungen.

(b) Methoden

Mitarbeiterbefragungen können als Gesamterhebung oder als Teilerhebung in schriftlicher oder mündlicher Form durchgeführt werden. Für die schriftliche Befragung spricht die Möglichkeit zur Standardisierung und Anonymisierung, während sich bei der mündlichen Befragung – entsprechende Schulung der Interviewer vorausgesetzt – tieferliegende Ansichten ergründen lassen. Beim Interview gibt es eine ganze Palette von Abstufungen vom standardisierten Interview über das teilweise strukurierte Interview bis zur freien Gesprächsführung.

Alle Formen haben ihre Vor- und Nachteile, wobei neben Kostengesichtspunkten auch Praktikabilitäts- und Aussageaspekte zu berücksichtigen sind. Auch wenn bei einer **mündlichen** Befragung meist von besonders hohen „Rücklaufquoten" berichtet wird, macht dies noch keine Aussagen darüber, ob und inwieweit die Mitarbeiter tatsächlich zu offenen und ehrlichen Antworten bereit sind. Akzeptiert man die These, wonach Mitarbeiter durchaus ein gewisses Maß an vorsichtiger Zurückhaltung bei derartigen Aktionen an den Tag legen (insbesondere wenn die Befürchtung eines Mißbrauchs der Mitarbeiterbefragung als Mechanismus zur Personalselektion besteht), so kann beim Ziel der wahrheitsgetreuen Beantwortung nur eine **schriftliche, anonyme** Mitarbeiterbefragung durchgeführt werden. Da bei Mitarbeiterbefragungen die variablen Kosten (Kosten pro Fragebogen) gegenüber den fixen Kosten nicht stark ins Gewicht fallen, sollte von einer **Vollerhebung** ausgegangen werden. Lediglich bei extrem großen Unternehmen oder bei Fragestellungen, die ausschließlich einen Unternehmensbereich betreffen, erscheint eine Teilerhebung sinnvoll. Uneinigkeit herrscht über die Verwendung offener Fragen: Sie erlauben es zwar, zusätzliche Informationen über die aktuelle Situation des Unternehmens zu erfassen, sind aber gleichzeitig Ansatzpunkt zum potentiellen Mißbrauch. So ist die Versuchung nicht völlig von der Hand zu weisen, bei einem extrem negativen Statement den betreffenden Mitarbeiter anhand der statistischen Angaben ausfindig zu machen und entsprechend zu sanktionieren.

Wegen der ungünstigen Kosten-/Nutzenrelation scheidet bei der mündlichen Befragung das standardisierte Interview aus. Gesamterhebungen über Interviews sind überdies nur bei kleineren Unternehmen möglich. Völlig freie Interviews sind ebenfalls nur in Ausnahmesituationen angebracht, da hier der Auswertungsaufwand und die Auswertungsprägnanz in der Regel unbefriedigend sind. Sinnvoll sind Interviews in einer teilweise strukturierten Form, wenn sie sich auf Teilbereiche des Unternehmens beschränken und einzelne konkrete Fragestellungen näher beleuchten sollen.

Übersicht 8.8 stellt die unterschiedlichen Formen der Mitarbeiterbefragung vergleichend dar. Obwohl einige Großunternehmen durchaus gute Erfahrungen auch mit Interviews gemacht haben (vgl. *Mische* 1988), bietet sich vor dem Hintergrund der Kosten-/Nutzenrelation und der periodischen Wiederholungsnotwendigkeit von Mitarbeiterbefragungen die schriftliche Befragung als Grundform der Mitarbeiterbefragung an. Sie läßt sich allerdings – gegebenenfalls einzelfallspezifisch – durch eine mündliche Teilbefragung ergänzen, die dann einzelne Teilaspekte vertieft. Dies kann allerdings auch über spezielle Workshops geschehen, bei denen einzelne Ergebnisse der Mitarbeiterbefragung zur Diskussion gestellt werden.

In engem Zusammenhang mit der zu wählenden Methode steht die Problematik ihrer forschungsmethodischen Fundierung (vgl. *Domsch/Gerpott* 1986): Auch eine Mitarbeiterbefragung muß die Kriterien der Reliabilität, der Validität und der Objektivität erfüllen. Betrachtet man aber die Litera-

	schriftlich				mündlich		
	nur geschlossene Fragen		auch offene Fragen		standardisiert	strukturiert	frei
	anonym	namentlich	anonym	namentlich			
Gesamtbefragung	+	–	○	–	–	○	–
Teilerhebung	○	–	○	–	–	+	○

Übersicht 8.8: Formen der Mitarbeiterbefragung und ihre Sinnhaftigkeit

tur zur Mitarbeiterbefragung, so wird gerade diesem Aspekt kaum Bedeutung beigemessen.

Nimmt man beispielsweise die Frage nach der „Zufriedenheit mit dem Verhalten des Vorgesetzten", so ist ein hoher Wert für eine bestimmte Beschäftigtengruppe nicht unbedingt Anlaß zur Zufriedenheit. Vielmehr ist es durchaus denkbar, daß Mitarbeiter gerade deshalb mit ihrem Vorgesetzten zufrieden sind, weil er ihnen relativ viele Freiheiten läßt, sie kaum fordert und er selber eine eher uninteressierte Einstellung zur Arbeit hat. Auch wird häufig übersehen, daß die Befragten bestimmte Ausdrücke durchaus unterschiedlich interpretieren, was zu Verzerrungen der Ergebnisse führen kann: So hängt es vom konkreten Menschenbild des Vorgesetzten ab, ob er den Ausdruck „Kollegen" im Sinne von Untergebenen oder hierarchisch gleichrangigen Mitarbeitern sieht. Entscheidend ist, daß Aspekte wie Arbeitszufriedenheit, Motivation und Information nur im Sinne von mehrdimensionalen Konstrukten inhaltlich adäquat umgesetzt werden können. Folgt man dieser Argumentation, so wird das häufig praktizierte Verfahren der trivialen Mittelwertvergleiche als ein höchst gefährliches Vorgehen entlarvt.

(c) Vorgehensweise

Ähnlich wie bei den Inhalten der Mitarbeiterbefragung, hat sich auch für die Vorgehensweise ihrer Durchführung ein gewisses Maß an Standardisierung durchgesetzt. Übersicht 8.9 zeigt ein derartiges **Ablaufschema**. Sie beginnt mit der Projektvorbereitung, wo insbesondere die Ziele der Mitarbeiterbefragung und der grobe Ablaufplan fixiert werden. Im Rahmen dieser Vorbereitung wird meist auch der externe Kooperationspartner bestimmt, der aus Gründen der anonymen Durchführung und der objektiveren Betrachtungsweise sinnvollerweise zu beauftragen ist. Zur Konzeptionsphase gehört dann die Festlegung des Fragebogens. Es bietet sich an, eine *Projektgruppe* „Mitarbeiterbefragung" ins Leben zu rufen, in der neben Mitarbeitern der Personalabteilung und dem Betriebsrat auch die externen Kooperationspartner sowie einzelne Führungskräfte sitzen.

Wichtig ist auch die Festlegung des detaillierten *Ablaufplanes*, der insbesondere die Frage nach Ausgabe und Rückgabe der Fragebögen klärt. Zur eigentlichen *Abwicklung* gehören der Fragebogeneinsatz, der Rücklauf und die Fragebogenauswertung. Zuweilen ist es zweckmäßig, bereits während der Auswertung eine Rückkopplung zur Projektgruppe zu suchen. Dies gilt insbesondere dann, wenn über die Angabe statistischer Kenngrößen hinaus eine Interpretation der Befunde im Ergebnisbericht vorgesehen ist. Es folgt das explizite *Datenfeedback*, die Interpretation und Präsentation der Ergebnisse vor der Projektgruppe, der Unternehmensleitung sowie einzelnen Mitarbeitergruppen. Im Anschluß daran beginnt die *Maßnahmenplanung*, wozu neben einer Festlegung des Ist-Zustandes im Sinne von Schwachstellen und Stärken auch eine Auseinandersetzung mit dem Sollkonzept gehört. Nach der Durchführung der konkreten Maßnahmen kommt es zu einer *Evaluierungsphase* im Sinne einer Erfolgskontrolle.

1.	Vorüber-legung	Ziele der Mitarbeiterbefragung festlegen und Zeitrahmen abstecken, Orientierung über Konzepte und Erfahrungen in Wissenschaft und Praxis, Auftragsvergabe an Arbeitsgruppe oder externes Institut
2.	Organi-sation	Institutionalisierung der Projektgruppe unter Einbeziehung von Arbeitnehmervertretern und Personalexperten, Auswertung vorliegender Erfahrungen eigener Mitarbeiterbefragungen, Aufstellung eines exakten Zeit- und Kostenplans
3.	Konzep-tion	Problemanalyse, Erstellung einer vorläufigen Version des Fragebogens, gegebenenfalls Pretest, Festlegung der Fragebogenerfassung und Layoutoptimierung (Benutzerergonomie!)
4.	Freigabe	Genehmigung von Fragebogen und Ablaufplan durch Geschäftsleitung und Betriebsrat
5.	Reali-sation	Information der Mitarbeiter über die Befragung, Durchführung der Fragebogenaktion
6.	Analyse	Statistische Auswertung im externen Institut, Feedback mit Projektgruppe, Interpretation, Erstellen des Ergebnisberichts
7.	Informa-tion	Präsentation der Ergebnisse bei der Unternehmensleitung und der Projektgruppe, Mitteilung an die Mitarbeiter über Verlauf und Ergebnis der Befragung
8.	Maß-nahmen-planung	Festlegen von Prioritäten, Diskussion der Ergebnisse in der (erweiterten) Projektgruppe, Problemanalyse
9.	Aktion	Maßnahmen zur Verbesserung der Stärken und Verringerung der Schwächen, Information an die Mitarbeiter
10.	Kon-trolle	laufende Projektkontrolle, Gesamtkontrolle durch Wiederholung ab Schritt 1 nach angemessenem Zeitraum

Übersicht 8.9: Exemplarischer Ablauf einer Mitarbeiterbefragung

Betrachtet man die Publikationen zum Bereich der Mitarbeiterbefagung (z. B. *Töpfer/Zander* 1985 oder *Domsch/Schneble* 1991), so wird deutlich, daß es in der Realität offenbar äußerst schwierig ist, **statistisch höherwertige Verfahren** in der Mitarbeiterbefragung einzusetzen. Es dominieren immer noch Vergleiche von Mittelwerten und Häufigkeiten, die im Regelfall sogar isoliert als singuläre Werte verwendet werden. Daß gerade diese singulären Ergebnisse häufig vollkommen im Einklang mit der Perzeption der Personalverantwortlichen interpretiert werden können, liegt nahe und begründet teilweise die Ablehnung anderer, statistisch höherwertiger Auswertungsverfahren. Wenn als Stärke einer durchgeführten Mitarbeiterbefragung angegeben wird, „daß die Befragungsergebnisse die realen Veränderungen, die in der Zwischenzeit stattgefunden haben, sehr genau wiedergeben" (*Süßenguth* 1991, 31), so mag dies durchaus für die Akzeptanz der gewählten Form der Mitarbeiterbefragung, nicht aber für ihren tatsächlichen Nutzen sprechen. Zu Recht wird daher gerade aus der

Perspektive der Personalforschung (z. B. *Martin* 1988, 3) auf die äußerst unterschiedlichen Reflektionsniveaus von Mitarbeiterbefragungen in der Praxis hingewiesen.

Konkret bedeutet dies, daß zumindest Korrelationsanalysen zum unverzichtbaren Bestandteil jeder Mitarbeiterbefragung gehören müssen. Bei größerzahligen Befragungen machen auch Faktoren- und Clusteranalysen Sinn. Für die Ergebnispräsentation gilt, daß weitestgehend versucht werden sollte, zumindest zweidimensionale Darstellungsweisen zu wählen: Sie ermöglichen es dem Betrachter, das gewonnene Datenmaterial schnell zu überschauen und sich ein Bild zu verschaffen, ohne daß „Zahlenfriedhöfe“ durchgearbeitet werden müssen.

(d) Beispiele

Zwei Darstellungen sollen kurz die Aussagekraft von Ergebnissen einer Mitarbeiterbefragung illustrieren. Als erstes zeigt Abbildung 8.11 eine zweidimensionale Ergebnisdarstellung, bei der die Ansichten der Mitarbeiter zum Informationsstand und zum Informationsinteresse gegenübergestellt werden. Man erkennt beispielsweise ein hohes Informationsinteresse für Aufgabenänderungen, das jedoch nur zum Teil gedeckt wird: Dem Informationsinteresse von 4,5 steht ein subjektiver Informationsstand von 2,0 (auf Skalen 1 bis 5) gegenüber. Derartige *Informationsportfolios* fallen je nach Ausbau der internen Kommunikation hochgradig unterschiedlich aus und sind somit ein wichtiger Indikator für mögliche Veränderungen.

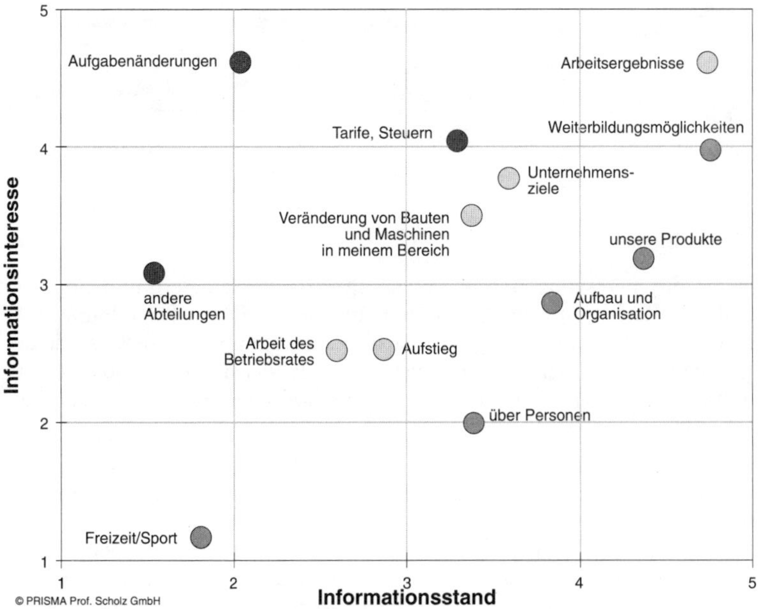

Abbildung 8.11: Ergebnisausschnitt einer Mitarbeiterbefragung

Abbildung 8.12 befaßt sich mit den Auffassungen von Mitarbeitern zum Führungsverhalten ihrer Vorgesetzten. In diesem Fall liegt die eigentlich interessante Erkenntnis im Vergleich der durchschnittlichen Perzeption von Mitarbeitern ohne eigene Führungsverantwortung mit solchen, die Führungstätigkeiten ausüben: Man erkennt, daß sich letztere wesentlich partizipativer und teamorientierter geführt fühlen als die Mitarbeiter ohne eigene Führungsverantwortung. Ein solcher *Gruppenvergleich* ermöglicht Rückschlüsse auf unternehmensspezifische Probleme.

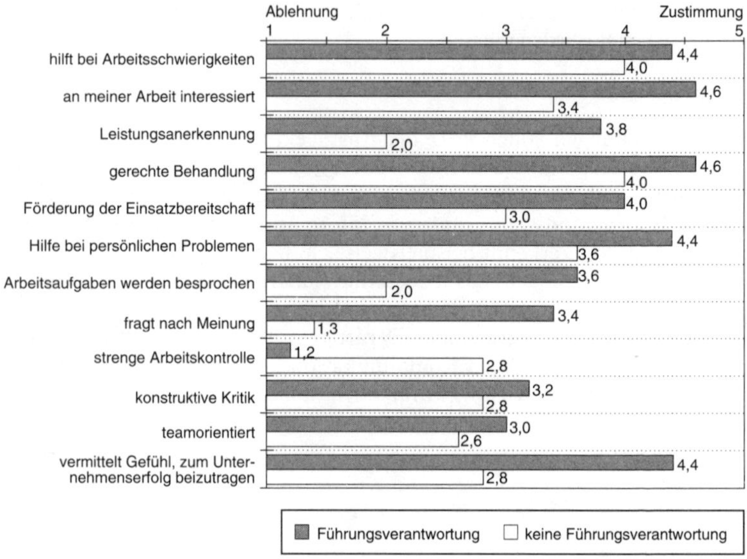

Abbildung 8.12: Perzeption des Vorgesetztenverhaltens durch Mitarbeiter mit und ohne Führungsverantwortung

(e) Probleme

Mitarbeiterbefragungen können wichtige Ergebnisse liefern und sind deshalb mit Recht zentraler Bestandteil eines betrieblichen Personalmanagements. Dies darf allerdings nicht darüber hinwegtäuschen, daß gerade der Einsatz von Mitarbeiterbefragungen mit einer Vielzahl von Problemen behaftet ist, die über die oben skizzierten methodischen Schwierigkeiten hinausgehen.

Aus diesem Grund sollen nachfolgend wichtige **Problemkreise** skizziert werden, die sich teilweise in der praktischen Durchführung von Mitarbeiterbefragungen stellen.

- Mitarbeiterbefragung als *geheime Kommandosache*: Mitarbeiterbefragungen sind immer dann problematisch, wenn sie unzureichend vorbereitet werden, wozu vor allem die zu späte oder vollkommen fehlende Berücksichtigung der relevanten Interessenvertretungen gehören. Unabhängig davon, ob der Betriebsrat tatsächlich Mitwirkungsmöglichkeiten bei der Mitarbeiterbefragung hat (§ 94, I+II, sowie § 95 BetrVG wären hier die einzigen – allerdings recht schwachen – Anknüpfungspunkte), ist der Betriebsrat auf jeden Fall miteinzubeziehen, da gerade er ein Interesse an einer derartigen Mitarbeiterbefragung hat und wichtige Impulse geben kann. Selbstverständlich muß auch die Unternehmensleitung involviert sein (dies ist normalerweise der Fall), ebenso repräsentative Führungskräfte. Fehlt eine Einbeziehung der relevanten Gruppen und wird die Belegschaft mit einer solchen Aktion überrollt, sind niedrige Rücklaufquoten und schwer interpretierbare Ergebnisse aufgrund bewußt falscher Antworten wahrscheinlich.

- Mitarbeiterbefragung als *Schönwetterpostkarte*: Häufig wird argumentiert, daß gerade die aktuelle Situation nicht typisch sei und man mit der Mitarbeiterbefragung auf eine bessere Phase der Geschäftstätigkeit warten will. Eine Mitarbeiterbefragung kann aber nicht das Hauptziel haben, einen Optimalzustand des Unternehmens zu zeichnen. Gerade in Phasen des Umbruchs und der Stagnation sollten die kreativen Potentiale der Mitarbeiter und ihre Meinungen sowie Interessen berücksichtigt werden.
- Mitarbeiterbefragung als *Public-Relation-Aktion*: Während bei einer Mitarbeiterbefragung als Schönwetterpostkarte zumindest der Versuch gemacht wird, ein zu einem bestimmten Zeitpunkt gültiges Bild zu zeichnen, wird bei der Verwendung einer Mitarbeiterbefragung als Public-Relation-Aktion die Befragung selbst als wichtig eingestuft, um sie öffentlichkeitswirksam zu kommunizieren. Die Ergebnisse der Aktion selber spielen keine Rolle, Hauptsache sie wird überhaupt durchgeführt.
- Mitarbeiterbefragung als *Controlling-Objekt*: Wird im Vorfeld der Mitarbeiterbefragung mehr auf die „preiswerte" Durchführung Wert gelegt als auf die tatsächliche Maximierung der Aufwand-Nutzen-Relation, so werden Kenngrößen wie „DM pro geliefertem Mittelwert" ins Feld geführt und die Qualitätsmerkmale einer Mitarbeiterbefragung auf die Anzahl der Mittelwerte reduziert.
- Mitarbeiterbefragung als *Mengenfetischismus*: Es ist in jedem Fall problematisch, wenn eine große Anzahl von Einzelergebnissen gesucht wird, die später kaum mehr inhaltlich im Gesamtzusammenhang interpretierbar sind. Hier wird die Qualität einer Mitarbeiterbefragung im „laufenden Meter" gemessen und die letztlich verwertbare Informationsmenge übersehen.
- Mitarbeiterbefragung als *selbsterfüllende Prophezeiung*: Wenig hilfreich sind Mitarbeiterbefragungen auch immer dann, wenn sie dazu dienen, die bereits bestehende „Sachkenntnis" des Initiators zu untermauern. In solchen Fällen wird insbesondere bei der Fragenformulierung sehr genau darauf geachtet, daß nur das bereits vorher bekannte Bild als Ergebnis herauskommen kann.
- Mitarbeiterbefragung als *Vetternwirtschaft*: Für die Unternehmensleitung liegt die Versuchung nahe, jemanden aus der Verwandtschaft mit der Befragung zu betrauen, um sich unmittelbaren Zugriff auf Detail-

informationen zu sichern. Da hier die Anonymität der Antwortenden nicht gewährleistet ist, dürfte aber bereits der Betriebsrat ein Veto einlegen (sofern er die Querbeziehung erkennt).

- Mitarbeiterbefragung als *Spielwiese*: Obwohl die Mitarbeiterbefragung ein heikles und sensibles Instrument ist, verlassen sich noch immer manche Unternehmen darauf, sie von Praktikanten im Rahmen eines Ferienjobs erledigen zu lassen. Abgesehen davon, daß die Ergebnisse dieser Mitarbeiterbefragung dann im Unternehmen vorhanden sind (Anonymität nicht mehr gewährleistet), ist hier bei allem Engagement die Dilettantismusgefahr groß.
- Mitarbeiterbefragung als Mittel der *Personalselektion*: In allen Fällen, in denen die Rohdaten der Mitarbeiterbefragung im unmittelbaren Zugriff des Unternehmens sind, besteht die große Gefahr, die Ergebnisse als Instrument der Personalselektion zu verwenden. Insbesondere dann, wenn durch eine besonders feine statistische Differenzierung bei den statistischen Angaben die Rückverfolgung auf konkrete Vorgesetzte und konkrete Mitarbeiter möglich ist, lassen sich ausgehend von der Mitarbeiterbefragung Personalentscheidungen treffen. Dies ist ein fataler Vertrauensbruch, der der Grundidee einer Mitarbeiterbefragung diametral entgegensteht.
- Mitarbeiterbefragung als zentrales *Disziplinierungsmittel*: Grundsätzlich sollten Informationen der Mitarbeiterbefragung frei zugänglich gemacht werden. Nicht selten werden aber spezielle Ergebnisse streng vertraulich behandelt und nur einzelfallspezifisch mit der Bereichsleitung beziehungsweise deren unmittelbaren Vorgesetzten diskutiert. Auf diese Weise erlangt die Personalabteilung beziehungsweise der dafür Zuständige eine übermäßig dominante Rolle, da er über die Weiterleitung der Informationen entscheiden kann.
- Mitarbeiterbefragung als *Manipulationsinstrument*: Eine Mitarbeiterbefragung gerät leicht in den Verdacht einer gezielten Manipulation, wenn über entsprechend formulierte Fragen zu spezifischen Sachverhalten Ergebnisse und damit letztlich auch Entscheidungen sowie Maßnahmen vorprogrammiert werden. Dies gilt um so mehr, wenn die Unternehmensleitung nur solche Aspekte in den Fragebogen aufnimmt, bei denen sie eine grundsätzliche Bereitschaft oder Möglichkeit zur Änderung hat.
- Mitarbeiterbefragung als *Delegationsobjekt*: Gefährlich wird es auch, wenn die Mitarbeiterbefragung an rangniedrige Personen delegiert wird, die ohne entsprechenden Sachverstand über diese Maßnahme entscheiden.
- Mitarbeiterbefragung als *Improvisationsobjekt*: Jede Mitarbeiterbefragung muß genauestens geplant werden, wobei insbesondere den organisatorischen Details erhebliche Bedeutung zukommt. Improvisation im Sinne von spontanen Entscheidungen über Art und Form der Mitarbeiterbefragung ist nicht angebracht.
- Mitarbeiterbefragung als *Einzelkämpfer*: Mitarbeiterbefragungen sind immer zugleich Instrumente der Organisationsentwicklung. Die einzelne Person – ob als Dschungelkämpfer oder als einsamer Rufer in der Wüste – ist dabei fehl am Platze.

- Mitarbeiterbefragung als *Papiertiger*: Entscheidend ist, daß eine Mitarbeiterbefragung auch in Maßnahmen mündet. Ansonsten bleibt sie lediglich ein Lippenbekenntnis. Als Ergebnis bleibt dann nur die Frustration bei den Mitarbeitern, da sie zunächst an eine Partizipationsmöglichkeit glauben, dann aber enttäuscht werden.
- Mitarbeiterbefragung als *Eintagsfliege*: Mitarbeiterbefragungen müssen, um langfristig ein sinnvolles Instrument im Personalmanagement zu werden, in regelmäßigen Abständen (zwischen 3 und 5 Jahren) wiederholt werden. Ansonsten entsteht leicht der Verdacht, die Unternehmensleitung drücke sich vor einer Wiederholung.
- Mitarbeiterbefragung als *Gerüchteküche*: Problematisch wird es auch, wenn Informationen über die Ergebnisse einer Mitarbeiterbefragung nur tröpfchenweise im Unternehmen durchsickern. Auf diese Weise wird der Spekulation Tür und Tor geöffnet und eine solide Information erschwert.
- Mitarbeiterbefragung als *Verschlußsache*: Die gefährlichste Form der Informationsverzerrung besteht darin, den Mitarbeitern die Ergebnisse der Mitarbeiterbefragung überhaupt nicht zugänglich zu machen. Solche Fälle führen dazu, daß die Unternehmensleitung die Ergebnisse der Mitarbeiterbefragung zwar zur Kenntnis nimmt, sie aber insofern verdrängt, als entweder der Befragungszeitraum als atypisch gesehen wird oder aber bereits unmittelbar nach der Befragung zentrale Veränderungen im Unternehmen (aus Sicht der Unternehmensleitung) vorgenommen wurden, die die Ergebnisse obsolet machen.

(f) Ergebnis

Mitarbeiterbefragungen sind eines der wichtigsten Instrumente eines informationsorientierten und verhaltensorientierten Personalmanagements. Dies gilt umso mehr dann, wenn sie als Teil einer umfassenden Konzeption zur Organisations- und Personalentwicklung (Kapitel 4) eingebunden sind in Überlegungen zur Unternehmenskultur (Kapitel 6.4).

8.2.4.2 *Aufwärtsbeurteilung*

Die Aufwärtsbeurteilung (synonym: Vorgesetztenbeurteilung) ähnelt von der Konzeption her der zuvor diskutierten Mitarbeiterbefragung, hat jedoch mit der individualisierten Analyse einen vollkommen anderen Ansatzpunkt.

(a) Ziele der Aufwärtsbeurteilung

Eigentliches Kernstück der Aufwärtsbeurteilung (vgl. z. B. *Bernardin/Beatty* 1987) ist der Abgleich von Fremdbild und Eigenbild: Der Vorgesetzte soll die Einschätzungen seines Führungsverhaltens durch seine Mitarbeiter kennenlernen und mit seinem Eigenbild abgleichen. Auch wenn häufig argumentiert wird, sinnvoll gestaltete Mitarbeitergespräche geben Rückmeldung für derartige Einschätzungen, ist doch von einer gewissen Verunsicherung der Mitarbeiter auszugehen, die sich reiflich überlegen, wann und ob sie ihre Meinung offen dem Vorgesetzten mitteilen.

Aus diesem Grund muß eine Aufwärtsbeurteilung mindestens insofern eine Anonymisierung gewährleisten, als die Mitarbeiter ihre Urteile in einen gemeinsamen Mittelwert einfließen lassen. Der Vorgesetzte kann somit nicht mehr individuelle Rückschlüsse auf Einzelurteile der Mitarbeiter ziehen, erfährt aber dennoch ein unmittelbar auf ihn bezogenes Urteil.

Konkret soll die Aufwärtsbeurteilung **drei Ziele** erfüllen (vgl. *Reinecke* 1985, 82–83):

- Als *Diagnosefunktion* soll sie dem Vorgesetzten Information über sich selbst, sein Verhalten und dessen Wirkung auf die Mitarbeiter liefern.
- Als *Entwicklungsfunktion* soll sie Vorgesetzte bei der Anwendung zeitgemäßer Führungsmodelle unterstützen und speziell zu einer Verbesserung der wechselseitigen Führungsbeziehung durch Erhöhung des gegenseitigen Verständnisses bei offener Kommunikation beitragen.
- Als *Beteiligungsfunktion* soll sie eine stärkere Beteiligung der Mitarbeiter an der Ausgestaltung der Führungsbeziehung ermöglichen, woraus sich auch eine Verbesserung der Motivation der Mitarbeiter ableiten läßt.

Die Aufwärtsbeurteilung hat damit wie die Mitarbeiterbefragung gleichzeitig Informations- und Aktionscharakter.

(b) Methodik

Der Ablauf einer Aufwärtsbeurteilung gliedert sich in drei Abschnitte: Als erstes erhalten die Mitarbeiter einen Fragebogen, mit dem sie zu verschiedenen Teilaspekten des Vorgesetztenverhaltens Stellung nehmen können. Gleichzeitig erhält der Vorgesetzte analoge Statements, mit denen er sein eigenes Führungsverhalten (aus seiner Sicht) skizzieren soll. Im Anschluß daran werden die Ansichten der Mitarbeiter zusammengefaßt und mit der Eigeneinschätzung des Vorgesetzten verglichen.

Übersicht 8.10 zeigt exemplarisch 28 Fragen, mit deren Hilfe das Vorgesetztenverhalten evaluiert werden kann.

Der Vorgesetzte bekommt damit als Ergebnis der Aufwärtsbeurteilung sowohl sein Eigenbild als auch das Fremdbild. Abbildung 8.13 zeigt ein Beispiel für eine derartige Profilgegenüberstellung. Man erkennt deutlich, daß hier (wie meistens) das Eigenbild besser ausfällt als das Fremdbild. So ist beispielsweise bei Frage 4 der Vorgesetzte der Meinung, ganzheitliche Aufgaben zu übertragen, was die Mitarbeiter aber offenbar ganz anders sehen.

Bei der Aufwärtsbeurteilung gibt es eine Reihe von Modifikationen, die dieses Instrument ergänzen können. Eine Variante besteht darin, zusätzlich zu Eigen- und Fremdbild auch das durchschnittliche Eigenbild aller Vorgesetzten und das durchschnittliche Fremdbild aller Mitarbeiter zu ermitteln. Der Vorgesetzte erhält so vergleichende Informationen über andere Mitarbeiter und andere Vorgesetzte. Ebenfalls als Möglichkeit zum Vergleich dient die Angabe eines Sollprofils, das gegebenenfalls aus der Aufgabenbeschreibung des Vorgesetzten abgeleitet werden kann. Eine weitere Modifikation schließlich ist die Verdichtung der Fragen zu einigen wenigen Antwortkategorien. Bei einem derartigen Vorgehen werden die Items des Fragebogens zu Hauptkategorien zusammengefaßt (Übersicht 8.11).

(1.) Ich erhalte von X ausreichende Informationen bzgl. übergeordneter Zielsetzungen.
(2.) Meine Aufgaben und Kompetenzen bespricht X mit mir.
(3.) Bezüglich meiner Arbeit erhalte ich Rückinformationen von X, die es mir ermöglichen, meine Arbeitsleistung in Zusammenhang mit übergeordneten Zielen einzuschätzen.
(4.) X überträgt mir ganze Aufgabenkomplexe und nicht nur Einzelaufgaben.
(5.) Ich werde von X frühzeitig über neue Aufgabenstellungen informiert.
(6.) In Gegenwart von X habe ich das Gefühl, ein gleichberechtigter Partner zu sein.
(7.) X befaßt sich mit Vorschlägen, die von meiner Seite kommen und setzt sie gegebenenfalls auch um.
(8.) Mit meinen beruflichen Problemen kann ich mich an X wenden.
(9.) Ich werde von X zu selbständigem Handeln angespornt.
(10.) X hält Termine, Zusagen und Absprachen mit mir ein.
(11.) In Gesprächen mit mir schafft X eine gelöste Stimmung.
(12.) Im Umgang mit mir ist X ausgeglichen und freundlich.
(13.) X spricht Anerkennung aus, wenn ich gute Arbeit leiste.
(14.) Ich erhalte von X Hinweise zur Lösung mir übertragener Aufgaben.
(15.) X informiert sich über den Stand meiner Arbeit.
(16.) X bespricht Änderungen meiner Aufgaben im voraus mit mir.
(17.) Ich werde von X bei wichtigen Entscheidungen innerhalb meines Aufgabenbereiches um Rat gefragt beziehungsweise aufgefordert, meine Meinung abzugeben.
(18.) Ich erhalte von X die Möglichkeit, selbständig Entscheidungen zu treffen.
(19.) Treffe ich innerhalb meines Aufgabenbereiches eine falsche Entscheidung, so schränkt X meine Entscheidungskompetenz sofort ein.
(20.) X gibt mir Hilfestellung, wenn ich mich mit einem fachlichen Problem an ihn wende.
(21.) Auch wenn X belastet ist, ist X ein Ansprechpartner für mich.
(22.) X äußert Kritik in Anwesenheit anderer an mir.
(23.) Kritik bringt X so an, daß sie mich anspornt, meine Fehler zu beseitigen.
(24.) Das Verhalten von X steigert meine Einsatzbereitschaft.
(25.) Persönlichen Ärger oder Ärger mit dem eigenen Vorgesetzten läßt X an mir aus.
(26.) X kann Kritik vertragen.
(27.) Entdeckt X einen Fehler, so weist er mich sachlich und angemessen darauf hin.
(28.) X hört mir zu.

Übersicht 8.10: Exemplarische Fragen der Aufwärtsbeurteilung

Schließlich besteht eine Erweiterung der Aufwärtsbeurteilung darin, die Mitarbeiter danach zu fragen, welche **Wünsche** sie an das Vorgesetztenverhalten haben: So ist beispielsweise die Delegation von Verantwortung ein Ziel, das nicht unbedingt von allen Mitarbeitern im Sinne einer Wunschvorstellung geteilt wird.

(c) Vorgehensweise

In der konkreten Durchführung der Aufwärtsbeurteilung gibt es drei Möglichkeiten:

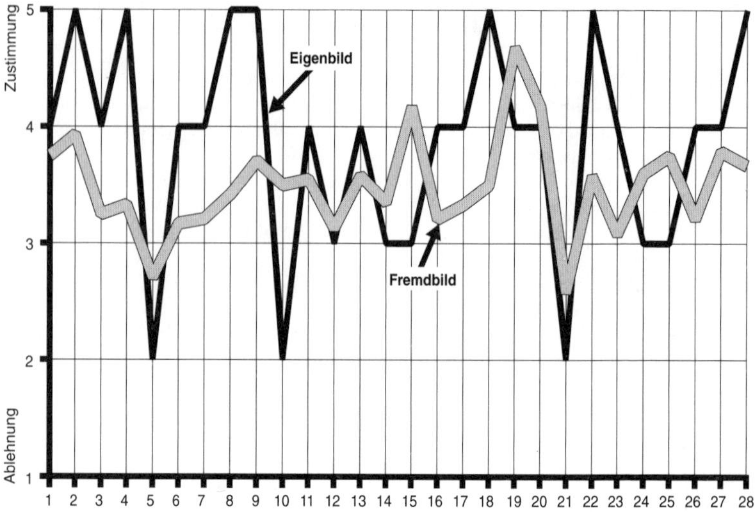

Abbildung 8.13: Beispiel für eine Aufwärtsbeurteilung

Hilfe und Anregung	Ausmaß, in dem die Führungskraft ihre Mitarbeiter mit Anregungen unterstützt.
Organisation	Ausmaß, in dem organisatorische Regelungen zufriedenstellend getroffen und eingehalten werden.
Zielvereinbarung	Ausmaß, in dem durch die Technik, Ziele zu vereinbaren, Mitarbeiter geführt werden.
Selbständigkeit im Handeln	Ausmaß, in dem Mitarbeitern Selbständigkeit im Handeln gewährt wird.
Mitarbeiterinformation	Ausmaß, in dem Mitarbeiter von ihren Vorgesetzten informiert werden.
Anerkennung	Ausmaß, in dem die Mitarbeiter für ihre Leistungen gerechte Anerkennung erfahren.
Kontrolle und Unterrichtung	Ausmaß, in dem die Führungskraft durch Gespräche und Kontrollen über ihren Bereich informiert ist.

Übersicht 8.11: Zentrale Führungsaspekte (*Opgenoorth* 1985, 180)

Eine Möglichkeit besteht in der individuellen Durchführung durch den **Vorgesetzten**. Er konzipiert für sich selbst einen Fragebogen, läßt ihn durch seine Mitarbeiter ausfüllen und vergleicht die Ergebnisse mit seinem Eigenbild. Hierbei ist allerdings die Anonymität nicht unbedingt sichergestellt, da der Vorgesetzte auch die Einzelurteile erfährt, die Rückschlüsse auf einzelne Mitarbeiter zulassen. Auch bei einer sehr offenen Atmosphäre des Dialogs werden Mitarbeiter dazu neigen, über den Vorgesetzten eher wohlwollend und weniger kritisch zu urteilen, so daß der Vorgesetzte insgesamt bei diesem Verfahren ein zu positives Bild von sich selbst vermittelt bekommen dürfte.

Eine zweite Möglichkeit, die auch in der Praxis anerkannt ist, ist die Einbindung der Aufwärtsbeurteilung in **Führungskräfteseminare** (vgl. z. B. *Holtze* 1989). Hierbei geben die Mitarbeiter des zu schulenden Vorgesetzten vor der Durchführung des Seminars anhand eines Fragebogens Urteile über sein Führungsverhalten ab. Diese Antworten werden dann verdichtet und mit dem Vorgesetzten im jeweiligen Seminar durchgesprochen.

Eine dritte Möglichkeit besteht in der Durchführung der Aufwärtsbeurteilung über ein **computergestütztes** und anonymisiertes Verfahren (vgl. z. B. *Keßler* 1992). Hier erhalten die Vorgesetzten einen Computerausdruck, mit dessen Hilfe sie ihre eigene Führungsleistung einstufen können.

(d) Probleme

Ähnlich wie bei der Mitarbeiterbefragung gibt es auch bei der Aufwärtsbeurteilung eine Reihe von **Gefahren**, die den Einsatz dieses Instrumentes problematisch gestalten können:

- Die Ergebnisse werden verfälscht, sobald die Aufwärtsbeurteilung zur *Personalselektion* eingesetzt wird oder ein Unternehmensinterner die Ergebnisse der Vorgesetztenbeurteilung erfährt. Mitarbeiter werden Vorgesetzte, zu denen sie (aus welchen Gründen auch immer) eine positive Einstellung haben, in einem solchen Fall übertrieben positiv beurteilen, umgekehrt übertrieben negativ.
- Wenn die *Anonymität nicht gewährleistet* ist, werden Mitarbeiter eher gemäßigt antworten und extreme Urteile vermeiden.
- Wird der Vorgesetzte mit den Ergebnissen der Aufwärtsbeurteilung alleine gelassen, besteht die Gefahr der Frustration, der Verdrängung oder *Hilflosigkeit*. Aus diesem Grund ist sicherzustellen, daß eine Beratungsinstanz dem Vorgesetzten hilft, die mitunter wenig schmeichelhaften Ergebnisse aufzuarbeiten und Wege der Neuorientierung zu finden.

Überhaupt ist bei der Aufwärtsbeurteilung der **Dialog** zwischen den Vorgesetzten und den Mitarbeitern ein entscheidender Faktor. Die Ergebnisse sind mit den Mitarbeitern durchzusprechen und zu hinterfragen. Auf diese Weise können sachliche Informationen ausgetauscht („Wieso fühlen sich die Mitarbeiter nicht informiert?") und wechselseitige Fehleinschätzungen des Verhaltens korrigiert werden.

(e) Ergebnis

Betrachtet man die Literatur zur Aufwärtsbeurteilung, so wird dieser Technik teilweise eine noch höhere Validität zur Ermittlung der Führungsfähigkeit eines Mitarbeiters beigemessen, als dies beim Assessment Center der Fall ist (vgl. *Bernardin/Beatty* 1987, 68–70). Andererseits gibt es aber noch erhebliche Akzeptanzprobleme in der Praxis, da

- mit der traditionellen Beurteilungsrichtung gebrochen wird (bottom-up statt top-down),

- eine Fülle von Vorurteilen hinsichtlich ungewollter Verhaltenskonsequenzen (wie das beidseitige „Gefälligkeitssyndrom“) besteht und
- die Aufwärtsbeurteilung bislang in Forschung und Literatur nur wenig Berücksichtigung findet.

Festzuhalten bleibt, daß aber dennoch die Aufwärtsbeurteilung wie kein anderes Instrument der Personalführung in der Lage ist, dem Vorgesetzten ein Verhaltensfeedback zu liefern, um seine eigene Führungsleistung zu kontrollieren und zu verbessern.

8.2.4.3 Gleichgestelltenbeurteilung

Eine weitere Möglichkeit, die innerbetriebliche Kommunikation zu intensivieren, ist die Gleichgestelltenbeurteilung (synonym: Peer Assessment): Hierbei werden hierarchisch gleichrangige Personen dazu aufgefordert, sich gegenseitig hinsichtlich ihres Verhaltens und ihrer Leistung zu beurteilen.

Für dieses im deutschsprachigen Raum nur selten eingesetzte Verfahren gibt es **drei Varianten** (vgl. *Jochum* 1987):

- Beim *Peer Nomination* muß sich die Gruppe auf denjenigen einigen, der am ehesten die Vorgesetztenfunktion ausüben könnte.
- Beim *Peer Ranking* werden alle Kollegen hinsichtlich mindestens eines Kriteriums in eine Rangreihe gebracht (vom besten bis zum schlechtesten).
- Beim *Peer Rating* wird jeder Kollege auf mehreren Beurteilungsskalen positioniert, wodurch sich die Gesamtbeurteilung ergibt.

Sieht man von (historischen) Anwendungen im militärischen Bereich ab, so kommen Gleichgestelltenbeurteilungen gegenwärtig kaum zum Einsatz, auch wenn sich nachweisen läßt (vgl. *Gerpott* 1992, 234), daß Gleichgestelltenbeurteilungen sicher keine schlechteren und zum Teil eher bessere Charakteristika aufweisen als andere Formen der Personalbeurteilung. Die meisten empirischen Studien wurden allerdings in den USA durchgeführt, so daß die Ergebnisse aufgrund landeskultureller Besonderheiten nicht uneingeschränkt für den europäischen beziehungsweise deutschen Sprach- und Kulturraum gelten müssen. Auch wurde die überwiegende Mehrzahl der Gleichgestelltenbeurteilungen von Wissenschaftlern zu Forschungszwecken durchgeführt.

Grundsätzlich ist mit einer Abneigung der Mitarbeiter, sich gegenseitig zu beurteilen, zu rechnen. Um eine Gleichgestelltenbeurteilung sinnvoll durchzuführen, müssen daher folgende **Voraussetzungen** im Unternehmen gegeben sein (vgl. *Gerpott* 1992, 235–237):

- Hinsichtlich der *makroorganisationalen Voraussetzungen* muß eine Gleichgestelltenbeurteilung kompatibel mit der Führungsphilosophie/-kultur des Unternehmens sein. Organische Unternehmen mit einer Vielzahl von Projektteams und Arbeitsgruppen bieten hier mehr Möglichkeiten als mechanistische Unternehmen mit festen Strukturen und Hierarchien.
- Die gegebenen *Arbeitsaufgabenstrukturen* müssen es ermöglichen, die für eine Beurteilung relevanten Verhaltensweisen und Arbeitsergebnisse der Mitarbeiter über einen längeren Zeitraum zu beobachten.

- Bezüglich der *personellen Voraussetzungen* muß eine realistische Chance bestehen, daß sowohl Beurteiler als auch Beurteilte zur freiwilligen Teilnahme an der Gleichgestelltenbeurteilung bereit sind.
- Schließlich müssen die entsprechenden *Kompetenzvoraussetzungen der Personalabteilung* gegeben sein, da sie maßgeblich an der Einführung von Gleichgestelltenbeurteilungen beteiligt ist.

Akzeptiert man die These von einer weiteren Verflachung der Führungshierachie im Unternehmen, so werden Abwärtsbeurteilungen durch die große Leitungsspanne immer schwieriger. Daher dürfte zumindest das (prozedural einfachere) *Peer Rating* in Zukunft wichtiger werden, zumal es eine unbestreitbare und bei professioneller Durchführung sogar meist positive, gruppendynamische Bedeutung hat.

8.2.4.4 Imagestudien

Aufgabe der Mitarbeiterbefragung ist es, hinsichtlich LAMBDA 1 Wünsche der Mitarbeiter und den erlebten Grad ihrer Befriedigung zu ermitteln. Analoges wollen Imagestudien für den Bereich LAMBDA 3.

(a) Ziele von Imagestudien

Nicht zuletzt seit Herausgabe entsprechender Image-Jahrbücher (z.B. *Manager-Magazin* 1988) ist die Diskussion um das Image von Unternehmen ins breitere Bewußtsein vorgedrungen. Dies gilt auch für das Personalmarketing. Gerade wenn Arbeitsplätze (als Produkte) in ihren objektiven Eigenschaften wie Gehalt oder soziale Absicherung immer ähnlicher werden, kommt dem emotionalen Zusatznutzen verstärkte Bedeutung zu. Erhöht wird die Relevanz derartiger Überlegungen auch durch den in Abschnitt 1.2.1.1 beschriebenen Wertewandel. Daraus leitet sich nicht nur der vielzitierte Wunsch nach Spaß an der Arbeit ab, sondern auch die bewußte Wahl für ein Unternehmen, das einem sympathisch und/oder interessant erscheint.

Dieser Tendenz versuchen Unternehmen verstärkt Rechnung zu tragen, indem sie Marktforschung bei ihren potentiellen Mitarbeitern praktizieren und Imageanalysen durchführen.

Trotz der Bezeichnung „Image"-Studien versuchen derartige Analysen weit mehr, als nur das **Image** von Unternehmen zu erheben. Vielmehr soll für eine konkrete Zielgruppe erhoben werden, welche **Anforderungen** die potentiellen Mitarbeiter an ihren zukünftigen Arbeitgeber stellen. Zudem läßt sich erheben, inwieweit die Vertreter der Zielgruppen den jeweiligen Unternehmen eine Realisierung dieser Wünsche zutrauen. Die zentrale Information für Unternehmen besteht also darin, zu prüfen, inwieweit aus Sicht der Betroffenen dieses *Anforderungsprofil* durch ein perzeptiertes *Eigenschaftsprofil* des Unternehmens erfüllt ist. Auch lassen sich Aussagen über den bisherigen Erfolg der **Kommunikationsstrategie** machen. So kann beispielsweise geprüft werden,

- wie groß der Bekanntheitsgrad des Unternehmens an verschiedenen Orten ist,

- inwieweit bestimmte Maßnahmen überhaupt zur Kenntnis genommen werden (z. B. Personalimageanzeigen),
- wie vertrauenswürdig bestimmte Aktionen, z. B. Firmenkontaktgespräche, eingestuft werden oder
- welche Bedeutung Trainee-Programme für den Wunsch haben, später bei diesem Unternehmen zu arbeiten.

(b) Methoden

Für die Imagestudie bietet sich ähnlich wie für die Mitarbeiterbefragung das gesamte Repertoire der empirischen Sozialwissenschaften an. Dies bedeutet, daß die gleichen Techniken anwendbar und die gleichen Anforderungen (Objektivität, Reliabilität, Validität) zu erfüllen sind.

(c) Vorgehensweise

In Phase 1 gilt es, konkret die Zielvorstellung zu definieren. Dies kann die Verbesserung im Bereich der Auszubildenden sein, was auf eine lokale Imagestudie hinausläuft, oder aber die überregionale Erhöhung des Bekanntheitsgrades. Weitere Zielvorstellungen wären die Prüfung, ob ein negatives Unternehmensimage, das von anderen Imagestudien her bekannt ist, auch auf den Bewerbermarkt bereits übergeschwappt ist, beziehungsweise wo entsprechende Gegensteuerungsmechanismen möglich wären.

In Phase 2 ist das **Untersuchungsdesign** festzulegen.

- Hierzu gehört zunächst die Auswahl der zu befragenden *Personen.* Anders als bei Mitarbeiterbefragungen scheiden aus Kostengründen Vollerhebungen in den meisten Fällen aus, zumal hier sinnvoll gewählte Stichproben in einem hinreichenden Maße verläßliche und valide Ergebnisse liefern. Es stellt sich damit die Frage nach der Stichprobenselektion. Zentrales Kriterium ist dabei die Kongruenz der befragten Gruppe mit der eigentlichen Zielgruppe.
- Im nächsten Teilschritt kann dann die *Konkretisierung* und *Operationalisierung* der Variablen erfolgen, zum einen im Hinblick auf die in Phase 1 definierte Problemstellung, zum anderen hinsichtlich der konkreten Untersuchungsgruppe.
- Es folgt die Festlegung der *Methode.* Hier gibt es die Möglichkeit der Datenerhebung über Fragebogen oder über Interviews. Beide Methoden haben ihre einzelfallspezifischen Vor- und Nachteile, wobei aber auch hier die schriftliche Befragung wegen dem Mengenaspekt der erste Schritt sein dürfte.
- Schließlich ist zu entscheiden, ob die Imagestudie nur für ein Unternehmen allein oder, was die Regel ist, für *mehrere Unternehmen* gleichzeitig realisiert werden soll. Dies ist insbesondere dann sinnvoll, wenn externe Institute die Befragung durchführen und der Fragebogen Unterschiede im direkten Vergleich der Unternehmen aufdecken soll. Sofern eine derartige Befragung für eine größere Zahl von Unternehmen durchgeführt wird, ist zudem zu prüfen, ob nicht die Split-Sample-Technik eingesetzt wird, nach der nicht alle Probanden zu allen Unternehmen befragt werden, sondern jeweils nur zu zufallsgesteuerten Kombinationen von Unternehmen. Ab-

gesehen von einem Grunddatenbestand, der dann für alle Unternehmen gilt, lassen sich so vertiefte Informationen zu einzelnen Unternehmen gewinnen.

Phase 3 umfaßt die **Datenerhebung** und die **Datenauswertung**. Neben monovariablen Verfahren (Mittelwerte, Varianz, Median) sind insbesondere multivariable Momente wie Clusteranalysen und Faktorenanalysen wichtige Verfahren. So bietet die Clusteranalyse die Möglichkeit, Unternehmen, die von Externen in gleicher Weise eingeschätzt und beurteilt werden, zu Gruppen zusammenzufassen, um auf diese Weise die Ursachen für das jeweilige Image besser ergründen zu können. Die Faktorenanalyse liefert bei Imagestudien insofern ein interessantes Ergebnis, als sie die Dimensionen aufdeckt, die in den Köpfen der Probanden existieren. Im Regelfall läßt sich feststellen, daß sich die Imagepositionierung von Unternehmen auf einige wenige Dimensionen zurückführen läßt.

Sofern ein externes Unternehmen die Imagestudie für eine größere Anzahl von Unternehmen durchgeführt hat, stellt sich nun die Frage, welche beteiligten Firmen in der Phase 4 welche **Ergebnisse** erhalten. Hier gibt es zwei Extremformen: Im einen Fall erhalten alle Firmen alle Detaildaten über alle Beteiligten, im anderen Fall erhalten die Firmen jeweils nur einen Grunddatenbestand zum Vergleich, darüber hinaus aber jeweils nur die sie unmittelbar betreffenden Informationen.

(d) Beispiel

1991 wurde eine derartige Imagestudie im Bankenbereich durchgeführt, bei der 1795 Studenten aus 24 Hochschulorten per Fragebogen befragt wurden. An dieser Stelle interessieren weniger die Details der Studie (vgl. *Müller* 1992, 174–182) als vielmehr einige exemplarische Ergebnisse, beispielsweise das Anforderungsprofil an eine Bank aus Sicht der Studenten (Abbildung 8.14).

Man erkennt deutlich, daß nicht unbedingt Geld an oberster Stelle steht. Vielmehr sind Punkte wie abwechslungsreiche Tätigkeit und Führungsstil ausschlaggebend. Dieses Anforderungsprofil ist allerdings für eine entsprechende Marktbearbeitung noch weitergehend zu differenzieren. So weisen die Studenten unterschiedlicher Hochschulorte teilweise unterschiedliche Anforderungsprofile auf. Dies gilt verstärkt auch für die Studenten unterschiedlicher Fächerkombinationen. Auch sind bei Männern und Frauen (geringfügige) Abweichungen festzustellen.

Diese gewünschten Eigenschaften werden bei den Banken aus studentischer Sicht jedoch nur zum Teil erfüllt. Abbildung 8.15 zeigt eine exemplarische Gegenüberstellung des Anforderungsprofils mit dem perzeptierten Imageprofil der XY-Bank.

Aus der Abbildung ist ersichtlich, daß das wahrgenommene Imageprofil nur im Hinblick auf Sicherheit des Arbeitsplatzes und Einbeziehung der Familie mit dem Anforderungsprofil übereinstimmt. In allen anderen Punkten weicht das Imageprofil von dem Anforderungsprofil deutlich ab. Besonders auffällig ist die Diskrepanz hinsichtlich der Verwirklichung eigener Ideen.

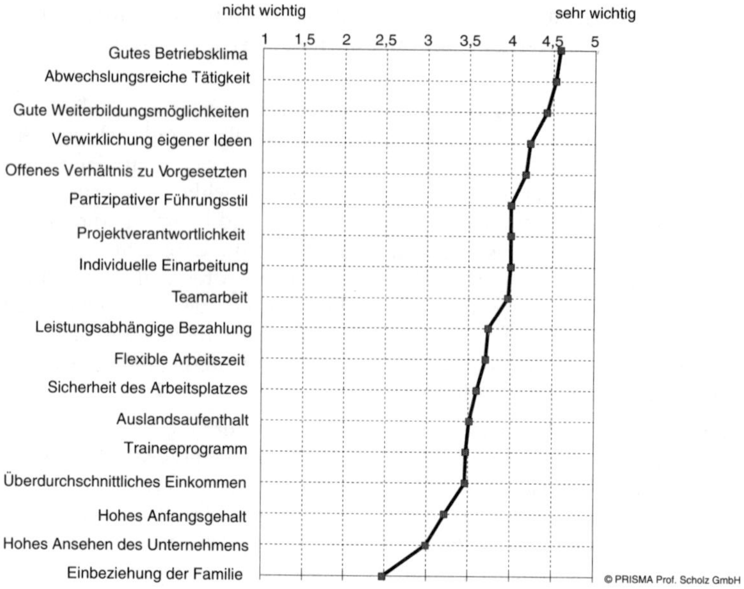

Abbildung 8.14: Anforderungsprofil aus Sicht der Studenten

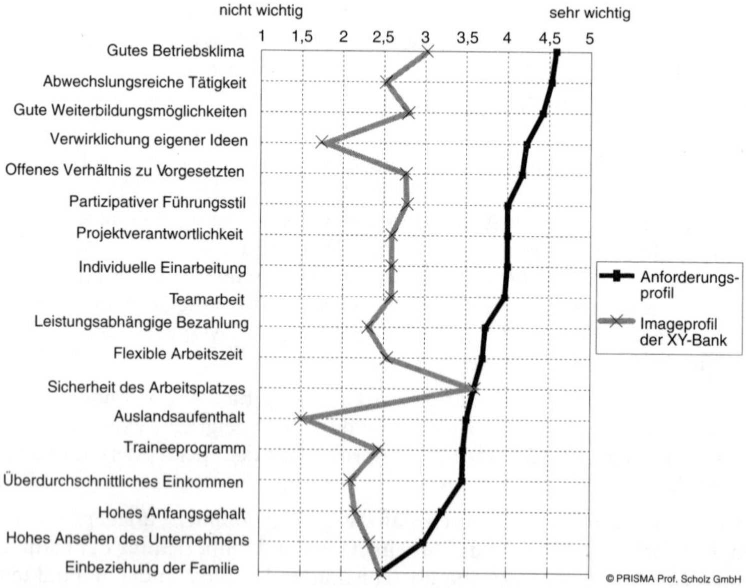

Abbildung 8.15: Vergleich des Anforderungsprofils der Studenten mit dem von ihnen perzeptierten Imageprofil einer bestimmten Bank

Typisch für Imagestudien ist ferner die Positionierung im Imageraum. Abbildung 8.16 zeigt die perzeptierte Solidität der Banken im Zusammenhang mit der Karriereperspektive: Während über 1000 Befragte die Deutsche Bank und die Bundesbank mit dem Attribut Solidität in Verbindung brachten, erzielte die Sparkasse mit lediglich 212 Nennungen ein wesentlich schlechteres Ergebnis. Interessant, daß die Bundesbank verglichen mit der Deutschen Bank als (etwas) weniger solide gilt und eher mittelprächtige Karriereperspektiven signalisiert.

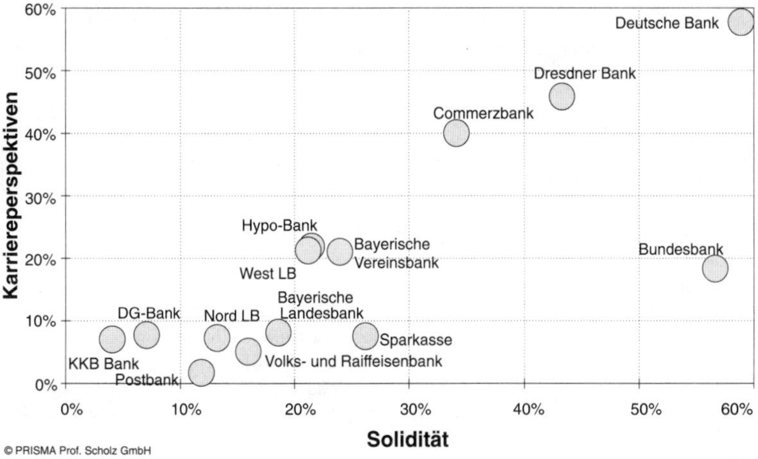

Abbildung 8.16: Zusammenhang zwischen Karriereperspektiven und Solidität

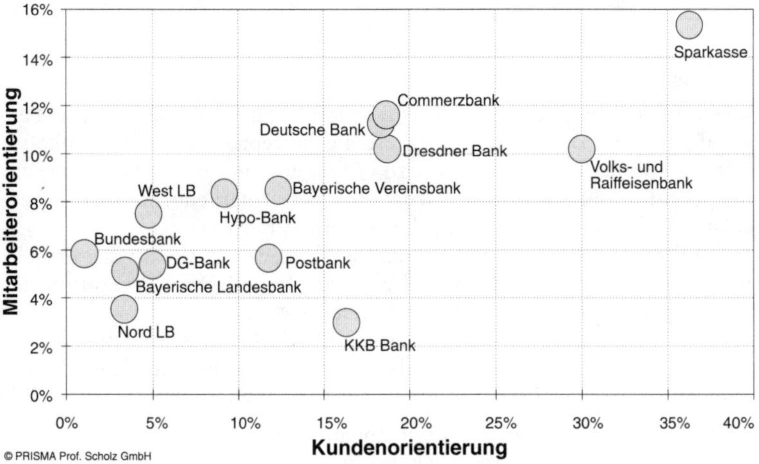

Abbildung 8.17: Zusammenhang zwischen Kunden- und Mitarbeiterorientierung

Weitere Zusammenhänge bestehen zwischen den verschiedenen Unternehmenskulturdimensionen. So deuten in Abbildung 8.17 die Ausprägungen für Kunden- und Mitarbeiterorientierung auf ein konsistentes Wahrnehmungsbild der Studenten hin. Beispielsweise sind die Werte für Kundenorientierung mit denen der Mitarbeiterorientierung nur sehr gering korreliert, was aufgrund der unterschiedlichen Zielsetzungen, die hinter diesen unternehmenskulturellen Werten liegen, durchaus plausibel ist.

Imagestudien haben viel mit Perzeption und Emotion zu tun: Aus diesem Grund bietet es sich auch an, in Imagestudien mit Wortassoziationen zu arbeiten. Übersicht 8.12 zeigt als Beispiel dazu die Zuordnung der 14 untersuchten Institute zu (vorgegebenen) Tierkategorien. Auch wenn man derartige Ergebnisse nicht überbewerten darf, können sie doch zu denken geben.

Institut	Dominante Assoziationen
Bayerische Landesbank	Bär (102)
Bayerische Vereinsbank	Löwe (137)
Bayerische Hypotheken & Wechselbank	Fuchs (74)
Bundesbank	Bär (288)
Commerzbank	Fuchs (94)
Deutsche Bank	Löwe (361) / Bär (325)
DG-Bank	Ratte (98) / Chamäleon (97)
Dresdner Bank	Büffel (96)
KKB	Ratte (178)
Nord LB	Pinguin (60)
Postbank	Schnecke (518)
Sparkasse	Schnecke (208) / Schildkröte (185)
Volksbanken & Raiffeisen	Schnecke (148) / Schildkröte (145)
West LB	Rennpferd (66)

Übersicht 8.12: Zuordnung vorgegebener Tierkategorien zu Banken

(e) Ergebnis

Imagestudien stellen eine wichtige Informationsquelle für das (externe) Personalmarketing dar. Sie erlauben es, die perzeptierten Kulturprofile zu erfassen. Besonders interessant wird es immer dann, wenn die erhobenen Imageprofile mit der Eigeneinschätzung des Unternehmens nicht übereinstimmen. Hier gibt es zwei Erklärungsmöglichkeiten:

- Die Eigeneinschätzung ist verzerrt. Der Imagewert trifft also das tatsächliche Unternehmenskulturprofil eher als die (erhoffte) Perzeption der Entscheidungsträger (LAMBDA 1-Defekt).
- Das Unternehmen ist nicht in der Lage, seine Unternehmenskultur entsprechend zu visualisieren, was dazu führt, daß bestimmte Eigenschaften nicht nach außen hin transportiert werden können (LAMBDA 2-Defekt).

Erscheint beispielsweise ein Unternehmen, das sich selbst einen partizipativen Führungsstil zuschreibt, nach außen als autoritär, so kann dies daran liegen, daß entweder tatsächlich ein autoritärer Führungsstil vorliegt oder aber durch entsprechende (falsche) Kommunikationsstrategien ein unrichtiges Bild in der Öffentlichkeit erzeugt wurde. In keinem Fall darf aber übersehen werden, daß auch ein nicht zutreffendes Image insofern die Realität darstellt, als bei den externen Personen entsprechende Imagewerte verankert sind.

8.2.5 Konsequenz

Im Zeitablauf führt ein systematisch-vollständiges Personalmarketing zu einer ringförmigen Verkettung von Unternehmenskultur, Unternehmensidentität, Unternehmenskommunikation und Unternehmensimage (Abbildung 8.18):

- Unternehmenskulturelle Grundannahmen und Werte werden lokalisiert und auf die sichtbare Ebene der Objekte und Handlungen transportiert. Sie wirken damit verhaltenssteuernd für die Organisationsmitglieder.
- Stimmige Komponenten der sichtbaren Ebene werden bewußt zum Teil einer CI-Strategie gemacht, die dann wegen ihrer Verzahnung mit der Unternehmenskultur (noch) mehr Erfolg verspricht.
- Über Unternehmenskommunikation wird ein Unternehmensimage aufgebaut, das aufgrund der Glaubhaftigkeit und inneren Konsistenz am Markt höhere Chancen hat.
- Dieses Unternehmensimage dient als Feedback zur Überprüfung und gegebenenfalls zur Verstärkung der Unternehmenskultur, in jedem Fall aber als indirekte Meßlatte für das vom Unternehmen praktizierte Kulturmanagement.

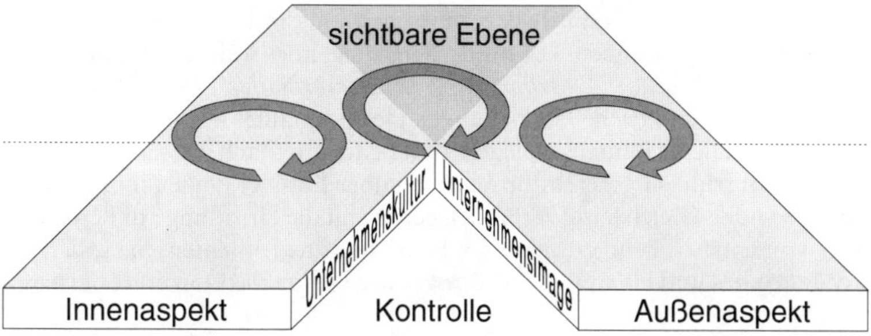

Abbildung 8.18: Feedback-Schleifen im LAMBDA-Modell

Sicherlich sind trotz der großen Zahl möglicher Ansatzpunkte (vgl. Abbildung 8.19) viele Unternehmen noch weit davon entfernt, Personalmarketing in der zuvor skizzierten Form als Erfolgsfaktor zu nutzen. Und sicherlich gibt es eine Fülle von theoretischen Fragen, die auf Beantwortung warten. Trotzdem zeigen bereits vereinzelte Beispiele aus der Praxis die entstehenden Chancen und erlauben eine Abschätzung der möglichen Entwicklung des Personalmarketings. In einer solchen „Vision" wird das Per-

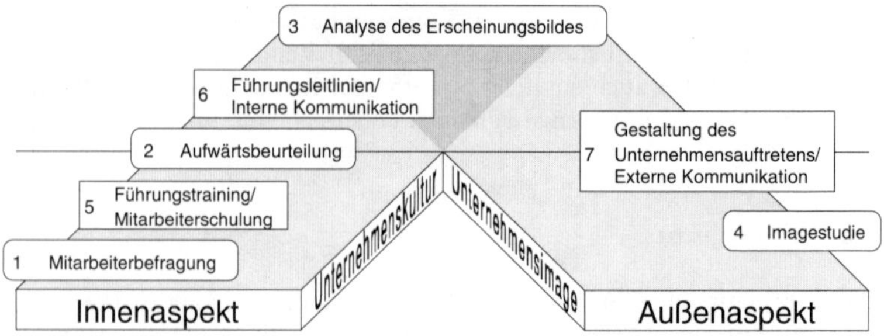

Abbildung 8.19: Personalmarketing im LAMBDA-Modell

sonalmarketing zu einer ganzheitlichen Konzeption, die von den kulturellen Grundannahmen des Unternehmens geprägt und von allen anderen betrieblichen Teilfunktionen getragen wird.

Setzt man Personalmarketing in dieser Form um, so ist es mehr als ein revitalisiertes Modewort. Es kann vielmehr dazu beitragen, das Personalmanagement über die Personalabteilung hinausgehend professionell im Unternehmen zu verankern.

8.3 Personalcontrolling

8.3.1 Überblick

Seit mehreren Jahren erfährt Personalcontrolling in Unternehmen und öffentlichen Verwaltungen kontinuierlich steigende Aufmerksamkeit (vgl. *Blazek* 1976; *Potthoff/Trescher* 1986; *Wunderer/Sailer* 1988). Hiervon betroffen sind theoretische Überlegungen gleichermaßen wie praktische Umsetzungen. Diese Tendenz spiegelt das Bedürfnis nach besseren und vor allem nach frühzeitigeren Informationen über Entwicklungen im Personalbereich wider. Gleichzeitig verbindet sich damit die Hoffnung auf Bereitstellung von entsprechend ausgereiften Steuerungsinstrumenten: Sie sollen die Produktivität und Flexibilität erhöhen sowie Personalkosten und Fehlzeiten verringern.

Zu diesem Zweck bietet sich das Controlling (vgl. *Horváth* 1991) als konzeptioneller Rahmen an. Ein solches Controlling ist mehr als reine Kontrolle. Es umfaßt vielmehr auch Planungs- und Steuerungsfunktionen, entspricht also der Funktion des „Navigierens" als Ermittlung des jeweiligen Standortes und aktueller Kursabweichungen. Die Festlegung des eigentlichen Kurses wird zwar von der Navigation unterstützt, nicht aber übernommen.

Das „Personalcontrolling" will aber nicht einfach eine Übertragung des Begriffes „Controlling" auf den Personalbereich oder die Umbenennung von Personalverwaltung zu Personalcontrolling. Die Herausforderung liegt vielmehr in der expliziten Berücksichtigung der Spezifika des Personalbereichs, die sich auf eine zeitgemäße Grundphilosophie des Personalcontrollings bezieht und im Einklang mit den generellen Entwicklungen des allgemeinen Controllings steht. Personalcontrolling soll den Personalaspekt als einen der wichtigsten unternehmerischen Gestaltungsfaktoren überschaubarer machen, letztlich also die Effizienz betrieblicher Abläufe und die Effektivität des Unternehmens steigern.

Im Hinblick auf diese Zielsetzung werden nachfolgend zunächst die wichtigsten Grundlagen für das Personalcontrolling diskutiert (Abschnitt 8.3.2), um danach eine entsprechende Grundmethodik zu präsentieren (Abschnitt 8.3.3), die dann durch entsprechende Beispiele illustriert wird (Abschnitt 8.3.4).

8.3.2 Grundlagen

8.3.2.1 Philosophie

Hilfreich zum Einstieg in die zu entwickelnde Philosophie des Personalcontrollings ist zunächst das Abstellen auf den allgemeinen Controllingbegriff. Denn gerade **Ziele** und Aufgaben des Controllings haben sich **im Zeitablauf** erheblich verändert und fortentwickelt:

- Bei den ersten Controllingkonzepten stand die ordnungsgemäße und vergangenheitsorientierte Rechnungslegung im Vordergrund (vgl. *Serfling* 1983, 22). Es wurden zwar Abweichungen von Soll- und Istwerten ermittelt, nicht aber die Ursachen hierfür. Der Informationsgehalt der Controllingergebnisse war dementsprechend eher gering. Der Controller hatte die Aufgabe eines Registrators (vgl. *Zünd* 1979, 19).
- In der nächsten Entwicklungsstufe kam zur einfachen Abweichungsfeststellung die Analyse der Ursachen und das Aufzeigen der Schwachstellen hinzu. Der Controller agierte als Gegenspieler des Managements, was etymologisch der Herkunft des Begriffs Controlling aus den lateinischen Wörtern contra und rotulus (Gegenrolle) entspricht (vgl. *Bramsemann* 1987, 42–43).
- Auf der nächsten Stufe wird Controlling zum „Subsystem der Führung, das Planung und Kontrolle sowie Informationsversorgung systembildend und systemkoppelnd koordiniert, und auf diese Weise die Adaption und Koordination des Gesamtsystems unterstützt" (*Horváth* 1991,168).

Controlling wird damit heute als ein Instrument zur Unterstützung der Unternehmensführung gesehen, wobei aber die Entscheidungskompetenz bei der Unternehmensführung verbleibt.

Bei Planung und Kontrolle ist der Controller insofern beteiligt, als er bereichs- und funktionsübergreifende Pläne und Maßnahmen aufeinander abstimmt. Die eigentlichen Planungs- und Kontrollaufgaben verbleiben beim Linienmanagement. Im Zusammenhang mit der Entwicklung neuer Planungs-, Kontroll- und Informationssysteme hat der Controller die Aufgabe einer systembildenden **Meta-Koordination**: Er trägt die Verantwortung für die Stimmigkeit der einzelnen Plan- und Kontrollkomponenten untereinander sowie für die Stimmigkeit der neu zu entwickelnden Systeme mit der Ge-

Begriff	Ursprung	Bedeutung
Kontrolle	contra rotulus (lat.) Gegenrolle	Soll-Ist-Vergleich
Controlling	to control	Planung, Kontrolle, Informationsversorgung

Übersicht 8.13: Abgrenzung zwischen Controlling und Kontrolle

samtstrategie des Unternehmens. Hiermit wird dem Controlling eine spezielle Tätigkeit zugeordnet, die in dieser Art in der Regel noch von keiner anderen Unternehmensinstanz wahrgenommen wird.

Nach dieser (soweit erkennbar gegenwärtig dominierenden) Controllingauffassung ist die Unterscheidung zwischen Kontrolle und Controlling eindeutig (Übersicht 8.13): Während unter *Kontrolle* der reine Vergleich von Soll- und Ist-Werten zu verstehen ist, geht *Controlling* darüber hinaus und enthält Kontrolle als eine Teilaufgabe.

Schwieriger wird die Abgrenzung der Begriffe Controlling und Management. In dem Bemühen, Controlling klar von der Kontrolle abzugrenzen und der Funktion ein möglichst großes Gewicht beizumessen, nähern sich vor allem praxisorientierte Controllingansätze (z. B. *Schröder* 1988) stark der Grunddefinition von Management als Verbindung von Planung, Information, Kontrolle und Steuerung. Auch hier bietet es sich aber an, den Schwerpunkt auf den eigenständigen Beitrag des Controllings zu legen, um nicht lediglich durch begriffliche Verschiebung aus dem „Management" das „Controlling" zu schaffen. Diese Problematik entsteht auch im Personalcontrolling, wo die Versuchung groß ist, die traditionellen Instrumente des Personalmanagements einfach in das Personalcontrolling zu verschieben.

8.3.2.2 Zentrale Ansätze

Dem Personalcontrolling kommt die Aufgabe zu, die Abläufe der einzelnen Managementfelder – je nach Aufgabenschwerpunkt – zu unterstützen, zu koordinieren und/oder zu optimieren. Zu diesem Zweck können durchaus bereits vorhandene Methoden des Personalmanagements, aber auch neue, auf das Personalcontrolling zugeschnittene Instrumente eingesetzt werden. Eine einheitliche Definition des Begriffs Personalcontrolling existiert dabei bislang ebensowenig wie für das zuvor erläuterte allgemeine Controlling (vgl. Übersicht 8.14).

Um die Basis für ein erfolgreiches Personalcontrolling abzustecken, sollen nachfolgend einige zentrale Ansätze aus diesem Bereich kurz skizziert werden, bei denen die Autoren teils sehr unterschiedliche Schwerpunkte setzen.

(a) *Flamholtz:* Humanvermögensrechnung

Ein erster (impliziter) Schritt in Richtung auf ein Personalcontrolling ist das amerikanische Human Resource Accounting, das speziell in den Arbeiten

Hoss (1988, 412–413)	„Personalcontrolling ist – funktional betrachtet – ein System der Führung – insbesondere der Personalleitung –, das die Personalplanung und die Personalkontrollen sowie die personalwirtschaftlich relevante Informationsversorgung systembildend und systemkoppelnd koordiniert und auf diese Weise eine Adaption des Gesamtunternehmens, insbesondere des Humansystems, unterstützt."
Papmehl (1990, 34)	„Personalcontrolling basiert auf der Idee, durch einen kontinuierlichen Vergleich von Planzielen und Gegenwartssituation ein effizientes Steuerungssystem zu schaffen, mit dem antizipativ quantitative und qualitative Personalengpässe bzw. -überschüsse erkannt werden können. Dies beinhaltet auch die Berücksichtigung externer Faktoren."
Potthoff/Trescher (1986, 25)	„Alle Controllingaufgaben, wie Planung, Kontrolle und Abweichungsanalyse sowohl im strategischen als auch operativen Sinne. Dabei sind nicht nur Kosten, sondern gleichrangig die Leistung mit den auf sie einwirkenden Faktoren Gegenstand der Aufgabe."
Wiehl (1988, 280)	„Personalcontrolling umfaßt die systematische Planung, Analyse und Kontrolle der gesamten Personalarbeit. Personalcontrollling als strategisches Management-Instrument muß daher eine Vielzahl externer und interner Faktoren sowie deren Interdependenzen berücksichtigen."
Witt (1986, 239–240)	„Controlling wird verstanden als Kontrolle im herkömmlichen Sinne der Feststellung von Planabweichungen sowie darauf aufbauend eine Maßnahmeneinleitung, d. h. Weisungsbefugnis." Zum Arbeitsgebiet des Controllers zählen allerdings nicht Personalarbeit im engeren Sinne (z. B. Mitarbeiterbeurteilung), ständige Mitsprache, auch bei höher angesiedelten Maßnahmen, Bindegliedfunktion zwischen Betriebsrat und Geschäftsleitung, Verhandlungsführung über beispielsweise Personaleinstellung und konkrete Methodenentwicklung.
Wunderer/Sailer (1987a, 507)	„Personal-Controlling ist unter anderem die bewußte, systematische wie integrierte Planung (Soll) und Kontrolle (Ist) personalwirtschaftlicher Tatbestände in meßbaren Daten (unter anderem erfolgswirtschaftliche Kenngrößen) und die Rückkoppelung zwischen Kontrolle und Planung, bei der die Ergebnisse von Abweichungsanalysen zur Grundlage des Planungsprozesses werden."

Übersicht 8.14: Definitionen von Personalcontrolling

von *Flamholtz* (1974; 1986) propagiert und auch in Deutschland (z. B. *Schmidt* 1982) intensiv diskutiert wurde. *Flamholtz* sieht als wesentliche Aufgaben des Human Resource Accounting (HRA)

– die Bereitstellung von Systemen mit Angaben über Kosten und Wert von Mitarbeitern einer Organisation,

Human Resource Management Funktionen	System I	System II	System III	System IV	System V
	Personalsystem als -Voraussetzung	HRA-Fundament	HRA-Grundform	Fortgeschrittenes HRA-System	Totales HRA-System
I Personal-planung	Qualifikation, Bestand, Beschaffungsplan	Geschätzte Kosten der Beschaffung, Ausbildung etc.	Beschaffungskosten	Personalkosten, stochastische Mitarbeiter-Mobilitätsmodelle (Simulationen)	Stochastische Vergütungsmodelle, Humanvermögens-simulationen
II Personalent-scheidungen A: Budget	Personalkosten als Teil der allgemeinen Verwaltungskosten	Personalkosten als eigenständiges Budget	Budgets für Beschaffung, Ausbildung, etc., Beschaffungskosten	Standardbudgets und aktuelle Kosten	Humankapitalbudgetierung, ROI-Berechnung bzgl. Investitionen in das Personal
B: Politik	Bisherige Auswahl-, Ausbildungs- und Einsatzmethoden	Nutzenorientierte Auswahlentscheidungen	Vergleichende Analysen zwischen Neueinstellungen und Ausbildung	Optimierungsmodelle für Personalzuteilungen	Leistungsorientierte Bezahlung
III Personal-erhaltung A: nach der Fluktuation	Abgangsraten	Abgangskosten	Beschaffungskosten	Opportunitätskosten	Human-Resourcen-Nutzenentgang
B: vor der Fluktuation		Informationen über Einstellungen und Meinungen	Erwartete Abgangs-kosten	Erwartete Opportunitätskosten, Personalzurückverfolgbarkeit	Erwarteter bedingter und realisierbarer Nutzenentgang
IV Personal-bewertung	Erfolgs- und Potential-schätzungen	Subjektive Nutzen-schätzungen	Psychometrische Vorhersagen von Nutzenpotentialen	Wirtschaftlichkeits-messungen von Gruppen	Wirtschaftlichkeits-messungen einzelner Mitarbeiter
V Personal-effizienz-kontrolle		Vergleich von aktuellen mit historischen Kosten	Vergleich von geplanten mit aktuellen Kosten, Varianzanalysen	Vergleich von aktuellen mit Durchschnittskosten, Varianzanalysen	Kostenvergleiche zwischen Einheiten

Übersicht 8.15: Die fünf Stufen des HRA nach *Flamholtz* (1974, 272)

- den Aufbau einer Datenbank mit quantitativen, aber auch qualitativen Daten und
- die Entwicklung von Prognose- und Planungsmodellen.

Welche der Aufgaben im Vordergrund stehen, ist von der Ausgestaltung des HRA-Systems abhängig. *Flamholtz* entwickelt hierzu eine *fünfstufige Hierarchie* von HRA-Systemen, die sich im Umfang der von ihnen erfaßten Daten und der Mächtigkeit der zur Anwendung kommenden Instrumente unterscheiden.

Der Umfang des eingesetzten Instrumentariums hängt nach *Flamholtz* von der Entwicklungsstufe des HRA-Systems ab (Übersicht 8.15). System I erlaubt lediglich eine grobe Erfassung der Personalkosten. Es stehen ausschließlich Vergangenheitsdaten zur Verfügung. Eine Effizienzkontrolle ist nicht möglich. Leistung und Potential können nur nominal gemessen werden. In System II werden die Kosten detaillierter ermittelt und es erfolgt eine, wenn auch nur rudimentäre Effizienzkontrolle durch den Vergleich von Ist- und Vergangenheitsdaten. Die Aufwendungen für Anwerbung, Ausbildung, Fluktuation können geschätzt werden. Eine grobe Personalbilanz kann erstellt werden. System III konzentriert sich auf Wiederbeschaffungskosten, System IV arbeitet mit Opportunitätskosten, bis schließlich in System V ein „totales" HRA-System entsteht.

(b) *Grünefeld* und *Schulte:* Kennziffern als Controllinginstrument

Ohne explizit auf „Personalcontrolling" abzustellen, schlägt *Grünefeld* (1981) – ähnlich wie zum Beispiel *Schulte* (1989) – die Verwendung eines umfangreichen Personalkennzahlensystems vor (vgl. Übersicht 8.16). Kennzahlen sollen, in regelmäßigen Abständen oder bei Bedarf, Einzelinformationen beispielsweise über den Personalaufwand liefern, um Tendenzen im Vergleich zu vorherigen Perioden erkennen zu können. Kennzahlensysteme können neben dem Personalaufwand auch die Mitarbeiterstruktur (Mitarbeitergruppen, Ausbildungsstand, Altersverteilungen und ähnliches), die Fluktuation (Art, Ursache, Kosten), die Nachwuchssituation oder die Vermögensbildung beinhalten.

Personalkennzahlen eignen sich zur Erfüllung der unterschiedlichsten Zielsetzungen und sind – in der zuvor angesprochenen Systematik von *Flamholtz* – auf unterschiedlichen Ausbaustufen eines Personalcontrollings einsetzbar: Dies beginnt mit einfachen Kennzahlen zur Kostenkontrolle (z. B. Bildungskosten pro Mitarbeiter) und geht bis zu effektivitätsorientierten Werten (wie z. B. Fluktuationsraten). Angesichts der zunehmenden Computerisierung (auch) im Personalwesen wird sich der Aufwand zur Erstellung und Aktualisierung dieser Kennzahlen sicherlich reduzieren, andererseits wird sich jedoch gleichzeitig die Gefahr einer Informationsüberladung durch zu viele und inhaltlich nicht mehr hinterfragbare Kennzahlen erhöhen.

(c) *Potthoff* und *Trescher:* Personalplanung als Personalcontrolling

Potthoff und *Trescher* (1986, 21–25) nennen als zentrale Aufgaben des Personalcontrollings:

Personal-bedarf	Netto-Personalbedarf, Arbeitsvolumen/Arbeitszeit, Qualifikationsstruktur, Behindertenanteil, Frauenanteil, Durchschnittsalter der Belegschaft, Durchschnittsdauer der Betriebszugehörigkeit
Personal-beschaffung	Bewerber pro Ausbildungsplatz, Vorstellungsquote, Effizienz der Beschaffungswege, Personalbeschaffungskosten je Eintritt, Produktivität der Personalbeschaffung, Grad der Personaldeckung, Frühfluktuationsrate, Anzahl Versetzungswünsche nach kurzer Dienstdauer
Personal-einsatz	Vorgabezeit, Leistungsgrad, Arbeitsproduktivität, Arbeitsplatzstruktur, Verteilung des Jahresurlaubs, Überstundenquote, Durchschnittskosten je Überstunde, Leitungsspanne, Entsendungsquote, Rückkehrquote
Personal-erhaltung und Leistungs-stimulation	Fluktuationsrate, Fluktuationskosten, Krankheitsquote, Unfallhäufigkeit, Ausfallzeit infolge Unfall, Kosten von Arbeitsunfällen, Grad der Unfallschwere, Lohnformenstruktur, Lohngruppenstruktur, vermögensbildende Leistung je Mitarbeiter, Erfolgsbeteiligung je Mitarbeiter, Altersversorgungsanspruch je Mitarbeiter, Nutzungsgrad betrieblicher Sozialeinrichtungen, Aufwand für freiwillige betriebliche Sozialleistungen je Mitarbeiter
Personal-entwicklung	Ausbildungsquote, Übernahmequote, Struktur der Prüfungsergebnisse,Struktur der Bildungsmaßnahmen, jährliche Weiterbildungszeit pro Mitarbeiter, Anteil der Personalentwicklungskosten an den Gesamtpersonalkosten, Weiterbildungskosten pro Tag und Teilnehmer, Bildungsrendite
Betriebliches Vorschlags-wesen	Verbesserungsvorschlagsrate, Struktur der Einreicher, Bearbeitungszeit pro Verbesserungsvorschlag, Annahmequote, Realisierungsquote, Durchschnittsprämie, Einsparungsquote
Personal-freisetzung	Sozialplankosten pro Mitarbeiter, Abfindungsaufwand je Mitarbeiter
Personal-kostenplanung und Kontrolle	Personalintensität, Personalkosten in Prozent der Wertschöpfung, Personalzusatzkostenquote, Personalkosten je Mitarbeiter, Personalkosten je Stunde

Übersicht 8.16: Personalkennzahlensystem (nach *Schulte* 1989, 51–52)

- Aufbau eines der Zielsetzung der Unternehmung entsprechenden Planungs- und Kontrollsystems,
- angemessene Informationsversorgung der Führungskräfte und der Unternehmensführung,
- Soll-Ist-Vergleiche der Plandaten,
- Analyse und Erläuterung der Abweichungen,
- Sammeln interner Statistiken,
- Hinweisen auf Schwachstellen,
- Beratungsfunktion bei Entscheidungen.

Diese Aufgaben kommen dem Personalcontrolling dabei sowohl auf der strategischen als auch auf der operativen Ebene zu.

Aufgrund des sehr weit gefaßten Controllingverständnisses übertragen die Autoren viele Instrumente des Personalmanagements auf ihr Personalcontrolling. Sie unterscheiden dabei nach Instrumenten der Planung und Kontrolle und Instrumenten der Informationsverarbeitung. Zu den ersteren zählen sie Verfahren der Personalbedarfsplanung (beispielsweise Schätzverfahren, Kennzahlen, Modellrechnungen, Prognose- und Projektionsverfahren, Stellenbesetzungs-, Entlassungs-, Dienst- und Urlaubspläne) ebenso wie Instrumente der Personalkostenrechnung, Personalbeschaffungsplanung, Personaleinsatz- und Personalentwicklungsplanung. Als Instrumente zur Informationsverarbeitung betonen die Autoren besonders Kennzahlen, Statistiken und computergestützte Personalinformationssysteme, wobei speziell die Ermittlung der Kosten für den Einsatz des Personals einen besonderen Stellenwert einnimmt. Der Ermittlung und Einbeziehung „weicher Daten“ stehen die beiden Autoren eher skeptisch gegenüber.

(d) *Wunderer* und *Sailer:* Optimierung der Personalleistung

Bei *Wunderer* und *Sailer* (1987a, 505–509) soll die Personalarbeit durch Controllingmethoden stärker *ökonomisch untermauert* und das Denken und Handeln nach wirtschaftlichen Kriterien auch im Personalbereich gefördert werden. Hiervon versprechen sich die Autoren eine Aufwertung der Personalabteilung, die in vielen Unternehmen aufgrund des Mangels an harten Daten gegenüber anderen Unternehmensbereichen benachteiligt ist.

Als **Grundfunktionen** des Personalcontrollings nennen *Wunderer* und *Sailer* folgende Aufgaben:

- Planung von personalwirtschaftlichen Kenngrößen (quantitative und qualitative),
- Kontrolle (Soll-Ist-Vergleich) dieser Kenngrößen,
- Analyse der Abweichungsursachen,
- Aufbau und Betreiben eines Personalinformationssystems,
- Überwachung des Ressourceneinsatzes im Personalbereich,
- Definition von Erfolgsmaßstäben für die Personalarbeit.

Die direkte Regelung oder gar Steuerung der Personalarbeit ist bei ihnen somit keine Hauptaufgabe des Personalcontrollings.

Wunderer und *Sailer* nehmen eine Einteilung in **drei Controlling-Bereiche** vor: Das *Personalkosten-Controlling* befaßt sich mit der periodischen Planung und Kontrolle der Personalkosten und der Kosten der Personalabteilung. Das *Wirtschaftlichkeits-Controlling* erfaßt das Verhältnis von geplantem Ressourceneinsatz zu tatsächlichem Ressourceneinsatz pro personalwirtschaftlichem Prozeß (Effizienz). Dies geschieht zu einem großen Teil durch den Einsatz von Kennzahlen wie beispielsweise direkte Kosten pro Stellenbesetzung oder Weiterbildungskosten pro Mitarbeiter. Das *Erfolgscontrolling* stellt dann den Beitrag der personalwirtschaftlichen Maßnahmen zum Unternehmenserfolg fest.

Im Hinblick auf die **Instrumente** des Personalcontrollings befürworten die Autoren teilweise aus dem Personalmanagement bekannte Methoden wie zum Beispiel Mitarbeiterbeurteilungen, Assessment Center, Personalinformationssysteme und Potentialanalysen.

(e) *Brinkmann:* Wertschöpfungsansatz

Brinkmann (1991) sieht im Personalcontrolling einen Beitrag zur *Wertschöpfung* im Unternehmen. Er bezieht dies zum einen auf die operative Ebene, zum anderen auf die strategische Gesamtebene. Zusammengefaßt werden dabei diverse methodische Ansätze von Kennzahlen bis hin zu einer Personalinvestitionsrechnung. Als Konsequenz postuliert er die Realisation von Personalcontrolling als umfassendes Führungskonzept, eingebettet in die Grundidee eines Wertschöpfungsansatzes.

8.3.2.3 Problematik

Das Personalcontrolling nimmt im Vergleich zum allgemeinen Controlling im Rechnungswesen insofern eine Sonderstellung ein, als die Mitarbeiter kein ausschließlich nach ökonomischen Gesichtspunkten disponierbarer Produktionsfaktor sind. Daraus ergeben sich besondere Anforderungen, aber auch eine ganze Reihe spezieller Probleme. Sie lassen sich auf **drei** generelle **Problembereiche** verdichten:

Als erstes stellt sich zwangsläufig das *Datenerhebungsproblem.* Sicherlich gibt es einzelne Daten, die sich relativ leicht erheben lassen. So können detaillierte Hinweise zur Mitarbeiterfluktuation unmittelbar über ein Personalinformationssystem abgefragt werden. Schwieriger, weil meist allenfalls ansatzweise zu erheben, sind „weiche Daten“ wie Fluktuationsgründe oder Mitarbeitermotivation. Gerade im Hinblick auf qualitative Daten sieht sich das Personalcontrolling im Vergleich zum klassischen Controlling einer besonderen Situation gegenüber. Denn im Personalmanagement spielen eben nicht nur Kosten- und Erlösdaten eine Rolle, es geht beispielsweise auch um Führungsverhalten, Innovationskraft und Unternehmenskultur. Auf der Basis von Kennzahlen ist es zwar möglich, eine Quantifizierung dieser Sachverhalte vorzunehmen; sie dienen jedoch stets lediglich als schwache Indikatoren für reale und in ihrer Wirkung hochgradig vernetzte Phänomene.

Unmittelbar an das Datenproblem setzt zweitens das *Methodenproblem* an. Dies gilt zunächst für die modelltheoretischen Grundlagen als Aussage über reale Wirkungszusammenhänge. So ist zwar bekannt, daß verminderte Arbeitsmotivation oder zunehmende Personalfluktuation negative Auswirkungen auf den Unternehmenserfolg haben. Diese Auswirkungen sind jedoch weder exakt quantitativ meßbar, noch auf ihre Verursachungsfaktoren zurückführbar. Weiterhin stellt sich die Frage nach dem realisierbaren Umfang der Komplexitätsreduktion. Denn Personalcontrolling setzt – unabhängig von der letztlich eingesetzten Konzeption – immer Mechanismen zur klaren und raschen Überprüfung von Vorgängen und Tatbeständen voraus. Steht hier bereits das Finanzcontrolling (trotz seiner Fokussierung auf in Geldeinheiten bewertbare Fakten) vor großen Schwierigkeiten, so potenzieren sich diese Probleme bei der Vieldimensionalität im Personalbereich. Somit ist es für das Personalcontrolling eine wichtige Aufgabe, zugleich aber auch ein Problem, die ökonomische Aussagekraft personalwirtschaftlicher Größen auszubauen. Zu den in diesem Zusammenhang relevanten Daten zählen unter anderem Informationen über die Arbeitszufriedenheit, die

Motivation und das Leistungspotential der Mitarbeiter, aber auch Angaben über den Erfolg von Bildungsmaßnahmen und die Auswertung von Personalbeurteilungen. Um den tatsächlichen Nutzen personalwirtschaftlicher Maßnahmen für eine Unternehmung sichtbar zu machen, müßten diese quantifizierten, qualitativen Informationen mit den Erfolgszahlen des Unternehmens in Verbindung gebracht werden können. Da der Erfolg eines Unternehmens jedoch auf mehrere Ursachen zurückzuführen und die Interdependenzen gerade im Personalbereich besonders stark sind, ist eine exakte ökonomische Bewertung der qualitativen Daten, zumindest mit dem bisher bekannten Instrumentarium, nicht zu leisten.

Gerade im Zusammenhang mit dem Personalcontrolling ist drittens auf ein erhebliches *Akzeptanzproblem* hinzuweisen. Die Einführung eines Personalcontrollings weckt zwangsläufig Befürchtungen bei den Betroffenen. Verstärkt wird dies durch den Einsatz von EDV-Anlagen: Die Angst vor dem „gläsernen Mitarbeiter“ wird dabei bereits durch den Ausdruck „Personalcontrolling“ eher erhöht als vermindert. Ein weiteres Akzeptanzproblem ergibt sich, sobald es um die Zuweisung von Kompetenzen für das Personalcontrolling geht. Werden die Befugnisse weitgehend in die Personalabteilung verlagert, so kann es zu Widerständen des zentralen Controllings kommen. Dieses könnte sich in seinen Vollmachten eingeengt sehen, wenn noch ein anderer Unternehmensbereich „Controllingaufgaben“ wahrnimmt. Wird dagegen die Verantwortung für das Personalcontrolling primär dem Controllingbereich zugeordnet, so können sich die Probleme in umgekehrter Richtung ergeben.

8.3.2.4 Praxis

Um einen fundierten Einstieg in das Personalcontrolling zu erhalten, bietet sich – analog zum Personalmarketing – der Rückgriff auf die Empirie an. Hier sind speziell vier empirische Studien von Relevanz:

(a) *Witt*

Witt (1986) liefert einen der ersten Eindrücke von Verkettung und Problematik eines Personalcontrollings. Aus Befragungsergebnissen von insgesamt 62 Unternehmen kommt er zu folgenden **Erkenntnissen**:

- Das Controlling von Personaldaten im abrechnungstechnischen Sinne (wie Korrektheit der Lohn- und Gehaltszahlung) sollte nach Ansicht von 91% der antwortenden Unternehmen um Bereiche wie ein Personalinformationssystem-Controlling ergänzt werden.
- Bei nur 17% der Unternehmen war ein Personalcontroller (oder Mitarbeiter mit ähnlicher Bezeichnung und entsprechendem Aufgabengebiet) vorhanden. 53% hingegen befürworteten eine Forcierung des Personalcontrollings.
- Als Hemmnisse für die Einsetzung eines Personalcontrollers wurden vor allem der mangelnde Bedarf, organisatorische Unzulänglichkeiten (beispielsweise Widerstände, eine so hoch angesiedelte Position zu schaffen) sowie Angst vor Verlagerung des Personalcontrollings in den Personalverwaltungsbereich genannt.

- Nur 32% übertragen Personalcontrolling zumindest ansatzweise ein breites Aufgabenspektrum. Generell aber waren die Controlling-Aufgaben sehr eng umgrenzt.
- Die Kompetenzen des Personalcontrollings waren eher im Personalverwaltungssektor als im Bereich der personalwirtschaftlichen Entscheidungen im Unternehmen positioniert.

Witt kommt zu dem Ergebnis, daß die betriebliche Praxis zwar die Notwendigkeit eines speziellen Personalcontrollings sieht, sich faktisch aber nicht an diesem Konzept orientiert.

(b) *Reichmann/Kleinschnittger*

Eine von *Reichmann* und *Kleinschnittger* (1987) durchgeführte Bestandsaufnahme der Aufgaben und des Verbreitungsgrades des Controllings in der deutschen Unternehmenspraxis zeigt eine zunehmende Bedeutung des Personalcontrollings. Während das Personalcontrolling in der Rangliste der Einzelaufgaben an 28. Stelle (von 43) erscheint, wird dem Personalcontrolling bei den funktionsbezogenen Teilbereichen gemeinsam mit dem Absatzcontrolling das größte Gewicht beigemessen.

(c) *Wunderer/Sailer*

Wunderer und *Sailer* (1988) befragten 90 Praktiker aus Personalabteilungen mittlerer und großer Unternehmen mit dem Ergebnis, daß in zwei Dritteln der Unternehmen kein Personalcontrolling vorhanden ist. Allerdings lagen schon in einem Drittel der Unternehmen konkrete Vorstellungen über die Aufgaben, Inhalte und Instrumente des Personalcontrollings vor. In diesen Unternehmen wurde die Notwendigkeit des Personalcontrollings bereits erkannt, und es wurden vorbereitende Maßnahmen zur Einführung des Personalcontrollings getroffen.

Auf die Frage nach den erwarteten Leistungen des Personalcontrollings wurde an erster Stelle der Wunsch „Verbesserung der Übersicht über Struktur und Entwicklung der Personalkosten" geäußert. An zweiter Stelle stand die „Verbesserung der Entscheidungsgrundlagen für personalwirtschaftliche Aktivitäten", woraus gefolgert werden kann, daß das Personalcontrolling Instrumente und Methoden zur Verfügung stellen soll, die in der Lage sind, den Nutzen von personalwirtschaftlichen Aktivitäten zu messen. Außerdem soll das Personalcontrolling helfen, das in der Personalarbeit bestehende Informationsdefizit abzubauen. Was bei der Befragung auffällt, ist die relativ schwach artikulierte Forderung nach Personalkostensenkung und Arbeitsproduktivitätserhöhung.

Als **Hauptaufgaben** wurden dem Personalcontroller von den Befragten der Aufbau eines Personalinformationssystems (z. B. Kennzahlensystem, Personalstatistik) und Planungsaufgaben (auch im strategischen Bereich) zugesprochen. Durchführungs- und Erfolgskontrollen wurden zu 80–90% nicht im Kompetenzbereich des Personalcontrollers gesehen. Die Beratungskompetenz hingegen sprachen 43% der Befragten dem Controller zu, wodurch wieder die „Lotsenfunktion" deutlich wird.

Bei der **Einführung** von Personalcontrolling ist mit Schwierigkeiten zu rechnen. Daher wurde gefragt, welche Probleme bei der Realisierung des Personalcontrollings denkbar wären. An erster Stelle wurden auftretende Kompetenzkonflikte genannt. Die Widerstände aus den Reihen der Mitarbeitervertretungen wurden als ein weiteres, gravierendes Problem angeführt. Gerade dieses Problem könnte durch mehr Aufklärung über das Personalcontrolling gelöst werden, da der Personalcontroller oft als Kontrolleur angesehen wird, obwohl er nicht die Aufgaben eines solchen hat.

(d) *Papmehl*

Um einen Überblick hinsichtlich der Umsetzung von Personalcontrolling in der Praxis zu gewinnen, kontaktierte *Papmehl* (1990, 85–112) 1987 insgesamt 70 deutsche Unternehmen über Fragebogen, von denen 24 antworteten und nach Ausschluß von drei Extremfällen 21 in die weitere Untersuchung eingingen. Nach *Papmehl* gab es in vier der analysierten Unternehmen ein explizites Personalcontrolling, in acht weiteren ein zumindest implizites, während neun Unternehmen explizit auf ein Personalcontrolling in jeglicher Form verzichteten.

Papmehl setzte ferner die verschiedenen Formen der Existenz beziehungsweise Nicht-Existenz des Personalcontrollings in Relation zum durchschnittlichen Umsatz pro Mitarbeiter sowie zu den durchschnittlichen Personalkosten in Prozent vom Umsatz (Übersicht 8.17). Er kommt dabei zu dem Ergebnis, daß Unternehmen mit einem expliziten Personalcontrolling einen höheren Umsatz und niedrigere Kosten pro Mitarbeiter aufweisen als vergleichbare Unternehmen ohne eigenständiges Personalcontrolling. Offen bleibt dabei natürlich die Kausalitätsfrage, denn zumindest aus diesen Werten kann nicht direkt auf eine **Effektivitätsverbesserung** durch Einführung eines Personalcontrollings geschlossen werden.

Bei einer inhaltlichen Analyse der betrachteten Systeme zeigte sich bei der Untersuchung von *Papmehl* deutlich, daß die von ihm befragten Unternehmen „Personalcontrolling" sehr stark als quantitatives und EDV-gestütztes System sehen.

Personalcontrolling . . .	durchschnittliche Umsätze/MA (TDM)	durchschnittliche Personalkosten in % vom Umsatz
n=4 . . . als eigenständige Funktion	277	25%
n=8 . . . ja, aber nicht eigenständig	250	29%
n=9 . . . Nein!	217	29%

Übersicht 8.17: Realisation und Effektivität von Personalcontrolling nach *Papmehl* (1990, 85–88)

(e) Ergebnis

Personalcontrolling hat in der Praxis seine Existenzberechtigung gefunden. Die Notwendigkeit des Personalcontrollings wurde bereits von vielen Unternehmen erkannt, allerdings mangelt es oft an der praktischen Umsetzung. Mögliche Gründe sind neben dem zuvor angesprochenen Daten-, Methoden- und Akzeptanzaspekt unter anderem die Komplexität der Problemstellung und das generelle Unbehagen, das der Begriff „Personalcontrolling" häufig verursacht.

8.3.3 Grundmethodik

Erfolgreiches Personalcontrolling setzt – wie in den vorangegangenen Abschnitten beschrieben – Antworten auf eine Vielzahl von äußerst komplizierten Fragen voraus. Im einzelnen sind dies **sechs Teilaspekte**: der *Aufgabenaspekt* als zu verfolgende Ziele, der *Objektaspekt*, der *Methodenaspekt*, der *Organisationsaspekt*, der *Kulturaspekt* als unternehmenskulturelle Implikation und der *Implementationsaspekt*.

8.3.3.1 Aufgabenaspekt

Die vorangegangenen Ausführungen verdeutlichten bereits die konzeptionellen Probleme, mit denen sich das Personalcontrolling auseinanderzusetzen hat und die miterklärend sind für das Defizit an überzeugenden Ansätzen in diesem Bereich. Aus diesem Grunde bietet es sich an, zunächst einmal ausgehend vom Grundprinzip des *Regelkreises* potentielle Aufgaben des Controllings zu lokalisieren, um diese dann in den Bereich des Personalmanagements zu transformieren.

In Abschnitt 6.3 wurden als zentrale Bestandteile des Regelkreises Sollwert, Istwert und Stellgröße sowie bei der erweiterten Form zusätzlich das Entscheidungsverfahren des Reglers aufgeführt. *Kontrolle* bedeutet in diesem Zusammenhang Vergleich von Sollwert und Istwert mit anschließender Spezifikation einer entsprechenden Stellgröße. *Controlling* geht weiter, denn es setzt an allen vier Komponenten des Regelkreises an. Aus Gründen einer notwendigen Komplexitätsreduktion soll jedoch im Rahmen des hier zu entwickelnden Ansatzes jeweils nur eine Komponente als die zu hinterfragende und die Gruppe der übrigen drei Komponenten als gegeben angesehen werden. Wie Übersicht 8.18 verdeutlicht, ergeben sich daraus vier Controlling-Aufgabenaspekte.

Im einzelnen lassen sich diese **vier** nach dem Aufgabenaspekt differenzierten **Ansätze** wie folgt beschreiben:

- Beim *Erfolgscontrolling* wird der Istwert evaluiert, wobei die übrigen drei Komponenten als gegeben angesehen werden. Anders als bei der reinen Kontrolle geht es dabei nicht um den Abgleich mit den formal kongruenten Sollwerten. Vielmehr ist zu prüfen, ob der Regler überhaupt seine Sollwerte erreicht (hierarchische Regelung), und ob die Istwerte qualitativ sinnvoll sind. Gibt sich beispielsweise beim Beschaffungscon-

	Istwert	Sollwert	Entscheidungsverfahren	Maßnahmen und Handlungen
Erfolgscontrolling	?	gegeben	gegeben	gegeben
Zielcontrolling	gegeben	?	gegeben	gegeben
Planungscontrolling	gegeben	gegeben	?	gegeben
Aktivitätscontrolling	gegeben	gegeben	gegeben	?

Übersicht 8.18: Aufgabenaspekte des Controllings

trolling der untere Regler bereits dann zufrieden, wenn eine ausreichende Anzahl von Mitarbeitern eingestellt ist, so kann sich das Personalcontrolling zusätzlich mit der generellen Qualität der neuen Mitarbeiter befassen.

- Beim *Zielcontrolling* werden Sinnhaftigkeit, Vollständigkeit und logische Kongruenz der vorgegebenen Sollwerte überprüft. Dies bedeutet nicht, daß Personalcontrolling Soll- und Istwerte der Realebene vergleicht, um daraus neue Sollwerte abzuleiten. Es bedeutet vielmehr kritisches Hinterfragen der Sollwerte. Das Personalcontrolling würde dann beispielsweise die Personalbeschaffung dadurch unterstützen, daß es zusätzliche Ziele definiert und an die Personalbeschaffung weitergibt.

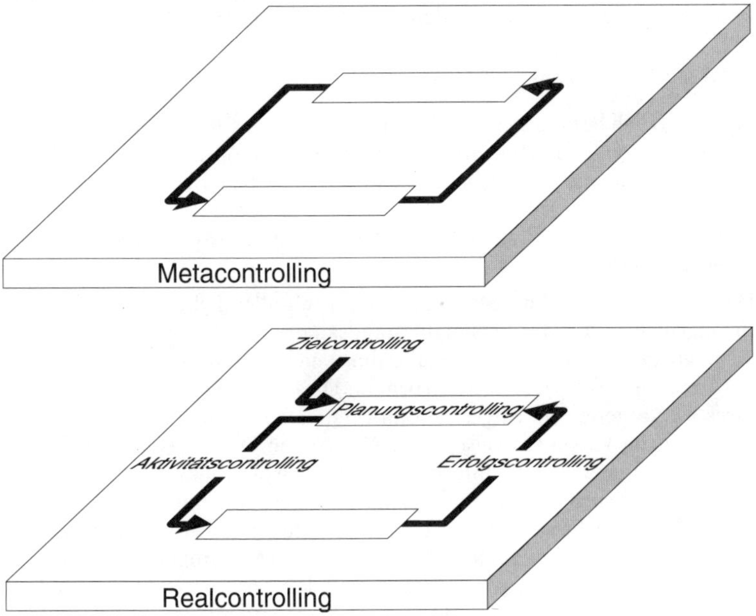

Abbildung 8.20: Real- und Metacontrolling

- Beim *Planungscontrolling* gilt es festzustellen, ob die Entscheidungsverfahren des Reglers sinnvoll und zielfördernd sind. In vielen Fällen heißt dies zunächst einmal herauszufinden, wie der Regler seine Entscheidungen trifft und begründet. Erst dadurch kann dann die Entscheidungsregel des Entscheidungsträgers verbessert werden. Im Beschaffungscontrolling beispielsweise könnte der Fachvorgesetzte auf potentielle Fehler im Einstellungsinterview hingewiesen und mit Hinweisen zur kritischen Analyse von Lebensläufen versorgt werden.
- Das *Aktivitätscontrolling* schließlich konzentriert sich auf die Maßnahmen und Handlungen des Aktionsträgers. Hierbei wird nicht geprüft, warum eine Maßnahme ergriffen wird und ob sie zielführend ist. Es interessiert ausschließlich die Maßnahme selbst und ihre prozedurale Durchführung. Beispielsweise kann hier untersucht werden, ob und wie Fachvorgesetzte Feedback-Gespräche mit den Mitarbeitern nach Ablauf der ersten Hälfte der Probezeit führen.

Alle vier Aufgabenaspekte gehören zu einem „vollständigen“ Controlling und sind daher in einer Personalcontrolling-Konzeption vorzusehen.

Um diese Vollständigkeit auch langfristig zu erhalten, ist das oben beschriebene Personalcontrolling mit seinen vier Aufgaben um ein Metacontrolling zu erweitern (Abbildung 8.20), das in regelmäßigen Abständen das Realcontrolling auf Funktionsfähigkeit überprüft und es (selbst-)kritisch hinterfragt.

Die Konkretisierung des Aufgabenaspektes macht somit Aussagen dazu, was formal und prozedural ein Personalcontrolling realisieren muß. Die inhaltliche Komponente kommt dann durch den Objektaspekt hinzu.

8.3.3.2 Objektaspekt

Grundsätzlich bezieht sich das Personalcontrolling auf alle Felder und Ebenen des Personalmanagements. Dies impliziert die Zusammenführung von Informationen auf unterschiedlichen hierarchischen Ebenen, gegebenenfalls in Verbindung mit Trendprojektionen. Den daraus resultierenden Aufgabenumfang eines extensiv definierten Personalcontrollings verdeutlicht Übersicht 8.19.

Das Personalcontrolling befaßt sich somit mit allen **Feldern** des Personalmanagements, von der Personalbestandsanalyse bis hin zum Personalkostenmanagement. Dabei geht es allerdings nicht um individuelle Kontrolle der Leistung des einzelnen Mitarbeiters: Dies ist im Regelfall Aufgabe des direkten Vorgesetzten. Angestrebt im Personalcontrolling ist vielmehr eine ganzheitliche Vorgehensweise, die den gesamten Objektbereich der Felder im Personalmanagement umfaßt und dabei auch die konkreten Erfordernisse der drei **Ebenen** im Personalmanagement berücksichtigt. Das Personalcontrolling bezieht sich als ein ebenenübergreifendes Instrument auf alle drei Managementebenen. Neben reinen monetären Größen wie Personalkosten berücksichtigt ein „vollständiges“ Personalcontrolling auch Leistungsdaten (ökonomische Indikatoren) sowie rein qualitative Beurteilungen (Übersicht 8.20).

Personalmanagementfelder	**Controllingfunktionen**
Personalbestandsanalyse	Fähigkeitscontrolling Strukturcontrolling
Personalbedarfsbestimmung	Anforderungscontrolling Bedarfsstrukturcontrolling
Personalbeschaffung	Beschaffungswegcontrolling Bewerberauswahlcontrolling
Personalentwicklung	Bildungscontrolling Laufbahncontrolling
Personalfreisetzung	Freisetzungsformcontrolling Freisetzungsabwicklungscontrolling
Personaleinsatz	Arbeitsplatzcontrolling Arbeitsaufgabencontrolling Arbeitszeitcontrolling
Personalführung	Motivationscontrolling Führungscontrolling Kulturcontrolling
Personalkostenmanagement	Budgetcontrolling Kostenstrukturcontrolling

Übersicht 8.19: Aufgabenfelder des Personalcontrollings und ihre exemplarische Konkretisierung

Gerade für die erforderliche Konkretisierung der Objekte des Personalcontrollings bietet die Systematik des dreidimensionalen Personalmanagements wichtige Ansatzpunkte: So liefert die Matrix aus Feldern und Ebenen bereits entscheidende Hinweise auf entsprechende Problemstellungen (und später daran ansetzende Methoden). Hinzu kommt die dritte Dimension, also die Differenzierung nach verhaltens- und informationsorientierten Komponenten: Sie erweitert die Matrix zu einem (dreidimensionalen) Kubus und definiert somit den Gegenstandsbereich des Personalcontrollings übergreifend, wie bereits in Abbildung 8.1 dargestellt.

8.3.3.3 Methodenaspekt

Nachdem geklärt werden konnte, welche Aufgaben das Personalcontrolling auszuüben hat und an welchen Objekten es sich dabei ausrichten soll, ist nun zu prüfen, welche Methoden sich für den Einsatz im Zusammenhang mit Personalcontrolling eignen. Die Vielzahl der hierfür gemachten Vorschläge (vgl. *Hoss* 1988; *Potthoff/Trescher* 1986; *Wunderer/Sailer* 1987a; 1987b) lassen sich im wesentlichen auf die nachfolgend beschriebenen Ansätze zurückführen.

8.3.3.3.1 Aufwandsanalysen

Bei aufwandsanalytischen Ansätzen interessiert nicht der Output, sondern lediglich der **Input**. Im Beschaffungscontrolling bedeutet dies beispielswei-

Managementebene	**Erfolgskontrollen im Personalcontrolling**		
	monetär, kalkulatorisch	ökonomische Kennzahlen und Indikatoren	qualitativ subjektive Beurteilungen
Operativ	Personalkosten bezogen auf einzelne Mitarbeiter Kosten und Budgets für die Personalabteilung	Leistungsstunden Fehlzeiten	Tätigkeitskontrolle mittels Multimomentstudien
Taktisch	Budgetkontrolle für ein Ausbildungsprogramm Kosten der betrieblichen Sozialeinrichtungen	Fluktuationsrate Bildungskosten pro Mitarbeiter Bewerberanzahl pro Ausschreibung	Mitarbeiterbeurteilung durch Assessment Center Bildungskontrolle durch Testverfahren
Strategisch	Rentabilität von Instrumenten der Personalentwicklung finanzmathematische Analyse von Betriebspensionen	Personalstruktur im Hinblick auf Ausbildungsniveaus Betriebszugehörigkeit der Mitarbeiter	Potentialanalysen Personal-Portfolio

Übersicht 8.20: Beispiele für ebenenspezifische Controllingobjekte

se die Beantwortung der Frage, wieviel DM eine Beschaffungsmaßnahme konkret gekostet hat. Auch aufwandsanalytische Ansätze können bei allen vier Aufgaben des Personalcontrollings zum Einsatz kommen. Sie bestimmen dann, welcher Aufwand für Planung, Zielfestlegung, Aktion und als Zusammenführung letztlich für die Zustandsgröße vorgegeben werden soll.

Aufwandsanalysen können sich zum einen auf konkrete Maßnahmen, zum anderen aggregiert auf das gesamte Unternehmen beziehen, wie es bereits in der Urform des Human Resource Accounting bei *Flamholtz* (1974) vorgeschlagen wurde (vgl. Abbildung 8.21).

Grundsätzlich lassen sich alle Kostenbestandteile aus der Gewinn- und Verlustrechnung als Basis für ein aufwandsorientiertes Personalcontrolling nutzen. Der Beitrag des Personalcontrollings liegt dabei zum einen in der Bereitstellung einer entsprechenden *Aufschlüsselung* (z. B. Löhne nach Lohnbestandteilen), zum anderen in der Einführung von *Bezugsgrößen* (z. B. Aufwand je Mitarbeiter). Dies führt dann zu einer breiten Palette von Ansatzpunkten für ein aufwandsorientiertes Personalcontrolling (Übersicht 8.21).

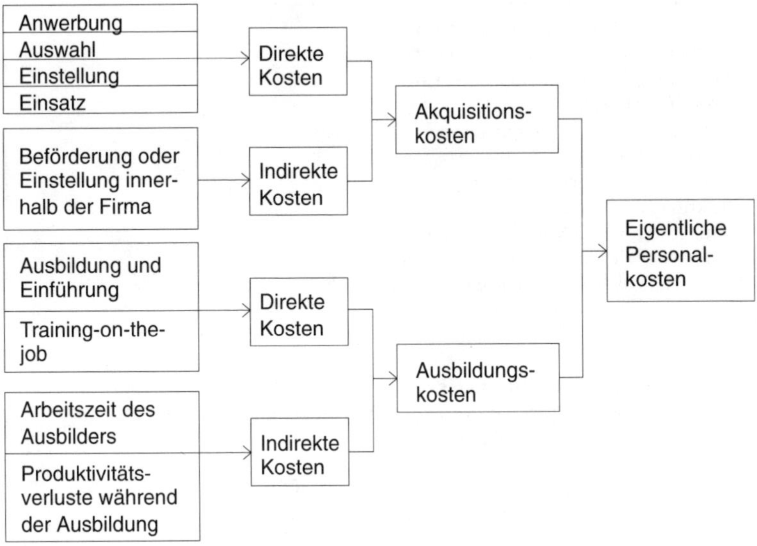

Abbildung 8.21: Ansatzpunkte für ein aufwandsorientiertes Personalcontrolling (nach *Flamholtz* 1974, 37)

Personalaufwand laut Gewinn- und Verlustrechnung
Löhne nach Lohnbestandteilen
Löhne nach Mitarbeiterstruktur
Gehälter nach Gehaltsbestandteilen
Gehälter nach Mitarbeiterstruktur
Soziale Abgaben
Altersversorgung und Unterstützung
Personal-, Sozial- und Bildungsaufwand je Gehaltsempfänger
Personal-, Sozial- und Bildungsaufwand je Lohnempfänger
Personal-, Sozial- und Bildungsaufwand je geleistete Stunde je Arbeiter
Löhne und Gehälter für Ausfallzeiten
Sonstige Löhne und Gehälter ohne Stundenleistung
Personalzusatzaufwand
Gesetzlicher Personalzusatzaufwand
Tariflicher Personalzusatzaufwand
Freiwilliger Personalzusatzaufwand
Bildungsaufwand

Übersicht 8.21: Ansatzpunkte für ein aufwandsorientiertes Personalcontrolling (abgeleitet nach *Grünefeld* 1981, 37–55)

8.3.3.3.2 Ergebnisanalysen

Ergebnisorientiertes Personalcontrolling bedeutet Ausrichten auf die Resultate personalwirtschaftlicher Tätigkeiten. Es interessiert also nicht der Input, sondern lediglich der **Output**. Im Beschaffungscontrolling würde

Fluktuation nach Mitarbeitergruppen
Fluktuation der Angestellten nach Fluktuationsart und -grund
Fluktuation der Angestellten nach Tätigkeit
Fluktuationskosten
Leistung nach Mitarbeitergruppen
Wertschöpfung
Stunden nach Mitarbeitergruppen
Struktur der Ausfallstunden
Krankenstand nach Mitarbeitergruppen
Krankheitsfälle nach Mitarbeitergruppen
Durchschnittliche Krankheitsdauer nach Mitarbeitergruppen
Krankheitsfälle nach Dienstalter
Durchschnittliche Krankheitsdauer nach Dienstalter
Nachwuchssituation
Nominales und reales Nettoeinkommen
Altersversorgungsanspruch im Verhältnis zum Einkommen
Vermögensbildung nach Anlagearten
Vermögensbildung nach Einkommensarten
Entwicklung der Mitarbeiter unterschiedlicher Qualifikation
Teilzeitbeschäftigte nach Mitarbeiterstruktur
Teilzeitbeschäftigte nach Tätigkeiten
Verbesserungsvorschläge

Übersicht 8.22: Potentielle Ansatzpunkte für ein ergebnisorientiertes Personalcontrolling (abgeleitet nach *Grünefeld* 1981, 56–78)

dies beispielsweise bedeuten, wieviel Bewerber sich auf eine konkrete Akquisitionsaktivität hin beim Unternehmen gemeldet haben.

Obwohl ergebnisorientiertes Controlling zunächst eine scheinbare Nähe zum erfolgsorientierten Ansatz hat, ist es doch in allen vier Aufgabenaspekten einzusetzen. Beim *erfolgsorientierten* Personalcontrolling bedeutet ergebnisorientiertes Vorgehen die Überprüfung, ob die Zustandsgröße des Regelkreises tatsächlich den vorgesehenen Wert erreicht hat. Beim *planungsorientierten* Personalcontrolling bedeutet es die Feststellung des tatsächlichen Planungsergebnisses. Beim *aktivitätsorientierten* Personalcontrolling geht es um die tatsächliche Durchführung der Maßnahme und beim *zielorientierten* um den letztlich übermittelten Zielwert. Konkret bedeutet dies, daß ergebnisorientiertes Personalcontrolling trotz eines gewissen Schwerpunktes im Bereich der erfolgsbezogenen Ansätze in allen vier Personalcontrollingaufgaben einsetzbar ist.

Beispiele für mögliche Ansatzpunkte eines ergebnisanalytischen Personalcontrollings sind Fluktuationszahlen, Werte für abgesprungene Bewerber und Teilnahmen an Bildungsmaßnahmen als erste (schwache) Indikatoren für erfolgreiche Trainingskonzepte (Übersicht 8.22).

8.3.3.3.3 Nutzenanalysen

Ergebnisanalysen und Aufwandsanalysen haben den Vorteil, daß sich das Zurechenbarkeitsproblem überhaupt nicht (bei Ergebnisanalysen) beziehungsweise nur sehr begrenzt (bei Aufwandsanalysen) stellt. Es muß also nicht evaluiert werden, inwieweit bestimmte Kosten auf bestimmte Erträge zurechenbar sind.

Diese Zielsetzung wird von Nutzenanalysen verfolgt, indem einzelfallspezifisch der Nutzen konkreter Maßnahmen aufgrund von
- vorgebenen Zielen,
- verwendeten Entscheidungstabellen,
- eingesetzten Handlungen und
- erzielten Ergebnissen

bestimmt wird.

Im Beschaffungscontrolling läuft dies beispielsweise auf folgende vier Teilaspekte hinaus: Im *Zielcontrolling* ist zu prüfen, ob der Aufwand, der für die Erstellung der Anforderungsprofile unternommen wird, in einer sinnvollen Relation zum Ertrag steht. Im *Planungscontrolling* ist zu prüfen, ob die Entscheidungsqualität in Relation zum Entscheidungsaufwand steht. Im *Aktivitätscontrolling* ist zu prüfen, ob beispielsweise bestimmte Akquisitionswege ihren Aufwand rechtfertigen. Im *Erfolgscontrolling* schließlich ist zu prüfen, ob der Aufwand der Beschaffungsmaßnahme tatsächlich kleiner ist als der dadurch realisierte Ertrag.

8.3.3.3.4 Wertschöpfungsanalysen

Eine Sonderform der Nutzenanalysen ist die Wertschöpfungsanalyse. Bei diesem Vorgang wird ähnlich wie bei der *value chain* von *Porter* (1985, 37) geprüft, inwieweit durch die jeweilige Maßnahme eine Wertschöpfung realisiert wird. Es wird also evaluiert, inwieweit spezifische Kostenblöcke zur Wertschöpfung im Unternehmen beitragen. Im einzelnen sollen dabei unter anderem folgende Fragen (vgl. *Walsh* 1990) beantwortet werden:
- Welche Aktivitäten der Personalabteilung haben die größte Hebelwirkung für das Unternehmen?
- Wo haben wir Kosten ohne Nutzen für die internen Abnehmer der Personalleistung?
- Wie tragen wir zu der Wertschöpfung der Geschäftsbereiche bei?
- Welche Leistungen sollen von der Personalabteilung, von der Linie oder von Externen erbracht werden?

8.3.3.3.5 Zustandsanalysen

Während die Wertschöpfungsanalyse von einer dynamischen Betrachtungsweise ausgeht und die Ergebnis- sowie die Aufwandsanalyse zeitraumübergreifende Kumulierungen vornehmen, geht die Zustandsanalyse ausschließlich zeitpunktbezogen vor. Hier wird geprüft, wie der Zustand einer betrachteten Einheit zu einem konkret spezifizierten Zeitpunkt aussieht.

Zustandsanalysen lassen sich besonders im Bereich der Personalbestandsanalyse einsetzen, wenn es darum geht, die aktuelle Situation der Belegschaft zu einem bestimmten Zeitpunkt zu evaluieren. Dies kann sowohl rein quantitativ im Sinne der Personalkonfiguration erfolgen, als auch qualitativ: Ein Instrument hierfür ist beispielsweise die in Abschnitt 8.2 diskutierte

Mitarbeiterbefragung, die ein zeitpunktbezogenes Bild der Situation der Belegschaft wiedergibt.

8.3.3.3.6 Ereignisanalysen

Ereignisanalysen sind, ähnlich wie Wertschöpfungsanalysen und Nutzenanalysen, zeitraumbezogene Ansätze. Sie grenzen sich aber von diesen dadurch ab, daß sie sich ausschließlich auf einen bestimmten und relativ engen Zeitraum konzentrieren. Ziel ist es dabei, ein einziges Ereignis (eine einzige Aktivität) auf ihre Wirkung hin zu analysieren. Ereignisanalysen beschäftigen sich beispielsweise im Bereich der Personalbeschaffung damit, die Präsentation des Unternehmens auf einem Hochschulkontakt-Forum zu analysieren.

8.3.3.3.7 Vorgangsanalysen

Vorgangsketten dienen generell zum Verständnis und zur Verbesserung betrieblicher Abläufe, indem diese in ihre Teilschritte zerlegt und daraufhin auf Vollständigkeit und korrekten Hergang überprüft werden. Obwohl derartige Vorgangsketten üblicherweise nicht Gegenstand des Personalcontrollings sind, sollen sie doch an dieser Stelle als zusätzlicher Ansatz entwickelt werden, da gerade ihnen eine relativ hohe Aussagekraft zukommt. Denn gemäß der Grundidee des Controllinggedankens wird über den Soll-Ist-Vergleich hinaus analysiert, wo Schwachstellen und Lücken in der Prozeßkette liegen und wie gegebenenfalls Verbesserungen erzielt werden können.

Bei vorgangsanalytischen Ansätzen wird – ähnlich wie beim Projektmanagement – in folgenden **Schritten** vorgegangen:

Im ersten Schritt wird nach der thematischen Eingrenzung festgelegt, welches die relevanten Stationen des zu analysierenden Ablaufes sind. Beispielsweise lassen sich als Schritt 1 der Vorgangsanalyse im Beschaffungscontrolling von dem Bedarf über die Stellenanzeigen bis zur endgültigen Zusage die einzelnen Zustände des Beschaffungsvorgangs definieren. Als Ergebnis des ersten Schrittes sind die Zustandsknoten des betrachteten Vorgangs vorhanden. Dabei ist es auch denkbar, daß Zustände zeitlich parallel liegen oder voneinander unabhängig sind. So ist die Genehmigung zur Besetzung einer Stelle grundsätzlich nicht an das Vorhandensein eines Anforderungsprofils gebunden.

Als zweiter Schritt werden die Aktivitäten (Pfeile) inhaltlich konkretisiert. Damit wird deutlich, mit welchem Zustandsknoten des gesamten Ablaufs ein Vorgangspfeil konkret beginnt und welche Inhalte ihm zuzuordnen sind. So erhält der Beschaffungsvorgang „Durchführen des Interviews" die Bewerbungen aus der Vorauswahl als Input und führt als nachgeordneten Zustand in die Interviewergebnisse. Nach der inhaltlichen Konkretisierung der Übergänge sind folglich die Aktivitäten zwischen zwei Zuständen definiert.

Im dritten Schritt werden für die Zustände **Kennzahlen** definiert und zu einer Kennzahlenhierarchie verdichtet. Die Kennzahlen machen in dem hier vorliegenden Beispiel verschiedene Beschaffungsdurchläufe miteinander vergleichbar und ermöglichen so auch Aussagen zur Effizienz und Effektivität. Streng genommen dürfen hierbei ausschließlich Kennzahlen im Zusammenhang mit einer Stelle verglichen werden. Denn die Kennzahl „Bewerbungen pro Stellenanzeige" kann bei der Suche nach qualifiziertem Fachpersonal erheblich geringer ausfallen als bei einer Anzeige für ungelernte Mitarbeiter und trotzdem von erheblich größerem Erfolg der Aktion zeugen. Denn für manche Stellen ist es einfacher, mehrere hundert Bewerbungen zu erhalten, als für eine andere Stelle wenige Dutzend. Ist aber die Vergleichbarkeit gegeben, dann lassen sich Rückschlüsse auf den Erfolg der Teilschritte durchaus herleiten. Auf diese Weise können selbst Detailfragen der Anzeigengestaltung oder der Durchführung von Bewerbungsgesprächen analysiert werden.

Im vierten Schritt werden die Vorgänge auf die **Zeitachse** übertragen. Damit wird deutlich, wieviel Zeit von der Initiierung eines Vorgangs bis zu seiner Beendigung für welchen Teilschritt vergeht. Die Analyse der Zeitbedarfe und vor allem ihre Gegenüberstellung mit den Sollvorstellungen bieten oft wesentliche Ansatzpunkte für Verbesserungen. Denn häufig ist die Bearbeitung eines Vorgangs an sich nur mit geringem Zeitbedarf verbunden, hingegen die Übermittlung vergleichsweise langwierig.

Im fünften Schritt werden die Vorgänge mit **Kosten** belegt. Wie bei der Analyse der Zeitbedarfe erkennt man schnell, wo die kritischen Punkte im Gesamtvorgang angesiedelt sind, beziehungsweise an welchem Knoten unverhältnismäßig hohe Belastungen entstehen. Im Beschaffungscontrolling ist neben der Stellenanzeige zweifellos der Vorgang „Interviews" als ein beson-

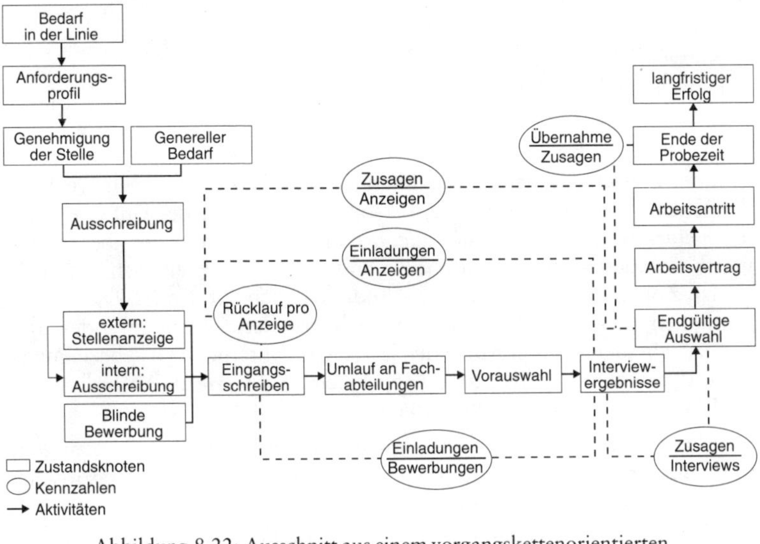

Abbildung 8.22: Ausschnitt aus einem vorgangskettenorientierten Beschaffungscontrolling

ders kostenintensiver Vorgang anzusehen, nicht nur wegen der zu erstattenden Fahrtkosten der Bewerber, sondern auch aufgrund entstehender Opportunitätskosten durch den Zeitbedarf bei den Personalfachleuten und Linienvorgesetzten. Nach dem Abschätzen der gegenwärtigen und zukünftigen Kosten in Schritt sechs beinhaltet der abschließende Schritt sieben die zusammenfassende Schwachstellenanalyse mit der Bewertung der zuvor vorgenommenen Teilanalysen.

Im Ergebnis macht eine Vorgangsanalyse, wie sie hier skizziert wurde, Aussagen über die Vollständigkeit und Notwendigkeit der Teilvorgänge eines übergeordneten Vorgangs sowie bezüglich der Vorgänge zwischen den Zuständen. Darüber hinaus wird die Verteilung des Zeitbedarfs und der Kosten detailliert vorgenommen und untersucht. Dieser zweite Bereich hinterfragt damit nicht mehr die Vorgangskette an sich, sondern es werden Ansatzpunkte zur Verbesserung der Effizienz und Effektivität gesucht.

Abbildung 8.22 zeigt ein Beispiel für einen Ausschnitt aus einer derartigen Vorgangskettenanalyse als Teil des Personalcontrollings.

8.3.3.3.8 Systemanalysen

Die zuvor beschriebenen Ansätze zum Personalcontrolling orientieren sich primär an realen Ereignissen oder Zuständen, weniger aber an den zugrundeliegenden Planungsprozessen. Anders dagegen die Systemanalysen. Sie sind ganzheitliche Ansätze, die versuchen, die jeweils vorhandenen Personalmanagementsysteme zu bewerten. Zu der Systemanalyse gehört auch das *Personalmanagement-Audit*: Dort wird geprüft, welche Aspekte des betrieblichen Personalmanagements tatsächlich im konkreten Unternehmen abgedeckt sind (vgl. Beispiel in Abbildung 8.23).

Im einzelnen dienen derartige Ansätze dazu,
- Existenz,
- Notwendigkeit,
- Funktionsfähigkeit und
- Wirtschaftlichkeit

von Personalmanagement-Instrumenten zu evaluieren.

Von der **Zielsetzung** des Personalmanagements her gibt es mehrere Möglichkeiten. Zum einen kann das Personalmanagement des Unternehmens (oder eines Teils davon) für sich *alleine* betrachtet werden oder aber *im Vergleich* zu anderen Unternehmen (oder anderen Teilen des eigenen Unternehmens). Zum anderen kann sich das Audit lediglich auf den *Ist-Zustand* beschränken (gegebenenfalls als Vergleich von Ist-Zuständen) oder aber explizit vor dem Hintergrund der jeweiligen Unternehmens- beziehungsweise Personalstrategie die davon abgeleiteten *Sollwerte* als Anforderungen an die Personalarbeit berücksichtigen (Übersicht 8.23).

Sämtliche in Übersicht 8.23 genannten Formen haben ihre Berechtigung und sind einzelfallspezifisch entsprechend der unternehmensspezifischen Notwendigkeit auszuwählen.

In ihrer konkreten **Anwendung** bauen die verschiedenen Varianten aufeinander auf: Ausgangspunkt ist immer die Wahl eines Bezugsrahmens, der

	Kein Vergleichswert	Mit Vergleichswert aus anderen Unternehmensbereichen	aus anderen Unternehmen
Nur Istwerte	(1) Was machen wir?	(3 a) Was machen wir? Was machen andere?	(3 b)
Istwerte und Sollwerte	(2) Was machen wir? Was wollen wir?	(4 a) Was machen wir? Was wollen wir? Was machen andere, die das gleiche wollen wie wir?	(4 b)

Übersicht 8.23: Formen des Personalmanagement-Audits

dann als Ordnungskriterium dienen kann. Ein Beispiel dafür ist das Grundraster dieses Lehrbuchs mit seiner Einteilung in Felder und Ebenen, wobei dann zu prüfen ist, welche Zelle mit welchem Inhalt gefüllt ist. Während Variante 1 sich nur auf die – in der Realität äußerst aufwendige – Erfassung des Istzustands konzentriert, stellt Variante 2 einen aus der Unternehmensstrategie (über diverse Gruppentechniken) abgeleiteten Sollzustand dar. Bei Variante 3 befaßt man sich nicht mit expliziten Sollwerten, vielmehr versucht man die Aktivitäten von Vergleichsfirmen als implizite Sollwerte zu interpretieren.

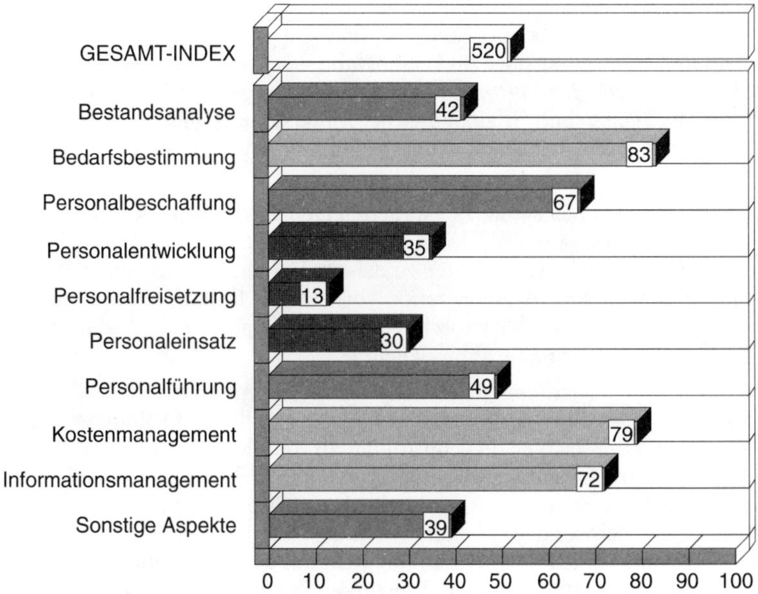

Abbildung 8.23: Ansatzpunkte für ein Personalmanagement-Audit

In Weiterführung der in Abschnitt 1.4.5.7 beschriebenen Untersuchung wurde eine Datenbasis generiert, die aus den dort evaluierten „exzellenten" Unternehmen Mindest- und Maximalniveaus für betriebliches Personalmanagement festlegt. Diese Datenbasis wird zur Zeit durch Teilnehmer an diversen offenen Seminaren erweitert und stellt somit einen ersten Ansatzpunkt für entsprechende Überlegungen (auch) zur Variante 3 dar.

Variante 4 schließlich ist die theoretisch anspruchsvollste und auch praktisch aufwendigste Lösung, indem sie die Stärken von Variante 2 und 3 miteinander verbindet. Obwohl hierfür sicherlich diverse Anknüpfungspunkte und Überlegungen realisierbar sind, dürfte Variante 4 beim gegenwärtigen Stand des Personalcontrollings eher als exotische Utopie einzustufen sein. Sinnvoll und durchaus machbar ist dagegen die Kombination einer Umsetzung aus Variante 2 und einer rudimentären Form von Variante 3.

8.3.3.4 Organisationsaspekt

Bei der organisatorischen Umsetzung des Personalcontrollings ist zunächst die vorgelagerte Frage zu beantworten, ob es überhaupt eine eigenständige Position oder Abteilung „Personalcontrolling" im Unternehmen geben soll. Abgesehen von extrem kleinen Unternehmen, wo die Personalabteilung aus zu wenigen Personen besteht, ist diese Frage eindeutig positiv zu beantworten. Daran schließen sich zwei weitere Aspekte an: Zum einen die organisatorische Einordnung als Stellung des Personalcontrollings zum zentralen Controlling und zur Personalabteilung, zum anderen die interne Organisation des Personalcontrollings als Aufgabenverteilung der am Personalcontrolling beteiligten Personen.

Bei der **aufbauorganisatorischen** Zuordnung des Personalcontrollings zum zentralen Controlling oder zur Personalabteilung wird in der Literatur (z. B. *Hahn* 1979, 91–92; *Potthoff* 1987; *Schmitz-Dräger* 1987, 194–196) zwischen fachlicher und disziplinarischer Unterstellung unterschieden. Dies führt letztlich zu vier Varianten mit spezifischen Vor- und Nachteilen (Übersicht 8.24).

Angesichts des oben bereits konstatierten Defizits an konkreten Umsetzungen des Personalcontrolling-Konzeptes und noch mehr an substantiellen sowie aktuellen empirischen Daten zu diesem Thema, läßt sich allenfalls eine plausibilitätsmäßige Argumentation vornehmen: Danach sind grundsätzlich alle Varianten problematisch, bei denen disziplinarische und fachliche Unterstellung voneinander abweichen.

Als Konsequenz daraus ergeben sich letztlich vier Alternativen für die organisatorische Positionierung des Personalcontrollings (Abbildung 8.24). Zunächst kann das Personalcontrolling als Teil des *allgemeinen Controllings* institutionalisiert werden. In diesem Fall besteht allerdings die Gefahr, durch die spezifische Denkweise des Rechnungswesens ein System zu schaffen, das nur schwer den Besonderheiten des Personalmanagements gerecht werden kann. Eine zweite Variante besteht aus einer Stabsabteilung an der *Unternehmensspitze*. Dieses im Prinzip durchaus sinnvolle Vorgehen birgt allerdings die Gefahr einer mangelnden Akzeptanz bei der Personalabtei-

	Fachliche Unterstellung	
	beim Zentralcontrolling	bei der Personalabteilung
Disziplinarische Unterstellung beim Zentral-controlling	+ Personalcontrolling ist unabhängig von der Personalabteilung. + Zentralcontrolling erhält stärkere Stellung und kann den Überblick besser bewahren. + Günstig, wenn eine stärkere Anbindung an die Unternehmensführung oder das Zentralcontrolling erwünscht ist. – Personalcontrolling kann zum Fremdkörper in der Personalabteilung werden. – Besonderheiten der Personalarbeit werden eventuell nicht ausreichend berücksichtigt.	+ Interessen beider Bereiche werden verbunden. + Personalcontrolling verfügt über intensive personalwirtschaftliche Kenntnisse. + Personalabteilung kann ihre Interessen besser wahren. – Konfliktpotential zwischen beiden Bereichen steigt. – „Controlling-Instrumentarium“ wird möglicherweise nur unzureichend genutzt.
Disziplinarische Unterstellung bei der Personalabteilung	+ Personalcontrolling ist an beide Bereiche angebunden. – Konfliktpotential zwischen dem Zentralcontrolling und der Personalabteilung steigt.	+ Aufgaben des Zentralcontrollings sind auf Systemgestaltung und Administration beschränkt. + Personalabteilung fühlt sich nicht kontrolliert. + Die Besonderheiten der Personalabteilung können besser berücksichtigt werden. + Interessenkonflikte werden vermieden. – Einheitliche Leitung des gesamten Unternehmenscontrollings ist nicht mehr gegeben. – „Controlling“ der Personalabteilung kommt eventuell zu kurz.

Übersicht 8.24: Organisatorische Einordnung des Personalcontrollings

lung, was bis zu einem aktiven Boykott führen kann. Die dritte Variante impliziert eine Einordnung in die *Personalabteilung*, beispielsweise gleichrangig zur Personalentwicklung. Da hier aber leicht die Sonderrolle des Personalcontrollings als übergreifende Unterstützungs- und Koordinationsfunktion verloren geht, bleibt letztlich ausschließlich die vierte Variante, bei

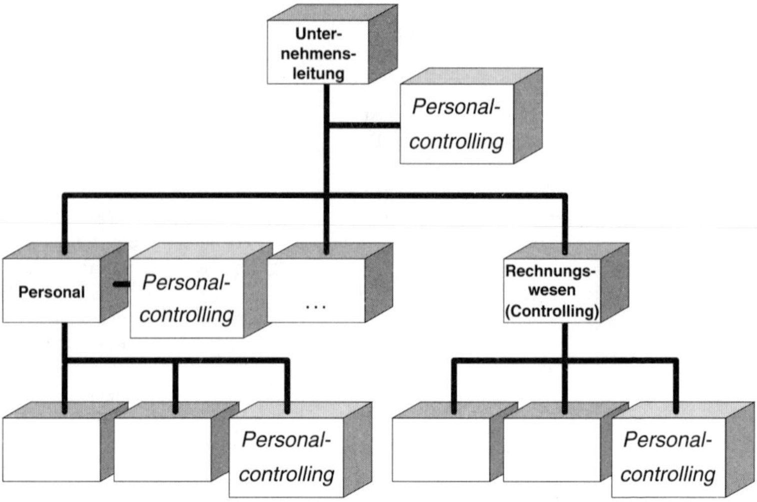

Abbildung 8.24: Alternative Positionierungen des Personalcontrollings

der das Personalcontrolling in einer Stabsstelle fixiert wird, die dem obersten Personalverantwortlichen zugeordnet ist.

Der zweite Aspekt der institutionalen Gestaltung, die **Ablauforganisation** als interne Aufgabenverteilung, ist besonders dann von Interesse, wenn die Personalcontrolling-Funktion von mehr als einer Person wahrgenommen werden soll. Unabhängig von der organisatorischen Umsetzung wird das Personalcontrolling immer im Spannungsfeld zwischen der Personalabteilung, dem Zentralcontrolling und den Fachabteilungen stehen. Dies wird umso mehr gelten, wenn die Funktion des Personalmanagements tatsächlich auf Personal- und Fachabteilungen im Sinne eines neuen Rollenverständnisses verteilt wird. Die verstärkten Schwierigkeiten eines Personalcontrollings resultieren dann allerdings primär aus seiner verstärkten Notwendigkeit und lassen sich deshalb auch nicht als Argument gegen ein Personalcontrolling anführen. Im Gegenteil, gerade ein zeitgemäßes Personalmanagement verlangt ein integrativ-spezialisiertes Personalcontrolling, das als solches aber auch explizit in der Unternehmensorganisation verankert ist.

8.3.3.5 Kulturaspekt

Auch wenn Personalcontrolling im wesentlichen eine Philosophie ist, die sich lediglich bei der Ausgestaltung spezifischer Techniken bedient, gerät Personalcontrolling doch oft sehr leicht in die Nähe technokratischer Ansätze. Aus diesem Grunde ist es nicht nur hilfreich, sondern geradezu notwendig, bei der Behandlung von Personalcontrolling auch den Aspekt der Unternehmenskultur substantiell zu integrieren.

Unternehmenskultur spielt im Zusammenhang mit dem Personalcontrolling in mehrfacher Weise eine wichtige Rolle:

Zunächst einmal hängt die Einführung von Personalcontrolling-Konzepten wesentlich von der zugrundeliegenden Unternehmenskultur ab. Nach dem **Dualitätsprinzip** wirkt aber auch umgekehrt die Einführung eines Personalcontrolling-Ansatzes möglicherweise kulturprägend. Dies gilt umso mehr immer dann, wenn Personalcontrolling gleichzeitig (bewußt oder unbewußt) als symbolisches Management initiiert wird.

Ein zweiter wichtiger Aspekt liegt in dem **Konflikt**, der möglicherweise zwischen Unternehmenskultur und Personalcontrolling auftreten kann. Dieser Konflikt entsteht dadurch, daß zwangsläufig immer auch von der Unternehmenskultur wichtige Führungsimpulse ausgehen. Es kann also bei einer stark ausgeprägten Unternehmenskultur durchaus ein erhebliches implizites *„Personalcontrolling" durch die Unternehmenskultur* entstehen. Unterstellt man,

- daß sich das Unternehmen tatsächlich über die eigene Unternehmenskultur im klaren ist,
- daß eine Sollkultur in Abhängigkeit von der Strategie festgelegt ist, und
- daß die Sollkultur tatsächlich der Istkultur entspricht,

so geht von diesem Führungssystem ein kongruentes Spektrum von Führungssignalen aus, das auch Teilaspekte des Personalcontrollings umfaßt. Diese Führungssignale operieren auf einer abstrakten Ebene, wirken aber aufgrund ihrer starken Werteorientierung verhaltenssteuernd (*„value mission"*). Ist ein Unternehmen beispielsweise in der Lage, eine starke Kostenorientierung als Grundwert in der Unternehmenskultur zu verankern, so erübrigen sich detaillierte Vorgaben dazu, wie man mit Ressourcen bis hin zur letzten Büroklammer umzugehen hat. Die Unternehmenskultur übernimmt also eine implizite Steuerung. Ähnlich verhält es sich bei einer institutionalisierten Werteverankerung der Kundenorientierung. Umgekehrt bedeutet Personalcontrolling aber durchaus eine explizite Verhaltensbeeinflussung. Mitarbeiter bekommen danach einzelfallspezifische Informationen, die ihr Verhalten prägen (sollen).

So kann es durchaus zu einem Widerspruch kommen, wenn auf der einen Seite die Unternehmenskultur die Autonomie des einzelnen betont, umgekehrt aber ein explizites und intensives Personalcontrolling institutionalisiert wird.

Als Konsequenz ergibt sich in jedem Fall die unbedingte Notwendigkeit, auf eine **Stimmigkeit** des Personalcontrollings zur Unternehmenskultur zu achten, um nicht fatale Pathologien entstehen zu lassen (vgl. Stimmigkeitsprinzip und Pathologieprinzip in Abschnitt 6.4.4).

8.3.3.6 Implementationsaspekt

Ob es sich um die komplette Einführung eines gesamten Personalcontrolling-Systems handelt oder nur um die Hinzufügung eines neuen Bausteins: In allen Fällen muß die Implementation derartiger Systeme vorher organisatorisch sinnvoll geplant sein. Im Regelfall bietet es sich (analog zum Projektmanagement) an, folgende Schritte zu durchlaufen (Übersicht 8.25):

Zunächst einmal geht es um eine grundlegende Projektbegründung, also um die Beantwortung der Frage, welcher Nutzen von dem neuen Personalcontrolling-System zu erwarten ist. Hier wird sich zwangsläufig die Schwierigkeit ergeben, daß auf der einen Seite der Kostenaspekt relativ umfassend, der Nutzenaspekt allerdings nur vage ermittelt werden kann.

Im nächsten Schritt erfolgt eine umfassende Ist-Analyse. Dazu wird geprüft, welche Controllingbestandteile gegenwärtig überhaupt vorhanden sind und in welcher Funktionsfähigkeit sie vorliegen. Die Ist-Analyse umfaßt damit zum einen die Erfassung des aktuellen Zustandes, zum anderen dessen Bewertung.

Es folgt als Schritt 3 ein Grobentwurf, der ausgehend von der Unternehmenszielsetzung und der Projektbegründung eine erste Soll-Konzeption beinhaltet. Hier werden insbesondere der Projektumfang fixiert, ein Konzeptentwurf formuliert und Wirtschaftlichkeitsvergleiche angestellt.

Schritt 4 befaßt sich dann mit der EDV-Konzeption, die im Regelfall für ein Personalcontrolling unumgänglich ist. Hier sind Fragen nach Software, Hardware sowie Datenerfassung, -verarbeitung und -haltung zu beantworten. Auf den Aspekt der EDV-mäßigen Unterstützung (auch) des Personalcontrollings wird in Abschnitt 8.4 näher eingegangen.

Im Anschluß daran ist ein Detailentwurf zu erstellen, bestehend aus Pflichtenheft, Zeitplan und Personenzuordnung. Danach kommt es zur Einführung des Personalcontrollings.

Schritt	**Inhalt**
Projektbegründung	Problemartikulation Methodenkonkretisierung
Ist-Analyse	Zustandserfassung Zustandsbewertung
Grobentwurf	Abgrenzung der Aufgaben, Objekte, Methoden, Organisation, Ebenen sowie organisationskultureller Implikationen
Detailentwurf	Detaillierter Konzeptentwurf des Controllings in den Personalmanagementfeldern und -ebenen, Personenzuordnung
Einführung	

Übersicht 8.25: Implementation des Personalcontrollings

Wichtig bei der gesamten Vorgehensweise ist die unmittelbare Berücksichtigung der Betroffenen: Gerade bei der Einführung eines Personalcontrolling-Systems sind Führungskräfte, Betriebsrat und Mitarbeiter einzubeziehen. Vor allem ist bereits im Vorfeld den Mitarbeitern die Angst vor einem solchen Personalcontrolling-System zu nehmen und auf die positiven Effekte und die aktuelle Notwendigkeit hinzuweisen. Personalcontrolling darf nicht als Horrorvision in Richtung auf „gläserner Mensch“ erscheinen, sondern sollte vielmehr seine Unterstützungsfunktion hervorheben, die letztlich im Interesse aller Betroffenen liegt. Gerade im Zusammenhang mit der Implementation bietet es sich daher an, sowohl in der Vorbereitungsphase als auch während der Einführung und Durchführung von Personalcontrolling mehrere begleitende Workshops zu organisieren, die den Stellenwert und die Aufgaben des Personalcontrollings zum Gegenstand haben. Bei sinnvoll moderierter Diskussion kann dabei bereits in dem ersten Workshop eine Vielzahl von Impulsen generiert werden, die wichtig für das Personalcontrolling sind und insbesondere dafür sorgen, daß ein Personalcontrolling geschaffen wird, das von den Betroffenen akzeptiert und getragen wird.

8.3.4 Bildungscontrolling als Beispiel

Die zunehmende Bedeutung von Bildungscontrolling zeigt sich schon bei den Kostenaufwendungen für die Weiterbildung, die im Jahr 1989 26,7 Milliarden DM erreicht haben (vgl. Abbildung 8.25).

Abbildung 8.25: Weiterbildungskosten 1989 (*Weiß* 1990, 178)

Bildungscontrollling umfaßt alle drei Managementebenen. Auf der operativen Ebene interessiert in erster Linie der Lernerfolg einer speziellen Bildungsmaßnahme bei einem Mitarbeiter, während auf der taktischen Ebene Ausbildungsprogramme geplant, kontrolliert und bewertet werden. Auf strategischer Ebene geht es um die Einbindung der Personalentwicklungsplanung in die allgemeine Unternehmensstrategie (vgl. *Stahl* 1989, 383), indem quantitativ und qualitativ das erforderliche Mitarbeiterpotential zur Verfügung gestellt wird.

Die **Hauptziele** des Bildungscontrollings sind die Koordinationsfunktion, die Informationsfunktion sowie die Wirtschaftlichkeitssteigerung.

Die *Koordinationsfunktion* zielt darauf ab, die einzelnen bildungsspezifischen Maßnahmen untereinander und im Hinblick auf die Unternehmensstrategie abzustimmen. Darunter fällt die Koordination der Planung, der Analyse und der Steuerung der Bildungsmaßnahmen. Sie beinhaltet die Abstimmung der Unternehmensziele mit den Zielen der Mitarbeiter, denn ohne Einbeziehung der Mitarbeiterinteressen wird deren Motivation im Regelfall sinken. Außerdem läßt sich durch eine koordinierte Planung auch eine langfristige Laufbahnplanung realisieren, die sich motivierend auf den Mitarbeiter auswirken kann, wenn er seine Entwicklungsperspektiven sieht.

Die *Informationsfunktion* besteht darin, die Unternehmensleitung und die Personalentwicklungsabteilung kontinuierlich mit den für ihre Planung relevanten Informationen zu versorgen. Kosten und Nutzen der Personalentwicklung sollen transparenter werden. Zudem berücksichtigt das Bildungscontrolling rechtzeitig Informationen über zu erwartende Veränderungen und relevante wirtschaftliche Trends, um frühzeitig Abhilfemaßnahmen einleiten zu können.

Im Hinblick auf die *Wirtschaftlichkeitssteigerung* soll das Bildungscontrolling eine zieladäquate Qualifizierung der Mitarbeiter sicherstellen, indem systematisch Ausbildungslücken gesucht und diese dann kostenoptimal geschlossen werden. Dies bedeutet eine Steigerung der Effektivität der Bildungsarbeit.

Die *Aufgaben* des Bildungscontrollings lassen sich in die Bereiche Kostencontrolling (Art und Umfang entstandener Kosten, verursachende Kostenstellen, Kostenvergleiche alternativer Personalentwicklungsmaßnahmen), Rentabilitätscontrolling (Kosten-Nutzen-Vergleich, Investitionsrechnung, Rentabilitätsschätzungen) sowie Controlling des Lernerfolgs (Umfang übertragener Lernerfolge, Qualifikations- und Verhaltensänderungen, quantitative und qualitative Beurteilungen) zusammenfassen (vgl. *Wilkening* 1986, 301). Orientiert man sich an den in Abschnitt 8.3.3.3 beschriebenen Methoden, so konkretisieren sich dadurch die verschiedenen Ansatzpunkte für ein Bildungscontrolling.

8.3.4.1 Aufwandsorientiert: Kostencontrolling

Das Ziel des Kostencontrollings ist die genaue Erfassung, Analyse und Überwachung der Höhe, der Zusammensetzung und der Veränderung der Personalentwicklungskosten (vgl. *Grünefeld* 1989a, 56). Um dieses Ziel erreichen zu können, müssen verschiedene Voraussetzungen erfüllt sein:

- Kenntnis der Kostenbestandteile,
- Abgrenzung zu anderen Personalkostenblöcken,
- sinnvolle Gliederung,
- Steuerung und Überwachung der Kosten.

Zunächst empfiehlt sich eine Abgrenzung der Kosten nach mitarbeiterorientierter Personalentwicklung und nach Personalentwicklung für Betriebsfremde.

Der Bildungsaufwand für **Betriebsfremde** umfaßt Ausbildungskosten, die nicht durch produktive Leistungen gedeckt sind: also Praktikantenbetreuung, Stipendien, Sach- und Geldspenden an Forschungs- und Bildungseinrichtungen sowie die Weiterbildung Betriebsfremder (wie etwa von Kunden). Diese Kosten sind strikt von denen für Mitarbeiter abzugrenzen, da auch ihr Nutzen anders gesehen werden muß.

Die Kosten für die (eigene) Mitarbeiterentwicklung lassen sich in Kosten für Ausbildung und Kosten für Weiterbildung gliedern (vgl. Abbildung 8.26):

Unter **Ausbildung** ist die Vermittlung von Fertigkeiten und Kenntnissen zu verstehen, bei der der Auszubildende nach bestimmten Ausbildungsplänen auf einen anerkannten Ausbildungsberuf vorbereitet wird und in der Regel eine Abschlußprüfung absolviert. Hier sind die Kosten getrennt nach Auszubildenden, Ausbilder und Sachmittel zu ermitteln. Dies ermöglicht anschließend eine Analyse der einzelnen Kostenentwicklungen. Die Personalkosten entstehen sowohl durch den Arbeitsausfall der Auszubildenden als auch durch den ausbildenden Vorgesetzten. Dieser Kostenblock berechnet sich aus den Abwesenheitsstunden multipliziert mit dem Personalkostensatz der jeweiligen Mitarbeitergruppe. Hinzu kommen zum anderen die Honorare der Lehrpersonen. Die Sachkosten bestehen neben Raummieten beispielsweise aus dem Kauf von Fortbildungsmitteln sowie Fachbüchern und -zeitschriften (vgl. *RKW* 1990, 437–438).

Zur Berechnung des Netto-Ausbildungsaufwandes müssen die Erträge, die durch produktive Tätigkeiten der Auszubildenden anfallen, von den Kosten subtrahiert werden. Sie berechnen sich aus den Anwesenheitsstunden im Betrieb, die produktiv genutzt werden, multipliziert mit einem Zeitfaktor, der berücksichtigt, daß Auszubildende langsamer arbeiten als geschultes Personal. Diese Zeitkomponente wird mit einem Personalkostenfaktor eines vergleichbaren Mitarbeiters multipliziert, um den Ertrag des Auszubildenden auszurechnen.

Weiterbilden umfaßt das organisierte Einarbeiten in angrenzende oder neue Aufgabengebiete am Arbeitsplatz sowie Förderungsmaßnahmen, die der Vermittlung neuer Fachkenntnisse, der Entwicklung der Persönlichkeit sowie der Schulung von Führungskräften und des Führungsnachwuchses dienen. Die Schulungen können für eine differenzierte Kostenbetrachtung nach Lehrinhalten wie folgt gegliedert werden:

- Technik und Naturwissenschaften,
- Betriebswirtschaft,
- Datenverarbeitung,
- Führungstechniken,
- Sprachen sowie
- sonstige Inhalte.

Die Kosten der einzelnen Maßnahmen setzen sich zusammen aus Personalkosten, Referentenkosten und Sachkosten. Im Hinblick auf die Personalkosten ist beim organisierten Einarbeiten die daraus resultierende vorübergehende Herabsetzung der Produktivität des betreffenden Mitarbeiters zu beachten. Die Personalkosten berechnen sich dann aus einem Zeitfaktor,

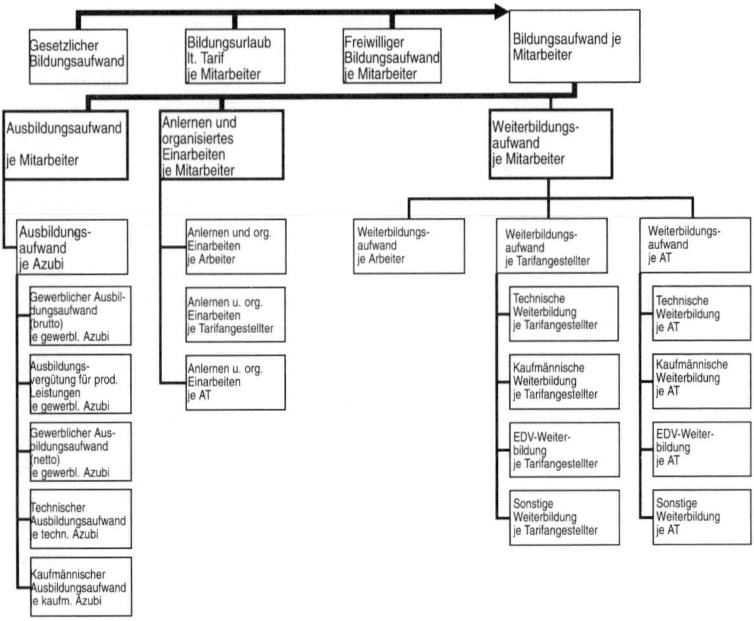

Abbildung 8.26: Bildungsaufwand (nach *Grünefeld* 1989 b, 187)

der diese Produktivitätsminderung berücksichtigt, multipliziert mit dem durchschnittlichen Personalkostensatz eines Mitarbeiters. In Analogie dazu berechnen sich bei Lehrgängen die Kosten aus ihrer Dauer, multipliziert mit der Teilnehmerzahl, gewichtet mit dem durchschnittlichen Personalkostensatz der Teilnehmer. Die Referentenkosten betreffen die Honorare zuzüglich Vor- und Nachbereitungszeit, gewichtet mit ihrem Personalkostensatz. Die Sachkosten umfassen unter anderem Unterrichtsmaterial und Raummiete.

Die **Daten** für das Kostencontrolling stammen aus dem internen Rechnungswesen sowie der Gewinn- und Verlustrechnung, die Personalentwicklungskosten als sonstigen Personalaufwand ausweisen. Hinzu kommen Statistiken von externen Quellen wie dem Statistischen Bundesamt.

Für das Kostencontrolling stehen verschiedene **Instrumente**, von der Budgetierung über Bildungskostenerfassungsbogen bis zu Kennzahlensystemen zur Verfügung.

8.3.4.2 Nutzenorientiert: Rentabilitätscontrolling

Beim Rentabilitätscontrolling im Bildungsbereich wird nach der Wirtschaftlichkeit einer Bildungsmaßnahme gefragt, wobei aber auch hier wieder die Bestimmung des exakten Ertrags einer Maßnahme wesentlich schwieriger ist als die Erfassung ihres Aufwands. Auch läßt sich der kausale Zusammenhang zwischen individueller Tätigkeit und Gesamtergebnis nur bedingt ermitteln. Deshalb ist das Ausweichen auf Indikatoren notwendig, beispielsweise die gestiegene Produktivität des Mitarbeiters oder die Umsatzsteigerung einer Abteilung. Die Differenz zum Ergebnis vor der Bildungsmaßnahme wird dann zu den entstandenen Kosten ins Verhältnis gesetzt. Interessant, aber nur bei vorsichtiger Interpretation sinnvoll, ist auch ein Vergleich der eigenen Kennzahlen mit denen der Konkurrenzunternehmen.

Ein interessanterer Ansatz, die Effizienz zu kontrollieren, ist das Postulat: „Bildung darf nichts kosten". Das bedeutet, daß nur das Geld, welches durch Bildungsmaßnahmen eingespart wird, auch für solche wieder investiert werden kann. Diesen Ansatz kann man auch zu einem Opportunitätskostenansatz ausbauen. Dieser mißt die Effizienz einer Bildungsmaßnahme an dem Nichteintreten von Nachteilen, die ohne Durchführen der Bildungsmaßnahmen entstanden wären. Wird dieser Nachteil höher bewertet als die Kosten der Bildung, so war die Maßnahme rentabel. Zu diesen Nachteilen zählen beispielsweise eine erhöhte Absensquote aufgrund von Krankheit, eine erhöhte Fluktuationsrate oder eine erhöhte Ausschußrate in der Produktion. Die Kalkulation läuft dann dergestalt, daß man die Kosten der Bildungsmaßnahme ins Verhältnis setzt mit der bewerteten Differenz zwischen heutigem Ist-Wert der Kontrollgröße und demjenigen vor der Bildungsmaßnahme.

Im Hinblick auf die im *Rentabilitätscontrolling* einzusetzenden Techniken gibt es zunächst die **quantitativ**en Verfahren:

- Beim *Deckungsbeitragsansatz* ermittelt man die Differenz der Leistungen nach und vor der Bildungsmaßnahme. Dabei handelt es sich aber nur um grobe Schätzungen, da die Leistungssteigerung auch aus anderen Faktoren als der Bildung resultieren könnte. Diese Bildungsrendite, in der man die durch Bildung erzielten Deckungsbeiträge ins Verhältnis zum eingesetzten Kapital für die Bildung setzt, ist somit lediglich ein erster Versuch, Bildungsmaßnahmen quantifizierbar zu machen (vgl. *Wilkening* 1986, 313).
- Beim *Einzelvergleich mit Kontrollgruppen* sollen zentrale Erfolgseinflüsse isoliert werden. Dafür werden verschiedene Mitarbeitergruppen mit den gleichen Aufgaben beauftragt. Nur eine von ihnen hat die Schulung durchlaufen. Die anderen Gruppen weisen jeweils ein Kriterium auf, das auch als Einflußfaktor in Frage kommen kann. Zu diesen Kriterien gehören Familienstand, Alter und Betriebszugehörigkeit. Da dieses Verfahren sehr aufwendig ist, ist es – wenn überhaupt – nur stichprobenartig durchführbar.
- Die *Nutzwertanalyse* hat den Zweck, eine Menge von Handlungsalternativen in eine Rangfolge zu bringen. Voraussetzung für die Anwendung der Nutzwertanalyse ist, daß der Nutzen der Alternativen kardinal meßbar ist. Aufbauend auf ein hierarchisch geordnetes, gewichtetes Zielsystem werden anhand eines Kriterienkataloges die Nutzwerte der Handlungsalternativen bestimmt und letztere dann in eine Rangfolge gebracht. Nachteil dieser Methode ist, daß die Kostenseite unberücksichtigt bleibt.
- Die *Kosten-Wirksamkeitsanalyse* erfaßt dagegen einerseits die direkt ermittelbaren Kosten; die Erfassung des Nutzens andererseits erfolgt ana-

log zur Nutzwertanalyse. Die nicht direkt ermittelbaren Kostenanteile wirken sich negativ auf diesen Kostenwert der Handlungsalternative aus und werden auf diese Art erfaßt. Anschließend wird ein Kosten-Nutzen-Quotient ermittelt, der eine Rangfolgenbildung ermöglicht (vgl. *Hoss* 1989, 213).

- Im Rahmen der *Humanvermögensrechnung* wird der Versuch unternommen, Investitionskalküle auf den Personalbereich zu übertragen. Die Ausgaben für Weiterbildung werden als Vermögenswert des Unternehmens aktiviert und innerhalb einer geschätzten „Nutzungsdauer" abgeschrieben. Die Übertragung dieser Vorgehensweise auf das Humanvermögen geschieht jedoch mit einem entscheidenden Unterschied. Im Gegensatz zu einer Investition in das Anlagevermögen führen Investitionen in das Humankapital nicht zwingend zu dauerhaften Verfügungsrechten des Unternehmens.

Quantitative Verfahren sind bei Bildungsmaßnahmen, die psychomotorische Fähigkeiten vermitteln, anwendbar. Bei affektiven Inhalten stoßen sie schnell an ihre Grenzen, weil sich der Erfolg in diesem Falle nicht in Geldeinheiten ausdrücken läßt. **Qualitative Verfahren** sehen den Nutzen der Bildungsmaßnahme in der Zielerreichung, die beispielsweise in Erhöhung der Führungsqualität ausgedrückt wird:

- *Seminarbeurteilungsbögen* werden am Ende des Seminars von den Teilnehmern selbst ausgefüllt und vermitteln dem Verantwortlichen des Bildungscontrollings einen Eindruck über den Erfolg der Veranstaltung. Sie erhalten eine persönliche Beurteilung des Seminarteilnehmers bezüglich der Lerninhalte sowie ihrer Anwendbarkeit.
- *Gespräche* zwischen Mitarbeiter und Vorgesetztem beziehungsweise Personalcontroller vor und nach einer Bildungsmaßnahme können ein weiteres (subjektives) Bild des Nutzens einer Veranstaltung übermitteln.
- *Eingangs-* und *Ausgangstest*, also Prüfung zu Beginn sowie im Anschluß an die Schulung, ermöglicht die Erfassung des Wissenszuwachses der Teilnehmer. Die Tests sind so zu konzipieren, daß sie sich auf die durch die Schulung vermittelten Inhalte beschränken.
- Auch ist eine Seminarbeurteilung durch den *Referenten* denkbar, bei der auf einem standardisierten Fragebogen die Lernerfolge der Teilnehmer aus seiner Sicht dargestellt werden, auch um Gründe für eventuell verbleibende Schwächen aufdecken zu können. Dadurch kann ermittelt werden, ob für einen Mitarbeiter die richtige Maßnahme gewählt wurde. Der Vorteil einer Beurteilung durch externe Experten liegt in der höheren Akzeptanz seiner Urteile, da man ihm mehr Beurteilungskompetenz beimißt.
- Unter Einsatz von *Personalportfolios* kann der Grad der Zielerreichung der Personalentwicklung daran abgelesen werden, inwieweit sich der Mitarbeiter seiner Soll-Position im Portfolio genähert hat.
- Schließlich ist die *Personalbilanz* zu nennen, die trotz ihres Namens nicht mit Zahlen arbeitet. Sie ist ein Hilfsmittel, um die Qualität der Führungsarbeit transparent zu machen, indem sie Beförderungen, Neueinstellungen und Austritte der Abteilungen systematisch gegenüberstellt (vgl.

Schmid 1989, 37). Daraus lassen sich Rückschlüsse auf das Entwicklungspotential der Mitarbeiter, aber auch auf die Führungsdefizite der Abteilungsleiter ziehen.

8.3.4.3 *Ergebnisorientiert: Transfercontrolling*

Erfolgreiches Abschließen der Weiterbildungsmaßnahme bedeutet noch nicht, das Gelernte auch am Arbeitsplatz anwenden zu können. Unter Lerntransfer wird daher die Fähigkeit verstanden, Kenntnisse, Erfahrungen und Verhaltensweisen in Situationen anzuwenden, die von der Lernsituation verschieden sind (vgl. *Berthel* 1989, 270).

Im Hinblick auf das Transfercontrolling können Nachgespräche mit dem Ziel geführt werden, was an neuem Wissen und Fertigkeiten vermittelt wurde. Zudem bieten sich Nachtreffen nach einigen Monaten an, in denen dann die Teilnehmer über die tatsächliche Umsetzung des Gelernten berichten. Regelmäßige, standardisierte Beurteilungen der Seminarteilnehmer, aber auch der zur Verfügung stehenden Betriebsmittel geben darüber hinaus ein Abbild des Lerntransfers im Zeitablauf.

8.3.5 Konsequenz

Das Personalcontrolling vereint die Philosophie des allgemeinen Controllinggedankens mit den spezifischen Anforderungen des Personalbereichs. Zur Unterstützung der Unternehmensführung geht das Personalcontrolling

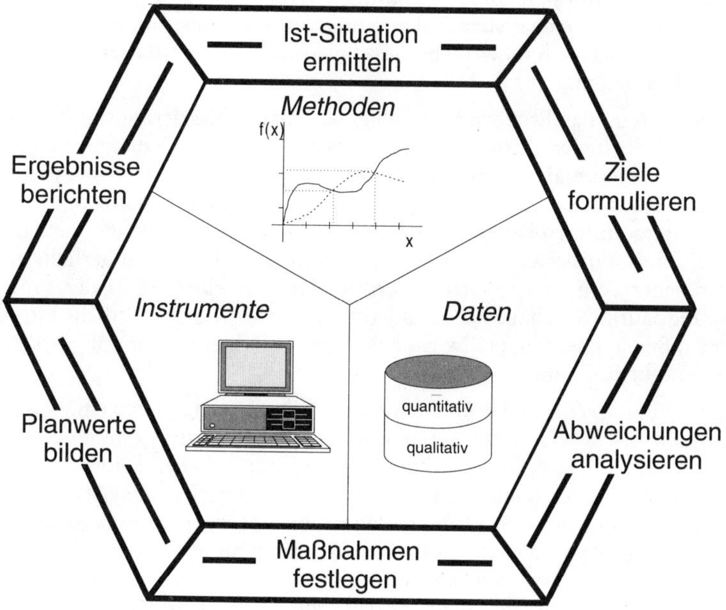

Abbildung 8.27: Personalcontrolling als Managementfunktion

über die reine Kontrolle hinaus und beinhaltet beispielsweise auch die Abstimmung bereichs- und funktionsübergreifender Pläne und Maßnahmen.

Auch wenn noch immer wichtige Komponenten zum Aufbau eines umfassenden Personalcontrollings fehlen, so ist dennoch ein Grundstock durch den Rückgriff auf vorhandene Daten beispielsweise aus der Lohn- und Gehaltsabrechnung im Regelfall verfügbar: Dieser ist durch die Verbindung zu weiteren Informationen aus der Betriebsdatenerfassung sowie durch entsprechende qualitative Informationen zu erweitern.

Vor dem Hintergrund der geschilderten Aufgaben und Inhalte bildet das Personalcontrolling über alle Felder und Ebenen des Personalmanagements hinweg eine wichtige Querschnittsfunktion mit zyklischem Ablauf (vgl. Abbildung 8.27). Dadurch erhält das Personalmanagement kontinuierlich aktuelle Informationen über den jeweiligen Ist-Zustand sowie entsprechende Abweichungsanalysen.

8.4 Personalinformationsmanagement

8.4.1 Überblick

Alle Aktivitäten auf den in Kapitel 2 bis 7 diskutierten Managementfeldern basieren auf mitarbeiter- und/oder arbeitsplatzbezogenen Informationen. Aus diesem Grund liegt es nahe, diese Aufgaben integrativ zu erfüllen. Ein solches Personalinformationsmanagement ist dann mehr als lediglich die Übertragung von personalwirtschaftlichen Teilaufgaben auf den Computer; es impliziert eine **systematische** Auseinandersetzung mit Informationsstrukturen, die auch (aber nicht ausschließlich) computerbasierte Komponenten enthalten.

Bringt bereits das Erheben von Fähigkeits- und Anforderungsmerkmalen erhebliche **Schwierigkeiten** mit sich, so vervielfältigen sich diese Probleme, wenn die Merkmale in computergestützten Informationssystemen gespeichert werden (sollen): Unabhängig vom tatsächlichen Ausbaustand einer computergestützten Personaldatenverarbeitung stellen derartige Vorschläge oft ein tabuisiertes Reizthema dar. So ist es nicht verwunderlich, daß zwar einer computergestützten Personaldatenverarbeitung in der Praxis (zwangsläufig) durchaus Bedeutung zukommt, die wissenschaftliche Literatur im Bereich der Personalwirtschaftslehre sich dieser Thematik aber nur beschränkt annimmt.

Zur Erfüllung seiner Ziele muß ein zeitgemäßes Personalmanagement seine informatorische Basis für seine Entscheidungen aktiv gestalten. Dazu gehört auch die zweckmäßige EDV-Infrastruktur auf allen Feldern und allen Ebenen des Personalmanagements: Erst der integrierte Einsatz der Datenverarbeitung ermöglicht dann eine problembezogene, rasche sowie effiziente Aggregation, Selektion und Verarbeitung von Daten. Obwohl *Personalinformationsmanagement* weit über die Frage nach sinnvollem EDV-Einsatz hinausgeht, steht speziell dieser Aspekt in Abschnitt 8.4 im Vordergrund, da gerade hier noch ein erhebliches Defizit besteht.

Positioniert in ein hierarchisches Managementsystem, leitet sich aus dieser allgemeinen Aufgabenbeschreibung speziell für das **betriebliche Personalinformationsmanagement** eine Unterscheidung nach Objektebenen (als Bezugsbasis) und Aktionsebenen (als Handlungsfunktion) ab:

- Zum einen bezieht sich das Personalinformationsmanagement auf die drei **Objektebenen** in Form der in Kapitel 2 bis 7 diskutierten Managementebenen. Das Informationsmanagement muß also für die verschiedenen Personalmanagementfelder jeweils die ebenenspezifischen Informationen der
  - operativen,
  - taktischen und
  - strategischen Ebene

bereitstellen.

- Zum anderen folgt aber auch das Personalinformationsmanagement *selbst* der in Abschnitt 1.3.2 beschriebenen Managementkonzeption (**Aktionsebenen**). Es hat also selbst im Hinblick auf die Gestaltung der EDV-Infra-Struktur operative, taktische und strategische Aufgaben:
  - Auf der *operativen* Ebene geht es um die Schaffung der technologischen Voraussetzungen für die Informationsverarbeitung im weitesten Sinne. Dazu gehören der konkrete Entwurf beziehungsweise die tatsächliche Inbetriebnahme von Informationssystemen.
  - Auf der *taktischen* Ebene steht nicht mehr die isolierte Datenverarbeitungsoperation im Mittelpunkt. Es wird vielmehr in einer auf Modulebene aggregierten Form in Informationsfunktionsgruppen gearbeitet, die losgelöst von zeitbezogenen Technologien realisierbar sind.

Aktionsebenen des Informationsmanagements (EDV-Infrastruktur)	**Objektebenen** für das Informationsmanagement (Daten)		
	operativ	taktisch	strategisch
operativ	Abspeicherungsformat von Fähigkeitsdaten	Berechnung eines Leitungsspannenmodells	welcher PC für strategische Szenario-Analysen
taktisch	MM-Zeiterfassungssysteme	Informationsaustausch für Lernstatt- und Qualitätszirkel	informatorische Basis für eine unternehmensinduzierte Arbeitsmarktstrategie
strategisch	Umfang der personenbezogenen Datenverarbeitung	Entwicklung von (Personal-)Budgetierungssystemen	personalwirtschaftlich relevante Informationsstrukturen bei CIM

Übersicht 8.26: Aktions- und Objektebenen im Informationsmanagement und exemplarische Konkretisierungen

- Auf der *strategischen* Ebene dominiert die ganzheitliche und proaktive Perspektive. Hier soll das betriebliche Informationswesen als strategisches Potential genutzt werden. Dies verlangt nach Ermittlung von Stärken und Schwächen sowie Chancen und Risiken im Zusammenhang mit dem Produktionsfaktor „Information“, als Basis für eine erfolgversprechende Informationsstrategie.

Das Personalmanagement arbeitet also – wie in den Kapiteln 2 bis 7 demonstriert – auf drei Managementebenen mit Informationen; für jede dieser (Objekt-)Ebenen kann – wie eben ausgeführt – **das Management der Informationen** wiederum auf drei (Aktions-)Ebenen erfolgen (Übersicht 8.26). So ist die Frage, auf welchem Fabrikat von Personal Computer die Unternehmensführung Szenarios erarbeitet, aus Sicht des Informationsmanagements ein operatives Problem, obwohl damit strategische Informationen behandelt werden. Die Entscheidung dagegen, ob überhaupt für diese Fragestellungen in diesem Führungsbereich mit Personal Computern gearbeitet wird, ist möglicherweise durchaus ein strategisches Problem für das Informationsmanagement.

Es muß also grundsätzlich unterschieden werden zwischen den (Aktions-) Ebenen im Informationsmanagement und den davon betroffenen (Objekt-) Ebenen der übrigen Managementfelder.

8.4.2 Grundlagen

Bevor auf Inhalte und Ausgestaltungsformen eines betrieblichen Personalinformationsmanagements eingegangen werden kann, gilt es die Grundidee des Informationsmanagements zu skizzieren, um dann auf seine zentralen Ansätze einzugehen und die konzeptionellen sowie praktischen Probleme eines Personalinformationsmanagements herauszuarbeiten.

8.4.2.1 Philosophie

„Information“ hat mittlerweile den Rang eines Produktionsfaktors, dessen Beherrschung und effiziente Verarbeitung den Ausbau von **Wettbewerbsvorteilen** gewährleistet. Informationsversorgung darf kein Zufallsprodukt sein. Durch die Fortschritte der Informationsverarbeitung verschiebt sich der Engpaß beim Aufbau von EDV-gestützten Informationssystemen von Hard-/Software zur „Behaveware“ (*Witte* 1975, 1916) als intra- und interpersonelles Informationsverhalten des Menschen: Neben technisch-rationalen Gesichtspunkten müssen daher verstärkt verhaltenswissenschaftliche Aspekte Berücksichtigung finden (vgl. *Wahren* 1987, 3), die ihrerseits wieder Einfluß auf die technisch-organisatorischen Aspekte (vgl. z. B. *McFarlan/McKenney* 1983; *Strunz* 1985) haben.

Faßt man diese Grundüberlegungen zusammen, bietet sich folgende paradigmatische **Definition** an: Informationsmanagement ist die effiziente und effektive

- Planung,
- Realisation und
- Kontrolle

von Informationsverarbeitungsprozessen, wobei neben *informationstheoretischen* auch die *technologischen* und die *verhaltensorientierten* Gesichtspunkte zu berücksichtigen sind. Informationsmanagement bezieht sich daher nicht nur auf EDV-Systeme, sondern umfaßt das „Management" jeglicher Informationsarten.

Die Betonung in obiger Definition liegt auf effizient und effektiv: Das Informationsmanagement muß sich an konkreten Zielen ausrichten (*Effektivität*) und zudem versuchen, die gestellten Aufgaben mit einem Minimum an Aufwand zu realisieren (*Effizienz*). Informationsmanagement verlangt also nach einer zielorientierten Evaluierung des Informationsbedarfs, nach wirtschaftlichen Formen der Informationsverarbeitung und benutzerfreundlichen Formen der Informationspräsentation.

8.4.2.2 Ansätze

Historische Urform des Personalinformationsmanagements ist das reine **Personaladministrationssystem.** Dieses befaßte sich zunächst primär mit der *Lohn- und Gehaltsabrechnung.* Hinzu kamen dann weitergehende Aufgaben, wie Arbeitszeitverwaltung, Rentenabrechnung und Personalverwaltung. Teil des Administrationssystems kann auch das *Personalberichtswesen* (Übersicht 8.27) sein, das schon eine Aggregation von Daten vornimmt.

Ein nächster Schritt sind **Dispositionssysteme**: Sie gehen über die Abrechnungsfunktion hinaus und dienen der Entscheidungsvorbereitung, teilweise

Personalstatistik
- Personalstand und -entwicklung, Personalstruktur, Altersstatistik
- Statistik der Schwerbehinderten und Versorgungsempfänger
  - aktueller Stand
  - Entwicklung
  - Struktur
- Vorruhestandsstatistik

Personalaufwand
- Personalaufwand laut GuV, Personalgesamtaufwand (Basis- und Zusatzaufwand)
- Analyse der gesamten Kostenentwicklung sowie zentraler Aufwandspositionen
- Strukturkennziffern des Personalaufwands

Fehltagestatistik
- Übersicht nach Gesamtfehlzeiten sowie Fehlzeitengründen
- Strukturierung nach Unternehmensbereichen

Mehrarbeitsstatistik
- Gesamtmehrarbeitsleistung, Analyse von Mehrarbeitsformen
- Übersicht nach Unternehmensbereichen

Sozialwesen
- Nutzungsgrad von Sozialeinrichtungen, werksärztlicher Dienst
- Werkswohnungen

Sonstige Auswertungen

Übersicht 8.27: Aufbau und Umfang eines „typischen" Personalberichtswesens (nach *Hamacher* 1986, 194)

sogar der Automatisierung von Entscheidungen (automatische Bestelldisposition, Personal-Aufgaben-Zuordnung). Dispositionssysteme verbinden die Bestandsdaten mit Bedarfsdaten und liefern als Output Personaleinsatz- und Personalkostendaten. Hierunter fällt beispielsweise das Personaldispatching bei Taxizentralen, Reparaturdienst oder der Springereinsatz bei Fertigungsstraßen.

Die weitestgehende Entwicklungsstufe sind **Managementinformationssysteme**. Sie umfassen eine Vielzahl unterschiedlicher Funktionen und setzen sich idealtypisch aus drei Gruppen von Komponenten zusammen:

- *Abfragesysteme* liefern dem Management eine aggregierte Zusammenfassung der wichtigsten Informationen aus dem Administrations- und dem Dispositionssystem, die für schlecht strukturierte Probleme vom Management zur Entscheidungsfindung benötigt werden.
- *Planungssysteme* erlauben auf der Basis der Administrations- und Dispositionssysteme die Berücksichtigung von individuell entwickelbaren Planungsmodellen als Lösung von wenig strukturierten Problemen.
- *Kontrollsysteme* sind die logische Fortführung von Planungssystemen, da Planung ohne Kontrolle wenig sinnvoll ist. Sie ermöglichen die Überprüfung der Planungsmodelle sowie die Einhaltung der Planvorgaben.

Personalinformationssysteme sollen somit als personalwirtschaftliche Managementinformationssysteme Führungsinformationen zur Verfügung stellen, mit deren Hilfe schlecht strukturierte Probleme gelöst werden können. Sie verwenden dazu Informationen der internen Administrations- und Dispositionssysteme, nutzen externe Datenbanken und versorgen den Benutzer mit Werkzeugen sowie Methoden zur Planung und Kontrolle personalwirtschaftlicher Prozesse.

Eine der ersten personalwirtschaftlichen Arbeiten, die sich mit Aufbau und Funktion von Personalinformationssystemen befaßte, stammt von *Domsch* (1980, 24–30). Er beschreibt die **Grundstruktur** derartiger Systeme durch das Zusammenspiel von drei Komponenten:

- Die *Personaldatenbank* beinhaltet quantitativ und qualitativ differenzierte Aussagen über den Personalbestand im Unternehmen. Dazu gehören die Fähigkeitsmerkmale der Mitarbeiter, Abrechnungs- und Verwaltungsdaten.
- Analog dazu finden sich in der *Stellendatenbank* Informationen über Arbeitsplätze und Tätigkeitsbereiche, wobei ebenfalls eine quantitative und qualitative Differenzierung stattfindet. In dieser Datenbank stehen unter anderem die Anforderungen, die aufgrund der zu erledigenden Sachaufgabe an den Mitarbeiter zu stellen sind.
- Die *Methoden- und Modellbank* erlaubt eine problemspezifische Transformation der gespeicherten Daten in Abhängigkeit von unterschiedlichen Verwendungszwecken. Hierzu gehören diverse statistische Methoden und Planungsansätze.

Mehrere technologische Entwicklungen haben diesen Grundaufbau in den letzten Jahren inhaltlich (aber nur geringfügig konzeptionell) erweitert: So ermöglicht der Zugriff auf externe Datenbanken dem Personalplaner die Erstellung von realitätsnäheren Auswertungen, wenn beispielsweise Schätzwerte durch exaktes Zahlenmaterial aus externen Datenbanken ersetzt werden können. Zudem ermöglicht der Zugang zu derartigen Datenbanken neue Auswertungen, die bisher aufgrund fehlender Daten nicht erstellt werden konnten. Wichtig ist auch der Zugriff auf unternehmenseigene Datenbanken, beispielsweise in der Unternehmenszentrale. Die Möglichkeit, unstrukturierte, ursprünglich nicht EDV-mäßig gespeicherte Daten zu verarbeiten, vergrößert ebenfalls das informatorische Spektrum.

8.4.2.3 Problematik

Gerade der Personalbereich ist daher im Hinblick auf eine Computerisierung durch eine Reihe von gravierenden **Sachzwängen** geprägt, die alle auf eine starke EDV-Durchdringung des Personalwesens hinauslaufen (vgl. *Samland* 1986; *Kavanagh/Gueutal/Tannenbaum* 1990, 70–87):

- Betriebliche Personalarbeit ist gekennzeichnet durch eine *Vielzahl von Einzelinformationen*, die für jeden Mitarbeiter gespeichert, aktualisiert und an Unternehmensexterne weitergeleitet werden müssen. Dieser sprunghafte Anstieg von gesetzlich auferlegten Informationspflichten (allein 250 Daten sind vom Arbeitgeber aufgrund von Gesetzen und Verordnungen bereitzustellen) führte dazu, daß letztlich die Abwicklung dieses gesetzlich determinierten Informationsmanagements in aller Regel nur computergestützt ablaufen kann.
- Gerade weil im Personalbereich in den vielen *Routinetätigkeiten* eine nicht zu unterschätzende Fehlerquelle liegt, bietet es sich an, in identischer Weise vorkommende Tätigkeiten computergestützt zu realisieren. Die anfallenden Massenarbeiten im Personalwesen erzeugen ebenfalls einen Problemdruck, der dazu führt, die Computerisierung im Personalwesen nicht zuletzt im Interesse der dort Beschäftigten voranzutreiben.
- Darüber hinaus bewirkt auch die *Verbreitung der EDV* in allen gesellschaftlichen Bereichen einen Sachzwang für den betrieblichen Personalbereich: Hierbei ist nicht nur an die Datenübermittlungsverordnung (DÜVO) zu erinnern, sondern auch daran, daß beispielsweise bereits verwaltungsgerichtliche Urteile mit Hilfe von Textbausteinen abgefaßt werden.
- Eine Personal- und Unternehmensführung, die *flexibel* sein will, kann ebenfalls nicht auf ein systematisches Personalinformationsmanagement verzichten, um tatsächlich die notwendigen Personalentscheidungen substantiell auf Informationen basierend zu fällen.
- Letztlich mitausschlaggebend ist auch der Sachzwang, der durch *Kostendruck* entsteht. Dies betrifft nicht nur – wie überwiegend ausgeführt – die generelle Kosteneinsparung beim Kostenverursachungsfaktor „Personal", sondern auch die Kosten, die in der Personalabteilung selbst entstehen.

Das Informationssystem eines Unternehmens ist ein weitgehend isomorphes Abbild des Realsystems Unternehmen, da sämtliche Realprozesse der betrieblichen Leistungserstellung von korrespondierenden Informationsprozessen begleitet werden. Die sinnvolle Erfassung und Kanalisierung dieser Informationsprozesse wird maßgeblich durch den Einsatz EDV-technischer

Hilfsmittel beeinflußt. Dies hat zur Folge, daß die EDV-Infrastruktur in allen Unternehmen unaufhörlich wächst. Der Weg führt zu computergestützten Informationssystemen, die alle Unternehmensbereiche und -ebenen horizontal und vertikal integrieren. Deshalb darf der EDV-Einsatz nicht vor der Personalabteilung halt machen, denn angesichts der zu lösenden Probleme liegt auch die Nutzung dieses Potentials in und durch die Personalabteilung nahe.

Einführung und Anwendung computergestützter Informations- und Planungssysteme stoßen jedoch in allen betrieblichen Bereichen auf große Schwierigkeiten, wobei neben den technischen Problemen eine Vielzahl von **Akzeptanzhindernissen** auftreten. So stellten *Müller-Böling/Müller* (1986, 230–240) für den Zeitraum von 1973 bis 1984 fest, daß

- die *Möglichkeit der aktiven Teilnahme* bei der Gestaltung des Systems nur bei 20% der Benutzer gegeben ist, aber 50% der Benutzer einen diesbezüglichen Wunsch äußerten und
- rund 25% der Benutzer sich *nicht ausreichend* und *rechtzeitig informiert* fühlten und zugleich betonten, daß gerade dann ihre Interessen am besten berücksichtigt werden könnten, wenn rechtzeitige und umfassende Informationen über anstehende Änderungen des Systems erfolgten.

Derartige Akzeptanzprobleme sind letztendlich dafür verantwortlich, daß trotz aller akzeptanzfördernden Maßnahmen die „kritisch-skeptische" Haltung gegenüber computergestützten Informationssystemen zumindest nicht signifikant abnimmt.

Unabhängig von ihrer gesetzlichen Fundierung und ihrer sachlogischen Angemessenheit erklärt all dies zumindest teilweise, warum sich trotz der hinlänglich bekannten Bedeutung des Kosten- und Potentialfaktors „Personal" ein systematisches und computergestütztes Personalinformationsmanagement noch nicht entwickeln konnte.

8.4.2.4 Hardware

Traditionell kommen im Personalwesen **Großrechner** zum Einsatz. Zumindest mitarbeiterstarke Unternehmen werden in absehbarer Zeit nicht auf sie verzichten können. Diese Anlagen befinden sich in der Regel in betrieblichen Rechenzentren, ermöglichen aber über angeschlossene Terminals auch eine dezentrale Nutzung.

Während der Großrechner traditionell im Bereich Massendatenverarbeitung der Administrations- und Dispositionssysteme des Personalwesens, wie beispielsweise der Lohn- und Gehaltsabrechnung, dominiert, liegen die Anwendungsschwerpunkte der Personal Computer bei den übrigen Personalmanagementaufgaben.

Personal Computer werden also für das Personalmanagement zunehmend wichtig und weisen inzwischen ein imposantes Aktivitätsspektrum auf (vgl. *Scholz* 1991). Für die Benutzer im Personalbereich sind vor allem vier Merkmale des PCs von Bedeutung:

- Die **Rechengeschwindigkeit** hängt primär vom eingesetzten Prozessor ab, die bis heute zu den 32-Bit-Prozessoren (wie Intel 80486, Motorola 68040) fortentwickelt wurden.

- Als interner **Arbeitsspeicher** (RAM) verfügte ein Personal Computer der ersten Generation über maximal 64 Kilobyte (KB); heute sind größere Systeme von ein bis über acht Megabyte (MB) die Regel.
- Gerade für umfangreiche Planungsdaten sinnvoll ist ein fest im Rechner installiertes **Speichermedium**. Die Kapazität dieser Festplattenspeicher reicht von 30 MB bis über 800 MB.
- Entscheidend für die PC-Nutzung ist auch seine **Peripherie**. Hierzu zählen neben Ausgabegeräten wie Drucker und Plotter auch Eingabegeräte wie Bar-Code-Leser oder die Maus als Steuerungsinstrument.

Im Normalfall arbeitet immer nur ein einzelner Benutzer an einer Fragestellung auf einem Gerät. Neben diesem *Single-User/Single-Tasking* sind aber auch Verarbeitungsmöglichkeiten realisierbar, bei denen ein Benutzer mehrere Programmfunktionen gleichzeitig ablaufen läßt, also ein *Multi-Tasking* stattfindet: Ein Beispiel dafür ist die simultane Abwicklung der Ausgabe eines Berichts über einen Drucker, der Korrektur eines Textes durch den Benutzer, der Durchführung umfangreicher Berechnungen für eine Szenario-Studie und des Empfangs von Nachrichten in einem lokalen Netz. Leistungsfähigere Personal Computer erlauben zudem einen *Multi-User-Betrieb*, der die gleichzeitige Benutzung des Rechners durch mehrere Anwender ermöglicht.

Neben dem Stand-Alone-Betrieb eines einzelnen Personal Computers spielt aber die Vernetzung eine immer wichtigere Rolle:

Die Verbindung von Personal Computern untereinander führt zu **lokalen Netzen**. Diese Vernetzung erlaubt sowohl den gemeinsamen Zugriff auf Programme und Datenbestände als auch die gemeinschaftliche Nutzung von Hardware, wie beispielsweise Drucker und Backupsysteme. Zudem verfügen Netzwerkbetriebssysteme in der Regel über Schutzmechanismen, mit denen für jeden Benutzer Zugriffsrechte festgelegt werden können. Dadurch sind Netze auch unter dem Aspekt der Datensicherheit dem Stand-Alone-PC vorzuziehen.

Die zweite wichtige Verbindungsmöglichkeit liegt in einer **Kopplung** von PC und Großrechner. Diese Verbindung kann dazu dienen,
- Daten vom Großrechner auf den PC zu transferieren (down-load),
- Daten vom PC auf den Großrechner zu übertragen (up-load),
- den PC direkt als Bildschirmstation des Großrechners zu betreiben (Terminal-Emulation) oder
- den PC als Auftraggeber für den Großrechner zu nutzen (Client-Server-Prinzip).

Vor allem das Client-Server-Prinzip rückt zunehmend in den Vordergrund, denn es ermöglicht dem PC (Client), in einer sehr effizienten und arbeitsteiligen Form auf Datenbestände des Servers (z. B. Großrechner) zuzugreifen. Dabei formuliert der Anwender auf dem Client eine Datenabfrage (beispielsweise SQL), die vom Server abgearbeitet wird. Das Ergebnis der Abfrage erhält der Client über das Netz. Die Vorteile dieses Prinzips gegenüber dem down-load besteht darin, daß nicht mehr ganze Dateien, sondern nur die abgefragten Daten übertragen werden, wodurch die Netzbelastung vermindert wird. Auf diese Weise führt der PC zum einen zu einer Entlastung des Großrechners. Zudem verlangen gerade Ein- und Ausgabeoperationen als direkte Interaktion mit dem Benutzer unmittelbare Reaktionen des Systems ohne Wartezeiten. Dies kann im Normalfall nur ein PC garantieren. Auf der anderen Seite haben Großrechner Vorteile im Hinblick auf Rechengeschwindigkeit, Zugriffszeiten und Speichervolumen.

8.4.2.5 Software

Hinter dem Sammelbegriff „Software" verbergen sich unterschiedliche Typen von Programmen (Übersicht 8.28). Die *Systemsoftware* ist für den Betrieb und die Steuerung der Hardware verantwortlich, während die *Anwendungssoftware* eine Lösung darstellt, die auf einen bestimmten Problembereich zugeschnitten ist. Dabei kann es sich um Standard- oder Individualsoftware handeln: In den Bereichen der Finanzbuchhaltung und der Personaladministration wird von den Unternehmen häufig eine Standardsoftware eingesetzt, da gesetzliche Vorschriften einen sehr engen Rahmen setzen, denen alle Unternehmen unterliegen. Im Gegensatz dazu stehen die Fertigungs- und Vertriebssteuerung: Hier ergeben sich gerade durch die unterschiedlichen Lösungen spezifische Erfolgspotentiale, was den unmodifizierten Einsatz von Standardsoftware erschwert.

Systemsoftware		**Anwendungssoftware**	
Betriebssysteme	systemnahe Software	allgemeine Anwendungssoftware	spezielle Anwendungssoftware
Steuerprogramme, Übersetzerprogramme, Dienstprogramme	Programmiersprachen, Datenbankmanagementsystem, Testhilfen, Accounting-Routinen, Wartungshilfen, Kommunikationsprogramme	Textverarbeitung, Tabellenkalkulation, Business-Grafik, Datenmanagement	branchenneutrale Anwendungssoftware (Finanzbuchhaltung, Fakturierung, Lohn- und Gehaltsabrechnung), branchenspezifische Anwendungssoftware

Übersicht 8.28: Software-Klassifizierung

Im folgenden sollen kurz die wichtigsten Arten von Software vorgestellt werden:

(a) Betriebssystem

Bei **Großrechenanlagen** braucht sich der Benutzer in den Fachabteilungen nicht um den tatsächlichen Ablauf der maschinenseitigen Verarbeitungsoperationen zu kümmern. Diese Aufgabe übernimmt das von den System-Operateuren bediente Betriebssystem. Es sorgt beispielsweise für die Verwaltung der Dateien, für das Aufrufen der entsprechenden Programme, für

Datensicherung, für die Koordination unterschiedlicher Benutzer und für die Verwaltung des Speichers.

Beim **Personal Computer** dagegen hat der Benutzer im Regelfall Eingriffsmöglichkeiten auf der Ebene des Betriebssystems. Auch verfügt ein Personal Computer in der Regel nicht (wie Großrechenanlagen) über automatisierte Datensicherungsmechanismen: Ebenso wie die Verwaltung der Dateien ist auch dies Aufgabe des Benutzers. Es gibt lediglich die Möglichkeit, für exakt vordefinierte Aufgaben automatisch ablaufbare Steuerungsroutinen zu programmieren, die den Endbenutzer direkt in das entsprechende Anwenderprogramm führen. Neben dem Multi-User-(Betriebs-)System UNIX dominiert im kommerziellen Personal Computer Bereich das Single-User-(Betriebs-)System MS-DOS, das gegenwärtig durch leistungsfähigere Systeme ergänzt beziehungsweise abgelöst wird (MS-Windows, NT-Windows, OS/2).

(b) Grafische Benutzeroberflächen

Zwischen dem eigentlichen Programm und dem Anwender liegt die Benutzeroberfläche. Neben den textorientierten Formen sind besonders die grafischen Benutzeroberflächen von zunehmendem Interesse. Sie verfolgen zwei Ziele: Zum einen soll die Bedienungsoberfläche für den Benutzer in allen Programmen gleich sein. Im Gegensatz zur textorientierten Menüführung, z. B. nach dem SAA-Standard, bei der häufig die Steuerung sowohl über die Tastatur als auch mit der Maus möglich ist, werden graphische Benutzeroberflächen wie MS-Windows (vgl. Abbildung 8.28) oder das Apple-Be-

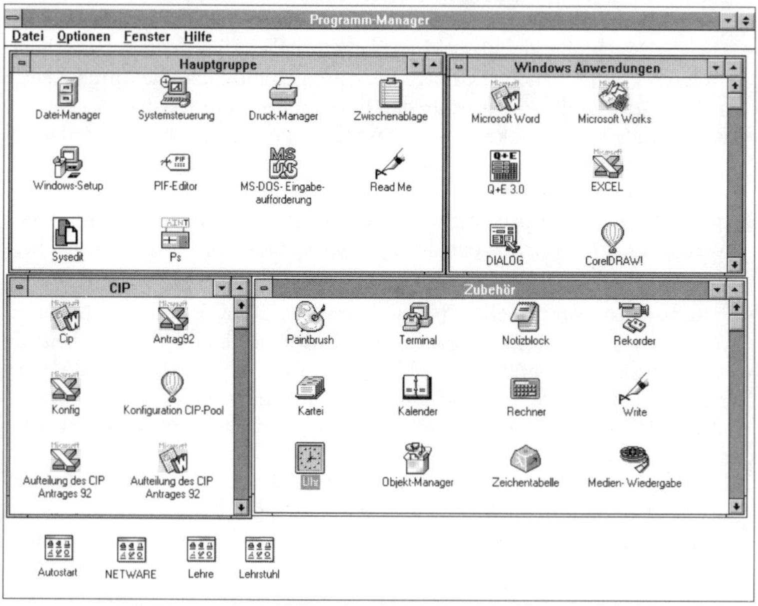

Abbildung 8.28: Beispiel für eine grafische Benutzeroberfläche

triebssystem fast ausschließlich mit der Maus bedient, wobei bildhafte Darstellungen (Piktogramme und Ikonen) den sonst üblichen Text ersetzen. Zum anderen wird der Austausch von Daten zwischen verschiedenen Programmen durch Standardisierung des Datenaustausches unter der grafischen Benutzeroberfläche erleichtert.

(c) Klassische Programmiersprachen

Zur eigentlichen Problemlösung gab es in der Großrechner-Ära lediglich die **„klassischen“ Programmiersprachen** wie COBOL, FORTRAN oder PASCAL. Sie setzen EDV-Kenntnisse voraus und haben für den Personalbereich nur insofern Bedeutung, als sich viele Systementwickler ihrer bedienen: Verschiedene Software-Produkte für den Personalbereich basieren auf derartigen klassischen Programmiersprachen.

(d) Datenbanksysteme

Betriebliche Anwendungssysteme sind durch die Verarbeitung großer Datenmengen gekennzeichnet. Gerade im Personalbereich müssen über entsprechende Datenbanksysteme (vgl. *Hansen* 1992, 555–610) auf der Ebene der Administrationssysteme Massendaten abgerechnet und ausgewertet werden. Für eine effiziente Verarbeitung großer Datenmengen spielt die Art des Datenmanagements (Abbildung 8.29) eine wichtige Rolle, wobei es drei unterschiedliche **Modelle** gibt (vgl. *Stahlknecht* 1991, 196–210):

- Im *hierarchischen Modell*, das heute kaum noch Verwendung findet, werden alle Beziehungen zwischen Objekten (Entities) streng hierarchisch dargestellt, wodurch beispielsweise rekursive Beziehungen nicht darstellbar sind.
- Um die Nachteile des hierarchischen Modells zu vermeiden, sind beim *Netzwerkmodell* auch rekursive Beziehungen möglich, die durch Zeiger auf die Adresse des entsprechenden Entity dargestellt werden.
- Relationale Datenbanken nach dem *relationalen Datenmodell* sind wohl die verbreitetsten Datenbanksysteme. Hier werden die Daten in tabellarischer Form dargestellt, wobei die Tabellen sukzessive so definiert werden, daß keine Datenredundanzen mehr entstehen (Normalisierung). Die Verbindungen zwischen den Tabellen werden erst bei einer Abfrage hergestellt.

Gegenüber den traditionellen (beispielsweise in COBOL definierten) Dateien erlauben Datenbanksysteme im Regelfall eine flexiblere Verarbeitung von Daten und eine vereinfachte Abfrage (z. B. durch die Structured Query Language SQL). Diese für den Endbenutzer günstigen Merkmale werden allerdings mit einer bei einigen Systemen nicht unerheblichen Komplexität der Systemgestaltung erkauft: So sind nicht nur

– die Datenbanken in ihrer Struktur zu definieren (Data Definition Language DDL), sondern auch
– Verarbeitungs- und Zugriffsoperationen vorzunehmen (Data Manipulation Language DML).

Sicherlich kann sich der Personalmanager auf die Position zurückziehen, daß derartige Überlegungen ausschließlich Aufgabe der EDV-Fachabteilung

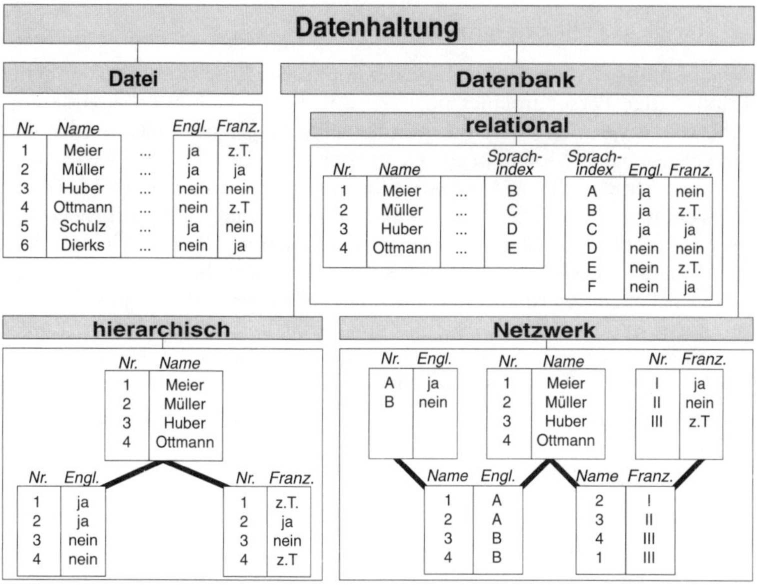

Abbildung 8.29: Formen der Datenhaltung

seien und er sich selbst deshalb nicht näher mit der Grundstruktur solcher Systeme auseinandersetzen müsse. Dennoch sollte er letztlich selbst entscheiden können, welche Grundstruktur (s)ein Personalinformationssystem hat.

(e) Kommunikationsprogramme

Filetransfer-Programme realisieren den Datentransfer zwischen Personal Computern sowie zwischen Personal Computern und Großrechnern. Dies ist nicht immer unproblematisch, weil häufig auf Großrechnern und Personalcomputern unterschiedliche Datenformate verwendet werden. Hinzu kommt, daß selbst auf Personal Computern Programme häufig Daten in unterschiedlichen Formen abspeichern, was wiederum zu Kompatibilitätsproblemen führt. Aus diesem Grund wird der Filetransfer häufig mit speziellen Konvertierungsprogrammen gekoppelt, die die Übertragung unterschiedlicher Dateiformate realisieren. Der Kommunikation zwischen Benutzern dienen Electronic-Mail-Systeme, mit denen ohne Zeitverlust Nachrichten im Computer des abwesenden oder anderweitig beschäftigten Gesprächspartners deponiert werden können.

(f) Textverarbeitung

Obwohl wissenschaftlich nur wenig anspruchsvoll, stellt doch die Textverarbeitung eine wichtige Anwendung des Personal Computers dar. Im Bereich des Personalwesens betrifft dies speziell den Bereich der Personalverwaltung: So läßt sich das Erstellen von Arbeitszeugnissen oder die Korrespondenz mit Bewerbern mit vorstrukturierten Textbausteinen erleichtern.

(g) Tabellenkalkulationsprogramme

Noch Anfang der 80er Jahre hatte der potentielle Anwender, also der in der Praxis tätige Personalplaner oder der auf diesem Gebiet arbeitende Forscher, nur zwei Alternativen: Entweder selbst zu programmieren oder aber ein vorgegebenes Modell in einer vorprogrammierten Art und Weise anzuwenden. Als zusätzliche Alternative bietet sich seit Mitte der 80er Jahre die Verwendung eines Tabellenkalkulationsprogramms („spreadsheet-program") an. Hier arbeitet der Benutzer mit einem im Computer gespeicherten Arbeitsbogen. Dieses *elektronische Arbeitsblatt* besteht zunächst aus leeren Zellen. Sie werden vom Benutzer in beliebiger Reihenfolge sukzessive mit Formeln oder Zahlen ausgefüllt und jeweils sofort vom System „durchgerechnet". Derartige Spreadsheet-Programme sind in den Bereich der interaktiven (ständiger Dialog mit dem Benutzer) und interpretativen (eine Compiler-Phase entfällt) Standardsoftware einzuordnen.

(h) Statistikprogramme

Über Datenbanksysteme oder Kommunikationsprogramme sowie mit Hilfe von Tabellenkalkulationsprogrammen werden Daten erfaßt und zumindest teilweise ausgewertet. Für eine detaillierte Auswertung großer Datenmengen existieren spezielle Software-Produkte. Hierzu zählen vor allem diverse Statistik-Pakete, die teilweise in gleicher Form auf dem Großrechner wie auf dem PC einsetzbar sind (dies gilt beispielsweise für die Statistikprogramme SPSS und SAS). Prinzipiell können einfache statistische Fragestellungen auch mit Tabellenkalkulationsprogrammen bearbeitet werden. Der Einsatz spezieller Statistiksoftware ist aber vor allem dann von Vorteil, wenn umfangreiche Datenbestände verarbeitet oder komplexe statistische Verfahren eingesetzt werden sollen. Gerade der Zeit- und Speicherbedarf derartiger Auswertungen sprechen – neben der größeren Rechensicherheit – für einen solchen Einsatz.

(i) Optimierungspakete

Für einige Teilbereiche des Personalwesens (beispielsweise Personaleinsatzplanung) sind **lineare Optimierungsprogramme** ein wichtiges Hilfsmittel zur Unterstützung der Personalarbeit. Ein solches Programm für den Personal Computer ist beispielsweise LINDO (vgl. Abschnitt 3.5.3.3).

(k) Grafikprogramme

Während die oben beschriebenen Software-Produkte in erster Linie zur Datengewinnung und Verarbeitung dienen, gibt es gerade für den Personal Computer eine Vielzahl von Programmen, die die Daten für eine visuell einprägsame Präsentation optisch aufbereiten. Denn wesentliche Charakteristika wie Trends, Minima, Maxima, Mittelwerte und Varianzen lassen sich aus einer Grafik wesentlich schneller ablesen und bleiben länger im Gedächtnis haften als bei tabellarischen Übersichten oder verbalen Beschreibungen.

(l) Integrierte Programmpakete

Die von den verschiedenen Programmen verwendeten Daten werden in aller Regel je nach Zielsetzung auf ganz unterschiedliche Weise verwaltet und gespeichert. So werden beispielsweise Name und Anschrift eines Kunden in einem relationalen Datenbanksystem völlig anders gespeichert als in einem Kommunikations- oder Textverarbeitungsprogramm. Dennoch möchte man alle Daten aus Gründen der Konsistenz möglichst redundanzfrei halten, d.h. ein Mitarbeiter soll mit seinen Daten nur einmal innerhalb des gesamten Systems gespeichert sein. Beispielsweise soll es möglich sein, einen mit dem Textverarbeitungssystem geschriebenen Brief automatisch mit den zugehörigen Adressen aus der relationalen Datenbank zu verknüpfen (Mail-Merge) und mit dem Kommunikationsprogramm entweder über ein internes Netz oder über öffentliche Netze zu verschicken.

Für diese Anwendung müssen die Daten zwischen den einzelnen Programmen transferiert werden können, was häufig Probleme bereitet. Software-Hersteller sind daher dazu übergegangen, „integrierte" Pakete auf dem Markt anzubieten, die unter einer einheitlichen Benutzeroberfläche beispielsweise eine relationale Datenbank, eine Tabellenkalkulation, ein Grafikprogramm, ein Kommunikationsprogramm und ein Textverarbeitungssystem miteinander verbinden.

Mit Hilfe eines einfachen Personalbestandsmodells läßt sich die Funktionsweise von integrierten Programmen wie folgt beschreiben (Abbildung 8.30): Ausgangspunkt ist das in Abbildung 2.8 dargestellte Ein-Level-Modell. Dieses läßt sich unmittelbar in ein Arbeitsblatt eines Tabellenkalkulationsprogramms übertragen. Sukzessive werden zeilenweise
- Spaltenüberschriften (Zeile 1),
- Anfangswerte (Zeile 2) und
- Rechenvorschriften (Zeile 3) eingegeben.

Da die Formeln in Zeile 3 als „relative Adressen" lediglich einen Verweis auf Zellen der jeweils vorangegangenen Zeile darstellen, läßt sich Zeile 3 nach unten vervielfältigen: Auf diese Weise berechnet sich in diesem Spreadsheet-Modell der Inhalt der Zellen einer Zeile immer aus dem Inhalt der Zellen der vorangegangenen Zeile. Abbildung 8.30 enthält exemplarisch eine dieser Formeln, die quasi „hinter" den berechneten Werten liegen: Sie entspricht der Bestimmungsgleichung PAB(t)=PBEST(t-1)x0.1, da in dieser Modelldarstellung jede Zeile einen Beobachtungszeitpunkt widerspiegelt. Im Anschluß daran wird die Ergebnisspalte markiert und unmittelbar in eine Grafik transformiert.

Ein derartiges Modell kann und muß natürlich erweitert werden: So sind neben der Ganzzahligkeitsbedingung auch die Nicht-Negativitätsbedingung, spezifische Verzögerungen sowie Stochastiken bei der Fluktuationsrate miteinzubeziehen.

(m) Expertensysteme

Auf taktischer und strategischer Ebene des Personalinformationsmanagements müssen häufig auch unsichere Daten verarbeitet sowie komplexe und

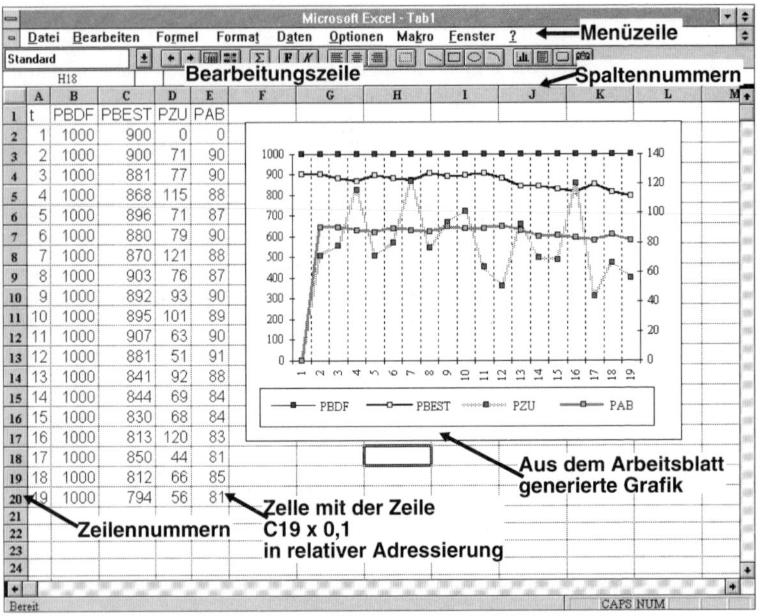

Abbildung 8.30: Bildschirm für ein einfaches Spreadsheet-Modell mit Grafik

unstrukturierte Probleme gelöst werden. Hierzu sind prozedurale Programmiersprachen wie COBOL, FORTRAN, PASCAL und C nur begrenzt geeignet, da bei ihnen der Lösungsweg schon beim Programmentwurf festgelegt werden muß. Anders ist dies bei den nicht-prozeduralen Programmiersprachen wie LISP oder PROLOG, bei denen kein fester Lösungsalgorithmus entworfen wird, sondern vielmehr eine Beschreibung des Problems stattfindet. Programmsysteme, die auf derartigen deklarativen Sprachen basieren, nennt man auch *wissensbasierte Systeme* oder *Expertensysteme* (vgl. *Harmon/King* 1989, 3).

Ein wissensbasiertes Personalinformationssystem besteht aus drei **Komponenten** (Abbildung 8.31):

- In der *Wissensbasis* ist beispielsweise das für den Personalbereich relevante Wissen in Form von Fakten und Regeln enthalten. Hierzu zählen Verfahren zur Personalplanung, untergliedert nach den einzelnen Personalplanungsfeldern. Dazu gehört auch ein Vermerk, welche Verfahren für bestimmte Planungsfelder besonders geeignet sind. Außer Personalplanungsansätzen sind auch Fakten und Regeln aus den übrigen Bereichen des Personalwesens in der Wissensbasis abgelegt, so Informationen über Zusammenhänge im Bereich Personalführung. Weiterhin sind in der Basis relevante unternehmensbezogene Daten abgespeichert, die über das Personalwesen hinausgehen. Gerade diese Informationen sind für die Erarbeitung realitätsnaher und betriebsindividueller Lösungen unabdingbar.

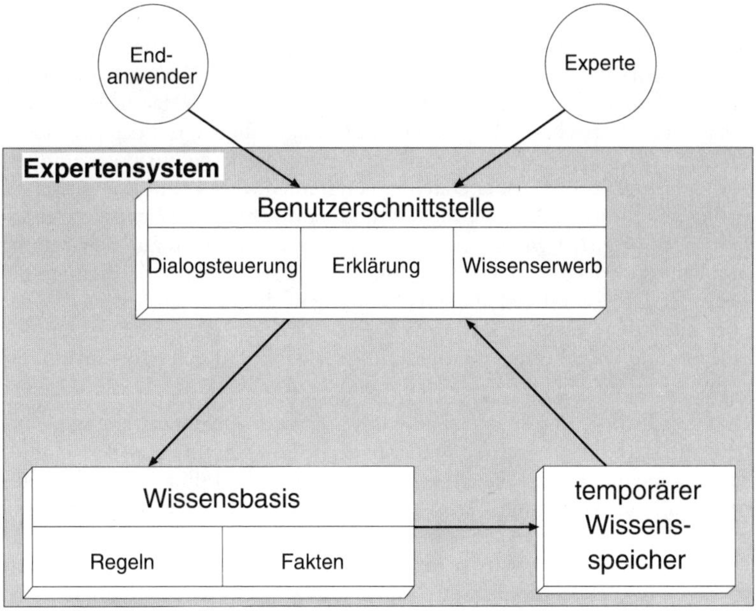

Abbildung 8.31: Aufbau wissensbasierter Personalinformationssysteme

- Die Kommunikation zwischen dem Anwender und dem Expertensystem erfolgt über die *Dialogkomponente*. Sie regelt während einer Konsultation das Zusammenspiel von Fragen, Antworten und Problemlösung, indem sie fehlende Informationen vom Benutzer erfragt, Hilfestellungen für die Eingabe von Daten bietet oder Erklärungen der Problemlösungskomponente in aufbereiteter Form an den Anwender weitergibt. Bei Aufbau und Pflege einer Wissensbasis wird das neu einzustellende Wissen über die Dialogkomponente im Zusammenspiel mit der Wissenserwerbskomponente erfaßt sowie formal und inhaltlich geprüft.
- Im *temporären Wissensspeicher* werden die bereits erarbeiteten Zwischenschritte einer Lösung sowie die im Rahmen des Dialoges eingegebenen Daten zwischengespeichert (dynamische Wissensbasis). Dabei sollte das System in der Lage sein, neue Informationen nicht nur für die aktuelle Problemlösung zu nutzen, sondern sie auch mit dem bereits vorhandenen Wissen zu vergleichen und in die (statische) Wissensbasis zu integrieren. Dies gilt vor allem für das Ableiten neuer Regeln aufgrund der eingegebenen (Experten-)Antworten. Denn gerade die Erweiterung der Wissensbasis durch den Abgleich unterschiedlicher Expertenurteile zu einem Problem stellt eine wichtige Anforderung an ein Expertensystem dar.

(n) Personalwirtschaftliche Standardsoftware

Die bislang in diesem Abschnitt angesprochene allgemeine Standardanwendungssoftware zeichnet sich durch universelle Einsetzbarkeit aus und eignet sich damit auch für Fragestellungen der betrieblichen Personalarbeit. Sämtliche Produkte sind jedoch „leere“ Gerüste, die mit entsprechender Struktur und mit entsprechenden Daten zu füllen sind. **Personalbereichsspezifische Standardanwendungssoftware** geht einen Schritt weiter. Sie liefert bereits die personalwirtschaftliche Grundstruktur, die lediglich mit betriebsindividuellen Daten zu ergänzen ist. Solche Systeme basieren auf Programmiersprachen wie PASCAL oder Datenbanksystemen wie CLIPPER und sind bei professioneller Realisierung für den Endbenutzer äußerst **benutzerfreundlich**: Dies betrifft Eingabemasken genauso wie Routinen zur Behandlung von Fehlern. Aus diesem Grund dominieren diese Systeme vor allem im Bereich der Lohn- und Gehaltsabrechnung. Auf der anderen Seite haben sie aber auch den Nachteil, daß dem Benutzer nur ein geringer Freiraum für eine flexible Vorgehensweise zugestanden wird. Er hat sich strikt an das vorprogrammierte Ablaufschema zu halten.

Demgemäß liegt der Schwerpunkt des Software-Angebotes eindeutig bei den gut strukturierbaren Aufgabenfeldern. So steht für das **Personalkostenmanagement** eine Vielzahl von Programmen zur Lohn- und Gehaltsabrechnung zur Verfügung, da es sich hier aufgrund tarifvertraglicher und gesetzlicher Regelungen um standardisierte Abläufe handelt. Die Entwicklung individueller Software wäre für diese Anwendungen unnötig und unrentabel. Im Bereich der **Personalführung** dagegen besteht – abgesehen von den geringeren Möglichkeiten – auch eine geringere Notwendigkeit zur EDV-Unterstützung. Dementsprechend ist das Angebot an Standardsoftware für dieses Personalmanagementfeld auch sehr gering (vgl. Abbildung 8.32).

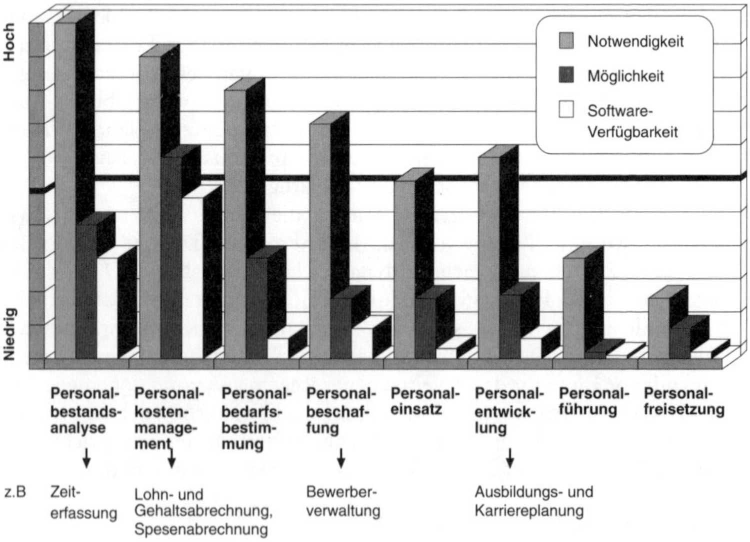

Abbildung 8.32: Notwendigkeit, Möglichkeit und Software-Verfügbarkeit im Personalmanagement (Tendenzaussagen)

Für die **Erfassung der Arbeitszeit** bietet sich dagegen der EDV-Einsatz aufgrund der geforderten Genauigkeit und Aktualität der Daten sowie der vielfältigen Auswertungsmöglichkeiten geradezu an. Zeiterfassungssysteme geben dabei der Personalabteilung nicht nur Auskunft über die tagesaktuellen oder periodisch aggregierten Anwesenheits-, Abwesenheits-, Urlaubs- und Krankheitszeiten, sondern sie liefern vor allem als vorgeschaltetes System in Verbindung mit der Betriebsdatenerfassung (BDE) wichtigen Input für die spätere Lohn- und Gehaltsabrechnung. Zudem werden flexible Arbeitszeitmodelle (insbesondere Gleitzeit) in aller Regel erst dann ohne übermäßigen Aufwand realisierbar, wenn ein computergestütztes Zeiterfassungs- und Auswertungssystem zur Verfügung steht.

Im **betrieblichen Vorschlagswesen** kann der Personal Computer vor allem die formale Vorgehensweise unterstützen. Dies hat beispielsweise den Vorteil, daß alle Einreicher bei der Prämienfindung einheitlich und in der richtigen Relation zu anderen Verbesserungsvorschlägen eingestuft werden. Jedoch unterstützen nicht alle Programme die Prämienberechnung in befriedigender Art und Weise. Auch sind die Standardbriefverwaltung sowie Unterstützungsfunktionen im Hinblick auf die Terminverfolgung oft nicht zufriedenstellend realisiert.

Bewerberverwaltungssysteme dienen primär der formalen Bearbeitung (externer) Bewerbungen, wobei meist auch erste Hilfestellungen im Hinblick auf die Bewerberauswahl gegeben werden. Der Hauptzweck von Bewerberverwaltungssystemen liegt in der übersichtlichen Aufbereitung der eingehenden Bewerbungen nach verschiedenen Kriterien, wie Alter oder Berufsausbildung sowie in der effizienten und benutzerfreundlichen Serienbriefverwaltung. Qualitativ hochwertige Programme unterstützen zudem auch die Laufwegkontrolle.

Der Bereich der **Personalkostenverwaltung** kann durch die EDV weitgehend vereinfacht und beschleunigt werden. Die Hauptursache hierfür ist die Vielzahl von Routinetätigkeiten sowie die Verarbeitung und Weitergabe von Massendaten. Aber auch die einzelfallbezogene Reisekosten- und Spesenabrechnung kann gut durch entsprechende Standardsoftware (branchenunabhängig oder branchenspezifisch) unterstützt werden. Wichtig ist in jedem Fall die mit dem Softwareanbieter vertraglich geregelte Anpassung an neue gesetzliche (Arbeitsrecht, Steuerrecht, Bundesreisekostengesetz usw.) und tarifvertragliche Regelungen.

Bei der **Ausbildungs-** und **Karriereplanung** ist die vollständige Berücksichtigung sämtlicher relevanter Aspekte einschließlich des Abgleiches von Fähigkeitsprofilen der Mitarbeiter mit den Anforderungsprofilen der Stellen durch Standardsoftware nicht zu leisten. Denn obgleich die zur Verfügung stehenden Daten aus Leistungs- und Anforderungsprofilen effizient verwaltet und verglichen werden können, sagt dies noch nichts darüber aus, wie sicher die zugrundeliegenden Daten sind und wie sinnvoll ein derartiger Abgleich überhaupt ist.

8.4.2.6 Rechtlicher Rahmen

(a) Datenerfassungs- und Datenübermittlungsverordnung (DEVO/DÜVO)

Eine wichtige Rolle bei Verarbeitung und Speicherung von Mitarbeiterdaten spielen die **DÜVO-Vorschriften** sowie diverse Datenübermittlungsrechte und -pflichten gegenüber von Behörden und sonstigen Dritten.

Datensatz	**Stellen im Datensatz**	**Stellenzahl**	**Bezeichnung**
1. Vorlaufsatz	1– 4	4	Vorlaufsatz
	5– 6	2	Dateiname
	7	1	Bandrollennummer
	8–15	8	Absender
	16–23	8	Empfänger
	24–29	6	Erstellungsdatum
	30–70	max. 41	Absender-Adresse
	71–77	7	ohne Inhalt
	78–80	3	Dateinummer
2. Anmeldung	1–12	12	Versicherungsnummer
	13–14	2	Satzkennzeichen
	15–16	2	Versicherungsträger
	17–18	2	Eintrittsjahr
	19–22	4	Beschäftigungsbeginn
	23–25	3	Staatsangehörigkeit
	26–28	3	ohne Inhalt
	29–31	3	Beitragsgruppenschlüssel
	32	1	Grund der Abgabe
	33–40	8	Betriebsnummer
	41–45	5	Tätigkeitsangaben
	46	1	verheiratet: ja/nein
	47–48	2	Kinderzahl
	49	1	Rentner/R. Antragssteller
	50	1	Mehrfachbeschäftigter
	51–62	12	Personalnummer
	63–71	max. 9	Familienname
	72	1	Rufname
	73–80	8	Krankenkassennummer
3. Name/Namensänderung	1–12	12	Versicherungsnummer
	13–14	2	Satzkennzeichen
	15–16	2	Versicherungsträger
	17	1	Grund der Abgabe
	18–62	max. 45	Name
	63–72	10	ohne Inhalt
	73–80	8	Krankenkassennummer

Übersicht 8.29: Satzaufbau der Datensätze der Datenübermittlungsverordnung (Auszug aus 2. DÜVO 1980, 623–624)

DEVO/DÜVO regelt den **Datenaustausch** zwischen den Arbeitgebern und den Trägern der Sozialversicherung (Kranken-, Rentenversicherung und der Bundesanstalt für Arbeit). Im Rahmen dieser Verordnungen werden als Jahres- oder Änderungsmeldung regelmäßig mitarbeiterbezogene, tätigkeitsbezogene sowie betriebsbezogene Daten übermittelt (vgl. Übersicht 8.29).

(b) Aufbewahrungspflichten

Für Personalunterlagen existieren **keine speziellen Aufbewahrungsvorschriften.** Zählt man zu den Personalunterlagen auch die Buchungsbelege der Lohn- und Gehaltsabrechnung, so unterliegen diese dann der in § 44 HGB aufgeführten Aufbewahrungsfrist von sechs Jahren. Generell sollten jedoch Personalunterlagen vom Arbeitgeber so lange aufbewahrt werden, wie mit Ansprüchen des Arbeitnehmers zu rechnen ist.

(c) Datenschutz und Mitbestimmung

Anwendungsprobleme treten gerade im Zusammenhang mit Personalinformationssystemen recht häufig auf: Sie reichen von Fragen nach Datensicherung und Datenschutz bis zu psychologischen Aspekten. Die Begriffe „Datensicherung" und „Datenschutz" lassen sich dabei inhaltlich eindeutig voneinander abgrenzen: *Datensicherung* zielt ausschließlich darauf, Daten und Programme gegen Zerstörung, Verfälschung und Verlust abzusichern. Datensicherung ist vollkommen losgelöst von personenbezogenen Daten erforderlich und betrifft alle computergestützten Vorgänge, das heißt den gesamten Komplex der EDV-Anlage. *Datenschutz* bezieht sich auf den (nicht nur aus juristischen Gründen erforderlichen) sorgfältigen Umgang mit personenbezogenen Daten und auf die daraus resultierenden Konsequenzen.

Trotz klarer inhaltlicher Trennung der beiden Begriffe überlappen sich die Maßnahmen zur Realisierung von Datensicherung und Datenschutz insofern, als Datensicherungsmaßnahmen häufig gleichzeitig dem Datenschutz dienen.

Im Hinblick auf die Verarbeitung und Nutzung personenbezogener Daten gilt ein „Verbot mit Erlaubnisvorbehalt" (*Bartosch* 1992, 805). Demnach ist die Nutzung personenbezogener Daten nur bei Vorliegen bestimmter Erlaubnistatbestände zulässig. Diese werden beispielsweise im Bundesdatenschutzgesetz (BDSG) und in anderen Rechtsvorschriften wie Steuergesetzen und Betriebsvereinbarungen geregelt.

In den USA kann die generelle Auseinandersetzung um schutzwürdige Daten auf eine über hundertjährige Tradition zurückblicken. In Europa rückte dagegen erst die zunehmende Computerisierung der vergangenen Jahre das Problem des Schutzes personenbezogener Daten vor unberechtigtem Zugriff durch Dritte in den Mittelpunkt des Interesses. Datenschutz bedeutet in diesem Zusammenhang die Forderung des Gesetzgebers, (natürliche) Personen vor mißbräuchlicher Verarbeitung ihrer Daten zu schützen. Das erste deutsche Landesdatenschutzgesetz wurde 1970 in Hessen erlassen und betraf Daten natürlicher und juristischer Personen, die computergestützt bei Landesbehörden in Hessen verarbeitet wurden. Ihm folgte dann eine lange Diskussion um ein Bundesdatenschutzgesetz, das schließlich 1976 angenommen wurde und am 1. Januar 1978 in Kraft trat. Dieses wurde inzwischen im „Gesetz zur Fortentwicklung der Datenverarbeitung und des Datenschutzes" vom 20. Dezember 1990 weiterentwickelt und in einigen zentralen Punkten neu gefaßt (vgl. *Dreier* 1991).

Das BDSG (vgl. BDSG §1 Abs. 2) gilt für die Erhebung, Verarbeitung und Nutzung personenbezogener Daten durch
- öffentliche Stellen des Bundes,
- öffentliche Stellen der Länder, soweit der Datenschutz nicht durch Landesgesetz geregelt ist,
- nicht-öffentliche Stellen, soweit sie die Daten in oder aus Dateien geschäftsmäßig oder für berufliche oder gewerbliche Zwecke verarbeiten oder nutzen.

Die Auseinandersetzung mit Datenschutz umfaßt die zu verarbeitenden Informationen (Daten), die Form ihrer Speicherung (Dateien), das Medium ihrer Speicherung (Datenträger) und die Art ihrer Behandlung (Datenverarbeitung):
- Traditioneller Ansatzpunkt für den Datenschutz ist der Dateibegriff. Eine Datei ist danach definiert als „eine Sammlung personenbezogener Daten, die durch automatisierte Verfahren nach bestimmten Merkmalen ausgewertet werden kann (automatisierte Datei)", oder „jede sonstige Sammlung personenbezogener Daten, die gleichartig aufgebaut ist und nach bestimmten Merkmalen geordnet, umgeordnet und ausgewertet werden kann (nicht-automatisierte Datei)" (§3 Abs. 2 BDSG).
- Angesichts der Flut informationstechnischer Medien ist die Frage nach dem Datenträger in Zukunft von eher untergeordneter Bedeutung. So läßt bereits das BDSG von 1977 in §2, Abs. 2 Nr. 1 „jedes Material" als Datenträger zu, „auf dem Daten lesbar oder wieder abrufbar aufgezeichnet, registriert und aufbewahrt werden können".
- Unabhängig von der Legaldefinition des BDSG lassen sich für die Datenverarbeitung im weiteren Sinne Datenerhebung, Speicherung, Veränderung, Verknüpfung, Übermittlung und Löschung unterscheiden (vgl. *Riegel* 1988, 106–116).
- Diejenige Person, deren Daten gespeichert werden („Betroffene"), hat in Zusammenhang mit dem Datenschutz drei Rechte (vgl. *Däubler* 1987, 129–131, 140–146; *Riegel* 1988, 137–143; *Gola* 1990, 110–124):
  - Die betroffene Person kann bei der datenverarbeitenden Stelle Auskunft darüber verlangen, welche Daten zu welchem Zweck über sie gespeichert sind.
  - Hat die betroffene Person festgestellt, daß über sie unrichtige Daten gespeichert wurden, so kann sie eine Korrektur sowie gegebenenfalls auch eine zusätzliche Speicherung von Daten verlangen.
  - Schließlich hat der Betroffene bei zweifelsfrei falschen Daten einen Anspruch auf deren Löschung.

Die zentralen betriebswirtschaftlichen Implikationen und Fragestellungen im Bereich des Datenschutzes betreffen vor allem das betriebliche Personalmanagement auf der operativen Ebene.

Die taktisch-dispositive Ebene besitzt prinzipiell keine datenschutzrechtliche Relevanz, da hier allenfalls aggregierte Mitarbeiterdaten verarbeitet werden. Aggregierte Daten können häufig jedoch mit relativ geringem Aufwand reanonymisiert werden (vgl. *Kaase* 1980).

Da auf der strategischen Ebene mit hochaggregierten und abstrahierten Daten gearbeitet wird, ist hier keine datenschutzrechtliche Relevanz zu erkennen. Auch die einzelnen Aufgabenfelder des Personalmanagements sind nicht vollständig vom BDSG tangiert: Die Personalbestandsanalyse, Personalbeschaffung, -entwicklung und -freisetzung, der Personaleinsatz sowie das Personalkostenmanagement unterliegen den Regelungen des Datenschutzrechtes, wobei hier allerdings zusätzlich (und extensiver) die Regelungen im Zusammenhang mit dem Betriebsverfassungsgesetz und die Rechte zum Einblick in die Personalakte greifen.

Nicht dem BDSG unterliegen dagegen beispielsweise Aussagen aus dem operativen Bereich der Personalbedarfsbestimmung, so die Fragestellung, welche Anforderungsmerkmale typisch für eine bestimmte Stelle sind.

Die **personenbezogene** Datenverarbeitung unterliegt ferner dem **Betriebsverfassungsgesetz** (BetrVG), das Informations-, Beratungs- und Mitbestimmungsrechte des betroffenen Arbeitnehmers beziehungsweise des Betriebsrats auslösen kann. An dieser Stelle sind aus dem BetrVG unter anderem
- § 80 II (allgemeine Informationsrechte),
- § 83 I (Einsichtnahme in die Personalakte),
- § 83 II (Hinzufügen von Erklärungen),
- § 90 (Gestaltung von Arbeitsplatz, Arbeitsablauf und Arbeitsumgebung),
- § 92 (Beratung über Aspekte der Personalplanung),
- § 94 (Personalfragebogen und Beurteilungsgrundsätze),
- § 95 (Auswahlrichtlinien),
- §§ 99, 102 (personelle Einzelmaßnahmen, Kündigungen)

zu nennen.

Eine spezielle Bedeutung kommt dabei dem § 87 I Nr. 6 BetrVG zu: Danach hat der Betriebsrat ein Mitbestimmungsrecht bei Einführung und Anwendung technischer Einrichtungen, mit deren Hilfe das Verhalten der Arbeitnehmer überwacht werden soll beziehungsweise überwacht werden kann. Die an diesem Punkt ansetzenden Streitfragen orientieren sich dabei zunächst daran, wann eine technische Einrichtung dazu „bestimmt“ ist, das Verhalten oder die Leistung der Mitarbeiter zu „überwachen“.

Nach *Kilian* (1985) war zunächst die grundsätzliche Eignung von Geräten zur Verhaltenskontrolle der ausschlaggebende Faktor für die Mitbestimmung. So wurden anfänglich Fahrtenschreiber, Multi-Moment-Kameras und Zeitstempler als Überwachungseinrichtungen eingestuft, während Strichlisten, Lochkarten und Zugangssicherungssysteme davon ausgenommen waren. Im Anschluß daran wurden allerdings die Schutzrechte des § 87 I Nr. 6 weitergehend ausgelegt, wie an Urteilen im Zusammenhang mit Kantinenabrechnung, Datensichtgeräten, Telefondatenerfassung, Zugangssicherungssystemen oder Anwendungssoftware für Personalinformationssysteme ersichtlich wird.

Die **Verhaltenskontrolle** spielt im Zusammenhang mit computergestützten Personalinformationssystemen eine zweifache Rolle:

- Zum einen bezieht sie sich auf die **Daten**, die im System über Mitarbeiter gespeichert werden. In extensiver Auslegung der gesetzlichen Vorschriften folgt daraus, daß das Mitbestimmungsrecht des Betriebsrates bereits dann besteht, wenn personenbezogene Daten im Rechner verarbeitet werden, die bei entsprechender Verknüpfung Aussagen über das Verhalten oder die Leistung der Arbeitnehmer zulassen (vgl. *Klebe* 1986, 382).
- Zum anderen erlauben computergestützte Informationssysteme (wie auch alle anderen Bildschirmarbeitsplätze) in den meisten Fällen eine **Kontrolle** der sie bedienenden Mitarbeiter. Dies betrifft nicht nur spezielle Kontrollroutinen, die Fehlerhäufigkeit, Bedienungszeit oder sonstige Leistungsdaten erfassen; es läßt sich vielmehr auch ohne Zusatzroutinen relativ gut ermitteln, wann und welche Operationen durchgeführt wurden. Beim PC ergibt sich eine derartige Kontrollmöglichkeit (die allerdings vom Kontrollierten auch umgangen werden kann) beispielsweise durch die Information im Dateiverzeichnis, wann zuletzt eine Änderung durchgeführt wurde.

Da beide Aspekte wesentliche Informations- und Mitbestimmungsrechte des Betriebsrats besitzen, sind sie für die Einführung und Ausgestaltung derartiger Systeme von besonderer Bedeutung.

Unter Bezugnahme auf das Betriebsverfassungsgesetz wird häufig die Anwendung von computergestützten Informationssystemen (Hardware plus Software) über **Betriebsvereinbarungen** geregelt:

- Ein potentieller Inhalt solcher Betriebsvereinbarungen ist die Erstellung sogenannter **„Negativ-Kataloge“**, die Aussagen darüber machen, welche Merkmale grundsätzlich nicht in computergestützten Informationssystemen gespeichert werden dürfen. Beispiele für derartige Elemente aus Negativ-Katalogen sind (vgl. *Koffka* 1984, 108–109):
  - Daten über gesundheitliche Verhältnisse (Erkrankung, Drogenabhängigkeit, Kuren),
  - Daten über strafbare Handlungen und Ordnungswidrigkeiten,
  - Daten über religiöse Anschauungen,
  - Daten über Zugehörigkeit zu Parteien,
  - Daten über frühere Beschäftigungsverhältnisse,
  - Daten aus der Privatsphäre des Mitarbeiters (militärischer Rang, Kfz-Besitz, Anzahl von Eheschließungen, Raucher),
  - Daten über Kredite von Dritten sowie (allerdings umstritten),
  - persönliche Beurteilungsmerkmale wie fachliches Können, geistige Fähigkeiten, Arbeitsstil oder Verhalten in der Zusammenarbeit.
- Das Gegenstück zu diesem Negativ-Katalog ist die Verwendung eines **„Positiv-Katalogs“**, der eine abschließende Erfassung und Festschreibung der zulässigen Daten im Personalinformationssystem verlangt. Positiv-Kataloge werden von den Gewerkschaften stark favorisiert. Ihnen lastet allerdings das Manko an, primär zur Verhinderung, zur Verbürokratisierung und letztlich zur Nicht-Anwendung von Personalinformationssystemen eingeführt zu werden (*Samland* 1984, 171).

Wichtig ist auch die Behandlung von **Prognosedaten**: Dies sind überwiegend subjektive und vor dem Hintergrund einer konkreten Unternehmenssituation abgeleitete Werte. Deshalb wird überwiegend die Auffassung vertreten, daß die Erfassung solcher Daten allenfalls dem Informationsrecht über betriebliche Personalplanung nach § 92 BetrVG unterliegen, kaum aber eine Anwendung von § 94 BetrVG zulassen. Daraus ergibt sich auch, daß die weitere Verwendung von Prognosedaten im Personalinformationssystem mitbestimmungsfrei ist (vgl. *Wolf-Köppen* 1984, 73).

Ein Streitfall ist die Verwendung von **Profilvergleichen**: Abgesehen davon, daß derartige Verfahren nicht selten über Betriebsvereinbarungen explizit ausgeschlossen werden, wird hier die Position vertreten, daß (vgl. *Jobs* 1984, 147–149)

- die Erstellung von Anforderungsprofilen keine Auswahlrichtlinie gemäß § 95 I BetrVG darstellt, da diese arbeitsplatz- und nicht personenbezogen sind,
- die Durchführung automatischer Profilabgleiche kein Mitbestimmungsrecht des Betriebsrats gemäß § 94 II BetrVG (Beurteilungsgrundsätze) begründet.

Einen Überblick über die verschiedenen Regelungen, die im Zusammenhang mit der Einführung und Verwendung von computergestützten Informationssystemen zu beachten sind, bringt Abbildung 8.33, die als Ausgangspunkt zusätzlich Artikel 1 und 2 des Grundgesetzes (Schutz der Privatsphäre) berücksichtigt.

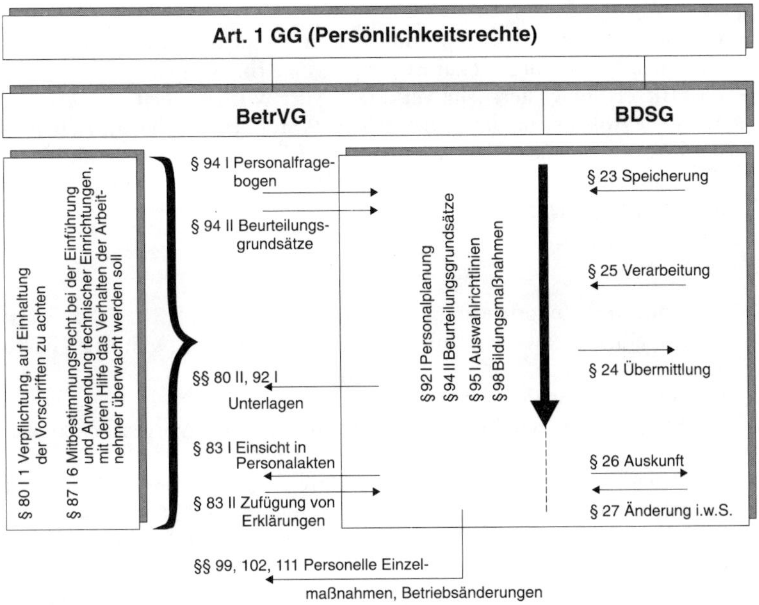

Abbildung 8.33: Bundesdatenschutzgesetz und Betriebsverfassungsgesetz

Die bisherigen Ausführungen bezogen sich überwiegend auf einzelfallbezogene Daten der operativen Managementebene. Auf der taktischen und strategischen Ebene entfallen dagegen eine Reihe von Gesetzesvorschriften: Hier werden grundsätzlich **keine individuell** personenbezogenen Daten verarbeitet. Auch lassen sich derartige Mechanismen nicht zur persönlichen Kontrolle einzelner Mitarbeiter einsetzen, sondern allenfalls zur Durchführung eines pauschalen Soll-Ist-Vergleichs. Der Ansatzpunkt für mitbestimmungsrechtliche Regelungen derartiger Planungssysteme auf der taktischen und strategischen Ebene ist genau der gleiche wie derjenige ohne Verwendung computergestützter Verfahren.

8.4.3 Beispiele

In den Kapiteln 2 bis 7 wurden bereits diverse computergestützte Planungsmodelle präsentiert. Aus diesem Grund sollen die nachfolgenden Anwendungsbeispiele einige grundsätzliche Möglichkeiten und Perspektiven von Personalinformationssystemen hervorheben.

8.4.3.1 Zeiterfassung und Einsatzsteuerung

Durch den Übergang vom Stundenlohn zum Anwesenheitslohn in Form eines festen monatlichen Gehalts in vielen Unternehmen und mit der Abschaffung von Stempeluhren schien zunächst die Zeiterfassung für Mitarbeiteranwesenheit an Bedeutung zu verlieren. Drei Entwicklungen führten allerdings zu einer Renaissance von Mitarbeiter-Zeiterfassungssystemen:
- die zunehmende Verbreitung von Gleitzeitsystemen mit der daraus resultierenden Notwendigkeit zur Erfassung von Arbeitszeiten,
- die tarifvertraglich geregelte Verkürzung der Wochenarbeitszeit, hier vor allem die Abkehr von der einheitlichen 40-Stunden-Woche, die sich in einer Fülle unterschiedlicher Arbeitszeitmodelle konkretisierte und
- die Prozeßautomation, die eine permanente Besetzung von betrieblichen Schlüsselstellen erfordert.

(a) Grundidee

Den Ablauf eines Zeiterfassungssystems zeigt Abbildung 8.34. Zunächst ist zwischen einer Reihe von **Initialisierungsroutinen** zu wählen: Hierzu gehören
- die Eingabe der Schichtdaten,
- die Eingabe der Feiertage einschließlich der dafür vorgesehenen Zuschlagsstaffel,
- die vorgesehene Pausenregelung (alternativ als festvereinbarte Pausenzeit oder durch die Verwendung mehrerer „Kommt"- und „Geht"- Meldungen),
- die Mitarbeiterdaten und
- die Regelungsdaten, die Auskunft über den vorgeschriebenen Abrechnungsmodus geben.

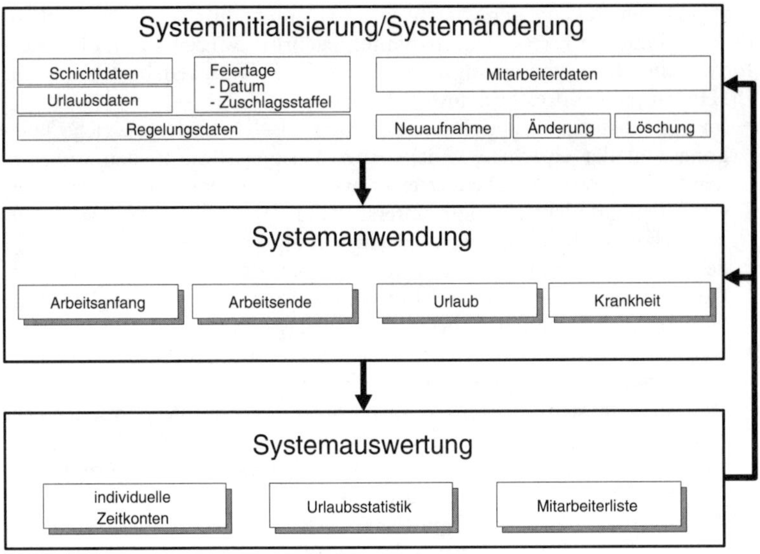

Abbildung 8.34: Ablaufplan einer Zeiterfassung

Nach der Systemanwendung sind (mindestens) vier Optionen wählbar, nämlich Arbeitsbeginn („kommt"), Arbeitsende („geht"), Urlaub und Krankheit.

Die Systemauswertung erfolgt zum einen **mitarbeiterindividuell**: Hier kann der Mitarbeiter für sich selber ermitteln, wie weit bei ihm die Ist- und Soll-Zeit voneinander abweichen. Dies ist für den Mitarbeiter besonders dann wichtig, wenn variable Pausen zugelassen sind und erst recht, wenn weitgehend Gleitzeit vereinbart wurde. Zum anderen werden bei der **unternehmensbezogenen Auswertung** Fehlzeitenstatistiken, Urlaubsstatistiken und Mitarbeiterlisten erstellt.

Bei Zeiterfassungssystemen gibt es trotz standardisierter Grundelemente eine Vielzahl von **betriebsspezifischen** Besonderheiten, die bei Arbeitszeitsystemen zu berücksichtigen sind. Dies betrifft nicht nur die Umsetzung der verschiedenen Arbeitszeitregelungen, sondern auch die unterschiedlichen Behandlungen von Mehrarbeitsstunden, für die diverse Staffeln vorgesehen werden können. Gleiches gilt für die Berechnung des Entgelts im Urlaub beziehungsweise im Krankheitsfall.

(b) Perspektive

Zeiterfassungssysteme können zum einen betriebsbezogen implementiert werden; sie haben dann die Aufgabe, den jeweils aktuellen Mitarbeiterbestand und speziell die jeweiligen Arbeitszeitkonten zu erfassen und auszuwerten.

Zeiterfassungssysteme bieten sich aber zum anderen gerade bei **zunehmender Prozeßautomation** auch arbeitsplatzbezogen an: Dies bedeutet, daß bei einer Eckzeiterfassung der Mitarbeiteranwesenheit durch eine entsprechende Kopplung der Personaleinsatzplanung geprüft werden kann, ob die erforderliche Mindestbesetzungszahl der jeweiligen Tätigkeitsbereiche erfüllt ist. Hierfür gibt es **drei Ausbaustufen**:

- Im einfachsten Fall berichtet das System als *Ist-Analyse*, welche Belegungszahl der einzelnen Arbeitsplätze beispielsweise in den verschiedenen Tätigkeitsbereichen erreicht worden ist. Durch den daran anschließenden, nicht computerunterstützten Vergleich mit Soll-Vorgaben der Arbeitsvorbereitung wird ersichtlich, an welchen Stellen zu Beginn der Schicht noch nicht die erforderliche Belegschaftsstärke erreicht ist. Durch Umdisponierung von Mitarbeitern kann dann ein Ausgleich und damit ein regulärer Schichtbeginn gewährleistet werden.
- Wird von der Arbeitsvorbereitung die tages- und schichtbezogene Umsetzung des Arbeitsprogramms ebenfalls computerunterstützt vorgenommen, so bietet sich eine weitere Ausbaustufe des computergestützten Personaleinsatzmanagements in Form einer automatischen *Soll-/Ist-Analyse* an. Hierzu werden laufend die von der Arbeitsvorbereitung ermittelten Soll-Belegungszahlen mit den durch die Zeiterfassung bekannten Ist-Anwesenheiten verglichen. Damit läßt sich permanent überprüfen, ob tatsächlich alle Arbeitsplätze in der für den Betriebsablauf notwendigen Mindestbelegungszahl besetzt sind.
- Als nächste Ausbaustufe kann ein derartiges System auch die *Reaktionen* auf eine Soll-Ist-Abweichung generieren beziehungsweise Vorschläge zur Abweichungsreduktion machen. Die vom System zu generierenden Abweichungsvorschläge müssen allerdings auch berücksichtigen, daß Mitarbeiter nicht zu häufig wechseln und nur Wechsel auf solche Stellen vorgeschlagen werden, für die der Mitarbeiter auch fachlich in ausreichendem Maße geeignet ist. Dies impliziert, daß im System
  - die Anforderungsprofile der jeweiligen Stellen und
  - die Fähigkeitsprofile der jeweiligen Mitarbeiter bezüglich der relevanten Merkmale strukturgleich gespeichert sind. Der vom System vorgeschlagene Dispositionsvorschlag kann als Grundlage für eine „menschliche“ Entscheidung dienen, oder aber
  - bei einem vollautomatisierten Personaleinsatzmanagement direkt den Mitarbeitern am Arbeitsplatz beziehungsweise den jeweiligen Schichtführern übermittelt werden.

Bei Steuerungssystemen speziell der dritten Ausbaustufe dürften im Regelfall die **Grenzen** eines PC-gestützten Personalmanagements erreicht sein. Allerdings ist auch hier wiederum auf die zunehmende Leistungsfähigkeit von Personal Computern speziell in Form der Vernetzung und Verwendung von schnelleren Systemen hinzuweisen. Aus diesem Grund kann nur einzelfallspezifisch eine sinnvolle Konfiguration ermittelt werden.

8.4.3.2 Bewerberverwaltung

Ein Beispiel für einen Teilaspekt einer computergestützten Personalverwaltung ist die PC-gestützte Bewerberverwaltung: Im Mittelpunkt steht dabei

nicht die Auswahl von Bewerbern, sondern die **verwaltungstechnische** Abwicklung des Auswahlvorganges. Dazu gehört
- die Eingangsbestätigung der Bewerbung,
- die Erfassung der Bewerbung,
- die gegebenenfalls erforderliche Anforderung von fehlenden Unterlagen und letztlich
- die Einladung zu einem Bewerbungsgespräch beziehungsweise die Zusage oder Absage.

Eine derartige Bewerberverwaltung läßt sich mit verschiedenen Verfahren auf dem Personal Computer realisieren. Neben Datenbanksystemen eignen sich vor allem integrierte Programmpakete (vgl. Abschnitt 8.4.2.5) zur Lösung derartiger Fragestellungen, da hier
- Datenbankoperationen (Verwaltung der Bewerberdaten),
- Textverarbeitungsoperationen (Serienbriefe mit Textbausteinen),

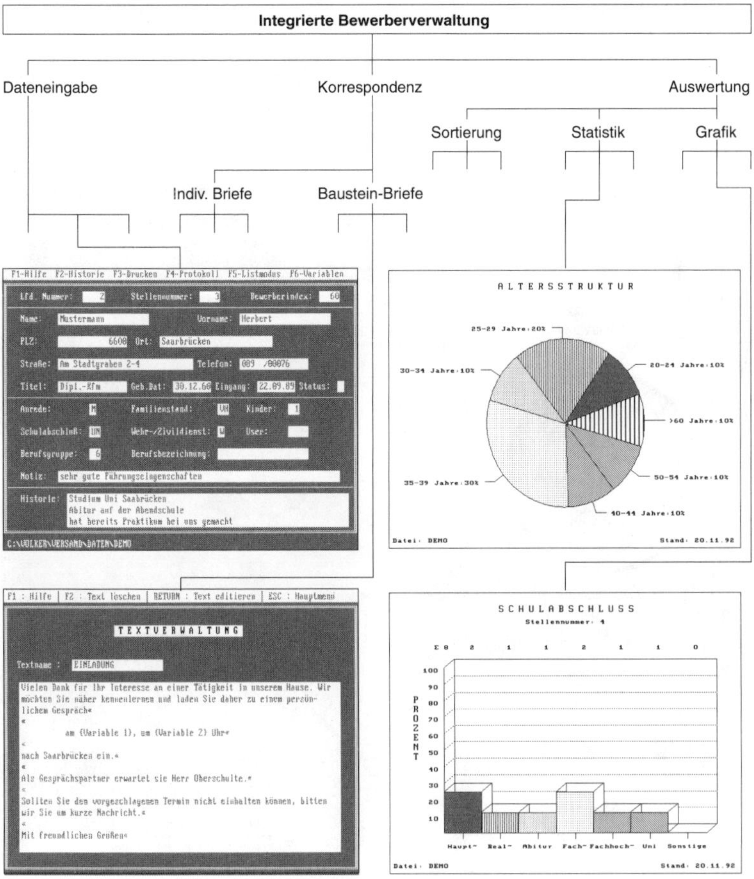

Abbildung 8.35: Bewerberverwaltungsprogramm

– Kalkulationsoperationen (statistische Beurteilungen der Bewerberlage) und
– Grafikausgaben

benötigt werden. Den Ablauf einer derartigen integrierten Bewerberverwaltung zeigt Abbildung 8.35. Sie enthält einen Ausschnitt aus dem Programmablauf und einige der verwendeten Bildschirmmasken.

8.4.3.3 Der Personalleitstand

Stellt das Führungscontrolling einen der inhaltlichen Schwerpunkte des Personalcontrollings dar, so liefert das *computergestützte Personalcontrolling* einen wichtigen methodischen Aspekt: Es geht hierbei um die Frage, ob und wie Objekte des Personalcontrollings mit Hilfe der modernen EDV-Technologie kontrolliert, analysiert und gesteuert werden (sollen). Generell hat das computergestützte Personalcontrolling bisher nur einen eher begrenzten Entwicklungsstand erreicht. Dies gilt für die Praxis wie für die Forschung. Eine klare Vision läßt sich bisher ausschließlich im Leitstandprinzip erkennen (Abbildung 8.36).

Der Einsatz der modernen EDV-Technologie ermöglicht es, umfassend und frühzeitig auf bedrohliche Tendenzen im Personalbereich hinzuweisen. Ähnlich wie beim Fertigungsleitstand im Produktionsbereich wird es – bei zunehmender Verfügbarkeit relevanter Daten – möglich sein, leitstandartig die notwendigen Informationen aus dem Personalbereich abzurufen und automatisch in Soll-/Ist-Analysen einzubeziehen. Gerade auf strategischer

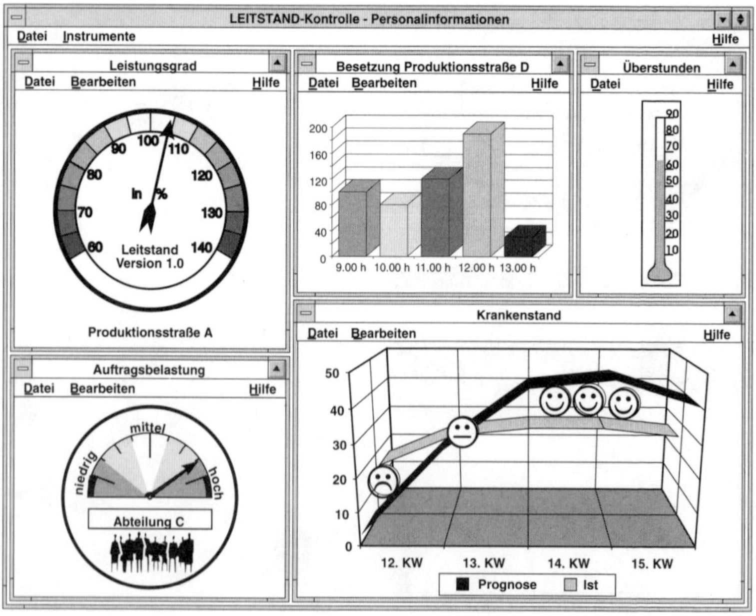

Abbildung 8.36: Der Personalleitstand als Vision

Ebene stellt sich nicht die Notwendigkeit einer Real-time-Verarbeitung, sondern es genügt, die entsprechenden Daten aus den operativen Systemen über einen längeren Zeitraum, beispielsweise in wöchentlichen oder monatlichen Intervallen, zu aggregieren und zu analysieren.

Die strategische Bedeutung der Personalbereiche erzwingt die Konstruktion eines derartigen Personalleitstands. Obwohl er gegenwärtig noch als Vision anzusehen ist, belegen erste Erkenntnisse aus einem entsprechenden Forschungsprojekt an der Universität des Saarlandes deutlich die Umsetzbarkeit dieses Ansatzes.

8.4.4 Grundmethodik

Der Entwurf eines Personalinformationsmanagements ist nicht ausschließlich Aufgabe von EDV-Fachleuten. Vielmehr muß ein erheblicher Teil der Konzeption in der Personalabteilung erarbeitet werden. Hierzu zählen zahlreiche Entscheidungen zur Eingrenzung des Problembereiches, wie Auswahlentscheidungen (Selektion der zu betrachtenden Objekte), Verdichtungsentscheidungen (Aggregationsgrad der Informationen) und Methodenentscheidungen.

8.4.4.1 Zielaspekt

Die Kluft zwischen Nutzungszwang und strikter Ablehnung wirft die Grundsatzfrage auf, ob und wie überhaupt ein betriebliches Personalinformationsmanagement zu organisieren und zu implementieren ist. Strategisches Personalinformationsmanagement impliziert die Formulierung einer klaren Strategie für den Umgang mit Personalinformationen. Dies bedeutet zunächst die Fixierung der Ziele, die mit einem Personalinformationsmanagement verfolgt werden sollen. Nur so kann sichergestellt werden, daß gegenwärtiger und zukünftiger Informationsbedarf zum Ausgangspunkt für eine Informationsstrategie gemacht werden.

8.4.4.2 Ebenenaspekt

Bevor überhaupt an die Strukturierung und Gestaltung eines Personalinformationsmanagements gedacht werden kann, ist die jeweilige Gestaltungsaktivität eindeutig auf der entsprechenden Managementebene zu positionieren. Dies gilt besonders dann, wenn nicht ein umfassendes Gesamtsystem gestaltet werden soll, sondern lediglich Komponenten des Personalinformationsmanagements zu restrukturieren sind. Entscheidend für ein derartiges Personalinformationsmanagement ist dabei die in Übersicht 8.26 entwickelte Systematik mit

- Objektebenen als den drei Managementebenen der übrigen Personalmanagementfelder und
- Aktionsebenen als eigentliche Gestaltungsträger im Personalinformationsmanagement.

Da die Objektinhalte in den Kapiteln 2 bis 7 diskutiert wurden, sind hier besonders die **drei Aktionsebenen** wichtig:

- Auf der *operativen* Ebene steht die konkrete Entscheidung hinsichtlich Hard- und Software im Vordergrund, im wesentlichen also die Gestaltung von computergestützten Personalinformationssystemen. Hier bieten auch Personal Computer interessante Anwendungsmöglichkeiten, werfen aber diverse Anwendungsprobleme auf (Datenschutz, Datensicherung, Mitbestimmung). Die zu verarbeitenden und gespeicherten Informationen verteilen sich auf die drei Objektebenen des operativen, taktischen und strategischen Managements. So beinhaltet die Personaldatenbank
  - auf der operativen Ebene Aussagen über Fähigkeitsprofile,
  - auf der taktischen Ebene Aggregationen zu Tätigkeitsgruppen und
  - auf der strategischen Ebene Globalaussagen zum Mitarbeiterbestand.

  Gleiches gilt für die Bedarfsdaten, die Methoden und für die sonstigen Datenbestände. Im Mittelpunkt der aktuellen Aufgabenstellung für Personalinformationssysteme steht die Betonung der interaktiven Entscheidungsunterstützung: Dabei wird davon ausgegangen, daß lediglich ein Teil der relevanten Daten bereits im Computer gespeichert und deshalb der vom Computer gemachte Vorschlag allenfalls ein erster Ausgangspunkt zur Lösungsfindung ist. Die Interaktivität wird auch durch Analyseverfahren verstärkt, die (statt „Automatisierung") sukzessive den Entscheidungsträger mit unterschiedlichen Facetten des Problems vertraut machen und eine heuristisch gelenkte Suche nach einer für alle Betroffenen tragbaren Lösung ermöglichen.
- Die *taktische* Ebene orientiert sich an Informationsfunktionsgruppen. Hier geht es also darum, welche Formen der Informationsverdichtung vorzunehmen sind. Neben dem (traditionellen) Personalberichtswesen gewinnt das Personalcontrolling zunehmend an Bedeutung. Seine Kerninhalte betreffen
  - Soll/Ist-Vergleiche und dafür notwendige Informationen,
  - Planungskontrolle als Prüfung der Planungsprozesse und
  - Metakontrolle als Evaluierung der Kontrollssysteme.

  Speziell bezüglich der letzten beiden Punkte ist auf Forschungsdefizite hinzuweisen.
- Auf der *strategischen* Ebene ist (wieder) im Einklang mit den übrigen Strategieüberlegungen eine Grundstrategie für den Umgang mit Informationen im Personalbereich zu formulieren und zu implementieren.

8.4.4.3 Datenaspekt

Aus dem Informationsziel leitet sich das konkrete **Informationsvolumen** ab. Diese über alle drei Managementebenen festzulegenden Informationsbestände orientieren sich ausschließlich an den zuvor definierten strategischen Zielen. Maximierungstendenzen führen nicht nur zu unnötigem Aufwand und verringerter Flexibilität, sondern auch zu einer verringerten Akzeptanz. Festzuhalten ist allerdings an dieser Stelle, daß aufgrund der oben angesprochenen gesetzlichen und sachlichen Anforderungen ein Mindestvolumen personalwirtschaftlicher Daten im administrativen Bereich erforderlich ist.

(a) Mitarbeiterdaten

Für die **inhaltliche** Ausgestaltung von Mitarbeiterdateien gibt es eine Vielzahl von Vorschlägen, die sich allerdings jeweils auf einige wenige Gruppen von Daten reduzieren lassen, da sich der überwiegende Bestandteil der Mitarbeiterdaten aus gesetzlichen und vertragstechnischen Abwicklungsnotwendigkeiten des Arbeitsverhältnisses ergibt.

Die zur Personaldisposition und Personalplanung verwertbaren Elemente in Mitarbeiterdateien spielen mengenmäßig zwangsläufig eine untergeordnete Rolle. Den meisten Raum nehmen die Daten ein, die zur Lohn- und Gehaltsabrechnung erforderlich sind; hinzu kommen Dispositionsdaten. Übersicht 8.30 bringt einige Beispiele für diese Datenbestände.

Identifizierungsdaten
Name, Vorname, Geburtstag, Geburtsort, Staatsangehörigkeit,Geschlecht, Familienstand

Innerbetriebliche Verwaltungsdaten
Eintrittsdatum, Betriebszugehörigkeitsdauer, Tätigkeitsschlüssel, Arbeitseinsatzangaben, Stellenbesetzungsart, Grundtätigkeit, Urlaubsdaten, Arbeitszeitkonto (gegebenenfalls Gleitzeit), Parkplatznummer, betriebliche Telefonnummer, Probezeitdaten, Bewerbungsdaten, Kündigungsfristen, Mehrfachbeschäftigung, wöchentliche Normalarbeitszeit, wöchentliche und tägliche Sonderarbeitszeit

Entgeltdaten
Lohnstufe, Lohnart, Leistungszulage, sonstige Zulagen, Ergebnis der Leistungsbewertung, Bankleitzahl, Bankname, Kontonummer, Kontoinhaber

Versicherungs- und Steuerdaten
Lohnsteuer, Kirchensteuer, Sozialabgaben, Kranken-, Lebens-, sonstige freiwillige Versicherungen, Steuerklasse

Dispositionsdaten
Bisherige Einsatzorte und Einsatzzeiten, gegenwärtiger Einsatzort und Einsatzzeiten, zukünftige Einsatzorte und Einsatzzeiten

Fähigkeitsdaten
Kenntnisbezogene Merkmale, physische Merkmale, psychische Merkmale (Übersicht 2.2)

Übersicht 8.30: Exemplarischer Inhalt einer Mitarbeiterdatenbank

(b) Stellendaten

Umfang und Bedeutung der Stellendatenbank hängen von einer Vielzahl von Einflußfaktoren ab. Anders als bei der Personaldatenbank prägen hier primär betriebsinterne Gesichtspunkte Struktur und Umfang der Stellendatenbank. Von einer umfangreichen Stellendatenbank ist besonders in **drei Fällen** auszugehen:

- Bei zunehmender Computerunterstützung der Produktion und durch integrative Fertigungsverfahren (*CIM*) übernimmt die Stellendatenbank eine Teilfunktion der Dispositionsdatenbank. Auslösender Impuls dabei ist die Notwendigkeit, zu jedem Zeitpunkt Schlüsselstellen an Fertigungsstraßen besetzt zu halten.

- Bei großen Unterschieden in den Anforderungsprofilen und bei häufig wechselnder Personalzuordnung dient die Stellendatenbank dazu, umfassende Informationen über *Mindestanforderungen* an potentielle Stelleninhaber zu speichern.
- Bei größeren und nicht stark dezentralisierten Unternehmen kommt der Arbeitsplatzdatenbank eine *Kontrollfunktion* im Zusammenhang mit der Budgetplanung zu. Hier geht von der Arbeitsplatzdatei der Impuls zur Überprüfung der Stelle aus.

Der Aufbau der Stellendatenbank erfolgt (im Extremfall) streng analog zur Mitarbeiterdatenbank, enthält also ebenfalls identifizierende Elemente, verwaltungstechnische Aspekte und vor allem Anforderungsdaten.

Ein schematisches Beispiel für eine derartige Arbeitsplatzdatei zeigt Abbildung 8.37: Danach wird für jede im Betrieb vorhandene Stelle eine Aussage darüber gemacht,

- wie die konkrete Stelle *inhaltlich* zu beschreiben ist,
- wann und wie die entsprechende Stelle zuletzt *überprüft* wurde,
- wo die Stelle in der organisatorischen Struktur *eingeordnet* ist und (vor allem)
- wie die Stelle zur Zeit *besetzt* ist, beziehungsweise wie sie bei kurzfristigen Engpässen durch Ersatzregelungen besetzt werden soll.

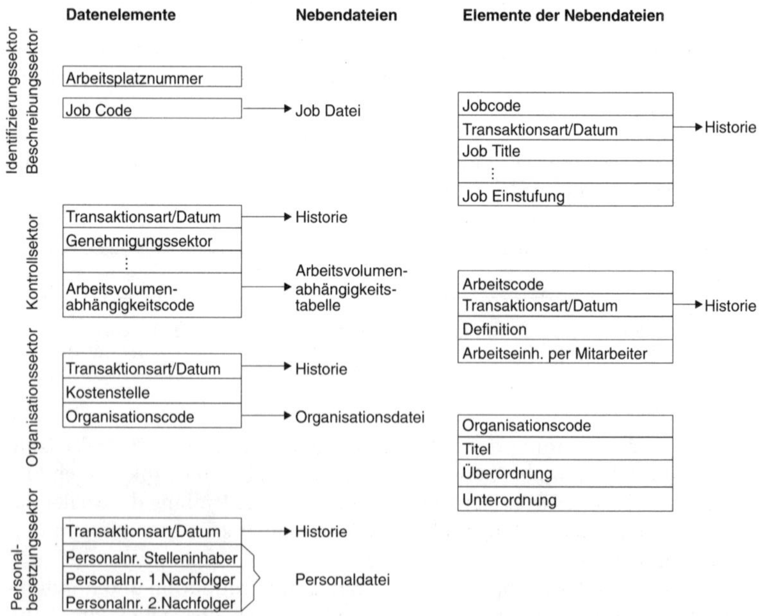

Abbildung 8.37: Arbeitsplatzdatenbank (modifiziert nach *Garbers* 1986)

8.4.4.4 Methodenaspekt

Speziell bei Personaldaten wurde auf Dezentralisierung und partielle Abschottung hingewiesen. Anders gelagert ist der Fall bei dem Methodensystem: Hier kann es durchaus sinnvoll sein, eine **durchgängige Methodenbank** für alle drei Managementebenen bereitzustellen. Dies gilt besonders deshalb, weil eine Reihe von Methoden multifunktional einsetzbar sind.

Die Auswahl aus dem Methodenkatalog läßt sich durch eine Menüsteuerung benutzerfreundlich realisieren, bei der ein Benutzer sukzessive durch das Angebot des Systems geführt wird. Diese Benutzerführung impliziert auch die Möglichkeit eines direkten, ebenfalls menügesteuerten Zugriffs auf Planungsdaten.

Eine weitere Variante für die Realisierung einer Methoden- und Modellbank ist der Einsatz von **Expertensystemen** (vgl. Abschnitt 8.4.2.5): Ein derartiges wissensbasiertes System würde nicht nur das vielfältige Methodenangebot im Bereich der Personalwirtschaftslehre „kennen“, es würde den Benutzer auch im Rahmen eines interaktiven Problemlösungsprozesses sukzessive zu einem geeigneten Verfahren hinführen. Da Expertensysteme zudem – zumindest in einem begrenztem Maß – über „künstliche Intelligenz“ verfügen, kann der Benutzer zu Problemlösungen kommen, die sich ihm zuvor aufgrund der Komplexität des Problems entzogen hatten.

Aus den eben beschriebenen Möglichkeiten ergibt sich folgender **Aufbau** eines betrieblichen Personalinformationssystems:

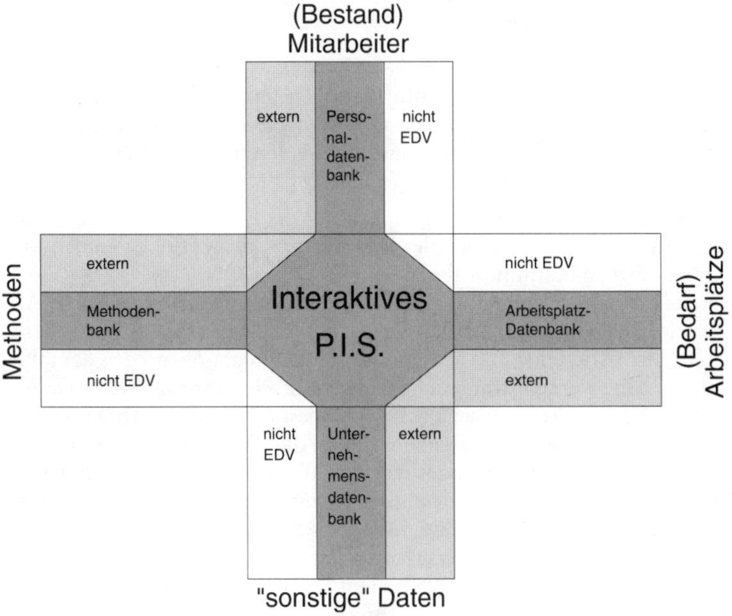

Abbildung 8.38: Interaktives Personalinformationssystem

- Im *Kern* besteht es aus der Personaldatenbank, der arbeitsplatzbezogenen Stellendatenbank, der Unternehmensdatenbank mit ihren gesamtbetrieblichen Rahmendaten sowie der personalwirtschaftlichen Methodenbank.
- (Noch) *nicht* in der *EDV* gespeicherte Daten betreffen ebenfalls die Mitarbeiterseite, die Anforderungsseite, Planungseckdaten sowie Planungsmethoden und speziell neu erstellte Modelle. Diese Daten können gegebenenfalls ebenfalls nach ihrer Einbeziehung in das Personalinformationssystem computergestützt verarbeitet werden; ansonsten bleiben sie zusätzliche Referenzinformationen.
- Hinzu kommen *externe Zugriffe* im Hinblick auf Aussagen über externes Arbeitskräfteangebot, Änderungen bei spezifischen Berufsbildern und im externen Umfeld sowie im Hinblick auf Verwendung externer Analyseverfahren.

Abbildung 8.38 faßt diese Grundkonzeption eines Personalinformationssystems zusammen.

Die Struktur eines Personalinformationssystems nach Abbildung 8.38 ist **losgelöst** von der verwendeten Technologie zu sehen: Die Technologieinvarianz von Personalinformationssystemen im Hinblick auf die logische Struktur erleichtert die Konzeptionsphase. So bleibt es aus der Perspektive des personalwirtschaftlichen Endanwenders gleichgültig, ob ein derartiges System im Sinne eines vollkommen integrierten Modells auf einem Großrechner realisiert wird oder aber ob Personal Computer zum Einsatz kommen.

8.4.4.5 Strukturaspekt

Im Rahmen der Strukturierung müssen Entscheidungen bezüglich der Verdichtung und der Selektion von Informationen getroffen werden. Hier stellt sich zum einen die Frage, ob zum Beispiel Mengen- und Werteflüsse getrennt erfaßbar und disaggregierbar sind und zum anderen, welche Informationen damit auf der jeweiligen Ebene zur Verfügung gestellt werden sollen.

Die Aggregations- und Disaggregationsgrade der Informationsbeziehungen werden durch die Beziehungen der Personalmanagementfelder zu den Managementebenen bestimmt:

- Diese Informationsbeziehungen erfolgen in *disaggregierender* Form. Aus der globalen Unternehmensstrategie leiten sich Vorgaben für den Personalbedarf (Abschnitt 3.4) ab. Über den Disaggregationsprozeß der taktischen Ebene werden strategische (Umsatz-)Ziele auf operative Organisationseinheiten verteilt. Auch die Personalbestandsanalyse (Abschnitt 2.4) mündet in strategische Vorgaben, die an die darunterliegenden Ebenen weiterzuleiten sind. Analoges gilt für die Personalveränderung (Abschnitt 4.4). Auch hier werden auf der strategischen Ebene Maßnahmen beschlossen, deren Umsetzung auf der taktischen beziehungsweise dann auf der operativen Ebene zu erfolgen hat. Hinzu kommt die Festlegung von Grundsätzen, wie Maßnahmen im Bereich der Personalbeschaffung, Personalentwicklung und Personalfreisetzung gehandhabt werden sollen. Vorgaben leiten sich auch aus dem Personaleinsatzmanagement (Abschnitt 5.4) sowie dem Personalkostenmanagement (Abschnitt 7.4) ab. Sie realisieren auch die Querverbindung zur strategischen Produktions- und Investitionsplanung.

- Spiegelbildlich zu diesen Disaggregationsprozessen sind *Aggregationsprozesse* vorzusehen. Sie betreffen Bedarfsaggregationen im Sinne von stellenspezifischen Anforderungen, Aggregationen des vorhandenen Personalbestandes, tatsächlich realisierte Beschaffungen, Freisetzungen und Entwicklungen sowie erfolgte beziehungsweise geplante Personaleinsätze und korrespondierende Personalkosten.
- Zusätzlich zu diesen Informationsbeziehungen zwischen den Managementebenen dienen *horizontale* Informationsbeziehungen dazu, die jeweilige Managementebene mit eigenen Datenbeständen zu versorgen sowie den Anschluß an externe Informationsquellen zu realisieren.

Diese (logische) Struktur macht noch keine Aussagen dazu, über welche Kommunikationsmedien der Datenaustausch erfolgt, beziehungsweise wo und wie die entsprechenden Daten gespeichert werden. Diese Fragen sind im wesentlichen nur einzelfallspezifisch beantwortbar.

Fest steht aber, daß im Rahmen eines integrierten Personalinformationsmanagements ein Teil der Informationsübermittlungen computergestützt erfolgen kann und muß. Daraus ergeben sich zumindest einige grundsätzliche Überlegungen zur technologischen Realisation solcher Systeme: So muß die jeweils untere Managementebene (begrenzt) auf Informationsbestände der höheren Ebene(n) zugreifen können. Eine derartige Lösung bietet sich speziell für die taktische und strategische Ebene im Hinblick auf das Abfragen zentraler Eckdaten der Unternehmensplanung an, wie sie im Zusammenhang mit allen Planungsfeldern anfallen. Obwohl diese Informationen langfristigen Charakter haben, ist gerade hier ihre Aktualität entscheidend. Konkrete Soll-Vorgaben dagegen sind im Regelfall periodisch zu erstellen, da nur dann sinnvolle Maßnahmen daraus ableitbar sind. Aus diesem Grund erfolgt hier keine fallweise Abfrage, sondern vielmehr ein systematischer Datentransfer.

Speziell bei der letztgenannten **Transformation** der individuellen Bestandsdaten in gruppenspezifische Informationen ergibt sich allerdings die Notwendigkeit, einen „Durchgriff" der taktischen Ebene auf individuelle, personenbezogene Daten auszuschließen. Dies impliziert eine strikte Trennung der Datenbestände und eine Regelung des Datentransfers, bei der nur die bereits aggregierten Daten in die taktische Ebene gelangen dürfen.

Im Gegensatz dazu sind bei den beiden übrigen Funktionen durchaus neben der reinen Aggregation auch Selektionsvorgänge zulässig: Danach kann die taktische Ebene über von ihr selber zu gestaltende Abfragen zum Beispiel konkrete Anforderungsprofile von Arbeitsplätzen beziehungsweise Stellen erhalten. Sie ist somit berechtigt, Daten sowohl von der operativen als auch von der strategischen Ebene abzurufen.

Diese ebenenbezogenen Überlegungen führen zu einer **Erweiterung** des in Abbildung 8.38 präsentierten Grundmodells eines betrieblichen Personalinformationssystems (Abbildung 8.39).

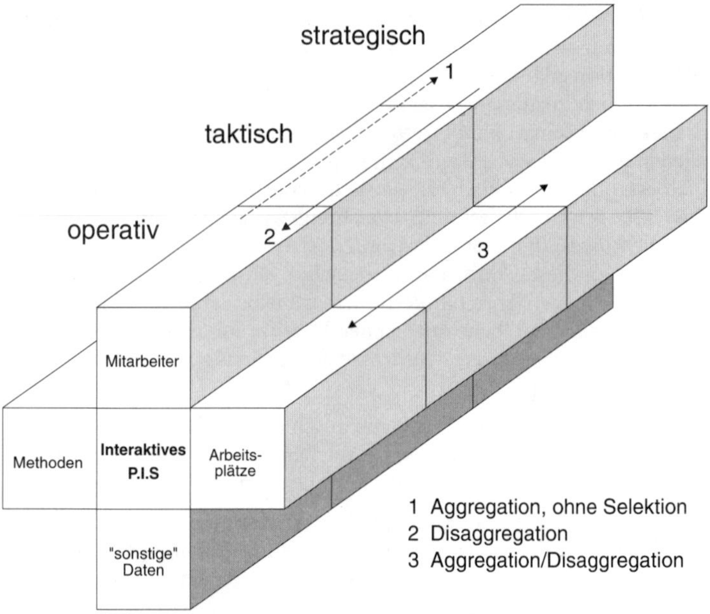

Abbildung 8.39: Hierarchisches Personalinformationssystem

Zusammenfassend macht die (Informations-)Strukturstrategie Aussagen dazu,

- welche *Kommunikationsbeziehungen* vorzusehen sind und speziell welche Aggregations- beziehungsweise Disaggregationsprozesse dies erfordert,
- wie die *Rollen* zwischen den einzelnen Managementebenen im Hinblick auf Informationsverarbeitungsprozesse zu definieren sind und
- welche *(De-)Zentralisation* von Datenbeständen in Verbindung mit entsprechenden Zugriffsrechten vorzusehen ist.

Eine solche Informationsstruktur kann allerdings nicht isoliert von den übrigen organisatorischen Gegebenheiten im Unternehmen festgelegt und implementiert werden. Dies gilt besonders für die praktizierten Planungssysteme und die dort dominierenden Informationsflußrichtungen.

8.4.4.6 Sicherheitsaspekt

Datensicherungsmaßnahmen lassen sich in zwei Gruppen einteilen: **Zugangskontrollen** sollen sicherstellen, daß nur die für eine Aufgabe jeweils vorgesehenen Mitarbeiter die entsprechenden Datenbestände bearbeiten können; **Backup-Systeme** sollen dafür sorgen, daß eine unabsichtliche oder beabsichtigte Zerstörung von Datenbeständen in ihrer Konsequenz abgemildert werden, indem derartige Datenbestände wiederhergestellt werden können (Recovery).

Bei der **Zugangskontrolle** bietet sich ein sukzessives Verfahren für Personenidentifikation, Hardware-Kontrolle, Software-Funktionskontrolle und Datenkontrolle an, wobei die ersten beiden Punkte nur bei Existenz eines abgegrenzten EDV-Raumes Sinn machen (vgl. *Schuster* 1984, 37–43):

- Zunächst einmal muß der Mitarbeiter beim Betreten von sensiblen Betriebsbereichen bei der Einlaßkontrolle einen fälschungssicheren *Mitarbeiterausweis* vorweisen,wobei das wichtigste Kontrollmerkmal aus dem Lichtbild besteht. Alternativen dazu sind Lesegeräte, die automatisch Ausweise (im Ausnahmefall sogar einschließlich des Lichtbilds) lesen können.
- Über eine entsprechende *Zugangsregelung* (Schlüssel, maschinenlesbare Kennkarte, Zahlencode) erhält der Mitarbeiter Zugang zu dem Raum, in dem die Datenverarbeitung stattfindet.
- Über einen weiteren Schlüssel erhält der Mitarbeiter die Berechtigung, an seinem *Terminal* oder Personal Computer zu arbeiten.
- Über *Systemkommandos* kann der Mitarbeiter versuchen, die Verbindung zum Rechner herzustellen, wobei speziell bei Großrechnern an dieser Stelle bereits Paßworte installiert sind, die die Berechtigung des Benutzers prüfen können.
- Spätestens beim konkreten Zugriff auf das computergestützte Personalinformationssystem ist jetzt festzustellen, welche *Kompetenz* dem betreffenden Mitarbeiter eingeräumt wird. Die Kompetenzstufe ergibt sich aufgrund eines hierarchisch gestaffelten Systems, das (mindestens) drei Dimensionen unterscheidet:
  - die Datensätze (unternehmensbereichsbezogen), für die der betreffende Mitarbeiter zuständig ist,
  - die Felder im Datensatz, die in den Kompetenzbereich des entsprechenden Mitarbeiters fallen und
  - die Funktionen, die der Mitarbeiter mit diesen Feldern durchführen kann (Lesen/Schreiben).
- Überwiegend bei Großrechnersystemen erfolgt zudem eine *ex post-Kontrolle* dadurch, daß sämtliche Zugriffe mit Benutzernamen und den angesprochenen Dateien sowie den vorgenommenen Operationen protokolliert werden. Die dazu erforderliche Protokolldatei muß allerdings wiederum selbst gegen mögliche Manipulationen geschützt werden.

Backup-Systeme ermöglichen eine Restaurierung von Datenbeständen nach (un-)absichtlicher Zerstörung der Datenbestände.

- Bei Großrechenanlagen werden Backup-Sicherungen auf Basis des Gesamtsystems *periodisch* durchgeführt, wobei immer der Zustand vor Durchführung der letzten Backup-Aktion wieder herstellbar ist. Darüber hinaus sorgen viele Personalinformationssyteme *automatisch* für Sicherungskopien. Aus diesem Grund braucht sich ein Personalmanager, der sich des Großrechners bedient, im Regelfall nicht mit derartigen Datensicherungsmechanismen auseinanderzusetzen.
- Völlig anders gelagert ist der Fall beim Personal Computer. Hier werden nur in seltenen Fällen Sicherungskopien automatisch angelegt. Dies bedeutet, daß der *Benutzer* seine eigenen Datenbestände regelmäßig sichern

muß. Dies gilt umso mehr, als Personal Computer in der Regel weit weniger als Großrechner in der Lage sind, Fehleingaben abzufangen und somit häufiger ein Zusammenbrechen des gesamten Systems stattfindet.

8.4.4.7 Organisationsaspekt

Allenfalls in Kleinbetrieben und auch hier nur in Ausnahmefällen dürften alle Personaldaten gemeinsam in einer Datei verwaltet werden. Im Normalfall bietet sich eine aus der personalwirtschaftlichen Ablauforganisation abgeleitete **Aufteilung** der Datenbestände an. Dies impliziert eine Abstufung der Zugriffsregelungen. Hierbei steckt bereits das Bundesdatenschutzgesetz enge Grenzen (vgl. Abschnitt 8.4.2.6). Aus diesem Grund ist vor allem sicherzustellen, daß nur der jeweils für eine konkrete Fragestellung relevante Personenkreis Zugang zu den Personendaten erhält.

Dies führt zu einer unterschiedlichen Behandlung der verschiedenen Datenarten in der Mitarbeiterdatei, auf die von den unterschiedlichen Teilsystemen zugegriffen wird:

- Aufgrund der Gesetze und Tarifvorschriften im Personalwesen (sowie für die Personalverwaltung) bietet sich für die *Lohn- und Gehaltsabrechnung* eine zentrale Organisationsform an. Diese stellt sicher, daß die Fülle der Vorschriften im gesamten Unternehmen beachtet wird. Dies schließt eine dezentrale Datenerfassung von monatlichen Informationen (zum Beispiel Zeiterfassung) nicht aus. Ebenfalls möglich ist die dezentrale Erfassung, kombiniert mit einer Abwicklung der Lohn- und Gehaltsabrechnung durch ein externes Dienstleistungsunternehmen. Mit zunehmendem Leistungspotential im Bereich der (größeren) Personal Computer dürfte aber der Bedarf für diese externe Dienstleistung abnehmen.
- *Dispositionsdaten* müssen in vielen Fällen dezentral gehalten werden. So betreffen Schichtpläne den Personaleinsatz vor Ort und sind auch von dort aus zu gestalten. Weiterreichende Dispositionsdaten, etwa im Bereich der Laufbahnplanung oder des Job Rotation, sind dagegen eher zentral zu verwalten.
- Auf *Fähigkeitsdaten* darf ausschließlich die jeweilige Personalabteilung zugreifen. Hier hängt es von der Größe des Unternehmens ab, inwieweit eine Dezentralisierung der Personalabteilung vorzunehmen ist, die sich dann auch in einer Dezentralisierung der Zugriffsrechte und gegebenenfalls der Datenspeicherungen widerspiegelt.

Zu betonen ist damit der Sondercharakter von personenbezogenen Daten in einem solchen System. Sie fallen ausschließlich auf der administrativen Ebene an. Hier ist sicherzustellen, daß sie auch tatsächlich nur von Instanzen der operativen Ebene verwertet und in jedem Fall dem Zugriff von Vertretern der taktischen beziehungsweise der strategischen Ebene entzogen werden sollten. Zusammenfassend gilt daher für die Lohn- und Gehaltsabrechnung das Postulat der Standardisierung, für die Dispositionsdaten das der Dezentralisierung und für die Fähigkeitsdaten das der Kompatibilität.

In diesem Zusammenhang stellt sich auch die Frage nach der Einführungsstrategie. Angesichts der Sensitivität des Personalbereiches kann dies nur eine evolutionäre Strategie sein. Aufgrund der mitbestimmungsrechtlichen

Erfordernisse bedeutet dies aber dennoch den Entwurf einer Gesamtkonzeption, die dann sukzessive umgesetzt wird. Eine solche Evolutionsstrategie kann mit dem „Prototyping" beginnen, bei dem für ausgewählte Planungsprobleme eine veränderte Informationsgrundlage geschaffen und dann darauf aufbauend der Gesamtkomplex konfiguriert wird. Vor allem bei einer PC-Lösung müssen jedoch organisatorische Konzepte und Maßnahmen gegen „Wildwuchs" Teil dieser Strategie sein. Denn gerade eine dezentrale Datenverarbeitung mit Personal Computern bietet zwar ein hohes Lösungspotential, aber auch einen nicht zu unterschätzenden Gefahrenherd (vgl. *Couger* 1987):

- Ohne eine entsprechende Grundstrategie werden unterschiedlichste Personal Computer mit unterschiedlichster Software angeschafft, ohne daß Kompatibilität selbst zwischen einfachen und häufigen Anwendungen, wie z.B. Tabellenkalkulationsprogrammen, Textverarbeitung, Datenbanksysteme, gewährleistet ist.
- Die scheinbare Preisgünstigkeit von Standard-Software auf dem Personal Computer verleitet zur unkontrollierten Anschaffung derartiger Programme und führt damit zu immer neuen Einarbeitungsphasen.
- Einweisungsbedarf und Schulungsnotwendigkeiten für Personal Computer werden selten systematisch geplant.
- Rechneraktivitäten werden ohne Rücksicht auf Sinnhaftigkeit und Relevanz der Ergebnisse beansprucht.
- Unerfahrene Endanwender produzieren mit unzähligen Versuchen und unzähligen Irrtümern nicht nur Kapazitätsprobleme, sondern zudem sachliche Planungsfehler.
- Ohne eine systematische Datenverwaltungsstrategie kann speziell die Datenintegrität kaum gewährleistet werden.
- PC-Anwender legen eigenmächtig Datenbestände an, entweder mit selbst (auf teilweise undefinierbaren Wegen) ermittelten Informationen oder aber als Kopien von Daten aus anderen (EDV-) Abteilungen.

Auf diese Weise werden gerade im Personal Computer Bereich die Vorteile, die sich aus einer Dezentralisierung ergeben, leichtfertig verspielt. Während Kontrollstrategien bei Großrechnern überwiegend auf bewußten Mißbrauch der Systeme abstellen, sind Kontrollstrategien bei Personal Computer Systemen eher auf unbeabsichtigte Ressourcen-Fehlallokation auszurichten. Nötig ist also eine systematische Planung des EDV-Einsatzes.

In diesem Zusammenhang ist auch zu fragen, wie eine veränderte Informationsstrategie im Unternehmen **finanziert** werden soll. Eine Reduktion von zentralen EDV-Etats zu Lasten von dezentralen PC-Etats scheint hier unausweichlich. Aber auch das birgt Konfliktpotential. Werden derartige Mittel nicht offen zur Verfügung gestellt, kommt es zu diversen versteckten Beschaffungsaktivitäten, die ebenfalls den „Wildwuchs" fördern.

Zu den Aufgaben der Projektleitung gehört auch die Festlegung der **Beschaffungsstrategie**. Dazu ist die Frage nach der fachlichen Zuständigkeit zu beantworten. Speziell bei Dezentralisierungs-Strategien sind Konflikte mit der zentralen EDV-Abteilung meist vorprogrammiert, zumindest aber nicht auszuschließen. Problematisch ist auch die Wahl der Bezugsquelle:

Während bei Großrechner-Lösungen überwiegend die Realisation in der Hand eines einzigen Herstellers/Lieferanten liegt, ist bei der Fülle von Möglichkeiten im PC-Bereich eine Verteilung auf mehrere Softwarehäuser und Gerätelieferanten häufig unausweichlich und mitunter auch sinnvoll. Deshalb ist eine Entscheidung zu treffen zwischen den drei Grundalternativen

- Bezug aus *„einer Hand"*, was Koordinationsvorteile bietet, aber auch den Nachteil mit sich bringt, eventuell an bestimmte Hard- und Software der jeweiligen Lieferanten gebunden zu sein,
- Realisation einer *betriebsspezifisch* abgestimmten Konfiguration mit Hilfe unternehmenseigener Stabsstellen oder
- die Nutzung *externer* Dienstleistungsunternehmen (Outsourcing).

Ferner ist zu klären, welcher **zeitliche Rahmen** für die Einführung eines computergestützten Personalinformationssystems zur Verfügung steht. Innerhalb weniger Wochen können allenfalls kleinere Korrekturen vorgenommen oder Programme auf der taktischen Ebene angefertigt werden. Grundlegendere Veränderungen sind dagegen nur in einem Zeitrahmen von zwei bis drei Jahren möglich: Dieser Bedarf ergibt sich nicht zuletzt daraus, daß bereits in der Planungsphase umfassend das später involvierte Personal zu berücksichtigen ist.

8.4.4.8 Akzeptanzaspekt

Bereits seit Mitte der 70er Jahre hat es sich eingebürgert, Personalinformationssystemen äußerst kritisch gegenüberzustehen und an ihre Anwendung weniger Hoffnungen, denn eher Befürchtungen zu knüpfen. Daraus resultiert bis heute eine überwiegend **ablehnende** Haltung, die besonders markant und charakteristisch in der vielzitierten Untersuchung von *Heinrich* und *Pils* (1977, 29) zum Ausdruck kommt. Als Ablehnungsgründe für Personalinformationssysteme werden danach die fehlende Gleichartigkeit der Fähigkeits- und Anforderungsprofile, die prohibitive Betriebsgröße und die Systemkosten sowie die mangelnde Anpassungsfähigkeit der Konzepte ins Feld geführt.

Im Mittelpunkt dieser und ähnlicher Argumentationen stehen immer Einwände gegen computergestützte Informationssysteme: zum einen Zweifel an der Fähigkeit derartiger Systeme, die gestellten Aufgaben zu lösen, und zum anderen die Angst vor ihren dysfunktionalen Konsequenzen.

Symptomatisch sind auch die oft **unkritischen** Wiederholungen von Beispielen, die zu negativen Konsequenzen einer Verwendung des Computers für die Mitarbeiter geführt haben. Dazu zählt der vielzitierte „Werkbus-Fall" (vgl. *Wimmer* 1985, 230): Danach hatte ein Unternehmen einen zu hohen Anteil an älteren Frauen im Unternehmen festgestellt und zugleich – mit einem Personalinformationssystem (!) – ermittelt, daß diese älteren Frauen überwiegend außerhalb der Stadt wohnten; aus „Kostengründen" wurden daher die Werkbusse abgeschafft und so die Frauen zur Kündigung veranlaßt. Unabhängig von der Authentizität und Wiederholbarkeit wird häufig die Tatsache übersehen, daß solche Strategien unabhängig von der Existenz eines Personalinformationssystems entwickelbar beziehungsweise auch durch eine Verhinderung des Einsatzes solcher Systeme nicht auszuschließen sind.

Derartige Argumentationen verstellen nicht nur den Blick auf wesentlich gravierendere Gefahren, die von einer Konstruktion dieser Systeme ausgehen können; hier ist speziell auf die Kombination von Dezentralisierungstendenz und Großrechnerkopplung hinzuweisen. Vor allem aber werden die Chancen übersehen, die ein Personalinformationssystem – bei korrekter Konstruktion und korrekter Anwendung – auch und gerade für die Mitarbeiter im Unternehmen bieten kann.

Systematisiert man allerdings die oben angesprochenen Probleme mit Hilfe des in Kapitel 1 diskutierten **Akzeptanztheorems**, so läßt sich die Problematik zu folgenden Punkten verdichten:

- Oft fehlt ein bewußt verspürter *Problemdruck*. Wenn ein Personalleiter tatsächlich der Auffassung ist, eintausend Mitarbeiter mit allen ihren Stärken und Schwächen „im Kopf" zu haben, so ist kaum davon auszugehen, daß er die Unterstützung eines computergestützten Personalinformationssystems als notwendig erachtet.
- Das Problem der als gering vermuteten *Methodeneignung* betrifft besonders die Anforderungen hinsichtlich Flexibilität und Kontextsensitivität. Gerade hier lassen aber neuere Systeme aufgrund der Interaktivität auch flexible Nutzungsmöglichkeiten zu. Dies gilt ebenso für die Berücksichtigung des individuellen Kontextes der Informationen. Dieser Punkt kann sich allerdings auch zum Nachteil auswirken, wenn gerade durch die Verknüpfung unterschiedlicher Tatbestände ein Gesamtkontext aufgedeckt wird, der ohne Computerunterstützung wahrscheinlich verborgen geblieben wäre.
- (Subjektive) psychologische und (objektive) informatorische *Implementationsprobleme* stellen einen gravierenden (Hemm-)Faktor bei Einführung und Betrieb computergestützter Informationssysteme dar. Dies betrifft nicht nur die Widerstände der Arbeitnehmervertretungen, sondern auch die Rolle der Systembenutzer und die der Adressaten von Planungsergebnissen auf allen hierarchischen Ebenen.
- Die *Kompetenzangst* spielt ebenfalls eine wichtige Rolle. Sie kann auftreten,
  - wenn Verantwortliche im Personalbereich in computergestützten Lösungen eine zwingende Determinierung von Entscheidungen sehen, die ihre eigene Entscheidungskompetenz einschränken,
  - wenn sich potentielle Anwender bei der Bedienung von Personalinformationssystemen überfordert fühlen,
  - wenn die EDV-Abteilung eine Einschränkung ihrer Bedeutung befürchtet oder
  - wenn sich der Betriebsrat gegenüber der Unternehmensseite im Informationsrückstand sieht.

Die vier Komponenten des Akzeptanztheorems implizieren eine Checkliste und sind daher beim Entwurf sowie bei der Implementierung von Personalinformationssystemen zu berücksichtigen:

(1) Akzeptanzsicherung bedeutet danach zunächst die Auseinandersetzung mit dem tatsächlichen **Problemdruck**: Dieser artikuliert sich nicht zwingend als Forderung nach einem betrieblichen Personalinforma-

tionsmanagement. Vielmehr deuten eine Reihe von anderen Symptomen auf Problemdruck hin, so zum Beispiel
- zusätzlicher Bedarf an Mitarbeitern,
- unbefriedigte Informations-Nachfrageaktivitäten von anderen Stellen,
- „überraschende" Entwicklungen im Bereich des Personalbestands,
- informatorisch nicht untermauerte Entscheidungen auf den Managementfeldern Personalbeschaffung, -entwicklung und -freisetzung,
- fehlende Anstrengungen des Personalbereichs hinsichtlich einer initiativaktiven Verbesserung der Mitarbeiterstruktur und -qualifikation sowie offene Deklarationen einer Überlastung der Personalabteilung.

Weitere Indikatoren sind ebenso erhöhte Fluktuations- und Abwesenheitsraten, die letztlich auch ein Ausdruck für mangelhafte Personalarbeit aufgrund unzureichender informatorischer Gestaltung sein können.

(2) Problemdruck alleine rechtfertigt noch keine Veränderungen im betrieblichen Personalinformationsmanagement: Entsprechend dem Akzeptanztheorem ist vielmehr auf die **Methodeneignung** zu achten. Dies impliziert zum einen die objektive Fähigkeit der vorgeschlagenen Strategie, den zuvor definierten Problemdruck tatsächlich abzubauen. Neben den objektiven Merkmalen ist das subjektive Gefühl der Betroffenen ausschlaggebend: Entscheidend für die Akzeptanz eines betrieblichen Personalinformationsmanagements ist somit weniger die tatsächliche Eignung der vorgeschlagenen Strategie, als vielmehr die subjektive Perzeption dieser Eignung bei den Betroffenen.

(3) Hinsichtlich der zu involvierenden **Promotoren** fordert das Akzeptanztheorem einen Machtpromotor innerhalb der Personalabteilung und einen – gegebenenfalls auch extern anzusiedelnden – Fachpromotor. Erst dieses Zusammenspiel sichert die sinnvolle Entwicklung und Einführung betrieblicher Personaldatenverarbeitung. Ein betriebliches Personalinformationsmanagement involviert zwangsläufig alle drei Managementebenen. Dementsprechend müssen bei Systementwicklung und Systemeinführung die Vertreter aller drei Ebenen in die Implementationskette einbezogen werden, da nur dies eine spätere Akzeptanz gewährleistet. Nicht zuletzt aufgrund gesetzlicher Vorschriften gehört dazu auch die Berücksichtigung des Betriebsrates.

(4) Implementationsversuche einer betrieblichen Personalinformationsstrategie können bei Existenz des **Kompetenzangst**-Syndroms scheitern: Danach entsteht durch die Intensivierung eines Personalinformationsmanagements bei den Betroffenen das subjektive Gefühl,
- eine Einengung des eigenen Entscheidungsspielraums zu erfahren,
- Informationen und damit Sachkompetenz an andere Unternehmensmitglieder abzugeben,
- in der Anwendung der Methoden überfordert zu sein oder aber
- durch das zu entwickelnde System zu Planungen oder Maßnahmen gezwungen zu werden, die ihrem bisherigen Vorgehen nicht entsprechen.

In allen diesen Fällen produziert der Versuch, ein betriebliches Personalinformationsmanagement zu forcieren, Kompetenzangst. Diese ist zu beseitigen, indem

- bei der Entwicklung des Systems auf die spezifischen Benutzerinteressen Rücksicht genommen wird und
- Hemmschwellen im Umgang mit der teilweise neuen Technologie abgebaut werden.

8.4.4.9 Kulturaspekt

(a) Bedeutung der Informationskultur

Das *Informationsverhalten* von Organisationsmitgliedern manifestiert sich in der Beschaffung, Verarbeitung und Weiterleitung von Informationen. Diesem Informationsverhalten gilt seit langem intensives Forschungsinteresse. Dies betrifft nicht nur präskriptive Vorschläge zur „richtigen" Informationsverarbeitung, sondern auch deskriptive Ansätze zum tatsächlichen Informationsverhalten (vgl. z. B. *Witte/Zimmermann* 1986).

Folgt man dem streng *analytisch-empirischen* Forschungsparadigma, so läßt sich Informationsverhalten umso eher erfassen und in einem Informationsmanagement gestalten, je feiner einzelne Teilaspekte des Informationsverhaltens heraus-"seziert" und empirisch großzahlig in der Realität erhoben werden. Die dadurch gewonnenen Erkenntnisse zeigen jedoch eine unüberschaubare Fülle von individuellen und indeterminierbaren Verhaltensweisen, so daß es aus Sicht der analytisch-empirischen Forschung fast unmöglich erscheint, die vielfältigen intra- und interpersonellen Informationsverhaltensweisen zu erfassen und zu unternehmensspezifischen Spielregeln zu verdichten. Dennoch bewältigen Organisationsmitglieder diese scheinbare Systemlosigkeit in ihrem individuellen und kollektiven Informationsverhalten. Eine Erklärung hierfür könnte das bereits in Abschnitt 6.4 beschriebene Konzept der Unternehmenskultur und speziell die hier postulierte Informationskultur als funktionale Teilkultur geben (vgl. *Scholz* 1990): Danach steuert die vom Individuum (intuitiv) erfaßte, spezifische Kultur einer Organisation als kollektiv perzeptiertes und akzeptiertes Verhaltensmuster (auch) das individuelle Informationsverhalten.

In Analogie zur Unternehmenskultur läßt sich daher **Informationskultur** definieren als das implizite Bewußtsein einer Organisation, das Aussagen über das „typische" Informationsverhalten in dieser Organisation macht. Sie besteht aus Erfahrungen der Organisationsmitglieder, etablierten Erfolgsmustern, allgemein geteilten Werten, generell gültigen Zielvorschriften sowie allgemeinen Verhaltensrichtlinien in Bezug auf die Beschaffung, Verarbeitung und Weiterleitung von Informationen. Aus der Fülle der individuellen Informationsverhaltensweisen bildet sich also im Laufe der Zeit eine organisationsspezifische Informationskultur.

Diese Informationskultur beeinflußt als Basisnorm durchgängig das individuelle Informationsverhalten im Unternehmen und damit langfristig auch das individuelle Wertesystem der Organisationsmitglieder. Sie ist damit ein real existierendes Phänomen mit verhaltenssteuernder Wirkung: Selbst wenn die von den Organisationsmitgliedern (unbewußt) perzeptierte Informationskultur einmal nicht treffend das Informationsverhalten der Organisationsmitglieder auf einer generalisierenden Basis beschreibt, so wirkt sie dennoch verhaltenssteuernd. Das individuelle Informationsverhalten der Organisationsmitglieder sowie gegebenenfalls auch die individuellen Werte nähern sich demnach der Informationskultur über einen zwangsläufig einsetzenden Sozialisationsprozeß an.

(b) Erfassung der Informationskultur

Die entscheidende These, die für die zentrale Bedeutung der Informationskultur spricht, besagt, daß gerade der Umgang mit Informationen im Unternehmen ausschlaggebend für die charakteristische Prägung des Unternehmens und für seinen Erfolg ist. Ein hieran ansetzendes Informationskulturmanagement erfordert daher eine möglichst exakte Bestimmung der bestehenden Ist-Informationskultur. Denn wenn auch die Informationskultur ein stark komplexitätsreduzierendes und damit relativ einfaches Grundmuster organisatorischen Informationsverhaltens darstellt, ist die Frage nach ihrer Erfaßbarkeit nicht trivial.

Ein im folgenden vorgestellter Weg zur Erfassung der unternehmensspezifischen Informationskultur (vgl. *Scholz* 1991b) leitet sich aus dem in Abschnitt 6.2.4.3 präsentierten Vorschlag von *McClelland* (1975; 1985) ab, der eine Differenzierung zwischen
- dem Streben nach Macht,
- dem Streben nach Leistung,
- dem Streben nach Zugehörigkeit sowie
- dem Streben nach Vermeidung

vornimmt. Während allerdings *McClelland* seinen Bedürfnis-Mix ausschließlich einzelfallspezifisch auf der individuellen Verhaltensebene ansiedelt, ist es für den informationskulturellen Ansatz notwendig, die vier zentralen Bedürfnisse in Richtung *genereller Basisnormen* umzuinterpretieren. Zudem sind alternative **Bezugsbasen** vorzusehen, wonach sich die Basisnormen
- auf das Individuum,
- die Gruppe oder
- das gesamte Unternehmen

beziehen können. Damit ergeben sich *zwölf potentielle Dimensionen* der Informationskultur (Übersicht 8.31).

Nimmt man zur Verdeutlichung dieser beiden Weiterentwicklungen des Ansatzes von *McClelland* exemplarisch das *Machtmotiv* als Teil einer Informationskultur, so führt dies zu folgenden drei Möglichkeiten:
- Die Information dient ausschließlich der Erhaltung und Vergrößerung der *individuellen* Macht. Es gehört danach zu den allgemein akzeptierten Spielregeln, Informationsbarrieren aufzubauen und nur selektiv (möglichst unwichtige) Informationen weiterzugeben.
- Die Informationsbarrieren werden um die *Gruppe* (z. B. Abteilung) gezogen: Ein freier Informationsaustausch findet also nur innerhalb der Gruppe statt, während sich die Gruppe gegenüber konkurrierenden Gruppen abschottet, um so ihre (Informations-)Macht zu steigern.

Basisnormen	**Bezugsbasen für die Informationskultur**		
	Individuum	Gruppe	Unternehmen
Streben nach Leistung			
Streben nach Macht			
Streben nach Zugehörigkeit			
Streben nach Vermeidung			

Übersicht 8.31: Basisnormen und Bezugsbasen der Informationskultur

- Im dritten Fall wird das Streben nach Macht auf das gesamte *Unternehmen* bezogen. Hier fehlen intraorganisatorische Informationsbarrieren. Dagegen existieren Schutzmechanismen, die den freien Informationsaustausch mit konkurrierenden Unternehmen verhindern sollen, da Information als (strategisches) Machtpotential angesehen wird.

In allen drei Fällen handelt es sich also, bezogen auf das Machtmotiv, um allgemein akzeptierte, *kollektive Basiswerte* im Unternehmen. Analoges gilt für die übrigen drei Bedürfnisse Leistung, Zugehörigkeit und Vermeidung.

Dieses Aufzeigen alternativer *Bezugsbasen* für (Des)Informationsverhalten bedeutet **kein Urteil** über die Vorziehenswürdigkeit bestimmter Alternativen: Vielmehr können alle drei Möglichkeiten sowie ihre diversen Mischformen im Einzelfall effektiv und effizient funktionieren. So kann das Vermeidungsstreben einerseits eine durchaus sinnvolle Komplexitätsreduktion bewirken, andererseits aber auch zu einer gefährlichen Reduktion der informatorischen Absicherung betrieblicher Entscheidungen führen.

Aufgrund der partiellen Redundanz dieser **zwölf** informationsbezogenen **Basisnormen** im Unternehmen wird nachfolgend eine Beschränkung auf **fünf** besonders relevante Basisnormen vorgenommen, nämlich auf
- Leistungsstreben bezogen auf die Gruppe,
- Leistungsstreben bezogen auf das Unternehmen,
- individuelles Vermeidungsstreben,
- individuelles Machtstreben und
- gruppenbezogenes Zugehörigkeitsstreben.

Die Merkmale Leistung, Macht, Zugehörigkeit und Vermeidung decken allerdings nur einen **Teilaspekt** der Informationskultur ab: Der Beschreibungssatz ist daher zu erweitern, wobei sich im Umgang mit betrieblichen Informationstechnologien die Merkmale Sicherheit, Offenheit, Ordnung, Zentralisation, Technologiefreudigkeit, Flexibilität und Standardisierung anbieten. Übersicht 8.32 zeigt eine zusammenfassende Darstellung mit Definitionen und Hinweisen auf mögliche Erhebungstechniken für diese zwölf Merkmale.

Doch auch diese Erweiterung kann nur ein erster Schritt in Richtung auf einen umfassenden Merkmalsatz mit entsprechenden Erhebungstechniken

	Merkmal	Definition	Erfassung
1	Leistungsstreben/ Gruppe	Streben nach Erfolg und Zielerreichung der Gruppe	
2	Leistungsstreben/ Unternehmen	unternehmensbezogenes Streben nach Erfolg und Zielerreichung	
3	Vermeidungsstreben/ Individuum	individuelles Bedürfnis, bestimmte Dinge zu vermeiden	modifizierter TAT, Tiefeninterview
4	Machtstreben/ Individuum	individuelles Streben nach Überlegenheit und Macht	
5	Zugehörigkeitsstreben/ Gruppe	Streben nach sozialen Kontakten in der Gruppe	
6	Sicherheit	Schutz vor veränderten Bedingungen	
7	Offenheit	unlimitierte Beziehungen im Unternehmen sowie zur Umwelt	Fragebogen, (narrative) Interviews
8	Ordnung	Festlegung von Prinzipien zur Aufgabenerledigung	Dokumentenanalyse, Interviews mit Experten, Mitarbeiterinterviews
9	Zentralisation	Kompetenzverteilung im Leitungssystem	
10	Informationstechnologiefreudigkeit	Ausrichtung an technischen Neuerungen	Bestandsaufnahme der eingesetzten Technologie, Interviews, Fragebogen
11	Flexibilität	Anpassungsfähigkeit an veränderte Situationen	Dokumentenanalyse, Interviews mit Experten, Mitarbeiterinterviews
12	Standardisierung	Vereinheitlichung von Realisationsprozessen	

Übersicht 8.32: Informationskulturmerkmale und ihre Erhebungswege

zur Beschreibung der Informationskultur sein. In ähnlicher Weise wären daher noch weitere potentielle Merkmale von Informationskulturen deduktiv aus der Literatur abzuleiten und ebenso entsprechende valide Erhebungs- und Meßmethoden zu entwickeln.

Ein aussagefähiges Instrument zur Darstellung einer durch Merkmale beschriebenen Informationskultur ist das **Kreisdiagramm** („radar chart") (Abbildung 8.40): Es weist gleichzeitig die Ausprägung von mehreren Merkmalen aus, wobei der Nullpunkt jeweils in der Mitte und die maximale Ausprägung am Kreisrand liegt. Mit einer derartigen Darstellungsform

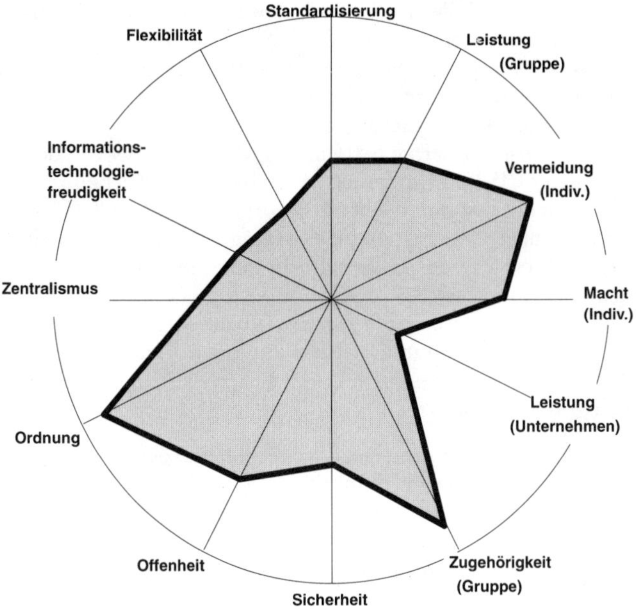

Abbildung 8.40: Exemplarische Informationskultur im Kreisdiagramm

kann man – anders als bei den herkömmlichen Profildiagrammen – die Ausprägungsstärke von Merkmalskombinationen visuell leicht erfassen.

(c) Kultursymptome

Kulturbezogene Zielvorstellungen der Unternehmensleitung werden zunächst über Kultur-Artefakte transportiert: Diese strahlen als künstlich geschaffene Kulturmanifestationen unternehmenskulturelle Wirkungen aus. Auch hierfür gibt es eine Vielzahl von Realisationsmöglichkeiten. Bedeutsam im Hinblick auf die Informationskultur ist der Kultureinfluß, der von **computergestützten Informationssystemen** (CIS) ausgeht: Neben funktionalen Merkmalen besitzen computergestützte Informationssysteme **symbolische Bedeutung,** da sie unter anderem Macht, Einfluß oder Technologiefreudigkeit ausdrücken. Diese symbolischen Werte von Computersystemen wirken ihrerseits wieder auf die Informationskultur beziehungsweise auf die Unternehmenskultur.
Mit symbolischen Wirkungen diverser Kulturphänomene beschäftigt sich die Unternehmenskulturforschung seit langem (vgl. z. B. *Pfeffer* 1981; *Pondy et al.* 1983; *Daft/Weick* 1984), **ohne** sich allerdings dabei substantiell mit den symbolischen Implikationen computergestützter Informationssysteme zu befassen. Ihr Potential erschließt sich jedoch, wenn man die zwei in Abbildung 6.30 verwendeten Klassifikationsschemata aus der Symbolik-Forschung miteinander **kombiniert** und computergestützten Informationssystemen zuordnet (vgl. *Scholz/Hofbauer* 1990; *Scholz* 1990):

- Danach werden Symbole zum einen klassifiziert nach drei **Typenklassen** (vgl. *Dandridge/Mitroff/Joyce* 1980, 77–82 sowie Abschnitt 6.4.5):
  - Beim *verbalen* Aspekt geht es ausschließlich um die Diskussion über computergestützte Informationssysteme; es bleibt gleichgültig, welche Funktionen das System tatsächlich ausübt.
  - Bei der *aktionsorientierten* Betrachtungsweise steht der Akt der Installierung eines CIS im Mittelpunkt; auch hier ist es gleichgültig, welche Funktionen das computergestützte Informationssystem tatsächlich erfüllt: Ausschlaggebend ist nur, **daß** es eingeführt und durch einen bestimmten Prozeß in das Unternehmen beziehungsweise in die Abteilung implementiert wird.
  - Die dritte Typenklasse ist die *materielle* Betrachtungsweise. Hier entsteht die Symbolik dadurch, daß ein konkret vorhandenes computergestütztes Informationssystem durch seinen Aufbau und seine Funktionen symbolisch wirkt.

- Diese drei Typenklassen lassen sich weiter differenzieren, wenn man die tatsächliche **Wirkungsweise** (Funktion) von Symbolen betrachtet (vgl. *Dandridge/Mitroff/Joyce* 1980, 77–82; *Dandridge* 1983, 69–79):
  - Zunächst gibt es Symbole, die Gegenstände *beschreiben* und durch diese Beschreibung informationskulturelle Bedeutungen offenlegen (können).
  - Weiterhin können Symbole durch ihre sichtbare Existenz die Ordnung im Unternehmen oder in der Abteilung manifestieren und dafür sorgen, daß Veränderungen nicht eintreten können („*stabilisierende* Funktion").
  - Die dritte Funktion, die von Symbolen ausgehen kann, ist die *Kontrolle* von Ressourcen. Hier dient der Computereinsatz zu Ressourcen-Allokationen im Unternehmen. Der Computer ist also nicht als physikalischer Gegenstand interessant, entscheidend ist vielmehr, daß solche Geräte in bestimmtem Umfang in bestimmte Abteilungen „vordringen" und dies mit der Zuteilung entsprechender Sach- und Personalmittel verknüpft ist.

Übersicht 8.33 zeigt als Kombination die daraus resultierenden neun Möglichkeiten.

Vertieft man exemplarisch aus Übersicht 8. 33 die Zelle *links oben*, so dominiert hier die Diskussion darüber, welche Funktionen der Computer tatsächlich ausführen soll. Dabei will man aber nicht etwa die Eigenschaften des Computers ergründen: Vielmehr bringt das Gespräch **über** den Computer informationskulturelle Phänomene an den Tag, die auch unabhängig von diesem System existieren. Im Gegensatz dazu geht es in der Zelle *rechts unten* in materieller Hinsicht tatsächlich um das computergestützte Informationssystem mit seinen (technischen) Funktionen. Durch seine Einführung werden jedoch auch (symbolische) Zeichen gesetzt, die weitere Folgeentscheidungen binden. Auf diese Weise sind kulturelle Änderungen in Organisationen durchführbar: So können ausreichende EDV-Etats in Verbindung mit Ansätzen zum Personal Computing dafür sorgen, daß Abtei-

	verbal	aktionsorientiert	materiell
beschreibend	Diskussion über Attribute, um zu einer gemeinschaftlichen Interpretation durch Datensammlung zu gelangen	Lokalisieren der Kultur-CIS-Beziehung im symbolischen Management	Bestandsaufnahme vorhandener CIS
system-erhaltend	Diskussion, um eine gemeinschaftliche Interpretation durch Bereitstellung von Daten zu erlangen	Verstärkung des Kultur-CIS-Fit durch symbolisches Management	Systemabgrenzung durch spezifische Ausgestaltung
ressourcen-kontrollierend	Diskussion, um eine Änderung in der Interpretation durch Bereitstellung neuer Daten zu realisieren	Unterstützung der Kulturänderung durch symbolisches CIS-Management	Unterstützung der Kulturänderung durch CIS-Änderung

Übersicht 8.33: Symbolische Bedeutung von computergestützten Informationssystemen

lungen nicht nur technisch-funktional aufgewertet werden, sondern auch symbolisch ein größeres Gewicht erhalten.

Speziell die Einführung von **lokalen PC-Netzen** ist hier ein wichtiges Instrument, um informationskulturelle Phänomene zu analysieren: Meist steht weniger die tatsächlich zu realisierende Leistung im Mittelpunkt, als vielmehr die *Interpretation der Existenz* solcher Netze, ihres Zugangs und der Mitwirkung bei ihrer Gestaltung. Beispielsweise verstärkt die Einführung eines LAN in der Topologie eines Sternnetzes eine hierarchisch, zentralistische Organisationsform, während Ring- oder Bus-Architekturen eine mehr gleichberechtigte, dezentrale Organsationsform betonen. Aber auch die Vernetzung an sich, kann, wenn damit beispielsweise (Informations-)Macht verloren geht, am Machtstreben der Organisationsmitglieder bzw. -gruppen scheitern. Auch das Vermeidungsstreben kann durch das Fehlen einer geeigneten Offenheit und Abwägung zu einer Blockade gegen die Einführung derartiger Netze führen.

Auch wenn ein Unternehmen glaubt, sich derartigen Überlegungen entziehen zu können, bleibt die **Existenz** informationskultureller Phänomene mit ihren Wirkungen dennoch eine unbestreitbare Tatsache. Gerade vor dem Hintergrund, daß mittlerweile in allen betrieblichen Bereichen EDV-Systeme eingesetzt werden (Stichwort: CIM-Philosophie), sollte die Gefahr von möglichen dysfunktionalen unternehmenskulturellen Wirkungen nicht überbetont werden. Vielmehr sind die durch die Einführung entstehenden Chancen zu sehen, mit denen gezielt auf die Informations- und Unternehmenskultur Einfluß genommen werden kann.

Solche Wirkungen entstehen in jedem Fall, auch wenn man sich nicht mit dem Ansatz der Informationskultur befassen will. Es stellt sich nur die Frage, ob alle diese Systeme mit ihren zwangsläufigen informationskulturellen Wirkungen in die strategieadäquate Richtung deuten. Aus diesem Grund ist ein bewußtes Auseinandersetzen mit der Informationskultur letztlich doch unverzichtbar.

8.4.5 Konsequenz

Gerade der Personalbereich zeichnet sich durch viele Verwaltungsaktivitäten aus, die in analoger Weise häufig und in großem Umfang vorkommen. Hier läßt sich mit Hilfe eines computergestützten Personalmanagements eine wesentliche Vereinfachung realisieren. Zunehmend kommen dabei die Fähigkeiten des Personal Computing zum Tragen.

Die dargestellten vielfältigen Einsatzmöglichkeiten der EDV im Personalwesen eröffnen nicht nur Chancen und Potentiale, sie können auch Probleme mit sich bringen: Angesichts der Vielzahl von Anbietern und der daraus resultierenden Uneinheitlichkeit von Programmen verliert der Anwender leicht den Überblick. Auch fällt es teilweise schwer, die jeweils wesentlichen gewünschten Informationen effizient und anschaulich herauszufiltern, wenn sich die personalwirtschaftlichen Anwendungssysteme nicht an den Bedürfnissen der Benutzer orientieren. In diesem Fall liegt dann das Paradoxon der Informationsarmut im Nachrichtenüberfluß vor.

Unabhängig von technologischen Aspekten bleibt festzuhalten: Trotz Notwendigkeit und Sinnhaftigkeit eines Personalleitstandes in der Personalabteilung darf dies nie zu einer Mechanisierung und Taylorisierung im Personalbereich führen. Mitarbeiter sind mehr als Personalnummern und müssen es auch bleiben. Auch Aspekte wie „informatorische Selbstbestimmung" und „gläserner Mensch" behalten weiterhin unvermindert ihre Aktualität.

Vielmehr muß der Umkehrschluß gelten: Gerade, weil ein **Forcieren** von Personal Computern zu einer wesentlichen Entlastung der Personalabteilung führt, bleibt verstärkt Zeit für die immer notwendiger werdende Berücksichtigung verhaltensorientierter Aspekte, also des „menschlichen" Faktors.

8.5 Empirischer Exkurs: EDV im Personalwesen

Die nachfolgend referierten Sammlungen und empirischen Projekte geben einen Überblick über den Ausbaustand mit den wichtigsten Einsatzgebieten der EDV im Personalmanagement und behandeln Implementationsprobleme bei der Einführung von EDV-Lösungen im Personalbereich. Im einzelnen wird das im ISIS Software Report aufgeführte Angebot an personalspezifischen Programmen für mittlere und große Computer dargestellt und die Untersuchung von *Kilian* als eine der ersten zum Thema Großrechnervernetzung zusammengefaßt. Es folgen die Untersuchungen von *Mülder* im Zusammenhang mit Implementationsproblemen sowie von *Scholz/Baumann* über die PC-Nutzung im Personalbereich und von *Scholz/Oberschulte* zum Angebot personalspezifischer Standardsoftware für Personal Computer.

(a) ISIS-Report: Software-Angebot für mittlere und große Computer

Der ISIS Software Report für mittlere und große Computer nennt speziell für die Anwendung im Personalbereich 184 Softwareprodukte. Sie lassen sich vier Einsatzbereichen zuordnen (vgl. *ISIS Software Report* 1992, 1179–1244):

- Personalabrechnung, Lohn/Gehalt, Personalinformation (111 Softwareprodukte)
- Reisekostenabrechnung (7 Softwareprodukte)
- Arbeitszeiterfassung, Zutrittskontrolle, Betriebsdatenerfassung, Betriebsdatenverarbeitung (60 Softwareprodukte)
- verschiedene (6 Softwareprodukte).

Diese Verteilung unterstreicht die Feststellung, daß letztlich die Computerunterstützung im Personalwesen primär im Bereich der Lohn- und Gehaltsabrechnung zu finden ist. Das große Software-Angebot in diesem Bereich läßt jedoch keinen direkten Schluß auf die tatsächliche Nutzung zu: Hier dürfte der Anteil der Entgeltbestimmungsfunktion noch wesentlich höher liegen.

(b) *Kilian*: Großrechner-Nutzung

Die Untersuchung von *Kilian* aus den Jahren 1976–1978 zählt zu den ersten, die sich substantiell empirisch mit der EDV-Unterstützung im Personalmanagement befaßt haben. Da ein Zusammenhang zwischen der Umsatzgröße und dem Verbreitungsgrad von Informationssystemen angenommen wurde, konzentrierte sich die Untersuchung auf die **umsatzstärksten** deutschen Unternehmen. Für diese Gruppe wurden 220 Unternehmen als Grundgesamtheit definiert. Die Verteilung dieser Unternehmen im Hinblick auf die Existenz eines derartigen Personalinformationssystems zeigt Übersicht 8.34.

Bei **114** Unternehmen	war ein Personalinformationssystem weder implementiert noch konkret geplant.
Bei **67** Unternehmen	war ein Personalinformationssystem implementiert, im Ausbau begriffen oder in einer fortgeschrittenen Konzipierungsphase.
Bei **10** Unternehmen	(die in die Untersuchung aufgenommen worden wären), lag eine begründete Absage vor.
Bei **29** Unternehmen	lag entweder keine Antwort oder eine nicht näher begründete Absage vor.

Übersicht 8.34: Ausgangssituation für die Studie von *Kilian* (1982, 15)

Wichtig ist, daß sich die Aussagen offenbar nur auf die **67 Unternehmen** beziehen, für die tatsächlich die Existenz eines Personalinformationssystems gemäß oben beschriebener Arbeitsdefinition ermittelt wurde. Für die somit neu definierte Untersuchungsgesamtheit erfolgte eine einmalige **mündliche Befragung** in Form eines standardisierten Interviews. Dieses basierte auf

229 Fragen und war an Personalleiter, EDV-Leiter, Organisationsleiter und Leiter entsprechender Projekte gerichtet.

Hinsichtlich des subjektiven **Entwicklungsstands** der Personalinformationssysteme bei den befragten Unternehmen ergab sich folgendes Bild:
- voll im Einsatz mit geplanten Weiterentwicklungen (24%),
- teilweise im Einsatz (55%),
- konkret konzipiert (9%) und
- im Planungsstadium (12%).

In der vorgestellten Untersuchung wurde auch die Bedeutung der verschiedenen Datenquellen erhoben. Danach stellt der Personalfragebogen die zentrale Datenquelle dar, der in allen befragten Unternehmen Verwendung fand (*Kilian* 1982, 62–64).

Will ein betriebliches Personalmanagement mehr leisten als nur eine einfache Lohn- und Gehaltsabrechnung, so sind **Fähigkeitsdaten** unumgänglich. Am häufigsten verwendet wurden die Daten Tätigkeitsbezeichnung der ausgeübten Tätigkeit sowie Schul- und Fachausbildung (mit jeweils 70%). Anders als bei den Funktionen von Personalinformationssystemen sahen die befragten Unternehmen hier kaum eine Notwendigkeit, die verwendeten Datensätze zu erweitern.

Einige der oben referierten Befunde von *Kilian* dürften im wesentlichen auch heute noch Gültigkeit haben. Dies gilt nicht für Ergebnisse, die sich auf datenschutz- und mitbestimmungsrechtliche Tatbestände beziehen. So muß bezweifelt werden, daß ein Befund (*Kilian* 1982, 224)
- wonach nur in 28% der Unternehmen eine Betriebsvereinbarung über Personalinformationssysteme in Kraft oder in Vorbereitung ist,
- während in 64,2% der Unternehmen eine Betriebsvereinbarung überhaupt nicht vorgesehen ist,

für die aktuelle Situation noch zutreffend ist.

(c) *Mülder*: Implementationsprobleme

Mülder (1984) versteht unter einem computergestützten Personalinformationssystem ein System, das über die automatische Abwicklung der Lohn- und Gehaltsabrechnung hinausgehende Verarbeitungsprozeduren (Statistiken, Berichte, Auswertung) ermöglicht und damit
- sowohl die Informationsbedürfnisse der Personalsachbearbeiter bei der Abwicklung laufender Geschäftsvorfälle
- als auch die Informationsbedürfnisse von Führungskräften zur Wahrnehmung personalwirtschaftlicher Aufgaben

befriedigt. Aus dieser Begriffsfassung ergibt sich eine Differenzierung in vier für das Implementierungsgeschehen **relevante Gruppen**, nämlich Personalsachbearbeiter, EDV-Spezialisten, Führungskräfte des Personalwesens und Betriebsräte.

An diesen Überlegungen ansetzend, leitet *Mülder* 43 literatur- und plausibilitätsgestützte **Hypothesen** ab: Sie betreffen sowohl die Einschätzung der Zielvorstellungen und der Probleme als auch die Beurteilung der tatsächlichen Leistungsfähigkeit von computergestützten Personalinformationssystemen. Entscheidend ist dabei jeweils die Differenzierung zwischen den vier relevanten Gruppen. Dementsprechend lautet *Mülders* erste Hypothese auch: „Zwischen Führungskräften des Personalwesens, Datenverarbeitungsspezialisten und Betriebsräten gibt es signifikante Unterschiede in bezug auf die Einschätzung betroffenseitiger Implementierungsprobleme" (*Mülder* 1984, 39).

Mülder untersuchte auch, ob und inwieweit personalwirtschaftliche Aufgabenbereiche EDV-gestützt realisiert werden (Abbildung 8.41): Eine hundertprozentige EDV-Unterstützung findet sich (naheliegenderweise) lediglich bei Teilaspekten der Lohn- und Gehaltsabrechnung sowie bei der Betriebszugehörigkeitsstatistik. Der Bildschirm beziehungsweise das Terminal dient dabei überwiegend zur Dateneingabe beziehungsweise zur Stammdatenpflege. Gering fällt die Computerunterstützung in den Bereichen Personaleinsatz-, Personalbeschaffungs-, Personalentwicklungs- und Personalbedarfsplanung aus. Einziger „Lichtblick" ist die Durchführung von Versetzungs- und Umgruppierungsmaßnahmen.

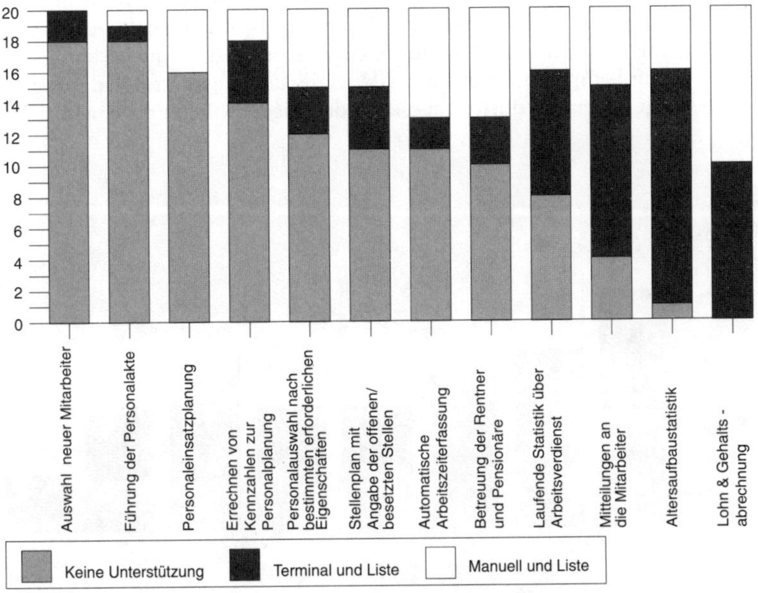

Abbildung 8.41: Personalwirtschaftliche Aufgabenbereiche und ihre EDV-Realisierung (abgeleitet aus *Mülder* 1984, 154–156)

Auch im Licht dieser Zahlen erscheinen somit computergestützte Personalinformationssysteme allenfalls als **administrative** Hilfsmittel zur Abwicklung von Lohn- und Gehaltsabrechnungen sowie reine Personalverwaltung. Eine computergestützte Personalplanung bis hin zu einem systematischen, computergestützten Personalinformationsmanagement ist demnach noch kaum verbreitet. Hinzu kommt – ähnlich wie bei der Untersuchung von *Kilian* –, daß nur solche Unternehmen in die Untersuchung aufgenommen wurden, bei denen die EDV-Unterstützung über die Abwicklung von „Lohn- und Gehaltsabrechnung" hinausgeht, und zudem aus jeder der vier Gruppen ein Proband am Umstellungs- oder Einführungsprozeß beteiligt war.

Im Hinblick auf die hier interessierenden **Kritikpunkte**, die aus Sicht der betroffenen Gruppen gegen eine computerunterstützte Personalarbeit sprechen (Abbildung 8.42), kommt erwartungsgemäß die meiste Kritik von seiten des Betriebsrats: Dieser bemängelt den erhöhten Leistungsdruck, die Möglichkeit von Datenverknüpfungen sowie den potentiellen Mißbrauch von Daten. Einig sind sich offenbar Personalmanagement und Betriebsrat in der Einschätzung, daß für den Personalsachbearbeiter Arbeitsplatzabbau und Verschlechterung der Arbeitsbedingungen zu erwarten sind. Vollkommen konträr fällt dagegen die Einschätzung aus, ob die Unternehmensleitung durch computergestützte Informationssysteme einen Informationsvorsprung gegenüber dem Betriebsrat erhält.

Insgesamt fallen die Differenzen zwischen Einschätzungen der involvierten Gruppen überwiegend gering aus, sowohl im Hinblick auf Implementierungsprobleme als auch hinsichtlich der Implementierungsziele. Abgesehen davon, daß möglicherweise Stichprobengröße und -zusammensetzung dieses Ergebnis bedingten, könnte auch der Untersuchungszeitraum das Ergebnis geprägt haben: So dürfte angesichts der wiederholten Probleme bei der

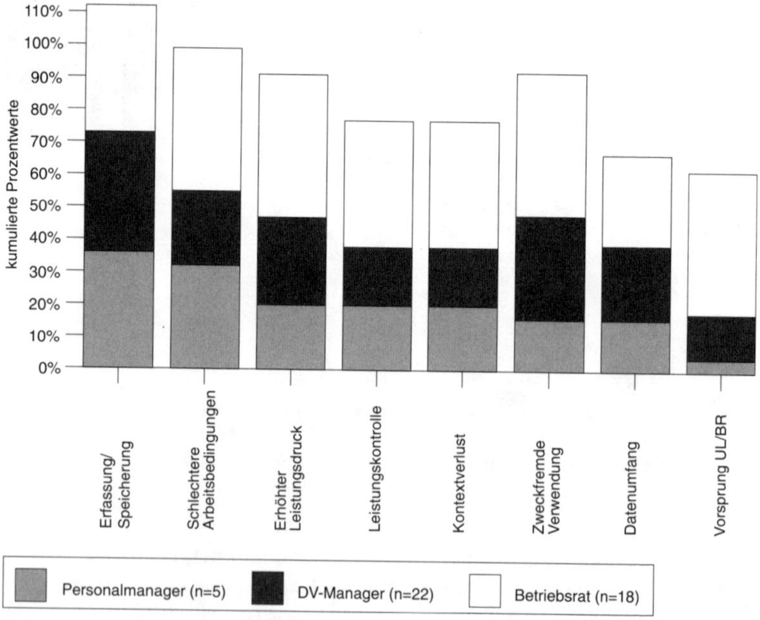

Abbildung 8.42: Kritikpunkte an Personalinformationssystemen (abgeleitet aus *Mülder* 1984, 135)

Einführung von Informationssystemen bereits eine größere Sensibilisierung seit der Studie von *Kilian* eingetreten sein.

(d) *Scholz/Baumann:* PC-Nutzung

Ziel dieser Untersuchung des Lehrstuhls für Organisation, Personal- und Informationsmanagement an der Universität des Saarlandes war die Analyse der Verbreitung des Einsatzes von Personal Computern in Personalabteilungen. Dieses Projekt (vgl. *Scholz/Baumann* 1988) war als **Pilotstudie** konzipiert, das erste Ergebnisse liefern und zugleich auch die Basis vertiefender Forschung auf diesem Gebiet schaffen sollte.

Mit Hilfe eines Fragebogens sollten in einer Querschnittsanalyse im Herbst 1987 Informationen über Aufgaben von Personalabteilungen, den Stand der Unterstützung dieser Tätigkeiten durch Personal Computer sowie den Einfluß externer wie interner Kontextfaktoren gewonnen werden. Darüber hinaus blieben Erwartungen der Beteiligten wie auch Perzeptionen zukünftiger Entwicklungen miteinbezogen. Aufgrund des explorativen Charakters der Studie blieben Überlegungen zur Effektivität des Computer-Einsatzes sowie die tiefergehenden rechtlichen Probleme (noch) ausgespart.

Insgesamt erhielten 700 Unternehmen einen Fragebogen zugesandt, wovon allerdings 8 Firmen inzwischen erloschen waren. Von den verbliebenen 692 Unternehmen gehörten 465 (67%) zur Gruppe 2 der mittelständischen Unternehmen und 227 (33%) zur Gruppe 1. Der Rücklauf auswertbarer Fragebogen hielt sich mit insgesamt 138 (20%) in einem vertretbaren Rahmen der bei solchen Untersuchungen zu erwartenden Quote.

Nicht zuletzt aufgrund von Antworten, die sich lediglich auf Teilbereiche größerer Unternehmen, beispielsweise einzelner Niederlassungen, Werke oder Zentralabteilungen bezogen, waren auch Aussagen über mittelgroße Personalabteilungen möglich. Übersicht 8.35 zeigt die Zuordnung der Unternehmen nach ihrer Beschäftigtenzahl auf drei Größenklassen.

Beschäftigte	Bezeichnung	n	%	Summe %
bis 199	klein	47	34	34
200–1999	mittel	35	26	60
2000 und mehr	groß	55	40	100

Übersicht 8.35: Einteilung der Beschäftigtenzahl in drei Größenklassen (n=137; 1 Unternehmen keine Angabe)

Im Hinblick auf die **Hardware** waren in insgesamt **71** (51%) der Unternehmen ein oder mehrere Personal Computer im Personal- beziehungsweise Sozialbereich eingesetzt (vgl. Abbildung 8.43). Das entspricht einem Durchschnitt von 3,3 Personal Computern pro Unternehmen. Die höchste Anzahl lag bei 55 Personal Computern, die ein Unternehmen allein in der Personalabteilung einsetzte.

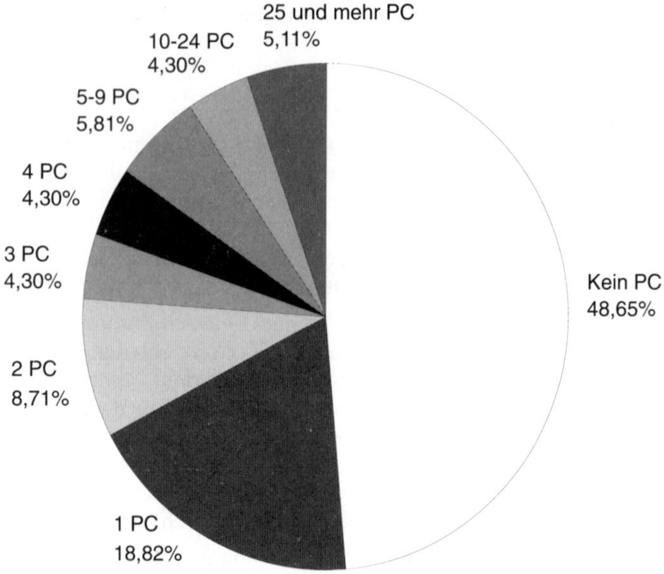

Abbildung 8.43: Verbreitung von PCs in Personalabteilungen

Gründe für einen **Verzicht** auf Personal Computer wurden von 65 Unternehmen explizit genannt. Dabei dominierte als Begründung eindeutig die Existenz anderer Rechneranlagen (57 Unternehmen), die mögliche Aufgaben eines Personal Computers bereits erledigten. Darüber hinaus wurde in 12 Fällen die externe Vergabe dieser Aufgaben genannt. Kosten-Nutzen-Überlegungen und die zu geringe Größe des Unternehmens wurden jeweils viermal angeführt. Überraschenderweise wurden betriebsverfassungs- beziehungsweise datenschutzrechtliche Restriktionen, Datensicherheit, die Vernetzungsproblematik, Mangel an entsprechend ausgebildetem Personal sowie Probleme bei der Softwarewartung nur jeweils einmal genannt. In 10 Unternehmen war der Einsatz von Personal Computern in der Personalabteilung für die nächste Zeit geplant.

Bezüglich der **Software** kommt neben Eigenentwicklungen, ad-hoc-Auswertungen auf Basis von Programmiersprachen und der Nutzung von Host-Programmen auf (zentralen) Großrechnern, die mit den Personal Computern vernetzt sind, überwiegend Standard-Software für die verschiedenen Anwendungsgebiete zum Einsatz. Insgesamt wurden von den 71 Unternehmen, die einen Personal Computer einsetzten, 39 verschiedene Programme dieser Art genannt. In der Regel wird allerdings mit nur wenigen Programmen zugleich gearbeitet; in 19 Fällen (27%) wurde nur eine installierte Standard-Software genannt und 24 mal (34%) waren es zwei Programme. Der Einsatz von relativ wenigen unterschiedlichen Standard-Programmen ergibt sich aus der beschränkten Anzahl verschiedener Aufgabenstellungen, die zum überwiegenden Teil auf die Standard-Funktionen von PC-Software wie Textverarbeitung, Kalkulation, Datenbankverwaltung und Grafik zurückgeführt werden.

Mit der eben beschriebenen Ausstattung an Hard- und Software wurden insgesamt 69 unterschiedliche **Anwendungen** realisiert. Natürlich wurden jeweils nur eine geringe Zahl dieser Anwendungen pro Unternehmen genannt. Durchschnittlich waren es vier verschiedene Anwendungen, vereinzelt allerdings auch weit über 10. In Übersicht 8.36 sind die PC-Anwendungen aufgelistet, die am häufigsten genannt wurden.

PC-Anwendungen	**n**	**%**
Erstellen von Statistiken	34	48
Textverarbeitung/Korrespondenz	32	45
Lohn- und Gehaltsabrechnung (i. w. S.)	14	20
Erstellen von Grafiken	13	18
Personalverwaltung (allg.)	13	18
Personalkostenplanung	10	14
Personalplanung (allg.)	10	14
Anfertigen von Analysen	9	13
Personaldatenverwaltung (allg.)	9	13
Personalkostenkontrolle	7	10
Entwicklungsplanung	6	8
Beschaffungsplanung	6	8
Stellen- und Stellenbesetzungsplanung	6	8
Altersversorgung	5	7
Bewerberverwaltung	5	7
Personaleinsatzplanung	5	7

Übersicht 8.36: Verteilung der häufigsten PC-Anwendungen (71=100%)

Die Antworten aus 35 Unternehmen ließen eine genaue Zuordnung von einzelnen aufgabenspezifischen Anwendungen, dem dabei eingesetzten Programm und der Funktion des damit betrauten Mitarbeiters zu. Dabei zeigte sich, daß vor allem drei Funktionsbereiche im Personalressort mit dem Personal Computer arbeiten: der Personalleiter, Personalsachbearbeiter beziehungsweise -referenten und das Sekretariat.

- Die Gruppe der *Personalsachbearbeiter* wurde in 25 der 35 hier betrachteten Unternehmen explizit genannt und bildet somit die größte Gruppe. Sie setzen den Personal Computer als Arbeitsinstrument für viele unterschiedliche Anwendungen unter Benutzung der verschiedensten Programme ein.
- *Personalleiter* wurden in 8 der 35 Fälle als Nutzer von Personal Computern erwähnt. Diese bearbeiten PC-gestützt unter anderem die Personalkostenplanung und -kostenkontrolle, führen Gehaltsvergleiche und die Entwicklungsplanung sowie die Einsatzplanung durch. Als Software standen dabei eigenerstellte Programme, integrierte Software-Pakete und Datenbanksysteme zur Verfügung. Für allgemeinere Aufgaben, wie Analysen und Statistiken wurden zusätzlich noch Tabellenkalkulationsprogramme benutzt.

- Im *Sekretariat* der Personalabteilung (9 von 35 Fällen) wurde der Personal Computer fast ausschließlich zur Textverarbeitung eingesetzt.

Darüber hinaus wurden als PC-Nutzer Statistiker, EDV-Sachbearbeiter oder Organisierer genannt, allerdings nur in Einzelfällen.

Die oben beschriebenen spezifischen Anwendungen lassen sich auf 14 (globale) Aufgabenfelder der Personalabteilung zuordnen. Dabei zeigt sich, daß jeweils nur ein geringer Teil der Aufgabenpalette des Personalressorts PC-gestützt bearbeitet wird (Abbildung 8.44). Auch Unternehmen, die einen Personal Computer einsetzten, hatten zum Teil nur Anwendungen im Bereich sogenannter Hilfsfunktionen, wie Textverarbeitung, Statistiken, Listen und Grafikerstellung.

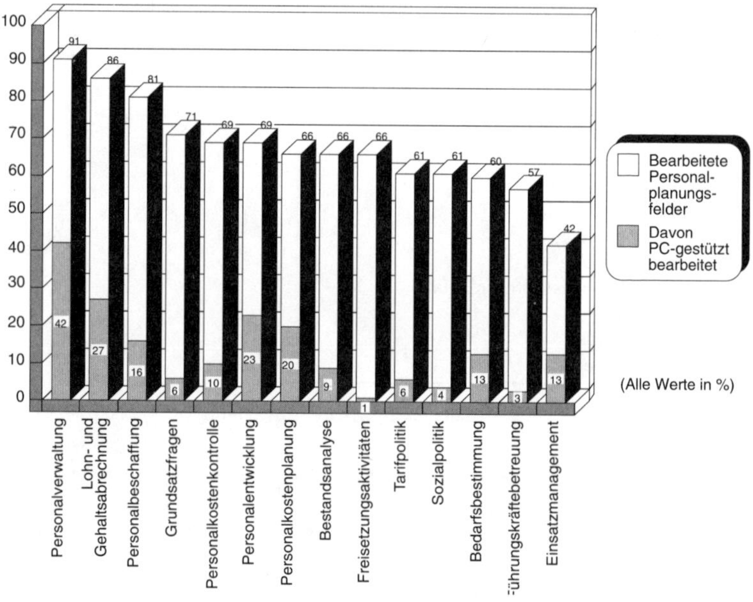

Abbildung 8.44: Häufigkeit der Aufgabenfelder im Personalbereich und der darauf entfallenden PC-gestützten Anwendungen

Der Zusammenhang zwischen dem Einsatz verschiedener Standard-Software-Typen sowie eigenerstellter Programme mit der PC-gestützten Bearbeitung fachspezifischer Problemstellungen innerhalb der vorgestellten 14 Aufgabenfelder ist in Übersicht 8.37 in Form einer Korrelationsmatrix dargestellt.

Die Gesamtzahl der in den Personalabteilungen vorhandenen Personal Computer ist weitgehend von der **Beschäftigtenzahl** (r=0.30, P<0.01) abhängig. Das heißt, je mehr Beschäftigte zu betreuen sind, desto mehr Personal Computer kommen zum Einsatz. Ein etwas differenzierteres Bild zeigt sich allerdings, wenn die Zahl der Personal Computer den drei Beschäftig-

	Standard-Software-Typen				Eigenerstellte Programme
Aufgabenfelder	TAB	INT	TXT	DBV	
Personalverwaltung	.19	.12	.31**	.33**	.03
Lohn- und Gehaltsabrechnung	–.22*	–.04	–.16	–.15	.01
Personalentwicklung	.32**	.09	.19	.21*	–.14
Personalkostenplanung	–.09	.00	.03	–.10	.22*
Personalbeschaffung	.15	.12	.26*	.15	–.16
Einsatzmanagement	.08	.22*	.01	.26*	–.13
Bedarfsplanung	.23*	.03	.20*	.22*	.14
Kostenkontrolle	.03	.14	–.03	–.02	.04
Bestandsanalyse	.07	.09	.11	.32**	–.05
Hilfsfunktionen	.44**	.29**	.24**	.15	–.27**

TAB: Tabellenkalkulationsprogramme
INT: Integrierte Software-Pakete
TXT: Textverarbeitungsprogramme
DBV: Datenbankverwaltungs-Systeme

* P<0.05, ** P<0.01

Übersicht 8.37: Einsatz verschiedener Standard-Software-Typen in Abhängigkeit PC-gestützter Aufgabenfelder (n=71)

ten-Größenklassen gegenübergestellt werden: Der Prozentanteil der Personal Computer in Personalabteilungen mit weniger als 2000 betreuten Mitarbeitern fällt deutlich geringer aus. Über 25% der Unternehmen mit bis zu 200 Mitarbeitern setzen keinen PC in der Personalabteilung ein, bei den Unternehmen mit 200 bis 1999 Mitarbeitern waren dies noch über 15%. Die Firmen der Größenklasse über 200 Mitarbeiter arbeiten erheblich mehr mit einem PC in der Personalabteilung: Der Anteil mit mindestens zwei Personal Computern belief sich auf über 25%.

Neben der Unternehmensgröße zeigte auch die Branche einen nicht unerheblichen Einfluß auf den jeweiligen PC-Einsatz. Danach wiesen Chemie- und Papier-, Nahrungs- und Genußmittelunternehmen, die Elektronikbranche sowie Banken und Versicherungen einen relativ hohen PC-Anteil in den Personalabteilungen auf; gering war der Anteil dagegen in Unternehmen der Baubranche (in der vorliegenden Stichprobe allerdings fast ausschließlich durch kleinere Unternehmen vertreten) und des Handels.

Die Gesamtzahl vorhandener Personal Computer wiederum bestimmt das Ausmaß und die Breite tatsächlich realisierter PC-Unterstützung für spezifische Problemstellungen des Personalressorts; die Korrelation beider Variablen zeigt einen signifikant positiven Wert (r=+0.27, P<0.01).

(e) *Scholz/Oberschulte:* PC-Software

Während bei allgemeiner Standardanwendungssoftware im Hinblick auf Leistungs- und Kostenmerkmale größtenteils Markttransparenz besteht, stellt sich die **Situation** bei personalwirtschaftlicher Standardanwendungssoftware speziell für Personal Computer gänzlich anders dar:

- Zunächst fehlen dem potentiellen Anwender häufig *Informationen* darüber, für welche Personalmanagementfelder und -ebenen sich der Einsatz von Standardsoftware überhaupt (prinzipiell) anbietet.
- Auch ist der *Bekanntheitsgrad* und der Leistungsumfang der verschiedenen Programme im Vergleich zur allgemeinen Standardsoftware sehr viel geringer, denn die vergleichsweise kleine Zahl möglicher Kunden wirkt sich (verständlicherweise) auch auf den Umfang und die Intensität von Werbemaßnahmen oder Veröffentlichungen in der Fachpresse aus.
- Zudem scheinen manche Anbieter die *mangelnde Markttransparenz* dahingehend auszunutzen, die Benutzerfreundlichkeit und Leistungsfähigkeit auf dem Zustand der „EDV-Steinzeit“ einzufrieren oder Preise zu verlangen, die teilweise das zehn- bis zwanzigfache vergleichbarer Konkurrenzprodukte betragen.

Basierend auf dieser Ausgangssituation wurde vom Lehrstuhl für Organisation, Personal- und Informationsmanagement an der Universität des Saarlandes das Projekt PSEARCH ins Leben gerufen. Ziel von PSEARCH ist es, Markttransparenz hinsichtlich personalwirtschaftlich orientierter PC-Software zu schaffen. Zudem wurde eine vorläufige Bewertung auf der Basis lauffähiger Versionen (zumindest aber von ausführlichem Informationsmaterial) vorgenommen (vgl. *Scholz/Oberschulte* 1991; *Scholz/Oberschulte/Weber* 1992).

PSEARCH ist ein noch laufendes Projekt, was eine ständige Aktualisierung der vorhandenen Datenbasis sowie die Neuaufnahme von Produkten impliziert. Hierdurch soll auch eine unabhängige und kompetente Anlaufstelle entstehen, die einen Beitrag zur besseren Überschaubarkeit und Einschätzbarkeit des Marktes für personalbereichsspezifische PC-Standardsoftware leistet.

Nach konzeptionellen Vorarbeiten und der Sammlung relevanter Anbieteradressen startete PSEARCH zu Beginn des Jahres 1990. Insgesamt wurde mit 207 Anbietern Kontakt aufgenommen und 90 Produkte bewertet. Die Beurteilungen basieren zumindest auf umfangreichem Informationsmaterial (vgl. Abbildung 8.45). Bei 31 Programmen war zusätzlich Software in Form von Vollversionen oder eingeschränkten Versionen verfügbar.

Bei der Durchsicht der Informationsunterlagen und Handbücher sowie der Installation und dem Test der Software haben sich für sämtliche Einsatzbereiche allgemeingültige Kriterien herausgebildet, die vor einer Kaufentscheidung berücksichtigt und vor dem Hintergrund der eigenen Anforderungen beurteilt werden sollten. Inwieweit diese Kriterien von allgemeiner und personalwirtschaftlicher Standardsoftware erfüllt werden, zeigt Übersicht 8.38.

Neben den allgemeinen Beurteilungskriterien sollen die nachfolgenden kurzen Beispiele verdeutlichen, welcher Art typische Programmängel bei der speziellen Standardsoftware im Personalbereich sein können (vgl. Übersicht 8.39):

Die Bewerberverwaltung muß als eine Hauptaufgabe die effiziente und benutzerfreundliche Serienbriefverwaltung erfüllen. Anzustreben wäre auch

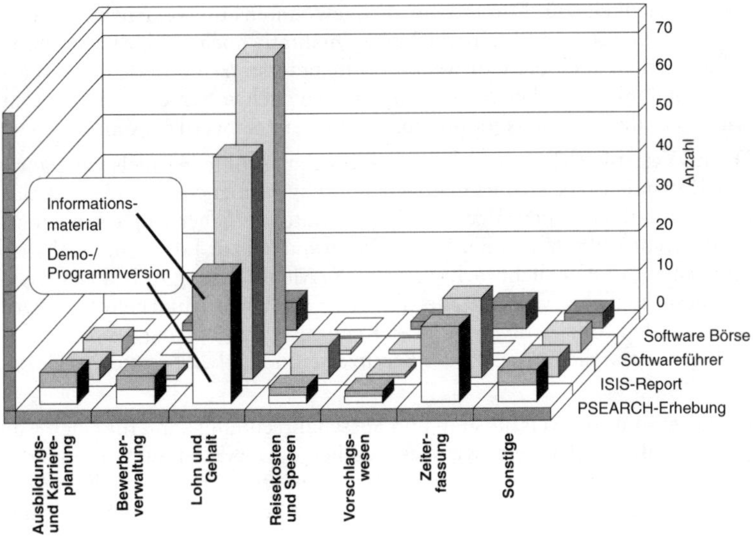

Abbildung 8.45: PSEARCH-Informationsbasis

Allgemeine Leistungsmerkmale von Standardsoftware		
Funktion	Erfüllungsgrad	
	allgemeine Standardsoftware	personalbereichs-spezifische Standardsoftware
Benutzerfreundlichkeit	****	***
Einheitlichkeit	**	–
Druckerunterstützung	****	***
Handbuch	***	***
Hilfeunterstützung	****	***
Datenexport	***	*
Datenimport	***	*
Mausunterstützung	***	–
Windows-Unterstützung	*	*
SAA-Norminierung	**	*
*****: Im Durchschnitt ist der Erfüllungsgrad dieser Funktion als hoch anzusehen –: Im Durchschnitt ist diese Funktion praktisch nicht berücksichtigt.		

Übersicht 8.38: Allgemeine Leistungsmerkmale von Standardsoftware

die Möglichkeit zur Einbindung der gewohnten Textverarbeitung, was großen Arbeitsaufwand ersparen kann. Qualitativ hochwertige Programme sollten zudem auch die Laufwegkontrolle unterstützen und die Bewerberauswahl dahingehend erleichtern, daß Listen nach verschiedenen Kriterien wie Alter oder Berufsausbildung sortiert und erstellt werden können.

Die EDV-gestützte Lohn- und Gehaltsabrechung sollte beispielsweise auch eine Datenübergabe an die Finanzbuchhaltung ermöglichen. Zudem ist hier dringend auf Vereinbarungen bezüglich kontinuierlicher Anpassungen an neues Recht zu bestehen. Bei einigen Programmen zur Lohn- und Gehaltsabrechnung ist eine nicht mehr zeitgemäße Menüführung zu beanstanden: Da diesbezügliche Arbeiten aber teilweise auch von Mitarbeitern ausgeführt werden sollen, die kaum über Kenntnisse im Umgang mit der EDV verfügen, kann dieser Aspekt der Benutzerfreundlichkeit besondere Bedeutung erlangen.

Ein Programm zur Reisekosten- und Spesenabrechnung kann für einen Anwender unbrauchbar sein, wenn es lediglich die Abrechnung von Inlandsreisen unterstützt und Firmenmitglieder sich häufig dienstlich auch im Ausland befinden. Zudem sollte wiederum auf Anpassungsmöglichkeiten an neues Recht geachtet werden.

Spezielle Leistungsmerkmale von Standardsoftware im Personalbereich		
Einsatzbereich	**Funktion**	**Erfüllungsgrad**
Ausbildungs- und Karriereplanung	Kontrolle des Ausbildungsstands Verwaltung von Ausbildungsdaten Verwaltung von Ausbildungsinhalten	*** **** ***
Bewerberverwaltung	Standardbriefverwaltung Einbindung vorhandener Textverarbeitung Laufwegkontrolle	**** * ***
Lohn und Gehalt	Frei definierbare Lohnmodelle Datenübergabe an Finanzbuchführung Anpassungen an neues Recht	**** ** ****
Reisekosten und Spesen	Auslandsreisen Belegaufstellung Datenübergabe an Finanzbuchführung	**** *** *
Vorschlagswesen	Prämienberechnung Bescheiderteilung Terminverfolgung	*** **** ***
Zeiterfassung	Fehlzeiterfassung Frei definierbare Arbeitszeitmodelle Integrierte Zutrittskontrolle	**** *** *
*****: Im Durchschnitt ist der Erfüllungsgrad dieser Funktion als hoch anzusehen. –: Im Durchschnitt ist diese Funktion praktisch nicht berücksichtigt.		

Übersicht 8.39: Spezielle Leistungsmerkmale von Standardsoftware im Personalbereich

Beim Vorschlagswesen unterstützen nicht alle Programme die Prämienberechnung in befriedigender Art und Weise. Auch sind die Standardbriefverwaltung sowie Unterstützungsfunktionen im Hinblick auf die Terminverfolgung oft nicht zufriedenstellend realisiert.

Die Zeiterfassung sollte vor allem im Hinblick auf neue Entwicklungen im Bereich der Arbeitszeitmodelle frei definierbare Anpassungen ermöglichen und eine Schnittstelle zur Lohn- und Gehaltsabrechnung beinhalten.

Wie man aus Abbildung 8.46 erkennen kann, liegt der Schwerpunkt des Softwareangebotes für das Personalwesen im Bereich der Lohn- und Gehaltsabrechnung und der Zeiterfassung. Dies ist unter anderem darin begründet, daß es sich bei diesen beiden Sparten um die traditionellen Einsatzgebiete der EDV im Unternehmen überhaupt handelt. Häufig können auch die im Rahmen der Zeiterfassung angesammelten Daten in die Lohn- und Gehaltsabrechnung eingespielt werden, um dort das zeitabhängige Entgelt zu berechnen und Urlaubszeiten zu aktualisieren. In den anderen Bereichen ist der PC nur zögerlich auf dem Vormarsch.

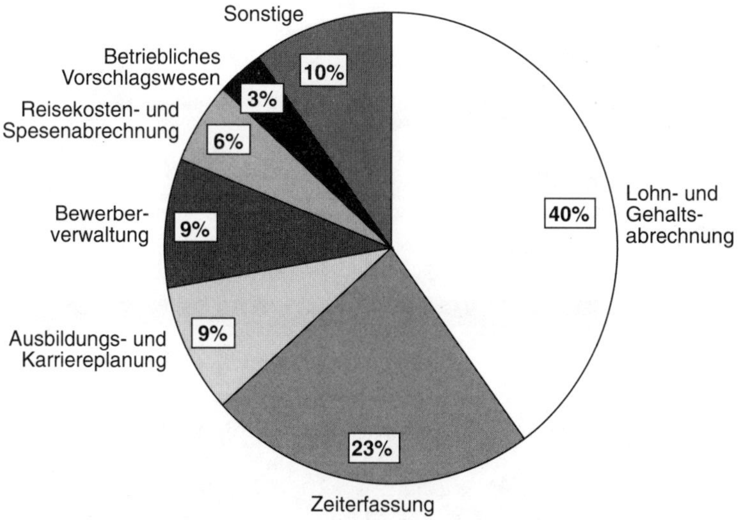

Abbildung 8.46: Verteilung der Software nach Sparten

Für die verschiedenen Programme ließen sich innerhalb der Sparten beträchtliche Preisunterschiede feststellen. So ist z. B. das teuerste Programm einer Sparte im Vergleich zum billigsten bis zu neunundzwanzig Mal teurer (vgl. Abbildung 8.47).

Preisunterschiede zwischen den Programmen sind innerhalb gewisser Bandbreiten zweifellos durch Unterschiede hinsichtlich Funktionsumfang oder Bedienerfreundlichkeit gerechtfertigt. Dennoch dürften diese extremen

Preisdifferenzen vor allem auch dadurch zustandekommen, daß dem Anwender bei einer Kaufentscheidung die Marktübersicht fehlt.

Zudem ist auffällig, daß man die teuersten Produkte in den bis heute weniger verbreiteten Sparten antrifft: Die drei höchsten Softwarepreise treten in der Ausbildungs- und Karriereplanung, im Betrieblichen Vorschlagswesen und im Bereich Sonstige auf. Traditionell EDV-gestützte Bereiche wie Lohn und Gehalt bewegen sich eher in den gemäßigteren Preissegmenten.

Im Bereich der Zeiterfassung ist darauf zu achten, daß oftmals spezielle Erfassungs-Hardware vorausgesetzt wird, die im Falle einer integrierten Lösung von dem Software-Anbieter selbst bereitgestellt wird oder von einer Spezialfirma bezogen werden muß.

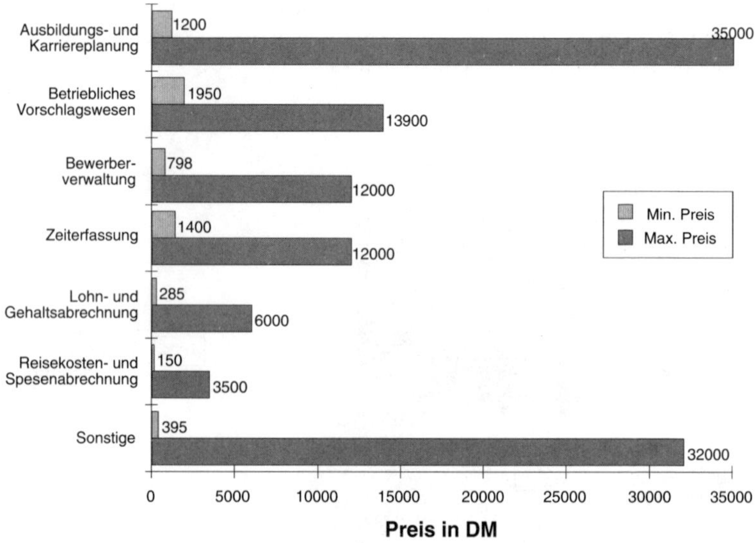

Abbildung 8.47: Preisverteilung innerhalb der Sparten

Der Ausgangspunkt für den Preisvergleich war jeweils die billigste Version für die geringste angegebene Mitarbeiterzahl. Je nach Höhe der Mitarbeiterzahl oder Inanspruchnahme der Netzwerkoption können die Preise noch erheblich ansteigen. Die angegebenen Preise sind Nettopreise.

Als **Ergebnis** ist festzuhalten, daß im Hinblick auf den Software-Einsatz ein großes Angebot an Standardsoftware existiert, welches jedoch bei personalbereichsspezifischen Anwendungen kaum überschaubar ist. Trends der Personal-Software lassen sich hauptsächlich von den allgemeinen Softwarebewertungspunkten ableiten. Ein eindeutiger Schwerpunkt liegt – wie bei anderen Anwendungsbereichen auch – auf dem Einsatz der Programme unter Windows. Dadurch wird gleichzeitig der SAA-Standard erreicht. Angesichts des häufigen Wechsels von Programmversionen und der Reaktion auf neue Trends (z.B. Windows) ist eine hohe Dynamik auch bei den von PSEARCH getesteten Programmen zu erwarten.

8.6 Resümee und Vorschau

In den Kapiteln 2 bis 7 wurden die personalwirtschaftlichen Managementfelder dargestellt und auf den drei Managmentebenen konkretisiert. Kapitel 8 dagegen ist als felder- und ebenenübergreifende Gesamtkonzeption zu verstehen: Personalmarketing, Personalcontrolling und Personalinformationsmanagement dienen als Integrationsmechanismen betrieblicher Personalarbeit.

- Personalmarketing ist dabei die kundenorientierte Zusammenführung von Personalbeschaffung, Personalentwicklung und Personalfreisetzung; dies impliziert die bewußte und zielgerichtete Anwendung personalpolitischer Instrumente zur Schaffung einer positiven Einstellung bei gegenwärtigen und zukünftigen Mitarbeitern.
- Ursache für die steigende Bedeutung des Personalcontrollings ist das Bedürfnis nach besseren und vor allem frühzeitigeren Informationen über Entwicklungen im Personalbereich. Dieser Forderung soll das Personalcontrolling durch die Bereitstellung von Steuerungsinstrumenten gerecht werden. Seine Kerninhalte sind
- – Soll/Ist-Vergleiche und dafür notwendige Informationen,
- – Planungskontrolle als Prüfung der Planungsprozesse und
- – Metakontrolle als Evaluierung der Kontrollsysteme.
- Das Personalinformationsmanagement schließlich betrifft die datenseitige Integration als abgestimmter Zugriff auf gemeinsame Daten und die systematische Auseinandersetzung mit Implementationsstrukturen, die aber nicht nur computerbasierte Komponenten enthalten, es geht vielmehr um die systematische Auseinanderseztung mit der gesamten Informationsversorgung des betriebliche Personalmanagements.

Mit den drei Integrationsfeldern ist der Objektbereich des betrieblichen Personalmanagements abgehandelt. Die Ausführungen der Kapitel 1 bis 8 gelten dabei im wesentlichen für alle Unternehmen. Sie erfahren jedoch eine situative Konkretisierung für den Fall, daß sich das Personalmanagement nicht nur im nationalen Umfeld abspielt, sondern – mit sich verstärkender Tendenz – zu einem internationalen Personalmanagement wird. Diese Fragestellung ist Gegenstand des abschließenden Kapitels 9.

8.7 Testfragen

(1) Wie kann man Inhalte und Methoden vom operativen, taktischen und strategischen Personalmarketing voneinander abgrenzen und den Ebenen jeweils spezifische Schwerpunkten zuordnen?

(2) Personalmarketing ist mehr als reine Personalbeschaffung. Dies zeigt sich gerade auch in konjunkturell schwierigen Zeiten. Entwickeln Sie daher Vorschläge für Personalmarketing-Aktivitäten, die speziell in einer Rezession wichtig sind.
(3) Analysieren Sie ein Ihnen bekanntes Unternehmen im Hinblick auf Unternehmenskultur, Unternehmenserscheinung, Unternehmensarchitektur, Unternehmensverhalten und Unternehmensimage. Was folgt aus Ihrer Analyse für das externe und interne Personalmarketing? Welche meßtheoretischen und welche konzeptionellen Probleme treten bei der Analyse und Konzeption auf?
(4) Welche Zielsetzungen können Mitarbeiterbefragungen zugrunde liegen, und aus welchen Themenbereichen kann sich eine solche Untersuchung zusammensetzen? Erstellen Sie eine Skizze der wesentlichen Problemkreise bei der praktischen Durchführung einer Mitarbeiterbefragung.
(5) Nehmen Sie die ersten fünf Seiten aus dem Stellenteil einer überregionalen Tageszeitung vom letzten Wochenende. Suchen Sie Beispiele für „gute" und für „schlechte" Stellenanzeigen. Welche Kriterien verwenden Sie bei Ihrer Beurteilung?
(6) Analysieren Sie die Ergebnisse aus Übersicht 8.40. Welche Maßnahmen würden Sie – auch im Hinblick auf die zu erwartende Kosten/Nutzenrelation – vorschlagen?
(7) Welches sind die relevanten Entscheidungskriterien für die organisatorische Einordnung von Personalmarketing? Welcher Zusammenhang besteht zu den in Kapitel 1 diskutierten Organisationsformen des betrieblichen Personalmanagements?
(8) Wie kann man Inhalte und Methoden vom operativen, taktischen und strategischen Personalcontrolling voneinander abgrenzen und den Ebenen jeweils spezifischen Schwerpunkten zuordnen?
(9) Personalcontrolling ist eine der zentralen Querschnittsfunktionen im Personalmanagement. Wie läßt sich in diesem Zusammenhang eine sinnvolle Abgrenzung zu Kontrolle und zu Management vornehmen? Gehen Sie dazu auch ein auf die Grundphilosophie des Personalcontrollings und die Unterschiede der verschiedenen Ansätze zum Personalcontrolling.
(10) Beschreiben Sie die Aufgaben des Controllings auf den verschiedenen Feldern und den drei Ebenen im Personalmanagement. Verdeutlichen Sie Ihre Antworten anhand von Beispielen.
(11) Was wären Anforderungen an ein Meta-Personalcontrolling? Was wären seine wesentlichen Bestandteile?
(12) Im Personalcontrolling gibt es acht Analysemethoden. Beschreiben Sie deren wesentlichen Inhalte und konstruieren Sie jeweils ein Beispiel.
(13) Entwickeln Sie ein Personalcontrolling für den Bereich der Personalfreisetzung. Machen Sie dabei auch deutlich, welche Effektivitäts- und Effizienzüberlegungen Sie dabei zugrunde legen.
(14) Gehen Sie auf die Hauptziele des Bildungscontrollings ein. Welche Arten des Bildungscontrollings kann man unterscheiden, und was sind die jeweils möglichen Ergebnisse?

	F&E	Marketing	Produktion
Ist-Qualifikation	hoch	mittel	niedrig
Soll-Qualifikation	hoch	hoch	niedrig
Betriebszugehörigkeit	lang	kurz	mittel
Alternativen im Arbeitsmarkt	vielleicht	vielleicht	nein (wegen Standort)
Wenn ich mich wieder für einen AG entscheiden müßte, würde ich mich wieder für dieses Unternehmen entscheiden. (nein/. . ./ja)	MW=3.0 45% 3% 4% 3% 45%	MW=3.0 2% 3% 80% 3% 2%	MW=4.0 0% 0% 30% 40% 30%
Wie beurteilen Sie das Betriebsklima in Ihrer Abteilung? (sehr schlecht/. . ./ sehr gut)	MW=4.0 0% 0% 15% 70% 15%	MW=3.0 20% 20% 20% 20% 20%	MW=2.0 20% 60% 20% 0% 0%
Mein Vorgesetzter hilft mir, wenn ich Schwierigkeiten habe. (nie/. . ./immer)	5% 90% 5% 0% 0% MW=2.0	0% 20% 10% 30% 40% MW=4.0	0% 0% 10% 80% 10% MW=4.0

Übersicht 8.40: Ausgangsdaten nach einer Mitarbeiterbefragung
(MW=Mittelwert auf einer Skala von 1 bis 5)

(15) Welches sind die relevanten Entscheidungskriterien für die organisatorische Einordnung von Personalcontrolling? Welcher Zusammenhang besteht zu den in Kapitel 1 diskutierten Organisationsformen des betrieblichen Personalmanagements?

(16) Wie kann man Inhalte und Methoden vom operativen, taktischen und strategischen Personalinformationsmanagement voneinander abgrenzen und den Ebenen jeweils spezifische Schwerpunkte zuordnen?

(17) Entwickeln Sie ein Szenario für das Personalberichtswesen im Jahr 2000.

(18) Grenzen Sie Datenschutz und Datensicherung voneinander ab. Stellen Sie die wichtigsten Inhalte des Bundesdatenschutzgesetzes dar.

(19) Setzen Sie § 23 BDSG und die §§ 92,94 BetrVG in Verbindung zueinander. Vergleichen Sie – unter Beachtung von § 45 BDSG – die §§ 26, 27 BDSG und § 83 BetrVG.

(20) In einer empirischen Fallstudie soll „die Verwendung der Personal Computer“ in der Personalabteilung erforscht werden. Wie sieht ein entsprechendes Testdesign aus?

(21) Wie muß eine sinnvolle Aufgabenteilung zwischen Großrechner und Personal Computer im Hinblick auf personalwirtschaftliche Fra-

gestellungen aussehen? Definieren Sie ihre Effektivitäts- und Effizienskriterien.

(22) Welches sind die relevanten Entscheidungskriterien für die organisatorische Einordnung des Personalinformationsmanagements? Welcher Zusammenhang besteht zu den in Kapitel 1 diskutierten Organisationsformen des betrieblichen Personalmanagements?

8.8 Praxisbeispiele

8.8.1 Commerzbank

Die Commerzbank, zurückblickend auf eine über 100jährige Geschichte, erreichte konzernweit 1991 mit rund 27.000 Mitarbeitern im Inland und 1.000 Mitarbeitern im Ausland eine Bilanzsumme von 226 Milliarden DM. Gerade in einer Zeit der starken Veränderung im Markt und im Unternehmen wird dabei eine Identifikation mit Unternehmenszielen als besonders wichtig angesehen:

„Ein Unternehmen braucht Mitarbeiter, die das Unternehmen als sinnvolle Organisation begreifen, als Teil des differenzierten Versorgungsnetzes, das dem Wohl vieler Menschen dient. Mitarbeiter, die dazu beitragen, daß dieses Netzwerk funktioniert, die ihren Auftrag kennen und in eigener Verantwortung ausführen" (*Klaus Müller-Gebel*, als für das Personalressort zuständige Mitglied des Vorstandes).

Eine besondere Rolle bei dieser externen und internen Kommunikation spielt das Personalmarketing. Dies wird bei der Commerzbank als ein umfassendes Kommunikationskonzept gesehen, das extern und intern operiert, dabei gleichzeitig einen Teil der generellen Unternehmenskommunikation darstellt.

Dieses Personalmarketing bei der Commerzbank beinhaltet auf der einen Seite diverse Aufgabenfelder (wie Marktforschung, Personalwerbung, Mitarbeiterkommunikation), soll aber ebenso der Grundhaltung einer mitarbeiterorientierten Personalpolitik entsprechen. Personalmarketing soll also zu einem wichtigen Bestandteil der Unternehmensphilosophie der Commerzbank und gleichzeitig zum durchgängigen Bestandteil der Personalarbeit der Commerzbank werden. Sie reicht damit bis hin zur Arbeitsplatzgestaltung.

Im einzelnen werden dabei folgende sieben **Aufgabenfelder** als zentral angesehen:

(a) Interne Marktforschung

Eine wichtige Grundlage für das Personalmarketing bei der Commerzbank ist die Ende 1987 durchgeführte **Mitarbeiterbefragung**. In einem 18 Seiten umfassenden Fragebogen wurden rund 80 Fragen an die Mitarbeiter gestellt, wobei alle der damals 25.000 Mitarbeiter angesprochen wurden. Basierend auf der Auswertung wurden primär drei Aktivitäten initiiert: Gebietsstellen und Zentralabteilungen begannen, in eigenen Gesprächskreisen

Maßnahmen zu entwickeln, um im jeweiligen Verantwortungsbereich möglichst viele Erkenntnisse aus der Befragung konkret umzusetzen. Parallel dazu wurde ein Koordinierungsausschuß gebildet, dem 18 Mitarbeiterinnen und Mitarbeiter aus Filialen und Zentralabteilungen angehörten. Ferner wurden die Mitarbeiter der Commerzbank mit Hilfe einer entsprechenden Broschüre über das Ergebnis informiert.

(b) Externe Marktforschung

Die Aufbereitung einer Vielzahl externer Arbeitsmarktdaten bildet die Grundlage für diverse Aktivitäten im Bereich der Werbung, der Öffentlichkeitsarbeit und der Mitarbeiterkommunikation. Über Marktforschungsergebnisse soll eine Sensibilisierung für Veränderungen am Arbeitsmarkt, den Einstellungen, Werten und Anforderungen potentieller Mitarbeiter herbeigeführt werden. Gleichzeitig soll auf diese Weise das erforderliche Umdenken hinsichtlich einer mitarbeiterorientierten Personalpolitik unterstützt werden.

Konkrete Grundlagen sind hierbei neben **Life-Style-Analysen** (z. B. der Freizeitforschung) auch verschiedene **Personal-Imagestudien**, die Entwicklungen auf dem Arbeitsmarkt auswerten. Dies soll helfen, personalpolitische Trends frühzeitig zu erkennen (Frühwarnsystem) und beabsichtigte Veränderungen durch Untersuchungen im Vorfeld zu untermauern. Dies ist letztlich auch gerade im Hinblick auf die Evaluation von „Kundeninteresse" von entscheidender Bedeutung.

(c) Mitarbeiterkommunikation

Ziel ist es, eine stärkere Identifikationsmöglichkeit für die Mitarbeiter anzubieten und Inhalte des Leitbildes mit Leben zu füllen. Hierzu gehört auch das Schaffen einer Transparenz bezüglich der Leistungen und Angebote der Commerzbank als Arbeitgeber. Wichtig in diesem Zusammenhang ist auch die Entwicklung und Vermittlung vom **Leitbild** des Commerzbank-Konzerns (Übersicht 8.41):

In der Umsetzung bedeutet dies beispielsweise im Hinblick auf Führung und Zusammenarbeit das Betonen von dezentraler Führung und Verantwortung sowie von Führen durch Vorbild.

> In der weltoffenen Tradition unserer Bank fühlen wir uns unseren Kunden partnerschaftlich verpflichtet. Wir bekennen uns zu den Prinzipien des fairen Wettbewerbs auf Basis der sozialen Marktwirtschaft und einer freiheitlichen Gesellschaftsordnung. Im Mittelpunkt unserer unternehmerischen Strategien und Konzepte steht der Kunde. Auf allen Ebenen der Bank steht unternehmerisches Denken und Handeln im Vordergrund. Unsere Mitarbeiter bestimmen durch ihre Leistung entscheidend den Unternehmenserfolg. Alle Mitarbeiter sind sich bewußt, daß sie dazu beitragen, das Bild der Bank in der Öffentlichkeit zu prägen. Die Kommunikation in der Commerzbank vollzieht sich offen und vermittelt Zielsetzungen, Grundsätze und Wertmaßstäbe nach innen und außen.

Übersicht 8.41: Leitbild der Commerzbank

(d) Frauen in der Bank: Qualität statt Quote

Im Mai 1991 wurden von über 800 Interessentinnen sechzig Mitarbeiterinnen der Bank eingeladen, um gemeinsam mit dem Koordinierungsteam „Frauen im modernen Banking" künftige Aktivitäten im Bereich der beruflichen Entwicklung von Mitarbeiterinnen zu diskutieren.

Dazu wurden fünf Workshops zur Rolle der Frau
- in Führungspositionen,
- als Kundin der Bank,
- in Beruf und Familie,
- in der Weiterbildung und
- in Werbung und Öffentlichkeitsarbeit

gebildet. Besonderes Interesse galt dem **Selbstverständnis** als Führungskraft und der Vereinbarkeit von Beruf und Familie. Wenn es um Chancengleichheit geht, sollen Frauen nicht gesondert gefördert, sondern als gleichberechtigte Partner behandelt werden.

(e) Personalimagewerbung

Ziel der Personalimagewerbung ist die Positionierung der Commerzbank als attraktiver und moderner Arbeitgeber. Zielgruppen sind dabei neben potentiellen Mitarbeitern (Hochschulabsolventen und Mitarbeiter anderer Unternehmen) auch Meinungsbildner (Eltern, Lehrer, Professoren) sowie Kunden.

Die Image-Kampagne durchlief bisher folgende vier Phasen:

1986/1987 wurde mit ganzseitigen Anzeigen und Einzelporträts gearbeitet. Hierbei ging es im wesentlichen darum, personalpolitische Grundlagen anhand geschäftspolitischer Trends des Filialbereiches und der zentralen Ressorts als Teil der Strategiefindung zu kommunizieren.

1989/1990 stand vor allem die Entwicklung des Leitbildes der Commerzbank im Vordergrund, wozu ganzseitige Anzeigen mit Gruppenphotos verwendet wurden.

1991 sollte zudem das Konzept der Geschäftsstellen-Strukturreform kommuniziert werden, wozu (neben kleineren Photos) vor allem eine abstrakte Grafik zum Einsatz kam (Abbildung 8.48).

1992 geht es um die Umsetzung der Strukturreform im Hinblick auf eine Markt- und Dienstleistungsorientierung. Die Commerzbank sollte dadurch als Arbeitgeber verstärkt ins Gespräch kommen, wobei besonders die Mitarbeiter das Soll-Image der Bank (sympathisch/kompetent) nach außen tragen und so die Glaubwürdigkeit der Anzeigen verstärken. Die aktuelle Personal-Image-Kampagne stellt wiederum eine Weiterentwicklung des bewährten Konzeptes dar. Short-Stories beziehungsweise Interviews vermitteln allerdings Philosophie und Arbeitsatmosphäre in erlebnisorientierter Form. Die „fehlenden" Informationen beziehungsweise Fakten zum Arbeitgeber Commerzbank können angefordert werden. Eine eigens auf die Kampagne abgestimmte Broschüre „Arbeitsplatz Commerzbank" wird allen Interessenten zugeschickt. Damit gibt es erstmalig eine konkrete Reso-

Chancen des Wandels

„Das Verhalten unserer Führungskräfte beeinflußt entscheidend die Entwicklung der Persönlichkeit und das Engagement unserer Mitarbeiter."

(Aus einem internen Konzept zur Förderung der Führungsqualität.)

Führen, wo sich alles ändert

Karl H. Schmitz

Im Anschluß an seine Bankausbildung vertiefte Herr Schmitz seine Praxis in der Kundenberatung. Erste Aufgaben für die Commerzbank übernahm er 1970 im Privatkundenmarketing. 1978 wurde ihm die Leitung der neuen Abteilung für Privatkunden in Düsseldorf übertragen. Nächste Station war Hamburg. Neben der Tagesarbeit vermittelte er als Trainer in der Fortbildung kundennahes Verkaufen von Bankdienstleistungen. Weitere erfolgreich gelöste Führungsaufgaben waren der Anlaß, ihm die Leitung der Zentralen Abteilung zur Vorbereitung des Geschäfts in den neuen Bundesländern zu übertragen. Seit April 1991 ist Herr Schmitz Meleiter der rasch wachsenden Filiale Leipzig.

Volker Schönfeld

Nach seiner Ausbildung bei der Commerzbank und Jura-Studium mit anschließender Assistententätigkeit kehrte Herr Schönfeld 1972 zu uns zurück und begann eine Trainee-Ausbildung. Als Mitleiter der Filiale Flensburg übernahm er entsprechend unseren Personalgrundsätzen schon frühzeitig Verantwortung – kunden- wie mitarbeiterbezogen. Es folgten weitere Leitungsaufgaben in den Filialen Hamburg und Altona. Dabei galt sein besonderes Interesse Engagements, die ein hohes Maß an Verantwortung und Risikobereitschaft erfordern. Seit 1985 setzt er als Mitleiter der Filiale Kiel seine Erfahrungen in erfolgreicher Personalführung in einem größeren Verantwortungsbereich um.

Was unsere Kunden von uns erwarten, müssen wir immer wieder aufs neue feststellen. Sonst laufen wir Gefahr, daß wir Angebote und Leistungen „am Bedarf vorbei produzieren".

Der Wandel in den Märkten hat uns veranlaßt, besonders intensiv „hinzuhören". Unsere Erkenntnisse haben wir mit bankinternen Analysen kombiniert. Die Konsequenzen, die wir daraus ziehen, lassen sich in zwei Gruppen darstellen:

Wir wollen unsere Strukturen – das technisch-organisatorische Netzwerk – so ausrichten, daß unser umfangreiches personelles Know-how den sich verändernden Kundenbedürfnissen folgen kann.

Gleichzeitig wollen wir uns verstärkt den neuen Erkenntnissen und Ideen öffnen.

Noch sind wir am Anfang – die angepackten Projekte und Programme erfordern einen Zeitraum von mehreren Jahren. Und möglicherweise stellt der Markt dann schon wieder neue Anforderungen.

Im Spannungsfeld des Wandels schätzen wir klare Orientierung und persönliche Qualitäten: Mut, Kommunikationsfähigkeit, Geduld und Konsequenzen gehören in besonderem Maße dazu.

Die Ziele und Werte unserer Bank sollen auch im Veränderungs- und Innovationsprozeß sichtbar bleiben. Am Bewußtsein unserer besonderen Verantwortung gegenüber Kunden wie Mitarbeitern darf es keinen Zweifel geben.

Wir akzeptieren, daß Entwicklung auch mit Sprüngen und Brüchen zu tun hat, die wir extern wie intern gut abfedern wollen – hier liegen weitere Herausforderungen an die Qualität unseres Managements und unserer Mitarbeiterführung.

Andererseits: Selten war es so interessant, in der Commerzbank zu arbeiten, zu lernen, zu führen.

COMMERZBANK

Die Bank an Ihrer Seite

Abbildung 8.48: Personal-Image-Anzeigen der Commerzbank

nanzüberprüfung zu den Anzeigen. Für die neuen Bundesländer wurde 1992 – wohl letztmalig – ein variiertes Anzeigenkonzept gestaltet: Hier geht es – anders als in der Stamm-Kampagne – um die Vorbereitung von Stellenanzeigen. Die Anzeigeninhalte sind entsprechend näher an konkreten Angeboten als in der parallel laufenden West-Kampagne.

Abgestimmt auf den Bank-Auftritt in Tageszeitungen sind seit 1992 nicht nur Personalimage-, sondern auch Stellenanzeigen. Synergien aus Aufmerksamkeits- und Wiedererkennungseffekten werden daraus erwartet. Das Personalanzeigenkonzept wird zudem als „Baukasten" gestaltet, um den einheitlichen Auftritt in der gesamten Bundesrepublik zu sichern: Der Bereich Personalmarketing als organisatorische Einheit entwickelt dazu den Leitfaden und die Mustertexte; zudem stehen die Mitarbeiter des Bereichs den für die einzelnen Anzeigen Verantwortlichen als Berater zur Verfügung.

(f) Öffentlichkeitsarbeit

Ziel dieses Aufgabenfeldes ist es, qualifizierte Nachwuchskräfte für die Aufgaben in der Commerzbank zu interessieren. Zielgruppen sind dabei Schüler und Hochschulabsolventen als potentielle Mitarbeiter im Nachwuchskräftebereich. Über die Öffentlichkeitsarbeit soll vor allem die Aussage „Wir fördern Talente. Gezielt." kommuniziert und Nachwuchsprogramme vorgestellt werden. Seit 1991 folgt auch dies dem Prinzip der Dezentralisierung von Aufgaben, um so stabile Ansprechpartner zu schaffen. Zentral werden dabei nur noch wenige Großveranstaltungen betreut.

(g) Presse/redaktionelle Arbeiten

Angestrebt wird eine aktuelle Berichterstattung über Trends in der Personalarbeit bei der Commerzbank, um so die Kompetenz in diesem Bereich intern sowie extern zu belegen. Dies betrifft vor allem Aspekte des strategischen Personalmanagements sowie diverse aktuelle Themen aus dem Personalressort. Aus diesem Grund beteiligt sich das Personalmarketing auch an der Firmenzeitschrift (Commerzielles) und wird in Hochschulmedien sowie Printmedien und Rundfunk/TV auf Anfrage tätig. Im übrigen werden aber die von der Commerzbank initiierten Presseaktivitäten primär über das zentrale Dezernat Presse abgewickelt.

Personalmarketing ist somit ein zentraler Aspekt der Unternehmenskommunikation der Commerzbank. Zielsetzung ist die zielgruppenorientierte Akquisition nach außen und die mitarbeitergruppenspezifische Motivation nach innen. Dies bedeutet auch, den Brückenschlag zum Führungskonzept der Commerzbank nach dem Grundprinzip „Führen heißt anderen helfen, erfolgreich zu sein" zu vollziehen.

8.8.2 BASF

Die BASF AG beschäftigte Ende 1992 51.034 Mitarbeiter (inklusive 3.452 Auszubildende) und verzeichnete dabei einen Personal- und Sozialaufwand von rund 5,4 Mrd. DM (weitere Informationen siehe Abschnitt 4.8.1). Mit dem systematischen Aufbau und der konsequenten Nutzung von Ansätzen aus dem Bereich des Personalcontrollings befaßt sich die BASF AG seit Mitte der 80er Jahre.

Im Hintergrund steht dabei die Überlegung, über eine entsprechende Querschnittsfunktion die Personalstrukturen und ihre Entwicklungen besser erfassen, analysieren und entscheidungsorientiert aufbereiten zu können. Dabei geht es zum einen um operative Analysen, zum anderen aber auch um die Realisation einer strategischen Perspektive (Übersicht 8.42). Nachfolgend steht die strategische Ebene im Vordergrund.

Ziel des Personalcontrollings bei der BASF AG ist es, kontinuierliche Informationen für das Personal- und Bereichsmanagement der BASF AG bereitzustellen, damit die operativen wie auch die strategischen Maßnahmen personalpolitisch effektiv gestaltet werden und die personalwirtschaftlichen Prozesse effizient im Unternehmen ablaufen.

Übersicht 8.42: Zielsetzung des Personalcontrollings bei der BASF AG

Damit fallen dem Personalcontrolling vier Hauptaufgaben zu: Es soll
- Bericht erstatten,
- Entscheidungshilfen bereitstellen,
- frühzeitig warnen und
- Konzepte entwickeln.

Auf diese Weise soll die Führung des Unternehmens schon im Vorfeld zielorientiert unterstützt werden. Dabei wird von einem umfassenden Controlling-Verständnis ausgegangen, das zwei Objektbereiche für das Personalcontrolling unterstellt: Erstens als Personalcontrolling bezogen auf das Gesamtunternehmen, zweitens als Personalcontrolling bezogen auf die Aktivitäten des Personalbereichs.

Bei der Abwicklung seiner Aktivitäten ist das Personalcontrolling integrierter Bestandteil des in drei Bereiche gegliederten Planungs- und Berichtssystems der BASF AG (Übersicht 8.43).

Budget	**mittelfristige Vorschau**	**strategische Vorschau**
jährliche Erstellung quantitativ detailliert kostenorientiert für ein Jahr	jährliche Anpassung quantitativ operativ maßnahmenorientiert für ein bis drei Jahre	jährliche Aktualisierung qualitativ Potentiale/Risiken zielorientiert langfristig

Übersicht 8.43: Planungssysteme des Personalcontrollings bei der BASF AG

Drei Grundvoraussetzungen werden als unabdingbar für den erfolgreichen Einsatz strategischer Controlling-Instrumente und -Methoden angesehen:
- das Vorhandensein abgestimmter und in sich schlüssiger Unternehmensziele und -grundsätze,

- das Vorhandensein eines rollierenden kurz-, mittel-, und langfristigen Berichts- und Planungssystems,
- das Vorhandensein eines maßnahmenorientierten operativen Personalcontrollings (Abbildung 8.49).

Unter strategischem Personalcontrolling wird die Ermittlung relevanter Aktionsfelder verstanden, in denen mit Hilfe spezieller Instrumente frühzeitig die wahrscheinlichen Auswirkungen auf die Personalstruktur ermittelt werden, gefolgt von einer Überprüfung und gegebenenfalls Korrektur der Zielstruktur.

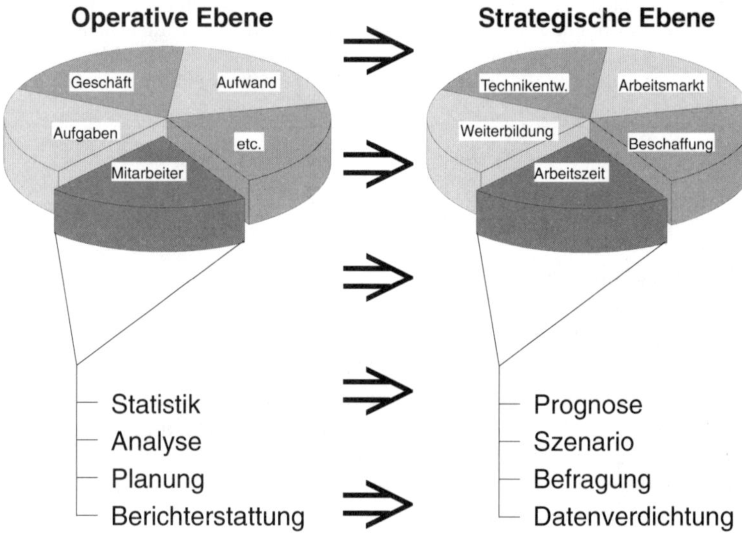

Abbildung 8.49: Operatives und strategisches Personalcontrolling bei der BASF AG

Sechs Rahmenbedingungen sind für die Ermittlung und Bearbeitung der hier beispielhaft aufgeführten Aktionsfelder zu beachten:

- Der Zeithorizont ist nicht von vornherein begrenzt.
- Umfeldfaktoren werden stärker berücksichtigt.
- Unternehmerische Wertgrößen werden mit gesellschaftlichen Wertgrößen abgeglichen.
- Personalwirtschaftliche Wertgrößen werden mit betriebswirtschaftlichen Wertgrößen in Übereinstimmung gebracht.
- Die kurzfristige Ergebnisbetrachtung tritt in den Hintergrund.
- Die Analyseergebnisse sind eher qualitativ beschreibend als quantitativ bindend.

Die strategischen Aktionsfelder werden aus dem operativen Analyseprozeß kontinuierlich mit Daten und Informationen versorgt und mit strategisch ausgerichteten Instrumenten weiterverarbeitet.

(a) Personalcontrolling im Gesamtunternehmen

Bezogen auf das Gesamtunternehmen BASF AG steht im Personalcontrolling generell die Ressource Personal im Vordergrund. Die Einheit „Personalcontrolling“ hat hier somit primär eine **Beratungsfunktion**, muß also als Service-Center auch selbst für die Akzeptanz ihrer Dienstleistungen sorgen. Ziel ist es dabei, den integrierten Personalplanungs- und Personalcontrollingprozeß der Einheiten sicherzustellen und zu optimieren.

Die wesentlichen **Instrumente** des Personalcontrollings im Gesamtunternehmen sind neben der rollierenden kurz- und mittelfristigen Personalbedarfsplanung der Monatsbericht, die Bestandsprognose und die Mitarbeiterbefragung:

- Der Monatsbericht informiert über aktuelle Entwicklungen, beispielsweise des Gesamtpersonals, des Stammpersonals und bei den Auszubildenden. Der Bericht informiert über tatsächliche sowie erwartete Zu- und Abgänge, Zielwerte, ruhende Arbeitsverhältnisse oder auch Einstellkontingente von Hochschulabsolventen. Darüber hinaus werden Sonderauswertungen angefertigt.
- Die Bestandsprognose analysiert auf der Basis eines Simulationsmodells mögliche Entwicklungen des Personalbestands unter Berücksichtigung von Zu-, Über- und Abgangsquoten und unterstützt damit die frühzeitige Erkennung von Fehlentwicklungen der Mitarbeiterstruktur. Zudem ermöglicht die schnelle Ergebnisdarstellung Analyse und Vergleich unterschiedlicher Bestandsalternativen.
- Im Rahmen der Mitarbeiterbefragung sollen Entwicklungen und Trends der Mitarbeiter-Meinungen aufgezeigt werden, konkrete Hinweise auf Schwachstellen analysiert und die Motivation der Mitarbeiter mit ihren Prioritäten und Bedürfnissen festgestellt werden.

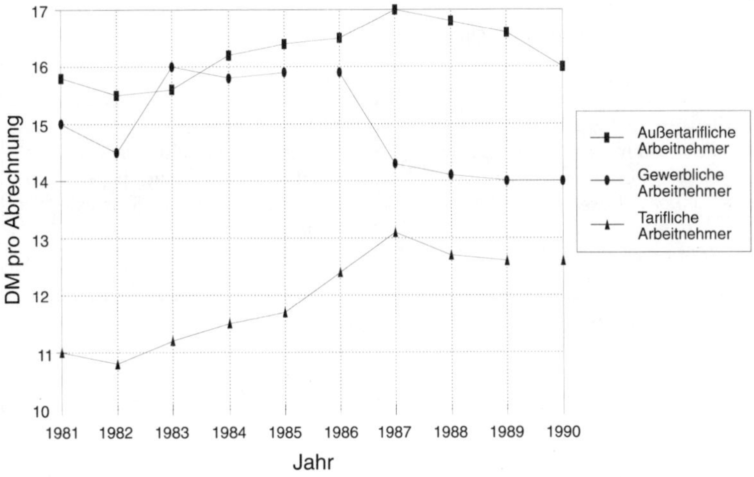

Abbildung 8.50: Prozeßkostenanalyse Lohn- und Gehaltsabrechnung

Weitere Projekte des Personalcontrollings für das Gesamtunternehmen befassen sich beispielsweise mit einem Simulationsmodell zur Personalentwicklung, der Zukunft der Produktionsberufe, dem Führungskräftebedarf oder dem Personaldatenmanagement.

(b) Personalcontrolling der Personalfunktion

Anders als beim Personalcontrolling im Gesamtunternehmen dominiert beim Controlling des Funktionsbereichs Personal die **Steuerungsfunktion**. Ziel ist es hier, den integrierten Personalplanungs- und Personalcontrollingprozeß der Personal-, Sozial- und Bildungsfunktion sicherzustellen und zu optimieren sowie die Gemeinkostenentwicklung zu überprüfen. Wichtige **Instrumente** dieser Form des Personalcontrollings sind wiederum die Monatsberichte, die Mitarbeiterbefragung mit spezifischen personalbezogenen Inhalten sowie Leistungsportfolios und die Prozeßkostenanalyse:

- Die Monatsberichte enthalten Gesamtkostenentwicklungen, Investitionen, Budgetabweichungen, Personalentwicklungen oder auch Zielabweichungen, jeweils bezogen auf die Personalabteilung. Darüber hinaus

Personalcontrolling im Gesamtunternehmen	**Personalcontrolling der Personalfunktion**
Monatsbericht Gesamtpersonal Stammpersonal Auszubildende Erwartete Zu- und Abgänge Tatsächliche Zu- und Abgänge Zielwerte Ruhende Arbeitsverhältnisse Nicht im Personalbestand geführte Mitarbeiter Einstellkontingente Hochschulabsolventen Sonderauswertungen	Monatsbericht Kostenentwicklung Budgetabweichungen Personalentwicklung Zielabweichungen Investitionen personalwirtschaftliche Kennzahlen Sonderauswertungen
Mitarbeiterbefragung Entwicklungen und Trends der Mitarbeitermeinungen konkrete Hinweise auf Schwachstellen Motivation und Bedürfnisse der Mitarbeiter ermitteln	Mitarbeiterbefragung Bewertung der geleisteten Personalarbeit durch die Mitarbeiter konkrete Hinweise auf Schwachstellen
Simulation Personalbestand Projekte „Führungskräftebedarf“ „Gehaltsvergleich“ „Personaldatenmanagement“ etc.	Prozeßkosten Leistungsportfolio Interne und externe Vergleiche

Übersicht 8.44: Instrumente des Personalcontrollings bei der BASF AG

werden personalwirtschaftliche Kennzahlen errechnet und Sonderauswertungen vorgenommen.
- Die Mitarbeiterbefragung wird beim Personalcontrolling des Personalbereichs dazu benutzt, die geleistete Personalarbeit durch die anderen Mitarbeiter bewerten zu lassen und daraus gegebenenfalls Schlüsse auf Veränderungsnotwendigkeiten zu ziehen.
- Die Prozeßkostenanalyse als weiteres wichtiges Instrument dient der Vereinbarung von Kostenzielen und soll zudem mehr Kostentransparenz und Kostensensibilität bewirken. Weiterhin wird eine Bewertung der Leistung ermöglicht. Die Prozeßkosten werden für unterschiedlichste Personalmanagementfunktionen ermittelt. Abbildung 8.50 zeigt ein Beispiel für die Prozeßkostenentwicklung der Lohn- und Gehaltsabrechnung.

Damit werden für das Personalcontrolling im Gesamtunternehmen und des Personalbereichs teilweise die gleichen Instrumente eingesetzt, jedoch mit unterschiedlicher inhaltlicher Schwerpunktsetzung (Übersicht 8.44).

Die skizzierten Aufgabenbereiche des Personalcontrollings bei der BASF AG erfordern eine besondere organisatorische Einbindung in das Gesamtunternehmen, die es den Mitarbeitern dieser Einheit auch erlaubt, entsprechend der Zielsetzung dieser Funktion zu handeln. Dies gilt insbesondere für das Personalcontrolling der Personalfunktion, da eine Eingliederung als „normale" Abteilung die Ausübung von Controllingfunktionen über die „Nachbarabteilungen" sehr erschweren würde. Daher ist abgesehen von der Zuordnung zur Personalabteilung eine direkte Verbindung zur Bereichsleitung sichergestellt (Abbildung 8.51).

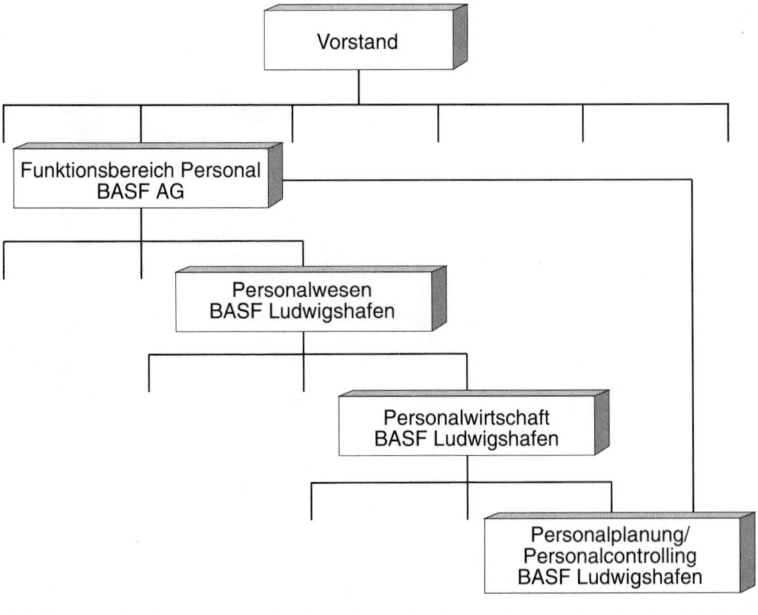

Abbildung 8.51: Organisatorische Einordnung des Personalcontrollings bei der BASF AG

9 Internationales Personalmanagement

9.1 Charakterisierung

Angesichts des Europäischen Binnenmarktes und der wirtschaftspolitischen Entwicklungen im Osten stellt sich für viele Unternehmen zwangsläufig die Frage nach der richtigen Form grenzüberschreitender Aktivitäten. Ob Internationalisierung, Europäisierung oder Globalisierung: Es geht nicht nur um sinnvolle Beschaffungs-, Produktions- und Absatzstrategien, sondern gerade auch um eine optimale Personalstrategie.

Aufgrund ihrer hohen Exportquote verstehen sich viele deutsche Unternehmen zu Recht als „international". Dies ist genauso wichtig und richtig wie der nächste Gedankensprung problematisch und gefährlich ist: aus Exporterfolgen und Auslandsaktivitäten automatisch auf die Existenz eines von Internationalität geprägten Managements und speziell eines internationalen Personalmanagements zu schließen. Ein Personalmanagement wird aber nicht dadurch „international", indem man „heimische" **Erfolgsrezepte** unreflektiert auf das Ausland überträgt beziehungsweise im Ausland praktiziert. Vielmehr – und genau deshalb denken Unternehmen bewußt auch über die internationale Dimension ihres Personalmanagements nach – bleibt ein Unternehmen nur dann am internationalen Markt erfolgreich, wenn es die Spezifika dieser Herausforderungen erkennt und inhaltlich in Maßnahmen umsetzt.

Internationale Unternehmen unterschätzen leicht die Auswirkungen, die sich aus dem Kontakt mit den verschiedenen Nationalkulturen ergeben: Vor allem verleitet die Vollendung des Europäischen Binnenmarktes mit seiner Harmonisierung auf der institutionellen Ebene dazu, auch bei Normen und Werten Konvergenz zu erwarten. Anders als ihre Kollegen im Rechnungswesen werden Personalmanager vom Gesetzgeber gegenwärtig noch nicht ernsthaft gezwungen, sich umfassend mit der europäischen oder der internationalen Dimension auseinanderzusetzen. Dies wird sich ändern, wenn Mobilitätsbarrieren innerhalb Europas sinken und sich die allgemeine Konkurrenzsituation intensiviert.

Weitgehende Einigkeit herrscht in der Literatur zu der Frage, ob Unternehmen in ihrem Personalbereich für die zunehmende Internationalisierung gerüstet sind: ob Ausbildungsdefizite (z. B. *Floriani* 1992), fehlende globale Ausrichtung (z. B. *Tung/Miller* 1992) oder sträfliche Vernachlässigung des Personalbereichs bei wichtigen strategischen Entscheidungen wie internationale Akquisition (z. B. *Gerpott* 1990), in vielen derartigen Fällen sind Probleme vorprogrammiert. Hinzu kommen die gerade für den Personalbereich typischen **Vorlaufzeiten**: Personalplanungssysteme lassen sich nicht ad hoc aus dem Boden stampfen, vor allem dann nicht, wenn sie unternehmensspezifische und landeskulturelle Besonderheiten berücksichtigen sollen.

Da betriebliches Personalmanagement immer Ausdruck vorhandener Werte ist, die sich einer vollständigen Erfassung und Einflußnahme entziehen, eröffnet sich hier eine der anspruchsvollsten **Herausforderungen** für internationale Unternehmen: Einerseits verlangt in vielen Branchen die zunehmende Globalisierung weltweit einheitliches Auftreten, andererseits machen es die kulturellen Unterschiede jedoch notwendig, daß sich das Unternehmen den lokalen Bedürfnissen anpaßt.

Die zunehmende weltwirtschaftliche Verflechtung stellt zwar immer höhere Anforderungen an die Qualifikation und die Motivation von Mitarbeitern, die stringente Umsetzung dieser Notwendigkeit in die personalwirtschaftliche Arbeit unterbleibt aber in vielen Fällen. Die insgesamt damit verbundene Problematik läßt sich zu **vier Thesen** verdichten (nach *Domsch/Lichtenberger* 1991):

(1) Die Beschäftigung mit internationalem Personalmanagement entspricht nicht der Bedeutung der deutschen Außenwirtschaft.
(2) Der Zusammenhang zwischen unterschiedlichen Internationalisierungsstrategien und Personalmanagementpraktiken wird nicht ausreichend betrachtet.
(3) Internationales Personalmanagement beruht auf der Notwendigkeit, Personalarbeit als Personalentwicklung zu begreifen, zu planen und zu praktizieren.
(4) Die Planung der internationalen Personalentwicklung muß zur Grundlage der Auslandstätigkeit (internationale Job Rotation, Auswahl, Vorbereitung, Vertragsbedingungen) werden und Betreuung während des Auslandseinsatzes sowie dynamische Rückgliederungs- und Integrationsplanung umfassen.

Insgesamt läßt sich in der **Praxis** damit ein relativ geringes Professionalisierungsniveau im Hinblick auf das internationale Personalmanagement feststellen.

Das Problem „*Internationales Personalmanagement*" stellt sich aber nicht nur für die Praxis, es gilt in gleichem Maße für die personalwirtschaftliche **Theorie** und ihre Reflexion in der personalwirtschaftlichen Literatur. Zwar sind sich die meisten Forscher und Autoren darüber einig, daß internationales Personalmanagement eine nicht zu unterschätzende Schwierigkeit sei und deshalb spezifischer Vorschläge bedürfe. In der konkreten Realisation bleibt es aber häufig bei der Darstellung des (nicht-internationalen) Personalmanagements, ergänzt um den inhaltlich selten konkretisierten Zusatz der „erhöhten Komplexität durch Internationalisierung".

Auch im **wissenschaftlichen Bereich** hat sich der extrem geringe Stellenwert, der dem internationalen Personalmanagement Anfang der 80er Jahre in Deutschland zugebilligt wurde (vgl. z. B. die Themenauswahl bei *Lück/Trommsdorff* 1982), inzwischen nur insofern etwas geändert, als zumindest erste englischsprachige Publikationen vorliegen (*Dowling/Schuler* 1990). Hinzu kommen diverse hochinteressante **Bausteine** (vgl. z. B. *Evans/Doz/Laurent* 1989; *Marr* 1991; *Schöllhammer* 1992; *Strutz/Wiedemann* 1992), die sich in eine Konzeption für ein internationales Personalmanagement integrieren lassen: Dies beginnt mit Überlegungen zu landeskulturellen Ausprägungen von Geschäftskulturen und geht über Internationalisierungsstrategien des Marketings bis zu Entlohnungssytemen bei Auslandsentsendung.

Abweichend vom generellen **Gliederungsschema** dieses Buches bietet sich für das Kapitel „Internationales Personalmanagement" ein Aufbau an, der die strategische Ebene den untergeordneten Ebenen voranstellt, da sich die operativ-taktischen Umsetzungen von Internationalisierungskonzeptionen sehr eng an den Strategien orientieren. Im Gegensatz zum oft historisch gewachsenen Personalmanagement im nationalen Kontext mit entsprechend enger Verflechtung der operativen, der taktisch-dispositiven und der strategischen Ebene, stellt sich im internationalen Bereich die Ausgangssituation anders dar: Hier kann man nicht von einem parallelen Aufbau der Methoden und Instrumente des Personalmanagements ausgehen. Vielmehr ergibt sich im internationalen Bereich eine eher diskontinuierliche Entwicklung.

Hinweise für ein international ausgerichtetes Personalmanagement liefert die Auseinandersetzung mit den *Rahmenbedingungen* (Abschnitt 9.2). Anschließend erfolgt die Konkretisierung der *strategischen Ebene* in Form von neun Interkulturstrategien als originäre Schlüsseloption (Abschnitt 9.3) und die Realisation dieser Strategien auf den jeweiligen Personalmanagementfeldern (Abschnitt 9.4).

9.2 Rahmenbedingungen

9.2.1 Überblick

Ausgangsbasis für die Beantwortung der Frage „was ist anders am *internationalen* Personalmanagement?" ist zunächst die Auseinandersetzung mit seinen **allgemeinen Rahmenbedingungen** (Abschnitte 9.2.2 bis 9.2.4), also der Internationalisierung als Umfeldherausforderung sowie den lokalen Landeskulturen und dem landesspezifischen Personalmanagement. Es folgen die **unternehmensspezifischen Rahmenbedingungen** (Abschnitte 9.2.5 bis 9.2.7): die gewählte Internationalisierungsstrategie, die involvierten Unternehmenskulturen sowie das unternehmensspezifische Personalmanagement. Dieses Bezugsraster für die Rahmenbedingungen eines internationalen Personalmanagements bietet sich für die Analysephase im Vorfeld einer internationalen Personalarbeit an und soll deshalb auch als Gliederungssystematik für diesen Abschnitt dienen (Abbildung 9.1).

9.2.2 Internationalisierung als Umfeldherausforderung

9.2.2.1 Problematisierung durch die Umwelt

Die Berücksichtigung der Andersartigkeit der Umwelt ist das Kernproblem internationalen (Personal-)Managements. Hierbei spielen **sechs Phänomen-Gruppen** eine besonders wichtige Rolle (vgl. *Dülfer* 1991 b, 210):

- *Natürliche Gegebenheiten* differieren von Region zu Region. Die besonderen klimatischen und geographischen Verhältnisse gehören zu den betriebswirtschaftlichen Standortfaktoren, die die Wirtschaftlichkeit eines Unternehmens und die Arbeitsfähigkeit der Mitarbeiter maßgeblich beeinflussen. Dies können beispielsweise extreme Hitze oder Kälte, hohe Ozonwerte, feuchtes Klima, die (Nicht-)Verfügbarkeit von Trinkwasser oder hohe/geringe Niederschläge sein.
- *Realitätserkenntnis und Verfahrenstechnik* sind stark von der gesellschaftlichen Aufklärung abhängig. Mit Realitätserkenntnis ist das Verstehen der Ursache- und Wirkungszusammenhänge angesprochen, worauf entsprechende Umsetzungen in der Verfahrenstechnik folgen. Auch wenn technologischer Transfer bei unterschiedlichen Entwicklungsständen Abhilfe schaffen kann, ist er mit großem Zeit- und Kapitalaufwand verbunden. Zudem ist ein bewußter Aufbau des Wissensstandes der einheimischen Arbeitskräfte nötig, um die moderne Technologie effizient einsetzen zu können.
- *Kulturell bedingte Wertvorstellungen* zählen neben den natürlichen Gegebenheiten zu den nur langfristig änderbaren Phänomenen. Nationale oder regionale Wertemuster, Einstellungen und Verhaltensweisen sind geprägt durch einen langen Sozialisationsprozeß und haben sich für den Einzelnen in seiner Umwelt bewährt. Kulturelle Unterschiede äußern sich beispielsweise in ethischen, religiösen und ideologischen Überzeugungen.

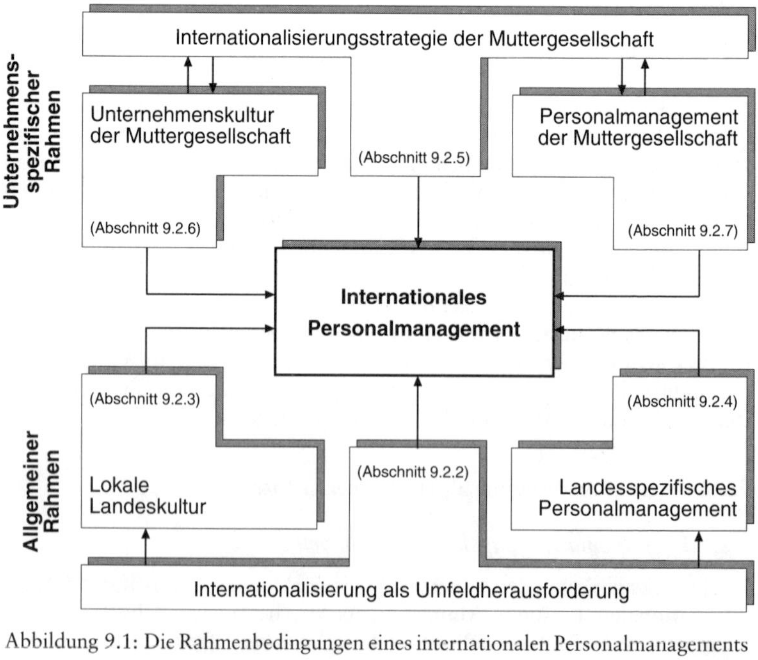

Abbildung 9.1: Die Rahmenbedingungen eines internationalen Personalmanagements

- *Soziale Beziehungen und Bindungen* haben sich ebenfalls in einer Gesellschaft über einen langen Zeitraum hinweg entwickelt. Individuen wollen meist die Erwartungen ihrer sozialen Gruppe erfüllen und erwarten im Gegenzug die Berücksichtigung *ihrer* eigenen Wünsche und Vorstellungen. Gesellschaftsschichten, Berufsgruppen und religiöse Vereinigungen etablieren gesellschaftlich akzeptierte Umgangsformen, die je nach Kulturkreis unterschiedlich ausfallen.
- *Rechtlich-politische Normen* sind ebenfalls im Zeitablauf weltweit teilweise sogar in völlig gegensätzliche Richtung gewachsen. Diese Differenzen sind vielfach ideologisch, religiös oder machtpolitisch begründet. Umwälzungen finden gerade in diesem Bereich ständig statt. Für die internationale Personalarbeit ist eine Auseinandersetzung mit den lokalen Rechtsauffassungen zwingend, schon allein wegen der staatlichen Sanktionspotentiale im Falle ihrer Nichtberücksichtigung.
- *Aufgabenumwelt* beziehungsweise *externe Interaktionspartner* sind die Behörden, Wettbewerber, Lieferanten, Kunden, Geldinstitute und die Öffentlichkeit. Hier sind je nach Land äußerst unterschiedliche Konstellationen denkbar. Jede dieser Zielgruppen kann beispielsweise im Hinblick auf Kooperationsbereitschaft, wirtschaftliche Macht und politischen Einfluß ganz andere Ausprägungen aufweisen als die korrespondierenden Gruppen anderer Länder.

Alle diese Umweltaspekte haben unmittelbare **Konsequenzen** für das internationale Personalmanagement: So sind beispielsweise
- die klimatischen Bedingungen bei der Gestaltung der Arbeitszeit,
- die Rolle der Frau im jeweiligen Kulturkreis bei der Formulierung der Beförderungsregelungen oder
- die rechtlichen Rahmenbedingungen bei der Beurteilung von Systemen für die Personalfreisetzung

zu berücksichtigen. Eine diesbezügliche Auflistung (vgl. Übersicht 9.1) kann angesichts der Vielzahl derartiger Beziehungen allenfalls exemplarischen Charakter haben, gibt aber einen Eindruck von den vielfältigen Einflußfaktoren auf das Personalmanagement im internationalen Kontext.

9.2.2.2 *Problematisierung durch die Aufgaben*

Während die Umweltaspekte dazu führen, internationales Personalmanagement mit dem Attribut *„anders"* zu versehen, gilt es zusätzlich, einen durch den internationalen Aspekt auftretenden höheren Komplexitätsgrad zu beherrschen. Hierzu ist es aber nötig, im Detail zu verstehen, worin sich dieses *„komplex"* manifestiert. Vergleicht man dazu die Praxis des nationalen Personalmanagements mit der des internationalen, so lassen sich fünf Faktoren erkennen, die deutliche **Komplexitätsunterschiede** begründen (vgl. *Dowling* 1988):

(a) Erhöhte Quantität der Aktivitäten

Mit der Entsendung von Mitarbeitern ins Ausland wird der gesamte Bereich der *internationalen Besteuerung* zu einem neuen Aufgabenfeld für die Per-

Umweltaspekte		**Exemplarische Konsequenzen für das Personalmanagement**
Natürliche Gegebenheiten	Klima Geographische Lage	Arbeitszeitgestaltung Mitarbeiterpotential (z. B. aus Anrainerstaaten)
Ökonomische Rahmenbedingungen	Lohnniveau Arbeitskräftepotential	Anpassung des Entlohnungssystems an nationale Besonderheiten Verstärktes Personalmarketing
Politische Rahmenbedingungen	Gewerkschaften Ausbildungssystem	Einbindung von Gewerkschaften in personelle Entscheidungsprozesse Intensive Mitarbeiterschulung
Rechtliche Rahmenbedingungen	Mitbestimmungsgesetze Arbeitnehmerschutzgesetze	Einbindung des Betriebsrats in personelle Entscheidungen Nationenspezifische Personalfreisetzung
Kulturelle Rahmenbedingungen	Gerechtigkeitsempfinden und Motivationsstruktur Gleichberechtigung der Frau	Orientierung der Gehaltsfindung an kulturspezifischen Wertvorstellungen sowie Entwicklung eines Anreizsystems gemäß unterschiedlichen Präferenzen (Urlaub, Dienstwagen, Weiterbildung) Mitarbeiterentsendung ins Ausland

Übersicht 9.1: Auswirkungen von Umweltaspekten auf das Personalmanagement

sonalverwaltung. Hierbei gilt es, sowohl die steuergesetzlichen Bestimmungen zu erfüllen als auch dafür zu sorgen, daß dem durch den Auslandseinsatz betroffenen Mitarbeiter weder ein (übermäßiger) Steuervorteil noch ein Steuernachteil entsteht.

Der zweite Bereich betrifft die zusätzlichen Aktivitäten, die im Zusammenhang mit der *Vorbereitung einer Entsendung* stehen. Entsprechende Trainingsmaßnahmen, Umzugsaktivitäten und sonstige familienbezogene Hilfestellungen, angefangen von der Wohnraumbeschaffung bis hin zum Schulsystem für die Kinder, sind zu berücksichtigen. Wenn Entsendungs- und Internationalisierungspläne von Unternehmen an familiären Gründen der Mitarbeiter scheitern, muß dies nicht notwendigerweise immer an der mangelnden Mobilität oder fehlenden Motivation der Mitarbeiter liegen. Organisatorische Defizite sind oft in gleicher Weise hierfür verantwortlich.

Hinzu kommen *administrative Unterstützungen* im alltäglichen Arbeitsablauf: beim Umgang mit anderen Wertesystemen und ethischen Standards, bei der Übersetzung fremdsprachlichen Materials und letztlich beim adäquaten Umgang mit offiziellen Stellen im Gastland. Gefragt ist also personenbezogenes Coaching in Verbindung mit genereller Unterstützung.

(b) Erhöhte Abhängigkeit

Personalabteilungen sind inzwischen häufig hochgradig arbeitsteilig aufgebaut und spezialisiert. Dies führt dazu, daß man sich oft primär mit einer spezifischen Fragestellung und/oder mit einer spezifischen Beschäftigtengruppe befaßt. Internationales Personalmanagement zeichnet sich dagegen zwingend durch eine *hochgradige Vernetzung* zwischen den einzelnen Aktivitäten aus, die nach einer simultanen und ganzheitlichen Lösung verlangt. So sind bei gemischt-nationalen Teams die Planungen für den Personaleinsatz eng mit den Aktivitäten im Bereich der Personalbeschaffung und Personalentwicklung verbunden.

(c) Stärkerer Einfluß auf die Privatsphäre

Die Entsendung ins Ausland hat oft einen starken Einfluß auf die familiäre Situation des Mitarbeiters. Dies bedeutet zwangsläufig eine größere *Verantwortung* für die Personalabteilung, die nun im Rahmen ihrer Servicefunktion für entsprechende Betreuungs- und Freizeitangebote zu sorgen hat.

(d) Permanente Verschiebungen im Personalmanagement-Mix

Stärker noch als im „nationalen" Personalmanagement kommt es im internationalen Personalmanagement zu einer permanenten Verschiebung der Intensitäten, mit denen die Personalmanagementfelder bearbeitet werden müssen: zunächst sind es primär Personalbeschaffung und -entwicklung, später folgen Aspekte der Führung und des Personaleinsatzes. Am Ende stehen Probleme der Integration von Rückkehrern bis hin zu generellen Fragen der Personalfreisetzung.

(e) Erhöhtes Risiko

Fehler im internationalen Personalmanagement wirken sich im Regelfall wesentlich stärker aus als bei ausschließlich national ausgerichteter Personalarbeit. Jeder mißglückte Auslandseinsatz und jede daraus resultierende frühzeitige Rückkehr verursacht erhebliche *direkte* Kosten. Neben den reinen Trainings- und Entsendungskosten zählen hierzu auch Reintegrationskosten, wenn der ursprüngliche Arbeitsplatz nicht freigehalten werden konnte und für den „Rückkehrer" eventuell ein neuer Arbeitsplatz geschaffen werden muß. Hinzu kommen die *indirekten* Kosten durch Imageverlust und Beeinträchtigung der Geschäftsbeziehungen, da sich gerade die Aufbauphase im internationalen Bereich durch besondere Sensitivität auszeichnet. Zu entsendende Mitarbeiter sind daher besonders sorgfältig auszuwählen, angesichts der meist fehlenden Selektionskriterien für „erfolgreiche" Auslandsmanager ein oft schwieriges Unterfangen.

Auch das *persönliche* Risiko für den Entsandten kann größer sein als im Stammland. Dies betrifft nicht nur das reine Karriererisiko und mögliche familiäre Komplikationen im Falle eines Fehlschlags, sondern kann darüber hinaus auch ein sozio-politisches Risiko, etwa bei der Entsendung in politisch instabile Regionen, beinhalten.

9.2.2.3 *Implikation: Erhöhte Komplexität und Problematik*

Die vorgestellten fünf Faktoren und ihre Auswirkungen zeigen deutlich, wie die Problemstellung des internationalen Personalmanagements über die bisher rein nationale Betrachtung hinausgeht. Durch den Zwang zur Berücksichtigung vielfältiger hochdynamischer Umweltfaktoren und aufgabeninduzierter Komplexität wird es noch schwieriger, den Anforderungen aller beteiligten Gruppen bei der Ausgestaltung der Personalarbeit gerecht zu werden.

Die daraus resultierende **Problematik** eines internationalen Personalmanagements belegen diverse Untersuchungen äußerst eindrucksvoll: So analysierte *Tung* (1982) die Mißerfolgsquoten der Auslandsentsendung bei amerikanischen, europäischen und japanischen Unternehmen und stellte fest, daß beispielsweise europäische Unternehmen in jedem zweiten Fall noch während der ersten fünf Jahre einen vorzeitigen Rückruf vornehmen mußten (vgl. Übersicht 9.2).

Herkunftsland	**Verbleibensspanne**	**Rückrufrate in %**
USA (n=80)	20–40 Jahre 10–20 Jahre <10 Jahre	7% 69% 24%
Europa (n=29)	11–15 Jahre 6–10 Jahre <5 Jahre	3% 38% 59%
Japan (n=35)	11–19 Jahre 6–10 Jahre <5 Jahre	14% 10% 76%

Übersicht 9.2: Rückrufrate bei Auslandsentsendung (nach *Tung* 1982, 68)

Als **Gründe** für diese hohen Fehlquoten können eine Vielzahl von Faktoren ermittelt werden (vgl. *Tung* 1984):

- Die mangelnde strategische *Einbindung* des Personalmanagements in die Unternehmensführung führt zu einer Vernachlässigung des Humanfaktors bei der Unternehmensplanung.
- Für die *Auswahl* der Entsandten kommen inadäquate Selektionskriterien zum Einsatz. Die meisten der untersuchten Unternehmen sahen die Fachkompetenz als vorrangiges Kriterium an, obwohl gerade die Anpassungsfähigkeit an die neue Umgebung eine notwendige Bedingung für den Entsendungserfolg darstellt.
- Die *familäre* Situation wird nicht ausreichend berücksichtigt. Neben dem Entsandten sind auch die Kinder und die Ehefrau ins Kalkül zu ziehen. Während für die Kinder eine entsprechende Schulausbildung möglich sein muß, ist es inbesondere die Ehefrau, die im Alltag in der neuen Umgebung zurechtkommen muß. Eine Vorbereitung auf den Auslandseinsatz sollte deshalb die ganze Familie umfassen.

- Die *Kürze* des Auslandeinsatzes führt oft dazu, daß die Eingewöhnungszeit an die neue Umgebung einen zu großen Anteil an der Einsatzzeit beansprucht und damit das Verhältnis von unproduktiver zu produktiver Zeit ungünstig beeinflußt. Landesspezifisch müssen deshalb unterschiedliche Längen der Einarbeitungszeit berücksichtigt und dementsprechend die Mindestentsendungszeit festgelegt werden.

Die Probleme gehen allerdings noch weiter und betreffen auch die Reintegration, die sich mit der Wiedereingliederung der Mitarbeiter in die Muttergesellschaft befaßt.

9.2.3 Lokale Landeskultur

Organisationskultur ist die Summe aller gemeinsamen Grundannahmen, Normen und Werte, mit denen sich eine Gruppe von Personen charakterisieren und gleichzeitig von anderen Gruppen abgrenzen läßt. Als eine Spezialform der Organisationskultur wurde im Abschnitt 6.4 die Unternehmenskultur als zentraler Erfolgsfaktor von Unternehmen behandelt. Analog dazu existieren in den verschiedenen Ländern spezifische Landeskulturen mit ihren eigenen Grundannahmen, Normen und Werten.

9.2.3.1 Landeskultur: Die Studie von Hofstede

Hofstede (1980 a) wählte **methodisch** einen äußerst anspruchsvollen Ansatz: Seiner Untersuchung liegen rund 117.000 Fragebogen mit je über 60 Items zugrunde. Sie stammen von IBM-Mitarbeitern unterschiedlicher hierarchischer Ebenen, die in den Jahren 1967–1969 und 1971–1973 in ihrer Landessprache nach arbeitsbezogenen Wertehaltungen befragt wurden. In die erste Auswertung gingen die Daten von 40 Ländern ein. Später wurde die Auswertung auf 50 Länder und 3 Regionen ausgeweitet. Insgesamt erhielt *Hofstede* Fragebogen aus 67 Ländern. Neben demographischen Merkmalen wurden auch Zielvorstellungen, Arbeitszufriedenheit sowie individuelle Kognitionen und Perzeptionen über Arbeit und Umwelt über semantische Differentiale erfaßt. Die gesammelten Daten wurden statistisch mit Hilfe von Faktoren- und Varianzanalysen sowie Korrelationsrechnungen ausgewertet. Hinzu kamen qualitative Interpretationen.

Die **Basishypothese** seiner Arbeit liegt darin, daß er durch die ausschließliche Befragung von IBM-Mitarbeitern eine in bezug auf die Unternehmenskultur homogene Grundgesamtheit unterstellt, also den Einfluß der Unternehmenskultur der Muttergesellschaft in allen IBM-Auslandseinheiten als gleich stark annimmt, so daß sämtliche von dieser Kultur abweichenden Ansichten und Einstellungen der (einheimischen) Befragten einzig und allein von einer unterschiedlichen Landeskultur herrühren.

Als zentrales **Ergebnis** stellte *Hofstede* fest, daß sich Landeskulturen mittels vier Dimensionen beschreiben lassen:
- Machtabstandstoleranz (Power Distance),
- Maskulinität (Masculinity),
- Unsicherheitsvermeidung (Uncertainty Avoidance) und
- Individualismus (Individualism).

Übersicht 9.3 zeigt das Ergebnis für einige wichtige Länder: Die Dimensionen wurden dabei von *Hofstede* auf einer Skala ausgedrückt, die ursprünglich für den Bereich 0 bis 100 normiert war; einige Länder (z.B. Griechenland) lieferten jedoch Aggregationswerte, die über dieses Intervall hinausreichten, weshalb bei der Dimension „Unsicherheitsvermeidung" Werte von bis zu 112 auftreten.

Land	Individualität (IND)	Maskulinität (MAS)	Unsicherheitsvermeidung (UAI)	Machtabstand (PDI)
Argentinien	46	56	86	49
Australien	90	61	51	36
Belgien	75	54	94	65
Canada	80	52	48	39
Dänemark	74	16	23	18
Deutschland	67	66	65	35
Finnland	63	26	59	33
Frankreich	71	43	86	68
Griechenland	35	57	112	60
Großbritannien	89	66	35	35
Indien	48	56	40	77
Israel	54	47	81	13
Italien	76	70	75	50
Japan	46	95	92	54
Jugoslawien	27	21	88	76
Mexiko	30	69	82	81
Niederlande	80	14	53	38
Norwegen	69	8	50	31
Österreich	55	79	70	11
Portugal	27	31	104	63
Schweden	71	5	29	31
Schweiz	68	70	58	34
Spanien	51	42	86	57
Südafrika	65	63	49	49
USA	91	62	46	40

Übersicht 9.3: Kulturindex ausgewählter Länder (nach *Hofstede* 1980a, 315)

Diese vier Basisdimensionen von *Hofstede* stecken den Rahmen für eine international ausgerichtete betriebliche Personalarbeit ab und wirken sich damit auch unmittelbar auf die tägliche Personalarbeit aus.

(a) Individualismus

Individualismus (Übersicht 9.4) beschreibt das Verhältnis zwischen dem Individuum und der Gruppe in einer Gesellschaft: *Individualistisch* orientierte Länder erwarten eine emotionale Unabhängigkeit des Individuums von der Organisation. Im Vordergrund steht dabei die kalkulierende, instrumentelle Mitgliedschaft in der Organisation. Eine *kollektive* Orientierung drückt sich dagegen in einer hohen Bedeutung inner- und außerorganisatorischer Beziehungen aus. Vom Organisationsmitglied wird moralisches Engagement in der Organisation sowie Wertschätzung von Gruppenentscheidungen erwartet.

Individualismus	
Niedrige Ausprägung	*Hohe Ausprägung*
Emotionale Abhängigkeit vom Unternehmen, moralisches Involvement, Streben nach Konformität und Ordnung, Sicherheit in der Position bei den Managern im Vordergrund, Präferenz für Gruppenentscheidungen, partikuläres Denken	Emotionale Unabhängigkeit vom Unternehmen, berechnendes Involvement, Streben nach Führung und Abwechslung, Autonomie bei den Managern im Vordergrund, Präferenz für Individualentscheidungen, universalistisches Denken
Gesellschaftliche Norm	
Wir-Bewußtsein, Gemeinschaftsorientierung, soziales System als Basis für Identität	Ich-Bewußtsein, Selbstorientierung, Individuum als Basis für Identität
Konsequenzen für das Personalmanagement	
Erwartung der Mitarbeiter, daß die Organisation ihre Interessen vertritt, Beförderung nach Seniorität, Unternehmenspolitik sollte sich an der Loyalität und dem Aufgabenbewußtsein der Mitarbeiter orientieren	Erwartung gegenüber den Mitarbeitern, daß sie selbst ihre Interessen vertreten, Beförderung nach Leistung, Unternehmenspolitik sollte Eigeninitiative der Mitarbeiter fördern

Übersicht 9.4: Aussagen zum Individualismus

Individualistische Länder haben meist eine hohe Arbeitsmobilität, ein hohes Ich-Bewußtsein und eine Präferenz für Individualentscheidungen. Genau das Gegenstück ist bei kollektivistischen Ländern der Fall, die durch eher geringe Arbeitsmobilität, ausgeprägtes Wir-Bewußtsein und Präferenz für Gruppenentscheidungen charakterisiert sind.

Ein kollektivistisch orientiertes Land, wie beispielsweise Griechenland, sieht sich daher nach *Hofstede* als eine „Gemeinschaft", die auf gegenseitiger Sympathie und Verständnis aufbaut und bereit ist, die Bedürfnisse ihrer Mitglieder zu erfüllen. Hingegen gelten die USA als Inbegriff einer individualistisch orientierten Gesellschaft.

Romanische Länder wie Belgien und Frankreich besitzen ein starkes Bedürfnis nach Autorität und Hierarchie; gleichzeitig wollen aber die Individuen ihre Unabhängigkeit bewahren. *Hofstede* (1980 a, 214–221) bezeichnet sie daher als „abhängige Individualisten". Gänzlich andere Verhaltensmuster gelten beispielsweise für Österreich: Hier herrscht keine starke Autorität, aber eine große persönliche Abhängigkeit von der Gemeinschaft, so daß er die Österreicher zutreffend als „unabhängige Kollektivisten" bezeichnet (vgl. *Hofstede* 1980 a, 222).

Die Individualismusdimension wird in einem hohen Maße von wirtschaftlichen, geographischen und demographischen Faktoren beeinflußt. Eine starke positive Korrelation besteht zwischen dem Individualismusindex und dem Wohlstand einer Nation. Reiche Länder sind demnach deutlich individualistischer orientiert als arme Länder. Dasselbe trifft für Länder in gemäßigten beziehungsweise kälteren Klimazonen zu (vgl. *Hofstede* 1980 a, 231–256).

Auf die **Organisation** bezogen bedeutet niedrige Individualität, also starke *kollektive* Denkhaltung, ein familiäres Organisationsbewußtsein. Interessen der Mitarbeiter werden ernst genommen und erfüllt. Eine Förderung des Mitarbeiters kommt nur von innen und richtet sich nach dem Senioritätsprinzip. Eine kollektive Orientierung dagegen drückt sich in einer hohen Bedeutung inner- und außerorganisatorischer Beziehungen aus. Vom Organisationsmitglied wird moralisches Engagement sowie Wertschätzung der gemeinsamen Ziele erwartet. Vor allem aber sind die Mitarbeiter ganz bewußt ein Teil „ihres" Unternehmens, in dem sie langfristig aufgehen und das sie als ihre (prägende und schützende) Familie ansehen.

In *individualistisch* orientierten Ländern besteht dagegen eine emotionale Unabhängigkeit des Einzelnen von der Organisation. Im Vordergrund steht die instrumentelle Mitgliedschaft in Organisationen: Man entscheidet sich für ein Unternehmen, weil der „Job" dort gerade interessant erscheint, sieht aber auch gar kein Problem darin, den Arbeitsplatz bei erstbester Gelegenheit wieder zu wechseln.

Die eigentliche Herausforderung für das betriebliche **Personalmanagement** beginnt, wenn man die Personalarbeit im Unternehmen explizit auf diese Kulturdimension ausrichtet. Hat man also eine eher individualistische Kultur, so ist beispielsweise nicht nur von einer höheren Fluktuation auszugehen, sie muß vielmehr als gesellschaftlich akzeptierter Normalfall angesehen werden. Vor allem aber sind alle Personalmanagementsysteme unmittelbar auf die Basisnorm „Individualismus" auszurichten: So dürften bei individualistischen Kulturen Teamprämien auf wenig Gegenliebe stoßen, während Wettbewerb über personenbezogene „Rennlisten" für Umsatzwerte oder die Wahl eines „Verkäufers des Monats" durchaus akzeptiert werden.

(b) Maskulinität

Der Maskulinitätsindex (Übersicht 9.5) drückt aus, wie stark in einer Gesellschaft die als „maskulin" bezeichneten Werte wie Selbstbehauptung, Leistung, Ehrgeiz, Wettbewerb und materieller Erfolg im Vordergrund stehen. Bei einem niedrigen Maskulinitätsindex richtet man sich mehr an Werten aus, die – zumindest nach Hofstede – als „feminin" gelten, wie zum Beispiel die Präferenz für berufliche Sicherheit, Aufrechterhaltung von sozialen Kontakten und Lebensqualität.

Äquatornahe Länder zeigen tendenziell höhere Maskulinitätswerte. Länder mit überwiegend katholischer Bevölkerung sind nach *Hofstede* (1980 a,

293) maskuliner als protestantische Länder. Deutschsprachige Länder haben gewöhnlich hohe, angloamerikanische Länder sehr hohe Werte in der Maskulinitätsdimension. Romanische Länder weisen niedrige, die nordischen Länder sehr niedrige Werte in dieser Kulturdimension auf.

Maskulinität	
Niedrige Ausprägung	*Hohe Ausprägung*
Kontakte mit Vorgesetzten, Kooperation, angenehme Arbeitsatmosphäre, Arbeitssicherheit, geringes Interesse von Managern an Führung, Gruppenentscheidungen, geringere Leistungsmotivation	Verdienst, Anerkennung, Herausforderung, Vorankommen, Führungs-, Unabhängigkeits- und Selbstverwirklichungsideal, individuelle Entscheidungsfindung, höhere Leistungsmotivation
Gesellschaftliche Norm	
Beziehungsorientierung, Lebensqualität ist wichtig: „Arbeiten um zu leben", Intuition, Geschlechterrolle fließend	Sach- und Geldorientierung, Leistung und Wachstum sind wichtig: „Leben um zu arbeiten", Entschiedenheit, klare Trennung der Geschlechterrolle
Konsequenzen für das Personalmanagement	
Wenig karrierebewußte Jugend, strikte Trennung von Beruf und Privatleben, geringerer Arbeitsstreß, Gruppenintegration bei Reorganisation, mehr Frauen in qualifizierten Jobs	Karrierebewußte Jugend, berufsbedingter Einfluß auf die Privatsphäre, höherer Arbeitsstreß, individuelle Leistungsorientierung bei Reorganisation, weniger Frauen in qualifizierten Jobs

Übersicht 9.5: Aussagen zur Maskulinität

Typisch für maskuline Kulturkreise ist daher eine starke Karriereorientierung sowie der berufsbedingte Einfluß auf die Privatsphäre. Als typisch für feminine Kulturkreise gilt der Wunsch nach Ausgeglichenheit, der Verzicht auf Wettbewerb sowie die Abneigung gegen Streß und Hektik. Konkret äußert sich dies in einer größeren Ruhe und Gelassenheit während der Arbeit, Förderung der Gruppenintegration bei Reorganisationen sowie einem höheren Anteil von Frauen auf qualifizierten Arbeitsplätzen.

Dies bedeutet für die **Personalarbeit** in maskulinen Ländern eine Betonung von Hierarchie, Wettbewerb, Leistungsmotivation und Herausforderung. Im Gegensatz dazu legt eine eher feminin ausgerichtete Personalarbeit nach *Hofstede* mehr Wert auf eine angenehme Arbeitsatmosphäre, den Kontakt mit Vorgesetzten und Mitarbeitern sowie generell die Beziehungsorientierung.

(c) Unsicherheitsvermeidung

Unsicherheit über die Zukunft ist ein Grundtatbestand menschlichen Lebens. Extreme Unsicherheit erzeugt Angst. Gesellschaftliche Regelungen,

Verordnungen, Religionen und Verhaltensregeln sollen Unsicherheit abbauen helfen. Auch in Unternehmen helfen diverse Managementtechniken und Instrumente, die Unsicherheit zu reduzieren. Unsicherheitsvermeidung (Übersicht 9.6) beschreibt daher das Ausmaß, mit dem eine Gesellschaft versucht, die Unsicherheit aus dem täglichen Leben zu nehmen.

Länder wie Österreich, Deutschland und Japan, die erst nach dem Ersten beziehungsweise Zweiten Weltkrieg zu demokratischen Regierungsformen fanden, zeigten in der *Hofstede*-Studie tendenziell ein stärkeres Streben nach Unsicherheitsvermeidung als alte Demokratien wie England, die USA oder die Schweiz. Romanische Länder dagegen besitzen als „Erbe" des Römischen Reiches, das ein effektives System formeller Kontrolle etablierte, ein deutliches Streben nach Unsicherheitsvermeidung.

Für die **Personalarbeit** bedeutet ein geringes Maß an Unsicherheitsvermeidung auch ein geringes Maß an geschriebenen Regeln, eine geringe Standardisierung und eine geringe Spezialisierung. Im Gegensatz dazu verlangt eine hohe Unsicherheitsvermeidung nach größerer Standardisierung, vor allem

Unsicherheitsvermeidung	
Niedrige Ausprägung	*Hohe Ausprägung*
Bereitschaft, in den Tag hineinzuleben, geringer Arbeitsstreß, Mobilität, Leistungsprinzip, größere Leistungsmotivation, höhere Risikobereitschaft, Umgehen von hierarchischen Organisationsstrukturen möglich, Verstoß gegen Regeln tolerierbar	Größere Furcht vor der Zukunft, höherer Arbeitsstreß, eingeschränkte Mobilität, Senioritätsprinzip, geringere Leistungsmotivation, geringere Risikobereitschaft, Einhalten von klar erkennbaren hierarchischen Organisationsstrukturen, kein Verstoß gegen Regeln
Gesellschaftliche Norm	
Harte Arbeit ist keine Tugend per se, Ablehnen von aggressivem Verhalten, Verdecken von Emotionen, faires Austragen und konstruktives Nutzen von Konflikten und Wettbewerb, höhere Akzeptanz von Meinungsverschiedenheiten, Glaube an Generalisten und mehrheitliche Meinung	Innerer Zwang zur harten Arbeit, Dulden von eigenem und fremdem aggressiven Verhalten, Zeigen von Emotionen, Aggressionen durch Konflikte und Wettbewerb, starkes Konsensbedürfnis, Glaube an Experten und ihr Spezialwissen
Konsequenzen für das Personalmanagement	
Weniger geschriebene Regeln, geringere Standardisierung, strategisches Denken bei Managern, eher beziehungsorientierte und flexible Manager, individuelle und risikoreiche Entscheidungsfindung, höhere Fluktuation, Verhalten wenig ritualisiert	Mehr geschriebene Regeln, größere Standardisierung, Detaildenken bei Managern, eher aufgabenorientierte und führungsstiltreue Manager, kollektive und weniger risikoreiche Entscheidungsfindung, niedrigere Fluktuation, Verhalten stark ritualisiert

Übersicht 9.6: Aussagen zur Unsicherheitsvermeidung

aber nach einer Absicherung auch im Detail (Stellenbeschreibung, Zielvereinbarung).

(d) Machtabstandstoleranz

Die „Power Distance Reduction Theory" (vgl. *Mulder* 1976) besagt, daß der Untergebene versuchen wird, den Machtabstand zu seinem Vorgesetzten zu verringern; der Vorgesetzte seinerseits wird versuchen, den Machtabstand zu seinen Untergebenen zu vergrößern. Dieser Machtabstand zwischen Vorgesetzten und Untergebenen erreicht ein kulturell bedingtes Gleichgewicht und wird von *Hofstede* (1980a, 99) als Power Distance Index bezeichnet, sinngemäß nachfolgend übersetzt mit Machtabstandstoleranz (Übersicht 9.7): Sie zeigt, in welchem Ausmaß eine Gesellschaft ungleiche Machtverteilungen in Organisationen akzeptiert. Die Machtabstandstoleranz spiegelt sich daher sowohl in Werten und Verhaltensmustern von Organisationsmitgliedern mit geringem Machtpotential als auch in den Werten und Verhaltensmustern von Organisationsmitgliedern mit hohem Machtpotential wider.

Machtabstandstoleranz	
Niedrige Ausprägung	*Hohe Ausprägung*
Antiautoritäre Erziehung, Entscheidungsfindung nach Beratung mit Untergebenen, strenge Überwachung aus Sicht der Untergebenen negativ, Manager eher zufrieden mit partizipativen Vorgesetzten, geringe Angst vor Meinungsdifferenz mit dem Vorgesetzten	Autoritäre Erziehung, autokratische oder paternalistische Entscheidungsfindung, strenge Überwachung aus Sicht der Untergebenen positiv, Manager eher zufrieden mit autokratischen Vorgesetzten, Angst der Angestellten, ihren Vorgesetzten zu widersprechen
Gesellschaftliche Norm	
Minimierung der gesellschaftlichen Ungleichheit, Hierarchie als Rollenungleichheit aufgrund funktioneller Angemessenheit, Untergebene und Vorgesetzte als Menschen wie Du und Ich, gleiche Rechte für alle, Streben nach Belohnung, Expertenmacht	Gesellschaftliche Ungleichheit ist Basis gesellschaftlicher Ordnung, Hierarchie als existenzielle Ungleichheit, Untergebene und Vorgesetzte als Menschen anderer Art, Privilegien für die Mächtigen, Streben nach Macht, um Zwang auszuüben
Konsequenzen für das Personalmanagement	
Dezentralisation, flacher hierarchischer Aufbau, geringer Anteil an Führungskräften, geringe Lohnunterschiede, hohe Qualifikation auch bei niedrigen Hierarchiestufen, keine Statusunterschiede zwischen white-collar- und blue-collar-jobs	Zentralisation, steiler hierarchischer Aufbau, hoher Anteil an Führungskräften, große Lohnunterschiede, niedrige Qualifikation bei niedrigen Hierarchiestufen, größerer Status der white-collar-jobs

Übersicht 9.7: Aussagen zur Machtabstandstoleranz

Die Machtabstandstoleranz weist Zusammenhänge zur *geographischen* Lage, zur Bevölkerungsdichte und zum Wohlstand eines Landes auf: Sie ist in südlichen beziehungsweise tropischen Ländern höher als in gemäßigten oder kalten Klimazonen. Länder mit hoher Bevölkerungsdichte weisen eine höhere Machtabstandstoleranz auf. *Wohlstand* des Landes und Machtabstandstoleranz sind negativ korreliert, wobei (als Ausnahme) Frankreich und Belgien trotz einer relativ hohen Machtabstandstoleranz hohe Wohlstandswerte aufweisen.

Flache Hierarchie, Abbau von Statusunterschieden, hierarchiefreie Räume zum alternativ-kreativen Denken und flexible Projektorganisationen sind nur einige der sich bietenden **Perspektiven** einer niedrigen Machtabstandstoleranz. Ebenso deutlich ist aber auch eine Tendenz zur Instabilität, Desorganisation und Verunsicherung. Im Gegensatz dazu führt eine große Machtabstandstoleranz zu zentralistisch koordinierten Systemen mit hoher Stabilität.

(e) Ländergruppen

Obwohl grundsätzlich alle Landeskulturen ihre individuellen Eigenheiten besitzen, stehen sich doch jeweils bestimmte Länder näher. Aus diesem Grund kann über eine Clusteranalyse eine Zusammenfassung ähnlicher Länder in **Ländergruppen** vorgenommen werden. Eine hierarchische Clusteranalyse bietet zudem dem Anwender die Möglichkeit, über unterschied-

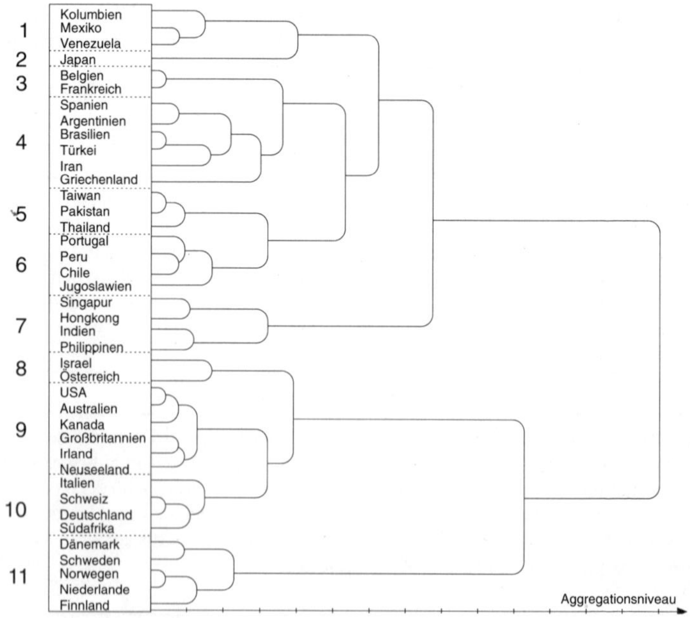

Abbildung 9.2: Ländergruppen nach *Hofstede* (1980 a, 334)

liche Aggregationsniveaus die Zahl der zu bildenden Cluster und damit die Homogenität innerhalb der Cluster selbst zu steuern. *Hofstede* bildet, wie aus Abbildung 9.2 ersichtlich, insgesamt 11 Cluster: Einige davon (wie Kolumbien, Mexiko und Venezuela) sind unmittelbar plausibel, andere (wie Österreich und Israel) etwas überraschend.

Die **Konsequenz** aus der Untersuchung von *Hofstede* besteht darin, daß international tätige Unternehmen auf das Postulat „Kultursensibilisierung statt Kulturignoranz" hingewiesen werden. Wenn sie auf interkulturelles (Personal-) Management angewiesen sind, erhalten sie mit den vier Landeskulturdimensionen sowie Ländergruppen-Systematiken konkrete Kriterien für ihre organisationsspezifische Kulturstimmigkeitsanalyse.

9.2.3.2 *Weitere Studien*

Hofstede (1980 a) selbst verglich in seiner Studie die gefundenen Ergebnisse jeweils mit einer Vielzahl anderer kulturvergleichender Studien und erhielt dabei durchweg signifikant hohe Korrelationen zwischen seinen Kulturdimensionen und den Variablen der zum Vergleich herangezogenen Studien; zusätzlich stellte er länder-, alters- und berufsspezifische Vergleiche mit ökonomischen, geographischen und demographischen Indikatoren an und erkannte deutliche Zusammenhänge. Aber auch eine Reihe weiterer Studien belegt Existenz und Bedeutung von Kulturunterschieden.

(a) Die Studie von *Haire/Ghiselli/Porter* (1966)

Im Rahmen dieser Studie wurden 3641 Manager aus 14 Ländern befragt, um kulturelle Unterschiede und Gemeinsamkeiten aufzudecken. Wegen des bewußt explorativen Charakters ihrer Studie verzichteten die Autoren auf eine ex ante-Formulierung von Hypothesen und versuchten nur, ihre Ergebnisse ex post zu interpretieren. Als wichtigstes Ergebnis der Untersuchung wurde festgehalten, daß die internationalen Ausprägungen bei den Einstellungsprofilen von Managern bemerkenswerte Ähnlichkeiten aufweisen. Manager werden demnach durch ihre Funktion, ihre Tätigkeit und ihren Status universell geprägt. Bei der Ermittlung der **Kulturkreise** unter den Industrieländern wurden 4 relativ homogene Gruppen extrahiert: Nordeuropa, romanische Länder, anglo-amerikanische Länder und Japan. Insgesamt kamen die Forscher zu dem **Ergebnis**, daß etwa 32 Prozent der verschiedenen Einstellungen auf nationale Unterschiede und 68 Prozent auf individuelle Unterschiede zurückzuführen sind. Dabei zeigten generell Entwicklungsländer ein stärker autoritäres Führungsverhalten als Industrieländer.

(b) Die Analyse von *Negandhi* (1974)

In dieser **Metaanalyse** über interkulturelle Studien wird das Spektrum verschiedenster Forschungsergebnisse aufgelistet, um einen Überblick über die gemeinsamen Hauptaussagen der wichtigsten Arbeiten zu geben:

- US-amerikanische Manager kümmern sich gleichermaßen sowohl um ihre Mitarbeiter als auch um den Fertigungsprozeß; japanische und südamerikanische Manager hingegen mehr um die Produktion als um die Mitarbeiter.

- Britische Führungskräfte bevorzugen den autoritären Führungsstil stärker als ihre amerikanischen Kollegen.
- Je größer der Einfluß des Einzelnen in der Organisation ist, desto höher ist auch die Effizienz.
- Auch wenn gewisse Ähnlichkeiten in den Wertvorstellungen existieren, so werden Manager doch durch ihren landeskulturellen Hintergrund geprägt.
- Partizipatives Management wird mit einem höheren Bruttosozialprodukt und einem höheren Pro-Kopf-Einkommen in Verbindung gebracht.

In Zusammenfassung aller Forschungsergebnisse kommt *Negandhi* letztlich zu dem Schluß, daß der Faktor *„Kultur"* die wichtigste Einflußgröße auf das Verhalten der Manager darstellt, jedoch nur selten sinnvoll einheitlich definiert und operationalisiert wird.

(c) Exemplarische Einzelaspekte

Zusätzlich existieren auch Untersuchungen, die sich mit speziellen Einzelaspekten im Kulturvergleich beschäftigen: beispielsweise mit einem interkulturellen Vergleich von Wahrnehmungen des Zeitfaktors im Geschäftsbereich (vgl. *Usunier* 1991). Ein weiteres Beispiel ist die Analyse von Unternehmensstrategien in Abhängigkeit ihrer relevanten nationalen Charakteristika: *Huo* und *McKinley* (1992) stellen hierzu Hypothesen auf, die Wettbewerbsstrategien mit sozio-demographischen Variablen korrelieren und beispielsweise für Länder mit höherem Pro-Kopf-Einkommen ceteris paribus eine höhere Verbreitung von Differenzierungsstrategien postulieren (vgl. *Huo/McKinley* 1992, 107).

9.2.3.3 Implikation: Kulturkonvergenz oder Kulturdivergenz?

Empirische Studien belegen insgesamt landeskulturelle Unterschiede. Es stellt sich allerdings die Frage, ob diese Unterschiede in Zukunft größer oder kleiner werden: Denn die Ausgestaltung des internationalen Personalmanagements hängt auch davon ab, ob – zumindest in Europa – eher eine Angleichung oder eine verstärkte Individualisierung der Landeskulturen zu erwarten ist.

(a) Kulturkonvergenz-These

Natürlich gibt es die Hoffnung, daß in Zukunft alles wesentlich einfacher wird, denn gerade Europa scheint in jüngster Zeit geprägt von Vereinheitlichung. Die europäischen Bemühungen in einer Angleichung der Steuergesetzgebung, der Zollvorschriften, der Währungsparitäten und vieles andere belegen den Wunsch nach europaweiter Standardisierung und Harmonisierung. Am Ende dieser Überlegung würde dann eine einheitliche Europa-Identität stehen.

Gerade Unternehmen in Westeuropa neigen oft zur These der zwangsläufigen Kulturkonvergenz: „Vereintes Europa" impliziert danach ein kulturelles **Zusammenwachsen der Landeskulturen**, auch als Folge der zunehmenden Harmonisierung der Gesetze und Verordnungen, der Wirtschaftssysteme oder der Delegation exekutiver Verantwortung auf die gesamteuropäische Ebene. Weitestgehende Freizügigkeit und Annäherung der Steuergesetzgebung tun ein übriges. Auch *Pascale/Athos* (1981) argumentieren beim Vergleich japanischer und amerikanischer Unternehmenskulturen mit der These der Kulturkonvergenz: So wurden Führungsverhalten und Unternehmensstrategien in den USA und Japan bei erfolgreichen Unternehmen als teilweise erstaunlich ähnlich diagnostiziert.

Ein Teil der Marketingliteratur (vgl. *Meissner* 1990, 147–148; *Töpfer* 1991, 156) befaßt sich seit langem mit „*Euro-Konsumenten*“, die wegen einheitlicher Präferenzstruktur und vor allem wegen ähnlichem Konsumverhalten auf dieselben standardisierten Marketingstrategien ansprechen. Diese These hat sicherlich für bestimmte Marktsegmente (wie „Euro-Yuppies“) Gültigkeit, wenngleich sie für die Breite der Konsumenten in Europa eher zu bezweifeln ist.

In ähnlicher Form spricht man bereits jetzt etwas spöttisch von einem „*Euro-Manager*“, der ohne eigenständiges landeskulturelles Profil „europäisch“ denkt und handelt. Er beherrscht mehrere Sprachen, sieht im Zimmer der austauschbaren Hotelketten sein standardmäßiges Kabelfernsehen und ernährt sich vom typischen Euro-Standard-Food. In letzter Konsequenz führt dies zu „*Euro-Mitarbeitern*“, die sich mit einheitlichen Motivationsstrategien bewegen lassen und auf die gleichen Arbeitsstrukturen ansprechen.

(b) Kulturdivergenz-These

In die genau umgekehrte Richtung argumentiert die Divergenz-These (vgl. *Scholz* 1991 c): Sie akzeptiert die Vereinheitlichung auf der sichtbaren Ebene im Bereich von Verwaltung und Kommunikation, bezweifelt aber, daß aus dieser Oberflächenharmonisierung zwangsläufig eine kulturelle Konvergenz folgt, die ihrerseits ein international ausgerichtetes Kulturmanagement in Unternehmen überflüssig macht. Eine – teilweise aufgezwungene – Integration der markanten Objekte bedingt demnach keineswegs automatisch eine Konvergenz der Werte und Grundannahmen. Auch das Wiedererstarken nationaler und ethnischer Identitäten im Osten sowie das Auseinanderfallen der ehemaligen sowjetischen, jugoslawischen und tschechoslowakischen Staaten belegen, daß Oberflächenharmonisierung allein noch kein Garant für eine Konvergenz der Werte ist: Zunächst ist eher mit einer **Divergenz auf der Werteebene** zu rechnen.

Langfristig ist ein Einfluß der Artefakte auf die Ebene der Grundannahmen unbestritten, weshalb auch ein wachsender Grundkonsens innerhalb der Staaten der Europäischen Gemeinschaft zu beobachten ist, je mehr Artefakte auf der sichtbaren Ebene einander angeglichen werden. Die Schlußfolgerung, daß Länder, die gleiche Systeme auf der Ebene der Artefakte haben, langfristig auch eine Einheitskultur entwickeln, ist allerdings falsch. Denn es sind gerade die Grundannahmen, die die Ausprägung der Werte und Artefakte steuern, während der umgekehrte Einfluß eher gering ist.

Es mangelt daher an einem Automatismus, der gleiche Systeme notwendigerweise zu gleichen Kulturen werden läßt. Obwohl die *Grundannahmen* innerhalb der EG bereits einige Ähnlichkeiten aufweisen (beispielsweise hinsichtlich Christentum, demokratischem Grundverständnis, kapitalistischer Marktordnung), erfolgt ihre Interpretation und Transformation auf der *Werteebene* länderspezifisch, ungeachtet der Harmonisierungsbestrebungen auf der *Ebene der Artefakte* durch die EG: Beispielsweise führt eine starke Religionsausübung in Portugal oder Irland zum Abtreibungs- beziehungsweise Scheidungsverbot, was innerhalb der meisten übrigen EG-Länder in dieser Strenge nicht durchsetzbar ist. Auf Unternehmen bezogen bedeutet dies, daß der bloße Transfer eines Slogans oder eines CI-Designs auf Unternehmenseinheiten in anderen Ländern noch nicht automatisch die dort vorhandenen kulturellen Werte verändern wird.

Bisher bewegt sich also die Vereinheitlichung lediglich auf der Ebene der sichtbaren Artefakte. Auf der Ebene von Wertvorstellungen und erst recht auf der Ebene von Grundannahmen findet keine Anpassung statt. Und darüber hinaus wächst der Wunsch nach (landes-/unternehmens-)kultureller Individualität, gerade *weil* es auf der Ebene der sichtbaren Objekte zu einer Vereinheitlichung kommt.

Mitte der 80er Jahre sprach viel für die Konvergenz-These, was allerdings teilweise auch mit einer Tendenz zum Verdrängen von Realitäten und zum unkritischen Festhalten an ideologisch akzeptierten Zuständen zu erklären ist. Mittlerweile bahnt sich aber das Gegenteil an: Der Zerfall einiger osteuropäischer Staaten und die Schwierigkeiten im europäischen Einigungsprozeß sind offensichtliche Indikatoren, die zur Zeit gegen die Konvergenz-These sprechen. Dies bedeutet als notwendige **Konsequenz**, daß das internationale Personalmanagement zunehmend auf landeskulturelle Unterschiede eingehen muß.

(c) Der Kulturkorridor als realistischer Kompromiß

Eine dritte Position schließlich, die einen durchaus realistisch erscheinenden Kompromiß zwischen den beiden Extrempositionen der Divergenz und der Konvergenz darstellt, ist die These vom Kulturkorridor. Betrachtet man Europa, so läßt sich ein Basiskonsens auf der Ebene der Grundannahmen feststellen (vgl. *Scholz/Messemer/Schröter* 1991): Dieser **Basiskonsens** läßt allerdings einen Interpretationsspielraum zu. Dementsprechend kann auch die Ausgestaltung dieser Grundannahmen auf der Werteebene und der sichtbaren Ebene der Artefakte nationenspezifisch unterschiedlich erfolgen. Das Ergebnis ist die Bestimmung eines sogenannten „Kulturkorridors" für Westeuropa (Abbildung 9.3), als gemeinsamen wertebezogenen Nenner für die einzelnen Nationalkulturen. Er wird durch vorhandene vergleichbare Systeme und ähnliche Grundannahmen wie beispielsweise Religion, Menschenbilder, politische und wirtschaftliche Systeme gebildet, wobei diese Basisvariablen jedoch auf der Werteebene und teilweise auch auf der sichtbaren Ebene der Artefakte nationenspezifisch unterschiedlich ausgeprägt sind. Umgeben wird der Kulturkorridor durch Räume der Kulturdivergenz, in denen die Unterschiede in den Grundannahmen zwischen den Ländern dominieren.

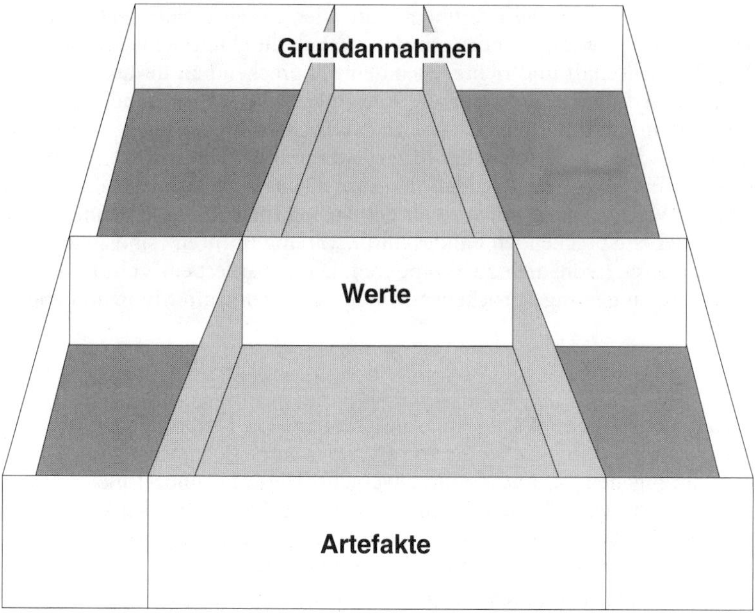

Abbildung 9.3: Kulturkorridor Westeuropa

Mit der Identifizierung eines Kulturkorridors ist es möglich, einen gemeinsamen Rahmen internationalen Kulturverständnisses abzustecken, in dessen Grenzen die Grundannahmen, Werte und Artefakte konvergieren. Der gemeinsame Kulturkorridor wird umso schmaler, je mehr Länder in den Vergleich miteinbezogen werden, beziehungsweise je größer die landeskulturellen Unterschiede sind. Er wird letztlich derart unspezifisch, daß er nicht länger als Anhaltspunkt für ein gemeinsames Kulturverständnis der erfaßten Länder dienen kann. Innerhalb Westeuropas ist die gemeinsame Kulturbasis relativ groß; aber schon bei Hinzuziehung von osteuropäischen Ländern oder von USA/Kanada/Australien sind die Übereinstimmungen nur noch sehr gering. Wie die *Hofstede*-Studie nahelegt, ist für diese Länder jedoch wiederum die Existenz eigener Kulturkorridore zu erwarten.

Aus dem Konzept des Kulturkorridors lassen sich unmittelbare **Implikationen** für das Personalmanagement ableiten: Ein multinationales Unternehmen, das sich in mehreren Ländern engagiert, muß je nach Standort der Aktivitäten verschiedene Kulturkorridore berücksichtigen. Dieses findet auf den Ebenen der Artefakte, Werte und Grundannahmen statt. Will ein Unternehmen in Harmonie zu seiner externen Umwelt existieren, so muß es eine *Mindestanpassung bezüglich des Minimalkorridors* vornehmen.

Die Anpassung an die höheren Hierarchieebenen des Kulturkorridors – wie sie beispielsweise durch die einzelnen Landes- und Regionalkulturen vorgegeben werden – kann in zwei Formen erfolgen. Die *Kulturdifferenzierung* beinhaltet ein Abwenden von der Forderung nach einer Einheitskultur des

Unternehmens. Hierbei empfinden entweder die einzelnen Tochtergesellschaften ihre jeweilige Landeskultur stärker als die Unternehmenskultur der Muttergesellschaft und richten sich dementsprechend an ihr aus, oder die Muttergesellschaft unterstellt die Gleichwertigkeit aller Landeskulturen und stimmt die Unternehmenspolitik der Tochterunternehmen auf die kulturspezifischen Bedürfnisse der Mitarbeiter und der Umwelt ab. *Kulturkoexistenz* indessen bedeutet, daß der Einheitskultur des Unternehmens ein höherer Wert beigemessen wird als der Ausrichtung der Unternehmenskultur an der entsprechenden Landeskultur. „Fremdkulturen" sind zwar nicht zu adaptieren, wohl aber zu akzeptieren. Dies erfordert ein Kulturmanagement, das an der angesprochenen Mindestanpassung am Minimalkorridor ansetzt.

(d) Ergebnis

Da zumindest gegenwärtig von landeskulturellen Unterschieden, wie sie beispielsweise durch die Studie von *Hofstede* empirisch nachgewiesen wurden, auszugehen ist, und da die Divergenz-These zumindest nicht auszuschließen ist, wird die Auseinandersetzung mit diesem Problemkreis zu einer originären Aufgabe des internationalen Personalmanagements. Dies gilt auch für den bewußten Umgang mit dem Kulturkorridor.

Als wesentliche Konsequenz ist daher an dieser Stelle festzuhalten, daß Landeskulturen in ihrer spezifischen Einmaligkeit erfaßt und verstanden werden müssen: Dies impliziert zwangsläufig die Notwendigkeit zur Entwicklung eines *kultursensiblen Managements*. Dies bedeutet auch bewußtes Abschiednehmen von der Ähnlichkeitsprämisse, einer teilweise liebgewordenen Hoffnung im internationalen Management, mit Hilfe derer Manager gerne verdecken, daß die plausibilitätsmäßige Vorgehensweise an Stelle der kritisch-reflektierenden der Problemstellung nicht gerecht wird.

9.2.4 Landesspezifisches Personalmanagement

9.2.4.1 Das Cranfield-Projekt

„The Price Waterhouse Cranfield Project on International Human Resource Management" (vgl. z. B. *Price Waterhouse* 1990; *Gaugler/Wiltz* 1992) wird seit 1989/90 jährlich mittels einer Befragung durchgeführt, deren Grundgesamtheit 1992 insgesamt 4.679 Unternehmen aller Branchen aus 12 europäischen Ländern mit jeweils mindestens 200 Mitarbeitern bildet. Träger des Projektes sind neben den Initiatoren, einer Unternehmensberatungsgesellschaft und einer englischen Business School, in jedem Land eine auf dem Gebiet des Personalwesens führende Universität. **Ziel** der Studie ist die Ermittlung personalwirtschaftlicher Vergleichsdaten. Sie werden durch ausführliche Länderportraits ergänzt (vgl. *Brewster et al.* 1992). Hinzu kommt ein Erfahrungsaustausch im Rahmen von Seminaren und Konferenzen.

Nachfolgend sollen, basierend auf *Gaugler* und *Wiltz* (1993), einige der zentralen **Befunde** referiert werden:

Die Frage, ob die Leiter der Personalabteilung Mitglieder in der *Geschäftsführung* sind, bejahten in Deutschland nur 30% der Befragten, während in Schweden Werte um 90% erreicht werden. Dieser niedrige Wert für Deutschland ist teilweise mit der selbsteingenommenen Spezialistenrolle vieler Personalleiter zu erklären, die aufgrund des Arbeitsschwerpunktes (insbesondere auf arbeits- und sozialrechtlichem Gebiet) oft von generellen Managementaufgaben „entlastet" werden.

Im Hinblick auf die wichtigsten *personalpolitischen Zielsetzungen* europäischer Unternehmen für die kommenden drei Jahre stehen die Bereiche Personalentwicklung, Verbesserung der Arbeitseffizienz sowie Motivation und Führung im Vordergrund (Übersicht 9.8).

	1. Priorität		2. Priorität	
Dänemark	Personalentwicklung	31%	Personalwesen allgemein	19%
Deutschland	Personalentwicklung	34%	Personalbeschaffung	11%
Finnland	Motivation/Führung	20%	Arbeitseinsatz/Effizienz	19%
Frankreich	Personalentwicklung	25%	Arbeitseinsatz/Effizienz	20%
Großbritannien	Personalentwicklung	22%	Arbeitseinsatz/Effizienz	18%
Irland	Personalentwicklung	22%	Arbeitseinsatz/Effizienz	20%
Niederlande	Personalentwicklung	26%	Arbeitseinsatz/Effizienz	16%
Norwegen	Personalentwicklung	31%	Personalwesen allgemein	12%
Portugal	Personalentwicklung	24%	Arbeitseinsatz/Effizienz	10%
Schweden	Personalentwicklung	30%	Personalwesen allgemein	14%
Spanien	Personalentwicklung	19%	Motivation/Führung	18%
Türkei	Personalentwicklung	25%	Personalbeschaffung sowie Arbeitseinsatz/Effizienz je	12%

Übersicht 9.8: Personalpolitische Zielsetzungen
(verkürzt nach *Gaugler/Wiltz* 1993, 3)

Im Vergleich zu den Vorjahren wird indes der *Personalbeschaffung*, wohl wegen der derzeit weltweit konjunkturell schwierigen Lage, im allgemeinen eine nur noch geringe Bedeutung beigemessen. So werden in allen beteiligten Ländern im Vergleich zur Vorjahresbefragung weniger Schwierigkeiten bei der Personalbeschaffung gemeldet.

Engpaßgruppen in der Personalbeschaffung bilden international besonders Führungskräfte, daneben auch Facharbeiter, Ingenieure und hochqualifizierte, meist akademisch ausgebildete Angestellte (vgl. Übersicht 9.9).

Weiterhin wurde nach dem Vorhandensein einer Strategie für das *Personalmanagement* gefragt. Hier schneidet im Hinblick auf eine schriftlich fixierte „Personalmanagementstrategie" Schweden mit über 70% am besten ab, während in Deutschland offensichtlich weniger als 20% der international tätigen Unternehmen eine derartige Strategie haben. Unwahrscheinlich ist allerdings, daß dieser krasse Unterschied allein auf eine völlig andere Personalarbeit zurückzuführen ist. Vielmehr liegt die Vermutung nahe, daß schwedische Manager den Begriff „Personalmanagementstrategie" wesent-

	Führungskräfte	techn. u. kfm. Angestellte (professionals)	Facharbeiter	keine Beschaffungsschwierigkeiten
Dänemark	28%	17%	4%	65%
Deutschland	25%	9%	19%	24%
Finnland	22%	10%	12%	74%
Frankreich	17%	6%	16%	28%
Großbritannien	13%	27%	7%	35%
Irland	25%	14%	11%	44%
Niederlande	17%	11%	20%	18%
Norwegen	10%	11%	5%	44%
Portugal	3%	11%	25%	16%
Schweden	25%	19%	10%	60%
Spanien	32%	13%	7%	23%
Türkei	8%	4%	18%	46%

Übersicht 9.9: Engpaßgruppen bei der Personalbeschaffung (verkürzt nach *Gaugler/Wiltz* 1993, 10)

lich weiter fassen als deutsche, die eventuell aufgrund eines größeren Problembewußtseins zu einer weitaus restriktiveren Interpretation neigen.

Ein wichtiger Bestandteil eines jeglichen Personalmanagements sind die *monetären Leistungsanreize*. Generell läßt sich festhalten, daß

- Kapitalbeteiligungen (abgesehen von Führungskräften in Großbritannien mit 37%) recht selten vorkommen und auch
- Gruppenzulagen (abgesehen von Bürokräften in Finnland mit 33%) nur eine untergeordnete Rolle spielen.

Dagegen sind bei Führungskräften Erfolgsbeteiligungen in Frankreich (70%) und Deutschland (61%) besonders weit verbreitet (vgl. Übersicht 9.10). Bis auf Frankreich bevorzugen die übrigen Länder bei Führungskräften individuelle Zulagen.

Im Hinblick auf die Bedeutung der *betrieblichen Personalentwicklung* bietet sich als ein erster Indikator der Anteil der Ausgaben für Aus- und Weiterbildungsprogramme in Relation zur Lohn- und Gehaltssumme an. Die Untersuchungsergebnisse zeigen einen deutlichen Vorsprung Frankreichs vor allen anderen Ländern: Denn fast alle befragten französischen Unternehmen geben mehr als 1% der Lohn- und Gehaltssumme für Personalentwicklungsmaßnahmen aus, während in Spanien die Hälfte aller befragten Unternehmen weniger als 1% für die Personalentwicklung aufwendet und damit am Ende des Feldes liegt. Als zweiter Indikator erscheint die Dauer von Personalentwicklungsmaßnahmen geeignet, da in dieser Zeit unter anderem die finanzielle Belastung der Lohn- und Gehaltskosten in Kauf genommen werden muß. Im Durchschnitt werden für jede Führungskraft jährlich etwa fünf Tage für die Aus-, Fort- und Weiterbildung verwendet. Besonders hervorzuheben sind spanische und türkische Unternehmen, die zu über 50% mehr als fünf Weiterbildungstage anbieten, während dagegen niederländische Unternehmen mit durchschnittlich etwa drei Tagen besonders restrik-

	Erfolgsbeteiligung		**Individuelle Zulagen**		**Leistungsbeurteilung als Entlohnungsgrundlage**	
	Führungskräfte	Bürokräfte	Führungskräfte	Bürokräfte	Führungskräfte	Bürokräfte
Dänemark	6%	3%	20%	6%	54%	49%
Deutschland	61%	11%	48%	52%	21%	35%
Finnland	14%	17%	36%	13%	31%	27%
Frankreich	70%	68%	8%	8%	33%	18%
Großbritannien	26%	19%	32%	7%	65%	42%
Irland	15%	12%	28%	11%	51%	27%
Niederlande	38%	32%	59%	36%	21%	22%
Norwegen	5%	4%	12%	3%	15%	10%
Portugal	29%	20%	18%	7%	60%	59%
Schweden	18%	16%	26%	1%	12%	7%
Spanien	17%	9%	36%	4%	56%	42%
Türkei	11%	4%	20%	6%	52%	48%

Übersicht 9.10: Monetäre Leistungsanreize im Unternehmen
(verkürzt nach *Gaugler/Wiltz* 1993, 13)

tiv sind. Beim Abgleich der Aufwendungen für Weiterbildung mit der Anzahl der Tage für Personalentwicklungsmaßnahmen zeigt sich, daß hohe Personalentwicklungsaufwendungen nicht zwingend mit ausgedehnten Personalentwicklungsprogrammen korrespondieren: So liegen spanische Unternehmen beispielsweise bei den Aufwendungen an letzter, bei der Dauer von Personalentwicklungsprogrammen allerdings an erster Stelle. Dagegen weist das bei den Aufwendungen führende Frankreich nur eine durchschnittliche Weiterbildungsdauer auf.

Der gewerkschaftliche Organisationsgrad in Unternehmen informiert über den Stand des Einflusses nationaler *Gewerkschaften*. In Dänemark, Finnland, Norwegen, Schweden, Irland und der Türkei sind in über der Hälfte der Unternehmen mehr als 75% der Belegschaft gewerkschaftlich organisiert. Deutschland befindet sich im Mittelfeld, während Unternehmen in Frankreich, Spanien und den Niederlanden nur einen sehr geringen gewerkschaftlichen Organisationsgrad haben. Der Einfluß der Gewerkschaften hat sich in den letzten drei Jahren im internationalen Vergleich unterschiedlich entwickelt. In Spanien, Norwegen, Türkei, Deutschland und den Niederlanden ist eine zunehmende Einflußnahme zu verzeichnen, in Frankreich, Portugal, Dänemark und Großbritannien eine abnehmende.

Ein weiterer Fragenkomplex befaßt sich mit den Erwartungen der Unternehmen im Hinblick auf die Realisierung des *Europäischen Binnenmarktes* und inwieweit sie beabsichtigen, mit entsprechenden personalpolitischen Entscheidungen zu reagieren: Mit der Frage nach einer *Europa-Strategie* hat sich die Mehrzahl der untersuchten Unternehmen bislang noch nicht explizit auseinandergesetzt. Eine Ausnahme bildet Portugal, von dessen 93 befragten Unternehmen über 50% nach eigenen Angaben über eine europaspezifische Strategie verfügen. Noch seltener ist eine speziell auf den Europäischen Binnenmarkt ausgerichtete personalpolitische Konzeption anzutreffen. Auffällig sind hier insbesondere die geringen Anteile in den EG-Mitgliedsstaaten Deutschland und Dänemark. Allerdings könnte, wie auch schon bei der „Personalmanagementstrategie“, eine unterschiedliche Begriffsauffassung Ursache für dieses Ergebnis sein.

Insgesamt wurde ein positiver statistischer Zusammenhang zwischen dem Vorhandensein einer unternehmens- beziehungsweise personalpolitischen Strategie und der Unternehmensgröße festgestellt.

Als **Bewertung** läßt sich festhalten: Das Cranfield-Projekt liefert aufgrund seiner Datenfülle wichtige Ausgangsinformationen für eine landesspezifische Ausrichtung von Personalmanagementaktivitäten. Trotzdem sollen zwei Kritikpunkte nicht unerwähnt bleiben: Durch die relativ kurzen Fragebogen konnte nicht in die Tiefe vorgedrungen werden. Auch wird bei zentralen Punkten stark auf die Selbsteinschätzung der Betroffenen abgestellt, die unter Umständen international durchaus unterschiedliche Maßstäbe anlegen. Erst die weitere Auseinandersetzung mit diesem noch recht jungen Forschungsprojekt wird hier abschließende Klarheit bringen. Wichtig sind aber in jedem Fall die (auch hier exemplarisch präsentierten) Antworten auf Fragen wie Prioritäten, Maßnahmen und Anreizsysteme.

9.2.4.2 Das International Organizational Observatory (IOO)

Im Vergleich zum hauptsächlich auf das Personalmanagement fokussierte Cranfield-Projekt befaßt sich die IOO-/EBA-Studie mehr mit dem Managementumfeld europäischer Unternehmen und vermittelt so Einblicke in die Hintergründe strategischer Managemententscheidungen: Das International Organizational Observatory (IOO) und die daran ansetzende European Business Analysis (EBA) sind ein länderübergreifendes Forschungsvorhaben, an dem insgesamt sieben europäische Universitäten beteiligt sind: die ESSEC aus Paris, die Open University aus Milton Keynes, die Universita Bocconi aus Mailand, die Rijksuniversiteit Limburg aus Maastricht, die Universität Uppsala, die ESADE aus Barcelona sowie die Universität des Saarlandes in Saarbrücken. **Ziel** ist es, mit aufeinander abgestimmten Erhebungsinstrumenten Organisationsstruktur, Unternehmensstrategie und das Personalmanagement in europäischen Industrieunternehmen zu analysieren.

1991 wurden im Rahmen der **deutschen Untersuchung** 60 der größten in Deutschland ansässigen Industrieunternehmen analysiert. Mit Hilfe von Fragebogen und Interviews wurde umfassendes Datenmaterial zu den oben genannten Bereichen erhoben und eine Unternehmensdatenbank erstellt. Vergleichbare Datenbanken existieren an den Partneruniversitäten, von denen die italienische und die spanische bereits mehrere Untersuchungen dieser Art durchgeführt haben. Die aktuellen Grundgesamtheiten betragen in Italien 140 und in Spanien 57 Unternehmen. Da einige Partnerländer sich noch in der Erhebungsphase befinden, liegen abschließende Ergebnisse noch nicht vor; nachfolgend sollen deshalb nur einige wenige exemplarische Befunde referiert werden.

Erfolgreiches Operieren im internationalen Kontext setzt entsprechende Erfahrung im Umgang mit anderen Landeskulturen voraus. Ein wichtiger Indikator hierfür ist die berufliche Auslandserfahrung der Führungskräfte im Sinne von Berufstätigkeit. Abbildung 9.4 vergleicht die **Auslandserfahrung** italienischer, spanischer und deutscher Manager:

- Das *italienische* Managementumfeld wird durch eine relativ geringe Internationalität geprägt. Lediglich 5% der Führungskräfte haben über 30% ihrer Zeit im Ausland verbracht. Die überwiegende Mehrheit (rund 91%) hatte weniger als 10% ihrer Zeit zur Verfügung, um Erfahrungen im internationalen Bereich direkt vor Ort zu sammeln, wobei rund 77% der Befragten noch überhaupt nicht im Ausland eingesetzt waren.
- Auch der *spanische* Manager kann – mehr noch als sein italienischer Kollege – als sehr bodenständig bezeichnet werden. Denn 94% der befragten Führungskräfte sind nach eigenen Angaben entweder überhaupt nicht im Ausland tätig (90% der Führungskräfte) oder verbringen weniger als 10% ihrer Tätigkeit im Ausland (4% der Führungskräfte). Dies bedeutet, daß nur eine kleine Minderheit von rund 6% der Manager in einem größeren Umfang international tätig ist.
- Die ausgeprägte Exportorientierung der *deutschen* Wirtschaft läßt bezüglich der Auslandserfahrung deutscher Manager hohe Werte vermuten. Im internationalen Vergleich stellt sich die Situation auch tatsächlich durchaus günstig dar, da italienische und spanische Manager deutlich weniger Auslandsaufenthalte vorweisen können. Diese Zahlen dürfen je-

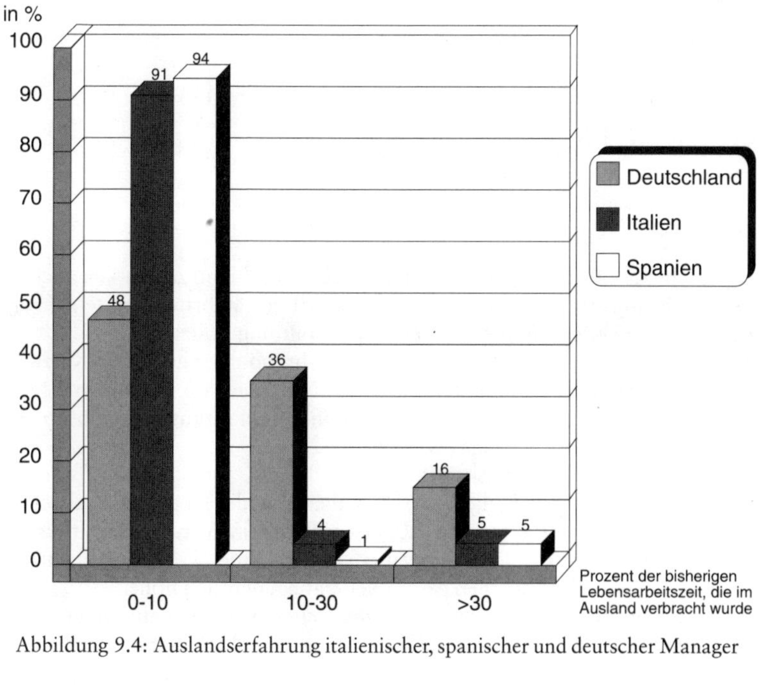

Abbildung 9.4: Auslandserfahrung italienischer, spanischer und deutscher Manager

doch nicht darüber hinwegtäuschen, daß hier hinsichtlich der Anforderungen des Europäischen Binnenmarktes Handlungsbedarf besteht: Fast die Hälfte der Mitarbeiter (48%) der befragten Unternehmen haben nur bis 10% ihrer Berufserfahrung im Ausland gesammelt.

An dieser Stelle bietet sich ein Vergleich zur *Hofstede*-Studie an. Im Vergleich zu den Italienern und Spaniern hatten die Deutschen einen deutlich niedrigeren Index der Unsicherheitsvermeidung, also eine höhere Risikobereitschaft. Dieses Ergebnis korrespondiert mit der von der IOO/EBA-Studie ermittelten stärkeren Neigung deutscher Manager, ins Ausland zu gehen. Gemäß diesem Zusammenhang wird für britische Führungskräfte eine noch größere Auslandserfahrung erwartet.

Neben einer generellen Betrachtung erscheint es jedoch auch sinnvoll, nach einzelnen **Regionen** zu differenzieren, in denen deutsche Manager ihre Auslandserfahrung sammeln konnten. Denn es macht sehr wohl einen Unterschied, ob beispielsweise die internationalen Erfahrungen eines deutschen Bauleiters auf einer Tätigkeit in Österreich oder in Pakistan basieren: So haben deutsche Manager ihren berufsbezogenen Erfahrungshorizont größtenteils in Nordamerika erweitert (Übersicht 9.11). Der EG-Raum und auch die Nicht-EG-Staaten Europas spielen ebenfalls eine wichtige Rolle. Andere Regionen sind offenbar von eher untergeordneter Bedeutung.

Region der Auslandserfahrung	Mitarbeiter mit Erfahrung
Nordamerika	76%
EG-Staaten	69%
Europa (ohne EG)	40%
Südamerika	20%
Asien	13%
Afrika	9%
Australien/Neuseeland	0%

Übersicht 9.11: Regionen der Auslandserfahrung deutscher Manager

Unterschiede zwischen Italien, Spanien und Deutschland zeigen sich auch in der **Erfahrungsbreite** als generelle Bereitschaft von Führungskräften, zu einem anderen Unternehmen zu wechseln (Abbildung 9.5):

- 63% der *italienischen* Manager haben während ihrer gesamten Karriere für ein einziges Unternehmen gearbeitet. Nur zwei von fünf italienischen Führungskräften können also die persönliche Erfahrung eines Unternehmens- oder Branchenwechsels vorweisen.
- Die *spanischen* Führungskräfte verfügen nur über wenig mehr Erfahrung als ihre italienischen Kollegen. 61% haben Zeit ihres Lebens im gleichen Unternehmen gearbeitet. Mit 22% ist jedoch – im Vergleich zu Italien – der Anteil derer, die Erfahrungen sowohl in anderen Unternehmen als auch in mehreren Branchen gesammelt haben, deutlich höher.
- Die Daten über die Erfahrung des *deutschen* Managements zeigen eindeutig, daß Führungskräfte in Deutschland erheblich öfter das Unterneh-

men wechseln (42%) als Italiener und Spanier. Dementsprechend niedrig (rund 41%) ist die Zahl derjenigen, die nur auf die Erfahrung in einem Unternehmen zurückgreifen können.

Diese Informationen sind für das Personalmanagement insofern wichtig, als Länder mit geringer Fluktuation und damit hoher Firmentreue ganz andere Entwicklungs-, Motivations- und Akquisitionsinstrumente benötigen als Länder mit einer hohen Wechselbereitschaft unter den Managern. Gleichzeitig ist diese Erfahrungsbreite ein wichtiger Indikator für die Flexibilität und Professionalität.

Die festgestellten Unterschiede können wiederum mit der Studie von *Hofstede* erklärt werden: Da der Wechsel in ein anderes Unternehmen oder eine andere Branche oft ein erhebliches persönliches Risiko darstellt, liegt es nahe, daß Manager, die kulturell eher risikoscheu geprägt sind, einen Wechsel nach Möglichkeit vermeiden.

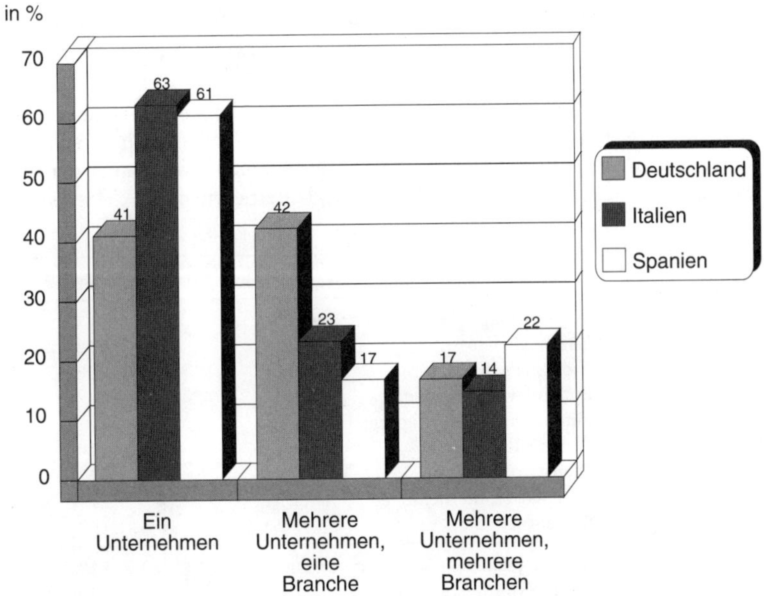

Abbildung 9.5: Erfahrungsbreite italienischer, spanischer und deutscher Manager

Im Hinblick auf die im Unternehmen eingesetzten **Anreizsysteme** wurden von den an der IOO/EBA-Studie beteiligten Institutionen unterschiedliche Fragenkataloge verwendet, so daß die Ergebnisse nicht direkt vergleichbar, aber dennoch für sich genommen durchaus aussagefähig sind (Übersicht 9.12):

- *Italienische* Unternehmen bieten ihren Managern eine breite Palette von Incentives an. Am weitesten verbreitet sind Versorgungs- und Pensionsleistungen. Aber auch der Dienstwagen, subventioniertes Kantinenessen und die Förderung von Sportmöglichkeiten werden häufig offeriert, wobei letztere eher als betriebliche Sozialleistungen einzustufen sind, da sie in der Regel allen Mitarbeitern gewährt werden. Risikobehaftete Komponenten wie Aktien des eigenen Unternehmens oder sonstige börsennotierte Papiere werden dagegen nur selten ausgegeben.

- Bei der Analyse der in *Spanien* eingesetzten Anreizsysteme fällt auf, daß unmittelbare finanzielle Vergünstigungen dominieren. Gewinnbeteiligungen oder Weiterbildung sind dagegen nur von untergeordneter Bedeutung. Ähnlich wie bei den italienischen Führungskräften kann daher möglicherweise auf ein unsicherheitsreduzierendes Motivationssystem geschlossen werden.
- *Deutsche* Unternehmen legen ihren Schwerpunkt bei der Ausgestaltung von Anreizsystemen deutlich auf Versicherungen und die betriebliche Altersversorgung. Häufig eingesetzt werden auch unmittelbare finanzielle Anreize (wie Einkaufsvergünstigung) und soziale Anreize (wie Betriebssportverein). Auffällig ist das relativ große Angebot von eher risikobehafteten Wertpapieren im Vergleich zum nur relativ wenig offerierten Firmenwagen, was auf die schon bestehende hohe PKW-Quote der privaten Haushalte zurückzuführen sein dürfte.

Im Hinblick auf die **Personalkonfiguration** belegen die vorliegenden Befunde deutlich, daß in den analysierten Ländern von vollkommen unterschiedlichen Situationen auszugehen ist. Dies fängt bereits mit der Dauer der Betriebszugehörigkeit in den verschiedenen Unternehmen an: Man sieht

Land	**Anreizsysteme**	**Verbreitung**
Italien	Versicherungs-/Pensionsbeiträge	94%
	Kantine/Sport	91%
	Dienstwagen	89%
	Einkaufsvergünstigungen	64%
	Finanzielle Vergünstigungen	62%
	Weiterbildung	41%
	Dienstwohnung	23%
	Aktien des Unternehmens	17%
	Börsentitel	12%
Spanien	Direkte finanzielle Vergünstigungen	82%
	Andere Vergünstigungen	54%
	Gewinnbeteiligung	11%
	Weiterbildung	7%
Deutschland	Versicherungen/betriebliche Altersversorgung	96%
	Kantine/Sport	74%
	Einkaufsvergünstigungen (Firmenprodukte)	70%
	Zinsgünstige Kredite	69%
	Sportverein	52%
	Belegschaftsaktien/Optionsscheine	39%
	Firmenwagen	13%

Übersicht 9.12: Anreizsysteme spanischer, italienischer und deutscher Unternehmen

(Abbildung 9.6), daß beispielsweise bei der Gruppe der Leitenden Angestellten der Anteil der Mitarbeiter, die 11–20 Jahre im Unternehmen sind, in Spanien um rund 30% höher liegt als in Deutschland. In Deutschland hingegen beträgt der Anteil derjenigen, die weniger als 6 Jahre für das Unternehmen arbeiten, das Doppelte des spanischen Wertes.

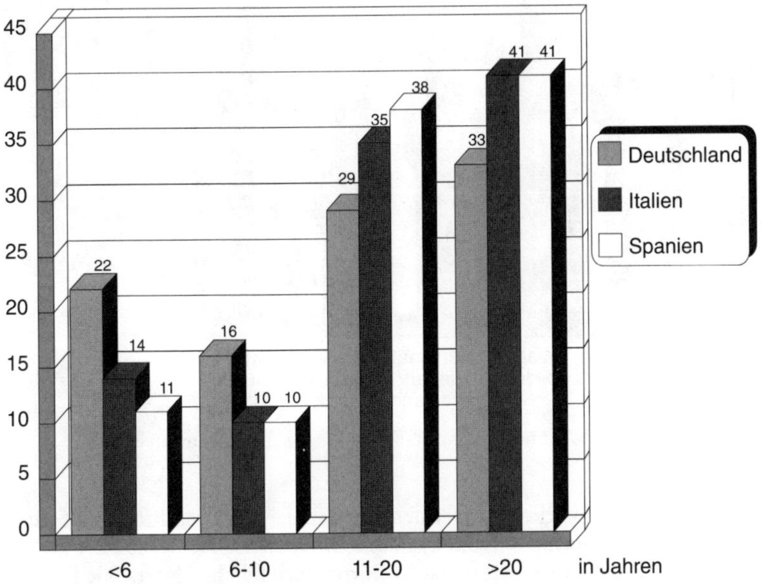

Abbildung 9.6: Dauer der Betriebszugehörigkeit Leitender Angestellter

Kulturell unterschiedlich ausgeprägt ist der Wunsch, bei unternehmerischen Entscheidungen auf eindeutige Richtlinien und Schemata, also auf **Personalmanagementsysteme**, zurückgreifen zu können. Hinzu kommen Gründe wie die Arbeitsmarktsituation und das verfügbare Methodenwissen. Abbildung 9.7 gibt Auskunft über den gegenwärtigen Entwicklungsstand der Personalmanagementsysteme in Deutschland, Italien und Spanien. Signifikant sind die durchgehenden Defizite bei den spanischen Firmen und der generell niedrige Entwicklungsstand bei Systemen der Karriereplanung.

Weitere Unterschiede zeigen sich in den **Integrationsmechanismen**, also in der Form, wie die verschiedenenen Länder auf die steigende Dynamik der Umwelt reagieren. Während einige Unternehmen durch stark formalisierte Integrationsmaßnahmen diese Herausforderung zu lösen versuchen, verfolgen andere flexible Organisationsstrukturen. Das Spektrum der Alternativen reicht hier von regelmäßig stattfindenden Teamsitzungen über die Institutionalisierung eines Produktmanagers bis hin zu Task Forces oder sogar Ad-hoc-Treffen. Stark formalisierte Mechanismen sind dabei eher ein Indiz

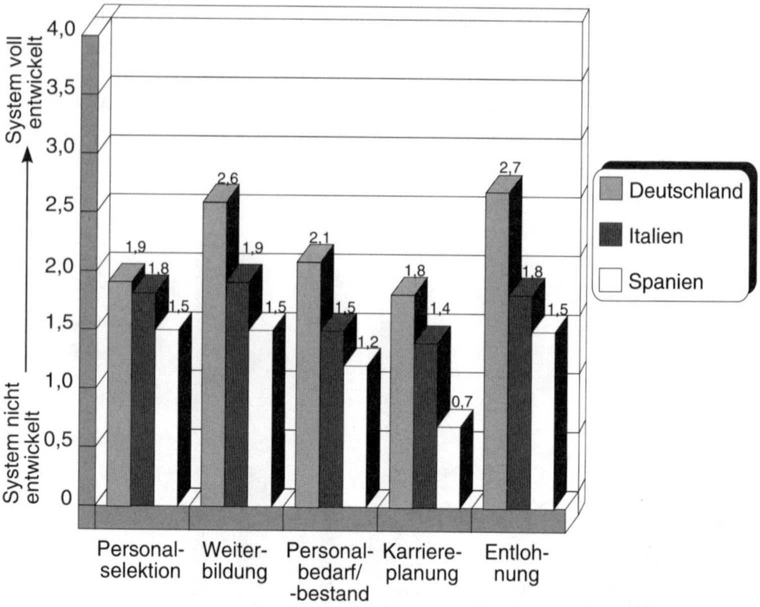

Abbildung 9.7: Entwicklungsstand von Personalmanagementsystemen

für ein starkes Unsicherheitsvermeidungsstreben, während flexible Strukturen auf eine geringe Risikoaversion hindeuten. Die IOO/EBA-Studie zeigt, daß es diesbezüglich selbst in Europa erhebliche Unterschiede gibt: Während in Italien über 80% der befragten Unternehmen Ad-hoc-Treffen als Integrationsmaßnahme angeben, sind es in Deutschland nur 53%. Dagegen ist in deutschen Unternehmen der Projektmanager häufig anzutreffen (61%), der wiederum in spanischen Unternehmen (18%) nur selten vorhanden ist (Abbildung 9.8).

Setzt man diese Befunde in Beziehung zu den Ergebnissen von *Hofstede*, so scheint hier durchaus ein Zusammenhang zu bestehen (Übersicht 9.13): Regelmäßige Teamsitzungen sind ein wirkungsvolles Mittel, um für alle Beteiligten die Unsicherheit zu reduzieren; sie sind daher in Spanien wesentlich wichtiger als zum Beispiel in Deutschland. In Italien werden Ad-hoc-Treffen präferiert, was den Initiatoren die Möglichkeit zum „Ausleben" ihrer Individualität und Maskulinität gibt. Setzt man dagegen Integrationsmechanismen wie Task Force, Projekt- beziehungsweise Produktmanager ein, so funktionieren diese nur bei Systemen, die statt autoritärer Führung mehr durch Teamgeist und Kooperationsbereitschaft aller Beteiligten gekennzeichnet sind. Denn nur in diesem Fall können die Projekt- beziehungsweise Produktmanager sicher sein, von allen Seiten die für ihre Arbeit notwendige Unterstützung zu erhalten.

Als **Ergebnis** legen die hier präsentierten Befunde den Schluß nahe, daß innerhalb von Europa signifikante Unterschiede in allen Bereichen des be-

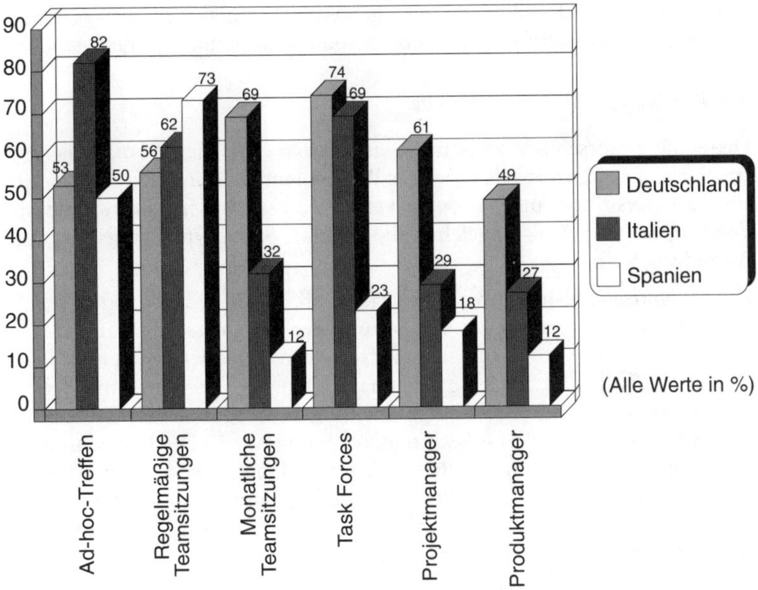

Abbildung 9.8: Integrationsmechanismen

Land	**Indivi-dualität**	**Masku-linität**	**Unsicher-heits-vermeidung**	**Macht-abstand**	**Präferierter Integrations-mechanismus**
Spanien	51	42	**86**	57	Regelmäßige Teamsitzungen
Italien	**76**	70	75	50	Ad-hoc-Treffen
Deutschland	67	66	65	**35**	Task force Projektmanager Produktmanager

Übersicht 9.13: Zusammenhang *Hofstede*-Studie und IOO/EBA-Studie

trieblichen Personalwesens existieren. International tätige Unternehmen müssen sich dieser Tatsache bewußt sein und dies bei ihrer Personalstrategie berücksichtigen. Nationale Besonderheiten zu ignorieren, kann keinesfalls eine sinnvolle internationale Strategie darstellen.

Grundsätzlich lassen sich für die IOO/EBA-Studie ähnliche **Kritikpunkte** anführen wie beim Cranfield-Projekt, auch wenn man versucht, durch intensive Interviews dem Problem einer nur oberflächlichen Analyse entgegenzuwirken. Anders als beim eher „ethnozentrischen" Cranfield-Projekt ist jedoch die IOO/EBA-Studie bewußt als „polyzentrischer" Forschungsansatz angelegt, der Personalmanagement als einen Teil des gesamten Untersuchungsprojektes ansieht und besonders die situativen Bezüge sucht.

9.2.4.3 *Weitere Systemvergleiche*

Deutliche Unterschiede zwischen den landesspezifischen Managementsystemen zeigen sich vor allem bei der **Personalentwicklung.** Hierzu identifizierten *Evans*, *Lank* und *Farquhar* (1989, 123–130) **vier kulturspezifische** Formen, die sie jeweils angelehnt an nationale Stereotypen benennen (vgl. Abbildung 9.9):

Das *„japanische"* Modell (vgl. auch *Hilb* 1985, 138–142) rekrutiert potentielle Manager immer nur aus den Besten eines Jahrgangs. Auf Langzeitkarrieren ausgelegt, werden für die Berufseinsteiger in einer bis zu acht Jahre dauernden Test- und Sozialisationsphase intensive Trainings- und Betreuungsprogramme und regelmäßige Leistungsbeurteilungen in kurzen Abständen durchgeführt. Es folgt intensiver Wettbewerb: Die Bestbeurteilten bekommen die anspruchsvollsten Stellen im Management. Nach etwa sieben Jahren systematischen multifunktionellen Einsatzes hat sich nach dem Motto „up or out" entschieden, ob ein Manager innerhalb oder außerhalb des Unternehmens seine Karriere fortsetzen sollte.

Das *„romanische"* Modell, das beispielsweise in Frankreich häufig anzutreffen ist, steht dem japanischen Modell nahe. Die Potentialidentifikation findet nach der Personalauswahl an den Eliteschulen direkt während der Einstiegsphase im Unternehmen statt. Es wird jedoch nicht nach Geburtsjahrgängen selektiert, sondern über alle Abgänger höherer Schulen hinweg. Die Potentialentwicklung ist ein politischer Prozeß ohne systematische Norm, bei dem der Aufstieg neben der Bewährung in unterschiedlichen Funktionen auch von der erfolgreichen Etablierung von Beziehungen, Allianzen und von Selbstmarketing abhängt.

Im *„deutschen"* Modell ist das Traineeprogramm für die Potentialidentifikation typisch. Auf die jährliche Rekrutierung von Universitäts- und Fachhochschulabsolventen folgt mittels eines intensiven Trainings in allen Funktionsbereichen die Ermittlung der individuellen funktionalen Potentiale und Talente. Der Aufstieg in die oberste Managementebene basiert vor allem auf Expertenwissen in einem in der Regel abgegrenzten funktionalen Bereich. Dabei stehen die Kandidaten im Wettbewerb zu ihren Kollegen desselben Wissensgebiets, nutzen aber die Möglichkeit zur Etablierung von informellen Beziehungen.

Im *„englisch-niederländischen"* Modell erfolgt die Rekrutierung generalistisch. Ohne die Konzentration auf spezielle Eliten werden dezentral spezielle technische und funktionale Stellen besetzt, deren Inhaber in einer etwa sechsjährigen Phase in ihrer Hierarchie aufsteigen. Diese Testphase ist durch das Problem gekennzeichnet, bei fehlender ständiger Potentialbeobachtung die fähigsten Nachwuchsmanager, also Generalisten, zu identifizieren; dies wird über interne Assessment Center oder die Anwendung von Erfahrungswerten und Indikatoren versucht. Während der Potentialentwicklung beschäftigt sich nun eine gesonderte Managemententwicklungs-

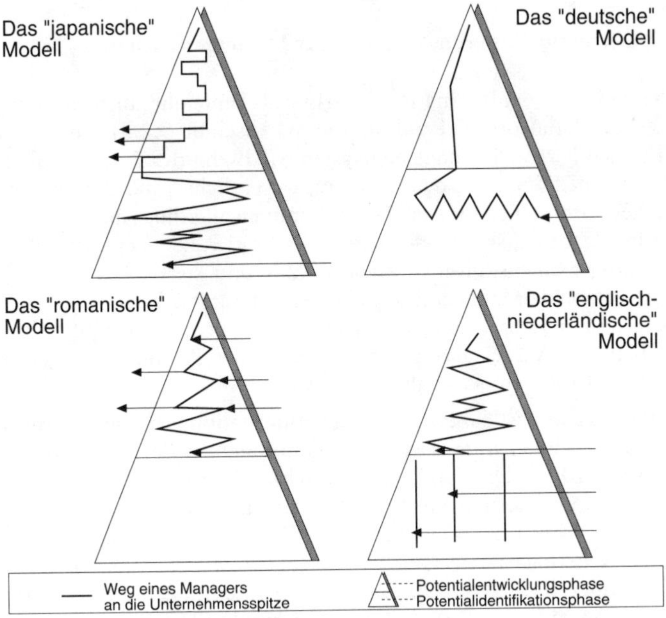

Abbildung 9.9: Alternative Entwicklungsmöglichkeiten des Managements nach *Evans, Lank* und *Farquhar* (1989, 126–127)

Abteilung mit der Auswahl, Überwachung und dem Einsatz der Manager für kurz- und langfristige Einsätze.

9.2.4.4 *Implikation: Systemdivergenz oder Systemkonvergenz?*

Die Heterogenität des Personalmanagements in den verschiedenen europäischen Ländern zeigt sich deutlich in den vorgestellten Studien: Auf den Personalmanagementfeldern sind teilweise große Unterschiede im Anwendungsstand festzustellen. Analog zur kontroversen Diskussion einer zunehmenden internationalen kulturellen Vereinheitlichung beziehungsweise Differenzierung ist für das internationale Personalmanagement die zukünftige Entwicklung der Planungs- und Managementsysteme von Bedeutung. Bei einer ausschließlich europa- oder insbesondere EG-weiten Betrachtung zeichnen sich durchaus Tendenzen ab, die auf eine wachsende Systemkonvergenz schließen lassen. Denn mit Einführung des Binnenmarktes und wachsendem Einfluß der EG ergeben sich automatisch auch Konsequenzen für das internationale (europaweite) Personalmanagement, beispielsweise im Bereich des Arbeitsrechts. Derartige Entwicklungen werden aber in den nächsten Jahren noch nicht voll zum Tragen kommen und sich erst langsam im Zuge einer europaweiten Angleichung der Ausbildungssysteme entfalten.

9.2.5 Internationalisierungsstrategie der Muttergesellschaft

Die Komplexität der Internationalisierung als Umfeldherausforderung (Abschnitt 9.2.2), die lokalen Landeskulturen (Abschnitt 9.2.3) und die landesspezifischen Personalmanagementsysteme (Abschnitt 9.2.4) sind **allgemeine** Rahmenbedingungen, denen sich im wesentlichen alle Unternehmen in ähnlicher Form stellen müssen. Hinzu kommen allerdings mit
- der Internationalisierungsstrategie (Abschnitt 9.2.5),
- der Unternehmenskultur (Abschnitt 9.2.6) und
- dem (Personal-)Managementsystem (Abschnitt 9.2.7)

der Muttergesellschaft drei **spezifische** Rahmenbedingungen, die ebenfalls Einfluß auf die Ausgestaltung des internationalen Personalmanagementsystems eines Unternehmens haben.

Besonders wichtig ist dabei die gewählte **Internationalisierungsstrategie** des Mutterunternehmens, da diese viele Komponenten des Personalmanagements präjudiziert. Die Frage nach tatsächlichen und sinnvolleren Formen der Internationalisierung wurde in der Literatur im Hinblick auf Organisationsaspekte (vgl. Überblicke bei *Kieser/Kubicek* 1992 und *Pausenberger* 1992), Marketingaspekte (vgl. Überblick bei *Meissner* 1993), Strategieaspekte (vgl. z. B. *Welge* 1990) und ihre Verknüpfungen (vgl. z. B. *Meffert* 1989) umfassend diskutiert. Aus diesem Grund soll im Rahmen dieses Buches auf eine weitergehende Auseinandersetzung mit diesen Überlegungen verzichtet und stattdessen lediglich auf zwei zentrale **Aspekte** näher eingegangen werden:

- Der eine ist die *zeitliche Perspektive*. Hier wird im Regelfall von einem Entwicklungspfad (beginnend bei reinem Export über Auslandsniederlassung bis zu einem das Ausland voll integrierenden Modell) ausgegangen.
- Der andere ist die *Grundstrategie*. Hier lassen sich drei Formen unterscheiden, nämlich
  - die internationale Strategie (mit begrenzten Auslandsaktivitäten und einer dominanten Geschäftsabwicklung im Mutterunternehmen),
  - die multinationale Strategie (mit starker Auslandsorientierung und vollständigem Aktivitätsspektrum auch im Ausland) und
  - die globale Strategie (mit einer faktischen Aufhebung von Ausland und Inland, in Verbindung mit einer weltweiten Verteilung von Verantwortung).

Speziell die letztgenannte Klassifikation prägt das internationale Management. Dies gilt auch für den nachfolgenden Vorschlag von *Perlmutter*, der wegen seines Bezuges zur Landes- und Unternehmenskultur unmittelbare Bedeutung für das internationale Personalmanagement hat.

9.2.5.1 Die Klassifikation von Perlmutter

Im Hinblick auf die Entwicklung von Internationalisierungsstrategien ist zu bestimmen, wie sich ein Unternehmen verhalten soll, das eine starke eigene Unternehmenskultur besitzt, allerdings auf unterschiedliche Landeskulturen trifft. Ein klassischer Lösungsvorschlag für diese Frage ergibt sich aus den von *Perlmutter* (1965) definierten drei **Grundstrategien**:

(1) *Ethnozentrische Strategien* legen ihre Aktivitäten primär in den heimischen Markt. Eine Erweiterung der Geschäftstätigkeit in das Ausland erfolgt hauptsächlich mit dem Ziel, verschiedene lukrative Zusatzgeschäfte zu tätigen. Schwerpunkt bleibt aber die sichere „Heimatbasis".

(2) *Polyzentrische Strategien* gehen davon aus, daß die ausländischen Töchter zunehmend an Bedeutung und gleichzeitig auch an Autonomie gewinnen. Auf diese Weise können sie ihre landesspezifische Strategie entwickeln und sich so optimal auf den jeweiligen Auslandsmarkt ausrichten.

(3) *Geozentrische Strategien* schließlich abstrahieren von nationalen Besonderheiten und streben eine weltweite Integration aller Unternehmensaktivitäten an. Diese Strategie zielt auf die betriebswirtschaftlich immer wieder geforderte Nutzung von Größenvorteilen, Synergieeffekten, Ressourcenpooling und auf eine Erleichterung des Know-how Transfers.

In ihrer reinen Form kommen diese strategischen Ansätze nur in Ausnahmefällen vor. Üblich sind vielmehr Mischstrategien zur Gestaltung des internationalen Geschäftes. So gibt es bestimmte Elemente, die fast zwingend national oder sogar regional differenziert ausgestaltet sein müssen, wohingegen andere global vereinheitlicht werden können: Bei der technischen Ausstattung sind wegen unterschiedlicher Standards oft landesspezifische Modifikationen nötig. Aber auch lokaler Geschmack und Finanzierungskonditionen verlangen nach Differenzierung. Ein einheitliches Auftreten am Markt ist dagegen bei Grundsatzentscheidungen zu den Produkten oder Firmenlogos sinnvoll. Hersteller von weltweit verbreiteten Massenartikeln werden daher insgesamt eher eine global abgestimmte Strategie verwenden als Unternehmen des Maschinen- und Anlagenbaus, die erhebliche Restriktionen von der Abnehmerseite (technische Bestimmungen, klimatische Faktoren, Ausbildungsstand des Personals) beachten müssen.

Klarheit über die tatsächlich eingesetzte Strategie ist aber vor allem deshalb von größter Bedeutung, da letztlich jede Strategie ihre ganz spezifischen Implikationen hat (Übersicht 9.14).

Die Klassifikation von *Perlmutter* wurde zehn Jahre später durch *Heenan* und *Perlmutter* (1979) um eine vierte Form ergänzt: Diese *regiozentrische Strategie* basiert auf Regionalgruppen, die eine weitgehende Autonomie haben, und ist damit im wesentlichen eine aufgespaltene Form der geozentrischen Strategie. Obwohl sie inzwischen häufig als **vierte** Form genannt wird, fehlen überzeugende Beweise für ihre empirische Relevanz. Es wird daher im Regelfall die ursprüngliche 3er-Systematik verwendet, sicherlich auch, weil sie mit der Zuordnung

- ethnozentrisch zu international,
- polyzentrisch zu multinational und
- geozentrisch zu global

eine Deckungsgleichheit zu den einleitend genannten Grundstrategien nahelegt.

	Ethnozentrisch	**Polyzentrisch**	**Geozentrisch**
Komplexität	in der Muttergesellschaft hoch, sonst niedrig	unterschiedlich	überall hoch, auch wegen Interdependenzen
Entscheidungsfindung	nur in der Muttergesellschaft	weniger in der Muttergesellschaft	gemeinschaftliche Entscheidungsfindung
Kontrolle	Standards von der Muttergesellschaft werden exportiert	dezentral bestimmte Mechanismen	universelle Standards
Kommunikation	top down, also Anweisungen von Mutter zu Tochter	wenig zwischen Mutter und Tochter, zwischen Töchtern kaum	zwischen allen Einheiten, Mutter ist (nur) gleichberechtigter Partner
Personalbeschaffung	für Schlüsselposition primär über Muttergesellschaft	lokal, also Landesnationalitäten für die Tochtergesellschaften	weltweite Suche nach Führungskräften

Übersicht 9.14: Konsequenzen der Grundstrategie von *Perlmutter* (1969,12)

Es ist unmittelbar einsichtig, daß bereits die drei erstgenannten Grundstrategien personalpolitische Handlungsmuster zur Folge haben, gleichzeitig aber auch ihre spezifischen Vor- und Nachteile aufweisen (Übersicht 9.15).

Die **Wahl** zwischen diesen drei Strategien hängt im wesentlichen davon ab,
- auf welchen internationalen Märkten das Unternehmen derzeit agiert,
- welche Märkte in der Zukunft anvisiert werden,
- ob die Vorteile der Globalisierung den oft als nachteilig empfundenen Verlust an direkter Einflußnahme auf das operative Geschäft überwiegen,
- ob die derzeitigen personellen Strukturen in den Tochtergesellschaften eine dezentrale Struktur überhaupt zulassen,
- welchen Stellenwert die internationalen Umsätze überhaupt im Vergleich zum Heimatmarkt einnehmen und schließlich,
- ob die herrschenden Eigentümerverhältnisse in der Muttergesellschaft dezentrale Ansätze zulassen.

Jeder dieser Faktoren kann bestimmte Internationalisierungsstrategien von vornherein undurchführbar machen.

9.2.5.2 Der Vorschlag von Bartlett und Ghoshal

Bartlett und *Ghoshal* (1986; 1990) reflektieren die Erfahrung internationaler Unternehmen, daß Strategien zur Koordination internationaler Aktivitäten nicht in allen ausländischen Tochtergesellschaften in gleicher Weise erfolgreich sind, und gehen daher insbesondere der Frage nach, wie die ausländischen Aktivitäten unternehmensweit optimal zu koordinieren sind.

	Ethnozentrisch	**Polyzentrisch**	**Geozentrisch**
Herkunft internationaler Manager	Stammland	Gastland	Stammland, Gastland oder Drittländer (regionaler weltweiter Führungskräftepool)
Vorteile	keine kulturelle Distanz zu den Führungskräften der Zentrale persönliche Bekanntschaft mit Interaktionspartnern der Muttergesellschaft (Vertrauensvorsprung)	Kommunikationsprobleme mit Gastlandsmitarbeitern nicht vorhanden hohe Akzeptanz bei Gastlandsmitarbeitern (Aufstiegschancen) geringe Entlohnungskosten	Förderung einer einheitlichen Unternehmenskultur (implizite Steuerung über vereinheitlichte Werte möglich)
Nachteile	hohe Kosten (Vorbereitung, Entlohnung, Betreuung, Wiedereingliederung) Begrenzung der Karrierechancen gast- und drittländischer Führungskräfte teilweise: Interaktionsprobleme mit Gastlandsinstitutionen	Kommunikationsprobleme bei Interaktionen mit Muttergesellschaft Auftreten von Werte- und Loyalitätskonflikten hohe Kosten für Vermittlung von Fach- und Führungsfähigkeiten	sehr hohe Kosten (fachliche, führungsbezogene und kulturelle Vorbereitung, Betreuung, Rückführung ins Stammland) Akzeptanz- und Loyalitätsprobleme

Übersicht 9.15: Personalpolitische Verhandlungsmuster und ihre Bewertung (nach *Macharzina* 1992 b, 370)

Bartlett und *Ghoshal* betonen den primär situativen Charakter der Wahl der **Koordinationsstruktur**: Sie muß dem landes- und unternehmenskulturellen Umfeld angepaßt sein. Eine einheitlich lokale Koordination empfiehlt sich, wenn die Randbedingungen, wie etwa nationale Gesetze oder Anforderungsprofile an Bewerber an verschiedenen Standorten sehr heterogen ausfallen. Bei international homogenen Bedingungen ist eine einheitlich globale Koordination in der Regel aufgrund von Synergieeffekten möglich, etwa, wenn im Personalwesen eine lokale Personalbeschaffung neben einer global koordinierten Personalentwicklung steht. Die dritte Form ist die Mischkoordination innerhalb einer Funktion, zum Beispiel ein Marketingkonzept aus lokal und aus global koordinierten Komponenten.

Die Idealform der Koordinationsstruktur ist für *Bartlett* und *Ghoshal* die Struktur eines *integrierten Netzwerks*: Es zeichnet sich durch spezialisierte und weltweite Einheiten aus, die in einem Netz von Aktivitäten integriert sind. Dadurch ist es möglich, daß die Einheiten ihre multidimensionalen strategischen Ziele (Effizienz, Marktnähe und Innovation) gleichzeitig verfolgen (vgl. *Bartlett/Ghoshal* 1990, 118).

Ergänzt wird diese Netzwerkstruktur durch das *„lead country"*-Konzept (*Bartlett/Ghoshal* 1986), nach dem Aufgabenzuweisungen flexibel gemäß den komparativen Vorteilen der Unternehmenseinheiten erfolgen. Bei intensivem Informationsaustausch zwischen den Einheiten sind effiziente Aufgabenlösungen durch das „lead country" möglich: Es erhält in einem abgegrenzten Teilbereich die inhaltliche Führerschaft, obwohl es keine übergeordnete Position im Netzwerk innehat. Voraussetzung ist ein Anreizsystem, das diese Form der internationalen Kooperation unterstützt. Nötig ist auch eine einheitliche Unternehmenskultur, die zur Ausrichtung der Aktivitäten auf die gemeinsamen Ziele beiträgt. An dieser Kultur müssen sich dann Zentralisierung und Formalisierung (vgl. *Bartlett/Ghoshal* 1990, 202–211) als organisatorische Gestaltungsparameter orientieren.

Der Unternehmensleitung kommt in einem integrierten Netzwerk eine besondere Rolle zu: Sie muß Grundsatzentscheidungen über organisatorische Strukturen und Prozesse treffen sowie über sämtliche Einheiten des Netzwerks hinweg eine einheitliche Unternehmenskultur schaffen.

Die Förderung von Verständnis und Akzeptanz quer über die internationalen Einheiten hinweg ist selbst bei großer geographischer Distanz über den bewußten Einsatz personalwirtschaftlicher Mittel erreichbar: So ist die Anwerbung und Auswahl geeignet erscheinender Manager ebenso vordringlich wie die Schulung und Weiterbildung im Rahmen einer kultur- und organisationsbezogenen Personalentwicklung.

9.2.5.3 Implikation: Strategiekorridor

Die gewählte Internationalisierungsstrategie stellt eine zentrale Determinante für das internationale Personalmanagement dar. Allerdings bedeutet dies nicht, daß die Personalmanagementstrategie zwangsläufig zur derivativen Planung „degeneriert". Vielmehr muß von der Existenz eines Strategiekorridors ausgegangen werden: Die gewählte Internationalisierungsstrategie steckt einen Rahmen ab, der – in Abhängigkeit von den übrigen Rahmenbedingungen – zu füllen ist. Dabei spielt auch die partielle Entkoppelbarkeit der funktionalen Teilstrategien eine wichtige Rolle: So bedeutet die Existenz eines global standardisierten Produktes nicht zwangsläufig eine global standardisierte Personalarbeit.

9.2.6 Unternehmenskultur der Muttergesellschaft

Die Aktivitäten von Mitarbeitern eines Unternehmens werden einerseits von der Landeskultur geprägt, andererseits von der jeweiligen Unternehmenskultur (vgl. Abschnitt 6.4): So haben *Wong-Rieger* und *Rieger* (1989) den Einfluß der Landeskultur auf die Unternehmenskultur bei Fluggesellschaften untersucht und zusätzlich die Branchenkultur berücksichtigt. Abbildung 9.10 zeigt typische Muster der Positionierung verschiedener Unternehmen und belegt die Vielfalt der Konstellationen gegenseitiger Beeinflussungen, Überdeckungen und Abhängigkeiten der betrachteten Kulturen. Wird beispielsweise Lufthansas Unternehmenskultur gleichermaßen durch die kompatible Landes- und Branchenkultur dominiert, so verlagert sich die dominante Prägung der Unternehmenskultur bei Pakistan International Airlines (PIA) auf die Branchenkultur und bei Alitalia auf die Landeskultur. Thai International stellt den Fall dar, daß eine herausgehobene Unternehmenskultur eines visionären Branchenführers die Branchenkultur beeinflußt. Zusätzlich wurde – in diesem Fall – nachgewiesen, daß besonders solche Unternehmen erfolgreich waren, die eine Stimmigkeit zwischen „idealer" Branchenkultur und Unternehmenskultur aufwiesen, sich also von der Landeskultur freimachen konnten. Auch wenn dieser Befund zeitbezogen und nicht generalisierbar ist, belegt er doch den erfolgsprägenden Einfluß der Unternehmenskultur gerade auch im internationalen Umfeld.

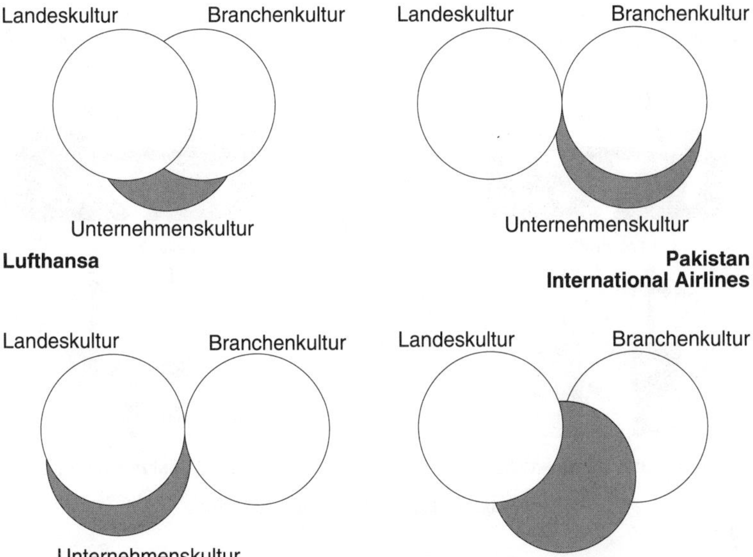

Abbildung 9.10: Kultureinflüsse bei exemplarischen Fluglinien in der Untersuchung von *Wong-Rieger* und *Rieger* (1989, 232)

Selbst wenn man von einem engen Zusammenhang zwischen Landeskultur und Unternehmenskultur ausgeht, bedeutet dies nicht automatisch Identität: Vielmehr besteht gerade ein zentrales Charakteristikum der Unternehmenskultur in ihrer historischen Individualität, die sich durchaus zumindest teilweise vom Einfluß der Landeskultur freimachen kann. Das Ergebnis sind jedoch *potentielle Steuerungskonflikte*. Konkret bedeutet dies beispielsweise für die Mitarbeiter einer dänischen Tochter eines französischen Unternehmens (Abbildung 9.11), daß sie einerseits unter dem Einfluß ihrer Landeskultur stehen, andererseits aber die Unternehmenskultur der dänischen Tochter verhaltenssteuernd wirkt. Die Tochtergesellschaft steht also (mit entsprechendem Konfliktpotential) unter dem Einfluß der Unternehmenskultur der französischen Muttergesellschaft und damit letztlich der Landeskultur Frankreichs. Da gerade Unternehmens- und Landeskultur einen starken Einfluß auf präferierte und akzeptierte Managementpraktiken haben, kann ein derartiger Wirkungszusammenhang leicht zu konträren Signalen und damit zu potentiellen Kulturkonflikten führen.

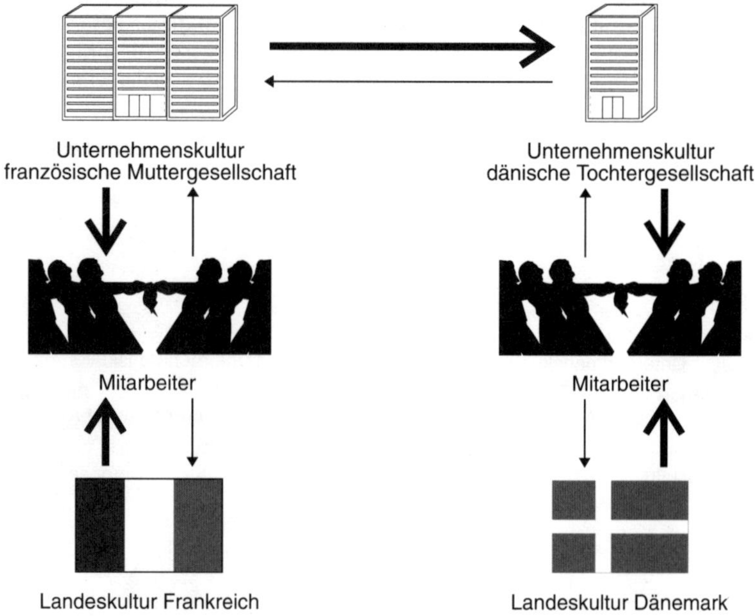

Abbildung 9.11: Potentielle Kulturkonflikte

Jedes Unternehmen hat eine Unternehmenskultur, nicht unbedingt aber eine der Unternehmensstrategie entsprechende. Zu zahlreich sind die Gefahren, die im Hinblick auf die Unternehmenskultur sowie ihre konkreten Umsetzungsmöglichkeiten existieren: Dies beginnt bei der trügerischen Gleichsetzung von Unternehmenskultur mit „kultiviert" und endet bei dem technokratischen Glauben daran, durch einfache Maßnahmen im Bereich des Corporate Designs auf die Unternehmenskultur einwirken zu können.

Fatal sind auch die **Gefahren**, die durch neurotische oder pathologische Züge von der Unternehmenskultur ausgehen. Ob Großartigkeits- oder Abkopplungswahn, ob Überkomplizierung oder Übersimplifizierung: In allen diesen Fällen läßt sich sehr schnell die Möglichkeit endgültig verbauen, im internationalen Geschäft erfolgreich zu sein. Aus all diesen Gründen überrascht es auch nicht, wenn es nur sehr wenigen Unternehmen tatsächlich gelingt, Unternehmenskultur als gemeinsames Wir-Gefühl sinnvoll umzusetzen.

Somit ist das Schaffen eines realistischen Verständnisses der eigenen Unternehmenskultur die Grundvoraussetzung für ein sinnvolles Einbinden des Unternehmens in die entsprechende Landeskultur.

Um für das Personalmanagement ein Hilfsmittel zur Visualisierung der bestehenden Unternehmenskultur in die Hand zu bekommen, bringt Abbildung 9.12 ein speziell zu diesem Zweck entwickeltes Hilfsmittel. Dieses **Radar-Chart** enthält auf den Hauptachsen die vier Dimensionen nach *Hofstede*. Auf den übrigen Strahlen stehen weitere wichtige Merkmale der Unternehmenskultur, die bereits in Abschnitt 6.4 ausführlich erläutert wurden.

Im linken oberen Quadranten stehen drei *zeitinduzierte* Kulturaspekte, nämlich die reaktiv-vergangenheitsorientierte Vorgehensweise, die antizipativ-gegenwartsorientierte Denkhaltung und die kreativ-zukunftsorientierte Haltung. Im rechten oberen Quadranten stehen die bereits von *Deal* und *Kennedy* (1982) untersuchten *Kulturtypen*. Im rechten unteren Quadranten finden sich die verschiedenen *Grundorientierungen* von Unternehmen, also die Ausrichtungen auf Kunden, Mitarbeiter, Kosten, Leistung und/oder Technologie. Der linke untere Quadrant schließlich berücksichtigt die Tatsache, daß Unternehmen auch *pathologische* Züge aufweisen können: Wie bereits *Kets de Vries* (1980) gezeigt hat, sind auch diese Merkmale potentielle Bestandteile der Unternehmenskultur und durchaus auch in erfolgreichen Kulturen vorhanden. Dieser Quadrant veranschaulicht daher fünf verschiedene *Wahnvorstellungen* in Organisationen, nämlich Verfolgungs-, Hilflosigkeit-, Großartigkeits-, Kontroll- und Abkopplungswahn.

An dieser Stelle soll nicht auf die generelle Problematik der Erfassung von Unternehmenskultur eingegangen werden. Trotz größerer Probleme gibt es aber immerhin noch eine ganze Reihe von Möglichkeiten, zumindest einen ersten Eindruck von der eigenen Unternehmenskultur zu erlangen: Am geeignetsten dürfte dabei die Kombination aus Mitarbeiterbefragung und Kulturworkshop sein, wobei beides zwingend unter Beteiligung Externer erfolgen sollte.

In Abbildung 9.12 ist ferner exemplarisch das Kulturprofil einer fiktiven, amerikanischen Softdrink-Firma eingezeichnet. In dieser Kultur, die hier der XYZ-Softdrink GmbH unterstellt wird, sieht man besonders deutliche Ausprägungen im Bereich der work-hard/play-hard culture, der Kundenorientierung, der Leistungsorientierung sowie der Maskulinität. Niedrige Ausprägungen finden sich im Bereich von reaktivem Verhalten, der process culture und Ansätzen zum Hilflosigkeitswahn.

Es ist unmittelbar einsichtig, daß zwischen Unternehmenskultur und Personalmanagementsystem eine Vielzahl von Beziehungen bestehen. So verhält sich ein kostenorientiertes Unternehmen vollkommen anders als ein strikt

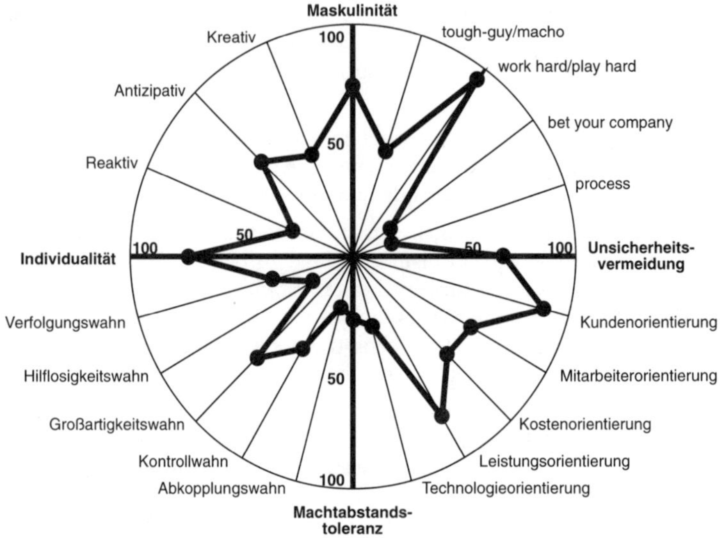

Abbildung 9.12: Kulturprofil für XYZ-Softdrink GmbH

mitarbeiterorientiertes oder kreatives Unternehmen. Betrachtet man jetzt das Kulturprofil der XYZ-Softdrink GmbH, so läßt dies besonders ausgereifte monetäre Anreizsysteme mit starker Kurzfristigkeit, intensive Leistungsbeurteilung besonders im Vertrieb und erheblichen Aufwand für die Marktbeobachtung erwarten.

Das oben eingeführte Kultur-Radar-Chart läßt sich auch zur Visualisierung der **Landeskultur** verwenden, um auf diese Weise eine mögliche Übereinstimmung zwischen Landes- und Unternehmenskultur zu erkennen. In Abbildung 9.13 sind daher an den Hauptachsen exemplarisch die vier Grunddimensionen nach *Hofstede* für die USA eingetragen: Die unscharfe Positionierung durch das Fahnensymbol soll dabei signalisieren, daß es sich hier um einen Kulturkorridor handelt. Vor einem nicht unerheblichen Problem steht man allerdings, wenn man jetzt versucht, die übrigen Achsen für eine spezielle Landeskultur zu konkretisieren: Zwar ist davon auszugehen, daß im Regelfall ein relativ weiter Kulturkorridor existiert. Die Forschung liefert allerdings nur begrenzt Aussagen darüber, wo dieser Korridor tatsächlich verläuft. Abbildung 9.13 enthält daher lediglich einige plausibilitätsmäßig abgeleitete Tendenzaussagen: So dürfte zum Beispiel eine hohe Maskulinität nach *Hofstede* eher mit Großartigkeitswahn und Leistungsorientierung zusammenhängen als mit Hilflosigkeitswahn und process culture.

Auch wenn noch keine zuverlässigen Erkenntnisse zu den Korridoren der Landeskulturen vorliegen, müssen sich doch Unternehmen darüber klar werden, in welchen Ziel-Korridoren sie eigentlich operieren sollten: Denn die Wahrscheinlichkeit ist hoch, daß Unternehmen in Schwierigkeiten geraten, die mit ihrer Unternehmenskultur den Kulturkorridor verlassen. Infor-

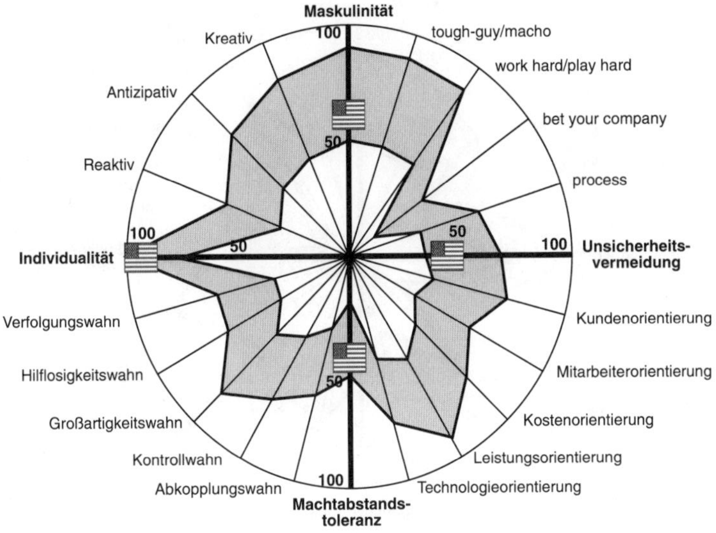

Abbildung 9.13: Hypothetischer Kulturkorridor USA

mationen über den tatsächlichen Kulturkorridor im Gastland müssen daher aus einer Vielzahl von Quellen zusammengeführt werden.

Abschließend zeigt Abbildung 9.14 die Zusammenführung des Kulturprofils der XYZ-Softdrink GmbH mit dem vermuteten Kultur-Korridor der USA in *einem* Kultur-Radar-Chart. Man erkennt, daß sich die XYZ-Softdrink GmbH weitgehend im Kulturkorridor bewegt. Ein vollkommen anderes Ergebnis wäre entstanden, wenn man statt den Landeskulturwerten der USA beispielsweise die Werte für Dänemark oder Portugal eingezeichnet hätte.

Bereits an dieser Stelle ist deutlich, daß eine **Stimmigkeit** zwischen Landeskultur und Unternehmenskultur nicht zwangsläufig entstehen muß. Vielmehr sind immer dann Gefahren vorprogrammiert, wenn sich Unternehmen ohne substantielle Kenntnis der eigenen Unternehmenskultur in den Bereich einer unbekannten Landeskultur vorwagen, letztlich also eine Gleichung mit zwei Unbekannten zu lösen versuchen. Die Problematik gilt umso mehr für den Fall, wenn ein Unternehmen seine Unternehmenskultur in ein anderes Land exportieren will und dadurch einen Konflikt mit der dortigen Landeskultur provoziert.

Letztlich sind die Mitarbeiter die Betroffenen von einem gelungenen oder fehlgeschlagenen Umgang mit der Landes- und Unternehmenskultur. Überträgt man die in Abbildung 9.11 angedeutete Problematik in das Kultur-Radar-Chart, so wird die Schwierigkeit offenkundig, die sich für die Mitarbeiter der dänischen Tochtergesellschaft stellt (Abbildung 9.15): Während beispielsweise die geringe Ausprägung der Machtabstandsdimension in der dänischen Landeskultur einen flachen hierarchischen Aufbau impliziert,

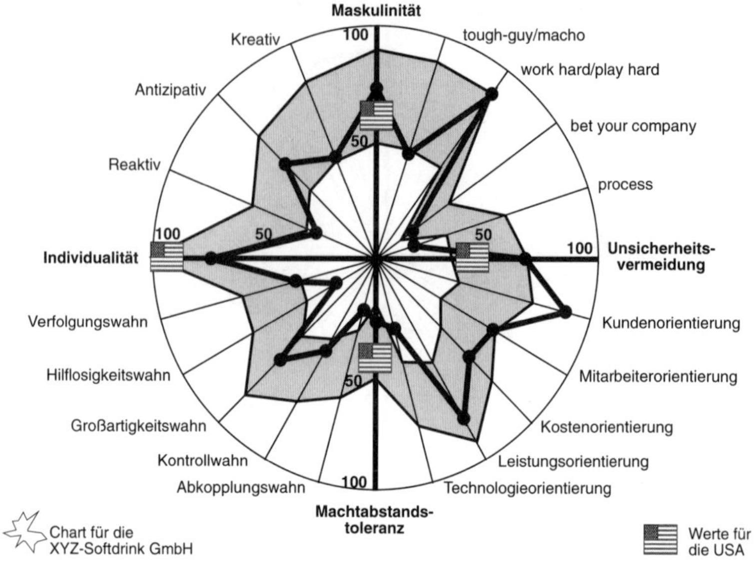

Abbildung 9.14: Landeskultur und Unternehmenskultur im Kultur-Radar-Chart

führt die hohe Ausprägung dieser Dimension bei den Franzosen zu einem stark hierarchischen Aufbau. Konflikte sind dann vorprogrammiert, wenn ein Entsandter der Muttergesellschaft denselben autoritären Führungsstil wie im Stammland anwendet, ohne dabei die Partizipationserwartungen der dänischen Mitarbeiter zu berücksichtigen.

Sicherlich ist der bewußte Umgang mit Unternehmens- und Landeskultur ein aufwendiger Prozeß, dem sich nur wenige Unternehmen unterziehen. Doch gerade auf diese Weise läßt sich durch individuelle Schaffung spezifischer Stimmigkeiten ein (zusätzliches) strategisches Erfolgspotential im internationalen Management realisieren.

Schließlich ist darauf hinzuweisen, daß gerade internationales Personalmanagement offenbar eine **spezifische** Form der **Unternehmenskultur** voraussetzt. Erst wenn diese Wertvorstellungen und folgende zu internalisierende Akzeptanzbedingungen im gemeinsamen Denken der Mitarbeiter verankert sind, kann sich erfolgreiches Auslandsengagement entwickeln (vgl. *Laurent* 1986, 100):

- Akzeptanz durch die Muttergesellschaft, daß die eigene Art und Weise des Personalmanagements das Ergebnis eigener Werte und Grundannahmen ist,
- Akzeptanz durch die Muttergesellschaft, daß das eigene Personalmanagement weder universell besser noch schlechter ist als das in anderen Kulturen. Vielmehr existieren Unterschiede, die sowohl Stärken als auch Schwächen aufweisen,
- Akzeptanz durch die Muttergesellschaft, daß die ausländischen Tochtergesellschaften Managementpraktiken verfolgen, die grundsätzlich weder

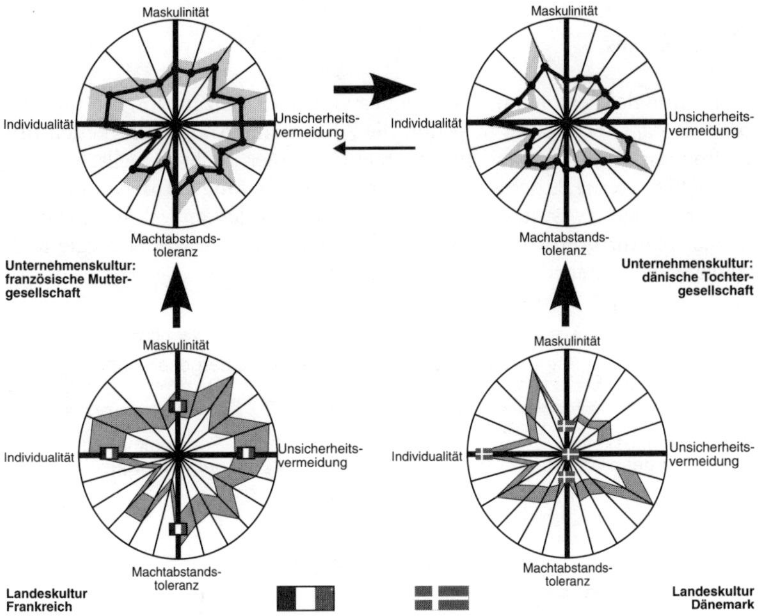

Abbildung 9.15: Kulturanalyse im internationalen Personalmanagement

besser noch schlechter als die eigenen sind, jedoch unter den lokalen Gegebenheiten effektiver sein können,
- Bereitschaft durch die Muttergesellschaft, nicht nur die kulturellen Differenzen zu realisieren und zu akzeptieren, sondern außerdem die Bereitschaft, den synergetischen Nutzen der Kulturen aktiv einzusetzen,
- Aufbau eines unternehmensweiten Glaubens der betroffenden Parteien daran, daß eine kreativere und effektivere Art des Personalmanagements durch gegenseitiges Lernen von den Partnerkulturen erreicht werden kann.

Internationales Personalmanagement hat somit vor allem etwas zu tun mit einem spezifischen **Bewußtsein** bei allen involvierten Mitarbeitern.

9.2.7 Personalmanagement der Muttergesellschaft

Parallel zur Beziehung Landeskultur-Unternehmenskultur ergibt sich eine unmittelbare Beziehung des Personalmanagementsystems der Muttergesellschaft zum jeweiligen Personalmanagementsystem der Tochtergesellschaft. Wie bereits in Abschnitt 9.2.4 ausgeführt, divergieren die landesspezifischen Personalmanagementsysteme hochgradig, was auch für das Managementsystem der Muttergesellschaft gilt. Dies bedeutet, daß sich das Personalmanagement in der Tochtergesellschaft sowohl am üblichen Standard des Standortes orientieren, als auch eine Stimmigkeit zu dem System der Muttergesellschaft herstellen muß.

9.2.8 Ergebnis

Internationales Personalmanagement ist von einer Vielzahl von Einflußfaktoren geprägt. Betrachtet man nun die Abstimmungsnotwendigkeiten für die Realisation des Personalmanagements in einer Tochtergesellschaft, so sind sicher externe Beziehungen zu beachten (Abbildung 9.16): landesspezifische Managementsysteme, Umfeldsituation, lokale Landeskultur, Unternehmenskultur von Mutter- und Tochtergesellschaft sowie Strategie und Managementsystem der Muttergesellschaft.

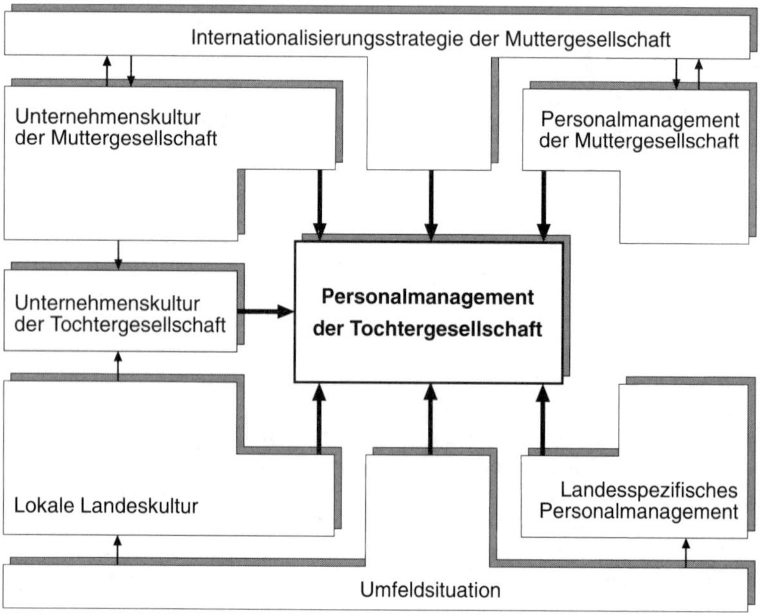

Abbildung 9.16: Einflußstruktur auf das Personalmanagementsystem der Tochtergesellschaft

Zusammenfassend gesehen entwickelt sich das nationale Personalmanagement in einem Umfeld aus diversen Restriktionen, stellt dann aber gleichzeitig eine wichtige (unternehmensspezifische) Restriktion für die Entwicklung eines internationalen Personalmanagements dar, das sich dann mit den in den betroffenen Ländern meist divergierenden übrigen Rahmendaten auseinandersetzen muß. Gerade diese Unterschiede machen internationales Personalmanagement so spannend: Nimmt man die Schwierigkeiten, die Unternehmen schon im nationalen Bereich mit sinnvollen Strategien des Personalmarketings haben und die oft bereits bei der Definition von Stellen- und Imageanzeigen beginnen, so wird die große Herausforderung klar, die ein internationales Personalmanagement mit sich bringt.

9.3 Internationalisierungsstrategien im Personalbereich

9.3.1 Überblick

Die in Abschnitt 9.2.5.1 beschriebenen Internationalisierungsstrategien der internationalen (ethnozentrischen), multinationalen (polyzentrischen) und globalen (geozentrischen) Vorgehensweise bieten bereits einen ersten Einstieg in die Überlegungen zu der Internationalisierungsstrategie im Personalbereich. Trotzdem scheint für das Personalmanagement eine weitergehende *Differenzierung* erforderlich, um die gesamte Komplexität des Problems zu erfassen. Nachfolgend werden daher in Abschnitt 9.3.2 als **Strategiegrundformen** neun Interkulturstrategien beschrieben, ihre Vor- und Nachteile charakterisiert sowie die sich daraus ergebenden Konsequenzen für die Personalarbeit konkretisiert.

Ein zweiter Bereich, der die Internationalisierungsstrategien im Personalbereich betrifft, ist die notwendige *Konzeptionalisierung*: Denn die Entwicklung einer internationalen Dimension im Personalmanagement ergibt sich nicht zwangsläufig; sie erfolgt vielmehr (bewußt oder unbewußt) als Folge bestimmter Paradigmen, die ihrerseits zu klar abgrenzbaren **Strategiekonzepten** führen. Auf sie wird in Abschnitt 9.3.3 näher eingegangen.

9.3.2 Strategiegrundformen

Mit der ethno-, poly- und geozentrischen Strategie nach *Perlmutter* (1965) wurden in Abschnitt 9.2.5.1 drei allgemeine Internalisierungsstrategien diskutiert, die durchaus bereits unmittelbare Konsequenzen auch für die Personalarbeit haben. Für internationale Personalstrategien mit ihrem inhaltlichen und organisatorischen Erklärungsbedarf ist diese Klassifikation (trotz breitester Akzeptanz in der Literatur) nicht voll ausreichend. Auch sind verschiedene implizite Annahmen, wie die automatische Kombination von einheitlicher Kultur mit monozentrischer Entscheidungsstruktur, hinterfragbar. Aus diesem Grund soll nachfolgend eine etwas weitergehende Klassifikation zum Einsatz kommen (vgl. *Scholz* 1993 a): Ihre neun Interkulturstrategien entstehen dabei, indem die drei Internationalisierungsstrategien von *Perlmutter* jeweils auf die beiden Dimensionen Kulturtransfer und Entscheidungsorganisation aufgespalten und permutiert werden.

9.3.2.1 Drei Strategien zum Kulturtransfer

Befaßt man sich zunächst mit der Möglichkeit des Kulturtransfers, so lassen sich **drei** grundsätzlich verschiedene **Alternativen** entwickeln (Abbildung 9.17):

(1) Bei der *monokulturellen Strategie* wird die Unternehmenskultur der Heimatbasis auf die Auslandsniederlassung übertragen. Man sieht also die eigene Unternehmenskultur den ausländischen gegenüber als dominant an und sorgt durch entsprechende Personalmanagementaktivitä-

ten dafür, daß in den ausländischen Niederlassungen eine zur Muttergesellschaft identische Unternehmenskultur entsteht. Diese Form der Kultur-Kolonisierung läuft auf ein Unterdrücken der lokalen Unternehmenskultur hinaus, um durch Übertragung der Kultur der Muttergesellschaft auf die Tochtergesellschaften weltweit zu einer Kultur-Identität zu kommen.

(2) Bei der *multikulturellen Strategie* dürfen die Tochtergesellschaften durchaus ihre eigene Unternehmenskultur entwickeln und diese ihrer eigenen Landeskultur anpassen. Das Ergebnis ist dann eine Situation, bei der die Tochtergesellschaften sogar eine vollkommen andere Unternehmenskultur aufweisen können als die Muttergesellschaft. Im Regelfall geht man allerdings davon aus, daß zumindestens einige Kernbestandteile der Mutterkultur auch in den Tochtergesellschaften vorhanden sind. Dies muß allerdings nicht zwingend sein. Entscheidend ist vielmehr bei der multikulturellen Strategie die Tatsache, daß eine friedliche „Koexistenz" unterschiedlicher Unternehmenskulturen nicht nur geduldet, sondern auch explizit gewünscht wird.

(3) Bei der *Mischkulturstrategie* soll zwischen den Tochtergesellschaften und der Muttergesellschaft eine Kulturvermischung stattfinden und als Ergebnis eine einheitliche Unternehmenskultur entstehen. Anders als bei der reinen Monokultur, die auf einen Kulturexport der Muttergesellschaft zu den Töchtern hinausläuft, findet hier quasi eine Kultursynthese statt. Da hier die zentralen Kulturmerkmale der einzelnen Landeskulturen somit indirekt über die einzelnen Unternehmenskulturen auch

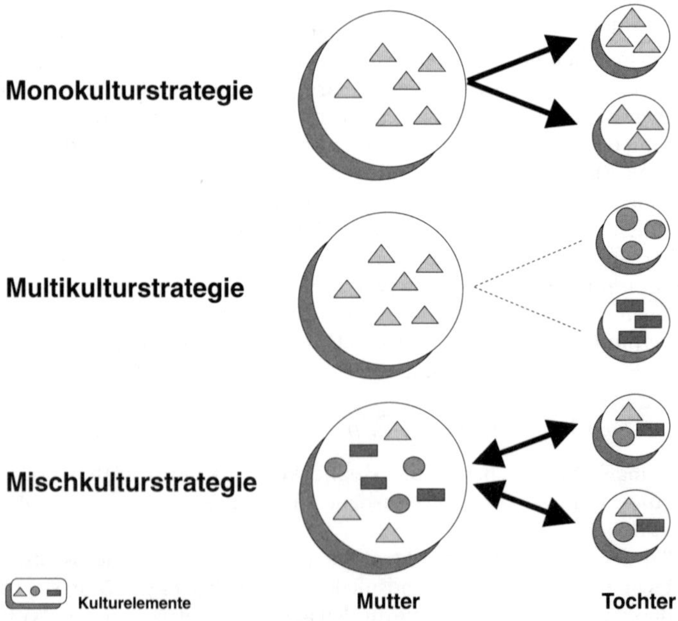

Abbildung 9.17: Drei Strategien zum Kulturtransfer

in die Synthesekultur eingehen, ist es gerade bei solchen Unternehmen durchaus möglich, daß die entstehende Kultur zumindest ansatzweise auch zu den Landeskulturen paßt.

Diese drei Strategien zum Kulturtransfer gelten in analoger Form auch für die Beziehungen zwischen verbundenen Unternehmen im nationalen Kontext. Auch hier hat die Muttergesellschaft die Wahl zwischen einer Monokultur-, Multikultur- und Mischkulturstrategie.

Ob im nationalen oder im internationalen Kontext: Die drei Kulturstrategien haben immer zwangsläufig eine direkte **Auswirkung** auf das Personalmanagement. So zielt beispielsweise die Monokulturstrategie bewußt auf ein *Kultur-Cloning* und verlangt deshalb nach Maßnahmen, die eine solche Kulturübertragung gewährleisten. Dies kann eine räumliche Konzentration aller Entwicklungsmaßnahmen in der Muttergesellschaft, die Einführung unternehmensweiter Führungsleitsätze oder die Festlegung eines Job Rotation-Prinzips sein, bei dem alle Bewegungen immer nur über die Muttergesellschaft laufen. Umgekehrt muß bei der Multikulturstrategie die Eigenständigkeit der Kulturen betont werden. Dies bedeutet Schaffung einer (kleinen) gemeinsamen Dachkultur, unter der sich dann soviel Eigenständigkeit wie möglich entfalten soll.

Übersicht 9.16 faßt exemplarisch einige der Auswirkungen der Kulturtransferstrategien am Beispiel von Personalmarketing, Personalentwicklung und Personalführung zusammen.

	Monokulturstrategie	**Multikulturstrategie**	**Mischkulturstrategie**
Personalmarketing	Anforderungen an den „linking-pin" festlegen, um gezielte Akquisitionsmaßnahmen gestalten zu können	Qualitätsstandard der ausländischen Berufsausbildung feststellen und dann primär lokal arbeiten	Kulturbedingte Wahrnehmungsverzerrungen bei der Darstellung des Unternehmens berücksichtigen
Personalentwicklung	Auswahl geeigneter Entwicklungsmaßnahmen für die Entsandten festlegen; Job Rotation nur zwischen Mutter und Tochter	Landesspezifische Überprüfung der Eignung von Entwicklungsmaßnahmen; Homogenes Qualifikationsniveau der Beschäftigten weltweit; wenig Job Rotation	Systematische Job Rotation zur Integration der Mitarbeiter quer über alle Unternehmen (also auch zwischen den Töchtern)
Personalführung	Die Motivation der Entsandten (z. B. durch Reintegrationsplanung) sichern	Durch Information der Mitarbeiter integrierend wirken (z. B. durch eine weltweite Firmenzeitschrift)	Landesspezifische Bedürfnisstrukturen der Mitarbeiter nicht vernachlässigen

Übersicht 9.16: Auswirkungen der Kulturtransferstrategie auf das internationale Personalmanagement

Übersicht 9.16 macht deutlich, daß die drei Kulturtransferstrategien vollkommen *unterschiedliche Maßnahmen* nach sich ziehen müssen. Jeglicher Versuch einer Kombination aus diesen drei Strategien ist daher aufgrund gegenläufiger Tendenzen zwangsläufig zum Scheitern verurteilt.

9.3.2.2 Drei Strategien zur Entscheidungsfindung

Eine weitere Dimension des internationalen Managements mit Auswirkung auf die Personalarbeit ist die Struktur der Entscheidungsfindung. So macht es einen grundlegenden Unterschied, ob Entscheidungen zentral in der Muttergesellschaft getroffen werden oder ob die Tochtergesellschaften einen gewissen Freiraum bekommen. Auch hier lassen sich drei **Grundformen** unterscheiden (Abbildung 9.18):

Bei der *zentralen* Struktur gibt es eine Muttergesellschaft, in der alle wichtigen Entscheidungen getroffen werden. Eine solche zentrale Lösung bedeutet im Regelfall strikte Hierarchie und Verzicht auf Autonomie der Tochtergesellschaft. Die Existenz einer zentralen Struktur macht aber noch keine Aussage darüber, wie mit der Unternehmenskultur umgegangen wird. So ist beispielsweise eine zentrale Entscheidungsfindung durchaus mit einer Multikulturstrategie vereinbar, wenn Unternehmen beschließen, gerade dadurch Anpassungen an die lokalen Märkte besser realisieren zu können.

Eine zweite Möglichkeit ist die *dezentrale* Entscheidungsstruktur: Hier erhalten die Tochtergesellschaften zwar gewisse Vorgaben von der Muttergesellschaft, dürfen innerhalb dieser Grenzen frei und unabhängig entscheiden. Im Extremfall ist es sogar möglich, daß die Tochtergesellschaften eigene Ziele definieren und diese allenfalls von der Muttergesellschaft abgesegnet werden. Auch hier sind unterschiedliche Kulturformen zulässig: So läßt sich eine dezentrale Lösung gleichermaßen mit monokultureller wie mit multikultureller oder mischkultureller Strategie realisieren.

Eine dritte Form der Entscheidungsfindung ist die *föderale* Struktur. Hier sind nicht nur (wie bei der dezentralen Entscheidungsfindung) unterschiedliche Einheiten vorhanden. Vielmehr wird davon ausgegangen, daß es überhaupt keine zentrale Leitungsfunktion mehr gibt, sondern die unabhängigen Einheiten vielmehr das Verhältnis untereinander quasi aushandeln. Es entsteht somit ein Bund unabhängiger Unternehmen, die im Sinne einer Zweckgemeinschaft bestimmte Aspekte miteinander koordinieren möchten. Auch dies macht noch keine Aussage über die Kulturstrategie: So läßt sich auch in einem föderalen System durchaus als Monokulturstrategie eine Einheitskultur von einem Unternehmen auf andere Unternehmen übertragen. Ebenfalls denkbar ist es, über eine Multikulturstrategie unabhängige und unterschiedliche Unternehmenskulturen parallel in den verschiedenen Unternehmen zu realisieren. Schließlich ist es auch möglich, bei einer föderalen Struktur eine gemischte Unternehmenskultur zu schaffen, die dann die Stärken der verschiedenen teilnehmenden Unternehmen widerspiegelt.

Während die Kulturstrategie somit Aussagen über die Inhalte des Kulturtransfers macht, erhält man jetzt Aussagen zur Organisationsform, wobei auch diverse Beziehungen zum Planungssystem und dem Planungsablauf bestehen. Sicherlich haftet dabei gerade der föderalen Entscheidungsstrategie noch ein gewisses Maß an Utopie an: Im Hinblick auf die zukünftig aber an Bedeutung gewinnenden flexiblen Organisationsformen, bei denen sich fallweise Netzstrukturen mit hoher Eigendynamik und Effizienz bilden sollen, spricht trotzdem vieles dafür, sich bereits jetzt mit derartigen Organisationsmodellen und den dahinterliegenden Strategien zu beschäftigen.

Die Organisationsform der Entscheidungsfindung ist für die betriebliche **Personalarbeit** von wegweisender Bedeutung:

- Bei der *zentralen* Lösung werden Personalplanungssysteme und Standardprozeduren einheitlich in der Zentrale entwickelt und von dort auf die verschiedenen Länder transferiert.
- Bei der *dezentralen* Lösung sind unterschiedliche Planungssysteme zulässig, um durch einen „Wettstreit der Systeme" letztlich für das Gesamtunternehmen optimale Planungsmechanismen zu entwickeln. Von der Muttergesellschaft wird zumindest ein Rahmen vorgegeben, innerhalb dessen sich die Personalmanagementaktivitäten abspielen.
- Bei der *föderalen* Lösung schließlich können die Unternehmen vollkommen unterschiedliche Personalmanagementsysteme entwickeln, die aber bei all jenen Punkten zumindest eine Stimmigkeit aufweisen müssen, die im Sinne des Zweckverbandes zum Gegenstand des Zusammenschlusses der Unternehmen gehören. Beispielsweise müssen Unternehmen, die sich im High-Tech-Bereich föderal zusammenschließen, Mechanismen zur Personaleinsatzplanung und besonders zur Personalentwicklungsplanung besitzen, die in einheitlicher Form quer über alle Unternehmen existieren. Gerade wenn es darum geht, wettbewerbsfähige Systemkonzeptionen zu entwickeln, muß ein Mindestmaß an Standardisierung in allen beteiligten Unternehmen realisiert werden.

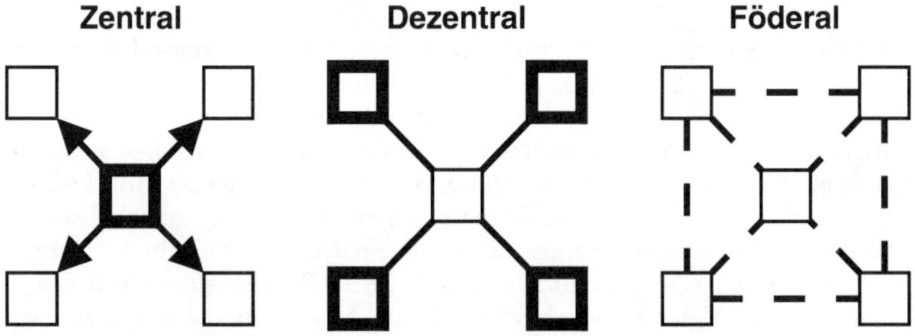

Abbildung 9.18: Drei Strategien zur Entscheidungsfindung

9.3.2.3 Implikation: Neun Interkulturstrategien

Die Entscheidungsstrategie macht aber nicht nur Aussagen zum formalen Ablauf des Planungsprozesses. Sie ist ebenfalls ein Stück Unternehmenskultur: So denken Einheiten in einem dezentralen System vollkommen anders als solche in einem zentralen oder föderalen System. Eine zentrale Struktur hat im Regelfall einen höheren Machtindex als eine dezentrale Struktur. Dezentrale und insbesondere föderale Systeme haben dagegen vor allem im Bereich der Unsicherheitsvermeidung häufig relativ niedrige Werte. Diese Überlegungen sind jedoch losgelöst von der gewählten Strategie des Kulturtransfers zu sehen: Im Ergebnis kann man daher die drei Strategien zum Kulturtransfer mit den drei Formen der Entscheidungsfindung kombinieren, was zu **neun Interkulturstrategien** führt (Abbildung 9.19).

Kulturstrategie / Entscheidungsstrategie	Monokulturstrategie	Multikulturstrategie	Mischkulturstrategie
Zentral	(1)	(2)	(3)
Dezentral	(4)	(5)	(6)
Föderal	(7)	(8)	(9)

Abbildung 9.19: Die neun Interkulturstrategien

Bei Variante 1 wird eine *Monokulturstrategie* mit einem **zentralen** System kombiniert. Sämtliche Entscheidungen fallen im Stammhaus und werden von dort gemeinsam mit der Unternehmenskultur in die verschiedenen Tochtergesellschaften transportiert. Anders dagegen bei der Variante 2, wo zwar ebenfalls eine zentrale Struktur existiert, die aber hier als *Multikulturstrategie* trotzdem unterschiedliche Unternehmenskulturen zuläßt. Dies ist besonders dann vielversprechend, wenn ein Unternehmen in konträren Landeskulturen operiert und auf diese Weise die Probleme der Unstimmigkeit der ersten Variante ausschließen möchte. Nur langfristig realisierbar ist die Variante 3, also die Kombination der zentralen Struktur mit der *Mischkulturstrategie*. Hier gibt es ein einheitlich definiertes Entscheidungszentrum im Gesamtunternehmen. Durch eine Vielzahl von Verschmelzungsprozessen entsteht allerdings eine Unternehmenskultur, die sich aus den verschiedenen Teilkulturen zusammensetzt und letztlich dazu führt, daß beispielsweise auch in einem deutschen Stammhaus die obersten Führungspositionen Ausländern offen stehen.

Bei **dezentralen** Lösungen gibt es mehrere Entscheidungszentren im Unternehmen, allerdings immer eines, das zumindest über eine etwas größere

Macht verfügt. Im Falle der Kombination mit einer *Monokulturstrategie* (Variante 4) ist es dann gerade dieses eine etwas ausgeprägtere Machtzentrum, das dafür sorgt, daß die Unternehmenskultur von dort aus in die verschiedenen Tochtergesellschaften transportiert wird. Diese haben dann zwar einen gewissen Entscheidungsfreiraum, fühlen sich aber dennoch der Unternehmenskultur verpflichtet und agieren innerhalb dieser Unternehmenskultur. Bei Kombination mit der *Multikulturstrategie* (Variante 5) kommen zusätzlich noch die lokalen Landes- und vor allem Unternehmenskulturen zum Zuge, was zu einem echten Kulturverbund führt. Bei der *Mischkulturstrategie* in Verbindung mit dem dezentralen System (Variante 6) gelangen über die Tochtergesellschaften diverse Impulse zur Muttergesellschaft und führen zur Bildung einer Unternehmenskultur, die quer über das gesamte Unternehmen in identischer Form als Synthese der Tochtergesellschaften existiert.

Bei der **föderalen** Struktur schließlich gibt es unterschiedliche Entscheidungszentren, aber kein dominantes. Der Fall der *Monokulturstrategie* (Variante 7) geht davon aus, daß aus (zufälligen) Gründen ein Unternehmen eine dominante Unternehmenskultur besitzt, diese aber dennoch nicht mit einer dominanten Entscheidungsstruktur kombiniert. Dies könnte bei größeren Joint-Ventures der Fall sein, wo eine Unternehmenskultur (aus historischen Gründen) eine höhere Attraktivität aufweist. Bei Variante 8 wird die föderale Struktur mit der *multikulturellen Strategie* kombiniert. Hier sind unterschiedliche Entscheidungszentren mit unterschiedlicher Unternehmenskultur vorhanden, die gemeinsam eine Problemlösung anstreben. Im Extremfall kann dies bei der *Mischkulturstrategie* als Variante 9 dazu führen, daß sich die Unternehmenskulturen angleichen und somit zu einer integrierenden Funktion quer über die unabhängigen Entscheidungszentren führen.

Die Entscheidung für eine dieser neun Formen läßt sich nicht leicht und auf keinen Fall generell treffen: So erlauben beispielsweise zentrale Systeme immer ein hohes Maß an Standardisierung und erwecken auch die Hoffnung auf große Synergiewirkungen innerhalb des Unternehmens. Dies ist bei dezentralen Systemen nicht der Fall. Auf der anderen Seite können gerade dezentrale Systeme (und noch mehr föderale Systeme) sich sehr schnell veränderten Marktsituationen anpassen und haben „das Ohr am Markt".

Ähnliches gilt in analoger Form für die Mitarbeitermotivation: Eine monokulturelle Strategie schafft ein hohes Motivationspotential dadurch, daß Mitglieder selbst der entferntesten Tochtergesellschaften sich mit der (hoffentlich) als großartig empfundenen Muttergesellschaft identifizieren können. Im multikulturellen Umfeld erhalten die Unternehmensmitglieder ihre Motivation primär durch die Erhaltung ihrer Eigenständigkeit und Anpassung an landesspezifische Eigenheiten. Eine Mischkulturstrategie schließlich erlaubt es, die Vorteile unterschiedlichster Landes- und/oder Unternehmenskulturen zusammenzuführen und auf diese Weise eine extrem wettbewerbsorientierte Synthesekultur zu schaffen.

Insgesamt läßt sich somit festhalten, daß es neun unterschiedliche Interkultur-Strategien gibt und sich Unternehmen erst im Rahmen einer integrativen

Unternehmensstrategie für eine entscheiden können. Denn ein unabgestimmtes Zusammenspiel von Kulturstrategien und Entscheidungsstrategie führt zwangsläufig zu suboptimalen Lösungen.

9.3.3. Strategiekonzepte

Gerade für das internationale Personalmanagement gibt es eine Vielzahl von konkreten Vorschlägen, wie die teilweise sehr exakten Problemstellungen der täglichen Personalarbeit gelöst werden können. Dies birgt allerdings die Gefahr, richtige Antworten auf falsche Fragen zu suchen; oder aber es werden mehrere richtige Teil-Antworten auf richtige Teil-Fragen in unzulässiger Weise kombiniert: So kann man beispielsweise sehr viel Zeit investieren, um einen (vermeintlich) sinnvollen Test für die Auslandseignung zu entwerfen, dabei aber die Abhängigkeit dieses Auswahlverfahrens von der konkreten Aufgabe des zu Entsendenden übersehen (ebenso wie die Frage, ob dieses Problem überhaupt sinnvollerweise über eine Auslandsentsendung zu lösen ist). Diese Gefahr zu vermindern und das damit verbundene Theoriedefizit zu beseitigen, ist das Ziel der sechs folgenden Strategiekonzepte: Sie machen Aussagen über den Stellenwert der personalwirtschaftlichen Planungs- und Gestaltungsfunktionen, ihre jeweilige Schwerpunktsetzung, ihre Einbindung in die Unternehmensplanung und die daraus erklärbare Ableitungsrichtung von Unternehmensplänen.

9.3.3.1 Derivativer Bedarfsansatz

Der Deduktionsansatz folgt der Grundidee der **strategischen Produktions- und Absatzplanung**, wonach es bei allen Aktivitäten um den planvollen Aufbau von Wettbewerbsvorteilen für das Unternehmen geht. Vorgelagerte Planungsschritte entscheiden daher, welche Wettbewerbsvorteile in welchen Regionen mit welchen betrieblichen Funktionen zu erwirtschaften sind. Aus diesen Informationen leiten sich dann unmittelbar Anforderungen an die betriebliche Personalarbeit ab. Auf diese Weise erfährt die Portfolio-Planung eine derivative Erweiterung, indem aus dem Markt-Portfolio ein zu befriedigender Personalbedarf errechnet wird. Dieser führt dann sukzessive nach Abgleich mit dem Personalbestand zu Personalberechnungsmaßnahmen, also Beschaffung, Entwicklung oder Freisetzung. Am Ende dieser *Ableitungskette* steht der Personaleinsatz, in Verbindung mit der Personalführung und dem Personalkostenmanagement.

Exemplarisch für den derivativen Bedarfsansatz steht das von *Schöllhammer* (1992) beschriebene Vorgehen. Den Mittelpunkt bildet die strikt informationsorientierte Dimension, die bei extremer Ausprägung zu einer rein quantitativen Planung führt.

Der eindeutige **Vorteil** des derivativen Bedarfsansatzes ist seine hohe Formalisierbarkeit und Automatisierbarkeit. Gerade auch die in Abschnitt 9.4.2.3 zu behandelnden Überlegungen zu computergestützten Personalplanungssystemen stellen teilweise auf diesen Ansatz ab. Positiv zu bewerten sind daher auch Merkmale wie Vollständigkeit und (Durch-) Planbarkeit. Auf der anderen Seite weisen aber Auseinandersetzungen mit diesem Planungsansatz (z. B. *Gloede* 1991) deutlich auf die Nichtberücksichtigung der sozialen und menschlichen Komponente als **Nachteil** hin. Diese tendenzielle Vernachlässigung der verhaltensorientierten Dimension dürfte besonders bei stark unterschiedlichen Landeskulturen ins Gewicht fallen.

9.3.3.2 Originärer Entwicklungsansatz

Der originäre Entwicklungsansatz geht vollkommen anders vor: Bei ihm genügen bereits die prinzipielle Existenz von Hinweisen auf eine Internationalisierung oder eine Globalisierung von Geschäftsaktivitäten. Aus diesem Grund fokussiert dieser Ansatz auf die Intensivierung jeglicher Maßnahmen zu international ausgerichteten Entwicklungsmaßnahmen. Dabei geht es weniger um Bedarfs- oder Bestandsermittlung: Wichtig ist vielmehr der breite Einsatz entsprechender Maßnahmen (vgl. Abschnitt 9.4.5.2), wobei möglichst alle ansatzweise international involvierten Personen einzugliedern sind.

Dieser Ansatz kann insofern als „*originär*" bezeichnet werden, als er anders als der „derivative" Bedarfsansatz die internationale Personalentwicklung losgelöst von konkreten Anforderungen zur Handlungsmaxime erhebt: Wie teilweise im Denkmuster der **Organisationsentwicklung** propagiert, geht es um die autonome und permanente Verbesserung der Organisation und seiner Mitglieder.

Markante **Beispiele** für diesen Ansatz sind die Publikationen von *Landis* und *Brislin* (1983 a) sowie *Tung* (1988): Im erstgenannten Buch wird eindrucksvoll auf die Fülle von Maßnahmen im Bereich des interkulturellen Trainings eingegangen, in der Monographie von *Tung* auf den Verbreitungsgrad derartiger Konzepte in internationalen Unternehmen aus Amerika, Japan und Europa. Aber auch Praktikerberichte aus internationalen Unternehmen (z. B. *Gollin* 1992) favorisieren häufig das hier als originären Entwicklungsansatz bezeichnete Vorgehen.

Der **Vorteil** dieses Ansatzes liegt in seiner Betonung der verhaltensorientierten Dimension. Auch trägt er dazu bei, die Eigenständigkeit des betrieblichen Personalmanagements zu verstärken, da hier Aktivitäten losgelöst von vorgelagerten Entscheidungen anderer Bereiche entstehen. Außerdem kann er ohne breite informatorische Untermauerung sehr rasch zu Maßnahmen führen, wobei das Schwergewicht auf Auswahl und Zusammenstellung der Trainingskonzepte liegt. Genau hier ergeben sich aber auch die potentiellen Nachteile dieser Vorgehensweise: Berücksichtigt man, daß auch Entwicklungsmaßnahmen Ressourcen verbrauchen, so fehlen bei diesem Ansatz die für den betriebswirtschaftlichen Einsatz erforderlichen Nachweise von Effektivität und Effizienz, da vorgelagerte Entscheidungsgrundlagen (wie „Notwendigkeit") und nachgelagerte Beurteilungsgrößen (wie „Veränderung") nicht gegeben sind. Aus diesem Grund überrascht es nicht, wenn gerade Aktivitäten, die aus einem (reinen) originären Entwicklungsansatz herrühren, in wirtschaftlich schlechten Phasen als erstes zu Einsparungspotentialen erklärt und damit unmittelbar reduziert werden: Dadurch rückt der originäre Entwicklungsansatz leicht in bedrohliche Nähe zu Schönwetterkonzepten.

9.3.3.3 *Kulturanpassungsansatz*

Auch der Kulturanpassungsansatz orientiert sich an der Herausforderung, die das Management in unterschiedlichen Kulturbereichen mit sich bringt. Er weicht aber insofern vom originären Entwicklungsansatz ab, als er sich auf konkrete Informationen zu den jeweiligen Ländern stützt. Ein Beispiel dafür ist die in Abschnitt 9.2.3 referierte Studie von *Hofstede* (1980 a). Das Lokalisieren von Unterschieden führt aber nicht nur zu Maßnahmen der **Personalentwicklung**: Es umfaßt auch das Eingehen auf die aus den Kulturunterschieden resultierenden Systemunterschiede und bedeutet damit gleichzeitig eine umfassende **Systementwicklung**.

Der Kulturanpassungsansatz befaßt sich daher unter anderem auch mit Anreizsystemen, Aufstiegsmustern, Mechanismen zur „gerechten" Entlohnung, Alters- und Ausbildungsstrukturen in Unternehmen oder aber mit Wertesystemen von Mitarbeitern und den daraus ableitbaren Führungsmustern. Studien, die dem Kulturanpassungsansatz zugeordnet werden können, finden sich im Umfeld von INSEAD (z. B. *Evans/Doz/Laurent* 1989) ebenso wie in Form von Publikationen zu Systemvergleichen (z. B. *Brewster et al.* 1992) oder zur interkulturellen Personalführung (z. B. *Keller* 1987). Diese Arbeiten geben noch mehr als der originäre Entwicklungsansatz konkrete Hinweise für Anpassungsmaßnahmen.

Diese Hinweise auf spezifische Handlungsnotwendigkeiten sind eindeutig der **Vorteil** des Kulturanpassungsansatzes, weshalb seine Aktivitäten (etwas) weniger leicht in Legitimationsschwierigkeiten geraten, als es vor allem beim Entwicklungsansatz der Fall ist. Trotzdem bleibt als **Nachteil** die Tatsache, daß auch dieser Ansatz nur begrenzt die Perspektivlosigkeit im internationalen Personalmanagement überwinden hilft: Zwar werden Kultur- sowie Systemunterschiede lokalisiert und daran ansetzende Anpassungsmaßnahmen postuliert, die strategische Grundidee dazu, wie diese Adaption stattzufinden hat, fehlt aber.

Unabhängig von diesem Kritikpunkt dürfte jedoch der Kulturanpassungsansatz zum gegenwärtigen Zeitpunkt einer der fruchtbarsten Denkrahmen für ein internationales Personalmanagement sein, da er sowohl konzeptionell als auch in seiner instrumentellen Umsetzung auf entsprechend aussagefähigen, empirischen Arbeiten basiert.

9.3.3.4 *Kulturstrategieansatz*

Der Kulturstrategieansatz sucht einen vollkommen anderen Zugang zum Problem des internationalen Personalmanagements: Wie der Kulturanpassungsansatz geht auch er von gravierenden Kultur- und Systemunterschieden zwischen den Ländern aus, ohne sich allerdings im Detail mit diesen Divergenzen zu befassen. Wichtiger ist vielmehr die Überlegung, wie man sich angesichts dieser Situation zu verhalten hat, wie also die **Grundstrategie** im Umgang mit diesen Unterschieden aussehen sollte.

Das (historisch) erste **Beispiel** für den Kulturstrategienansatz entwickelte *Perlmutter* (z.B. 1965) mit seinen Internationalisierungsstrategien. Auch die ebenfalls in Abschnitt 9.2.5 beschriebenen Vorschläge von *Bartlett* und *Ghoshal* (z.B. 1980) fallen in diese Rubrik; gleiches gilt für die in Abschnitt 9.3.2 entwickelten neun Interkulturstrategien.

Die **Vorteile** des Kulturstrategieansatzes liegen auf der Hand: Die klare Grundstrategie lenkt die Aktivitäten in eine eindeutige Richtung und reduziert damit die ansonsten für das internationale Personalmanagement typische Zufälligkeit. Ferner erlaubt das heuristische Potential derartiger Strategien die Formulierung von Entscheidungsregeln zu Strategieauswahl und die Deduktion von entsprechenden Handlungskonsequenzen. Aus diesem Grund stellt dieser Ansatz einen durchaus sinnvollen Einstieg auch in die übrigen Strategiekonzepte dar. Dem entgegen steht allerdings ein schwerwiegender **Nachteil**: Zum gegenwärtigen Zeitpunkt ist nicht erkennbar,

- ob derartige Kulturstrategien überhaupt losgelöst von der übrigen Unternehmensstrategie formulierbar oder lediglich derivative Konzepte sind und
- ob Unternehmen überhaupt in der Lage sind, diese Strategien konsequent durchzuführen. So propagieren Unternehmen zwar gerne eine Multikulturstrategie, praktizieren aber Systeme aus dem Bereich der Monokulturstrategie.

Daher bleibt der verhaltensprägende Einfluß des Kulturstrategieansatzes noch immer hinter seinem Potential zurück.

9.3.3.5 Stimmigkeitsansatz

Das Konzept der Stimmigkeit hat sich im Bereich der Organisationslehre (vgl. Überblick bei *Sorge* 1991) und im strategischen Management (vgl. Überblick bei *Scholz* 1987a, 61–85) sowie im Umgang mit der Unternehmenskultur (vgl. Abschnitt 6.4.4.5) zu einer bestimmenden Idee entwickelt. Aus diesem Grund liegt es nahe, derartige Überlegungen auch im internationalen Personalmanagement anzustellen. Während dies beispielsweise im Kulturanpassungsansatz eher implizit erfolgt, beginnen sich inzwischen auch explizite Stimmigkeitskonzepte durchzusetzen.

Ein **Beispiel** dafür ist der konzeptionelle Rahmen von *Milliman*, *Glinow* und *Nathan* (1991): Aufbauend auf der Hypothese, wonach letztlich nur Stimmigkeit („Fit") zwischen den einzelnen Komponenten einer Organisation ihren Erfolg ermöglicht, postulieren die Autoren Notwendigkeiten hinsichtlich

- der externen Stimmigkeit sowie
- der internen Stimmigkeit,

wobei sich beides sowohl auf die Muttergesellschaft als auch auf die ausländischen Tochtergesellschaften bezieht; hinzu kommen Stimmigkeiten, die sich aus dem organisatorischen Lebenszyklus ergeben. Speziell der letzte Gedanke erscheint äußerst reizvoll, da auf diese Weise auch in das internationale Personalmanagement eine dynamische Perspektive einfließt.

Der primäre **Vorteil** dieses Ansatzes liegt zweifelsohne darin, daß hier mit dem Stimmigkeitsparadigma eine der wichtigsten Überlegungen aus der modernen Managementforschung Berücksichtigung findet und damit über erste Schritte in Richtung auf eine ganzheitliche (Gestalt-)Theorie eine Kehrtwendung weg von den fragmentarischen Einzelrezepten vollzogen wird. Als **Nachteil** ist aber auf die bei jetzigem Wissensstand äußerst geringe Praktikabilität hinzuweisen: So fehlen empirische Befunde zu tatsächlich realisierter Stimmigkeit ebenso wie durchschlagende Methoden zum Schaffen von Stimmigkeit.

Nichtsdestoweniger werden Arbeiten aus der Richtung des Stimmigkeitsansatzes wichtige Impulse für das internationale Personalmanagement liefern. Auch ohne Vorliegen von zwingend-instrumentellen Konzepten stellt das Stimmigkeitspostulat ein wichtiges Paradigma mit heuristischem Potential dar, das bei der Zusammenführung von Teilsystemen Hilfestellung leistet.

9.3.3.6 Situativer Effektivitätsansatz

Arbeiten, die dem situativen Effektivitätsansatz folgen, legen den Betrachtungswinkel noch weiter, als es bereits beim Stimmigkeitsansatz der Fall ist: Hier geht es darum, den ganzen Prozeß des internationalen Personalmanagements mit seinen situativen Bestimmungsfaktoren abzubilden und die personalpolitischen Gestaltungsparameter im Hinblick auf klar definierte Effektivitätskriterien zu optimieren. Der situative Effektivitätsansatz sieht damit das internationale Personalmanagement als komplexe und ganzheitliche Managementaufgabe mit unmittelbarem Bezug zur Erreichung der Unternehmensziele. Ein derartiger Ansatz kann dann in der Lage sein, das Theoriedefizit im internationalen Personalmanagement auszugleichen, da es letztlich umfassende Erklärungen für beobachtetes Verhalten liefert und empirisch überprüfbare Hypothesen entwickeln hilft.

Ein **Beispiel** für ein diesem situtativen Effektivitätsansatz folgendes Vorgehen liefern *Schuler*, *Dowling* und *De Cieri* (1993). Ihr Modell besteht aus folgenden Teilen (Abbildung 9.20):

- Ausgangspunkt sind die *strategischen Komponenten* in internationalen Unternehmen. Dies sind Verbindungen zwischen den Einheiten, die der Integration sowie der Differenzierung dienen, sowie die internen Operationen der jeweiligen Einheit als konkret zu realisierender Wettbewerbsvorteil.
- Als *situative Faktoren* wirken exogene Faktoren (wie Branche oder Landesspezifika) und endogene Faktoren (wie die Wettbewerbsstrategie oder die Organisationsstruktur) auf die Umsetzung der Aktivitäten der strategischen Komponenten.
- Die Konsequenz besteht aus *Zentralthemen* als schwerpunktmäßig zu behandelnden Aufgaben im internationalen Personalmanagement, die Aussagen darüber machen, wo und wie unter Berücksichtigung der strategischen Stimmigkeit Aktivitäten zur Optimierung der strategischen Komponenten erfolgen sollen.
- Diese schlagen sich dann nieder in *globalen Managementfunktionen* (wie Ressourcenverteilung) und *personellen Einzelmaßnahmen* (wie Beschaffung und Entlohnung).

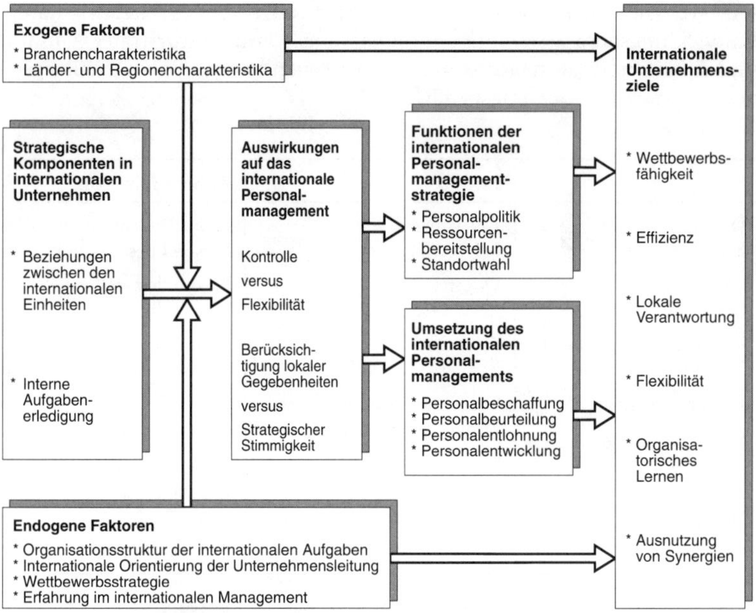

Abbildung 9.20: Der situative Effektivitätsansatz
(modifiziert nach *Schuler/Dowling/De Cieri* 1993, 80)

- Das Ergebnis ist dann die unternehmerische *Zielerreichung*, wobei als Effektivitätskriterien unter anderem Wettbewerbsposition, Wirtschaftlichkeit und Flexibilität zum Einsatz kommen.

Mit diesem Ansatz sollen damit Kontingenz-, Stimmigkeits- und Effektivitätsüberlegungen im Hinblick auf das internationale Personalmanagement integriert werden.

Der **Vorteil** des situativen Effektivitätsansatzes besteht darin, daß er mehr als alle anderen genannten Ansätze in der Lage ist, die Ganzheitlichkeit des internationalen Personalmanagements mit seinen Querverbindungen zu erfassen und damit der internationalen Personalstrategie wohl am ehesten zu voller Wirksamkeit verhilft. Sein **Nachteil** ist aber, daß er zumindest in der oben beschriebenen (anspruchsvollen Form) die Lösung von Problemen der anderen Ansätze voraussetzt, beispielsweise die Stimmigkeitsfrage als beantwortet ansieht. Der situative Effektivitätsansatz scheint daher beim gegenwärtigen Entwicklungsstand primär nur zur Unterstützung wissenschaftlicher Überlegungen geeignet zu sein, noch nicht aber unbedingt für die praktische Personalarbeit.

9.3.3.7 Implikationen: Fallspezifische Auswahl von Metastrategien

Die oben beschriebenen Metastrategien machen grundlegende Aussagen darüber, welche Rolle die Personalmanagementaktivitäten in der internationalen Ausrichtung von Unternehmen spielen und wo Schwerpunkte gesetzt werden sollen (Übersicht 9.17). Derivativer Bedarfsansatz, originärer Entwicklungsansatz sowie Kulturanpassungs- und Kulturstrategieansatz sind dabei bereits als relativ weit entwickelt einzustufen, die beiden übrigen noch als stark entwicklungsbedürftig.

	Leitidee	**Aktionsdominanz**
Derivativer Bedarfsansatz	Derivative Personalplanung	Bedarfsbestimmung, Personalbeschaffung
Originärer Entwicklungsansatz	Originäre Entwicklungsplanung	Personaleinstellung, Personalbestandsanalyse
Kulturanpassungsansatz	Adaption	Personalentwicklung, Personaleinsatz
Kulturstrategieansatz	Originäre Personalstrategie, Organisationsentwicklung	Personalführung, Personalentwicklung
Stimmigkeitsansatz	Strategischer Fit	Personalentwicklung, Personalführung
Situativer Effektivitätsansatz	Adaption, Fit, Effektivität	Personaleinsatz, Personalkosten

Übersicht 9.17: Sechs Metastrategien und ihre Konsequenzen

Welchen Metastrategien ein internationales Personalmanagement in der *Praxis* (bewußt oder unbewußt) folgt, hängt von den situativen Gegebenheiten ab: So wird ein Unternehmen, bei dem das Personalwesen eher eine untergeordnete Rolle spielt, vor allem in einer wirtschaftlich schlechteren Zeit eher dem derivativen Bedarfsansatz oder allenfalls dem Kulturanpassungsansatz folgen, kaum aber dem Kulturstrategieansatz. Für die *Forschung* bedeutet dies die Notwendigkeit der Weiterentwicklung in allen sechs Forschungsrichtungen, wobei vor allem der Stimmigkeitsansatz (unter Umständen als Input zum situativen Effektivitätsansatz) vielversprechend erscheint.

9.3.4 Ergebnis

Dem Charakter eines Lehrbuchs folgend, stellt Kapitel 9 keine der Metastrategien in den Vordergrund. Angestrebt ist vielmehr ihre Integration. Dieser dadurch teilweise realisierte „Integrationsansatz“ hat seine Basis in einer Umfeldanalyse, wie sie auch der Kulturanpassungsansatz beinhaltet. Basierend auf

- der Internationalisierungsstrategie des Unternehmens (derivativer Bedarfsansatz) und
- der eigenständigen Kulturstrategie

werden dann feldspezifische Umsetzungen eingeleitet, die primär dem Stimmigkeitsprinzip zu folgen suchen. Ein wichtiges Feld dabei ist die Personalentwicklung, wobei aber „originäre“ Impulse nur im Rahmen der vorgesehenen Interkulturstrategie eine Rolle spielen.

9.4 Feldspezifische Umsetzung

9.4.1 Überblick

Vor dem Hintergrund einer gegebenen Umweltsituation und der jeweils gewählten Kulturstrategie gilt es, das internationale Personalmanagement in seiner Umsetzung zu konkretisieren. Dabei genügt es nicht, das bisherige Personalmanagement (entsprechend der Kapitel 2 bis 8) lediglich begrifflich durch den Zusatz „international" zu erweitern. Es muß vielmehr geprüft werden, inwieweit durch die geographische Ausdehnung der Geschäftstätigkeit des Unternehmens andere Aufgabenstellungen entstehen. Dies betrifft alle Managementfelder: von der Personalbestandsanalyse (Abschnitt 9.4.2) bis zum Personalkostenmanagement (Abschnitt 9.4.9).

9.4.2 Personalbestandsanalyse

In verschiedenen Ländern ist von unterschiedlichen Personalstrukturen auszugehen. Neben dieser inhaltlichen Herausforderung ergibt sich ein nicht zu unterschätzendes methodisches Problem bei der Festlegung der Fähigkeitsprofile als eine zentrale Basis jeglichen systematischen Personalmanagements, das sich dann gegebenenfalls auch auf die Gestaltung des computergestützten Personalinformationssystems auswirkt.

9.4.2.1 Inhaltlich: Unterschiedliche Personalstrukturen

Bereits in Abschnitt 9.2.4 wurde im Zusammenhang mit dem Cranfield-Projekt und der IOO/EBA-Studie auf die im internationalen Bereich teilweise deutlich unterschiedlichen **Personalstrukturen** hingewiesen: Vergleicht man beispielsweise die durchschnittliche *Betriebszugehörigkeit*, so ist diese in Spanien wesentlich höher als in Deutschland oder Italien; dagegen haben deutsche Führungskräfte erheblich mehr *Auslandserfahrung*.

Ein illustratives Beispiel für diese Unterschiede ist die *Ausbildung* der europäischen Führungskräfte (Abbildung 9.21). Sie basiert auf einer Befragung, die *Ward Howell* (1990) bei 734 Führungskräften in zehn europäischen Ländern durchführte: Man erkennt, daß in Frankreich 30% der Führungskräfte ein Universitätsstudium absolviert haben, „Spitzenreiter" ist Österreich mit 71%. Der Anteil an Führungskräften mit absolviertem Auslandsstudium schwankt zwischen 46% für Dänen und Norweger und 11% für Engländer. 45% der englischen und 46% der spanischen Führungskräfte haben jedoch einen Aufbaustudiengang absolviert, während dies nur für 10% der deutschen Manager zutrifft. Diese Zahlen geben allerdings nur den Stand bis zum Jahr 1990 wieder, beziehen sich also auf einen Zeitraum, in dem (anders als gegenwärtig) die Zusatzqualifikation „MBA" noch nicht so intensiv nachgefragt wurde.

In ähnlicher Form lassen sich auch andere Spezifika der zu erwartenden Personalkonfiguration des jeweiligen Landes in Erfahrung bringen und als planerische Vorbereitung für Auslandsaktivitäten nutzen.

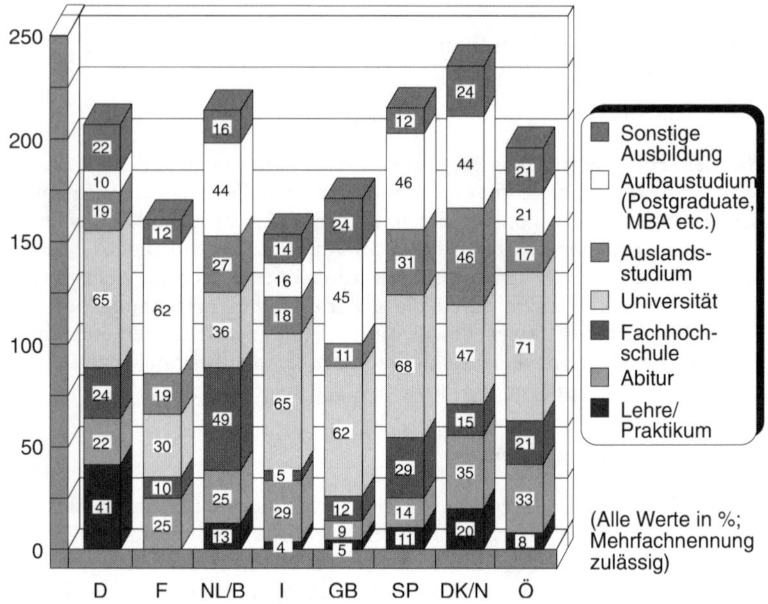

Abbildung 9.21: Ausbildung europäischer Führungskräfte in der Studie von *Ward Howell* (1990, 19)

Auch wenn diese Studien zwar im Detail zwangsläufig mit einer Vielzahl von methodischen **Problemen** behaftet sind, beispielsweise im Hinblick auf die

- nicht gegebene Repräsentativität der Untersuchungsgruppe oder die
- fehlende Vergleichbarkeit der Antwortkategorien,

veranschaulichen sie doch eindrucksvoll die großen Unterschiede in der Personalstruktur in den verschiedenen Ländern. Eine einzelfallspezifische Bestandsanalyse bleibt allerdings nach wie vor notwendig.

9.4.2.2 Methodisch: Ermittlung von Fähigkeitsprofilen

Unumgängliche Grundlage auch der internationalen Personalbestandsanalyse sind aussagefähige Fähigkeitsprofile. Ist die Erfassung dieser Daten bereits auf nationaler Ebene relativ problematisch, ergeben sich für internationale Unternehmen zusätzliche **Schwierigkeiten**:

- Erstens stellt sich die Notwendigkeit der Aufnahme weiterer *Fähigkeitsmerkmale*. Dies betrifft sowohl die kenntnisbezogenen als auch die physischen und psychischen Merkmale: Daher müssen Sprachkenntnisse, Kontaktfähigkeit, Organisationstalent und selbst unscharfe Merkmale wie seelische Stabilität als zusätzliche Kriterien für einen sinnvollen Einsatz im internationalen Umfeld berücksichtigt werden.
- Zweitens entstehen bei der Bewertung der *Merkmalsausprägung* Schwierigkeiten. In internationalen Unternehmen beurteilen Vertreter verschie-

dener Kulturen die Mitarbeiter. Aufgrund unterschiedlicher Ausbildungs- und Wertesysteme ergeben sich zwangsläufig Bewertungsdifferenzen. Französische Manager werden die Ausbildung auf einer der „Grandes Écoles" als Garant für eine erfolgreiche Tätigkeit auffassen, britische Manager gewichten dagegen die „general management skills" höher, deutsche Manager die fachlichen Fähigkeiten. Hinzu kommen eine Vielzahl von rein semantischen Einstufungsproblemen bei (rangordinalen) Skalen mit verbalisierten Ausprägungen (z. B. „hohes analytisches Talent").
- Drittens ist der *Vergleich* von Informationen schwierig. So ist das Eintrittsalter der Mitarbeiter unternehmensweit nicht einheitlich. Während deutsche Hochschulabsolventen im Alter von durchschnittlich 27 Jahren auf den Arbeitsmarkt kommen, beträgt das Alter der britischen Absolventen etwa 22 Jahre. Ein 23 jähriger Universitätsabsolvent gilt demnach in Deutschland als Schnellstarter, in England als Durchschnitt.
- Viertens liefert die Zusammenfassung des Personalbestands nach Qualifikationsgruppen, also die *Informationsaggregation*, keine eindeutigen Ergebnisse. Einer deutschen Muttergesellschaft würde sich die Frage stellen, ob „superintendent" und „foreman" der britischen Tochtergesellschaft mit dem deutschen Meister in einer Qualifikationsgruppe zu erfassen oder getrennte Auflistungen sinnvoller sind.

Hinzu kommen diverse *technische* Schwierigkeiten, wie mangelhafte oder unzutreffende Übersetzungen der Merkmale und Merkmalsausprägungen, *historisch* gewachsene Unterschiede bei der Datenermittlung sowie *juristische* Fragen von Datenschutz und Mitbestimmung.

Der Umfang, in dem sich die oben skizzierten Probleme auswirken, hängt von der jeweils gewählten **Internationalisierungsstrategie** ab, wobei besonders die **Entscheidungsstrategie** eine strukturprägende Rolle spielt:

(1) Beim *zentralen* Modell wird im Stammhaus ein spezifisches System entwickelt und in die Auslandseinheiten exportiert. Eine deutsche Muttergesellschaft würde dann lediglich eine Umrechnung auf deutsche Standards vornehmen, was zumindest die Probleme der Merkmalsausprägungen und der Informationsaggregation in einer praktikablen Weise lösen hilft. Nur die Hinzufügung neuer Merkmale bleibt als ernste Schwierigkeit. Beim zentralen Modell ist im Hinblick auf eine Standardisierung immer von einem einheitlichen System auszugehen. Dies stellt allerdings an das Personalinformationsmanagement weitreichende Anforderungen. So ist aus Sicherheitsgründen immer anzugeben,
   - wann
   - welche Information
   - von wem
   - wie und
   - wo

   erhoben wurde, was eine entsprechende Erweiterung der Personaldatensätze mit sich bringt. Auch sind Transformationsalgorithmen vorzusehen, die beispielsweise französische Abiturnoten in deutsche Noten umwandeln. Dies bedeutet den Zwang zur Transparenz von Bewertungsprozessen im internationalen Bereich und gleichzeitig Offenlegung der (unausgesprochenen, impliziten) Überlegungen.

(2) Beim *dezentralen* Modell haben die Auslandsleitungen weitgehende Autonomie beim Aufbau ihrer Systeme. Vor allem aber kann auf eine durchgängige Kompatibilität als zentrales Gestaltungselement verzichtet werden: Lediglich eine begrenzte Datenkompatibilität ist zu gewährleisten, die eine Teilaggregation der dezentralen Daten für das Mutterhaus erlaubt.

(3) Beim *föderalen* Modell schließlich haben die Auslandseinheiten vollkommene Freiheit. Datenkompatibilität bezieht sich allenfalls auf kleine Teilbereiche und auf freiwillige Abstimmungen zwischen den Einheiten ohne Einbeziehung einer Zentrale.

Die **Kulturstrategien** haben auf die Struktur der Bestandsanalyse keinen unmittelbaren Einfluß. Nimmt man eine deutsche Zentrale und eine spanische sowie eine italienische Tochtergesellschaft, so bedeutet beispielsweise die Kombination von „zentral" mit „multikulturell" zwar die Vorgabe einer verbindlichen Erhebungs*struktur* für den ganzen Konzern. Diese ist dann allerdings so zu fassen, daß bei Sicherstellung einheitlicher Erfassung auch landeskulturell unterschiedliche Handhabungen möglich sind.

9.4.2.3 Praktisch: Die Entwicklungsform computergestützter Systeme in Europa

Ein wichtiger Teilaspekt der Bestandsanalyse ist die Unterstützung durch ein **computergestütztes Personalinformationssystem**: Dies kann gerade wegen der Erfordernis von aktuellen Entscheidungsdaten bei komplexer Entscheidungssituation eine wichtige Hilfe sein. Der Aufbau derartiger Systeme folgt im wesentlichen den generellen Überlegungen, wie sie im Zusammenhang mit dem Personalinformationsmanagement (vgl. Abschnitt 8.4) diskutiert werden. Als besonderes Beschreibungsmerkmal kommt allerdings der *Zentralisierungsgrad* hinzu (vgl. *Domsch/Schneble* 1989):

- In einem *zentralen* System werden Daten weltweit in einem System gespeichert und verarbeitet, wobei dieses System meist in der Muttergesellschaft steht. Alle Personalinformationen können dann direkt dort abgerufen und verarbeitet werden.
- In einem *dezentral/koordinierten* System hat jede Ländergesellschaft eine eigene Lösung, die aber einheitlichen Richtlinien für Struktur, Inhalt und Einsatz folgt. Der Datenabruf ist daher problemlos.
- In einem *dezentral/unkoordinierten* System ist jede Ländergesellschaft frei in der Wahl ihrer Lösung, was beim wechselseitigen Datenzugriff zu Problemen führt.

Empirischen Angaben von *Domsch* und *Schneble* (1989, 1640–1642) folgend, sind zentrale Lösungen kaum vorhanden, dezentrale dagegen (vor allem unkoordinierte) häufig anzutreffen: Sie beziehen sich allerdings im Regelfall nur auf rein administrative Teilfunktionen der Personalverwaltung.

Diese Typologie von *Domsch* und *Schneble* korrespondiert mit der oben eingeführten **Entscheidungsstrategie**, wenn man unterstellt, daß „dezentral/unkoordiniert“ primär beim föderalen Prinzip und „dezentral/koordiniert“ beim dezentralen Prinzip zum Einsatz kommen. Allerdings ist es durchaus realistisch, daß wegen Unterschieden der einzelstaatlichen Datenschutzbestimmungen selbst bei einer dem zentralen Prinzip folgenden Internationalisierungsstrategie eine dezentral/koordinierte Datenhaltung und -verarbeitung nötig wird. Dies würde dann auch dem in der EDV-Technologie dominanten Trend zu partiell unabhängigen Teilsystemen entsprechen.

Im wesentlichen losgelöst von den Internationalisierungsstrategien der Unternehmen gilt es zusätzlich zu prüfen, wie sich computergestützte Personalinformationssysteme im Hinblick auf ihr Professionalisierungsniveau in Europa entwickeln werden. Hier sind **zwei Szenarien** denkbar (vgl. *Kavanagh/Scholz* 1992):

Das erste Szenario ist eine Konvergenz auf den kleinsten gemeinsamen Nenner (*Minimalszenario*). Hierbei wird davon ausgegangen, daß sich auch die unternehmensweiten Informationssysteme über Verhandlungsprozesse zwischen den Partnerländern ergeben und sich nicht immer das Maximum, sondern das von der Mehrheit als effizient und realisierbar eingestufte System durchsetzt. Hat beispielsweise ein Unternehmen in der Tochtergesellschaft in Belgien ein ausgefeiltes System der verhaltensorientierten Beurteilungsskalen und fehlt dieses in der Tochtergesellschaft in Luxemburg, so ist es durchaus vorstellbar, daß auch der Betrieb in Belgien im Zuge der unternehmensweiten Angleichung auf dieses Instrument verzichtet: Die Professionalisierung im Personalmanagement stößt nicht überall auf Begeisterung und Akzeptanz. Aus diesem Grund besteht nach diesem Szenario durchaus die Gefahr, daß die Notwendigkeit zur Harmonisierung nur als vorgeschobenes Argument zum Abbau fortschrittlichen Personalmanagements verwendet wird.

Das zweite Szenario geht von der gleichen Grundüberlegung eines verschiedenen Ausbaustandes des Personalmanagements im internationalen Vergleich aus, kommt aber zu der gegenteiligen Konsequenz (*Maximalszenario*). Kernüberlegung ist dabei die Annahme, daß Unternehmen zur Sicherung ihrer internationalen Wettbewerbsfähigkeit bestrebt sein müssen, das Maximum auch im Bereich ihres Personalinformationsmanagements zu erreichen. Als gemeinsames System wird sich daher im Unternehmen die Summe der jeweiligen nationalen Vorzüge herausbilden.

Aus jetziger Sicht sind beide Szenarien als durchaus realistisch einzustufen. Unterstellt man bei der Mischkulturstrategie eine Angleichung der Kulturen durch Abschwächung extremer Positionen, so spricht dies für eine stärkere Tendenz zum Minimalszenario; umgekehrt ist das Maximalszenario vor allem bei einer Dominanz der Multikulturstrategie (speziell mit dem zentralen und föderalen Modell) zu erwarten. Trotzdem gibt es hier keinen unmittelbaren Determinismus. Unterstellt man jedoch zusätzlich, daß sich professionelles Personalmanagement tatsächlich positiv auf den **Unternehmenserfolg** auswirkt, so dürften die Unternehmen eine höhere Überlebenswahrscheinlichkeit haben, die sich nach dem Maximalszenario entwickeln.

9.4.3 Personalbedarfsbestimmung

Der *quantitative* Personalbedarf ergibt sich über die in Kapitel 3 diskutierten Instrumente aus den vorgelagerten Teilen der Unternehmensplanung und unterscheidet sich methodisch wenig vom nationalen Anwendungsbereich, abgesehen beispielsweise von unterschiedlichen Kennziffern. *Qualitative* Personalbedarfsbestimmung im internationalen Kontext bedeutet Anpassung in den Anforderungsprofilen: Dies betrifft die Anforderungsmerkmale ebenso wie Methoden zu ihrer Bestimmung. Besonders interessant sind dabei Überlegungen zu „internationalen" **Führungskräften**: Die hierfür vorliegenden Vorschläge lassen sich zu drei **Leitbildern** zusammenfassen, die von einer weitgehenden Standardisierung („Global-Manager") über eine landesbezogene Ausrichtung („Country-Manager") bis zu unternehmensspezifischer Realisierung („Company-Manager") reichen.

9.4.3.1 Der „Global-Manager"

Ein im internationalen Personalmanagement weit verbreitetes Leitbild ist der „Global Manager" als (vgl. *Bartlett/Ghoshal* 1992)
- Stratege plus Architekt plus Koordinator,
- Fühler plus Aufbauer plus Lieferant,
- Scanner plus Befruchter plus Champion oder als
- Führer plus Pate plus Entwickler.

Nahezu alle Arbeiten im Bereich des internationalen (Personal-)Managements, die sich mit den Anforderungen an international tätige Mitarbeiter befassen, fokussieren auf derartige Anforderungen, die losgelöst von spezifischen Ländern oder Unternehmen für *alle* internationalen Führungskräfte als allgemeingültig angesehen werden (vgl. z. B. *Eckartsberg* 1984, 56–68; *Reisch* 1991). Diese Anforderungen an den „Global-Manager" (oder etwas eingeschränkt: den „Euro-Manager") lassen sich drei Merkmalsgruppen zuordnen:

Die erste Gruppe sind **generelle Persönlichkeitsmerkmale.** Hierzu gehören unter anderem folgende Eigenschaften:
- Wegen der geographischen Entfernung zu der Muttergesellschaft erfordert der Auslandseinsatz im Regelfall größere *Autonomie* im Sinne von Selbständigkeit und Selbstdisziplin.
- Der Umgang mit neueren und unbekannten Situationen verlangt nach einer hohen *Unsicherheitstoleranz*, um trotz Näherungsprozessen bei unvollkommener Information, Unklarheit und Unsicherheit sinnvolle Entscheidungen treffen zu können.
- Gerade weil beim Auslandsengagement vieles noch nicht im Detail fertig vorstrukturiert ist, bedarf es einer kreativen *Flexibilität* in Verbindung mit ausreichendem Improvisationstalent.
- Prägendes Kennzeichen einer internationalen Aktivität ist der Umgang mit Menschen. Der „Global-Manager" muß daher *teamfähig* sein, was vor allem die Bereitschaft und Fähigkeit zur Kommunikation und Kooperation voraussetzt.

- Abgesehen von reinen Fachexperten werden im Regelfall (angehende) Führungskräfte ins Ausland geschickt. Dies impliziert die *Fähigkeit zur Motivation* von Mitarbeitern (und von sich selbst), wozu auch bei oberen Führungskräften eine visionäre Kraft und Begeisterungsfähigkeit gehört.
- Auch bei bester Planung lassen sich gerade im internationalen Personalmanagement (temporäre) Rückschläge nicht ausschließen. Nötig sind daher die *Fähigkeit zur Streßbewältigung* und eine hohe *Frustrationstoleranz*, letztlich also auch ein stabil ausbalanciertes emotionales Gleichgewicht.

Betrachtet man diese Liste, so handelt es sich streng genommen um Anforderungen, die eigentlich an alle oberen Führungskräfte zu stellen sind. Falsch wäre daher eine Argumentation, wonach beispielsweise die „Fähigkeit zur Streßbewältigung" ausschließlich für den „Euro-Manager" gilt, nicht aber für den nationalen Manager. Richtig ist, daß diese Merkmale besonders stark im internationalen Kontext gefragt sind und daher fast schon in die Nähe von „überlebenskritisch" rücken.

Die zweite Gruppe von Merkmalen betrifft die **konkrete Qualifikation**. Zu nennen sind hier unter anderem Kenntnisse in den Bereichen
- Projektmanagement,
- Produktmanagement,
- Personalmanagement,
- internationale Rechts-, Wirtschafts- und Sozialsysteme,
- EDV,
- Organisation (Aufbau- und Ablauforganisation),
- Marketing sowie speziell
- strategische Unternehmensführung.

Grundkenntnisse in diesen Bereichen gehören ebenfalls zu den Voraussetzungen für alle Führungskräfte. In der personell breiter ausgestatteten Muttergesellschaft kann jedoch angesichts der zur Verfügung stehenden Experten eher auf einzelne Qualifikationen verzichtet werden: Dies ist bei Auslandsentsendungen seltener der Fall, weshalb hier die Führungskräfte neben ihren spezifischen Fachkenntnissen auch die komplette Breite der oben genannten Qualifikationen aufweisen müssen.

Die dritte Gruppe von Merkmalen, die **interkulturelle Kompetenz**, unterscheidet sich von den anderen dadurch, daß sie ausschließlich aus der Internationalität resultiert:
- Eine Reihe von Merkmalen ergibt sich unmittelbar aus der Persönlichkeit und ist nur in geringem Umfang trainierbar. So ist *interkulturelle Sensibilität* schwer erlernbar, aber zentrale Voraussetzung für erfolgreiches Handeln. Hierzu gehört der gesamte Komplex der intuitiv-emotionalen Aufnahme von Informationen und die Fähigkeit, sich in andere Denkkulturen und die nationale Analytik hineinzufühlen.
- Die *interkulturelle Kommunikationsfähigkeit*, also die Fähigkeit zu einem befriedigenden und erfolgreichen Umgang mit Menschen aus anderen Kulturkreisen, ist bei entsprechender Begabung zumindest begrenzt erlernbar (vgl. *Knapp* 1991, 4–8). Hier gilt es, den von einem falschen

Selbstbild geprägten „naturbegabten" Kommunikationsexperten zu enttarnen, der in falscher, kindlich-naiver Form mit anderen Personen in Kommunikation und Konflikt tritt.

- Erlernbar ist dagegen das *interkulturelle Wissen* (vgl. z. B. *Knapp* 1991, 8), beispielsweise die divergierenden Bedeutungen von Pünktlichkeit, Exaktheit und Direktheit sowie die vielen unterschiedlich strukturierten Rituale von Begrüßung, Gesprächseröffnung und Kritik. Anders als beim nachfolgend zu diskutierenden „Country-Manager" geht es hierbei nicht um das exakte Wissen, wie spezifische Faktoren in einem bestimmten Land zu bewerten sind, sondern um die grundsätzliche Erkenntnis der Wichtigkeit derartiger Aspekte.
- Ebenfalls erlernbar ist das *interkulturelle Perzeptionsvermögen* als Fertigkeit im Erfassen der internationalen Bedeutung von Ausdrucksmerkmalen. Beispiele sind das Erkennen von Mißbilligung aus dem Mienenspiel oder das Erkennen und Nachvollziehen von Differenzierungen des individuellen Verhaltens in Raum und Zeit, vor allem bei der Interaktion von ranghöheren und rangniedrigeren Personen (vgl. *Thomas* 1989, 283). Speziell diese Fähigkeit zur korrekten Attribution von Verhaltensmustern und symbolischen Handlungen ist von großer Bedeutung.

Diese dritte Gruppe von Anforderungen ist damit der eigentliche neue Impuls, der vom durch die Internationalisierung ausgelösten Personalbedarf ausgeht. Er gilt dabei nicht nur für Manager im Ausland: In gleicher Form ist interkulturelle Kompetenz auch für solche Mitarbeiter erforderlich, die im nationalen Kontext mit ausländischen Geschäftspartnern zusammenarbeiten.

9.4.3.2 Der „Country-Manager"

Die Anforderungen an den „Global-Manager" beziehungsweise an den „Euro-Manager" gelten unabhängig vom konkreten Einsatzort und beziehen sich generell auf alle ins Ausland zu entsendenden Führungskräfte. Sie unterstellen damit einen *landeskulturellen Universalisten*. Das Leitbild vom „Country-Manager" ist dagegen der *landeskulturelle Spezialist*. Beim „Country-Manager" ergeben sich **intellektuelle Anforderungen** aus dem jeweiligen Land. Beispiele hierfür sind

- Sprache,
- Landeskunde sowie
- Kenntnis des jeweiligen Rechts-, Wirtschafts- und Sozialsystems.

Diese Anforderungen lassen sich relativ leicht konkretisieren.

Erhebliche Schwierigkeiten dagegen bereitet die qualitative Spezifikation des Personalbedarfs im Hinblick auf **Verhaltensmerkmale** wie Unsicherheitstoleranz, Improvisationstalent, Kommunikationsfähigkeit und psychische Belastbarkeit. Letztlich gibt es gegenwärtig nur **zwei Wege**, um dieses Problem zu reduzieren: Zum einen können Firmen auf bestehende *Studien* zurückgreifen, die landeskulturelle Eigenheiten beschreiben. Ein Beispiel dafür ist die in Abschnitt 9.2.3.1 beschriebene Studie von *Hofstede*, aus der sich zumindest die abstrakten Merkmale

- Individualismus,
- Unsicherheitsvermeidung,
- Maskulinität und
- Machtabstand

ableiten lassen. Sie sind allerdings in dieser Form noch kaum operabel, also noch näher zu konkretisieren. Zum anderen können sich Unternehmen die *Erfahrungen* ehemaliger Entsandter zunutze machen, indem sie im Extremfall das Fähigkeitsprofil erfolgreicher Auslandsmanager als realistisches Anforderungsprofil definieren. Bei der Ausweitung der Geschäftsaktivitäten in eine neue Region fehlen diese Erkenntnisse allerdings, weshalb Personalplaner in der Muttergesellschaft ohne entsprechende Erfahrungen das Anforderungsprofil erstellen müssen.

Im weitesten Sinne als Anforderungsmerkmal zu definieren ist schließlich in Einzelfällen auch das **Geschlecht** der Entsandten: So muß zum Beispiel geprüft werden, ob in arabischen Ländern weibliche Vorgesetzte in gleicher Weise akzeptiert werden wie männliche oder ob in asiatischen Ländern Frauen als Verhandlungspartner erfolgreich sein können. Sollte es sich dabei nur um Vorurteile der Entsendenden handeln, so ist das Anforderungsmerkmal „Männlich" abzulehnen, wie auch die in Abschnitt 9.4.7.4 referierte Studie von *Domsch* und *Lichtenberger* (1992) deutlich macht. Ernster zu nehmen sind allerdings landeskulturell geprägte Einstellungen gegenüber Frauen als Führungskräfte.

9.4.3.3 Der „Company-Manager"

Gemäß der einleitenden Abbildung 9.1 ergibt sich die Ausgestaltung des internationalen Personalmanagements auch in Abhängigkeit von unternehmensspezifischen Rahmendaten, vor allem der Unternehmenskultur und der Unternehmensstrategie. Das Leitbild vom „Company-Manager" geht davon aus, daß eine ins Ausland entsandte Führungskraft *kein Kulturneutrum* darstellt, sondern vielmehr ganz bewußt seine Wurzeln in der eigenen Unternehmens- und Landeskultur hat. Ein Manager, der sich seiner eigenen kulturellen Prägung und Identität voll bewußt ist, hat auch im Umgang mit anderen Kulturen einen sicheren Stand und leidet weniger unter Orientierungslosigkeit. Zudem kann gerade die explizite Vermittlung von unternehmens- und landeskulturellen Werten einen wichtigen Impuls in Richtung auf Akquisition und Motivation von Mitarbeitern sein.

Stützende Befunde zu dieser These liefert die „Manila-Studie" von *Ackermann* (1990), die Verbundenheit, Arbeitszufriedenheit und Bedürfnisbefriedigung von Mitarbeitern amerikanisch und europäisch geleiteter Unternehmen auf den Philippinen untersuchte. Für die hier zu führende Diskussion ist vor allem der unmittelbare Einfluß der Nationalität der Unternehmensleitung bedeutsam, der in Übersicht 9.18 (stark verkürzt) wiedergegeben ist. Die Daten, Durchschnittswerte auf einer siebenstufigen Beurteilungsskala, basieren auf 259 anonym ausgefüllten Fragebogen aus 29 Unternehmen.

Man erkennt, daß die philippinischen Mitarbeiter in amerikanisch geführten Unternehmen durchwegs zufriedener sind. Dies bedeutet auf keinen Fall

Untersuchungsaspekt	**Amerikanische Leitung (n=140) Durchschnitts-werte**	**Europäische Leitung (n=119) Durchschnitts-werte**	**Signifikante Unterschiede**
Verbundenheit mit dem arbeitgebenden Unternehmen:			
Überdurchschnittlicher Arbeitseinsatz	6,3	5,6	***
Gefühl, das richtige Unternehmen gewählt zu haben	5,7	5,0	***
Kommunikation mit Freunden im Unternehmen	5,9	5,1	***
Bewertung des Unternehmens als beste aller möglichen Beschaffungsalternativen	5,2	4,5	***
Befriedigung individueller Grundbedürfnisse:			
Sicherheitsbedürfnisse	4,0	4,3	**
Möglichkeit zur Partizipation bei Zielsetzung	4,6	4,2	*
Arbeitszufriedenheit bezogen auf Arbeitsumwelt:			
Organisation und Leistung	3,0	2,8	*
***=$p \leq 0.001$; **=$p \leq 0.01$; *=$p \leq 0.05$			

Übersicht 9.18: Exemplarische Befunde aus der „Manila-Studie" von *Ackermann* (1990, 176–180)

eine generelle Überlegenheit der amerikanischen Führungskultur. Vielmehr könnte dieser Befund darauf zurückzuführen sein, daß in diesem spezifischen Umfeld amerikanische Führungsmuster aufgrund der historisch begründeten langjährigen Präsenz von Amerikanern auf den Philippinen und der daraus resultierenden gegenseitigen Gewöhnung eher akzeptiert werden als europäische. Angesichts des durchaus ambivalenten Verhältnisses der Philippinen zu den USA erscheint dies jedoch nicht ausreichend zur Erklärung des gesamten Sachverhalts, so daß sich als zweite Interpretation eine Überlegung anbietet, die auf der Annahme eines wesentlich intensiveren Umgangs amerikanischer Unternehmen mit „Unternehmenskultur" basiert: Danach ist gerade das bewußt geförderte Zugehörigkeitsgefühl der Mitarbeiter zu diesem spezifischen Unternehmen von entscheidender Bedeutung. Ein derartig bewußtes Kulturmanagement ist in amerikanischen Unternehmen wesentlich häufiger vorhanden als in europäischen (vor allem deutschen) Unternehmen. Letztlich wäre damit in der Studie von *Ackermann* weniger die Variable „amerikanisch" oder „europäisch" als zentraler Faktor ausschlaggebend, sondern vielmehr der sich darin widerspiegelnde Grad einer bewußten Kulturvermittlung.

In jedem Fall hängt der Umfang, mit dem Unternehmenskultur über den „Company-Manager"als strategisches Instrument der Personalführung eingesetzt werden soll, von der verfolgten **Kulturstrategie** ab (Übersicht 9.19). Monokultur- und Mischkulturstrategien werden als bewußtes Mittel zur Integration gewählt, verlangen also eine explizite Fixierung auf die (gemeinsame) Unternehmenskultur; hier ist der „Company-Manager" als Kulturvermittler gefragt. Die Multikulturstrategie möchte dagegen die unterschiedlichen Kulturen bewahren und fördern. Demnach muß das Anforderungsprofil für den zu entsendenden Mitarbeiter bei Monokultur- und Multikulturstrategien eine sehr hohe Identifikation mit der Kultur der Muttergesellschaft aufweisen. Multikulturstrategien verlangen dabei Mitarbeiter ohne „missionarischen" Eifer – geht es doch nicht um Kulturübertragung, sondern um eine bewußte Koexistenz verschiedener Kulturen.

	Kulturstrategie		
	Monokultur	Multikultur	Mischkultur
Unternehmenskultur als Integrationsmechanismus	ja	teilweise	ja
Identifikation mit der eigenen Unternehmenskultur	zwingend	nicht zwingend	nicht zwingend
Missionarischer Eifer der Kulturvermittlung	stark	weniger stark	gering

Übersicht 9.19: Kulturtransfer durch den „Company-Manager"

9.4.3.4 *Implikation: Strategiebezogene Verbindung von Leitbildern*

Erfolg im internationalen Management hängt von der Auswahl richtiger Mitarbeiter und diese wiederum von der Spezifikation angemessener Anforderungsprofile ab. Wie die obigen Ausführungen gezeigt haben, gehen die damit verbundenen Probleme weit über die Bestimmung der Anforderungsprofile im nationalen Kontext hinaus. Aus diesem Grund wird in der Praxis häufig das Leitbild des „Global-Managers" beschworen, das letztlich überhaupt keiner landes- und unternehmensspezifischen Konkretisierung bedarf.

Problemadäquate und valide Erkenntnisse aus empirischen Studien liegen zu diesem Thema gegenwärtig noch nicht in ausreichendem Umfang vor. Daher läßt sich selbst das Problem der Auswahl unter den drei Leitbildern allenfalls plausibilitätsmäßig begründen (Abbildung 9.22): Danach scheint eine **Kombination** aus allen drei Leitbildern sinnvoll zu sein, jeweils mit spe-

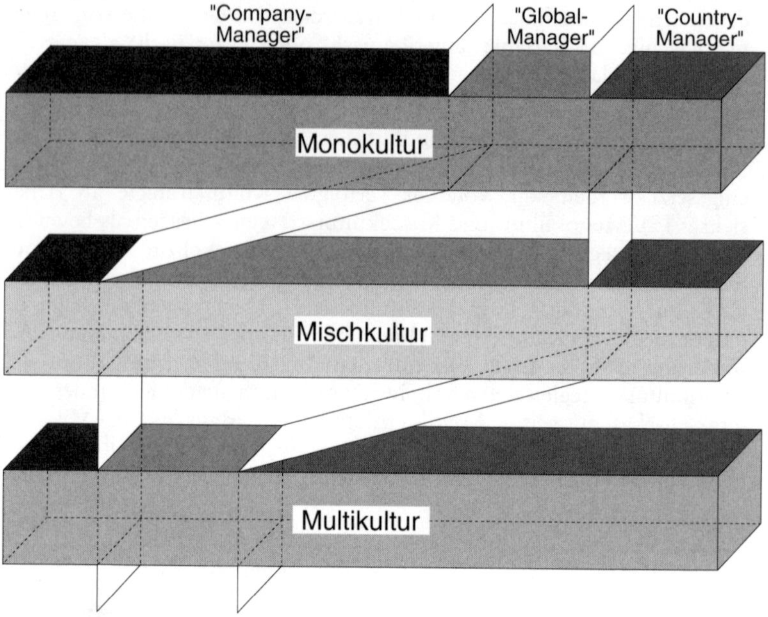

Abbildung 9.22: Leitbilder für internationale Manager und ihre strategiebezogene Verbindung

zifischer Schwerpunktsetzung auf dem „Company-Manager" (Monokultur), dem „Global-Manager" (Mischkultur) und dem „Country-Manager" (Multikultur).

9.4.4 Personalbeschaffung

Personalstellen auf den niedrigen Ebenen bis hin zum unteren Management werden generell lokal durch national rekrutierte Mitarbeiter besetzt. Hier gibt es daher bei der Personalbeschaffung keine zusätzliche Spezifikation im internationalen Kontext. Anders dagegen stellt sich die Situation für das obere Management und den Führungsnachwuchs dar, wo es vor allem von der Kultur- und Entscheidungsstrategie abhängt, wie die Beschaffung erfolgt.

9.4.4.1 Beschaffungsstrategie

Die globale Beschaffungsstrategie ergibt sich unmittelbar aus der **Kulturstrategie:**

(a) Monokulturstrategie

Beim monokulturellen Ansatz werden die Schlüsselpositionen des Unternehmens durch Mitarbeiter aus dem Land der *Muttergesellschaft* besetzt.

Diese Strategie ist besonders in der Anfangsphase des internationalen Engagements zu beobachten, in der noch nicht genügend Erfahrungen über die Gegebenheiten in dem entsprechenden Land vorhanden sind. Ein anderer Grund für diese Strategie kann in der als nicht ausreichend empfundenen Qualifikation der Arbeitnehmer des Gastlandes liegen.

Die Beschaffungsaktivitäten richten sich daher in erster Linie auf diejenigen Mitarbeiter, die als Verbindungsglied zwischen der Muttergesellschaft und den Auslandseinheiten fungieren sollen. Diese *„linking pins"* werden als Entsandte der Muttergesellschaft in der Auslandsniederlassung eingesetzt, um Wissen zu übertragen oder die Niederlassung gezielt zu steuern (vgl. *van Roessel* 1988, 65–71).

Da bei der monokulturellen Personalstrategie ausschließlich auf Stammhausmitarbeiter zurückgegriffen wird, ist eine entsprechende Entsendungsbereitschaft notwendig: Die Beschaffungsstrategie umfaßt daher auch akquisitorische Komponenten, um eine derartige internationale Ausrichtung zu fördern und im Wertesystem der Mitarbeiter zu verankern.

(b) Multikulturstrategie

Beim multikulturellen Ansatz werden die Stellen in ausländischen Tochtergesellschaften nahezu ausschließlich durch *einheimische Mitarbeiter* besetzt. Gründe für diese Strategie sind das bessere Eingehen auf die spezifischen Gegebenheiten durch das lokale Management und das Wegfallen der Kosten einer Entsendung von Führungskräften. Im Gegensatz zur monokulturellen Personalstrategie sind daher nicht die aus den Muttergesellschaften kommenden „linking pins" die Zielgruppe, sondern vielmehr die Mitarbeiter aus den jeweiligen Ländern.

Das wirft Probleme auf, weil die Bedürfnisse der aktuellen und potentiellen Mitarbeiter landes- und kulturspezifisch variieren. In einem Land mit hoher Feminität wie etwa Dänemark werden Leistungsorientierung und Karrierepfade nicht dieselbe Motivationswirkung haben wie zum Beispiel in Italien als typisches Land mit hoher Maskulinität. Schwierigkeiten eröffnen sich weiterhin dadurch, daß extern ausgerichtete Maßnahmen auf ein spezifisches Fremdbild treffen, welches oft nicht zutreffend ist oder zumindest überzogen erscheint. So werden deutsche Unternehmen im Ausland tendenziell mit Attributen wie Pünktlichkeit, Leistungsorientierung und Qualität in Verbindung gebracht. Hinzu kommt, daß für Unternehmen die Verhältnisse auf dem ausländischen Arbeitsmarkt oft intransparent sind. Besonders in Verbindung mit einer zentralen Entscheidungsstrategie sind hier Probleme vorprogrammiert.

Ausgangspunkt für das Personalmanagement bei der multikulturellen Strategie muß daher eine systematische Auseinandersetzung mit den **landesspezifischen Bedürfnissen** sein. Insbesondere die nichtmonetären Leistungsanreizsysteme sind folglich differenziert auf die in den jeweiligen Unternehmen beschäftigten Mitarbeiter abzustimmen. Hier bieten sich Zusatzleistungen in Form des „Cafeteria-Systems" an. Damit die unternehmensextern ausgerichteten Maßnahmen erfolgreich gestaltet werden können und mögliche Fehleinschätzungen bei potentiellen Mitarbeitern vermieden werden, muß das Fremdbild vom Unternehmen erkannt werden. Ansatzpunkte, um diese Dysfunktionalitäten zu vermeiden, bieten sich auf zweierlei Weise an:

- Erstens ist es möglich, als inländisches Unternehmen aufzutreten. Der Firmenname und die Besetzung der Führungsmannschaft mit Einheimischen sind hierfür nur zwei Beispiele.
- Zweitens kann der nationale Ursprung der Muttergesellschaft hervorgehoben werden, um die positiven Seiten der Herkunft besonders zu betonen.

Die Entscheidung zwischen diesen beiden Möglichkeiten hängt vor allem von der Imagebelegung der Tochter- beziehungsweise der Muttergesellschaft ab.

(c) Mischkulturstrategie

Unabhängig von der nationalen Herkunft werden beim gemischt kulturellen Ansatz die *qualifiziertesten* Mitarbeiter des Unternehmens auf den Schlüsselpositionen eingesetzt. Auf diese Weise entwickeln multinationale Unternehmen einen internationalen Führungskräftenachwuchspool, der weltweit flexibel einsetzbar ist. Besonders für Branchen, in denen eine Globalisierung der Märkte zu beobachten ist, scheint dies eine adäquate Strategie zu sein. Personalbeschaffung bei der Mischkulturstrategie stellt den Versuch dar, eine optimale Allokation der Human Resources unternehmensweit sicherzustellen. Dieses Ziel impliziert eine Besetzungsstrategie für Führungspositionen im gesamten Unternehmen ohne Berücksichtigung der Nationalität oder Herkunft des Mitarbeiters.

Endpunkt dieser Strategie ist ein weitgehend landesunabhängiges, einheitliches Unternehmen mit einem letztlich einheitlichen Unternehmensimage. Die Unternehmen stehen allerdings vor einem schwer auflösbaren Dilemma. Auf der einen Seite ist auf die landesbedingten Bedürfnisse potentieller und aktueller Mitarbeiter einzugehen, auf der anderen Seite aber ein Auseinanderbrechen der Unternehmensgesamtheit zu vermeiden. Da Unternehmen nicht unabhängig vom landeskulturellen Umfeld agieren können, ist es zur Erreichung einer landesübergreifenden Einheit zumindest notwendig, einen identischen Unternehmenskulturkern zu entwickeln. Dazu sind solche Mitarbeiter für das Unternehmen zu interessieren, die unabhängig von ihrem landeskulturellen Hintergrund in die vorhandene Unternehmenskultur integrierbar scheinen.

(d) Einfluß der Entscheidungsstrategie

Die organisatorische Umsetzung der Personalbeschaffung hängt zum einen von der gewählten Kulturstrategie ab. Zum anderen spielt aber auch die Entscheidungsstrategie als Wahl zwischen dem zentralen, dezentralen und föderalen Modell eine wichtige Rolle (Übersicht 9.20). Hieraus ergeben sich neun unterschiedliche Formen der internationalen Personalbeschaffung.

		Kulturstrategie		
		Monokultur	Multikultur	Mischkultur
Entscheidungsstrategie	zentral	zentrale Beschaffung, nach Einheitstyp	zentrale Beschaffung, aber in Abhängigkeit vom Empfängerland	zentrale Beschaffung eines internationalen Konzern-Einheitstyps
	dezentral	Vorgabe des Einheitstyps von der Muttergesellschaft, Beschaffung aber dezentral	dezentrale Beschaffung, entsprechend der nationalen Standards	dezentrale Beschaffung des von der Muttergesellschaft vorgegebenen Konzern-Einheitstyps
	föderal	unabhängige Beschaffung des im Konzern präferierten Kulturtyps	unabhängige Beschaffung vor Ort, je nach individueller Notwendigkeit	unabhängige Beschaffung des von der Gruppe zum Standard erhobenen Mischkulturtyps

Übersicht 9.20: Internationale Beschaffungsformen

9.4.4.2 *Auswahl von Expatriates*

Bereits im Zusammenhang mit der Personalbedarfsbestimmung erfolgte eine Diskussion von relevanten Merkmalen im **Anforderungsprofil** von ins Ausland zu entsendenden Mitarbeitern. Besonders bei der Monokulturstrategie spielen diese Expatriates eine zentrale Rolle. Auch wenn im Hinblick auf eine systematische Ausgestaltung internationalen Personalmanagements besondere Anforderungsprofile unausweichlich erscheinen, konnte *Wirth* (1992, 156) in seiner Untersuchung von 63 deutschen Unternehmen mit internationaler Ausrichtung nur in 11% spezifische Anforderungsprofile und nur in 19% spezifische Stellenbeschreibungen lokalisieren.

Dies deutet bereits auf eine gewisse Kluft zwischen präskriptiver Notwendigkeit und deskriptiver Realität hin, ein Ergebnis, das noch durch die tatsächlich verwendeten Auswahlkriterien bestätigt wird (Übersicht 9.21): Danach liegt das Schwergewicht eindeutig auf der *fachlichen Qualifikation*. Die persönlichkeitsbezogenen Merkmale werden zwar ebenfalls relativ hoch bewertet, aber nur 37% der Befragten sehen eine stärkere Relevanz dieser Merkmale im Vergleich zum inländischen Einsatz. Die kulturbezogene Eignung spielt nach dieser Untersuchung eine nur geringe Rolle; hier überrascht vor allem der eher niedrige Wert für „Kommunikationsfähigkeit“. Familienbezogene Kriterien können dagegen aus Sicht der Befragten nahezu vernachlässigt werden.

Die in der Praxis vorrangig verwendete Kriterienpräferenz folgt kaum der oben in Zusammenhang mit den Anforderungsprofilen präsentierten (präskriptiven) Priorität, wonach es gerade Persönlichkeitsmerkmale (einschließlich interkultureller Kompetenz) sind, die – im Zusammenspiel mit der familiären Situation – den Erfolg einer Auslandsentsendung erst ermöglichen.

Auswahlkriterien		**Anwendung**
Fachliche Eignung	Fachliche Qualifikation Berufserfahrung	95% 64%
Persönliche Eignung	Persönlichkeit Belastbarkeit	75% 65%
Kulturelle Eignung	Sprachkenntnisse Vertrautheit mit der Unternehmenskultur Kommunikationsfähigkeit Lern- und Anpassungsfähigkeit Organisations- und Improvisationstalent Pädagogisches Geschick	68% 64% 56% 48% 35% 3%
Familiäre Eignung	Stabile Familienverhältnisse	16%

Übersicht 9.21: Auswahlkriterien deutscher Unternehmen bei Auslandsentsendungen in der Studie von *Wirth* (1992, 157)

Empirische Untersuchungen zu Expatriates, die *Mendenhall* und *Oddou* (1985) zusammengefaßt haben, belegen die Bedeutung von vier **Persönlichkeitsdimensionen** für den Erfolg der Auslandsentsendung:

- Die *Ich-Dimension* („Self-Oriented Dimension") umfaßt neben technischen Kompetenzen und Streßbewältigungsfähigkeit auch die Fähigkeit zur „Genuß-Substitution". Darunter verstehen die Autoren das erfolgreiche Suchen nach verwandten Wegen zur Zufriedenheit (Football statt Fußball, roher Fisch statt Wiener Schnitzel).
- Die *Sozialdimension* („Others-Oriented Dimension") beschreibt die Fähigkeit zur Entwicklung zwischenmenschlicher Beziehungen und die Bereitschaft zur interkulturellen Kommunikation.
- Die *Wahrnehmungsdimension* („Perceptual Dimension") ist die Fähigkeit zum Verstehen anderer Nationen und zum richtigen Zuordnen von Verhaltensmustern auf Bedeutungen.
- Die *Kulturstabilitätsdimension* („Cultural-Toughness Dimension") bezieht sich auf die Notwendigkeit, in fremden Kulturen auch mehr oder weniger extreme Situationen zu überleben.

Diese Anforderungsmerkmale lassen sich zwar relativ leicht definieren, ihre konkrete Abprüfbarkeit bereitet aber Schwierigkeiten.

Die für den eigentlichen Auswahlvorgang vorgeschlagenen Verfahren entsprechen nämlich im Prinzip den im nicht internationalen Bereich üblichen Methoden, die bereits in Abschnitt 4.2.2.3 beschrieben wurden: beispielsweise Interview, Gespräch mit Kommission, Testverfahren und Assessment Center. Der eigentliche Unterschied zur Verwendung im nationalen Kontext muß zwangsläufig in den zu erhebenden **Merkmalen** liegen: So dient ein entsprechend ausgestaltetes Assessment Center primär zum Abrufen von Eigenschaften wie interkulturelle Kompetenz und Kommunikationsfähigkeit. Zudem bietet es sich an, bewußt auch den Ehepartner in den Auswahlprozeß zu integrieren: Dabei geht es weniger um das Lokalisieren von potentiellen Hemmnissen, die letztlich die Entscheidung des zu Entsendenden beeinflussen könnten („doña inmóvile"), als vielmehr darum, die potentielle Rolle des Ehepartners im Gastland von vornherein zu thematisieren. Gerade bei oberen Führungskräften kommt ihnen eine wichtige Funktion im sozialen Umfeld zu, das oft einen fließenden Übergang zum beruflichen Umfeld aufweist.

In der **Praxis** sieht es allerdings stark nach einem durchweg generellen Verzicht spezifischer Auswahlelemente für den Auslandsaufenthalt aus: Selbst die extrem sinnvollen Gespräche mit Auswahlkommissionen finden selten statt (Übersicht 9.22).

Auswahlverfahren	**Anwendung**
Individualbewertung	86%
Interview mit Personalabteilung Ausland	59%
Informieren vor Ort	38%
Referenzen	16%
Gespräch mit Auswahlkommission	13%
Assessment Center	3%

Übersicht 9.22: Auswahlinstrumente (Mehrfachnennungen) für Auslandsentsendungen in der Untersuchung von *Wirth* (1992, 167)

Verbindet man diese Ergebnisse mit der empirischen Beobachtung, einer äußerst hohen Rate an gescheiterten Auslandsentsendungen mit vorzeitiger Rückkehr (vgl. z. B. *Tung* 1982, 68), so dürften gerade
- bessere Anforderungsprofile,
- zielorientierte Auswahlmechanismen und
- defizitbezogene Entwicklungsmaßnahmen

entscheidende Fortschritte beim internationalen Personalmanagement mit sich bringen.

9.4.4.3 Personalauswahl im internationalen Kontext

Eine weitergehende Verschärfung erfährt das Problem der internationalen Personalbeschaffung, wenn es um die Auswahl von Mitarbeitern in einem internationalen Umfeld geht. Speziell bei der Strategie einer Mischkultur und besonders in Verbindung mit einer föderalen Entscheidungsstrategie ist es die Aufgabe des internationalen Personalmanagements, auf **vergleichbare Startbedingungen** von Bewerbern aus den unterschiedlichen Ländern zu achten. Zu den grundsätzlich immer existierenden und bereits im vorangegangenen Abschnitt beschriebenen Schwierigkeiten der Personalselektion für internationale Aufgaben kommt somit die anzustrebende Chancengleichheit von Bewerbern verschiedener Nationalitäten hinzu.

In diesem Zusammenhang besonders aufschlußreich sind hier die Auffassungen der Praxis, wo sich **zwei** konträre **Positionen** etabliert zu haben scheinen (Übersicht 9.23): Die *optimistisch-generalisierende* Position unterstellt eine länderunabhängige Eignung der Selektionsverfahren, während die *kritisch-relativierende* Position von besonderen Problemen bei den Auswahlmechanismen im internationalen Kontext ausgeht und deshalb auch die unmittelbare Übertragbarkeit nationaler Systeme in den internationalen Bereich verneint.

Optimistisch – generalisierende Position (z. B. *Guillaume/Stolz* 1992, 80–81)	**Kritisch – relativierende Position** (z. B. *Zimmermann* 1992, 44–46)
Dem Interview kommt der höchste Stellenwert zu. Es bietet die beste Möglichkeit zur Überprüfung der Kriterien im Rahmen eines internationalen Personalmanagements.	Für das Einstellungsinterview gelten im internationalen Raum prinzipiell die gleichen Probleme wie im Inland. Darüber hinaus sind die gerade bei internationalen Einsätzen geforderten Persönlichkeitsmerkmale nur scheinbar durch ein Interview zu erfassen.
Das Assessment Center ist als Baustein eines integrativen Ansatzes unverzichtbar.	Das Assessment Center birgt bei multinationaler Zusammensetzung erhebliche Gefahren.
Die Selbstbewertung eines Mitarbeiters liefert bei der Auswahl für internationale Einsätze sehr valide Daten.	
	Das (halb)strukturierte Interview reduziert Objektivierungsprobleme .
Job Rotation als bewußtes Versetzen von Mitarbeitern beinhaltet gleichzeitig einen Lern- und Prüfungsprozeß.	
	Die Manager Disputation als Bearbeitung einer komplexen Fallstudie erlaubt am ehesten, „ganzheitliches Denken" und „Stimmigkeit" zur Unternehmenskultur zu beurteilen.

Übersicht 9.23: Exemplarische Aussagen zur internationalen Bewerberauswahl

Beim gegenwärtigen Stand der empirischen Forschung lassen sich keine eindeutigen Aussagen für eine der beiden Positionen treffen, wenngleich gerade die Kritik zum Beispiel an der Übertragbarkeit von Assessment Centern in den internationalen Bereich plausibel ist: Danach entwickelt das Ausbildungssystem in Großbritannien nahezu ideale Kandidaten für diesen Wettbewerb, zusätzlich unterstützt durch die Dominanz von Englisch in Assessment Centern; gegen ein internationales Assessment Center spricht auch, daß gerade Merkmale wie Leistungsstreben oder Anpassungsbereitschaft landeskulturell geprägt sind und zu unterschiedlichen Verhaltensweisen (vom Eindruck „unernst" bis „verbissen") führen, letztlich aber wenig über nationale oder internationale Eignung aussagen (vgl. *Zimmermann* 1992, 44–45).

Aus diesem Grund überrascht es auch nicht, wenn gerade Personalberater häufig bei der Suche nach dem „Euro-Manager“ auf leicht abprüfbare biographische Merkmale zurückgreifen, wie (vgl. z. B. *Fritsch* 1990, 153)

- mehrsprachige Erziehung,
- Ausbildung, insbesondere Studium in mehr als einem Land,
- Auslandspraktika,
- Abschluß einer internationalen Business School,
- Alter 35 – 45 Jahre,
- Berufserfahrung bei mehr als einem Arbeitgeber und in mehr als einem Land.

Dies löst aber letztlich das internationale Auswahlproblem nur teilweise und bietet sich allenfalls als Ersatzstrategie für die Personalbeschaffung an. Sinnvoller ist vielmehr der Versuch, tatsächlich empirisch abgesicherte Erkenntnisse zur interkulturellen Validität von Auswahlverfahren zu gewinnen.

9.4.5 Personalentwicklung

Für internationale Unternehmen ist internationale Personalentwicklung zwingende Notwendigkeit. Trotzdem läßt sich aber gerade in diesem Bereich ein Defizit konstatieren: Nicht alle Unternehmen sehen offenbar die Chancen, die gerade auch in einer international ausgerichteten Personalentwicklung stecken.

9.4.5.1 Empirie

Obwohl eine intensive Vorbereitung für den Kontakt mit anderen Kulturen unabdingbar ist, ist nicht selten eine mangelnde Vorbereitung zu beobachten. Dieses Defizit belegt im internationalen Vergleich vor allem die Untersuchung von *Tung* (1982; 1988) eindrucksvoll: Basierend auf einer Befragung von rund 150 Unternehmen in den USA, in Europa und Japan stellte sie fest, daß nur ein Drittel der befragten amerikanischen Unternehmen über eine spezifische Personalentwicklung für den internationalen Einsatz verfügt. In Europa setzen hingegen immerhin zwei Drittel der befragten Unternehmen ein derartiges Instrument ein (Übersicht 9.24).

Derartige Verbreitungsstudien geben allerdings nur begrenzt Auskunft über die **Gründe**, die die Anwendung der vielen sinnvollen Möglichkeiten einer internationalen Personalentwicklung verhindern. Nur zu einem geringen Teil dürfte eine nichtgesehene Bedeutung der Maßnahmen dafür verantwortlich sein: So verglichen *Oddou* und *Derr* (1992) perzipierte Wichtigkeit mit realisierter Nutzung diverser Internationalisierungsmaßnahmen und stellten nahezu keinen Zusammenhang fest; beispielsweise stand bei internationalen Seminaren (auf einer Skala von 1 bis 5) der Bedeutung von 3.98 eine Nutzung von 3.57, bei internationalen Arbeitsgruppen der Bedeutung von 3.86 eine Nutzung von 2.78 gegenüber.

Vergleicht man die angewendeten Methoden, so stehen „Umfeld-Briefing“ als globale Information über das Gastland und Sprachtraining an der Spitze. Bei den Mitarbeitergruppen gibt es in Europa zwischen Vorstand und

	USA				Europa				Japan			
Personalentwicklung für internationalen Einsatz	32%				69%				57%			
Aufteilung nach Gruppen und Methoden für die Unternehmen mit internationaler Personalentwicklung	Vorstand	Bereichsleiter	Trouble Shooter	Operative Funktion	Vorstand	Bereichsleiter	Trouble Shooter	Operative Funktion	Vorstand	Bereichsleiter	Trouble Shooter	Operative Funktion
Umfeld-Briefing	52%	54%	44%	31%	57%	52%	38%	38%	67%	57%	52%	67%
Kultur-Orientierung	42%	41%	31%	24%	55%	52%	31%	28%	14%	14%	19%	24%
Kultur-Assimilator	10%	10%	7%	9%	21%	17%	10%	14%	14%	14%	14%	19%
Sprachtraining	60%	59%	36%	24%	76%	72%	41%	48%	52%	57%	52%	76%
Sensitivitätstraining	3%	1%	1%	0%	3%	3%	3%	3%	0%	0%	5%	5%
Felderfahrung	6%	6%	4%	1%	28%	24%	3%	7%	14%	10%	10%	24%

Übersicht 9.24: Verbreitung internationaler Personalentwicklungsmaßnahmen nach *Tung* (1982, 65–66).

Bereichsleiter einerseits und Trouble Shooter und Operativer Funktion andererseits eine inhaltliche Differenzierung, die in den USA und Japan wesentlich geringer ausfällt.

Auch wenn sich in den letzten Jahren im Bereich der internationalen Personalentwicklung einiges verbessert haben dürfte, scheint eine gewisse Zurückhaltung noch immer verspürbar, die sich primär auf vier Gründe zurückführen läßt (vgl. *Mendenhall/Dunbar/Oddou* 1987, 334–335):

- die Annahme, daß interkulturelle Entwicklungsmaßnahmen nicht effektivitätssteigernd sind,
- die Unzufriedenheit mit den angebotenen Schulungen,
- die zu geringe Zeitspanne zwischen der Selektion für den Auslandseinsatz und der Entsendung und
- die Annahme, daß die kurze Dauer eines Auslandaufenthaltes die hohen Kosten für die Trainingsmaßnahmen nicht rechtfertigen.

Eine weitere Erklärung für diese Beobachtung könnte aber auch darin liegen, daß einige Unternehmen noch nicht die Breite der existierenden Entwicklungsmaßnahmen überblicken und daher auch noch nicht die damit verbundenen Chancen erkennen.

9.4.5.2 Methodenvielfalt

Originäres Ziel aller Trainingsmaßnahmen, die sich speziell aus den internationalen Aktivitäten von Unternehmen ergeben, ist die Vorbereitung auf den Auslandsaufenthalt: Sie umfaßt alle Aktivitäten, die Menschen befähigen, unter fremdkulturellen Bedingungen erfolgreich zu agieren. Dieses **interkulturelle Handlungstraining** basiert auf einer Vielzahl von theoretischen und praktischen Konzepten, überwiegend aus psychologischen Studien des amerikanischen Sprachraums (vgl. z.B. *Landis/Brislin* 1983; *Thomas* 1989; *Brislin* 1990; *Bergemann/Sourisseaux* 1992). Abbildung 9.23 zeigt den aus diesen Quellen ableitbaren Bedingungsrahmen für das interkulturelle Handlungstraining.

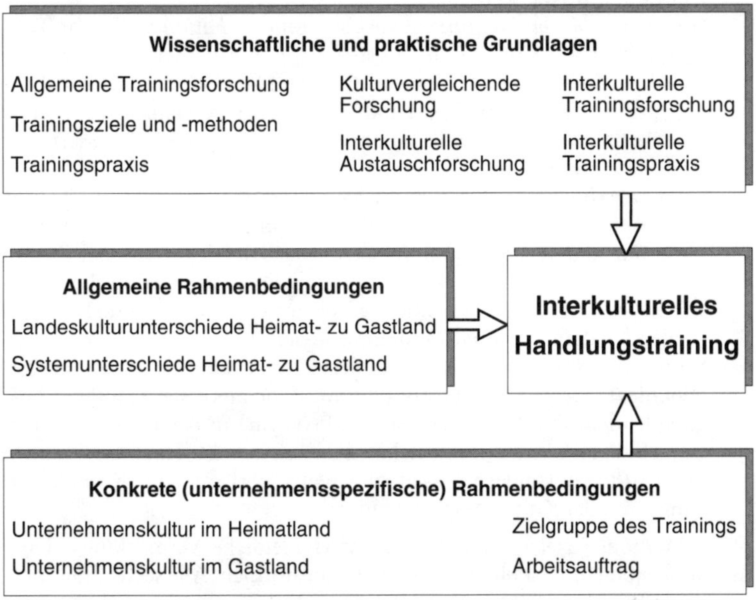

Abbildung 9.23: Bedingungsrahmen für ein interkulturelles Handlungstraining (modifiziert nach *Thomas* 1989, 283)

Die Literatur kennt inzwischen eine ganze Reihe unterschiedlicher Ansätze zum interkulturellen Training. Sie lassen sich nach *Landis* und *Brislin* (1983 b, 8–19) jedoch zu folgenden sechs **Trainingsformen** zusammenfassen:

(1) *Faktenorientierte Trainingsmaßnahmen* versorgen die Trainingsteilnehmer mit umfassenden Informationen über das entsprechende Land. Diese Vermittlung kann in Form von Lektüren, Vorträgen oder Video erfolgen.

(2) Das *attributionsorientierte Training* fokussiert auf die Erklärung von Verhaltensmustern aus der Sicht der Menschen des Gastlandes. Fremdkulturelle Verhaltensgewohnheiten sollen verstanden werden, indem man sie aus dem landeskulturellen Gesamtzusammenhang heraus interpretieren lernt. Als Lehrmethode bietet sich hier die Einzelfallanalyse

an, in der kritische Ereignisse vom Trainee analysiert und letztlich richtig eingeordnet werden.

(3) Ziel vom *Kulturbewußtseinstraining* ist es, Grundannahmen, Werte und Verhaltensweisen der eigenen Kultur zu analysieren, um die Sensibilität für kulturelle Differenzen und kulturelle Einflußfaktoren zu entwickeln. Bei diesem Training geht es nicht um die Kultur des Gastlandes. Im Mittelpunkt steht vielmehr das Bewußtmachen der eigenen Landeskultur und ihrer Komponenten. Dieser an der eigenen Landeskultur erlernte Analysevorgang soll dann im Gastland auf die dortige Kultur übertragen werden.

(4) Die Methode der *kognitiven Verhaltensmodifikation* will dem Trainingsteilnehmer helfen, seine Einstellungen und Verhaltensweisen entsprechend den Gegebenheiten im Gastland zu verändern. Diese Trainingsform geht überwiegend individuell vor: Persönliche Vorlieben und Antipathien werden ermittelt, Erklärungen durchdiskutiert und Änderungsstrategien evaluiert.

(5) Beim *experimentellen Lernen* werden die Trainingsteilnehmer über das Rollenspiel oder über Kultursimulationen in eine realitätsnahe Begegnung mit anderen Kulturen versetzt. Der Trainer schafft bei diesem Konzept zunächst eine kontrollierte Experimentalsituation, beispielsweise hinsichtlich des Konfliktes zwischen zwei Kulturen, und hilft dem Lernenden dann, optimal damit umzugehen.

(6) Beim *Interaktionstraining* informieren erfahrene Auslandsmanager oder idealerweise Personen aus dem Gastland aus erster Hand die Auszubildenden über die Situation und Probleme in der für sie fremden Umgebung. Im Mittelpunkt stehen dabei nicht konkrete Empfehlungen und Leitlinien, sondern ausschließlich eine vorbereitende Kontaktaufnahme mit der Kultur des Gastlandes.

Diese Methoden zielen letztlich auf unterschiedliche Vermittlungsinhalte und verwenden unterschiedliche Vermittlungsformen. Alle sechs Trainingsformen haben dabei ihre Berechtigung und Notwendigkeit, wobei sich in der praktischen Umsetzung vor allem Kombinationen aus verschiedenen Ansätzen anbieten.

Übersicht 9.25 positioniert die angebotenen Maßnahmen im Hinblick auf generelle und spezifische sowie experimentelle und didaktische Vermittlung. Dazu gehören sowohl allgemeine Ansätze (wie „traditionelle“ akademische Kurse) als auch spezifische Techniken einzelner Autoren: Ein Beispiel dafür ist die Albatros-Übung, bei der über ein Rollenspiel eine spezifische Situation interpretiert werden soll, was bei Zugrundelegung des amerikanischen Wertesystems unweigerlich mißlingt.

Ein besonders interessantes Verfahren zur didaktisch/spezifischen Kulturvermittlung ist der **Kultur-Assimilator** (vgl. *Fiedler/Mitchell/Triandis* 1971). Der Teilnehmer wird hierbei mit typischen Situationen des Gastlandes konfrontiert, die er interpretieren muß. Dazu werden ihm mögliche *Alternativen* vorgegeben, die alle plausibel sind und aus denen er eine auswählen muß. Nachdem eine *Wahl* für eine Alternative getroffen wurde, bekommt er als *Feedback* Erläuterungen dazu, wieso nur eine bestimmte

	Generelle Kulturvermittlung	Spezifische Kulturvermittlung
Experimentelle Kulturvermittlung	Traditionelles Human-Relations-Training	Bikulturelles Human-Relations-Training
	Interkultureller Workshop	Bikultureller Kommunikationsworkshop
	Generelle Kultursimulation – Contrast American Simulation – Selbsterfahrungstechniken – Die Albatros-Übung	Verhaltensmusteransatz
Didaktische Kulturvermittlung	„Traditionelle" akademische Kurse	Landeskunde und Sprachtraining
	Kulturelle Selbsterfahrung über Video	Kultur-Assimilator

Übersicht 9.25: Methoden der Kulturvermittlung (zusammengestellt aus *Gudykunst/Hammer* 1983, 125–139)

Entscheidung richtig ist und warum die anderen Alternativen unangebracht sind. Bei der Erstellung eines Kultur-Assimilators besteht die Hauptaufgabe darin, repräsentative interkulturelle Interaktionssituationen zu generieren; deshalb sollte die im Schulungsmaterial bearbeitete Situation drei Bedingungen erfüllen (*Thomas* 1989, 284):

- Sie soll ein alltägliches Interaktionsereignis in einer fremden Kultur darstellen.
- Sie soll konfliktgeladen sein und auch eine Fehlinterpretation ermöglichen.
- Sie soll Elemente enthalten, die auch im Handlungsumfeld des Lernenden im Gastland vorkommen.

Nur bei einer konkret auf die spezifische Landeskultur zugeschnittenen Realisation stellt der Kultur-Assimilator ein vielversprechendes Instrument dar; ansonsten besteht die Gefahr, daß auf diese Weise lediglich vorurteilsbeladene Stereotypen des Entwicklers oder des Anwenders transportiert werden.

9.4.5.3 Methodenauswahl

Zur **Auswahl** aus dem oben beschriebenen Spektrum haben sich in der Literatur zwei Systeme durchgesetzt:

Tung schlägt (1981) eine relativ **einfache Entscheidungshilfe** vor, die sich an der *Kontaktintensität* orientiert. Wenn sowohl der erwartete Kontakt zwischen dem Individuum und den Mitgliedern der anderen Kultur als auch der Unterschied zwischen den Kulturen gering ist, dann sollte der Inhalt der Trainingsmaßnahmen auf aufgabenbezogene Fragestellungen gerichtet sein und die Intensität der Ausbildungsaktivitäten kann gering bleiben. Wenn der erwartete Kontakt und die Unterschiede in den Kulturen ein hohes Niveau erreichen, sollten die Trainingsmaßnahmen die Anpassungsfähigkeit an die neue Kultur genauso berücksichtigen wie die aufgabenbezogenen Fähigkeiten. Die Intensität der Maßnahmen sollte wesentlich stärker als im ersten Fall sein.

Ein weiter **ausdifferenziertes Modell** (Abbildung 9.24) entwickelten *Mendenhall/Dunbar/Oddou* (1987). Auch sie gehen davon aus, daß die Intensität des Kontaktes und die Übereinstimmung der Kulturen den Erfolg der interkulturellen Trainingsmethoden determinieren. Darüber hinaus berücksichtigen sie in ihrem Modell auch die *Ausbildung* selbst, also Ausbildungsmethoden, Ausbildungsintensität sowie das Verhältnis der Ausbildungsdauer als Maß für die Integration in die Gastkultur. Die Autoren unterscheiden ferner zwischen drei Gruppen des interkulturellen Trainings:
- der Informationsvermittlung (Informationsansatz),
- der Empfindungsvermittlung (affektiver Ansatz) und
- der Tiefenvermittlung (vertiefender Ansatz).

Der erzielbare *Lerneffekt* steigt dabei ausgehend vom Informationsansatz über den affektiven Ansatz bis zum vertiefenden Ansatz an. Mit zunehmender Integration und Interaktion mit der Gastkultur sowie mit wachsender Aufenthaltsdauer steigt die zu empfehlende Intensität und Dauer des Trainings. Das Ausmaß der notwendigen Integration ist dabei abhängig von dem erforderlichen Niveau der Anpassungsfähigkeit an die fremde Kultur. Kurze Auslandsaufenthalte beispielsweise in Japan oder Korea können des-

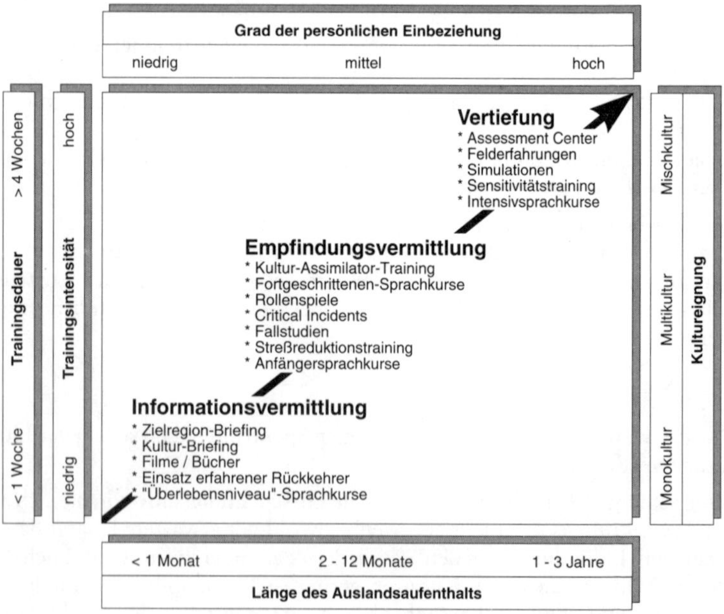

Abbildung 9.24: Das Modell von *Mendenhall/Dunbar/Oddou* (1987, 340)

halb für einen deutschen Manager eine größere Anpassungsfähigkeit erfordern als ein dauerhafter Aufenthalt in einem europäischen Nachbarstaat.

Für den **Erfolg** der internationalen Personalentwicklung ist daher nicht nur die Auswahl einer vielversprechenden Maßnahme ausschlaggebend; mindestens ebenso wichtig ist die Gestaltung eines entsprechenden Lernumfeldes. *Black* und *Mendenhall* (1990) stellten in diesem Zusammenhang bei ihrer Durchsicht einer Vielzahl von Vorschlägen zur Personalentwicklung im internationalen Kontext fest, daß gerade interkulturelles Training (der Theorie des sozialen Lernens folgend) stark von individueller Motivation, einzelfallspezifischer Anreizstruktur sowie von
- Aufmerksamkeit („Attention")
- Speicherung („Retention") und
- Wiederholung („Reproduction")

abhängt. Nur wenn diese Faktoren in entsprechender Form ausgeprägt sind, läßt sich tatsächlich eine Verhaltensänderung erwarten.

9.4.6 Personalfreisetzung

Das Problem der Personalfreisetzung ist selbst für einen weltweit expandierenden internationalen Konzern allenfalls vordergründig nicht vorhanden. Denn trotz aller Harmonisierungsbestrebungen gibt es nach wie vor erhebliche arbeitsrechtliche Unterschiede in den einzelnen Ländern. So haben die Arbeitnehmer in Deutschland einen wesentlich stärkeren **Kündigungsschutz** als in den meisten anderen Ländern. Wird nun ein Arbeitnehmer bei einer multikulturellen Strategie ins Ausland versetzt, so müßte er sich gegebenenfalls auch ungünstigeren Regelungen unterwerfen. Dies führt sowohl bezogen auf den einzelnen Mitarbeiter als auch bezogen auf ganze Unternehmensteile zu Konsequenzen, die über die rein nationale Betrachtung von Freisetzungsmaßnahmen hinaus völlig neue Gesichtspunkte mit ins Spiel bringen.

9.4.6.1 Individuumsbezogen: Kündigung im internationalen Bereich

Arbeitnehmer in Deutschland genießen einen wesentlich besseren Kündigungsschutz als Arbeitnehmer in einigen anderen Ländern, wobei vor allem außerhalb des EG-Bereichs durchaus eklatante Unterschiede existieren. Zumindest in konjunkturell schwächeren Phasen stellt sich damit zwangsläufig die Frage nach der Arbeitsplatzsicherheit. Aus diesem Grund macht es einen erheblichen Unterschied, ob Mitarbeiter im Ausland über einen deutschen Vertrag inklusive deutscher Kündigungsschutzregeln mit der Muttergesellschaft oder über einen Vertrag mit der ausländischen Tochtergesellschaft beschäftigt sind: Der erstgenannte Fall hat zwar in der Regel wesentliche Vorteile für den Arbeitnehmer hinsichtlich seiner Absicherung, führt aber zu einer gewissen Ungleichbehandlung und zu einem Sonderstatus. Gerade dies kann jedoch häufig zu gravierenden Akzeptanzproblemen führen und ist vor allem mit einer multi- oder mischkulturellen Strategie nur schwer vereinbar, scheint aber trotzdem der Regelfall zu sein.

Das individuelle Kündigungsrecht ist in anderen **EG-Staaten** vom Umfang her mit den deutschen Regelungen durchaus vergleichbar, wenngleich es in der konkreten Realisation nach einzelstaatlichem Recht zu teilweise erheblichen Unterschieden kommt (vgl. *Langer-Stein* et al. 1991, 57–63; *o. V.* 1991):

- In *Belgien* hängt die Dauer der gesetzlichen Kündigungsfrist bei Lohnempfängern (Arbeitern) von der Betriebszugehörigkeit ab, bei Gehaltsempfängern (Angestellten) vom Jahresgehalt.
- In *Dänemark* gibt es für Lohnempfänger kein gesetzliches Kündigungsschutzrecht, wohl aber tarifvertragliche Regelungen (von einer Woche bis zu sechs Monaten), für Gehaltsempfänger gelten gesetzliche Kündigungsschutzregelungen, die je nach Betriebszugehörigkeit von einem Monat bis zu sechs Monaten (nach neun Dienstjahren) reichen.
- In *Frankreich* wird zwischen wirtschaftlichen und personenbedingten Kündigungen unterschieden. Charakteristisch sind dabei vor allem die Vielzahl von konkreten Formvorschriften und die notwendigen Aussagen zur potentiellen Wiedereinstellung bei Kündigung aus wirtschaftlichen Gründen.
- In *Italien* wurde 1990 ein erweiterter Kündigungsschutz eingeführt, der auch Betriebe mit bis zu 15 Arbeitnehmern umfaßt.
- In den *Niederlanden* bedarf die ordentliche Kündigung im Regelfall der Genehmigung durch das Bezirksarbeitsamt; keine Genehmigungspflicht gibt es für fristlose Kündigungen und Kündigungen während der Probezeit.
- In *Portugal* wurde 1989 das restriktive Kündigungsschutzrecht gelockert, wodurch eine zu den übrigen EG-Ländern vergleichbare Situation entstand.
- In *Spanien* gibt es für verhaltensbedingte Kündigungen keine Kündigungsfrist; ansonsten hängt die Kündigungsfrist von der Betriebszugehörigkeit ab.
- In *Großbritannien* greift der gesetzliche Kündigungsschutz in der Regel erst nach zwei Jahren, wobei auch mangelnde Qualifikation eine Kündigung rechtfertigt.

Im Hinblick auf die individuelle Personalfreisetzung sind auch Unterschiede bezüglich der Abfindungshöhe und der Konsequenzen von ungerechtfertigten oder unzulässigen Kündigungen zu beobachten, die teilweise ebenfalls durchaus zu beträchtlichen Kostenunterschieden führen können.

Eher anekdotischen Charakter dürfte der gezielte „Auslandswechsel als Form der Personalfreisetzung" haben, nach dem Einzelpersonen über den Umweg einer Versetzung ins Ausland und damit über eine Modifikation des Kündigungsschutzes und der Abfindungsregelung entlassen wurden.

9.4.6.2 *Unternehmensbezogen: Betriebsstillegung im internationalen Bereich*

Gerade unter dem Blickwinkel konjunktureller Schwierigkeiten sowie sektionaler Anpassungsprozesse sind länderübergreifende Optimierungsprozesse Basis für erfolgreiche Unternehmensstrategien. Dies weckt jedoch zwangsläufig Befürchtungen, wonach hier Arbeitnehmerinteressen nicht nur nicht ausreichend geschützt, sondern vielmehr gezielt unterlaufen werden. Derartige Fragen werden an alle Felder des betrieblichen Personalmanagements gestellt, wobei allerdings – neben der Entlohnung – häufig vor allem die Überlegungen zur Freisetzung in den Mittelpunkt der Diskussion gestellt werden.

Auch wenn die Realisierung des Europäischen Binnenmarktes ein wichtiger Meilenstein in Richtung auf eine Vereinheitlichung darstellt, nehmen speziell **drei Richtlinien** in Form von nicht rechtsverbindlichen, aber durch politische Beschlüsse in supranationalen Gremien getroffenen Verhaltenskodizes Einfluß auf das Personalmanagement internationaler Unternehmen (vgl. *Koubek/Gester/Wiedemeyer* 1992):

- die dreigliedrige Grundsatzerklärung der Internationalen Arbeitsorganisation (IAO) zum Personalmanagement über multinationale Unternehmen,
- die Leitsätze der Organisation für wirtschaftliche Zusammenarbeit und Entwicklung (OECD) für das Personalmanagement multinationaler Unternehmen sowie
- die Richtlinien der EG im Rahmen der Europäischen Sozialcharta.

Von diesen Richtlinien sind die OECD-Leitsätze die weitgehendsten, da sie sich auf alle Bereiche unternehmerischer Tätigkeit erstrecken. Nimmt man exemplarisch diese Leitsätze, so haben sie zwar formal eher freiwilligen Charakter, sind aber weitgehend von allen Betroffenen (Arbeitgeber, Vertreter der Arbeitnehmer, Regierungen) akzeptiert und daher durchaus wirksam, wie das in Übersicht 9.26 zusammengefaßte Beispiel belegt.

Badger war eine Filiale einer amerikanischen Muttergesellschaft und völlig von den Entscheidungen dieser Muttergesellschaft abhängig. Die Filiale hatte keine eigene Finanzautonomie. Ihre Erträge wurden an die Zentrale über konzerninterne Verrechnungspreise abgeführt. Auch ihr Aufgabenbereich wurde ausschließlich von der Zentrale bestimmt. Im Rahmen der strategischen Gesamtplanung des Konzerns beschloß die Muttergesellschaft eine Umstrukturierung: Sie hatte die Schließung der belgischen Tochter zur Folge. Die Schließung erfolgte dadurch, daß Badger die Eröffnung des Konkursverfahrens beantragte. Die Konkursmasse reichte aber nicht aus, um die Abfindungszahlung an die entlassenen Arbeitnehmer zu erbringen. Die daraufhin angesprochene Muttergesellschaft lehnte eine solche Zahlung ab, indem sie auf die beschränkte Haftung der als Kapitalgesellschaft organisierten Tochter verwies. Dieser Fall löste in der belgischen Öffentlichkeit einen Sturm der Entrüstung aus. Nachdem die belgische Regierung den OECD-Ausschuß angerufen hatte, erklärte sich schließlich die amerikanische Muttergesellschaft bereit, die Abfindungszahlung auf freiwilliger Basis zu leisten.

Übersicht 9.26: Beispiel für die Anwendung der OECD-Leitsätze
(nach *Nigon* 1992, 28–29)

Ob und inwieweit derartige Leitsätze langfristig tatsächlich grenzüberschreitende Produktionsüberlegungen und damit den unternehmerischen Spielraum auch bei der Personalfreisetzung beeinflussen, kann mangels ausreichender empirischer Basis noch nicht endgültig beantwortet werden.

9.4.7 Personaleinsatz

Personaleinsatzplanung bedeutet „optimale“ Zuordnung von Mitarbeitern auf Stellen beziehungsweise von Stellen auf Mitarbeiter (vgl. Kapitel 5.1). Hierbei müssen personenbezogen die spezifische Eignung berücksichtigt und gegebenenfalls Anpassungen bezüglich Arbeitsplatz, Arbeitszeit und Arbeitsaufgabe vorgenommen werden. Das Personaleinsatzmanagement eines *internationalen* Unternehmens erhält als zusätzlichen Input auch **Zielsetzungen**, die vom Personalmarketing und speziell von der individuellen Karriereplanung ausgehen: Sie sind ebenfalls in strategieadäquater Form zu berücksichtigen, ebenso wie die prozeßorientierten Gesichtspunkte der Vorbereitung auf die Entsendung und der Reintegration nach der Entsendung.

Alle diese Überlegungen belegen zusätzlich, daß die Auslandsentsendung eines der teuersten Personalmanagementinstrumente darstellt, die daher gerade auch unter dem Gesichtspunkt der Kosten-Nutzen-Relation sorgfältig zu planen ist.

Unabhängig von der konkreten Ausgestaltung der internationalen Tochtergesellschaften kann es drei personalpolitische **Zielrichtungen** für den internationalen Personaleinsatz geben (vgl. z. B. *Edström/Galbraith* 1977):
- erstens das Ausfüllen vakanter Positionen,
- zweitens die Personalentwicklung von Managern, und
- drittens die Entwicklung der gesamten Organisation;

während die ersten beiden Gründe unmittelbare Inhalte der feldspezifischen Umsetzung von Personalstrategien darstellen, rekurriert der dritte Grund indirekt auf die Strategien zur Gestaltung der gesamten Organisation. Die Idee ist die Schaffung internationaler verbaler Informationsnetzwerke durch Managertransfers, die bei entsprechender weltweiter Zusammenführung einen größeren Dezentralisationsgrad der Organisation erlauben als bürokratisch orientierte Koordinationsstrategien, indem sie die in Transfers implizit enthaltene Sozialisationswirkung ausnutzen.

9.4.7.1 Zielsetzung

Mitarbeiter, die in international tätigen Unternehmen arbeiten, haben in der Regel bestimmte Bedürfnisse und Wünsche bezüglich ihres Einsatzortes. Zu diesen Bedürfnissen muß sich ein international tätiges Unternehmen äußern: also einen Auslandseinsatz ermöglichen, sofern er gewünscht wird, ihn jedoch nicht zwingend vorschreiben, wenn der Mitarbeiter sich – beispielsweise aus persönlichen Gründen – nicht dazu in der Lage sieht. Trotz der letztgenannten Einschränkung stellen Auslandseinsätze für potentielle wie derzeitige Mitarbeiter einen wichtigen Anreiz dar.

Gerade unter dem Gesichtspunkt der eigenen Persönlichkeits- und Karriereentwicklung sind vor allem Hochschulabsolventen als Führungsnachwuchskräfte an einer (zeitweiligen) Entsendung ins Ausland interessiert. Vor dem Hintergrund der Fokussierung auf die Bedürfnisse der Mitarbeiter ist es für international tätige Unternehmen erforderlich, unterschiedlichste Modelle für einen Auslandseinsatz anzubieten. Dabei gilt es, einen **Interes-**

senausgleich zwischen Unternehmens- und Mitarbeiterzielen zu realisieren. Dieser Ausgleich ist bei Auslandsentsendungen möglich, wenn
- das Unternehmen auf dem Arbeitsmarkt seine internationale Kompetenz darstellt und,
- seine nutzbaren Modelle des Auslandseinsatzes nach außen kommuniziert,

um auf diese Weise auch langfristig diejenigen Mitarbeiter an das Unternehmen zu binden, die an solchen Auslandseinsätzen interessiert sind.

Auslandsentsendung *als Teil* der Personalentwicklung bedeutet – anders als die in Abschnitt 9.4.5 beschriebene Personalentwicklung *für* eine Auslandsentsendung – die bewußte Nutzung der Lernerfahrung aus dem Ausland für die individuelle Entwicklung. Der Auslandseinsatz wird dabei zu einem spezifischen Entwicklungsinstrument.

Die **Bedeutung** eines derartigen Auslandseinsatzes als Teil der individuellen Laufbahnplanung beziehungsweise der stellenbezogenen Karriereplanung hängt ab von der verfolgten Kulturstrategie:
- Bei der *Monokulturstrategie* spielt die Auslandsentsendung für die Personalentwicklung des Entsandten eine eher geringe Rolle, da er weniger Unterschiede erleben, als vielmehr Unterschiede abbauen soll. Wichtiger aus Unternehmenssicht ist hierbei der Kulturtransfer durch den Entsandten, weshalb eher „ausgereifte" Mitarbeiter hierfür in Frage kommen.
- Ebenso ist auch bei der *Multikulturstrategie* die Auslandsentsendung nur insofern eine individuelle Entwicklungsmaßnahme, als Mitarbeiter generell Auslandserfahrung sammeln sollen. Ein bewußter Kulturtransfer soll aber unterbleiben.
- Extrem wichtig ist allerdings der Auslandseinsatz bei einer *Mischkulturstrategie*. Hier soll der einzelne Mitarbeiter bewußt von anderen Landeskulturen und Unternehmenskulturen lernen, um permanent als Teil eines evolutionären Gesamtprozesses Impulse für Änderungen zu geben.

Der Anlaß für die Auslandsentsendung hat dann wiederum unmittelbaren Einfluß auf die **Form** und den **Zeitrahmen** der Entsendung (Übersicht 9.27):
- Bei einer *Mischkulturstrategie* genügt meist ein kurzer Gastaufenthalt, der im Extremfall sogar in ganz anderen Unternehmensbereichen stattfinden kann. Sinnvoll sind auch Konzepte von Job Rotation, in deren Rahmen Führungsnachwuchskräfte über mehrere Jahre Hilfsfunktionen in ausländischen Töchtern übernehmen. Diese Programme können gegebenenfalls ausgeweitet werden, indem mehrere Auslandstöchter gleichzeitig einbezogen werden und die Mitarbeiter so durch verschiedene ausländische Tochtergesellschaften rotieren.
- Bei der *Multikulturstrategie* geht es weniger um Kulturvermischung als vielmehr um eine bewußte Kulturkoexistenz. Daher kommen eher kürzere Vorschläge in Frage, wie
  - mehrwöchige Hospitanzprogramme für Kaufleute und Sachbearbeiter zur Erweiterung des Fremdsprachenniveaus oder der Kenntnisse für die Sachbearbeiterposition,
  - Anbieten eines Auslands-Traineeprogramms für Hochschulabsolventen, die neu ins Unternehmen einsteigen.

- Bei der *Monokulturstrategie* steht die Anpassung an die Kultur der Muttergesellschaft im Vordergrund. Dies bedeutet
  - Vergabe internationaler Projekte für Führungsnachwuchskräfte, die sich bereits im Unternehmen bewährt haben,
  - Langzeitprogramme für Führungskräfte, die in Auslandstöchtern für mindestens ein Jahr Führungsverantwortung übernehmen.

Hinzu kommt die speziell im multikulturellen Umfeld sinnvolle „Entsendung auf Dauer". Im Zusammenspiel mit international ausgerichteten Entwicklungsmaßnahmen in der Muttergesellschaft können diese Einsätze Mitarbeiter auf unterschiedlichen Ebenen für Auslandstätigkeiten qualifizieren, bis hin zu der Übernahme wichtiger Schlüsselfunktionen.

Entsendungsform	**Dauer**	**Eignung für Kulturstrategie**		
		Monokultur	Multikultur	Mischkultur
Hospitanz	2–5 Wochen	teilweise	unbedingt	teilweise
Auslands-Trainee	2–4 Monate	teilweise	unbedingt	teilweise
Internationaler Einsatz (unterstützende Tätigkeit)	3–5 Monate	nein	teilweise	unbedingt
Internationale Job Rotation	6–18 Monate	nein	teilweise	unbedingt
Internationale Führungsaufgabe auf Zeit	mehr als 1 Jahr	unbedingt	nein	teilweise
Internationale Führungsaufgabe auf Dauer	zunächst unbegrenzt	teilweise	unbedingt	teilweise

Übersicht 9.27: Formen des Auslandseinsatzes und ihre Strategiebegrenzung

„Auslandsentsendungen" werden bei der Misch- und Multikulturstrategie aber auch in umgekehrter Richtung durchgeführt, d. h. als Entsendung in die Muttergesellschaft, sofern nicht wie bei der föderalen Struktur überhaupt auf ein solches verzichtet wird. Nur bei der Monokulturstrategie gibt es einen Unterschied: Hier kommen bei umgekehrter Entsendungsrichtung für längerfristige Führungsaufgaben in der Muttergesellschaft nur diejenigen Führungskräfte aus den Tochtergesellschaften in Frage, die bereits in einem hohen Maße die Unternehmenskultur der Konzernmutter verinnerlicht haben.

9.4.7.2 Organisation

Aufgabe der internationalen Personaleinsatzplanung ist es auch, die Vielzahl der Einsatzmöglichkeiten zu stringenten Einsatzprogrammen zu kombinieren und organisatorisch zu regeln. Dies kann entweder über eine „Clearing-Stelle" geschehen, die für die angebotenen Systeme Potentiallisten führt und den Austausch konkret vollzieht, oder aber die Interessenten werden innerhalb der Auslandstöchter angesprochen und ein „Tausch“ wird bei regelmäßig stattfindenden Treffen konzernweit vorgenommen. Welches dieser beiden Modelle vorgezogen wird, hängt von der Größe der ausländischen Tochtergesellschaften ab, vor allem aber von der **Entscheidungsstrategie**:

- Im *zentralen* System bietet sich zwangsläufig die Clearing-Stelle in der Muttergesellschaft an. Hier erfolgt dann durch Abgleich zur Bestandsanalyse und Bedarfsbestimmung in Verbindung mit den individuellen Entwicklungswünschen der Mitarbeiter die Festlegung des konkreten Auslandseinsatzes.
- Im *dezentralen* System wird unabhängig voneinander in den Auslandseinheiten geplant, gegebenenfalls allerdings im Rahmen einer Globalvorgabe der Muttergesellschaft.
- Im *föderalen* System sind beide Modelle angebracht, denkbar sind also eine verteilte Planung ebenso wie temporäre Clearing-Stellen.

In diesem Zusammenhang stellt sich auch die grundsätzliche Frage nach der Rolle der **Personalabteilung** beim internationalen Personalmanagement: Sie hat, wie bereits in Abschnitt 9.2.2.2 erläutert, primär Servicefunktionen. Ihre konkrete Ausgestaltung hängt dabei von der gewählten Entscheidungsstrategie ab. Vor allem im zentralen Modell hat die Personalabteilung der Muttergesellschaft (in Zusammenarbeit mit den Tochtergesellschaften) sicherzustellen, daß der erforderliche Personalbestand weltweit quantitativ und qualitativ zum vorgesehenen Zeitpunkt zur Verfügung steht. Dies verlangt allerdings aufgrund der langen Vorlaufzeiten eine unmittelbare Einbindung in die strategische Gesamtplanung. Die weiteren Funktionen der Personalabteilung ergeben sich ferner aus der gewählten *Metastrategie*: So muß sie beim Kulturstrategieansatz in weitreichender Form prägend wirken, während sie im derivativen Bedarfsansatz eher reaktiv operiert.

9.4.7.3 Vorbereitung

Bevor es überhaupt zu einem Auslandseinsatz kommt, sind entsprechende Vorbereitungen im Sinne von personellen und organisatorischen Rahmenbedingungen zu schaffen. Sie erstrecken sich primär auf **vier Bereiche**:

Erstens muß das Personaleinsatzmanagement Vorkehrungen treffen, daß bezüglich des *Arbeitseinsatzes*, also der Gestaltung von Arbeitsplatz, Arbeitszeit und Arbeitsaufgaben Rahmenbedingungen geschaffen werden, die eine erfolgreiche Wahrnehmung des Auslandsaufenthaltes ermöglichen. Dies bedeutet zum Beispiel hinsichtlich des Arbeitsplatzes, daß

- im Rahmen der Arbeitssicherheit die gleichen Anforderungen gelten wie im Mutterland,
- die Umgebungseinflüsse auf das im Mutterland gewohnte Maß angepaßt werden und
- möglichst vergleichbare Arbeitsmittel zur Verfügung stehen, der Mitarbeiter also nicht unnötig gezwungen ist, auf primitivere Arbeitsmittel zurückzugreifen.

Bezüglich der Arbeitszeit ist die Länge des Auslandsaufenthaltes zu klären. Flexible Arbeitszeit- oder Schichtmodelle des Heimatlandes können dagegen in aller Regel aufgrund der divergierenden nationalen Rahmenbedingungen kaum aufrechterhalten werden.

Ein weiterer Bereich ist zweitens die *Vorbereitung* des zukünftigen *Expatriates*. Hierzu gehören die entsprechenden Vorbereitungskurse, auf die bereits im Zusammenhang mit der Personalentwicklung eingegangen wurde, ebenso wie die Modalitäten der Vertragsgestaltung.

Ein besonderes Problem beim Auslandseinsatz scheint aus dem familiären Bereich zu kommen: So ist nach der Untersuchung von *Wirth* (1992) das fehlende Einverständnis des Ehepartners für den Kandidaten oft ein zentraler Grund, einen Auslandsaufenthalt abzulehnen (Übersicht 9.28).

Angegebener Grund für Ablehnung	**Häufigkeit**
Ablehnende Haltung des Ehepartners	71%
Nachteile für die Entwicklung der Kinder	64%
Trennung von Verwandten und Freunden	49%
Karrierenachteile	41%
Umstellung der Lebensgewohnheiten	37%
Sprachschwierigkeiten	29%

Übersicht 9.28: Ablehnungsgründe (mit Mehrfachnennung) für Auslandsentsendungen in der Untersuchung nach *Wirth* (1992, 133)

Zur Organisation und Planung eines Auslandseinsatzes gehört daher drittens immer auch die Vorbereitung der *Familie*. Auch hier ist ein frühzeitiges Vertrautmachen mit der oft sicherlich als fremd eingestuften Umgebung und Hilfestellung bei administrativen sowie sozialen Aspekten angebracht.

Viertens verlangt ein sinnvoller Auslandseinsatz auch die meist übersehene *Vorbereitung* der Mitarbeiter in der betreffenden *Auslandseinheit* auf den Entsandten (vgl. *Vance* 1992): Dies betrifft ebenfalls entsprechende interkulturelle Trainingsmaßnahmen, ohne die Probleme vorprogrammiert sind.

9.4.7.4 *Betreuung*

Mitarbeiter sind während ihres Auslandsaufenthaltes teilweise erheblichen Belastungen ausgesetzt. Internationales Personaleinsatzmanagement verlangt daher nach einem durchgängigen und klaren Konzept für die Betreuung der Expatriates. Verhaltensmaximen wie „Aus den Augen, aus dem Sinn" sind typisch für weniger erfolgreiche Firmen, während sich umgekehrt die erfolgreichen Unternehmen durch organisatorische Regelungen wie Mentoren oder Berater („Counselor") auszeichnen (vgl. *Derr/Oddou* 1991, 12).

Gerade damit aus dem Auslandseinsatz ein maximaler Effekt erzielt wird, ist die im Ausland erlebte *Arbeitszufriedenheit* speziell hinsichtlich des Bedürfnisses nach Selbstverwirklichung herzustellen. Untersuchungen zeigen, daß der von den Entsandten perzeptierte Gesamterfolg des Auslandseinsatzes stark mit dieser Zufriedenheit korreliert (vgl. z. B. *Kumar/Karlshaus* 1992).

Allerdings hängt die Betreuung der Expatriates durch die Muttergesellschaft von der *Interkulturstrategie* ab: Während beispielsweise die Monokulturstrategie eine Betreuung auch während des Auslandseinsatzes verlangt, gehört bei der Multikulturstrategie die Abnabelung (und damit der Verzicht auf Betreuung) zu den strategieimmanenten Charakteristika.

9.4.7.5 *Reintegration nach dem Auslandseinsatz*

Internationales Personaleinsatzmanagement befaßte sich zunächst primär mit der Auslandsentsendung. Erst später wurde deutlich, daß gerade auch die **Rückkehr** mit sichtbaren Folgen (wie Karriereknick oder familiäre Probleme) ein ernstes Problem darstellt. Kommt es hier zu Fehlern, so hat dies Abstrahlungseffekte auf das gesamte Internationalisierungsprogramm.

Die Probleme, die in der Rückkehrphase entstehen, sind sicherlich abhängig von Faktoren wie Dauer des Auslandeinsatzes, Ort des Auslandeinsatzes und Alter des Entsandten. Trotzdem gibt es aber einige typische, weil allgemeingültige **Problemfelder** (vgl. *Harvey* 1982; *Kenter/Welge* 1983):

- Entsandte werden oft damit konfrontiert, daß für sie keine spezielle Einsatzplanung für die Zeit nach ihrem Auslandseinsatz existiert. Die Befürchtung, durch die Entsendung einen *Karriereknick* hinnehmen zu müssen, kann deshalb die Bereitschaft für einen Auslandseinsatz erheblich senken.
- Veränderungen in der Muttergesellschaft wie beispielsweise Umstrukturierungsmaßnahmen oder Stellenumbesetzungen erschweren es dem Mitarbeiter, sich nach seiner Rückkehr schnell wieder zu *integrieren*.
- Entsandte Führungskräfte genießen im Ausland nicht selten gewisse Privilegien, wie beispielsweise die Bereitstellung von Haushaltshilfen. Diese Annehmlichkeiten können oft im Stammland dem Rückkehrer nicht mehr gewährt werden. Die *Einbuße des Lebensstandards* kann bei der ganzen Familie zu Unzufriedenheit führen und erschwert die Reintegration in das Unternehmen.

Die Auswirkungen einer nicht gelungenen Reintegration sind sehr weitreichend: Zunächst ist mit einem starken Rückgang der Motivation und der Arbeitsleistung bei dem Betroffenen selbst zu rechnen. Im Laufe dieser Entwicklung wird dann aber auch die Entsendungsbereitschaft bei den übrigen Mitarbeitern spürbar nachlassen.

Durch diverse **Mechanismen** lassen sich die Probleme entschärfen. *Wirth* (1992, 152, 205–208) nennt in diesem Zusammenhang in seiner Studie u. a. die folgenden Möglichkeiten:

- Stammhauspaten,
- Eingliederungsseminare,
- Wohnungssuchhilfen und
- Familienhilfe (z. B. Schulen der Kinder).

Die von ihm befragten Unternehmen beschränkten sich allerdings primär auf Wohnungssuchhilfen; selbst auf Rückkehrgespräche zur Übertragung des im Ausland erworbenen Wissens wurde meist verzichtet.

9.4.7.6 *Auslandseinsatz von Frauen*

Im Zusammenhang mit Entsendungen ins Ausland fällt auf, daß der Frauenanteil bei den Expatriates üblicherweise sehr gering ist (vgl. *Adler* 1984, 79) so daß viele Personalmanager bislang nur wenig Erfahrung auf diesem Gebiet besitzen. Interessant ist in diesem Zusammenhang die Auseinandersetzung mit den Gründen für dieses Phänomen. Leicht werden hier Vorurteile wie „Immobilität“ oder „Familienorientierung“ als Argumente ins Spiel gebracht.

In der Regel scheint allein schon die Vermutung über die Existenz frauenspezifischer Entsendungsbarrieren das Entscheidungsverhalten der Unternehmen zu beeinflussen. Die am stärksten wahrgenommen **Barrieren** bei der Auslandsentsendung von Frauen liegt nach der Untersuchung von *Adler* (1984), durchgeführt bei 60 amerikanischen und kanadischen Personalmanagern, in Vorurteilen gegen entsandte Frauen in den Zielländern, in der Berücksichtigung der Karrierewünsche des Ehepartners sowie in der generellen Abneigung des Unternehmens, Frauen zu entsenden (vgl. Übersicht 9.29).

Von Personalmanagern wahrgenommene Barrieren	international	national
Vorurteile gegen Frauen in den Zielländern	72,7%	0%
Karrierewünsche des Ehepartners	69,1%	0%
Generelle Abneigung des Unternehmens, Frauen zu entsenden	53,8%	14,5%
Frauen sind uninteressiert	24,5%	1,8%
Frauen sind unqualifiziert	18,2%	1,8%
Frauen sind ineffektiv	5,6%	1,8%

Übersicht 9.29: Wahrgenommene Entsendungsbarrieren bei Frauen (nach *Adler* 1984, 81)

Domsch und *Lichtenberger* (1992) stellten in ihrer Untersuchung bei 13 Unternehmen (von denen drei überhaupt keine weiblichen Führungskräfte im Ausland beschäftigten) fest, daß der Anteil der weiblichen Führungskräfte im Auslandseinsatz durchschnittlich nur knapp 3 Prozent beträgt. Das Ergebnis zeigt, daß lediglich die Immobilität von Frauen etwas häufiger genannt wurde als von Männern; bei allen übrigen Aspekten sind die Ablehnungen von männlichen Führungskräften stärker ausgeprägt als bei weiblichen Führungskräften (Abbildung 9.25).

Diese Befunde belegen ein klares Handlungsdefizit, wobei es sich offenbar weniger um Entsendungsprobleme bei den Frauen als bei den über die Entsendung Entscheidenden handeln dürfte: Auch die häufig als gering eingestufte Akzeptanz von weiblichen Expatriates bei ausländischen Mitarbeitern und Kunden ist, soweit erkennbar, empirisch nicht gestützt.

Im Gegenteil werden sogar **potentielle Vorteile** bei der Auslandsentsendung von Frauen genannt (vgl. *Adler* 1984, 83):

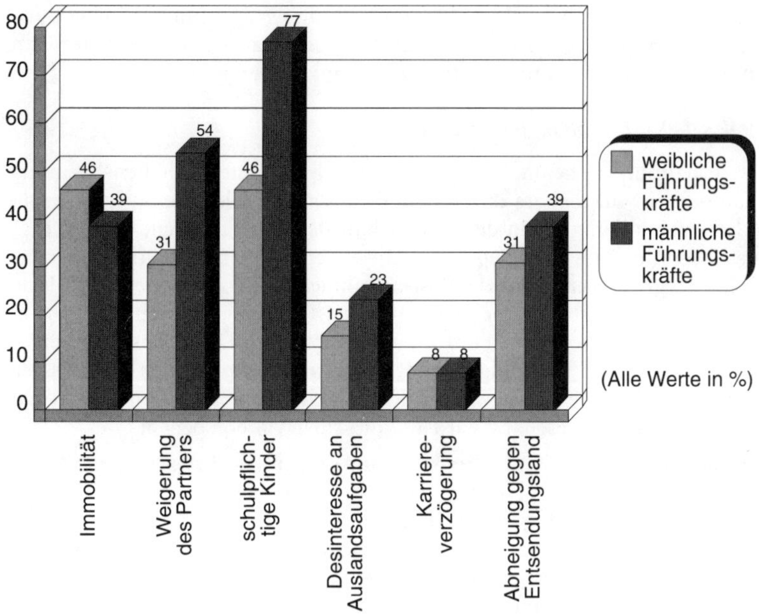

Abbildung 9.25: Ablehnungsgründe von potentiellen Expatriates in der Untersuchung von *Domsch* und *Lichtenberger* (1992, 98).

- höhere Motivation als bei Männern,
- größere Single-Quote unter Frauen und daher größere Mobilität,
- Aufmerksamkeits- und Erinnerungseffekt höher als bei Männern,
- Attribuierung einer hohen Kompetenz aufgrund der „Ausnahme" der erfolgten Entsendung,
- entsandte Frauen könnten aufgrund einer Entlastung im Haushalt beispielsweise durch Haushaltshilfen täglich länger arbeiten als nicht entsandte Frauen,
- Frauen können sich gut auf andere Kulturen einstellen,
- Frauen wollen teilweise noch ins Ausland entsandt werden, wenn Männer dies ablehnen.

Ob diese Merkmale allerdings tatsächlich zutreffen, kann erst eine tiefergehende empirische Analyse belegen.

9.4.8 Personalführung

Die Personalführung im internationalen Kontext wurde im Rahmen dieses Kapitels bereits an verschiedensten Stellen angesprochen, da hier eine der besonders wichtigen Herausforderungen an das internationale Personalmanagement vorliegt. Aus diesem Grund basiert letztlich auch das gesamte Kapitel unter anderem auf den in Abschnitt 9.2 präsentierten Überlegungen zu landeskulturellen Unterschieden und den daran anknüpfenden Kulturstrategien (Abschnitt 9.3). Deshalb kann sich dieser Abschnitt auf eine kurze **Zusammenfassung** der zwei zentralen Argumentationslinien beschränken, nämlich der Kultur- und der Strategieabhängigkeit der Führung.

9.4.8.1 Kulturabhängigkeit der Führung

Personalführung beinhaltet immer die zielgerichtete Verhaltensbeeinflussung eines Mitarbeiters durch den Vorgesetzten. Gleichzeitig ist Führung aber auch abhängig von der Bereitschaft des Untergebenen, diese Verhaltensbeeinflussung zu akzeptieren. Diese Bereitschaft ist letztlich aber nur dann gegeben, wenn auch die **Basisannahmen** von Vorgesetzten und Mitarbeitern zumindest bezüglich der zentralen Frage übereinstimmen, was eigentlich unter „richtiger" Führung zu verstehen ist. Dieser Basiskonsens ist oft nicht gegeben: Die Folge sind Kommunikationsprobleme und Mißverständnisse, beispielsweise weil die Komplexität einer Situation vom Vorgesetzten anders eingeschätzt wird als von seinen Untergebenen.

Probleme entstehen somit immer dann, wenn die Erwartungen der im Führungsprozeß involvierten Personen voneinander abweichen, die Führungsstilerwartung des Mitarbeiters also nicht dem praktizierten Führungsstil des Vorgesetzten entspricht: Bei einer nicht mehr überbrückbaren Diskrepanz entsteht dann auf beiden Seiten eine Führungsunzufriedenheit, wobei die Führungssituation als zusätzlicher Einflußfaktor wirkt (Abbildung 9.26).

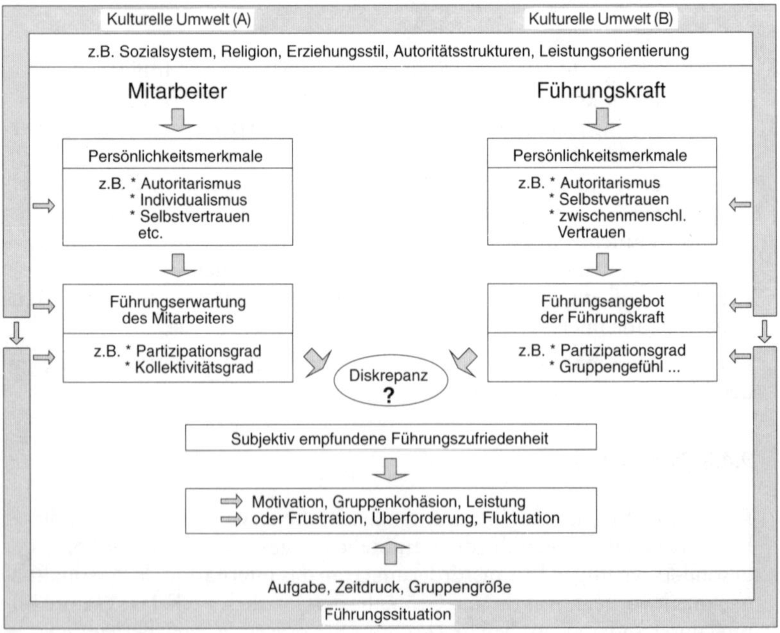

Abbildung 9.26: Kulturabhängigkeit der Führung nach *Keller* (1987, 1285–1286).

Deutlich zeigt sich diese Problematik an der von *Laurent* (1986) durchgeführten **Studie**: Er befragte 1800 Führungskräfte aus 12 Ländern danach, was sie als adäquates Verhalten im Führungsprozeß ansehen, und kam dabei zu markanten Unterschieden. Als exemplarischer Befund liefert Übersicht 9.30 die Reaktionen auf die Frage nach der erforderlichen Präzision von Antworten des Vorgesetzten. Die teilweise doch sehr hohen Differenzen sind insofern besonders bemerkenswert, da ausschließlich Teilnehmer von INSEAD-Veranstaltungen befragt wurden, also eine gewisse mentale Gleichartigkeit unterstellt werden kann.

„Es ist wichtig für einen Manager, präzise Antworten für die meisten Fragen zu haben, die Mitarbeiter bezüglich ihrer Arbeit stellen."		
USA	138 Teilnehmer	13% Zustimmung
Schweden	90 Teilnehmer	13% Zustimmung
Niederlande	134 Teilnehmer	18% Zustimmung
Dänemark	102 Teilnehmer	27% Zustimmung
Großbritannien	349 Teilnehmer	30% Zustimmung
Deutschland	161 Teilnehmer	40% Zustimmung
Schweiz	88 Teilnehmer	40% Zustimmung
Belgien	81 Teilnehmer	49% Zustimmung
Frankreich	382 Teilnehmer	59% Zustimmung
Italien	91 Teilnehmer	59% Zustimmung
Indonesien	92 Teilnehmer	67% Zustimmung
Japan	54 Teilnehmer	77% Zustimmung

Übersicht 9.30: Beispiel für Unterschiede im erwarteten Führungsverhalten (*Laurent* 1986, 94)

Auch die Studie von *Hofstede* (1980 a) verdeutlichte eindrucksvoll, daß sich Länder in ihren landeskulturellen Dimensionen Unsicherheitsvermeidung, Maskulinität, Machtabstand und Individualität teilweise dramatisch unterscheiden: So wären beispielsweise die Schwierigkeiten eines dänischen Vorgesetzten (PDI, UAI, MAS niedrig, IDV hoch) in Mexiko (PDI, UAI, MAS hoch, IDV niedrig) unmittelbar nachvollziehbar.

Es fehlen allerdings Führungstheorien, die als komplexe situative Theorien nicht nur Aussagen zum Führungsstil in Abhängigkeit von der Führungssituation machen, sondern zudem noch das Ausmaß der Kulturdiskrepanz berücksichtigen. Auch die trivialen Lösungsvorschläge, die Kulturdiskrepanz zu einem Teil der „Günstigkeit" der Führungssituation zu machen oder aber pauschal das Problem theoretisch über einen „individualisierten" (und sich nur auf den Einzelfall beziehenden) Führungsstil zu lösen, bringen keinen Erkenntnisfortschritt.

Erschwerend kommt noch hinzu, daß allgemeine Führungstheorien den situativen Faktor „Landeskultur" überwiegend ausklammern: So berichtet *Keller* (1987, 1287–1289) als **Metastudie** von rund 160 kulturvergleichenden Untersuchungen zum Führungsverhalten mit rund 200 Landesergebnissen. Danach werden durch den Faktor *Nationalität* nur etwa 10%-30%

der Unterschiede in den Führungsstilpräferenzen erklärt, was allerdings teilweise auf die Meßmethodik (überwiegend Fragebogen) zurückzuführen sein könnte.

Ein im Zusammenhang mit der kulturorientierten Führung noch zu lösendes Problem ist die **Stereotypen-Bildung**, bei der den Nationalitäten automatisch jeweils spezifische Merkmale zugerechnet werden: Sicherlich ist es auf der einen Seite hilfreich, wenn durch entsprechende Studien (vgl. Abschnitt 9.2.3) „typische“ Merkmale der jeweiligen Landeskultur herausgearbeitet und dann als Hilfestellung für Vorgesetzte beziehungsweise Mitarbeiter angeboten werden. Auf der anderen Seite stehen aber Aussagen wie beispielsweise von *Schneider* (1991, 19), wonach deutsche Manager wegen ihres Statusdenkens zum „großen Mercedes“ auch noch einen Chauffeur benötigen oder schwedische Manager nur durch Ferienhäuser motivierbar sind: Derartige Erläuterungen von landestypischen Motivationssystemen sind möglicherweise zu starke Generalisierungen, die – wenn sie tatsächlich Verhalten prägen – der Individualität nicht gerecht werden.

In letzter **Konsequenz** bedeutet dies, daß lediglich im Rahmen der internationalen Personalentwicklung Führungskräfte bei aller angebrachten Relativierung auf die zu erwartenden Kulturunterschiede vorbereitet werden können, konkrete Führungsmodelle für diese Situation aber fehlen.

9.4.8.2 Strategieabhängigkeit der Führung

Der zur Verfügung stehende Aktionsrahmen für die Personalführung im internationalen Kontext wird zusätzlich durch die verfolgte Kulturstrategie begrenzt. Denn die Form, wie letztlich eine Kulturdiskrepanz in der Führung aufgedeckt und beantwortet wird, hängt vor allem von der gewählten **Kulturstrategie** ab:

Bei der *monokulturellen Strategie* steht der „linking pin“ besonders im Spannungsverhältnis der unterschiedlichen Kulturkreise. Als Ansprechpartner für die Muttergesellschaft und als Vorgesetzter, Arbeitskollege und Untergebener in der Tochtergesellschaft werden unterschiedliche Erwartungen an ihn herangetragen. So könnten Anweisungen der Muttergesellschaft als unrealistisch und deshalb nicht beachtenswert abgetan werden, wenn sie den lokalen Gegebenheiten nicht gerecht werden. Versucht ein Mitarbeiter, solche Anweisungen unangepaßt umzusetzen, so wird er schnell innerhalb der ausländischen Tochtergesellschaft diskreditiert sein und seine Funktionen nicht mehr erfüllen können. Zur Motivationssicherung und -förderung gehört insbesondere die laufende und umfassende Information über Unternehmensgeschehnisse. Auf diesem Wege wird dem Gefühl der Isolation vorgebeugt und die spätere Reintegration erleichtert.

Die bei der *multikulturellen Strategie* gewährte Autonomie hin zum „culture center“ reduziert die Problematik der Personalführung dadurch, daß der internationalen Verflechtung für die Mitarbeiter eine geringere Bedeutung zukommt als bei den beiden anderen Strategien. Wird die multikulturelle Strategie jedoch als eine Entwicklungsstufe hin zur Mischkultur oder Monokultur betrachtet, könnte die Aufgabe darin bestehen, behutsame erste Schritte im Hinblick auf den angestrebten einheitlichen Unternehmenskulturkern des global agierenden Unternehmens zu unternehmen. Informationen über die Muttergesellschaft – zum Beispiel durch eine Firmenzeitschrift – sowie die Darstellung der eigenen Position in der Unternehmensgruppe fördern in diesem Zusammenhang die Entwicklung eines gemeinsamen „Wir-Gefühls".

Besonders die *Mischkulturstrategie* basiert auf dem bewußten Zusammentreffen von Menschen unterschiedlichster Kulturkreise. Anreize in der Form, daß dem Mitarbeiter weitgehende Freiheiten bei seiner Aufgabenerfüllung gewährt werden, führen bei einem großen Bedürfnis des Untergebenen nach Unsicherheitsvermeidung zu folgenschweren Problemen. Auch bei der Auswahl des Lohnsystems als Anreizinstrument können sich Schwierigkeiten ergeben. So wird eine gruppenabhängige Entlohnung in kollektivistischen Ländern zu einer Verbesserung des Arbeitsklimas beitragen. In individualistischen Kulturen dagegen führen diese Lohnformen zu Unzufriedenheit und letztlich zu einer Arbeitsleistung, die das vorhandene Potential nicht ausschöpft.

9.4.9 Personalkostenmanagement

Aufgrund der länder- und industriespezifischen Besonderheiten wirft die Entlohnung von Mitarbeitern im Auslandseinsatz besondere Probleme auf: Unterschiedliche Währungssysteme und damit verbundene Kaufkraftdifferenzen, abweichende Steuerbelastungen und gesetzlich festgelegte Sozialleistungen sind einige exemplarische Gründe für die Schwierigkeiten bei der Entwicklung eines angemessenen Entlohnungssystems für die im Auslandseinsatz tätigen Mitarbeiter (vgl. *Dowling/Schuler* 1990, 116–135; *Schöllhammer* 1992).

Aus diesem Grund gelten die allgemeinen **Anforderungen** an Vergütungssysteme in besonderem Maße für die Entlohnung der im Ausland eingesetzten Mitarbeiter (vgl. *Hahn* 1986, 68–69; *Macharzina* 1992 a, 540):
- Anforderungs- und Leistungsgerechtigkeit,
- Einfachheit und Transparenz,
- Flexibilität und Universalität,
- Marktgerechtigkeit,
- Wirtschaftlichkeit sowie
- Strategiebezogenheit.

Darüber hinaus sollten zusätzlich auslandsspezifische Kriterien Berücksichtigung finden, was allerdings Schwierigkeiten aufwirft.

Die Regelung des Entgelts bei Auslandsentsendung ist besonders wegen der systemimmanenten **Zielkonflikte** äußerst problematisch (vgl. *Pausenberger/Noelle* 1977, 361–362): Erstens sollte die Vergleichbarkeit des Gesamteinkommens von Mitarbeitern, die in unterschiedlichen Ländern in gleichwertigen Positionen tätig sind, gewährleistet sein. Zweitens sollte eine Gleichstellung von Angehörigen des Stammhauses unabhängig vom jeweiligen Einsatzort hinsichtlich der Gesamtentwicklung des Gehaltsniveaus und der sozialen Absicherung erfolgen. Drittens sollte die Entlohnung von Mitarbeitern des Stammhauses und von Landesangehörigen nach gleichen Grundsätzen erfolgen.

Schöllhammer (1992, 1875–1876) formulierte in diesem Zusammenhang vier **Prinzipien**, deren Beachtung die mit der Entlohnung verbundenen Probleme möglichst gering halten sollen:

(1) Für in- und ausländische Teilgesellschaften des Unternehmens müssen weitgehend einheitliche Aufgabenbereiche festgelegt werden.

(2) Innerhalb eines Aufgabenbereiches sollten einheitliche Grundgehälter für alle Stellen in allen Teilgesellschaften festgelegt werden.

(3) Durch die Versetzung ins Ausland darf der betroffene Mitarbeiter keine finanziellen Einbußen erleiden, aber auch keine unangemessenen Vorteile erzielen; dem wird durch Zu- beziehungsweise Abschläge zum jeweiligen Grundgehalt entgegengewirkt.

(4) Mitarbeiter im Auslandseinsatz sollten gemäß ihren Leistungen im Gastland befördert werden und nach ihrer Rückkehr zum Stammhaus eine ihren zwischenzeitlich erworbenen Erfahrungen gerecht werdende Position erhalten.

Auch diese Prinzipien können die Problematik einer allen Zielen genügenden Entgeltsystematik allenfalls abschwächen.

Letztlich gilt es daher in Übereinstimmung mit der Unternehmensstrategie eine der in der Literatur genannten **drei Varianten** zu wählen (vgl. *Hahn* 1986, 69–70; *Wirth* 1992, 226–228):

(a) Stammlandbezogen

Bei dieser Variante erfolgt die Vergütung durch die Orientierung am Gehaltsniveau des Stammlandes (*home country based*). Ziel dieses Ansatzes ist es, dem entsandten Mitarbeiter ein Gehalt zu zahlen, das er für eine vergleichbare Tätigkeit im Heimatland erhalten würde, um so die Aufrechterhaltung seines bisherigen Lebensstandards zu gewährleisten. Der Vorteil dieses Ansatzes liegt darin, daß der Mitarbeiter auf keinen Fall schlechter gestellt wird als Mitarbeiter auf vergleichbaren Positionen im Stammland, da finanzielle Nachteile durch entsprechende Zulagen ausgeglichen werden. Die Problematik dieser Vorgehensweise besteht zum einen darin, daß Mitarbeiter gleicher Qualifikation, aber unterschiedlicher Herkunft, unterschiedlich entlohnt werden. Zudem können Mitarbeiter im Auslandseinsatz durch Zulagen eine höhere Vergütung erhalten als Mitarbeiter auf vergleichbaren Positionen im Heimatland, ohne notwendigerweise besonderen Belastungen ausgesetzt zu sein.

Eine Möglichkeit zur Umsetzung dieses Ansatzes ist der **„balance sheet approach"**. Hier wird davon ausgegangen, daß sich das Grundgehalt an dem Gehaltsniveau des Heimatlandes orientiert und dann um ausländische Gehaltskomponenten ergänzt wird (vgl. Übersicht 9.31).

Mit dem *Grundgehalt* sollen die Anforderungen der Stelle unabhängig von dem jeweiligen Einsatzort abgegolten werden. Der getrennte Ausweis erleichtert dabei die Entsendung und Rotation von Mitarbeitern im Auslands-

Inländisches Bruttogrundgehalt	
–	inländische Steuern
–	inländische Sozialabgaben
=	**Inländisches Nettogrundgehalt**
+	allgemeine Auslandszulage
=	**Ausländisches Nettogrundgehalt**
+/–	länderspezifische Auslandzulagen beziehungsweise -abschläge: Härteausgleich (in Prozent) Lebenshaltungskostenausgleich (in Prozent) Wohnkostenausgleich
=	**Ausländisches Nettogehalt**
+	ausländische Steuern
+	ausländische Sozialabgaben
=	**Ausländisches Bruttogehalt**

Übersicht 9.31: Berechnung des ausländischen Bruttogehalts (vgl. *Hahn* 1986, 78)

einsatz (vgl. *Borrmann* 1975, 507–508): Denn zum einen dient es als Bemessungsgrundlage für die variablen Auslandszulagen sowie von Pensionszuwendungen und Gewinnbeteiligungen. Zum anderen können Unterschiede im Bruttogehalt dem Entsandten leichter verständlich gemacht werden. Weiterhin wird die Rückgliederung ins Heimatland erleichtert, da das Grundgehalt der Gehaltsentwicklung im Heimatland angeglichen werden kann. Vom inländischen Bruttogrundgehalt werden inländische *Steuern und Sozialabgaben* abgezogen.

Zum inländischen Nettogrundgehalt kommt die allgemeine Auslandszulage. Teilweise als Relikt aus den Anfängen der Internationalisierung (*Borrmann* 1975, 508) gesehen, gilt sie auch als Entschädigung für immaterielle Nachteile (*Hahn* 1986, 73), die der Mitarbeiter im Auslandseinsatz erleidet: zum Beispiel Trennung von Familie und Bekanntenkreis oder Umstellung der gewohnten Lebensweise. Auf der Basis des ausländischen Nettogrundgehalts werden dann länderspezifische Auslandszulagen beziehungsweise -abschläge vorgenommen. Hierzu gehören ein Lebenshaltungskostenausgleich, ein Wohnkostenausgleich und ein Härteausgleich (vgl. *Schöllhammer* 1992, 1876–1877). Relativ aufwendig ist dabei ein exakter länderspezifischer Härteausgleich, wenn er sich aus dem paarweisen Vergleich von Kriterien ergibt, durch die sich die Lebens- beziehungsweise Arbeitsbedingungen charakterisieren lassen; dies gilt zum Beispiel für Charakteristika wie Freizeitwert oder klimatische Verhältnisse (vgl. *Hahn* 1986, 73–74).

(b) Gastlandbezogen

Eine vollkommen andere Philosophie liegt dieser Variante zugrunde. Hier erfolgt die Vergütung durch Orientierung am Gehaltsniveau des Gastlandes (*host country based*): Ziel dieses Ansatzes ist es, eine einheitliche Gehaltsstruktur für Mitarbeiter eines Standortes zu schaffen. Hier stellt sich allerdings das Problem, Mitarbeiter für den Auslandseinsatz zu motivieren, wenn das Gehalt im Gastland deutlich unter dem des Heimatlandes liegt. Die gastlandbezogene Vergütung ist sicherlich ein relativ extremer Ansatz, der – soweit erkennbar – nur selten zum Einsatz kommt.

(c) Gemischte Ansätze

Gemischte Ansätze versuchen, eine gastlandbezogene Vergütung zu realisieren, gleichzeitig aber auch die hierdurch entstehenden Härten zu reduzieren. Dabei orientiert sich das Grundgehalt des Mitarbeiters am Einkommensniveau des Gastlandes. Der Mitarbeiter erhält aber Zulagen, um Differenzen zu seinem ursprünglichen Einkommensniveau auszugleichen. Das Entgelt im Auslandseinsatz setzt sich somit aus verschiedenen Bestandteilen zusammen: Zu dem Grundgehalt des Mitarbeiters kommen Vergütungsbestandteile, die den jeweiligen länderspezifischen Gegebenheiten und Erfordernissen Rechnung tragen. Die Gesamtvergütung läßt sich allgemein in feste und variable Bestandteile differenzieren (vgl. *Hahn* 1986, 71–81), wobei bei den festen Bestandteilen weiter unterschieden werden muß zwischen direkten und indirekten Vergütungskomponenten (vgl. Übersicht 9.32).

Fixer Anteil	**Variabler Anteil**
direkte Vergütungskomponenten: • ausländisches Bruttogehalt indirekte Vergütungskomponenten: • Nebenkosten (z. B. Umzugskosten) • Repräsentationskosten • zusätzliche Urlaubsansprüche • Unterbringung des Mitarbeiters und und seiner Familie • Sprach- und Schulausbildung der Familie • Sozialversicherungsbeiträge	in Abhängigkeit vom Erfüllungsgrad – operativer Ziele des zu verantwortenden organisatorischen Bereichs, – persönlicher oder strategischer Ziele des zu verantwortenden organisatorischen Bereichs, sowie von der Ergebnisentwicklung des Konzerns

Übersicht 9.32: Vergütungsbestandteile bei Auslandseinsatz (nach *Hahn* 1986, 71)

(d) Internationaler Referenzansatz

Eine besondere Form des gemischten Ansatzes wäre dann gegeben, wenn der Basislohn, in Übersicht 9.31 das inländische Nettogrundgehalt, standardisiert für das gesamte Unternehmen gilt. Ein internationaler Konzern hätte bei diesem Modell ein bespielsweise in ECU ausgearbeitetes Gehaltsschema, auf das dann die länderspezifischen Zulagen kommen würden. Dieses als „internationaler Referenzansatz" bezeichnete Modell bietet den Vorteil der Vergleichbarkeit und erfüllt auch sonst die oben genannten Anforderungen weitgehend. Es könnte aber im Einzelfall auf Akzeptanzprobleme stoßen, da es Mitarbeiter der Muttergesellschaft je nach Lohnniveau unter Umständen schlechter stellt als bei Anwendung des rein stammlandbezogenen Systems.

(e) Entscheidungsregel

Sucht man nach einer Entscheidungsregel für die Wahl des anzuwendenden Gehaltssystems, so wird man als erstes bei der pragmatischen **Machbarkeit** fündig: Danach dürfte das im Normalfall für die Entsandten günstigste System die höchste Präferenz genießen. Expatriates aus Deutschland werden daher meist für die stammlandbezogene Vergütung votieren, sofern sie das deutsche Gehaltsniveau dem Gastland gegenüber als höher einstufen.
Streng genommen müßte sich das Unternehmen aber nach der gewählten **Interkulturstrategie** entscheiden (Übersicht 9.33):

- Hier scheint das *stammlandbezogene System* nur für eine zentralistische Monokulturstrategie angebracht.
- Das *gastlandbezogene System* ist zwingend bei der dezentralen Multikulturstrategie, scheint aber auch bei allen anderen multikulturellen oder dezentralen Ansätzen angebracht.
- Das *Mischsystem* bietet sich als Option bei nicht-zentraler Monokulturstrategie an.
- Der *internationale Referenzansatz* ist bei föderaler Mischkultur zwingend, ansonsten bei allen multi- oder mischkulturellen Strategien wählbar: ausgenommen die „reine Form" der polyzentrischen Strategie, also der dezentralen Multikulturstrategie.

Diese Überlegungen sind beim gegenwärtigen Erkenntnisstand jedoch allenfalls als plausibilitätsgestützte Tendenzaussagen zu bewerten und bedürfen dringend der weiteren empirischen Erforschung.

		Kulturstrategie		
		Monokultur	Multikultur	Mischkultur
Entscheidungsstrategie	zentral	zwingend stammlandbezogen	gastlandbezogen oder internationaler Referenzansatz	gastlandbezogen oder internationaler Referenzansatz
	dezentral	gastlandbezogen oder gemischter Ansatz	zwingend gastlandbezogen	gastlandbezogen oder internationaler Referenzansatz
	föderalistisch	gemischter Ansatz oder internationaler Ansatz	gastlandbezogen oder internationaler Referenzansatz	zwingend internationaler Referenzansatz

Übersicht 9.33: Tendenzaussagen zu internationalen Entlohnungssystemen

Letztlich wird sich das Problem der Entlohnung im Auslandseinsatz auch trotz diverser und rechentechnisch oft aufwendiger Vorschläge nur für die Länder zufriedenstellend lösen lassen, für die sich auch Preise und Löhne auf identischem Niveau eingependelt haben. Da dies aber noch weitgehend

Utopie ist, bleibt mit dem internationalen Personalmanagement gerade das Managementfeld am schlechtesten gelöst, mit dem sich die Praxis am intensivsten beschäftigt.

9.5 Methodischer Exkurs: Ein vereinfachtes Schrittmodell

Faßt man das internationale Personalmanagement aus konzeptionellen Gründen in einem vereinfachenden Schrittmodell zusammen, so ergeben sich *vier* übergeordnete *Schritte*, nämlich die Analysephase, die Formulierung der Interkulturstrategie, die feldspezifische Realisation und die Kontrollphase (Abbildung 9.27).

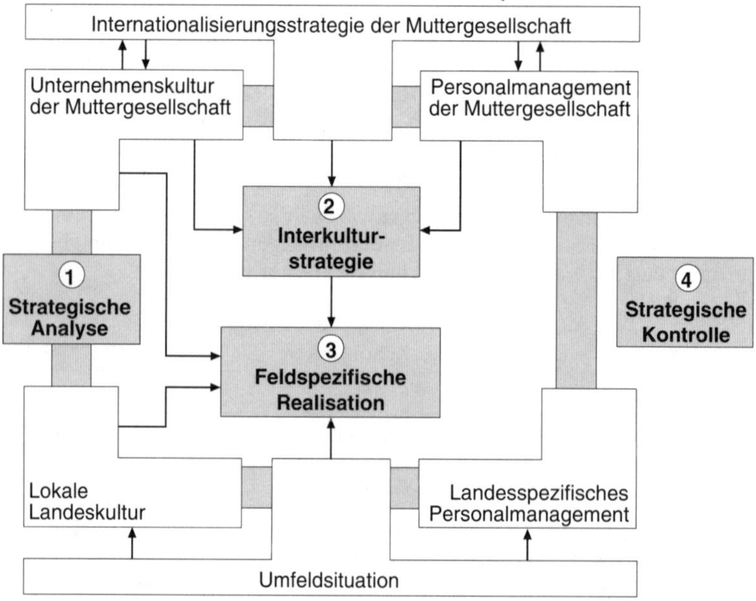

Abbildung 9.27: Beziehungsgeflecht im internationalen Personalmanagement und seine Zusammenfassung zu übergeordneten Schritten

Diese vier Schritte stellen sich im Detail wie folgt dar:

(1) Am Anfang steht die **Analysephase.** Sie erstreckt sich zum einen auf die allgemeinen Rahmendaten:
- Wichtige Rahmendaten ergeben sich unmittelbar aus der jeweiligen *Umfeldsituation.* Dieses Analysefeld umfaßt letztlich neben den für die strategische Produktplanung wichtigen Aspekten des Absatzmarktes auch den Arbeitsmarkt sowie den gesamten soziopolitischen Bereich.

- Selbst in Europa gibt es, wie oben gezeigt wurde, starke Differenzen zwischen den *lokalen Landeskulturen*. Zur Beschreibung dieser Differenzen sind zunächst die Ausprägungen der landesspezifischen Kulturdimensionen (beispielsweise Machtabstand, Unsicherheitvermeidung, Individualität, Maskulinität) des betrachteten Landes festzustellen.
- Erforderlich ist ebenfalls eine Sensibilisierung für das *landesspezifische Personalmanagement*. Gerade die Kenntnis dieser „typischen" Modelle besonders im Bereich von Arbeitseinsatz, Anreizsystemen und Entgeltermittlung vergrößert die Erfolgswahrscheinlichkeit eines internationalen Personalmanagements.

Zum anderen sind die unternehmensspezifischen Rahmendaten zu erfassen. Auch hier geht es um drei Bereiche:

- Den Ausgangspunkt bildet hier die von der Muttergesellschaft gewählte *Internationalisierungsstrategie*. Die Frage „Welche Strategie (internationale, multinationale, globale) verfolgen wir?" steht zwangsläufig immer am Anfang einer systematischen Auseinandersetzung mit internationalem Personalmanagement. Diese Strategie bezieht sich zunächst ausschließlich auf den Produktions- und Absatzbereich. Liegt sie nicht explizit formuliert vor, kann (als Näherungslösung) von der praktizierten Strategie („emergent strategy") ausgegangen werden.
- Die Kenntnis der *Unternehmenskultur der Muttergesellschaft* dient dazu, bereits im Vorfeld Probleme durch unternehmenskulturelle Unstimmigkeit zu reduzieren, indem bei der Auswahl von Internationalisierungsaktivitäten auf weitestgehende Kompatibilität zur Unternehmenskultur geachtet wird. Zusätzlich hilft die Analyse der eigenen Unternehmenskultur bei der späteren Formulierung der Interkulturstrategie.
- Das *Personalmanagement der Muttergesellschaft* übt ebenfalls einen prägenden Einfluß auf die mögliche Bandbreite für das internationale Personalmanagement aus. Gerade bei stark international ausgerichteten Unternehmen sind diese Systeme zwar in der Analysephase als Rahmendaten zu untersuchen, als Konsequenz aus den Maßnahmen im internationalen Personalmanagement aber letztlich ebenfalls als Gestaltungsobjekte aufzufassen.

(2) Der zweite Schritt ist die Formulierung der **Interkulturstrategie**. Sie setzt sich zusammen aus der Kulturtransferstrategie und der Entscheidungsstrategie:

- Der *Kulturtransfer* kann als Monokultur-, Multikultur- und Mischkulturstrategie erfolgen.
- Die *Entscheidungsfindung* läßt sich zentral, dezentral oder föderal realisieren.

Durch Kombination der drei Formen des Kulturtransfers mit den drei Formen der Entscheidungsfindung ergeben sich insgesamt neun Interkulturstrategien als personalbezogene Grundstrategien.

(3) Schritt drei umfaßt die **feldspezifische Realisation** des internationalen Personalmanagements. Dazu gehören Entwurf und Implementierung

einer landesspezifischen Personalmanagementstrategie. Abhängig von der gewählten Strategie sind Entscheidungen auf allen Personalmanagementfeldern zu treffen:

- Aus dem Abgleich von *Personalbestands-* und *Personalbedarfsanalyse* wird deutlich, welche quantitativen und qualitativen Bedarfe bezüglich international tätiger Mitarbeiter künftig auftreten.
- *Personalbeschaffungs-* und *Personalentwicklungsaktivitäten* können potentielle und aktuelle Mitarbeiter ansprechen, für die Auslandstätigkeiten aktivieren und auf diese vorbereiten.
- Der *Personaleinsatz* zeigt Möglichkeiten der optimalen Zuordnung der Mitarbeiter des „internationalen Pools" auf die verfügbaren Stellen und postuliert ein abgestuftes System zur Vorbereitung auf die Erfüllung der Schlüsselpositionen im Ausland.
- Das *Personalkostenmanagement* realisiert den finanziellen Rahmen und die kostenmäßige Erfassung der Internationalisierung.
- Die *Personalführung* letztlich realisiert über ein interkulturelles Management die alle Mitarbeiter betreffende Klammerfunktion. So können auch solche Mitarbeiter sensibilisiert werden, die expliziten Entwicklungsaktivitäten nicht ausgesetzt wurden, was die Flexibilität des Unternehmens erhöht und die Integration von Auslandstöchtern erleichtert.

(4) Die **Erfolgskontrolle** als Schritt vier bildet den Abschluß des Maßnahmenkatalogs. Ziel ist es, Abweichungen von angestrebten Zielen zu

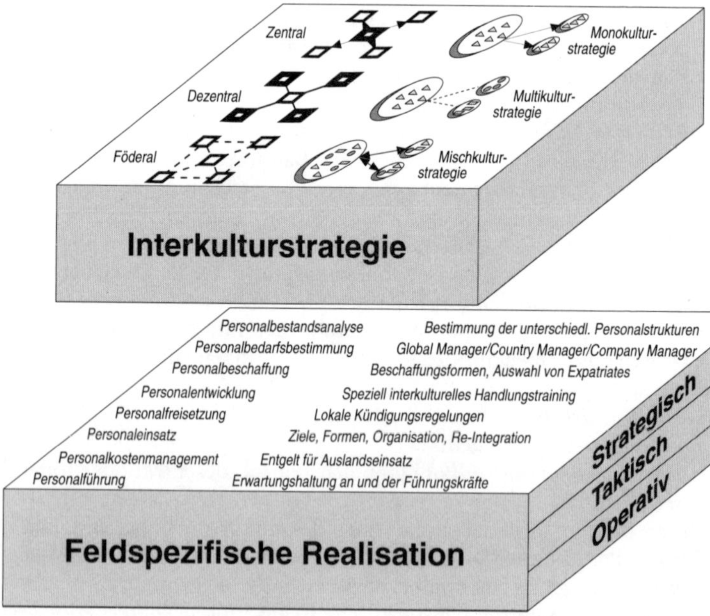

Abbildung 9.28: Interkulturstrategie und feldspezifische Realisation

erkennen, um rechtzeitig Maßnahmen zur Beseitigung dieser Umsetzungsschwierigkeiten zu initiieren. Fluktuationsraten, Verbleibensquoten, Fehlzeiten sowie Bewerberanzahl sind entsprechende Indikatoren, die auf Verbesserungsmöglichkeiten und erreichte Erfolge hinweisen.

9.6 Resümee

Eine systematische Auseinandersetzung mit den Problemen, die durch länderübergreifende Tätigkeiten im Personalbereich entstehen, ist für internationale Unternehmen überlebenswichtig. Die Rahmenbedingungen des speziellen internationalen Kontextes determinieren die Interkulturstrategie des Unternehmens, die dann auf den verschiedenen Personalmanagementfeldern umgesetzt werden muß. Entscheidend für die Erfolgswirksamkeit des internationalen Personalmanagements ist, daß diese für internationale Aktivitäten relevanten Felder im Hinblick auf die internationalen Anforderungen in der Weise bearbeitet werden, daß die genutzten Instrumente aufeinander abgestimmt sind.

9.7 Testfragen

(1) Erläutern Sie Methodik, Ergebnisse und Konsequenzen der Studie von *Hofstede*.

(2) Diskutieren Sie Argumente zum Thema Kulturkonvergenz versus Kulturdivergenz im Vergleich zur Diskussion von Systemdivergenz und Systemkonvergenz.

(3) Durch welche Merkmale lassen sich die verschiedenen Interkulturstrategien sowie ihre Vor- und Nachteile beschreiben? Wie könnte ein Entscheidungsmodell für die Unterstützung bei der Strategieauswahl aussehen?

(4) Analysieren Sie die nachfolgende Aussage eines ehemaligen Expatriates (aus *Derr/Oddou* 1991, 5): „Als ich in Chile war, traf ich mich oft mit hochrangigen Beamten und Industriellen. Ich hatte nahezu vollständige Entscheidungsfreiheit und einen großen Aktionsspielraum: Die Muttergesellschaft kümmerte sich um nichts und war daher auch entsprechend uninformiert. Nach meiner Rückkehr schienen alles Training und alle Erfahrung aus Chile absolut wertlos. Ich fühlte mich sechs Ebenen nach unten versetzt und brauche Zustimmung für Personaleinstellungen sowie die Genehmigung meines Vorgesetzten für Investitionen, die weniger als 10% von dem sind, was ich in Chile alleine abzeichnete. *To say I felt a letdown would be a significant understatement!*"

(5) Entwickeln Sie ein Szenario zum Kulturtransfer der Unternehmenskultur in einem international expandierenden Unternehmen bei Anwendung der Multikulturstrategie.

(6) Entwickeln Sie eine Beschaffungsstrategie für einen „Euro-Manager". Gehen Sie dabei auf alle Phasen der Personalbeschaffung einschließlich der Erfolgskontrolle ein.

(7) Analysieren Sie den Stellenteil einer Tageszeitung im Hinblick auf die gewünschten Merkmale einer im internationalen Umfeld tätigen Führungskraft.

(8) Wie lassen sich die Ausgestaltung von Vergütungssystemen im internationalen Kontext und ihre Motivationswirkung abgleichen?

(9) Analysieren Sie nachfolgende Fallstudie (aus *Keller* 1982, 3–4) im Hinblick auf die darin beschriebene Führungssituation: Der Geschäftsführer einer amerikanischen Firmenniederlassung in Griechenland bittet einen griechischen Unterstellten, eine Marktanalyse anzufertigen und fragt ihn, wieviel Zeit er voraussichtlich benötigen würde. (Er versucht, ihn an der Arbeitsplanung zu beteiligen.) Darauf der Grieche: „Ich weiß es nicht. Wie lange sollte es nach Ihrer Ansicht dauern?" (Er erwartet also vom Amerikaner eine klare Anweisung – schließlich ist er ja sein Boss.) Der Amerikaner geht darauf nicht ein. Schließlich meint sein griechischer Untergebener: „Vielleicht zehn Tage". Der Amerikaner weiß, daß diese Zeitspanne wahrscheinlich zu knapp ist und gibt ihm fünfzehn Tage. Der Grieche macht sich ans Werk und stellt schon bald fest, daß die Analyse bei weitem arbeitsaufwendiger ist, als er ursprünglich annahm; unter normalen Umständen bräuchte er wahrscheinlich dreißig Tage. Also arbeitet er Tag und Nacht, um den gesetzten Termin einigermaßen einzuhalten. Gegen Ende des fünfzehnten Tages kommt der Amerikaner auf ihn zu und erkundigt sich nach dem Stand des Berichts. Der Grieche antwortet strahlend: „Morgen ist er fertig". Sein amerikanischer Vorgesetzter bemerkt kritisch, daß der fünfzehnte Tag heute und nicht morgen sei. Das wiederum gibt dem Griechen den Rest, und er reicht völlig frustriert seine Kündigung ein. Nicht nur, daß ihm sein Chef falsche Anweisungen gibt (fünfzehn Tage waren zu kurz), nein, er würdigt nicht einmal seine verzweifelten Anstrengungen, trotz des falsch gesetzten Termins halbwegs fertig zu werden. Für den Griechen ist sein Chef daher ein unfähiges und undankbares Mitglied der Fremdengruppe. Der Amerikaner ist ebenfalls unzufrieden und vor allem erstaunt: Warum reicht der Grieche nach einer derart milden Kritik seine Kündigung ein, anstatt das Problem mit ihm in aller Offenheit zu besprechen?

(10) Ordnen Sie die feldspezifischen Umsetzungen zum internationalen Personalmanagement aus Abschnitt 9.4 auf die drei Managementebenen zu.

10 Ausblick

Betrieblicher Personalarbeit steht eine spannende Zukunft bevor:

Die massiven **Veränderungen im Markt** und **in der Organisation** verlangen nach personalwirtschaftlichen Konsequenzen. Hier ist aber die Forschungsbasis noch relativ dünn, sieht man von einigen (voreiligen?) Erfolgsberichten ab. Betrachtet man das Lean Management mit seiner Reduktion der Hierarchieebenen und seiner Konzentration auf das Kerngeschäft, so erfordert dies vollkommen neue Führungssysteme, um trotz einer wesentlich größeren Leitungsspanne sinnvoll operieren zu können. Gleiches gilt für die Umsetzung von Lernkonzepten in Unternehmen. Auch hier ist eine Bewegung nötig, die oft weit über das gegenwärtig Praktizierte hinausgeht: So muß die Personalentwicklung substantiell in den Bereich der gesamten Gruppen- und Organisationsentwicklung vorstoßen, um ein strategisch ausgerichtetes „Lernen" zu ermöglichen.

Im Hinblick auf die **Rollenaufteilung** im Personalmanagement wird es in Zukunft verstärkt darum gehen müssen, die eigenständige Funktion der Personalabteilung (neu) zu definieren und dementsprechend die Aufgaben des Linienvorgesetzten zu formulieren. Daß dieser im Zuge der Dezentralisierung verstärkt auch Personalmanagement praktizieren muß, ist unbestritten. Ebenso klar ist, daß die Personalabteilung als zentrale Servicestelle dann auch teilweise die Systembetreuung für personalwirtschaftliche Planungs- und Verwaltungssysteme übernehmen muß. Hinzu kommen Bewegungen in Richtung auf Outsourcing und Profit-Center. Gleichzeitig ist die gesamte Personalarbeit auf ihren Wertschöpfungsbeitrag hin zu analysieren: Gelingt dem betrieblichen Personalmanagement nicht der unzweifelhafte Nachweis einer derartigen Bedeutung, wird es durch Gemeinkostenwertprogramme rasch wieder zu einer reinen Entgeltabrechnung degenerieren.

Dies gilt umso mehr, wenn man die gegenwärtig (1993) angespannte **Wirtschaftslage** betrachtet. Betriebliche Personalarbeit droht in manchen Unternehmen als Schönwetterkonzept entlarvt zu werden: Wenn in einer Krise als erstes die Personalentwicklung gekürzt wird, so mag dies im Einzelfall kostenrechnerisch, nicht aber personalstrategisch sinnvoll sein. Umgekehrt werden aber gerade in derartigen Phasen „die Karten" neu gemischt: Unternehmen, die tatsächlich gut qualifizierte und hoch motivierte Mitarbeiter haben, werden daher nicht nur die Krise besser überstehen, sie werden sich auch eine gute Ausgangsposition für die Aufschwungphase sichern. Mitarbeiter sind das zentrale Erfolgspotential der meisten, wenn nicht sogar aller Unternehmen. Aus diesem Grund ist es nur folgerichtig, daß der Stellenwert des Personalmanagements auch in einer Krisenphase mehr ist als pure Kostenreduktion. Vielleicht wird es sich zeigen, daß gerade Unternehmen, die 1993 ein intensives und ein professionelles Personalmanagement praktizierten, in den Jahren danach einen deutlichen Sprung nach vorne machen.

Schließlich wird die **Internationalisierungstendenz** in den nächsten Jahren für heftige und kontroverse Diskussionen sorgen. Zu offenkundig ist hier in vielen Unternehmen die Kluft zwischen dem eigentlich Nötigen und dem tatsächlich Praktizierten. Von der Vorbereitung auf den Auslandseinsatz bis zur erfolgreichen Reintegration gibt es eine Fülle von Problemfeldern, für die noch nicht in allen Unternehmen tragfähige Antworten gefunden wurden. Die trügerische Expansion vieler Unternehmen in Zeiten der Hochkonjunktur hat hier viel verdeckt. Es genügt nicht, durch ein mehr oder weniger sinnvolles „Training" Mitarbeiter darauf vorzubereiten, wie in Japan die Tischsitten sind und wie in Polen verhandelt wird. Nötig ist vielmehr auch gerade die generelle Sensibilisierung für landeskulturelle Phänomene sowie eine konzeptionell stringente Grundstrategie.

Insgesamt steht das Personalmanagement vor interessanten Herausforderungen, die nur über eine bewußte Verbindung der verhaltensorientierten und der informationsorientierten Dimension zu bewältigen sind.

Abkürzungsverzeichnis

AMJ	Academy of Management Journal
AMR	Academy of Management Review
ASQ	Administrative Science Quarterly
AuL	Arbeit und Leistung
BB	Betriebsberater
BH	Business Horizons
BFuP	Betriebswirtschaftliche Forschung und Praxis
CJWB	Columbia Journal of World Business
CMR	California Management Review
DB	Der Betrieb
DBW	Die Betriebswirtschaft
DU	Die Unternehmung
FB/IE	Fortschrittliche Betriebsführung/Industrial Engineering
HBR	Harvard Business Review
HM	Harvard Manager
HR	Human Relations
HdWW	Handwörterbuch der Wirtschaftswissenschaften
HRM	Human Resource Management
HWB	Handwörterbuch der Betriebswirtschaftslehre
HWFü	Handwörterbuch der Führung
HWO	Handwörterbuch der Organisation
HWP	Handwörterbuch des Personalwesens
IO	Industrielle Organisation/io-Management Zeitschrift
JABS	Journal of Applied Behavioral Science
JBS	Journal of Business Strategy
JfB	Journal für Betriebswirtschaft
JoAP	Journal of Applied Psychology
JoM	Journal of Marketing
JoMS	Journal of Management Studies
KRP	Kostenrechnungspraxis
LRP	Long Range Planning
MIR	Management International Review
MS	Management Science
NJW	Neue Juristische Wochenschrift
ODY	Organizational Dynamics
OS	Organizational Studies
SMJ	Strategic Management Journal
SMR	Sloan Management Review
SzU	Schriften zur Unternehmensführung
WiSt	Wirtschaftswissenschaftliches Studium
WISU	Das Wirtschaftsstudium
WiWo	Wirtschaftswoche

ZfA .... Zeitschrift für Arbeitwissenschaft
ZfB .... Zeitschrift für Betriebswirtschaft
ZfbF .... Zeitschrift für betriebswirtschaftliche Forschung
ZfO .... Zeitschrift Führung und Organisation/Zeitschrift für Organisation
ZfP .... Zeitschrift für Personalforschung
ZWF .... Zeitschrift für wirtschaftliche Fertigung und Automatisierung

Literaturverzeichnis

Ackermann, Karl-Friedrich, Wie effizient ist Personalmanagement in Entwicklungsländern? – Vergleichsuntersuchungen in Unternehmen unter einheimischer und ausländischer Leitung, in: *Welge, Martin K.* (Hrsg.), Globales Management. Erfolgreiche Strategien für den Weltmarkt, Stuttgart (Poeschel) 1990, 159–184.

Ackermann, Karl-Friedrich/Scholz, Hartmut (Hrsg.), Personalmanagement für die 90er Jahre. Neue Entwicklungen, neues Denken, neue Strategien, Stuttgart (Poeschel) 1991.

Ackoff, Russell L./Sasieni, Maurice W., Fundamentals of Operations Research, New York – London (Wiley) 1968.

Adams, John S., Toward an Understanding of Inequity, in: Journal of Abnormal and Social Psychology 67 (1963), 422–436.

Adams, John S., Inequity in Social Exchange, in: *Berkowitz, Leonard* (Hrsg.), Advances in Experimental Social Psychology, New York – London (Academic Press) 1965, 267–299.

Adams, John S./Jacobsen, Patricia R., Effects of Wage Inequities on Work Quality, in: Journal of Abnormal and Social Psychology 69 (1964), 19–25.

Adams, John S./Rosenbaum, William B., The Relationship of Worker Productivity to Cognitive Dissonance about Wage Inequities, in: JoAP 46 (1962), 161–164.

Adler, Nancy J., Expecting International Success. Female Managers Overseas, in: CJWB 19 (3/1984), 79–85.

Aigner, Harald, Führungsstil, Führer-Verhaltensbeschreibung und Gruppenleistung: eine Untersuchung zu Kontingenzmodell und LPC-Konzept, Diss. Graz 1977.

Albach, Horst/Clemens, Reinhard/Friede, Christina, Kosten der Arbeit. Einflußfaktoren der Personalaufwendungen in Abhängigkeit von der Unternehmensgröße, Stuttgart (Poeschel) 1985.

Albert, Michael/Silverman, Murray, Making Management Philosophy a Cultural Reality, Part I: Get Started, in: Personnel 61 (1/1984), 12–21.

Alderfer, Clayton P., Existence, Relatedness and Growth, New York (The Free Press) 1972.

Alemann, Ulrich von/Schatz, Heribert, Mensch und Technik. Grundlagen und Perspektiven einer sozialverträglichen Technikgestaltung, Opladen (Westdeutscher Verlag) 1986.

Allaire, Yvan/Firsirotu, Mihaela E., Theories of Organizational Culture, in: OS 5 (1984), 193–226.

Allen, Robert F./Kraft, Charlotte, The Organizational Unconscious. How to Create the Corporate Culture you Want and Need, Englewood Cliffs/N.J. (Prentice-Hall) 1982.

Altmann, Norbert/Düll, Klaus/Lutz, Burkart, Zukunftsaufgaben der Humanisierung des Arbeitslebens. Eine Studie zu sozialwissenschaftlichen Forschungsperspektiven, Frankfurt – New York (Campus) 1987.

Amthauer, Rudolf, Intelligenz-Struktur-Test IST 70, Göttingen (Hogrefe) 4. Aufl. 1973.

Anderson, Carl R./Zeithaml, Carl P., Stage of the Product Life Cycle, Business Strategy, and Business Performance, in: AMJ 27 (1/1984), 5–24.

Ansoff, Igor H., Corporate Strategy, New York (McGraw-Hill) 1965.

Ansoff, Igor H., Managing Strategic Surprise by Response to Weak Signals, in: CMR 18 (2/1975), 21–33.

Ansoff, Igor H., Strategic Management, London-Basingstoke (MacMillan) 1979.

Antonoff, Roman, Corporate Identity, Frankfurt (FAZ) 1983.

APA (American Psychological Association), Technical Recommendations for Psychological Tests and Diagnostic Techniques, Washington, Psychological Bulletin, Supplement 51 (1954).

APA (American Psychology Association, American Educational Research Association & NCME), Standards for Educational and Psychological Tests and Manuals, Washington/D. C. (APA) 1966.

APA (American Psychology Association, American Educational Research Association & NCME), Standards for Educational and Psychological Tests (Revised Edition), Washington/D. C. (APA) 1974.

APA (American Psychology Association), Diagnostic and Statistical Manual of Mental Disorders, Washington/D. C. (APA) 3. Aufl. 1980.

Arvey, Richard D./Campion, James E., The Employment Interview: A Summary and Review of Recent Research, in: Personnel Psychology 35 (1982), 281–322.

Aschoff, Christoff, Betriebliches Humanvermögen. Grundlagen einer Humanvermögensrechnung, Wiesbaden (Gabler) 1978.

Aschoff, Jürgen, Eigenschaften der menschlichen Tagesperiodik, in: *Rutenfranz, Joseph* (Hrsg.), Aktuelle Probleme der Arbeitsumwelt, Band 38: Probleme der Nacht- und Schichtarbeit, Stuttgart (Gentner) 1971, 21–43.

Atkinson, John W./Birch, David, The Dynamics of Action, New York (Wiley) 1970.

Atkinson, John W./Reitman, Walter R., Performance as a Function of Motive Strength and Expectancy of Goal-Attainment, in: Journal of Abnormal and Social Psychology 53 (1956), 361–366.

Atteslander, Peter, Methoden der empirischen Sozialforschung, Berlin – New York (de Gruyter) 5. Aufl. 1984.

Aupperle, Kenneth E./Acar, William/Booth, David E., An Empirical Critique of „In Search of Excellence". How Excellent are The Excellent Companies, in: JoM 12 (1986), 499–512.

Bachmann, Wolfgang, Arbeitspsychologische Bewertungskriterien für die Arbeitsgestaltung, in: Sozialistische Arbeitswissenschaft 3 (1978), 171–178.

Baierl, Friedrich, Produktivitätssteigerung durch Lohnanreizsysteme, München (Hanser) 1956.

Baierl, Friedrich, Lohnanreizsysteme – Mittel zur Produktivitätssteigerung, München (Hanser) 5. Aufl. 1974.

Baird, Lloyd/Meshoulam, Ilan, Managing Two Fits of Strategic Human Resource Management, in: AMR 13 (1988), 116–128.

Balma, Michael J., The concept of synthetic validity, in: Personnel Psychology 12 (1959), 395–396.

Balzer, Arno, Firmeninterne Arbeitsmärkte, Frankfurt etc. (Lang) 1987.

Bardens, Rupert E., Personalplanung und CIM, in: CIM Management 1 (1988), 41–47.

Barnard, Chester I., The Functions of the Executive, Cambridge (Harvard University Press) 1938.

Barrick, Murray R./Alexander, Ralph A., A Review of Quality Circle Efficiency and the Existence of Positive-Findings Bias, in: Personnel Psychology 40 (1987), 579–592.

Bartenwerfer, Hansgeorg, Allgemeine Leistungsdiagnostik, in: *Groffmann, Karl-Josef/Michel, Lothar* (Hrsg.), Intelligenz- und Leistungsdiagnostik; Enzyklopädie der Psychologie, Band BII2, Göttingen – Toronto – Zürich (Hogrefe) 1983, 482–512.

Bartlett, Christopher A./Ghoshal, Sumantra, Tap your subsidiaries for global reach, in: HBR 64 (6/1986), 87–94.

Bartlett, Christopher A./Ghoshal, Sumantra, Internationale Unternehmensführung. Innovation, globale Effizienz, differenziertes Marketing, Frankfurt – New York (Campus) 1990.

Bartosch, Dieter, Datenschutz im Personalwesen, in: Personalführung 25 (1992), 802–811.

Becker, Fred G., Anreizsysteme für Führungskräfte im strategischen Management, Bergisch-Gladbach – Köln (Eul) 2. Aufl. 1987.

Becker, Friedrich/Kreikebaum, Hartmut, Zeitarbeit – gewerbsmäßige Arbeitnehmerüberlassung, Wiesbaden – Stuttgart (Forkel) 2. Aufl. 1982.

Beckerath, Paul Gert von, Über das Berufsethos eines Personalleiters, in: *Beckerath, Paul Gert von* (Hrsg.), Verhaltensethik im Personalwesen. Prinzipien und Regeln für die Konzeption einer betrieblichen Personalpolitik, Stuttgart (Poeschel) 1988, 293–316.

Bednarek, Edward, Veränderung der Arbeitsmotivation durch Qualitätszirkel und Lernstatt, Diss. München 1985.

Beer, Michael et al., Human Resource Management, A General Manager's Perspective, New York – London (The Free Press) 1985.

Beer, Stafford, The Brain of the Firm – A Development in Management Cybernetics, New York (Herder and Herder) 1972.

Behm, Wolfgang, Pensionierungspolitik und Organisationsänderung, Diss. Bonn 1984.

Behrens, Rolf, Qualitätszirkel in der Praxis, in: Personal 36 (1984), 214–219.

Benz-Overhage, Karin/Brunlop, Eva/Freyberg, Thomas von/Papadimitrion, Zissis, Der Einsatz von Computer-Technologien in der Fertigungstechnik und Möglichkeiten der Arbeitsgestaltung, in: *Brandt, Gerhard/Dörfer, Gerhard/Peters, Gerd* (Hrsg.), Technologieentwicklung, Rationalisierung und Humanisierung, Beitrag 53, Nürnberg (Institut für Arbeitsmarkt und Berufsforschung der Bundesanstalt für Arbeit) 1981, 39–68.

Berekoven, Ludwig, Internationales Marketing, Herne-Berlin (Neue Wirtschafts-Briefe) 2. Aufl. 1985.

Bergemann, Niels/Sourisseaux, Andreas L. J. (Hrsg.), Interkulturelles Management, Heidelberg (Physica) 1992.

Berger, Peter L./Luckmann, Thomas, Die gesellschaftliche Konstruktion der Wirklichkeit. Eine Theorie der Wissenssoziologie, Frankfurt (Fischer) 1980.

Berkowsky, Wilfried, Aktuelle Probleme im Recht der betriebsbedingten Kündigung, in: NJW (1983), 1292–1297.

Bernardin, John H./Beatty, Richard W., Can subordinate appraisals enhance managerial productivity?, in: SMR (Summer/1987), 63–73.

Berne, Eric, Struktur und Dynamik von Organisationen in Gruppen, München (Kindler) 1979.

Berthel, Jürgen, PATTERN – eine Technik zur rationalen Entscheidungsfindung, in: ZfO 45 (1976), 89–96.

Berthel, Jürgen, Personal-Management: Grundzüge für Konzeptionen betrieblicher Personalarbeit, Stuttgart (Poeschel) 1. Aufl. 1979.

Berthel, Jürgen, Personal-Management: Grundzüge für Konzeptionen betrieblicher Personalarbeit, Stuttgart (Poeschel) 2. Aufl. 1989.

Berthel, Jürgen/Groenewald, Horst (Hrsg.), Personalmanagement. Zukunftsorientierte Personalarbeit, Landsberg am Lech (Moderne Industrie) 1990.

Beyer, Horst-Tilo, Determinanten des Personalbedarfs, Bern – Stuttgart (Haupt) 1981.

Bien, Günther (Hrsg.), Nikomachische Ethik/Aristoteles, Hamburg (Meiner) 1985.

Bihl, Gerhard, Von der Mitbestimmung zur Selbstbestimmung: Das skandinavische Modell der selbststeuernden Gruppen, München (Goldmann) 1973.

Bills, David B., Costs, Commitment, and Rewards: Factors Influencing the Design and Implementation of Internal Labor Markets, in: ASQ 32 (1987), 202–221.

Bion, Wilfred R., Experiences in Groups, London (Tavistock) 1959.

Birkigt, Klaus/Stadler, Marinus (Hrsg.), Corporate Identity. Grundlagen, Funktionen, Fallbeispiele, Landsberg (Moderne Industrie) 3. Aufl. 1986.

Birkwald, Reimar/Pornschlegel, Hans, Gesicherte arbeitswissenschaftliche Erkenntnisse, in: Das Mitbestimmungsgespräch 19 (6,7/1973), 95–98.

Birkwald, Reimar/Pornschlegel, Hans, Handlungsanleitung zur menschengerechten Arbeitsgestaltung nach den Paragraphen 90 und 91 Betriebsverfassungsgesetz, Köln (Bund) 1976.

Bisani, Fritz, Entwicklung und Stand der Personalwirtschaftslehre als wissenschaftliche Disziplin an den deutschen Hochschulen, in: *Spie, Ulrich* (Hrsg.), Personalwesen als Managementaufgabe, Stuttgart (Schäffer) 1983, 87–115.

Black, Stewart J./Mendenhall, Mark E., Cross-Cultural Training Effectiveness. A Review and a Theoretical Framework for Future Research, in: AMR 15 (1990), 113–136.

Blake, Robert R./Mouton, Jane S., Grid Organization Development, Houston 1968.

Blake, Robert R./Mouton, Jane S., Building a Dynamic Corporation Through Grid Organization Development, Reading/Mass. (Addison-Wesley) 1969.

Blake, Robert R./Mouton, Jane S., Verhaltenspsychologie im Betrieb. Das neue Grid-Management-Konzept?, Düsseldorf – Wien (Econ) 1980.

Blake, Robert R./Mouton, Jane S./Lux, Emil, Verhaltensgitter der Führung (Managerial Grid), in: *Kieser, Alfred/Reber, Gerhard/Wunderer, Rolf* (Hrsg.), HWFü, Stuttgart (Poeschel) 1987, 2015–2028.

Blaschke, Dieter/Koller, Martin/Kühlewind, Gerhard/Müller, Ulrich/Stooß, Friedemann, Qualifizierung in den neuen Bundesländern. Hintergründe, Tendenzen, Folgerungen, in: Materialien aus der Arbeitsmarkt- und Berufsforschung, Nürnberg (Institut für Arbeitsmarkt und Berufsforschung der Bundesanstalt für Arbeit) (7/1990), 3–31.

Blazek, Alfred, Personal-Controlling, in: Controller Magazin 1 (1976), 196–201.

Bleicher, Knut, Zur strategischen Ausgestaltung von Anreizsystemen für die Führungsgruppe in Unternehmungen, in: ZfO 54 (1985), 21–27.

Bleicher, Knut/Paul, Herbert, Das amerikanische Board-Modell im Vergleich zum deutschen Vorstands-/Aufsichtsratsverfassungsstand und Entwicklungstendenzen, in: DBW 46 (1986), 263–288.

Blum, Milton L./Naylor, James C., Industrial Psychology. Its Theoretical and Social Foundations, New York – Evanston – London (Harper & Row) 1968.

Bobrowski, Paul/Gaul, Dieter, Das Arbeitsrecht im Betrieb, Band 1, Heidelberg (Verlagsgruppe Recht und Wirtschaft) 7. Aufl. 1979 a.

Bobrowski, Paul/Gaul, Dieter, Das Arbeitsrecht im Betrieb, Band 2, Heidelberg (Verlagsgruppe Recht und Wirtschaft) 7. Aufl. 1979 b.

Böhnisch, Wolf/Jago, Arthur G./Reber, Gerhard, Zur interkulturellen Validität des Vroom/Yetton Modells, in: DBW 47 (1987), 85- 93.

Böhrs, Hermann, Leistungslohngestaltung, Wiesbaden (Gabler) 3. Aufl. 1980.

Bohley, Peter, Statistik, München – Wien (Oldenbourg) 2. Aufl. 1987.

Bokranz, Rainer, Arbeitswissenschaft, Teil 1, Wiesbaden (Gabler) 1978.

Borrmann, Werner A., Auslandseinsatz von Mitarbeitern, in: *Gaugler, Eduard* (Hrsg.), HWP, Stuttgart (Poeschel) 1975, 500–512.

Brambring, Michael, Spezielle Eignungsdiagnostik, in: *Groffmann, Karl-Josef/Michel, Lothar* (Hrsg.), Intelligenz- und Leistungsdiagnostik; Enzyklopädie der Psychologie, Band BII2, Göttingen – Toronto – Zürich (Hogrefe) 1983, 414–481.

Bramsemann, Rainer, Handbuch Controlling. Methoden und Techniken, München – Wien (Hanser) 1987.

Braun, Wolfram, Europäisches Management: Unternehmenspolitische Chancen und Probleme des Binnenmarktes, Wiesbaden (Gabler) 1991.

Bresser, Peter, Personalbedarf der Arbeitsplanung, Berlin – Heidelberg – New York (Springer) 1985.

Brewster, Chris et al. (Hrsg.), The European Human Resource Management Guide, London – San Diego – New York (Academic Press) 1992.

Brickenkamp, Rolf (Hrsg.), Handbuch psychologischer und pädagogischer Tests, Band 1, Göttingen – Toronto – Zürich (Hogrefe) 1975.

Brink, Hans-Josef/Fabry, Peter, Die Planung von Arbeitszeiten, Wiesbaden (Gabler) 1974.

Brinkmann, Hans, Personalcontrolling als Wertschöpfung, Bergisch-Gladbach (Heider) 1991.

Brislin, Richard W. (Hrsg.), Applied Cross-Cultural Psychology, Newbury Park – London – New Delhi (Sage) 1990.

Brown, Frederick G., Principles of Educational and Psychological Testing, New York (Holt, Rinehart & Winston) 3. Aufl. 1983.

Brown, Frederick M./Graeber, Curtis R., Rhythmic Aspects of Behavior, Hillsdale/N. J. – London (Lawrence Erlbaum Associates) 1982.

Buchinger, Gerhard (Hrsg.), Umfeldanalysen für das strategische Management, Wien (Signum) 1983.

Bühner, Rolf, Effiziente Organisationsstrukturen in der Personalarbeit, in: *Ackermann, Karl-Friedrich/Scholz, Hartmut* (Hrsg.), Personalmanagement für die 90er Jahre. Neue Entwicklungen – Neues Denken – Neue Strategien, Stuttgart (Poeschel) 1991, 97–123.

Bundesminister für Forschung und Technologie/Bundesminister für Arbeit und Sozialforschung (Hrsg.), HdA-Dokumentation 1987, Bonn 1987.

Burell, Gibson/Morgan, Gareth, Social Paradigms and Organizational Analysis. Elements of the Sociology of Corporate Life, London (Heinemann) 1979.

Butler, John E., Human resource management as a driving force in business strategy, in: Journal of General Management 13 (4/1988), 88–102.

Byham, William C., The use of assessment centres in management development, in: Taylor, B./Lipitt, G. (Hrsg.), Management Development and Training Handbook, London 1975, 63–83.

Campbell, John P./Dunnette, Marvin D./Arvey, Richard D./Hellervik, Lowell V., The Development and Evolution of Behaviorally Based Rating Scales, in: JoAP 57 (1973), 15–22.

Cascio, Wayne F., Applied Psychology in Personnel Management, Reston (Reston) 2. Aufl. 1982.

Cascio, Wayne F., Applied Psychology in Personnel Management, Englewood Cliffs/N. J. (Prentice-Hall) 3. Aufl. 1987.

Cascio, Wayne F./Awad, Elias M., Human Resources Management. An Information Systems Approach, Reston (Reston) 1981.

Cattell, Raymond B., Personality and Motivation Structure and Measurement, Yonkers (World Book) 1957.

Chmielewicz, Klaus/Großmann, Adolf/Inhoffen, Anton O./Lutter, Marcus, Die Mitbestimmung im Aufsichtsrat und Vorstand, in: DBW 37 (1977), 105–145.

Christopher, John, Die genialen Scheiben des Herrn Dietziker, in: Meine Gesundheit (10/1983), 29–31.

Churchman, Charles West/Ackhoff, Russel L./Arnoff, Leonard E., Operations Research, München – Wien (Oldenbourg) 5. Aufl. 1971.

Churchman, Charles West/Schainblatt, A. H., The Researcher and the Manager. A Dialectic of Implementation, in: MS 11 (1965), B69-B87.

Cieplik, Ulrich, Personalplanung bei technologischem Wandel, in: *Zink, Klaus J.* (Hrsg.), Personalwirtschaftliche Aspekte neuer Technologien, Berlin (E. Schmidt) 1985, 45–61.

Claassen, Dieter, Britische Bergfahrt, in: WiWo 7 vom 12.2.1988, 109–110.

Committee on Human Resource Accounting, Report of the Committee on Human Resource Accounting, in: The Accounting Review, Supplement (1973), 169–185.

Conrad, Peter, Maslow-Modell und Selbsttheorie, in: DU 37 (1983), 258–277.

Conrad, Wolfgang, Intelligenzdiagnostik, in: *Groffmann, Karl-Josef/Michel, Lothar* (Hrsg.), Intelligenz- und Leistungsdiagnostik; Enzyklopädie der Psychologie, Band BII2, Göttingen – Toronto – Zürich (Hogrefe) 1983, 104–201.

Conradi, Walter, Personalentwicklung, Stuttgart (Enke) 1983.

Conrads, Michael, Human Resource Accounting, Diss. Köln 1975.

Couger, Daniel J., Computer für alle. Doch zu welchem Preis, in: HM 9 (2/1987), 11–14.

Cronbach, Lee J., Essentials of Psychological Testing, New York (Harper & Row) 4. Aufl. 1984.

Cuddihy, Basil R., How to give phased-out managers a new start, in: HBR 52 (4/1974), 61–69.

Daegling, Klaus D./Hermsen, Jürgen, Die Planung des Personaleinsatzes, in: DB 26 (1973), 2101–2108.

Däubler, Wolfgang, Gläserne Belegschaften? Datenschutz für Arbeiter, Angestellte und Beamte, Köln (Bund) 1987.

Daft, Richard L./Weick, Karl E., Toward a model of Organizations as Interpretation Systems, in: AMR 9 (1984), 284–295.

Dandridge, Thomas C., Symbols' Function and Use, in: *Pondy, Louis R./Frost, Peter J./Morgan, Gareth/Dandridge, Thomas C.* (Hrsg.), Organizational Symbolism, Greenwich/Conn. – London (JAI Press) 1983, 69–79;

Dandridge, Thomas C./Mitroff, Ian/Joyce, William F., Organizational Symbolism. A Topic to Expand Organizational Analysis, in: AMR 5 (1980), 77–82.

Davis, Stanley M., Managing the Corporate Culture, Cambridge/Mass. (Ballinger) 1984.

Deal, Terrence E./Kennedy, Allan A., Corporate Cultures. The Rites and Rituals of Corporate Life, Reading/Mass. etc. (Addison-Wesley) 1982.

Deppe, Joachim (Hrsg.), Euro-Betriebsräte, Wiesbaden (Gabler) 1992.

Derr, C. Brooklyn/Oddou, Gary R., Are U. S. Multinationals Adequately Preparing Future American Leaders for Global Competition? IMD Working Paper, Lausanne 1991.

Deters, Jürgen/Karg, Peter W./Rosenberg, Thomas, Personalabbau in der Personalwirtschaftslehre, in: BFuP 37 (1985), 254–272.

Deutsche Bundesbank (Hrsg.), Die Kapitalverflechtung der Unternehmen mit dem Ausland nach Ländern und Wirtschaftszweigen 1983 bis 1989, in: Beilage zu „Statistische Beihefte zu den Monatsberichten der Deutschen Bundesbank“ Reihe 3, Zahlungsbilanzstatistik April 1991, Nr. 4.

Dietz, Rolf/Richardi, Reinhard, Betriebsverfassungsgesetz, Band 2, München (Beck) 6. Aufl. 1982.

Dietziker, Albert J., Fernkurs für Chronobiologie. Eine Einführung in die neue Biorhythmik, Cham (Institut für Chronobiologie) 1987.

Dincher, Roland, Fehlzeiten. Ergebnisse einer empirischen Untersuchung in einem Hüttenwerk, in: ZfA 38, 10. NF (1984), 18–24.

Dirsmith, Mark W./Jablonsky, Stephen F./Luzi, Andrew D., Planning and Control in the U. S. Federal Government: A Critical Analysis of PPB, MBO and ZBB, in: SMJ 1 (1980), 303–329.

Doeringer, Peter/Piore, Michael J., International Labor Markets and Manpower Analysis, Lexington/Mass. (Heath) 1971.

Domsch, Michel, Systemgestützte Personalarbeit, Wiesbaden (Gabler) 1980.

Domsch, Michel, Qualitätszirkel – Baustein einer mitarbeiterorientierten Führung und Zusammenarbeit, in: ZfbF 37 (1985), 428–441.

Domsch, Michel, Qualitätszirkel – Bausteine einer mitarbeiterorientierten Führung und Zusammenarbeit, in: *Rosenstiel, Lutz von/Einsiedler, Herbert E./Streich, Richard K./Rau, Sabine* (Hrsg.), Motivation durch Mitwirkung, Stuttgart (Schäffer) 1987, 126–137.

Domsch, Michel/Gerpott, Torsten J., Verhaltensorientierte Beurteilungsskalen, in: DBW 45 (1985), 666–680.

Domsch, Michel/Gerpott, Torsten J., Zum Problem der Bestimmung der Reliabilität von Organisationsklimamessungen, in: Zeitschrift für Arbeits- und Organisationspsychologie 30 (1986), 116–124.

Domsch, Michel/Lichtenberger, Bianka, Konsequenzen der Internationalisierung für das Personalmanagement: Vertrauensgrundlage ist Voraussetzung, in: Gablers Magazin 5 (2/1991), 21–25.

Domsch, Michel/Lichtenberger, Bianka, Internationaler Einsatz weiblicher Führungskräfte, in: *Strutz, Hans/Wiedemann, Klaus* (Hrsg.), Internationales Personalmarketing, Wiesbaden (Gabler) 1992, 95–107.

Domsch, Michel/Schneble, Andrea, Aspekte von internationalen Personalinformationssystemen, in: *Macharzina, Klaus/Welge, Martin K.* (Hrsg.), Handwörterbuch Export und Internationale Unternehmung, Stuttgart (Poeschel) 1989, 1638–1650.

Domsch, Michel/Schneble, Andrea (Hrsg.), Mitarbeiterbefragungen, Heidelberg (Physica) 1991.

Domsch, Michel/Schneble, Andrea, Mitarbeiterbefragungen, in: *Gaugler, Eduard/Weber, Wolfgang* (Hrsg.), HWP, Stuttgart (Poeschel) 2. Aufl. 1992, 1375–1387.

Dönni, Bruno, Verfahren für optimale Personalzuordnung, in: IO 34 (1965), 311–332.

Dowling, Peter J., International and Domestic Personnel/Human Resource Management: Similarities and Differences, in: *Schuler, Randall S./Youngblood, Stuart A./Huber, Vandra L.* (Hrsg.), Readings in Personnel and Human Resource Management, St. Paul/Minn. (West Publishing Co.) 3. Aufl. 1988, 456–462.

Dowling, Peter J./Schuler, Randall S., International Dimension of Human Resource Management, Boston/Mass. (PWS-Kent) 1990.

Dreier, Michael, Das neue Datenschutzrecht, in: Personalführung 24 (1991), 340–349.

Dribbusch, Friedrich, Betriebliche Arbeitsmarktpolitik verbundener Unternehmen, in: *Ehreiser, Hans-Jörg/Nick, Franz R.* (Hrsg.), Betrieb und Arbeitsmarkt, Wiesbaden (Gabler) 1978, 189–202.

Drumm, Hans J., Arbeitsstudien, in: *Albers, Willi et al.* (Hrsg.), HdWW, Stuttgart etc. (Fischer, Mohr, Vandenhoeck & Ruprecht) 1976, 311–318.

Drumm, Hans J., Theorie und Praxis der Personalentwicklungsplanung, in: ZfbF Sonderheft 14 (1982), 50–63.

Drumm, Hans J., Ansätze zu einer unternehmerischen Arbeitsmarktpolitik, in: *Bombach, Gottfried/Gahlen, Bernhard/Ott, Alfred E.* (Hrsg.), Arbeitsmärkte und Beschäftigung. Fakten, Analysen, Perspektiven, Tübingen (Mohr) 1987 a, 37–61.

Drumm, Hans J., Qualitative Personalplanung, in: ZfbF 39 (1987 b), 959–974.

Drumm, Hans J. (Hrsg.), Individualisierung der Personalwirtschaft, Grundlagen, Lösungsansätze und Grenzen, Bern – Stuttgart (Haupt) 1989.

Drumm, Hans J., Personalwirtschaftslehre. Berlin – Heidelberg – New York (Springer) 2. Aufl. 1992.

Drumm, Hans J./Scholz, Christian, Zur Wirkung von Intelligenz und Individualität der Gruppenmitglieder auf die Effektivität von Gruppenentscheidungen; Regensburger Beiträge zur Wirtschaftswissenschaft, Nr. 194, Regensburg 1987.

Drumm, Hans J./Scholz, Christian, Personalplanung. Planungsmethoden und Methodenakzeptanz, Bern – Stuttgart (Haupt) 2. Aufl. 1988.

Drumm, Hans J./Scholz, Christian/Polzer, Helmut, Zur Akzeptanz formaler Personalplanungsmethoden, in: ZfbF 32 (1980), 721–740.

Dülfer, Eberhard (Hrsg.), Organisationskultur. Phänomen, Philosophie, Technologie, Stuttgart (Poeschel) 2. Aufl. 1991 a.

Dülfer, Eberhard, Internationales Management in unterschiedlichen Kulturbereichen, München – Wien (Oldenbourg) 1991 b.

Dunkel, Dieter, Konzept Lernstatt, in: *Rosenstiel, Lutz von/Einsiedler, Herbert E./Streich, Richard K./Rau, Sabine* (Hrsg.), Motivation durch Mitwirkung, Stuttgart (Schäffer) 1987, 119–125.

Dycke, Axel/Schulte, Christoph, Cafeteria-Systeme, in: DBW 46 (1986), 577–589.

Dyer, Lee/Holder, Gerald W., A Strategic Perspective of Human Resource Management, in: *Dyer, Lee* (Hrsg.), Human Resource Management. Evolving Roles and Responsibilities, Washington (ASPA/BNA Series) 1988, 1–46.

Eckardstein, Dudo von/Schnellinger, Franz, Personalmarketing, in: *Gaugler, Eduard* (Hrsg.), HWP, Stuttgart (Poeschel) 1. Aufl. 1975, 1592–1599.

Eckardstein, Dudo von/Schnellinger, Franz, Betriebliche Personalpolitik, München (Vahlen) 3. Aufl. 1978.

Eckartsberg, Christian H. von, Gewinnung von Auslandspersonal, in: *Burens, Peter-Claus* (Hrsg.), Handbuch Auslandseinsatz, Heidelberg 1984, 37–74.

Edström, Anders/Galbraith, Jay R., Transfer of Managers as a Coordination Strategy in Multinational Organizations, in: ASQ 22 (1977), 248–263.

Ehmann, Horst, Arbeitsschutz und Mitbestimmung bei neuen Technologien, Berlin (Duncker & Humblot) 1981.

Einsiedler, Herbert E., Lernstatt und Quality Circle – Versuch eines Vergleichs, in: *Rosenstiel, Lutz von/Einsiedler, Herbert E./Streich, Richard K./Rau, Sabine* (Hrsg.), Motivation durch Mitwirkung, Stuttgart (Schäffer) 1987, 138–141.

Einsiedler, Herbert E./Knura, Beate, Die „Lernstatt" – eine Alternative zum Quality Circle?, in: ZfbF 36 (1984), 748–755.

EMF (European Management Foundation), The EMF's World Competitive Report, Genf (EMF-Foundation) 1986.

Ende, Werner, Theorien der Personalarbeit im Unternehmen, Königstein/Ts. (Hanstein) 1982.

Engelen-Kefer, Ursula, Der Arbeitsmarkt in den 90er Jahren, in: Personalwirtschaft 17 (3/1990), 48–51.

Euler, Hans P., Soziale Auswirkungen neuer Technologien in der Produktion, in: ZfA 41, 13. NF (1987), 1–6.

Evans, Paul, The Strategic Outcomes of Human Resource Management, in: HRM 25 (1986), 149–167.

Evans, Paul/Doz, Yves/Laurent, André (Hrsg.), Human Resource Management in International Firms, London (Macmillan) 1989.

Evans, Paul/Lank, Elisabeth/Farquhar, Alison, Managing Human Resources in the International Firm: Lessons From Practice, in: *Evans, Paul/Doz, Yves/Laurent, André* (Hrsg.), Human Resource Management in International Firms, London (Macmillan) 1989, 113–143.

Fabricius, Fritz/Thiele, Wolfgang/Kraft, Alfons/Wiese, Günther/Kreutz, Peter, Betriebsverfassungsgesetz. Gemeinschaftskommentar, Band 1, Darmstadt (Luchterhand) 4. Aufl. 1987.

Fachkommission für Ausbildungsfragen im Bereich der Personalwirtschaft der Schmalenbach-Gesellschaft – Deutsche Gesellschaft für Betriebswirtschaft e. V., Anforderungsprofil für die Hochschulausbildung im Bereich der Personalwirtschaft, in: ZfbF 36 (1984), 292–299.

Fahrenberg, Jochen, Psychophysiologische Methodik, in: *Groffmann, Karl-Josef/Michel, Lothar* (Hrsg.), Verhaltensdiagnostik; Enzyklopädie der Psychologie, Band BII4, Göttingen – Toronto – Zürich (Hogrefe) 1983, 1–192.

Falke, Josef, Kündigungspraxis und Kündigungsschutz, in: *Ellermann-Witt, Rolf/Rottleuter, Hubert/Russig, Harald* (Hrsg.), Kündigungspraxis, Kündigungsschutz und Probleme der Arbeitsgerichtsbarkeit, Opladen (Westdeutscher Verlag) 1983, 13–43.

Festinger, Leon, A Theory of Cognitive Dissonance, Stanford (University Press) 1957.

Fiedler, Fred E., The Leader's Psychological Distance and Group Effectiveness, in: *Cartwright, Dorwin/Zander, Alvin* (Hrsg.), Group Dynamics: Research and Theory, Evanston/Ill – Elmsford/N. Y. (Row-Peterson) 2. Aufl. 1960, 586–606.

Fiedler, Fred E., A Contingency Model of Leadership Effectiveness, in: *Berkowitz, Leonard* (Hrsg.), Advances in Experimental Social Psychology, New York – London (Academic Press) 1964, 149- 190.

Fiedler, Fred E., Engineer the Job to Fit the Manager, in: HBR 43 (5/1965), 115–122.

Fiedler, Fred E., A Theory of Leadership Effectiveness, New York etc. (McGraw-Hill) 1967.

Fiedler, Fred E./Chemers, Martin M., Leadership and Effective Management, Glenview (Scott Foresman) 1974.

Fiedler, Fred E./Chemers, Martin M./Mahar, Linda, Der Weg zum Führungserfolg. Ein Selbsthilfeprogramm für Führungskräfte, Stuttgart (Poeschel) 1979.

Fiedler, Fred E./Garcia, Joseph E., New Approaches to Leadership, New York etc. (Wiley) 1987.

Fiedler, Fred E./Mitchell, Terence R./Triandis, Harry C., The Culture Assimilator: An Approach to Cross-Cultural Training, in: JoAP 55 (2/1971), 95–102.

Fiedler, Hans, Unternehmensgrundsätze und Führungsleitlinien – Wegweiser in die Zukunft, in: FB/IE 29 (1980), 122–129.

Field, George R. H., A Test of the Vroom-Yetton Normative Model of Leadership, in: JoAP 67 (1982), 523–532.

Fikentscher, Wolfgang, Schuldrecht, Berlin – New York (de Gruyter) 7. Aufl. 1985.

Fischer-Winkelmann, Wolf F./Hohl, Eberhard K., Konzepte und Probleme der Humanvermögensrechnung, in: DB 35 (1982), 2636–2644.

Fitting, Karl/Auffarth, Fritz/Kaiser, Heinrich/Heiter, Friedrich, Betriebsverfassungsgesetz – Handkommentar, München (Vahlen) 15. Aufl. 1987.

Fitting, Karl/Wlotzke, Otfried/Wißmann, Hellmut, Mitbestimmungsgesetz-Kommentar, München (Vahlen) 2. Aufl. 1978.

Flamholtz, Eric, Human Resource Accounting, Encino – Belmont (Dickenson) 1974.

Flamholtz, Eric, Which HR-Accounting System fits your organization, in: Personnel Journal (1986), 75–81.

Flohr, Bernd, Fungibilität und Elastizität von Personal, Göttingen – Zürich (Vandenhoeck & Ruprecht) 1984.

Floriani, Lodovico, Ausbildungsdefizite hemmen Europa 1992, in: HM 14 (1/1992), 127–139.

Forbes, A. F., Markov chain models for manpower systems, in: *Bartholomew, David J./Smith, A. R.* (Hrsg.), Manpower and Management Science, London (English University Press) 1970, 93–113.

Forrester, Jay W., Industrial Dynamics, Cambridge/Mass. (MIT Press) 1961.

Forrester, Jay W., Principles of Systems, Cambridge/Mass. (Wright-Allen) 2. Aufl. 1968.

Fottler, Myron D./Shuler, Dennis W., Reducing the Economic and Human Costs of Layoffs, in: BH 27 (4/1984), 9–16.

Franke, Heinrich/Buttler, Friedrich, Arbeitswelt 2000. Strukturwandel in Wirtschaft und Beruf, Frankfurt am Main (Fischer) 1991.

Franko, Lawrence G., The European Multinationals. A Renewed Challenge to American and British Big Business, London etc. (Harper & Row) 1976.

Frese, Erich, Exzellente Unternehmen – Konfuse Theorien. Kritisches zur Studie von Peters und Waterman, in: DBW 45 (1985), 604–609.

Frese, Erich, Organisationstheorie. Historische Entwicklung, Ansätze, Perspektiven, Wiesbaden (Gabler) 2. Aufl. 1992.

Frey, Helmut, Flexible Arbeitszeit. Zeitgemäße Vertragsformen bei wechselndem betrieblichen Personalbedarf, München (Beck) 1985.

Frieling, Ekkehart, Verfahren zur Nutzung der Klassifikation von Berufen, Stuttgart (Poeschel) 1980.

Frieling, Ekkehart/Hoyos, Graf Carl, Fragebogen zur Arbeitsanalyse (FAA), Bern – Stuttgart – Wien (Huber) 1978.

Frieling, Ekkehart/Sonntag, Karlheinz, Lehrbuch der Arbeitspsychologie, Bern – Stuttgart – Toronto (Huber) 1987.

Friese, Gudrun, Personalleasing in Theorie und Praxis, in: BB 36 (1981), 1582–1587.

Fritsch, Michael, Europäisches Personalmanagement im Hinblick auf den einheitlichen Markt, in: *Berthel, Jürgen/Becker, Fred G.* (Hrsg.), Unternehmerische Herausforderung durch den Europäischen Binnenmarkt 1992, Berlin – Heidelberg – New York (Springer) 1990, 143–161.

Fröhlich, Werner, Strategisches Personal-Controlling, in: Controller Magazin 6 (1981), 283–286.

Fröhlich, Werner, Strategisches Personalmarketing, Düsseldorf (VDI) 1987.

Frost, Peter J./Moore, Larry E./Louis, Meryl R./Lundberg, Craig C./Martin, Joanne, Organizational Culture, Beverly Hills – London – New Dehli (Sage) 1985.

Frost, Peter J./Morgan, Gareth, Symbols and Sensemaking. The Realization of a Framework, in: *Pondy, Louis R./Frost, Peter J./Morgan, Gareth/Dandridge, Thomas C.* (Hrsg.) Organizational Symbolism, Greenwich/Conn. – London (JAI Press) 1983, 207–236.

Fuchs, Karl-Detlef, Die gesicherten arbeitswissenschaftlichen Erkenntnisse als Rechtsbegriff, Diss. Bremen 1981.

Fürstenberg, Friedrich, Wandel in der Einstellung zur Arbeit. Haben sich die Menschen oder hat sich die Arbeit verändert?, in: *Rosenstiel, Lutz von/Einsiedler, Herbert E./Streich, Richard K.*, Wertewandel als Herausforderung für die Unternehmenspolitik, Stuttgart (Schäffer) 1987, 17–22.

Fuhrmann, Karl-Werner/Heisterkamp, Heinz/Schröter, Klaus, Arbeitsgestaltung und Lohndifferenzierung: Strukturen – Problemarten – Lösungsansätze, Berlin – Köln (Beuth) 1984.

Gabele, Eduard/Kretschmer, Helmut, Unternehmensgrundsätze, Zürich (Industrielle Organisation) 1986.

Galperin, Hans/Löwisch, Manfred, Kommentar zum Betriebsverfassungsgesetz, Band 2. Regelung der Mitbestimmung, Heidelberg (Verlagsgesellschaft Recht und Wirtschaft) 6. Aufl. 1982.

Garbers, Nikolaus, Möglichkeiten und Grenzen EDV-gestützter Personalplanung, in: *Hentschel, Bernd/Wronka, Georg/Mülder, Wilhelm* (Hrsg.), Personalverarbeitung in der Diskussion, Köln (Datakontext) 1986, 157–169.

Gaugler, Eduard, Wandel der Kosten- und Leistungsstruktur im Personalbereich, in: ZfbF Sonderheft 8 (1978), 10–34.

Gaugler, Eduard, Flexibilisierung der Arbeitszeit, in: ZfbF 35 (1983), 858–872.

Gaugler, Eduard, Entwicklung der Professorenstellen und des wissenschaftlichen Nachwuchses in der Betriebswirtschaftslehre, in: ZfP 6 (1992), 452–481.

Gaugler, Eduard/Huber, Karl H./Rummel, Christoph, Betriebliche Personalplanung. Eine Literaturanalyse, Göttingen (Schwartz) 1974.

Gaugler, Eduard/Kolvenbach, Horst/Lay, Gunther/Ripke, Michael/Schilling, Walter, Leistungsbeurteilung in der Wirtschaft: Verfahren und Anwendung in der Praxis, Baden-Baden (Nomos) 1978.

Gaugler, Eduard/Wiltz, Stefan, Personalmanagement im europäischen Vergleich, in: *Schwuchow, Karlheinz/Gutmann, Joachim/Scherer, Hans-Peter* (Hrsg.), Jahrbuch Weiterbildung 1992, Düsseldorf (Handelsblatt) 1992, 54–57.

Gaugler, Eduard/Wiltz, Stefan, Personalwesen im europäischen Vergleich. The Price Waterhouse Cranfield Project on International Human Resource Management. Ergebnisbericht 1992, Mannheim 1993.

Gehle, F., Internationale Tagung über Arbeitsbewertung in Genf, in: REFA Nachrichten 3 (2/1950), 32–34.

Genuit, Hans, Praxis der Biorhythmik, Bietigheim (Turm) 1977.

Gerlitz, Hans, Zeit- und Multimomentstudien elektronisch erfassen, rechnerunterstützt auswerten, in: REFA Nachrichten 37 (3/1984), 25–27.

Gerpott, Torsten J., Strategieadäquates Personalmanagement bei der Integration von internationalen Akquisitionen, in: BFuP 42 (5/1990), 414–432.

Gerpott, Torsten J., Gleichgestelltenbeurteilung. Eine Erweiterung traditioneller Personalbeurteilungsansätze in Unternehmen, in: *Selbach, R./Pullig, Karl-Klaus* (Hrsg.), Handbuch Mitarbeiterbeurteilung, Wiesbaden (Gabler) 1992, 211–254.

Geschka, Horst/Hammer, Richard M., Die Szenariotechnik in der strategischen Unternehmensplanung, in: *Hahn, Dietger/Taylor, Bernard* (Hrsg.), Strategische Unternehmensplanung, Heidelberg – Wien (Physica) 4. Aufl. 1986, 238–263.

Ghiselli, Edwin E./Campbell, John P./Zedeck, Sheldon, Measurement Theory for the Behavioral Sciences, San Francisco (Freeman) 1981.

Gieffers, Fritz/Pohen, Josef, Fehlzeiten im Betrieb. Zusammenhänge, Ursachen, Maßnahmen, Heidelberg (Sauer) 1983.

Girgensohn, Thomas, Die Mitwirkung des Aufsichtsrats bei unternehmenspolitisch relevanten Entscheidungen, in: DB 33 (1980), 337–341.

Gittelson, Bernard, Biorhythm, New York (Warner Books) 1978.

Glatz, Heini, Zeitwirtschaft – Ein Erfolgspotential wieder entdecken!, in: IO 55 (1986), 290–294.

Glaubrecht, Helmut/Wagner, Dieter/Zander, Ernst, Arbeitszeit im Wandel. Neue Formen der Arbeitszeitgestaltung, Freiburg (Haufe) 1984.

Gloede, Dieter, Strategische Personalplanung in multinationalen Unternehmungen, Wiesbaden (Deutscher Universitäts-Verlag) 1991.

Gola, Peter, Betrieblicher Datenschutz. Gesetzestext, Erläuterungen und Dokumentation zur Anwendung des BDSG in der betrieblichen Praxis, Wiesbaden (Forkel) 1990.

Goldman, Morton, A Comparison of Individual and Group Performance for Varying Combinations of Initial Ability, in: Journal of Personality and Social Psychology 1 (1965), 210–216.

Gollin, David, Die Entwicklung interkultureller Management-Kompetenz, in: *Strutz, Hans/Wiedemann, Klaus* (Hrsg.), Internationales Personalmarketing. Konzepte – Erfahrungen – Perspektiven, Wiesbaden (Gabler) 1992, 125–134.

Goodman, Paul S./Friedman, Abraham, An Examination of Adams Theory of Inequity, in: ASQ 16 (1971), 271–288.

Goodman, Paul S./Ravlin, Elizabeth/Schminke, Marshall, Understanding Groups in Organizations, in: *Cummings, Larry L./Staw, Barry M.* (Hrsg.), Research in Organizational Behavior, Greenwich/Conn. (Irwin & Dorsey) 9 (1987), 121–173.

Goodpaster, Kenneth E./Sayre, Kenneth M., Ethics and Problems of the 21 st Century, Notre Dame, Indiana (University of Notre Dame Press) 1979.

Gordon, T. J./Hayward, H., Initial Experiments with the Cross Impact Matrix Method of Forecasting, in: Futures 1 (2/1968), 100–116.

Gottschall, Dietmar, In den Wind geschrieben, in: Management Wissen (9/1986), 14–28.

Gottschall, Dietmar, Freud bei der Arbeit, in: Manager-Magazin (7/1988), 140–145.

Graen, George/Alvares, Kenneth/Orris, James B./Martella, Joseph A., Contingency Model of Leadership Effectiveness: Antecedent and Evidential Results, in: Psychological Bulletin 74 (4/1970), 285–296.

Graf, Walter, Market-Pull und Technology-Push, in: *Tschirky, Hugo/Hess, Walter/Lang, Peter* (Hrsg.), Technologie-Management. Erfolgsfaktor von zunehmender Bedeutung, Zürich (Industrielle Organisation) 1990, 101–116.

Grandjean, Etienne, Physiologische Arbeitsgestaltung, Thun (Ott) 3. Aufl. 1979.

Grassl, Gerhard, Frage und Lüge im Vorstellungsgespräch, in: Personal 39 (1987), 114–118.

Grochla, Erwin, Das Kölner Integrationsmodell, in: *Grochla, Erwin und Mitarbeiter* (Hrsg.), Integriertes Gesamtmodell der Datenverarbeitung, München – Wien (Hanser) 1974, 35–60.

Groß, Günther H., Gemeinkostenwertanalyse, Maßnahmen der mittel- und längerfristigen Planung, in: *Gieffers, Fritz/Müller, Klaus-Dieter/Münsterberg, Rolf G.* (Hrsg.), Reduzierung der Personalkosten, Heidelberg (Sauer) 1985, 43–56.

Grünefeld, Hans-Günther, Personalzusatzaufwand – Teil II: Gliederung, Inhalt und Berechnung, in: KRP 24 (1980), 265–274.

Grünefeld, Hans-Günther, Personalkennzahlensystem. Planung, Kontrolle, Analyse von Personalaufwand und -daten, Wiesbaden (Gabler) 1981.

Grünefeld, Hans-Günther, Bildungsaufwand. Planung, Erfassung und Kontrolle – Teil 1: Ausbildungsaufwand, in: Personalführung 22 (1989 a), 56–64.

Grünefeld, Hans-Günther, Planung, Erfassung und Kontrolle des Bildungsaufwandes – Teil 2: Weiterbildungsaufwand, in: Personalführung 22 (1989 b), 183–191.

Gudykunst, William B./Hammer, Mitchell R., Basic Training Design: Approaches to Intercultural Training, in: *Landis, Dan/Brislin, Richard W.*, Handbook of Intercultural Training, Band 1, New York – Oxford – Toronto (Pergamon Press) 1983, 118–154.

Guillaume, Bernd/Stolz, Markus, Internationale Mitarbeitersuche und Mitarbeiterauswahl, in: *Strutz, Hans/Wiedemann, Klaus* (Hrsg.), Internationales Personalmarketing. Konzepte – Erfahrungen – Perspektiven, Wiesbaden (Gabler) 1992, 73–83.

Gulliksen, Harold, Theory of Mental Tests, New York (Wiley) 1950.

Gupta, Anil K., Matching Managers to Strategies. Point and Counterpoint, in: HRM 25 (1986), 215–234.

Gupta, Anil K./Govindarajan, V., Business Unit Strategy, Managerial Characteristics, and Business Unit Effectiveness at Strategy Implementation, in: AMJ 27 (1984), 25–41.

Gurnee, H., Group Learning, in: Psychological Monographs – General and Applied 76 (13/1962), 1–30.

Guserl, Richard, Das Harzburger Modell – Idee und Wirklichkeit, Wiesbaden (Gabler) 1973.

Guski, Hans G./Schneider, Hans J., Betriebliche Vermögensbeteiligung, Teil 1: Eine Bestandsaufnahme, Köln (Deutscher Instituts-Verlag) 1977.

Guski, Hans G./Schneider, Hans J., Betriebliche Vermögensbeteiligung, Teil 2: Ergebnisse, Erfahrungen und Auswirkungen in der Praxis, Köln (Deutscher Instituts-Verlag) 1983.

Gutenberg, Erich, Grundlagen der Betriebswirtschaftslehre, Band 1: Die Produktion, Berlin – Heidelberg – New York (Springer) 24. Aufl. 1983.

Habermas, Jürgen, Theorie des kommunikativen Handelns, Band 1: Handlungsrationalität und gesellschaftliche Rationalität, Frankfurt (Suhrkamp) 3. Aufl. 1985, 128.

Hacht, Wolfgang von, Internationale Steuerpolitik, in: *Schoppe, Siegfried* (Hrsg.), Kompendium der internationalen Betriebswirtschaftslehre, München – Wien (Oldenbourg) 1991, 697–735.

Hacker, Winfried, Allgemeine Arbeits- und Ingenieurpsychologie, Bern – Stuttgart – Wien (Huber) 2. Aufl. 1978.

Hackstein, Rolf, Arbeitswissenschaft im Umriß, Band 1, Gegenstand und Rechtsverhältnisse, Essen (Girardet) 1977 a.

Hackstein, Rolf, Arbeitswissenschaft im Umriß, Band 2, Grundlagen und Anwendungen, Essen (Girardet) 1977 b.

Hackstein, Rolf et al., Ergonomie und Personalplanung, Luxemburg (EG für Kohle und Stahl) 1974.

Hackstein, Rolf/Güttler, Erich, Ein Klassifikationsverfahren für Gruppen anforderungsähnlicher Arbeitsplätze, in: ZfA 33, 5. NF (1979), 76–81.

Hackstein, Rolf/Heeg, Franz-Josef, Kleingruppenaktivitäten in der betrieblichen Praxis, in: ZWF 81 (1/1986), 30–36.

Hackstein, Rolf/Junker, Robert, Einführung neuer Technologien im Büro. Herausforderungen und Handlungsmöglichkeiten für das Personalwesen, in: Personal 40 (1988), 14–17.

Hackstein, Rolf/Nüssgens, Karl-Heinz/Uphus, Peter H., Personalbedarfsermittlung im System Personalwesen, in: FB/IE 20 (1971 a), 105–124.

Hackstein, Rolf/Nüssgens, Karl-Heinz/Uphus, Peter H., Personalbedarfsermittlung im System Personalwesen, in: FB/IE 20 (1971 b), 159–181.

Häcker, Hartmut, Objektive Tests zur Messung der Persönlichkeit, in: *Groffmann, Karl-Josef/Michel, Lothar* (Hrsg.), Intelligenz- und Leistungsdiagnostik; Enzyklopädie der Psychologie, Band BII3, Göttingen – Toronto – Zürich (Hogrefe) 1982, 132–185.

Hahn, Dietger, Organisation des Controlling in der deutschen Industrie, in: *Goetzke, Wolfgang/Sieben, Günter*, Controlling. Integration von Planung und Kontrolle, Köln (Gebera) 1979, 73–98.

Hahn, Dietger, Vergütung von in das Ausland entsandten Führungskräften eines Konzerns, in: *Schult, Eberhard/Siegel, Theodor* (Hrsg.), Betriebswirtschaftslehre und Unternehmenspraxis, Berlin (E. Schmidt) 1986, 67–82.

Haider, Manfred, Elektrophysiologische Indikatoren der Aktiviertheit, in: *Schönpflug, Wolfgang* (Hrsg.), Methoden der Aktivierungsforschung, Bern – Stuttgart – Wien (Huber) 1969, 125–156.

Haire, Mason/Ghiselli, Edwin E./Porter, Lyman W., Managerial Thinking: An International Study, New York – London – Sydney (Wiley) 1966.

Halbach, Günter/Mertens, Alfred/Schwedes, Rolf/Wlotzke, Otfried, Übersicht: Recht der Arbeit, Bonn (Bundesminister für Arbeit und Sozialordnung) 1981.

Halpin, Andrew W., The Leader Behavior and Effectiveness of Aircraft Commanders, in: *Stogdill, Ralph/Coons, Alvin E.*, Leader Behavior: Its Description and Measurement, Ohio (Ohio State University) 1957, 52–64.

Halpin, Andrew W./Winer, James B., A Factorial Study of the Leader Behavior Descriptions, in: *Stogdill, Ralph/Coons, Alvin E.* (Hrsg.), Leader Behavior: Its Description and Measurement, Ohio (Ohio State University) 1957, 39–51.

Hamacher, Josef, Personalberichtswesen. Aufgaben und Chancen, in: Personal 38 (1986), 193–196.

Hambrick, Donald C., Strategic Awareness within Top Management Teams, in: SMJ 2 (1981), 263–279.

Hamilton, John W., Options for Sample Sizes in Validitation. A Case for the J-Coefficient, in: Personnel Psychology 34 (1981), 805–816.

Handy, Charles B., Zur Entwicklung der Organisationskultur einer Unternehmung durch Management-Development-Methoden, in: ZfO 47 (1978), 404–410.

Hansen, Hans Robert, Wirtschaftsinformatik I. Einführung in die betriebliche Datenverarbeitung, Stuttgart-Jena (Gustav Fischer), 6. Aufl. 1992.

Hanssmann, Friedrich, Optimierung der Organisationsstruktur. Ein erster Versuch am Beispiel einer Vertriebsorganisation, in: ZfB 40 (1970), 17–30.

Harmon, Paul/King, David, Expertensysteme in der Praxis. Perspektiven, Werkzeuge, Erfahrungen, München – Wien (Oldenbourg) 3. Aufl. 1989.

Harvey, Michael C., The Other Side of Foreign Assignments: Dealing with the Repatriation Dilemma, in: CJWB 17 (1/1982), 53–59.

Hax, Arnoldo C./Majluf, Nicolas S., Strategic Management. An integrative Perspective, Englewood Cliffs/N. J. (Prentice-Hall) 1984.

Hax, Karl, Personalpolitik der Unternehmung, Reinbek (Rowohlt) 1977.

Hedley, Barry, Strategy and the „Business Portfolio", in: LRP 10 (1/1977), 9–15.

Heeg, Franz-Josef, Qualitätszirkel und andere Gruppenaktivitäten. Einsatz in der betrieblichen Praxis und Anwendung, Berlin – Heidelberg – New York (Springer) 1985.

Heeg, Franz-Josef, Moderne Arbeitsorganisation. München – Wien (Hanser) 1988.

Heenan, David A./Perlmutter, Howard V., Multinational Organization Development, Reading/Mass. (Addison Wesley) 1979.

Heinen, Edmund et al., Unternehmenskultur. Perspektiven für Wissenschaft und Praxis, München – Wien (Oldenbourg) 1987.

Heinrich, Lutz J./Pils, Manfred, Personalinformationssysteme im Zwielicht, in: Personal 29 (1977), 29–30.

Heinrich, Lutz J./Pils, Manfred, Betriebsinformatik im Personalbereich, Würzburg – Wien (Physica) 1979.

Heinze, Reinhard, Personalplanung, Einstellung und Kündigung, Stuttgart (Schäffer) 1982.

Heitmeyer, Klaus/Thom, Norbert, Assessment Center, in: Personalwirtschaft 10 (1982), 19–26.

Hemmer, Edmund, Personalzusatzkosten im produzierenden Gewerbe und im Dienstleistungsbereich, in: iw-Trends (1988), D16–23.

Hemphill, John K./Coons, Alvin E., Development of the Leader Behavior Description Questionnaire, in: *Stogdill, Ralph/Coons, Alvin E.* (Hrsg.), Leader Behavior: Its Description and Measurement, Ohio (Ohio State University) 1957, 6–38.

Hentze, Joachim, Personalwirtschaftslehre, Band 1: Grundlagen, Personalbedarfsermittlung, -beschaffung, -entwicklung, -bildung und -einsatz, Bern – Stuttgart (Haupt) 5. Aufl. 1991 a.

Hentze, Joachim, Personalwirtschaftslehre, Band 2: Personalerhaltung und Leistungsstimulation, Personalfreistellung und Personalinformationswirtschaft, Bern – Stuttgart (Haupt) 5. Aufl. 1991 b.

Hentze, Joachim/Brose, Peter, Personalführungslehre. Grundlagen, Führungsstile, Funktionen und Theorien der Führung, Bern – Stuttgart (Haupt) 1986.

Hentze, Joachim/Kammel, Andreas, Ansatzpunkte für eine Flexibilisierung der Führungskräfteentlohnung, in: ZfP 1 (1988), 41–56.

Henzler, Herbert A., Vision und Führung, in: *Henzler, Herbert A.* (Hrsg.), Handbuch Strategische Führung, Wiesbaden (Gabler) 1988, 17–33.

Herschel, Wilhelm/Löwisch, Manfred/Steinmann, Georg, Kommentar zum Kündigungsschutzgesetz, Heidelberg (Recht und Wirtschaft) 6. Aufl. 1984.

Hersey, Paul/Blanchard, Kenneth H., So You Want to Know Your Leadership Style. Measuring how You Behave in a Situational Leadership Framework, in: Training and Development Journal 28 (2/1974), 22–37.

Hersey, Paul/Blanchard, Kenneth H., Management of Organizational Behavior: Utilizing Human Resources, Englewood Cliffs/N. J. (Prentice-Hall) 4. Aufl. 1982.

Herzberg, Frederick, Work and the Nature of Man, London (Crosby Lockwood Staples) 1968.

Herzberg, Frederick/Mausner, Bernard/Snyderman, Barbara B., The Motivation to Work, New York – London (Chapman & Hall) 2. Aufl. 1959.

Hettinger, Theodor/Kaminsky, Gerhard/Schmale, Hugo, Ergonomie am Arbeitsplatz, Ludwigshafen (Kiehl) 2. Aufl. 1980.

Heymann, Helmut, Outplacement, in: WiSt 13 (1984), 308–311.

Heymann, Helmut/Seiwert, Lothar, Vom Outplacement zum Newplacement, in: Personalwirtschaft 9 (1982 a), 22–26.

Heymann, Helmut/Seiwert, Lothar (Hrsg.), Job Sharing, Grafenau – Stuttgart (Expert) 1982 b.

Hilb, Martin, Das Austrittsinterview, in: IO 46 (1977), 307–310.

Hilb, Martin, Personalpolitik für Multinationale Unternehmen. Empfehlungen aufgrund einer Vergleichsstudie japanischer, schweizerischer und amerikanischer Firmengruppen, Zürich (Industrielle Organisation) 1985.

Hirsch-Kreinsen, Hartmut/Wolf, Harald, Neue Produktionstechniken und Arbeitsorganisation. Interessen und Strategien betrieblicher Akteure, in: Soziale Welt 38 (1987), 181–196.

Hitt, Michael A./Ireland, Duane R., Peters and Waterman revisited. The Unended Quest for Excellence, in: Academy of Management Executive 1 (2/1987), 91–98.

Höhn, Reinhard, Führungsbrevier der Wirtschaft, Bad Harzburg (Wissenschaft, Wirtschaft und Technik) 1970.

Hörmann, Hans, Theoretische Grundlagen der projektiven Verfahren, in: *Groffmann, Karl Josef/Michel, Lothar* (Hrsg.), Grundlagen psychologischer Diagnostik; Enzyklopädie der Psychologie, Band BII1, Göttingen – Toronto – Zürich (Hogrefe) 1982, 173–242.

Hoffmann, Friedrich, Kritische Erfolgsfaktoren. Erfahrungen in großen und mittelständischen Unternehmungen, in: ZfbF 38 (1986), 831–843.

Hofstede, Geert, Culture's Consequences. International Differences in Work-Related Values, Beverly Hills – London (Sage) 1980 a.

Hofstede, Geert, Kultur und Organisation, in: *Grochla, Erwin* (Hrsg.), HWO, Stuttgart (Poeschel) 2. Aufl. 1980 b, 1168–1182.

Hollich, Franz, Analyse organisatorischer und personeller Einflußgrößen auf Fehlzeiten, Karlsruhe (Planta) 1985.

Holtze, Heiko, Vorgesetzten-Beurteilung, in: Personalführung 22 (1989), 554–559.

Homans, George C., Social Behavior. It's Elementary Forms, New York (Harcourt) 1961.

Horváth, Péter, Controlling, München (Vahlen) 4. Aufl. 1991.

Hoss, Günter, Personalcontrolling im industriellen Unternehmen, Krefeld (M&M Wissenschaftsverlag) 1989.

Hoss, Günter, Personalcontrolling. Funktionale, instrumentale und institutionale Aspekte, in: Personalwirtschaft 15 (1988), 409–417.

House, Robert J./Wigdor, Lawrence A., Herzberg's Dual-Factor Theory of Job Satisfaction and Motivation: A Review of the Evidence and a Criticism, in: Personnel Psychology 20 (1967), 369–389.

Hunter, J. E./Hunter, R. F., Validity and Utility of Alternative Predictors of Job Performance, in: Psychological Bulletin 96 (1984), 72–98.

Huo, Y. Paul/McKinley, William, Nation as a Context for Strategy: The Effects of National Characteristics on Business-Level-Strategies, in: MIR 32 (1992), 103–113.

Huppert, Egon, Produkt-Lebenszyklus: eine Entscheidungshilfe?, in: Marketing Journal 11 (5/1978), 416–423.

IAB, Institut für Arbeitsmarkt- und Berufsforschung der Bundesanstalt für Arbeit (Hrsg.), Forschungsdokumentation zur Arbeitsmarkt- und Berufsforschung, Nürnberg (Bundesanstalt für Arbeit) 3. Aufl. 1982.

IAB, Institut für Arbeitsmarkt- und Berufsforschung der Bundesanstalt für Arbeit, IAB-Kurzbericht 1990, Tendenzen des Qualifikationsbedarfs bis zum Jahre 2010, Nürnberg (Bundesanstalt für Arbeit) 1990.

Inglehart, Ronald, Wertwandel in den westlichen Gesellschaften. Politische Konsequenzen von materialistischen und postmaterialistischen Prioritäten, in: *Klages, Helmut/Kmieciak, Peter* (Hrsg.), Wertwandel und gesellschaftlicher Wandel, Frankfurt – New York (Campus) 1979, 279–316.

Inhoffen, Anton O., Die Entlassung von Arbeitnehmern in der mitbestimmten Unternehmung, Stuttgart (Poeschel) 1979.

ISIS Software Report, Band 2.1, München (Nomina) 23. Jahrgang 1992.

IW (Institut der Deutschen Wirtschaft), Zahlen zur wirtschaftlichen Entwicklung der Bundesrepublik Deutschland, Köln (Deutscher Instituts-Verlag) 1978.

IW (Institut der Deutschen Wirtschaft), Zahlen zur wirtschaftlichen Entwicklung der Bundesrepublik Deutschland, Köln (Deutscher Instituts-Verlag) 1987.

Jacobs, Siegfried/Thiess, Michael/Söhnholz, Dirk, Human-Ressourcen-Portfolio, in: DU 41 (1987), 205–218.

Jago, Arthur G., Führungstheorien – Vroom/Yetton Modell, in: *Kieser, Alfred/Reber, Gerhard/Wunderer, Rolf* (Hrsg.), HWFü, Stuttgart (Poeschel) 1987, 931–948.

Jakobs-Fuchs, Ilse, Planung der Personalfreisetzung: Determinanten, Instrumente, Strategien, München (Florentz) 1978.

Jantsch, Erich, Technological Forecasting in Perspective, Paris (OECD) 1967.

Jantzen, Gerhard H., Biorhythmik, Genf (Ariston) 2. Aufl. 1983.

Jeserich, Wolfgang, Mitarbeiter auswählen und fördern. Assessment-Center-Verfahren, München – Wien (Hanser) 1981.

Jobs, Friedhelm/Samland, Jürgen (Hrsg.), Personalinformationssysteme in Recht und Praxis, Stuttgart (Schäffer) 1984.

Jochum, Eduard, Gleichgestelltenbeurteilung. Führungsinstrument in der industriellen Forschung und Entwicklung, Stuttgart (Poeschel) 1987.

Joost, Detlev, Betrieb und Unternehmen als Grundbegriffe im Arbeitsrecht, München (Beck) 1988.

Junker, Robert, Einführung neuer Bürokommunikations-Technologien, in: Personal 38 (1986), 54–56.

Kaase, Max, Datenzugang und Datenschutz. Konsequenzen für die Forschung, Königstein/Ts. (Athenaeum) 1980.

Kallmann, Andreas, Skalierung in der empirischen Forschung. Das Problem ordinaler Daten, Diss. München 1979.

Kaminsky, Gerhard, Praktikum der Arbeitswissenschaft. Analytische Untersuchungsverfahren beim Studium der menschlichen Arbeit, München – Wien (Hanser) 2. Aufl. 1980.

Kastner, Michael, Personalmanagement heute, Landsberg am Lech (Moderne Industrie) 1990.

Kavanagh, Michael J./Guental, Hal G./Tannenbaum, Scott I., Human Resource Information Systems, Development and Application, Boston/Mass. (PWS-Kent) 1990.

Kavanagh, Michael J./Scholz, Christian, HRM and HRIS in Europe 92: Hopes and Reality, in: Third Conference on International Personnel and HRM, Ashridge Management College 1992.

Keller, Bernhard, Interne Arbeitsmärkte und Arbeitsmarktstruktur, Tübingen (Mohr) 1981.

Keller, Eugen von, Management in fremden Kulturen, Ziele, Ergebnisse und methodische Probleme der kulturvergleichenden Managementforschung, Bern – Stuttgart (Haupt) 1982.

Keller, Eugen von, Kulturabhängigkeit der Führung, in: *Kieser, Alfred/Reber, Gerhard/Wunderer, Rolf* (Hrsg.), HWFü, Stuttgart (Poeschel) 1987, 1285–1294.

Kenter, Michael E., Die Steuerung ausländischer Tochtergesellschaften. Instrumente und Effizienz, Frankfurt (Lang) 1985.

Kenter, Michael E./Welge, Martin K., Die Reintegration von Stammhausdeligierten. Ergebnisse einer explorativen empirischen Untersuchung, in: *Dülfer, Eberhard* (Hrsg.), Personelle Aspekte im Internationalen Management, Berlin (E. Schmidt) 1983, 173–200.

Kern, Horst/Schumann, Michael, Das Ende der Arbeitsteilung? Rationalisierung in der industriellen Produktion, München (Beck) 3. Aufl. 1986.

Keßler, Michael, Führungsstilanalyse. Ein wesentliches Instrument des Personalmanagements, in: Personalführung 25 (1992), 278–285.

Kets de Vries, Manfred F. R., Organizational Paradoxes: Clinical Approaches to Management, London – New York (Tavistock) 1980.

Kets de Vries, Manfred F. R., Managers can drive their subordinates mad, in: *Kets de Vries, Manfred F. R.* (Hrsg.), The Irrational Executive. Psychological Explanation in Management, New York (International Universities Press) 2. Aufl. 1985, 152–170.

Kets de Vries, Manfred F. R./Miller, Danny, The Neurotic Organization. Diagnosing and Changing Counterproductive Styles of Management, San Francisco – Washington – London (Jossey Bass) 1984.

Kets de Vries, Manfred F. R./Miller, Danny, Personality, Culture and Organization, in: AMR 11 (1986), 266–279.

Kets de Vries, Manfred F. R./Miller, Danny, The Neurotic Organization. Diagnosing and Changing Counterproductive Styles of Management, San Francisco – London (Jossey-Bass) 3. Aufl. 1987.

Kieser, Alfred/Kubicek, Herbert, Organisation, Berlin – New York (de Gruyter) 3. Aufl. 1992.

Kilger, Wolfgang, Flexible Plankostenrechnung und Deckungsbeitragsrechnung, Wiesbaden (Gabler) 8. Aufl. 1981.

Kilger, Wolfgang, Industriebetriebslehre, Band 1, Wiesbaden (Gabler) 1986.

Kilian, Wolfgang, Datenschutz in Wirtschaftsunternehmen, in: *Kilian, Wolfgang/Lenk, Klaus/Steinmüller, Wilhelm* (Hrsg.), Datenschutz – Juristische Grundfragen beim Einsatz elektronischer Datenverarbeitungsanlagen in Wirtschaft und Verwaltung, Frankfurt (Athenaeum) 1973, 289–309.

Kilian, Wolfgang, Personalinformationssysteme in deutschen Großunternehmen, Berlin – Heidelberg – New York (Springer) 1982.

Kilian, Wolfgang, Überwachung durch Auswerten?, in: BB 40 (1985), 403–407.

Kirsch, Werner/Trux, Walter, Strategische Frühaufklärung und Portfolio-Analyse, in: ZfB-Ergänzungsheft 2 (1979), 47–69.

Klages, Helmut, Wertorientierungen im Wandel. Rückblick, Gegenwartsanalyse, Prognosen, Frankfurt/Main – New York (Campus) 2. Aufl. 1985.

Klatt, Lawrence A./Murdick, Robert G./Schuster, Fred E., Human Resources Management. A Behavioral Systems Approach, Homewood/Ill. (Irwin) 1978.

Klebe, Thomas, Personaldatenverarbeitung und Verhaltenskontrolle, in: DB 39 (1986), 380–382.

Klein, Katherine J./Hall, Rosalie J., Innovations in Human Resource Management. Strategies for the Future, in: *Hage, Jerald* (Hrsg.), Futures of Organizations. Innovating to Adapt Strategy and Human Resources to Rapid Technological Change, Maryland (Lexington Books) 1988, 147–162.

Klimoski, Richard/Brickner, Mary, Why Do Assessment Centers Work? – The Puzzle of Assessment Center Validity, in: Personnel Psychology 40 (1987), 243–260.

Klingelhöfer, Lutz, Personaleinsatzplanung durch ein computergestütztes Informationssystem, Frankfurt – Zürich (Deutsch) 1975.

Kluckhohn, Clyde, The Study of Culture, in: *Lerner, Daniel/Lasswell, Harold D.* (Hrsg.), The Policy Science, Stanford (University Press) 1951, 86–101.

Knapp, Annelie, Interkulturelle Kommunikationsfähigkeit, in: Personalführung 24 (1991), 4–11.

Knauth, Peter, Ergonomische Beiträge zu Sicherheitsaspekten der Arbeitszeitorganisation, Düsseldorf (VDI) 1983.

Knauth, Peter/Rutenfranz, Joseph, Arbeitszeitgestaltung, in: *Kleinbeck, Uwe/Rutenfranz, Joseph* (Hrsg.), Arbeitspsychologie; Enzyklopädie der Psychologie, Band D 3.1, Göttingen – Toronto – Zürich (Hogrefe) 1987, 532–576.

Knebel, Heinz, Einführung von Führungsgrundsätzen, in: *Töpfer, Armin/Zander, Ernst* (Hrsg.), Führungsgrundsätze und Führungsinstrumente, Frankfurt (Metzner) 1982, 194–263.

Knowles, Henry P./Saxberg, Borje O., Human Relations and the Nature of Man, in: HBR 45 (2/1967), 22–178.

Koffka, Eberhard, Mitwirkungs- und Informationsrechte des Betriebsrates bei Einführung und Betrieb von Personalinformationssystemen, in: *Jobs, Friedhelm/Samland, Jürgen* (Hrsg.), Personalinformationssysteme in Recht und Praxis, Stuttgart (Schäffer) 1984, 87–118.

Kolb, Meinulf, Flexibilisierung als konzeptionelle Leitidee strategischen Personalmanagements, in: *Weber, Wolfgang/Weinmann, Joachim* (Hrsg.), Strategisches Personalmanagement, Stuttgart (Poeschel) 1989, 205–221.

Kolvenbach, Horst, Personalentwicklung, in: *Gaugler, Eduard* (Hrsg.), HWP, Stuttgart (Poeschel) 1975, 1545–1556.

Kolvenbach, Horst, Personalentwicklung und Förderung, Wiesbaden (Gabler) 1977.

Kompa, Ain, Personalbeschaffung und Personalauswahl, Stuttgart (Enke) 1984.

Königswieser, Roswita, Die Auswirkung schockierender Nachrichten: Psychische Bewältigungsmechanismen und Methoden der Überbringung, in: DBW 45 (1985), 51–61.

Kosiol, Erich, Leistungsgerechte Entlohnung, Wiesbaden (Gabler) 2. Aufl. 1962.

Kossbiel, Hugo (Hrsg.), Personalentwicklung, ZfbF Sonderheft 14 (1982).

Kossbiel, Hugo, Betriebliche Weiterbildung und ihre Wirkung auf Personalstruktur und Personalflexibilität, in: *Gaugler, Eduard* (Hrsg.), Betriebliche Weiterbildung als Führungsaufgabe, Wiesbaden (Gabler) 1987, 85–117.

Kossbiel, Hugo, Personalbereitstellung und Personalführung, in: *Jacob, Herbert* (Hrsg.), Allgemeine Betriebswirtschaftslehre. Handbuch für Studium und Prüfung, Wiesbaden (Gabler) 5. Aufl. 1988, 1045–1257 (Nachdruck 1990).

Kotler, Philip, Marketing-Management, Stuttgart (Poeschel) 4. Aufl. 1989.

Kotter, John P./Schlesinger, Leonard A., Choosing strategies for change, in: HBR (2/1979), 106–114.

Koubek, Norbert/Gester, Heinz/Wiedemeyer, Gerd R. (Hrsg.), Richtlinien für das Personalmanagement in internationalen Unternehmungen, Baden-Baden (Nomos) 1992.

Krause, Hans-Ulrich, Veränderungen des Arbeitsmarktes und die Konsequenzen für die Personalarbeit von morgen, in: Personalführung 24 (1991), 334–339.

Kreikebaum, Hartmut, Strategische Unternehmensplanung, Stuttgart – Berlin – Köln (Kohlhammmer) 4. Aufl. 1991.

Kreklau, Carsten, Kritische Bestandsaufnahme von Beiträgen zu einem betriebswirtschaftlich fundierten Personalmarketing, in: ZfbF 11 (1974), 746–763.

Kroeber, Alfred L./Kluckhohn, Clyde, Culture. A Critical Review of Concepts and Definitions, New York (Vintage Books) 1952.

Kroeber-Riel, Werner, Strategie und Technik der Werbung, Stuttgart – Berlin – Köln – Mainz (Kohlhammer) 3. Aufl. 1991.

Kroeber-Riel, Werner, Konsumentenverhalten, München (Vahlen) 5. Aufl. 1992.

Krulis-Randa, Jan S., Schlechte Personalpolitik programmiert Mißerfolg, in: Personalwirtschaft 18 (1991), 35–39.

Kubicek, Herbert, Dimensionen der Humanisierung des Arbeitslebens, in: DBW 39 (1979), 663–679.

Kubicek, Herbert, Führungsgrundsätze, Lösungen von gestern für die Probleme von morgen?, in: ZfO 53 (1984 a), 81–88, 182–188.

Kubicek, Herbert, Führungsgrundsätze als Organisationsmythen und die Notwendigkeit von Entmythologisierungsversuchen, in: ZfB 54 (1984 b) 4–29.

Kulhavy, Ernest, Internationales Marketing, Linz (Trauner) 1981.

Kumar, Nino B./Karlshaus, M., Auslandseinsatz und Personalentwicklung. Ergebnisse einer empirischen Studie über den Beitrag der Auslandsentsendung zur Karriereperspektive von Stammhausmitarbeitern, in: ZfP (1992), 59–74.

Kunstek, Rolf, Das Konzept der Lernstatt im Industriebetrieb. Kritik eines Ansatzes der Organisationsentwicklung, Spardorf (Wilfer) 1986.

Kupsch, Peter U./Marr, Rainer, Personalwirtschaft, in: *Heinen, Edmund* (Hrsg.), Industriebetriebslehre, Wiesbaden (Gabler) 8. Aufl. 1985, 623–767.

Landau, Kurt/Bokranz, Rainer, Istzustands-Analyse in Arbeitssystemen. Methoden und Erkenntnisse zur Erfassung von Istzuständen an Arbeitsplätzen und in Arbeitsfeldern, in: ZfB 56 (1986), 728–754.

Landis, Dan/Brislin, Richard W. (Hrsg.), Handbook of Intercultural Training, Band 1, New York – Oxford – Toronto (Pergamon Press) 1983 a.

Landis, Dan/Brislin, Richard W., Conzeptualizations of Intercultural Behavior and Training, in: *Landis, Dan/Brislin, Richard W.* (Hrsg.), Handbook of Intercultural Training, Band 1, New York – Oxford – Toronto (Pergamon Press) 1983 b, 1–35.

Langer-Stein, Rose/Pompe, Peter/Waskow, Siegfried/Zuleger, Thomas, Arbeitsmarkt Europa, Bonn (Economica) 1991.

Latham, Gary P./Mitchell, Terence R., Behavioral Criteria and Potential Reinforcers for the Engineer/Scientist in an Industrial Setting, Arbeitspapier Universität Washington, Seattle 1976.

Lattmann, Charles (Hrsg.), Personal-Management und Strategische Unternehmensführung, Heidelberg (Physica) 1987.

Lattmann, Charles, Wissenschaftstheoretische Grundlagen der Unternehmensethik, in: *Domsch, Michel/Hofmann, M./Lattmann, Charles* (Hrsg.), management forum. Ethik und Unternehmensführung, Heidelberg (Physica) 1988, 1–30.

Laughlin, Patrick R./Johnson, Homer H., Group and Individual Performance on a Complementary Task as a Function of Initial Ability Level, in: Journal of Experimental Social Psychology 2 (1966), 407–414.

Laughlin, Patrick R./Kerr, Norbert L./Davis, James H./Halff, Henry M./Marciniak, Kenneth A., Group Size, Member Ability and Social Decision Systems on an Intellective Task, in: Journal of Personality and Social Psychology 31 (1975), 522–535.

Laughlin, Patrick R./Kerr, Norbert L./Munch, Margaret M./Haggarty, Carol A., Social Decision Systems of the Same Four-Person Groups on Two Different Intellective Tasks, in: Journal of Personality and Social Psychology 33 (1976), 80–88.

Laukin, Hans-Peter/Merten, Peter, Ein System-Dynamics-Modell zur Unterstützung der Personalplanung in einem innovativen Unternehmen des Maschinenbaus, in: Angewandte Systemanalyse 4 (2/1983), 78–91.

Laurent, André, The Cross-Cultural Puzzle of International Human Resource Management, in: HRM 25 (1/1986), 91–102.

Laurig, Wolfgang, Grundzüge der Ergonomie, Berlin – Köln (Beuth) 2. Aufl. 1982.

Laurig, Wolfgang/Kloke, Wilhelm B./Kühn, Frank M., Ansätze für eine Prognose der Belastung auf der Grundlage von Systemen vorbestimmter Zeiten, in: ZfA 38, 10. NF (1984), 78–83.

Lay, Rupert, Ethik für Manager, Düsseldorf – Wien – New York (Econ) 1989.

Layton, William G./Johnson, Eric J., Break the Mold. Strategies for Productivity, in: Personnel Journal 66 (5/1987), 74–78.

Lehmann, Günter, Praktische Arbeitsphysiologie, Stuttgart (Thieme) 2. Aufl. 1962.

Leontiades, Milton, Choosing the right manager to fit the strategy, in: JBS 2 (1982), 58–59.

Lewin, Kurt, Frontiers in Group Dynamics. Concept, Method and Reality in Social Science, Social Equilibria and Social Change, in: Human Relations 1 (1947), 5–41.

Liebe-Harkort, Uwe, Zusammensetzung von Kleingruppen im Unterricht, Diss. Tübingen 1976.

Lienert, Gustav A., Testaufbau und Testanalyse, Weinheim – Berlin – Basel (Beltz) 3. Aufl. 1969.

Likert, Rensis, New Patterns of Management, New York – Toronto – London (McGraw-Hill) 1961.

Linneman, Robert E./Kennell, John D., Shirt-sleeve Approach to Long-range Plans, in: HBR 55 (2/1977), 141–150.

Linnenkohl, Karl/Rauschenberg, Hans-Jürgen/Schmidt, Rolf, Flexibilisierung (Verkürzung) der Lebensarbeitszeit, in: BB 39 (1984), 603–608.

Löwisch, Manfred/Schüren, Peter, Aktuelle arbeitsrechtliche Fragen von Teilzeitarbeit und kürzerer Arbeitszeit, in: BB 39 (1984), 925–931.

Lohn- und Gehaltsrahmen-Tarifvertrag, Lohn- und Gehaltsrahmen-Tarifvertrag für die Beschäftigten in der Metallindustrie in Nordwürttemberg/Nordbaden vom 11.02.1988, Stuttgart 1988.

Lohnabkommen, Lohnabkommen für die Metallindustrie Nordwürttemberg/Nordbaden gültig ab 01.04.1987, Stuttgart 1987.

Lohnrahmentarifvertrag, Lohnrahmentarifvertrag für die Arbeiter der Eisen-, Metall- und Elektroindustrie des Saarlandes vom 13.03.1987 mit Lohntabelle, Saarbrücken – Frankfurt 1987.

Lorenzen, Bernd, Systematische Entgeltfindung für die Beschäftigten aller Ebenen in einem Großunternehmen, Bergisch-Gladbach (Heider) 1984.

Lorenzen, Hans-Peter, HdA – 12 Jahre Erfahrung und Perspektiven für die Zukunft, in: *RKW* (Hrsg.), IPS 2 – Dokumentation, Productivity and the Future of Work, Eschborn (RKW) 1987.

Lorenzen, Hans-Peter, Humanisierung und Innovation, in: *Bullinger, Hans-Jörg* (Hrsg.), Mensch – Arbeit – Neue Technologien, Berlin – Heidelberg – New York (Springer) 1985, 11–23.

Lorge, I./Tuckman, J., Individual Ability as a Determinant of Group Superiority, in: HR 15 (1962), 45–51.

Luczak, Holger, Psychophysiologische Methoden zur Erfassung psychophysischer Beanspruchungszustände, in: *Kleinbeck, Uwe/Rutenfranz, Joseph* (Hrsg.), Arbeitspsychologie; Enzyklopädie der Psychologie, Band DIII1, Göttingen – Toronto – Zürich (Hogrefe) 1987, 185–259.

Luczak, Holger/Rohmert, Walter, Ansätze zu einer anthropologischen Systematik arbeitswissenschaftlicher Erkenntnisse, in: ZfA 39, 11. NF (1985), 129–144.

Lück, Wolfgang/Trommsdorff, Volker (Hrsg.), Internationalisierung der Unternehmung als Problem der Betriebswirtschaftslehre, Berlin (E. Schmidt) 1982.

Lutter, Marcus, Stand und Dynamik des Europäischen Wirtschaftsrechts, Vorträge und Berichte Nr. 1 des Zentrums für Europäisches Wirtschaftsrecht, Bonn (Rheinische Friedrich-Wilhelms-Universität) 1990.

Lutz, Burkart, Personalplanung in der gewerblichen Wirtschaft der Bundesrepublik, Band 1, Frankfurt (Campus) 1977.

Lutz, Burkart, Betriebliche Personalplanung zwischen Unternehmensplanung und Personalpolitik, Band 2, Frankfurt (Campus) 1979.

Maccoby, Michael, The Gamesman, The New Corporate Leaders, New York (Simon & Schuster) 1976.

Macharzina, Klaus, Auslandseinsatz von Mitarbeitern, in: *Gaugler, Eduard/Weber, Wolfgang* (Hrsg.), HWP, Stuttgart (Poeschel) 2. Aufl. 1992 a, 534–544.

Macharzina, Klaus, Internationaler Transfer von Führungskräften, in ZfP 6 (1992 b), 366–384.

Macharzina, Klaus/Oechsler, Walter A., Personalmanagement, Band I: Mitarbeiterführung und Führungsorganisation, Wiesbaden (Gabler) 1977 a.

Macharzina, Klaus/Oechsler, Walter A., Personalmanagement, Band II: Organisations- und Mitarbeiterentwicklung, Wiesbaden (Gabler) 1977 b.

Magnus, Margaret, Is Your Recruitment All It Can Be, in: Personnel Journal 66 (2/1987), 54–63.

Maier, Walter/Fröhlich, Werner (Hrsg.), Personalmanagement in der Praxis, Wiesbaden (Gabler) 1991.

Mallardi, Vincent, Biorhythm and Your Behavior, Philadelphia (Running) 3. Aufl. 1978.

Manager-Magazin (Hrsg.), Imageprofile ,88. Das Deutsche Image-Jahrbuch, Düsseldorf (Econ) 1988.

March, James G./Simon, Herbert A., Organizations, New York – London – Sydney (Wiley) 1958.

Margerison, Charles/Glube, Richard, Leadership and Decision-Making. An Empirical Test of the Vroom and Yetton-Model, in: JoMS 16 (1979), 45–55.

Marr, Rainer (Hrsg.), Arbeitszeitmanagement. Grundlagen und Perspektiven der Gestaltung flexibler Arbeitszeitsysteme, Berlin (E. Schmidt) 1987.

Marr, Rainer (Hrsg.), Euro-Strategisches Personalmanagement, Sonderband 1 und 2 der ZfP (1991).

Marr, Rainer/Stitzel, Michael, Personalwirtschaft. Ein konfliktorientierter Ansatz, München (Moderne Industrie) 1979.

Martin, Albert, Personalforschung, München – Wien (Oldenbourg) 1988.

Maslow, Abraham H., A Theory of Human Motivation, in: Psychological Review 50 (1943), 370–396.

Maslow, Abraham H., Motivation and Personality, New York – Evanston – London (Harper & Row) 2. Aufl. 1970.

Maslow, Abraham H., The Further Reaches of Human Nature, New York (Viking) 1971.

Matenaar, Dieter, Organisationskultur und organisatorische Gestaltung, Berlin (Duncker & Humblot) 1983.

May, Karl A., Problemfelder und Konzeption der Bewerberauswahl, Diss. Regensburg 1986.

Mayntz, Renate/Holm, Kurt/Hübner, Peter, Einführung in die Methoden der empirischen Soziologie, Opladen (Westdeutscher Verlag) 5. Aufl. 1978.

Mayrhofer, Wolfgang, Der gegenwärtige Stand der Outplacement-Diskussion, in: ZfP 1 (1987), 147–180.

Mayrhofer, Wolfgang, Trennung von der Organisation, Wiesbaden (Deutscher Universitäts-Verlag) 1989.

McClelland, David C., Personality, New York (The Dryden Press) 1951.

McClelland, David C., The Achieving Society, Toronto – New York – London (van Nostrand) 1961.

McClelland, David C., Achievement Motivation Can Be Developed, in: HBR 43 (6/1965), 6–178.

McClelland, David C., Power. The Inner Experience, New York (Irvington Publishers) 1975.

McClelland, David C., Human Motivation, Glenview (Scott, Foresman & Company) 1985.

McClelland, David C./Atkinson, John W./Clark, Russel A./Cowell, Edgar L., The Achievement Motive, New York (Appleton-Century-Crofts) 1953.

McCormick, Ernest J./Ilgen, Daniel R., Industrial Psychology, London (George Allen & Unwin) 7. Aufl. 1981.

McFarlan, Franklin W./McKenney, James L., Corporate Information Systems Management. The Issues Facing Senior Executives, Homewood/Ill. (Irwin & Dorsey) 1983.

McGregor, Douglas, The Human Side of Enterprise, New York – Toronto – London (McGraw-Hill) 1960.

McMillan, Charles J., The Japanese Industrial System, Berlin – New York (de Gruyter) 1984.

Meffert, Heribert, Globalisierungsstrategien und ihre Umsetzung im internationalen Wettbewerb, in: DBW 49 (1989), 445–463.

Meffert, Heribert/Althans, Jürgen, Internationales Marketing, Stuttgart – Berlin – Köln – Mainz (Kohlhammer) 1982.

Meiritz, Wolfram, Eignungsorientierte Personaleinsatzplanung, Frankfurt etc. (Lang) 1984.

Meisel, Peter G., Die Mitwirkung und Mitbestimmung des Betriebsrates in personellen Angelegenheiten, Heidelberg (Verlagsgesellschaft Recht und Wirtschaft) 5. Aufl. 1984.

Meiser, Michael/Wagner, Dieter/Zander, Ernst, Personal und neue Technologien. Organisatorische Auswirkungen und personalwirtschaftliche Konsequenzen, München – Wien (Oldenbourg) 1991.

Meissner, Hans Günther, Marketing im Gemeinsamen Europäischen Markt, in: *Berg, Hartmut/Meissner, Hans Günther/Schünemann, Wolfgang B.* (Hrsg.), Märkte in Europa. Strategien für das Marketing, Stuttgart (Poeschel) 1990, 99–162.

Meissner, Hans Günther, Internationales Marketing, in: *Wittmann, Waldemar et al.* (Hrsg.), HWB Stuttgart (Schäffer-Poeschel) 5. Aufl. 1993, 1871–1888.

Meleghy, Tamas, Die Entwicklung der Kontingenztheorie der Führungseffektivität von F. E. Fiedler, in: *Reber, Gerhard* (Hrsg.), Macht in Organisationen, Stuttgart (Poeschel) 1980, 181-206.

Mendenhall, Mark E./Dunbar, Edward/Oddou, Gary R., Expatriate Selection, Training and Career-Pathing. A Review and Critique, in: HRM 26 (1987), 331–345.

Mendenhall, Mark E./Oddou, Gary R., The Dimensions of Expatriate Acculturation. A Review, in: AMR 10 (1985), 39–47.

Mensch, Gerhard, Instrumente der kurzfristigen Personalplanung, in: ZfB 38 (1968), 469–494.

Mertens, Dieter, Methodische Grundlagen und praktische Forschung, in: *Mertens, Dieter* (Hrsg.), Konzepte der Arbeitsmarkt- und Berufsforschung, Nürnberg (Institut für Arbeitsmarkt- und Berufsforschung) 1982, 1–12.

Meyer, Friedrich W., Die Erstellung von Anforderungs- und Fähigkeitsprofilen für arbeits- und personalwirtschaftlich orientierte Informationssysteme, in: *Schmidt, Herbert/Hagenbruck, Hasso/Sämann, Werner* (Hrsg.), Handbuch der Personalplanung, Frankfurt – New York (Herder) 1975, 145–158.

Meyer-Piening, Arnulf, Zero-Base-Budgeting (ZBB) als Planungs- und Führungsinstrument, in: DB 33 (1980), 1277–1281.

Michel, Lothar, Allgemeine Grundlagen psychometrischer Tests, in: *Heiß, Robert* (Hrsg.), Psychologische Diagnostik; Handbuch der Psychologie 6, Göttingen (Hogrefe) 1964, 19–70.

Michel, Lothar/Conrad, Wolfgang, Theoretische Grundlagen psychometrischer Tests, in: *Groffmann, Karl-Josef/Michel, Lothar* (Hrsg.), Grundlagen psychologischer Diagnostik; Enzyklopädie der Psychologie, Band BII1, Göttingen – Toronto – Zürich (Hogrefe) 1982, 1–129.

Miles, Raymond/Snow, Charles C., Fit, Failure and the Hall of Frame, in: CMR 26 (3/1984), 10–28.

Milkovich, George T./Glueck, William F., Personnel-Human Resource Management: A Diagnostic Approach, Plano (Business Publications) 4. Aufl. 1985.

Miller, Danny/Friesen, Peter H., Organizations. A Quantum View, Englewood Cliffs/N. J. (Prentice-Hall) 1984.

Miller, Georg A./Galanter, Eugene/Pribram, Karl H., Strategien des Handelns, Stuttgart (Klett) 1973.

Milliman, John/Glinow, Mary Ann von/Nathan, Maria, Organizational Life Cycles and Strategic International Human Resource Management in Multinational Companies: Implications for Congruence Theory, in: AMR 16 (1991), 318–339.

Mintzberg, Henry/Waters, James A., Of Strategies. Deliberate and Emergement, in: SMJ 6 (1985), 257–272.

Mische, Justus, Die Hoechst-Mitarbeiterbefragung, in: Personalführung 21 (1988), 950–957.

Molitor, Bruno, Wirtschaftsethik, München (Vahlen) 1989.

Moll, Michael, Ein Beitrag zur Abschätzung der langfristigen Arbeitskosten und projektwirksamen Arbeitszeiten aus der Perspektive des Projektmanagements, Diss. TU Berlin 1986.

Morgan, Gareth/Smircich, Linda, The Case for Qualitative Research, in: AMR 5 (1980), 491–500.

Moser, Gudrun, Das Assignment-Problem im Personal-Informations-Entscheidungs-System, in: *Reber, Gerhard* (Hrsg.), Personalinformationssysteme, Stuttgart (Poeschel) 1979, 204–264.

Mossholder, Kevin W./Arvey, Richard D., Synthetic Validity: A Conceptual and Comparative Review, in: JoAP 69 (1984), 322–333.

Mülder, Wilhelm, Organisatorische Implementierung von computergestützten Personalinformationssystemen, Berlin – Heidelberg – New York (Springer) 1984.

Müller, Günter, Strategische Frühaufklärung, München (Universität München) 1981.

Müller, Reinhold, Banken, Tiere, Sensationen, in: Top Business (10/1992), 174–182.

Müller-Böling, Detlef/Müller, Michael, Akzeptanzfaktoren der Bürokommunikation, München – Wien (Oldenbourg) 1986.

Müller-Limmroth, Wolf, Streß, Streßreaktion, Stressoren, Distreß, in: *Schmidke, Heinz* (Hrsg.), Lehrbuch der Ergonomie, München – Wien (Hanser) 2. Aufl. 1981, 158–162.

Müller-Merbach, Heiner, Ethik ökonomischen Verhaltens, in: *Hesse, Helmut* (Hrsg.), Wirtschaftswissenschaft und Ethik, Berlin (Duncker & Humblot) 1988, 306–312.

Müller-Seitz, Peter, Industrielle Schichtarbeit in betriebswirtschaftlicher Sicht, Dortmund 2. Aufl. 1980 (Forschungsbericht Nr. 175 der Bundesanstalt für Arbeitsschutz und Unfallforschung).

Mulder, Mauk, Reduction of Power Differences in Practice. The Power Distance Reduction Theory and its Implications, in: *Hofstede, Geert/Kassem, M. Sami* (Hrsg.), European Contributions to Organization Theory, Assen/Amsterdam (van Gorcum) 1976, 79–94.

Murray, Henry A., Explorations in Personality, New York (Oxford University Press) 1938.

Naisbitt, John, Megatrends: 10 Perspektiven, die unser Leben verändern werden, München (Heyne) 1985.

Negandhi, Anant R., Cross-Cultural Management Studies: Too Many Conclusions, Not Enough Conceptualization, in: MIR 6 (1974), 59–67.

Neubauer, Rainer/Höfner, Eleonore/Waldschütz, Siegfried, Kompendium über Eignungsfeststellungsverfahren für den öffentlichen Dienst, Baden-Baden (Nomos) 1978.

Neuberger, Oswald, Experimentelle Untersuchungen von Führungsstilen, in: Gruppendynamik 3 (1972), 192–219.

Neuberger, Oswald, Führungsverhalten und Führungserfolg, Berlin (Duncker & Humblot) 1976.

Neuberger, Oswald, Die Ermittlung personaler Eigenschaften von Führungskräften, in: *Reber, Gerhard* (Hrsg.), Personal-Informationssysteme, Stuttgart (Poeschel) 1979, 125–141.

Neuberger, Oswald, Woran wird Humanisierung gemessen? Wann gilt sie als eingelöst?, in: *Rosenstiel, Lutz von/Weinkamm, Max* (Hrsg.), Humanisierung der Arbeitswelt – Vergessene Verpflichtung? Stuttgart (Poeschel) 1980 a, 81–93.

Neuberger, Oswald, Führungsforschung: Haben wir das Jäger- und Sammlerdasein schon hinter uns?, in: DBW 40 (1980 b), 603–630.

Neuberger, Oswald, Führung und Macht: Entwurf einer „Alltagstheorie der Führung", in: *Reber, Gerhard* (Hrsg.), Macht in Organisationen, Stuttgart (Poeschel) 1980 c, 151–179.

Neuberger, Oswald, Arbeit: Begriff, Gestaltung, Motivation, Zufriedenheit, Stuttgart (Enke) 1985 a.

Neuberger, Oswald, Führung. Ideologie, Struktur, Verhalten, Stuttgart (Enke) 2. Aufl. 1985 b.

Neuberger, Oswald/Kompa, Ain, Wir, die Firma. Der Kult um die Unternehmenskultur, Weinheim-Basel (Beltz) 1987.

Neuberger, Oswald/Roth, Bernhard, Führungsstil und Gruppenleistung: Eine Überprüfung von Kontingenz-Modell und LPC-Konzept, in: Zeitschrift für Sozialpsychologie 5 (1974), 133–144.

Neunert, Joachim, Zur „synthetischen Validierung" des PAQ, Bericht aus dem Institut für Psychologie und Erziehungswissenschaften an der TU München, München 1977.

Niederfeichtner, Friedrich, Führungsforschung und ihre betriebswirtschaftliche Rezeption: Defizite und Anstöße zur Weiterentwicklung, in: DBW 43 (1983), 605–622.

Niehaus, Richard J., Computergestützte Personal-Zuordnungsmodelle: Gegenwärtiger Stand und Entwicklungstendenzen, in: *Reber, Gerhard* (Hrsg.), Personalinformationssysteme, Stuttgart (Poeschel) 1979, 265–279.

Nigon, Marie, Die Bedeutung der OECD-Leitsätze für das Personalmanagement multinationaler Unternehmen, in: *Koubek, Norbert/Gester, Heinz/Wiedemeyer, Gerd R.* (Hrsg.), Richtlinien für das Personalmanagement in internationalen Unternehmungen, Baden-Baden (Nomos) 1992, 23–33.

Noelle-Neumann, Elisabeth, Werden wir alle Proletarier? Wertewandel in unserer Gesellschaft, Zürich (Edition Interfrom) 1978.

Noelle-Neumann, Elisabeth/Strümpel, Burkhard, Macht Arbeit krank? Macht Arbeit glücklich? München (Piper) 2. Aufl. 1985.

Nystrom, Paul C., Designing Jobs and Assigning Employees, in: *Nystrom, Paul C./Starbuck, William H.* (Hrsg.), Handbook of Organizational Design, Band 2, Oxford (University Press) 1981, 272- 301.

o. V., Arbeitsbedingungen in Europa, in: Personal 43 (1991), 98–135.

Oddou, Gary R./Derr, C. Brooklyn, European MNC Strategies for Internationalizing Managers: Current and Future Trends, in: Third Conference on International Personnel and Human Resource Management, Ashridge Management College 1992.

Odiorne, George. S., Strategic Management of Human Resources. A Portfolio Approach, San Francisco – Washington – London (Jossey-Bass) 1984.

Oechsler, Walter A., Personal und Arbeit: Einführung in die Personalwirtschaft unter Einbeziehung des Arbeitsrechts, München – Wien (Oldenbourg) 4. Aufl. 1992.

Oltmanns, Christoph, Personalleasing. Personaleinsatz, Personalbedarfs- und Personalstrukturplanung unter besonderer Berücksichtigung des Personalleasings, Wiesbaden (Gabler) 1979.

Opaschowski, Horst W., Wie arbeiten wir nach dem Jahr 2000? Freizeitimpulse für die Arbeitswelt von morgen. Eine Projektstudie zur Freizeitforschung vom B. A. T. Freizeitforschungsinstitut, Hamburg 1989.

Opaschowski, Horst W., Herausforderung Freizeit. Perspektiven für die 90er Jahre, Hamburg (B. A. T.-Freizeitforschungsinstitut) 1990.

Opaschowski, Horst W., Freizeit 2001, Ein Blick in die Zukunft unserer Freizeitwelt. Eine Projektstudie zur Freizeitforschung vom B. A. T. Freizeitforschungsinstitut, Hamburg 1992.

Opgenoorth, Werner P., Informationsbedarf in der Personalführung. Die Mitarbeiterbefragung als Instrument in unterschiedlichen Problemfeldern, in: *Töpfer, Armin/ Zander, Ernst* (Hrsg.), Mitarbeiter-Befragungen. Ein Handbuch, Frankfurt/Main – New York (Campus) 1985, 169–203.

Ouchi, William G., Theory Z. How American Business Can Meet the Japanese Challenge, Reading/Mass. (Addison-Wesley) 1981.

Papmehl, André, Personal-Controlling, Heidelberg (Sauer) 1990.

Pascale, Richard T., Perspectives on Strategy. The Real Story behind Honda's Success, in: CMR 26 (3/1984), 47–72.

Pascale, Richard T./Athos, Anthony G., The Art of Japanese Management. Applications for American Executives, New York (Warner Books) 1981.

Pausenberger, Ehrenfried, Organisation der internationalen Unternehmung, in: *Frese, Erich* (Hrsg.), HWO, Stuttgart (Poeschel) 3. Aufl. 1992, 1052–1066.

Pausenberger, Ehrenfried/Noelle, Gerd F., Entsendung von Führungskräften in ausländische Niederlassungen, in: ZfbF 29 (1977), 346–366.

Perlmutter, Howard V., L'entreprise internationale. Trois conceptions, in: Revue économique et sociale 23 (1965), 151–165.

Perlmutter, Howard V., The Tortuous Evolution of the Multinational Corporation, in: CJWB 1 (1969), 9–18.

Peters, Marion, Personalwirtschaftliche Lehrstühle, in: Jahrbuch Weiterbildung 1991, Düsseldorf (Handelsblatt) 1991, 220–229.

Peters, Thomas J., Symbols, Patterns and Settings. An Optimistic Case for Getting Things Done, in: ODY 7 (1/1978), 2–23.

Peters, Thomas J./Waterman, Robert H., In Search of Excellence. Lessons from America's best-run companies, New York etc. (Harper & Row) 1982.

Pfeffer, Jeffrey, Management as Symbolic Action, in: *Cummings, Larry L./Staw, Barry M.* (Hrsg.), Research in Organizational Behavior 3, Greenwich/Conn. (JAI Press) 1981, 1–52.

Pfeiffer, Werner/Dörrie, Ulrich/Stoll, Edgar, Menschliche Arbeit in der industriellen Produktion, Göttingen (Vandenhoeck & Ruprecht) 1977.

Pfeiffer, Werner/Staudt, Erich, Teilautonome Arbeitsgruppen, in: *Grochla, Erwin* (Hrsg.), HWO, Stuttgart (Poeschel) 2. Aufl. 1980, 112–118.

Pillat, Rüdiger, Neue Mitarbeiter: erfolgreich anwerben, auswählen und einsetzen, Freiburg i. Br. (Haufe) 1986.

Pondy, Louis R., The Role of Metaphors and Myths in Organizations and in the Facilitation of Change, in: *Pondy, Louis R./Frost, Peter J./Morgan, Gareth/Dandridge, Thomas C.* (Hrsg.), Organizational Symbolism, Greenwich/Conn. – London (JAI Press) 1983, 157–166.

Pondy, Louis R./Mitroff, Ian, Beyond Open System Models of Organization, in: *Staw, Barry M.* (Hrsg.), Research in Organizational Behavior 1, Greenwich/Conn. (JAI Press) 1979, 3–39.

Pondy, Louis R./Frost, Peter J./Morgan, Gareth/Dandridge, Thomas C. (Hrsg.), Organizational Symbolism, Greenwich/Conn. – London (JAI-Press) 1983.

Pornschlegel, Hans, Perspektiven arbeitswissenschaftlicher Forschung im Förderprogramm „Humanisierung des Arbeitslebens" der Bundesregierung, in: ZfA 40, 12. NF (1986), 1–6.

Porter, Lyman W./Lawler, Edward E., Managerial Attitude and Performance, Hanenwood (Irwin) 1968.

Porter, Michael E., Competitive Advantage. Creating and Sustaining Superior Performance, London (Free Press) 1985.

Porter, Michael E., Competitive Strategy-Techniques for Analyzing Industries and Competitors, New York (Free Press) 1980.

Posth, Martin, Prognose „Personal“ für das kommende Jahrzehnt, in: Personal 41 (1989), 134–136.

Potthoff, Erich, Organisatorische Einordnung des Controlling in der Personalwirtschaft, in: DBW 47 (1987), 385–390.

Potthoff, Erich/Trescher, Karl, Controlling in der Personalwirtschaft, Berlin – New York (de Gruyter) 1986.

Price Waterhouse, The Price Waterhouse Cranfield Project on International Strategic Human Resource Management. Report 1990, London 1990.

Przybylski, Christian, Die mitbestimmungsrechtliche Bedeutung des Arbeitsdirektors nach dem MitbstG 1976, Frankfurt (Lang) 1983.

Pümpin, Cuno/Kobi, Jean-Marcel/Wüthrich, Hans A., Unternehmenskultur. Basis strategischer Profilierung erfolgreicher Unternehmen, Bern (Schweizerische Volksbank) 1985.

Pyhrr, Peter A., Zero-Base Budgeting, in: HBR 48 (6/1970), 111–121.

Pyhrr, Peter A., Zero-Base Budgeting. A Practical Management Tool for Evaluating Expense, New York (Wiley) 1973.

Reddin, William J., The 3-D Management Style Theory, in: Training and Development Journal 21 (4/1967), 8–17.

Reddin, William J., Das 3-D-Programm zur Leistungssteigerung des Managements, München (Moderne Industrie) 1981.

Redlin, Michael, Personalfluktuation. Eine multivariate Analyse ihrer Determinanten, Diss. Hamburg 1987.

REFA (Verband für Arbeitsstudien), Methodenlehre des Arbeitsstudiums, Band 2: Datenermittlung, München (Hanser) 6. Aufl. 1978.

REFA (Verband für Arbeitsstudien), Methodenlehre des Arbeitsstudiums, Teil 1: Grundlagen, München (Hanser) 7. Aufl. 1984.

REFA (Verband für Arbeitsstudien), Methodenlehre des Arbeitsstudiums, Band 4: Anforderungsermittlung (Arbeitsbewertung), München (Hanser) 5. Aufl. 1985 a.

REFA (Verband für Arbeitsstudien), Methodenlehre des Arbeitsstudiums, Band 5: Lohndifferenzierung, München (Hanser) 3. Aufl. 1985 b.

REFA (Verband für Arbeitsstudien), Methodenlehre der Organisation für Verwaltung und Dienstleistung, Teil 1: Grundlagen München (Hanser) 1985 c.

REFA (Verband für Arbeitsstudien), Planung und Gestaltung komplexer Produktionssysteme, München (Hanser) 1987.

Reichart, Ludwig, Lernstatt – die deutsche Alternative, in: Personal 36 (1984), 231–234.

Reichmann, Thomas/Kleinschnittger, Ulrich, Die Controllingfunktion in der Unternehmenspraxis, in: ZfB 57 (1987), 1090–1120.

Reilly, R. R./Chao, G. T., Validity and Fairness of Some Alternative Employee Selection Procedures, in: Personnel Psychology 35 (1982), 1–62.

Reinecke, Peter, Vorgesetztenbeurteilung. Ein zeitgemäßes Instrument zur Unterstützung partnerschaftlicher Führung, in: *Töpfer, Armin/Zander, Ernst* (Hrsg.), Mitarbeiter-Befragungen. Ein Handbuch, Frankfurt/Main – New York (Campus) 1985, 79–106.

Reisch, Bernhard, Qualifikationsprofil für Europa, in: Gablers Magazin 4 (11–12/1991), 22–24.

Remer, Andreas, Personal-Management. Mitarbeiterorientierte Organisation und Führung von Unternehmungen, Berlin – New York (de Gruyter) 1978.

Riegel, Reinhard, Datenschutz in der Bundesrepublik Deutschland. Grundbegriffe, Transparenz, internationale Aspekte, Kontrolle, Haftung, Heidelberg (Decker; Müller) 1988.

Risak, Johann, Personalplanung, Organisation und Unternehmensplanung. Dokumentation einer Erhebung in Österreich, Wien (Orac) 1978.

Ritter, Manfred, Diagnostik sensorischer und motorischer Funktionen, in: *Groffmann, Karl-Josef/Michel, Lothar* (Hrsg.), Intelligenz- und Leistungsdiagnostik; Enzyklopädie der Psychologie, Band BII2, Göttingen – Toronto – Zürich (Hogrefe) 1983, 387–413.

Rittner, Fritz, Wirtschaftsrecht, Heidelberg (C. F. Müller) 2. Aufl. 1987.

Ritzer, George, Sociology. A Multiple Paradigm Science, in: The American Sociologist 10 (August/1975), 156–167.

RKW (Rationalisierungs-Kuratorium der Deutschen Wirtschaft), RKW-Handbuch: Praxis der Personalplanung, Neuwied – Darmstadt (Luchterhand) 1. Aufl. 1978.

RKW (Rationalisierungs-Kuratorium der Deutschen Wirtschaft), RKW-Handbuch: Praxis der Personalplanung, Neuwied – Darmstadt (Luchterhand) 2. Aufl. 1990.

Rochau, Erwin, Das Bedaux-System. Praktische Anwendung und kritischer Vergleich mit dem REFA-System, Würzburg (Triltsch) 3. Aufl. 1952.

Rodgers, Douglas D., Personnel Computing, in: Personnel Journal 66 (4/1987), 148–152.

Roessel, Rainier van, Führungskräfte-Transfer in internationalen Unternehmungen, Köln (Bachem) 1988.

Roethlisberger, Fritz J./Dickson, William J., Management and the Worker. An Account of a Research Program Conducted by the Western Electric Company, Hawthorne Works, Chicago – Cambridge/Mass. (Harvard University Press) 1939.

Rohmert, Walter, Aufgaben und Inhalt der Arbeitswissenschaft, in: Die berufsbildende Schule 24 (1972), 3–14.

Rohmert, Walter, Psycho-physische Belastung und Beanspruchung von Fluglotsen, Stuttgart (Gentner) 1973.

Rohmert, Walter, Physische Beanspruchung durch muskuläre Belastungen, in: *Schmidke, Heinz* (Hrsg.), Lehrbuch der Ergonomie, München – Wien (Hanser) 2. Aufl. 1981, 115–131.

Rohmert, Walter, Möglichkeiten und Grenzen menschengerechter Arbeitsgestaltung durch Ergonomie, in: *Fürstenberg, Friedrich/Hanau, Peter/Kreikebaum, Hartmut/Rohmert, Walter*, Menschengerechte Gestaltung der Arbeit, Mannheim – Wien – Zürich (Bibliographisches Institut) 1983, 39–76.

Rohmert, Walter, Das Belastungs-Beanspruchungskonzept, in: ZfA 38, 10. NF (1984), 193–204.

Rohmert, Walter/Landau, Kurt, Das Arbeitswissenschaftliche Erhebungsverfahren zur Tätigkeitsanalyse (AET), Bern – Stuttgart – Wien (Huber) 1979.

Rosen, M., Valence, Expectancy and Dissonance Reduction in the Prediction of Goal Striving. Paper presented at the Meeting of the Eastern Psychological Association, Philadelphia, 7.4.1961 (zitiert nach *Vroom* 1964/67, 80).

Rosenkranz, Robert, Die notwendigen und die tatsächlichen Verteilzeit-Zuschlags-Faktoren, in: Das Rationelle Büro 9 (1966), 11–17.

Rosenstiel, Lutz von, Die motivationalen Grundlagen des Verhaltens in Organisationen. Leistung und Zufriedenheit, Berlin (Duncker & Humblot) 1975.

Rosenstiel, Lutz von, Betriebsklima geht jeden an, München (Bayerisches Staatsministerium für Arbeit und Sozialordnung) 2. Aufl. 1985.

Rosenstiel, Lutz von, Wandel in der Karrieremotivation. Verfall oder Neuorientierung? – in: *Rosenstiel, Lutz von/Einsiedler, Herbert E./Streich, Richard K.*, Wertewandel als Herausforderung für die Unternehmenspolitik, Stuttgart (Schäffer) 1987, 35–52.

Rosenstiel, Lutz von/Einsiedler, Herbert E./Streich, Richard K., Wertewandel als Herausforderung für die Unternehmenspolitik, Stuttgart (Schäffer) 1987.

Rosenstiel, Lutz von/Stengel, Martin, Identifikationskrise? Zum Engagement in betrieblichen Führungspositionen, Bern – Stuttgart – Toronto (Huber) 1987.

Röthig, Peter, Zum Entwicklungsstand der betriebswirtschaftlichen Personalplanung, in: DBW 46 (1986), 203–223.

Rothwell, Sheila, Human Resources Management, in: Journal of General Management 12 (4/1987), 90–98.
Roventa, Peter, Portfolio-Analyse und strategisches Management, München (Universität München) 2. Aufl. 1981.
Rowland, Daniel C./Greene, Bob, Incentive Pay: Productivity's own Reward, in: Personnel Journal 66 (3/1987), 48–57.
Rüttinger, Bruno/Rosenstiel, Lutz von/Molt, Walter, Motivation wirtschaftlichen Verhaltens, Stuttgart (Urban) 1974.
Rumpf, Hartmut, Betriebliche Humanvermögensrechnungen, in: ZfbF 30 (1978), 453–463.
Rumpf, Hartmut, Personalbestandsplanung mit Hilfe von Fähigkeitsvektoren, Frankfurt (Fischer) 1981.
Sabathil, Peter, Fluktuation von Arbeitskräften. Determinanten, Kosten und Nutzen aus betriebswirtschaftlicher Sicht, München (Florentz) 1977.
Sachsse, Hans, Einführung in die Kybernetik, Reinbek (Vieweg) 1974.
Sadowski, Dieter, Berufliche Bildung und betriebliches Bildungsbudget, Stuttgart (Poeschel) 1980.
Sadowski, Dieter, Der Handel mit Sozialleistungen, in: DBW 44 (1984), 579–590.
Salowsky, Heinz, Fehlzeiten – Ein internationaler Vergleich, Köln (Deutscher Instituts-Verlag) 1983.
Samland, Jürgen, Betriebsvereinbarungen zur Einführung und Nutzung von Personalinformationssystemen, in: *Jobs, Friedhelm/Samland, Jürgen* (Hrsg.), Personalinformationssysteme in Recht und Praxis, Stuttgart (Schäffer) 1984, 153–179.
Samland, Jürgen, Sachzwänge der Personaldatenverarbeitung, in: *Hentschel, Bernd/Wronka, Georg/Mülder, Wilhelm* (Hrsg.), Personaldatenverarbeitung in der Diskussion, Köln (Datakontext) 1986, 19–26.
Sasieni, Maurice W./Yaspan, Arthur/Friedman, Lawrence, Operations Research: Methods and Problems, London – New York (Wiley) 1959.
Scheer, August-Wilhelm, CIM: Computer Integrated Manufacturing. Der computergesteuerte Industriebetrieb, Berlin – Heidelberg – New York (Springer) 4. Aufl. 1990.
Scheider, Knut, Internationales Wirtschaftsrecht (IWR). Begriff, Inhalt und Methoden, in: *Schoppe, Siegfried* (Hrsg.), Kompendium der internationalen Betriebswirtschaftslehre, München (Oldenbourg) 1991, 621–646.
Schein, Edgar H., Organizational Psychology, Englewood Cliffs/N.J. (Prentice-Hall) 1965.
Schein, Edgar H., Organizational Psychology, Englewood Cliffs/N.J. (Prentice-Hall) 3. Aufl. 1980.
Schein, Edgar H., Organizational Culture and Leadership. A Dynamic View, San Francisco etc. (Jossey-Bass) 1985.
Scheuch, Erwin K./Zehnpfennig, Helmut, Skalierungsverfahren in der Sozialforschung, in: *König, René* (Hrsg.), Handbuch der empirischen Sozialforschung, Band 3, Stuttgart (Enke) 3. Aufl. 1974, 97–203.
Schließmann, Christoph Ph., Bildschirmgeräteeinsatz und Betriebsverfassung, Frankfurt (Fischer) 1987.
Schmid, Eugen W., Personalbilanz. So wird gute Personalführung endlich meßbar, in: IO 58 (7–8/1989), 36–38.
Schmidke, Heinz/Bubb, Heiner, Das Belastungs-Beanspruchungs-Konzept, in: *Schmidke, Heinz* (Hrsg.), Lehrbuch der Ergonomie, München – Wien (Hanser) 2. Aufl. 1981, 111–115.
Schmidt, Frank L./Kaplan, Leon B., Composite vs. Multiple Criteria: A Review and Resolution of the Controversy, in: Personnel Psychology 24 (1971), 419–434.
Schmidt, Herbert (Hrsg.), Humanvermögensrechnung, Berlin – New York (de Gruyter) 1982.

Schmidtchen, Gerhard, Neue Technik – Neue Arbeitsmoral. Eine sozialpsychologische Untersuchung über Motivation in der Metallindustrie, Köln (Deutscher Instituts-Verlag) 1984.

Schmitz-Dräger, Ralph, Management und Controlling. Ein integratives Konzept, Diss. St. Gallen, 1987.

Schneider, Susan C., National vs. Corporate Culture: Implications for Human Resource Management, in: *Mendenhall, Mark E./Oddou, Gary R.*, International Human Resource Management, Boston/Mass. (PWS-Kent) 1991, 13–27.

Schneider, Wolfgang/Heim, Harald/Wacker, Peter A., Tätigkeitsspezifische Eignungstests. Entwicklungs- und Anwendungsprobleme, Göttingen (Schwartz) 1975.

Schöllhammer, Hans, Personalwesen in multinationalen Unternehmen, in: *Gaugler, Eduard/Weber, Wolfgang* (Hrsg.), HWP, Stuttgart (Poeschel) 2. Aufl. 1992, 1863–1880.

Schönpflug, Wolfgang, Beanspruchung und Belastung bei der Arbeit – Konzepte und Theorien, in: *Kleinbeck, Uwe/Rutenfranz, Joseph* (Hrsg.), Arbeitspsychologie; Enzyklopädie der Psychologie, Band DIII1, Göttingen – Toronto – Zürich (Hogrefe) 1987, 130–184.

Scholl, Wolfgang/Blumschein, Harro, Personalplanung und Personalpolitik in der Rezession. Eine empirische Studie, Frankfurt (RKW) 1979.

Scholz, Christian, Vektorbezogene Mustererkennung mit SIMIVEC, Regensburg 2. Aufl. 1980.

Scholz, Christian, Betriebskybernetische Hierarchiemethodik, Frankfurt – Bern (Lang) 1981 a.

Scholz, Christian, Bildschirmorientierte Personalplanung mit SIMIPOC, in: OR Spektrum 3 (1981 b), 161–174.

Scholz, Christian, Zur Konzeption einer strategischen Personalplanung, in: ZfbF 34 (1982), 979–994.

Scholz, Christian, Strategisches Rezessionsmanagement, in: HM 4 (1/1984 a), 16–28.

Scholz, Christian, OR/MS Methodology. A Conceptual Framework, in: Omega 12 (1984 b), 53–61.

Scholz, Christian, Strategische Branchenanalyse durch Mustererkennung, in: ZfB 55 (1985), 120–140.

Scholz, Christian, Strategisches Management – Ein integrativer Ansatz, Berlin-New York (de Gruyter) 1987 a.

Scholz, Christian, Corporate Labour Market Strategy? A Growing Opportunity for Human Resource Management, Discussion Paper, University of Saarland B8702, Saarbrücken 1987 b.

Scholz, Christian, Management der Unternehmenskultur, in: HM 10 (1/1988 a), 81–91.

Scholz, Christian, Organisationskultur. Zwischen Schein und Wirklichkeit, in: ZfbF 40 (1988 b), 243–272.

Scholz, Christian, Einführung in das Personal Computing, Berlin – New York (de Gruyter) 1989 a.

Scholz, Christian, Kultur und CI deckungsgleich? Das Lambda-Modell zeigt, wo Ihr Unternehmen steht, in: Absatzwirtschaft, Sondernummer Oktober 1989 b, 212–223.

Scholz, Christian, The Symbolic Values of Computerized Information Systems, in: *Gagliardi, Pasquale* (Hrsg.), Views of the Corporate Landscape, Berlin – New York (de Gruyter) 1990, 223–254.

Scholz, Christian, Leitfaden PC im Personalbereich, Köln (TÜV Rheinland) 1991 a.

Scholz, Christian, Informationskultur als Innovationsdeterminante, in: *Dülfer, Eberhard* (Hrsg.), Organisationskultur, Stuttgart (Poeschel) 2. Aufl. 1991 b, 241–251.

Scholz, Christian, Corporate Culture and Europe 1992, in: Hallinon Tutkimus, The Finnish Journal of Administrative Studies 3 (1991 c), 222–226.

Scholz, Christian, Personalmarketing. Wenn Mitarbeiter heftig umworben werden, in: HM 14 (1/1992), 94–105.

Scholz, Christian, Die richtige Kulturstrategie schafft Synergien, in: Personalwirtschaft 20 (1/1993 a), 31–36.

Scholz, Christian, Lean Management, in WiSt 20 (1993 b; in Vorbereitung)

Scholz, Christian/Baumann, Harald, Die Verbreitung des Personal Computers in der Personalabteilung. Eine empirische Bestandsaufnahme, München (Hampp) 1989.

Scholz, Christian/Hofbauer, Wolfgang, Organisationskultur. Die vier Erfolgsprinzipien, Wiesbaden (Gabler) 1990.

Scholz, Christian/Messemer, Teresa/Schröter, Marco, Personalpolitik als Instrument zur bewußten Kulturdifferenzierung und Kulturkoexistenz, in: *Marr, Rainer* (Hrsg.), Euro-Strategisches Personalmanagement, Sonderband 1 der ZfP (1991), 43–74.

Scholz, Christian/Oberschulte, Hans, Mit PSEARCH durch den EDV-Dschungel, in: Personalwirtschaft 18 (3/1991), 13–17.

Scholz, Christian/Oberschulte, Hans/Weber, Sandra, Projektbericht PSEARCH, Arbeitspapier Nr. 23 des Lehrstuhls für Betriebswirtschaftslehre, insbesondere Organisation, Personal- und Informationsmanagement an der Universität des Saarlandes, Saarbrücken November 1992.

Scholz, Christian/Schlegel, Daniela/Scholz, Maria, Personalmarketing im Mittelstand. Ergebnisse einer Studie zur Hochschulkommunikation, Stuttgart (Schäffer-Poeschel) 1992.

Scholz, Christian/Staudt, Erich/Steger, Ulrich (Hrsg.), Die Zukunft der Arbeitsgesellschaft. Technologie und Qualifikation, Frankfurt/M. (Campus) 1992.

Scholz, Dieter/Schrick, Gerhard, Fertigung 2000, in: *Bleicher, Siegried/Stamm, Jürgen* (Hrsg.), Fabrik der Zukunft, Hamburg (VSA-Verlag) 1988, 32–53.

Schoppe, Siegfried (Hrsg.), Kompendium der internationalen Betriebswirtschaftslehre, München-Wien (Oldenbourg) 1991.

Schorpp, Dagmar, Wertewandel bei Jugendlichen. Veränderungen der Arbeits- und Leistungseinstellungen in Beruf und Freizeit, Konstanz (Hartung-Gorre) 1989.

Schramm, Herbert F. W., CIM-Konzepte: Die fertigungsorientierten und fertigungsnahen Informationssysteme sollen zusammenwachsen, in: Office Management 35 (9/1987), 10–16.

Schreyögg, Georg, Führungsstil, Führungssituation und Effektivität (I), in: AuL 27 (2/1973 a), 29–36.

Schreyögg, Georg, Führungsstil, Führungssituation und Effektivität (II), in: AuL 27 (3/1973 b), 57–61.

Schreyögg, Georg, Zu den problematischen Konsequenzen starker Unternehmenskulturen, in: ZfbF 41 (1989), 94–113.

Schröder, Ernst F., Modernes Unternehmens-Controlling, Ludwigshafen (Kiehl) 3. Aufl. 1988.

Schüle, Ulrich, Strukturdiskrepanzen auf dem Arbeitsmarkt, Köln (Deutscher Instituts-Verlag) 1987.

Schuh, Sebastian/Schultes-Jaskolla, Gabriele/Stitzel, Michael, Alternative Arbeitszeitstrukturen, in: *Marr, Rainer* (Hrsg.), Arbeitszeitmanagement. Grundlagen und Perspektiven der Gestaltung flexibler Arbeitszeitsysteme, Berlin (E. Schmidt) 1987, 91–113.

Schuler, Heinz/Stehle, Willi, Neuere Entwicklungen des Assessment-Center Ansatzes – Beurteilt unter dem Aspekt der sozialen Validität, in: Psychologie und Praxis 27 (1983), 33–44.

Schuler, Randall S., Managing Human Resources, Saint Paul – New York – Los Angeles – San Francicsco (West Publishing Company) 1. Aufl. 1983.

Schuler, Randall S., Managing Human Resources, Saint Paul – New York – Los Angeles – San Francicsco (West Publishing Company) 4. Aufl. 1992 a.

Schuler, Randall S., World Class HR Departments. Six Critical Issues, Working Paper New York University, 1992 b.

Schuler, Randall S./Dowling, Peter J./De Cieri, Helen, An Integrative Framework of Strategic International Human Resource Management, Arbeitspapier, New York 1993.

Schulte, Armin/Bieneck, Hans-Jürgen, Die Rolle der Arbeitswissenschaft für einen modernen Arbeitsschutz, in: ZfA 40, 12. NF (1986), 138–141.

Schulte, Christof, Personal-Controlling mit Kennzahlen, München (Vahlen) 1989.

Schultz, Randall L./Slevin, Dennis P. (Hrsg.), Implementing Operations Research/Management Science, New York – London – Amsterdam (American Elsevier) 1975.

Schuster, Konrad, Aufgaben, Probleme, Chancen und Kontrolle von Personalinformationssystemen, in: *Jobs, Friedhelm/Samland, Jürgen* (Hrsg.), Personalinformationssysteme in Recht und Praxis, Stuttgart (Schäffer) 1984, 1–43.

Schuster, Lars, Individualisierung im Personalwesen. Wege zur Selbstverantwortung und Handlungsautonomie der Mitarbeiter, in: ZfO 60 (1991), 22–25.

Schwartz, Howard M./Davis, Stanley M., Matching Corporate Culture and Business Strategy, in: ODY 10 (4/1981), 30–48.

Selznick, Philip, Leadership in Administration. A Sociological Interpretation, New York etc. (Harper) 1957.

Serfling, Klaus, Controlling, Stuttgart – Berlin – Köln – Mainz (Kohlhammer) 1983.

Sherwood, Andrew, Exit Interviews: Don't just Say Goodbye, in: Personnel Journal 62 (1983), 744–750.

Shull, Fremont A./Delbecq, Andre L./Cummings, Larry L., Organizational Decision Making, New York (McGraw-Hill) 1970.

Siehl, Caren/Martin, Joanne, The Role of Symbolic Management. How Can Managers Effectively Transmit Organizational Culture?, in: *Hunt, James G./Hosking, Dian-Marie/Schriesheim, Chester A./Stewart, Rosemary* (Hrsg.), Leaders and Managers. Interpersonal Perspectives on Managerial Behavior and Leadership, New York etc. (Pergamon Press) 1984, 227–239.

Silberer, Günter, Wertewandel und gesellschaftliche Verantwortung. Welchen Anforderungen muß ein Unternehmen heute genügen? – in: *Scholz, Christian/Staudt, Erich/Steger, Ulrich* (Hrsg.), Die Zukunft der Arbeitsgesellschaft. Technologie und Qualifikation, Frankfurt/M. (Campus) 1992, 136–154.

Simon, Herbert A., Administrative Behavior, New York (The Free Press) 3. Aufl. 1976.

Simons, Bernard, Das Multimoment-Zeitmeßverfahren. Grundlagen und Anwendung, Köln (TÜV Rheinland) 1987.

Smircich, Linda, Concepts of Culture and Organizational Analysis, in: ASQ 28 (1983 a), 339–358.

Smircich, Linda, Studying Organizations as Cultures, in: *Morgan, Gareth* (Hrsg.), Beyond Method Strategies for Social Research, Beverly Hills/Cal. etc. (Sage) 1983 b, 160–172.

Smith, Patricia C./Cranny, C. J., Psychology of Men at Work, in: Annual Review of Psychology 19 (1968), 467–496.

Smith, Patricia C./Kendall, L. M., Retranslation of Expectations: An Approach to the Construction of Unambiguous Anchors for Rating Scales, in: JoAP 47 (1963), 149–155.

Sonntag, Karlheinz/Hamp, Stefan/Rebstock, Helmut, Qualifizierungskonzept Rechnergestützte Fertigung. Vermittlung von Fach-, Methoden- und Sozialkompetenz an Mitarbeiter, München (Bayerisches Staatsministerium für Arbeit und Sozialforschung) 1987.

Sorge, Arndt, Strategic Fit and the Societal Effect: Interpreting Cross-National Comparisons of Technology, Organization and Human Resources, in: OS 12 (1991), 161–190.

Spaich, Wolf-Peter, Das Mitbestimmungsgesetz und das Betriebsverfassungsgesetz, Pfaffenweiher (Centaurus) 1986.

Speer, Horst, Auslandseinsatz, in: *Strutz, Hans* (Hrsg.), Handbuch Personalmarketing, Wiesbaden (Gabler) 1989, 629–637.

Spie, Ulrich/Piesker, Herbert, Der Geschäftsbereich des Arbeitsdirektors, Heidelberg (Verlagsgesellschaft Recht und Wirtschaft) 1983.

Spiegel, Yorick, Wirtschaftsethik und Wirtschaftspraxis – ein wachsender Widerspruch?, Stuttgart – Berlin – Köln – Mainz (Kohlhammer) 1992.

Spira, Johann-Christoph, Biorhythmische Analyse, in: FAZ vom 2.5.1987, 33.

Spranger, Eduard, Lebensformen, Tübingen (Neomarius) 8. Aufl. 1950.

Staehle, Wolfgang H., Management. Eine verhaltenswissenschaftliche Einführung, München (Vahlen) 1. Aufl. 1980.

Staehle, Wolfgang H., Management. Eine verhaltenswissenschaftliche Perspektive, München (Vahlen) 6. Aufl. 1991 a.

Staehle, Wolfgang H., Rezension zu Storey, John (Hrsg.), New Perspectives on Human Resource Management, London – New York (Routledge) 1991, in: ZfP 5 (1991 b), 271–272.

Staehle, Wolfgang H./Karg, Peter W., Anmerkungen zu Entwicklung und Stand der deutschen Personalwirtschaftslehre, in: DBW 41 (1981), 83–90.

Staffelbach, Bruno, Personal-Marketing, in: *Rühli, Edwin/Wehrli, Hans Peter* (Hrsg.), Strategisches Management und Marketing. Konzeptionen in Theorie und Praxis, Bern – Stuttgart (Haupt) 1986, 124–143.

Staffelbach, Bruno, Plädoyer für eine Management-Ethik, in: *Domsch, Michel/Hofmann, M./Lattmann, Charles* (Hrsg.), management forum. Ethik und Unternehmensführung, Heidelberg (Physica) 1988, 32–58.

Stahl, Hans-Werner, Strategisches und operatives Controlling im Personalwesen, in: Personalführung 22 (1989), 382–384.

Stahlknecht, Peter, Wirtschaftsinformatik, Berlin – Heidelberg – New York – Tokyo (Springer) 5. Aufl. 1991.

Statistisches Bundesamt Wiesbaden, Systematische Verzeichnisse: Internationale Standardklassifikationen der Berufe (ISCO) 1968, Stuttgart – Berlin – Köln – Mainz (Kohlhammer) 1971.

Statistisches Bundesamt Wiesbaden, Schlüsselverzeichnis der Berufsbenennungen für die Berufszählung 1983 und Ergänzungsliste 1987. Arbeitsunterlage Wiesbaden, 1982.

Steers, Richard M., Problems in the Measurement of Organizational Effectiveness, in: ASQ 20 (1975), 546–558.

Steger, Ulrich (Hrsg.), Unternehmensethik, Frankfurt-New York (Campus) 1992.

Stehle, Willi, Verfahren zur Auswahl von Führungskräften, in: ZfbF 32 (1980), 89–97.

Stehle, Willi, Zur Konzeption eines Personalauswahlverfahrens auf der Basis biographischer Daten, Diss. Hohenheim 1983.

Stehle, Willi, Personalauswahl mittels Biographischer Fragebogen, in: *Schuler, Heinz/Stehle, Willi* (Hrsg.), Biographische Fragebogen als Methode der Personalauswahl, Stuttgart (Verlag für Angewandte Psychologie) 1986, 17–57.

Steinle, Claus, Leistungsverhalten und Führung in der Unternehmung, Berlin (Duncker & Humblot) 1975.

Steinle, Claus, Führung. Grundlagen, Prozesse und Modelle der Führung in der Unternehmung, Stuttgart (Poeschel) 1978.

Steinmann, Horst/Oppenrieder, Bernd, Brauchen wir eine Unternehmensethik?, in: DBW 45 (1985), 170–183.

Stengel, Martin, Wertewandel, in: *Rosenstiel, Lutz von* (Hrsg.), Führung von Mitarbeitern. Handbuch für erfolgreiches Personalmanagement, Stuttgart (Schäffer) 1991, 556–570.

Stevens, S.S., On the Theory of Scales and Measurement, in: Science 63 (1946), 677–680.

Stichweh, Roland C./Lynch, John T., Priorities for Competitive Advantage. An IBM Study Conducted by Towers Perrin, 1992.

Stirn, Hans, Arbeitswissenschaft. Grundlagen – Abgrenzungen – Probleme, Opladen (Leske) 1980.

Stoebe, Fritz, Outplacement als Instrument der strategischen Personalführung, in: Personalführung 23 (1990), 330–335.

Stogdill, Ralph/Coons, Alvin E., Leader Behavior. Its Description and Measurement, Ohio (Ohio State University) 1957.

Stopford, John M./Wells, Louis T., Managing the Multinational Enterprise. Organization of the Firm and Ownership of the Subsidiaries, London (Longman) 1972.

Strasmann, Jochen, „Quality Circles" und die sogenannten „Neuen Formen der Arbeitsorganisation", in: Köln-Mannheimer Beiträge zur Wirtschafts- und Organisationspsychologie (2/1984), 1–16.

Streim, Hannes, Fluktuationskosten und ihre Ermittlung, in: ZfbF 34 (1982), 128–146.

Strunz, Horst (Hrsg.), Planung in der Datenverarbeitung, Berlin – Heidelberg – New York (Springer) 1985.

Strutz, Hans/Wiedemann, Klaus (Hrsg.), Internationales Personalmarketing. Konzepte – Erfahrungen – Perspektiven, Wiesbaden (Gabler) 1992.

Strutz, Hans, Vom Absatzmarketing zum Personalmarketing?, in: *Strutz, Hans* (Hrsg.), Handbuch Personalmarketing, Wiesbaden (Gabler) 1989, 1–14.

Stybel, Laurence J., Linking Strategic Planning and Management Manpower Planning, in: CMR 25 (1/1982), 48–56.

Stybel, Laurence J./Cooper, Robin/Peabody, Maryanne, Planning Executive Dismissals: How to Fire a Friend, in: CMR 24 (3/1982), 73–80.

Süßenguth, Ernst, Erfahrungsbericht über Mitarbeiterbefragungen der BASF, in: *Domsch, Michel/Schneble, Andrea* (Hrsg.), Mitarbeiterbefragungen, Heidelberg (Physica) 1991, 25–32.

Swoboda, Peter/Walland, Gerald, Zur Erfolgsabhängigkeit der Managerentlohnung in Österreich und zur Transparenz des österreichischen Managermarktes, in: JfB 37 (1987), 210–226.

Tannenbaum, Robert/Schmidt, Warren H., How to Choose a Leadership Pattern, in: HBR 36 (2/1958), 95–101.

Taylor, Frederick W., The Principles of Scientific Management, New York (Harper) 1911.

Theis, Edgar, Arbeitswissenschaftliche Analyse der Entwicklung der tarifvertraglichen Entgeltbestimmungen in der Metallindustrie, Köln (O. Schmidt) 1983.

Thom, Norbert, Personalentwicklung als Instrument der Unternehmungsführung, Stuttgart (Poeschel) 1987.

Thomas, Alexander, Interkulturelles Handlungstraining in der Managerausbildung, in: WiSt 18 (1989), 281–287.

Thomas, William I., Person und Sozialverhalten, Neuwied – Berlin (Luchterhand) 1965.

Thornton, Georg C./Gaugler, Barbara B./Rosenthal, Douglas B./Bentson, Cynthia, Die prädikative Validität des Assessment Centers – Eine Metaanalyse, in: *Schuler, Heinz/Stehle, Willi* (Hrsg.), Assessment Center als Methode der Personalentwicklung, Stuttgart (Poeschel) 1987, 36–60.

Tichy, Noel M./Fombrun, Charles J./Devanna, Mary Anne, Strategic Human Resource Management, in: SMR 23 (Winter/1982), 47–61.

Tietz, Bruno, Der Handelsbetrieb, München (Vahlen) 1985.

Tietz, Bruno, Wege in die Informationsgesellschaft. Szenarien und Optionen für Wirtschaft und Gesellschaft, Stuttgart (Puller) 1987.

Tietz, Bruno, Die Dynamik des Euromarktes. Konsequenzen für die Neupositionierung der Unternehmen, Landsberg am Lech (Moderne Industrie) 2. Aufl. 1991.

Toman, Walter, Family Constellation. Its Effects on Personality and Social Behavior, New York (Springer) 3. Aufl. 1976.

Töpfer, Armin, Euro-Fit: Verbesserung des europäischen Reifegrades eines Unternehmens, in: *Töpfer, Armin/Berger, Roland* (Hrsg.), Unternehmenserfolg im Europäischen Binnenmarkt, Landsberg/Lech (Moderne Industrie) 1991, 149–192.

Töpfer, Armin/Poersch, Michael, Aufgabenfelder des betrieblichen Personalwesens für die 90er Jahre, Neuwied – Frankfurt (Kommentator) 1989.

Töpfer, Armin/Zander, Ernst (Hrsg.), Führungsgrundsätze und Führungsinstrumente, Frankfurt (Metzner) 1982.

Töpfer, Armin/Zander, Ernst (Hrsg.), Mitarbeiter-Befragungen. Ein Handbuch, Frankfurt/M. – New York (Campus) 1985.

Tornage, Janet J./Muchinsky, Paul M., Comparison of the Predictive Validity of the Asesssment Center Evaluations Versus Traditional Measures in Forecasting Supervisory Job Performance, in: JoAP 69 (1984), 595–602.

Trautwein-Kalms, Gudrun, Das Sichere ist nicht sicher. So wie es ist, bleibt es nicht., in: WSI-Mitteilungen 39 (1986), 446–452.

Trice, Harrison M./Beyer, Janie M., Studying Organizational Cultures through Rites and Ceremonials, in: AMR 9 (1984), 653–669.

Trice, Harrison M./Beyer, Janie M., Using six Organizational Rites to Change Cultures, in: *Kilman, Ralph H./Saxton, Mary J./Serpa, Ray* (Hrsg.), Gaining Control of the Corporate Culture, San Francisco – London (Jossey-Bass) 1985, 370–399.

Triebskorn, Kurt, Bildschirmtext als neue Form der Personalwerbung, in: Personalwirtschaft 9 (1982), 27–31.

Tung, Rosalie L., Selection and Training of Personnel for Overseas Assignments, in: CJWB 16 (1/1981), 68–78.

Tung, Rosalie L., Selection and Training Procedures of U.S., European and Japanese Multinationals, in: CMR 25 (1/1982), 57–71.

Tung, Rosalie L., Strategic Management of Human Resources in the Multinational Enterprise, in: HRM 23 (2/1984), 129–143.

Tung, Rosalie L., Expatriate Assignments: Enhancing Success and Minimizing Failure, in: Academy of Management Executive 1 (2/1987), 117–126.

Tung, Rosalie L., The New Expatriates. Managing Human Resources Abroad, Cambridge/Mass. (Ballinger) 1988.

Tung, Rosalie L./Miller, Edwin L., Managing in the Twenty-first Century: The Need for Global Orientation, in: MIR 30 (1/1990), 5–18.

Türk, Klaus, Grundlagen der Pathologie einer Organisation, Stuttgart (Enke) 1976.

Ulich, Eberhard, Arbeitsgestaltung, in: *Grochla, Erwin* (Hrsg.), HWO, Stuttgart (Poeschel) 2. Aufl. 1980, 103–112.

Ulich, Eberhard, Regeln für humane Bildschirmarbeit, in: IO 55 (1986), 305–307.

Ulrich, Hans/Staerkle, Robert, Personalplanung, Köln – Opladen (Westdeutscher Verlag) 1965.

Ulrich, Peter, Systemsteuerung und Kulturentwicklung, in: DU 38 (1984), 303–325.

Usunier, Jean-Claude G., Business Time Perceptions and National Cultures: A Comparative Survey, in: MIR 31 (1991), 197–217.

Uttal, Bro, The Corporate Culture Vultures, in: Fortune International Nr. 114 vom 17.10.1983, 66–72.

Vance, Charles M., Preparing the host country workforce for expatriate managers: the neglected other side of the coin, Working Paper No. 142, Business Research Center, Loyola Marymount University 1992.

Vicere, Albert A., Break the Mold. Strategies for Leadership, in: Personnel Journal 66 (5/1987), 66–73.

Vogt, Alfons, Dispositionsgrundlage von Personalkosten in Industriebetrieben, Bochum (Brockmeyer) 1983.

Vogt, Alfons, Personalkostenerfassung und -analyse für Planungs- und Kontrollzwecke, in: ZfbF 36 (1984), 861–877.

Vogt, Aloys, Personal-Auswahlrichtlinien (§95 BetrVG), Berlin (E. Schmidt) 1987.

Vroom, Victor H., Some Personality Determinants of the Effects of Participation, New York (Prentice-Hall) 1960.

Vroom, Victor H., Work and Motivation, New York etc. (Wiley) 1964 (3. Aufl. 1967).

Vroom, Victor H./Jago, Arthur G., On the Validity of the Vroom-Yetton Model, in: JoAP 63 (1978), 151–162.

Vroom, Victor H./Yetton, Philip W., Leadership and Decision-Making, Pittsburgh (University of Pittsburgh Press) 1973.

Wächter, Hartmut, Grundlagen der langfristigen Personalplanung. Ein sozio-technischer Ansatz, Berlin – Herne (Neue Wirtschaftsbriefe) 1973.

Wächter, Hartmut, Die Verwendung von Markov-Ketten in der Personalplanung, in: ZfB 44 (1974 a), 243–254.

Wächter, Hartmut, Praxis der Personalplanung, Berlin – Herne (Neue Wirtschaftsbriefe) 1974 b.

Wächter, Hartmut, Mitbestimmung. Politische Forderung und betriebliche Reaktion, München (Vahlen) 1983.

Wächter, Hartmut, Selbstverantwortliche Gestaltung der Arbeit, in: ZfA 39, 11. NF (1985), 145–150.

Wächter, Hartmut, Professionalisierung im Personalbereich, in: DBW 47 (1987), 141–150 und 512–514.

Wagner, Dieter, Möglichkeiten und Grenzen einer Personalentwicklungsplanung für Führungskräfte, in: DBW 42 (1982), 217–228.

Wagner, Dieter, Arbeitszeit und Organisation. Das Konzept der Arbeitszeitflexibilisierung aus organisatorischer Sicht, in: ZfO 54 (1985), 257–260.

Wagner, Dieter, Arbeitszeit und Wertewandel, in: *Marr, Rainer* (Hrsg.), Arbeitszeitmanagement. Grundlagen und Perspektiven der Gestaltung flexibler Arbeitszeitsysteme, Berlin (E. Schmidt) 1987, 163–182.

Wagner, Dieter, Zentralisation oder Dezentralisation der Personalfunktion in der Unternehmung?, in: ZfO 58 (1989), 179–185.

Wagner, Helmut, Die Bestimmungsfaktoren der menschlichen Arbeitsleistung im Betrieb, Wiesbaden (Gabler) 1966.

Wagner, Helmut/Heinemann, Klaus/Papke, Thomas, PERSKO – Ein dialogfähiges Modell zur Personalkostenplanung (Arbeitspapier des Lehrstuhls für Organisation und elektronische Datenverarbeitung Nr. 20), Münster 1982.

Wahren, Heinz-Kurt E., Zwischenmenschliche Kommunikation und Interaktion in Unternehmen, Berlin-New York (de Gruyter) 1987.

Waldholz, Michael, Cafeteria Benefits Plan let Employees fill their Plates, then pay with Tax-Free Dollars, in: Wall Street Journal Nr. 52 vom 9.5.1983.

Walsh, Jan, Personal-Controlling erhält eine neue Rolle, in: Gablers Magazin 4 (10/1990), 55–57.

Walton, Richard E./Susman, Gerald I., Personalmanagement in der Fabrik der Zukunft, in: HM 9 (4/1987), 60–68.

Ward Howell, Die strategische und personelle Ausrichtung der Unternehmen auf Europa 1992. Ein internationaler Vergleich, Düsseldorf – München (Ward Howell International Group) 1990.

Warnecke, Hans-Jürgen, CIM – Brücke zwischen Fabrik und Büro, in: Office Management 35 (9/1987), 6–8.

Warneke, Perygrin, Grundlagen der Internationalen Betriebswirtschaftlichen Steuerlehre, in: *Schoppe, Siegfried* (Hrsg.), Kompendium der internationalen Betriebswirtschaftslehre, München-Wien (Oldenbourg) 1991, 669–696.

Waterman, Robert H., The Seven Elements of Strategic Fit, in: JBS 2 (2/1982), 69–73.

Watzlawick, Paul/Beavin, Janet H./Jackson, Don D., Menschliche Kommunikation. Formen, Störungen, Paradoxien, Bern – Stuttgart (Huber) 7. Aufl. 1985.

Weber, Max, Wirtschaft und Gesellschaft. Grundriß der verstehenden Soziologie (Studienausgabe), Tübingen (Mohr) 1972.

Weber, Rainer, Richtwertbildung und Entlohnungssysteme im Werkzeug- und Maschinenbau, Grafenau/Württ. (Expert) 1983.

Weber, Wolfgang, Personalplanung, Stuttgart (Poeschel) 1975.

Weber, Wolfgang, Betriebliche Weiterbildung. Empirische Analyse betrieblicher und individueller Entscheidungen über Weiterbildung, Stuttgart (Poeschel) 1985.

Weber, Wolfgang/Weinmann, Joachim (Hrsg.), Strategisches Personalmanagement, Stuttgart (Poeschel) 1989.

Wechsler, Wolfgang, Delphi-Methode: Gestaltung und Potential für betriebliche Prognoseprozesse, München (Florentz) 1978.

Weichardt, Heinz, Arbeitsmedizin, in: *Gaugler, Eduard* (Hrsg.), HWP, Stuttgart (Poeschel) 1975, 220–241.

Weinert, Ansfried B., Leistungsbewertung in Organisationen: Methodische Beiträge zur Diskussion der Probleme und Lösungsmöglichkeiten, in: ZfO 50 (1981), 303–312.

Weinert, Ansfried B., Menschenbilder als Grundlagen von Führungstheorien, in: ZfO 53 (1984 a), 117–123.

Weinert, Ansfried B., Menschenbilder in Organisations- und Führungstheorien: Erste Ergebnisse einer empirischen Überprüfung, in: ZfB 54 (1984 b), 30–62.

Weinert, Ansfried B., Lehrbuch der Organisationspsychologie: Menschliches Verhalten in Organisationen, München – Weinheim (Psychologie Verlags-Union) 2. Aufl. 1987 a.

Weinert, Ansfried B., Menschenbilder und Führung, in: *Kieser, Alfred/Reber, Gerhard/Wunderer, Rolf* (Hrsg.), HWFü, Stuttgart (Poeschel) 1987 b, 1427–1442.

Weinmann, Joachim, Strategische Personalplanung: Theoretische Grundlagen und Versuch der Simulation eines integrierten Personalplanungsmodells, Köln (Haustein) 1978.

Weiß, Reinhold, Die 26-Mrd.-Investition. Kosten und Strukturen betrieblicher Weiterbildung, Köln (Deutscher Instituts-Verlag) 1990.

Welge, Martin K., Management in deutschen multinationalen Unternehmungen. Ergebnisse einer empirischen Untersuchung, Stuttgart (Poeschel) 1980.

Welge, Martin K. (Hrsg.), Globales Management. Erfolgreiche Strategien für den Weltmarkt, Stuttgart (Poeschel) 1990.

Wernimont, Paul F./Campbell, John P., Signs, Samples and Criteria, in: JoAP 52 (1968), 372–376.

Wessels, J./Verhoeven, C./Nunen, J. van, Personalbestandsplanung in hierarchischen Systemen, in: Proceedings in Operations Research 9 (1980), 216–220.

Weuster, Arnuff, Der Biographische Fragebogen (BF) als Instrument der Personalauswahl, in: ZfP 1 (1987), 409–434.

Wheelwright, Steven C./Makridakis, Spyris G., Forecasting Methods for Management, New York – London – Sydney (Wiley) 4. Aufl. 1985.

Wibbe, Josef, Arbeitsbewertung, München (Hanser) 3. Aufl. 1966.

Wiebus, Hans-Otto, Humanisierung: Lust statt Frust, in: WiWo 44 vom 23.10.1987, 96–103.

Wiehl, Ursula, Frühwarnung im Personalbereich?, in: Personal 40 (1988), 280–283.

Wild, Jürgen, Organisation und Hierarchie, in: ZfO 42 (1973 a), 45–54.

Wild, Jürgen, MbO als Führungsmodell für die öffentliche Verwaltung, in: Die Verwaltung 6 (1973 b), 283–316.

Wilde, Kurt, Über die Zuverlässigkeit psychologischer Untersuchungsmethoden, Teil 1, in: Psychologische Rundschau 2 (1951), 187–193.

Wilkening, Otto S., Bildungs-Controlling. Instrumente zur Effizienzsteigerung der Personalentwicklung, in: *Riekhof, Hans-Christian* (Hrsg.), Strategien der Personalentwicklung, Wiesbaden (Gabler) 1986, 299–325.

Wimmer, Peter, Personalplanung. Problemorientierter Überblick – Theoretische Vertiefung, Stuttgart (Enke) 1985.

Wingert, Bernd, Über einige Schwierigkeiten, arbeitspsychologisch relevante Auswirkungen neuer Technologien zu beschreiben – am Beispiel CAD, in: *Berufsverband Deutscher Psychologen* (Hrsg.), Arbeit in moderner Form, Bonn (Dt. Psychologen-Verlag) 1984, 119–137.

Wirth, Ekkehard, Mitarbeiter im Auslandseinsatz. Planung und Gestaltung, Wiesbaden (Gabler) 1992.

Witt, Frank-Jürgen, Controlling im Personalbereich. Ein Plädoyer, in: Controller Magazin 11 (1986), 239–241.

Witte, Eberhard, Informationsverhalten, in: *Grochla, Erwin/Wittmann, Waldemar* (Hrsg.) HWB, Stuttgart (Poeschel) 1975, 1915–1924.

Witte, Eberhard/Zimmermann, Hans-Jürgen, Empirical Research on Organizational Decision-Making, Amsterdam etc. (North Holland) 1986.

Wobbe, G./Bloch, G. W., Multimomentstudien mit Hilfe eines mobilen Mikrocomputers und Barcode-Lesestift, in: REFA-Nachrichten 39 (2/1986), 5–8.

Wöhe, Günter, Einführung in die allgemeine Betriebswirtschaftslehre, München (Vahlen) 17. Aufl. 1990.

Wohlgemuth, André C., Human Resources Management und die wirkungsvolle Vermaschung mit der Unternehmenspolitik, in: IO 56 (1987), 115–118.

Wolf-Köppen, Peter, Personalinformationssysteme als Instrument der Personalplanung. Praxis und Rechtsfragen, in: *Jobs, Friedhelm/Samland, Jürgen* (Hrsg.), Personalinformationssysteme in Recht und Praxis, Stuttgart (Schäffer) 1984, 45–86.

Wollert, Artur/Bihl, Gerhard, Werteorientierte Personalpolitik. Ein Betrag zur Diskussion des personalpolitischen Gesamtkonzeptes der Zukunft, in: Personalführung (8–9/1983), 154–162 und (10/1983), 200–204.

Wong-Rieger, Durhane/Rieger, Fritz, The Influence of Societal Culture on Coporate Culture, Business Strategy, and Performance in the International Airline Industry, in: *Osigweh, Chimezie A. B.* (Hrsg.), Organizational Science abroad, London – New York (Plenum Press) 1989, 229–256.

Wunderer, Rolf (Hrsg.), Führungsgrundsätze in Wirtschaft und öffentlicher Verwaltung, Stuttgart (Poeschel) 1983.

Wunderer, Rolf, Szenario: Personalmanagement der 90 er Jahre, in: Personalwirtschaft Sonderheft DDR (1990), 18–21.

Wunderer, Rolf/Sailer, Martin, Die Controlling-Funktion im Personalwesen, Teil 1: Ansatzpunkte und Anforderungen eines strategischen Personal-Controlling, in: Personalführung 20 (1987 a), 505–509.

Wunderer, Rolf/Sailer, Martin, Instrumente und Verfahren des Personal-Controlling (II), in: Personalführung 20 (1987 b), 600–606.

Wunderer, Rolf/Sailer, Martin, Personal-Controlling in der Praxis. Entwicklungsstand, Erwartungen, Aufgaben, in: Personalwirtschaft 15 (1988), 177–182.

Wysocki, Klaus von, Sozialbilanzen, Stuttgart – New York (Fischer) 1981.

Wysocki, Robert K., OR/MS Implementation. A Bibliography, in: Interfaces 9 (1979), 37–41.

Wyss, Werner, Der Einfluß veränderter Wertvorstellungen auf die Human Resources, in: IO 59 (2/1990), 31–34.

Yetton, Philip W./Bottger, Preston, The Relationships among Group Size, Member Ability, Social Decision Schemes and Performance, in: Organizational Behavior and Human Performance 32 (1983), 145–159.

Yetton, Philip W./Vroom, Victor H., The Vroom-Yetton Model of Leadership: An Overview, in: *King, Bert et al.*, Managerial Control and Organizational Democracy, New York etc. (Wiley) 1978, 133–149.

Yip, George S., Barriers to Entry. A Corporate-Strategy Perspective, Aldershot (Gower Publishing Company) 1982.

Zander, Ernst, Arbeitszeitverkürzung aus personalpolitischer und personalwirtschaftlicher Sicht, in: SzU 31 (1984), 54–75.

Zarandona, Joseph L./Camuso, Michael A., Study of Exit Interviews: Does the Last Word Count?, in: Personnel 62 (3/1985), 47-48.

Ziegler, Alois, Menschengerechte Anwendung neuer Technologien. Ein Schwerpunkt im Förderprogramm „Forschung zur Humanisierung des Arbeitslebens", in: FB/IE 35 (1986), 52–55.

Zimmer, R.J., Validating the Vroom-Yetton Normative Model of Leader Behavior in Field Sales Force Management and Measuring the Training Effects of TELOS on the Leader Behavior of District Managers. Diss. Virginia Polytechnic Institute and State University 1978.

Zimmermann, Dietmar, Personalmarketing im internationalen Unternehmen, in: *Strutz, Hans/Wiedemann, Klaus* (Hrsg.), Internationales Personalmarketing. Konzepte – Erfahrungen – Perspektiven, Wiesbaden (Gabler) 1992, 39–54.

Zimmermann, Hans-Jürgen/Zadeh, L.A./Gaines, Brian R. (Hrsg.), Fuzzy Sets and Decision Analysis, Amsterdam – New York – Oxford (Elsevier) 1984.

Zink, Klaus J./Oetinger, Ralf, Ergonomische Beurteilung von Rechnersystemen für Klein- und Mittelbetriebe, in: FB/IE 33 (1984), 172–176.

Zink, Klaus J./Schick, Gerhard, Quality Circles. Qualitätsförderung durch Mitarbeitermotivation, München (Hanser) 1984.

Zünd, André, Zum Begriff des Controlling. Ein umweltbezogener Erklärungsversuch, in: *Goetzke, Wolfgang/Sieben, Günter* (Hrsg.), Controlling. Integration von Planung und Kontrolle, Köln (Gebera) 1979, 15–26.

Zweite Datenübermittlungs-Verordnung – 2.DÜVO, in: Bundesgesetzblatt, Teil I, 1980, 616–637.

Personenverzeichnis

Stichwortverzeichnis